Für ~~~~~~~~~~ und

Be~~~~~~   'er 1997

Horst Lademacher
Die Niederlande

PROPYLÄEN
GESCHICHTE EUROPAS

Ergänzungsband

PROPYLÄEN VERLAG

BERLIN

HORST LADEMACHER

Die Niederlande

Politische Kultur zwischen Individualität und Anpassung

PROPYLÄEN VERLAG
BERLIN

Lektorat und Redaktion: Wolfram Mitte
Assistenz: Gisela Hidde
Landkarten und Graphiken: Erika Baßler
Register: Ila Bujar

Typographische Einrichtung und Herstellung: Karin Greinert
Einband und Kassette: Theodor Bayer-Eynck unter Verwendung des
von Anthonis Mor geschaffenen Bildnisses Wilhelms von Oranien
nach einer Vorlage im Archiv für Kunst und Geschichte, Berlin
Satz: Utesch Satztechnik GmbH, Hamburg
Offsetreproduktionen: Haußmann Reprotechnik KG Darmstadt
Druck und buchbinderische Verarbeitung: Spiegel Buch GmbH, Ulm
© 1993 by Verlag Ullstein GmbH,
Frankfurt am Main · Berlin,
Propyläen Verlag

Printed in Germany
ISBN 3 549 05472 6

Die Deutsche Bibliothek – CIP-Einheitsaufnahme

Propyläen Geschichte Europas. – Frankfurt am Main ; Berlin : Propyläen-Verl.
ISBN 3-549-05220-0

Erg.-Bd. Lademacher, Horst: Die Niederlande. – 1993

Lademacher, Horst:
Die Niederlande : politische Kultur zwischen Individualität und Anpassung /
Horst Lademacher. – Berlin : Propyläen-Verl., 1993
(Propyläen Geschichte Europas ; Erg.-Bd.)
ISBN 3-549-05472-6

Inhalt

Vorwort

Es ist eigenartig, daß seit langem der Ruf nach einer wie auch immer gearteten europäischen Vereinigung ertönt, im Augenblick der Annäherung an das Ziel jedoch eine nachgerade hektische Suche nach der eigenen Identität einsetzt, ein Prozeß der Selbstfindung, der sich anschickt, auf der Schwelle noch rasch die besondere Wertigkeit der eigenen Nation und damit der eigentlich engeren Lebenswelt im europäischen Haus vorzustellen. Das ist legitim und vor allem verständlich, zumal die Erlebniswelt »Nation« ein seit vielen Dezennien immer wieder tradiertes Kontinuum darstellt, das von kosmopolitisch orientierten Intellektuellen ständig in Zweifel gezogen worden ist, freilich kaum durch Regierungsentscheid oder Verwaltungsakt, so demokratisch sie getragen sein mögen, überwunden werden kann. Nation ist Mentalität und Sentiment, ein ganzer Komplex von Denkweisen, Kultur- und Politikerfahrung und von wirksamen historischen Bezügen – ein Komplex, der im Schutz von Grenzen gedeihen und gepflegt werden konnte. Es ist ein Gefühl der Gemeinsamkeit, das gleichsam mit dem neuen, zunächst lediglich postulierten Gefühl der europäischen Gemeinsamkeit konkurriert. Die Zusammengehörigkeit Europas ist seit Jahrhunderten beschworen worden, aus den unterschiedlichsten Motiven, zu denen die Abwehr eines die gemeinsame Kultur bedrohenden Gegners und der Gedanke der Kriegsverhütung ebenso zählten wie die wirtschaftliche Begründung. Nun mag Wirtschaft, so sie sich als grenzüberschreitende Aktivität zwischen Industrieländern gleichen Standards manifestiert, ein die Gemeinschaft förderndes Band schaffen, aber sie ist sicher nicht imstande, eine nicht zuletzt durch gemeinsame Sprache geprägte politisch-kulturelle Gesamtheit einer Nation zu überwinden – Gesamtheit, die hier begriffen werden soll als ein Ganzes von politischen, wirtschaftlichen und kulturellen Lebensumständen und Merkmalen, bei denen die historische Verwurzelung ebenso wie die bindende Kraft der gemeinsamen Sprache eine erhebliche Rolle spielen und die sich nicht nur als äußerliche Phänomene erweisen, sondern verinnerlicht ins Bewußtsein gehoben werden. Eben das macht den Kern der Identität aus.

Universitäten und Akademien veranstalten gegenwärtig zahllose interdisziplinär angelegte Konferenzen, auf denen die nationalen Identitäten Thema sind. Das gilt gewiß auch für die Niederlande, in denen solche Gedanken bis in die Thronrede des Jahres 1992 hineinreichen, denn da steht nachzulesen, daß die niederländische Zukunft in Europa liege und daß sich die Niederländer in diesem Europa glaubwürdig mit ihrer eigenen Identität einbringen würden. Dies ist nur eines der Beispiele für vollmundige Bekenntnisse zu Europa, die im Trend der Zeit liegen. Aber es gibt auch Gegenteiliges. In jüngster Zeit stellen niederländische Historiker, Politikwissenschaftler, Literaten und Publizisten Fragen zum Fortbestand der niederländischen Identität. Dabei wird das Ende der niederländischen Eigenart nüchtern als ein schon abgeschlossener Prozeß beziehungsweise als bevorstehend gesehen, ohne daß dies besondere Trauer nach sich zieht, oder der Blick in die Zukunft ist voller Besorgnis um die nationale Identität als das wirkliche Lebenselixier. Solche Besorgnis ist nicht neu. Schon im 19. Jahrhundert, als sich die Belgier gerade aus dem Vereinigten Königreich gelöst hatten, stellten sich niederländische Intellektuelle die Frage, wie sich denn ein kleines Land am äußersten Rand Europas gegen die es umringende Welt wehren sollte. Die Angst entstand aus der unmittelbaren Erfahrung der eigenen Schwäche, und sie vertiefte sich, als beim Nachbarn im Osten Stimmen laut wurden, die den Niederländern lediglich noch den Status des verlorenen Sohnes zuerkennen wollten, der sich in den deutschen Mutterschoß zurückzubegeben habe. Und ein Staatsmann wie Johan Rudolf Thorbecke, in den Niederlanden und Deutschland gleichermaßen intellektuell groß geworden, fühlte sich sogar bemüßigt, die niederländische Identität als etwas ganz Eigenständiges nachzuweisen. Äußerte man im 19. Jahrhundert noch Furcht vor den Auswüchsen des in jener Zeit für Europa typischen nationalstaatlichen Denkens, vor dem Umschlag von Nationalismus in Expansionismus, gleichviel, ob diese Furcht berechtigt war oder nicht, so geht es gegenwärtig um das Ende der nationalen Identität durch europäische Integration. Für den Utrechter Historiker Hans Righart sind die modernen Entwicklungen in Politik, Gesellschaft und Wirtschaft im Grunde geeignet, sein kleines Land klaglos in Europa aufgehen zu lassen, weil die eigene Identität schon drei Jahrzehnte zuvor verlorengegangen sei und die Erfordernisse der Zeit ohnehin nicht mehr auf nationalstaatlicher Grundlage allein zu lösen seien. Der Chefredakteur der renommierten Tageszeitung »Nieuwe Rotterdamsche Courant/Handelsblad« zweifelt einerseits am Wachstum einer kosmopolitischen Kultur, glaubt andererseits nicht an kräftige nationale Impulse, die zu einer Neubesinnung hinreichen könnten – was auch ihn im übrigen nicht traurig stimmt.

Das stellt sich in dem Bericht »Europa – een volgende akte« der Telders-Stiftung schon ganz anders dar. Die Präsenz und Kompetenz der Europäischen Gemeinschaft in Brüssel wird mit einiger Zurückhaltung betrachtet und deutlich Brüsseler Abstinenz im Kulturbereich gefordert. »Eine Politik«, so heißt es, »die sich aktiv auf die Wahrung der niederländischen Kultur konzentriert, setzt der europäischen Integration Grenzen.« Dabei wird zugleich die niederländische Kulturpolitik getadelt: »Ein verstärkter Versuch, niederländische Kultur bekannt zu machen, ist freilich wenig sinnvoll, wenn die Kultur im eigenen Lande unterlaufen wird.« Sehr viel besorgter noch zeigt sich der ehemalige Parlamentsabgeordnete und orthodoxe Calvinist A. J. Verbrugh, der niederländischen Calvinismus und bürgerliche Toleranz als die wesentlichen Ingredienzen der niederländischen Kultur bedroht sieht. Bedrohung des Calvinismus heißt bei ihm nicht Gefahr für die Kirche, sondern Relativierung von Werten wie Bescheidenheit, Pflichtgefühl und Betonung der persönlichen Gewissensentscheidung. »Für ein Land wie die Niederlande besteht.. die Gefahr, daß es wegen seiner geschwächten Profilierung und seiner geographischen Ecklage immer mehr in den Sog des selbstsüchtigen materialistischen Spiels der Starken gerät und überspielt wird.« Die zunehmende politische Umsetzung der europäischen Einheit läßt die kleinen kulturellen Einheiten, so Verbrugh, unter den Druck der Großen geraten.

Die Furcht des calvinistischen Politikers zeugt von nur geringem Vertrauen in den Gleichheitsgrundsatz europäischer Integration, zielt möglicherweise auf den Automatismus der Vorherrschaft im Verhältnis »Großstaat – Kleinstaat« und verrät Einsicht in die möglichen gleichmacherischen Folgen eines von Grenzen befreiten liberalen Wirtschaftssystems. Jedenfalls stehen solcherlei Überlegungen ganz im Gegensatz zu der Feststellung des Schweizer Sozialwissenschaftlers Ernest Zahn, lange Jahre Resident in den Niederlanden, der folgende Formulierung zur niederländischen Identität vorgetragen hat: »Die Solidität einer alten, bewährten Demokratie, die Zivilität einer vom Protestantismus und Humanismus geprägten Alltagskultur und die Toleranz einer nicht autoritären, kritischen und lernfähigen Öffentlichkeit: Hierin liegen trotz allen Wandels von Werten und Verhaltensweisen noch immer die stärksten Aktivposten der Nation.«

In der nachfolgenden Darstellung der niederländischen Geschichte geht es nicht um Prognose oder Furcht hinsichtlich des Fortbestandes der Identität, sondern – über die reine Kenntnisvermittlung hinaus – um die Nationsbildung, die Entwicklung und historische Verwurzelung einer Reihe von Merkmalen, die dem Land seinen Platz in der Gemeinschaft europäischer Völker und Nationen zuweisen, aber auch – im Anschluß an die Zahnsche Auflistung – um deren Stärken und Schwächen, um die Anfälligkeiten von historisch Gewachsenem gegenüber den Anforderungen und Folgen der Moderne. Sie versucht, die nationale Identität der Niederlande als immer wieder tradiertes Ergebnis eines von vielen Variablen bedingten Wachstumsprozesses vorzustellen. Dies verlangt Konzentration auf Innenpolitik, Gesellschaft und Kultur bei geringer Beachtung außenpolitischer Positionen. Dabei gilt die Aufmerksamkeit schon der Vorgeschichte, der niederländischen Staats- und Nationswerdung, die aus traditionsreicher Widersetzlichkeit und dem Kampf gegen religiöse Unduldsamkeit hervorgegangen ist, letztendlich aber als Resultat einer säkularen Auseinandersetzung zwischen überkommenen mittelalterlichen Strukturen und frühen Versuchen einer auf Rationalisierung und Konzentration von Macht zielenden Modernisierung der Verwaltungs- und Entscheidungsstrukturen zu begreifen ist. Damit wird der Konflikt von Regionalität und Zentralismus angesprochen, der unter veränderten Vorzeichen auch die nachspanische, die republikanische Zeit der Niederlande gekennzeichnet hat und das Land nicht nur als Republik, sondern in seiner ganz spezifischen föderalistischen Struktur von seiner europäischen Umgebung abhob. In der Republik fand sich jene ständische, stadtbürgerliche Libertät föderalistischer bis partikularistischer Observanz realisiert, die sich zuvor gegen den Modernismus des Zentralismus und zugleich gegen Herrschaft durch Landfremde gewandt hatte. Der Historiker Hermann von der Dunk hat in einem Vergleich mit der deutschen Entwicklung trotz des eher zentralistischen Charakters der modernen Verfassung von der bis in die Gegenwart hinein prägenden Kraft dieser republikanischen Entscheidungsstrukturen geschrieben und formuliert: »Reserviertheit einer starken Zentralgewalt gegenüber, Betonung und Kultivierung regionaler und gesellschaftlicher Autonomie und Eigenständigkeit aus der Erfahrung ohnehin gegebener historischer Zusammengehörigkeit heraus.«

Aufstand und Republik sind aber mehr als nur eine Entscheidung für ein anderes öffentliches Recht gewesen. Insoweit im Aufstand die neue Religion verfochten wurde, war er Kampf ums Private, um die persönliche Lebensgestaltung und Selbstbehauptung, wie dies von alters her auch eine der natürlichen Lebensbedingungen großer Teile des niederländischen Volkes, das Wasser, erforderte. Hier entstand ein anderes Bekenntnis und eine neue, intensiv mit der Nationswerdung wachsende Frömmigkeit, die nicht eine staatlich auferlegte oder verordnete war, sondern aus dem Kampf mit der staatlichen Autorität hervorging. Gerade die Abwehr von Zugriffsversuchen weltlicher Instanzen hat niederländisches kirchliches Leben charakterisiert und auf das 19. Jahrhundert vorbereitet, als die weltliche Obrigkeit europaweit unter neuen, liberalen bis revolutionären Vorzeichen auftrat und sich die Abschottung der Christenge-meinde gegen staatliche Machtbefugnisse vollzog – gleichviel, ob es sich um das reformierte oder um das katholische Bekenntnis handelte. Der Kampf ums Pri-vate zielte in besonderem Maße auf Wahrung oder Ausbau der ständisch-städ-tischen Libertät, die in ihrem aristokratischen Zuschnitt ihre Begrenzungen und Konflikte kannte und von einem höchst erfolgreichen Handelsbürgertum getra-gen wurde. Hiermit ist eine Gesellschaftsschicht benannt, deren Politik sowie Denk- und Verhaltensmuster zu beschreiben sind. Sie stand an der Basis von materieller Blüte und kulturellem Glanz, die das 17. Jahrhundert der Republik zu einem »Goldenen Jahrhundert« machten und die Bewunderung der europäi-schen Zeitgenossen weckten. Die Darstellung erfaßt die politisch-kulturelle Vielfalt dieses Jahrhunderts und begreift die Republik nicht sosehr als einen Staat, sondern als eine Ambiance, einen Stil, eine Denkweise, die sich von jeder etatistischen oder bürokratischen Kultur abwandte. Hier geht es zum einen um die »republikanische Besonderheit« in der »monarchischen Umwelt«, zum an-deren um die Grundlage für eine bessere Einsicht in den Bedeutungsverlust, den das Land spätestens seit der zweiten Hälfte des 18. Jahrhunderts erlitten hat, und schließlich um jene Komponenten, die im 19. Jahrhundert, in den Jahrzehn-ten einer spürbaren Identitätskrise, in historischer Reminiszenz als wirksame Stütze des nationalen Selbstbewußtseins gedient haben.

Im 19. Jahrhundert wurde der Abstieg der Niederlande von der einstmaligen Großmacht zur Zweitrangigkeit endgültig offenbar. Die Bildformung, die für das 17. Jahrhundert noch von Glanz und Gloria sprach, kennt nunmehr das vielerorts verbreitete Epitheton von den Niederländern als den »Chinesen Eu-ropas«. Altbackenes, Bizarres und Eigenbrötlerisches waren gemeint. Solche Bilder enthalten nur Äußeres, machen keine Konflikte augenfällig. Denn tat-sächlich ging es modernisierungstheoretisch um die Niederlande als ein »früh-reifes Kind« der europäischen Staatengesellschaft. Eines der in dieser Phase die europäischen Länder beherrschenden Themen, die Geburt des Nationalstaates, war für die Niederlande obsolet. Der Beitrag des Liberalismus zur Modernisie-rung des politischen Lebens war durch die Wahrung der stadtbürgerlichen Frei-heit lange vorweggenommen und auch nicht durch zentralistisch-bürokratische Entwicklung gestört worden. Die Darstellung wird sich im einzelnen mit dem Ausbau des werdenden Verfassungsstaates und dem Aufbau politischer Partei-en befassen, die Problemlosigkeit des Prozesses aufzeigen und zugleich deutlich machen, daß der Vorsprung der bürgerlichen Liberalität dort geschmolzen ist, wo der Übergang vom Liberalismus zur Demokratie zur Debatte stand. Wird man diese Entwicklung als eine erste Form der Angleichung an europäische Prozesse nennen können, die Religiosität und die Position der Kirchen, jetzt auch der katholischen Kirche als Institution katholischer Emanzipation, blieben eine Besonderheit. Die Abschottung der Konfessionen gegeneinander und gegen die weltliche Obrigkeit haben dem niederländischen 19. und 20. Jahrhundert ein ganz eigentümliches Gepräge gegeben, das das Land ebenso aus dem europäischen Umfeld hervorhebt wie die konsequente Neutralitätspolitik, die eine besondere Qualität erhielt, indem man sie zur internationalen Moralität stilisierte, mit den Haager Friedenskonferenzen als den symbolischen Hinweisen, daß das Land im »höheren Interesse der Menschengemeinschaft« Dienst tat. Diese idealisierte Umsetzung geographischer Kleinheit und militärischer Schwäche bei gleichzeitig industriellem Rückstand durch vergleichsweise späte Industrialisierung hat das Land über den Ersten Weltkrieg hinaus bis an die Schwelle des Zweiten Weltkrieges retten können. Von 1940 bis 1945 hat es dann jenen kriegerischen Überfall und jene Repression erfahren müssen, die hier als »Erfahrung des Leidens« in Form und Wirkung dargestellt ist. Diese fünf Jahre waren jedoch nicht nur eine Zeit der politischen und existenziellen Not, sondern auch des Versuches zu einer Neugestaltung von Politik und Gesellschaft und der veränderten Stellung des Landes in Europa durch Einbindung in das europäische Vertragssystem. Sie ist darüber hinaus als die Phase zu beschreiben, in der sich seit den sechziger Jahren eine endgültige Aufhebung der überkommenen Strukturen in der Gesellschaft vollzieht und in der ganz neue wirtschaftliche, soziale und ökologische Probleme wie andernorts in Europa als die dringlichsten Arbeitsbereiche in Politik und Gesellschaft entschieden werden.

Burgunder und Habsburger in den Niederlanden

Zur allgemeinen Charakteristik einer Kulturlandschaft

Erst mit der Aufrichtung des Burgunderreiches durch eine Nebenlinie des französischen Königshauses habe sich, wie Franz Petri feststellt, entschieden, daß die Niederlande als politisch selbständiger und kulturell allseitig von ihrer Umwelt abgehobener Raum in Europa ins Leben traten. Bis dahin bezeichnete der Begriff einen lediglich geographischen Raum, dessen Grenzen nicht genau umrissen waren. Auf jeden Fall verlief die östliche nicht entlang der heutigen deutsch-niederländischen oder deutsch-belgischen Grenze, sondern weiter südlich zwischen Andernach und Remagen, am Vinxt-Bach. Das ganze heutige Niederrhein-Gebiet einschließlich der großen Stadt Köln zählte dazu, und der Nibelungenheld Siegfried kam aus Xanten, im »Niderlant«. Der Wandel des Inhalts vom Geographischen zum Politischen geschah in der Zeit der burgundischen Herzöge. Im Sprachgebrauch der Kanzleien jener Periode meinte »Niederlande« die Gesamtheit der um die flandrische Erbschaft zusammengefügten burgundischen Erwerbungen. Jetzt und erst recht in der Zeit ihrer habsburgischen Nachfolger vollzog der zeitgenössische Betrachter im In- oder Ausland mit dem Begriff eine politische, wirtschaftliche und kulturelle Identifikation. Nach außen hin suggerierte die politische Präsentation gar ein einheitliches Staatsgebiet. Dies freilich war es mitnichten. Der Begriff blieb nicht nur in seiner pluralischen Form erhalten, die Form entsprach auch dem politischen und rechtlichen Inhalt. Diese Niederlande waren eine Vielheit, in Personalunion verbunden, mit dynastischer Klammer also, jedoch ohne Preisgabe der eigenen, der holländischen, seeländischen, flandrischen oder brabantischen Existenz und – um es noch weiter zu spezifizieren – ohne Preisgabe der Genter, Brügger, Dordrechter oder Amsterdamer Eigenheit. Es waren Herzogtümer, Grafschaften und Städte, die mit- und nebeneinander lebten. Ausländer gebrauchten zuweilen andere geographische Bezeichnungen. Sie sprachen von Holland oder von Flandern, nannten damit die wirtschaftlich und politisch stärksten Regionen, zielten aber auf das Ganze. Diese Begriffe sind auch später für den nördlichen oder südlichen Teil übriggeblieben.

Die Etablierung der burgundischen Herrschaft in den Territorien des europäischen Nordwestens erfolgte über Kauf und Heirat oder durch Erwerb von Pfandrechten und schreckte vor der Anwendung offener Gewalt nicht zurück. Den Grundstein ihrer niederländischen Macht legten die Burgunderherzöge zunächst noch mit kräftiger Unterstützung des französischen Verwandten, als Philipp der Kühne nach seiner Heirat mit Margaretha, Tochter des flandrischen Ludwig von Male, gegen den flämischen Volksführer Philipp von Artevelde um sein flandrisches Erbe kämpfen mußte, zu dem neben Flandern der Artois, Nevers, Rethel sowie die Städte Antwerpen und Mecheln zählten. Wenig später schon vollzog sich der Ausbau des Burgunderreiches im Gegensatz zu Frankreich, das dieser Entwicklung durch seine Bindung im Hundertjährigen Krieg gegen England nichts entgegenzusetzen vermochte, während im Osten der Kaiser eine zu geringe Autorität war, als daß er die Entstehung des burgundischen Reiches hätte verhindern können. Die burgundisch-wittelsbachische Doppelhochzeit von 1385, in der Philipps Sohn, Johann von Nevers (Johann ohne Furcht), Margaretha von Bayern, die Tochter Albrechts, sowie Wilhelm von Oostervant (Wilhelm VI.), der Sohn Albrechts, die Philipp-Tochter Margaretha heirateten, schuf in den von den Wittelsbachern regierten Grafschaften Holland, Seeland und Hennegau die Grundlagen für eine Erweiterung des burgundischen Anspruchs, der schließlich unter Herzog Philipp dem Guten endgültig 1433 mit Gewalt gegen Jacoba von Bayern durchgesetzt werden konnte. Die Eingliederung des Herzogtums Brabant mit Limburg in den burgundischen Herrschaftsbereich erfolgte 1430 dagegen auf völlig friedlichem Weg. Herzogin Johanna hatte schon früh gegen burgundisch-französische Unterstützung in der brabantischen Auseinandersetzung mit Geldern die burgundische Nachfolge zugesichert. So konnte hier auch Philipps des Kühnen Sohn Anton, mit Zustimmung der brabantischen Stände, eine burgundische Sekundogenitur begründen. Als dessen Söhne Johann (IV.) und Philipp von St. Pol kinderlos starben, kam Brabant an Burgund. Philipp der Gute kaufte 1421 Namur und nahm die Markgrafschaft 1429 in Besitz. Auf diese Weise fiel 1441 das Herzogtum Luxemburg unter burgundische Herrschaft. Er übernahm das Territorium 1443, das nunmehr ein strategisch wertvolles Verbindungsglied zwischen dem burgundischen Stammland und den niederländischen Besitzungen bildete. Zur Zeit Philipps des Guten fehlten noch die Bistümer Lüttich, Utrecht sowie Geldern und Friesland zur Abrundung des burgundischen Herrschaftsbereiches. In den beiden Bistümern regierten allerdings Verwandte des Herzogs: In Lüttich saß ein Neffe, Ludwig von Bourbon, in Utrecht Philipp von Burgund, ein Bastard des Herzogs. Aber erst Karl der Kühne, Sohn Philipps des Guten, vermochte sich Geldern einzuverleiben (1473), jedoch nur kurzzeitig, denn nach seinem Tod 1477 zeigte sich die geringe burgundische Neigung des besonders stark auf das deutsche Kaiserreich hin orientierten geldrischen Adels und der geldrischen Städte, die Adolf von Geldern wieder anerkannten.

Sicherlich dürfte die außenpolitische Konstellation in der Phase burgundischer Expansion wesentlich dazu beigetragen haben, daß sich die Personalunion, die nach außen schon den Eindruck von Einheit vermittelte, durchzusetzen und zu halten vermochte. Diese Niederlande lagen immerhin im Mittelpunkt zwischen den drei großen Gemeinwesen Frankreich, England und dem deutschen Kaiserreich, und die Ebenbürtigkeit dieser Nachbarn untereinander bewahrte die Territorien vor dem raschen Zugriff eines Einzelnen. Die zentrale Lage und mit ihr die Küsten- und Flußmündungen, Zugangs- und Ausgangspunkte für die wichtigsten europäischen Verbindungswege, waren Gegenstand eifersüchtiger Überwachung seitens der Großmächte. Es handelte sich um strategische Regionen, über die keine ausschließliche Kontrolle anderer zugestanden werden durfte. Daß der Zusammenfassung der Niederlande unter den Burgundern zeitgleich eine Schwächung der benachbarten großen Mächte entsprach, war für die Konsolidierung der Machtverhältnisse in dieser Nordwestecke Europas von hoher Bedeutung. Die enge Verbindung der ersten Burgunderherzöge mit dem französischen Hof, der im Hundertjährigen Krieg gegen England stand, erleichterte die Verfolgung eigener dynastischer Interessen. Aus dem Kampf Frankreichs und Englands konnte Burgund nur profitieren. Am Ende stand die Konsolidierung der burgundischen Herrschaft, und es folgte eine opportunistische Außenpolitik, die weiterer Kräftigung diente.

Der Chronist Johannes Meerman hat im 18. Jahrhundert geschrieben, zum Schutze der Republik der Niederlande habe der Bevölkerung das Wasser, batavischer Heldenmut und Gottes Segen gedient. Was Meerman mit dem Blick auf die Republik formuliert hat, gilt – wenigstens für das Wasser – in allen Jahrhunderten vor und nach der Republik. Das Wasser war jedoch nicht nur Bürge der Sicherheit, sondern vor allem auch Grundlage eines lebhaften, die territorialen Grenzen überschreitenden Güterverkehrs. Entlang der etwa 400 Kilometer langen Nordsee-Küste bewegte sich die Schiffahrt zu französischen und englischen Häfen. Wichtig war darüber hinaus die Verbindung vom Küstenstreifen zu dem dichten Flußnetz im Innern der Territorien. Der vorherrschend nach Nordwesten gerichtete Lauf der Gewässer förderte die verkehrsmäßige Ausrichtung auf das Mündungsgebiet von Schelde, Maas und Rhein nach innen und außen gleichermaßen. Von den an der Küste oder in Küstennähe gelegenen Städten ging der Überseehandel nach England, an die französische Atlantik-Küste und ins Baltikum. Die Ostsee-Region sollte sich sehr rasch zum zentralen Handelsgebiet, zur »Moeder commercie«, entwickeln. Unter den küstennahen Städten nahm sicherlich Brügge einen vorrangigen Platz ein, wenngleich der Hafen schon vom 12. Jahrhundert an durch die Versandung des Zwin nicht mehr von Seeschiffen angesteuert werden konnte. Die seeländische Stadt Middelburg auf der Insel Walcheren übernahm zwar bald wichtige Funktionen Brügges, aber die flandrische Stadt kontrollierte Warenumschlag und Handelsverkehr trotz der geographisch sich verschlechternden Lage in entscheidendem Maße. Über Middelburg konnte Brügge seine Handelswege nach Westfrankreich und England gut behaupten. Middelburg selbst dehnte seinen Handel nach Spanien, Italien und zur Levante hin sowie zum Nordosten über Norddeutschland nach Rußland aus und spielte im 15. und 16. Jahrhundert eine Rolle als Vorhafen für Antwerpen, das nach 1400 ganz allmählich in den Vordergrund rückte, ohne daß Brügge nun verfallen wäre.

Im Norden schalteten sich zunächst die Städte an Ijssel und Zuiderzee eng in den internationalen Handelsverkehr ein. Über Flüsse und Landwege wurde die Verbindung mit den Hansestädten gehalten. Vor allem von Kampen aus nahm man den Seeweg nach Norddeutschland und nach Skandinavien. Bis 1400 beherrschte der Norden auch den Seehandel mit Westfrankreich und England. Allmählich rückte die Grafschaft Holland an die erste Stelle des Handelsverkehrs. Hier war im 13. und 14. Jahrhundert Dordrecht das wichtigste Zentrum als Verbindungsstück des Handels zwischen der Hanse und Flandern. Ab der zweiten Hälfte des 14. Jahrhunderts schob sich Amsterdam neben Dordrecht und überflügelte es. Die Stadt betrieb mit billiger Frachtschiffahrt Handel mit Preußen und Rußland und war als Konkurrentin der Hansestädte gefürchtet. Die günstige Lage des Hafens für den Verkehr mit dem Norden Deutschlands und nach Skandinavien, die über die Zuiderzee laufende Verbindung nach Deventer und Westfalen sowie das dichte Flußnetz in Richtung Süden nach Brabant und Flandern ließen die Stadt vom 15. Jahrhundert an die führende Stelle im Ostsee-Handel erreichen. Erleichtert wurde der niederländische Handel insgesamt durch die Gemeinsamkeit eines von Boulogne bis Nowgorod verstandenen Idioms, das auf dem Niederdeutschen beruhte. Die »diets«-französische Sprachgrenze, die von Ost nach West etwa südlich der brabantischen Stadt Brüssel verlief, erwies sich für den Handel sicherlich in keiner Weise als ein Hemmnis. Im Gegenteil: Die französischsprachigen Teile Flanderns förderten die Kenntnis des Französischen bei flämischen Händlern, so daß diese als sprachliche Vermittler im süd-nordost-europäischen Handel auftreten konnten.

Wo die Flüsse fehlten oder nicht ausreichend schiffbar waren, wurden Kanäle angelegt. Außerdem brauchte man die günstigen Landverbindungen, die selbst für ausgesprochene Hafenstädte wie Antwerpen eine bedeutende Rolle spielten, denn ohne sie wäre die weitere wirtschaftliche Blüte dieser Stadt nach der Schließung der Schelde 1585 nicht möglich gewesen. Wichtige Querverbindungen in Ost-West-Richtung bildeten sich schon früh entlang der Sambre und im Norden der Mittelgebirgsschwelle, auf der Römerstraße Boulogne-Bavay-Köln und den brabantischen Straßen zwischen Brügge und Köln. Der Eisenexport aus dem Fürstentum Lüttich wurde häufig über das alte, von den Römern gebaute und benutzte Straßennetz abgewickelt, ebenso der Leinentransport von Venlo nach Antwerpen. Über die Verbindung von Köln nach Brügge erreichten die rheinischen Kaufleute die brabantischen Jahrmärkte und Flandern. Im Norden erschlossen Landverbindungen den Raum von Dordrecht in Richtung Deventer, Arnheim, Bremen und Hamburg. Das »Itinerar von Brügge« beschreibt die Strecke nach Lübeck und von hier aus weiter nach Nowgorod und Moskau. Während die Wege nach Frankreich alten Pilgerwegen folgten, zog man nach Italien über Lothringen, Basel und die Alpen. Im Osten und Südosten der burgundischen Niederlande, in Namur, Limburg, in Drenthe und auf der Veluwe befanden sich nur wenige erschlossene und dünn besiedelte Landschaften.

Überhaupt zeichneten sich die Niederlande nicht durch Einheitlichkeit der Naturlandschaft aus. Der südliche Teil, das heutige Belgien, bot auf kleinstem Raum eine Fülle landschaftlicher Gegensätze: eine Stufenlandschaft, die – von West nach Ost – vom flandrischen Poldergebiet über die Ackerbaulandschaft im Herzen des Landes hin zum Hohen Venn und zu den Ardennen führte, mit weiten Waldgebieten und Hochmooren, ohne daß dadurch eine Verbindung von Menschen in überlandschaftliche Zusammenhänge ausgeblieben wäre. Die Lehmböden Brabants, des Artois und des Hennegau sowie des südlichen Flandern dienten dem Anbau von Weizen. Im Norden Brabants und im nördlichen Flandern gedieh bloß der weniger wertvolle Roggen. Gerste und Hafer waren die Anbausorten in der Grafschaft Holland, da die salzhaltigen Böden kaum anderes zuließen.

Wenngleich die nördlichen Niederlande insgesamt von Südosten nach Nordwesten der Stufenlandschaft der südlichen Territorien ähneln, trifft für die Kerngebiete Holland und Seeland das Wort von den »niederen Landen« in seiner Gänze zu. Arnold Toynbee hat zum Charakter dieser Landschaft festge-

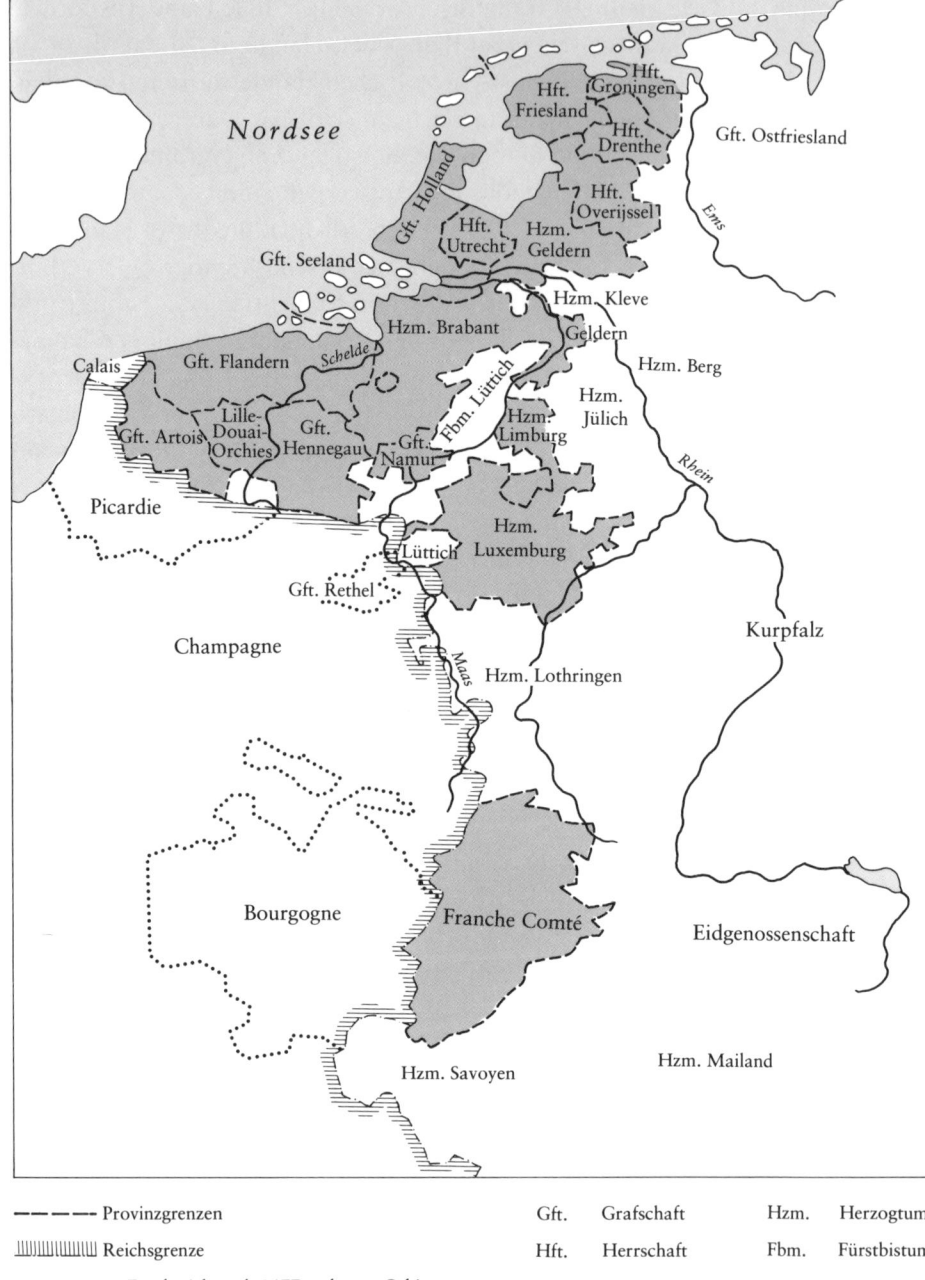

Nordsee

Hft. Groningen

Hft. Friesland

Hft. Drenthe

Gft. Ostfriesland

Gft. Holland

Hft. Overijssel

Hft. Utrecht

Hzm. Geldern

Gft. Seeland

Hzm. Kleve

Hzm. Brabant

Geldern

Hzm. Berg

Calais

Gft. Flandern

Schelde

Hzm. Jülich

Lille-Douai-Orchies

Gft. Artois

Gft. Hennegau

Gft. Namur

Fbm. Lüttich

Hzm. Limburg

Rhein

Picardie

Hzm. Luxemburg

Lüttich

Gft. Rethel

Champagne

Kurpfalz

Maas

Hzm. Lothringen

Bourgogne

Franche Comté

Eidgenossenschaft

Hzm. Mailand

Hzm. Savoyen

–––––– Provinzgrenzen

⊪⊪⊪⊪⊪⊪ Reichsgrenze

··········· an Frankreich nach 1477 verlorene Gebiete

| Gft. | Grafschaft | Hzm. | Herzogtum |
| Hft. | Herrschaft | Fbm. | Fürstbistum |

Die siebzehn Provinzen der Niederlande und der Burgundische Reichskreis ab 1548 stellt, nächst Venedig und der Schweiz sei dieser der »härteste Boden Westeuropas«; er habe seine Bewohner zu gemeinschaftlichen Leistungen angespornt, die höher zu werten seien als die Leistungen der Nachbarvölker. Dem Wasser kommt eine eminente Bedeutung zu, denn die Kulturlandschaft der nördlichen Regionen, wie sie sich gegenwärtig präsentiert, ist das Ergebnis eines dauernden Kampfes gegen das Meer. Legt man Landkarten des 16. und 17. Jahrhunderts neben die kartographischen Darstellungen von heute, dann wird sehr rasch deutlich, in welchem Umfang das Land dem Wasser abgerungen worden ist. Durch Deichbau gegen das Wasser zu schützen und durch Trockenlegung der Polder neues Land zu gewinnen, das war die wesentliche Aufgabe, die sich die Bewohner sehr früh stellten und die erst in jüngster Zeit mit dem Delta-Projekt bewältigt wurde. Die holländisch-seeländische Kernlandschaft und große Teile Frieslands und Groningens, damals noch nicht zu Burgund gehörend, waren die Regionen, zu denen Petri formuliert: »Wie diese ganze Zone aus einer Welt vorherrschender Niedermoore, Moräste und Sumpffelder, durchsetzt mit einer Vielzahl fließender oder stagnierender Gewässer und nur hie und da unterbrochen von wenigen für die menschliche Besiedlung geeigneten Sandrücken und höher ansteigenden Schwemmböden, in das üppige, von einer Vielzahl von Deichen gesäumte Polderland umgewandelt worden ist, in dem das Wasser in Gestalt von Kanälen und Abzugsgräben zwar noch überall zugegen ist, aber nurmehr in dienender Funktion: das ist ein Kapitel niederländischer Kulturgeschichte, auf das der Niederländer mit berechtigtem Stolz blickt.« Es war sicherlich nicht ohne Berechtigung, wenn in Frankreich der Satz geschrieben wurde: »Le bon Dieu a créé le monde entier hors les Pays-Bas qui ont été créés par les Hollandais.« Deichbau und Trockenlegung stellten nicht allein eine herausragende Ingenieurleistung dar, sondern verlangten auch hohe Investitionen. Das galt gleichfalls für Flandern und Brabant, aber im Norden verlief der Prozeß sehr viel länger und in größerem Umfang, was wiederum eine gute Zusammenarbeit der Bewohner sowie eine rationelle Verwendung der Mittel nötig machte. Insgesamt waren die natürlichen Voraussetzungen in Holland und Seeland, Friesland oder Groningen weniger günstig als beispielsweise in Flandern. »Daher die späte Blüte, die erst nach mühevollen Erschließungsinvestitionen einsetzen konnte« (Prevenier/Blockmans) – eine Spätentwicklung freilich, die sich auf längere Sicht nicht als nachteilig erweisen sollte.

Diese Kulturlandschaft der Niederlande zählte schon im Spätmittelalter zu den dichtbevölkertsten Regionen. Für das letzte Viertel des 15. Jahrhunderts wird die Einwohnerzahl auf über 2,5 Millionen geschätzt. Spitzenreiter war allen voran die Grafschaft Flandern mit 650.000 Einwohnern, dann folgten das

Herzogtum Brabant mit gut 413.000 und die Grafschaft Holland mit 268.000. Der Anteil an der Gesamtbevölkerung belief sich entsprechend auf 25,8, 16,1 und 10,5 Prozent. Umgesetzt in Stadt- und Landbevölkerung bedeutete das für Flandern 36 Prozent städtische und 64 Prozent ländliche Bewohner, in Brabant war das Verhältnis 31 zu 69 und in Südholland 54 zu 46. Die Berechnung der Bevölkerungsdichte ergibt, daß die Küsten- und Deltazonen obenan gelegen haben. Flandern verzeichnete 78 Einwohner je Quadratkilometer, Südholland 66 Einwohner. Der Konzentration der Territorialbevölkerung in den Städten entsprach eine hohe Bevölkerungsdichte der Agrarbevölkerung des Hinterlandes, die den Nahrungsmittelbedarf der Stadtbevölkerung zu decken versuchte. Die nach der Höhe der Bevölkerungsdichte auf Flandern und Südholland folgenden Regionen wie Brabant, Lüttich und Nordholland mit einem Urbanisierungsgrad zwischen 28 und 31 Prozent und rund 40 Einwohnern je Quadratkilometer erzielten die immer noch hohen Werte aufgrund ihrer Lage an den alten Handelswegen, die etwa das Handelszentrum Brügge über brabantische Städte und Lüttich mit dem prosperierenden Rheinland verbanden. In Nordholland war es die Nähe zur Nordsee, die für solche Werte sorgte. Als ausgesprochen landwirtschaftlich geprägte Gebiete präsentierten sich Luxemburg und das Herzogtum Limburg mit geringem Urbanisierungsgrad und entsprechend geringer Bevölkerungsdichte.

Die Zahlen, bezogen auf das Ende der Burgunderzeit, weisen aus, daß der Raum der Niederlande wesentlich städtisch geprägt gewesen ist. Sein Urbanisierungsgrad lag im europäischen Vergleich sehr hoch. Eine kartographische Erfassung zeigt, daß es im Süden etwas mehr Städte gegeben hat als im Norden, wozu ein zeitlicher Unterschied in der Entwicklung trat. In der städtereichen Grafschaft Holland lagen Aufkommen und Blüte etwas später als in Flandern und Brabant. Der städtische Ballungsraum im Süden war Teil der großen nordwesteuropäischen Textillandschaft, zu der nach Ausweis der Genueser Notariatsregister die Champagne, die Städte der Normandie und Picardie und eben Flandern mit Atrecht (Arras), Dowaai (Douai), Rijssel (Lille), Doornik (Tournai), Gent, Ypern, Brügge, Valenciennes, St. Omer und Dixmuiden gehörten. In dieser Gewerbelandschaft bildete die Tuchindustrie die hauptsächliche wirtschaftliche Grundlage der Stadtentwicklung. Im Osten grenzten die alten Textilstädte Huy und Maastricht, schließlich Namen (Namur) und Dinant sowie einige Orte im Limburgischen und Luxemburgischen die Tuchregion ab. Das Herzogtum Brabant kam mit diesem Wirtschaftssektor relativ spät zum Zuge. Die industrielle Fertigung begann hier im 13. Jahrhundert und erreichte die Bedeutung der flandrischen Konkurrenz erst im 14. Jahrhundert mit Brüssel,

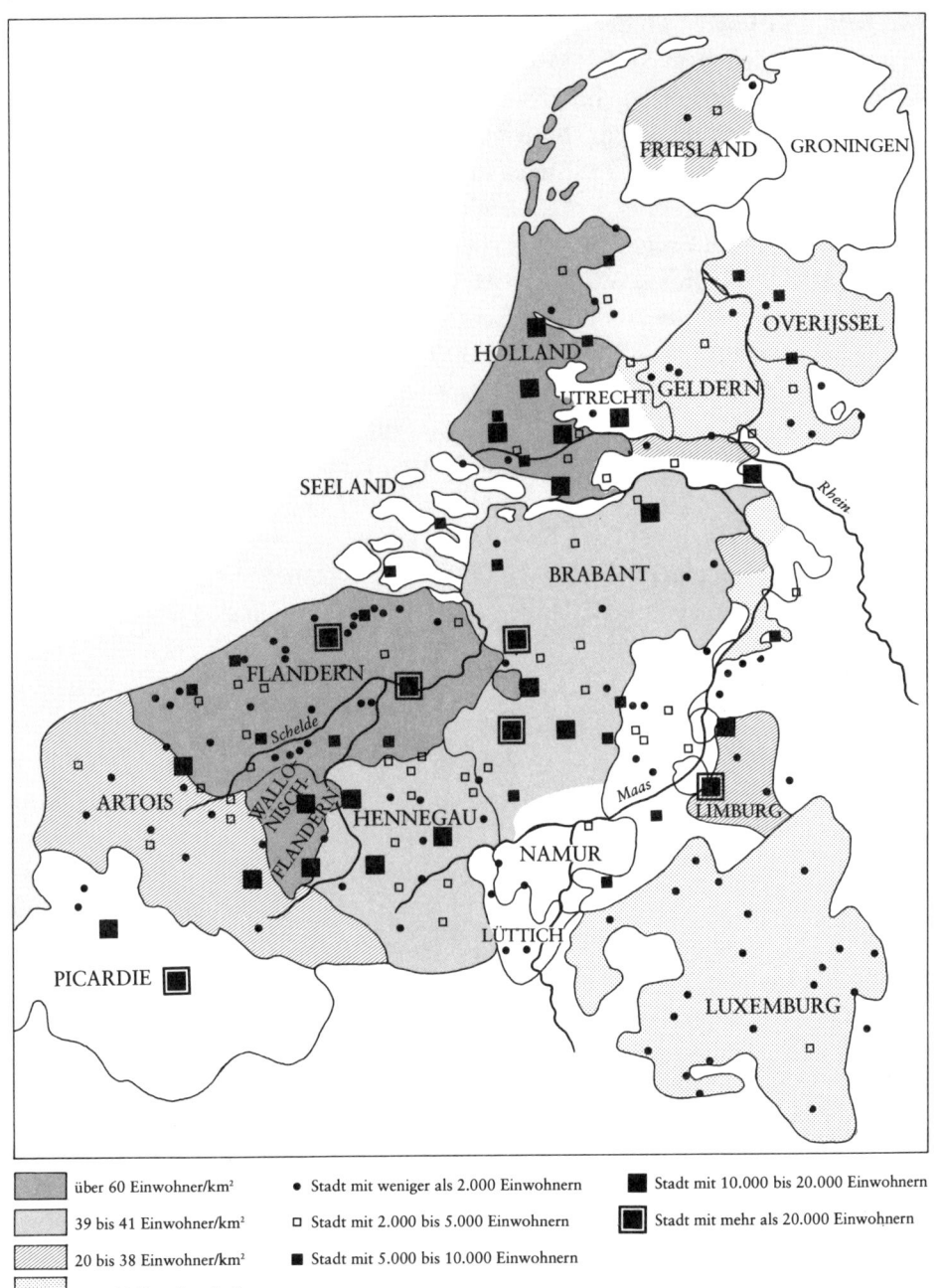

über 60 Einwohner/km²
39 bis 41 Einwohner/km²
20 bis 38 Einwohner/km²
unter 20 Einwohner/km²

• Stadt mit weniger als 2.000 Einwohnern
□ Stadt mit 2.000 bis 5.000 Einwohnern
■ Stadt mit 5.000 bis 10.000 Einwohnern

■ Stadt mit 10.000 bis 20.000 Einwohnern
▣ Stadt mit mehr als 20.000 Einwohnern

Bevölkerungsdichte und Urbanisierungsgrad in den Niederlanden am Ende des
15. Jahrhunderts

Mecheln und Löwen an der Spitze der Produktions- und Handelsstätten. Insgesamt befanden sich 90 der 150 nordwesteuropäischen Tuchorte in den niederländischen Territorien. Im Norden, in der Grafschaft Holland, rundeten Städte wie Leiden, Haarlem, Naarden und Amsterdam diese niederländische Textillandschaft ab. Der Größe nach rangierten die Textil- und Handelszentren Gent und Brügge an erster Stelle. Gent erreichte um die Mitte des 14. Jahrhunderts etwa 64.000, Brügge 46.000, Ypern zählte 1311 schon zwischen 20.000 und 30.000 Einwohner. Während zu Löwen um die Wende vom 13. zum 14. Jahrhundert bereits 20.000 Menschen gehörten, die bis 1480 allerdings auf 17.700 zurückgingen, und Brüssel 28.000 (1437) Einwohner beherbergte, belief sich die Zahl der Antwerpener Bürger 1464 erst auf 20.000. Antwerpen stieg dann im 16. Jahrhundert mit rund 90.000 Einwohnern zur zweitgrößten Stadt Europas nördlich der Alpen auf. Diesen Platz nahm im 15. Jahrhundert Gent ein. Mehr als 20.000 Einwohner hatten um 1469 neben den genannten Orten nur Handels- und Gewerbezentren wie Amiens, Brüssel, Antwerpen und Lüttich. Städte mit einer zwischen 10.000 und 20.000 liegenden Einwohnerzahl waren über die ganzen Niederlande verstreut; sie konnten sich jedoch in Flandern im Umfeld der großen Zentren Gent und Brügge nicht entwickeln – zu groß war die Anziehungskraft der beiden Metropolen. In Brabant dagegen herrschte hinsichtlich der Städtegrößen ein ausgesprochenes Gleichgewicht, wie dies auch in Holland und Geldern der Fall war. Erst im 16. Jahrhundert führte das auffällige Wachstum der holländischen Orte dazu, daß sie mit ihrer Struktur das Hinterland beeinflußten. Bis dahin konnten die nordniederländischen Städte nicht an die südniederländische Entwicklung heranreichen. Nach Ausweis der »Informacie up den staet« von 1514 beherbergte Leiden mit etwa 12.500 Einwohnern die meisten Bürger, dahinter lagen Amsterdam mit 12.000, Dordrecht und Haarlem mit je 11.500 und Delft mit 10.500. Im Norden und Osten der nördlichen Territorien waren die Einwohnerzahlen erheblich niedriger. Sie beliefen sich auf höchstens ein gutes Drittel oder knapp die Hälfte der zuvor genannten Städte. Solche Größenordnungen vermögen erst im Vergleich etwas zum Charakter der Landschaft auszusagen. Es ist deutlich, daß der Anteil der Stadtbewohner an der Gesamtbevölkerung weit über dem europäischen Durchschnitt gelegen hat. Um 1500 zeigte die Landkarte des Heiligen Römischen Reiches etwa 3000 Orte mit Stadtrechten. In 2800 wohnten lediglich bis zu 1000 Menschen. 150 Städte beherbergten über 2000 Einwohner. Von den verbleibenden 50 Städten hatten bloß 12 bis 15 über 10.000 Bürger. Die burgundischen Niederlande hingegen zählten auf einem vergleichsweise kleinen Territorium 208 Städte, von denen nur die Hälfte von einer Stadtmauer umgeben war, wenigstens 16 unter ihnen hatten 10.000 und mehr Einwohner. In Flandern und Brabant gab es auf jeden Fall 7, in der Grafschaft Holland allein 6 Städte dieser Größenordnung. In England existierten lediglich 3 Städte, die über 10.000 Einwohner hatten.

Die Landschaft als Exportzentrum oder als Summe einzelner Exportzentren, so stellten sich die niederländischen Städte dar. Ihre zunächst stark monostrukturierte Wirtschaft machte sie sehr anfällig. Eine Vielzahl von wirtschaftlichen und politischen Faktoren brachte im 14. Jahrhundert die städtische Tuchindustrie in Verfall. So ergaben sich durch die Pestepidemie Absatzschwierigkeiten bei ohnehin verringerter Kaufkraft im Zuge eines wirtschaftlichen Abschwungs, der im Spätmittelalter zwar nicht allgemein war, jedoch zahlreiche Regionen traf. Hinzu kam die englische Konkurrenz durch geringerwertige und billigere Ware, gegen die sich die flandrische und brabantische Qualitätsarbeit kaum noch durchzusetzen vermochte. Zudem verringerte die Entwicklung der englischen Tuchindustrie das Angebot an Rohstoffen, so daß erhebliche Einbußen mit Marktverlusten die Folge waren. Eine derartige Abwärtstendenz verzeichneten auch die kleineren, jüngeren Tuchzentren, die sich in ihrer Produktion den neuen Erfordernissen anpaßten, schließlich aber dem englischen Druck bis auf wenige Ausnahmen nicht standhielten. Die flandrische und brabantische Münzpolitik im 14. und beginnenden 15. Jahrhundert scheint jedoch die ärgsten Folgen verhindert zu haben. Im großen und ganzen erwies sich der Handel in seiner überragenden Bedeutung für einige Städte als Regenerations- und Innovationskraft, da er zu neuen Gewerbzweigen mit handwerklicher Spezialisierung führte, die das internationale Ansehen flandrischer und brabantischer Städte aufrechterhielten.

Wenngleich die Grafschaft Holland einen hohen städtischen Bevölkerungsanteil hatte, vermochte die nordniederländische Region insgesamt mit ebendieser Grafschaft, dem Bistum Utrecht, den Territorien Friesland und Groningen, mit Overijssel und Geldern weder vom Urbanisierungsgrad noch von der internationalen wirtschaftlichen Stellung her einen innerniederländischen Vergleich mit dem Süden ganz zu bestehen. Auch kulturell konnten die einzelnen Städte der Region kaum als zentrale Landschaft betrachtet werden. Gleichwohl kam der schon aus dem frühen und hohen Mittelalter datierenden Handelstradition einige Bedeutung zu. Vor allem der Seehandel brachte Erfahrung und war zukunftsträchtig. Das Schiffbaugewerbe stand zunächst noch im Dienst der Kaufleute aus Antwerpen, Gent oder Brügge, aber die Nachfrage der eigenen Handelskreise wuchs, und Handel bestimmte das Wirtschaftsleben in den meisten kleinen Städten im Norden. Nicht zuletzt die Hanse, der Städte wie Kampen,

Harderwijk, Zwolle, Zutphen, Deventer und Elburg angehörten, Städte also, die am Fahrwasser der Zuiderzee oder an der Ijssel lagen, förderte den Aufschwung des Handels und leitete die Anfänge einer städtischen Kultur ein, die in Orten der Grafschaft Holland, zu der Amsterdam zählte, zunächst noch unbekannt war. Erst im 13. Jahrhundert kam hier eine Stadtentwicklung in Gang, gefördert durch drei Faktoren: die Verbesserung des interlokalen Verkehrs, die zur Überwindung der Stadtwirtschaft beitrug, die Sundfahrt, die an die Stelle des Landhandels zwischen Ost und West trat und größere Schiffe verlangte, und die zunehmende Bedeutung des holländisch-seeländischen Heringsfangs. Schließlich erwarben die holländischen Grafen das westfriesische Territorium und verschafften damit den holländischen Städten eine beherrschende Position an der Zuiderzee. Die Städte der Grafschaft erreichten einen wachsenden Anteil am internationalen Handel, vor allem am hansischen Transitverkehr zwischen Flandern und Hamburg, Pommern sowie Livland, solange sich der Verkehr über die holländischen Binnengewässer abwickelte. Noch im ersten Jahrzehnt des 16. Jahrhunderts machten die Zolleinkünfte aus dem Hanse-Transitverkehr ein Drittel der Gesamteinkünfte der Grafschaft aus. Im Süden dieser Grafschaft entwickelte sich Dordrecht zum wichtigsten Rhein-Hafen und Stapelmarkt. Sein Stapelrecht erfaßte den gesamten Handelsverkehr auf dem Rhein, der Maas und der Merwede. Haarlem, Amsterdam, Leiden führten in der zweiten Hälfte des 14. Jahrhunderts Tuche aus, Delft, Haarlem und Gouda Bier. Der holländische Handel profitierte zudem vom Boykott Flanderns durch die Hanse gleich zu Beginn der zweiten Hälfte des 15. Jahrhunderts. Durch die starke Erweiterung des Seehandels mit den baltischen Ländern konnte die Tuchindustrie der Grafschaft, mit Leiden als Vorort, voll expandieren. Der Standortwechsel der Heringsschwärme aus der Ost- in die Nordsee, die Verbesserung der holländischen Technik und der Konservierung, die Ausdehnung der Schiffahrt nach Portugal, wo das Salz für die Heringsverarbeitung geholt, zugleich Gewürze für Rechnung Dritter mitgenommen wurden, all dies verstärkte die Position der holländischen Handels- und Gewerborte, die sich wesentlich der Unterstützung ihrer burgundischen Landesherren erfreute. Die Hanse verlor in dieser Phase in zunehmendem Maße Terrain an die Holländer. Am Aufschwung nahmen zahlreiche Orte teil: Dordrecht, Haarlem, Leiden, Gouda, Delft, an der Zuiderzee Enkhuizen, Hoorn, Medemblik, landeinwärts auch Alkmaar. Im Süden der Grafschaft wuchsen Oudewater, Woerden, Rotterdam, Schiedam und Den Briel mit dem Ausbau der Fischindustrie heran. Wo Fische gefangen wurden, mußten Schiffe gebaut und ausgerüstet, Schiffstaue gedreht, Fangnetze geknüpft werden. Unter allen Städten verzeichnete Amsterdam den

größten Aufstieg.»Im Wirtschaftsleben Hollands symbolisierte Amsterdam die
Zukunft, während Dordrecht, zunächst vielleicht noch kapitalkräftiger als Amsterdam, seinen Ruf eher seiner Vergangenheit entlehnte« (T. S. Jansma). Die
Ausweitung der Handels- und Frachtschiffahrt in den Ostsee-Gebieten, begünstigt durch Privilegien, die Christian I., König von Dänemark und Norwegen,
erteilte, kam vor allem Amsterdam zugute. Es war dies die Beginnphase eines
städtischen Aufstiegs, der erst in den Jahren der Republik voll zur Entfaltung
kommen und von weittragender Bedeutung für das politische Leben werden
sollte.

Adel, Bürger und Bauern

Während andernorts im Europa des ausgehenden Mittelalters der Adel noch
eine führende politische und wirtschaftliche Rolle spielte, nahm er in den Niederlanden nicht unbedingt mehr eine Spitzenstellung ein, in bestimmten Regionen war er sogar auf einen unbedeutenden Rang reduziert. Die ursprüngliche
Vorrangstellung verfiel zugunsten des aufkommenden städtischen Bürgertums.
Der Grundbesitz, dessen Erträge die wirtschaftliche Existenz sicherstellten, verlor an Bedeutung und Wert, weil die Liegenschaften immer stärker zersplittert
wurden und zudem Währungsverfall eintrat. Die nominal unveränderten Steu-
er- und Zinsaufkommen verringerten sich dadurch auf ein Viertel bis ein Fünftel
der ursprünglichen Kaufkraft. Gleichwohl gab es regionale Unterschiede. Während in den südlichen Territorien das grundherrliche System voll entwickelt
blieb, wiesen die nördlichen Regionen nur noch geringe grundherrliche Organisation auf. In der Grafschaft Holland etwa, wo der Adel gegen Ende des
15.Jahrhunderts auf einen immerhin hundertfünfzig Jahre alten selbstzerstöre-
rischen Zwist zwischen den Parteien der »Hoeken« und »Kabeljauwen« zurückschauen konnte, hatte sich sein Stand besonders geschwächt. Er besaß
schätzungsweise noch keine 10 Prozent der landwirtschaftlichen Nutzfläche,
konzentriert auf bestimmte Dörfer. Adliger Besitz von mehreren 100 Hektar
zählte in dieser Grafschaft wie in den anderen nördlichen Territorien zu den
Ausnahmen. Im allgemeinen verpachteten die adligen Grundbesitzer ihr Land
an freie Bauern. In wenigen Fällen war das Land auch mit grundherrlichen
Rechten ausgestattet wie Hoch- und Niedergerichtsbarkeit in Straf- und Zivil-
sachen, Jagd- und Fischrecht sowie Recht auf Erhebung bestimmter Abgaben
und Zehntrecht. In der überwiegenden Zahl der Fälle war immer nur ein Teil
dieser Rechte mit dem Grund verbunden. Die stärkste Konzentration der

Grundrechte fand sich zu Beginn des 16. Jahrhunderts beim Herrn van Heenvliet. Im Bistum Utrecht war die Lage des Adels günstiger. Auf den Sandböden in der östlichen Hälfte des Bistums nahm er noch eine vorherrschende Stellung ein. Im Innern des Territoriums freilich gab es nur geringen adligen Streubesitz. Trotzdem war hier die wirtschaftliche Stellung des Adels stärker als in Holland. Aufs Ganze gesehen, behielt der Adel in den typisch ländlichen Gegenden ein entscheidendes politisches Gewicht. So konnte er sich etwa in Luxemburg ein Jahr lang der Anerkennung der Maria von Burgund widersetzen. In den städtereichen Regionen verhielt es sich anders, auch in Flandern, wo der eigentliche Gegenspieler der fürstlichen Zentralgewalt das städtische Bürgertum war. Der Adel ließ sich vom Fürsten durch die Schenkung von Amt und Grundbesitz an den Hof und dessen Politik binden. Ganz im Norden, in Friesland und Groningen, den ländlichen Gegenden, die erst relativ spät in den Herrschaftsbereich der Habsburger kamen, kannte man überhaupt keinen Adel im überkommenen Sinne. Vielmehr fanden sich hier die vermutlich entweder aus dem Stand der erbsässigen freien Bauern oder aus ehemaligem Dienstadel stammenden »Hoofdelingen«, die sich von den übrigen Bauern durch größeren Grundbesitz und befestigte Wohnhäuser unterschieden. Sie nahmen häufig Funktionen wie die des »Grietman«, des Bezirksvorstehers, oder militärische Ämter wahr. Verglichen mit dem nordniederländischen Adel erreichte der Grundbesitz der »Hoofdelingen« wohl nur in Ausnahmen sehr beachtliche Größenordnungen. Da verfügte man über 1.000 bis 2.000 Hektar, die noch dazu auf fruchtbarem Lößboden lagen, während der weniger ergiebige Sandboden den kleineren Bauern überlassen blieb. In Groningen besaßen nur wenige Familien mehr als 200 Hektar, die meisten mußten sich mit 175 bis 125 Hektar begnügen. Die relativ niedrigen Ertragssätze, die für die Übernahme eines Richteramtes vorausgesetzt worden sind, lassen auf noch geringeren Besitz schließen. Für Friesland dürfte der Grundbesitz der »Hoofdelingen« auf insgesamt 20 Prozent des gesamten Territoriums anzusetzen sein. Demgegenüber sind im Süden neben Luxemburg der Hennegau und Namur als die Zentren adliger Macht bekannt.

Obwohl die wirtschaftliche und politische Kraft des Adels sank, bedeutete das nicht seine Ausschaltung aus dem politischen Leben überhaupt. Er übernahm öffentliche Ämter und militärische Aufgaben. Schon in der burgundischen Herrschaftsphase spielte ein Problem eine Rolle, das bei den Habsburgern, vor allem unter Philipp II., zu höchstem adligem Unwillen führte: Die Burgunder zeigten die Tendenz, Ämter mit jenen zu besetzen, die als Verwalter geschult waren. Doch der eingesessene Adel war dies bei weitem nicht immer.

Für Rechtsprechung und Verwaltung wurden Fachkräfte gesucht, Rechtsgelehrte vor allem, und für den Geldhandel galt das gleiche. Man brauchte Experten und Buchhalter, nicht bloß Tradition und Namen. Das gehörte zur Politik der Professionalisierung und Zentralisierung. Gleichwohl stand dem Adel immer noch das Hofbeamtentum offen, daneben die Diplomatie, für die nur ganz selten bürgerliche Kräfte herangezogen wurden. In den Gerichten blieb ein Drittel der Sitze dem Adel vorbehalten. Eine Berechnung der Zahl der Adligen am Hofe Karls des Kühnen kommt auf immerhin 600 Personen. Statthalter und Gouverneure eines Territoriums stammten immer aus Adelsfamilien. Kaum Konkurrenz gab es im militärischen Bereich, denn militärische Strategie und Taktik zählten zu den Kernstücken der Ausbildung eines jungen Adligen.

Eine zeitgenössische Schrift des Gilbert de Lannoy, die »L'Enseignement paternel« aus der Mitte des 16. Jahrhunderts, hat eine Art Leitfaden für die Noblesse d'épée vorgelegt, in dem er Anregungen für adlige Karrieren gegeben hat. Es entsprach offensichtlich den Bedürfnissen der Zeit und ganz sicher dem Bild der niederländischen Städtelandschaft, wenn de Lannoy den Adligen riet, in die Wirtschaft einzusteigen. Das war alles andere als standesgemäß, aber notwendig. Gleichwohl wurde dies kein Regelfall, denn immer noch boten Hof und Kriegsdienst und die Heirat die Möglichkeit, den Status zu wahren oder gar emporzusteigen. Heirat konnte durchaus auch Mesalliance mit Bürgertöchtern sein, wenn es eine reiche Mesalliance war. Die bürgerliche Heirat garantierte sicherlich die wirtschaftliche Existenz, doch sie kam nicht allzu häufig vor. Die Besoldung für ein Amt war nicht kärglich bemessen, reichte aber für eine angemessene Lebensführung nicht aus, so daß Ämterhäufung angestrebt wurde, um die Fehlbeträge auszugleichen, und besondere Zuwendungen des Landesherrn für herausragende Dienste oder Einkünfte aus Haus- und Grundbesitz als nahezu unerläßlich erschienen. Obwohl der Militärdienst einträglicher sein mochte als das Honorar des Zivilbeamten, empfahl de Lannoy, entweder reiche Gefangene zu machen oder eroberte Städte kräftig zu plündern. Offensichtlich waren der finanziellen Gewinnmitnahme keine Grenzen gesetzt. Der Bedarf an Geldausgleich scheint außergewöhnlich hoch gewesen zu sein. Das galt insbesondere für den niederen Adel, dessen Sold erheblich unter dem des höheren Adels lag.

Der Hochadel hob sich von den niederen Standesgenossen durch den Umfang seines Besitzes ab, der zumeist über das Land verteilt war. Neben ihn und den niederen Adel trat die Gruppe jener Bürger, die durch den Erwerb von Adelsbriefen – und deren gab es viele in der Burgunderzeit – in den Adelsstand erhoben wurden, ohne immer gleich die entsprechende Anerkennung bei den eingesessenen Standesgenossen zu finden. Wenngleich die finanzielle und soziale Schwäche nicht zu übersehen war, blieb der gesellschaftliche Abstand zum Bürgertum, auch zu dessen Oberschicht, erhalten. In den Fällen, in denen Adelsbriefe die bürgerliche Familie in den Adelsstand erhoben, dauerte es nicht selten zwei bis drei Generationen, ehe die ehemals bürgerlichen Familien in den Genuß adliger Vorrechte bei Steuern und Ämterbesetzung gelangten. Dann war sogar die Möglichkeit eröffnet, in den Orden vom Goldenen Vlies aufzusteigen. Der Adelsstatus hatte mithin noch genug Anziehungskraft für jene, die von ihrer finanziellen Lage und vom Lebensstil her reichlich eigenen Glanz zu vermitteln vermochten. Um Prestige ging es wohl, und an Prestige gewann der Adel durch die Politik der burgundischen Herzöge, ihn an die Dynastie zu binden. Die Stiftung des Ordens vom Goldenen Vlies bildete den Höhepunkt einer solch dynastischen Bindung der Adligen. Sie führte zur Gruppierung einer sich als ausgemacht niederländisch begreifenden sozialen Schicht, die sich zur Zeit Philipps des Schönen deutlich gegen die habsburgischen Höflinge absetzte. Man wird diese frühe Entscheidung als ein höchst wichtiges Merkmal zu nennen haben, weil hier das Element der Fremdständigkeit hineinragt, das zur Zeit Philipps II. im Zusammenhang mit der noch weiter reichenden Professionalisierung eine große Rolle gespielt und manche Adligen zur Parteinahme für den Aufstand motiviert hat.

Die Assimilationswünsche einiger Vertreter des städtischen Patriziats sollten nicht verallgemeinert werden. Sie waren dort gewiß stärker vertreten, wo die Nähe höfischen Lebens gegeben war. Im Norden der Niederlande mit seinem ohnehin schwachen Adel scheinen sie gar nicht aufgekommen zu sein. Die Handels- und Handwerkstätigkeit war im großen und ganzen erfolgreich genug, um ein Selbstbewußtsein heranzuzüchten, das sich in politische Kraft umsetzen konnte und letztlich keineswegs der Erhebung eines Bürgers in den Adelsstand bedurfte. Patriziat und handwerklicher Korporatismus bestimmten Wirtschaft und Politik. Wo sich besondere Gewerbe- und Handelszweige entwickelten, in der Tuchbranche, der Bierbrauerei, dem Getreide- und Weinhandel, entstand schon im Mittelalter eine reiche städtische Oberschicht, die schließlich den Rang des Patriziats einnahm. Der Korporatismus der Handwerker war im wesentlichen deren eigene Errungenschaft. Im Süden fand er sich stärker ausgeprägt als im Norden. Nicht alle Handwerker organisierten sich. Die Organisation galt nur für bestimmte Berufe, die eine Lehrzeit und qualifizierte Arbeit verlangten. Die große Menge der Ungeschulten blieb außerhalb der Organisationsform, die zum einen dem Schutz der Mitglieder diente, zum anderen je nach Wirtschaftslage zu scharfer Konkurrenz zwischen den Zünften führte. Ein sehr wesentlicher Unterschied zwischen den südlichen und nördlichen Territorien lag in der Beteiligung der Zünfte und Gilden am Stadtregiment. In Flandern verlor die städtische Elite, das Patriziat, um 1302 seine bevorrechtete Stellung, das heißt, seitdem war der ausschließliche Zugriff dieser Schicht auf das politische Leben unterbrochen, wenngleich in Gent im Laufe des 15. und 16. Jahrhunderts einige der alten Familien immer noch den lebhaftesten Anteil am stadtpolitischen Leben hatten. Auch die großen Vermögen blieben in den flandrischen Städten erhalten. In Gent saßen im Schöffenkollegium neben sechs Bürgern, den »Poorters«, zehn Vertreter des Tuchgewerbes und zehn der kleinen Gewerbezweige. In Ypern wahrten die Walkmühlenbesitzer lange ihren Anspruch auf Mitbestimmung über städtische Aufgaben. In Brügge verteilte sich die Macht auf das reiche Handelsbürgertum und insgesamt acht Zünfte. In allen flandrischen Städten funktionierte die wichtige Institution der Allgemeinen Versammlung, der »Collatie«, an der sämtliche stadtbürgerlichen Organisationen teilhatten und die das Steuerbewilligungsrecht für die Akzise besaß. Die Tatsache, daß Philipp der Gute es 1447 nicht vermocht hat, vor dieser Collatie seinen Wunsch nach Einführung einer Salzsteuer durchzusetzen, zeigt die Bedeutung dieses großen Gremiums. Das Ernennungsrecht für den Magistrat, für den Bürgermeister und die Schöffen also, hatte unter den Burgundern zwar der Landesherr, aber die Durchführung unterlag bestimmten Kontrollformen seitens der Stadtbürger.

Im Herzogtum Brabant konnte das Patriziat im 14. und 15. Jahrhundert und auch später noch das Stadtregiment einigermaßen behaupten. Obwohl man die Zünfte nicht ausschloß, blieben alle Brüsseler Schöffensitze und ein Bürgermeister den »Sieben Geschlechtern« vorbehalten. Im Löwen wurden die Zünfte 1383 in die Beratungen der Stadt einbezogen. Sie erhielten eine Stellung als eine der vier Körperschaften des Rates der Stadt, der immerhin über Steuerfragen gehört wurde. Das Brüsseler Patriziat gestand den Webern und Walkern erst 1329 das Koalitionsrecht zu, andere Zünfte wurden nicht vor 1365 zugelassen. Innere Zwistigkeiten zwischen den Patriziergeschlechtern verbesserten zwischen 1420 und 1423 die Position der Zünfte, aber das Patriziat behielt letztlich die Oberhand, und erst nach den Unruhen von 1477 wurde die Beratung mit den Zünften institutionalisiert. In Antwerpen gelang es den Handwerkern 1435, im Zuge eines Aufstandes gegen den Herzog, in die Stadtverwaltung durchzustoßen. Es wurde seitdem ein Zwölferrat gebildet, der sich in Fragen allgemeiner Stadtpolitik und öffentlicher Ordnung beraten sollte. Die burgundischen Kommissare, zunächst für die Neubesetzung des Magistrats verantwortlich, wählten die zwölf Personen aus einem von den Zünften selbst gestellten Wahlvorschlag von achtundvierzig Personen aus. Die Unruhen von 1477 brachten den Zünften sechs der zwölf Schöffensitze – ein Erfolg, den der Habsburger Maximilian 1486 wieder zunichte machte. In den wallonischen Gebieten behielt das Patriziat die Oberhand, wenngleich in Lüttich, Huy und Dinant die Gesamtheit oder ein Teil der Ratssitze in Handwerkerhände überging. In Dinant blieben neun von dreißig Ämtern der bürgerlichen Elite vorbehalten, während in Namur, damals einem kleinen Städtchen, der Stadtadel das Monopol auf öffentliche Ämter in der ganzen Zeit der burgundischen Herrschaft behauptete. Hier waltete eine geschlossene Kaste, die sich auf Blutsverwandtschaft gründete. Die Mitglieder dieses »Clans« befaßten sich zugleich mit Großhandel und Finanzwesen.

Gegenüber den Entwicklungen im Süden hatte das Stadtregiment im Norden einen noch stärker ausgeprägt patrizischen Charakter. Zu den ursprünglichen Amtmännern und Schöffen, den »Schout en Schepenen«, traten schon im 13. Jahrhundert nach flandrischem Vorbild Räte, an deren Stelle im 14. Jahrhundert dann die Bürgermeister, den »Burgermeesters« oder »Poortmeesters«, kamen, die von Amtmann und Schöffen gewählt wurden. Allerdings versuchten auch in den nördlichen Provinzen die Zünfte, Mitspracherecht im Stadtregiment zu bekommen. In Leiden gelang es 1351 den Bürgern, für sich – allerdings nur für kurze Zeit – das Recht der Bürgermeisterwahl durchzusetzen. In Dordrecht wählten die Zunftobermeister 1386 ein Achterkollegium, das in allen städtischen Angelegenheiten zu beraten und darüber »zum größten Nutzen« der Stadt zu entscheiden hatte. Gleichwohl war die Institutionalisierung einer Versammlung von Reichen und Angesehenen einer Stadt im Rahmen stadtpolitischer Entscheidungsprozesse, beginnend mit der Wahl der Verwaltungsspitze, das Typische im städtischen Erscheinungsbild des Nordens. Gremien der reichen und angesehenen Bürger der Stadt kannte das holländische Territorium schon im 13. Jahrhundert, etwa in Leiden und Dordrecht. Erst im 15. Jahrhundert wurden diese Reichen zu einem genau abgegrenzten Gremium zusammengefaßt, zur »Vroedschap«. In einer Delfter Gerechtsame wurden zur »Vroedschap ende Rijcheijt« nur solche Bürger gezählt, die eine Grundsteuer von mindestens 200 Pfund jährlich zu entrichten hatten. Philipp der Gute, jener Burgunder, der sich zu Beginn seiner Herrschaft an die Durchorganisation seiner Territorienverwaltung begab, was nicht nur nach den Prinzipien der Zweckmäßigkeit erfolgte, sondern auch der Kontrolle diente, institutionalisierte diese Vroedschappen zu zahlenmäßig genau festgelegten Notabeln-Kollegien. Die Mitgliederstärke schwankte von mindestens 24 bis hin zu 80 Personen. Sie wurden in der ersten Zusammenstellung vom Landesherrn bestimmt und konn-

I. Handelsschiffe in den Mündungsarmen der Schelde. Aus einer aquarellierten holländischen Karte, zwischen 1494 und 1504. Antwerpen, Stadsarchief

II. Spätmittelalterliche Stadt. Aus der Mitteltafel des Middelburger Bladelin-Altars von Rogier van der Weyden, bald nach 1452. Berlin, Staatliche Museen Preußischer Kulturbesitz, Gemäldegalerie

III. Tuchmarkt von 's-Hertogenbosch. Gemälde eines unbekannten Meisters, um 1530. 's-Hertogenbosch, Noordbrabants Museum

IV. Der Hafen von Antwerpen mit Kran, Holks und Leichtern. Kolorierter Holzschnitt in dem 1515 gedruckten Buch »Lofzangen ter eere van Keizer Maximiliaan…« von Jan de Gheet. Hamburg, Staats- und Universitätsbibliothek

V. Karl der Kühne von Burgund als Vorsitzer vom Kapitel des Ordens vom Golde-
nen Vlies. Miniatur in dem 1463 in Brügge entstandenen Buch des Ordens von
Guillaume Filastre. Wien, Haus-, Hof- und Staatsarchiv, Depot des Ordens vom
Goldenen Vlies

VI a. Der Haarlemer Patrizier Pieter Jan Foppesz und seine Familie. Gemälde von Maarten van Haeemskerck, um 1530. Kassel, Staatliche Museen. – b. Die Schachpartie. Gemälde von Lucas van Leyden, um 1508. Berlin, Staatliche Museen Preußischer Kulturbesitz, Gemäldegalerie

VII. Der reiche Mann und der Tod. Kolorierter Stich von dem Kampener Mono-
grammisten AI, 1553. Amsterdam, Rijksmuseum

VIII. Klösterliche Krankenpflege. Gemälde des Meisters von Alkmaar, 1504.
Amsterdam, Rijksmuseum

IX. Exekution holländischer Aufständischer durch spanische Soldaten im Juli 1573 in Haarlem. Aus einer kolorierten Radierung von Franz Hogenberg, 1585. Privatsammlung

X. Die Schließung der Schelde durch eine Palisade im Jahr 1585. Aquarell eines
Unbekannten, wohl 1585. Wien, Österreichische Nationalbibliothek

XI. Dreimastkriegsschiff der Generalstände: eine Anspielung auf die diplomatische Mission Buckinghams in Den Haag vor Abschluß des Vertrages vom 9. Dezember 1625 zwischen Großbritannien, Dänemark und den Vereinigten Provinzen. Gemälde von Cornelis Verbeeck, zwischen 1626 und 1630. München, Capricorne Kunst und Antiquitäten

XII a. Heckenpredigt. Gemälde »Predigt Johannes des Täufers«. Gemälde von Jan Bruegel d. Ä. nach dem Budapester Bild von Pieter Bruegel d. Ä. Basel, Kunstmuseum. – b. Gottesdienst in einer reformierten Kirche zu Weesp. Gemälde von Gysbert Sybilla, um 1635. Utrecht, Rijksmuseum Het Catharijneconvent

XIII a. Wilhelm I. von Oranien mit seinen Söhnen sowie deren Vettern und Cousinen im Buitenhof zu Den Haag. Gemälde vermutlich von Hendrick Ambrosius Packx. Den Haag, Mauritshuis. – b. Erzherzog Leopold Wilhelm, Statthalter der spanischen Niederlande auf dem Schützenfest in Brüssel. Gemälde von David Teniers d. J., 1652. Wien, Kunsthistorisches Museum

XIV. Der Nieuwezijds Voorburgwal mit Blumenmarkt in Amsterdam. Gemälde von Gerrit Adriaensz. Berckheyde, 1686. Lugano, Sammlung Thyssen-Bornemisza

XV. Die Börse zu Amsterdam. Gemälde von Jan Berckheyde, um 1670. Amsterdam, Historisch Museum

XVI. Die Leichen der beim Aufruhr in Den Haag am 20. August 1672 ermordeten Brüder Jan und Cornelis de Witt. Gemälde von Jan de Baen. Amsterdam, Rijksmuseum

ten sich dann durch Kooptation ergänzen. Es ist sicher nicht falsch, hier von den Anfängen einer geschlossenen, politisch befugten Patrizier(Regenten)gesellschaft zu sprechen, obwohl nicht in allen Städten das freie Kooptationsrecht bestanden hat. Aufgabe der Vroedschap war es, dem Landesherrn einen alternativen Personalvorschlag für die Besetzung der Schöffensitze und Bürgermeisterstellen zu machen, aus dem dieser wählen konnte. Schöffen wurden in allen Orten vom Landesherrn ernannt, dagegen wählte Amsterdam seine Bürgermeister frei. Ähnliche Kollegien der Reichen bildeten sich in Orten außerhalb des holländischen Territoriums. Sie sind für das ausgehende 14. und beginnende 15. Jahrhundert in Nimwegen, Zutphen und Arnheim bezeugt. Wenngleich einerseits der Landesherr oder sein Statthalter das Ernennungsrecht und damit die Sicherung der eigenen Position in der Stadt durch Günstlingspolitik wahrte – es wäre falsch, für jene Zeit von einer städtisch-landesherrlichen Konfrontation auszugehen –, war andererseits durch ausschließliche Einbeziehung eines kooptierenden Patriziats in diesem stadtpolitisch so wichtigen Entscheidungsprozeß die Voraussetzung für eine oligarchische Kontraktionstendenz geschaffen, die die Abschottung gegen Ambitionen anderer Bürgerkreise, aber zugleich das Selbstbewußtsein gegenüber dem Landesherrn förderte.

Die Organisation der Herrschaft: erste Schritte der Modernität gegen Partikularität

In ihrem Wunsch, den Glanz der Burgunderherrschaft in den Niederlanden in einer Zwischenbilanz zu charakterisieren, haben sich Wim Blockmans und Walter Prevenier eine eindrucksvolle Szenerie ausgedacht. Sie tauchen die Städte Leiden, Brügge und Brüssel in das helle Licht der ersten Frühlingssonne des Jahres 1460. In Leiden lassen sie einen Weber frohgemut das Fenster seiner Werkstatt öffnen, in Brügge den Geldwechsler die Kassetten auf den offenen Stand am Fuße des Belfort ordnen, und ein Brüsseler Bäcker führt seinen Hund zufrieden auf dem Houtmarkt spazieren. Hätte man sie nach dem Grund ihres Wohlbefindens gefragt, dann wären, so vermuten die Autoren, von allen dreien ähnliche Antworten zu erwarten gewesen. Und da wird aus der sonnigen Idylle unversehens eine wahrhafte Zustandsbeschreibung, in der die drei Bürger die Personifikation der Zufriedenheit über die wirtschaftliche und politische Lage in den burgundischen Landen waren. Es herrschte Friede, schon eine Generation lang, der den Export von Textilien und Eisenwaren förderte. Geschäftswelt und Unternehmer strichen beachtliche Gewinne ein, der Arbeitslohn lag hoch und blieb stabil, die Kaufkraft wuchs. Selbst die Randexistenzen der Bevölkerung, die Armen und Bedürftigen, brauchten nicht um das tägliche Brot zu fürchten, da die Getreideernte im Lande selbst ausreichte oder die Nahrungsgrundlage bei schlechteren Ergebnissen durch Zufuhr aus den baltischen Gebieten sichergestellt wurde. Die zünftigen Handwerker hatten sich schon lange nicht mehr untereinander geprügelt oder sich der Obrigkeit widersetzt. Selbst Gent, die aufsässige Stadt, war einigermaßen zur Ruhe gekommen. Wenn die beiden Autoren ihren Geldwechsler aus Brügge sagen lassen, daß das Burgunderreich seinen Glanz niemals ohne die weltberühmten Künstler der Niederlande habe erreichen können, nicht ohne die Drehscheibe der Weltwirtschaft Brügge und auch nicht ohne die Tausende von Arbeitern der Textilmanufaktur und der anderen Luxusgewerbe, deren Erzeugnisse von Königsberg bis London und Genua sowie in der Levante sehr begehrt waren, dann beschreiben sie den hohen Leistungsstandard, der den eigentlichen Hintergrund der sonnenbeschienenen Idylle ausgemacht hat: die Agglomeration von Städten und Territorien in der Nordwestecke Europas, die mit den Burgunderherzögen vor allem für die Außenwelt ein neues politisches Gepräge erhalten haben.

Die Herzöge traten als eine Nebenlinie des französischen Königshauses an. Wenn sie in den nachfolgenden hundert Jahren ihre Herrschaft über Flandern, Brabant, Hennegau, Holland und Seeland ausdehnten, dann geschah dies aufgrund ihrer tatkräftigen dynastischen Politik, die in ihren Spielformen von Kauf und Heirat über den Erwerb von Pfandrechten bis zu offener Gewalt reichte. Es mag sein, daß das ausgehende Mittelalter eine Gleichartigkeit von Materiellem und Geistigem, ein engeres Zusammenrücken der Territorien vorbereitet oder gar gefördert hat; aber zustimmen wird man gewiß Johan Huizinga, der den Befund formuliert hat: »Die scheinbare Notwendigkeit dieser Entwicklung liegt nur in unserer historischen Blickweise... ohne die burgundische Herrschsucht, einen rein politischen Faktor, hätten alle ethnologischen und wirtschaftlichen Bedingungen zu gänzlich anderen Ergebnissen führen können. In ihrer weiteren Entwicklung sind diese Bedingungen selbst mitbeeinflußt durch diesen politischen Faktor, die Herrschsucht Burgunds.« Die Bildung der burgundischen Niederlande war nicht die Folge des mit der Kraft eines Naturvorganges von innen heraus sich vollziehenden Prozesses, wie Henri Pirenne es noch dargestellt hat. Entscheidend war vielmehr die Tatsache, daß die Dynastie der Burgunder im Laufe der Jahrzehnte als landständig, nicht als fremd empfunden wurde. Die niederländischen Territorien, diese »Terres de promission«, wie Philipp von Commines sie umschrieben hat, wuchsen zu den Kernlanden der burgundischen Herrschaft heran, und zwar in Auseinandersetzung zwischen dem Landesherrn und den autochthonen Kräften aus Stadt und Land, zwischen Herrscher und Untertanen. Das war konfliktträchtig genug, aber das Verhältnis enthielt immer auch die Chance der Befriedung. Konfliktträchtig war dies, weil die burgundischen Herrscher keine gesichts- und konturlosen Territorien erwarben, sondern Gebiete mit einer im wahrsten Sinne des Wortes reichen Handels- und Gewerbetradition und einer Städtelandschaft, die an Quantität und Qualität häufig mit den norditalienischen Verhältnissen verglichen worden ist. Schließlich lagen die Territorien in einem europäischen Raum, der schon zur karolingischen Zeit und erst recht danach ergiebig am Handel teilnahm und eine eigenständige hochstehende Kultur entwickelte. Stadtkultur, internationaler Handel und höfische Kultur, wie sie von den Burgundern subtil gepflegt wurde, verliehen den Territorien ihren exklusiven Charakter. Selbst wenn man in einer Betrachtung der gesamten burgundisch-niederländischen Städtelandschaft von Süd nach Nord einen gewissen Bedeutungsabfall, einen – freilich nur graduellen – Unterschied feststellen will, bleibt die städtische Prägung des Herrschaftsraumes insgesamt erhalten, ändert sich nichts daran, daß die Städte das Leben politisch, wirtschaftlich und kulturell entscheidend mitbestimmt haben. In den Niederlanden des 15. Jahrhunderts konnte »kein Gemälde angefertigt werden, in dem nicht ein stolzes Rathaus, ein Belfort oder eine Stadtkirche oder zumindest eine kleine Ladenstraße im Hintergrund erschienen, so daß den Betrachter oder Auftraggeber das ihn erhebende Gefühl erfaßte, seine Umgebung wiedergegeben zu finden, in der man reich und eitel genug werden konnte, um solch ein anspruchsvolles Gemälde in Auftrag zu geben oder zu erstehen« (W. Prevenier/W. Blockmans). Städte und Landesherr konnten ein Konfliktpotential schaffen, in dem sich dynastisches Interesse oder Herrschsucht, wie es Huizinga benennt, und das städtische Partikularinteresse mit seiner sorgsam aufgebauten und behüteten Privilegienwelt gegenüberstanden. Die Stadtbürger und ihre Verantwortlichen kehrten sich nicht gegen landesherrlich-burgundische Gewalt, solange das Rechts- und Wirtschaftsinteresse nicht gestört war, und für den eingesessenen Adel, der in den südlichen Territorien sehr viel stärker vertreten war als in den nördlichen Teilen, galt das gleiche Verhalten.

Ein Überblick über die politische Entwicklung der burgundischen und dann habsburgischen Niederlande macht deutlich, daß die Modernität einer auf Zentralisierung und Einheit drängenden Politik und das traditionsgebundene Beharrungsvermögen der einzelnen, souveränen Territorien zu einer Reihe von Konflikten geführt haben, die zum nicht geringen Teil für die Geschichte dieser Landschaften charakteristisch gewesen sind. Die burgundischen Herzöge stießen in die städtisch und städtisch-adlige Welt der Partikularität, der Vielgestaltigkeit und der eifersüchtigen Wachsamkeit hinein, nicht immer ohne als Störenfried empfunden zu werden. Sie versuchten ihre Politik in einem territorial gegliederten Raum, in dem für das Herzogtum Brabant die »Blyde Inkomst« (1356) galt, eine Charta zwischen brabantischen Städten und dem Landesherrn, die hier immer wieder neu beschworen wurde und die »konstitutionelle Entwicklung Brabants im großen und ganzen abrundete« (H. Werveke). Diese Charta war vor allem gegen landfremde Fürsten gerichtet aus der Furcht, daß das Territorium durch dynastische Politik geteilt werden könnte. Das Interesse der Burgunder, die niederländischen Territorien unter ihren herzoglichen Hut zu bringen, wird man als Fortsetzung und zugleich Höhepunkt einer säkularen Tendenzwende begreifen, die auf Aufhebung der »parzellierten Souveränität« (P. Anderson) mittelalterlicher Strukturen gezielt hat und zuvor schon zu größeren politischen Einheiten in der Gestalt von Flandern, Brabant-Limburg, Holland-Seeland-Hennegau und Geldern geführt hatte. Das Expansionsbedürfnis der burgundischen Dynastie fand günstige Voraussetzungen dort vor, wo es eine globale Übereinstimmung in Struktur, Lebensbedingungen und Lebensformen zwischen den Territorien gab. Sowohl die Ausdehnung der Dynastie als auch die innere Ausgestaltung der Herrschaft im Sinne einer Vereinheitlichung oder gar Zentralisierung begannen schon bei Philipp dem Kühnen, dem ersten Burgunderherzog, der 1386 in Rijssel (Lille) einen Rechnungs- und einen Gerichtshof installierte. Dem Rechnungshof oblag die Finanzkontrolle des gesamten damaligen niederländischen Herrschaftsgebietes des Herzogs, also Flanderns, des Artois, Mechelns und Antwerpens. Das war etwas Neues im Spektrum landesherrlicher Verwaltung. Es handelte sich um eine mit einem bestimmten Aufgabenbereich beauftragte Instanz mit festem Amtssitz und festem Personal. Der Gerichtshof wurde 1405 auf Bitten der flandrischen Stände nach Oudenaarde und von dort 1407 nach Gent verlegt, wo er sich allmählich als »Rat von Flandern« zum obersten Gerichtshof der Grafschaft Flandern entwickelte, nach 1440 allerdings unter die Hoheit des »Großen Justizrates« fiel. Den umfassenden Verwaltungsneubau in den Niederlanden unternahm dann Philipp der Gute, für den allein geographisch gesehen ein sehr viel größeres Arbeitsfeld gegeben war. In den einzelnen Territorien konnte er auf Vorformen herzoglicher oder gräflicher Verwaltung fortbauen. Das galt vor allem für den Rat, den »Hof«, der finanzielle, rechtliche und allgemeine Verwaltungsfunktionen hatte. Von Interesse war für diesen Burgunder die Finanzverwaltung. Er paßte sie nunmehr dem burgundischen Schema an, indem er dem holländischen Rat die Kompetenz entzog und sie auf die Rechnungshöfe in Rijssel beziehungsweise Brüssel übertrug. Die Beamten dieser Instanz traten als reisende Kommissare auf, die in der Regel der zentralen Curia ducis angehörten. In einem letzten Schritt kam es zur Bildung eines Allgemeinen Rechnungshofes in Brüssel, dem Regierungssitz der Burgunder. Die Zentralisierung der Finanzverwaltung entsprach der modernen Verwaltungsentwicklung nach französischem Muster und zielte durch genauere Steuerverteilung auf ein höheres Steueraufkommen.

Als beratendes Organ fungierte bereits seit Philipp dem Kühnen ein Hofrat, mit dem der Herzog die meisten der anfallenden »Staatsgeschäfte« und Rechtsfragen vorab beriet, in dem höfischer Adel und Juristen gleichermaßen saßen und der auch in Abwesenheit des Landesherrn zusammentrat. Eine wesentlich zentralisierende Funktion übernahm dann der Große Rat für Recht und Rechtsprechung, der Große Justizrat, der sich infolge notwendiger Spezialisierung zwischen 1435 und 1445 aus dem Hofrat entwickelte. Beide Gremien bestanden mit- und nebeneinander. Sie waren zunächst personell noch miteinander verflochten. Es gab keine Entscheidung des Landesherrn, die nicht zuvor mit beiden Gremien beraten worden war. Die zunehmende Bedeutung des Großen Justizrates führte zu einer Zentralisierung der Rechtsprechung und enthielt den ersten Schritt auf dem Weg zu einer Überwindung niederländischer Vielfalt. Der Rat war zwar ein mobiles Unternehmen, entwickelte sich jedoch bald zu einem selbständigen Organ mit Kanzlei, Staatsanwaltschaft und Gerichtskasse. Ihm unterstanden vier Arbeits- und Entscheidungsbereiche: Er trat auf als Entscheidungsinstanz bei Rechtsstreit um die Interpretation der Gesetze und Verwaltungsmaßnahmen des Herzogs, wurde mit den der ausschließlichen Gerichtsbarkeit des Herzogs unterworfenen Fällen befaßt, diente als Berufungsinstanz der territorialen Gerichtsbarkeit und schließlich in der Praxis auch der kommunalen Schöffengerichte unter Umgehung der territorialen Gerichtshöfe. Die Praxis reichte so weit, daß der Große Justizrat auf Ansuchen einer der Parteien einem Schöffengericht oder territorialen Hof in einer Rechtssache die Rechtsprechungskompetenz entziehen konnte. Karl der Kühne ging noch einen Schritt weiter, als er den Großen Rat mit Verordnung von 1473 zum zentralen Gerichtshof, dem Parlament, mit ständigem Sitz und festem, besoldetem Beamtenstab in Mecheln erhob. Mecheln gehörte als exterritoriale Herrschaft weder zu Brabant noch zu Flandern. Der zentralistische Charakter der Maßnahme wurde durch diese Ortswahl nachgerade unterstrichen. Die Institution, der nun nicht mehr der burgundische Kanzler, sondern ein Duumvirat von zwei Präsidenten vorsaß, arbeitete mit fünfzig Beamten. Wichtig war die Rekrutierung. Während die territorialen Ratskammern ihre Mitglieder bei den autochthonen Ständen fanden, rekrutierten sich die Beamten der zentralen Instanzen vornehmlich aus dem Herzogtum Burgund und der Freigrafschaft. Hier lag ein

Problem, da dieses Rekrutierungsfeld kaum die Popularität der zentralen Instanzen zu fördern vermochte, zumal der Herkunft der Beamten entsprechend das Französische die Amtssprache war.

Im Sinne der burgundischen Herrschaft in den Niederlanden, die nichts anderes war als Herrschaft in Personalunion, somit eine Vielfalt der Sozial- und Rechtsstruktur enthielt, bedeutete eine Politik der Zentralisierung Vereinheitlichung und damit Transparenz und Vereinfachung der politisch-rechtlichen Strukturen. Aufgrund der Personalunion stellten die Stände der einzelnen Territorien zunächst die Antagonisten burgundischer Zentralisierungspolitik dar. Die Stände waren, dem Zeitbegriff von politischer Mündigkeit angepaßt, die Korporationen des Adels, der Geistlichkeit und der Städte. Solch korporatives Erscheinungsbild galt nur für die Territorien als Ganzes, denn nicht überall und immer waren alle drei Korporationen gleichzeitig vertreten. Ein Vergleich der Vertretungsgrundlage zeigt regional große Unterschiede an. Das sah in Holland und Seeland anders aus als in Brabant und Flandern und später – unter der Herrschaft der Habsburger – in Overijssel oder Geldern anders als in Friesland oder Groningen, den beiden adelsfreien Territorien. Häufig war auch die Stellung der einzelnen Städte, abgesehen von ihren sehr unterschiedlichen innerstädtischen Strukturen der politischen Mitbestimmung, abhängig von ihrer wirtschaftlichen Bedeutung. Bei aller sozialen und regionalen Vielfalt hatten die Vertretungskörperschaften, die Ständeversammlungen, eines gemeinsam: Sie besaßen das Recht, die finanziellen Forderungen des Landesherrn zu bewilligen oder abzulehnen. Ihnen oblag es zugleich, die Rechte und Privilegien der Landschaft und ihrer Teile gegenüber der Exekutive zu schützen. Man wird sich die hauptsächlich aus der wirtschaftlichen Bedeutung der Städte hervorgegangene privilegierte Stellung innerhalb des burgundisch-niederländischen Raumes vorstellen müssen, um zu begreifen, was eine auf fiskalischem und vor allem rechtlichem Gebiet einsetzende Zentralisierung für die Mannigfaltigkeit von verbrieftem Recht, Privilegien und für das Gewohnheitsrecht bedeutet hat. In diesem allmählichen Prozeß des Übergangs »von der landesherrlichen Gesetzgebung des Mittelalters, die vornehmlich aus der Vergabe von Privilegien an Städte und Landschaften bestand, zur Gesetzgebung einer Zentralgewalt« (Ph. Godding/J. Th. H. de Smidt) blieb für die Territorialstände auf jeden Fall das Recht der Steuerbewilligung. Es sprach für ein auf die Kraft des eigenen Territoriums bedachtes Selbstbewußtsein, wenn die Territorialstände nicht von Steuern für den Landesherrn, sondern von Subsidien reden wollten. Tatsächlich meinte »Steuer« ein Recht des Souveräns, »Subsidien« jedoch, daß man seine Möglichkeit als Untertan auszuschöpfen gedachte. Mit der Zentralisierung der Macht ging eine Vereinfachung der Verwaltung einher, und wenn erhöhter Geldbedarf anstand, dann empfahl sich auf jeden Fall eine Beschleunigung des Verfahrens. In jedem Territorium um Subsidien einkommen hieß, sich der Möglichkeit berauben, rasch die benötigten Gelder zu besorgen. Hier lag eines der politischen Motive, die zur Bildung der »Generalstände«, der »Staten-Generaal«, führten, die 1464 zum ersten Mal in Anwesenheit Philipps des Guten zusammentraten. Bis 1477, dem Ende der Zeit Karls des Kühnen, kamen die Generalstände sechsmal zusammen. Dieses Gremium bestand aus Abgesandten der Territorialstände. Sie erschienen zu den Sitzungen mit einem imperativen Mandat ihrer Herkunftsgremien. Die Kompetenzen der Stände waren zwar nicht genau umschrieben, doch sie berieten über politische Probleme, die der Landesherr ihnen vorlegte und in denen er ihren Rat begehrte. Trotz mangelnder Kompetenzumschreibung dürfte es sich bei diesem Gremium um eine Kontrollinstanz gehandelt haben, aber eben um eine, die letztlich die Zentralisierungsbemühungen der burgundischen Herzöge noch unterstrich. Insofern konnte die Existenz der Generalstände ein möglicherweise in Spuren vorhandenes Einheitsbewußtsein fördern. Ohne also die Wirkungskraft überbewerten zu wollen, hat die Verbindung von Kontrolle und Einheit den Inhalt eines allmählich sich entwickelnden, die gesamten burgundischen Niederlande meinenden Selbstverständnisses ausgemacht. Zeitgenössisch hieß es: »(Wir wollen) ... Brüder sein und vereinigt ... leben und sterben in der gemeinsamen Verteidigung unserer Länder ... wenn wir einig sind, wird uns der König nicht schaden können.« Aber das war eine frühe, vereinzelte Äußerung, die nicht zum vorherrschenden Tenor der Zeit stilisiert werden sollte. Denn weder die Burgunder noch später die Habsburger vermochten einen einheitlichen Rechtstitel für die niederländischen Territorien, wie den eines Königs, zu erwerben. Es bleibt daher die Schlußfolgerung Johan Huizingas gültig, daß man nur aus der nächsten Umgebung des Herzogs die burgundischen Lande als eine Einheit hat sehen können. Es mag Philipp dem Guten gelungen sein, in seiner Regierungszeit ein gewisses Maß an überterritorialem Bewußtsein zu vermitteln, sein Sohn und Nachfolger, Karl der Kühne, besaß weder das Interesse noch die Fähigkeit, um eine in mehreren Jahrhunderten gewachsene, auf das eigene Territorium gerichtete Mentalität gänzlich zu verändern – und das war die einer abgeschotteten Souveränität. Es entsprach genau dieser Struktur, wenn sich der die Personalunion stiftende Landesherr von jedem einzelnen seiner Territorien anerkennen lassen mußte. Mehr als ein lediglich über die Dynastie vermitteltes Nebeneinander kam nicht zustande. Selbst wenn sich mit zunehmender Zentralisierungspolitik tendenziell eine Umformung zu einem über die Person des Landesherrn hinausgreifenden institutionalisierten Miteinander erkennen läßt, ist die Einheit nie voll erreicht worden – auch nicht später in den Jahrhunderten der Republik.

Zentralisierungs- und Konzentrationstendenz erfuhren aufgrund gleichsam föderaler bis partikularistischer Beharrung ihre Behinderung. Einer auf Einheit gerichteten Politik stand eine Vielzahl von Prärogativen der einzelnen Landschaften entgegen. Und das galt nicht nur für die burgundische, sondern auch für die habsburgische Zeit. Es gehörte eben zu den Besonderheiten einer Herrschaft in den Niederlanden, daß dem Landesherrn zwar seine Potestas nicht bestritten, aber durch ein Konglomerat von schriftlich fixierten Rechten, Freiheiten und Privilegien beschnitten wurde, die im Laufe des Mittelalters von den einzelnen Sozialgruppen, von Adel, Geistlichkeit, Städten, Gilden und Zünften, erzwungen worden waren. Daneben gab es ein dichtes Netz von regionalen oder lokalen Gewohnheitsrechten mit der Konsequenz, daß sich die landesherrlichen Edikte vorwiegend mit öffentlichem Recht, Verwaltungs- und Strafrecht, befaßten. Der Wert der Rechte, Freiheiten und Privilegien in den Beziehungen des Landesherrn zu seinen Untertanen spiegelte immer nur das Kräfteverhältnis eines bestimmten Augenblicks wider, und auch deren spätere Anwendung wurde stets als Macht-, nicht als Rechtsfrage verstanden. Gleichwohl schuf die Summe dieser Rechte eine Art regionales Rechtsbewußtsein, das bei Einsicht des Einzelterritoriums in das Erfordernis eines engeren Zusammenhalts tief reflektiert und je nach Lage der Machtverhältnisse politisch umgesetzt wurde und schließlich half, Interessenpolitik aus der Tradition zu rechtfertigen. Daraus ergab sich eine Doppelentwicklung: zum einen der genannte erste schwache Ansatz zu einem gesamtniederländischen Bewußtsein, zum anderen eine Vertiefung der territorialen Eigenständigkeit.

Ein Schlag gegen die Zentralregierung: das »Große Privileg« von 1477 und seine Weiterungen

Das »Große Privileg« der Maria von Burgund vom 11. Februar 1477 hat den Zentralisierungsschub unterbrochen und die Kontrolle scharf akzentuiert. Das war nur kurzfristig, aber auf jeden Fall Ausdruck des Unbehagens, das die einzelnen Territorien und Städte während der Regierungszeit Karls des Kühnen mehrfach geäußert hatten. Die vom Landesherrn eher als Symbol niederländischer Einheit verstandenen, doch von den Territorien nicht durchweg so begriffenen Generalstände wurden nicht abgeschafft. Im Gegenteil: Indem Maria von Burgund ihnen das Selbstversammlungsrecht zuerkannte, erhielten sie eine stärkere Position, weniger jedoch als Institution staatlicher Einheit denn als Kontrollorgan gegenüber der landesherrlichen Exekutive. Das »Privileg« war eigentlich eine Sammlung von Rechtszuweisungen, die aus der allgemeinen Urkunde vom 11. Februar und einigen gesonderten Chartern für einzelne Territorien bestand. Wie die Generalstände bekamen auch die Territorialstände das Selbstversammlungsrecht zugesprochen. Diese Zusage ging von dem Willen aus, das Recht der Untertanen zu stärken. Die Formulierung hinsichtlich der Kompetenzen der Generalstände war hingegen einigermaßen dürftig. Sie handelten über allgemeine Angelegenheiten, »die das Wohl und das Interesse der Territorien betrafen«. Wie immer man das auslegen wollte, ihre Entscheidungsmacht blieb insofern bloß vermittelt, als die Mitglieder der Generalstände nichts anderes waren als Vertreter der Territorien mit imperativem Mandat. Daß die Stände sich das Recht erwarben, über Krieg und Frieden mitzuentscheiden, gehörte zu den Bestimmungen, die so neu nicht waren, da die »Blyde Inkomst« von 1356 eine solche Regelung bereits enthielt. Wichtiger waren die Stipulationen, die zeigten, daß die burgundische Zeit, die sich erst seit Philipp dem Guten zur vollen Macht und Blüte entwickelte, nicht ausreichte, um vieljährig gewachsene Strukturen zugunsten eines noch vagen Einheitsgedankens zu überspielen, der letztlich Verzicht auf Überkommenes im Territorialen wie Lokalen implizierte. Die Modernität der Burgunder unterlag vorerst der Tradition der Landschaften. Maria respektierte die Privilegien und Gewohnheiten der Territorien. Ein erster Ansatzpunkt, das Versprechen einzulösen, war die Aufhebung des Parlaments in Mecheln und des Allgemeinen Rechnungshofes. Eingeführt wurde wieder der Große Rat, der keinen festen Sitz mehr hatte, sondern eher ein reisender Gerichtshof war, aber bei seiner Entstehung als erstes Ergebnis der burgundischen Zentralisierungspolitik gegolten hatte. Es zeigte gerade die Forderung nach Wiederherstellung des Großen Rates, daß es den Territorien in den Niederlanden durchaus nicht um die Auflösung des burgundischen Staates in seine Bestandteile ging. Die von den Burgundern eingeführten territorialen Gerichts- und Rechnungshöfe blieben ebenfalls erhalten, allerdings mit der Absicht einer Neuerung: Die Ratsherren sollten nicht nur aus den einzelnen Territorien kommen, sondern die Prozesse mußten von nun an zweisprachig, französisch und niederländisch, geführt werden. Dies diente dazu, die Vorrangstellung der von Philipp dem Guten und Karl dem Kühnen bestellten burgundisch-französischen Ratsmitglieder zu beschränken, die bisher ihre Prozesse auf französisch geführt und Recht nur in dieser Sprache gesprochen hatten. Die Prozesse wurden jeweils in der Sprache des Antraggegners, nicht des Antragstellers geführt. Zugleich begrenzte das »Große Privileg« die Befugnisse des Großen Rates, erhielt der Rat von Brabant seine alte Souveränität zurück, die er als Gerichtshof unter Philipp dem Guten noch bewahrt, unter Karl dem Kühnen aber verloren hatte. Zu den zentralen Kompetenzbeschneidungen zählte etwa die Rücknahme des Evokationsrechts, das bis dahin vor allem von den städtischen Schöffenbanken als unrechtmäßig angesehen worden war.

Das »Große Privileg« ist in der Historiographie als eine erste frühe Verfassung der Niederlande umschrieben worden. Das ist sicherlich richtig. Dagegen ist dem Urteil, es habe sich insgesamt um eine konservative Reaktion der Territorialstände gehandelt, nur bedingt zuzustimmen, weil die burgundische Dynastie in ihrer politischen Existenz in den Niederlanden keinesfalls angezweifelt wurde und die Personalunion, die einheitsschaffend war, erhalten bleiben sollte, wenngleich die Politik Karls des Kühnen weder nach innen noch nach außen zur Freude der Stände verlaufen ist. Das Privileg bewies immerhin, daß aus dieser ehemals landfremden Dynastie eine landständige geworden war. Das Grundprinzip der »Blyde Inkomst«, das auf der Landfremdheit des Territorialherrn basierte und die Gehorsamsverweigerung bei Schändung der Privilegien und Rechte enthielt, brauchte nicht angewandt zu werden. Statt dessen ging es in zahlreichen Artikeln der territorialen Urkunden, die in der Zeit des »Großen Privilegs« ausgehändigt wurden, um eine Berichtigung der Fehler, die nach Ansicht der Territorialstände in ihren Landen gemacht worden waren und zu häufigen Beschwerden geführt hatten. »Die Reaktion der Stände«, so formulieren Blockmans und Prevenier, »richtete sich gegen den forcierten Charakter der Zentralisierung und vor allem gegen die himmelschreienden Auswüchse der letzten Jahre«, gegen Korruption, Ämterkauf, Schmiergelder bei der Schöffenwahl, die zu großer Verärgerung Anlaß gaben und dem Landesherrn oder seinen Vertretern angelastet wurden.

In der Zeit der Regentschaft Maximilians, des Ehemannes der Maria von Burgund, folgte eine Reihe von Konflikten, gleichsam als Nachwehen des »Großen Privilegs«. Daß die flandrischen Stände, im Gegensatz zu den Gremien des Hennegaus, Hollands und Brabants, Maximilian nicht als Regenten anerkennen wollten, wie es das Testament der Maria von Burgund vorsah, war ein Zeichen territorialen Widerstandes. Die Stände dieses Territoriums setzten sogar die Bildung eines Regentschaftsrates durch. Als Schwäche des Regenten erwies sich zudem, daß die Vertreter Flanderns kraft eigenen Rechts den burgundisch-französischen Krieg mit dem Frieden von Atrecht am 23. Dezember 1482 abschlossen und gleichzeitig – das war die mit Frankreich vereinbarte Vorbedingung – die Eheschließung der Margarethe von Österreich, der Tochter Maximilians, mit dem Dauphin Frankreichs versprachen, nicht ohne das Artois und die Franche Comté anzubieten. Hier übernahmen die flandrischen Stände ein Stück Außenpolitik, was zunächst von den Ständen der anderen Territorien unterstützt wurde, bis sich für sie die flandrische Aktion als ein Beispiel territorialen, zumal wirtschaftlich bestimmten Egoismus erwies. Die Flamen verloren schließlich ihre Kraftprobe, doch als Maximilian den Frieden von Atrecht brach, kam es zu Unruhen, da diese Landschaft wirtschaftliche Nachteile zugunsten Antwerpens fürchten mußte. Maximilian wurde in Brügge gefangengenommen und erst nach einer Vereinbarung mit den Generalständen wieder freigelassen. Diese Vereinbarung, auch »Union« oder »Allianz« genannt, legte fest, daß die Generalstände jährlich einmal sich versammeln konnten und der Landesherr künftig lediglich mit Zustimmung der Generalstände über Krieg und Frieden entscheiden durfte. Insgesamt war die Phase nach 1477 bis zur Übernahme der Landesherrschaft durch Philipp den Schönen, den Sohn Maximilians, durch den Ausbau ständischer Macht einschließlich der exekutiven Aufgaben gekennzeichnet. Denn die Stände organisierten die Verteidigung des Landes gegen Frankreich, legten Anleihen auf und betätigten sich außen- und wirtschaftspolitisch, in der Absicht, ein föderales System an die Stelle zentralistischer Politik zu setzen, ohne die bis dahin erreichte Einheit der Niederlande preiszugeben. Vor allem betrieben die Stände eine Friedenspolitik, die nicht auf territorialen Zu- oder Rückgewinn zum Vorteil des Fürstenstaates bedacht war, der gerade an diesem Punkt in permanenten Konflikt mit einer von ganz anderen Bedürfnissen ausgehenden städtisch geprägten Landschaft geraten mußte. Daß die Landschaften letztlich dem Landesherrn unterlagen, war in erster Linie auf ihre militärische Schwäche zurückzuführen, aber auch auf lokalen Egoismus, der sich noch im partikularistischen Denken bewegte. Es war ein politischer Abstieg der Landschaft, wenn die 1477 neu zugestandenen Rechte 1492/93 wieder eingezogen wurden und Philipp der Schöne bei seiner Übernahme der Landesherrschaft in den einzelnen Territorien nur auf jene Rechte und Freiheiten zu schwören brauchte, die zur Zeit Philipps des Guten gegolten hatten. Gleichwohl wäre es falsch, diese Periode als die des Verhältnisses von Siegern und Besiegten zu bezeichnen. De facto entwickelte sich über die Generalstände eine Zusammenarbeit zwischen Landesherrschaft und den repräsentativen Organen. Von 1493 bis 1506 traten die Generalstände immerhin einunddreißigmal zusammen, meistens in Brüssel und Mecheln. Die Beratung zu den »Bede«-Anträgen des Landesherrn führte auch zu allgemeinen Beratungen über Landespolitik einschließlich der auswärtigen Beziehungen. Die Generalstände wuchsen in der politischen Praxis ab 1477 immer stärker zu einem echten Repräsentativorgan der Niederlande heran; sie vertraten nach außen hin die Einheit der Niederlande, auch wenn sie nichts anderes waren als eine Vertretung der einzelnen Territorien. Aber selbst wenn die Territorien zuweilen als eine Einheit gesehen wurden, wird man einem Befund skeptisch gegenübertreten müssen, nach dem sich die burgundischen Territorien zwischen 1400 und 1500 von einer Personalunion weit auseinanderliegender Territorien zu einer von den Untertanen durchaus mitgelebten Einheit entwickelt haben sollen. Auf jeden Fall war die Verwurzelung der Dynastie in der Landschaft für die Entwicklung eines Einheitsdenkens ein relevanter Faktor. Landständigkeit und Landfremdheit des Landesherrn, diese für die niederländische Entwicklung so wichtigen Aspekte, spielten auch bei der Geburt Philipps des Schönen im März 1478 eine Rolle. Gemessen an den Freudenfesten scheint ein Stück Identität von Volk und Dynastie sich vollzogen zu haben. Zeitgenössisch hieß es, Maria habe ihren gerade geborenen Sohn »nackt« den Menschen zeigen müssen, wobei sie sein »Schwänzchen (Cullekens)« in die Hand genommen habe; als das Volk sah, daß es ein Sohn war, sei es in Begeisterung ausgebrochen. Maximilian dagegen blieb ein fremder, wenig geliebter Regent. Welche Belastung Landfremdheit sein konnte, sollte sich später bei Philipp II. von Spanien noch zeigen.

Statthalter: Beamter oder Vertreter der Landschaft?

Trotz dieser der Entwicklung von Einheitsdenken förderlichen Konstellation herrschte die Lebendigkeit des föderalen Gedankens, die bis ans Ende der niederländischen Republik fortlebte und dort ihre wilden Blüten trieb. Obwohl die Existenz von Generalständen so etwas wie einheitliches Denken verriet, blieben diese Generalstände eine nicht vom Landesherrn, sondern von den territorialen Gremien abhängige Institution. Man mochte über alle Angelegenheiten des Staates beraten, so viel man wollte, die Entscheidungsmacht lag bei den Ständen der einzelnen Landschaften. Das entsprach nicht dem Wunsch der Burgunder. Die ursprüngliche Absicht der Landesherren, die Generalstände gleichsam zum zentralen Beratungs- und Entscheidungsgremium zu erheben, scheiterte an den unbedingten Autonomieansprüchen der Territorialstände. Die Stellung der Statthalter erwies sich im Zuge der unter den Habsburgern verstärkten und schließlich auch geographisch erweiterten permanenten Konfrontation zwischen Zentralisierungstendenz und territorialem Beharrungsvermögen als höchst zwiespältig. Die Institution der Statthalterschaft stammte noch aus der vorburgundischen Zeit. Es handelte sich schlicht um die zeitlich genau begrenzte Wahrnehmung landesherrlicher Befugnisse durch einen oder mehrere vom

Landesherrn benannte Vertreter. Solche Befugnisse konnten den zivilen und militärischen Bereich gleichermaßen umfassen. Wenn anfänglich die Bestallungsbriefe für Statthalter noch kärglichen Inhalts waren, dann sah das im Laufe der burgundischen Herrschaft und erst recht in der Zeit der Habsburger ganz anders aus, da Statthalterschaften im Unterschied zu denen der vorburgundischen Zeit zu einer festen Institution wurden. Ihre Kompetenzen waren nicht mehr auf wenige Wochen oder Monate beschränkt, weil der Landesherr bei der wachsenden Ausdehnung des burgundisch-habsburgischen Territoriums und nach Übernahme der kaiserlichen Würde des Maximilian oder Karl V. nicht anwesend sein konnte. Der Statthalter wie die anderen Räte stammten nicht aus dem Territorium. Darin lag das Problem. Seit 1432 gab es in der Grafschaft Holland das Amt des Statthalters. Es wurde nacheinander nicht-holländischen Vertretern der Landesherren anvertraut. Vermutlich galten schon Mitte des 15. Jahrhunderts die Statthalter aus städtischer Sicht als Hüter des territorialen Rechtsstatus. Denn so erklärt sich die am 14. März 1477 der Maria von Burgund im »Großen Privileg« für die Grafschaften Holland und Seeland abgezwungene Zusage, daß in den territorialen, von den Burgundern eingerichteten Institutionen kein Beamter aus anderen Territorien eingestellt werden durfte. Daß es sich dabei vorrangig um den Statthalter gehandelt hat, läßt sich einer »Acte van non-prejuditie« entnehmen, die von Maximilian und Maria 1480 ausgestellt worden ist und in der man den Ständen garantierte, daß die Bestallung Joosts van Lalaing, eines Fremden für Holland, keine Beeinträchtigung des Privilegs bedeuten sollte. Die Stände wollten den Statthalter zwar formal in der Abhängigkeit des Landesherrn belassen, versuchten jedoch, ihn in der Bestimmung dieses Privilegs aus der landesherrlichen Zentrale herauszulösen und ihren eigenen Dezentralisierungs- und Selbständigkeitsbestrebungen unterzuordnen. Im Hinblick auf die Statthalter blieb solcher Versuch des konstitutionellen Terraingewinns nur eine Episode. Die Habsburger scherten sich nicht um die Bestimmungen des Privilegs; sie setzten Statthalter nach eigenem Gutdünken ein, was zu mancherlei Kompetenzrangeleien Anlaß geben sollte. Es bleibt fraglich, ob sich die Statthalter selbst als Hüter der territorialen Interessen begriffen haben. Die Auseinandersetzungen, die sie in der Habsburger Zeit mit der Brüsseler Zentralregierung geführt haben, lassen darauf schließen, daß sie eher ihre Rechte als Vertreter des Hochadels in Beamtenfunktion als territoriale Belange wahrgenommen haben.

Ausbau der Herrschaftsorganisation
unter den Habsburgern

Bei jenen Unternehmungen der Landesherrschaft, die einem weitergehenden Ausbau der zentralen Exekutive dienten und immer wieder eng mit dem Problem der Landsässigkeit verbunden waren, knüpften die Habsburger dort an, wo die Burgunder aufgehört hatten. Der Ausbau vollzog sich nach den Grundsätzen von Rationalisierung und Professionalisierung. Er war die Folge einer wachsenden Vielfältigkeit von Regierungsaufgaben. Aber wie immer er auch begründet war, er barg unter den gegebenen historischen Voraussetzungen die Gefahr einer sich fortsetzenden Konfrontation mit der territorialen Eigenständigkeit, vor allem dann, wenn im Zuge des Zentralisierungsprozesses personalpolitische Entscheidungen getroffen wurden, die man im Lande selbst als fremdständig empfinden mußte. Das Bewußtsein von der Eigenständigkeit erhielt zusätzliches Gewicht, als zu dem ehemals burgundischen Bestand die abschließenden Erwerbungen Karls V. traten. Denn der Übernahme der Herrschaft im niederländischen Norden und Osten, in Friesland und Geldern, fehlte der »organische« Charakter der burgundischen Landnahme. Die Herrschaftsausübung beruhte auf Verträgen, deren Einhaltung sorgfältig überwacht wurde. Beide Regionen fühlten sich als Fremde gegenüber dem alten burgundischen Block. Für sie war die Regierung in Brüssel ganz fern, Einheitsgedanken gegenüber verhielt man sich hier zögerlich. Unter Karl V. waren alle niederländischen Territorien schließlich einem einzigen Herrscher unterworfen. Er hegte die Absicht, aus der Landmasse ein Königreich zu formen. Der Gedanke wurde niemals konkretisiert. Die Territorien fanden sich lediglich bereit, die »Pragmatische Sanktion« von 1549 anzunehmen, in der die einheitliche Erbfolge für alle Territorien geregelt und damit eine Trennung in Einzelterritorien verhindert wurde. Die Geschlossenheit des gesamten Raumes sollte darüber hinaus durch den Zusammenschluß zum Burgundischen Kreis akzentuiert werden. Dieser Entwicklung entsprach der Ausbau der zentralen Behörden. Daß die Habsburger das Amt des Generalstatthalters einrichteten mit genau beschriebenen Befugnissen, unterstrich letztlich, daß der Träger der Souveränität faktisch permanent anwesend sein sollte, zeigte aber auch in den Beschränkungen, die die Bestallungsbriefe für einzelne Amtsbereiche enthielten, daß das Herrschaftsgebiet zu wichtig war, um alles dem Stellvertreter des Souveräns vollständig zu überlassen. So verblieben beim Landesherrn die Einberufung der Generalstände, die Ernennung von Bischöfen und Prälaten großer Abteien, der Präsidenten der Gerichts- und Rechnungshöfe, der Statthalter in den Territorien und andere wichtige Personalentscheidungen. Außerdem wurde die Politik des von »Regierungsräten« assistierten Generalstatthalters vom Landesherrn streng kontrolliert, der unter Umständen einen Wechsel der Politik verlangte.

Von besonderer Bedeutung blieb die weitere Entwicklung des Ratssystems. Der seit dem »Großen Privileg« von 1477 ambulant gewordene Hohe Gerichtshof, Grote Raad van Justitie, erhielt schon 1501 erneut Mecheln als permanenten Sitz zugewiesen. In dem bereits seit Philipp dem Guten tätigen ambulanten Hofrat bildete sich ein Kern heraus, der zum Geheimen Rat heranwuchs. Daneben formierte sich innerhalb dieses Hofrates ein adliger Kern für die »Grandes affaires«, der 1531 unter dem Titel »Staatsrat (Raad van State)« institutionalisiert wurde. Zusammen mit dem Finanzrat traten diese Gremien als die sogenannten kollateralen Räte auf. Die Mitglieder des Geheimen Rates, stets sechs bis neun, waren ausnahmslos Juristen und kamen entweder aus dem städtischen Patriziat oder aus dem zu jener Zeit noch jungen Amtsadel. Die Mitgliedschaft stellte den Höhepunkt einer Karriere dar; der Aufstieg führte aus einer Advokatur oder einem städtischen Amt über einen territorialen Gerichtshof oder selbst den Mechelner Gerichtshof in dieses Gremium. Zum Kompetenzbereich zählten »Grace, Justice et Police« des Landesherrn. Der Rat bereitete die landesherrlichen Gesetze vor oder haftete für deren Erlaß. Er überwachte die Ausführung der Verordnungen sowie die öffentliche Ordnung allgemein über ein Netz territorialer Beamter. Eine sehr wichtige Funktion kam ihm in der Auseinandersetzung zwischen Kirche und Staat zu. Sein wesentliches Ziel war die Unterordnung der Kirche unter die staatliche Kontrolle. Dem Rat als höchstem Verwaltungsorgan oblagen Organisation und personelle Zusammensetzung der niederen Gerichtsorgane. Ohne selbst richterliche Befugnisse zu haben, mischte er sich in unterschiedlicher Weise in die Rechtsprechung ein. Hieraus entwickelte sich im Laufe der Jahrzehnte gleichsam auf dem Weg der Gewohnheit eine eigene Rechtsprechung unter anderem im Strafrecht, unter das Majestätsbeleidigung, Ketzerei, Handel mit dem Feind des Landes ohne landesherrliche Billigung fielen.

Gegenüber dem Geheimen Rat, durch dessen allmähliche Kompetenzerweiterung gerade im Bereich der Rechtsprechung die Rechtssicherheit des Landes und damit in gewissem Umfang auch die Einheit der Territorien gefördert wurde, nahm der Staatsrat als typischer Kronrat die Beratung der Generalstatthalter(in) in Regierungsangelegenheiten wahr. Die Mitglieder dieses Rates rekrutierten sich allesamt aus dem hohen Adel, der sich auf reichen Großgrundbesitz stützen konnte. Solcher Großgrundbesitz bildete die einzige Voraussetzung für den hohen Einfluß dieser Schicht, die weder juristisch geschult noch in der Verwaltung erfahren war und lediglich im Militärischen einige Kenntnisse aufzuweisen hatte, was sich in der Übernahme von Heereskommandos, Statthalterschaften und Marineoberbefehl äußerte. Die Kompetenz war recht vage umschrieben, insofern sie sich auf die große Politik des Staates beschränkte; denn sie entsprach lediglich einer beratenden Funktion. Die Empfehlungen banden die Generalstatthalter(innen) keineswegs, die im übrigen zu den Sitzungen auch die Ritter vom Goldenen Vlies neben anderen Adligen hinzuziehen konnten. Infolge des schriftlichen Unvermögens des hohen Adels und nicht zuletzt als Konsequenz der adligen Ambulanz nahm Karl V. noch zwei sogenannte Togati für die Anfertigung der einschlägigen Schriftstücke in den Rat hinein. Dies mag ebenfalls als Zeichen einer Professionalisierung des alten feudalen Systems gewertet werden. Doch auf keinen Fall ließ sich über den hohen Adel, die Säule der alten Feudalordnung, hinwegregieren. Karl V. scheint das noch begriffen zu haben, Philipp II. dagegen berücksichtigte solche Empfindlichkeiten weniger. Deshalb stellte sich der hohe Adel gleichsam als Vertreter des niederländischen Volkes bald gegen ihn, im gleichen Maße, in dem am Hofe der nicht-niederländische Adel Einfluß zu gewinnen vermochte. – Der zentrale Finanzrat war schließlich ein reines Kontrollorgan, zwar das erste selbständige Gremium, dennoch in seiner politischen Bedeutung nicht hoch zu veranschlagen. Dem Rat oblagen die Domänenverwaltung, die Steuereintreibung, die Zollerhebung, die kommunale Finanzkontrolle und die Besoldung der Beamten. Er war rein ausführendes Organ und handelte gemäß den Instruktionen der Generalstatthalter(in) oder des Geheimen Rates.

Die Burgunder sind bei dem Versuch der Zentralisierung gescheitert. Der Fehlschlag in der Außenpolitik deckte die Bodenlosigkeit der Innenpolitik auf. Die niederländischen Territorien griffen wieder das zurück, was sie bis dahin verloren glaubten. Eine Garantie gegen abzusehende Zentralisierungsunternehmungen in der Zukunft wurde verbrieft. Die Anknüpfung der Habsburger an das burgundische Vorbild brachte die Wiederaufnahme der Zentralisierung und Professionalisierung. Das war keine ungestüme Entwicklung. Sie vollzog sich nicht in großen Sprüngen und fand gerade in ihrem juristischen Teil die Anerkennung der Territorien, da ein höheres Maß an Rechtssicherheit geboten wurde. Rationalisierung der Regierung und Verwaltung schuf allerdings noch kein Einheitsbewußtsein. Man stammte aus Flandern, aus Holland oder Friesland, aus Antwerpen, Dordrecht oder Amsterdam, nicht jedoch aus den Niederlanden. Ein durch Privilegien und Gewohnheitsrecht gestütztes Sonderbewußtsein konnte vor allem in unruhigen Zeiten für die Vielfalt des Denkens und die

Mannigfaltigkeit der geistigen Einflüsse aufgeschlossener sein, wenn es gegen die Zentrale gerichtet war oder zumindest nicht mit ihr übereinstimmte, ließ außerdem rasch die Schuldigen etwa für wirtschaftliche Misere oder für Schwierigkeiten allgemein bei jenen suchen, die den Anspruch auf Verantwortung für das Ganze erhoben. Wo es vielleicht gelungen sein mag, so etwas wie ein gesamtniederländisches Bewußtsein zu erzeugen – die Abschließung als Burgundischer Kreis vom Reich darf als eine solchem Bewußtsein förderliche Maßnahme gesehen werden–, barg das Ergebnis dann insofern neue Gefahren, als die Betonung der Einheit auch Betonung der Eigenheit mit sich brachte und Fremdes kaum ertrug. Karl V. war in dieser Hinsicht wohl weiser und den Territorien näher als Philipp II., sein Sohn.

Kunst des Hofes, Kunst der Bürger

Expansion einer Dynastie, eine nach Quantität und Qualität reiche Städtelandschaft, Blüte von Handel und Gewerbe, doch auch die Widerwärtigkeiten wirtschaftlicher Entwicklung und schließlich Aufbau einer auf Zentralisierung zielenden Verwaltungsstruktur, all das waren Merkmale der burgundischen und habsburgischen Periode. Sie gaben der niederländischen Region ihr eigenes Gepräge. Aber diese Zeit war mehr: Sie war eine Zeit höchster kultureller Blüte, anerkannt in ganz Europa. Burgundisch-niederländische Kunst und Kultur enthielten Vorbildliches für die Nachbarn in Europa, wirkten in entferntere Länder hinein. Der niederländische Kulturhistoriker Hendrik Schulte-Nordholt hat in diesem Zusammenhang festgestellt, daß die einzelnen Provinzialkulturen der Niederlande mit Gewalt und oft gegen ihren Willen auf die französische Kultur geimpft worden seien. Doch gerade dies habe sie ihrer Selbständigkeit immer stärker bewußt gemacht. Die Aussage zielt auf Formen und Inhalte der Kultur, auf Parallelen zur allgemeinen politischen Entwicklung. Und Petri hat formuliert, zwar offenbare das Zusammentreffen von französischer Adelskultur und niederländischer Bürgerkultur manches an Unausgeglichenem und Unvereinbarem, aber Burgund habe den Anstoß dazu gegeben, daß sich im Nordwestraum eine einheitliche niederländische Gesamtkultur bildete, die dem Land inmitten der umgebenden Großkulturen eine deutliche Sonderstellung verlieh. Huizinga hat den dem Mittelalter zugewandten Charakter der burgundischen Kunst und Kultur betont. Für die eigentliche Hofkultur sei dieser Beobachtung zuzustimmen: Je unmittelbarer und vollendeter die einzelnen Kunstgattungen die höfische Lebenswelt widerspiegelten, desto stärker treffe Huizingas Bemerkung zu.

Wo freilich die Berührung mit der burgundischen Welt einen im Lande selbst lebendigen Kunstwillen lediglich zur Entfaltung und Blüte verholfen habe und die landschaftliche Eigenart nicht betroffen sei, habe sich trotz Übernahme höfischer Elemente nicht die stilisierte Spätkunst, sondern vor allem in der Malerei eine neue Art der Lebenserfahrung durchgesetzt, die über das Mittelalter hinaus in die Neuzeit weise.

Höfische Kultur betraf überwiegend die Auftragsarbeiten, die von den burgundischen Herzögen auf den unterschiedlichsten Gebieten der Kunst vergeben wurden. Sich selbst den angemessenen Glanz zu verleihen, indem man »Kunst schaffen« ließ, war ein ganz wesentliches Motiv burgundischer Herzöge. Damit blieben sie in der Tradition ihrer Verwandten am französischen Hof. Schon Philipp der Kühne, selbst nur Herrscher über einen sehr begrenzten Teil der Niederlande, versuchte das Gewohnte fortzusetzen. Was im Motiv gleichsam französisch geprägt war, das hatte auch Tradition in der neu erworbenen Grafschaft Flandern. Bereits der Schwiegervater hatte Künstler als dienendes Personal eingestellt, sogar mit einem festen Jahresgehalt. Philipp übernahm von Ludwig von Male den flämischen Maler Melchior Broederlam, der als Kämmerer im Dienst des Grafen gestanden hatte. Er rief den Künstler nach Dijon, der den Retabel von Champmoll bei Dijon für das geplante herzogliche Mausoleum in der Karthäuser-Kirche arbeiten sollte. Zuvor waren drei andere flämische Künstler, Klaas Sluter, Jacob de Baerze und Klaas van de Werve, nach Burgund gerufen worden, um die Skulpturen am Grabmal zu übernehmen. Die Gebrüder Maelwael holte man nach Dijon, um eine Bibelhandschrift mit Miniaturmalereien zu versehen. Die Niederländer waren nicht die einzigen Künstler am Burgunder Hof in Dijon, aber sie scheinen die neben ihnen arbeitenden französischen Maler und Bildhauer übertroffen zu haben. Diesem Beispiel, Künstler eng an den Hof heranzuziehen, folgten die Erben Philipps des Kühnen mit dem Unterschied, daß sich allmählich die Produktion von Kunst in die Niederlande selbst verlagerte. Die höfische Auftragsvergabe an Künstler diente schon immer dazu, Status und Nimbus der Person oder des Geschlechts zu erhöhen, aber die burgundischen Herzöge benutzten dieses Medium in erhöhtem Maße. Offensichtlich war das Präsentationsbedürfnis der jungen Dynastie gegenüber dem In- und Ausland besonders stark ausgeprägt. Die Schau von Glanz und Ambition, wie sie sich in ungezählten Arbeiten auf vielen Gebieten der Kunst manifestierte, kannte ihresgleichen in Europa außerhalb Italiens kaum. Ganze Scharen von Künstlern der unterschiedlichsten Disziplinen hielten sich am Hofe auf. Sie fanden sich eingebunden in den herzoglichen Hof, in eine hierarchische Ordnung. Die Sänger zählten zur Gruppe der Kapläne und Almosenverwalter,

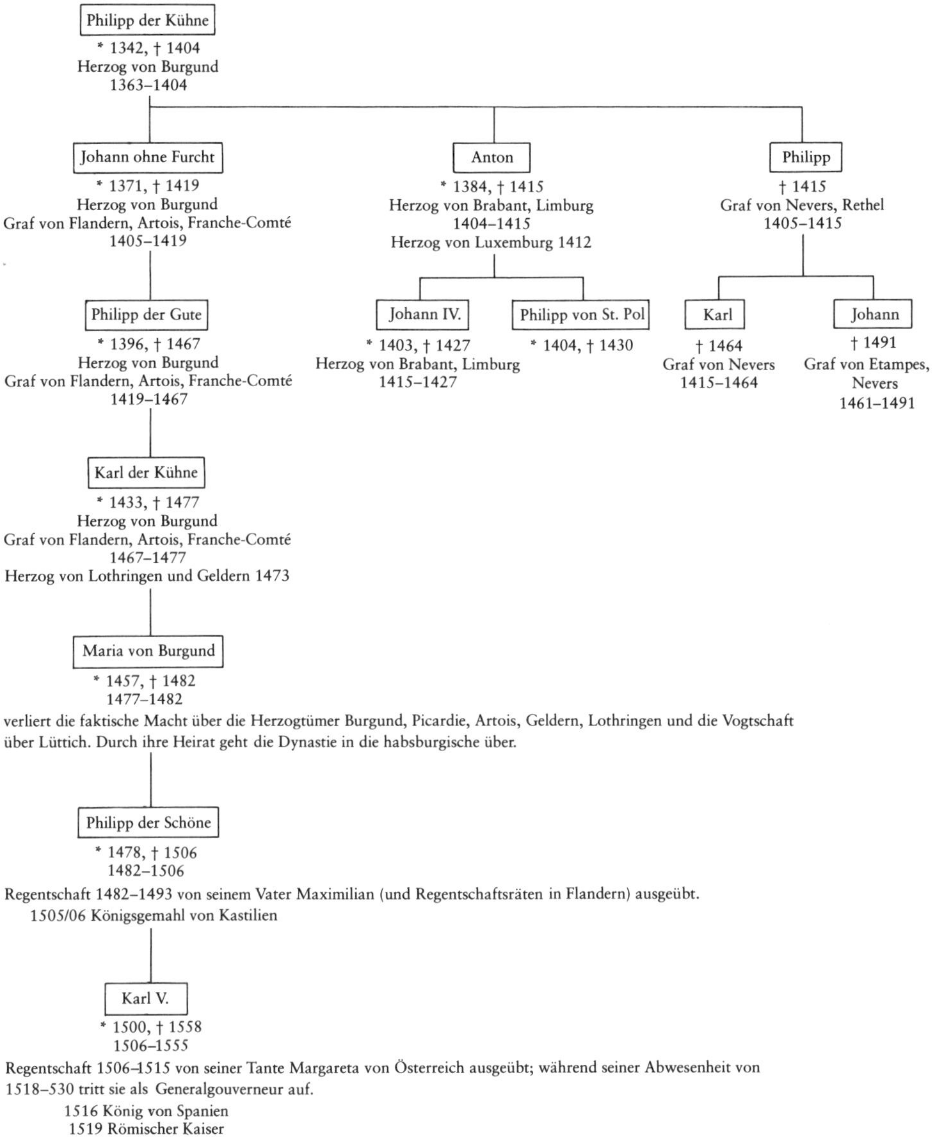

Philipp der Kühne
* 1342, † 1404
Herzog von Burgund
1363–1404

Johann ohne Furcht
* 1371, † 1419
Herzog von Burgund
Graf von Flandern, Artois, Franche-Comté
1405–1419

Anton
* 1384, † 1415
Herzog von Brabant, Limburg
1404–1415
Herzog von Luxemburg 1412

Philipp
† 1415
Graf von Nevers, Rethel
1405–1415

Philipp der Gute
* 1396, † 1467
Herzog von Burgund
Graf von Flandern, Artois, Franche-Comté
1419–1467

Johann IV.
* 1403, † 1427
Herzog von Brabant, Limburg
1415–1427

Philipp von St. Pol
* 1404, † 1430

Karl
† 1464
Graf von Nevers
1415–1464

Johann
† 1491
Graf von Etampes,
Nevers
1461–1491

Karl der Kühne
* 1433, † 1477
Herzog von Burgund
Graf von Flandern, Artois, Franche-Comté
1467–1477
Herzog von Lothringen und Geldern 1473

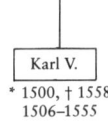

Maria von Burgund
* 1457, † 1482
1477–1482

verliert die faktische Macht über die Herzogtümer Burgund, Picardie, Artois, Geldern, Lothringen und die Vogtschaft
über Lüttich. Durch ihre Heirat geht die Dynastie in die habsburgische über.

Philipp der Schöne
* 1478, † 1506
1482–1506

Regentschaft 1482–1493 von seinem Vater Maximilian (und Regentschaftsräten in Flandern) ausgeübt.
1505/06 Königsgemahl von Kastilien

Karl V.
* 1500, † 1558
1506–1555

Regentschaft 1506–1515 von seiner Tante Margareta von Österreich ausgeübt; während seiner Abwesenheit von
1518–530 tritt sie als Generalgouverneur auf.
1516 König von Spanien
1519 Römischer Kaiser

Regierende Fürsten der burgundisch-habsburgischen Dynastie

die Maler und Bildhauer unterstanden dem Chambellan, dem Ersten Kammerherrn, und dem Oberhofmeister. Das waren keine Spitzenämter, doch ein festes Einkommen brachten solche Positionen allemal mit sich. Da die Niederlande das vornehmliche Rekrutierungsfeld für Künstler bildeten, will es scheinen, als ob sich Huizingas politisch gemeinte Aussage über die Einheit der Niederlande aus höfischer Perspektive auf jeden Fall auf die Welt der burgundischen Kunst und Künstler übertragen ließe.

Über das Bedürfnis nach Selbstdarstellung hinaus sorgte man sich ganz egoistisch um das eigene Seelenheil. Der Stifter und sein Seelenheil waren ein die Kunst kräftig förderndes Motiv. Das Element der Verewigung und Mythenbildung hing eng hiermit zusammen. Die Legitimierung der persönlichen und dynastischen Existenz spielte hinein. Das Mausoleum vom Champmoll, noch zu Lebzeiten Philipps des Kühnen von Künstlern gestaltet, der Reliquienschrein, den Karl der Kühne der zerstörten Stadt Lüttich schenkte und der ihn selbst, den Schrein haltend, in Gesellschaft des hl. Georg darstellt, weisen die enge Verbindung von Dynastie, Religion und den gesellschaftlichen Eliten aus. Man legitimierte sich als christlicher Bekenner und Beschützer der Kirche, als Vorreiter auch der Ritter und Beamten. Der Orden vom Goldenen Vlies, eine burgundische Stiftung und Erfindung, wurde gleichsam in die Öffentlichkeit getragen, indem man die Geschichte des Griechenhelden Jason auf Wandteppichen oder in Romanen neu verewigte. Entsprechendes kam auch aus den Reihen der Untertanen. Brügge, die Stadt und das Freie Land, ließ für Karl den Kühnen eine Reihe von Wandteppichen anfertigen, die den Trojanischen Krieg thematisierten – nach einer Übersetzung der »Ilias« des Franzosen Guido de Columna. Vor seiner Hochzeit mit Margarethe von York ließ der Herzog Teppiche bestellen, die die Krönung Ludwigs, des Merowingers, darstellten. Das war nicht nur Legitimierung, sondern Teppich gewordene Ambition. Wie später in den ersten Jahrzehnten nach dem Aufstand die niederländische Republik nach ihren um Freiheit kämpfenden Ahnen suchte und sie in den Batavern fand, so ließen die Burgunderherzöge eine Reihe von Ahnen, fiktive Gestalten, aufmarschieren, die zur Legitimierung beitragen sollten. Ahnenreicher Familiensinn diente der Festigung der direkten herzoglichen Linie, als Maria von Burgund ein Grabmal für ihre Mutter Isabella von Bourbon in der Antwerpener Abtei St. Michael arbeiten ließ, an dem die steingehauene trauernde Verwandtschaft bis zurück zu Ludwig von Male die Ehrenwache hielt. Auf die künstlerische Ausgestaltung der Schlösser legten die Herzöge keinen großen Wert, denn der Hof war auf Reisen und konzentrierte sich auf Transportables. Die Herzöge nahmen mit, was sie zur Schau stellen konnten: Wandteppiche, Gemälde, kleine

Skulpturen, Handschriften mit Illustrationen, und sie förderten in reichem Maße die Musik.

Die Vorlieben der Herzöge allein erklären noch nicht die hohe Zahl von Kunstwerken der Zeit. Der herzogliche Adel war nur eine Art »Trend-setter«. Ihn nachzuahmen, sich in ähnlicher Weise um Prestige zu bemühen, unternahmen auch Geistliche, Adlige, Bürger und selbst Geschäftsleute des Auslandes, die Kunst in erster Linie als Investitionsobjekt begriffen. Dabei waren Künstler, die am Hofe auf der Lohnliste standen, auch für diese Gruppen tätig, die etwa als Stifter auftraten. Sowohl der am Hof Philipps des Guten eine Ausnahmestellung bekleidende Jan van Eyck als auch Rogier van der Weyden arbeiteten für Prälaten, Städte und Bürger. Die Motivation zu Kauf oder Auftrag entsprach den Absichten des Hofes, dem Wunsch nach anerkanntem gesellschaftlichem Status ebenso wie dem religiösen Motiv des Seelenheils oder der profitablen Investition. Es mußte sich die Selbstdarstellung oder das christliche Bekenntnis nicht immer nur in Altären äußern. Häufig genug saßen Adlige und Nicht-Adlige den Meistern zum Porträt, nicht immer devot und fromm, sondern schlicht als Bürger oder Beamte. Den Herzögen taten es die Städte gleich. Auch sie nahmen Künstler in Dienst. Rogier van der Weyden leistete fast drei Jahrzehnte lang Arbeit als Stadtmaler von Brüssel, er nahm in dieser Zeit auch andere Aufträge an, die selbst aus Italien an ihn herangetragen wurden. Obwohl die Städte keine hauptamtlichen Künstler einstellten, erteilten sie als Kommune etliche Aufträge für die Rathäuser. Innerhalb der Städte waren es Vereinigungen wie die Gilden, die Arbeiten vergaben, um das fertige Werk für die Kirche zu stiften.

Die öffentlichen Instanzen waren naturgemäß nicht so zahlreich, als daß sie die vielen Künstler hätten beschäftigen können. Die meisten Künstler blieben freischaffend und waren zünftig organisierte Handwerker. Das war keine burgundische Erfindung, sondern datierte aus früherer Zeit. Längst kannte man auch Ateliers, in denen die Meister mit ihren – bezahlten – Schülern arbeiteten. Die Einbindung in Handwerkerorganisationen, die eine Gleichstellung der Künstler mit Handwerkern brachte, erfolgte in Gilden oder anders gearteten Innungen, und sie bot Rechtsschutz und Laufbahn gleichermaßen. Nicht wenige Künstler haben den Weg vom Werkstattlehrling zum Meister zurückgelegt. Sie waren als Freimeister tätig oder gründeten selbst eine Werkstatt oder Bauhütte, von deren Ausstattung und Betriebsamkeit zeitgenössische Zeichnungen und Malereien einen Eindruck vermitteln. Die Zahl der Werkstätten und damit der Künstler nahm im 15. Jahrhundert ganz erheblich zu. Ihr sozialer Rang war durchaus hoch einzuschätzen, der der Hofkünstler allemal, die noch dazu vom

Zunftzwang befreit waren. Sie gehörten in ihrer Mehrzahl sicherlich nicht zum Großbürgertum, wenngleich einige auserwählte und vielgefragte Künstler sich selbst dazurechneten. Natürlich gab es Rangunterschiede innerhalb der Gruppe. Sie resultierten aus dem Ansehen, das der Einzelne aufgrund seiner Arbeiten genoß, und sie äußerten sich in der Bezahlung für ein Werk. Unterschiede in der Entlohnung gab es außerdem zwischen den Disziplinen. Im allgemeinen erhielten Maler mehr als Bildhauer. Reichtümer ließen sich allerdings nicht erwerben, es sei denn, man heiratete in eine reiche Familie des Großbürgertums, was durchaus vorkam. Der Status blieb somit der eines erfolgreichen Handwerksmeisters. Wenn Maler wie Jan van Eyck und fast zwei Jahrhunderte später Peter Paul Rubens zu fürstlichen Gesandten avancierten, dann entsprach das ihrem außergewöhnlich hohen Ansehen.

Es ist auffällig, daß die Kunstfreude der Dynastie, des sie umgebenden Adels und der Geistlichkeit sowie der Stadtbürger gleichsam autochthon befriedigt werden konnte. Ein Nebeneinander der Betrachtung von Politik, Wirtschaft und Kunst muß zu dem Ergebnis kommen, daß die Phase der politischen Stabilität, des wirtschaftlichen Aufschwungs, des Wohlstands und des Friedens mit der kulturellen Blüte des Landes zusammenfiel. Die neuerdings durch W. Brulez wieder entfachte Diskussion um den Zusammenhang von Kultur und Wirtschaft ragt somit auch in den konkreten burgundischen Zusammenhang hinein. Es ist hier nicht die Absicht, an diesen Relationserwägungen teilzunehmen, aber festzuhalten bleibt sehr wohl, daß sich die Kunstfertigung in den großen, wirtschaftlich blühenden Städten der burgundischen Niederlande voll entfaltet hat. Die Künstler der einzelnen Regionen wanderten aus ihren Gebieten in die besonders prosperierenden Städte in Flandern und Brabant. Hier gab es eine Menge zu tun. Der Hof trat als Auftraggeber ebenso auf wie die Kommunen und ihre Bürger. Neben der vornehmlich am Hofe gepflegten Selbstdarstellung wog bei allen Gruppen das religiöse Motiv schwer. Bei den Stadtbürgern zierten die Kunstwerke weniger das Haus als vielmehr die von den Kaufleuten beschenkten Kirchen oder Hospitäler. Außerdem produzierten die Künstler für den Markt. Das lohnte sich für sie aufgrund der Anwesenheit von ausländischen Kaufleuten in den ersten Handelsstädten. Wenngleich es eines durch wirtschaftlichen Erfolg gefestigten Selbstbewußtseins bedurfte, um dem sozialen Reiz der Nachahmung der höfischen Übung zu erliegen, zu der die Stiftung sakraler Arbeiten gehörte, sollte das religiös motivierte Schaffen nicht in völliger Abhängigkeit von der wirtschaftlichen Konjunktur gesehen werden. Erworben werden konnte die Kunst zum Teil auch von jenen Bürgerschichten, die nicht über allzu großes Vermögen verfügten. Dennoch dominierte die Elitekunst, die nur für überaus

gut betuchte Großbürger erschwinglich war. Abgesehen von den Beispielen, die
für die Mobilität innerhalb Flanderns oder zwischen Brabant und Flandern
gelten, sei auf Holland hingewiesen. Dieses hochurbanisierte Territorium, um
1500 ohne Zweifel Flandern vergleichbar, fiel kulturell gegenüber Flandern
oder Brabant ab. Für die vielen Künstler, die hier heranwuchsen, war es reizvoll,
aus dieser Grafschaft nach Süden zu wandern. Sicherlich war der Norden nicht
kulturlos, und die Bemerkung des Erasmus von Rotterdam, man finde intellektuelle Befriedigung allein in den Südprovinzen, da man im Norden nur dem
Materiellen, dem Ordinären, zugetan sei, entsprach sicher eher der Freude an
überpointierter Formulierung als der Realität. Trotzdem boten die Städte des
Südens weitaus mehr Möglichkeiten für diese oder jene Kunstausübung. Das
galt übrigens nicht bloß für die darstellende Kunst, sondern auch für Literatur
und Theater. In Brabant und Flandern war die Kultur der »Rederijker« schon
jahrzehntelang herrschendes Element im Literaturbetrieb, ehe diese Form sich
gegen Ende des 15. Jahrhunderts in der nördlichen Grafschaft Holland durchsetzte.

Die burgundische Kultur manifestierte sich insgesamt gesehen als eine Hof-
und Stadtkultur: mit den Herzögen als den Vorreitern, in ihrem Mäzenatentum
französisch geprägt, Stil und Ausdrucksform jedoch den Künstlern am Ort
überlassend, mit den Städten und ihren reichen Bürgern, die den Glanz übernahmen, der vom Hof ausging. Kunst und Künstler erlebten eine Blütezeit,
insofern sie weit über das Materielle hinausgehende Wünsche zu erfüllen hatten
und es reichlich Geld gab, mit dem ihre Arbeiten entlohnt wurden. Was sich als
kulturelle Manifestation präsentierte, das nötigte der Außenwelt alle Bewunderung ab und galt eben als Äußerung einer burgundischen Einheit. Wenn der
Staat auf den Beobachter irgendwo als abgerundetes Ganzes zu wirken vermochte, dann auf jeden Fall in seiner kulturellen Gestalt. Das 15. Jahrhundert
zeigte in diesem Lebensbereich eine hohe Ähnlichkeit mit jener Phase der späteren niederländischen Republik, die als das »Goldene Jahrhundert« bezeichnet
wird. Gerade nach außen hin erschien die burgundische Kultur in ihrer ganzen
künstlerischen Mannigfaltigkeit als etwas Besonderes. Technische Perfektion
und niederländischer Realismus in Verbindung mit devoter Frömmigkeit, wie
sie sich zumal in der Malerei äußerte, bewegte die Gemüter. Bewunderung, das
hieß auch Wunsch nach Anschauung und Rezeption. Die Anschauung ließ sich
erreichen, indem man niederländische Kunsterzeugnisse erwarb, Rezeption ließ
sich am einfachsten erzielen, indem man Künstler über die Grenzen ins eigene
Land lockte oder die Künstler des eigenen Landes zum Lernen in die Niederlande schickte. Wie Gemälde, Teppiche, Stundenbücher, Retabeln und ähnli-

ches den Weg ins Ausland fanden, so holte man niederländische Maler, Musiker, Sänger, Teppichweber und Holzschnitzer über die Grenzen. Der Einfluß äußerte sich in England und Deutschland, sogar weit im Süden, auf der Iberischen Halbinsel. Selbst in Italien, gleichsam bei dem künstlerischen Antipoden der Niederlande, fand burgundisch-niederländische Kunst Zugang, hatte sie Vorbildliches.

So präsentierten sich die burgundischen Niederlande politisch als eine den Weg der Moderne beschreitende Region, kulturell als eine Stein und Farbe gewordene Spätgotik. Es war eine Welt des Äußerlichen, der es darauf ankam, die Verbindung von Religiosität und Wohlstand in Architektur, Malerei, Musik umzusetzen. Wo dem Betrachter von der Straße her die vielen Rat- und Zunfthäuser, Markthallen und Kirchen in dichtem Nebeneinander auffielen, da hätte er sich im Innern der Häuser, wäre ihm Eintritt gestattet worden, Altarteile, Glas- und Wandmalereien, Wandteppiche sowie Erzeugnisse der Gold- und Silberschmiedekunst in reichem Maße anschauen können. Das war Presentatio und Devotio gleichermaßen, aber ebenso Statusdenken, wie es sich bis zur Kleidung der Stadtbürger äußerte. Religiosität und Weltlichkeit hatten nebeneinander Platz. Die Bildhauer und Maler bewiesen es, und auch die Feste, die an kirchlichen Feiertagen überall in den Städten begangen wurden. Ein Stück Volkskultur offenbarte sich an solchen Tagen, getragen nicht zuletzt von den gerade im Süden so zahlreichen »Rederijkerkamers«. Die Spieler, die ursprünglich vornehmlich religiöser Thematik sich gewidmet hatten, übten bald Profanes, Sinnliches, Weltliches ein. Daneben blieb Religiöses nicht nur der Verehrung verhaftet, sondern äußerte sich in Ängsten und Todesfurcht, in Furcht vor Krankheit, Seuchen und Krieg. Die Tendenz zur Verweltlichung, die sich in dieser Städtelandschaft artikulierte, griff auf Sakrales über. Die »Devotio moderna« des Geert Groote war gegen Ende des 15. Jahrhunderts längst in den Hintergrund gerückt. Selbst in der großen Kunst der Auftraggeber rückte Profanes nach vorn, in Stil und Thematik, während die Symbolik zurücktrat. Die neue, konkrete Sicht benutzte zwar immer noch Stilisierung, aber der Realismus der Darstellung brach sich Bahn. Wo die profane Thematik geboten wurde, da enthielt sie schon ein Stück Kritik an der Gesellschaft und ihrem Treiben. Hieronymus Bosch übte sich darin. Was als höfische Kultur in der niederländischen Region Impulse vermittelte, das wandelte sich allmählich in eine vom städtischen Lebensgefühl und von städtischen Erfahrungen geprägte Kultur, in der darstellenden Kunst und mehr noch im dramatischen Spiel.

Blüte des Humanismus

Diese Welt des Handels und des Handwerks, der Kunst und Kunstfertigkeit stand noch erst an der Schwelle des neuen, humanistischen Bildes vom Menschen und von der Welt. Die Ähnlichkeit der norditalienischen mit der niederländischen Städtelandschaft hieß nicht gleich Aufnahme italienischer Renaissance und seines Menschenbildes. Überhaupt war der intellektuelle Diskurs noch nicht entwickelt. Erasmus befand sich erst in der Ausbildung. Er verließ die nördlichen Provinzen und ging auf Reisen. Er reiste ab, weil er in Holland nicht genug geistigen »Response« fand. In den Südprovinzen galt die Universität Löwen, die einzige in den burgundischen Niederlanden, als geistiges Zentrum. Hier wurden Juristen geschult, erhielten herzogliche Räte und städtische Beamte ihre akademische Ausbildung. Zumindest waren hier bessere intellektuelle Voraussetzungen geschaffen als in Holland, von dem Erasmus nach einem kurzen Besuch 1501 sagte, es sei vertane Zeit, sich das aufzuhalsen. Ihn störte die Prasserei, die Unbildung und die Verachtung, die man dem Bildungswilligen entgegenbrachte. Auch die Anhänger der »Devotio moderna« konnten die Verbindung von Religiosität und Studium für sich selbst nicht realisieren, wenngleich sie zu Beginn – und das gehörte zur Erfahrungswelt des Erasmus – in ihrer Reaktion auf die Scholastik Texte der Antike untersuchten, eifrig kopierten, sich mit Schülern befaßten und selbst Schulen unterhielten. In Löwen etwa scheint der Kreis der modernen Devoten zum Teil diesen Weg beibehalten zu haben, doch für eine Erneuerung des intellektuellen Lebens reichte das nicht. Daß Erasmus weiter nach Süden reiste, nach Frankreich, Italien und schließlich nach England, weist wohl aus, daß das Neue, das sich da überall in Europa durchzusetzen versuchte, auch noch nicht in die südlichen Niederlande eingedrungen war. Intellektuelle Befriedigung mußte man andernorts suchen. Das änderte sich in dem Augenblick, in dem die Einheit der »einen« Kirche zerfiel und neue Impulse das intellektuelle Leben voll in Gang zu bringen vermochten.

Eine fast schon kontinuierliche politische Unruhe auf der einen, kultureller Glanz und zunächst intellektuelle Ruhe auf der anderen Seite mag man als bestimmende Merkmale der burgundischen und dann habsburgischen Niederlande nennen. Unter dem Aspekt politischer Strukturen brachte der Übergang vom 15. zum 16. Jahrhundert kaum Neues. Auch der alte Glanz blieb erhalten, die *intellektuelle* Ruhe freilich war bald dahin, denn Humanismus und neue Religionen hielten ihren Einzug. Gewiß gab es schon seit dem 14. Jahrhundert die »Devotio moderna«, jene niederländische Frömmigkeitsbewegung, die nach

Westfalen und ins Niederrhein-Gebiet ausstrahlte, ihren Begründer in Geert Groote, dem Patriziersohn aus Deventer, und ihren Vollender in Thomas von Kempen vom Niederrhein hatte. Es war eine Bewegung, die Erasmus von Rotterdam noch kennenlernte und die ihn beeinflußte. In ihrer Abkehr vom äußeren Glanz und in ihrer bibelgerichteten inneren Askese bot sie keinen Anlaß zur Beunruhigung oder auch nur zur intellektuellen Auseinandersetzung. Die Devotio war kein Stachel im politischen und gesellschaftlichen Gefüge. Das war mit der humanistischen Bewegung anders und zeigte sich endgültig anders, als die einzige Kirche, die katholische, in Frage gestellt wurde. Der Humanismus gab dem Menschen eine Doppelgestalt. Er begriff ihn durchaus noch in seiner christlich-kirchlichen Bindung, aber er verstand ihn zudem in seiner individuellen Eigenart, in seiner Würde und vor allem in seinen Möglichkeiten. Der Glaube blieb unbestritten, doch Wissen und Kenntnis waren gefordert, Vermittlung neuen Wissens war gefragt. Eine kleine Erzählung des Joachim Fortius Ringelbergius, Rektor des Collegium Trilingue im brabantischen Löwen, vermag das in ihrer Schlichtheit am besten zu erläutern. Er sei, so heißt es bei ihm, auf einer Schiffsreise zufällig in die Gesellschaft einiger Soldaten geraten. Bald sei er, der hochgebildete Humanist, Mittelpunkt dieser Gruppe grober Kerls geworden, als er ihnen »Germanico sermone« die Geheimnisse der Sternenwelt erläutert habe. Nichts Besonderes sei das gewesen, so fügt Ringelbergius hinzu, denn in jedem Augenblick seines Lebens müsse man die Gelegenheit nutzen zu unterrichten. Wissen zu vermitteln, sich dieser Aufgabe zu stellen, das gehörte zu den Wesensmerkmalen der niederländischen Humanisten, ganz im Unterschied zur humanistischen Gelehrtenwelt etwa südlich der Alpen. Wissensvermittlung bedeutete vornehmlich Anschauungsunterricht über die Welt und die Erscheinungen in ihr. Die natürliche Wahrnehmung war gefordert. Der Brüsseler Arzt Vesalius schrieb 1543 seine anatomischen Studien »De humanis corporis fabrica« aufgrund der Leichenöffnungen von Gehenkten. Die Amsterdamer Arztgilde erhielt 1556 noch von Philipp II. die Erlaubnis, jährlich eine Leiche eines Gehenkten zu sezieren. Der Groninger Arzt Volcher Cuiter sezierte Tierkörper. Die Empirie führte zur Anlage von Kräutergärten und Herbarien. Der Botaniker Rembertus Dodonius, ein in seiner Disziplin anerkannter hochrangiger Gelehrter, ließ 1554 sein »Cruydeboeck« vom Antwerpener Verleger Christoffel Plantijn verlegen, der seinerseits für die Verbreitung von Druckschriften eine ganz zentrale Rolle in den Niederlanden spielte und nach dem Aufstand für einige Jahre in der Republik tätig war. Moderne Kartographie und Geographie nahmen zu dieser Zeit ihren wissenschaftlichen Anfang, nicht zuletzt angeregt durch die spanischen und portugiesischen Entdeckungsreisen. Gemma

Phrysius aus dem friesischen Dokkum entwarf 1531 einen Erd- und 1537 einen Himmelsglobus. Sein Schüler war Gerhardus Mercator, der 1569 die Erdkugel durch zylindrische Projektion auf Karte brachte. Schon 1570 kam in Antwerpen der erste Weltatlas heraus, das »Theatrum orbis terrarum«. In Mecheln erschienen die von Jacob van Deventer gezeichneten Karten der niederländischen Provinzen sowie eine Art Städteatlas der Niederlande.

Was die Sprachen betraf, so waren die der Antike die Verständigungsmittel unter den Humanisten. Gleichwohl widmeten sie der Sprache ihres Landes volle Aufmerksamkeit. Historische Sprachwissenschaft, orthographische Einheitlichkeit und Sprachpurismus waren Themen in einer Landschaft, deren Vielfalt an Dialekten und Mundarten einigermaßen der territorialen Zersplitterung entsprachen. Deshalb konnte es nur der politischen Zentralisierung zugute kommen, wenn sprachliche Einheitlichkeit angestrebt wurde. Erasmus erhob die Kenntnis der Muttersprache gar zur ersten Voraussetzung wissenschaftlicher Arbeit. Für Drucker, Verleger und religiöse Reformatoren versprach die Arbeit an der Mutter- beziehungsweise Landessprache Vorteile im materiellen wie im immateriellen Sinne. Die Erkenntnis, eine eigene, historisch gewachsene Sprache zu besitzen, ein »Taaleigen«, entsprach im noch rudimentären Ansatz dem zwar zarten, immerhin hier und da sich äußernden Bewußtsein von nationaler Zusammengehörigkeit. Die Termini »Lingua belgica« oder »nederlandsch« tauchten auf und traten bereits an die Stelle von »nederduytsch«, »duytsch«, »dietsch« oder »vlaemsch«, wenngleich sich die Begriffe »nederduytsch« oder »duytsch« noch bis ins 19. Jahrhundert gehalten haben. Schon 1550 erschien in Gent eine »Nederlandsche spellinge«. Ausgangspunkt ähnlicher Arbeiten war damals das Brabantische, da hier mit Brüssel das Zentrum der landesherrlichen Verwaltung und Gesetzgebung lag und Antwerpen längst dem flämischen Brügge den Rang als Handelsstadt abgelaufen hatte. Auch Naturwissenschaftler meinten, die Sprache des Landes als ein geeignetes Instrument einsetzen zu müssen, um ihre Theorien oder Erfindungen verbreiten zu können. An erster Stelle ist der aus Brügge stammende Simon Stevin zu nennen, der gerade das Niederländische als das am besten geeignete sprachliche Mittel ansah, naturwissenschaftliche Zusammenhänge insbesondere durch die Möglichkeit der Wortzusammenstellungen genau darzulegen. Auf ihn gehen die Begriffe zurück, die gegenwärtig noch in der Mathematik Verwendung finden: »Driehoek« (Dreieck), »evenwijdig« (parallel), »evenredig« (proportional), »Wiskunde« (Mathematik). Zu dem Wunsch des Technikers und Naturwissenschaftlers Simon Stevin, neue Erkenntnisse weit ins Volk hinein zu vermitteln, trat die Absicht von Altertumskundlern und Sprachwissenschaftlern wie Joannes Gorpius

Becanus und Hendrik Laurensz. Spiegel aus Amsterdam, die einer zunehmenden Sprachverluderung entgegenwirken wollten, wie sie sich infolge der burgundisch geprägten Verwaltungs- und Rechtssprache durch Aufnahme französischer Begriffe äußerte – ein Phänomen, das nicht auf den offiziellen Bereich begrenzt blieb, sondern auf Literatur und Theater, die »Rederijkerskamers«, ausgriff.

Erasmus von Rotterdam

Über das naturwissenschaftlich Neue und sprachlich Nationale hinaus fand die Gedankenwelt des Humanismus mit ihrer Loslösung des Menschen aus seinen mittelalterlichen Bindungen Eingang auch in den Niederlanden. Ihr anerkannter geistiger Mentor war Erasmus von Rotterdam, der zwar nicht die längste Zeit seines Lebens in den Niederlanden verbrachte, jedoch nachhaltigen Einfluß ausübte. Er, der jeder Dogmatik abholde Kritiker, Theologe und Pädagoge, genoß den besonderen Schutz des Landesherrn, Karls V., da er viele Freunde am Hofe des Kaisers zählte. Ihm gelang es auch, dank der Unterstützung durch den Hof an der 1425 gegründeten Universität Löwen das Collegium Trilingue zu errichten, an dem Latein, Griechisch und Hebräisch gelehrt wurden und das zum Mittelpunkt humanistischer Tradition heranwuchs. Zeitgenossen würdigten die neue Gelehrsamkeit dieses Mannes. Unter ihnen Karl V., der 1540 das Geburtshaus in Rotterdam besuchte, und Philipp II., der 1549 sich in Rotterdam einfand. Für die Stadtväter war Philipps Besuch Anlaß genug, ein Standbild aus Holz zu errichten, das den Humanisten mit einer Feder in der rechten, einer Tafel mit Worten des Willkommens in der linken Hand darstellte. Acht Jahre später ließ die Stadt ihren weit über die Grenzen der Niederlande hinaus berühmten Sohn, in Stein gehauen, mitten auf dem Marktplatz aufstellen. Nach einem englischen Reisebericht zeigte das Standbild, das spanische Soldaten 1572 zerstörten, den Gelehrten auf einer Kanzel, als ob er predige, »in seiner Hand die Paraphrasen des Evangeliums«. Ein neues Standbild, das in den frühen Jahren der Republik, 1594/95, gearbeitet wurde, stellte ihn in langem Pelzmantel mit einem aufgeschlagenen Buch in der Hand dar: Erasmus der Theologe, Erasmus der Gelehrte. Die Ikonographie traf den Kern des Rotterdamers, erfaßte ihn völlig in der Verbindung von Buch und Bibel, »von antikem Menschentum und christlicher Ethik« (I. Mieck), die im christlichen Humanismus aufeinander zugingen, losgelöst von der Dogmatik mittelalterlicher Scholastik. »Erasmus' Überzeugungen von der Identität des wahren Weisen und des wahren Christen, von vollentwickelter vernunftbestimmter Humanitas und echter Pietas erscheinen wie eine Brücke mit sicherem Geländer, die über den Abgrund der Erbsünde gelegt ist« (E. Hassinger).

Ganz anders als südlich der Alpen war der niederländische Humanismus christlich geprägt. Solche Prägung hatte ihren Ursprung in der »Devotio moderna«, von der Erasmus beeinflußt war. Es liegt nahe, ihn einen spätberufenen Multiplikator der Bewegung des Geert Groote und des Thomas von Kempen zu nennen. Sein ganzes Leben durchzog jene innere Frömmigkeit, die auch die modernen Devoten beseelte. Die Thematik des Thomas und des Erasmus war die gleiche: Erforschung des Gewissens, Versenkung in den Gedanken an den Tod und gefühlsbetonte Frömmigkeit. In all diesen Überlegungen »sprechen Thomas von Kempen und Erasmus die gleiche Sprache« (L.-E. Halkin). Die Bibel blieb ein zentrales Buch, aber eines, das philologisch der Textkritik unterworfen wurde und nicht Grundlage scholastischer Dogmatik sein sollte. 1516 schon brachte Erasmus das »Neue Testament« heraus. Es entsprach ganz genau den Bestrebungen der »Devotio moderna«, wenn er – wie andere übrigens auch – in einer Zeit der organisatorischen Krise die ganze Äußerlichkeit der Kirche anprangerte. Im »Lof der Zotheid« geschah dies 1508, wo er die Konzentration geistigen Besitzes ebenso beklagte wie Habgier und unsittlichen Lebenswandel der Geistlichen. Die Kritik hatte sehr wohl ihre reale Grundlage, entsprach doch der Lebenswandel der Kirchendiener in keiner Weise mehr den Forderungen, die man an das Kirchenvolk stellte.

Sicherlich war Erasmus kein Reformator im Stile Luthers; er blieb ein Reformer und Kritiker ohne die Konsequenz des Schismas. Er trennte sich nicht von der katholischen Kirche, wie das zuvor die Devoten auch nicht getan hatten, wenngleich etwa ein ihnen zugehöriger Theologe wie Wessel Gansfort aus Groningen sehr wohl Papst und Konzilien kritisch behandelt hatte. Trotzdem stand Erasmus mitten in der Auseinandersetzung, als vor allem mit Luther die Spaltung der einen und einzigen Kirche erfolgte. Das mochte sich zunächst in Deutschland abspielen und mit Zwingli dann auch in der Schweiz, aber die Zeichen der Zeit drängten nach so vielen Jahren der Kritik an der Organisation der Kirche samt ihrem Sakrament endgültig auf Entscheidung. Zudem galt Erasmus durch seine in zahlreichen Ausgaben verbreitete Übersetzung des »Neuen Testaments« in Humanistenkreisen Deutschlands vorerst als die zentrale Figur, die Philologie und Theologie in neuer Weise miteinander zu verbinden wußte, und er wurde in einem Atemzug mit Luther genannt. Das anfänglich positive Bild sollte sich bald ändern. Derselbe Ulrich von Hutten, der ihn vor 1520 den »deutschen Sokrates« nannte, »was die Literatur angeht für uns von gleichen Verdiensten wie Sokrates für seine Griechen«, ließ den Freund Erasmus fallen, als der Rotterdamer sich 1521 aus den Niederlanden nach Basel zurückzog und in einer persönlichen Erklärung deutlich machte, er gehöre keiner der streitenden Parteien an. Dies schrieb er just zu einem Zeitpunkt, als Luther mit dem Kirchen- und Reichsbann belegt war. Da wurde der Freund zum Heuchler und Anpasser. Dem herben Urteil Huttens schloß sich bald auch Luther selbst an – privat und öffentlich gleichermaßen. Der deutsche Reformator bezichtigte ihn gar, die christliche Religion zu verachten, einen Widerwillen gegen alle Religion zu haben. Es ist wohl kaum zu bezweifeln, daß der Kern des Ärgers oder der Feindschaft gar nicht im Theologischen, sondern im Politischen zu suchen ist, wenngleich die Erasmus-Übersetzung des »Neuen Testaments« Luther nicht zu unverhohlener Freude gereichte. Die Aufgeregtheit der Zeit machte das Thema »Kirche und Glaube« zu einem schlichten Pro und Kontra mit einfachem Freund-Feind-Denken. Parteinahme war verlangt, kühle Distanz von Übel. Erasmus lebte Humanismus und Renaissance in der Betonung des menschlich Individuellen voll aus. Er ließ sich nicht einbinden, er brauchte den Spielraum für Ironie, jedem und allen gegenüber. Als ein echter Gelehrter und umfassend Gebildeter fiel es ihm schwer, die Wahrheit zu finden oder Gefundenes als eine solche mit aller Unbedingtheit zu stipulieren. »Ich will ein Weltbürger sein«, so schrieb er, »allen gemeinsam oder, lieber noch, allen ein Fremdling«, und an anderer Stelle heißt es: »Ich habe immer allein sein wollen und hasse nichts so sehr wie geschworene Parteigänger.« Hier stand der relativierende Weltmann dem von der Richtigkeit seiner Lehre überzeugten und protestierenden Theologen gegenüber. Albrecht Dürers Aufruf an den Rotterdamer nach der Verurteilung Luthers in Worms war eine glatte Überforderung: »Oh, Erasme Rotterodame, wo willst Du bleiben? Hör, Du Ritter Christi, reit hervor neben dem Herrn Christum, beschütz die Wahrheit, erlang der Märtyrer Kron; Du bist doch sonst ein altes Männiken, ich hab von Dir gehört, daß Du Dir selber nur noch zwei Jahre zu geben hast, die Du noch taugest, etwas zu tun. Dieselben leg wohl an, dem Evangelio und dem wahren christlichen Glauben zugut.«

Der Wandel des Erasmus-Bildes in Deutschland war durch die Schärfe der politisch-religiösen Auseinandersetzung geprägt. In den Niederlanden begriff man Erasmus als Erneuerer und als Feind. Früh begab man sich hier an die Übersetzung des erasmianischen »Neuen Testaments« in die Sprache des Volkes. Eine erste erschien 1522 in Amsterdam. Der Übersetzer blieb zunächst anonym. Aber die Fahndungsbehörden fanden ihn. Es war der Amsterdamer Franziskaner Johannes Pelt, der sich seiner Festnahme durch die Flucht nach

Bremen entzog. Der Übersetzung lagen »Vulgata« und der Erasmus-Text zugrunde. Die beigefügten Anmerkungen des Übersetzers gingen ebenfalls von den »Annotationes« des Erasmus aus. Es entsprach genau dem Anliegen des Rotterdamers, wenn Pelt in seinem abschließenden Kommentar schrieb: »Wir haben dies nicht getan, um uns mit unseren großen Kenntnissen zu brüsten, sondern um den notwendigen Trost zu geben den einfachen schlichten Menschen und ihrer Seele, die jeden Tag mehr ermüdet und belastet werden durch menschliche Einrichtungen als durch die Worte und Gebote Gottes.« Es war ein Satz im Sinne der devoten Mystiker. Schon ein Jahr später erschien in Amsterdam und Antwerpen eine Übersetzung des »Enchiridion« des Erasmus unter dem Titel »E Erasmi Rotterodami, Van die kerstelijcke ridder«. Es wurde im Antwerpener Vorwort als eine Art Leitfaden für den Christenmenschen angepriesen, der zu schwach sei, um zwischen Gut und Böse zu wählen. Erasmus sei ein Werkzeug Gottes, das den rechten Weg weise. Und noch dezidierter hieß es: »So wird ihn dieses Büchlein gut unterrichten und alles lehren, was er braucht, um ein vollkommener Christ zu werden, in welcher Lage auch immer der Mensch sich befindet oder in welche er geraten wird.« Das Büchlein hatte bis dahin in der Originalfassung schon viele Auflagen erlebt, und 1525 schrieb Erasmus, daß es inzwischen bereits in vier Volkssprachen übersetzt worden sei. Mithin hat man es viel gelesen, auch außerhalb der Niederlande. Es ist zudem für das gesteigerte Verlangen nach neuer Form des Gottesdienstes bezeichnend, daß diese Schrift gerade zur Zeit des Lutherschen Aufstiegs so viel Aufsehen erregt hat. Was den Leser ansprach oder alle schockierte, das war eben, wie es Erasmus-Biographien ausweisen, die Kritik an der reinen Äußerlichkeit des Gottesdienstes. Schon aus diesem Grund placierte der Löwener Dominikaner Eustachius van Sichem (1520) Erasmus an die Seite Luthers, der die guten Werke als für das Heil des Menschen unerheblich ablehnte. Das Nebeneinander von Erasmus und Luther war typisch für die niederländischen Gegner Luthers. Sie verurteilten Luther und meinten, damit zugleich Erasmus zu treffen. Die Verbrennung der Lutherschen Schriften begann in den südlichen Niederlanden, in Löwen. Bereits einen Tag darauf beschwor der Karmelitermönch Nicolaas Baechem seine Gemeinde, beim alten Evangelium zu bleiben, das neue zu fliehen. Das war gegen beide gleichermaßen gerichtet. Zwei Jahre später wollte derselbe Mönch dazu übergehen, die »Colloquia« des Erasmus öffentlich zu verbrennen. Damit nicht genug: Die Beichtväter Löwens verweigerten den Studenten, die Erasmus gelesen hatten, die Absolution – Auswüchse sicherlich, aber kennzeichnend für die einsetzende Härte theologischer Auseinandersetzungen. Für das »Enchiridion« und die »Colloquia« galten die gleichen Ansatzpunkte der katholischen Kritik: der Anwurf des Erasmus gegen die äußere Gestaltung der Religion, gegen das kirchliche Zeremoniell, die Sakramente, das Fasten, die Heiligen- und Marienverehrung. An ihre Stelle setzte Erasmus die Verinnerlichung des Bekenntnisses. Schließlich griff dieser Ansatzpunkt auf die bald auch von anderen vorgetragene Sakramentskritik über und war eingebettet in die wachsende Kritik an den Zeremonien im weitesten Sinne des Wortes: an Bildern, an Heiligen und an der Messe. Gott sei Geist und wolle geistig verehrt werden. Das Ritual sei äußerlich, sei Fleisch und damit niedrig und sündig. Bekannt sind allerdings nur wenige lokale Belege in der reformatorischen Bewegung der Niederlande vor dem Aufstand, die unmittelbar auf den Einfluß des Erasmus schließen lassen. Menno Simons etwa teilte mit, er habe bei Erasmus gelesen, daß sich die Kirchenväter über die Kindertaufe gestritten hätten. Ein Märtyrer aus der Täufergeschichte, Herman van Vlekwijk, wurde vom Minoriten Cornelis Adriaensz. verhört und 1569 in Brügge verbrannt. Laut dem Protokoll des Verhörs soll Cornelis ausgerufen haben: »Das alles habt ihr aus den giftigen Brüsten des Erasmus gesogen.« Sicher ist jedenfalls, daß sich das negative Bild des Erasmus erst relativ spät in Lektüreverbot umgesetzt hat. Eine erste Liste indizierter Bücher von 1546 enthielt ebensowenig Arbeiten des Erasmus wie eine zweite von 1550, und dies im Gegensatz zu den Verbotslisten, die in Spanien und Frankreich kursierten. Im Dominikanerkloster in Löwen wurde 1552 eine weitere Liste ausgearbeitet, die Angaben über die Streichung bestimmter Stellen aus Erasmus' Werken enthielt. Die Liste war für das Trienter Konzil bestimmt. Verboten wurden die Werke offiziell und insgesamt erst 1558, und zwar nur die niederländischen und französischen Übersetzungen. Das blieb hinter dem päpstlichen Index von 1557 zurück, der alle Werke und Kommentare verbot. 1564 erschien ein weniger strenger Index, der nur einzelne Bücher ganz oder vorläufig aus der Literaturwelt verbannte.

Es sollte sich bald herausstellen, daß erasmianische Kritik an der Kirche auf dem Boden dieser Kirche, Kritik auch eines einzelnen Gelehrten mit umfassenden Kenntnissen vom Wissen in Vergangenheit und Gegenwart, etwas ganz anderes war als Strömungen, die den Bestand der alten Kirche insgesamt in Frage stellten, von einem mehr oder weniger großen Massenanhang ausgehen konnten und danach strebten, aus neugewonnenen Erkenntnissen kirchen-organisatorische Konsequenzen zu ziehen.

Dissidenten, die Zweifler an der einen und einzigen Kirche

Wenn schon Erasmus zumindest mit einem Teil seiner Schriften oder wegen einzelner Passagen auf den Index geriet, dann mußten erst recht ganze Bewegungen indiziert werden, die an den Grundlagen des Gemeinwesens rüttelten. Das Toleranzdenken war kaum so weit entwickelt, daß es solchen Vorstoß hätte dulden können. Unduldsamkeit auf der einen und Unbeugsamkeit auf der anderen Seite bestimmten bald den Tenor der Jahrzehnte. Es war die Zeit des Scheiterhaufens und der Folter, des Verhörs und der Verbrennung. Die »Devotio moderna« stand noch auf dem Boden der katholischen Kirche, auch wenn Männer wie Wessel Gansfort über die Kritik an der religiösen Äußerlichkeit hinaus Papst und Konzilien attackiert hatten. Die Lutherschen Lehren dagegen rührten an die Substanz der Kirche. Die Auffassungen des deutschen Reformators gelangten in die Niederlande, ohne sie zu überrollen. Die Vermittlung erfolgte durch jene Kaufleute, die Handel im Westen des Reiches und im Ostsee-Raum trieben. Vor allem Amsterdam und Deventer übernahmen die Lehre. Andere Rezipienten in den Nordprovinzen waren die Augustinerklöster von Dordrecht, Haarlem und Enkhuizen. Dordrecht pflegte sogar schon seit 1517 engen Kontakt mit Wittenberg. Prior Hendrik van Zutphen, der mit Luther im Kloster zu Wittenberg gelebt hatte, wurde entlassen. Von überaus großer Bedeutung im Sinne eines nennenswerten Übergangs zum Luthertum war das sicher nicht. Immerhin erhielt die frühe Kritik an dem katholischen Auftreten, etwa dem Ablaßhandel, durch Luthers Thesenanschlag neue Nahrung. Luthers Schriften wurden im übrigen bereits 1518 in den Nordprovinzen gelesen; sie kamen über Emden ins Land. Erste Verbrennungen seiner Schriften fanden 1521 in Utrecht und Amersfoort statt. Offensichtlich hatte auch die Luthersche Bibelübersetzung, die seit 1523 in Antwerpen im Druck erschien, den Weg nach Norden gefunden. Luther selbst scheint sich um die Verbreitung seiner Lehren in Brabant, Holland und Flandern Sorgen gemacht zu haben. Im Süden entwickelte sich Antwerpen zu einem ersten Zentrum des Luthertums, vor allem im Kloster der Augustiner. Das führte 1521 und 1522 zu Verhaftungen. Im Jahr 1522 hob die Brüsseler Regierung das Kloster auf und nahm alle Mönche in Haft. 1523 folgten die ersten Ketzerverbrennungen. So betätigten sich Kirche und Regierung von Beginn an als Inquisitions- und Repressionsinstanz, was in den einzelnen Orten, etwa in Arnheim oder Amsterdam, geheime lutherische Predigten nicht verhindern konnte.

Der katholischen Einheit stand aber keine reformierende Einheit gegenüber.

Da waren es die Sakramentarier, die unter dem Einfluß von Heinrich Bullinger standen und sich um Cornelis Hoen, einen Advokaten am Hof van Holland, Gnapheus, den Rektor der Lateinschule in 's-Gravenhage, und um Sartorius, nach Widerruf Rektor der Lateinschule in Noordwijk, scharten. Sie versuchten eine andere Abendmahlsauffassung durchzusetzen. Das war die gleichsam theologisch-gelehrte Version der in Nord wie in Süd lebendigen Strömung. Hoens symbolische Abendmahlsauffassung, die an den biblischen Humanismus angelehnt war und von Luther abgelehnt wurde, griff Zwingli auf. Sie wurde praktisch über Zwingli wieder in die Niederlande hineingetragen. Die eher ordinäre Version äußerte sich in Form des Spottes über das Altarsakrament, die Transsubstantiation. Schon 1517 kamen Fälle von Sakramentsfrevel in Amsterdam, Leiden, Monnikendam, Hoorn und Leeuwarden vor.

Etwa um 1530 setzte sich, aus dem Nordosten der Niederlande kommend, das Täufertum durch, in der Version, wie sie Melchior Hoffmann vertrat. Die Täuferbewegung zählte weitaus mehr Anhänger als die lutherische Richtung und verbreitete sich schließlich nach 1550 über das holländische Territorium bis nach Brabant und Flandern. Die zentralen Orte lagen jedoch in den Nordprovinzen. Amsterdam erlebte schon 1531 seine erste Täuferverbrennung. Die Zugkraft dieser Bewegung war ganz erstaunlich und ließ sich nicht allein aus dem geistlichen Gehalt der Lehre erklären. Da gab es eine Menge Anklänge an die »Devotio moderna« mit ihrem Laienchristentum, dem Biblizismus, Mystizismus und dem ausgeprägten Individualismus, sowie Parallelen zu den Sakramentariern und biblischen Humanisten. Die Sakramentarier waren demgegenüber zumindest für den um Hoen und andere sich scharenden Teil lediglich eine Strömung unter Gebildeten, und sie entwickelten in ihrem Relativismus und ihrer gelehrten Zurückgezogenheit nur geringe Werbekraft. Insgesamt gingen bald zahlreiche Sakramentarier zu den Täufern über. Die Täufer mochten Individualisten sein, die auf das »Lumen internum« vertrauten und der Kirche als Organisationsform entgegenstanden, aber ganz wesentlich war, daß sie organisatorisch auf die Bildung von Gemeinden zielten. Die Gemeinde war der Raum, in dem man gemeinsam die göttliche Offenbarung erlebte. Die erste Gemeindeorganisation entstand 1530 in Amsterdam, weitere folgten bald in zahlreichen anderen Orten, und zwischen allen bestand ein enger Kontakt. Außerdem gab es unter den Täufern eine Reihe von Aktivisten, die versuchten, gänzlich neue Lebensformen zu entwickeln. So geschah es, von den Niederlanden ausgehend, in der Bischofsstadt Münster. Wie abstrus die Formen dieses kurzlebigen Täuferreiches auch sein mochten, von solcher Tat- und auch Opferbereitschaft ging doch eine gewisse Faszination aus, selbst wenn man nicht mit allem einverstanden sein konnte. Immerhin gelang es Jan van Geelen, einem Hilfegesuch aus dem belagerten Münster folgend, eine große Truppe von Täufern zusammenzubringen, die freilich schon in Overijssel aufgehalten und verhaftet wurde; hier fand eine Massenverhaftung statt. Ein anderes noch. Die Täuferbewegung, die in einer Zeit der Preissteigerung und Armut wirkte, fing die hohe Unzufriedenheit der Massen in einer Art eschatologischer Erwartung auf und fand somit erheblichen Anhang beim städtischen Proletariat, was nun keineswegs heißen soll, daß die Täuferbewegung als die Reformation der Armen gesehen werden muß, wie es Henri Pirenne noch wahrhaben wollte.

Nach dem Ende des Täuferreiches von Münster blieben zwar radikale Täufergruppen noch aktiv, aber allmählich setzte sich die Bewegung der »stillen Täufer« des Menno Simons durch, die vor allem Friesland und Holland erfaßte. Die Grundlagen seiner Arbeit hat dieser friesische Pastor Simons in seinem auf Frieden, nicht auf revolutionäre Aktivitäten gerichteten »Fundament der christlichen Lehre« beschrieben. Dieser gemäßigte Teil, die Mennoniten, wurde im Laufe der fünfziger und sechziger Jahre die herrschende Richtung in den Niederlanden. Die Täuferbewegung erfuhr unter Menno eine neue Belebung, die von Antwerpen und Amsterdam bis nach Danzig reichte. Überhaupt wurde Amsterdam eine Zentrale, wo sich die Glaubensfreunde aus Brabant und Flandern einfanden, denn bis hierhin hatte sich das Täufertum fühlbar durchsetzen können. Wenngleich die Anhängerschaft zahlreich gewesen ist, müssen die von der Brüsseler Regierung auf 100.000 Ketzer bezifferten Angaben für abwegig gehalten werden. Innerhalb der Bewegung selbst trat keine Ruhe ein. Der Wunsch, eine Täufergemeinde »ohne Makel und Fehler« zu bilden, zeugte von einem seltsamen Purismus, führte allerorten zum Ausschluß der nicht solchem Wunsch entsprechenden Mitglieder und zum Bannfluch, wie überhaupt im Zuge der internen theologischen Auseinandersetzungen und Streitigkeiten über die Umsetzung der Theologie in die Praxis des täglichen Lebens Bannflüche das Merkmal der frühen Täuferbewegung waren. Es ist gesagt worden, daß das Fehlen einer Kirchenordnung die Bewegung für individuelle oder kollektive Tyrannei geöffnet, ihr auf jeden Fall die Möglichkeit dazu geboten habe (J. Roelink). Das wird als Schwäche der Täufer gesehen. Tatsächlich nahmen sie in den sechziger Jahren gegenüber den Calvinisten an Bedeutung ab, wie sie ihrerseits mehrere Jahrzehnte die Lutheraner an Bedeutung übertrumpft hatten. Im Hinblick auf die Wirkung in ihrer Zeit brachten die Täufer große Unruhe ins kirchliche und politische Leben und trugen zum Facettenreichtum niederländischer Religiosität bei – ein Facettenreichtum, der letztlich bis heute erhalten geblieben ist.

Inmitten jener Jahre der Ketzerverfolgungen, Bücherindices und Bücherverbrennungen kam in den Niederlanden der Calvinismus als die jüngste und schließlich einflußreichste der dissidierenden Bewegungen auf. Niederländische Flüchtlinge in Deutschland und England waren allmählich unter den Einfluß des Genfer Theologen Calvin oder unter den des Zwingli-Nachfolgers Bullinger geraten. Dies bedeutete eine deutliche Distanzierung vom Täufertum, aber nicht das Ende der Mennoniten überhaupt. Städte wie Emden, Wesel, Frankfurt am Main und besonders Genf mögen Ausgangspunkte des Calvinismus auf seinem Weg in die Niederlande gewesen sein, die Radikalisierung und der Massencharakter der konfessionellen Opposition wurden jedoch vor allem vom Süden der Territorien her – unter calvinistischer Führung – eingeleitet. Hier fand Calvins Lehre schon einige Jahre vor 1560 Verbreitung. Bereits 1545 wurden in Antwerpen Übersetzungen seiner Schriften verkauft. Der Index von 1550 verzeichnete bereits acht Arbeiten Calvins. Die »Institutio« erschien in niederländischer Übersetzung vermutlich nicht vor 1560. Für Calvins Schriften bestand ein breites »theologisches Interesse« (J. Roelink). Auch Luthers Arbeiten wie Bullingers Traktate wurden viel gelesen. Der Verleger Bullingers schrieb seinem Autor: »Ich verkauf nirgendshin mehr von deinen Büchern als ins Niederland.«

Folgt man den Karten zur konfessionellen Struktur niederländischer Territorien, dann breitete sich der Calvinismus, von Doornik (Tournai), Valenciennes und Rijssel (Lille) ausgehend, auf zahlreiche Orte in Brabant, im Hennegau, dem Artois und Flandern aus. Das eigentliche Schwergewicht lag jedoch in der hochentwickelten Gewerberegion Westflanderns. An die erfolgreichen Handels- und Gewerbezentren Doornik und Rijssel schlossen sich über die Westregion hinaus Brügge und Gent an. In Flandern und Brabant und im Artois schufen wirtschaftliche Verschiebungen und die damit verbundenen sozialen Spannungen ein Klima, in dem der Protestantismus als eine vornehmlich gegen die politische Zentrale gerichtete Protestbewegung rasch an Boden zu gewinnen vermochte. Zum Protestantismus zählten selbstverständlich die Täufer, deren Zulauf in diesen Regionen zunahm, ähnlich wie vor 1560 Strömungen, die unter der Fahne Zwinglis und seiner Nachfolger standen. Gleiches galt für die Anhänger des Johannes Calvin. Um 1560 änderte sich das insofern, als sich nunmehr der militante Calvinismus durchsetzen konnte, der seine theologische Rekrutierungsbasis dann in den Flüchtlingskirchen in London, vor allem aber in Sandwich, einem kleinen Ort an der südenglischen Küste, fand. Der Ort lag nur wenige Stunden Schiffsreise von Küstenplätzen wie Calais, Dünkirchen, Grevelingen und Nieuwpoort entfernt. Die rund fünfundzwanzig Prediger, die zwischen 1560 und 1565 in der westflandrischen Industrieregion arbeiteten, kamen alle aus London oder Sandwich. Die reformierten Gemeinden, die sich hier und in den großen Handelsstädten bildeten, pflegten engen Kontakt untereinander, was einer Verstärkung der Position des neuen Glaubens gleichkam. Bekenntnisschriften und andere kirchlich-theologische Literatur, die damals in großer Zahl erschienen, trugen zu einer weiteren Festigung der Gemeinden und ihrer Verbindungen bei. Zentrale Bedeutung erlangte das in 37 Artikeln verfaßte Glaubensbekenntnis des Guy de Bray aus Doornik. Dieser Doorniksche Prädikant verteidigte die neue Lehre gegen die repressive Behörde. Er ließ sich für seine Schrift von der französischen »Confessio Gallicana« von 1559 inspirieren und verfaßte sie in Zusammenarbeit mit den Mitgliedern der Gemeinden von Doornik und Antwerpen. Ihre französischsprachige Originalversion erschien 1561 unter dem Titel »Confession de foi faicte d'un commun accord par les fidèles qui conversent des Pays-Bas«. Das Büchlein wurde in Rouen gedruckt, und schon 1562 erschien eine niederländische Übersetzung. Die von Frankreich aus gesteuerte Verteilung dieser und anderer Schriften erwies sich als ein sehr wirksames Bindemittel zwischen den calvinistischen Gemeinden im Süden der Niederlande, zumal es sich bei den Gemeinden um Untergrundkirchen handelte. Bei jenen, die sich diesen Gemeinden angeschlossen haben, darf höchste Überzeugung von der Richtigkeit der Lehre Calvins mit aller Wahrscheinlichkeit vermutet werden. Das mag die Widerstandskraft erklären, die sich allmählich in den gewalttätigen Antworten auf Repressionsmaßnahmen der Regierung in Brüssel gezeigt hat.

Ende der fünfziger Jahre und Anfang der sechziger Jahre leisteten militante Gruppen und nicht etwa nur die unteren Behörden Widerstand, wie das der aus der Frankfurter Flüchtlingsgemeinde kommende Petrus Dathenus, Theologe und Übersetzer des »Heidelberger Katechismus« ins Niederländische, in einem Schreiben an die calvinistischen Gemeinden Antwerpens und Flanderns in Deutung der Lehre Calvins dargelegt hatte. Die scharf zugreifende Obrigkeit unter dem Chefinquisitor Pieter Titelmans sah sich in Kürze einer Front von Gegengewalt gegenüber, die sich hauptsächlich in den wallonischen Gemeinden und in Westflandern bildete, so daß Guy de Bray 1561 schrieb, daß die Prädikanten und Führer der calvinistischen Bewegung bald nicht mehr in der Lage seien, das Volk diszipliniert und ruhig zu halten, wenn sich die Behörden nicht rasch dazu entschlössen, die Inquisition zu bremsen. Diese Bewegung erreichte wohl alle Schichten der städtischen und ländlichen Bevölkerung. Wenngleich die Forschung die Sozialstruktur der calvinistischen Bewegung in den Niederlanden noch nicht im einzelnen untersucht hat, darf nach den ersten Ergebnissen sehr wohl angenommen werden, daß das neue Bekenntnis einerseits zwar alle Bevölkerungsgruppen in Stadt und Land erfaßt, andererseits die Mittelgruppen und die reiche Bürgerschaft besonders angezogen hat. Festzustellen sind darüber hinaus ein deutlicher Zusammenhang zwischen der Intensität der Bewegung und der Wirtschafts- und Sozialstruktur, der Nord-Süd-Unterschied, ferner für die südlichen Territorien das kräftige Wachstum protestantischer Strömungen bei fortgeschrittener industriell-gewerblicher Infrastruktur, schließlich die Katalysatorfunktion von persönlichen Kontakten der Händler und Unternehmerschicht der Regionen mit dem Antwerpener Handelszentrum. Auf jeden Fall bot die homogene, zum Teil entwurzelte Masse der Lohnarbeiter eine breite Basis für den calvinistischen Zugriff. Der Zulauf zum Calvinismus vollzog sich überwiegend im Bereich der Textilindustrie und der verwandten Gewerbezweige. Zu Recht wird auf den großen Unterschied in den Verhaltensweisen zwischen der Bevölkerung der gewerblich geprägten Agrarregion Flanderns und jener in den reinen Agrargebieten etwa des Haspengaus hingewiesen, denn die Militanz dominierte im Westen. Daß das Widerstandsrecht nach der reinen Lehre nur den Magistratus inferiores zustand, scherte wohl die wenigsten. Mancher Prediger trat als Scharfmacher auf, und gefragt war nicht mehr Diskussion, sondern Aktion. Die Prediger drängten aus der Untergrundkirche hinaus, sie wollten öffentliche Gottesdienste abhalten. Um 1560 ging der Aktionismus von den wallonischen Gewerbezentren aus und schlug rasch auf die flämische Westregion über. Die Gegner waren immer Staat und Kirche gleichermaßen. Es war so unrichtig nicht, wenn Titelmans von einem »Abysme« sprach. Der Rat von Flandern ließ 1561 schon wissen, daß stringente Anwendung der Ketzerverordnungen einer furchtbaren Metzelei gleichkommen würde. In den nördlichen Provinzen, dort, wo der niederländische Aufstand schließlich zur Republik führte, ließ sich das alles sehr viel ruhiger an. Vor 1566 fand sich organisierter Calvinismus lediglich im nordbrabantischen Breda und im seeländischen Middelburg. In Groningen gab es 1557 und in Amsterdam 1558 zwei »Gemeinden unter dem Kreuz« – das waren Protestanten allemal, aber unsicher bleibt, ob es sich um Calvinisten gehandelt hat.

All diese Entwicklungen vollzogen sich in den Territorien der Habsburger, die nach dem Tod der Maria von Burgund die Erbschaft hatten antreten können und unter Karl V. daran gingen, das Herrschaftsgebiet erheblich zu erweitern. Er fügte 1521 das Bistum Doornik ein und beendete damit eine siebenhundertjährige französische Lehnsherrschaft über Flandern; sieben Jahre später, 1528, erwarb er die weltliche Herrschaft über das Stift Utrecht, und 1543 schuf er mit der Eingliederung des Herzogtums Geldern die wesentlichen Voraussetzungen für eine Neuorientierung dieses östlichen Grenzgebietes zum niederländischen

Westen hin. Zuvor, 1524, hatte Friesland dem Kaiser die Herrschaft übertragen, und 1536 war Groningen mit Drenthe unterworfen worden, so daß auch im Norden die niederländischen Besitzungen der Habsburger ein geschlossenes Bild boten. Der »niederländische Löwe« mit seinen siebzehn Provinzen war nach vielen Jahrzehnten vollendet, fiel jedoch innerhalb kürzester Zeit wieder auseinander. Diese Gebiete und zusätzlich einige andere Territorien wurden mit dem Augsburger Vertrag vom 26. Juni 1548 in den Burgundischen Kreis eingebracht – zu einem Reichskreis geformt, der zur finanziellen Leistung des Reiches beizutragen hatte und dafür Schutz genießen sollte.

Widersetzlichkeit als Merkmal der Landschaft

Das Konfliktpotential, das unmittelbar in den niederländischen Aufstand umgeschlagen ist, kann allgemein unter »Gewalt und Gegengewalt« oder »Intransigenz der Verhaltensweisen« subsumiert werden. Die in der Städtelandschaft gepflegte Tradition der Widersetzlichkeit läßt nun den niederländischen Aufstand gar nicht mehr als ein so überraschendes Phänomen erscheinen. Gewiß lagen wesentliche Ursprünge des Aufstandes in dem Willen nach Wahrung des Partikularen, des Privilegierten, in der Unfertigkeit eines gesamtniederländischen Denkens und damit in der Distanzierung von zentraler, noch dazu landfremd bestimmter Anmaßung. Aber es will scheinen, als ob über den Abwehrwillen einer städtisch-ständisch geprägten Vielfalt gegen ein auf Zentralisierung und Professionalisierung zielendes System hinaus eine gewisse Tradition der Widersetzlichkeit den Schritt zum Widerstand und Aufstand erleichtert habe. Diese These sei vorgestellt, weil den Ereignissen der sechziger und frühen siebziger Jahre des 16. Jahrhunderts ein hohes Maß an Spontaneität eigen gewesen ist. Neuzeitliche Untersuchungen weisen aus, daß Unruhen, ob auf dem Lande oder in der Stadt, zu den Ingredienzen des territorialen politischen Lebens gehört haben. »Zu Beginn des 16. Jahrhunderts läßt sich in den Städten eine ungewöhnliche Zunahme von Revolten feststellen, die während der frühen Reformationsphase bis 1525 noch anhält... Schon die Häufung der Unruhen in den frühen 1520er Jahren läßt darauf schließen, daß die Reformation die Energien freisetzte, die die Städte erschütterten« (P. Blickle). Was hier für die deutschen Territorien ermittelt wurde, läßt sich, zumindest was die Häufigkeit der Konflikte angeht, auch für die niederländischen Gebiete anwenden. Hier gilt allerdings die Häufung für einen viel längeren Zeitraum und hatte zunächst einmal ganz andere als religiöse Motive. Im burgundisch-habsburgischen Raum ging es eher um kampfreiche Fehden zwischen Adelshäusern, um innerstädtische Konflikte zwischen unterschiedlichen Sozialgruppen, insgesamt um die Konfliktträchtigkeit und immer akute Konfliktbereitschaft im Verhältnis des Territorialherrn zu einer hochentwickelten Städtelandschaft. Dabei hingen die beiden letztgenannten Motivationskerne häufig eng miteinander zusammen. Das galt bereits für den Kampf zwischen den Adelsgeschlechtern der »Hoeken« und der »Kabeljauwen«, der nach dem Tod von Graf Willem IV. von Holland ausbrach, allmählich die Städte in den Zwist einbezog und sich auch nach Utrecht und Gelderland ausdehnte. Dieser Streit, der als eine Erbauseinandersetzung begann, hat – mit häufigen Pausen – die bald burgundischen Niederlande im Norden in Atem gehalten, zu teilweise verheerenden Verwüstungen geführt und den Adel der Nordprovinzen erheblich dezimiert. Es ist in der jüngsten niederländischen Geschichtsschreibung befunden worden, daß es sich hierbei vornehmlich um die Fehde als Ersatzhandlung eines durch moderne Kriegsführung allmählich überflüssig gewordenen Rittergeschlechts gehandelt habe (H. P. H. Jansen), etwa unter dem Motto, daß die Verlängerung der Fehde das Existenzrecht des Ritters verstärke. Doch soweit die Städte in diesem Streit erfaßt waren, standen ebenfalls Fragen der Konstitution, des Verhältnisses von Landesherr und Ständen, auf der Tagesordnung.

In der ersten Hälfte des 14. Jahrhunderts, als sich Ludwig von Nevers, Graf von Flandern, im englisch-französischen Krieg, dem Hundertjährigen, für seinen französischen Lehnsherrn entschied, beschwor er eine Konfliktsituation herauf, die aber kaum gewaltsame Formen annahm, da der Graf sich nach Frankreich begab, der Genter Patrizier und Volksführer Jakob van Artevelde das flämische Städteregiment übernahm und Flandern entsprechend der Interessenlage seiner Tuchindustrie auf England hin ausrichtete, um das englische Wollausfuhrverbot von 1338 zu überwinden. Das Interesse der Landschaft, vertreten durch die Städte, rangierte vor der feudalen Verpflichtung. Mehr noch: Schon 1339 hatte Artevelde seinen Territorialherrn veranlaßt, mit Johann III. von Brabant einen Vertrag zu schließen, in dem vom gemeinsamen Interesse der Brabanter und Flamen die Rede war. Zur Diskussion standen Münz- und Wirtschaftspolitik, und dies unterstrich, daß die strukturell bedingte landschaftliche Eigenheit im politischen Wissen der Zeit über die enge territoriale Grenze hinausging. Schon wenige Jahrzehnte später aber folgte eine echte landesherrlich-städtische Kraftprobe im Genter Aufstand, der zwischen 1379 und 1385 die flämische Politik beherrschte und schließlich mit Philipp dem Kühnen unter Einbeziehung starker französischer Kräfte mit der Niederlage Gents und der Tuchweber sowie anderer sozialer Schichten in Brügge und

Ypern endete. Verstoß gegen Privilegien war der Anlaß; wie konnte es anders sein in jener Privilegienwelt. Gleichwohl ging es um mehr. Von städtischer Seite sollte dem eher defensiv gerichteten Schutz der Privilegien die stärker offensiv kalkulierte Beschränkung der gräflichen Gewalt durch Überwachung der gräflichen Beamten beigegeben werden. Man vereinbarte eine entsprechende Enquête-Kommission, aus den Bürgern Gents, Brügges und Yperns zusammengestellt. Die Vereinbarung sah zugleich die Unterwerfung solcher Beamten unter die städtische Gerichtsbarkeit vor. Ähnliches kannte man schon in Brabant und im Fürstbistum Lüttich. Wenngleich die frühe Vereinbarung von 1379 toter Buchstabe blieb, demonstriert sie doch den Charakter, die Motivation des Kampfes. Die flämischen Städte konnten sich trotz zwischenzeitlicher Gewinne unter Philipp van Artevelde, dem Sohn Jakobs, nicht durchsetzen, aber die Niederlage gegen den Territorialherrn, am Ende gegen Philipp den Kühnen, bedeutete lediglich einen Aufschub, keinen Abschluß der gewaltsamen Auseinandersetzungen. Philipp der Gute mußte mit Gent beim Aufstand von 1451 bis 1453 ähnliche Erfahrungen machen. Wieder war die Abgrenzung der Kompetenzen zwischen Landesherrn und privilegierter Stadt der Zankapfel, und es war zu jedem Augenblick völlig unerheblich, ob Patrizier, Tuchweber oder kleine Handwerker die Stadt im Griff hatten. Anlaß zum Aufstand boten die Maßnahmen Philipps bei der Erneuerung des Magistrats. Die Revolte endete mit einer vernichtenden Niederlage der Aufrührer, die diesmal ohne Unterstützung der übrigen flämischen oder holländischen Städte blieben. Allein in Rotterdam scheinen sich Unruhen im Zusammenhang mit den Genter Ereignissen abgespielt zu haben. Daß sich die Holländer nicht rührten, dürfte auf neue Privilegien zurückzuführen sein, die Philipp der Gute den holländischen Städten im Tausch für die Bewilligung einer Zehnjahres-Bede zugestand. So erwies sich städtische und regionale Sucht nach einer Stabilisierung und Erweiterung des eigenen Privilegienbestands auch als Schwäche. Aber es handelte sich eben nicht nur um die Wahrung von Privilegien. Es ging letztlich um Mitbestimmung, Mitregierung, wenn das Interesse des Landes insgesamt berührt war.

Der Habsburger Maximilian, den Maria von Burgund als Regenten in den Niederlanden einsetzte, erfuhr das gleich in den Anfangsjahren, als unter der erneuten Führung Gents die flämischen Städte sich der gegen den burgundisch-französischen Frieden von Atrecht (1482) gerichteten Politik des Habsburgers widersetzten – einen Frieden, der gerade von den Generalständen im Interesse des Landes eingeleitet worden war. In der Phase der immer wieder einmal kurz unterbrochenen Unruhen von 1483 bis 1492 standen sich Landschaft und Herrschaft voll gegenüber. Die Stadt Brügge unternahm es selbst, Maximilian gefangenzusetzen – eine Maßnahme, die europaweites Aufsehen erregte. Die ursprünglich von Maximilians Sohn Philipp nach Mecheln einberufenen, dann aber auf Geheiß des aufständischen Gent in Brügge zusammengekommenen Stände von Brabant, Hennegau, Holland, Seeland, Namur und Flandern einigten sich 1488 in einem Vertrag mit Maximilian, in dem der Friede von Atrecht bestätigt wurde, ein jährliches Versammlungsrecht der Generalstände vorgesehen sowie die Forderung aufgestellt war, daß der Landesherr weder Krieg erklären noch Frieden schließen durfte, ohne die Zustimmung der Generalstände zu erhalten. Zusammensetzung und Arbeitsweise der Generalstände machen deutlich, wie sehr hier der territoriale Partikularismus festgeschrieben worden ist. Da noch dazu der französische König die Vereinbarung garantierte, trug der ganze Handel den Anschein einer deftigen Niederlage der burgundisch-habsburgischen Zentralgewalt. Man hat zu Recht in der Literatur darauf hingewiesen, daß solche Vereinbarung schon um einiges weiter reichte als das »Große Privileg« und daß sie manche Ähnlichkeit mit der Genter »Pazifikation« von 1576 zeigte, mit einem für die Phase des niederländischen Aufstandes wichtigen Dokument.

Maximilian hat sich mit den Bedingungen einverstanden erklärt, nach seiner Freilassung das ganze Papier jedoch zum toten Buchstaben degradiert. Der Aufstand hatte insofern noch Weiterungen, als durch Parteinahme Philipps von Kleve für die niederländischen Städte der Genter Rahmen erheblich gesprengt wurde. Die Rebellion endete mit einer Stärkung der zentralen Macht des Landesherrn. So schaltete er 1490 das »Brugse Vrije« wieder als viertes Mitglied der flandrischen Stände ein, mit dem Vorhaben, die Macht der hartnäckigen Städte Gent, Brügge und Ypern zu neutralisieren. 1485 war dieses Vorhaben zunächst gescheitert. Darüber hinaus konnte etwa Philipp der Schöne bei der Übernahme der Landesherrschaft in Brabant eine »Blijde Inkomst« ausfertigen, die nichts mehr mit den Zugeständnissen der Maria von Burgund zu tun hatte. Ähnliches ergab sich in Holland und Seeland. Wichtiger aber waren die Bedingungen des Cadzander Friedens von 1492, der der Rebellion ein Ende setzte. Sie enthielten den Zugriff des Landesherrn auf die Zusammenstellung der Stadtregimenter in Flandern und Brabant. Für Gent hieß das: Die nächste Erneuerung des Magistrats konnte nur mit Billigung landesherrlicher Kommissare ohne jegliches Einspruchsrecht der Stadt erfolgen. Danach sollte das alte Verfahren der städtischen Wahl und landesherrlichen Ernennung wieder Anwendung finden, wobei der Zunftobermeister der Tuchweber, der bei der Neuwahl des Magistrats eine äußerst wichtige Position innehatte, vom Landesherrn zu benennen war. Zudem schwächten die Bestimmungen die rechtlichen Kompetenzen der Genter Schöffen in den ländlichen Bezirken, indem man vor allem die Erteilung des Genter Bürgerrechts an Nicht-Genter-Bürger, an »Buitenpoorterschap«, einschränkte. Ähnliche landesherrliche Eingriffe gab es in anderen Städten, verbunden mit einem Rückgang der »Buitenpoorterschap«, aber einer Stärkung der landesherrlichen Kompetenzen außerhalb der Stadtmauern.

Nach dem maximilianischen Zugriff gelang es nicht mehr, einzelne Territorien oder Städte zu einem massenhaften Aufruhr gegen den Landesherrn zu mobilisieren. Trotzdem mußten Karl V. und seine Generalstatthalterin Maria von Ungarn auf gewalttätige Auseinandersetzungen reagieren, vor allem als Gent, seit der Thronbesteigung Karls permanent unruhig, sich 1537 weigerte, die von den Generalständen bewilligte Bede von 300.000 Gulden für den Krieg gegen Frankreich mitzutragen. Man begründete die Ablehnung mit »schlechten Zeiten, den schlechten Geschäften, dem geringen Gewinn und den noch laufenden Beden«. Die Stadt behinderte die Eintreibung des auf sie entfallenen Betrages innerhalb der eigenen Grenzen sowie im Umland. Dieses Umland umfaßte nahezu ganz Ostflandern, das Gent als der eigenen Kompetenz unterworfen betrachtete. In der Begründung der Weigerung klagte man über die Finanzpolitik des Magistrats und verwies darauf, daß man seit 1515 über 6 Millionen Carolus-Gulden bezahlt habe. Die Stadt lehnte es außerdem ab, dem Mechelner Hof den Rechtsstreit zur Entscheidung vorzutragen. Nach Ablehnung einer neuerlichen Bede 1538 schrieb Maria an den Kaiser: »Es handelt sich hier darum, ob Eure Majestät Herr oder Diener sein wird.« Was zunächst bloß nach einem Rechtsstreit aussah, entwickelte sich rasch zu einer gewaltsamen Unternehmung, zu mehr als nur einem privilegiengestützten Widerstand von Stadtbürgern gegen den Landesherrn. Es handelte sich hier um wirtschaftliche und soziale Ursachen. Die Bedeutung der Tuchindustrie der Stadt nahm zusehends ab, mit allen krisenhaften Konsequenzen für das stark verzweigte Handwerkssystem. Parallel lief ein starker Aufstieg des Handelskapitalismus. Preiswucher für Getreide verschärfte die schlechte wirtschaftliche Lage. Die sozialen Gegensätze zwischen dem regierenden Magistrat, den kleinen Handwerkern, in deren Reihen sich ebenfalls Erstarrungserscheinungen und Nepotismus breitmachten, und der beträchtlich zunehmenden Masse der Lohnarbeiter, der »Creesers«, wuchsen erheblich an. Die Gärung in der Bede-Affäre schlug in offenen Terror um, als im August 1539 der neue Magistrat ernannt wurde. Die Zünfte setzten den Magistrat ab, verlangten, daß die »Collatie«, zu der die »Poorters«, die Tuchzunft und die kleinen Zünfte gehörten, die Regierung der Stadt an sich nähmen. Die Schöffen, durch die Bestallungsordnung von 1492 mehr oder weniger als Regierungsleute angesehen, wurden verfolgt, gefoltert, einer sogar zum Tode verurteilt. Die »Creesers« schlossen sich den Zünften an, und bald richtete sich die Wut gegen die reichen Bürger. Hier trat der Fall ein, daß jene, die zunächst den Widerstand gegen die Einziehung der Bede mitveranlaßt hatten, der Bewegung nicht mehr Herr zu werden vermochten, einer Bewegung, die auch auf die Städte Aalst, Kortrijk und Oudenaarde übergriff. Zu Recht schrieb Maria an Karl V., daß es hier um die Alternative städtischer Autonomie oder Wahrung der landesherrlichen Gewalt gehe. Die Tatsache, daß es einerseits gelungen war, städtische Amtswalter aufgrund eigener Machtvollkommenheit anzustellen, daß es andererseits diesem neuen Gremium nicht gelang, der wirtschaftlichen Misere entgegenzusteuern, und der Umstand, daß es deutliche Gegensätze zwischen radikalen und eher konservativ gesinnten Zünften gab, ließen die Bewegung schließlich zerbröckeln. Es kostete Karl V., aus Spanien kommend, keine Mühe, die Stadt Gent zu besetzen und die Ordnung wiederherzustellen. Das aber bedeutete: Verlust aller Privilegien, Zahlung des Bede-Anteils; der Magistrat wurde künftig direkt vom Landesherrn ernannt, ohne Beteiligung von Kommissaren oder Wählern; die »Collatie« wurde aufgehoben und in eine Versammlung von Notabeln der einzelnen Stadtbezirke umgewandelt. Schöffen und Vogt bestellten die Notabeln und stellten auch die Zunftobermeister an. Die Zünfte verloren jegliche politische Macht. Ihre Zahl schraubte das kaiserliche Urteil auf 21 zurück. Die Befugnisse der Schöffen schließlich erfuhren eine erhebliche Beschränkung im Verordnungsbereich sowie vor allem im Hinblick auf die Rechtskompetenzen auf dem Lande. Eine ähnliche Beschneidung städtischer Freiheiten erfolgte in Kortrijk, Oudenaarde, Geraardsbergen, Ninove, Ronse und Deinse.

Der Genter Aufstand war typisch für die Kombination von wirtschaftlicher Stagnation, Revolte gegen Steuerdruck durch eine vom Krieg bestimmte Außenpolitik, Abwehr zentralen Zugriffs auf Privilegien und von innerstädtischen sozialen Spannungen. Schon vor Karl V. gab es 1491/92 einen Aufstand des »Kaas- en Broodvolks«, von Bauern sowie städtischem und ländlichem Proletariat in der Grafschaft Holland, der von Haarlem aus die Grafschaft erfaßte und erst vor Leiden zerschlagen wurde. Er fiel genau in die Zeit des maximilianischen Krieges gegen den mit dem aufständischen Gent verbündeten Philipp von Kleve. Hier spielten wirtschaftliche Rezession, Kapitalflucht aus dem platten Lande, Arbeitslosigkeit in Stadt und Land, Steuerdruck und Gegensatz zum städtischen Patriziat eine entscheidende Rolle. Die folgenden zahlreichen städtischen Unruhen in den ersten Jahrzehnten des 16. Jahrhunderts erreichten nicht die Genter Ausmaße. Eines hatten sie jedoch gemeinsam: die geringe Festigung der zentralen Autorität und der Autorität überhaupt; die Unfähigkeit der traditionellen Führungsschichten, wirtschaftsstrukturelle oder -konjunkturelle Schwierigkeiten zu meistern; die politische Ausschaltung anderer sozialer Gruppen; die Behinderung des Aufstiegs neuer Bürgerschichten. In Deventer und Utrecht zum Beispiel kehrten sich die Bürger gegen eine Erhöhung der städtischen Abgaben beziehungsweise gegen die Senkung des Zinsfußes für Kriegsschulden. In Deventer führte das 1511 zu einer Erweiterung der Magistratsbasis. Im seeländischen Zierikzee standen die Fischer gegen die städtische Oligarchie auf. In Kampen an der Ijssel widersetzten sich 1519 die Zünfte wegen der hohen Abgaben und der Verkrustung der Verwaltungs- und Rechtskollegien, die sich jährlich durch Kooptation ergänzten. Die Zünfte hatten einigen Erfolg, allerdings nicht überall. Die Zünfte in 's-Hertogenbosch verloren, als sie sich 1525 gegen Magistrat und Geistlichkeit auflehnten und den Interventionsdrohungen der Generalstatthalterin weichen mußten. In Utrecht waren sie zwischen 1525 und 1528 mit ihrer Forderung nach Ausschaltung der Ritterschaft aus dem Stadtregiment erfolgreicher. In Groningen gelang es den Zünften sogar, die alte Stadtregierung mit Gewalt abzusetzen und Vertreter aus den eigenen Reihen einzubringen. Durch die Eingliederung dieser Territorien in die habsburgische Monarchie war ihrem Erfolg jedoch nur ein kurzes Leben beschieden. Vor dem großen Genter Aufstand zeigte sich schon zwischen 1528 und 1532 ganz deutlich die Verquickung von antizentralistischer Politik führender städtischer Schichten und innerstädtischen sozialen Auseinandersetzungen. Die Stadt Brüssel lieferte dafür ein Beispiel. Die Generalstatthalterin entzog den im städtischen Großen Rat vertretenen neun Zünften das Versammlungsrecht, als sie eine Bede ablehnten. Das war ein unerhörter Vorgang, der der Privilegienschändung gleichkam. Zwar blieb die Revolte aus, doch es kam 1532 zum Aufruhr wegen der vornehmlich durch Karls V. Außenpolitik verursachten Teuerung auf dem Getreidesektor. Der Hungerrevolte gegen Getreidespekulanten folgte der Widerstand der Bürgerschaft gegen die Monopolstellung der Oligarchie im Stadtregiment. Die Zünfte forderten ihr Versammlungsrecht zurück. Die Stadt konnte sich jedoch nicht durchsetzen und wurde harten Repressalien unterworfen.

Die wirtschaftliche Entwicklung als Impuls zum Aufstand

Es wird an anderer Stelle im Hinblick auf den Bildersturm darauf hinzuweisen sein, daß ein deutlicher Zusammenhang zwischen der Intensität der Sturm-Bewegung und der Wirtschafts- und Sozialstruktur festzustellen ist. Die Verteilung der Zentren der Sturm-Bewegung zeigt, daß ein Unterschied zwischen den Nord- und Südprovinzen bestand und daß sich insgesamt protestantische Strömungen vor allem in den Regionen mit fortgeschrittener gewerblicher Infrastruktur entwickelten. Der Zulauf zum Calvinismus vollzog sich überwiegend bei den Leuten der Textilindustrie und der verwandten Gewerbezweige. Das neue Bekenntnis zog nicht nur die reiche und mittlere Bürgerschaft an, sondern eben auch die Menschen der unteren Einkommensgruppen, was für die gesellschaftliche Unruhe und Opposition gegen die herrschenden Kräfte von einiger Bedeutung war, insofern hier die Möglichkeit bestand, die Opposition zu einer Massenbewegung umzugestalten. Dies geschah mit dem Bildersturm, als bei Doornik und im Marsch auf Valenciennes kleine calvinistische Heere zusammengestellt wurden. Zwischen religiöser Bewegung und sozialökonomischer Struktur bestand eine enge Verbindung von Faktoren. Jeder für sich allein genommen wäre möglicherweise nicht durchschlagskräftig genug gewesen, um den Aufstand zu einem systemsprengenden Ereignis heranwachsen zu lassen. Solche Relation ist nicht zu eng zu sehen, nicht nur als eine direkte Vermittlung von wirtschaftlichem Ereignis und politischer oder religiöser Resonanz, sondern auch in einem sehr viel weiteren Sinne als ein säkularer Prozeß der Entwicklung von Emanzipation und wirtschaftlichem Erfolg und schließlich als ein Prozeß, in dem Erfolg und erhöhte Krisenanfälligkeit aus enttäuschter Erwartung eng nebeneinandergestanden haben. Es sind dies die Faktoren, die zu den Rahmenbedingungen hinzukommen, die sich aus der Konfrontation von Privileg und dem Ausbau zentraler Staatsgewalt sowie aus der traditionellen Widersetzlichkeit unterschiedlicher Observanz ergeben haben. Den Ausschlag gab das Wechselverhältnis von wirtschaftlicher Struktur, Wirtschaftsprozeß und Emanzipation, Erfolg und erhöhter Krisenanfälligkeit. Im Anschluß an jüngste Erkenntnisse des Wirtschaftshistorikers Herman van der Wee sollte der Aufstand unter dem Aspekt langfristiger Entwicklung als ein Ergebnis geistiger Emanzipation und eines spektakulären Wachstumsprozesses der niederländischen Wirtschaft im 16. Jahrhundert gesehen werden. Beide Bereiche standen in enger Beziehung zueinander, insofern der emanzipatorische Gedanke nicht auf eine geistige Elite oder religiöse Gruppe begrenzt blieb, in der das Auctoritas-Argument keine Geltung mehr hatte, sondern auf sehr viel breitere Schichten der Bevölkerung übergriff. Durchaus einsichtig ist die These, daß das Wachstum der niederländischen Wirtschaft seit dem 15. Jahrhundert die gesamte Bevölkerung für eine Beschleunigung des geistigen Emanzipationsprozesses vorbereitet habe. Somit wird ein Wirkungszusammenhang zwischen Emanzipation und Wohlstand postuliert.

Dem außergewöhnlichen Wachstum der niederländischen Wirtschaft, schon unter den Burgundern beginnend und unter der Führung des Antwerpener Welthandels sich fortsetzend, entsprach eine beachtliche Erweiterung der städtischen Mittelschichten, die neue, hochspezialisierte Gewerbezweige an die Stelle der allmählich verfallenden Tuchindustrie setzten und gleichzeitig den Dienstleistungssektor ausdehnten. Das bewirkte die Ausbreitung eines höheren Lebensstandards für weitere Bevölkerungskreise. Insgesamt stieg durch Rückgang der offenen und versteckten Arbeitslosigkeit und durch Erhöhung der gewerblichen Produktivität das Pro-Kopf-Einkommen an. Parallel dazu entwickelte sich auch das Schulwesen. Die Zahl der Schulen für Kinder aus den Mittelschichten nahm zu. In Antwerpen gab es um 1560 etwa 150 private, von Laien geführte Schulen, auf denen neben »Wallonisch« und »Diets« Geometrie und Arithmetik gelehrt wurden. Das Buchdruckgewerbe befand sich im Aufschwung, das Lehrmaterial für Handel und Handwerk auf den Markt brachte.

Solche Entwicklung galt nicht nur für Städte. Auch das ländliche Gewerbe vermochte sich durchzusetzen. Der kleine landwirtschaftliche Betrieb konnte seine Bilanzen durch gewerbliche Nebentätigkeit aufbessern. Das führte zur Reduzierung bisher verdeckter Arbeitslosigkeit und zur Aufstockung des ländlichen Einkommens. Der zunehmende Wohlstand dürfte den Boden für wachsendes Selbstbewußtsein und Emanzipationsdenken vorbereitet haben, was dann noch durch den engen Stadt-Land-Kontakt gefördert wurde. Zur Emanzipation als ein in bewegten Zeiten immer unruhiges Konfliktpotential trat die konjunkturelle Entwicklung. Von Bedeutung erscheinen der neueren Forschung die interdezennalen Wellen mit ihrem ganz spezifischen Charakter: den sehr starken Aufschwungphasen im Rahmen des säkularen Wachstums der europäischen Wirtschaft und den relativ schwachen Abschwungphasen. Als wichtige Aufschwungphasen gelten die Perioden 1495 bis 1525 und 1540 bis 1565. Während die erstgenannte Phase ein fast stetes Wachstum verzeichnete, in dem der Antwerpener Handel zwar schon eine entscheidende, aber noch keine alles beherrschende Rolle spielte und darüber hinaus die Landwirtschaft einen beträchtlichen Produktivitätsanstieg melden konnte, verlief die zweite Phase eher heftig. Typisch für sie war die starke Einbeziehung des städtischen und ländlichen Gewerbes in den von Antwerpen aus dirigierten Welthandel bei gleichzeitiger Entwicklung von Spezialerzeugnissen in den Städten und der Produktion für den Massenbedarf auf dem Lande. Vor allem der ländliche Arbeitsmarkt erlebte Spannungen, die durch technische Neuerungen nicht aufgefangen werden konnten, so daß angesichts des auf die städtischen Zentren konzentrierten Bevölkerungsanstiegs Getreide aus den baltischen Ländern eingeführt werden mußte. Das bedeutete einerseits Ausbau der holländischen Handelsflotte und andererseits schnellen Anstieg der Getreidepreise. Die Mittelschichten, die sich am Fernhandel beteiligten, stießen dabei auf das Hindernis des spanisch-portugiesischen Monopols im interkontinentalen Verkehr. Vermutet wird, daß diese strukturbedingte Behinderung einer expandierenden Wirtschaft schon in den sechziger Jahren zu Frustrationen der niederländischen Händler und zur Entfaltung eines Widerstandsgeistes gegen veraltete Strukturen geführt hat.

Die Einbeziehung breitester Mittelschichten in den initiatorischen und innovativen Wirtschaftsprozeß dürfte Folgen für politische Verhaltensweisen unter dem Aspekt von Wohlstand und Repression gehabt haben. Eine »Wohlstandseuphorie« setzte nach dem Frieden von Cateau-Cambrésis ein, der eine gewisse Entspannung brachte und Aussicht bot, daß die staatlichen Bedürfnisse sich zumindest auf dem militärischen Sektor in Grenzen halten würden. Es folgte eine Ausweitung des atlantischen Fernhandels mit allen Konsequenzen für die Binnenwirtschaft, die nicht mehr auf Arbeitskraftreserven zurückzugreifen vermochte und in der die ohnehin seit den vierziger Jahren steigenden Löhne in die Höhe schnellten und selbst die Preise hinter sich ließen. Die Ernüchterung trat schon 1563/64 ein, als die brabantische Veredelungsindustrie in krisenhafte Schwierigkeiten geriet. Die Abwertung des deutschen Talers beschnitt nicht nur den Wert des Spargeldes der Mittelschichten, sondern hielt auch die deutschen Kaufleute fern, was Handel und Gewerbe zu spüren bekamen. Das Baufieber sank in dieser Phase zusehends. Der extrem strenge Winter von 1564/65 führte dazu, daß die städtischen Haushalte einen Großteil des Einkommens für Heizkosten aufbringen mußten, was die Nachfrage nach Gebrauchsgütern zusätzlich schmälerte. Erschwerend kam seit dem Frühjahr 1565 ein kräftiger Anstieg der Getreidepreise hinzu. Der frühere Druck auf den Arbeitsmarkt schlug in Arbeitslosigkeit auch für Facharbeiter um. In Stadt und Land sanken ab 1564 viele Jahre lang die Löhne und somit nicht nur das Real-, sondern auch das Nominaleinkommen auf beängstigende Weise, obwohl von einer wirklichen Katastrophe nicht die Rede sein konnte, da ab Dezember 1565 die Getreidepreise wieder sanken. Die Krise wurde als Bedrohung des Wohlstandes empfunden und hatte von daher eine politisch relevante psychische Komponente.

Die Wirtschaftskrise fiel in die Zeit einer zum Höhepunkt treibenden Autoritätskrise nach der Entlassung Granvelles. Nun kannte man gerade in jener Phase auch eine intensive Ausbreitung der calvinistischen Lehre, die in hektischer Form organisatorische Gestalt annahm. Es ist nachgewiesen worden, daß die wirtschaftlichen Aspekte der Lehren des Reformators die explosive Haltung breiter Schichten kaum zu erklären vermögen, da sie gegenüber Hergebrachtem nichts Neues enthielten. Auch die Vermutung, es könne sich um neue und tiefe Religiosität gehandelt haben, ist nur mit Vorsicht zu äußern, weil der Rücklauf zum Katholizismus nach der militärischen Niederlage der Geusen bei Rijssel im Dezember 1566 ziemlich massiv vor sich ging. Van der Wee nimmt an, daß die Anziehungskraft angesichts der als möglich empfundenen Bedrohung des Wohlstandes an der Ablehnung der hierarchischen und solidaristischen Struktur des christlichen Mittelalters gelegen habe. Als Alternative sei die rational funktionierende Laiengesellschaft mit der Lebensregel angeboten worden: »Der Aufstieg dem Talent (La carriere ouverte au caractère).« Eine derartige Auffassung entsprach in der Tat nicht nur dem Boom der vergangenen Jahrzehnte, sondern konnte auch den Widerstand fördern, zumal das Widerstandsrecht – wenn auch nicht in individualisierter Form – in der rezipierten Lehre enthalten war. Eine solche Deutung der Ursachen des niederländischen Aufstandes, hier konkret des Bildersturms, fügt sich in die revolutionstheoretische Analyse des amerikanischen Wissenschaftlers James C. Davies ein, der festgestellt hat: »Revolutionen sind dann am wahrscheinlichsten, wenn eine anhaltende Periode tatsächlichen wirtschaftlichen und sozialen Wachstums von einer kurzen und schweren Rezession abgelöst wird... Derartige Ereignisse wirken sich auf das Bewußtsein der Menschen in einer bestimmten Gesellschaft aus: Während der Wachstumsperiode wird die Erwartung genährt, man sei auch zukünftig in der Lage, seine steigenden Bedürfnisse zu befriedigen. Während der Rezession, wenn die Realität und diese optimistischen Erwartungen auseinanderklaffen, greifen Angst und Frustration um sich... Der entscheidende Faktor ist die vage oder spezifische Befürchtung, daß das, was über einen langen Zeitraum hinweg gewonnen wurde, schnell verlorengehen könnte.« Dieses Phänomen wird gegenwärtig in der sogenannten J-Kurve zusammengefaßt. Sie deutet an, daß sich tatsächliche Bedürfnisbefriedigung und Erwartungshaltung parallel entwickeln. In einer Krise jedoch bleibt die Befriedigung zurück, während die Erwartungshaltung gleichförmig weiter verläuft. Es entsteht eine Diskrepanz zwischen Erwartung und Realität, die bei einem bestimmten Spannungsgehalt durch gewaltsames Aufbegehren aufgehoben werden soll.

Diese auch für die niederländische Entwicklung einleuchtende theoretische Erfassung der Ursächlichkeit aufständischen Verhaltens ist sicherlich immer in Kombination mit anderen Faktoren zu sehen.

Mangel an Einsicht: die unzeitgemäße Reform
der Bistumseinteilung

Der gewaltsame, kirchlich-staatliche Zugriff gegen die neue Religion in Form von Ketzerverordnungen und den damit verbundenen Strafen bei Verstoß gegen diese Vorschriften und das zahlenmäßig anwachsende und mentale Potential an Gegengewalt erhalten dann erst ihre politische Dimension, wenn man sie vor dem Hintergrund eines in der burgundisch-habsburgischen Periode einigermaßen durchgängigen Mangels an Autorität der Zentrale mit zentralen Maßnahmen verknüpft sieht, die versucht haben, Autorität und Entscheidungsbefugnis mit untauglichen Mitteln zu festigen. Demonstration von Autorität in der religiösen Auseinandersetzung erwies sich in jedem Fall als wenig geeignetes Mittel. Dabei zeigte sich, daß die örtlichen Behörden nicht immer bereit waren, die Ketzerverfolgung mit ganzer Härte durchzuführen. Schon in den vierziger Jahren hatten einige Magistrate eine nachgiebige Haltung eingenommen. Von »Négligence et nonchalance« war da auf streng katholischer Seite klagend die Rede. Demgegenüber förderten nicht nur die Anwendung militärischer Gegengewalt, sondern auch kulturpolitische Eingriffe, wie die Indizierung von Büchern und die Kontrolle von Druckereien, in einer Region mit hohem Anteil an Verlagen und des Lesens Kundigen ein Klima der Unverträglichkeit, das auf solchem Kulturboden wenig Verständnis fand. Wenn die zentrale Obrigkeit 1550 in ihren berüchtigten Verordnungen vom 28. April und 25. September die Machtbefugnisse der Inquisitoren erweiterte, dann sprach das nicht für Augenmaß, zumal von großen Unruhen in dieser Phase kaum die Rede sein konnte. Zu diesem Zeitpunkt waren weder Verurteilungen zum Tode auf dem Brandstapel gefällt noch Kirchen geplündert oder zerstört worden. In Pieter Titelmans fand die Regierung dann einen Inquisitor besonderer Härte, dem jede Nachgiebigkeit fehlte.

Über die jedweder Toleranz abholde Verordnungs- und Personalpolitik hinaus befleißigte sich die Brüsseler Regierung einer Kirchenpolitik, die als Glaubenskampf praktiziert wurde. Die Neuordnung der niederländischen Bistümer mußte weiteres Unbehagen wecken, wenn nicht gar böses Blut schaffen, obgleich die Pläne hierzu in erster Fassung aus dem Zeitraum 1523 bis 1530 stammten. Ziel der Neuordnung war die völlige Loslösung von landfremden Bischofssitzen wie Köln oder Reims und bessere Kontrollmöglichkeiten für den Landesherrn. Aus 5 Bistümern bildete man 15, über drei Kirchenprovinzen verteilt, wobei die drei Erzbistümer Utrecht, Mecheln und Kamerijk die nördlichen, flandrisch-brabantischen und wallonischen Bistümer beherrschten. Die Neuorganisation enthielt eine Einteilung nach Landschaften, berücksichtigte also die Grenzen der einzelnen Territorien. Sie nahm außerdem die bald folgende politische Nord-Süd-Trennung ebenso vorweg wie die spätere Trennungslinie innerbelgischer Auseinandersetzungen. Es war sicher nicht ohne Bedeutung, daß der Landesherr nach der päpstlichen Bulle die Bischöfe ernannte, deren Ernennung dann durch den Papst unter der Bedingung zu bestätigen war, daß die neuen Amtsträger in Theologie oder im Kirchenrecht promoviert worden waren. Solcherlei theologische Voraussetzungen schlossen freilich Fehlgriffe nicht aus, die insofern relevant werden konnten, als in unruhigen Zeiten des religiösen Antagonismus manche Angriffsflächen geboten und gefunden wurden. Aufgrund seiner intellektuellen und politischen Fähigkeiten zählte der oberste Kirchenfürst, der aus Besançon stammende Antoine Perrenot de Granvelle, Erzbischof von Mecheln und Kardinal, nicht zu den Fehlgriffen; aber er avancierte rasch zu den bestgehaßten Politikern der Niederlande. Das hatte andere als theologische oder persönliche Ursachen. Nicht sonderlich glücklich, doch der katholischen Religiosität Philipps II. entsprechend war es, wenn Bischöfe als Amtsträger auftraten, die zuvor Dienst als Inquisitoren getan hatten. Der sich bald regende Widerstand beschränkte sich jedoch nicht auf die Personalpolitik. So widersetzten sich hohe kirchliche Würdenträger aus der Phase der alten Hierarchie der Bistumsregelung, da ihre Privilegien und reichen Pfründe in großem Maße verlorengingen. Vor allem die Abteien, die den neuen Bistümern als Dotation inkorporiert wurden, versuchten sich zu wehren. Aus Protest gegen diese Verwaltungsmaßnahme schlossen sich die ausnahmslos adligen Äbte der Aufstandsbewegung an.

Höchst unwillig und betroffen zeigte sich auch der weltliche Adel. Er opponierte gegen die Eingliederung der drei Brabanter Abteien in die drei brabantischen Bistümer, weil hierdurch deren vom König ernannte Bischöfe die Sitze der Geistlichkeit in den Territorialständen einnahmen und als potentielle Werkzeuge des Landesherrn den Interessen des Herzogtums Brabant entgegenstehen konnten. Die Bistumsreform, die vorsah, daß nur Theologen mit akademischem Grad den Bischofsstuhl besetzen konnten, war gerade deshalb für den Adel ein Ärgernis. Denn er studierte damals in der Regel nicht und blieb somit vom Bischofsamt oder von einem einträglichen Kanonikat im Domkapitel ausgeschlossen. Die erst spät dem Habsburger Reich einverleibten Territorien im Nordosten des Landes sahen in der Bistumsregelung insgesamt eine unzuträgliche Verstärkung landesherrlicher Macht auf ihrem Territorium, und sie wußten lange zu verhindern, daß sich die Bischöfe von Groningen, Leeuwarden, Deventer und Roermond installierten. Die Stadt Antwerpen wiederum fürchtete, daß eine strenge Überwachung von Glauben und Gläubigkeit durch einen Bischof die Kaufleute aus der Stadt vertreibe. Es gelang ihr ebenfalls, die Besetzung des Amtes hinauszuzögern. Für protestantische Kreise und Geistesverwandte bot sich diese kirchenpolitische Maßnahme der Bistumsgründungen als hervorragendes Agitationsinstrument. Zahlreiche Flugschriften gegen die neuen Bischöfe machten die Runde. Marnix van St. Aldegonde, bald ein Mitstreiter und Anhänger des Prinzen Wilhelm von Oranien, schrieb anläßlich der landesherrlichen Maßnahmen in der Kirchenpolitik seinen »Bijencorf der H. Roomsche Kercke«. Aufgetragen war das Büchlein an Franciscus Sonnius, der an der Vorarbeit zur Kirchenreform großen Anteil hatte und 1554 in Friesland als Bevollmächtigter der Inquisition und zuvor in Holland und Seeland aufgetreten war.

Autoritätskrise durch Opposition: der Hochadel in der Liga

Ohne Zweifel kratzten die protestantischen Bewegungen, die allerorten in den Niederlanden auftauchten, an der Autorität von Staat und Kirche, schwächten die Verurteilungen und Hinrichtungen von Ketzern die autoritäre Gewalt, zumal sie die Ausbreitung der Bewegung und ihrer Aktionen wie die Heckenpredigten nicht verhindern konnten. Dennoch bedurfte es einer Autoritätskrise von innen heraus, um der monarchischen Gewalt einen echten Stoß zu versetzen. Eine solche Krise setzte ein, als sich der spanische König Philipp II. nach seinem Abschied aus Brüssel und Rückzug nach Spanien vom Escorial aus daran begab, die Regierungsstruktur weiterhin zu zentralisieren und zu professionalisieren. Er steuerte eine Politik, die den Stempel der Modernität trug, aber auch die Tradition der Landschaft und vor allem ihrer herrschenden Schichten überging. Das mußte seinen Ruch, ein Landesfremder zu sein, noch verstärken. Es war auf jeden Fall unvorsichtig, wenn er den professionellen und bürgerlichen Beamtentyp immer mehr dem alten Geburts- und Schwertadel vorzog. Das mußte auch dann zum Widerstand reizen, wenn es weniger um Macht als um Zweckmäßigkeit ging. Dabei hatte Philipp II. letztlich auszutragen, was unter Karl V. und seiner Generalstatthalterin Maria eingesetzt hatte, etwa mit der Begrenzung der statthalterlichen Befugnisse durch deren kompetenzbegrenzende Instruktionen. In den Gerichtshöfen der Provinzen hatte der hohe Adel schon seit Beginn des Jahrhunderts seine Sitze räumen müssen. Trotzdem war dessen Stellung nicht vollends unterminiert worden.

Der niederländische Hochadel war ein selbstbewußter Stand, zwar an den Hof gebunden, aber nicht zum Status des Höflings reduziert. Für sein Selbstbewußtsein hatten nicht zuletzt die burgundischen Herzöge gesorgt, die ihn in hohe Positionen gebracht, in den Orden vom Goldenen Vlies aufgenommen, Geschenke verteilt, Renten ausgesetzt und damit ein Gegengewicht gegen die Städte geschaffen hatten. Robert van Uytven hat die Fehler der Zentralregierung benannt: »Indem sie den Adel so eng an die Machtzentrale banden, hatten die burgundischen Herzöge in gewissem Sinne eine neue Feudalität und eine Art aristokratische Reaktion ins Leben gerufen, die gegebenenfalls nicht zögern würde, die Führung gegen den Landesherrn zu übernehmen, wenn sie den Städten entglitt.« Maximilian bekam das beispielsweise im Falle des Philipp von Kleve zu spüren. Er ließ diese Adligen auch aus der Liste der Vliesritter streichen. Aber er bewies auch, ebenso wie nach ihm Karl, daß der Adel der Stabilisierung der eigenen Politik in den Niederlanden dienen konnte. Deshalb nahm er ihm treue Vertreter des Adels in die Vliesritterschaft auf, übereignete ihnen Grundherrschaften in der Grafschaft Holland, die ein solches Institut bis dahin kaum kannte. Zu seinen Maximen gehörte es nicht, ohne den Adel zu regieren. Doch gerade aus jenen Familien, die er an den Hof heranzog, ging später die Spitze der Opposition gegen Philipp II. hervor. Unter Karl V. und seinen Generalstatthalterinnen blieb sich der Adel ebenfalls seiner Bedeutung im niederländischen Regierungskonzept bewußt. Mithin schuf es unter den Standesvertretern böses Blut, daß sie von dem kirchenpolitischen Reformprojekt, das für die gesamte spanisch-habsburgische Innenpolitik von großer Bedeutung war, vorab nichts wußten, daß sie am Entwurf nicht mitgearbeitet hatten.

Immerhin gab es noch den Staatsrat, der ein Bollwerk des niederländischen Hochadels im Regierungssystem darstellte und dem Generalstatthalter oder der Generalstatthalterin bei der Festlegung des innen- und außenpolitischen Kurses beistand. Die Bedeutung des Rates hat Philipp II. durchaus eingesehen, so daß er die Zahl der Mitglieder um einige Juristen, echte Verwaltungsbeamte, erweiterte. Obwohl der neue Landesherr das Ratssystem seines Vaters übernahm und ihm eine gewisse Transparenz gab, war es für eine herrschende Gruppe wie den niederländischen Hochadel kaum tragbar, daß die Entscheidungen eben nicht im Staatsrat, sondern in der unmittelbaren Nähe des Brüsseler Hofes als Ergebnisse von Informationen und Empfehlungen der engsten Berater vorbereitet und getroffen und zudem nicht nur von einem Landfremden erlassen, sondern darüber hinaus von Landfremden mitberaten wurden. Es war in den Augen des niederländischen Hochadels ein Fehlgriff, daß Philipp II. an die Spitze des Staatsrates den Kardinal Granvelle berief. Dieser Mann war nicht bloß ein

Landfremder, sondern auch ein hochkompetenter Politiker, dem sich die Adligen unterlegen fühlten. Viglius und Berlaymont waren die wichtigsten Vertrauten Granvelles. Viglius saß dem Geheimen Rat, Berlaymont dem Finanzrat vor. Wiewohl der Staatsrat zum festgeschriebenen Regierungssystem gehörte, hing die politische Stärke seiner Position von den jeweiligen Umständen ab. Zum einen trat er nur sporadisch zusammen, zum anderen hatten die Vertreter des Hochadels meist wenigstens eine wichtige Nebenfunktion, die der Tätigkeit von Feudaladel allgemein entsprach. Entweder waren sie Provinzialstatthalter oder sie standen an der Spitze einer Heeresabteilung. Außerdem verbrachte dieser Adel einen großen Teil des Jahres auf seinen Besitzungen, während zum Beispiel die bürgerlichen Ratsmitglieder in der Regel höchstens eine Nebenfunktion hatten und sie am Brüsseler Hof ausübten. Machtbewußten Politikern wie Granvelle war es ein leichtes, ohne Adelsgruppe auszukommen. In Zeiten der wachsenden Unruhe zeigte sich allerdings, daß die anderen hohen Funktionen des Adels, eben die Ämter des Territorialstatthalters, Flotten- oder Armeechefs, kaum einen Ersatz für die Aufgabe an zentraler politischer Stelle darstellten, zumal eine weiter reichende Zentralisierung angestrebt war. Dadurch, daß alle Mitglieder des Staatsrates nach außen hin für die Entscheidung, die die Regierung traf, als mitverantwortlich galten, gerieten sie in die Schußlinie. In Jahren einer sich verschärfenden Ketzerverfolgung und der Reorganisation der niederländischen Bistümer inmitten einer wachsenden protestantischen Bewegung war das eine Gefährdung, zumal die Bedingungen, die die Zentralregierung an die Besetzung der Bischofsstühle knüpfte, dem spezifischen Standesinteresse des Hochadels entgegenstanden. Zudem machte das Gerücht die Runde, daß Philipp II. mit der Neueinteilung der Bistümer die Einführung der spanischen Inquisition einleiten wolle. Da fürchtete man, daß dies einen noch härteren Kurs bedeuten werde. Aus der Sicht des Hochadels war es erschwerend, daß Margarethe von Parma sich mit einem spanischen Privatsekretär und einigen aus Spanien kommenden Finanz- und Politikberatern umgeben hatte. Der Unmut des Adels richtete sich vor allem gegen jenen Mann, den man für den Schrittmacher einer die Belange der Niederlande nicht berücksichtigenden Politik hielt, gegen Granvelle. Pieter Geyl, der Historiker, hat in diesem Zusammenhang festgestellt, daß der Adel mit der Parole »Fort mit Granvelle« eine totale Veränderung auch des Regierungssystems angestrebt habe. Das Problem lag auch darin, daß die Kompetenzen des Staatsrates allzu vage umschrieben waren, als daß man sich auf genaue Stipulationen hätte berufen können. Praktisch stand es immer im Ermessen des Landesherrn oder seines Stellvertreters, welche Bereiche man in den Staatsrat bringen wollte; es hätte alles in seinen Kompetenzbereich fallen

können. De facto schälten sich dann als Arbeitsbereiche die Innen- und Außenpolitik sowie die Landesverteidigung heraus.

Es wäre verfehlt, den niederländischen Hochadel zum Verfechter gleichsam
»nationaler« Rechte zu stilisieren, aber es lag durchaus im traditionalen Denken, wenn man im Zuge der Opposition die Interessen der Habsburger und die
ihrer nordwestlichen Territorien einander gegenüberstellte. Die Landfremdheit
des Landesherrn erhielt den Stempel der Unzulänglichkeit. Unter Karl V., der
sehr wohl erkannt hatte, daß es schwierig sein werde, über die Köpfe des hohen
Adels hinweg zu regieren, waren solche Auffassungen noch nicht laut geworden. Als er im Oktober 1555 abdankte, erschien er im Brüsseler Palast, gestützt
auf die Schulter des Prinzen Wilhelm von Oranien. Vier Jahre später soll sein
Sohn Philipp II. vor seiner Abreise nach Spanien den Oranier beschuldigt haben,
daß nicht die Generalstände, sondern er, der Oranier, mit dem gesamten Adel
die Opposition gegen ihn führe. Philipp soll hinzugefügt haben: »Wenn die
Stände keine Stütze hätten, würden sie nicht so laut auftreten.« Und tatsächlich
waren kurz vor der Abreise die nach Gent einberufenen Generalstände laut
aufgetreten. Der König hatte sie ermahnt, der Kirche und dem Glauben treu zu
bleiben sowie die Steuern zu zahlen, aber dann erhob sich Opposition. Der
Abgeordnete aus Gent, Borluut, las im Namen der Stände eine Erklärung vor,
in der er nachdrücklich den Rückzug der spanischen Truppen sowie die Teilnahme des hohen Adels an der Landesverwaltung forderte. Der König machte
Konzessionen. Er versprach, die spanische Truppenmacht von etwa 3.000
Mann aus den Niederlanden abzuziehen. Außerdem wurden die Herren Oranien, Egmont und Berlaymont zusammen mit noch einigen Adligen in den neu-
en Staatsrat aufgenommen (bei Amtsantritt eines Generalstatthalters wurde
auch der Staatsrat neu gebildet). Vorerst blieb freilich Granvelle der unbestrittene Führer. Schon zur Zeit des Generalstatthalters Emmanuel Filibert von Savoyen, 1555 bis 1559, hatte der niederländische Adel sich über den Geschäfts-
gang mißvergnügt gezeigt und entsprechende Protestschreiben an den Landesherrn gesandt, ohne daß er wirklich gehört worden wäre. Nach der Abreise
Philipps II. nahmen die Beschwerden ihren Fortgang. Im Juli 1561 wandten sich
der Oranier und Egmont schriftlich an den König: Bereits zur Zeit der Generalstatthalterschaft des Herzogs von Savoyen seien sie Mitglieder des Staatsrates
gewesen, aber auch damals hätten sie nur den Namen getragen, das Amt jedoch
nicht ausgeübt, da die wichtigen Dinge außerhalb dieser Instanz behandelt worden seien. Mitbestimmung stand also auf der Tagesordnung. Das war um so
dringlicher, als der durch die andauernden Kriege schon 1557 eingetretene
Staatsbankrott und die absehbare wirtschaftliche Rezession ein politisches Cha-

os befürchten ließen. Die Opposition verschärfte sich, richtete sich gar nicht gegen Margarete von Parma, sondern hauptsächlich gegen Granvelle, den politischen Leiter. Der Oranier führte den Widerstand gegen den Kardinal an. Hinter ihm standen die Ritter vom Goldenen Vlies. Der Hochadel schloß sich dann im Mai 1562 in der Liga zusammen und stellte sogar ein Ultimatum. Oranien und Egmont drohten, den Sitzungen des Staatsrates fernbleiben zu wollen. Dabei blieben sie nicht allein. Denn Unterstützung erhielten sie von den Brabanter Ständen, die ihrerseits jeden finanziellen Beitrag zu verweigern beabsichtigten, solange der Kardinal das Sagen habe. Am 11. März 1563 verlangte man die Entlassung Granvelles. Nichts geschah. Im Juli desselben Jahres wurde die Forderung erneut vorgetragen. Erst im Frühjahr 1564 war der ganzen Aktion Erfolg beschieden, die in Madrid einiges Kopfzerbrechen verursacht hatte. Die Liga war als Sieger aus diesem Machtkampf hervorgegangen.

Dem Hochadel oblag es nun, zusammen mit der Generalstatthalterin die Lage im Lande zu stabilisieren. Er erkannte natürlich, daß mit der Stärkung seiner Position die Unruhen beendet waren. Hinzu trat die schlechte Finanzlage. Um sie zu verbessern, hätte es der Einberufung der Generalstände bedurft. Der König weigerte sich, diesen Schritt zu tun. Möglicherweise sah von Madrid her alles nicht so problematisch aus. Mithin empfahl es sich, den König in die Niederlande zu bitten. Der Staatsrat wählte aus seiner Mitte den Grafen Egmont als Botschafter für Madrid. Der Mann war ein profilierter Adliger, entstammte einem der angesehensten und begütertsten Adelsgeschlechter der Niederlande, zählte also zu den echten Einheimischen mit verwandtschaftlichen Beziehungen zu seinem Schwager, dem Kurfürsten von der Pfalz, aber er war kein profilierter Politiker. Granvelle hatte ihn gar einen »Freund des Dunstes« genannt. Die Instruktion, die Viglius, der Vorsitzende des Staatsrates, für ihn entwarf, war deshalb recht unkompliziert, denn es ging letztlich nur um die Bitte an den Landesherrn, seine Niederlande zu besuchen. Der Rat beriet darüber am Silvestertag 1564, und die Beratung brachte zugleich den großen Auftritt des ersten Oppositionellen am Ort: des Wilhelm von Oranien. Was der Ratsvorsitzende, der zuvor die Aufforderung an den Landesherrn, die Ketzerverordnungen aufzuheben, als unsinnig bezeichnet hatte, vortragen ließ, erschien dem Oranier unter den gegebenen Umständen wohl als unangebrachte Zurückhaltung. In einer gegen den Entwurf gerichteten Rede sprach er Klartext, stundenlang. Seine Rede unterlag nicht mehr taktischem Kalkül. Die Probleme waren klar, die Forderungen lauteten entsprechend. Er wiederholte, daß Rechtsprechung und Verwaltung als äußerst mangelhaft bezeichnet werden müßten; neu aber war die Unbedingtheit, mit der er die Preisgabe der Ketzer-

verfolgungen verlangte. Der Oranier warf dem Landesherrn religiösen Anachronismus vor. In allen umliegenden Ländern ändere sich das Glaubensmuster.
Die Religion sei überall Gegenstand einer nicht mehr aufzuhaltenden Diskussion. Wie könne es, so fragte er, angehen, daß die eine, die katholische Religion
in den Niederlanden als die allein selig machende angepriesen und über Inquisition und Ketzerverfolgungen gerettet werde. Die Beschlüsse des Trienter Kon-
zils erschienen in der Rede des Oraniers als längst von den Zeitläuften überholte
Handlungsanweisungen. Der Landesherr war aufzufordern, die Ketzerverordnungen wieder einzuziehen oder zumindest abzumildern. Er könne, so ließ er
sein Publikum wissen, nicht dulden, daß Fürsten über das Gewissen ihrer Untertanen verfügten und sie der Freiheit des Glaubens und des Gottesdienstes
beraubten. Neben dieser Grundsatzerklärung, die er in dem Gremium abgab,
nahm sich die Forderung nach Reorganisation der Regierungs- und Verwal-
tungsinstanzen nachgerade wie eine Quisquilie aus.

Die große Rede des Oraniers nahm Schillers »Sire, geben Sie Gedankenfreiheit« vorweg. Der katholische Oranier war ohne protestantische Neigung,
mochte er auch eine protestantische Familie haben und zur zweiten Frau eine
Protestantin wählen. Er war eher der vermittelnde Typ, dessen Kriterium die
Regierbarkeit des Landes war. Und die Worte, die er fand, waren, wie Arie van
Deursen feststellt, die eines an Erasmus orientierten Mannes: »Er berief sich
nicht auf die Bibel, sondern auf die eigene Urteilskraft.« Hier sprach zudem
nicht nur der Katholik, sondern auch einer der wichtigsten Vertreter des Hochadels. Er, der seit 1559 als Territorialstatthalter in Holland, Seeland und Utrecht
wirkte, hatte durch seine lange Rede deutlich gemacht, daß für ihn der Konflikt,
der sich aus der Entwicklung des rationalen absoluten Beamtenstaates ergab,
gelöst war. Es hatte sich letztlich um die Konfrontation zwischen der Pflicht
eines Standesherrn gegenüber den Untertanen und der Beamtenpflicht gegenüber dem Landesherrn gehandelt. Der Oranier entschied sich für die Standes-
pflicht und blieb in dieser Haltung wenig später bis zu seinem Tod 1584 einigermaßen allein. Zunächst wollte es allerdings nicht scheinen, als ob es sich um
einen Alleingang handele. Im Staatsrat kehrten sich lediglich Viglius und mit
ihm Graf Berlaymont gegen die Rede des Oraniers. Die Mehrheit lehnte den
Entwurf des Viglius ab und stimmte dem Oranier zu, dessen Ausführungen in
die Instruktion Egmonts einflossen.

Schon bei den Beratungen über die geforderte Entlassung Granvelles hatte
sich der spanische König in Madrid mit dem Herzog von Alva als Berater an
seiner Seite als wenig einsichtiger Monarch erwiesen. Gegenüber der von dem
Oranier diktierten Instruktion Egmonts zeigte er sich vollends starr. Flexibilität

war nicht seine Sache. Der Monarch war Spanier und Katholik. Ihm fehlte jedes Verständnis für das Territorium im Nordwesten Europas. 1559 hatte er sich dort von Granvelle vertreten lassen müssen, da er weder des Niederländischen noch des Französischen mächtig war. Für den niederländischen Hochadel folgte dem Triumph über die Entlassung Granvelles jetzt die herbe Enttäuschung ob der Härte des Landesherrn vor allem in der Inquisitionsfrage. In den berüchtigten »Segovia-Briefen« vom Oktober 1565 ließ der Monarch wissen, die Ketzer seien zu verfolgen, und er werde über eine Umstrukturierung der Zentralverwaltung nachdenken. Das war neun Monate nach der großen Rede des Oraniers. Es zeugte nicht von Nachgiebigkeit des Landesherrn, wenn er den Herzog von Aerschot als weiteres Mitglied des Staatsrates benannte und nicht einen der von den sitzenden Mitgliedern vorgeschlagenen Vertreter. Der Herzog war ein Mann des Monarchen und keineswegs populär beim Hochadel der Niederlande. Die Ankündigung, die Ketzer noch schärfer verfolgen lassen zu wollen, war insofern enttäuschend, als der Staatsrat nach dem Abzug Granvelles eine Mäßigung durchgesetzt und dabei die Unterstützung städtischer Regierungen erhalten hatte. In Brügge und Antwerpen waren bei deren Stadtväter die harten Methoden des Inquisitors Titelmans auf Ablehnung gestoßen. Dabei war Freiheit des Gottesdienstes durchaus nicht das Ziel des Hochadels; vielmehr ging es um eine Art Tolerierungspolitik gegenüber den Protestanten. Im Hinblick auf die Städte sei betont, daß die landesherrliche Intransigenz sich in Zeiten wirtschaftlicher Unruhen und eines nicht zu übersehenden Rückgangs der Prosperität manifestiert hat. Dem Staatsrat vor Ort war das schon lange klar, und er befürchtete, daß diese unglückliche Kombination von wirtschaftlichem Rückgang und politisch-religiöser Repression zu schlimmen Unruhen führen mußte. In zahlreichen Sondersitzungen befaßte er sich vor allem mit der Frage der Getreideversorgung, ohne hier etwas ändern zu können.

Im Staatsrat selbst ging nach den »Segovia-Briefen« der Anhang des Oraniers, der sich mit seiner Silvesteransprache von 1564 deutlich an die Spitze der Opposition gestellt hatte, allmählich zurück. Das zeigte sich vollends 1566, als der Prinz daranging, die Bewegung des niederen Adels, den »Verbund«, mit der »Liga« des hohen Adels zu einer Koalition zusammenzuschließen. Das Unternehmen scheiterte bei aller Beredsamkeit des Wortführers. Er appellierte an die Eigenschaft des Hochadels als Ritter des Goldenen Vlieses, verwies auf die hohen Ämter, die sie beispielsweise als Statthalter gleichsam im Dienst des Landes und der Landschaft wahrnahmen, und stieß nur auf Ablehnung. Herren wie Hoorn, Montigny und Bergen begriffen die Notwendigkeit eines Zusammenschlusses, sprachen sich auch für die von dem »Verbund« verfertigte Bittschrift aus, aber sie blieben inaktiv. Die Grafen Egmont und Meghen glaubten nicht, daß eine solche Koalition mit ihrem Treueid gegenüber dem Landesherrn zu vereinbaren sei. Egmont mochte dann selbst an der Spitze der Opposition gegen Granvelle gestanden haben, aber das war etwas anderes als eine Koalition mit dem niederen Adel zum Zwecke einer verschärften Opposition gegen den Landesherrn.

Autoritätskrise durch Opposition: der niedere Adel im »Verbund«

Nach den Gründen des Zusammenschlusses fragen, heißt neuerlich, auf die Konsequenzen von Zentralisierung und Professionalisierung hinweisen, denn dadurch ist der Adel in seinen lokalen grundherrschaftlichen Rechten eingeschränkt worden. Da trieb der Unmut in die Opposition. Zu vermuten ist, daß sie als Bewohner des platten Landes und somit als Zeugen vor Ort die Unzufriedenheit unter der Bevölkerung besser gekannt haben als der niederländische Hochadel. Darüber hinaus waren manche Vertreter dieses Adels schon dem calvinistischen Glauben zugewandt. Erste sporadische Kontakte untereinander fanden bereits im Sommer 1565 statt. Sie gingen von calvinistischen Bürgern aus. Unter ihnen zählte Gillis de Clercq zu den vornehmsten Initiatoren, der Gespräche mit den Brüdern Jan und Philipp van Marnix van St. Aldegonde und mit Ludwig von Nassau führte. Der Antwerpener de Clercq nahm die Kontakte mit dem ausdrücklichen Wunsch auf, den niederen Adel zu einem »Verbund« zusammenzubringen. Die Briefe des Königs aus Segovia beschleunigten die Planung, denn es herrschte im Land jene Stimmung, die der Chronist Godevart van Haecht wie folgt beschrieben hat: »Am Ende dieses Jahres (1565) hörte man in den Niederlanden schlimme Gerüchte und herrschte hier Aufregung über Briefe, die der König von Spanien geschickt hatte und in denen zu lesen stand, daß er die Inquisition im Lande verschärfen wolle.« Anfang Dezember 1565 beschlossen etwa zwanzig calvinistische Adlige in Brüssel, aktiv zu werden. Sie wollten gegen Inquisition und Ketzerverordnungen vorgehen. Mehr als ein schriftlicher Protest konnte das nicht sein. Auf einer zweiten Versammlung vor Weihnachten lag ein Entwurf zu dem sogenannten Kompromiß der Adligen vor. Darin forderte man, daß die Ketzerverordnungen aufgehoben und die Generalstände eine neue Regelung der religiösen Frage beraten sollten. Zudem wurden die Mitglieder des »Verbundes«, der wohl am besten als eine Schwurgemeinschaft zu definieren ist, verpflichtet, für den »Verbund« geheime Agitation zu treiben und neue Mitglieder zu gewinnen. Sie konnten durchaus unter dem mehrheitlich noch katholischen Adel gefunden werden. Der Inhalt dieser Gründungsurkunde bedeutete nicht Agitation zugunsten des Calvinismus, sondern hatte rein politischen Charakter. Es stand in dieser Urkunde, daß die Inquisition als die Hauptursache jener Unordnung und Ungerechtigkeit ausgerottet werden müsse.

Der Hochadel blieb zwar außen vor, das hieß aber nicht, daß man ohne ihn vorgehen wollte. Auf der Seite des Hochadels war es der Oranier selbst, der eine Koalition zwischen »Liga« und »Verbund« herstellen wollte und sich für eine Übereinkunft einsetzte. Es war sicher kein vom Tisch zu fegendes Argument, wenn er von der Bedrohung des Landes durch einen Bürgerkrieg redete und dem Hochadel die besondere Aufgabe zuwies, solchem Bürgerkrieg vorzubeugen. Solidarisierung stand offensichtlich nicht auf der Tagesordnung. Der hochadlige Wortführer hielt sich im Dezember 1565 aber noch im Hintergrund. Erst im März brachte er Adelsbund- und Liga-Vertreter zusammen, die ein gemeinsames Vorgehen vereinbaren sollten. Der Versuch stieß auf den Widerstand einiger Hochadliger und scheiterte. Der »Verbund« beschloß, allein in Aktion zu treten. Es wurde nach dem Entwurf von Marnix eine Petition ausgearbeitet, die der Generalstatthalterin vorgelegt werden sollte. Der Entwurf entsprach inhaltlich etwa der Gründungsurkunde des »Verbundes«. Die abschließenden Worte lauteten: »Wir haben uns unserer Pflicht durch diese unsere Erklärung entledigt; wir sind von nun an vor Gott und den Menschen entlastet. Wenn in der Folgezeit Gefahren, Unordnung, Aufstand, Aufruhr oder Blutvergießen deshalb über das Land kommen, weil nicht zur rechten Zeit Abhilfe geschaffen worden ist, so kann uns nicht der Makel angeheftet werden, daß wir ein so offen sichtbares Unheil verfehlt haben; dafür rufen wir Gott, den König und unser Gewissen als Zeugen an, daß wir gehandelt haben, wie es guten und loyalen Dienern und treuen Vasallen des Königs geziemt, ohne die Grenzen unserer Pflicht verletzt zu haben; mit um so größerem Recht bitten wir daher, daß Eure Hoheit es hören wolle, ehe es zu spät ist. Und das wird gut sein« (Übersetzung nach K. Vetter). Die Überreichung der Bittschrift war ein öffentliches Spektakel: Am 5. April gingen rund 300 Adlige zu Fuß, in Zweierreihen, zum Sitz der Generalstatthalterin. Die Schwurgemeinschaft, vorher im geheimen tagend, trat an die Öffentlichkeit, und sie erregte dabei das nötige Aufsehen. Das Volk von Brüssel säumte Platz und Straße. Teile der Elite setzten sich für die Rechte des Landes ein, vertraten die öffentliche Meinung. Die Überlieferung will es, daß just in diesem Augenblick den Adligen der Beiname »Bettler (Gueux)« zuerkannt wurde, der Name, der später für die gesamte Widerstandsbewegung gegen die spanische Herrschaft galt. Graf Berlaymont, Mitglied des Staatsrates, aber alles andere als ein auf Reform erpichter Kämpfer, soll ihnen diesen Spottnamen gegeben haben. Für die Generalstatthalterin blieb wenig zu tun. Angesichts der aufgeregten Stimmung im Lande empfahl es sich nicht, die Beantwortung der Bittschrift hinauszuzögern und erst auf die Antworten aus Spanien zu warten, die ohnehin immer einen langen Weg nahmen. Rasches Handeln mußte ihr um so leichter fallen, als auch sie von der Notwendigkeit überzeugt war, die Ketzerverfolgung zu mäßigen. Sie ließ zunächst wissen, daß sie bereits beschlossen habe, beim König um Mäßigung einzukommen, und verkündete dann Ende April eine solche bei der Verfolgung der Protestanten, was nicht bedeutete, daß sie die Glaubensdissidenten anerkannte. Sie wolle, so hieß es, mit dem Staatsrat, den Statthaltern und den Rittern des Goldenen Vlieses einen Neuentwurf der Verordnungen erarbeiten und Philipp zur Genehmigung vorlegen. Bis zu dessen Antwort werde sie die zuständigen kirchlichen und weltlichen Behörden anweisen, gemäßigter gegenüber den Ketzern zu verfahren. In diesem Augenblick scheinen Theorie und Praxis der Ketzerverfolgung einigermaßen übereingestimmt zu haben. Das hatte freilich zur Folge, daß sich bei nachlassender Repression die Zahl der Menschen mehrte, die die calvinistischen Heckenpredigten besuchten. Der Mäßigung folgten bald neue repressive Maßnahmen, da die Protestanten aktiver denn je auftraten.

Der Adelsverbund in seiner religiös-heterogenen Zusammensetzung geriet angesichts solcher Entwicklung in Schwierigkeiten. Er versuchte, einen Mittelweg zu gehen, indem er sich zum einen für eine Eindämmung des protestantischen Aktionismus einsetzte, zum andern die Generalstatthalterin erneut zu bitten beabsichtigte, Inquisition und ähnliche Repressionsverfahren aufzuheben. Druck kam von bürgerlichen calvinistischen Konsistorien, die Religionsfreiheit und Verteidigung der Privilegien forderten und die adlige Führung der Bewegung nur anerkennen wollten, wenn ein Rat als Kontrollinstanz, bestehend aus sechs Adligen und sechs Bürgern, beigegeben würde. Beiden Seiten war klar, daß nur bewaffneter Kampf den hochgehenden Konflikt entscheiden konnte. Die Inhalte der großen Bittschrift griff Ludwig von Nassau am 30. Juli 1566 nach neuerlichen Beratungen in Adels- und Bürgerkreisen in einem Katalog von Forderungen an die Generalstatthalterin noch einmal auf. Doch er ging einen Schritt weiter, als er Religionsfreiheit verlangte, bis sich die Generalstände in dieser Frage entschieden hatten. Es kratzte ohne Zweifel an der Souveränität des Landesherrn, wenn man Entscheidungsgewalt in religiösen Fragen von ihm auf die Landschaft, vertreten durch die Generalstände, verlagerte. In dieser zweiten Bittschrift verlangten sie darüber hinaus, daß der Adelsverbund von

Rechtsverfolgung verschont bliebe und der Oranier, Egmont und Hoorn die Regierung des Landes übernehmen sollten. Immerhin gestand der spanische König im August zu, daß die päpstliche Inquisition abgeschafft wurde, aber die bischöfliche blieb erhalten. Der Adelsverbund erhielt Straffreiheit zugesichert, die Organisation war jedoch aufzulösen. Die Einberufung der Generalstände lehnte der Landesherr grundsätzlich ab. Diese Art der geringfügigen Zugeständnisse kam zu spät. Gerade der im August einsetzende Bildersturm bewies eine Radikalisierung der Entwicklung. Die Intransigenz trieb auch von calvinistischer Seite einem Höhepunkt zu. Zwar rührte der Adel mit seiner Forderung, die Generalstände über die Religionsfrage entscheiden zu lassen und ein gerüttelt Maß an politischer Mitbestimmung zu erhalten, an die alleinige Souveränität des Landesherrn, gleichwohl bestand keineswegs die Absicht, die königliche Autorität zu unterlaufen oder die eigene adlige Loyalität neu zur Diskussion zu stellen. Hinter der Forderung nach Mitbestimmung der Generalstände steckte sicherlich ein erster Hinweis auf ein schon vorhandenes überlandschaftliches niederländisches Selbstbewußtsein. Gerade im Hinblick auf die nach wie vor bestehende Loyalität und Anerkennung der königlichen Autorität wäre es für den Landesherrn vonnöten gewesen, von dem eigenen intransigenten Katheder herunterzusteigen, wenn Befriedung der Verhältnisse eintreten sollte. Auf jeden Fall hätte er den gemäßigten Teil des Adels und auch der Bürger voll auf seiner Seite gefunden. Andererseits hätte die Proklamation der Toleranz eine Anerkennung der konfessionellen Entwicklung bedeutet, was mit der Persönlichkeitsstruktur des spanischen Landesherrn kaum vereinbar war.

Bildersturm

Wie stark der Bildersturm auch religiös motiviert sein mochte, er nahm in sich das ganze niederländische Unbehagen gegen die Herrschaft des landesfremden Monarchen auf und bedeutete das Ende einer Ordnung, von der manche politischen Kräfte noch geglaubt hatten, sie auf dem Weg der Eingaben an die neuen Bedürfnisse anpassen zu können. Die Zeit der Eskalation von Gewalt und Gegengewalt war angebrochen. Der Bildersturm, der sich zu einer expandierenden Aufstandsbewegung auswuchs, überrollte das einigermaßen bescheidene Auftreten des Adelsverbundes und war bar jeder Kompromißfähigkeit. Der Sturm setzte am 10. August 1566 im westflandrischen Steenvoorde ein, in den ländlichen Gebieten der Textilindustrie, pflanzte sich von hier aus in die übrige Region Flanderns und nach Brabant fort, in die großen Städte Gent und vor allem

Antwerpen, Doornik, Valenciennes, Mecheln, Oudenaarde und griff auf die nördlichen Provinzen über. Dort brachten Nachrichten über die Ereignisse im Süden die Aktionen in Gang. Mit dem Bildersturm kam eine neue Qualität in die ohnehin unruhigen Territorien. Es geschah, wie in Antwerpen, daß Kirchen geplündert und beraubt wurden, aber das Hauptanliegen war die Säuberung der Kirchen. Bildersturm war Ikonoklasmus, entsprechend der Lehre Calvins, und er stellte zugleich den Versuch dar, von den Heckenpredigten im Freien loszukommen und für die Predigt ein Gotteshaus zu erwerben. Wo die Stadtregierungen unter dem Druck des Sturms nachgaben, gelang dieses Vorhaben. Die Heckenpredigten zählten nicht zu den Erfindungen der Calvinisten, sondern waren schon bei den Sakramentariern außerhalb Leidens gepflegt worden. Seit Anfang der sechziger Jahre zog man mancherorts zum Gottesdienst »zu Felde«, und zwar bewaffnet. Das war spontan und militant zugleich. Die Spontaneität wich im Juli und August 1566 einer mehr geplanten Unternehmung, bei der die Militanz zunahm. Im Süden wurden die Heckenpredigten von der Antwerpener Synode, im Norden von einer Amsterdamer calvinistischen Kirchenversammlung organisiert. Jedenfalls erwiesen sich bei Zunahme der Spannungen und dem geringen Durchsetzungsvermögen oder Durchsetzungswillen städtischer Magistrate die Beschlüsse der Generalstatthalterin – Rückwanderungsverbot vom 27. April und Predigtverbot vom 3. Juli 1566 – als Schlag ins Wasser. Die gegenüber den örtlichen Behörden äußerst aktiven Calvinisten organisierten nicht nur ihre Predigten im Freien, sondern redigierten auch ihr Glaubensbekenntnis und verbreiteten es. Daß sie es sogar dem Oranier überreichten zeigte, wie sehr sie bereits zu jenem Zeitpunkt auf diesen Vertreter des hohen Adels setzten. Der Schritt war freilich vergebliches Tun. Der Adelsmann glaubte, daß der Calvinismus zur »Zerstörung des ganzen Landes« führen müsse. Die »Aufrührer« begannen mit dem Bau eigener Kirchen, führten Kollekten unter ihren Mitgliedern durch und bildeten einen Verband von Kaufleuten, der den Widerstand finanzieren sollte. Das alles war hochentwickelter Aktivismus, dem die Vertreter des Adelsverbundes mit zwiespältigen Gefühlen begegneten.

Der Sturm erfaßte bei weitem nicht alle Territorien. Zentrum blieb die flämische Westregion mit ihrer Textilindustrie. Andere Gebiete blieben von dieser Bewegung fast völlig verschont. Namur, Luxemburg, der Hennegau oder das südliche Brabant sowie die Agrarbezirke Flanderns und Brabants spürten ebensowenig von dem Bildersturm wie im Norden große Teile Overijssels und Gelderns. Zur unterschiedlichen regionalen Streuung traten die unterschiedlichen Formen. Sie reichten von der Gewaltsamkeit im Süden bis zur teilweise legistischen Variante im Norden. Häufig standen Prediger an der Spitze der Bewegung. Sie scharten kleine bewaffnete Trupps oder Kompanien um sich, deren Zusammensetzung nicht immer mit den ursprünglichen religiösen Absichten des Bildersturms übereinstimmte. Neben den Predigern übernahmen auch Vertreter des Großbürgertums die Organisation der bewaffneten Trupps. In einer Stadt wie Doornik stand den Bilderstürmern schon ein calvinistischer Magistrat zur Seite, in anderen Orten gelang es den Aufständischen, das Stadtregiment ganz zu übernehmen und sich dort kürzere oder längere Zeit zu halten. Valenciennes wurde sogar zur Festung der Calvinisten ausgebaut.

Verglichen mit der eruptiven Form der Bewegung im Süden, mit den Massenausschreitungen in Gent und Antwerpen verlief die Entwicklung im Norden etwas ruhiger, zumal hier der Calvinismus noch nicht die Ausbreitung wie in den südlichen Territorien gefunden hatte. Gleichwohl gärte es auch hier unter der Oberfläche. Als Multiplikatoren der calvinistischen Sache traten in der Grafschaft Holland seit längerem Vertreter des niederen Adels auf, die unter der Leitung des Barons von Brederode standen. Er, der sich an der Spitze des Adelsverbundes gegen die Generalstatthalterin befand, zählte gewiß nicht zu den »Dii minores« in den Niederlanden. Immerhin war er der größte Grundbesitzer in den nördlichen Territorien und verwandtschaftlich mit der rheinischen Aristokratie und dem burgundischen Adel verbunden. Vianen, Teil seines fast ein Zwölftel der Grafschaft Holland ausmachenden Grundbesitzes, entwickelte er zum Zentrum seiner reformatorischen Propaganda. Brederode war ein antikatholischer Eiferer der ersten Stunde. Um ihn gruppierte sich der niedere Adel, der etwa 200 Familien umfaßte, von denen nach den Angaben von Alastair C. Duke und Dirk H. Kolff 53 zum Adelsverbund zählten, aber nur 38 Familien als reformiert oder tolerant anzusehen waren. Brederode war ein populärer Mann in der Grafschaft, und sein Enthusiasmus entsprach wohl seiner Popularität. Am 9. Juni 1566 schrieb er aus dem Städtchen Bergen: »Ich stelle fest, daß Gott ganz und gar Geuse ist … Die Geusen sind hier so zahlreich wie der Sand am Meer.« Selbst wenn bei dem von der reformatorischen Sache voll überzeugten Adligen viel Wunschdenken im Spiel gewesen sein mag, hat er die Tendenz zur Ausbreitung des Calvinismus richtig erkannt. Es konnte nach den Erfahrungen der vergangenen zehn Jahre gar nicht ausbleiben, daß die reformatorische Propaganda nicht allein von dem Wunsch nach religiöser Erneuerung getrieben war. Denn im Zuge der staatlichen und täglichen Repressionspolitik waren längst Ängste herangezüchtet worden. Gerüchte machten die Runde, daß es um die Zukunft der Calvinisten und auch der lauen Katholiken schlecht bestellt sein sollte. Aber Propagandaarbeit allein reichte nicht zu einem durchschlagenden Erfolg. Es bedurfte noch eines äußeren Anstoßes, und den gab der Bildersturm in den südlichen Territorien. In Amsterdam, Delft, Leiden, Den Briel und Den Haag sowie in einigen friesischen Städten zog man dann auch los, die Kirchen zu säubern oder sie gar in Besitz zu nehmen.

Um das Ärgste zu verhindern, schlossen führende Vertreter des Hochadels wie Oranien, Egmont und Hoogstraten als Regierungsinstanz und mit ihnen einige gemäßigte Vertreter der Liga im Namen der Margarethe von Parma eine Vereinbarung mit dem Adelsverbund. In dieser Vereinbarung vom 23. August 1566 hieß es, die Generalstatthalterin verspreche die freie Ausübung calvinistischer Predigten in den Orten, in denen sie bereits stattgefunden hatten, bis der König nach Beratung mit den Generalständen Endgültiges beschließen würde. Den Protestanten wurden zudem am Rande der Städte Kirchen und Friedhöfe zugewiesen. Sie mußten sich ihrerseits verpflichten, die öffentliche Ordnung wiederherzustellen und die ungestörte Ausübung des katholischen Gottesdienstes zu garantieren sowie die Ausweitung des calvinistischen Glaubens zu verhindern. Zugleich versprach der niedere Adel die Auflösung seines »Verbundes«. Dieser Übereinkunft war hier und da Erfolg beschieden, aber letztlich kam sie zu spät, da die Offensivkraft der Bewegung allzu stark geworden war, als daß sie sich auf den Status quo hätte reduzieren lassen. Sie war auch nicht abzuschrecken, als der Oranier, neben einigen anderen Vertretern der Adelsliga Hoffnungsträger der oppositionellen Bewegung gegen den spanischen König, ein Exempel statuierte. Er ließ am 28. August in Antwerpen, wohin er sich begeben hatte, auf dem Markt drei Bilderstürmer durch den Strang hinrichten, drei wurden verbrannt, andere verhaftet. Es folgte die öffentliche Ankündigung, daß Bilderstürmerei, Störungen des katholischen Gottesdienstes und die Beleidigung von Priestern mit der Todesstrafe geahndet würden. Die Unruhe in der Stadt wurde eingedämmt, im Lande hingegen breitete sie sich aus. Der Oranier selbst, nicht unbedingt ein Freund der Calvinisten, sondern aus außenpolitischen Gründen den Lutheranern zuneigend, versuchte, seiner negativen Reaktion auf den Bildersturm, der seinen Vorstellungen von Toleranz und Ordnung widersprach, Aufbauendes hinzuzufügen, indem er einen Kompromiß zwischen Katholiken, Calvinisten und Lutheranern aushandelte, in dem allen Religionen die ungehinderte Religionsausübung garantiert wurde. Das wiederum entsprach nicht den Vorstellungen der Generalstatthalterin, die eine Ausweitung des protestantischen Glaubens hatte verhindern wollen. Sie schrieb dem Oranier, daß sie die Übereinkunft lediglich auf die Zulassung von Predigten außerhalb der Städte bezogen habe, nicht jedoch auf kirchliche Gottesdienste. Sie warf ihm Pflichtverletzung gegenüber Gott und dem Landesherrn vor. Während der Gesinnungsfreund des Oraniers, Hoorn, die Übereinkunft in

Doornik mit mehr Sympathie für die Calvinisten durchzusetzen versuchte, unterdrückte Egmont den Bildersturm in Flandern mit brutaler Gewalt. In der Nähe von Grammond ließ er am 2. September dreißig Bilderstürmer an Bäumen aufhängen.

Anläßlich jener Übereinkunft spaltete sich der niedere Adel, was sich schon einen Monat zuvor in den Beratungen zur zweiten Bittschrift vom 30. Juli angedeutet hatte. Viele schlugen sich wieder auf die Seite der Regierung, andere, wie Brederode und sein Kreis, hielten es mit den Bilderstürmern. Brederode stand Anfang 1567 selbst an der Spitze eines kleinen calvinistischen Heeres, das von calvinistischen Kaufleuten finanziert wurde. Im übrigen aber war aktive Teilnahme am Bildersturm nicht unbedingt die Sache des niederen Adels. In der Mehrzahl der Fälle traten sie in ihrer Eigenschaft als lokale Magistratspersonen auf. Als Grundherren und Inhaber von Rechtskompetenzen gegenüber der Kirche ihres Amtsgebietes sorgten sie selbst für die Umgestaltung der Kirchenräume. Außerhalb des Adels waren alle Schichten der Bevölkerung in der calvinistischen Sturmbewegung vertreten, bis hin zu den Facharbeitern und angelernten Arbeitskräften, den Arbeitslosen, Armen und jenen Randgruppen der Gesellschaft, die aus Invaliden, Kranken und Alten bestanden. Das bei konjunkturellem Niedergang besonders empfindliche Proletariat und die ebenso anfälligen Handwerker gaben in den Gewerbegebieten den Ton an. Bei den Ausschreitungen waren vor allem Arme und Lohnarbeiter tätig. Im Norden, wo die calvinistische Bewegung ohnehin nicht so stark verbreitet war, zeigte sich auch das Spektrum der Teilnehmer sozial ausgeglichener. In der Regel waren es Mitglieder der bürgerlichen Oberschicht, die die Führung der gesamten Bewegung übernahmen, nachdem sie zuvor Kontakte zum oppositionellen Adel gepflegt hatten.

Die soziale Durchgängigkeit des Calvinismus ergibt sich nicht nur aus einer Übersicht über die Aktionisten des Bildersturms, sondern sehr augenfällig aus einer Untersuchung der einzelnen Gemeinden, wobei grundsätzlich festzustellen ist, daß die Calvinisten im Durchschnitt gesehen noch eine Minderheit ausgemacht haben, von Ausnahmen wie in Doornik, Valenciennes und einigen kleineren Orten abgesehen. Es liegt eine Schätzung über die Zahl der Protestanten in Antwerpen vor, die die Generalstatthalterin anstellen ließ. Demnach belief sich die Zahl der Calvinisten in dieser Stadt auf 13.000 bis 14.000, das entsprach etwa 11 Prozent der Bevölkerung. Den Lutheranern gehörten 4.000, den Täufern 2.000 Bürger an. Bestimmte Städte und Regionen litten besonders schwer unter den Bilderstürmern, während andere völlig unbehelligt blieben. Zurückzuführen sind diese Unterschiede auf die religiösen und sozialökonomischen Gegebenheiten in den einzelnen Orten. Eine gewiß unabdingbare Voraussetzung war die Präsenz von reformierten Gemeinden. Für calvinistische Gläubige gehörte der reiche Schmuck der katholischen Gotteshäuser zum religiös Unerträglichen. Schon Jahrzehnte zuvor hatten sie das in badischen und schweizerischen Städten und kurz vorher, 1559/60, bei den Krawallen in Schottland und schließlich auch in Frankreich bewiesen. Aufgrund der neuesten Forschungen war die Aktion »Bildersturm« zugleich von der persönlichen Einstellung der die Bewegung führenden Prediger abhängig.

Mitverantwortlich für den Grad der Zerstörung und Plünderung waren die innerstädtischen politischen und sozialen Vorgaben. Leiden litt in diesen Jahren unter der niedergehenden Leinenindustrie und einer wachsenden Arbeitslosigkeit. Neue Gewerbe tauchten nicht auf, und die Spaltung zwischen dem patrizischen Stadtregiment und den Bürgern vertiefte sich erheblich, so daß das Patriziat die Schützengilden, potentielle politische Konkurrenz in der Stadt, aufrufen mußte, um der Unruhen Herr zu werden. In Delft, der großen Stadt des Biergewerbes, sorgte der schon länger dauernde Konflikt zwischen den großen und kleinen Brauereien für wachsende Unruhen. Wenngleich zeitgenössische Berichte sich einer abschätzigen sozialen »Terminologie« bei der Klassifizierung der Bilderstürmer bedient und Begriffe niedergeschrieben haben wie »Gens de basse sorte«, »het genoegen volcksken«, »Heer Omnes«, »Boefken«, »Rabbauwen end vyle personen die niyt te verliesen en hadden«, ist es verfehlt, dem alten Hinweis Erich Kuttners zu folgen, für den Religion nur ein Vorwand für die Teilnehmer am Bildersturm gewesen ist. Eine nüchterne soziale Analyse weist die Heterogenität der Aktionisten aus, unter denen reichlich Vertreter der eher begüterten Schichten mitgewirkt haben. Es war nicht ohne Grund, daß die Zeugen des Bildersturmes, die bald vor dem »Blutrat« auszusagen hatten, nach dem Verhältnis von Magistrat und Gemeinde befragt wurden. Wenn es um die Bürger der Stadt ging, dann waren damit vor allem die Schützengilden gemeint, die seit Jahrzehnten mit dem städtischen Patriziat ob ihrer politischen Kompetenzen in Konflikt standen und während der Republik noch in Konflikt bleiben sollten. Das Unbehagen der Schützengilden, deren Aufgabe darin bestand, den Frieden in der Stadt zu schützen, beruhte auf einem wachsenden politischen Machtverlust gegenüber dem im Magistrat repräsentierten Patriziat. In den Gilden saßen Bürger, deren Qualifikation sich aus ihrem Grundbesitz ableitete. Ihre Offiziere wurden nur vom Magistrat gewählt, gleichwohl traten sie als autonome Körperschaften auf. Die Unruhen von 1566 boten eine günstige Gelegenheit, die eigene Position zu verbessern, da die Schützengilden damals als einzige die Möglichkeiten hatten, Ruhe und Ordnung zu wahren oder sicherzustellen. So legten sie es vornehmlich darauf an, eine eigenständige Politik zu führen oder zumindest als Ratgeber aufzutreten. Sie versuchten, sich unersetzlich zu machen. Natürlich gab es unter ihnen ebenfalls Männer, die der neuen Religion anhingen, aber deren Position war innerhalb der eigenen Gilde nicht stark genug, um Entscheidungen zugunsten aufrührerischer Bilderstürmer zu treffen.

Wenn die »Oude Schutters« Amsterdams einen Trinkspruch auf den Adelsverbund – »Vive les gueux« – ausbrachten, dann bewies das ein Stück Übereinstimmung mit der Bittschrift von 1565, nicht aber eine Unterstützung der neuen Religion. Dem entsprach die Mitteilung an den Magistrat der Stadt, man werde nichts gegen die Gottesdienste außerhalb der Stadtmauern unternehmen, lediglich Predigten innerhalb der Stadt unterdrücken. Etwas später kam es in den Gilden selbst zu Zwistigkeiten über die Frage nach dem Ort der Predigten. Es zeugte für ihren wachsenden politischen Einfluß, wenn sie bei der Übereinkunft der Stadt mit den Reformierten über Schutz der Religion und Loyalität gegenüber der Regierung als eine Art Vertragspartner auftraten. In Alkmaar war sich der Magistrat nicht mehr der Loyalität seiner Schützengilde sicher und mietete eigens Bürger zum Schutz der Kirche. In Schoonhoven weigerten sich die Gilden, die Prozession des Heiligen Sakraments zu begleiten. Dabei bleibt es fraglich, ob hier Bekenntnis zum Protestantismus, einfacher Antiklerikalismus oder die Furcht vor Identifikation mit einer der religiösen Parteien in noch unentschiedenen Zeiten, also Opportunismus, die Haltung bestimmt haben. In Dordrecht widersetzten sich die Schützengilden im März 1567 dem Vorhaben des Magistrats, Erich von Braunschweig mit seinen Truppen in die Stadt zu lassen. Mit »Papisten« wollten sie nicht gemeinsame Sache machen, da dann die spanische Inquisition drohe. Sie nahmen die Schlüssel der Stadt in Gewahrsam. Zugleich lehnten sie verständlicherweise die von Brederode angebotene Hilfe ab. Daß es den Gilden hauptsächlich um ihre Konstituierung als eigenständige politische Kraft im städtischen Geschehen ging, zeigten auch die Ereignisse in Leiden und Delft. In Leiden weigerten sie sich nicht nur, einen neuen Treueid zu schwören, sondern behielten entgegen der Aufforderung des Magistrats die Schlüssel der Stadt, da sie eine Ausschließung der an den Heckenpredigten teilnehmenden Bürger befürchteten und zudem der Braunschweiger Herzog in der Nähe war. So hielten sie die Stadttore unter Kontrolle, obwohl der Magistrat die Gilden auszahlte und Söldner anstellte. Die Leidener lehnten gleichfalls Hilfe seitens reformierter Kräfte ab und demonstrierten so ihre Unabhängigkeit im religiösen Konflikt. Solche Unabhängigkeit bewiesen auch die Delfter Schützen. Sie begleiteten einen reformierten Prediger nach Den Haag, unterdrückten jedoch die Unruhen am 25. August und verweigerten nun einem reformierten Prediger und dessen bewaffneten Begleitpersonen den Zugang zur Stadt.

In der zweiten Bildersturm-Welle im Oktober 1566 folgten nur wenige Mitglieder der Schützengilden der Aufforderung der Stadtväter, Ruhe und Ordnung wiederherzustellen. Schließlich dringend ersucht, einen neuen Treueid zu leisten, hielten die Gilden dem Magistrat eine Reihe von Forderungen entgegen, die deutlich machten, wie wenig es ihnen um Religion, wie sehr es um eine Verbesserung ihrer »konstitutionellen« Position ging. So sollte ab sofort aus jeder Kohorte von 25 Mann ein Vorschlag von 2 bis 3 Mann ergehen, aus denen der Magistrat einen Offizier zu wählen hatte. Das alte System der Bürgermeisterwahl durch den Landesherrn oder dessen Statthalter fand hier Anwendung. Für einen Notstand der Stadt, bei dem der Einsatz der Gilden absehbar war, mußten sie in ihren Versammlungszentren (»Doelen«) vorab zu Rate gezogen werden. Danach war vor der Aktion ein einstimmiger Beschluß zwischen Magistrat und den leitenden Offizieren herbeizuführen. Schließlich sollte den Schützengilden zu jeder Zeit Versammlungsrecht und -freiheit zustehen, ausgenommen in Notfällen. Die Stadt verweigerte ein Mitbestimmungsrecht der Schützengilden, die sich ihrerseits, außer bei religiösen Prozessionen, von jeder Verpflichtung entbunden fühlten, zugleich aber – und hier handelte es sich um ein weiteres Politikum – eine Abschrift aller jener städtischen Archivalien verlangten, die die Gilden betrafen. Sie übten Druck aus, indem sie es ablehnten, protestantische Gottesdienste in der Stadt zu verhindern. Sie wollten nicht parteiisch auftreten, zumal etliche Stadtbürger an solchen Gottesdiensten teilnahmen. Wie ihre Verbandsfreunde in Den Bosch entschieden sie sich dafür, die Durchführung königlicher Ketzerverordnungen anderen zu überlassen. So wurde der im Kern religiöse Konflikt, der zum Teil über den Ikonoklasmus hinaus in Raub und Plünderung umschlug, von politischen und sozialen Gegensätzen getragen, ohne daß dies zu einer Änderung der innerstädtischen Konstellation oder der sozialen Lage geführt hätte. Gerade der Gegensatz zwischen Schützengilden und Magistrat sollte in den Jahren der Republik wiederholt auf die Tagesordnung kommen und letztlich immer zugunsten des Magistrats, der patrizischen Oberschicht, entschieden werden.

Die Bilderstürmer und ihre Sympathisanten waren in ihren teils spontanen, teils organisierten Aktionen allzu stark, als daß man sie einfach als Spuk hätte abtun können. Ihr Optimismus, bald die Anerkennung ihrer Kirche erzwingen zu können, schien durchaus berechtigt zu sein. Einige Stadtregierungen gestanden ihnen Gotteshäuser zu. Teile des Adels, der Großbourgeoisie und selbst einige Geistliche befanden sich als Sympathisanten auf der Seite der Bewegung, und anfänglich hatte es gar den Anschein, daß die französischen Hugenotten Hilfstruppen aus Frankreich über die Grenze nach Norden schicken würden. Zudem war das religiöse Motiv intensiv genug, den Optimismus nachhaltig zu schüren, zumal es nicht allein von dem Wunsch eingegeben war, endlich ein eigenes Gotteshaus zu erhalten, sondern auch einen Schlag gegen die Autorität der katholischen Kirche und damit – politisch gewendet – gegen jene weltliche Autorität enthielt, die in erster Linie als gleichsam strafrechtliche Verlängerung der Kirche auftrat: gegen die Zentrale in Brüssel.

Der Herzog von Alva: seine Aufgabe, seine Wirksamkeit

Der Bildersturm stand am Ende einer Periode voller Gärungen, in der das Durchhaltevermögen der Bevölkerung der niederländischen Territorien in fast all ihren Schichten politisch, konfessionell und schließlich auch wirtschaftlich strapaziert wurde. Er stand zugleich am Beginn einer Phase, in der nach anfäng-lichen Bemühungen um einen Modus vivendi und nach dem Übergang zur strafrechtlichen und militärischen Repression letztlich der eigentliche Aufstand, die Trennung der Niederlande in die nördlichen und südlichen Territorien und die Gründung der Republik der Vereinigten Niederlande geschahen. Jetzt traten die Territorien in die Epoche jenes großen Krieges ein, der erst 1648 seinen Abschluß im Westfälischen Frieden finden sollte. Die anfänglichen Zugeständ-nisse der Margarethe von Parma, wohl eher im ersten Schrecken denn aus Einsicht in politische Notwendigkeit gemacht, betrafen die unbehelligte Zulas-sung der öffentlichen reformatorischen Predigt und das Versprechen einer vol-len Amnestie für die im »Verbund« zusammengeschlossenen Adligen. Aber im Grunde ging es gar nicht um ein Umdenken im Sinne der Toleranz, sondern um eine Beruhigung für den Augenblick. Das Hauptaugenmerk galt der militäri-schen Unterdrückung der Bilderstürmer. Mit dem Fall von Valenciennes nach längerer Belagerung durch Truppen der Brüsseler Regierung hatte die Regie-rung im April 1567 die Entwicklung wieder im Griff, nicht zuletzt mit Hilfe des hohen Adels. Der Generalstatthalterin war es gelungen, einen Keil in die Liga zu treiben, als sie Anfang 1567 erneut einen Treueid an den König verlangte. Egmont und Meghen folgten dem Verlangen, der Oranier, Hoorn, Hoogstraten und Brederode weigerten sich. Für den Oranier war es zu dieser Zeit klar, daß sich seine Fürsprache für Toleranz und Gewissensfreiheit kaum würde durch-setzen können. Er sah keine Möglichkeit, den durch Geburt und Besitz an Region und Bevölkerung gebundenen Adel zum gegebenen Zeitpunkt in die gegen den Landesherrn beziehungsweise dessen Stellvertreterin gerichtete Führungsposition gelangen zu lassen. Er verließ das Land in Richtung Dillenburg, wo sich das Stammschloß der Nassauer befand, nachdem Egmont, alles andere als ein echter Revolutionär, sich geweigert hatte, an der Entfesselung eines großen Aufstandes mitzuwirken.

In jenem Monat April verließ auch der Herzog Alva mit seinen Elitetruppen, den »Tercios«, Spanien, um im August 1567 in den Niederlanden anzukommen. Er besetzte sogleich die großen brabantischen und flämischen Städte und stellte etwa zwei Wochen später den sogenannten Blutrat, den »Raad van Beroerten«, zusammen. Das war ein Sondergericht. Mit dem spanischen Herzog war ein wahrer Eisenfresser im Land eingetroffen, der Gegebenheiten nicht zu problematisieren, sondern schlicht zu bereinigen versuchte, und zwar mit Gewalt. Das Sondergericht zeigte weder Verständnis noch Nachsicht. Die anfänglich noch amtierende Generalstatthalterin stand völlig am Rand des Geschehens und gab noch im gleichen Jahr auf. An ihre Stelle trat der Heerführer Alva. Sein Regiment war an Härte und Unerbittlichkeit kaum zu übertreffen, was sich auf lange Sicht allerdings nicht bewähren sollte. Aber er säte Furcht und Schrecken. Zahlenvergleiche beleuchten das. Zwischen 1523 und 1566 waren etwa 2.000 bis 3.000 Protestanten hingerichtet worden. Dem Blutrat des Alva gelang es, innerhalb kürzester Zeit rund 1.000 Todesurteile auszusprechen und vollstrecken zu lassen. Die prominentesten Opfer waren die Grafen Egmont und Hoorn. Andere Adlige, unter ihnen der Oranier, die das Land bereits verlassen hatten, wurden in Abwesenheit angeklagt. Vermutlich sind ungefähr 10.000 Bürger vor dem Rat angeklagt worden. Hab und Gut von etwa 9.000 dieser Angeklagten verfielen in contumaciam der öffentlichen Hand. Das Geschehen hatte zur Folge, daß die Niederländer in Scharen flüchteten. Man schätzt gegenwärtig die Zahl derer, die dem Regime entkamen, auf rund 20.000; bei einer Gesamteinwohnerzahl von zirka 3 Millionen war das ein recht hoher Anteil. Die Auswanderer fanden mancherorts schon seßhafte Gemeinschaften niederländischer Glaubens- und Leidensgenossen vor.

Das Sondergericht stellte den institutionalisierten Versuch dar, der Lage in den Niederlanden durch Repression Herr zu werden. Das Anliegen des spanischen Landesherrn und seines Stellvertreters in den Niederlanden reichte jedoch weiter. Es ging schlicht um Geld. Die Niederlande waren ein Teil Spaniens und somit in die spanische Weltpolitik einzubinden. Wenn es gelang, die niederländische Unternehmung sich selbst finanzieren zu lassen, dann hatte Spanien einen größeren Spielraum für die Auseinandersetzung mit den Türken und die Bekämpfung der Moriscos im eigenen Land. Der Monarch brauchte steuerliche

Unabhängigkeit. Sie war durch die Auferlegung eines festen Steuersatzes auf Dauer herzustellen. Es galt, die festgelegten Beträge unter direkter Regierungskontrolle einzuziehen. Konkret sah Alva eine einprozentige Vermögenssteuer, »Honderdste Penning«, eine fünfprozentige Steuer aus Verkauf von Immobilien und eine zehnprozentige Verkaufs- und Exportabgabe vor. Die Steuersätze galten für das gesamte Land. Das System war in einem mehrfachen Sinne modern. Es entsprach zum einen der absolutistischen Regierungsform und ihrem Streben nach Unabhängigkeit von den jeweils zustimmungsbedürftigen Beden. Zum anderen tat es einen weiteren Schritt auf dem Weg zur Zentralisierung, nachdem bis dahin die Gelder nach lokal und regional stark unterschiedlichen Sätzen entrichtet worden waren. Schließlich äußerte sich die Modernität in der gerechteren Verteilung der Lasten auf alle Einwohner des Landes. Doch für ein solches Verfahren war das gesamtniederländische Bewußtsein noch nicht ausgereift genug, um die Praktikabilität eines solchen Verfahrens akzeptieren zu können. Ein solches Bewußtsein diente in erster Linie der Abwehr eines landesfremden Herrschers und zielte auf die eigene politische Mitbestimmung, die nun durch die Steuervorschläge des spanischen Herzogs bedroht zu sein schien. Die Generalstände begriffen sehr wohl, daß solche Pläne das Machtgleichgewicht, so es überhaupt bestand, empfindlich zu ihren Ungunsten verschieben würde. Politische Mitbestimmung war sicherlich ein Stück Freiheit, vor allem dann, wenn es um die Finanzen des Staates ging, aber ebenso ein Stück Egoismus der Stände, die bei Annahme der Alvaschen Vorschläge kaum noch Gelegenheit gehabt hätten, Beden auf das platte Land abzuwälzen.

Alva scheint von der Annahme ausgegangen zu sein, seinen Entwurf ohne Probleme durchsetzen zu können. Er wollte ihn nicht als Vorschlag verstanden wissen, über den ausgiebig zu beraten war. Das erwies sich als eine Fehleinschätzung, die jedoch folgenlos blieb, weil der spanische Stellvertreter allen Grund hatte, auf die Angst der Niederländer zu bauen. Den Bedenken der Stände setzte er die militärische Gewalt entgegen, wenn er für den Fall der Ablehnung seiner Entwürfe mit Einquartierung spanischer Truppen in den Städten drohte. Die Stände verhielten sich entsprechend zögerlich, nicht rundweg ablehnend. Die Territorialvertreter knüpften an ihr Plazet jeweils die Bedingung, daß auch die anderen zustimmten. Allein war man nicht bereit, die Verantwortung zu tragen. Der hundertste Pfennig war in diesem Zusammenhang vergleichsweise belanglos, aber gegen den zwanzigsten Pfennig kehrten sich insbesondere Adel und Geistlichkeit als die größten Grundbesitzer. Die eigentliche Hemmschwelle war der zehnte Pfennig. Dieser Steuersatz wurde als äußerst drückende Last empfunden, zumal er auf Dauer geplant war und als Umsatzsteuer bei dem ohnehin schwer gestörten Wirtschaftsablauf noch mehr Sand ins Getriebe streuen konnte. Die Sorge um die Wirtschaftslage brachte für diese Steuerquote zwar insofern noch einmal Aufschub, als Alva sich zunächst mit einem festen Jahresbetrag von 2 Millionen Gulden begnügte, aber die Trägheit, mit der die einzelnen Territorien die Quotierung behandelten, demonstrierte den Unwillen, überhaupt etwas zu zahlen, und territorialen Partikularismus, der von einem gesamtniederländischen Bewußtsein einigermaßen weit entfernt war. Es ist wohl nicht abwegig, zu behaupten, daß die Alvaschen Forderungen nach einem einheitlichen Steuersatz auch die Einheitlichkeit des Bewußtseins gleichsam ex negativo hätten fördern müssen. Als der spanische Herzog angesichts seiner leeren Staatskassen Ende Juli 1571 verkündete, er werde zur Eintreibung des zehnten und zwanzigsten Pfennigs übergehen, stieß er in Stadt und Land auf ganz erheblichen Widerstand. Die Steuerschätzer wurden mit Stockschlägen empfangen und mit Hunden gehetzt, und selbst die gering oder kaum Begüterten, die durch Abschaffung der Akzise nur gewinnen konnten, beteiligten sich an dieser Form des Widerstandes. Es wurde da eindringlich gemacht, daß Haß gegen spanische Präsenz die Reaktion ebenso diktierte wie die Empörung über die mühseligen Lebensbedingungen in jener Phase.

Der Alvasche Versuch, über ein Steuersystem die Beden abzulösen und somit die Staats- und Kriegskasse zu füllen, entsprach den Ausgangspunkten eines frühabsolutistischen Regierungssystems und enthielt, abgesehen von dem Wunsch nach landesherrlicher Unabhängigkeit, ein gerüttelt Maß an Vereinfachung des Steuerverfahrens sowie – interterritorial gesehen – eine höhere Steuergerechtigkeit. Doch die Forderung kam zur Unzeit. Sie entstand in einer Periode der wirtschaftlichen Misere und der politischen und religiösen Verfolgung, die schon viele Opfer gekostet hatte. Sie wurde von einem landfremden Herrscher vorgetragen, der sich als Vorkämpfer der Repression aufführte und seine Truppen, die die Repression vollzogen, aus jenem Steuererlös besolden wollte. Er stieß in eine politische Struktur hinein, die immer noch von territorialem Eigennutz geprägt war, vor allem dort, wo es um Finanzen ging. Diese politische Gesellschaft der Niederlande war nicht bereit, einem Landfremden die finanzielle Unabhängigkeit zu schenken, wenn sich dessen Intransigenz als ein ihm eigentümlicher und daher unüberwindlicher Charakterzug entpuppte. Auf jeden Fall war die Steuerforderung dazu angetan, die ohnehin empörte Stimmung noch weiter anzuheizen. Sie trug wesentlich zum Weg in den Aufstand bei. Die Entscheidung des Spaniers vom Juni 1572, die Steuereintreibung vorerst aufzuschieben, kam zu spät. Ebenso bedeutete die Maßnahme des Alva-Nachfolgers Don Luis Requesens, der den zehnten und zwanzigsten Pfennig

1574 ganz abschaffte, politisch für eine Beruhigung der Aufstandssituation nichts mehr. Zu spät kam auch die zuvor von Philipp II. beschlossene und durch Alva verkündete, freilich an Bedingungen geknüpfte Amnestie. Sie war auf keinen Fall geeignet, die Niederlande zu pazifizieren. Solange Amnestie letztlich nur landesherrliche Großmut und Großzügigkeit demonstrierte, vermochte sie nichts grundlegend zu verändern. Eine befriedende politische Tat, die den Namen verdiente, hätte unter den sich durchgehend verschärfenden religiösen und politisch-sozial geprägten Konflikten zumindest auf Herstellung von Bekenntnisfreiheit, wenigstens aber auf Tolerierung der anderen Bekenntnisse lauten sollen. Der Oranier hatte das schon in seiner großen Silvesterrede von 1564 vorgetragen, ohne Gehör zu finden. Der frühabsolutistische König Philipp II. in Madrid und sein Brüsseler Stellvertreter Alva ließen sich in ihrer Intransigenz nicht einmal von jenen beeinflussen, die einer gemäßigten Politik vorstanden und keineswegs die Ordnung insgesamt in Frage stellten. Bei allen Abstrichen, die inhaltlich von Satiren, Spottgedichten oder Karikaturen zu machen sind, wird man doch jener Karikatur Durchblick bescheinigen können, die knapp zwei Jahrzehnte nach Alva ihn als »Hauptmann der Narretei« konterfeit hat, mit einem Narrenbild auf seiner Brust und umgeben von einem Haufen aggressiver kleiner Monster und Affen. War das Verhältnis der niederländischen Stände und Berater zu Margarethe von Parma noch tragbar, so ließ es sich zu Alva gar nicht erst herstellen. Niemand zuvor ist so sehr als Fremdling empfunden worden wie dieser spanische Herzog, der weniger auf Politik als auf militärische Gewalt baute.

Von der Guerilla zum Krieg:
frühe Begründung in der zeitgenössischen Pamphletistik

Der Bildersturm stand am Ende einer Periode voller Gärung, in der das Durchhaltevermögen der niederländischen Bevölkerung, regional freilich unterschiedlich, in fast allen Schichten politisch, konfessionell und wirtschaftlich erheblich strapaziert wurde. Er stand zugleich am Beginn einer Phase, die nach anfänglichen Bemühungen um einen Modus vivendi und dem Übergang zur strafrechtlichen und militärischen Repression schließlich den eigentlichen Aufstand, die Trennung der Niederlande in die nördlichen und südlichen Territorien und die Gründung der Republik der Vereinigten Niederlande sah. Mit der Ankunft Alvas verschärfte sich nicht nur die Repression, sondern schlug der Aufstand, den Margarethe von Parma noch erfolgreich bekämpft hatte, in einen regelrechten Krieg um, der erst mit dem Westfälischen Frieden 1648 endete. Alvas Arbeit konzentrierte sich nicht auf Praktizierung von Toleranz, vielmehr auf die endgültige Ausmerzung der aufständischen Elemente. Wilhelm von Oranien verließ das Land, im Unterschied zum übrigen Adel, der sich zum Teil weniger aus prinzipiellen als aus interessenpolitischen Gründen in der Liga zusammengefunden hatte und auf keinen Fall bereit war, an der Entfesselung eines großen Aufstandes mitzuwirken. Der Oranier verließ das Land nach Konflikten auch mit dem Hauptvertreter des oppositionellen niederen Adels, dem Herrn von Brederode, und bewaffneten Einheiten der Calvinisten. Er sah kein Heil darin, als Bundesgenosse dieser Gruppe aufzutreten.

Die Heereszüge der Spanier, bei denen sich die Truppen infolge kargen oder nicht gezahlten Soldes durch Plünderungen schadlos hielten, verliefen im Norden mit wechselndem Erfolg. Bei Heiligerlee erlitten Alvas Soldaten im Mai 1568 gegen Adolf von Nassau eine Niederlage, während sie bei Jemgum an der Ems die Truppen des Ludwig von Nassau besiegen konnten. Aber letztlich zählten solche Erfolge oder Mißerfolge politisch ebensowenig wie der mißlungene Versuch des Oraniers, mit einem kleinen Heer von Deutschland kommend, die Spanier zu vertreiben. Derartige Aktionen bedeuteten nichts in der auf Guerilla abgestellten Auseinandersetzung. Es waren die Wald- und Wassergeusen, die, von England herübersegelnd und zuweilen von der englischen Königin unterstützt, ihre Vorstöße gegen die niederländische Küste unternahmen, die Schiffs- und Handelsverbindungen beeinträchtigten oder mit »Landgängen« die Bevölkerung beunruhigten. Häufig genug gab es kaum einen Unterschied zwischen solchen Unternehmungen und einfachen Räubereien. Auf jeden Fall aber trugen sie dazu bei, die spanischen Herren permanent zur Repression zu provozieren und deutlich zu machen, daß deren Anwesenheit als brutale Äußerung einer Fremdherrschaft empfunden wurde. Die Geusen hielten den Gärungsprozeß, der nach der endgültigen Niederschlagung des Bildersturms unterdrückt zu sein schien, einigermaßen in Gang. Doch bei aller wachsenden Sympathie, die auch im Aufstand der niederländischen Sache entgegengebracht wurde, mußte es fraglich sein, wie lange sich die Methode der brigantenhaften Nadelstiche halten konnte, zumal die niederländische Bevölkerung selbst meist der Leidtragende war.

Die Einnahme der seeländischen Stadt Den Briel durch die Wassergeusen am 1. April 1572 vermittelte dem Widerstand gegen die Spanier neue Impulse. Sie löste eine Volksbewegung aus, die sich im Unterschied zu den Ergebnissen im Bildersturm zunächst in Holland und Seeland durchsetzte. Den Briel wurde erster Stütz- und Ausgangspunkt, von dem aus sich für die Geusen operieren ließ. An ihrer Spitze standen Willem van Lumey und Willem Blois van Treslong, beide Vertreter des niederen Adels. Die Strategie der Nadelstiche wandelte man in einen systematischen Eroberungsfeldzug um, der jedoch nur gelingen konnte, weil unter dem Eindruck des Erfolges in Seeland die Oppositionsbewegungen in den Städten aufbrachen. Im Juni 1572 öffneten Alkmaar, Dordrecht und Leiden den Geusen die Tore der Stadt, nachdem zuvor Gouda, Oudewater und früher noch Vlissingen übergelaufen waren. Die Entscheidung, die Geusen in die Städte zu lassen, trafen die Magistrate ebenso wie die Schützengilden, und dies nicht zuletzt unter dem Druck calvinistischer Minderheiten sowie jener Fischer und Seeleute, die infolge der Aktionen der Wassergeusen und den dadurch entstandenen Störungen des Fischerei- und Schiffahrtsbetriebs arbeitslos waren. Hinter der Bereitwilligkeit der Städte, die Tore zu öffnen, standen vielfach nicht nur die Pression tatkräftiger calvinistischer Kerngemeinden oder bestimmter Berufsgruppen, sondern zuweilen auch die Furcht vor Repressionen seitens der wegen ihrer nichts schonenden Grausamkeit bekannten Rebellen. Spanier oder Geusen – das war unter dem Aspekt des Terrors keine echte Alternative, aber die Wahl fiel zugunsten der Geusen aus, weil sie die Befreiung von den Alvaschen Steuern brachten und weil selbst in katholischen Kreisen die spanische Herrschaft als landfremd empfunden wurde. Zum Teil scheinen niederländische Katholizität und spanische Inquisition kaum zu vereinbarende Faktoren gewesen zu sein. In der Calvinisierung sahen eine Reihe von Katholiken weniger die Durchsetzung eines neuen Bekenntnisses, sondern eher eine Nationalisierung der niederländischen Kirche gegenüber der Inquisition. Die Geusen garantierten bei Übernahme einer Stadt in mehreren Fällen die Bekenntnisfreiheit der Katholiken, und die holländischen Stände stipulierten zusammen mit dem Oranier in einem Beschluß Bekenntnisfreiheit für das ganze Territorium. Das sollte allerdings nicht von allzu langer Dauer sein. Als grausamstes Beispiel der Katholikenverfolgungen ging die Folterung und Ermordung von 19 Gorkumer Geistlichen in die Geschichte des Aufstandes ein. Die Frühjahrs- und Sommermonate des Jahres 1572 brachten eine Veränderung im Wesen des Aufstandes, wenngleich militärisch und politisch die Dinge noch lange nicht entschieden waren. Abgesehen von der Konzentration auf einen Teil der nördlichen Provinzen, trat er aus der bilderstürmerischen Phase der Spontaneität in die Phase der Organisation auf der Basis einer größeren Truppenmacht ein. Auf diese Weise wurde er militärisch erfolgversprechender und nahm gleich zu Beginn auch konstitutionell gesehen einen revolutionären Charakter an. Politisch und militärisch war der Aufstand von nun an noch enger mit dem Namen des Prinzen von Oranien verbunden. Denn er, der als einziger Vertreter des hohen

Adels den einmal begonnenen Kampf weiterführte und bald nicht zu Unrecht der »Vater des Vaterlandes« genannt wurde, hat die Republik der Vereinigten Niederlande zwar nicht mehr miterlebt, sie aber noch mit eingeleitet und die Geschichte der aufständischen Territorien im Übergang zur Republik kräftig mitbestimmt.

Es war dies auch die Zeit der Rechtfertigung von Ungehorsam und Widerstand, die sich bereits in der zweiten Hälfte der sechziger Jahre intensiviert hatte und bald in die Begründung der republikanischen Staatsform allgemein umschlug. Den Analysen, Forderungen, theoretischen Erwägungen lagen konkrete Befürchtungen zugrunde: die Durchsetzung von Fremdherrschaft und damit der Verlust von Eigenständigkeit und Selbstbestimmung. Dieser von Freiheitsdenken bestimmte Antagonismus war das eigentliche Ingredienz der theoretischen Bemühung. Selbstbestimmung hatte auch dort zu gelten, wo die gefestigte Ordnung durch Tumult und Unwägbarkeiten der ruhestörenden Ereignisse ins Wanken geriet. Die Furcht vor der Durchsetzung von Fremdherrschaft hatten die Generalstände schon 1559 formuliert, als sie äußerten, die niederländischen Territorien könnten eine spanische Provinz werden. Furcht und Widerstand befanden sich zudem in einer langen, verbrieften Tradition. Die »Blyde Inkomst« des Herzogs von Brabant, die als erste grundlegende Urkunde niederländischer Freiheit zu gelten hat, wurde nach 1564 innerhalb von zwei Jahren dreimal neu angefertigt. Die Frage blieb freilich, wie denn die Reaktion der Untertanen oder der Stände konkret auszusehen hatte, wenn ein Verstoß gegen die Konstitution festgestellt wurde. Widerstand gegen einen nach Gesetz und Recht inthronisierten Landesherren gehörte zunächst nicht zu den ersten Empfehlungen der Calvinisten, und der Bildersturm warf daher unter ihnen ein Problem auf. Die reformierte calvinistische Synode von Antwerpen befaßte sich mit der Frage und kam immerhin zu dem Ergebnis, daß nicht allein die niederen Behörden, sondern auch der einzelne Untertan Widerstand leisten durfte – dies in gravierendem Unterschied zu den in Antwerpen zahlreich vertretenen Lutheranern –, und die Synode ließ dem Wort die Tat folgen, als sich ihre Mitglieder daran begaben, Geld zu beschaffen, um Truppen anwerben zu können.

Der Widerstand beschränkte sich nicht auf Freiheit von Glauben und Gewissen. In der von Privilegien und Sonderrechten geprägten niederländischen Welt, der es seit den Burgundern ganz einfach um die Wahrung der politischen Eigenständigkeit und alten Freiheiten ging, war Religion eben nur eine der Äußerungen solcher Eigenständigkeit. Somit erschienen spätestens mit den Flugschriften seit 1566 politische und religiöse Freiheit als die beiden Seiten ein und derselben Medaille. Das hat Gillis de Clercq, der bürgerliche Antwerpener Verbindungsmann zum Adelsverbund, in seiner Darlegung an den König deutlich gemacht, wenn er in seinem Angriff gegen die Ketzerverordnungen diese unter Hinweis auf die »Blyde Inkomst« einen Verstoß gegen die Privilegien des Landes nannte. Aber de Clercq verordnete für die Prädikanten des neuen Glaubens lediglich Trauer, nicht jedoch den Griff zu den Waffen. Das war noch vor dem Bildersturm. Dieser Bezug auf die alte Brabanter Akte gehörte offensichtlich zum allgemeinen Rüstzeug der Autoren jener Zeit, wobei eine Reihe von ihnen nicht trauernde Demut, sondern aktiven Widerstand predigte. Zu ihnen zählte Marnix von St. Aldegonde, einer der beredteren Mitstreiter des Oraniers. Seine Auslassungen rückten in ihrem Aktionismus in die Nähe des wohl aus Freiheitskämpfen geborenen Slogans »Lieber tot als Sklave«, schrieb er doch, die Bevölkerung würde lieber einen raschen Tod sterben in der Gewißheit, ihren Kindern die althergebrachten Freiheiten gesichert zu haben, als in Sklaverei zu leben, die elender sei als tausend Tode.

Neben Marnix von St. Aldegonde war Jacob van Wesembecke einer der fruchtbarsten und entschiedensten Pamphletisten der Jahre um und nach dem Bildersturm. Er gehörte zur politischen und sozialen Elite Brabants, folgte seinem Vater in der Funktion eines Stadtsyndikus von Antwerpen und wurde schließlich Sekretär des Oraniers. Die Freiheit der Niederlande stand bei ihm ganz im Vordergrund. Freiheit bedeutete ihm wie anderen die ganze Privilegienwelt, aber wo andere bloß auf ihre Bedrohung durch frühabsolutistische Machtgier wiesen, wußte er ein nachgerade frühliberales Bild von Staat und Gesellschaft zu zeichnen, indem er die wirtschaftliche Prosperität des Landes auf die Bewahrung dieser Freiheit zurückführte. Handel und Händler, Wasserverkehr und das große Handelsspektrum hatten demnach nur unter solcher Voraussetzung gedeihen können. Mit dieser engen Relation stand Wesembecke nicht nur nicht allein, sie scheint auch in den Jahrzehnten zuvor voll im Bewußtsein der Stadtregierung von Antwerpen gelebt zu haben und diskutiert worden zu sein. In jener frühliberalen Verbindung von Freiheit und Prosperität löste sich die ursprüngliche Bindung an Privilegien und Sonderrechte und wurde im Gebrauch des Singulars ein abstraktes Gut, das zu beanspruchen der Einzelne ein natürliches Recht hatte. Damit verflüchtigte sich die Anbindung von Ungehorsam und Widerstand an die niederen Behörden und wuchs sich zum Widerstandsrecht des einzelnen Bürgers aus.

In Gedankenführung und Argumentationsweise schloß der Oranier bei Jacob van Wesembecke an, sowohl in seiner »Verantwoordinghe« als auch in seinen weiteren Schriften oder Manifesten von 1568. Aber er ging noch ein Stück weiter als der Antwerpener Stadtsyndikus. Nicht nur, daß er expressis verbis vom »natürlichen und göttlichen Recht« sprach, er sah bei einem Verstoß gegen solches Recht über den Protest hinaus auch den bewaffneten Widerstand erlaubt, wie er zugleich – konsequenterweise – Hilfegesuche an Fürsten des Auslands für berechtigt hielt. Daß beide die Stände als Vertragspartner des Landesherren neuerlich ins Spiel brachten, mag an sich nichts Besonderes heißen, aber in einer Zeit, in der der Landesherr es gerade unternahm, sich von den Ständen unabhängiger zu machen, war die Erinnerung an die Stände als integralem Bestandteil der niederländischen Konstitution und der Freiheit der Landschaft durchaus eine Form des Protestes. Unter den gegebenen Umständen ging es in Reminiszenz an die »Blyde Inkomst« und möglicherweise auch an die Zeit des »Großen Privilegs« von 1477 um eine Re-Installierung der Stände als politischer Kraft, die überall dort mitbestimmen sollte, wo es um Angelegenheiten von politischem Gewicht ging. Tatsächlich sollten sich in den folgenden Jahren die Stände der nördlichen Niederlande zur ausschließlichen politischen Kraft entwickeln.

Erste konstitutionelle Neuorientierung

Einen Anfang dazu machte die Versammlung der holländischen Stände in der alten Handelsstadt Dordrecht vom 19. bis 23. Juli 1572. Sie war der Ausgangspunkt auf dem Weg zur politischen Selbständigkeit. Städte, auch jene, die zunächst nur zögernd den Geusen die Tore geöffnet hatten, kamen hier kraft eigenen, doch »revolutionären« Rechts zusammen. Vertreten waren die Städte Dordrecht, Haarlem, Gouda, Leiden, Gorcum, Oudewater, Hoorn, Alkmaar, Enkhuizen, Medemblik, Edam und Monnikendam. Die Interessen der Ritterschaft nahm Jacob van Wijngaarden wahr. Dazu trat Arent van Duvenvoorde als Abgesandter des Geusenführers van Lumey. Der Oranier entsandte Marnix von St. Aldegonde als seinen Vertreter und brachte sich gleich voll ins Bild, da er selbst die Zusammenkunft der holländischen Stände betrieben hatte. Mit diesem Treffen war die Möglichkeit geboten, dem Aufstand aufgrund einer günstigeren militärischen Position einen dringend erforderlichen ersten politischen Rückhalt zu geben. Die Dordrechter Versammlung stellte insofern einen revolutionären Akt dar, als sie nicht von dem rechtmäßigen Statthalter von Holland und Seeland, dem Grafen von Bossu, einberufen war. Aber weder die Stände noch der Oranier gingen auf diesem Weg konsequent weiter; sie bedienten sich vielmehr einer großen Fiktion, indem sie vorgaben, lediglich gegen Alva, nicht jedoch gegen den spanischen König zu kämpfen. Offensichtlich entsprach es noch nicht dem Geist der Zeit, daß sich die Aufständischen etwas anderes als eine Monarchie oder zumindest einen anderen Landesherrn vorzustellen vermochten. Was da in Dordrecht vorgetragen wurde, war die Fortschreibung von Äußerungen aus den sechziger Jahren, wie sie zum Beispiel in den Schriften des Oraniers auftauchten und zum Teil bis in die siebziger Jahre in offiziellen Dokumenten vorgetragen wurden. In seiner »Verantwoordinghe« hatte der Oranier den spanischen König als den Betrogenen und Unwissenden dargestellt — zunächst betrogen von Granvelle, sodann von Alva, der Inquisition und anderen Ratgebern. Die Tatsache, daß Alva Sendschreiben des Königs hatte vorweisen können, nach denen er handelte, blieb in den Augen des Oraniers Makulatur. Der König wahrte seine Unschuld. Selbst im Geusenliederbuch, das von Kampfliedern und Kampfgedichten gegen die verhaßten Spanier überläuft, bediente man sich der Fiktion. Pieter Cornelisz. Hooft, Dichter und Historiograph der Niederlande im 17. Jahrhundert, ließ in seiner Darstellung des Aufstandes den Trommelschläger von Enkhuizen verwundert ausrufen, wie es sich denn reime, daß man dem König treu sei und ihn zugleich bekämpfe.

Einige unter den Pamphletisten der siebziger Jahre sahen bereits klarer, wenn sie von landesherrlicher Tyrannei schrieben oder dem Landesherrn auf Dauer nicht mehr »the benefit of the doubt« zuerkennen wollten. Selbst ein Sendschreiben der holländischen Stände vom Herbst 1573 an die Stände der übrigen Territorien, das in Delft gedruckt wurde und in Form eines Pamphlets Verbreitung fand, ließ den Landesherrn nicht ganz unbehelligt, weil die Möglichkeit gesehen wurde, daß es sich bei ihm um einen Eidbrecher handeln könne. Es will jedenfalls scheinen, als ob die schon Jahre zuvor von der Rechtmäßigkeit des Widerstandes ausgehenden Aufständischen mit der Formulierung solcher Fiktion vor der letzten Konsequenz ihres Vorgehens zurückgeschreckt wären, und es ist zu vermuten, daß dringend benötigte Hilfe aus dem Ausland hätte ausbleiben müssen, falls man im Habitus eines Gegners der Monarchie auftrat. Gleichviel, ob der Fiktion ein theoretisch kaum abgesichertes Prinzip oder purer Opportunismus zugrunde lag, die Dordrechter Versammlung hatte ihre konstitutionellen Konsequenzen für Stände und Oranier gleichermaßen. Nur kraft des Widerstandsrechts konnte der Oranier wieder in sein Amt als Statthalter von Holland, Seeland und Utrecht eingesetzt werden. Mit geltendem Recht hatte das nichts zu tun, doch es lag in der Linie der Fiktion, daß er als Statthalter des Königs auftrat. Der Oranier verlangte es, und so geschah es. In einem weiteren Punkt der dem Aldegonde mitgegebenen Instruktion forderte er von der holländischen Ständeversammlung, daß sie mit den anderen niederländischen Ständen übereinkommen sollte, ihn in seiner Eigenschaft als »Vorneempste gelidtmaet der Nederlanden«, als »Haupt- und Beschützer« der Gesamtheit, anzuerkennen. Die Stände hießen auch den zweiten Punkt gut. Der Oranier übernahm mit diesem Titel eine Art Regentschaft über alle niederländischen Provinzen, gerichtet gegen die Brüsseler Zentralregierung, deren Berechtigung er anzweifelte. Dies bedeutete zweierlei. Zum einen war das ein weiterer revolutionärer Akt, indem er sich als eine alle Territorien umfassende Gegenregierung begriff, zum anderen stilisierte er die Territorien zu einer staatlichen Einheit hoch, die sie bis dahin nicht gewesen waren, möglicherweise vermutend, daß sich solche Einheit aus dem gemeinsamen Kampf gegen Fremdherrschaft herstellen lasse. Hinter der Forderung stand freilich auch der alte Wunsch des niederländischen Hochadels, einen Einheimischen und nicht einen Landfremden mit dem Amt des Generalstatthalters zu betrauen.

Abgesehen davon, daß dem Wunsch, die Einheit hergestellt zu sehen, nach der »Genter Pazifikation« vom November 1576 die Erfüllung versagt blieb, lag die eigentliche Neuerung seit 1572 in der verbesserten Stellung der Stände. Obwohl auch sie der Fiktion folgten, indem sie einen Statthalter anerkannten, und es in einer »Haarlemer Resolution« vom 16. August 1572 ausdrücklich hieß, man habe die Regierungsgeschäfte aus einer Notlage heraus in die Hand genommen, ohne die »Autorität und Hoheit« des Königs »zu beeinträchtigen oder zu schädigen«, scheint es doch, als ob sich die Stände allmählich in die Position eines Souveräns haben schieben wollen, um die Statthalterschaft von einem landesherrlichen zu einem ständischen Amt umzufunktionieren. Die holländischen Stände unterließen es nicht, die Gunst der Stunde über die schon erwähnte Kritik am Landesherrn hinaus zum Vorteil ständischer Aufwertung zu nutzen. So hieß es in dem Sendschreiben an die übrigen Territorien: »ir seit die stend diser land, das ist Vorsteer und Beschirmer irer Freyheit und privilegien, welche ir…, bey vermeydung des Maineids, zu beschuetzen und zu handhaben schuldig seit…« Und der Regierungserlaß des zu dieser Zeit noch nicht in Holland anwesenden Oraniers vom 25. August enthielt denn auch die Bindung des Prinzen, nichts auszuführen oder durchführen zu lassen, »ohne den Rat der Stände einzuholen, die die beste Kenntnis über die Lage des Landes und die Meinung der Bevölkerung haben«. Man mag dies im Sinne eines gütlichen Neben- und Miteinanders deuten, aber es fällt auf, daß die Bindung des Oraniers stärker gewesen ist, als sie die Landesherren je gekannt hatten. In solch beratender Funktion gaben die Stände von ihrer Seite die Bestätigung der statthalterlichen Gewalt des Prinzen, den eigentlichen Hintergrund freilich bildete weniger die fiktive Loyalität gegenüber dem König und den überkommenen Institutionen als vielmehr die eigene Autorität. Daß die Stände auch an der

Exekutive beteiligt werden wollten, zeigte sich rasch nach Dordrecht. Am 28. Juli faßten sie den Beschluß, einen Regierungsbeirat, den »Raad nevens den Prince«, einzusetzen, der zusammen mit dem Prinzen die Regierung ausüben sollte – eine Art Kabinettsrat also, dessen Mitglieder von dem Oranier aus einem Wahlvorschlag der Stände bestimmt und ernannt wurden. Die Bestallung erfolgte am 3. November 1572 zusammen mit der Wiedereinrichtung des Provinzialgerichtshofes, des »Hof van Holland«. Diese doppelte Bestallung brachte insofern eine grundlegende Änderung der holländischen Regierungs- und Verwaltungsstruktur, als nunmehr die Befugnisse des Provinzialgerichtshofes auf seine juristischen Geschäfte begrenzt wurden und die politischen Geschäfte auf den Prinzen und den ständischen Rat, das Kabinett also, übergingen.

Der Oranier konnte mit einiger Zufriedenheit auf die Entwicklung des Aufstandes blicken, zumal 1574 auch die Verhältnisse in der Provinz Seeland einigermaßen geregelt wurden, aber unzufrieden gab er sich im Detail, vor allem dort, wo es um die Beschaffung von Geldern ging, was in Zeiten des Krieges die erste Voraussetzung für die Realisierung des Kriegsziels war. Der Oranier fand, daß die Stände zu zögerlich operierten. Marnix, sein Vertreter, monierte das Anfang 1573 neuerlich. Er forderte für den Prinzen weitreichende Befugnisse. »Volcomen macht en autoriteyt« seien dem Oranier zu geben und in einer ständischen Instruktion für ihn festzuschreiben. In Delft scheint man dem Verlangen des Marnix Verständnis entgegengebracht zu haben, Gouda hingegen verhielt sich zurückhaltend. Es ist jedoch nicht bekannt, wie hierüber in der Ständeversammlung der Holländer beraten worden ist. Allerdings dürfte man der Forderung nach Machterweiterung und der schriftlichen Fixierung derselben nicht entsprochen haben, denn nirgendwo ist von einer entsprechenden Instruktion die Rede. Erst im Oktober 1574 kam diese Frage wieder auf die Tagesordnung der Ständeversammlung, als der Prinz drohte, die Regierungsgeschäfte niederzulegen, da eine geregelte Geldbeschaffung für die Truppen ausblieb oder die vorhandenen Gelder nach ständischem Gutdünken zuweilen umgeleitet wurden, so daß die Truppen zu Plünderungen schritten und von der Bevölkerung nur noch als Last empfunden wurden. Der Oranier schlug den Ständen vor, die Regierungsgeschäfte in Alleinverantwortlichkeit zu übernehmen, »absolute Macht, Autorität und souveräne Entscheidungsmacht in allgemeinen Fragen der Landespolitik« zu erhalten. Das brachte Ärger, und er führte zur Begrenzung der »absoluten« Macht. Das Mitbestimmungsrecht der Stände in Steuerfragen, Regierungsänderungen und bei wichtigen Bestallungen blieb vorbehalten. 15.000 Gulden durfte er ohne vorherige ständische Bewilligung ausgeben, wie ihm auch die Einkünfte aus den Domänen zustanden. Zudem wurde die volle militärische Gewalt des Prinzen bestätigt, was bis dahin kaum richtig in die Praxis umgesetzt worden war. Dennoch mischten sich die Stände weiterhin in Regierungsangelegenheiten ein.

Die Ständeversammlungen vom Oktober und November 1574 waren der Ausgangspunkt zu weiteren Verhandlungen über die Stellung des Prinzen gegenüber den Ständen. In den beiden folgenden Jahren sollte es darauf ankommen, eine gemeinsame Regierungsform für Holland und Seeland zu finden. Im Rahmen einer festzuschreibenden holländisch-seeländischen Union wurde ein Ausschuß mit dem Auftrag eingesetzt, die Stipulationen einer Regierung des Oraniers auszuarbeiten. Abgesehen davon, daß der rasch abgefaßte Entwurf im wesentlichen die Bestimmungen vom Oktober/November 1574 enthielt und dem Oranier ein aus Holländern und Seeländern bestehender Landrat beigegeben wurde, war die Forderung des Prinzen bezeichnend, daß der Entwurf nicht nur von den städtischen Magistraten, sondern auch von der Bürgerwehr, der »Schutterij«, und der Gesamtheit der Bevölkerung, der »Gemeente«, gebilligt werden sollte. Für die Städte kam das einigermaßen überraschend, blieb jedoch insgesamt ohne Folgen, denn in den Städten wurden lediglich die Hauptleute der Bürgerwehr und Gilden, in Schoonhoven und Gorcum nicht einmal diese, befragt. Immerhin rührte der Prinz hier an ein Kernproblem städtischer Verfassung, was in den Jahren der Republik noch eine erhebliche Rolle spielen sollte.

In den Jahren 1575/76 offenbarte sich die ganze Zwiespältigkeit der konstitutionellen Entwicklung. Nicht nur, daß man den Prinzen in der Regierungsakte wiederholt »das höchste Mitglied der niederländischen Stände« nannte – eine Bezeichnung, die gleichsam die Berechtigung zum Aufstand verleihen sollte –, man gab ihm auch den Titel »Hoofd ende hoogste overigheid« mit auf den Weg, der – für die Dauer des Krieges jedenfalls – die volle Regierungsmacht und Autorität umschrieb. Aber das waren nur Worthülsen, die nicht reicheren Inhalts wurden, als 1575 schon ständischerseits an die Übertragung des Grafentitels gedacht war, was im übrigen die bis dahin noch lebendige Fiktion von der Loyalität gegenüber dem König völlig ad absurdum führte. Es war bezeichnend, daß die Arbeit des Landrates vor allem bei Abwesenheit des Prinzen wenig effektiv blieb, da die Stände sich immer wieder einmischten. Der Prinz selbst kam um Abschaffung des Rates ein und schlug die Übernahme der Regierung durch ein Ständekollegium vor, das wiederum in drei Ausschüsse unterteilt war. Er wollte nicht einfach die eine Instanz durch eine andere ersetzen, sondern dem neuen Kollegium »volcomen last ende magt«, gänzliche Unabhängigkeit von den städtischen Magistraten also, zuerkannt wissen. Das hieß nichts weniger als Überwindung des imperativen Mandats, das jetzt noch in den Anfängen steckte, später aber, in den Jahren der Republik, bis zur Entartung gebraucht wurde, um schnelles und effektives Handeln der Provinzial- und Generalstände zu verhindern, wenn Einzelinteressen auf dem Spiel standen. Es war begreiflich, daß die holländischen Stände solchem Vorschlag nur zaudernd zustimmten.

Die Übertragung der obersten Regierungsgewalt, die im April 1576 ein weiteres Mal erfolgte, als die Provinz Seeland hinzutrat, war dann die erste schriftliche Fixierung der Regierungsgewalt des Prinzen. Seine Stellung als »hohe Obrigkeit« bekleidete er im Auftrag der Stände, die ihn dazu erwählt hatten, »verkoren ende gestelt«, wie es hieß. Die ständische Autorität bildete für ihn nunmehr die einzige Grundlage seiner Macht. War es 1572 noch der Prinz, der die Stände durch die Forderung nach seiner Anerkennung zu einer revolutionären Tat aufgerufen hatte, so hielten jetzt die Stände die Initiative in Händen – wenngleich vornehmlich durch die Kriegssituation gezwungen – und bestimmten die Befugnisse des Prinzen. Sie traten als eine konstituierende Versammlung auf und begründeten damit ein neues Abhängigkeitsverhältnis des Oraniers. Indem sie ihm eine große Machtfülle überantworteten, obwohl noch keineswegs bereit, die »monarchische« Regierung durch eine »polyarchische« zu ersetzen, verschafften sie sich wachsendes Ansehen, weil sie es waren, die die Rechte vergaben und zugleich gegen die eigenen Bedürfnisse abgrenzten. So führten sie sich praktisch als Nachfolger der Landesherren auf. Die Übertragung der Regierungsgewalt war eine souveräne Handlung der Stände. Der Titel »Hoofd ende hoogste overigheid« war ein ständischer Titel. Die Amtsbezeichnung »Statthalter« hatte spätestens 1575/76 ihre ursprüngliche Bedeutung verloren, auch wenn sie noch jahrhundertelang die politisch-staatsrechtliche Nomenklatur bereicherte.

Die Regelungen von 1575/76 bildeten die Grundlage für die Überlegungen in den Jahren 1581 bis 1584, freilich nun unter veränderten politischen und rechtlichen Umständen. Es ging seit geraumer Zeit darum, für den Herzog von Anjou den Weg zur Landesherrschaft freizumachen und damit den Abfall vom spanischen König vorzubereiten. Beide Forderungen scheinen eine neuerliche Festschreibung der oranischen Stellung erforderlich gemacht zu haben. Die holländischen Stände mochten dann bedeutet haben, an einem polyarchischen System nicht interessiert zu sein, aber Anjou, mit dem der Oranier schon 1576 Kontakt pflegte, zählte nicht zu den Landesherren der ersten Wahl. Schon im März stand die Frage »Abfall von Spanien und Annahme Anjous« auf der Tagesordnung der holländisch-seeländischen Stände. Wenngleich in dem Regierungsvertrag mit Anjou der Passus zu lesen war, daß beiden Provinzen der Status quo erhalten bleiben sollte, »au faict de la religion et aultrement«, genügte das den Ständen nicht. Sie beschlossen, dem Prinzen die Regierung der Provinzen als »absolute overheer en protecteur« anzubieten. Die Diskussion um diesen Schritt, dem die Leichtigkeit der eigenen Überzeugung fehlte, reflektierte ein wenig die Zwiespältigkeit, in die die selbst- und machtbewußten Stände hineingerieten. Einem wiederum landfremden Landesherrn standen sie skeptisch gegenüber, aber das mußte für einige nicht gleich auf eine so weitreichende Terminologie bei der Übertragung an den Oranier hinauslaufen. Vielsagend war es, wenn Rotterdam erst einmal die Abschwörungserklärung ausarbeiten und dann die Beamten der Provinz einen neuen Eid auf »Seine Exzellenz und die Stände als hohe Obrigkeit« ablegen lassen wollte. Der Sprecher und führende Politiker der Stadt war Johan van Oldenbarnevelt, der nach dem Tod des Prinzen als Ratspensionär einer der ersten Verfechter des republikanischen Staatsgedankens wurde. So überraschte es kaum, daß nach der ersten Aufregung um Anjou die Vollmundigkeit der Titulatur ein wenig verlorenging, und es konnte nicht verwundern, daß die Regierungsakte, auf die am 24. Juli 1581 von Prinz und Ständen der Eid geleistet wurde, jene von 1576 war, mit dem Unterschied, daß der Name des Landesherrn entfiel und der Prinz die Regierungsgewalt, die er bis dahin im Namen des Königs ausgeübt hatte, fortan im eigenen Namen realisierte.

Die Übertragung als Verlängerung des Vorhandenen war lediglich eine vorläufige Lösung, weil damit das erste Ziel, eine künftige deutliche Abgrenzung gegenüber dem Herrschaftsgebiet des französischen Herzogs, noch nicht erreicht war. Es bestand die Möglichkeit, das Ziel durch Fortfall der zeitlichen Begrenzung auf den Krieg oder durch Übertragung der Grafenwürde auf den Prinzen sicherzustellen, entsprechend einem schon lange vor der Abschwörung diskutierten Gedanken. Verleihung des Grafentitels hieß Erblichkeit der Würde im Hause Oranien und, gemäß der holländischen Entwicklung und den in diesem Raum herrschenden Anschauungen sowie der bis dahin geübten Praxis, Wiederaufbau der monarchischen Regierungsform unter Vertragsbedingungen, die für den gräflichen Landesherrn die Stellung gleichsam eines konstitutionellen Monarchen vorsahen. Die Voraussetzungen für diesen Schritt waren somit zum einen die Wahrung der ständischen Kompetenzen, zum anderen die Sicherstellung der Selbständigkeit gegenüber einem neuen landfremden Herrn und zum dritten die Persönlichkeit des Oraniers, der von Beginn an den Aufstand geführt hatte. Diese Motivation drang jedenfalls durch, als es darum ging, die vorhandene Opposition in mehreren Provinzen zu beschwichtigen. Eines der oppositionellen Argumente barg Hinweise auf das dann in der Republik das politische Geschehen sehr deutlich bestimmende Problem von Föderalismus und Zentralgewalt. Mittlerweile war die Union von Utrecht geschaffen worden. Die Väter dieser Union hatten mehr als nur ein loses staatenbündisches Gefüge etablieren wollen; sie sahen, daß Maßnahmen, wie sie Holland im Alleingang traf, der engeren Verbindung der Provinzen untereinander abträglich sein mußten, insbesondere dann, wenn solcher Alleingang von der wichtigsten Provinz unternommen wurde. Rund hundert Jahre später, zur Zeit des Statthalter-Königs Wilhelm III., sollte das holländische Vorgehen den Gelderländern als Präzedenzfall dienen.

Innerhalb der Provinz Holland führte namentlich Amsterdam die Opposition. Dabei wurde deutlich, daß weniger das Gefühl der Verpflichtung gegenüber der Union von Utrecht, sondern eher wirtschaftspolitische und staatstheoretische Erwägungen die Haltung dieser größten Stadt Hollands bestimmten. Eine glasharte Interessenpolitik, die sich schlicht in Zahlen festschreiben ließ, kam ins Spiel, weil Seeland in Sachen Grafentitel für den Oranier keine sonderliche Eile bewies und die Seeländer nicht einmal Anstalten machten, vom spanischen König offiziell abzufallen. Amsterdam befürchtete, daß in dieser Situation die Schiffe der Stadt beim Handel mit Spanien dort festgehalten würden, während die Seeländer den Handel ohne Schwierigkeiten seitens des spanischen Königs fortsetzen könnten. Zudem wurde damals der so wichtige Ostsee-Handel Amsterdams empfindlich getroffen, weil der Handelsverkehr seit der Anerkennung des Herzogs von Anjou weit höheren steuerlichen Abgaben, Sundgeldern, durch den Dänenkönig ausgesetzt war, was nach Meinung der Stadtväter wieder eine Folge der oranischen, auf Anjou sich fixierenden Außenpolitik sein mußte. Freilich unterlag Amsterdams Zurückhaltung nicht bloß buchhalterischen Impulsen. Das Amsterdamer Ratsmitglied Cornelis Pieterszoon Hooft, aus altem Regentengeschlecht stammend, ließ in einer Rede, die auch die wirtschaftlichen Motive enthielt, wissen: »Die Nachfolge in der Regierung vorbehaltlos an die Kinder eines verstorbenen Fürsten zu binden, ob sie nun fähig sind oder nicht, gläubig oder ungläubig, ist ein sehr bedenkliches Vorgehen.« Hooft, der in der Zeit vor der Satisfikation der Stadt vor Alva geflüchtet war, leitete wohl die Opposition Amsterdams gegen die Verleihung der Grafenwürde. Er stand am Anfang jener Regentenreihe, die in den republikanischen Jahrzehnten eine »aristokratische« Regierungsform weniger aus Eigennutz denn aus der ehrlichen Überzeugung hochhielt, daß nur die reichsten, ehrbarsten und »notabelsten« Personen geeignet seien, die Provinz zu regieren.

Es kam nach langwierigen Gesprächen, die auch zu Fragen der Änderung in der Verwaltungsstruktur geführt wurden, zur Ausarbeitung und Annahme einer Wahlkapitulation, die die Regierungsinstruktion der »hohen Obrigkeit«

ersetzen sollte. Die Kapitulation war eine ständische Instruktion, ähnelte in vielen Punkten der Akte von 1576 und enthielt Vorschriften, wie sie bei der Bestallung des Erzherzogs Matthias und bei der Anerkennung des Herzogs von Anjou als Landesherren zu finden waren. Der Graf durfte ohne die Stände keine Bündnisse schließen, keinen Krieg führen, keine neuen Privilegien verteilen, Währung und Landesgrenzen nicht ändern. Steuern mußten von den Ständen einstimmig gebilligt werden. Der Graf war verpflichtet, die nach altem Brauch durchzuführende Rechtsprechung zu wahren und in der Rechtspflege keine Änderungen vorzunehmen, ohne vorher die Zustimmung der Stände und der Gerichtshöfe eingeholt zu haben. Alle hohen Beamten ernannte er aus einem dreifachen Wahlvorschlag der Stände. Er war ferner verpflichtet, die Stände zum 1. Mai einzuberufen, die ihrerseits autonomes Versammlungsrecht hatten. Eigenartigerweise entschied die Kapitulation nichts über die Bestallung der städtischen Magistrate, so daß zu vermuten ist, daß dieser für das konstitutionelle Leben der Niederlande so wichtige Punkt im Abschnitt über die allgemeine Wahrung der Privilegien inbegriffen war. Dem Grafen wurden weiterhin Admiralitätsbefugnisse übertragen, mit der Einschränkung, daß den Seestädten das Recht zur selbständigen Ausrüstung von Schiffen gegen Seeräuber zustand. Bei Streitigkeiten über die Art der Steuererhebung durfte der Graf zusammen mit den Räten des Gerichtshofes als schiedsgerichtliche Instanz auftreten.

Von einer staatsrechtlichen Stärkung der Stellung des Grafen konnte keine Rede sein, eher von einer Minderung seiner Position, da er nunmehr nicht einmal »Officiarius regni«, sondern schlichter Vertragspartner war, der bei einem Vertragsbruch abgesetzt werden konnte. Die Vertragsakte enthielt ganz konkret eine Bestimmung, die den Ständen diese Befugnis zubilligte. Letztlich wandten alle Stände hier an, was sie seit 1568 verfochten, 1572 eingeleitet und 1581 mit der Abschwörung endgültig durchgeführt hatten oder hatten durchführen lassen. Jede theoretische Vorarbeit war in die Wahlkapitulation eingeflossen. Zum wesentlichen Element dieses Herrschaftsvertrages zählte die Erblichkeit der Grafenwürde, die zwar zugesichert wurde, aber insofern nicht unbeschränkt blieb, als sich die Stände vorbehielten, einen der Söhne auszuwählen, dem sie dieses Amt zutrauten. Mit der Wahlkapitulation ist dem Prinzen als Grafen nicht viel mehr als der Titel geblieben, wenn man die Befugnisse der Grafen aus der burgundischen und habsburgischen Zeit hiermit vergleicht. Ein Souverän konnte er nicht genannt werden, denn die Souveränität lag praktisch bei den Ständen. Mehr noch: Die Gewalt, die der Prinz von Oranien als Statthalter des spanischen Königs ab 1559 bis zu seinem Rückzug nach Deutschland hatte ausüben dürfen, war größer als jene, die ihm jetzt erlaubt war. Es will scheinen, als ob man dem Grafen eher den Titel eines »erblichen Beamten« zuerkennen müßte. Durch den Mord an dem Oranier am 10. Juli 1584 blieb die Wahlkapitulation, die weder von Gouda und Amsterdam noch von Seeland und Utrecht bis dahin unterzeichnet worden war, endgültig Makulatur. Der Tod des Prinzen schuf eine neue Situation. Es zeigte sich nunmehr, daß die ständische Konzeption nicht darauf hinauslief, um jeden Preis ein Oberhaupt anzustellen. Obwohl die Bestallung des Sohnes Moritz von Oranien erwogen wurde, dauerte es noch fast anderthalb Jahre, bis zum November 1585, ehe ihn die Holländer als Gouverneur einsetzten. Sie taten es in erster Linie, um ein Gegengewicht gegen den Grafen Leicester zu haben, den die in der Utrechter Union vereinigten Provinzen als Generalstatthalter und Heerführer ins Land holten.

Eine Vielzahl von Flugschriften hat den allmählichen staatsrechtlichen Wandel begleitet, ihn begründet oder ins allgemeine Bewußtsein gehoben, gleichsam in unmittelbarem Anschluß an die Pamphletistik, die sich mit der Rechtfertigung des Aufstandes befaßte. Der aufständische Teil der Niederlande stellte sich selbst unter einen durchgängigen Rechtfertigungszwang. Das hieß ermüdende Wiederholung einerseits der Privilegien und Gewohnheiten, andererseits der Freiheit allgemein, allerdings mit der Maßgabe, daß Religionsfreiheit als Selbstverständlichkeit keiner besonderen Betonung mehr bedurfte, politische Freiheit dagegen voll ins Rampenlicht rückte. Der noch in Leiden geführte Streit, ob auf dem Notgeld die Aufschrift »haec religionis ergo« oder »haec libertatis ergo« zu stehen habe, war rasch obsolet. Spätestens bis 1576 mußte jedem, der die Flugschriften lesen konnte, klar sein, daß die Stände des Landes, der Adel und die städtischen Magistrate, die Souveräne waren. Der Landesherr konnte demnach nur der an die Rechte und Privilegien gebundene Amtswalter sein, der ständischem Willen unterlag – in allen Politikbereichen. In der Betonung der ständischen Herrschaft war es einfacher, die Fiktion vom Kampf gegen Alva und die Loyalität zum König fallenzulassen und den Landesherrn unmittelbar anzuklagen, was spätestens ab 1576 auch geschah. Philipp II. war nun der erklärte Tyrann. Die neuen Denkvoraussetzungen ließen es zu, daß ein Landesherr, der die Regeln brach, abgesetzt und durch einen Regenten ersetzt wurde. Ein in der Literatur dem Hugenotten Philippe du Plessis-Mornay zugeschriebenes Pamphlet von 1576 »Vertoog ende openinghe om een goede, salighe ende generale vrede te maken in deze Nederlanden«, das wohl am besten die bestehenden Theorien zusammenfaßte und zudem die Praxis reflektierte, stellte eindringlich fest, daß es sich bei den Niederlanden eigentlich nie in ihrer Geschichte um eine Monarchie, sondern immer um eine Republik gehandelt habe. Diese Schrift war eigens dazu verfaßt, die bis dahin unter der Gewalt des Generalstatthalters Don Luis Requesens stehenden Provinzen zum Frieden mit Holland und Seeland, den Aufständischen, anzuspornen und eben jene Konzeption von der Regierungsgewalt in den Niederlanden anzunehmen.

Was du Plessis-Mornay vortrug, das ergänzten Wilhelm von Oranien und die holländischen Stände in zahlreichen Sendschreiben an die Stadt Amsterdam, die Stände von Geldern und Utrecht – und das geschah kurz vor der Satisfaktion. Da war zugleich vom »Vaterland« die Rede, das es zu befreien galt, und von der Verpflichtung, am Befreiungskampf mitzuwirken. Es konnte inzwischen schon als notorisch gelten, daß öffentliche Instanzen und Magistrate hier eine besondere Aufgabe hatten. Widerstand und freiheitliche Ordnung als Bürgerpflicht, göttliches Recht und Naturrecht gaben den Ständen die Macht zu handeln, wie sie es taten. Im Augenblick der »Pazifikation von Gent«, die für kürzeste Zeit noch einmal die alte burgundisch-habsburgische Einheit wiederherstellte, schienen solche Prinzipien tatsächlich auf die Gesamtheit ausgedehnt werden zu können. Erzherzog Matthias galt als ein Repräsentant der Stände. Der Brüsseler Dichter Jean Baptist Houwaert hieß ihn bei seinem Einzug in Brüssel als »Scipio« willkommen, dem es obliege, die Niederlande zu beschützen und ihnen alle Privilegien und Rechte zu garantieren, die von alters her überkommen seien. Der Erzherzog selbst schwor einen Eid, der das Widerstandsrecht der Generalstände enthielt. Und Johann von Nassau ließ in einer Adresse an die holländisch-seeländischen Stände 1578, als die Pazifikation schon der Vergangenheit angehörte, wissen, daß jetzt, da man den spanischen König nicht mehr als Oberherrn anerkenne, die Stände die Regierung des Landes übernehmen mußten, weil »die Stände von Gott aus dem Volk erwählt seien, um ihrerseits einen König oder Gouverneur zu wählen, und den Staat zu leiten«. Dies ging in der Theorie einen Schritt weiter als die Regierungsakte von 1575, da dort noch vorsichtig eingefügt stand: Man übertrage so viel an Regierungsgewalt, »wie ihnen zu übertragen zustehe«. Die Unbedingtheit, mit der das ständische Herrschaftsmodell vorgetragen wurde, ließ ahnen, daß ihr nur noch überlegene militärische Gewalt der anderen Seite ein Ende machen konnte, wie es umgekehrt deutlich wurde, daß solche Unbedingtheit bei bloß militärischen Teilerfolgen im Süden der ehemaligen habsburgischen Territorien die Trennung vorbereitete.

Eine der Schriften, die noch vor dem offiziellen Abfall vom spanischen König besondere Aufmerksamkeit erregte, war die »Vindiciae contra tyrannos«, die sowohl dem Antwerpener Johan Junius de Jongh als auch Philippe du Plessis-Mornay und Hubert Languet zugeschrieben wird. Alle drei waren Calvinisten, spielten in der europäischen Politik eine Rolle und standen in enger Beziehung zu dem Oranier. Sie hielten sich damals in der Nähe des Prinzen auf. Im Kern präsentierte die Schrift nichts anderes als eine Systematik dessen, was beispielsweise François Hotman und Theodor Beza bis dahin in zahlreichen Flugschriften oder Sendschreiben vorgetragen hatten. Der Autor verquickte in seiner Staatslehre, die er in den »Vindiciae« entwickelte, Gedanken der calvinistischen politischen Lehre mit der Volkssouveränität. Er konstruierte mit Hilfe einer Vielzahl von alttestamentarischen Zitaten einen Doppelvertrag, einen »Duplex foedus«, zwischen Gott, dem Landesherrn und dem Volk einerseits, dem Landesherrn und dem Volk andererseits. Zunächst waren damit beide, Landesherr und Volk, Gott gegenüber verpflichtet. Der Landesherr hatte als Statthalter Gottes die Guten zu schützen, die Bösen zu strafen. Daß das Volk seinerseits aus einer naturrechtlich begründeten Freiheit heraus die Möglichkeit erhielt, einen Landesherrn einzusetzen, der die Rechte und Interessen des Volkes beherzigen sollte, wurde nicht als Widerspruch gegen den göttlichen Ursprung weltlicher Macht begriffen. Obwohl danach die landesherrliche Gewalt göttlichen Ursprungs war, wurde der Landesherr trotzdem durch und für das Volk bestellt, und dieses Volk war schutzbefohlen im Sinne des erstgenannten Vertrages. Somit waren die Aufgaben des Landesherrn klar definiert: Als Diener Gottes war er auch Diener des Volkes. Ebendaraus resultierte das Recht auf Widerstand bis hin zur Absetzung des Monarchen. Das war lediglich in der Systematisierung etwas Neues, wenngleich die Betonung des Volksganzen über Calvin hinausging. Genau in der Linie der politischen Praxis der Zeit lag die Ansicht, daß die Stände aus ihrer Mitte eine Persönlichkeit als Exekutivorgan hervorbringen konnten, die den Kampf um die Rechte führte. Im politischen Alltag waren es für die aufständischen Provinzen der Prinz als »voerneempste geledtmaat der Nederlanden« oder — allgemeiner gehalten im Sinne der Theorie – die »Optimates... ab ordinibus delegati«. Es waren die »Officiarii regni«, die dafür zu sorgen hatten, daß der Staat keinen Schaden nähme. Daß die Vertragstheorie im übrigen keine Besonderheit gewesen ist, weisen etwa frühere Schriften des Mario Salomonio, eines katholischen Spaniers, aus. Man findet sie bei Autoren der französischen Liga, hier vielleicht dezidierter noch, soweit es die »États généraux« als Träger der Souveränität anging. Die europäische Widerstandsliteratur der Zeit war insgesamt von den Erzeugnissen der Liga und den Hugenotten beeinflußt.

Unter hugenottischem Einfluß stand auch die »Apologie« des Oraniers, die in Beantwortung des Banns geschrieben wurde, den ihm Philipp II. auferlegt hatte. Diese Schrift verfaßte Pierre Loyseleur de Villiers, ein Rechtskundiger und Hofprediger, der in Orléans und Genf Rechtswissenschaft und Theologie studiert hatte, seit 1577 in Diensten des Oraniers stand, ihn stark beeinflußte und beim Entwurf der Schrift sich mit Hubert Languet und Philippe du Plessis-Mornay beriet. Gedacht war Villiers' Arbeit als ein Stück Propaganda gegen die Verdächtigungen des Prinzen, die bisher in Europa Verbreitung gefunden hatten. Deswegen ließ der Autor gleich für eine viersprachige Version sorgen. Im Angriff gegen den König pflegte er eine ungewöhnlich scharfe Diktion, ohne theoretisch in irgendeiner Weise weiterzuführen. Freunde in den deutschen Staaten hätten sich zudem einen zurückhaltenderen Ton gewünscht. Das Pamphlet diente dazu, den Spanier abzutakeln, ihn moralisch zu einer Unperson zu stempeln, nicht aber, neue Gesichtspunkte über Staat und Staatsrecht vorzutragen. Daß der Oranier seine Rolle als »Mitglied der Niederlande« neuerlich herauskehrte und sich als einen von den Ständen, seinen Oberen, und dem Volk rechtmäßig gewählten Vorkämpfer der Freiheit betrachtete, gehörte, was die Stellung der Stände anging, bereits zum guten Ton der Zeit.

Die »Apologie« war durch und durch eine Kampfschrift. Die Abschwörungserklärung, die ein Jahr später von den Generalständen der Utrechter Union erging, repräsentierte dagegen einen Staatsakt, kein persönliches Dokument. Der Ton war ruhig, sogar vorsichtig; inhaltlich ging es eher um die Beweisführung zu den Verstößen des spanischen Königs gegen Recht und Gesetz als um die Neuwertigkeit der Theorie. Die von den Generalständen beauftragten Verfasser konnten ohne Zweifel die Literatur der Zeit und möglicherweise gar ältere Schriften heranziehen, um Einschlägiges zu finden, das zur Rechtfertigung eines so großen Schrittes tauglich war. Wer in den Niederlanden regelmäßig die Flugschriften zur Kenntnis nahm, den konnte die Erklärung inhaltlich kaum noch vom Stuhl reißen. Allerdings täuschten sich jene, die glaubten, nichts sei in den aufständischen Provinzen leichter zu erreichen als Einstimmigkeit über die Abschwörung. Es zeigte sich jetzt eine eigenartige Wirkung von Prinzipienhaftigkeit und interessenpolitischem Opportunismus, der die ganze Geschichte der Niederlande durchzieht. Es ist in der niederländischen Historiographie von Kaufmann und Prediger als den bestimmenden Faktoren niederländischer Politik gesprochen worden. Es will scheinen, als könnte solche Dualität auf den entscheidenden Akt der Abschwörung erste Anwendung finden, wie das auch wenige Jahre später bei der Diskussion um die Verleihung der Grafenwürde an den Prinzen der Fall war. Zu diesem Bereich der Interessenpolitik zählten zweifelsohne der Handel und der Partikularismus der Provinzen, der unter der sich anbahnenden neuen Ordnung erstarkte.

Die Generalstände ersuchten die einzelnen Provinzen um ihre Meinung. Die Provinzen antworteten, und es stellte sich heraus, daß alle unter »Abschwörung« neben »Verwirklichung der Rechte« auch »Kriegserklärung« an den spanischen König verstanden. Doch gerade die Umwandlung des Aufstandes in einen regelrechten internationalen Konflikt bereitete einige Sorgen, die sich auf den Handel mit Spanien und Portugal bezogen. Man fürchtete ein Ende des Handels, Konfiszierung der in Spanien und Portugal befindlichen Schiffe sowie Arbeitslosigkeit der Seeleute, die auf der Kauffahrteiflotte der Linie Spanien–Portugal Dienst taten. Bis dahin hatte der Aufstand den Fortgang des Handels in keiner Weise behindert. Für beide Seiten war dieser Handel so einträglich, daß man ihn nicht ohne weiteres hätte einstellen können. Darüber hinaus wehrten sich einige Provinzen gegen die Verwendung des Großsiegels der Generalität. Vor allem im Norden zogen die Provinzen die Verwendung ihres eigenen Siegels vor und betonten somit ihre provinzielle, nicht ihre niederländische Eigenschaft. Die Schwierigkeiten wurden schließlich überwunden. Dennoch zeigte sich im nachhinein, daß es bei aller Schärfe der Kritik an spanischer Herrschaft, bei aller Einmütigkeit über die Notwendigkeit des Widerstandes für einige doch ein Schritt war, der sich mit dem Gewissen nicht recht vereinbaren ließ. Obwohl eine systematische Untersuchung zur Reaktion in den einzelnen Städten fehlt, sei die Vermutung geäußert, daß die Abschwörung vom König trotz der Pamphletistik noch nicht ins allgemeine Bewußtsein gehoben war, sondern die Angelegenheit einer politischen Elite blieb. Weder »Apologie« noch Abschwörung waren für staatsrechtliche Konzeptionen von Belang. Das eine bot sich als persönliche Verteidigung und Abrechnung, das andere als Quintessenz einer Entwicklung, die seit 1572 in Gang gesetzt war. Beide fielen vom theoretischen Gehalt her weit hinter die zahlreichen Flugschriften zurück, deren Autoren häufig genug theoretisch beschlagene Juristen oder Theologen waren, und beide konnten sicherlich nicht mit jenen Schriften Schritt halten, die in den folgenden Jahrzehnten oder auch in jener Phase schon den Souveränitätsbegriff im Sinne von Volkssouveränität thematisierten, wie das etwa der friesische Rechtslehrer Aggaeus van Abbada tat, und sich mit der republikanischen Staatsform und ihrer Ausgestaltung heftig und zugleich vertieft auseinandersetzten. Mit der Abschwörung war genau die Schwelle einer neuen Zeit erreicht, »in der sich die Niederlande – zunächst noch langsam und nicht ohne Schwierigkeiten – zur Republik der Vereinigten Provinzen entwickelten« (N. Mout).

Die »Genter Pazifikation« und die Utrechter Union: eine begrenzte Einheitlichkeit

Man braucht nicht der finalen Handlungslehre zu huldigen, um festzustellen, daß die politische und konfessionelle Entwicklung seit der Dordrechter Ständeversammlung 1572 bei der Entschiedenheit der Aufständischen auf eine Trennung des holländischen und seeländischen Territoriums von den übrigen Territorien hinauslaufen mußte. Lediglich ein entscheidender Sieg des spanischen Militärs hätte wohl eine solche Entwicklung zu bremsen vermocht. Die Unbedingtheit, durchaus verständlich angesichts der Ereignisse der vergangenen Dekade, ließ Kompromißbereitschaft gar nicht erst aufkommen, auch nicht, als seitens des Generalstatthalters Don Luis Requesens mit Billigung des spanischen Königs Friedensverhandlungen angeboten wurden. Die Spanier meinten entgegenzukommen, wenn sie die Regierungsbeteiligung der Stände einführten, alle hohen und niederen Ränge der Nicht-Landsässigen aus Regierung und Verwaltung ausschalteten, die Inquisition in Holland und Seeland nicht mehr durchführten. Demgegenüber forderten die Aufständischen unbeschränkte Amnestie, Aufhebung der Ketzerverfolgung, Abzug der landfremden Beamten und Soldaten. Stände und König sollten gemeinsam regieren. Die Besprechungen in Breda im Juli 1575 scheiterten. Der Status quo schien zunächst einmal festgeschrieben zu sein. Es war absehbar, daß ein militärischer Sieg der Spanier im Norden oder aber die Ausweitung des Aufstandes in die südlichen Provinzen hinein eine Chance zur Wiederherstellung der alten burgundisch-habsburgischen Einheit einleiten könnten – eine Einheit freilich, die im Falle der letztgenannten Alternative unter ganz anderen Vorzeichen zustande kommen würde. Dafür sorgte mehreres: die zur Alltagserscheinung zählenden Meutereien spanischer Soldaten, die sich um ihren Sold betrogen fühlten, die Lähmung des Wirtschaftslebens, die Börsenkrise in Antwerpen im Herbst 1575 und schließlich der plötzliche Tod des Generalstatthalters im März 1576.

Die Meuterei der spanischen Truppen in Aalst am 4. September 1576 gab den ersten Anstoß zu revolutionären Gegenmaßnahmen der Brabanter Stände. Sie hoben selbst Truppen aus, und die brabantischen Anhänger des Prinzen von Oranien verhafteten die meisten Mitglieder des Brüsseler Staatsrates, der damals die Regierungsgeschäfte ad interim führte. Offensichtlich wollten sie unbedingt den Anschluß an die aufständischen Provinzen. Nur so ist das radikale Vorgehen begreiflich, denn bis dahin mußte man nicht den Eindruck haben, es handele sich bei diesem Staatsrat um eine intransigente spanische Behörde. Er hatte noch im Juli des Jahres ein ständisches Heer ganz im Sinne der Stände Brabants ausgehoben, dieses gegen die meuternden spanischen Truppen ins Feld geführt, sich für Unterhandlungen mit den Aufständischen ausgesprochen und dem König in Madrid sogar mit Rücktritt gedroht, falls die Truppen abgezogen und Verhandlungen angeknüpft würden. Aber es stand in dem Sendschreiben auch zu lesen, daß die »alte Ordnung« wiederhergestellt werden sollte. Anfang September ließ der Oranier die Brabanter wissen, daß er das Auftreten gegen die Meuternden begrüßte, an Verhandlungen über Frieden und Religionsausübung ernsthaft interessiert sei. Das war kaum nach dem Geschmack aller Provinzen, denn Luxemburg, Namur und das Artois verlangten die sofortige Freilassung des Staatsrates. Dagegen war für Holländer und Seeländer das Vorgehen der Brabanter Zeichen genug, daß sich der Süden dem Aufstand anschließen wollte. Die Brabanter mühten sich um eine Zusammenkunft der Generalstände, die allein zu dieser Zeit noch in der Lage waren, das Machtvakuum auszufüllen. Am 22. und 24. September kamen Ständevertreter aus Flandern, dem Hennegau, dem Artois und Namur zusammen. Für die Brabanter reichte die Präsenz aus, um die Generalstände für eröffnet zu erklären, nachdem zuvor, am 15. September, einige, inzwischen freigelassene Mitglieder des Staatsrates die brabantische Einladung bestätigt hatten. Die aufständischen Provinzen Holland und Seeland, das sich durch die Erfolge spanischer Truppen zuletzt gegen Zierikzee praktisch auf die Insel Walcheren reduziert sah, waren nicht anwesend, sondern warteten auf die Einladung zu Verhandlungen. Die nördlichen Provinzen Friesland, Groningen, Overijssel und Geldern waren ebenfalls nicht vertreten. Selbst wenn das mehr praktische als prinzipielle Gründe hatte, fühlten sie sich nicht als aufständische Provinzen, die mit Holland und Seeland gemeinsame Sache machten. Der Anschluß an die Genter Verhandlungsergebnisse, »die Pazifikation«, erfolgte erst im Dezember 1576 und Januar 1577.

Die in Brüssel versammelten ständischen Vertreter kamen rasch zu dem Beschluß, die aufständischen Provinzen – und damit den Oranier – zu Verhandlungen nach Gent einzuladen. Diese Verhandlungen führten dann ohne großen Zeitverlust am 8. November 1576 zu jenem Abschluß, der als »Pazifikation von Gent« in die niederländische und europäische Geschichte eingegangen ist. Es war auf jeden Fall ein Ansatz, die alte burgundisch-habsburgische Einheit wiederherzustellen – ein Ansatz, der insbesondere vom Süden und dem dort gehegten Wunsch getragen wurde, Ruhe ins Land zu bringen. Das Augenmerk soll hier freilich vorwiegend der Tragfähigkeit der Vertragsbestimmungen gelten. Da wurde zunächst und vor allem eine allgemeine Amnestie verkündet und zugleich der Abzug der spanischen Truppen aus dem Land verordnet. Es wurde nicht erörtert, mit welchen Mitteln solche Maßnahmen durchgeführt werden sollten. Sowohl die allgemeine Amnestie als auch die Forderung nach Abzug der Truppen waren der gemeinsame Nenner, auf den sich beide Parteien am raschesten einigen konnten, weil beide Furcht vor und Haß auf die Spanier gemeinsam hatten, wenngleich es im Süden noch hohe Geistliche und hohe Beamte im Dienst des Königs gab, die insgeheim auf eine militärische Intervention aus Madrid hofften. Daß darüber hinaus die Ketzerverordnungen aufgehoben und die Privilegien wieder verliehen werden sollten, fiel ebenfalls unter die Rubrik der Ablehnung alles Spanischen. Wiederherstellung der Ordnung und der Ruhe zwang dazu, Lösungen zu suchen, die frei vom Druck landfremder Herrscher zu finden waren. Sie implizierte darüber hinaus ein Stück Neuordnung. Dadurch, daß die »Pazifikation« abgeschlossen wurde, realisierte sich das Selbstbestimmungsrecht der Generalstände. Die Bestimmung, daß alle anstehenden politischen Fragen einschließlich der Religionsfrage bei den Generalständen besprochen und von ihnen gelöst werden sollten, bestätigte deren autonomen Charakter, was jedoch nicht ganz neu gewesen ist, wenn man sich den zweiten Forderungskatalog des Adelsverbundes für die Generalstatthalter von Ende Juli 1566 anschaut. Die Generalstände definierten sich als eine freie Versammlung von provinzialständischen Vertretern. Es war selbstverständlich, daß sich Holland und Seeland in solchen Definitionen wiederfanden, aber es war angesichts der Mehrheitsverhältnisse ebenso verständlich, daß sie Mehrheitsentscheidungen ablehnten. Zur Selbstbestimmung der Generalstände trat eine – zumindest vorläufige – Anerkennung des Aufstandes, insofern der Prinz in seiner Stellung als Statthalter und Generaladmiral in den aufständischen Provinzen bestätigt wurde. Mehr noch: Indem Artikel 7 den noch auf spanischer Seite verbliebenen Städten, zu denen Amsterdam zählte, eine Übergangsregelung vorschlug, sollte die »Pazifikation« für ein gewisses Maß an politischer Einheit innerhalb der Provinzen sorgen. Daß schließlich auch Utrecht unter die Satisfaktionspflicht fiel, war zunächst umstritten, doch die Auflage wurde im Oktober 1577 konkretisiert. Was hier im November 1576 geschaffen wurde, trug den Stempel der Versöhnung. Die Übereinkunft »Pazifikation« zu nennen, hatte seine Berechtigung. Die Möglichkeit dieser Versöhnung lag im Zustand des seit zehn Jahren von Krieg, Kleinkrieg und Inquisition heimgesuchten Landes und in dem fast allen Bewohnern gemeinsamen Haß gegen die Spanier.

Rein äußerlich bestand die Tendenz zu einer Wiederherstellung der alten burgundisch-habsburgischen Gesamtheit, da der Vertragstext allen bis zum November noch nicht angeschlossenen Territorien die Möglichkeit des Anschlusses eröffnete. Diesem Ziel diente auch die vorgesehene Satisfaktion der noch auf spanischer Seite verbliebenen Städte der aufständischen Provinzen. Mehr als die Erwartung, daß die Städte dieser Aufforderung folgen würden, lag jedoch nicht vor, wenngleich sie selbst die Bedingungen des Übergangs bestimmen durften. Die anderen Territorien in den nördlichen Niederlanden pflegten ein eher grundsätzliches Unbehagen gegenüber der Zentrale in Brüssel, obwohl diese nicht von Generalstatthalter oder Staatsrat, sondern von den Generalständen repräsentiert wurde. Friesland, Groningen, Overijssel und Geldern etwa hatten sich bei ihrer Unterwerfung unter Karl V. bestimmte Garantien gegen allzu starke Einmischung der Brüsseler Regierung und allzu hohe finanzielle Belastung ausbedungen. Der Versuch Brüssels, dennoch mehr zu erreichen, als ursprünglich vereinbart, war immer neu auf Widerstand gestoßen. Da diese Territorien nicht einmal in den Brüsseler Generalständen vertreten waren, hatte sich der Landesherr unmittelbar an sie zu wenden. In der Aufstands- und Kriegsphase waren Alvas Truppen in diesen Provinzen stationiert worden, mit allen daraus sich ergebenden Konsequenzen. Gleichwohl traten diese Territorien der Genter Vereinbarung schließlich bei, weil in breiten Kreisen der Bevölkerung die Aussicht auf Frieden auch Befreiung von der finanziellen Belastung implizierte, was nicht fortnahm, daß der Argwohn gegenüber Brüssel erhalten blieb.

Besondere Schwierigkeiten machte der Übergang des Territoriums Utrecht. Das lag nicht nur an der Katholizität, sondern auch an der Undeutlichkeit der Genter Pazifikationsakte. Denn während der Oranier in seinem Amt als Statthalter von Holland, Seeland und Utrecht bestätigt wurde, sprach die Satisfaktionsbestimmung in Artikel 7 nur von »Städten und Orten, die unter das Amt fielen«. Diese Bestimmung diente dazu, die Einheit der Provinzen Holland und Seeland herzustellen, indem man den noch nicht auf der Seite des Aufstandes stehenden Städten anbot, den Übergang vertraglich mit etwaigen Sonderregelungen festzulegen. Es bedurfte schon einer etwas groberen Definitionskunst, darunter das ganze Territorium Utrecht verstehen zu wollen. Da mußte erst einiges geschehen, um die Verletzlichkeit des Territoriums zu demonstrieren und zu einem Ergebnis zu gelangen. Erst der im Kampf gegen die meuternde spanische Garnison entstehende hohe Geldbedarf, der nicht von den Generalständen in Brüssel, sondern von der Provinz Holland gedeckt wurde, was der anfänglich desinteressierte Oranier als Pressionsmittel benutzte, sodann der Schlag des neuen Generalstatthalters Don Juan d'Austria gegen Namur und schließlich der Druck der Gildenhauptleute auf die Utrechter Stände haben den Abschluß der Satisfaktion bewirkt. Dies geschah dann im Oktober 1577, allerdings unter Bedingungen, die kaum das Wort von einer Gemeinsamkeit der drei

1. Hafendrehkran mit Tretradantrieb im Zentrum von Brügge. Miniatur des flämischen Buchmalers Simon Bening, um 1540, in dem Fragment eines Stundenbuches. München, Bayerische Staatsbibliothek

2/3 a. Parzelliertes Weideland vor Enkhuizen. Gemälde eines Unbekannten, um 1600. Enkhuizen, Rat der Stadt. – b. Hanseatischer Dreimaster mit Beiboot. Markt-frontrelief vom Gildehaus der Flandern-Fahrer von Hameln, bald nach 1500. Bre-

merhaven, Deutsches Schiffahrtsmuseum. – c. Ankunft einer überseeischen Zuk-
kerladung im Hafen von Antwerpen im Jahr 1508. Gemälde von Piet Verhaert,
1508. Antwerpen, Rathaus

4. Huldigung Philipps des Schönen von Burgund und sein Schwur auf die »Blyde Inkomst« von Brabant im Jahr 1494. Woll- und Seidenteppich, um 1515. Amsterdam, Rijksmuseum

5a und b. Damen und Herren des burgundischen Hofes. Bronzestatuetten aus einer brabantischen Werkstatt vom Mausoleum der Isabella von Bourbon, 1476. Amsterdam, Rijksmuseum

6. Geselligkeit im Rathaus vermutlich zu Brügge. Miniatur des flämischen Buchmalers Simon Bening, um 1540, in dem Fragment eines Stundenbuches. München,
Bayerische Staatsbibliothek

7. Eggen, Pflügen und Aussaat. Miniatur des flämischen Buchmalers Simon Bening, um 1540, in dem Fragment eines Stundenbuches. München, Bayerische
Staatsbibliothek

8. Sitzung des Großen Rates von Mecheln am 4. Juli 1474. Gemälde von Jan
Coessaet. Mecheln, Stadsarchief

9 a. Philipp der Gute von Burgund mit seinem Sohn, dem späteren Karl dem Kühnen, bei der Entgegennahme der Chronik aus den Händen des Übersetzers Jean
Wauquelin. Miniatur von Rogier van der Weyden in den »Chroniques Hainault«
von Jacques de Guise, um 1448. Brüssel, Bibliothèque Royale. – b. Madonna mit
dem Stifter des Bildes Georg van der Paele, dem Kanonikus von St. Donatian in
Brügge. Gemälde von Jan van Eyck, 1436. Brügge, Museum voor Schone Kunsten

10. Das Rathaus am Grote Markt zu Brüssel, der 1402 begonnene Neubau von Jacob van Thienen, Jan van Ruysbroeck und anderen

11. Kamin im Schöffensaal des Justizpalastes zu Brügge mit Karl V. als Grafen von Flandern beim Eidschwur. Hauptwerk von Lancelot Blondeel, zwischen 1528 und 1533

12. Allegorie auf das Liebesleben. Gemälde des Frankfurter Meisters, 1493. Antwerpen, Koninklijk Museum voor Schone Kunsten

13 a. Festmahl beim Antwerpener Bürgermeister Arent van Liere. Gemälde eines flämischen Meisters, 1523, eine ins Profane übertragene Komposition des »Letzten Abendmahls«. Utrecht, Centraal Museum. – b. Lockere Gesellschaft. Gemälde vermutlich von Jan Sanders van Hemessen, um 1540. Berlin, Staatliche Museen Preußischer Kulturbesitz, Gemäldegalerie

14 a. Die beiden Kartographen Gerardus Mercator und Jodocus Hondius. Kupferstich in deren Atlas von 1612. Nürnberg, Germanisches Nationalmuseum. – b. Die
um die Wende zum 16. Jahrhundert berühmte Druckerei Plantijn in Antwerpen.
Museum Plantijn-Moretus

gus oratorum facit. Nam ij, sicuti nostis
cum orationem totis triginta annis ela
boratam, nónunc̄ꝫ & alienā proferunt,
tamen triduo sibi quasi per lusum scri
ptam, aut etiam dictatam esse deierãt.
Mihi porro semper gratissimũ fuit, ὅτι
ἂμ ἐπὶ γλῶτlαμ ἔλθοι dicere. At ne quis iam
a nobis expectet, ut iuxta uulgariũ isto
rum Rhetorum cōsuetudinẽ, meipsam
finitióe explicem, porro ut diuidã, mul
to minus. Nam utrũꝙ ominis est inau
spicati, uel fine circũscribere eã, cuius nu
men tam late pateat, uel secare, in cuius
cultum, omne rerum genus ita consenti
at. Tametsi quorsum tãdem attinet mei
uelut umbram atꝙ imaginem finitione
repræsentare, cum ipsam me coram præ
sentes præsentẽ oculis intueamini? Sũ
etenim uti uidetis, uera illa largitrix ἐάωρ
Quam Latini Stulticiã, Græci μωρίαμ ap
pellãt. Quãꝙ quid uel hoc opus erat di
cere, quasi nó ipso ex uultu fronteꝙ (ꝙð
aiunt) satis quæ sim præ me feram, aut quasi siquis me Mi
neruam, aut Sophiã esse contendat, non statim solo possit
obtutu coargui, etiam si nulla accedat oratio minime men
dax, animi speculum. Nullus apud me fucis locus, nec aliud
fróte simulo, aliud in pectore premo. Sumꝙ mei undiꝙ si
millima, adeo ut nec ij me dissimulare possint, qui maxime
Sapientiæ personã ac titulũ sibi uendicant, καὶ ἐρ τῇ πορφύρᾳ
πίϑηκοι, Ͼ ὦν τῇ λεοντῇ ὄνοι obambulant. Quamuis autem sedu

& somni iacturam.)
Quia uigilant, ad lu
cernam. ὅτι ἂμ ἐπὶ
γλῶτlαμ ἔλθοι) .i. quic
quid in linguam uene
rit. Prouerbiũ est sum
ptum ex Aeschylo tra
gico poeta, citante Pla
tone. Porro ut diui
dam) Alludit ad diale
cticos, quibus mos est
primũ definire, quod
aggrediuntur. Largi
trix ἐάωρ) .i. bonorũ.
Allusit huc quod Ho
merus subinde uocat
deos δωτῆρας ἐάωρ. i.
largitores bonorum.
Fróteꝙ, quod aiũt.)
Relucet enim in uultu
quoꝙ stulticia aut sapi
entia hominis. Mini
me mẽdax) Ex sermo
ne enim potissimũ col
ligitur animus homi
nis. Ͼ ἐν τῇ πορφύρᾳ
πίϑηκοι ᴋ ὦν τῇ λεοντῇ
ὄνοι obambulãt) .i. Et
in purpura simiæ, & in
leonina asini, nã simiæ
uulgo habentur in de
litijs,

lo fingat.

15. Der zerstreute Gelehrte auf Freiersfüßen. Seite in einem 1515 von Hans Hol-
bein d. J. mit Federzeichnungen illustrierten Exemplar der 1514 in Basel erschienenen Ausgabe der satirischen Schrift »Lob der Torheit« des Erasmus von Rotterdam.
Basel, Öffentliche Kunstsammlung, Kupferstichkabinett

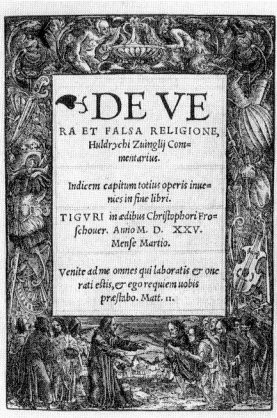

16 a. Jan Bocholt, der König der Wiedertäufer in Münster, mit den Insignien seiner Würde. Flugblatt mit dessen Lebensbeschreibung in holländischer Sprache unter Verwendung eines Stiches von Christoph van Sichem, 1605. Düsseldorf, Kunstantiquariat C. G. Boerner. – b. Zwinglis Kommentar zum christlichen Lehrsystem. Titelblatt der 1525 in Zürich erschienenen Streitschrift. Zürich, Zentralbibliothek. – c. Calvins maßgebendes Werk über die reformierte Glaubenslehre. Titelblatt der letzten, 1559 in Genf erschienenen Fassung. Genf, Bibliothèque Publique et Universitaire

Territorien Holland, Seeland, Utrecht erlaubten. Hier galt der Oranier nicht als der Erlöser wie zu dieser Zeit etwa in Brabant oder Flandern. Zwar wurden die Ketzerverordnungen aufgehoben, aber das offizielle Bekenntnis blieb katholisch. Der Magistrat der Stadt Utrecht trug das Seine zur Abwehr allzu großen oranischen Einflusses bei. Er setzte fest, daß der Prinz den neuen vierzigköpfigen Magistrat nur aus den vierzig »sitzenden« Personen, weiteren vierzig von der Stadt zu benennenden und zwanzig vom ihm selbst vorzuschlagenden Kandidaten zu wählen hatte.

Aufgrund der ungünstigen äußeren Voraussetzungen, vor allem aber der Bestimmungen der Pazifikationsakte selbst, blieb der Schritt von der Gesamtheit zur Einheit ungetan, denn die vorläufige Anerkennung des Status quo enthielt die Anerkennung der Teilung. Auch nach Abschaffung der Ketzerverordnungen war die Regionalisierung der Bekenntnisse nie dazu angetan, ein einigendes Band herzustellen, was durch das neue Selbstbewußtsein der Generalstände noch möglich gewesen wäre. Jedenfalls entsprach die »Pazifikation von Gent« kaum den Vorstellungen des Oraniers, der gern alle siebzehn Territorien in Aufstand gesehen hätte. Aufstand als Mechanismus einer wirklichen Einigung, als Impuls einer neuen Staatsbildung – das war kein so abwegiger Gedanke. Es hätte mehr daraus werden können, als es die burgundisch-habsburgische Gesamtheit je war. Aufstand und Bekenntnisfreiheit hieß jedoch Krieg, aber für den Augenblick hatte die Bevölkerung genug vom Krieg. Eine andere Möglichkeit bot die Praktizierung von Toleranz. Erasmus von Rotterdam war schon lange tot, und jenes Jahr 1576 vermittelt nicht den Eindruck, als ob Erasmus rezipiert worden sei. Im Grunde hatte der Oranier selbst in seiner großen Silvesteransprache im Staatsrat 1564 den Weg vorgezeichnet, den zu beschreiten im Jahr 1576 keiner in überzeugender Weise imstande war. Dem Prinzen war es unannehmbar erschienen, daß Fürsten das Gewissen ihrer Untertanen beherrschten und ihnen die Freiheit des Glaubens nehmen wollten. Aber nach 1564 hatten sich die Fronten erheblich verhärtet. Zuviel war geschehen, Intoleranz täglich demonstriert worden. Es zeigte sich rasch, daß auf beiden Seiten die Entscheidung für ein Bekenntnis nicht eine persönliche, sondern eine fremdbestimmte, eine Entscheidung der herrschenden politischen Macht war. Letztlich enthielt die Pazifikationsakte eine ins Niederländische übertragene »Cujus regio, eius religio«. Intoleranz war keine katholische Domäne. Sie wurde auch auf calvinistischer Seite mit der gleichen Ausschließlichkeitstendenz gepflegt, und zwar nicht nur gegenüber den Katholiken der unter der Herrschaft der Aufständischen stehenden Regionen, sondern auch gegenüber Strömungen anderer protestantischer Observanz. Es war bezeichnend, daß der Oranier 1577 scharfe Kritik an seinem Freund Marnix von St. Aldegonde führte, der in Middelburg die Täufer verfolgen wollte. Dies hieße doch, daß man im nachhinein die Ketzerverfolgungen der Papisten billige. Obwohl den Katholiken zur Zeit der Pazifikation das Instrument praktizierter Intoleranz, die Ketzerverfolgung und Inquisition, genommen war und sie sich in die Defensive gedrängt fühlten, waren sie weit davon entfernt, neben der eigenen Religion eine andere als vollwertig anzuerkennen. Für sie wie für die Calvinisten zählte die unmittelbare Gegenwart. Sie zogen noch keinen Wechsel auf die Zukunft, wie jener Mönch, den der Oranier in seiner Auseinandersetzung mit Marnix zitierte. Bei diesem Mönch hieß es, daß noch vor Ablauf von einigen hundert Jahren die Kirchen beider Seiten gleichwertig nebeneinander bestehen würden.

Bei aller Intransigenz der Konfessionen hatte es einen Augenblick lang den Anschein, als ob der Weg von der Gesamtheit zu einer verstärkten Einheit erfolgreich beschritten werden könnte. Solche Möglichkeit aus Fehlverhalten schuf der Nachfolger des Don Luis Requesens im Generalstatthalteramt, Don Juan d'Austria, der in einer staatsstreichähnlichen Aktivität versuchte, das Rad der Entwicklung im katholisch-absolutistischen Sinne zurückzudrehen. Er brachte die Stände enger zusammen, weil sie einen neuerlichen Angriff auf ihre Positionen befürchten mußten. Der neue Generalstatthalter schloß mit den Generalständen am 12. Februar 1577 das »Ewige Edikt« und unterzeichnete die »Genter Pazifikation«. Die spanischen Truppen verließen das Land, und die Generalstände wollten das eigene Heer auflösen, dem König und der katholischen Kirche Treue schwören. Das allein war für Holland und Seeland Grund genug, sich zurückzuziehen, nicht ohne Empörung. Sie wurden in ihrer Abwehrhaltung bestätigt, als Don Juan strenge Maßnahmen gegen Andersgläubige ergriff, die sich wieder zahlreich manifestierten. Die Maßnahmen wurden aufgrund von Artikel 4 der Pazifikationsordnung – »Störung der öffentlichen Ordnung aus Glaubensgründen« – getroffen. Gleichwohl, der Generalstatthalter bekam nie recht einen Fuß auf den Boden, fühlte sich bald isoliert, nahm am 24. Juli 1577 die Festung Namur in Besitz und forderte in Spanien neue Truppen an. Damit war praktisch der Krieg erneut ausgebrochen.

Im Herbst 1577 setzte abermals eine Radikalisierung der politisch-religiösen Verhältnisse ein, nicht zuletzt als Folge der Politik des Don Juan d'Austria. Jetzt schien sich für den Oranier die Hoffnung zu erfüllen, den Aufstand in die südlichen Territorien hineintragen zu können. Die Prinzenpartei in Brüssel ergriff die Gelegenheit, ihren Wunsch vom Vorjahr, den Prinzen zum »Protecteur« der Niederlande in die Stadt zu holen, zu realisieren. Die Generalstände stimmten zu, nachdem Holland und Seeland ihnen schon im August wieder beigetreten waren. Am 23. September 1577 hielt der Oranier einen triumphalen Einzug in Brüssel. Die Absicht seiner Partei war es, ihn zum Gouverneur der Provinz Brabant zu machen. Die Gilden von St. Géry sprachen sogar davon, daß man einen »Ruwaert« anstellen müsse, der in der Lage sei, einen Krieg zu führen. Dieses Amt kam der Funktion eines »Protecteur« sehr nahe, stammte aus einem brabantischen Privileg von 1421 und konnte von den Ständen besetzt werden, falls der »Landesherr oder künftig seine Nachkommen die Rechte der Stände verletzten«. Ein »Ruwaert« führte nicht für den Landesherrn, sondern unabhängig von diesem und mit dessen Machtvollkommenheit die Regierungsgeschäfte. Es war ein Amt des Widerstandes. Deshalb ist es nicht verwunderlich, daß der Burgunder Philipp der Gute später einen Brüsseler Aufstand zum Anlaß genommen hat, dieses Privileg zu löschen. Selbst die Anstellung als Gouverneur war ein Akt der Neuordnung, denn bis dahin waren das Amt des Brabanter Statthalters und das des Generalstatthalters der gesamten Niederlande immer in Personalunion verbunden. Verständlich, daß die Generalstände zögerten und die Wahl des Prinzen nur »vorläufig«, bis zur Anstellung eines neuen Generalstatthalters, anerkennen wollten. Das lief höchstens auf einen halben Erfolg, wenn nicht gar auf eine politische Niederlage der Oranienpartei hinaus, da ihr Ansatz die Auflösung der Personalunion war.

Verglichen mit den Brabanter Ereignissen, die deutliche Zeichen der Polarisierung zeigten, entwickelten sich die Antagonismen in der Grafschaft Flandern merklich stärker. Was in Brüssel lange Tradition hatte, das konnte auch in Gent auf eine farbenreiche Vergangenheit zurückblicken. Aufmüpfigkeit gegen Landesherren oder interne städtische Zwistigkeiten waren hier seit eh und je kennzeichnend. Die Opposition, die die Wahl des Prinzen zum Gouverneur von Brabant allgemein in Kreisen des hohen Adels ausgelöst hatte, erfuhr in einer Versammlung der »vier leden van Vlaanderen« – Gent, Brügge, Ypern und das Freie – eine weitere Verstärkung, als sich unter dem Vorsitz des Herzogs von Aerschot, zu jener Zeit Statthalter von Flandern, beide Gruppen bei den Ständen in aller Schärfe gegen die Ernennung des Prinzen wandten. Im Grunde war das nicht die Angelegenheit dieser Grafschaft, aber nach diesem Protest drohte sich das Brüsseler Beispiel zu wiederholen, nun getragen von der Genter Prinzenpartei unter Führung des Schöffen Hembyze. Als sich Aerschot weigerte, die von der Prinzenpartei über den Genter Magistrat bei Staatsrat und Generalständen beantragte und auch zugewiesene Wiederherstellung der unter Karl V. abgeschafften Privilegien durchzuführen, brach unmittelbar darauf in Gent ein Aufstand aus, der zur Verhaftung und Absetzung des Statthalters Aerschot sowie mehrerer Adliger aus seiner nächsten Umgebung führte. Der Herzog hatte sehr wohl erkannt, daß eine Restitution zur Stärkung der Genter Gilden und damit zur Stärkung der Prinzenpartei führen mußte. Laut der Rechtfertigungsschrift der Stadtregierung lag der tiefere Grund dieser Aktion weniger in der Restitution der Privilegien als vielmehr in dem Widerstand Aerschots und des Klerus gegen eine Machterweiterung des Prinzen. Tatsächlich waren mit der Abdrängung des flandrischen Adels die Weichen für prinzliche Machtexpansion gestellt.

Eine andere Frage war es, ob der Oranier die Stellung eines Statthalters oder Gouverneurs überhaupt übernehmen wollte. Er wollte nicht, denn er, in seiner ganzen politischen Zielsetzung ein Mann der Pazifikation und nicht der Calvinisten allein, sah durchaus, daß eine Übernahme des Amtes etwa auf der Grundlage calvinistischer Vorstellungen in Gent die ohnehin schwache Struktur des Pazifikationsvorhabens gänzlich auseinanderfallen lassen mußte. Denn die Prinzenpartei unterließ nichts, was nicht schlicht als Verstoß gegen die Regelung der Bekenntnisse gewertet werden konnte. In Flandern, besonders in Gent, erlaubten sich die Calvinisten dreiste Übergriffe gegen die Katholiken. Für den Unions-Mann Wilhelm von Oranien lag die Lösung nicht in der Übernahme des Amtes, sondern in dem Vorschlag, einen Religionsfrieden gleichsam in logischer Fortentwicklung der »Genter Pazifikation« zu beschließen, zumal ab 1578 auch in anderen Territorien calvinistischer Aufruhr die innenpolitische Szene bestimmte. Doch der Prinz stieß nicht bloß auf den Widerstand der südlichen Provinzen Artois und Hennegau, sondern auch auf die Ablehnung von Utrecht und Geldern, da er unter bestimmten Voraussetzungen den Katholiken in Holland und Seeland freie Gottesdienstausübung gestatten wollte, wenn dies den Calvinisten in den anderen Provinzen erlaubt wurde. Mit Recht beriefen sich die katholischen Territorien auf die Genter Akte, die für diese Regionen allein die Ausübung der katholischen Religion gestattete. Außerdem war es konsequent, wenn sich der Prinz gegenüber dem flandrischen Angebot einer Statthalterschaft zurückhaltend verhielt, da er sonst den Anschein eines Parteigängers der Genter Calvinisten erwecken mußte – für einen Mann der Union ein unzuträglicher Ausgangspunkt fruchtbaren Handelns. Sein Zögern erwies sich bald als kluges Verhalten, denn die calvinistische Radikalisierung nahm unter dem Schöffen Hembyze eine ausgemacht partikularistische Tendenz an, die nicht zuletzt gegen den Oranier und dessen Unionsinteresse gerichtet war, abgesehen davon, daß das von Hembyze in Gent konsequent vertretene Prinzip der Volkssouveränität auch andere verstörte, die auf der Seite des Aufstandes waren. Daß der Prinz im Dezember 1577 schon in seiner Eigenschaft als »Lieutenant generaal aller Nederlanden«, als Stellvertreter des Erzherzogs Matthias, einen triumphalen Einzug in Gent hielt, war für die Unionsanhänger kein Anlaß zur Begeisterung, wie sie der gerade aus der englischen Verbannung zurückgekehrte Lucas de Heere ausmalte, als er die »Pazifikation von Gent« in einer Frauengestalt symbolisierte, die Katholizismus und Protestantismus gleichermaßen pflegte, gebunden durch eine siebzehngliedrige Kette, deren jedes einzelne Glied eines der siebzehn Territorien darstellen sollte. Von diesem Zustand war man weit entfernt; man hat ihn nie erreicht.

Wie sehr die Generalstände entschlossen waren, eine autonome Position der Selbstbestimmung einzunehmen, zeigte die Anstellung des Erzherzogs Matthias von Österreich zum neuen Generalstatthalter. Don Juan galt als Persona non grata. Auf den Erzherzog verfiel man, weil er als religiös tolerant bekannt und der Sohn des sich in der »niederländischen Frage« völlig neutral verhaltenden Kaisers Rudolf II. war. Vor allem der niederländische Adel und die gemäßigten Gruppen hatten die Initiative zu seiner Wahl ergriffen. Der Österreicher nahm die Stellung eines Landverwesers wahr und wurde gleich zu Beginn mit Bedingungen konfrontiert, die provinzialständisch bereits die Holländer beispielhaft formuliert hatten. Hinzu kam, daß die Brabanter Stände mit aller Härte auf die Bestallung des Oraniers zum Stellvertreter des Matthias drängten, unter Beibehaltung des Amtes als Gouverneur von Brabant. Dies geschah, und es dauerte nicht lange, bis man Matthias »des Prinzen Kanzleibeamten« nannte. Die Regierungsinstruktion für den Österreicher enthielt folgende Punkte: Übernahme der Exekutive zusammen mit einem Staatsrat, dessen Mitglieder von den Generalständen ernannt wurden; alle Regierungsangelegenheiten unterlagen einer Mehrheitsentscheidung der Mitglieder; Steuern, Kontributionen, Kriegserklärungen und Friedensschlüsse mit anderen Mächten sowie Regierungsverordnungen, die Neuerungen im Staatsgefüge vorsahen, waren von der Zustimmung der Generalstände abhängig; Provinzialgouverneure durfte der Erzherzog nur mit Einwilligung der zuständigen Provinz anstellen, die Generalstände nahmen darüber hinaus das Versammlungsrecht für sich in Anspruch. »Es war eine Art Kapitulationsvertrag, wie ein neugewählter Fürst ihn bei Antritt der Regierung zu beschwören hatte; durch seinen Umfang aber glich er einer Verfassung, wie erst die Neuzeit sie allgemein gekannt hat« (L. Delfos). Diese Regierungsinstruktion war in der Tat ein weiterer Schritt auf dem Weg, den der Bischof von 's-Hertogenbosch, Laurent Metsius, beim Abschluß der »Genter Pazifikation« aufgewiesen hatte: »Pourquoy ne pourrions pas venir, en ces pays, à la liberté de la quelle joyssent les Suysses?« Noch blieb die Souveränität Philipps II. erhalten, aber es war eine Rechtsfiktion, die angesichts solcher Bestimmungen kaum einen Wert hatte. Ein anderer Zeitgenosse, der Spanier Martin del Rio, gab dieser neuen Regierungsform die Bezeichnung »demokratisch«; es war eine Form der Regierung »où la multitude n'a pas moins de pouvoir sur le roi que lui sur elle«. Del Rio sah sehr wohl, daß Matthias' Stellung als Generalstatthalter lediglich formalen Wert hatte und er nicht mehr mit der alten Machtvollkommenheit der früheren Generalstatthalter wirken konnte. Mit Demokratie im aristotelischen Sinne hatte das freilich nichts zu tun, es sei denn, del Rio berücksichtigte die Gilden, die zu dieser Zeit die brabantischen und flandrischen Abgeordneten, die noch Druck zugunsten des Oraniers ausübten, in den Generalständen beeinflußten. Das galt bei weitem nicht für alle Territorien oder Kommunen. Wie es die Holländer seit 1572 übten, ging es den Generalständen gar nicht mehr um Privilegien, sondern um die ganz konkrete Stipulierung eines Herrschaftsvertrages mit Souveränitätstendenz zugunsten des Gremiums. Angesichts des herrschenden Entscheidungsprozesses – nicht Mehrheitsentscheidung, sondern imperatives Mandat – konnte jede Verlagerung der Regierungsgewalt zugunsten der Generalstände auch eine Förderung des territorialen Partikularismus bedeuten. In der Republik der Vereinigten Niederlande sollte sich das voll bemerkbar machen.

Es fällt nicht schwer, die »Genter Pazifikation« als einen bereits im Ansatz chancenlosen Konsolidierungsversuch zu bezeichnen, der keine Gemeinsamkeit, geschweige denn ein Einheitsbewußtsein hergestellt hat, wenngleich das aufgrund einer gemeinsamen Erfahrung spanischer Repression durchaus hätte erwartet werden können. Vor allem ab 1578 zeigte sich, wie rasch sich das Scheingebilde der Pazifikation auf seine realen Grundlagen reduzierte. Es war der toleranzfreie religiöse Antagonismus, der jeden Versuch zur Union untergrub. Schwach entwickelter Sinn für Vertragstreue bei Don Juan auf der einen, wachsende Radikalisierung durch Hembyze auf der anderen Seite schränkten die Lebensfähigkeit der Genter Vereinbarung erheblich ein. Die militärischen Erfolge der Spanier leisteten dazu einen wesentlichen Beitrag. Genannt sei hier der Sieg des Don Juan über das ständische Heer bei Gemblours. Schon 1577 steuerten die südniederländischen, wallonischen Territorien, in denen Adel und Geistlichkeit noch eine starke Stellung hatten, auf einen neuen Schwurverband zu. Hennegau, Artois und Rijssel (Lille), Dowaai (Douai) lehnten weitere Geldmittel für die Generalstände ab. Nur Doornik, eine calvinistische Hochburg, meinte, dem Religionsfrieden des Oraniers zustimmen zu können. Die schon zum Übermaß strapazierte Rechtsfiktion verlor an Boden. Die Loyalität gegenüber dem Landesherrn sollte wieder Realität werden. Karls V. Zeiten wurden beschworen. Sie waren wiederherzustellen, unter bestimmten politischen Bedingungen: Einem adligen Staatsrat, bestehend aus Einheimischen, war echte

Regierungsgewalt zuzuerkennen, die landfremden Truppen waren zurückzuziehen. Im Oktober 1578 sprachen die Stände von Hennegau, Artois und wallonisch Flandern von der Möglichkeit einer königlich-katholischen Liga. Seit dem 1. Dezember fungierten in Bergen (Mons) wallonische Generalstände mit einer eigenen Regierung. Die Niederlande befanden sich so auf dem Weg zur endgültigen Spaltung, als sich die Liga am 6. Januar 1579 zur Union von Atrecht zusammenschloß.

Die Entwicklung im Süden verlief parallel zu den Absichten der nördlichen Regionen. Ausgerechnet von dem extrem calvinistischen »Volkskomitee der XVIII« von Gent ging 1578 der Plan eines engeren Zusammenschlusses (»Nadere Unie«) von Brabant, Flandern, Holland und Seeland aus. Es war das Kerngebiet calvinistischer Führung mit Führungsanspruch. Überlegungen zu einem engeren Zusammenschluß gab es freilich schon früher, jedoch vornehmlich aus militärischen Motiven. Sie gingen von Holland aus, das insbesondere auf Geldern zielte mit seinen vier großen Flüssen, die einen geeigneten Schutz des Westens gegen spanischen Zugriff boten, vor allem, wenn man diese natürliche strategische Linie nach Norden hin, nach Overijssel, Friesland und Groningen, verlängerte. Dazu traten wirtschaftliche Erwägungen. Entlang der friesischen Küste liefen die Fahrtrouten zur Ostsee; über Geldern und Overijssel fand zu Lande und auf den Flüssen der Handelsverkehr mit den deutschen Territorien statt. Andersherum war der Handel der Ostprovinzen stark auf Holland konzentriert. Seit Mai 1578 war Johann von Nassau, Bruder des Oraniers, Statthalter von Geldern, im Sinne eines engeren Zusammenschlusses tätig. Mit ihm, der sicher kein Calvinist der ersten Stunde, aber einer der schärfsten Verfechter dieses Bekenntnisses war, wurde dem Gedanken eines engeren Zusammenschlusses neues Leben eingeblasen. Von ihm kam der Vorschlag, auch Brabant und Flandern in den Unionsverband aufzunehmen. Daß sich der Nassauer an die Spitze stellte, war für das Vorhaben insofern ungünstig, als er eine deutliche, die Position der Calvinisten in katholischer Region fördernde Politik betrieb. Daraus ergab sich in Geldern und in Utrecht sattsam Opposition. Ein wesentlicher Streitpunkt war die Religionsfrage, und wenn die Katholiken hier ihre Befürchtungen äußerten, dann taten sie angesichts der Politik eines Johann von Nassau Recht daran.

Dennoch kam der Zusammenschluß, die Union von Utrecht, zustande. Bis zur feierlichen Verkündigung am 29. Januar 1579 unterzeichneten Johann von Nassau, die Ritterschaft von Geldern und Zutphen, Holland, Seeland, Utrecht und die Groninger Ommelanden. Die Stadt Groningen selbst trat niemals offiziell bei. Für sie mußte Statthalter Rennenberg erst im Mai eine Übereinkunft mit der Union treffen und den Anschluß erklären. Entstanden war eine schwache Koalition: Die Geldersche Ritterschaft überschritt ihre Kompetenzen; in Utrecht gab es keine einhellige Zustimmung; die Ommelanden versprachen sich eine verbesserte Position gegenüber der Stadt Groningen. Gent, ohnehin eine Stadt des radikalen Calvinismus, trat schon am 4. Februar bei. Unter dem Druck der Stadt folgten andere flandrische Regionen und Orte. Aus Brabant schlossen sich Antwerpen, Breda und Lier an. Der Oranier selbst, jener Politiker, der sein Streben stärker in Richtung Gesamtunion richtete, unterzeichnete nicht, obwohl er sich den Bemühungen seines Bruders nicht entgegengestellt hatte. Es war deutlich, daß die sichtbare Radikalität der Calvinisten ein Vorhaben zur größeren Union rasch unterlaufen würde. Nachdem ein neuerlicher Versuch, diesmal Antwerpens, die Gesamtheit in einer Einheitsfront gegen die Spanier zusammenzubringen gescheitert war, stimmte der Oranier der Unionsakte von Utrecht zu. Aber auch damit war die Religionsfrage nicht gelöst. Da stand zwar zu lesen, daß sich die Partner entsprechend den Bestimmungen des Religionsfriedens verhalten sollten, doch Holland und Seeland stipulierten für sich ausdrücklich eine eigene Politik, und es war den anderen überlassen, eine Religionspolitik nach eigenem Ermessen durchzuführen, »wie es Ruhe und Ordnung vorschrieben«, vorausgesetzt, daß die Gewissensfreiheit erhalten blieb. Im Klartext hieß dies: Keine Religionsfreiheit für die Katholiken in Holland und Seeland, aber Religionsfreiheit für die Protestanten in den anderen Partner-Territorien und -Kommunen.

Ein Blick auf die nur skizzenhaft geschilderte Entstehungsgeschichte der Utrechter Union wird Entschiedenheit und Zögerlichkeit gleichermaßen als wesentliche Kennzeichen festzuhalten haben. Wenngleich diese Union ihre abschließende Form als die Basis der »Vereinigten sieben Provinzen« erst im Laufe der achtziger Jahre erhielt, als die militärischen Wechselfälle die Trennung in Nord- und Südniederlande endgültig herstellten, war die Unionsakte die eigentliche Geburtsurkunde und das Grundgesetz der niederländischen Republik. Sie entstand aus dem untauglichen Versuch, über die »Pazifikation von Gent« eine antispanische Gemeinsamkeit zu schaffen. Das war nicht erreichbar, weil sie die enge Verzahnung von Politik und Religion übersah und die religiöse Unbedingtheit unterschätzte. Hier standen sich Extreme gegenüber, die eine Politik der versöhnenden Mitte chancenlos ließen. In dieser Mitte stand der Oranier als eine einigermaßen einsame Figur, obwohl er ein hohes Maß an politischem Einfluß besaß und ihm politische Macht angetragen wurde. Es mußte fraglich erscheinen, ob der südniederländische Adel, jene politische Elite, die immerhin an der Gestaltung einer mittleren Linie mitzuarbeiten gedachte, mental in der

Lage war, eine auf Neuordnung getrimmte Entwicklung durchzuhalten, wie sie in der »Genter Pazifikation« bereits festgeschrieben wurde. Die ausgeprägte Katholizität des Hochadels war die eine Seite, die andere war die am höfisch-monarchischen Leben ausgerichtete Sozialisation, die zwar die Landsässigkeit in politische Mitbestimmung umgesetzt sehen wollte, für weiterreichende Reformen jedoch nicht den rechten Sinn entwickeln konnte. Die aufgeregten Unternehmungen des Hembyze in Gent, die auf einer breiten Volksbasis abliefen, wurden als bedrohliche Anarchie perzipiert. Die Aggressivität der Calvinisten schuf soziale und religiöse Ängste, nicht nur beim katholischen Klerus, sondern auch – über Adel und Klerus hinaus – beim katholischen Bürger. So endete das Modell Gent in der Trennung in Nord- und Südniederlande, in Monarchie und Republik.

Die Partner der Union von Utrecht waren es, die dem spanischen König als Landesherrn 1581 abschworen. Sie vollzogen, für alle Welt sichtbar, einen wahrlich revolutionären Akt, dessen theoretische Begründung sie ganz wesentlich aus der »Vindiciae contra tyrannos« bezogen, die ihren Vorlauf in der bis dahin geübten politischen Praxis hatte. Damit war die Republik noch nicht proklamiert, zumal in jenen Monaten die Verhandlungen mit dem französischen Herzog von Anjou zur Übernahme der Landesherrschaft andauerten, aber die Entscheidung über Staats- und Regierungsform war voll in die Hände der Stände gelegt. Der Tod des Oraniers – er wurde 1584 von dem katholischen Fanatiker Balthazar Gérard in Delft erschossen –, förderte die Entscheidung für eine Republik, die schon zuvor in der Flugschriftenliteratur erörtert worden war. Mit dem Mord in Delft war insofern eine Hemmschwelle überwunden, als nunmehr auch die moralische Verpflichtung gegenüber diesem mit allen Mitteln um den Erfolg des Aufstandes bemühten Vertreter des niederländischen Hochadels entfiel und der Versuch, einem anderen die Landesherrschaft zu übertragen, mit der Besetzung Antwerpens durch Anjou 1583 fehlgeschlagen war und zu herben Enttäuschungen geführt hatte.

Diese Union enthielt alle Merkmale einer Defensiv-Allianz, und militärische Überlegungen standen am Anfang des Gedankens vom Zusammenschluß. Gleichwohl war die Union mehr als nur ein Interessenverband auf Zeit, der bei Fortfall der spanischen Bedrohung wieder auseinanderging. In den Artikeln I, II und III präsentierte sich die Union als ein unauflösbarer Schwurverband mit gegenseitiger Beistandspflicht im Falle der Bedrohung aus Spanien wie überhaupt bei Intervention von außen. Hier lag der Schwerpunkt auf der Einheit mit allen finanziellen und militärischen Folgen, die sich aus der Kriegführung ergaben. Die aus Defensive geborene Einheit ging aber nicht einfach über das Einzelinteresse der Provinzen hinweg. Für den Abschluß von Waffenstillstand oder für Friedensschlüsse und Kriegserklärung war ebenso Einstimmigkeit der Partner erforderlich wie für Steuern oder andere finanzielle Beiträge; alle anderen Angelegenheiten der Allgemeinheit waren mehrheitlich zu entscheiden. Bei Unstimmigkeiten traten die Statthalter der Provinzen oder ein von ihnen zu bestellender Ausschuß als Schlichtungsinstanz auf. Abgesehen von dem neuen Aufgabenbereich der Statthalter, der in der Blütezeit der Republik im übrigen heftig umstritten war, äußerte sich in solchen Regelungen über Einstimmigkeit, Mehrheitsentscheidung und Schlichtungsinstanz deutlich die weitgehende Wahrung der provinziellen Autonomie. Sie blieb auch in den stark vom Unionsgedanken durchzogenen Artikeln I bis III erhalten, denn dort stand zu lesen, daß der Zusammenschluß unbeschadet der Privilegien, Rechte und Gewohnheiten der Partner erfolgen sollte. So empfiehlt es sich, eher von Einheitlichkeit als von Einheit zu sprechen. Auf jeden Fall bot die Formulierung Spielraum für föderalistische Deutung. Schon beim Abschluß der Union bewies das die seeländische Stadt Goes, die darauf bestand, daß die für sie im Zuge der Satisfaktionsverhandlungen 1577 stipulierten Bedingungen als Sonderrecht akzeptiert wurden. Hier ging es nicht einmal um die Provinz insgesamt, sondern um eine Stadt innerhalb der Provinz. Immerhin scheint der Oranier die Haltung der Stadt anerkannt zu haben, denn er trat 1583 mit dem Magistrat in Verhandlungen über die Einquartierung von Truppen. Abgesehen davon, daß eines der Grundmotive des Aufstandes, der Religionskampf, im föderalen Sinne gelöst wurde, insofern die Regelung der Bekenntnisfrage bei den Provinzen verblieb, lief die politische Praxis entweder auf Nichterfüllung oder auf Abänderung der Unionsbestimmungen hinaus. So sah Artikel VIII die Einführung einer Bürgermiliz vor. Sie wurde nie gebildet, weil die Provinz Holland mit ihrer reichen Kaufmannschaft mehr auf bezahlte Söldner als auf eine bewaffnete Bürgermiliz setzte – aus einsichtigen Gründen. Die in Artikel V vorgesehene einheitliche Akzise für alle Provinzen wurde bereits 1583 in das altvertraute Quotensystem umgewandelt: Jede Provinz wandte ihr überkommenes Steuersystem an und zahlte jährlich eine feste Quote in die Kasse der Gesamtheit. 1616 belief sich die Quote der Holländer auf 58 Prozent. Solche Umwandlung war angesichts der höchst unterschiedlichen Wirtschafts- und Finanzkraft – Holland befand sich an einsamer Spitze – durchaus verständlich.

Es gibt für die folgenden Jahrzehnte der Republik eine hohe Vielzahl von Beispielen, die den Konflikt zwischen Einheitlichkeit und provinzialem oder lokalem Anspruch deutlich machen. Wenngleich die »Eintracht« in der Betonung eines »ewigen« Schwurverbandes die ursprüngliche Forderung war und sprachlich in der Form von Hauptsätzen in den Vordergrund rückte, war die Wahrung des provinziellen Privilegs das völlig gleichberechtigte weitere Ziel. Den Kampf gegen Spanien führte man gerade um diese Privilegien. Hier entwickelte sich bald ein Spannungsverhältnis, das in der Akte selbst vorformuliert war, der Mentalität und damit den staatsrechtlichen Vorstellungen der Zeit entsprechend. Bis hin zum Unionsvertrag konnte niemand erwarten, daß die in rund anderthalb Jahrhunderten gewachsene Territorialität oder Provinzialität, die eine auf Einheitlichkeit gerichtete Sichtweise burgundisch-habsburgischer Landesherren ebenfalls nicht grundlegend zu beseitigen vermocht hatte, einem prinzipiellen Wandel unterworfen wurde – auch dann nicht, wenn man die spanische Gefahr als eine gemeinsame empfand. Anders gewendet: Die Unmittelbarkeit der spanischen Bedrohung eignete sich für Ad-hoc-Zusammenschlüsse, verleitete die Akteure aber nicht zum Wandel eines traditionellen Bewußtseins. Die Autoren der Unionsakte haben das sehr wohl begriffen und Schiedsgerichts- und Schlichtungsinstanzen vorgesehen, die im Laufe der republikanischen Jahrzehnte reichlich genutzt wurden, wobei die Statthalterschaft auf dem Höhepunkt der republikanischen Macht in ihrer Rechtlichkeit angezweifelt wurde. Die Lösung von Konflikten erfolgte nicht immer über Vermittlungsinstanzen, und wenn dies geschah, dann waren endlose Überlegungen und Entsendungen von Deputationen vorausgegangen. Konferenzen und Überzeugungskraft blieben die wesentlichen Merkmale des Entscheidungsprozesses. Scheiterten auch sie, dann griff man zur Exekution seitens der Zentrale. Die härteste vollzogen die Generalstände 1599/1600 gegen Groningen und die Ommelanden. Überaus erfolgreich war sie nicht, vor allem bewirkte sie nichts für die Zukunft. Das Prinzip der provinzialen Souveränität blieb erhalten.

Es fällt nicht schwer, von einer in der Unionsakte festgeschriebenen Regierungsform zu sprechen, deren Hauptmerkmal die Wahrung einer bis zum äußersten gepflegten provinziellen Besonderheit darstellt. Unter diesem Aspekt war die Utrechter Konstitution eine Fortsetzung angestammter Freiheit, eine auch zeitraubende Freiheit, weil nur in den wenigsten Fällen der Eindruck besonderer Effizienz erreicht werden konnte. Nach knapp drei Jahrzehnten Erfahrung mit der Unionsakte wurde tatsächlich die Reform des Verbundes erörtert. Das Ergebnis war eine Bestätigung der Ursprungsakte. Keine Regierungsform sei länger praktiziert worden als die bestehende, und unter keiner sei es den Vereinigten Provinzen besser ergangen als jetzt. Der Realitätssinn der Niederländer war so gut entwickelt, daß man hinter diese Aussage keinen puren Selbstbetrug zu vermuten braucht. Bis dahin jedenfalls drohte die Republik nicht auseinanderzufallen, und auch später noch, um die Mitte des 17. Jahrhunderts, als die Republik sich auf dem Höhepunkt ihrer Macht in starkem Maße zu einer Angelegenheit der Provinz Holland entwickelte, orientierte man sich an der bislang geübten Praxis, versuchte sich nicht an einer Exegese der Unionsakte, wenn es um die Frage der Regierbarkeit ging. Der Staatsrat ließ 1659 wissen, daß jene Praxis der beste Interpret der Akte von 1579 sei, und zuvor, 1654, ließ sich Johan de Witt in seiner großen Deduktion in ähnlichem Sinne vernehmen. Ein vielsagender Hinweis auf die Praxisorientierung der niederländischen Regierung war 1663 die Weigerung der holländischen Abgeordneten der Generalstände, einen Eid auf die Unionsakte zu schwören. Sie enthalte eine Reihe von Artikeln und Passagen, die in der Praxis nicht realisiert würden. Schon zuvor gab es Erörterungen, die die Gültigkeit der Union bezweifelten, weil sie sich lediglich nach und nach, gleichsam »stückweise«, gebildet habe. De facto war die Union in ihrer endgültigen Form niemals von allen Provinzen beschworen worden. Ein Versuch der Generalstände, daß sich die Provinzen auf Wahrung der Union nach dem Buchstaben der Akte vom Januar 1579 verständigen sollten, scheiterte. Die Provinz Holland brachte einen der Realität sehr viel mehr entsprechenden Antrag ein, als sie eine Bestätigung der Union im Sinne der bis dahin geübten Praxis forderte. Zustande kam eine Kompromißformel, in der es lapidar hieß, daß die Union aufrechterhalten werden solle.

Es bedurfte eines hohen Maßes an nüchternem Pragmatismus, wenn eine vom Gedanken an die provinzialständische Souveränität gelenkte Politik sich durchsetzen konnte. Dieser Gedanke kam während der Republik theoretisch und praktisch immer stärker zum Tragen und hatte schon in der Auseinandersetzung mit dem Grafen Leicester als Generalstatthalter seinen ersten, die Zukunft prägenden Höhepunkt. Es war schon einigermaßen erstaunlich, daß die Union als Schwurverband überlebte und nicht angesichts der Eigenwilligkeit von Provinzen und Städten auseinanderfiel, auf ihre Einzelteile reduziert wurde. Pieter Paulus, Jurist und Kommentator der Union, beschrieb sie in den siebziger Jahren des 18. Jahrhunderts immer noch als ein »Bollwerk der Freiheit«; sie sei die glückliche Mutter so mancher Segnungen, die Grundlage des Prestiges der Republik an den wichtigsten Höfen Europas und stehe an der Basis jener Pyramide, mit der hervorragende Persönlichkeiten diesen Staat verglichen hätten. Die Bewunderung, die der Republik vor allem im 17. Jahrhundert von außen zuteil geworden ist, mag man geradezu sprichwörtlich nennen. Sie war nicht nur von der schlichten Tatsache eingegeben, daß Den Haag als Finanzier auftrat. Sie galt auch stets der inneren Entwicklung, der künstlerischen und wissenschaftlichen Repräsentation sowie dem Glanz und Reichtum insgesamt. Und immer sprach man von den Generalständen, von der Zentrale also. Die eigentlichen Träger der Macht, die Provinzen und ihre städtischen Regenten, rückten dagegen kaum ins Bild. Die Union, die Generalstände, wurde als Einheit, nicht als eine sich um Einheitlichkeit in zähen Auseinandersetzungen bemühende Vielheit betrachtet.

Tiefere Beobachter wie der Engländer William Temple sahen das freilich anders. Er lebte lange in den Niederlanden, so daß er die Komplexität der Struktur erkennen konnte. Die Union war für ihn eine Art ideologisches Schluß-stück des Aufstands. Daß sie es werden konnte, lag in nicht geringem Maße am militärischen und wirtschaftlichen Erfolg. Daß sie sich trotz entscheidender Erfolge der Spanier gerade in der Frühzeit ohne weitere, in den aufständischen Norden reichende Konsequenzen zu halten vermochte, war erstaunlich genug. Mit Moritz von Oranien, dem Sohn des »Schweigers« Wilhelm I., und später mit Friedrich Heinrich, dem Bruder von Moritz, stellte sie befähigte Heerführer an ihre Spitze, denen es gelang, dieses Unionsterritorium endgültig vor den Spaniern zu sichern. Das schuf auch nach innen hin Bande, die über die regie-renden Eliten hinaus allmählich ein die breitere Bevölkerung erfassendes Be-wußtsein der Gemeinsamkeit förderten. Hinzu kam, daß Holland und mit ihm, zumindest teilweise, Seeland den Aufstand begannen, ab 1572 faktisch dessen eigentliche Repräsentanten waren, was wiederum im Falle des Erfolges einiges Prestige verschaffte. Außerdem entwickelte sich die Provinz Holland zur wirt-schaftlich und finanziell stärksten Region. Der Zustrom südniederländischer Emigranten in die Provinz vermittelte hier nicht zu unterschätzende zusätzliche Impulse. Zeitgenossen sprachen von der Republik als von Holland und seinen sechs Alliierten. Der französische Gesandte in Den Haag, Paul Choart, Seigneur de Buzanval, bediente sich des Bildes von Holland als dem Herzstück des repu-blikanischen Harnaß. Die übrigen Provinzen seien nur Beiwerk und dienten dazu, die Republik abzugrenzen. Die Historiographie findet es daher ganz ver-ständlich, daß in fast allen Sprachen Holland als Bezeichnung für die Gesamt-heit der Vereinigten Provinzen gilt. Als erster Geldgeber besonders in Zeiten des Krieges nahm die Provinz eine dominierende Position ein. Sie nutzte auch die von Beginn an geübte Praxis des föderalistischen Entscheidungsprozesses. Aber solche Dominanz bewirkte zugleich Abhängigkeiten. In der Union begriff jeder, daß »die holländische Pfeife« den Ton angab, auf die zu hören notwendig war, wenn die Existenz des Ganzen nicht gefährdet werden sollte. So schuf die Do-minanz der einen Provinz einen Föderalismus der ganz besonderen Art, der die Regierbarkeit erhöhte. Wie anders wäre es gewesen, wenn sieben gleichstarke Einheiten einen föderalistischen Regierungsstil auf dem Hintergrund eines am 15. und 16. Jahrhundert orientierten Denkens gepflegt hätten. Allerdings zeigte es sich in der Geschichte der Republik, daß die anderen Provinzen ebenfalls ihren Willen durchzusetzen vermochten, vor allem dann, wenn es innerhalb der Provinz Holland zu Konflikten zwischen den Ständen kam. Der Sturz des Ratspensionärs Oldenbarnevelt war ein herausragendes Beispiel, und die Ereignisse vor und um 1672 machten darüber hinaus deutlich, daß die Dominanz der Provinz an den Erfolg nach innen und außen gebunden war.

Die Zeit des Grafen Leicester: Fehlversuch in Zentralismus

Unter dem Aspekt des Gegensatzes von Union und Provinz ist auch die nur wenige Jahre dauernde Generalstatthalterschaft des britischen Grafen Leicester einzuordnen. Der Tod des Oraniers führte kurzfristig noch einmal zu Aufgeregtheiten und mancherorts zu Defätismus. Für die Generalstände war dies Anlaß genug, nochmals den Zusammenhalt der in Utrecht verbundenen Provinzen und Städte zu bekräftigen. Militärisch war Not am Mann. Man hätte auf niederländischer Seite selbst einen neuen landfremden Landesherrn in Kauf genommen, um diese Notlage zu beheben. Ein Kreis um den Ratspensionär Oldenbarnevelt schaute auf Heinrich III. von Frankreich. Der lehnte ab. Mit Elisabeth I. schlossen die Provinzen schließlich den Vertrag von Nonsuch, in dem militärische Hilfe vereinbart wurde. Die Königin schickte Robert Dudley, Graf Leicester, mit einer Hilfstruppe, nahm dafür jedoch Den Briel, Vlissingen und das Fort Rammekens als Unterpfand. Leicester galt in England als erster Mann der Puritaner und als scharfer Antagonist der Spanier. Daß ihm die Niederländer einen Sitz im Staatsrat einräumten, der für die Bereiche Kriegführung und Finanzen eine Reihe von Vollmachten erhielt, machte die Notsituation deutlich. Eilfertig beförderten sie ihn zum Generalstatthalter und Generalkapitän. Obwohl es im Staatsrat darum ging, die Zentrale gegenüber allzu heftigen Regungen provinzieller Autonomie zur Geltung zu bringen, sollte der Engländer seine Entscheidungen in engster Zusammenarbeit mit den neuen Trägern der Souveränität, den Provinzialständen, treffen. Solch föderalistische Struktur bei gleichzeitigem unterschiedlichem Kräfteverhältnis zwischen den Föderierten mit der Souveränitätsvermutung bei den Provinzen war dem eher auf Zentralisierung gerichteten Engländer ein kaum anwendbares, auf jeden Fall ungewohntes Instrument der Politik. Die Schwierigkeiten, die schließlich auf ihn zukamen, waren nicht vorhersehbar, da ihm die Niederländer mehr Befugnisse einräumten, als sie der Herzog von Anjou als Landesherr oder Wilhelm von

Oranien als Graf von Holland je erhalten hatten. Der Spanier Carnero, Autor einer Geschichte des Aufstandes bis zum Waffenstillstand von 1609, hat den hier sich anbahnenden und dann sich voll auswirkenden Grundkonflikt beschrieben: »Die Fürsten, die man als Schutzmacht in die Niederlande geholt hat, konnten sich wohl kaum damit begnügen, als komische Figuren aufzutreten und nur den Schein von Macht zu erhalten. Dennoch endete jeder damit, daß ihn die Tyrannen des Landes (gemeint sind die Regenten) beherrschten, die es ihrerseits verstanden, Seele und Wille des Volkes zu beherrschen und das Land nach ihrem Gutdünken zu verwalten, indem sie die Freiheit für jedwede Sorte Aberglauben verordneten.« Das war kein freundliches Wort, kam es doch aus der Feder eines katholischen Spaniers, aber immerhin eine richtige Erkenntnis. Stadtpolitiker wie der Ratspensionär Johan van Oldenbarnevelt haben absehbaren Zentralisierungsbestrebungen, zumindest für die eigene Provinz, einen Riegel vorzuschieben versucht. Er ließ bereits am 1. November 1585 Moritz von Oranien zum Statthalter der Provinz ernennen. Dieser Sohn des Oraniers war schon wegen seines Vaters eine exponierte Persönlichkeit, die wirksam ein regionales Gegengewicht zu Leicester zu schaffen in der Lage war. Falls die holländischen Provinzialstände geglaubt haben sollten, in ihm eine Ad-hoc-Marionette gefunden zu haben, dann sahen sie sich bald getäuscht, da Moritz nicht zuletzt aufgrund seiner militärischen Erfolge eine starke Position einnahm.

Leicester wurde bei seiner Ankunft in den Niederlanden mit gemischten Gefühlen empfangen. Holland und Seeland standen gleich in Opposition zu ihm, weil sie eine Minderung provinzialständischer Kompetenzen nicht zulassen wollten. Insgesamt scharten sich die Landprovinzen stärker um ihn, da sie gegen eine Stärkung der Zentrale nichts einzuwenden hatten. Unterstützung fand er auch bei den calvinistischen Prädikanten und den Flüchtlingen aus Brabant und Flandern, meistens bei Handwerkern und anderen Gruppen der unteren Mittelschichten mit einem entwickelten Gespür für politische Möglichkeiten. Und genau hier setzte die Verbindung von föderalistischem und sozialem Konflikt ein, die Leicesters Position zunächst einmal stärkte. In Utrecht kam der gewiß nicht mehr taufrische Gegensatz von Regenten und niederen Bürgerschichten voll zum Tragen und bot Leicester eine willkommene festere Grundlage. »Die Zeit Leicesters«, so ist geschrieben worden, »darf als das letzte große Kräftemessen vor der Patriotenzeit zwischen Aristokraten und ihren Gegnern in Utrecht angesehen werden, wobei Erstgenannte voll von der mächtigen Provinz Holland unterstützt wurden.« Der Konflikt, der hier einsetzte, erinnerte an die Ereignisse, die schon zur Zeit Karls V. in Gent stattgefunden hatten und die in der Aufstandsphase sich unter Hembyze fortsetzten. Eine Mischung von

Sozialem und Religiösem spielte hier hinein. Den calvinistischen Flüchtlingen aus dem Süden war die eher erasmianisch-libertär geprägte Geisteshaltung der Patrizier, die sich um den Prediger Duifhuis scharten, ein Dorn im Auge. Der Zorn der strengen Calvinisten richtete sich noch schärfer gegen Laxheit im eigenen Glauben als gegen den eigentlichen Gegner, die Katholiken, den »päpstlichen Aberglauben«, wie es hieß. Aristokratische Haltung und Abweichung von der calvinistischen Lehre waren demnach identisch. Der calvinistische Mittelstand setzte in Utrecht die Ernennung von Adolf Graf van Nieuwenaar, eines Calvinisten strenger Observanz, zum Statthalter durch, der im Oktober 1585 einen neuen Magistrat bildete, in dem keiner der alten Regenten mehr saß. Die Patrizier wurden aus der Stadt verjagt, ins Bürgermeisteramt wurde Gerard Prouninck berufen. Der Konflikt zwischen Aristokraten und Demokraten war vorläufig zugunsten der calvinistischen Demokraten entschieden. Antiaristokratische Einstellung und rigoroser Calvinismus gehörten ebenso zusammen wie das gegen die Provinz Holland, die Hochburg der Regentenschicht, gerichtete Verhalten und die Stärkung der Zentrale. Nur über eine starke Zentrale ließ sich die holländische Vorherrschaft eindämmen, so meinte man in Utrecht und andernorts. Die calvinistisch-demokratische Bewegung war das Instrument, mit dem die Union von Utrecht stärker in eine zentralistische Richtung gedrängt werden konnte. Leicester durfte mit der Unterstützung holländischer calvinistischer Prädikanten rechnen, die sich mit der Absicht ihrer Stände konfrontiert sahen, die Kirche unter staatliche Aufsicht zu stellen, während sie selbst für eine Trennung von Staat und Kirche plädierten. Doch er überschätzte seine Möglichkeiten, wenn er glaubte, mit aller Rigorosität gegen das mehr als deutliche wirtschaftliche und finanzielle Übergewicht der Holländer vorgehen zu können.

Ein erster Konfliktpunkt lag in der Frage des Kriegsziels. Die Calvinisten aus dem Süden sahen im Krieg gegen Spanien einen Rachefeldzug, der dazu diente, auch die südlichen Territorien aus der Herrschaft der Spanier zu lösen. Das war ein begreifliches, gleichwohl überholtes Unterfangen, das beim holländischen Patriziat schiere Opposition wecken mußte, weil es den Regenten nur um die Sicherung des Erreichten ging. In diesem Sinne war auch die Union von Utrecht abgeschlossen worden. Die Chance auf Realisierung derart weitreichender Ziele blieb äußerst gering. Auch Maßnahmen, mit denen direkt oder indirekt zur Kasse gebeten wurde, boten keine Aussicht auf Verwirklichung. Leicester bewies eine unglückliche Hand, wenn er eine von den Ständen unabhängige Kriegskasse, gespeist aus neuen Steuern, verwalten wollte, und noch unglücklicher war seine Verordnung vom 4. April 1586, die den Handel mit Spanien verbot. Das war eine im Hinblick auf den Krieg verständliche, jedoch an den Nerv holländischer Kaufleute rührende Maßnahme, da hier hohe Einkommensverluste drohten. Militärische Logik und Gewinnstreben klafften auseinander. Die Utrechter Calvinisten mochte das erfreuen, doch für die Holländer, die dabei gute finanzielle Argumente gegen die Verordnung anführten, bedeutete es einen Schritt auf dem Weg zum Bruch mit dem Engländer. Das Handelsverbot blieb toter Buchstabe; die holländischen Kaufleute umgingen es einfach. Nicht tragbar war für das holländische Patriziat auch Leicesters Absicht, eine Nationalsynode der reformierten Kirche zu bilden, da hier die Möglichkeit drohte, daß sich ein Staat im Staat bildete, der aufgrund der sozialen Zusammensetzung der Calvinisten strenger Observanz dem Patriziat mancherlei Schwierigkeiten hätte bereiten können. Eine neue Kirchenordnung blieb jedenfalls aus. Leicester betrieb zudem eine seiner Popularität abträgliche Politik, wenn er sich daran begab, wichtige Posten mit Brabantern und Flamen zu besetzen. Selbst wenn noch etwas vom Bewußtsein der Gemeinsamkeit im Aufstand vorhanden sein mochte, setzte sich jetzt die Erkenntnis durch, daß da im Süden die alte spanische Hegemonie wieder erstarkte und etwas anderes wiederhergestellt wurde, als im Norden heranwuchs. Die Trennung war praktisch durch die militärischen Wechselfälle vollzogen. Wenn Leicester darüber hinaus die westfriesischen Bauern im Noorderkwartier, Provinz Holland, für sich zu gewinnen suchte, indem er ihnen mit Dirk van Sonoy einen eigenen Statthalter verordnete, dann konnte ihn das in dieser Provinz kaum populärer machen. Leicester bezweckte die Schwächung der Provinz oder zumindest den Prestigeverlust ihres Statthalters Moritz von Oranien, wenn er drei Admiralitäten instituierte, deren nördliche nicht in Amsterdam, sondern in Hoorn ihren Sitz hatte. Für die holländischen Grenzfestungen, die militärisch gesehen schon weit ab vom Schuß lagen, benannte er Gouverneure, die völlig von ihm abhängig bleiben sollten. Und schließlich versetzte er dem holländischen Selbstbewußtsein einen schweren Schlag, wenn er die Generalstände und den Staatsrat in das ihm befreundete Utrecht abzog.

Der Engländer mochte sich vom Effizienz-Denken wie vom eigenen Machtbewußtsein leiten lassen, auf jeden Fall bewies er wenig diplomatisches Geschick, und die Fähigkeit zum Kompromiß fehlte ihm völlig. Dazu blieb der für seine Anerkennung unerläßliche militärische Erfolg aus. Das galt für die Gegner Leicesters als ein Zeichen für die Richtigkeit ihres eigenen Weges. Welchen Nutzen, so fragte man sich, hat englische militärische Präsenz, wenn die spanischen Heerführer in Parma und Verdugo große militärische Erfolge feierten. Wenn die Engländer militärisch nichts einbrachten, waren sie politisch erst recht entbehrlich. Als zur kriegerischen Unzulänglichkeit nach dem Verrat Deventers und der Zutphener Schanze durch die englischen Befehlshaber auch noch die militärische Unzuverlässigkeit trat, waren die Tage Leicesters gezählt. Zeitgenössische Beobachter schrieben: »Da wuchs die Verärgerung der Menschen gegen die Engländer in unaussprechlichem Maße. Sie äußerten sich in üblen und unehrerbietigen Worten über Seine Exzellenz und die ganze Nation.« Für die Provinzialstände Hollands kam es nur noch darauf an, dem Engländer jede Befugnis über die Provinz und wenn möglich auch über die Generalität zu entziehen. Das geschah nicht so rasch, wie das der vor allem nach dem Verrat von Deventer und Zutphen wachsende Unmut hätte erwarten lassen. Angesichts der spanischen militärischen Fortschritte gelang es Oldenbarnevelt, die Generalstände und die städtischen Magistrate von der Notwendigkeit eines neuformierten Heeres zu überzeugen. Die Aushebung sollte unter der direkten Kontrolle der Generalstände erfolgen. Gleichzeitig erhielt Moritz den Oberbefehl über alle Truppenbewegungen in der Provinz Holland, zusammen mit einer ständischen Kommission. Die holländischen Regenten wollten dem Oranier sogar den Oberbefehl über das neue Heer im gesamten Gebiet übertragen. Das führte zur Zerreißprobe der Union, denn unter Führung des Utrechters Prouninck berieten die Stände von Utrecht, Overijssel und Geldern über einen eng an die Engländer angegliederten eigenen militärischen Oberbefehl. Leicester versuchte, in einigen holländischen Städten die Magistrate neu zu besetzen und den holländischen Landesadvokaten gefangenzunehmen, doch beides mißlang ihm. Darüber hinaus schlug der Aufstand von Unzufriedenen in Leiden fehl. Endgültig ausgespielt aber hatte er, als er den Niederlanden auf Geheiß der Königin Elisabeth einen Friedensschluß mit dem Herzog von Parma empfehlen sollte. Hatte er schon bei den holländischen Regenten kreditlos sein Amt angetreten, so verlor er nun ob solchen Verhaltens auch alle Glaubwürdigkeit bei jenen Calvinisten, die ihn bis dahin unterstützt hatten. Daß er bereits im Dezember 1587 nach England zurückkehrte, konnte daher kaum erstaunen.

Man ist geneigt, die Regierungszeit des englischen Grafen wegen der Vielfältigkeit vergeblicher Versuche, in den Niederlanden festen Fuß zu fassen, eine kurzzeitige Affäre oder eine halbherzige Liaison zu nennen. Sie könnte als solche abgetan werden, wäre da nicht die Prinzipienhaftigkeit, mit der der Kampf gegen ihn in Zeiten gefährlicher spanischer Bedrohung geführt worden ist, und hätte sich nicht neben dem Konflikt zwischen den Teilen und dem Ganzen ein deutlicher sozialer Gegensatz offenbart, der auch in den Jahren der Republik häufig genug aufbrechen sollte. Es war begreiflich genug, daß die unmittelbar Beteiligten sich an die Öffentlichkeit wandten und in Flugschriften ihre Position zu verdeutlichen versuchten. Soweit es um das Verhältnis der Provinzen zur Union ging, enthielt der Leicestersche Auftrag ein hohes Maß an Unbestimmtheit, die von Gegensätzlichkeit nicht frei war. Da wurde ihm in Kriegsangelegenheiten »vollständige und absolute« Befehlsgewalt zuerkannt, aber er sollte auch »volle und absolute Macht in Politik und Rechtswesen« erhalten, die sogleich ihre Einschränkung erfuhr, weil er gehalten war, Privilegien und Gewohnheitsrecht jeder Provinz und jeder Stadt nicht zu verletzen. Der einschränkende Passus entsprach inhaltlich den Worten in Artikel I der Unionsakte von Utrecht, ja, er gehörte zur Grundkonzeption des Aufstandes, wenn er auf der Basis des Privilegs schließlich den Gedanken von der provinzialständischen Souveränität entwickelte. Zu den überzeugtesten Verfechtern des Engländers zählte der von Leicester selbst protegierte Utrechter Bürgermeister Gerard Prouninck, ein Mann aus der Provinz Brabant. Prouninck, in der Abfassung von Flugschriften bewandert, begriff sehr wohl, daß sich ein auf provinzialständische Souveränität hinauslaufendes, neues politisches Prinzip in seinem mehr am politischen Willen als an der gründlichen theoretischen Vorstellung orientierten Pragmatismus am ehesten durch den Hinweis auf die Kriegslage unterlaufen ließ. Kriegführung machte eine zentrale Bündelung der Kräfte erforderlich, und diese konnte der Utrechter Bürgermeister lediglich in einer monarchischen Spitze verwirklicht finden. Prouninck, gegenüber der neuen Entwicklung völlig verschlossen, bemühte dabei nicht nur die Tradition, sondern erkannte dem System, das von einem nebeneinander von provinzialständischen Souveränitäten ausging, jede Regierungsfähigkeit ab. Das System des Föderalismus, das sich in der Praxis der Utrechter Union abzeichnete, war offensichtlich noch zu jung, als daß es überall gleichermaßen Anerkennung gefunden hätte. Solcher Ablehnung fiel bei Prouninck auch die nachhaltige Betonung der Privilegien zum Opfer, deren Vorrangstellung in Zweifel zu ziehen einem Sakrileg gleichkam. Gerade Privilegien und Sonderrechte bildeten den positivrechtlichen Ausgangspunkt für eine provinzialständische Souveränität, aber eben nicht bei Prouninck, der den Wert der rechtlichen Besonderheit relativierte, indem er sie für nützlich in Friedenszeiten, aber für schädlich in Kriegszeiten hielt, was einem Pragmatismus der ganz besonderen Art huldigte. Es war ein neuer Denkansatz, wenn er nicht mehr die Gesamtheit der Privilegien, sondern das Wohl der Gesamtheit als das oberste Gesetz präsentierte, dem die Privilegien und Sonderrechte zu dienen hatten. Das Gemeinwohl als neue Komponente stand über dem regionalen, lokalen und auf Gruppen bezogenen Interesse, das bis dahin verfochten worden war.

Es ist anzunehmen, daß Prouninck die Meinung seiner Utrechter Anhänger sowie der calvinistischen Prediger in anderen Provinzen vertreten hat. Die Utrechter Stände jedenfalls ließen den Holländern ein ähnlich lautendes Schreiben in Form einer Flugschrift zukommen. Eine Erweiterung erfuhren Prounincks Darlegungen dann in einer Veröffentlichung des Thomas Wilkes, des englischen Vertreters im niederländischen Staatsrat. Wilkes begnügte sich nicht mit einer Verteidigung der Leicesterschen Position, sondern ritt eine scharfe Attacke gegen die holländischen Stände, und er tat dies im Detail. Als Mitglied des Staatsrates hatte er alle Kompetenzüberschreitungen oder -streitigkeiten unmittelbar miterlebt. Der Kern der umfänglichen Darstellung lag im Streit um die ständische Souveränität. Wilkes bestritt den Ständen ihre Stellung als Souveräne. Das war beim gegebenen Entwicklungsstand zumindest für die Holländer ein Sakrileg. Es ist nicht abwegig zu behaupten, daß der Engländer ein Verfechter der Volkssouveränität gegenüber der ständischen gewesen ist, auch wenn er in seinem Memorandum lediglich von der »Gemeinte« gesprochen hat, bei der in Abwesenheit eines Landesherrn die Souveränität liege. Der von ihm nicht genau definierte Begriff »Gemeinte« bezog sich natürlich nicht auf die ständischen Gremien. Es entsprach seinem Denken in den Kategorien der Volkssouveränität, wenn er aus den Provinzialständeversammlungen eine Art Repräsentativorgan der Städte und der Ritterschaft machte. Dabei überging er einfach, daß es keine direkte Wahl der Stadtbürger für die Provinzialständeversammlung gab und die Abgeordneten lediglich Delegierte ihrer jeweiligen Magistrate waren. Jedenfalls war es für die holländischen Städte ein leichtes, den Engländer, der möglicherweise das System nicht durchschaut hatte, auf solchen Denkfehler hinzuweisen. Die provinzialständische Variante der konstitutionellen Deutung legte nicht nur das Gremium der holländischen Provinzialstände im August 1587, sondern auch der Goudaer Syndikus François Vranck, wohl im Auftrag der Stände, im Oktober 1587 in einem ausführlichen Memorandum dar. Dieses Papier wurde zur Grundlage aller weiteren Auseinandersetzungen bis weit in die Jahre der Republik hinein. Abgesehen von der ausführlichen Wiederaufnahme früherer Flugschriften und Deduktionen über das Recht der Stände gegenüber dem Landesherrn präsentierte die Denkschrift die Provinz als Ganzes. Es gehörte nicht zum Vorstellungsbereich des François Vranck, die Provinz staatsrechtlich als ein Gebilde darzustellen, in dem die Provinzialstände lediglich ein Repräsentativorgan der souveränen »Gemeinte« sein sollten, die Souveränitätsvermutung also nicht beim Gremium selbst lag. Wenn von provinzialständischer Souveränität gesprochen wurde, dann implizierte das nach Vranck die Gesamtheit der Städte einer Provinz und den Adel. Wer gegen dieses System angehe, so ließ sich der Goudaer Syndikus vernehmen, der unterminiere die Existenz des Staates.

Eins war deutlich: Der Antagonismus der Konzeptionen war unüberbrückbar. Leicester und seinen Freunden gelang es nicht, die Zentrale auf dem Weg über einen Abbau der provinzialständischen Souveränität zu stärken. Die Entscheidung zugunsten der von den holländischen Ständen vertretenen Souveränität der Provinzen war endgültig. Sie leistete einen Beitrag zur föderalistischen Auslegung der Utrechter Union. Eine abgeleitete Souveränität zum Vorteil der Generalstände wurde nicht diskutiert; das lag auch nicht in der Logik des Systems, selbst wenn von außen her Republik und Generalstände als Synonyme begriffen wurden. Wohl zu Recht setzt die Literatur den eigentlichen Anfang der Republik mit der Rückkehr Leicesters nach England gleich. Nach dem fehlgeschlagenen Angebot an Anjou, die Landesherrschaft zu übernehmen, nach der unvollendeten Übertragung des Grafentitels an Wilhelm von Oranien und nach der politisch unersprießlichen und militärisch wenig ergiebigen Einschaltung Leicesters in den niederländischen Ablauf besannen sich die Niederländer auf ihre eigenen Kräfte. Tatsächlich setzte jetzt eine Konsolidierung ein, die mit erstaunlicher Geschwindigkeit das Land politisch, kulturell und wirtschaftlich zu einem zentralen Ort der europäischen Politik aufsteigen ließ und zu jener »Republik zwischen den Monarchien« machte, die die volle Bewunderung der Reisenden aus vielen europäischen Ländern hervorrief.

Die Republik der Vereinigten Niederlande

Zur allgemeinen Charakteristik
des 17. Jahrhunderts

Als der niederländische Historiker Johan Huizinga sich daran begab, die kulturelle Gestalt der Republik im 17. Jahrhundert zu erfassen, da versuchte er, dem Leser vor allem auch die Schönheit des Landes augenfällig zu machen. Wenn irgendwo die Atmosphäre des 17. Jahrhunderts noch ausgeprägt sich äußere, so beobachtete er in seiner Darstellung und Analyse der niederländischen Kultur, dann sei dies in Amsterdam der Fall. Man müsse sich bei den Grachten der Stadt an einem Sonntagmorgen im Frühjahr oder im Abendlicht eines Sommers einfinden. Es mag gegenwärtig schwerfallen, solcher die vergangene Lebenswelt erkennenden Verzauberung zu erliegen – zu sehr scheint die Präsenz der Modernität die des historischen Zeugnisses zu überlagern und die Wahrnehmung, die Muße erfordert, zu behindern. Gleichwohl ist die Geschichte dieser den Auswüchsen des modernen Lebens preisgegebenen Stadt immer noch sichtbar, ist es nach wie vor möglich, ihren Glanz und Reichtum des 17. Jahrhunderts nachzuempfinden, mag dies auch ein hohes Maß an historisch gebildeter Phantasie verlangen. Huizingas elegischer Blick zurück, der sich aus Skepsis und Pessimismus gegenüber den lauten und aufdringlichen Erscheinungsformen der Moderne speist, gilt nicht nur Amsterdam; er ist den anderen Städten des Landes ebenso zugewandt. Die Stadt an der Amstel mag die entscheidende Handels- und Finanzmetropole gewesen sein, mit einer im Laufe des Jahrhunderts auf 150.000 anwachsenden Einwohnerzahl, aber daneben blühten Städtchen von gleicher Tradition, freilich nicht von solch offener Internationalität, eher geschlossener in ihrer Struktur, typischer vielleicht. Haarlem zählt zu ihnen ebenso wie Hoorn, Alkmaar und Enkhuizen und im Süden davon Leiden und Delft, Den Haag, Rotterdam und immer noch Dordrecht, der alte Stapelort. Und was für die Provinz Holland gilt, darf auch für Seeland und

Utrecht oder Groningen im Nordosten des Landes gesagt werden. Der Urbanisierungsgrad der Provinz Holland betrug im 16. Jahrhundert 50 Prozent und stieg bis ins 18. Jahrhundert auf 63 Prozent an. Hier konzentrierte sich die niederländische Städtelandschaft, die für die holländische Provinz im 20. Jahrhundert die Bezeichnung »Randstad Holland« erhalten sollte. Dies waren die Zentren von Wirtschaft und Kultur, Zentren mit einem im europäischen Maßstab beachtenswerten Alphabetisierungsgrad, einer reichen Buchproduktion, hohem Informations- und Verkehrsfluß bis in die kleinsten Dörfer hinein. Für Wirtschaft, Handel und Kommunikation boten die Wasserwege die Infrastruktur. Das Wasser, an den Küsten häufig bedrohlich genug, schuf die Existenzgrundlage der so reichen Städtelandschaft mit einer vergleichsweise hochentwickelten Technologie und mit einer Agrarwirtschaft, die mit neuen Methoden auf Spezialisierung und Produktionssteigerung zielte.

Bei Huizinga heißt es: »Die Schönheit der holländischen Städte steckt überall und nirgends. Der intime Reiz einer holländischen Straßenecke oder Kanalansicht geht nur selten aus der künstlerischen Vollendung bestimmter Bauformen hervor. Es ist vielmehr eine allgemeine Harmonie von Linien und Farben, eine gewisse gesunde Selbstverständlichkeit und Unbefangenheit des Ganzen, welche mit der Patina der Zeit, und vielleicht erhöht durch den hellen Ton eines Glockenspiels, unsere Empfindung einer tiefen und friedlichen Schönheit bedingen.« Diese Städte waren zwar keine Neuschöpfungen des 17. Jahrhunderts, sondern hatten ihre mittelalterlichen Wurzeln, aber der äußere Habitus änderte sich. Er paßte sich baulich dem Bewußtsein von einer neugewonnenen Eigenständigkeit und den günstigen materiellen Möglichkeiten an. Private und öffentliche Gebäude waren in Stein gehauene Manifestationen von Stolz und Vermögen, und wo die zahlreichen Skulpturen, Denkmäler und Grabstätten von Seehelden, Regenten und Gelehrten als Ergebnis zeitgenössischer Reflexion über den eigenen Erfolg hinzukamen, da wurde Geschichte erzählt, das politische, militärische und kulturelle Spektrum deutlich, das dieses neue Staatswesen im 17. Jahrhundert prägte. Ein »Goldenes Jahrhundert« sei es gewesen, so wird berichtet, von den Zeitgenossen und der Nachwelt gleichermaßen. Das Wort, aus der Antike übernommen, meint eine Epoche geistiger und kultureller Höchstleistungen, läßt freilich auch den wirtschaftlichen Wohlstand, den Gulden, nicht außer Betracht, der reichlich gescheffelt wurde. Die Jahrzehnte standen unter dem Zeichen von Leistung und Erfolg im Lande selbst, und sie wirkten weit über die Grenzen des Landes hinaus in die überseeischen Gebiete hinein. Sichtbar wurde der materielle Erfolg und der Lebensstil außerhalb der Städte auch dort, wo der tüchtige Bürger die Stadt verließ, sich ein Landhaus baute. Die Landschaft zwischen Baarn und De Bilt und noch mehr das Flüßchen Vecht bei Utrecht wurden bevorzugte Wohngebiete reicher Kaufleute. Hier pflegten die Bauherren eine Architektur, die den ganzen Lebensgenuß widerspiegelte, nicht ins Monumentale umschlug, jedoch über der Norm lag, die holländische Städte jener Zeit wahrten.

Die Städte und ihre Architektur wirken in der Konservierung ihrer Geschichtlichkeit wie ein einziges großes Museum, in einem Land, das der Literat und Publizist Conrad Busken-Huet das »Land Rembrandts« genannt hat. Der Name im Titel kann nur für viele stehen, und wo das Epitheton den Charakter des Landes zu formulieren versucht, ist Hervorgehobenes und Spezifisches gemeint. Es ist ein Land beschrieben, dem die Zeitgenossen Bewunderung und Beifall zollten. Der Amsterdamer Germanist Hermann Meyer kommentiert dazu: »Man erlebt Holland und seinen Mittelpunkt Amsterdam als etwas Einmaliges, Großartiges, als wunderbare Vereinigung von Weltmacht, Reichtum, Wohlleben, Lebensmut, Gelehrsamkeit und Kunstsinn.« In der Auswertung und Deutung zeitgenössischer Zeugnisse weiß der Germanist eine lange Reihe von Zuständen und Eigenschaften des Landes zu nennen; sie erfassen treffend die ganze Skala des reichen politisch-kulturellen Lebens, das die burgundischhabsburgische Zeit nicht nur kontinuiert, sondern sie in seiner Fülle und Vielfalt noch erheblich übertroffen hat. Das Land stand abseits der europäischen Norm. Es entwickelte sich als Republik inmitten eines Staatensystems und zum Teil gegen eine Mächteumwelt, die den Lehren des Absolutismus anhing. Es pflegte seine vorrevolutionäre Struktur der kollektiven Souveränitäten mit allen Schwierigkeiten der Entscheidungsfindung. Gemessen an den zentralistischen Tendenzen der europäischen Umwelt, bot die Republik ein System der ganz besonderen Art. Die Partner, die sich als Provinzen in der Utrechter Union im Januar 1579 zu einem ewigen Bund zusammengeschlossen hatten, dachten gar nicht daran, dem Trend der Zeit Tribut zu zollen. Man huldigte vielmehr einem zuweilen zum Exzeß neigenden föderalen Prinzip, das sich im Laufe der Jahrzehnte verstärkte und bis zum Ende der Republik die konstitutionelle Grundlage der politischen Existenz bildete. Gewiß gab es zentrale Instanzen wie die Generalstände in Den Haag, die zum Beispiel die Außenpolitik bestimmten, aber die Stände der Provinzen begriffen sich als die eigentlichen Souveräne, und tatsächlich war die Einrichtung des imperativen Mandats bei den Generalständen ein wirksames konstitutionelles Instrument, um die Zuweisung der Souveränität zu manifestieren. Das blieb nicht konfliktfrei, zumal die Niederländer das Statthalteramt einführten, das durchgängig von Vertretern des Hauses Nassau-Oranien wahrgenommen wurde. Es war immer nur ein Provinzialamt, konnte im militärischen Bereich auf die Gesamtheit ausgedehnt werden und führte vor allem dann zu einem Konflikt zwischen zentralisierender Tendenz und föderaler Beharrung, wenn ein Statthalter die Ämter mehrerer Provinzen in Personalunion verwaltete. Ansätze zur Überwindung dieses Systems reiften erst, als der soziale Gegensatz zwischen Regenten und den darunter befindlichen Bürger- und Unterschichten, nicht zuletzt unter dem Einfluß naturrechtlicher Ideen, eine demokratische Bewegung hervorbrachte. Das geschah um die Mitte des 18. Jahrhunderts und nochmals kurz vor Ausbruch der Französischen Revolution.

Diese nicht allein nach ihrer Konstitution besondere Republik übernahm den Calvinismus als herrschende Religion, aber nicht als staatlich verordnetes Bekenntnis, und huldigte zugleich dem erasmianisch geprägten Toleranzprinzip, das sich neben engem religiösem Zelotentum behaupten konnte, wenngleich die Toleranz wiederum ihre Grenzen hatte. Die wirtschaftliche Blüte erreichte eine bis dahin auch in vielen anderen Ländern unbekannte Höhe bei einer vergleichsweise großen sozialen Stabilität. Die englischen Bewegungen der »Diggers« und »Levellers« etwa wären in der Republik undenkbar gewesen. Dazu fügte sich ein Aufschwung in Literatur, Kunst und Wissenschaft, die weit über die Grenzen des Landes hinaus in die europäische Welt hineinwirkten. Jacob Cats, der Ratspensionär aus Seeland, der sich selbst zum Erzieher der Nation aufschwang, formulierte angesichts allseits empfundener Einmaligkeit die schlichte Frage, was es denn schon in Ländern oder auf Inseln gebe, das Holland nicht selbst besitze oder wisse. Der Londoner Historiker Koenraad W. Swart, Niederländer von Haus aus, bemerkt aufgrund einer Vielzahl zeitgenössischer Äußerungen nationalen Selbstbewußtseins, zum ersten Mal in der europäischen Geschichte habe ein großer Teil der öffentlichen Meinung das »Goldene Zeitalter« nicht an den Anfang der Menschheitsgeschichte gelegt, sondern das Gefühl gehabt, daß dieses Epitheton der eigenen Gesellschaft zukomme.

Es wäre überzogen, sich dieses Land in seiner politischen, wirtschaftlichen und kulturellen Lebensfülle wie einen Phönix aus der Asche vorzustellen. Natürlich lebte es unter den Zwängen des Krieges, über dessen Ausgang zumindest in den ersten Jahrzehnten der Republik nichts Schlüssiges zu sagen war. Doch es hatte zuvor zur burgundisch-habsburgischen Kulturlandschaft gehört, die ihre eigenen Stilprinzipien in Musik, Malerei und zum Teil auch in der Literatur entwickelte, die bereits zur burgundischen Zeit »über das Mittelalter hinaus in die Neuzeit wiesen« – Stilprinzipien, die zunächst noch ein Amalgam aus der burgundischen Hofkultur und den niederländischen Provinzialkulturen darstellten. In seiner Charakteristik der burgundischen Kultur kommt Hendrik

Schulte-Nordholt zu der Einsicht, daß den Niederländern in jener Zeit häufig die französische Kultur der Burgunder aufgepfropft worden sei. Die Regionen seien sich gerade deshalb ihrer Eigenständigkeit bewußt geworden. Dabei bedeutete Eigenständigkeit noch nicht Gemeinsamkeit aller Provinzen, aber immerhin schufen Maler wie Pieter Breugel d. Ä. und Hieronymus Bosch etwas Neues und anderes, dem unter italienischem Einfluß stehenden Manierismus Entgegengesetztes. Die Neuartigkeit der niederländischen Kunst des 17. Jahrhunderts hatte also ihre Vorläufer.

Auch die Frömmigkeit in den Niederlanden suchte ihre Wurzeln in der »Devotio moderna« und bei Thomas von Kempen und war zugleich vom christlichen Humanismus des Erasmus von Rotterdam beeinflußt. In dieses Land fanden in den Jahren der Glaubensspaltung Luthertum, Täufertum und Calvinismus gleichermaßen Eingang. Es gab keine neue, sondern eine mit neuen Nominationen unterlegte Frömmigkeit. Der Führungsanspruch der Calvinisten trug ein hohes Maß an Militanz ins religiöse Leben hinein, doch Militanz und Zelotentum erhoben sich nicht zu einem für alle gültigen Merkmal der calvinistischen Kirche, wiewohl diese als Öffentlichkeitskirche auftrat; vielmehr prägten auch Mäßigung und Duldsamkeit das Bild des niederländischen Calvinismus, wenigstens soweit er von bürgerlichen Oberschichten getragen wurde. Hier wirkte die Lehre des Erasmus von Rotterdam fort, dessen Skepsis gegenüber jeder Form von Autorität seine europaweit anerkannte Gelehrsamkeit bestimmt hatte und dessen Persönlichkeit von Milde und Neigung zu Frieden geprägt gewesen war. Mithin lag es nahe, daß sich weite Teile der aus der Privilegienwelt Nutzen ziehenden Schichten die Skepsis gegen Autoritäten zu eigen machten und sich nach den Erfahrungen der Inquisition nicht gewillt zeigten, neuen Ketzerverfolgungen das Wort zu reden; solche Haltung lief nicht gleich auf Verlust an Frömmigkeit hinaus. Frömmigkeit und Autorität wurden zu einem Begriffspaar, dessen Relation die niederländische Republik aus ihrer monarchischen Umgebung ein weiteres Mal hervorhob und das an die Grundfragen der Zeit rührte. Wenn 1581 ein Vertreter der »Vroedschap« der Stadt Leiden wissen ließ, die Genfer Inquisition sei keinen Deut besser als die spanische, dann wies er eine allzu strenge Orthodoxie der calvinistischen Kirche zurück. Dem Grundsatz nach war doch jeder Ausschließlichkeitsanspruch, ob religiöser oder politischer Natur, mit dem Aufstand bekämpft worden.

Die »Krise des Bewußtseins«, wie sie Paul Hazard für Europa beschrieben hat, war in der Republik keine Erscheinungsform politischer oder geistiger Existenz. Die Niederlande waren für derartige Anfälligkeiten in der Regel viel zu selbstbewußt und viel zu offen. In der Bürgergesellschaft des Landes war die

Abwesenheit einer zentralen Autorität eine wesentliche Voraussetzung für das Selbstverständnis. Ein Begriff wie »Souveränität«, den Jean Bodin in seinen Schriften einführte, existierte in der Staatslehre und in der politischen Praxis nur in der Mehrzahl. Er galt für die Provinzialstände. Das war ein entscheidendes Resultat des Aufstandes gegen Spanien. Die Zuweisung vollzog sich über die Wahrung alter Rechte und eine Staatsstruktur, die an die Stelle der zentralen Instanz ein Gremium mit imperativem Mandat setzte. Dieses System wurde, stark verinnerlicht, erst im 18. Jahrhundert wirklich ernsthaft angegriffen, wobei sich die Empfindlichkeiten verfeinerten. Es war unter diesen Voraussetzungen gar nicht erstaunlich, daß Verstöße gegen das System durch die Statthalter die republikanische Emotion zum Wort von der »wahren Freiheit« führten. Nicht »Krise des Bewußtseins«, sondern häufig wiederholte, wenngleich nicht kritiklose Rechtfertigung und Begründung der Republik bestimmten die politisch-theoretische Diskussion in den Niederlanden.

Die Republik galt aufgrund ihrer Finanzkraft nicht nur als Finanzier des protestantischen Europa, sondern auch als ein Zentrum der Vermittlung europäischer Geistigkeit. Das ist für den antispanischen ebenso wie für den antifranzösischen Kampf hervorzuheben. Sie wurde es um so mehr, je stärker sich die Dissidenten aller Länder regten, das europäische Denken also verzweigte Wege ging. Das Vehikel, um die eigenen oppositionellen oder die der herrschenden Kultur widersprechenden Gedanken äußern zu können, waren die niederländischen Druckereien. »Ein Mekka der Autoren« hat man die Republik genannt. Der Staat wurde zur Heimstatt für europäische Gelehrte, gleich welcher Disziplin, die in Ruhe und Frieden ihrer Forschung nachgehen wollten, oder für Flüchtlinge und Emigranten, die in religiöser oder politischer Opposition zu den Herrschenden ihrer Heimatländer standen. Sie fügten sich nicht bloß in den Wirtschaftsprozeß ein und belebten ihn, sondern förderten zudem das ohnehin hochentwickelte intellektuelle Leben des Landes. Dazu ist bemerkt worden, daß das »gebildete Europa« zwar ein grenzüberschreitendes Gebilde gewesen sei, aber erst in der Republik der Niederlande seinen beinahe »territorialen Ausdruck« gefunden habe. Die Provinzen hätten der Gelehrtenwelt Europas einen unschätzbaren Dienst erwiesen. Das galt nicht allein für das gelehrte Europa, sondern ebenso für das widerspenstige Europa. Die Druckkapazitäten der Republik befriedigten einen in vielen europäischen Ländern wachsenden Lesehunger durch Produktion und Verbreitung wissenschaftlicher Arbeiten und eines wissenschaftlichen wie politischen Journalismus. Die Forschung darüber mag noch keine tieferen Aufschlüsse zulassen, doch es darf als gesichert gelten, daß Zeitungen der Republik den europäischen Nachrichtenmarkt mit ihren Beiträgen versorgt haben, wo sie sorglos übernommen worden sind. Dies galt insbesondere für die letzten Jahrzehnte des 17. Jahrhunderts, zumal für die französischsprachige Presse unter der Leitung von Hugenotten. Abgesehen vom grenzüberschreitenden Charakter der Presse wurden die periodischen Schriften der Franzosen im Lande selbst auch von Niederländern gelesen, weil die Kenntnis der Sprache relativ weit verbreitet war. Die Niederlande waren also nicht nur als Republik eine Besonderheit in Europa, sondern auch ein Ort der besonderen politischen Kultur, der sich dennoch in die europäische Veränderung des Weltbildes einfügte, dort seinen wichtigen Beitrag leistete und darüber hinaus in seiner Offenheit einem Scharnier bei der Vermittlung europäischen Geistes glich. Das alles war von einer sehr positiven Wertigkeit sowohl für Zeitgenossen als auch für jenen Betrachter im nachhinein, der sich Begriffe wie Weltoffenheit und Duldsamkeit zur Maxime des eigenen Lebens machte. In allem hatte das Land einen Vorsprung, der den ausländischen Beobachtern des 17. Jahrhunderts äußerst positiv auffiel.

Die Niederlande gaben, aber nahmen auch und profitierten von der Enge der anderen, die ihre fähigen Köpfe zu Emigranten machten. Wo die Republik keinen Vorsprung hatte, wußte sie nachzuziehen, einzuholen und einen mächtigen Vorsprung aufzubauen. Sie fügte sich in die außereuropäische Bewegung ein, in den frühneuzeitlichen Kolonialismus, der seit einem dreiviertel Jahrhundert zu den Markenzeichen der Großmächtigen zählte. Die Niederländer stiegen in Abenteuer und Geschäft ein, als die spanische und portugiesische Conquista ihren Höhepunkt überschritten hatte. Bis dahin war die Kenntnis über die Größe der Erde und die Verteilung von Land und Wasser erheblich erweitert worden. Dafür hatten Entdecker und Eroberer gesorgt. Nach den Berechnungen von Walter Behrmann wuchs zwischen 1400 und 1600 die bekannte Landfläche der Erde von 21 auf 40 Prozent, die Wasserfläche von 7 auf 52,5 Prozent. In den folgenden beiden Jahrhunderten gab es zwar solche Zuwachsquoten nicht mehr, gleichwohl stiegen sie für die Landfläche zwischen 1700 und 1800 auf 50,6 Prozent, für die Wasserfläche von 64,7 auf 92,1 Prozent. Die Niederländer schalteten sich relativ spät in den Kolonialismus ein, ähnlich den Engländern, denen in der ersten Hälfte des 16. Jahrhunderts »der Sinn für die weite Welt noch nicht erwacht« war, zumal die Gewinne aus dem Tuchgeschäft mit den Niederlanden sicherer erschienen als profitversprechende Aktivitäten in Übersee. Die »Merchant adventurers« suchten ihr Abenteuer zunächst noch in der Nähe der heimischen Küste. Die Republik trat erst in den Wettbewerb ein, als die Eigenschaft, Kolonialmacht zu sein, nahezu eine Selbstverständlichkeit in Europa geworden war und als neben dem Wunsch nach Profit für Private und Staatskasse gleichermaßen die Motivation und die Rechtfertigung der expansiven Eroberung samt der Stellung der nicht-christlichen Völker im spanisch-portugiesischen Raum schon beinahe ausdiskutiert waren. Für ein Land, in dem die Kaufleute die politische Richtung bestimmten und das eine lange Seehandelstradition hatte, bestand zudem die Aussicht, den spanischen Gegner auch in Übersee zu treffen. Mit dem Eintritt der Engländer, der Niederländer und schließlich der Franzosen in das Expansionsgeschäft, das auf seiten der Republik von den beiden Handelsgesellschaften, der Ost- und Westindischen Kompanie, betrieben wurde, setzte sich die Europäisierung der Welt endgültig durch. Dieser Prozeß, an dem die Republik in ganz erheblichem Maße beteiligt war und der schon so etwas wie eine Aufteilung in Interessensphären bedeutete, ließ zwar den Handelsprofit in die Höhe schnellen, aber bei aller erweiterten Kenntnis in Geographie, Kartographie oder Nautik blieb jede Überseereise im 17. Jahrhundert und darüber hinaus ein gefährliches Abenteuer, risikoreich, mit drohendem Verlust der hohen Investitionen.

Europäisierung der Welt mit den Niederländern als treibende Kraft – das hieß zunächst Entdeckung der Erde und dann vor allem Begegnung einander fremder Kulturen, mit allen Rückwirkungen auf Europa. Dabei ging es um Ausbeutung, um Gewalt, gleichviel, ob die Europäer einen Handels- oder Siedlungskolonialismus anstrebten. Die Niederländer unterdrückten wie andere die Freiheit der autochthonen Bevölkerung, wenngleich sie selbst achtzig Jahre lang im Freiheitskampf standen. Unabhängig von den Impulsen zur Expansion, zu denen das Bedürfnis, in Nachfolge Marco Polos das Weltbild zu erweitern, ebenso zählte wie Missionswille, Selbstbestätigung des Renaissance-Menschen, schiere Abenteuerlust und schlichtes Profitdenken, und unabhängig von den Folgen für die materielle Kultur war dieser Handels- und Siedlungskolonialismus ein Phänomen von Herrschaft des technisch und organisatorisch Überlegenen gegenüber dem kolonisierten Menschen. Die überwiegend auf Gewalt und Ausbeutung beruhende Begegnung von so unterschiedlichen Kulturen war auf seiten der Herrschaft bar einer Anerkennung des Vorgefundenen. Der Herrschaftsausübung lag die Auffassung von der Höherwertigkeit der eigenen Kultur mit Christentum und Technik zugrunde. Ein anfangs durchaus nicht zwanghafter Vorgang der Expansion entwickelte sich aus Konkurrenzgründen zur Notwendigkeit, wurde zum Credo von der Herrschaftsausübung auch dann, wenn koloniale Siedlung unter dem Banner der Freiheit betrieben wurde, wie in der Neuen Welt Nordamerikas, ein Credo, das dann die Kolonisten selbst übernahmen.

Der Trend zum Fremden hatte jedoch auch eine positivere Seite: die Beschreibung der Neuentdeckungen und deren wissenschaftliche Auswertung. Reiseberichte gehörten im 17. Jahrhundert zu den populären, vielgelesenen Druckerzeugnissen. So zählte die Bildungsreise innerhalb Europas zum guten Ton der nationalen Gesellschaften. Die Neugier nach Lebensweisen des anderen wurde sattsam befriedigt, auch dort, wo Reisen nach Übersee bis dahin unbekannte Beschwerlichkeiten mit sich brachten und die Ankunft am Zielort sehr unsicher war. Vor allem Niederländer und Engländer trugen zu einer erheblichen Bereicherung der Kenntnis über die überseeischen Gebiete bei, die Niederländer an erster Stelle, die Engländer stärker im 18. Jahrhundert. Es entstanden Berichte von Kapitänen vornehmlich über Fahrt und Zielort, Mischgebilde aus Abenteuer und Landeskunde. Die Beschreibungen des aus Hoorn stammenden holländischen Kapitäns Ijsbrandt Bontekoe über den indonesischen Archipel wurden zwischen 1646 und 1756 fünfzigmal aufgelegt. Neben ihm sind die Mitteilungen eines Verhoeff, van Caerden oder de Graaff zu nennen. Johannes de Laet brachte schon 1631 einen Bericht über das Mogulreich heraus, freilich in lateinischer Sprache. Isaac Commelin veröffentlichte 1646 eine Sammlung von Berichten aus dem Bereich der »Vereinigten Ostindischen Kompanie (Vereenigde Oostindische Compagnie, VOC)«, der eine weitere 1706 bis 1708, herausgegeben von Pieter van der Aa, folgte. So kam bereits im 17. Jahrhundert eine Sammlung von Beobachtungen zusammen, die Wissenswertes nicht allein über die geographische Struktur, die klimatischen Verhältnisse und Erzeugnisse der bis dahin unbekannten Territorien und deren Fauna und Flora boten, sondern sich mit Sitten und Gebräuchen und »staatlichen« Formen befaßten, mit der Konsequenz, daß das bisherige einigermaßen einheitliche Weltbild aufbrach und die eigene Sicht und Verhaltensweise relativiert wurde. Was sich in Europa infolge der reichen Kunde aus den neuen Territorien durchsetzte, war die Anerkennung der Vielfalt und damit der Besonderheit.

Die Europäisierung der Welt, an der europäische Staaten gleichsam gemeinschaftlich, obschon in härtester Konkurrenz zueinander teilnahmen, brachte auch Veränderungen in den innereuropäischen Machtverhältnissen. Es ließ sich nicht übersehen, daß die Expansionspolitik zugleich eine Fortsetzung der europäischen Auseinandersetzung in anderen Gewässern war. Die Machtverlagerung in Übersee vollzog sich im 17. Jahrhundert relativ rasch. Wo Spanien-Portugal im 16. Jahrhundert den Ton angegeben hatten, verschob sich das Schwergewicht auf die beiden atlantischen Staaten England und die Niederlande. Die Dominanz der Republik auf den Weltmeeren, die sich vielleicht am besten in der Monopolisierung des innerasiatischen Handels durch die VOC äußerte, verstärkte auch das Selbstbewußtsein dieses jungen Staates, der es vermochte, die Grenzen des Landes gegen Spanien zu verteidigen, zur Kenntnis einer neuen Welt beizutragen und darüber hinaus – für eine recht lange Periode – dort das Gesetz des Handelns weitgehend zu bestimmen. Nicht zuletzt durch die Erfolge in Übersee wuchs die Republik zu einer europäischen Großmacht heran. Sie war es politisch und wirtschaftlich, doch auch auf kulturellem Gebiet. Sie schöpfte aus Traditionen der vorrepublikanischen Zeit, gliederte sich in die intellektuelle Entwicklung Europas ein und schuf Neues, Eigenständiges und viel Bewundertes.

Die Konstitution der Republik

Es ist das Eigentümliche der republikanischen Konstitution, daß die politischen Entscheidungsträger nicht in großem Schwung einen radikalen Neuaufbau oder Ausbau der Institutionen vollzogen haben, und es gehört weiterhin zu den Eigenarten, daß sich entgegen dem zentralistischen Trend in Europa hier die von Beginn an föderalistisch geprägte Struktur erhalten, eher noch verstärkt hat und bis ins 18. Jahrhundert hinein die Grundlage der politischen Existenz geblieben ist. Unter den Institutionen spielten die in allen Provinzen verbliebenen jeweiligen Provinzialstände als der eigentliche Hort der Souveränität und die Generalstände eine wesentliche Rolle. Die Generalstände stellten sich nach außen hin als die zentrale Instanz in der republikanischen Struktur dar. Sowohl zeitgenössisch als auch in der historiographischen Nachwelt wurden sie mit der Republik identifiziert, die Begriffe synonym gebraucht. Das erklärt sich wohl daraus, daß sich in ihnen der einige Wille zum Aufstand verkörpert und daß dieses aus der monarchischen Zeit überkommene Organ im Unterschied zu früher auswärtige Kompetenzen übernommen hat, nachdem es zuvor in einer verkürzten Brüsseler Zusammensetzung mit der »Genter Pazifikation« von 1576 schon einmal die Politik des Landes sehr wesentlich hatte bestimmen können. Mit der militärisch bedingten Einengung der aufständischen Region auf die Provinzen der Union verstärkte sich die Position der Generalstände, die seit 1588 in Den Haag ihren festen Sitz erhielten und schon 1582 beschlossen hatten, ihre Resolutionen nur noch in niederländischer Sprache zu veröffentlichen, was ein Zeichen für neugewonnene Selbständigkeit bei endgültiger Verschiebung des aufständischen Zentrums von Süd nach Nord war. Seit 1593 tagten die Stände permanent. Zunächst und vor allem oblag den Generalständen die auswärtige Politik. Sie schlossen die Verträge, bestimmten über Krieg und Frieden. Bei ihnen waren die Diplomaten akkreditiert. Zugleich entschieden sie in einer Art Ergänzung zur auswärtigen Gewalt über die Landesverteidigung, obwohl es sich hier nicht um eine ausschließliche Kompetenz handelte. Entsprechend diesen Befugnissen oblag den Ständen auch die Bewilligung und Aufsicht über die Handelsgesellschaften in Übersee, ein Aufsichtsrecht, das ein Interventionsrecht enthielt und somit die Generalstände in einem weiteren Bereich gegenüber auswärtigen Mächten in eine zentrale Position rückte. Die Finanz- und Steuerbefugnisse blieben dagegen im wesentlichen auf die Ein- und Ausfuhrzölle, die »Convooien en Licenten«, als hauptsächliche Einnahmequelle beschränkt.

Gleich nach 1576 hatten sich die Generalstände auch mit Angelegenheiten der einzelnen Provinzen befaßt, nach 1590 nahmen sie jedoch ausschließlich die zentralen Befugnisse wahr. Die Position dieses Gremiums gegenüber der Außenwelt resultierte aus dieser Sachlage, und die Kompetenzbereiche entwickelten sich in logischer Konsequenz aus dem Anspruch der Utrechter Union, der in Artikel I lautete, daß alle Provinzen aufzutreten hätten, als ob sie nur eine Provinz seien. Gleichwohl hieß solcher sich nach außen und in der Außenpolitik artikulierende Einheitsanspruch nicht Preisgabe des unmittelbar nach dem Aufstand postulierten Souveränitätsprinzips, das provinzialständisch festgeschrieben war. Die Generalstände besaßen immer nur eine abgeleitete Souveränität. War dies schon eine Erschwernis für zügiges politisches Handeln, so wurde die Lage noch dadurch schwieriger, daß die in den Generalständen in Den Haag vertretenen Abgesandten in den meisten Fragen mit einem imperativen Mandat anreisten. Diese juristische Voraussetzung konnte politische Konsequenzen haben. Sie barg die Möglichkeit, Entscheidungsprozesse zu verschleppen. Sicherlich nicht zu Unrecht schrieb noch 1751 der Oranierfreund Willem Bentinck, Herr von Rhoon und Pendrecht: »Diese Regierungsform wirkt sich so aus, daß zu den wichtigsten Entscheidungsfragen zwei oder drei Spitzbuben die heilsamsten Beschlüsse verhindern können.« Jene Form des Mandats war von besonderer Bedeutung, wenn der Unionsvertrag Einstimmigkeit für die Gültigkeit der Beschlüsse voraussetzte, wie in der Frage von Krieg und Frieden und bei der Erhebung neuer Steuern. In der Praxis ging die Forderung nach Einstimmigkeit noch weiter. Die Geschichte der niederländischen Republik ist reich an Beispielen für politisch untragbare Uneinigkeit, die sich aus dem Sonderinteresse einzelner Provinzen und hier einzelner Städte ergab. Dazu schreibt S. J. Fockema Andreae: »Der kämpfende Löwe mit Pfeilbündel und Schwert, mit dem Spruch ›Concordia res parvae crescunt‹, von Beginn an Wappen und Wahrzeichen der Republik, widerspiegelte bis zum Ende die nationale Tugend der starken Einmütigkeit, die gleichsam das Ideal blieb, wenn auch die Wirklichkeit oft weit hinter diesem hohen Anspruch zurückblieb.« Trotz der deutlich zentrifugalen

Kräfte in der Republik konnte dieser Staat funktionieren, durchaus zum Erstaunen seiner Umwelt.

Der Niederländer Pieter Bondam hat in seiner Betrachtung zur Staatsform der niederländischen Republik geschrieben, daß als Gegengewicht zu einer »unbegrenzten Demokratie« und als Gegensatz zur Aristokratie immer die statthalterliche Würde gedient habe. Man könne in diesem Sinne mit Recht sagen, daß die Statthalterschaft das »notwendige Übel« der Republik sei. Die Warnung vor der »unbegrenzten Demokratie« ist kaum so wichtig wie der Hinweis, daß der Statthalter in der politischen Kräfteverteilung der Republik einerseits als eine bestimmende Kraft aufgetreten, andererseits keine natürliche, aus der Staatsform entspringende verfassungsrechtliche Institution gewesen ist. Die Entscheidung für die Republik, die nach dem Tod des Oraniers endgültig fiel, schuf eine Staatsform, die auch formal keinen Statthalter mehr zuließ. Daß man diese Institution dennoch in die Republik übernommen hat, mag man als einen »konservativen Zug« des niederländischen Aufstandes werten; man kann ihn auch bei allem ständischen Selbstbewußtsein als ein Zeichen der Schwäche der neuen politischen Entscheidungsträger, ganz sicher aber als ein militärisches Erfordernis sehen. Dabei blieb der Statthalter in der gleichen Position wie zur monarchischen Zeit: Er war Statthalter jeweils einer Provinz, niemals der einer Gesamtheit, etwa der Generalstände. Nicht ohne Grund dürften die holländischen Stände Moritz von Oranien den Titel »Gouverneur en Capiteyn Generaal« mit auf den Weg gegeben haben. Sie vermieden den Begriff »Statthalter«, der jedoch später in den politischen Sprachgebrauch wieder aufgenommen wurde. Die Kompetenzen dieses Amtes schlossen weitgehend an die Befugnisse der monarchischen Zeit an. Den Statthaltern oblag es, über die »wahre christliche Religion« zu wachen, worunter das reformierte evangelische Bekenntnis zu verstehen war. Er hatte ferner für eine geregelte Justiz Sorge zu tragen, wobei die Kompetenzen nicht genau festgelegt wurden. Zur politisch wichtigsten Funktion zählte die Neubildung der städtischen Magistrate. Dieses Recht stellte eine ebenso konkrete wie im Hinblick auf die ständischen Souveränitätsprinzipien anomale Funktion des Statthalters dar. Die Stadtregierungen konnten zwar selbst einen doppelten Wahlvorschlag machen und damit eine gewisse Vorauswahl treffen, aber insgesamt zeigte die Konstitution in diesem Punkt noch ihren stärksten monarchischen Zug.

Die Gefahr statthalterlicher Befugnisse in der städtischen Politik war besonders dann gegeben, wenn der Statthalter außerhalb der in den Privilegien festgesetzten Zeit nach seinem Willen, ohne das städtische Vorschlagsrecht, eine Neubesetzung durchführte. Hier konnte die Anomalie der statthalterlichen Institution eine den staatsrechtlichen Prinzipien abträgliche Auswirkung haben. Solche Maßnahmen traf der Statthalter im Falle des Notstandes, wobei es offenblieb, wer eine Situation zum Notstand erklären durfte. Moritz von Oranien, Nachfolger Wilhelms I. im Amt des Statthalters, hat bei den Unruhen während seiner Auseinandersetzung mit dem Ratspensionär Johan van Oldenbarnevelt die Magistrate nach eigenem Gutdünken mit seinen Leuten besetzt und später sogar eine Indemnitätsakte von den Ständen erhalten. Derlei Befugnis war nur sinnvoll, solange es spanientreue Regierungen gab. Als widersinnig unter staatsrechtlichen Gesichtspunkten erwies sie sich nach Konsolidierung der Republik, und kein Geringerer als Hugo Grotius hat in seiner 1622 im Pariser Exil verfaßten »Apologie« diese Befugnis des Statthalters auf dem Boden provinzialständischer Souveränität heftig angegriffen. Die Funktion des Statthalters als »Provinzialkapitän«, die Ausübung der militärischen Gewalt, verlieh den politischen Befugnissen ihren Nachdruck. Sie war dann von besonderer Bedeutung, wenn der Amtsträger in mehreren Provinzen als Statthalter auftrat. Das war die Sachlage für die ganze republikanische Zeit. Obwohl die Befugnisse nicht ganz deutlich umrissen waren, nahm der Statthalter in Zusammenarbeit mit »kommittierten Räten«, das heißt einer Gruppe ständischer Vertreter, auf jeden Fall die Aufsicht über die Truppenverschiebungen, das »Patentrecht«, wahr, das den Oberbefehl über alle Truppen einschloß. Verbunden mit dem Ansehen, das die Statthalter aus dem Hause Oranien bei den Truppen genossen, worüber Grotius in seiner »Apologie« aus nächster Anschauung zu berichten wußte, konnten diese Amtsträger zu einer sehr wirksamen politischen Macht im Streit mit den städtischen Regenten werden.

Obwohl anfangs die Regenten selbst die Statthalter einsetzten, wurde niemals ein durchgehend positives Verhältnis zwischen der neuen staatstragenden Schicht und den Statthaltern als dem »Überrest« einer abgeworfenen Regierungs- und Staatsform gefunden. Die Regenten fühlten sich bald von einer staatlichen Institution beengt, die mit ihrem Staats- und Souveränitätsbegriff, wie sie ihn im »Großen Memorandum« des François Vranck vom Oktober 1587 gegen den englischen Grafen Leicester niederlegten, nicht übereinkam. Ihre Konflikte mit den Statthaltern erschütterten sodann die Republik in ihren Grundlagen und zeitigten entsprechende Folgen: Moritz' Streit mit Oldenbarnevelt hat lange nachgewirkt, Wilhelms II. Zug gegen Amsterdam führte zu zwei Jahrzehnten statthalterloser Zeit. Für die Regenten wurde die Statthalterschaft, obwohl sie zunächst ein Provinzialamt war, zur Beschränkung ihres provinzialständischen Regionalismus oder Partikularismus, ihrer eigenen Machtsphäre also. Der grundsätzliche Konflikt hatte sich bereits zur Zeit des

Erzherzogs Matthias und des Herzogs von Anjou gezeigt und war gegen den Grafen Leicester voll zum Austrag gekommen, als die holländischen Stände 1585 zur Wahrung ihrer provinziellen Selbständigkeit den Oraniersohn Moritz als eine exponierte Persönlichkeit gegen die Zentralisierungsbestrebungen des Engländers zu ihrem Statthalter machten. Das Problem war jedoch, daß nach dem Abzug Leicesters die oranischen Statthalter weitaus stärker, als es die ständisch-städtische Aristokratie je sein wollte, aufgrund der Bindung an mehrere Provinzen in Personalunion den Einheitsgedanken verkörperten und als militärische Oberbefehlshaber, »Generalkapitäne«, der Union den Zusammenhalt auch gegen partikularen Anspruch der Provinzen zu fördern versuchten. Das schuf angesichts der Ausgangspunkte der niederländischen Republik ein reiches Konfliktpotential. Die Position des Statthalters war trotz seiner militärischen Gewalt als Generalkapitän nicht einfach. Zum einen mußte die Mehrheit der Provinzen, die politische Absicherung, gegeben sein, zum anderen mußte trotz Mehrheitsentscheidung die Unionsexekutive als besonders schwer gelten, wenn sie sich gegen die wichtigste Provinz, gegen Holland, kehrte. Auf jeden Fall lag in der Aufgabe, die auseinanderstrebenden Teile der Union zusammenzuhalten und die militärischen Lasten der Gesamtheit zu übernehmen, für den Provinzialstatthalter die Möglichkeit, aus dem Bereich provinzialständischer Souveränität in einen Raum relativ großer Selbständigkeit vorzustoßen. Das gelang weniger Moritz von Oranien, ganz sicher aber seinem Nachfolger, Friedrich Heinrich von Oranien, und in besonders starkem Maße dem späteren König-Statthalter Wilhelm III. Solche Unterschiedlichkeiten sind nicht eindeutig zu erklären. Die Erfordernisse des Krieges reichen als Begründung kaum aus. Zu berücksichtigen ist auch die wachsende Bedeutung der Niederlande in den europäischen Auseinandersetzungen, die schon für die erste Hälfte des 17. Jahrhunderts als säkularer habsburgisch-französischer Konflikt zu charakterisieren sind.

Im Rahmen dieses Konflikts bot sich der monarchisch-absolutistisch regierenden und regierten Außenwelt jene Instanz der Niederlande als Repräsentantin, welcher der Ruch der monarchischen Tradition anhing und die in einem für den Außenstehenden nicht ganz durchsichtigen partikularistisch orientierten Regierungssystem am ehesten noch einen Staat verkörperte, dessen militärisches und finanzielles Potential es zu nutzen galt. Im Unterschied zu Moritz von Oranien verstand es sein Nachfolger Friedrich Heinrich, den Umgang mit den städtischen Aristokraten geschickter zu handhaben, so daß der französische Kardinal Richelieu ihn im Vertrag von 1635 als den eigentlichen Vertreter der Republik ansah. Es war verständlich, daß dieser Oranier den Titel »Hoheit«

erhielt, die Erblichkeit der Statthalterschaft für alle Provinzen und des Generalkapitänsamtes durchzusetzen vermochte und daß er einen monarchengleichen Lebensstil führte, der nichts mit dem republikanischen Ausgangspunkt zu tun hatte und den zeitgenössischen Beobachter Samuel de Sorbière zu der Bemerkung veranlaßte, von Friedrich Heinrich als dem glanzvollsten Fürsten der Welt zu reden. Aber solche Entwicklung zur Selbständigkeit hatte ihre Kehrseite, ihre Grenzen, da sie die Anomalie der Institution auf die Spitze trieb. Das blieb ohne Konsequenzen, solange eine deutliche Interessenharmonie zwischen dem Statthalter und der stärksten Provinz bestand. Doch in dem Augenblick, in dem die Selbständigkeiten des Statthalters, seine militärischen und politischen Unternehmungen Interessendivergenzen andeuteten, war ein Konflikt angelegt, der dahin führen konnte, daß man das Amt des Statthalters aus der Konstitution herausnahm. Friedrich Heinrich strebte nicht bloß die Verteidigung des Nordens, sondern auch eine Veränderung im Status der Südprovinzen an, sei es durch Eroberung, Teilung oder Kantonnement. Nichts davon wurde schließlich realisiert. Es blieb bei Erwägungen, oder es kam zu Verträgen und mißglückten militärischen Versuchen. Auf jeden Fall kam Mißbehagen bei den holländischen Ständen auf, da eine etwaige Hineinnahme Brabants und Flanderns in die Union eine Bedrohung der holländischen Hegemonie bedeutet hätte. Da stieß sich die Politik des Statthalters am Partikularismus der mächtigen Provinz. Der Widerstand richtete sich auch gegen die Absicht, die Chancen eines Friedens nicht sondieren zu wollen. Die in den vierziger Jahren gegen Friedrich Heinrich wachsende Opposition der Regenten setzte 1648 schließlich den Westfälischen Frieden durch. Der Sohn und Nachfolger des Oraniers, Wilhelm II., bekam die Fülle des Widerstandes zu spüren. Seine Aktionen im Zusammenhang mit der von den Regenten gewünschten Abdankung der Soldaten und sein Zug gegen Amsterdam mochten Zeichen statthalterlicher Selbständigkeit sein, liefen aber auf ein Fiasko hinaus und führten geradewegs nach seinem raschen Tod zur statthalterlosen Zeit, die, formal gesehen, ohne das Statthalteramt die eigentliche republikanische Epoche war und einen ersten Höhepunkt des Selbstbewußtseins einer städtischen Regentenklasse darstellte. Die nachfolgenden Statthalter, Wilhelm III. und Wilhelm IV., lebten zwar in dem gleichen Konflikt, führten ihn jedoch auf einem für sie günstigen politischen Hintergrund, weil ihnen die Opposition breiterer Volksschichten gegen die Regenten zugute kam.

Die Wechselfälle in der Entwicklung des eigentlich republikfremden Statthalteramtes vermögen etwas von der Unruhe zu vermitteln, die innenpolitisch immer wieder die nach außen hin scheinbar so gefestigte und konsolidierte Republik wenn nicht voll erschüttert, so doch in Bewegung gebracht hat. Obwohl das gesamte Regierungssystem im wesentlichen kollegial konstruiert war, mit städtischen Magistraten, Provinzialständen, Generalständen, bot es gerade wegen der kollegialen Struktur ausgemacht politischen Köpfen die Gelegenheit, zumindest zeitweilig die Politik nach ihren Wünschen auszurichten. Die oranischen Statthalter gehörten dazu, aber mehr noch die Ratspensionäre, die nichts anderes als ein Provinzialamt wahrnahmen, sich aber in Verbindung mit der Provinz Holland zu den wohl wichtigsten Amtsträgern für die gesamte Politik entwickelte. Schon der Vorsitz in den Provinzialständen der mächtigsten Provinz schuf bei den starken zentrifugalen Tendenzen der Republik die Voraussetzung für eine bestimmende Stellung im Gesamtverband. In der Provinz redigierte der Ratspensionär die Beschlüsse, den Briefausgang, arbeitete bei der Finanzverwaltung mit und übernahm allmählich die Korrespondenz mit dem Ausland. Das entsprach angesichts der internationalen Verflechtung des Aufstandes und später der zentralen Position des Landes im Rahmen des europäischen Staatensystems der Funktion eines Außenministers, und als solchen sah die Außenwelt ihn an. Aber eine derartige Aufgabe war von vornherein nicht festgelegt. Sie erwuchs historisch aus dem frühen holländisch-seeländischen Alleingang im Aufstand; was dort dem Ratspensionär als Recht zukam, wurde später als Übung in die Republik übernommen. Die Anerkennung solch ungeschriebenen Rechts hing von der politischen Qualität des Amtsinhabers, von seinem Geschick und nicht zuletzt von seinem Erfolg ab. Das niederländische Kollegialsystem brachte immer solche politischen Spitzen in der Gestalt von Ratspensionären hervor, die selbst ihren politischen Handlungsspielraum zu bemessen verstanden und vergessen ließen, daß die städtischen Regenten die Träger der Republik waren. Die Konfliktträchtigkeit des Amtes lag zum einen in der Wahrung der ständisch-städtischen Regenteninteressen gegenüber dem Statthalter, zum anderen im Dualismus zwischen den Interessen seiner Provinz und der Republik – und von einer Identität solcher Interessen konnte nicht immer die Rede sein, zumal im 17. Jahrhundert das holländische Interesse weitestgehend von Amsterdam bestimmt wurde. Johan van Oldenbarnevelt, Johan de Witt und Anthonie Heinsius waren die Ratspensionäre, die im 17. Jahrhundert, in jener Blütezeit der Niederlande, die politischen Weichen stellten, innen- und außenpolitisch, und denen es eine Zeitlang gelang, die Schwierigkeiten des Amtes zu bewältigen, als unbestrittene politische Führer aufzutreten.

Generalstände, Provinzialstände, Statthalter, Ratspensionäre – sie waren Institutionen, aus der Vergangenheit übernommen, nicht in jedem Fall mehr logisch, jedoch legitim, sich mit neuem Bewußtsein füllend, zugleich Institutionen, die nebeneinander dem Souveränitätsanspruch der Provinz zu entsprechen und zugleich die Notwendigkeiten eines gewissen Maßes an zentraler Leitung vor allem unter dem Zwang der kriegerischen Auseinandersetzung zu berücksichtigen hatten. Ein Institut, das die gemeinsamen Belange verwalten sollte, war der Staatsrat, der »Raad van State«, der mit dem Staatsrat der monarchischen Zeit nicht zu vergleichen und völlig abhängig von den Generalständen war. Als zentrales Organ verwaltete er lediglich, er regierte nicht, und die Entwicklung seiner Kompetenzen, die jeweils nur auf Assistenz bei der Ausführung der Beschlüsse der Generalstände lauteten, mit deutlicher Tendenz des Abbaus der Zuständigkeiten, widerspiegelte die Abneigung der Provinzen gegen den geringsten Ansatz von Zentralisierung. In seinen stets wechselnden Verantwortlichkeiten, die sich schließlich auf Finanzen und Kriegführung konzentrierten, war er von den Ständen völlig abhängig. Eine gewisse Selbständigkeit erhielt er lediglich in der Verwaltung der von der Republik eroberten Gebiete jenseits der Südgrenze, in Landschaften, die sich zum größten Teil noch in der Hand Spaniens befanden. Sie wurden als »Staats-Brabant« oder »Staats-Vlaanderen« von der Republik verwaltet, ohne als Provinzen Sitz und Stimme in den Generalständen zu erhalten.

Statthalter Friedrich Heinrich: ein Monarch in der Republik?

Schon bei Moritz von Oranien und dann erst recht bei seinem jüngeren Halbbruder Friedrich Heinrich, einem Sohn Wilhelms I. von Oranien und der Louise von Coligny, wurde deutlich, daß die Steigerung der militärischen Position der Republik und wachsendes Ansehen des Hauses Oranien eng miteinander verbunden waren. Das galt nach innen wie nach außen. Daß ein erfolgreicher Heerführer mit enger Bindung an die neue Nation nur ein beamteter Abhängiger eines unpersönlichen Gremiums von Regenten sein sollte, wollte schlichteren Gemütern nicht in den Kopf. Friedrich Heinrich war in seinen jungen Jahren kein Kind von Traurigkeit, doch früh befähigt in militärischen Dingen, ein echter Schüler seines Halbbruders Moritz, der seinerseits beim Mathematiker und Naturwissenschaftler Simon Stevin Festungsbau studierte. Über sehr viel weitergehendes Interesse ist nichts bekannt. Aber Moritz bezeugte auch Sinn für Dynastisches. Ihm ging es um die Konsolidierung des Hauses Oranien, um dessen engste Verbindung mit der Republik. Derartiges hatte der Vater nach dem Todesschuß des Balthazar Gérard im Prinzenhof zu Delft in den letzten Sekunden vor seinem Ableben zum Ausdruck gebracht: »Mon dieu, ayez pitié avec ce pauvre peuple.« Dynastie ließ sich nur fortführen, wenn Nachwuchs bereitstand oder man ihn zumindest in Aussicht nahm. Dazu hatte Moritz von Oranien selbst nichts unternommen. Sich eine Mätresse zu halten und es sogar bei einer zu belassen, mag in den Niederlanden zeitgemäß gewesen sein, vielleicht auch Bescheidenheit offenbart haben, aber der Konsolidierung von Dynastie dienten weder eine monogame noch eine polygame Form der Liebschaft. Vor seinem Tod drohte er Friedrich Heinrich allerdings, ihn zu enterben, falls er nicht für eine legitime Sicherung der Dynastie Oranien sorge. Er befahl ihm die Heirat.

Der einundvierzigjährige Friedrich Heinrich entzog sich der Order nicht. Bei der Suche blieb er in Reichweite. Er heiratete seine damalige Mätresse, Amalia von Solms-Braunfels, die Hofdame am kleinen Exilhof des Winterkönigs in Den Haag war. Die Ehe war fruchtbar, und das gleich zu Anfang. Schon im Mai 1626 wurde ein Sohn geboren. Die Generalstände beschlossen mehr oder weniger spontan, als Pate des jungen Prinzen aufzutreten. Ein Glückwunschkomitee wies auf die Verwurzelung des Hauses Oranien in der Republik und auf den Mythos »Wilhelm von Oranien« hin. Der junge Prinz Wilhelm, so hieß es, möge gottesfürchtig aufwachsen und in die Fußstapfen seines Großvaters, Vaters und Onkels treten, um der Freiheit und dem Schutz des Landes zu dienen. Friedrich Heinrich wußte darauf zu antworten, in überreicher Höflichkeit und einem dem offiziellen Status entsprechenden Wortgebrauch: Ein Diener der Hochmögenden Herren Stände sei geboren, so ließ er verlauten, und er hoffe, daß die Stände nicht nur Paten, sondern auch Väter des jungen Prinzen sein würden. Die Stände als Erzieher eines Oraniers – das spiegelte die konstitutionellen Verhältnisse trefflich wider. Friedrich Heinrich hat sich später selbst noch einmal die bescheidene Funktion des Statthalters als eines Dieners zugemessen, als er auf dem Sterbebett lag: »Ich bin der Herren Stände Diener«, habe er geflüstert, berichtete sein Hofprediger. Es gibt keinen Grund, an der Glaubwürdigkeit dieser Quelle zu zweifeln. Der niederländische Historiker Jan Poelhekke, kundigster Friedrich-Heinrich-Biograph der Gegenwart und immer gut für die eine oder andere hintergründige Sottise, bemerkt, die Intonation des formal bescheidenen Flüsterwortes sei nicht überliefert. So könne man nicht wissen, ob es sich um süß-säuerliche Selbstironie oder um Bekundung von Traurigkeit gehandelt habe, weil er, Friedrich Heinrich, es nicht weiter als zu diesem Amt des Statthalters gebracht habe. Völlig falsch freilich sei es, diese letzten Worte als Bekenntnis der Untertänigkeit gegenüber den Ständen zu deuten. Poelhekke beizupflichten, fällt nicht schwer, denn für die Jahre zwischen 1625 und dem Todesjahr 1647 ist angesichts des Lebensstils sowie der politischen Haltung des Statthalters die

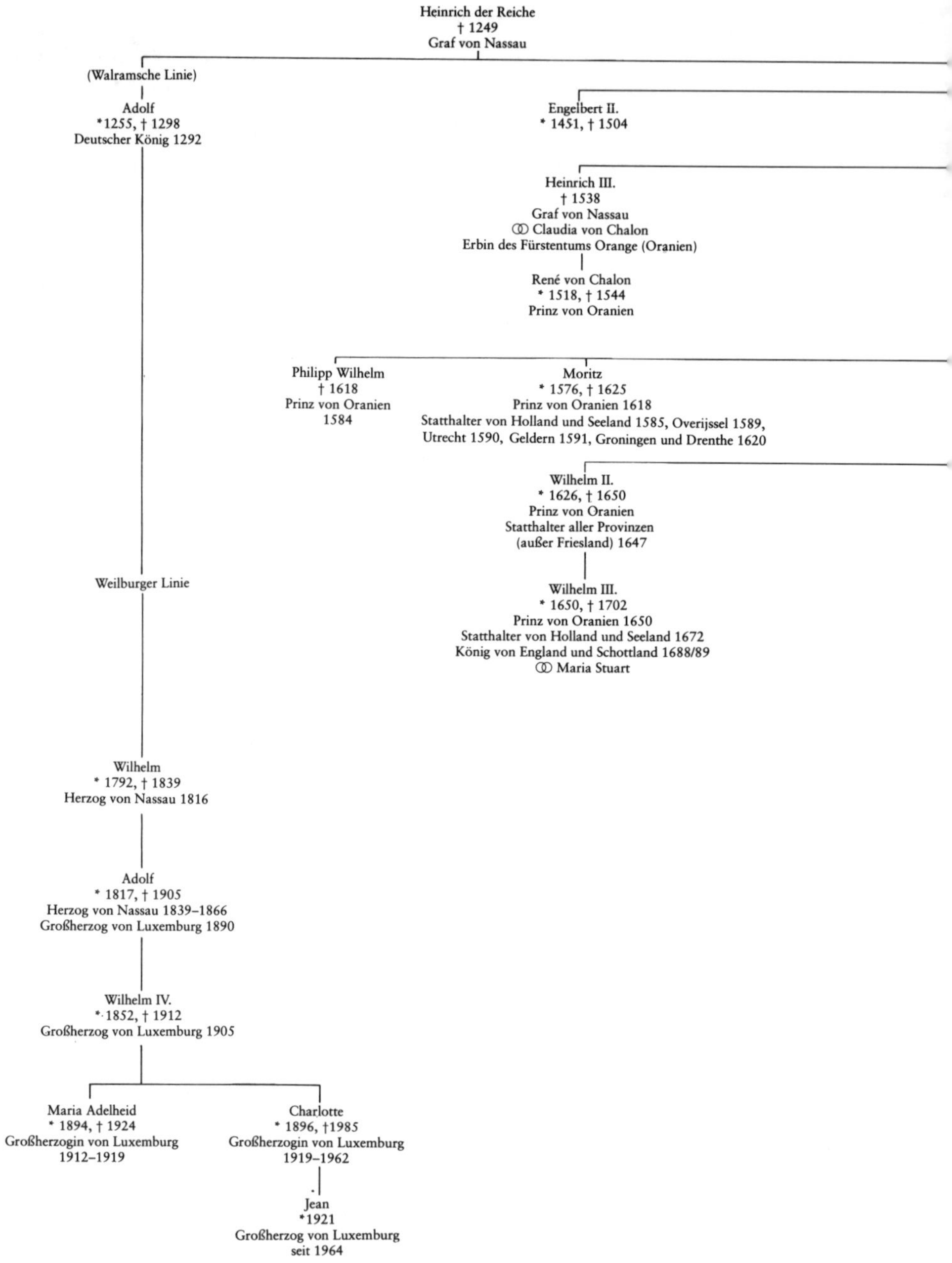

Heinrich der Reiche
† 1249
Graf von Nassau

(Walramsche Linie)

Adolf
*1255, † 1298
Deutscher König 1292

Engelbert II.
* 1451, † 1504

Heinrich III.
† 1538
Graf von Nassau
⊕ Claudia von Chalon
Erbin des Fürstentums Orange (Oranien)

René von Chalon
* 1518, † 1544
Prinz von Oranien

Philipp Wilhelm
† 1618
Prinz von Oranien
1584

Moritz
* 1576, † 1625
Prinz von Oranien 1618
Statthalter von Holland und Seeland 1585, Overijssel 1589,
Utrecht 1590, Geldern 1591, Groningen und Drenthe 1620

Wilhelm II.
* 1626, † 1650
Prinz von Oranien
Statthalter aller Provinzen
(außer Friesland) 1647

Weilburger Linie

Wilhelm III.
* 1650, † 1702
Prinz von Oranien 1650
Statthalter von Holland und Seeland 1672
König von England und Schottland 1688/89
⊕ Maria Stuart

Wilhelm
* 1792, † 1839
Herzog von Nassau 1816

Adolf
* 1817, † 1905
Herzog von Nassau 1839–1866
Großherzog von Luxemburg 1890

Wilhelm IV.
*· 1852, † 1912
Großherzog von Luxemburg 1905

Maria Adelheid
* 1894, † 1924
Großherzogin von Luxemburg
1912–1919

Charlotte
* 1896, †1985
Großherzogin von Luxemburg
1919–1962

Jean
*1921
Großherzog von Luxemburg
seit 1964

Die Häuser Nassau und Nassau-Oranien

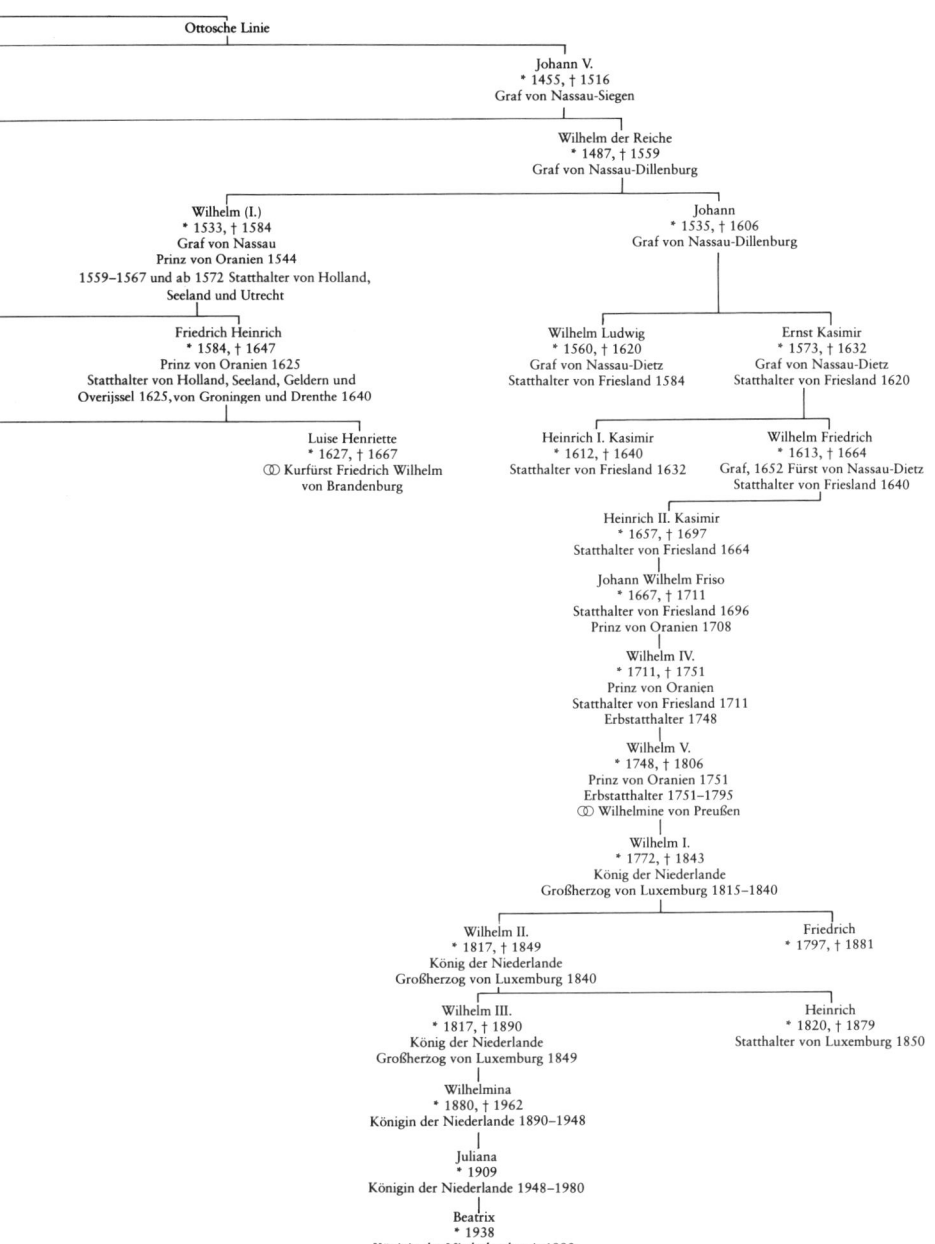

Ottosche Linie

Johann V.
* 1455, † 1516
Graf von Nassau-Siegen

Wilhelm der Reiche
* 1487, † 1559
Graf von Nassau-Dillenburg

Wilhelm (I.)
* 1533, † 1584
Graf von Nassau
Prinz von Oranien 1544
1559–1567 und ab 1572 Statthalter von Holland,
Seeland und Utrecht

Johann
* 1535, † 1606
Graf von Nassau-Dillenburg

Friedrich Heinrich
* 1584, † 1647
Prinz von Oranien 1625
Statthalter von Holland, Seeland, Geldern und
Overijssel 1625, von Groningen und Drenthe 1640

Wilhelm Ludwig
* 1560, † 1620
Graf von Nassau-Dietz
Statthalter von Friesland 1584

Ernst Kasimir
* 1573, † 1632
Graf von Nassau-Dietz
Statthalter von Friesland 1620

Luise Henriette
* 1627, † 1667
⚭ Kurfürst Friedrich Wilhelm
von Brandenburg

Heinrich I. Kasimir
* 1612, † 1640
Statthalter von Friesland 1632

Wilhelm Friedrich
* 1613, † 1664
Graf, 1652 Fürst von Nassau-Dietz
Statthalter von Friesland 1640

Heinrich II. Kasimir
* 1657, † 1697
Statthalter von Friesland 1664

Johann Wilhelm Friso
* 1667, † 1711
Statthalter von Friesland 1696
Prinz von Oranien 1708

Wilhelm IV.
* 1711, † 1751
Prinz von Oranien
Statthalter von Friesland 1711
Erbstatthalter 1748

Wilhelm V.
* 1748, † 1806
Prinz von Oranien 1751
Erbstatthalter 1751–1795
⚭ Wilhelmine von Preußen

Wilhelm I.
* 1772, † 1843
König der Niederlande
Großherzog von Luxemburg 1815–1840

Wilhelm II.
* 1817, † 1849
König der Niederlande
Großherzog von Luxemburg 1840

Friedrich
* 1797, † 1881

Wilhelm III.
* 1817, † 1890
König der Niederlande
Großherzog von Luxemburg 1849

Heinrich
* 1820, † 1879
Statthalter von Luxemburg 1850

Wilhelmina
* 1880, † 1962
Königin der Niederlande 1890–1948

Juliana
* 1909
Königin der Niederlande 1948–1980

Beatrix
* 1938
Königin der Niederlande seit 1980

Frage zu stellen, ob denn der Beobachter es immer noch mit einer Republik, ihren selbstbewußten Bürgern und einem beamteten Adeligen zu tun hatte. Die calvinistischen Prediger ließen unmittelbar nach dem Tod des Friedrich Heinrich das Volk wissen, er habe gelebt und gehandelt, als ob er der Souverän des Landes gewesen sei. Aber das Volk wußte das ohnehin. Und mehr noch: Beim Tod des Statthalters Moritz hatte sich eine Delegation der Stände im Vorraum des Sterbezimmers aufgehalten, um dort die Todesstunde abzuwarten. Die Generalstände lehnten beim Tod Friedrich Heinrichs einen ähnlichen Vorschlag ab, weil solches Verhalten allzusehr den Ruch der höfischen Schmeichelei trage. Für die Vertreter der Provinz Holland war jene Reaktion sicherlich ganz normal, erstaunlich war sie allerdings für die der sechs übrigen Provinzen, von denen man sagte, daß sie völlig im Bann dieses Oranierprinzen stünden.

Wenn der Geldersche Adelige Alexander van der Capellen bereits 1630 schreiben konnte, der Prinz verfüge alles nach eigenem Gutdünken und ihm sei alles übertragen worden, dann zeigte dies sehr deutlich die Problematik der politischen Struktur. Auf der einen Seite befand sich die bürgerliche Welt des Handels und Gewerbes mit dem politischen Anspruch auf Souveränität, auf der anderen Seite die Gesellschaft des adligen Militärs mit dem Oranier an der Spitze, der schon aufgrund des politischen Ursprungs der Dynastie ein hohes Maß an Autorität verkörperte. Autorität und militärische Leistung waren eng miteinander verbunden. Friedrich Heinrich befand sich in einer günstigen Ausgangsposition, weil sein Halbbruder Moritz in seinen letzten Jahren gegen den Spanier Ambrogio Spinola nur noch auf wechselndes bis geringes Kriegsglück hatte verweisen können. Dem Nachfolger bot sich die Chance, verlorenen Boden wiederzugewinnen. Ihm wurde bald der Name »Städtebezwinger« beigegeben, was martialisch klingen mochte, aber als Kosename gedacht war. Moritz hatte noch die Stadt Breda an die Spanier verloren; sie wurde erst 1637 von Friedrich Heinrich zurückerobert. Zuvor hatte er eine Stadt nach der anderen eingenommen. 1627 viel Groenlo in Geldern in seine Hand, nachdem 1626 sein Vetter Ernst Kasimir Oldenzaal erobert hatte. 1629 folgte, nachdem Spinola die Niederlande verlassen hatte, s'-Hertogenbosch, 1632 die Festung Maastricht. Wenngleich er Venlo und Roermond den Spaniern überlassen mußte, konnte er insgesamt das Territorium der Republik erheblich erweitern und mit der Eroberung von Sas van Gent an der südlichen Schelde-Mündung in etwa so abrunden, wie sich die Niederlande heute darstellen.

Begleitet wurde Friedrich Heinrich bei seinen Feldzügen von einer Kommission der Generalstände, die den Gang der Dinge kontrollierte, ohne vom Kriegshandwerk etwas zu verstehen. Das Gremium von Vertrauten trug dazu bei, die

Zustimmung der Generalstände zu den prinzlichen Aktivitäten im Schnellverfahren herbeizuführen. Es will scheinen, als habe sich die Souveränität in Gestalt der ständischen Kommittierten neben die Autorität des prinzlichen Heerführers gestellt. Aber zählte sie etwas im Augenblick des militärischen Erfolges? Nach außen drang die Kunde vom Sieg immer in Verbindung mit dem Namen des Oraniers. Das hieß zum einen den mythischen Glanz eines Freiheitskämpfers und seines Hauses immer wieder neu aufpolieren und rückte zum anderen die Geldgeber, die städtischen Regenten, in die Anonymität. Das war ein nahezu natürlicher Vorgang in einer monarchischen Umwelt, in der man sich fragte, ob es überhaupt einen Unterschied zwischen Blasphemie und Republik gäbe. Was bedeutete schon in dieser Welt jenseits der republikanischen Grenzen ein bürgerliches Selbstbewußtsein widerspiegelndes Porträt des Kaufmanns im Vergleich zu einer weit zurückreichenden Ahnengalerie des in erster Linie militärisch anerkannten Adels? Nicht viel außerhalb der Häuser an den Grachten Amsterdams oder den Kanälen Leidens. Es war folgerichtig, wenn sich in den Augen von Potentaten oder von den politischen Handel betreibenden Repräsentanten des Auslandes die Position des Statthalter von der eines ständischen Beamten zu der einer quasi-monarchischen Spitze mit den ständischen Vertretern als ebenso lästiger wie überflüssiger Entourage verschob. Zwar begriffen sich die ständischen Oligarchen als die Souveräne der Republik, doch zum einen zeigten sie nicht zu jedem Zeitpunkt Konfliktbereitschaft, zum anderen waren sie untereinander nicht einig genug, um jeden Augenblick die Bereitschaft auch ausleben zu können. Hier spielte der immer virulente Gegensatz zwischen der mächtigen Seeprovinz Holland und den Landprovinzen eine Rolle, in denen der Adel sich auch politisch noch stärker zu artikulieren vermochte und auf der Seite des Oraniers stand.

Die Konfliktkonstellation im Verhältnis der Provinzen zueinander kam in den Generalständen zum Austrag, denen im Rahmen der Utrechter Union Militär- und Außenpolitik zu entscheiden oblagen. Angesichts des mit dem militärischen Erfolg gewachsenen Vertrauens in den Oranier und der damit verbundenen erhöhten Autorität lag es nahe, daß man den Prinzen auch zu einem Mitregenten in außenpolitischen Fragen machte, und dies auf eine ganz spezifische Art. Ihm wurde eine Art Geheimkabinett, »Secreet Besogne«, bestehend aus Vertretern der Generalstände, zugestanden, die er schließlich sogar selbst auswählen durfte – ein Gremium, das hochpolitische Entscheidungen vorbereitete und durchsetzte. Die Entscheidungsmacht des Friedrich Heinrich demonstrierte zum Beispiel der Vertrag, den die Republik 1635 mit Frankreich über die Aufteilung der spanischen Niederlande abschloß – gegen den Willen großer

Regentengruppen Hollands. Der venezianische Gesandte Vincenzo Gussoni nannte dieses Gremium die »Regierung«, während die holländischen Regenten die Rolle einer Opposition zugedacht erhielten. Indem Poelhekke die Mitglieder »einen Haufen gefügiger Ja-Sager« nennt, dürfte er ins Schwarze getroffen haben. Die Institution des Geheimkabinetts stellte jedenfalls eine Aufwertung des Amtes und der Person des Statthalters dar, die in keiner Weise mit den Stipulationen der Utrechter Union übereinstimmte, ganz sicher aber republikanischem Geist widersprach. Es reichte noch nicht, daß schon zuvor die Erblichkeit der Statthalterschaft zugunsten des Sohnes Wilhelm für die fünf unter Friedrich Heinrichs Amt stehenden Provinzen festgeschrieben worden war. Für den 12. Januar 1637 findet sich im Tagebuch des prinzlichen Sekretärs Constantijn Huygens die Eintragung: »Heute beginnen wir auf der ausgehenden Post des Prinzen den Titel ›Hoheit‹ einzutragen.« Die neue Benennung war keine niederländische Idee, sondern eine Großzügigkeit des allerchristlichen Königs Ludwig XIII. von Frankreich. In einem Handschreiben ließ er seine »sehr lieben Freunde und Alliierten« im Haag wissen, daß es keinen Titel gebe, den der bis dahin nur mit »Exzellenz« adressierte Statthalter nicht verdient habe. Er nannte den Titel im Handschreiben nicht, sondern ließ ihn von seinem Botschafter mündlich übermitteln. Das war effektvoll, und es entbehrte nicht einer gewissen Anmaßung oder gar Unverschämtheit, solchen Titel in einer Gesellschaft anzubieten, die ihren Monarchen gerade verabschiedet hatte. Die Initiative wurde in der Republik entsprechend kühl aufgenommen, aber man begriff sehr wohl, daß eine Zurückweisung einer Beleidigung des Monarchen gleichgekommen wäre. War es schon für Kardinal Richelieu anläßlich des niederländisch-französischen Offensiv-Defensiv-Bündnisses von 1635 eine Wohltat, mit einem Mann aus durchaus renommiertem, obwohl zuvor aufmüpfigem Adelsgeschlecht parlieren zu können und nicht immer mit bürgerlichen Knoten verhandeln zu müssen, denen ohnehin der Ruch der Rebellion anhing, so muß es für den französischen Monarchen geradezu eine Genugtuung gewesen sein, eigenmächtig solche Titel in der Republik als Zeichen hoher Wertschätzung prinzlicher Tugenden anzubieten und den Bürgern, deren Vorfahren sich gegen die zentralistische Herrschaft ihres Monarchen gekehrt hatten, zu demonstrieren, was man von ihnen hielt. Wenngleich jene Zeit des 17. Jahrhunderts eine gewisse Inflation der Titelvergabe brachte, war die Verleihung solcher Ehren sozial doch von erheblichem Gewicht. Da mochte sich der Amsterdamer Regent Adriaan Pauw, von 1631 bis 1636 als Ratspensionär höchster politischer Amtsträger, über die Titelinflation lustig machen, mit Ironie ließ sich die Bedeutung dieses französischen Vorstoßes nicht herunterspielen. Daß Kaiser Ferdinand II. dem Oranier ein Jahr zuvor angeboten hatte, ihn als Herrn von Moers in den Reichsfürstenstand zu erheben, war ein weiterer Beweis für die politische Würdigung, die dem Oranier entgegengebracht wurde. Das Vorhaben scheiterte am Widerstand der Generalstände, was den Statthalter veranlaßte, die Sache nicht weiter zu verfolgen. Es gibt keinerlei Anzeichen dafür, daß sich Friedrich Heinrich auf irgendeine Weise geziert hätte, die freundlich verpackte Anmaßung des französischen Königs zu akzeptieren. Er war auch gar nicht der Mann danach, sich gegen Äußerungen einer internationalen Adelssolidarität zu wehren. Vermutet wird außerdem, daß er, der als letzter Oranier nach seinem Vater auf die alte burgundisch-habsburgische Einheit zumindest bis zur Sprachgrenze zielte, im Erfolgsfall auf die Souveränität des Hauses Oranien gepocht hätte, zumal er erwiesenermaßen immer das alte Herzogtum Brabant, nie aber die Provinz Holland als das eigentliche Zentrum niederländischen Lebens betrachtet hat.

So betriebsam die Außenpolitik jener Jahre und so aufregend die militärische Entwicklung gewesen sein mag – schließlich stand der Zugriff auf einen Teil der spanischen Niederlande in Aussicht –, so ruhig verlief in dieser Zeit des Friedrich Heinrich die Innenpolitik. Die große Alteration der Jahre 1618/19, die mit der Hinrichtung des Ratspensionärs Oldenbarnevelt endete, beruhigte sich. Um es paradox auszudrücken: Die Wiederaufnahme des Krieges gegen Spanien nach Ablauf des Waffenstillstandes 1621 ließ Frieden einziehen. In Leiden, Utrecht oder Groningen, den Universitätsstädten, sprach man sich für eine gemischte aristokratisch-monarchische oder gar gemäßigte monarchische Regierungsform aus. Der Historiograph, Dramatiker und Lyriker Pieter Cornelisz. Hooft, aus altem Regentengeschlecht stammend und als Drost von Muiden tätig, ließ sich von Tacitus über den Bürgerkrieg als Folge unbegrenzter Freiheit und die Vorteile einer gemäßigten Monarchie belehren. Der Historiker und Gelehrtensohn, der sich selbst ein wenig als der Tacitus der Niederlande sah, trug seine »niederländische Geschichte« dem Statthalter Friedrich Heinrich auf. Der Ratspensionär Jacob Cats, aus Kaufmannsgeschlecht und in erster Linie ein landesweit bekannter Produzent gereimter Lebensweisheiten, veröffentlichte Verse über den großen Fürsten, den Segen für das Land, den weitberühmten Namen – eine Art Apotheose also nach Art des Jacob Cats. Auch Dichterheld Joost van den Vondel wußte anfänglich Schönes über den Oranier, den Sieg, die Familie zu schreiben, um sich wenig später gegen Kriegführung überhaupt und damit das Lebenselexier des Prinzen zu kehren. Er war freilich eine Ausnahme. Der Prinz stieg durch Siege in der Gunst des Volkes, weil Sieg auch Schutz hieß, und wer die Siege nicht unmittelbar miterlebt hatte, der konnte sie in zahllosen Flugschriften der Zeit nachvollziehen.

Der Oranier war geschickt genug, aus der ihm so herzlich zugetragenen Anerkennung nicht sogleich offensiv politisches Kapital zu schlagen. Zunächst gab er sich betont einfach, höflich, reserviert. Aus seiner Autorität heraus stellte er keine Ansprüche. Die Anrede »Euer Gnaden« wies er zurück, »Eure Exzellenz« schien ihm zu genügen. Den Schwager des Hugo Grotius ließ er, als dieser die gerade vermählte Amalia von Solms »Euer Exzellenz Gemahlin« nannte, wissen, sie sei »Frau« oder »Weib« zu nennen. Er sei ein Holländer, in Delft geboren, und kenne den deutschen Prunk nicht. Solche Präsentation von Bescheidenheit wirkte in ihrer Betonung der holländischen Abkunft einigermaßen aufgesetzt, war jedoch insofern begreiflich, als sie sich gleich zu Beginn seiner Statthalterschaft 1625 zutrug. Sie muß in ihrer Glaubwürdigkeit auch auf die ganz frühen Amtsjahre begrenzt bleiben. Denn bald entwickelten Friedrich Heinrich und seine Familie eine Hofkultur, die eine Adelskultur war. Einer anderen Lebensform oder gar der Gleichmacherei in der Anrede hätte sich eine so adelsbewußte, wenn auch das Französische nur miserabel beherrschende Frau wie Amalia von Solms widersetzt. Die Hinwendung zur Hofkultur geschah in Wiederaufnahme des oranischen Hoflebens in der burgundisch-habsburgischen Periode, das Wilhelm I. sowohl in Brüssel als auch in der Provinz, etwa in Breda, gepflegt hatte und das der Aufstand zwangsläufig unterbunden hatte. Gerade in den ersten anderthalb Jahrzehnten des Aufstandes galt Pflege einer höfischen Kultur nicht mehr als hochrangiges Thema. So hegte der erste Nachfolger des »Vaters des Vaterlandes«, Moritz von Oranien, wohl nie die Absicht, ein höfisches Leben aufzubauen.

Die von Friedrich Heinrich, seiner Familie und den Verwandten gelebte Hofkultur war zwar eine europäische, aber keine öffentliche wie in Frankreich, sondern eine zutiefst private. Man konnte die französische Form gar nicht nachahmen, weil die öffentliche Funktion des Hofes als Äußerung des Herrschaftsanspruchs in der Republik fehlte. Als Amtsträger war der Oranier selbstverständlich eine öffentliche Figur, und in dieser Rolle hielt er sich in der statthalterlichen Wohnung in jenem Gebäude auf, in dem auch die holländischen Stände und die Generalstände tagten. Er lebte gleichsam im Schatten und in Reichweite seiner Brotherren. Doch privat entwickelte er einen Lebensstil, der sich in die vorherrschende Bürgerlichkeit nicht so leicht einordnen ließ, solange die Regenten und reichen Kaufleute sich darauf beschränkten, in ihren Stadtwohnungen zu bleiben und keine adeligen Grundherrschaften mit der dazugehörenden Titulatur zu erwerben. Unter Friedrich Heinrich war die Entwicklung einer höfischen Kultur durch ein mit dem Aufstand eng verbundenes Haus sozial etwas Besonderes. Es äußerte sich in Bauten, Ausstattung, Festen und darüber hinaus im intensiv gepflegten Umgang mit dem Adel des Auslandes und hatte zumal für jene eine Faszination, die sich mit der »My home is my castle«-Mentalität der niederländischen Stadtbürger abfinden mußten. Reisende haben noch auf der Schwelle des Hauses sitzende Kaufmann-Unternehmer oder ebendort ein Brot kauende Kauffrauen ebenso beschrieben wie die Abgeordneten der Generalstände, die in Alltagskleidung aus Stoffen in Farben nach eigenem Gusto auftraten; selbst Pantoffel scheinen als geeignetes Kleidungsstück akzeptiert worden zu sein. Man sollte solche Erscheinungsformen eines bürgerlichen Äußeren nicht verallgemeinern, gleichwohl unterlag bürgerliche Präsentation einer Schlichtheit, neben der sich höfisches Leben einigermaßen anachronistisch ausnahm. Ein derart kontrastreiches Bild bot sich in Den Haag noch zur Zeit des Moritz von Oranien. Dort war der Winterkönig, Friedrich von der Pfalz, mit seiner Frau Elisabeth, der Tochter des englischen Königs, und großem Gefolge eingetroffen. Das Winterpalais der pfälzischen Familie am Kneuterdijk in Den Haag geriet zum zentralen Ort adeligen Wohllebens in der Emigration. Die großen Feste, Jagd- und Rennveranstaltungen mit allem Zubehör prägten ein wenig die Haager Landschaft. Bezahlt wurde das alles aus Subsidien, die die englischen Könige Jakob und Karl oder Friedrich Heinrich und die Generalstände auf den Tisch legten. Die Notwendigkeit der protestantischen Allianz machte offensichtlich solche Feste möglich. Am statthalterlichen Hof drängten sich ebenfalls die nahen und fernen Verwandten und solche, die gar nicht verwandt waren, aber im ständischen Heer Dienst taten und allemal zum europäischen Hochadel zählten. Die Listen der Trauergäste, die 1625 dem Sarg des Moritz und 1647 dem des Friedrich Heinrich folgten und bei dieser Gelegenheit noch letzte Dienste verrichteten, vermitteln einen guten Eindruck von der Adelskonzentration in Den Haag.

So entwickelte sich eine Adelsgesellschaft in der bürgerlich geprägten Welt, deren Existenz sich zunächst aus der konfessionellen Spaltung Europas und den damit verbundenen Allianzbedürfnissen rechtfertigte. Den Haag galt als Finanzzentrum der protestantischen Welt. Das wußte Gustav Adolf von Schweden genausogut wie der türkische Sultan. Aber dieses höfische Leben gewann seine Eigendynamik, sobald die zentralen Persönlichkeiten über ihre Verbundenheit mit Aufstand und Nation hinaus verstärkt entwickelten, was in der Literatur als privates Selbstverständnis einer Familie des europäischen Hochadels bezeichnet worden ist. Statthalter Friedrich Heinrich war trotz seiner vielen militärischen Erfolge und bei aller Zurückhaltung nicht der Mann, der sich im Dienst der Republik erschöpfte, ohne seine Zugehörigkeit zum hohen europäischen Adel zu betonen. Falls er dabei irgendwie zögerlich gewesen sein sollte, dürfte ihm seine Frau das ausgetrieben haben. Die Dynastie Oranien, die mit dem durch Tod und Scheidung bedingten Frauenwechsel Wilhelms I. sich ebensowenig hatte konsolidieren können wie mit der Ehelosigkeit des Moritz, nahm erst mit Amalia von Solms ihren eigentlichen Anfang. Sie kam aus dem Hofstaat des pfälzischen Winterkönigs und darf als jene gelten, die lange nach dem Tod ihres Gemahls und über die statthalterlose Zeit nach 1650 hinaus die Oranientradition hochgehalten hat. Selbst aus keinem geringen Hause stammend, brachte sie den Hang zur Betonung adeliger Sonderstellung mit und unterstrich den Dynastiecharakter des Hauses Oranien durch die Intensität ihrer Verbindung zum Statthalter, dem außereheliche Eskapaden nicht nachzuweisen waren. Friedrich Heinrich und Amalia von Solms arbeiteten gemeinsam am Ausbau einer höfischen Infrastruktur, die sich von der bürgerlichen Welt trennte und das Stadtbürgertum auch nicht zur Nachahmung anregte, wie das eineinhalb bis zwei Jahrhunderte zuvor noch in den burgundischen Niederlanden der Fall gewesen ist. Ob das niederländische Bürgertum der Vorlagen des höfischen Lebens nicht mehr bedurft habe, weil der Geist des Erasmus von Rotterdam zu höherer Bedeutung gekommen sei, wie das in jüngster Zeit festgestellt worden ist, will ob solch bürgerlicher Reinheit etwas illusionär erscheinen, abgesehen davon, daß es, wie Olaf Mörke darlegt, lediglich den Bereich »bürgerlich-regentischer Hochkultur« abzudecken vermag.

Die Ausbildung eines neuen höfischen Milieus ließ sich natürlich nicht über Veranstaltungen fröhlicher Feste allein realisieren. Zur adeligen Präsentation zählten zudem die Bautätigkeit, die Akquisition von Kunstschätzen und die kostspielige Schau eines Mäzens. Tatsächlich sorgte die statthalterliche Familie für eine rege Bautätigkeit. Das alte Stadtschloß Oude Hof, heute Noordeinde, in Den Haag, das 1609 schon dem Friedrich Heinrich von den holländischen Ständen zum Geschenk gemacht worden war, ließ er umbauen, von Jacob van Campen, einem der berühmtesten Architekten der Republik, und dem Hofarchitekten Pieter Post. Von hier aus bot sich die Möglichkeit, in unmittelbarer Anschauung der nur unweit gelegenen Versammlungsgebäude der holländischen Stände und der Generalstände das Amt wahrzunehmen, was sich noch besser vom statthalterlichen Wohnquartier im Binnenhof aus durchführen ließ. Außerhalb Den Haags zogen Honselaarsdijk, Huis Ter Nieuwburch in Rijswijk, in dem 1697 der Friede geschlossen wurde, und schließlich Huis Ten Bosch, ein für Amalia bestimmter Wohnsitz, heute Sitz der niederländischen Königin, das Interesse der Öffentlichkeit an. Hier wurden Architekten und Maler der ersten Kategorie Europas herangezogen. Das Ergebnis war imponierend, zumal für den nordniederländischen Raum. Die Familie Oranien präsentierte sich damit ganz privat und europäisch-hochadelig. Huizinga hat einmal geschrieben, daß der niederländischen Architektur die strenge Gebärde des Barock gefehlt habe. In den Bauwerken des Friedrich Heinrich kam sie allerdings sehr wohl zur Geltung, vor allem in der geometrisch-symmetrischen Anlage der Gärten, die einem Vergleich mit denen des Palais du Luxembourg in Paris standhielten. Gärten und Parks wurden von Claude Monet, dem Schöpfer einiger königlicher Gärten in Frankreich, entworfen. Ein Franzose, Jacques de la Vallée, avancierte auch zum Hofarchitekten des Oraniers gegen ein Jahreshonorar von 800 Gulden. Zu den Großzügigkeiten adeligen Lebens gehörte es, mehrere Projekte gleichzeitig in Angriff nehmen zu lassen. Friedrich Heinrich war da nicht anders; es entsprach der fürstlichen Allüre der Zeit.

Der Sommersitz für Amalia von Solms, das Huis Ten Bosch, wurde nicht mehr zu Lebzeiten des Statthalters vollendet. Amalia ließ den zentralen Raum des Hauses, den Oraniensaal, 1652 von dem flämischen Maler Jacob Jordaens ausmalen, wohl im Sinne des verstorbenen Gemahls. Es handelt sich bei der Szenerie um die Allegorie »Friedrich Heinrich als Triumphator«, um den »Oranier als Schöpfer einer Epoche von Glück, Frieden und Prosperität, dessen Weg durch die Götter selbst vorgezeichnet worden ist«. Daß Militär in seiner Umgebung eine große Rolle gespielt hat, macht dieses Gemälde deutlich. Es gehörte selbstverständlich zum guten Ton eines adeligen Hauses, die ganze Ahnengalerie um sich zu haben. Dafür bestellten die Oranier in Wien die Porträts von Kaiser Ferdinand II. und dessen Sohn; selbst Maria von Medici, Königinmutter von Frankreich, Witwe Heinrichs IV. und noch am Hofe Ludwigs XIII. lebend, ließ anfragen, ob sie sich sitzend oder stehend konterfeien lassen sollte. Ob Friedrich Heinrich selbst ein Kunstkenner gewesen ist oder als Förderer von Kunst und Kultur eingestuft werden kann, läßt sich bei aller nachweisbaren Sammelleidenschaft kaum feststellen. Daß er mancherlei in seinen Besitzungen zusammengetragen hat, ist erwiesen, ebenso, daß er Hofarchitekten beschäftigt hat, aber keine Kunde spricht von einem Maler, den er in festem Sold gehabt hätte. Dennoch waren viele Maler für ihn tätig. Eine erste, 1632 bis 1634 erfolgte Inventarisierung seines Gemäldebestandes verrät eine deutliche Vorliebe für flämische Maler und solche der unter italienischem Einfluß, abseits des holländischen Stils stehenden Utrechter Schule. Gleiches machte sich bei der malerischen Ausgestaltung seiner Besitzungen und bei der weiteren Sammeltätigkeit bemerkbar. Friedrich Heinrich bevorzugte den von Anthonis van Dyck und Peter Paul Rubens und deren Nachfolgern geprägten internationalen Hofstil mit seinem stark historisch-allegorischen Charakter und wählte für seine Sammlungen jene aus, die diesem Stil am nächsten kamen.

Es gibt keine Zeugnisse dafür, daß solcher deutlich auf die Besonderheit des eigenen Standes abhebende Lebensstil übermäßiges Unbehagen in einer Welt ausgelöst hätte, in der Souveränität nicht mehr monarchisch bestimmt gewesen ist. Anders verhielt es sich, als die eheliche Verbindung zwischen der ältesten Tochter des englischen Königshauses und dem Oraniensohn Wilhelm zustande kam. Für Amalia von Solms war das der Höhepunkt der Ambitionen. Was konnte es Besseres geben als die Verbindung ihrer Familie mit einem der führenden europäischen Fürstenhäuser? Friedrich Heinrich scheint sich ihrem Enthusiasmus gebeugt zu haben, wenngleich er wußte, daß englische Zustimmung zu solchem Verbund nur ein Köder für niederländische Hilfe im Kampf gegen die Schotten sein konnte, während der Oranier von dieser Verbindung erwartete, die Neigung Karls I., mit Spanien anzubändeln, gerade durch den Kampf gegen Schottland, eindämmen zu können. Der Gesandte der Generalstände, François van Aerssen van Sommelsdijk, erläuterte 1640 diesen zwei Jahre zuvor von Maria von Medici lancierten Plan bei Karl I.: »Durch diese Heirat wird es Ihnen möglich sein, die Interessen Seiner Hoheit und der Vereinigten Provinzen an sich zu binden; demgegenüber steht, daß, wenn Sie Ihr Haus mit einem mächtigeren als dem Ihren verschwägern wollen, Sie von dessen Ehrgeiz nichts zu erwarten haben, aber die Zuneigung Ihrer Tochter verlieren können, die Sie dann zwingen, aus Interessen zu heiraten, die den Ihrigen voll entgegenstehen.« Trotzdem stimmten die Generalstände dieser Ehe zu, aber es geschah nur halbherzig. Die Eheschließung brachte den Statthalter in dem Maße in Bedrängnis, in dem sich der Konflikt zwischen Karl I. und seinem Parlament verschärfte. Friedrich Heinrich hielt in diesem Punkt die von den Ständen geforderte Neutralität nicht ein. Die monarchische Allianz weckte das alte republikanische Gefühl bei Regenten und orthodoxen Calvinisten und ließ den Verdacht aufkommen, der Oranier wolle eine monarchische Usurpation unternehmen. Stimmungsmäßig bahnte sich bei den Regenten jene Reaktion an, die nach dem Tod Wilhelms II. zur statthalterlosen Zeit führte. Selbst am englischen Hof scheint man an einen Staatsstreich des Prinzen gegen die ständische Souveränität geglaubt zu haben, abgesehen davon, daß dort einige Höflinge falsche Vorstellungen von der Macht des Prinzen hatten. Ein englischer Historienschreiber und strenger Royalist stellte fest, daß der Statthalter seiner englischen Schwiegertochter wie ein Untertan seinem Souverän und nicht wie ein Vater seinem Kind gegenübergetreten sei. Es fügte sich in solche Stimmung, wenn erzählt wurde, daß anläßlich eines Diners für die in die Niederlande angereiste englische Königin und ihre Tochter Mary zuerst auf das Wohl des Prinzen, dann erst auf das der Generalstände getrunken worden sei. Die anwesenden Regenten sollen dies moniert haben: Der Prinz sei Diener der Stände und stehe in ihrem Sold. Daraufhin soll ein französischer Kavallerieoberst geantwortet haben, ein Fürst, der gerade seinen Sohn mit einer Tochter Englands und zugleich Enkelin Frankreichs verheiratet habe, müsse sich schämen, der Diener von Brauern, Bäckern und Filzproduzenten zu sein.

Die bei den ständischen Vertretern aufkommende Aversion gegen diese Entwicklung wurde durch die höfisch geprägte Präsentation der neuen Verwandtschaft noch geschürt, zumal alles aus der niederländischen Staatskasse bezahlt wurde. Am Jubelfest nahm Joost van den Vondel mit geeigneten Sprüchen ebenso teil wie der Regentensproß Pieter Cornelisz. Hooft. Die unter dem Einfluß calvinistischer Prädikanten stehenden breiteren Volksschichten dürften diese katholische Heirat kaum goutiert haben; immerhin lag der Vater der Braut im Konflikt mit den schottischen Protestanten. Der Argwohn wuchs, als es um die Vorverhandlungen zum Westfälischen Frieden ging, denn auf oranischer Seite war es in keiner Weise deutlich, daß Friedensschluß zu den geeigneten politischen Instrumenten zählte. Friedrich Heinrich hat diesen Friedensschluß nicht mehr erlebt. Er starb 1647 als in Europa anerkannte Autorität, deren militärischer Leistung allein die endgültige Sicherheit der Republik zu verdanken war. Seine Autorität ist groß genug gewesen, um selbständig außenpolitische Schritte zu unternehmen und bürgerliche Kräfte auf seine Seite zu ziehen. Schließlich hatte er das Glück, niemals mit einem innenpolitischen Konflikt konfrontiert zu werden, wie das seinem Halbbruder noch geschehen war. Als sein Sohn einen solchen Konflikt heraufbeschwor, indem er ein sehr umstrittenes Unternehmen gegen die Stadt Amsterdam startete, scheiterte er. Die Folge war der Durchbruch zum reinen Republikanismus, der sich auch ohne das Amt des Statthalters zu behaupten vermochte und der jetzt zum ersten Mal in aller Entschiedenheit theoretisch begründet wurde. Die Zeit des großen Aufatmens schien angebrochen zu sein, die Zeit der »ware vrijheid« und ihrer unkontrollierten Oligarchie.

Die Disqualifikation eines Amtes: Statthalter Wilhelm II. und die nachfolgende statthalterlose Zeit

Dem Höhepunkt statthalterlicher Macht folgte der Niedergang des Amts, von einem Absturz gar kann die Rede sein, und dieser war verbunden mit dem Namen Wilhelm II., des Friedrich Heinrich-Sohnes.

Der junge Statthalter leistete sich einen Fehlgriff, als er begann, die mächtigste Stadt der Republik anzutasten, das bis dahin hochgezüchtete stadtbürgerliche Selbstbewußtsein zu stören. Er tat dies zudem in einer Zeit, in der die Stände auf den gewaltigen Erfolg des Westfälischen Friedens von 1648 zurückschauen konnten, auf einen Erfolg, den sicherlich nicht alle Provinzen als einen solchen empfanden, der aber ganz gewiß nicht im Sinne des Statthalters war. Der Friedensschluß hatte innenpolitische Konsequenzen in den Niederlanden. So entstand Ende 1649 ein Streit über die Friedensstärke des niederländischen Heeres. Er war zunächst nicht politisch, sondern finanziell geprägt. Bei Wilhelm II. weckte die holländische Einstellung, die finanziellen Lasten für die Armee so begrenzt wie möglich zu halten, nur Argwohn. Aber die Stände mißtrauten ihrerseits dem Statthalter, von dem sie annahmen, daß er mit französischer Unterstützung auf eine Wiederaufnahme des Krieges gegen Spanien zusteuerte. Die Stände Hollands zielten vor allem auf den Abzug der noch im Lande stehenden französischen Truppen, auf die sich der Statthalter, wenn es darauf angekommen wäre, am meisten hätte verlassen können. Ihrem Verständnis von Souveränität folgend, beschlossen die holländischen Stände nach langwierigem Hin und Her über die Anzahl der Abdankungen und gegen den Wunsch der Mehrheit der Generalstände, die Zahlung des Soldes für die zu ihren Lasten gehenden Truppenkontingente einzustellen.

Der Oranier brachte in den Generalständen einen Beschluß durch, demzufolge ihm der Auftrag erteilt wurde, die holländischen Städte zu besuchen und die Ordnung herzustellen, falls er das für notwendig erachtete. Nach Auskunft des Zeitgenossen Lieuwe van Aitzema scheinen lediglich Seeland, Groningen und Overijssel für diese Entscheidung gestimmt zu haben, während Friesland und Utrecht sich enthielten, Holland und Geldern den prinzlichen Entwurf ablehnten. Trotzdem galt der Beschluß als angenommen, und der Prinz führte persönlich eine Deputation der Generalstände zum Besuch in den holländischen Städten an. Die ganze Unternehmung lief auf ein Fiasko hinaus, und zwar für den Oranier. Dordrecht fand sich gar nicht erst zur Beratung ein, lediglich Leiden zeigte sich wohlwollend, Den Briel und Rotterdam ließen sich einschüchtern, auch die übrigen Städte blieben hartnäckig bei dem, was die Stände ihres Territoriums beschlossen hatten. In Amsterdam wurde die Deputation nicht einmal bei der Versammlung der Stadträte zugelassen. Daraufhin beschloß Wilhelm II., Amsterdam mit einer Truppenmacht zu besetzen. Darüber hinaus plante er, am Tag der Besetzung eine Reihe holländischer Regenten zu arrestieren und in Festungshaft zu nehmen. Die Verhaftung erfolgte tatsächlich. Zu den Arrestanten zählten: Jacob de Witt, Bürgermeiser von Dordrecht, Jan de Wal, Bürgermeister von Haarlem, Albert Ruil, Syndikus von Haarlem, Jan Duyst van Voorhout, Bürgermeister von Delft, Nanning Keyser, Syndikus von

Hoorn, und Nicolaas Stellingwerf, Syndikus von Medemblik. Diese sechs Regenten wurden auf die Festung Loevestein verbracht. Die Besetzung Amsterdams mißlang. Die vor den Mauern zusammengezogenen Truppen fanden die Stadt in Wehr und Waffen. Immerhin kam es zu Verhandlungen, bei denen die Amsterdamer zwei Bürgermeister aus der Bicker-Familie ersetzten und auch ein gewisses Entgegenkommen in der Truppenfrage bewiesen. Nach diesem Ergebnis zog Wilhelm seine Truppen zurück und entließ die sechs sogenannten Loevesteiner am 3. August 1650 aus der Haft.

Die kurze Affäre, die sehr deutlich werden ließ, was Regentenkreise über das Amt des Statthalters in Friedenszeiten dachten, hatte insofern keine Folgen, als der Prinz im November 1650 an den Pocken starb. Die Regenten kümmerten sich rasch darum, solches Konfliktpotential für die Zukunft auszuschalten. Auf Betreiben der Provinz Holland fanden sich die Generalstände 1650 zur »Großen Versammlung (Grote Vergadering)« ein. Diese Ereignisse von 1649/50 mit der Großen Versammlung als Abschluß sind gar nicht hoch genug einzuschätzen, weil sich hier zum ersten Mal der niederländische Staat als Republik ohne Statthalter präsentiert hat und weil die traditionell föderalistische Grundstruktur dieser europäischen Nord-West-Region voll zum Tragen gekommen ist. Kaum war der Westfälische Frieden abgeschlossen, da ermöglichte es der Zufall, der Tod des Prinzen von Oranien, eine Republik im wahrsten Sinne des Wortes ohne jenen monarchischen Überrest einzuführen. So begann das, was man die Zeit der »ware vrijheid« genannt hat. Oder anders gewendet: Das »Goldene Jahrhundert« ließ sich für die Regenten nunmehr auch konstitutionell konkretisieren. Die »Faktion der Loevesteiner«, jener kurz zuvor noch arrestierten Regenten, stipulierte den Kurs in Richtung auf Wahrung des Systems unter Ausschaltung der Statthalterschaft, volle Bestätigung provinzieller Souveränität. Die Versammlung vertrat die Ansicht, daß zur Regierung ein Statthalter nicht notwendig war. Holland ging voran, unter der Führung Amsterdams. Seeland, Utrecht, Overijssel und Geldern folgten. Nur Friesland und Groningen hatten noch einen Statthalter, galten deshalb als Außenseiter. Bei jener Streichung des Statthalteramtes blieb es nicht. Auch das Amt des Generalkapitäns blieb unbesetzt, also genau jenes Amt, dessen Kompetenzen die Provinzialstände Hollands aus ihrem Souveränitätsdenken heraus beschneiden wollten.

Zugleich schrieb diese Große Versammlung das Repartitionssystem fest, übertrug den Provinzen die Ernennung und Beförderung von Offizieren. Durch die direkte Zuweisung des militärischen Sektors an die einzelnen Provinzen war auf jeden Fall die Gefahr gebannt, daß sich irgend jemand dieser Truppen gegen die Stadt oder Provinz bedienen konnte. Hält man dazu noch fest, daß die Versammelten zwar die Ergebnisse der nationalen Synode von Dordrecht anerkannt, Maßnahmen gegen katholische kleine »Frechheiten« aber den Stadtregierungen überlassen haben, dann sieht man sich doch einer echten Abrundung des städtischen und provinziellen Kompetenzbereiches gegenüber. Daß innerhalb dieses föderalen Systems die Provinz Holland weiterhin unbestritten die Führung hatte, war angesichts der Finanzkraft der Provinz einsichtig. Wie Oldenbarnevelt zur Zeit des Statthalters Moritz von Oranien gleichsam die Regentenseite vertreten hatte, so übernahm der aus Dordrecht stammende Ratspensionär Johan de Witt in der von 1650 bis 1672 andauernden statthalterlosen Zeit das Ruder. Der 1654 drei Jahre alte potentielle Nachfolger seines Vaters, Wilhelm III., wurde – wie jedes Mitglied des Hauses Oranien – von der Statthalterschaft in Holland ausgeschlossen und durfte auch nicht von den Generalständen in das Amt des Generalkapitäns eingeführt werden. Das war keine einfache Absichtserklärung mehr, sondern ein in der »Ausschlußakte (Acte van Seclusie)« schriftlich fixierter Beschluß der holländischen Provinzialstände. Das Motiv zu einer so schwerwiegenden Fixierung stellten die Erfordernisse der Außenpolitik, hier konkret die Wünsche des Oliver Cromwell. Aber es dürfte de Witt, schließlich selbst Republikaner und von der unbehinderten Regentenregierung überzeugt wie kein anderer, kaum schwergefallen sein, solche Forderungen zu erfüllen. Allerdings wurde die Entscheidung in geheimer Ständeberatung getroffen. Einstimmigkeit ließ sich nicht einmal in der eigenen Provinz erreichen, und als dann der Alleingang in den Generalständen ruchbar wurde, protestierten die anderen Provinzen. Das mußte nicht die Folge einer immer noch lebendigen Oranientreue sein, sondern ließ sich auch aus der Verärgerung über britische Ansprüche verstehen, die einer innenpolitischen Intervention gleichkamen. Der Ratspensionär sah sich gezwungen, sein Verhalten in der »Deductie« für die Öffentlichkeit zu erläutern.

Abgesehen davon, daß Hollands de Witt staatsrechtlich ein einigermaßen außerhalb der Legalität liegendes Spiel trieb, wenn er Entscheidungen auch für die Generalität im Alleingang traf, wirkte die damit eingegangene Verbindung von Innen- und Außenpolitik, die sich für den Republikaner in diesem Augenblick günstig ausnahm, wie ein Bumerang und förderte mit der Zunahme hegemonialer Tendenzen einzelner Staaten im europäischen Mächtekonzert die Position des Prinzen von Oranien. Das setzte sich insbesondere dann durch, wenn allmählich im Lande selbst eine prinzentreue Faktion heranwuchs, die sich mit der gänzlichen Ausschaltung des Hauses Oranien nicht abfinden mochte. Als in England Karl II., Onkel des Prinzen von Oranien, Cromwell ablöste und

Generalitätsland

Die Republik 1648

König wurde, zog de Witt die »Ausschlußakte« zurück. Er kehrte sich auch nicht gegen die Provinz Seeland, die das Amt des Ersten Adligen in der Ständeversammlung wieder einführte und den jungen Prinzen dafür benannte. Die Oranier sind immer Erste Adlige in Seeland gewesen. 1666, während des zweiten englischen Krieges, beschlossen die holländischen Stände auf Bitten Amalias, der Witwe Friedrich Heinrichs, den Prinzen Wilhelm zum »Kind van Staat« zu erklären und seine Ausbildung in die Hand zu nehmen. Das bot sich als ein Mittel, die stärker werdenden Oranientreuen zu beruhigen und gleichzeitig den Oranier auszuschalten, der im übrigen im Alter von achtzehn Jahren sehr wohl begriff, daß für ihn die Selbstverständlichkeit, mit der seine Vorgänger in das Amt des Statthalters und Generalkapitäns gekommen waren, nicht mehr galt. Der Friede von Breda 1667 beendete den zweiten englischen Krieg. Es war für die Niederlande ein siegreiches Ende, erfochten mit der eigenen Stärke zur See, aber auch mit Hilfe französischer Landtruppen. Doch die Friedensbestimmungen gestaltete de Witt für England ausgesprochen mild. Zum einen erblickte er in England einen künftigen Koalitionspartner gegen voraussehbare französische hegemoniale Ambitionen, zum anderen schien er die Prinzenfaktion im eigenen Land von seinem guten Willen überzeugen zu wollen. Obendrein tendierte die Amsterdamer Regentschaft unter Gillis Valckenier dazu, sich gegenüber de Witts Politik unabhängiger zu machen, so daß er jedwede Unterstützung brauchte. Schließlich versuchte er vermutlich, auf diese Weise in ihm wenig wohlgesonnenen Kreisen den Eindruck zu verwischen, er sei der Champion der französischen Allianz, um dem Prinzen von Oranien die Rückkehr in die ihm rechtmäßig zukommenden Ämter zu versperren. Innenpolitisch allerdings ging das höchstens schrittweise. In Ergänzung der Entscheidung, den Prinzen als »Kind van Staat« zu erziehen, fertigten die holländischen Stände das »Ewige Edikt (Eeuwig Edict)« aus, das das Statthalteramt für immer als Bestandteil der holländischen Konstitution ausschloß und in dem das Amt des Generalkapitäns als unvereinbar mit dem Statthalteramt in einer der Provinzen erklärt wurde. Dieses Edikt bestätigte in mehr abstrakter Form die »Ausschlußakte«, enthielt aber insofern einen den Erfordernissen der Zeit angepaßten Kompromiß, als die Möglichkeit, wenigstens das Amt des Generalkapitäns zu bekleiden, nicht verschlossen wurde. Es war recht deutlich, daß es den holländischen Regenten darauf ankam, politische und militärische Macht auseinanderzuhalten. Der Kompromißcharakter entsprach nicht dem Geschmack der Extremisten, weder unter den Orangisten noch unter den Republikanern. Außerdem handelte es sich wieder um den Alleingang der mächtigsten Provinz, obwohl Johan de Witt sich von Beginn an an die anderen Provinzen gewandt hatte, um dort in bezug auf die Person des Oraniers Übereinstimmung zu erzielen. Es dauerte immerhin drei Jahre, ehe ein Konvergenzbeschluß zustande kam, die »Acte van Harmonie«. Darin wurde die holländische Entscheidung zwar akzeptiert, der Oranier zum Staatsrat jedoch zugelassen und ihm für das dreiundzwanzigste Lebensjahr das Amt des Generalkapitäns in Aussicht gestellt.

Danach gab es für die Regierenden Hollands und der Generalstände keine Möglichkeit mehr, im Hinblick auf Konstitution und Innenpolitik frei zu entscheiden. Als sich herausstellte, daß die Tripleallianz durch den Frontwechsel des englischen Monarchen im Vertrag von Dover 1670 keinen Pfennig wert war, eilte die Entwicklung über die Regenten hinweg, nahm keine Rücksicht mehr auf Furcht aus Erfahrungen, die man mit dem letzten Statthalter noch gemacht hatte. »Autokratie« oder »ware vrijheid« war in jenen Monaten bloß eine theoretische Alternative. Die Ernennung des Prinzen von Oranien zum Generalkapitän konnte das ebenfalls nicht aufhalten, obwohl sie auch in der Phase absehbarer höchster militärischer Bedrängnis vorerst nur für ein Jahr gelten sollte. Es war lediglich noch eine Frage der Zeit, wann der Oranier Statthalter werden würde. Bereits im Juni 1672 nahmen die Holländer das »Ewige Edikt« zurück und ernannten am 4. Juli Wilhelm III. von Oranien zum Statthalter, nachdem die Seeländer schon am 2. Juli diesen Schritt unternommen hatten. Damit war innerhalb kürzester Frist alles zurückgenommen, was man seit Beginn der statthalterlosen Zeit konstitutionell konkretisiert hatte. Solange sich der Krieg auf See ausfechten ließ, konnte man ohne oranische Heerführer auskommen. Auf dem Kontinent aber waren die Männer zu Pferd gefragt. Nicht allgemeine Überzeugung von der Notwendigkeit eines Statthalters oder Generalkapitäns, sondern die ganz konkrete aktuelle militärische Notlage ließen die Oranier wieder ins Amt kommen. Das verängstigte Volk wollte es so. Es fand in seiner Furcht auch die Schuldigen für die militärische Misere. Dies waren Johan de Witt und sein Bruder Cornelis, die beide neben dem Stadtgefängnis von Den Haag ermordet wurden. Der neue Statthalter, Wilhelm III., bestimmte zunächst die Geschicke der Republik.

Theorien über Republik und Souveränität

Auf dem Hintergrund der in der Utrechter Unions-Akte festgeschriebenen Konstitution und ihrer funktionsfähigen, gleichwohl konfliktreichen Praxis entwickelte sich ein politisches und staatstheoretisches Denken, das vorerst über den Rechtfertigungscharakter und die Bestätigung des bis dahin Gewordenen nicht hinauskam und im wesentlichen deutlich machte, daß man keineswegs bereit war, die einmal erreichte Form preiszugeben. Es will scheinen, als ob die Funktion etwa des Statthalters, die übernommen worden war und sich hauptsächlich aus militärischen Gründen empfahl, aus einer gewissen Verschämtheit ob der Übernahme dieses Residuums aus monarchischer Zeit einen besonderen Zwang zur Rechtfertigung unterlegt habe. Neben solchen Autoren gab es Gelehrte wie Justus Lipsius, Humanist und Neu-Stoiker, der, in den achtziger Jahren an der Universität Leiden lehrend, ein großes Werk veröffentlichte, in dem er der Monarchie das Wort redete. Er war für das politische Denken seiner Zeit gewiß nicht repräsentativ, aber der einzige im niederländischen Raum, der zu einem frühen Zeitpunkt eine systematische Staatslehre erarbeitete, in der die Menschenlehre des Humanismus und die Forderungen an den »Fürsten« eine Symbiose eingingen. Leiden, die »nationale« Universität – gleichsam das Ergebnis eines niederländischen aufständischen Bewußtseins und Selbstbewußtseins–, wuchs damals zum geistigen Zentrum nicht nur des Landes selbst, sondern ganz Europas heran. Die Monarchie war für Lipsius unter den drei aristotelischen Staatsformen die natürlichste, traditionsreichste und daher die beste. Er band den Fürsten an einen aus der Antike gewonnenen Moralcodex, der deshalb nichts mit dem Bodinschen »Legibus absolutus« zu tun hatte, sondern gerade Bindung an das Gesetz forderte.

Es ist schon recht eigenartig, daß die Vorliebe des Lipsius nicht als Störung empfunden wurde, und es ist überraschend, wenn man sich an die Denkschrift des François Vranck erinnert oder etwa an die Meinung des Amsterdamer Bürgermeisters Hooft. Auf jeden Fall stand Lipsius der niederländischen Realität ferner als der calvinistische Emdener Ratssyndikus Johannes Althusius, der in seinen Überlegungen zur Staatslehre von den Niederlanden her dachte. Er, der ursprünglich Professor in Herborn war und einen Ruf an die Universität von Franeker ausschlug, galt als ein in der niederländischen Staatstheorie anerkannter und häufig zitierter Mann. Er begab sich innerhalb des calvinistischen Milieus als einer der ersten an die Ausarbeitung einer Staatslehre und betrieb politische Wissenschaft im engeren Sinne des Wortes. Er setzte sich insbesondere mit der Souveränitätslehre des Jean Bodin auseinander und sprach von der Unteilbarkeit der Souveränität, aber er verlagerte sie vom Fürsten auf das Volk. Er pflegte freilich einen Volksbegriff, der, wie Erik Wolf feststellt, vom Volksbegriff der literarischen Wegbereiter der Französischen Revolution weit entfernt lag. Abgesehen davon, daß aus seiner Konzeption eine republikanische Staatsform folgen konnte, war es auf die niederländischen Verhältnisse zugeschnitten, wenn er »Politik«, die er als Kunst des Gemeinschaftslebens umschrieb, auch »Symbiotike« nannte. Solcher Begriff erlaubte ihm die Auflösung des Ganzen in eine Vielzahl von Gemeinschaften, »Consociationes«, die über das Subsidiaritätsprinzip einander zugeordnet waren, mit dem Staat als der Gemeinschaft letzter Instanz. Es war eine Art Stellvertretersystem, in dem Rechte delegiert wurden. Da Althusius diese Gemeinschaften in den Vordergrund schiebt, wird man sein Volk als das in diesen Gemeinschaften verfaßte Volk begreifen müssen, was im Grunde nichts anderes war als die nachdrückliche Bestätigung niederländischer Strukturen. Aber weil es sich bei Volk letztlich um eine Summe politisch agierender Gemeinschaften handelt, ist die bei Althusius mit dem Volk verbundene Souveränität nur schwer zu lokalisieren. Diese Schwierigkeit stellt auch Ernst H. Kossmann fest, verweist allerdings auf eine dem Souveränitätsbegriff inhärente Eigenschaft: das Gefühl für Tyrannei. Mithin ist Althusius auf die ihm eigene Weise in die Reihe der Lehrer des Widerstandsrechts einzuordnen, das die Konstitution schützen soll, nämlich die Gesamtheit positivrechtlicher und naturrechtlicher Satzung. Das Recht auf Widerstand definierte sich zugleich als religiös begründete politische Pflicht des Volkes. Dem Volk oblag es demnach, die vom Herrscher verletzte göttliche Majestät zu verteidigen, die Autorität der Ordnung Gottes in der Gemeinde des Volkes wiederherzustellen.

Die niederländischen Universitäten befaßten sich bald sehr häufig mit staatsrechtlichen Erwägungen, vorzugsweise in Form von Disputationen der Studenten. In den ersten drei Jahrzehnten des 17. Jahrhunderts waren es vor allem der Ethiker Petrus Bertius und der Philosoph Frank Burgersdijk, die solche Disputationen anregten und leiteten. Die aristotelische Dreiteilung galt in den Disputen immer als Vorgabe. Hier schien die in den Jahrzehnten zuvor als Rechtfertigung des Aufstandes propagierte Widerstandslehre in eine Rechtfertigung der bestehenden Ordnung umgeschlagen zu sein. Man entschied sich in einer theoretischen Ableitung allemal für die aristokratische Regierungsform, für die Herrschaft der Optimaten, mit einer monarchischen Beigabe in Gestalt des Statthalters als militärischer Notwendigkeit und der Möglichkeit, die unter den Optimaten stehenden Schichten, wenn es beliebte, in den politischen Entscheidungsprozeß einzuschalten. Und das galt ebenso für die anerkannten Gelehrten oder jungen Genies. Ob es da um Paulus Merula oder um Hugo Grotius ging, stets geriet die Staatslehre zu einer gelehrten Anpassung an die Gegebenheiten. Grotius widmete sein Büchlein »De antiquitate rei publicae batavicae« sogar den holländischen Provinzialständen. Er stattete die Denkschrift mit einem historischen Continuum aus: die Macht der Stände als Zügel fürstlicher Gewalt; die Freiheit als historisches Prinzip, erst von den Batavern gegen die Römer verteidigt, dann von den Niederländern gegen die Spanier. Tradition wurde postuliert: »Denn die Dauer enthält Beweiskraft für eine gute Politik: Hieraus fließt Vertrauen und Liebe zur Regierung in den Herzen der Untertanen.« Der Grund, warum ein Staat fortdauere, liege darin, daß er schon lange bestehe. Die Schrift des Grotius avancierte zum offiziellen Dokument der holländischen Stände. Der Holländer lieferte insgesamt ein harmonisches Bild. Wo beispielsweise Paulus Merula nur von den militärischen Befugnissen des Statthalters gesprochen hatte, wies Grotius auch auf die politischen Befugnisse hin. Daran gab es nichts auszusetzen, aber Grotius fügte den Statthalter wie selbstverständlich in die Nachfolge des Landesherrn ein. Und wo ihm die Ableitung aus der Geschichte des eigenen Landes nicht ausreichte, da zog er einerseits die venezianische Entwicklung, andererseits die Roms heran, um das Übergewicht der Optimaten gegenüber dem gemeinen Volk zu rechtfertigen. Immerhin gab er die Zustimmung des Volkes als eine Art Korrelat bei, damit die Demokratie als drittes Element in das Mixtum compositum einbringend.

Es gab nach Grotius andere Staatsrechtslehrer wie den Franeker Hochschullehrer Paulus Buis, der expressis verbis von den Niederlanden als einer »aristokratischen Republik« sprach, oder den Juristen und Diplomaten Pieter Cornelisz. Brederode, dem das imperative Mandat ein Verstoß gegen das von ihm postulierte Prinzip der Unabhängigkeit von Ratsmitgliedern war. Das war schon ein Versuch, aus dem vorgegebenen System zumindest theoretisch auszubrechen, aber den Autoren nach ihnen fehlte es häufig an einer klaren Entscheidung für die republikanische Staatsform. Von den Lehrstühlen Leidens, Groningens oder Utrechts wurde eine Staats- und Regierungsform verkündet, die hier und da selbst in die Nähe der gemäßigten Monarchie rückte, sich mehr von der Republik entfernte. Das vollzog sich freilich in einer Zeit, als sich der Statthalter Friedrich Heinrich zu einer politischen Führungskraft mauserte, einen eher monarchischen als republikanischen Lebensstil führte und von der Außenwelt wie ein Monarch gesehen wurde. In ähnlicher Regierungsauffassung schrieben unter anderen der Historiker und Literat Pieter Cornelisz. Hooft und der Leidener Philosoph Burgersdijk, der in seiner Stadt als der größte Multiplikator des Gedankens von der gemäßigten Monarchie auftrat. Gegenüber solchen der Tradition des Aufstandes verpflichteten Auslassungen oder auf monarchische Formen zielende Erörterungen nahm sich die staatstheoretische Periode nach 1650 einigermaßen revolutionär aus. Der Republikanismus setzte sich theoretisch und praktisch kurzfristig durch, auch wenn er umstritten blieb, und fand seine wesentliche Begründung in der »Deductie« des Johan de Witt von 1654, die hauptsächlich eine Rechtfertigung des Seclusions-Gesetzes enthielt, sondern in den Arbeiten des Dirck Graswinckel, eines hohen Magistrats, sowie der Brüder Pieter und Johan de la Court. Der Niederländer entstammte einer alten Delfter Brauer- und Regentenfamilie, war ein Freund des Hugo Grotius und half diesem bei der Abfassung des »Mare liberum«. In seiner ersten großen Schrift von 1634 befaßte sich Graswinckel mit der Geschichte Venedigs. Bei seinen späteren Schriften ist eine enge theoretisch motivierte Verwandtschaft zum Absolutismus festzustellen, aber solche Neigung wird nicht in eine Forderung nach Anerkennung der absoluten Monarchie umgesetzt, vielmehr war Graswinckel wohl der erste, der diesen Gedanken in die Forderung nach Anerkennung der vollen Souveränität für die Träger einer »aristokratischen Republik« einfließen ließ. Damit drückte er nichts anderes aus als die Gedanken, die viele Regenten der städtischen Oligarchien hegten und die in der »Deductie« des Johan de Witt formuliert wurden.

Die Gebrüder de la Court behandelten den Gedanken von der ungeteilten Souveränität in der »aristokratischen Republik« erheblich intensiver. Sie waren die eigentlichen theoretischen Begründer der Republik viele Jahrzehnte nach dem Tod des Schweigers. Beide, Repräsentanten eines Jahrhunderts, waren Männer, die es nicht bei einer Theoretisierung eines auf halbem Weg stehengebliebenen Republikanismus im Sinne des Status quo beließen, sondern den Fortfall der monarchischen Reste bejahten und insofern über den reinen Aristokratismus hinausgingen, als sie demokratische Abweichungen billigten und sich mit solcher Öffnung in Opposition zur bestehenden Ordnung begaben. Ohne Zweifel standen die Brüder in ihren Schriften unter dem Einfluß von Thomas Hobbes. Es war der Gedanke von der Unteilbarkeit der Souveränität und damit der Herrschaft, der für sie rezeptionsfähig war, zumal er von der natürlichen Veranlagung der Menschen zur Begierde und den konfligierenden Interessen ausging. In diesem Zusammenhang war Descartes zitierfähig, der die Psyche des Einzelnen zum Ausgangspunkt nahm und den Staat als Zügler der Emotionen und Begierden definierte. Die de la Courts sahen im Staat, in der Gemeinschaft, die Möglichkeit, die Begierde des Einzelnen zum Wohl der Allgemeinheit umzubiegen. In einer politischen Gemeinschaft war demnach die Versöhnung des einzelnen Interesses mit dem Allgemeininteresse nur dann möglich, wenn die Obrigkeit so gestaltet war, daß sie eine rationale Kontrolle und mäßigenden Einfluß auf die konfligierenden Leidenschaften der einzelnen Menschen ausüben konnte. Es hatte eine gewisse Logik, wenn die Brüder ihrem Inspirator Hobbes nicht mehr auf dem Weg zur absoluten Monarchie folgten, diese in aller Schärfe als Herrschaft eines Einzelnen ablehnten und sich für die republikanische Staatsform entschieden. Rein formal sprachen sie sich für den niederländischen Status aus. Hilfe fanden sie bei Machiavelli. Zum einen wiesen sie die Souveränität, ungeachtet der allgemeinen Tendenz zur Ausbildung des Flächenstaates, den Stadtstaaten zu; sie entsprachen damit nicht nur den bei Machiavelli und anderen aufgeführten antiken Beispielen, sondern auch dem ohnehin gepflegten Renaissance-Ideal der kleinen Einheit, was in die Nähe des städtischen Selbstbewußtseins in den Niederlanden rückte. Zum anderen dachten sie über die niederländischen Gegebenheiten ihrer Zeit hinaus, wenn sie es nicht hinnahmen, die bestehende Form der oligarchischen Herrschaft anzuerkennen.

So folgerichtig es war, daß sie aufgrund der von Hobbes und Descartes dargelegten psychischen Struktur des Menschen die Herrschaft auf mehrere verteilt wissen wollten, eine Frühform der »checks and balances«, sowenig wollten sie mit solchem Hinweis auf Aristokratisierung die niederländische Spielart nachhaltig unterstützen. Die de la Courts selbst sprachen von einer »Populare Regeering«. Eine Aristokratie, so hieß es, die in die Nähe von »Populare Regeering« rücke, sei die beste. Die »Politieke Weegschaal« enthielt jedoch einen Passus, in dem die Autoren mit aller Entschiedenheit jede gemischte Staatsform, gleich ob demokratische oder monarchische Elemente beigemengt wurden, ablehnten, weil dies nur zu Schwierigkeiten und Unglück führen könne, wofür Sparta und Rom negative Beispiele boten. Aber die Unteilbarkeit der Souveränität war noch nicht widerlegt, wenn man die Definition des Begriffs »Aristokratie« nicht im Sinne zeitgenössischer niederländischer Realitäten als Regentenoligarchie konzipierte und zu den Optimaten auch jene zählte, denen aus gutem Grund Vernunft und Verstand zugewiesen werden durfte. Dies implizierte keineswegs Zuerkennung politischer Kompetenz an die Menge (»Vulgus«), sondern lediglich Erweiterung auf einen genau zu begrenzenden Teil der Bürger (»Populus«). Es ist zu vermuten, daß die Anschauung der konkreten Verhältnisse in Leiden Pate gestanden hat – in einer Stadt, in der die de la Courts das Regentenmilieu zwar kannten, aber nicht zu ihm gehörten, ein Regentenmilieu, das orangistisch gesinnt war. Der demokratische Touch der Brüder zielte nicht auf das »gemeine Volk«, sondern auf den gemeinen Bürger. Ausgeschlossen von der politischen Partizipation blieben Frauen, Stumme und Taube, Ehrlose, Bedürftige, die Diener, das Hauspersonal, die Handwerker und Tagelöhner. Wo Arbeit verrichtet wurde, um das tägliche Leben zu fristen, durfte vermutet werden, daß nicht die erforderliche Fähigkeit zu regieren vorhanden war. Positiv gewendet hieß dies, daß »alle jene männlichen Einwohner in ein Gremium gewählt werden konnten, von denen man annehmen durfte, daß sie genug Macht und Fähigkeit besaßen, um für ihren eigenen Wohlstand zu sorgen«. Diese Umschreibungen galten auch in den englischen Putney-Debatten von 1648 und 1649. Überlegungen solcher Art blieben insofern völlig abstrakt, als keine der niederländischen Städte, zumindest nicht die, auf die es ankam, auch nur den geringsten Ansatz für eine Strukturveränderung bot. Unter diesem Aspekt waren die de la Courts, sosehr sie als Verfechter der »ware vrijheid« auftraten, in ihrer Theorie Außenseiter.

Die aufgeworfene Frage nach Inhalt und Qualität von Demokratie und Aristokratie beschäftigte auch Baruch Spinoza, der die Arbeiten der Leidener Brüder kannte, sie sogar in seinem Bücherschrank hatte. Sein »Theologisch-Politischer Traktat« war im übrigen mit der gleichen Vignette versehen, die sich in den de la Courtschen Schriften findet. Wie sehr Spinoza von Zeitgenossen als ein Mitglied des Kreises um de la Court–de Witt gesehen worden ist, erhellt aus zwei Flugschriften von 1672, in denen es zum »Theologisch-Politischen Traktat« heißt: »Durch den abtrünnigen Juden zusammen mit dem Teufel in der Hölle geschmiedet und mit Wissen von Mr. Jan und seinen Spießgesellen herausgegeben.« Ob es nun um den »Theologisch-Politischen Traktat«, oder um den posthum veröffentlichten »Tractatus Politicus« geht, der Einfluß von Thomas Hobbes ist in beiden Fällen deutlich, aber auch der Unterschied, den Spinoza selbst in einem Brief von 1674 beschrieben hat: »Was die Staatslehre betrifft, so besteht der Unterschied zwischen mir und Hobbes... darin, daß ich das Naturrecht unangetastet lasse und daß ich der höchsten Obrigkeit in einer jeden Stadt nur so viel Recht den Untertanen gegenüber zuerkenne, als dem Maße von Macht entspricht, um das sie den Untertan überragt, als welches immer im Naturzustand der Fall ist.« Spinoza kehrte sich gegen die Omnipotenz des Staates. Den Gegensatz zu Hobbes machte er im »Theologisch-Politischen Traktat« im 20. Kapitel über die Gedankenfreiheit besonders augenfällig: »Der letzte Zweck des Staates ist nicht zu herrschen, noch die Menschen in Furcht zu halten oder sie der Gewalt zu unterwerfen, sondern vielmehr den Einzelnen von der Furcht zu befreien, damit er so sicher als möglich leben und sein natürliches Recht, zu sein und zu wirken, ohne Schaden für sich und andere vollkommen behaupten kann. Es ist nicht der Zweck des Staates, aus vernünftigen Wesen Tiere oder Automaten zu machen, sondern vielmehr zu bewirken, daß ihr Geist und ihr Körper ungefährdet seine Kräfte entfalten kann, daß sie selbst frei ihre Vernunft gebrauchen und daß sie weder mit Zorn, Haß und Hinterlist sich bekämpfen noch feindselig gegen einander gesinnt sind. Der Zweck des Staates ist in Wahrheit die Freiheit.« Bei Spinoza kam es auf ein über die Vernunft vermitteltes positives Verhältnis von Gehorsam und Freiheit an, mit einem deutlichen Bekenntnis zur Gedankenfreiheit, zur freien Geistestat, die wiederum ihre Beschränkung dort fand, wo sie Neigung spürte, in politische Tat im Sinne eines

Aufruhrs umzuschlagen. Der Spinozasche Konflikt ergab sich aus dem Bekenntnis zur Gedankenfreiheit und dem Ordnungsdenken. Die Konzeption von der Gedankenfreiheit konnte er entwickeln, wenn er sich auf die Flugschriftenkultur stützte, die in den Niederlanden des 17. Jahrhunderts blühte und reichlich Anschauungsmaterial bot. Darüber hinaus ging er von einer Art demokratischer Begründung des Staates aus, dessen Befehle als die Folge von Mehrheitsentscheidungen begriffen wurden. Es war dies eine wesentliche Denkvoraussetzung, die die Treuepflicht der Untertanen schlicht erhöhte. Mehrheitsentscheidungen, noch dazu, wenn sie in extensiv zusammengesetzten Körperschaften gefunden wurden, hatten demnach eine stark bindende Wirkung. Schon aufgrund dieser Voraussetzung verbot sich ein Widerstandsrecht, das zur Zeit des Aufstandes und unmittelbar danach immer wieder theoretisch begründet und für die Rechtfertigung der Existenz des neuen Staates benutzt worden war.

Die Staatsform spielte auch für Spinoza eine große Rolle. Eigenartig ist, daß im »Theologisch-Politischen Traktat« die Demokratie so stark in den Mittelpunkt gerückt steht, daß kein Raum mehr für die anderen aristotelischen Formen übrigbleibt. Die Demokratie war für Spinoza die eigentliche Form, in der die Vergesellschaftung des Individuums ohne Schaden vonstatten gehen konnte, weil sich die Entscheidungen nach dem Mehrheitsprinzip vollzogen und sich neue Mehrheiten auf dem Weg der Kritik (Gedankenfreiheit) bildeten. Im »Politischen Traktat« widmete er sich dagegen auch Aristokratie und Monarchie und sprach Empfehlungen aus, die es verhindern sollten, daß beide Formen in Tyrannei verfielen. Spinoza spielte noch einmal die Möglichkeiten durch. In der Monarchie mußte demnach gewährleistet bleiben, daß ausreichende Freiheit des Volkes weiterbestand; der Monarch als absoluter Herrscher hatte kein Existenzrecht. Unter »Volk« waren immer alle Bürger in Stadt und Land zu verstehen. Doch höchst seltsam will die Aufgliederung der Stadt- und Landbewohner in Familienverbände erscheinen, »die sich durch Namen und Abzeichen unterscheiden«. Ausgeschlossen waren aus diesen Verbänden Kriminelle, Stumme, Geisteskranke oder solche, »die in dienender Stellung durch knechtische Verrichtung ihren Unterhalt erwerben«. Das erinnert an die Exemtionen bei den Brüdern de la Court. Dem König, der übrigens aus einem Familienverband zu wählen war, mußte ein Rat, bestehend aus Vertretern jener Familienverbände, beigegeben werden, dessen Mitgliedschaft zeitlich begrenzt wurde. Die Wahl nahm der König selbst vor, und zwar auf der Grundlage eines Vorschlags aus den einzelnen Verbänden.

Was hier von Spinoza vorgetragen wurde, war nichts anderes als ein Transfer der Besetzung des Bürgermeisteramtes in den niederländischen Städten durch den Statthalter, mit dem Unterschied freilich, daß die oligarchischen Kooptationsmethoden und Lebenszeitregelung, wie sie für die städtischen »Vroedschappen« galten, entfielen. Der Rat war der eigentliche Vertreter des Gemeinwohls, eine Art beratendes Parlament, das als Repräsentativorgan galt und den König gegen den direkten Zugang durch den Bürger abschirmte. Der Rat erhielt zugleich den Auftrag, für die Durchführung königlicher Verordnungen und für die Staatsverwaltung Sorge zu tragen. Es entsprach den Merkmalen der statthalterlosen Zeit, die kurz vor Abfassung der Schrift zu Ende gegangen war, wenn Spinoza dem Rat auch die Erziehung des Thronfolgers auftrug oder gegebenenfalls sogar die Vormundschaft. Insgesamt rückte er die Konstruktion in die Nähe der frisch erworbenen Statthalterschaft Wilhelms III. von Oranien, mit Ausnahme der schon überaus eigenartigen Bestimmung, daß Grund und Boden, einschließlich der städtischen Wohngebäude, öffentliches Eigentum seien und verpachtet werden sollten, mit der Maßgabe, daß die Bürger in Friedenszeiten keine weitere Abgabe außer der Pacht zu zahlen hatten. Selbst wenn Spinoza die Eigentumsvorstellungen einiger Täufersekten gekannt haben sollte, war die Forderung nach Staatseigentum von Grund und Boden nicht durch solcherlei Erwägungen geleitet. Vielmehr ging es ihm, wie vermutet wird, darum, den Monarchen die Rechtfertigung steuerlicher Pressionen von vornherein zu nehmen und zu vermeiden, daß Grundbesitz hinderliche Interessendivergenzen im Kriegsfall schaffe, die bei Gleichheit des Erwerbs (Handel) gar nicht erst auftauchen würden. Spinoza sah somit in einer Monarchie durchaus eine tragbare Regierungsform, wie es auch eine Aristokratie sein konnte, falls ihre Herrschaft bestimmten Voraussetzungen unterworfen war.

Spinoza entwarf eine Staatslehre, die vom Stabilitätsdenken bestimmt war, unter der einfachen Denkvoraussetzung: wenn schon Monarchie, dann nur unter den von ihm vorgetragenen Bedingungen. Der Aristokratie widmete er mehr Seiten, als er für die monarchische Regierungsform glaubte verwenden zu müssen. Mithin sollte eine einmal gefundene Regierungsform tunlichst nicht verändert werden, damit der Staat nicht allzu großen Schaden nehme. Spinoza war eben kein Revolutionär. Als sein wohl wichtigster Grundsatz galt, daß die Aristokratie, die Herrschaft einer Minderheit, niemals das Regime nur einer kleinen Gruppe bedeuten durfte. Nicht nur der alte Hobbessche Ausgangspunkt von den Unzuträglichkeiten der menschlichen Natur wie Haß, Neid, Machtbesessenheit, sondern auch die Ansicht, daß unter hundert Patriziern, also Aristokraten, lediglich zwei bis drei den erforderlichen Bildungsstand erreichten, spielte dabei eine Rolle. Was die Anzahl der Patrizier betraf, so schlug Spinoza einen Schlüssel von 1 zu 50 im Verhältnis zur Gesamtbevölkerung vor.

Überhaupt war einer Verminderung der Patrizierzahl gegenzusteuern, eher eine Erweiterung, abhängig von der Bevölkerungszahl, zu vollziehen. Schließlich setzte er die Anzahl auf 5.000 männliche Patrizier fest, denen die Regierungswahl zu übertragen war. In den Aussagen über die quantitative Erweiterung lag Spinoza ganz im Fahrwasser der »Politieke Weegschaal« der de la Courts, die aus der Leidener Erfahrung heraus von einer erheblichen Erweiterung der Basis sprachen, der Aristokratie einen demokratischen Touch beizugeben versuchten. Dem Rat der Fünftausend oblag die höchste Gewalt. Daneben durfte niemand mehr Anspruch auf Mitsprache in politischen Dingen erheben. So sollten zum Beispiel Gilden keinen politischen Anspruch anmelden dürfen. Unter den Patriziern selbst aber sollte Gleichheit herrschen, um Faktionsbildungen zu vermeiden. Der Rat hatte Gesetzgebungsrecht, entschied über Krieg und Frieden, wählte aus seiner Mitte die Exekutivorgane und dazu einen Rat von Syndici, der die Aufgabe hatte, über die Einhaltung der Gesetze zu wachen; er war eine Art oberste Verfassungsinstanz, auf Lebenszeit im Verhältnis 1 zu 50 zur Anzahl der Patrizier zu ernennen. Das ausführende Organ, wie alle hohen Staatsämter vom Höchsten Rat zu besetzen, hieß Senat. Mitglieder sollten sich durch »Tüchtigkeit und Würde« auszeichnen und fünfzig Jahre oder älter sein. Spinoza ließ die täglichen Regierungsgeschäfte von einem Senatsausschuß verwalten und sah weitere Organisationsformen vor. Weniger einsichtig war der Vorschlag, die Senatoren aus 2 Prozent der Ein- und Ausfuhrabgaben zu besolden, um sie für den Frieden und gegen Krieg stimmen zu lassen, wenn der Höchste Rat über Krieg und Frieden zu entscheiden hatte. Spinoza widmete viele Passagen einem aus der Mitte der Patrizier zu besetzenden Gerichtshof, und er betonte, daß sämtliche Patrizier ein und demselben Bekenntnis angehören sollten, um auf diese Weise die Autorität durch religiöse Einheit zu stärken. Die Anhänger anderer Bekenntnisse durften zwar Kirchen bauen und ihrem Glauben leben, aber die Gotteshäuser mußten klein sein, während die Kirchen der allgemeinen Religion »groß und prächtig« sein sollten. Funktionen bei Gottesdiensten, bei Eheschließungen oder Taufen durften nur Patrizier und Senatoren übernehmen. Die Patrizier allein galten als Priester der Kirche und als »Wächter und Ausleger der Landesreligion«. Das bedeutete zweierlei: Zum einen definierte Spinoza die calvinistische Öffentlichkeitskirche als Staatskirche, zum anderen entfaltete sich hier Toleranz als ein höchst abstrakter Begriff, der Gedankenfreiheit, nicht jedoch schon Umsetzung des Denkens in politische Mitsprache enthielt.

Spinoza teilte die aristokratische Regierungsform in zwei Arten ein: Regierung in einem Stadtstaat wie Venedig und Genua und Territorialregierung bei einer Mehrzahl von Städten wie in Holland. Im Prinzip galten die Hauptgrundsätze aristokratischer Regierung für beide Arten gleichermaßen. In der territorialstaatlichen Version sollte nach der Bedeutung der Städte unterschieden werden. Das bedeutete konkret, auch wenn es nicht bei Spinoza zu lesen stand: Amsterdam hatte einen höheren Rang als andere Städte der Provinz und mußte demnach stärker repräsentiert sein. Unter Bezug auf die »Discorsi« des Machiavelli befaßte sich Spinoza außerdem mit den »Garantien der Aristokratie« und fand sie nicht nur in der Autorität, die dem Rat der Syndici als Kontrollorgan bei Auswüchsen oder Verstößen gegen die Regierungsform beizugeben war, sondern auch in einer Politik, die vor allem dem Hauptinteresse des Bürgers, der Mehrung seines Vermögens, in jeder Weise entgegenkam, was mit der Natur des Landes und dem Volkscharakter der Niederländer übereinstimmte. In der besonderen Betonung der Autorität des Rates der Syndici lag zugleich die Abwehr einer, wenn auch nur für bestimmte Zeit berufenen diktatorialen Spitze, als welche Spinoza wohl die Statthalterschaft empfunden hat. Über »Demokratie« schrieb der Autor in seinem »Politischen Traktat« nicht sehr viel. Das Manuskript bricht nach rund hundert Seiten ab. Gleichwohl geht aus dem vorhandenen Text hervor, daß unter »Volk« nicht jeder verstanden war, sondern nur die ehrbaren Männer, nicht Frauen, nicht Knechte und auch nicht Kinder und Unmündige. Der Anschluß an die Gebrüder de la Court ist deutlich, wobei hinzuzufügen bleibt, daß die untergeordnete Stellung der Frau für Spinoza schlichtweg naturgegeben war. Die Ausgrenzung der im Lohndienst Beschäftigten wird jedoch nicht recht verständlich. Die Frage, ob es sich bei ihnen um mehr als Hausbedienstete gehandelt hat, muß unbeantwortet bleiben. Da aber Freiheit und Eigentum bei Spinoza eine sehr enge Verbindung eingegangen sind, läßt sich seine Ausgrenzung größerer Bevölkerungsgruppen als wahrscheinlich annehmen. Darüber hinaus ist im Spinozaschen Demokratie-Verständnis vermutlich doch nicht mehr zu sehen als die durch die Teilnahme am politischen Leben relativ stark erweiterte aristokratische Form.

Diskussion um das Statthalteramt in der statthalterlosen Zeit

Aber abgesehen von diesen allgemeinen, von Graswinckel bis Spinoza vorgetragenen Staatslehren entspann sich vor allem nach dem Putsch Wilhelms II. gegen Amsterdam ein Flugschriftenstreit um das Statthalteramt in einer Intensität, die die politische Kultur der Niederlande in den ersten beiden Jahrzehnten der zweiten Hälfte des 17. Jahrhunderts nachhaltig geprägt hat. Es entwickelten sich Rede und Gegenrede, die auf ein lebhaftes politisches Interesse in der Republik gerade in dieser Frage stießen. Für Pro und Kontra zum Statthalteramt wurden im üblichen Stil Beispiele aus der Antike angeführt. Die Statthalter-Partei hob die moralische Verpflichtung des Landes gegenüber den Oraniern, insbesondere im Hinblick auf die Rolle des Schweigers im Aufstand, hervor. Es ging nicht allein um die Frage nach Republik oder Monarchie oder den monarchischen Resten, sondern auch um die Lebensfähigkeit und Effizienz eines auf provinzialständische Souveränität abhebenden Staates. Das meinte nicht die krasse Alternative »Föderalismus oder Zentralismus«; vielmehr zielte die statthalterliche Partei auf die Mäßigung zentrifugaler Tendenzen. Die Partei der Statthalterlosen fragte sich dagegen, ob nicht Eintracht, wie sie im Emblem des siebenpfeiligen Bündels in der Löwentatze symbolisiert sei, auch bei aristokratischer Regierungsform realisiert werden könne. Es war klar, daß zu dieser Regierungsform die provinzialständische Souveränität gehörte, während die Union lediglich als ein gegen Angriffe von außen gerichteter Bund begriffen wurde.

Das zentrale Dokument gegen die Fortschreibung des Statthalteramtes war die große Denkschrift, die »Deductie«, des Johan de Witt von 1654. Es handelt sich bei diesem Papier, das man die Urkunde der »ware vrijheid« nennen könnte, um ein zwar dem trägen sprachlichen Duktus der Zeit verhaftetes, gleichwohl glasklares, in seiner Entschiedenheit bis dahin unübertroffenes Werk des Mathematikers de Witt. In klinisch unterkühlter Analyse von dem unbedingten Souveränitätsanspruch der Provinz ausgehend, sah er alle Rechte bei der Provinz verblieben, wenn sie nicht ausdrücklich der Union übertragen waren. Für de Witt war es eine Selbstverständlichkeit, daß die Entscheidung über das Statthalteramt zu jenen Rechten gehörte. Das Recht, das Haus Oranien endgültig auszuschließen, bettete er in eine Neuauflage des alten Widerstandsrechts ein, mit dem sich die Absetzung des spanischen Königs hatte begründen lassen; die Aktion von 1654 wurde mit der Maßnahme von 1581 verglichen. Das Leicestersche Zwischenspiel führte de Witt zwecks Beweisaufnahme ebenfalls an. Wie selbstverständlich sprach er im Hinblick auf die Utrechter Union immer von Bundesgenossen und subsumierte unter die Souveränität der Provinz auch die Außenpolitik. Das war ein sehr weitgehender Schritt, in dieser extremen Form bis dahin unbekannt, der hart an den Existenzgrundlagen der Republik rüttelte, der Union möglicherweise nur noch unter zwei Bedingungen Realitätswert zuordnete: zum einen unter den Bedingungen des Krieges gegen einen gemeinsamen Feind; zum anderen unter der Voraussetzung einer Anerkennung holländischer Führerschaft, was bei den gegebenen finanziellen Verhältnissen so abwegig nicht war. Genau dies lief unter dem Signum der »ware vrijheid«, die offensichtlich erst nach Abschaffung der Statthalterschaft ihre volle Ausprägung finden konnte. Für den konsequenten und ohne Umschweife denkenden Republikaner de Witt war eine Institution wie die Erbstatthalterschaft etwas nicht Vorstellbares, weil von seinen Denkvoraussetzungen her Unlogisches. Der Mann aus der Dordrechter Regentenfamilie orientierte sich nicht an historisch Gewordenem, sondern an der Logik einer Staatsform. Und wo er die Historie einsetzte, da geschah es nur um des Nachweises der konkret zu belegenden Richtigkeit seiner Logik willen. Mit der Reminiszenz an die Entstehung des selbständigen niederländischen Staates verband er keine Verbeugung vor dem Führer des Aufstandes, falls daraus eine natürliche Erbfolge abgeleitet wurde, als ob es eine angeborene Führerqualität und damit immerwährenden Anspruch auf das Amt gebe. »Freiheit«, ein Begriff, der in de Witts Begründung sehr viel häufiger auftaucht als in den vielen anderen Flugschriften dieser Zeit, verifiziere sich erst dort, wo die Entscheidung nicht von psychogenetischen Forderungen beeinträchtigt werde. Es wurde von de Witt zum ersten Mal ausgesprochen, daß Freiheit im Unterschied zur Phase des Aufstandes nicht bloß Wahrung von Privilegien und Gewohnheitsrecht, sondern freies Bewegen auf jedem Politikfeld bedeutete, auf dem Boden einer souveränen Provinz. Hier handelte es sich um eine korporative Freiheit, noch nicht um individuelle Freiheit im Sinne etwa des John Locke, wenngleich damalige Flugschriften schon die Freiheit des Erwerbs und des Eigentums als Voraussetzung eines gesunden politischen Zusammenlebens nannten. Als erstes Instrument, diese korporative Freiheit zu beschützen, diente die Abschaffung des Statthalter- und des Generalkapitäns-Amtes. Den Nachweis über mögliche Gefahren, die in der Umwandlung von Heerführerschaft in eine monarchische oder monarchengleiche Position lagen, führte de Witt mit Hilfe von Beispielen aus der Antike oder den italienischen Stadtrepubliken.

Das war ein ganz anderer Ausgangspunkt als der der Provinz Seeland, die sich mit aller Macht gegen die Ausschlußakte wehrte, in einem umfangreichen Memorandum den Alleingang der Holländer als unrechtmäßig ablehnte und die Notwendigkeit einer Schlichtungsinstanz im politischen Leben der Republik unterstrich sowie die Erblichkeit der Ämter des Statthalters und Generalkapitäns mit den Verdiensten der Oranier, angefangen beim »Vater des Vaterlandes«, begründete. Keine abstrakte, vom Freiheitsbegriff ausgehende Überlegung zur republikanischen Staatsform, sondern ein auf moralischen Werten wie Treue, Tapferkeit und Eifer für die niederländische Sache aufbauender Praktizismus leitete die Seeländer. Daß Undankbarkeit der Holländer als negative

Formel bereitgehalten wurde, war angesichts solcher Argumentationskette nicht erstaunlich. Abgesehen von der Erklärung der seeländischen Stände blieb die holländische Begründung auch in der Öffentlichkeit nicht unwidersprochen, so in einer hundertzwanzigseitigen Schrift, die unter dem Titel »Bedenckinge« erschien, deren Autor sich »Patriot des Vaterlandes« nannte. Die Schrift verdächtigte die Holländer, zu dieser Ausschlußakte nicht gezwungen worden zu sein, sondern sie aus freiem Willen formuliert zu haben. Aber das war lediglich ein politischer Vorwurf, der auf eine grundsätzliche staatsrechtlich begründete Klage hinauslief, indem der Autor, ausgehend von Vernunft und Naturrecht, den provinzialständischen Absolutismus anprangerte. Aber mehr noch. Nach Recht, Ehrbarkeit und mit Takt habe jede Regierung zu handeln, wolle sie nicht in Tyrannei verfallen. Dies seien die Gebote der Menschlichkeit, den Heiden schon bekannt und durch Christus neu bestätigt. Es lief auf das Gebot der Moral hinaus, in dem Erfordernisse der zwischenmenschlichen Beziehungen auf staatliches Handeln übertragen wurden. Das war eine geschickte Argumentationsweise, die als Maxime staatlichen Handelns das Allgemeinwohl postulierte. Zugleich ließ der Autor durchblicken, daß das Handeln der Holländer solcher Maxime nicht gerecht wurde. Souveränität definierte sich demnach nicht als etwas Ungebundenes, vielmehr immer als Ergebnis von Abhängigkeiten. Ehe der Autor die Abhängigkeit der Provinz von der Union darlegte, schob er das spezifische Abhängigkeitsverhältnis in einer Ehe voraus, um seiner Darstellung besonderes Gewicht zu geben. Die Souveränität der Provinz wurde nicht bestritten, sondern zugunsten einer einmal eingegangenen Verpflichtung beschnitten. Der allgemeinste Satz lautete, daß die Souveränität durch die Union insofern begrenzt sei, als nichts unternommen oder unterlassen werden dürfe, was der Union, der Allgemeinheit, zum Schaden gereiche. Die von Holland postulierte »ware vrijheid« der Stände, begriffen als Garantie gegen eine Umwandlung in eine monarchische Herrschaft, ging, so der Autor, zugleich auf Kosten der Rechte der Bundesgenossen, indem die Ausschlußakte es ihnen verwehrte, einen Generalkapitän aus dem Hause Oranien anzustellen. Das schien dem Autor widersinnig und unerträglich zu sein. Völlig inakzeptabel aber war der zugunsten des Friedens und des unbehelligten Handels vertraglich festgelegte Ausschluß einer Dynastie, der man zu historischer Dankbarkeit verpflichtet sein mußte. Das Argument von der Dankbarkeit gegenüber den Oraniern war ein immer wieder auftauchendes Element oraniengesinnter Beweisführung. Hier erschienen Handel und Profit als von äußerst geringer Wertigkeit gegenüber der Reminiszenz an die Entstehung des Staates, und selbst ein auf der Basis der Ausschlußakte ausgehandelter Friede rangierte weit unter einem in Treue zur

Dynastie weitergeführten Krieg. Das »Alte Testament«, Genesis 49, 14/15, lieferte den Vergleich mit den »Friedenswilligen«. »Issachar ist ein knochiger Esel«, so steht zu lesen, »er lagert am Kochherd, er sah, seine Ruhe ist schön und lieblich sein Land. Da beugte er seine Schulter zur Traglast; er wurde zum Fronknecht.« Neben all diesem wies der Autor die für ihn unrichtige Behauptung zurück, daß allein das Amt des Generalkapitäns in den Händen der Oranier zu einem Umsturz führen könne. Und was als etwaige Konsequenz militärischer Gewalt von den Holländern vorgeführt worden war, das wollte der oranientreue Autor auch auf aristokratische Systeme angewandt wissen. Um Machtbesessenheit ging es ihm, die überall auftreten könne; er schob sie auf das allgemein Menschliche. Der Autor, vor die Alternative einer oranischen oder aristokratisch-bürgerlichen Regierung gestellt, hat eindeutig die Oranier bevorzugt, wenngleich es angesichts des überströmenden Wortschwalls einigermaßen schwierig ist, auszumachen, ob ihm gar eine monarchische Regierungsform am liebsten gewesen wäre. Zumindest schien für ihn die Tugend, die zu einer guten Regierung befähige, nicht nur eine angeborene, sondern auch eine durch Reichtum, Erziehung, Ansehen und Respekt des Volkes erworbene zu sein. Das waren seltsame Worte in einer republikanischen Zeit, zumal die »anderen Herrscher«, damit waren bürgerliche gemeint, als »Homines novi« und Menschen ohne Bildung solche Eigenschaften und Voraussetzungen nicht mitbrachten. Hatte nicht zudem Gott die Monarchie verordnet, und hatte nicht unter den Aristokratien der alttestamentarischen Richter immer ein Oberhaupt die Geschicke bestimmt? Und im zitierten »Buch der Richter« heißt es unter 21,25: »Zu der Zeit war kein König in Israel. Ein jeglicher tat, was ihm recht deuchte.« Selbstverständlich blieb diese publizistische, mit einer Vielzahl von alttestamentarischen Belegen gestützte Entscheidung für die Dynastie Oranien nicht unwidersprochen. Zu den bekannten Argumenten kam lediglich noch der Hinweis, daß das Haus Oranien ab 1586 bis zum Tod des letzten Oraniers 19 Millionen Gulden erhalten hatte. Soviel zum Thema Dankbarkeit.

Die Polemik dieser Jahre, die nach 1654/55 leicht abflaute, erwachte nach 1660 zu neuem Leben, verursacht vor allem durch die Schriften der de la Court-Brüder. Dabei blieben Argumente häufig die alten. Oranientreue und die sogenannten Staatsgezinden waren gleichermaßen stark vertreten. Es war Hieb und Stich auf beiden Seiten, kaum Kompromißbereitschaft spürbar, de la Courts »Interest van Holland« für die Oranientreuen das Reizwort. Für die öffentliche Auseinandersetzung war das 1662 veröffentlichte »Interest« des Pieter de la Court, das 1669 anonym neu aufgelegt wurde, und zwar unter dem Titel »Aanweysing der heilsame politike gronden en maximen van de republike van Holland en West-Vriesland«, sicherlich von zentraler Bedeutung. Auf dieser Schrift wie auf der Begründung durch Johan de Witt bauten andere republikanische Schreiber auf, und hieran rieben sich die Oranientreuen. Das »Interest« war ein umfangreiches Bekenntnis zur Republik in der Form, in der sie zu jenem Augenblick in den Niederlanden gelebt wurde, doch wenn Pieter de la Court von der Republik sprach, dann dachte er wohl in erster Linie an die Provinz Holland mit ihren speziellen geographischen und wirtschaftlichen Bedingungen. Den Maximen des Staates stellte er mit Nachdruck den Satz voran, daß das wirkliche Interesse aller Länder im Wohlergehen, »Welvaren«, sowohl der Herrschenden als auch der Untertanen bestand. Darin lag eine Verfeinerung der antiken, in jener Zeit manchen Broschüren vorangestellten Sentenz »Salus populi suprema lex«. De la Court lehnte Monarchien oder monarchengleiche Regierungsformen ab, weil im allgemeinen die Monarchen nur die ganz persönlichen Ziele verfolgten, sich aber nicht von den Pflichten gegenüber den Untertanen leiten ließen. So liege es nicht in ihrem Interesse, etwa die Städte stark werden zu lassen, da sie Gefahr laufen müßten, von diesen Städten verjagt zu werden. Deshalb war eine freie republikanische oder ständische, mithin aristokratische Regierungsform die geeignetste. Allein in ihr bestehe eine Identität zwischen dem Wohlergehen der Untertanen und der Regierenden.

Es ist die auffällige und weitgehend ausgearbeitete wirtschaftliche Komponente, die diese Darstellung aus der Reihe der früheren und der nach 1662 folgenden Schriften und Pamphlete herausragen läßt. Die Identität von wirtschaftlichen und politischen Akteuren ließ folgerichtig den Schluß zu, daß Monarchen oder monarchenähnliche Figuren oder Generalkapitäne schon psychisch nicht imstande seien, das wahre Interesse des eigenen Landes zu verfolgen. Ihnen gehe es stets um Ausdehnung der Macht, um Verbesserung und Vergrößerung ihres Ruhms und um den Glanz der Dynastie. Das bedeute naturgemäß Erhöhung der Steuern, Auferlegung von wirtschaftlich untragbaren Lasten. Pieter de la Court ging neben allgemeinen Erörterungen im Interesse der Provinzen und der Neutralitätspolitik ins wirtschaftliche Detail, gab eine Lageanalyse von Industrie und Handel, dabei auf Europa und Übersee zugleich zielend. Er wußte, worüber er sprach, denn er selbst kam aus dem Kreis der Unternehmer. Ihn veranlaßte die Priorität der Wirtschaft dazu, die Bildung einer Art öffentlicher Industrie- und Handelskammer vorzuschlagen, die mit Fachleuten zu besetzen war. Derart wurde die »populäre« Erweiterung des aristokratischen Regimes durch die Einführung der Fachkenntnis in das Regierungs- und Verwaltungssystem ergänzt, und dies war eine Forderung, die sicherlich nicht in jedem Fall mit der Koterie der Regenten bei der Ämtervergabe übereinstimmte. Die Wirtschaft als zentrale Aktivität holländischer Existenz verlangte nicht bloß Ablehnung von monarchischen oder monarchengleichen Strukturen als fach- und interessenfremden Elementen, forderte nicht nur die regierungs- und verwaltungstechnische Umsetzung von Fachkenntnissen, sondern war auch der Ausgangspunkt für religiöse Toleranz. Das bedeutete freies Bekenntnis für jene, die sich in der Provinz niederlassen wollten, um ihren Geschäften nachzukommen. Sie durften zu einem anderen Glauben nicht gezwungen werden. Die wirtschaftlich begründete religiöse Toleranz enthielt zugleich einen Hieb gegen jene Prediger der calvinistischen Öffentlichkeitskirche, die bis dahin kein ausgeglichenes Verhältnis zu dem republikanischen Souveränitätsanspruch der ohnehin nicht streng orthodox orientierten Regenten entwickelt hatten, sich jedoch nach wie vor für die Prinzen von Oranien einsetzten. Die Flugschriften-Literatur des 17. Jahrhunderts hat in den 60er und 70er Jahren einen der vielen Höhepunkte erreicht. Inwieweit die kleineren und größeren Arbeiten die Bevölkerung beeinflußt haben, ist schwierig festzustellen. Zu kaufen waren die Schriften allemal, häufig wie Zeitungen vor der Amsterdamer Börse. Ihr Inhalt – für oder gegen das Amt des Statthalters und damit, freilich nicht immer, für oder gegen Republik oder Monarchie – erschöpfte sich oft genug im Übermaß eines zeilenfressenden Beweismaterials, meistens in der Antike gefunden. Ihre Form mochte zuweilen recht eingängig die des Gesprächs sein, aber ob die Vielzahl an lateinischen Zitaten bei allem Hochstand der Alphabetisierung der Rezeption zu einer Breitenwirkung verholfen hat, bleibt fraglich, da Übersetzungen zwar vorgekommen, aber nicht allgemein üblich gewesen sind.

Bürgerliche Elite und Entscheidungsträger

Soweit sich die Erörterungen um die Regierungsform auf Aristokratie kaprizierten, enthielten sie naturgemäß eine Begründung des bestehenden Systems. Die politische Praxis erfuhr dabei ihre theoretische Rechtfertigung. Es ging um die Regenten oder das städtische Patriziat. Pieter Geyl hat festgestellt, daß die Regentenklasse nicht nur der bedeutendste politische Faktor, sondern auch das bemerkenswerteste soziale Phänomen in den Niederlanden des 17. Jahrhunderts gewesen sei. Es ist schwierig, eine definitorische Eingrenzung dieser Klasse vorzulegen, weil die Lage in den einzelnen Regionen und Städten unterschiedlich gewesen ist. Allgemein galt wohl als sicher, daß es sich um eine soziale Schicht handelte, die die städtische Politik lenkte, die Verwaltung in Händen hielt, sich in der Tendenz durch Kooptation ergänzte – trotz teilweiser Offenheit nach unten –, aus der höchsten Kaufmannsschicht stammte und zum Teil noch als Lenker und Verwalter der Stadtpolitik am Wirtschaftsleben unmittelbar beteiligt war. Zur unerläßlichen Voraussetzung für eine Zugehörigkeit zum Patriziat zählte ferner ein bestimmtes, gewiß nicht schmal bemessenes Einkommen, wenngleich nicht jeder Reichtum den Aufstieg in den Regentenstand vorsah. Im Schoße der Regentenschicht vollzog sich der innen- und außenpolitische Entscheidungsprozeß. Es war eine Schicht, die im vollen Bewußtsein ihrer Macht lebte und nichts unterließ, sie immer weiter zu konsolidieren, bis hin zur Möglichkeit des Konflikts, und die Geschichte der Republik zeigt, daß Möglichkeiten zur Realität werden konnten. Der Konflikt betraf zum einen die Auseinandersetzung mit dem Statthalter, zum anderen den Gegensatz zu jenen Schichten, die nicht an der Regierung beteiligt waren und daran nicht beteiligt werden sollten. In der Auseinandersetzung zwischen Moritz von Oranien und Oldenbarnevelt einerseits, Wilhelm III. und den de Witt-Brüdern andererseits geriet solcher Konflikt zu einer echten Eruption.

Das Problem im Kompetenzstreit mit den Statthaltern lag, wie Arie van Deursen feststellt, in der mentalen Kontinuität monarchischer Strukturen. Selbst wenn man gegen den spanischen Landesherrn gekämpft und ihn beseitigt hatte, hieß das bei Teilen der Bevölkerung noch nicht, das monarchische Denken ausgeschaltet zu haben. So erblickten viele in Wilhelm von Oranien eine Figur des Hofes aus der Umgebung des Monarchen. Etliche Flugschriften aus dem 17. Jahrhundert wiesen auf die Verpflichtung hin, deren sich die Niederländer gegenüber dem Haus Oranien bewußt sein sollten. Die Söhne des Schweigers, Moritz und Friedrich Heinrich, übernahmen die Anerkennung, die ihrem Vater widerfahren war. »In der Volksmeinung des 17. Jahrhunderts galten Moritz und Friedrich Heinrich tatsächlich als Fürsten der Niederlande« (A. v. Deursen). In einer Flugschrift aus dem Jahr 1613 war Moritz der »Herr und Vater«. Jacob Cats, Schriftsteller, Moralist und Ratspensionär zugleich, nannte Friedrich Heinrich den »großen Fürsten«, der allen Niederländern Segen gebracht habe. Aus der Feder eines Ratspensionärs war dies ein großes Wort. Solche mentale oder propagandistische Anerkennung ließ sich auch gegenüber der Außenwelt leichter vermarkten als eine Erläuterung zur komplizierten Regierungsstruktur der Republik. So traten bei der Vereinigten Ostindischen Kompanie Moritz und Friedrich Heinrich immer als die Könige Hollands auf. Offensichtlich war das für die Vertragspartner aus Banda oder Java einfacher zu begreifen. Gefangene Matrosen in Tunis schickten ihr Hilfsgesuch an den »Hochgeborenen Herrn und Fürsten Prinz Moritz, unsern gnädigen Herrn neben Gott, und an die Stände von Holland, unsere gnädigen Herren«. Diese traditionale Fixierung auf »monarchische Herrschaft«, konträr zum korporativen System der Republik, erklärt möglicherweise auch die Eruption, die sich 1672 beim Mord an den Brüdern de Witt geäußert hat.

Das Verhältnis zwischen Statthalter und Regenten war die eine Seite, eine andere war das der Regenten zu den breiten Bürgerschichten. Der niederländische Weltreisende David Pietersz. de Vries ließ seine Leserschaft im 17. Jahrhundert wissen, es sei bei den Indianern Nordamerikas üblich, daß erst die Weisesten miteinander berieten. Seien die Beschlüsse nicht nach dem Geschmack des gemeinen Mannes, dann verfüge der Mob, »Jan-hagel« nannte er ihn, über die Angelegenheit. Das wiederum galt dem Autor kaum als beispielhaft für eine gute Verwaltung. Pieter Cornelisz. Hooft, Drost von Muiden, Historiker und Literat, meinte zu dieser Frage nach Macht- und Kompetenzzuweisung, zwar seien glückliche Veränderungen unter der tapferen Mithilfe des einfachen Mannes zustande gekommen, aber eine wesentliche Aufgabe des Regierens sei es, das Volk zu lenken und zu beherrschen, die Masse ruhig zu halten. Maximen solcher Art scheint er in seiner Eigenschaft als Drost befolgt zu haben, wenn er schreibt: »Hier predigt man nicht die Passion, es sei denn die unseres Herrn; hier stellt man keine Forderungen; man greift nicht zu Steinen, um sie dem Herrn an den Kopf zu werfen.« Was man sich unter »Volk« vorstellen sollte, wurde nicht genau definiert. Auch die politische Theorie der Zeit, die sich durchgehend der aristotelischen Dreiteilung bediente, »Demokratie« kurz erörterte, doch nicht zum Hauptthema machte, bot eine präzise Umschreibung nicht an. Nur eines war klar: Es waren die Regierten, jene also, die zu regieren nicht fähig waren, denen es an Vernunft und Einsicht fehlte. Da hieß es bei einem Pamphletschreiber 1647: »Die Gemeinde (Gemeente) ist von solcher Art, daß sie verwirft, was ihr eigentlich nützlich ist, und daß sie immer haben will, was für sie von keinem Wert und verboten ist.« Und »Gemeinde«, das waren alle unterhalb der Regierenden, die breiten Bürgerschichten bis hinunter zu jener Gruppe, die als Mob oder Pöbel eingestuft wurde, als »Grauw« oder »Jan-hagel«. Unvernunft oder ungenügende Kenntnis, aber auch Neigung zur Brachialgewalt galten als die Attribute, die nach Meinung der Regenten oder deren Pamphletisten dem regierten Volk eigen waren. Sie standen den herausragenden Eigenschaften der Regierenden kraß gegenüber. Schon die alten Privilegien hatten für Bürgermeister, Schöffen und »Vroedschap« die »weisesten, vortrefflichsten und reichsten« Bürger vorgesehen, und es bestand keinerlei Grund, daran in der Republik etwas zu ändern. Dazu kam der Reichtum, und wenn er gar eine Familientradition war, dann erhöhte sich der Anspruch auf Regierung um ein Mehrfaches. Ein Blick auf die Vermögensentwicklung – so lückenhaft die Aufstellungen auch sein mögen – vermittelt etwas zu den Größenordnungen, in denen man in der Republik gedacht hat, und zeigt zudem, daß die Entwicklung zum großen niederländischen Kaufmannsreichtum sich erst nach 1600 vollzogen hat. Für 1585 wird der reichste Amsterdamer Kaufmann auf allenfalls 150.000 Gulden geschätzt. Selbst unter Berücksichtigung einer Preissteigerungsrate zählten solche Werte im 17. Jahrhundert kaum noch zu den großen Vermögen. Dabei zeichneten sich beachtliche Unterschiede zwischen Holland und den übrigen Provinzen ab. Das wirtschaftliche Zentrum der Union, die Provinz Holland, wies die größten Kaufmannsvermögen aus. Es handelte sich hier um Beträge, die zum Teil weit über 1.000.000 Gulden reichten. Derartige Anhäufungen von Vermögen waren jedoch nicht repräsentativ; sie konzentrierten sich innerhalb der Provinz Holland auf die Stadt Amsterdam.

Bei den Regenten handelte es sich um eine Elite, die bereits in burgundisch-habsburgischer Zeit bestanden hatte und nach dem Aufstand in den Städten erhalten blieb; es verschwanden nämlich nur die allzu spanisch-katholischen Vertreter aus den Magistraten. Die Änderungen waren alles andere als radikal. Selbst als später von den Regenten das Bekenntnis zum Calvinismus verlangt wurde, genügte der Hinweis, daß man dieser Richtung günstig gesinnt sei. Lediglich der Magistrat Amsterdams, das erst 1578 zu den Aufständischen überging, wurde in Zusammenarbeit mit den Schützengilden völlig neu besetzt, ohne daß dies das Patriziat der Stadt irgendwie beeinträchtigt hätte. Das gilt gleichfalls für spätere radikale Neubesetzungen in Zeiten innerer oder äußerer Krisen wie 1618 oder 1672. Die »Newcomers« gehörten immer wieder der begüterten Schicht an oder paßten sich schließlich den Verhaltensweisen der traditionsreichen Regentenfamilien an. Hinzu kam eine Verfestigung der politischen Macht auf dem Verordnungsweg, denn schon 1581 beschlossen die holländischen Provinzialstände, daß die Magistrate nicht mehr unter Mitarbeit der Schützengilden oder Zünfte zusammengesetzt werden sollten. Damit entfiel die innerstädtische Kontrolle, wie einst zur habsburgischen Zeit, in der die nicht dem Patriziat zugehörenden Schichten auf dem Weg über einen Aufstand bestimmte Positionen mit bloß vorläufigem Erfolg hatten wiedergewinnen können. Bei aller Unterstützung der patrizischen Magistrate seitens der Brüsseler Zentrale in der monarchischen Periode waren von dieser Instanz die Grenzen für den patrizischen Kompetenzbereich außerhalb der Stadtmauern gezogen, aber in der Republik endete diese Kontrolle von oben wie von unten. Auch die statthalterlichen Befugnisse bei Magistratserneuerungen ließen sich kaum als permanent wirksames Kontrollelement ansehen. Die unkontrollierte Kompetenz der Regenten verhalf zur Stärkung der Stadt als wichtigster Parzelle der

Union, barg allerdings die Gefahr eines städtischen Partikularismus und zugleich die eines Diktats der mächtigsten Stadt im staatlichen Verband. In der Provinz Holland führte gerade die Entwicklung städtischer Kompetenzen zu einer Aushöhlung der Zuständigkeiten des Provinzialgerichtshofes. Die Expansion des städtischen Einflusses in staatlichen Angelegenheiten erfolgte mittels der Regenten, die nicht allein die städtischen Ämter, sondern auch die wichtigsten Posten der Union besetzten. Daß die holländischen Regenten die zentralen Funktionen wahrnahmen und damit die Interessen der eigenen Provinz besonders gut vertreten konnten, bewies, daß Holland, vor dem Aufstand kaum ein führendes Territorium, sich danach zur stärksten Provinz zu entwickeln vermochte und mehr als 50 Prozent des Finanzbedarfs der Union deckte. Die Handelsstadt Amsterdam, wo die Regentenfamilien noch besonders eng mit dem Wirtschaftsleben verbunden waren, spielte in der Provinz eine führende Rolle.

Reichtum und Familientradition waren die Faktoren, die den Anspruch auf Regierungsgewalt erhärteten. Die Konzeption, die dahinter steckte, war denkbar einfach. Da war es die Gleichsetzung der Regentenforderung mit nationalem Interesse oder der Regentenpolitik mit Vaterlandsliebe. Pamphletisten und Tagebuchschreiber der Zeit ließen Besitz und Vaterlandsliebe eine enge Symbiose werden. Ging das Vaterland verloren, dann riskierte der Besitzbürger mehr als der Besitzlose und sicherlich noch mehr als jener, der sich verschuldet hatte. Zu dieser nationalpolitisch orientierten Psychologie trat noch ein anderes. Hinter dem Plädoyer für engste Begrenzung der Regierungsfähigen auf die Reichsten verbarg sich der Gedanke, daß Reichtum vor Korruption schütze. Schon 1585 sagte der Leidener Bürgermeister Pieter Adriaansz. van der Werff, man solle die Arbeit in den Gremien jenen überlassen, die sich fernab jeder Geldgier befänden. Vor Korruption gefeit zu sein, hatte gedankliche und praktische Weiterungen, die zu Sentenzen gefroren. Jacob Cats, selbst aus Regentengeschlecht, Ratspensionär, Volkserzieher und stets für eine gereimte Lebensregel gut, ließ, wie häufig mit erhobenem Zeigefinger, wissen, daß der Himmel jedem nach seinem Stande gebe. Das hatte politisch-soziale Konsequenzen, da solche Bürger, die tatsächlich aus bescheideneren Verhältnissen in Regentenfunktionen aufgestiegen waren, als »homines novi« bloß mit Argwohn betrachtet wurden. Die Begründung lieferte die als unveränderlich angenommene Psyche eines solchen Bürgers. Wie sonst konnte er, einstmals von geringer Herkunft und käuflich, seine Herkunft und Gewohnheit in einem unbesoldeten Amt abstreifen? Wer garantierte, daß er sich nicht weiter auf Kosten der Allgemeinheit bereichern werde? Die Lehre, die aus solcher Prädisposition in Permanenz zu ziehen war, verdichtete sich im Reim des Jacob Cats oder im ebenfalls zeitgenössischen Spruch vom Schuster, der besser bei seinem Leisten bleibe. Reichtum war mithin etwas Schicksalhaftes; man besaß ihn, oder man besaß ihn nicht. Neben Cats und anderen Regenten war es nicht nur die zentrale Dichterfigur der Niederlande, Joost van den Vondel, sondern auch Constantijn Huygens, neben Hugo Grotius das Universalgenie seiner Zeit, die viele Probleme ihrer Zeit durchleuchteten, nicht zuletzt das des fraglich gewordenen Reichtums. Auch Huygens ließ die schlichte Meinung wissen, die der sozialen Mobilität in städtischen oder Provinzialregierungskreisen einen festen Riegel vorschob. Es war vielsagend, daß solche gesellschaftlichen Lebensregeln nicht nur Allgemeingut der Regenten waren, sondern, wenn es sich ergab, auch bei den Regierten galten. So warfen die Rädelsführer der Unruhen von 1672 dem Rotterdamer Regenten Arent Sonmans und dem Medembliker Bürgermeister Jacob Lobs vor, aus Armut emporgestiegen zu sein, und bedachten die beiden mit Schimpfworten, die nicht aus dem Repertoire der feineren Umgangssprache stammten.

Solche sozialen Weisheiten und Spielregeln setzten sich im Laufe der Jahrzehnte in einen Trend zur Schrumpfung der Regentenschicht um. Die Machtbasis der Regenten beruhte auf der für jede Stadt geltenden Bestimmung, daß ein Sitz im Stadtrat auf Lebenszeit galt. Freigewordene Plätze wurden in der überwiegenden Zahl der Fälle durch Kooptationen neu besetzt. Das führte auf Dauer zu einer weiteren personalen Verengung der gesamten Stadt- und Provinzialverwaltung. Der Sitz in solcher »Vroedschap« war der Ausgangspunkt für weitere Funktionen, die im Gegensatz zur unbezahlten Tätigkeit des Stadtvertreters durchaus lukrativ sein konnten. Dieser weitergehende Aristokratisierungsprozeß konzentrierte nicht nur in den Städten die politische Macht bei einigen Familien, sondern scheint sich auch auf dem platten Lande, in den »Grietenijen« Frieslands, durchgesetzt zu haben. Es war bezeichnend, daß der Ratspensionär Oldenbarnevelt unwidersprochen schreiben konnte, Kinder hätten ein Recht auf den Posten ihres Vaters, wenn sie sich ihrer Herkunft durch »Alliancie, Professie ende Dienste« würdig erwiesen. »Alliancie« hieß standesgemäße Ehe, »Professie« und »Dienste« meinten einen würdigen Beruf, Bekenntnis zu bestimmten Verhaltensnormen und die Bereitschaft, in öffentlichen Funktionen dem Land zu dienen. Die Herrschaft der ganz Wenigen wurde durch Kooptation realisiert, die wiederum eine endogame Heiratspolitik zur Voraussetzung hatte. Ehen, so ist gesagt worden, »wurden... nicht in erster Linie zwischen zwei Regentenkindern, sondern zwischen zwei Regentenfamilien geschlossen«. Anfänglich wurden Regentenehen noch interurban besprochen, bald aber beschränkte man die Suche nach geeigneten Partnern auf die eigene Stadt. Der Grad der Verschwägerung und Versippung nahm extreme Formen an. So ließ Moritz von Oranien, der im Zuge der Ereignisse um die Remonstranten 1618 die städtischen Magistrate neu besetzte, die Stadt Dordrecht aus, weil dort die städtischen Regenten so stark miteinander verschwägert waren, daß der Ausschluß einiger böses Blut bei allen gemacht hätte. In Dordrecht war die oligarchische »Sparsamkeit« schon früh ausgeprägt, andere entwickelten sie etwas später, aber dann in noch akzentuierterer Form. Amsterdam bot dafür ein markantes Beispiel. Da waren es die Hoofts, die Pauws, die Bickers und die de Graeffs, die zusammen ein Jahrhundert lang die Stadt regierten.

Die Stadtregierungen der Republik – und dies war ein hervorstechendes Merkmal des 17. Jahrhunderts in den Niederlanden – wurden von einigen miteinander verschwägerten Familien beherrscht. Die konnubialen Verflechtungen machten die Herrschaft der Wenigen zur Herrschaft der wenigen Verwandten. Die Tendenz zur Konzentration auf innerstädtische Regentenzirkel durch Heiratspolitik lief auf eine regentistische personelle Selbstbeschränkung des Potentials in Regierung und Verwaltung hinaus. Hinzu trat der Ausschluß von katholischem, remonstrantischem oder mennonitischem Patriziat, was die Zirkel der Regierungsfähigen noch weiter einengte. Allerdings sollte nach den neuesten Forschungen betont werden, daß soziale Mobilität nicht gänzlich ausgeschlossen gewesen ist, weder im 17. noch im 18. Jahrhundert. Das wird zum Teil darauf zurückgeführt, daß die Regentenfamilien angesichts ihrer begrenzten Kinderzahl nicht alle wichtigen Posten der öffentlichen Hand bekleiden konnten. Gleichwohl war für die Entwicklung typisch, was Jacob Cats anläßlich seiner Ernennung zum Ratspensionär vortrug. Er meinte, für Gottes Hilfe danken zu müssen, der in seiner väterlichen Güte jenen, denen er ein Amt übertrage, auch die Fähigkeit gebe, dieses Amt angemessen auszufüllen. Bei aller elitären Selbsteinschätzung erwies sich die Kaste der Regenten im Laufe der Jahrzehnte immer wieder als kräftig genug, politisch äußerst fähige und zugleich intellektuell hochstehende Köpfe in die Führung der Geschäfte in Stadt, Provinz und Zentrale zu bringen. Das Selbstbewußtsein vieler Regenten, wie es nicht wenige gemalte oder gestochene Porträts oder Gruppenbilder erkennen lassen, ist sicher nicht Ausdruck einer selbstgefälligen Erfolgsideologie, sondern der einer Leistung in Wirtschaft und Politik gewesen. Es wäre bei aller Anerkennung von Leistung freilich falsch, anzunehmen, daß sich eine moralisch besonders hochwertige, nur den Interessen der Stadt oder der Republik verbundene Elite herausgebildet hätte, wie das manche Sprüche der Zeit sehen wollten. Wenngleich Geld, viel Geld zuweilen, vorhanden war, galt weiterer Erwerb nicht als Tabu. Ein Pamphletist der Zeit formulierte das so: »Man sollte sich doch nicht gegenseitig weismachen, daß der Eifer, dem Lande seine Dienste anzubieten, gleichsam aus selbstlosem innerem Antrieb geschehe.« Solche Aussage relativierte die zitierte Anmerkung Oldenbarnevelts über die Bereitschaft, seine Kraft in den Dienst von Stadt und Land zu stellen. Tatsächlich waren zahlreiche Ämter mit direkter oder indirekter Vorteilsnahme verbunden, gleichgültig, ob es sich hier um Ein- und Ausfuhrzölle, das Amt des Steuereintreibers oder etwa um Grundstücksspekulationen handelte. Korruption war zwar nicht unbedingt an der Tagesordnung, aber sie kam häufig genug vor.

Wie auf der einen Seite die Regenten als Oranientreue oder als Republikaner nach der Art des Oldenbarnevelt oder des Johan de Witt auftraten, so entwickelten sich auf lokaler Ebene völlig unabhängig davon sogenannte Faktionen, die ihren unmittelbaren Anhang um sich scharten und durchgehend ihre ganz partikularen Interessen durchzusetzen versuchten. Diese Faktionen bildeten den Mittelpunkt eines für das politische Leben so auffälligen »Deichselns« und »Ränkespiels«, »Plooien« und »Kuiperij«, das darauf ausgerichtet war, Macht zu erhalten oder sogar zu erweitern und Zugang zu den »Fleischtöpfen Ägyptens« zu verschaffen. Die Ämtervergabe war dann auch ein Topos, um den sich alles drehte. Die damit verbundenen »schnöden Praktiken« – ein Begriff der Zeit – wuchsen nicht nur zu einem öffentlichen Ärgernis heran, sondern scheinen einigen Regentenkreisen selbst auf die Nerven gegangen zu sein. Die holländischen Regenten fanden eine Lösung in dem sogenannten Korrespondenzsystem. Dieses System beruhte auf Vereinbarung zwischen den Faktionen, nach der die Besetzung und Vergabe von Ämtern auf turnusmäßigem Weg vorgenommen wurde – ein Vorhaben, das in der Provinz Seeland mißlang.

Die bürgerliche Oberschicht grenzte sich gegen die mittleren und unteren Bürgerschichten, aber auch gegenüber dem Adel ab, dessen politische Funktion gegen Null tendierte. Trotz des Fortfalls der politischen Arbeit erhielt sich das Standesbewußtsein. Der Adel der Provinz Holland etwa heiratete fast ausschließlich innerhalb des eigenen Standes. Umgekehrt waren Regentenfamilien kaum geneigt, in adelige Familien einzuheiraten. Als der Leidener Regent Pieter van Leijden einem Baron die Hand seiner fünfzehnjährigen Tochter gab, äußerte ein Regentenkollege: »Unser sogenannter Herr van Leijden, der in allen Dingen hervorstechen will, der hat das auch mit dieser Hochzeit seiner Tochter getan. Und ich glaube, daß wir die letzten sind, die solchen Dingen nachäffen.« Adelige aus dem Ausland wurden darüber hinaus mit besonderem Argwohn betrachtet. Da ging es nach Meinung der Regenten um »viele arme Säcke«, die in die Republik mit »undurchsichtigen Titeln und Prätentionen« kamen. Mit

der Abgrenzung waren jedoch auch die Anerkennung bestimmter Verhaltensnormen und die Pflege eines bestimmten Lebensstils verbunden. Die Generation
der Großväter hatte noch die Seite des Aufstandes gewählt, die Republik mitbegründet, war auf der Straße kaum vom gemeinen Bürger zu unterscheiden
gewesen, die Väter reihten sich noch bei den »Merchant adventures« ein, legten
ihr Kapital in risikoreichen Unternehmungen an. Es handelte sich um die Generation jener Kaufleute, die von sich selbst sagte, sie habe durch Sparsamkeit,
Scharfsinn und Erfahrung während des Waffenstillstandes alle Nationen vom
Meer verdrängt und den ganzen Handel an sich gezogen. Die dritte Generation
schien es geschafft zu haben. Der Kaufmann kannte kaum noch Sorgen, er
verfügte über ein Vermögen, das die Möglichkeit bot, Jura zu studieren, sich
weiterzubilden, am besten durch lange Bildungsreisen, und sich dann, falls gewünscht, mit Regierungsgeschäften zu befassen.

Der Lebensstil wurde anders. Wo zuvor unübersehbar spartanische Nüchternheit und Sparsamkeit herrschten, trat bald eine selbstbewußte Präsentation
des Reichtums in den Vordergrund, häufig genug zum Unwillen breiterer Bürgerschichten. Vorbei war die Zeit, in der die Regenten in ihren Tagesanzügen in
den Sitzungssälen auftraten, wie es noch unter Friedrich Heinrich der Fall war.
Zur Zeit des Statthalter-Königs Wilhelm III. gab es sicher noch einige, die der
Einfachheit huldigten, aber viele neigten zur Präsentation des Überflusses. Die
Kutsche gehörte ebenso dazu wie der Schmuck der weiblichen Familienmitglieder. Den Höhepunkt dieser Schau von Reichtum und zugleich Würde bildete
der Erwerb ehemaliger adeliger Besitzungen, mit denen sowohl die grundherrlichen Rechte als auch klingende Titel erworben wurden, wenngleich vielfach
gerade die reichsten Familien keinen gesteigerten Wert auf Adelstitel legten. Der
Lebensstil rückte zuweilen in die Nähe adeligen Auftretens und unterlag in der
zweiten Hälfte des 17. Jahrhunderts den kulturellen Einflüssen aus Frankreich,
zählte doch dieses Land zu den Zielen der großen Bildungsreise niederländischer Studenten. Die damaligen Flugschriften klagten denn auch über die wachsende Überheblichkeit und Prunksucht der Regenten, und zur französischen
Sitte hieß es 1672 in einem Pamphlet des Dichters Antonides van der Goes:
»Verjagt den Feind, aber verjagt erst seine Sitten.« Darunter fielen Sprache und
Sprachgebrauch. Van der Goes schrieb an anderer Stelle, die Herren äußerten
sich »flämisch«, um das gemeine Volk zu informieren, französisch aber sprächen sie mit der Intelligenz. Die heute noch zu besichtigenden Landhäuser an
der Vecht sind steingewordener, beredter Ausdruck solcher Haltung. Angesichts
dieser Entwicklung mußte sich die Mahnung des seeländischen Prädikanten
Godfried Udemans, die Regenten möchten wieder »Ehre vor Gold« stellen, als

zwar begreiflich, aber kaum realisierungsfähig ausnehmen. Der Kastenbildung in der Verhaltensweise entsprach auch die Konzeption von der politischen Mitbestimmung breiterer Bürgerschichten. Die in den städtischen Privilegien verordneten Mitbestimmungsrechte für Gilden und Zünfte aus der burgundisch-habsburgischen Zeit gerieten total in Verfall, nachdem sie bereits vor dem Aufstand häufig Anlaß zu scharfen innerstädtischen Auseinandersetzungen gewesen waren. Der Verfallsprozeß begann auf dem Verordnungsweg, als die holländische Ständeversammlung von 1581 beschloß, daß die Stadtregierungen bei Angelegenheiten, die das ganze Land betrafen, nicht mehr mit Schützengilden oder anderen Korporationen beraten sollten. Aber bald geriet auch die Einbeziehung der Gilden bei rein städtischen Angelegenheiten aus der Mode. Joost van den Vondel, durchaus ein Freund der Regenten, formulierte einmal, welchen Sinn das alte heilige Recht habe, das mit goldenen Lettern auf Pergament geschrieben stehe, wenn kein Bürger es je gelesen habe, geschweige denn in den Genuß der Bestimmungen gekommen sei. Doch das von Vondel apostrophierte heilige Recht kam schon unmittelbar nach Begründung der Republik heftig ins Gedränge, als Graf Leicester versuchte, Macht zu erlangen, und die Zuweisung von Souveränität zur Diskussion stand. Es entspann sich jene Auseinandersetzung zwischen Thomas Wilkes, dem Mitarbeiter Leicesters und Mitglied des Staatsrates, und François Vranck, dem Syndikus der Stadt Gouda, um die Begriffe »Volk« und »Souveränität«.

Einerseits förderte nun privilegienrechtliche Unwissenheit die politische Aristokratisierung seitens der Regenten, andererseits wurden auftauchende Forderungen von Bürgern nach Veröffentlichung von Privilegien unterlaufen. Es kam vor, daß das Privilegienbuch schlicht unauffindbar war, und dort, wo außerhalb der »Vroedschap« tatsächlich noch andere Gremien etwa an der Bürgermeister- oder Schöffenwahl teilnahmen, waren diese Gremien schon fast ausschließlich mit Vertretern der Regentenfamilien besetzt. Das war in Dordrecht so; auf eine ähnliche Situation traf man in Middelburg, Tholen oder Zierikzee. Wo nicht die Regentenfamilien dominierten, waren es durch den ungewöhnlich hohen Wahlzensus jene reichen Bürger, die unmittelbar unter der Regentenschicht standen. Auch der sogenannte Boongang, ein Verfahren bei der Bürgermeisterwahl, war in den meisten holländischen Städten von den Regenten beherrscht oder gänzlich abgeschafft.

Es gab in jenen Jahrzehnten des 17. Jahrhunderts eine reiche Kritik am Regentensystem allgemein oder an einzelnen Personen. Aber wie die Forderungen, den Privilegien Geltung zu verschaffen, vergeblich blieben, so wurde auch offiziell vorgetragene Kritik an oder Anzeige gegen hohe Amtspersonen abschlägig beschieden; eine solche Anzeige kam gar nicht erst zur Behandlung. Abgesehen davon, daß Kritiker sogleich in die Kategorie der »Spitzbuben« eingereiht und damit abqualifiziert wurden, lautete bereits 1620 die Antwort der holländischen Stände auf eine dort vorgetragene Einzelkritik an einigen Beamten, daß dies nicht zulässig sei, da sonst überall Kritik an Magistratspersonen vorgetragen werden könne. Diese sehr einfache »Wo kämen wir denn da hin«-Haltung sagt manches über Selbstbewußtsein und Selbstverständnis der herrschenden Elite. Daß Magistratspersonen aufgrund der öffentlichen Meinung ohne gerichtliche Entscheidung aus ihrem Amt entlassen wurden, kam zwar vor, jedoch nur selten. Generell verstanden die Regenten eine Anerkennung von Kritik oder gar ein Nachgeben als ein Zeichen von Schwäche, immer mit dem Hinweis auf die Folgen. Lasse man sich nämlich auf Forderungen des Volkes oder seiner Petenten ein, dann werde dieses Volk auch in den Provinzialständen bald den Ton angeben. Wer die Verantwortung trage, so hieß es, der solle auch bestimmen. Das waren klare und patriarchalische Ausgangspunkte, die im übrigen nicht allzu sehr strapaziert wurden: die Regenten als Herrscher, der Bürger als Untertan. In allen holländischen Städten war es verboten, öffentliche Versammlungen abzuhalten; das Volk sollte von keiner Institution, auf welche Weise, zu welchem Zweck und bei welcher Entscheidung auch immer, herangezogen werden. Es war sicherlich so, daß im Zuge der Ämtervergabe bei der Verteilung der niederen Ämter die mittleren Bürgerschichten ebenfalls profitierten, so daß gewisse Vorteile der Regentenschicht an nicht zu ihr gehörende Gruppen weitergereicht wurden. Aber erklärt das die relative Ruhe in den Städten, wenngleich manches Ärgernis über Regentenherrschaft in der Öffentlichkeit in Form von Flugschriften kolportiert wurde? Es zählte zum Positiven, daß die Regenten einigermaßen durchgängig eine Lebensmittelpreis- und Sozialpolitik einschließlich des Wohnungsbaus führten, die darauf gerichtet war, die Versorgung der Bevölkerung, vor allem der geringer Bemittelten, sicherzustellen. Das mag zur Aufrechterhaltung der Ruhe beigetragen, vielleicht den Stachel aufreizender öffentlicher Präsentation von Reichtum, wie sie sich in äußerlichen Attributen manifestierte, entschärft haben. War es Furcht vor der herrschenden Elite, war es etwa Einsicht in die Vergeblichkeit, Kritik in Veränderung umzusetzen? Die Tatsache, daß die Forderung nach Einsichtnahme in die alten Privilegienbücher mit dem Hinweis auf Unauffindbarkeit der Dokumente abgespeist wurde und derartige Antworten keine weiteren Folgen hatten, war eigenartig, weil somit alte Rechte sang- und klanglos in der Schublade verschwanden, die man nicht mehr öffnen wollte.

Dennoch kam es hier und da zu kleineren Aufruhren. So in Maassluis 1610 oder Delft 1616 und noch in späteren Jahrzehnten des 17. Jahrhunderts. Beim Delfter Aufruhr beherrschte ganz plötzlich der Gegensatz »arm–reich« die Szene. Solcher Gegensatz mußte aufbrechen, wenn zwecks Finanzierung eines neuen Binnenkanals die Kornsteuer erhöht, die Abgaben für Wein aber gleichzeitig gesenkt wurden. Wein war ein Luxusgut, Brot das Nahrungsmittel der Armen. Erst statthalterliche Truppen, von Bürgermeistern herbeigerufen, machten dem Aufruhr ein Ende. Die Rädelsführer wurden hart bestraft, obwohl zuvor Amnestie versprochen worden war. Ähnliche aufrührerische Aktivitäten entwickelten sich 1624 in mehreren holländischen Städten, nachdem die Steuer auf Butter erhöht worden war. Ein wirklich politisch geprägter Aufruhr ereignete sich in den vierziger Jahren in Dordrecht, als ein Kornmüller, gegen den eine Klage seitens der Stadt lief, von einem Advokaten verteidigt wurde, der zwar zum Stadtrat, jedoch nicht zu den alten Regentenfamilien gehörte. Die Affäre offenbarte die ganze Palette der familiären Verflechtung bei städtischer Exekutive und Rechtsprechung und endete mit der Vertreibung des Advokaten aus der Stadt – ein Fehlgriff, denn nun brach alle aufgestaute Unzufriedenheit der nichtregentistischen Bürgerschaft durch. Im Laufe der Affäre kam es zu Zusammenrottungen vor dem Haus des Bürgermeisters Jacob de Witt, zu heftigen Flugschriften-Kampagnen und schließlich zu Tumulten. Das Anliegen des Advokaten ging in den allgemeinen politischen Forderungen nach Mitspracherecht der Gilden völlig unter. Schwerer als das Advokatenrecht wog der Umstand, daß man den Bürgermeister einen Übersouverän nannte, der mit dem Eid spiele wie Kinder mit Würfeln. Wen wunderte es, daß die Forderungen der Gilden bei den Provinzialständen auf Ablehnung stießen, da die Bürger ihren nach Gesetz und Recht gebildeten Regierungen nicht widersprechen durften. Das galt als allgemeine Auffassung in einer Provinz, die 1651/52 schon die »ware vrijheid« der statthalterlosen Zeit praktizierte.

Die Dordrechter Ereignisse stellten deshalb eine Ausnahme dar, weil sie den Gesamteindruck von der relativen Ruhe im Land kaum beeinträchtigten. Dabei hatten die Forderungen in Dordrecht oder in den Flugschriften allgemein, historisch betrachtet, gar nichts Umstürzlerisches. Sie waren lediglich ein Rückgriff auf Überkommenes, dann Unterschlagenes. Umstürzlerisch wirkten sie nur gegenüber einer unnachgiebigen, fast schon eine Tradition pflegenden oligarchischen Familienherrschaft, gegenüber einer Art »Incrowd«. Man hat in den nicht zu den Regenten gehörenden Schichten die Insuffizienz der Verhältnisse durchaus empfunden, jedoch keine Initiative entwickelt, um das eigene Unbehagen durch neue politische Realitäten aufzuheben. Angesichts der Widersetzlichkeiten in der burgundisch-habsburgischen Zeit und auch im Hinblick auf

die Tatsache, daß die Republik aus einem Kampf um altes Recht entstanden
war, mutet das seltsam an. Insgesamt zeigte die Republik den Bürger als Untertan. Die materiell sowie von der Familientradition her Minderqualifizierten
gehorchten. Der Ruf nach Ruhe und Ordnung brauchte nur selten zu ertönen.
Im Hinblick darauf ist zu fragen, ob dieser Haltung nicht auch ein hohes Maß
an Selbstzufriedenheit bei den Mittelschichten zugrunde gelegen haben kann –
eine Selbstzufriedenheit, die sich nicht bloß aus dem Anfangserfolg des gelungenen Aufstandes, sondern auch aus den weiteren militärischen und wirtschaftlichen Erfolgen gespeist hat? Wurde hier möglicherweise die starke Position und
Anerkennung des Landes in der europäischen Welt im Innern reflektiert? War
außenpolitischer Erfolg eine Voraussetzung für Ruhe? Haben der Kampf gegen
Spanien und wenig später der Streit gegen England und Frankreich ein starkes
Bewußtsein von Gemeinsamkeit geschaffen, das das Potential an innerer Konfliktbereitschaft verdrängte? Es war auffällig, daß der innere Konflikt zum Austrag kam, wenn das Land außenpolitisch bedroht erschien. Das war 1672 so,
wiederholte sich 1747/48 und um 1780. Da wankte die Position der Regenten,
die sich stets als Beschützer des Landes aufwarfen und in der Publizistik nicht
anders gesehen wurden. Die republikanische Gesellschaft zeugte weder in der
Oberschicht und schon gar nicht in der Mittel- und Unterschicht den aus seiner
Umgebung losgelösten, gleichwohl den Weg bestimmenden politischen Führer.
Die Niederlande, die in Kultur und Wissenschaft Außergewöhnliches hervor-
brachten, viele führende Köpfe ihr Eigen nannten, ja, als der Hort der europäischen »République des Lettres« des 17. Jahrhunderts genannt werden dürfen,
blieben eine Nation, in der politische Spitzen im definierten Sinne nicht recht
gediehen. Es will scheinen, als habe das Kollegialsystem als das wesentliche
Strukturmerkmal der Republik von vornherein eine auf eine Person zugeschnit-
tene Führung unterbunden. Geht man zu weit in der Annahme, daß das imperative Mandat, das die Konstitution der Zeit beherrscht und dennoch nur Auftragsarbeit, nicht aber Individualentscheidung bedeutet hat, eine Konsequenz
des Kollegialsystems gewesen ist? Semantisch betrachtet ist »Overleg plegen«
ein schon in jener Zeit gepflegter, bis heute das politische Leben mitbeherr-
schender Begriff, der in sich ein hohes Maß an Mäßigung enthält.

Der gewalttätige bis todbringende Aufruhr von 1672 widerspricht dem Wort
von der relativen Ruhe keineswegs. Was da ablief, war eine Mischung aus den
Folgen einer Angstpsychose angesichts französischer Siege und des aufgestauten
Unmuts über das Regentenregime. Erst die Angst vor Fremdherrschaft ließ das
Konfliktpotential zum wirklichen Konflikt auswachsen und Unterschiede be-
wußt werden, die in Zeiten der Gefahr nicht mehr ohne weiteres hingenommen

wurden. Wo der reiche Bürger-Regent oder jedenfalls der hohe Amtsträger auf Booten, vollgeladen mit Hausrat, seinen Ort, seine Stadt, verlassen wollte, damit Furcht und Reichtum gleichermaßen zur Schau stellend, erregte sich die Volksseele. Das Wort vom Verrat kam auf. Verräter waren die Regenten, zumindest einige von ihnen, zum Beispiel die de Witts. Prediger traten auf, nicht nur jene, die zur neuen Frömmigkeit aufriefen, zu Bet- und Fastentagen, sondern auch solche, die das Volk aufwiegelten. Dazu gehörte nicht mehr viel, denn der Mob tobte und verteilte die Leichen der ermordeten Brüder de Witt stückweise. In Schmähschriften wurde die »Loevesteinse Factie« angegriffen, der Kern der Regenten aristokratischer Regierungsform. Da tauchten Forderungen auf, wie sie zwei Jahrzehnte zuvor in Dordrecht formuliert worden waren. »Die Freiheit ist unser«, schrieb ein Rotterdamer, »unsere Obrigkeit haben wir aus unserer Mitte gewählt, aber seit geraumer Zeit nehme diese an, daß ihre Macht aus ihr selbst hervorgegangen sei und die Freiheit ihr allein zukomme.« Mancherorts wurde ein Reformprogramm gegen die bestehende Regierungsform aufgestellt, wurden Flugschriften verteilt, als Wandzeitungen verbreitet oder von Offizieren der Schützengilden dem Magistrat vorgelegt, was sich häufig in einer aufgeregten Szenerie vollzog. Die Familienregierung war in jenem Augenblick eine Institution, von der kein Hund mehr ein Stück Brot nehmen wollte. In einer Amsterdamer Flugschrift hieß es, sie sei ein Haufen verwöhnter und leichtfertiger Leute, die ihre eigene Schrift nicht lesen, was immer das heißen sollte. Wenn die Schützengilden aufgefordert wurden, daß jeder Einzelne eine Art Privilegienbuch neben der Bibel haben müsse, dann entsprach das dem alten Dordrechter Wunsch nach dem »Houten Boek«, dem Privilegienbuch.

Was stand am Ende dieser so aufrührerischen Phase? Der Statthalter Wilhelm III. besetzte die städtischen Magistrate und Ratsgremien neu. Wer jedoch geglaubt hatte, daß sich angesichts der Aufruhrstimmung gegen oligarchische Regierungsformen Demokratisierungsansprüche durchsetzen würden, nunmehr mit Hilfe des Prinzen, mußte sich getäuscht sehen. Es änderte sich der Personalbestand, aber nicht die Sozialstruktur der zur Herrschaft Berechtigten. Wo beispielsweise die Schützengilden versuchten, Kontrollinstrumente gegen aristokratische Herrschaftsformen aufzubauen, blieb ihnen der Erfolg versagt. Wilhelm III. wurde eher auf einer Welle der Volkserregung emporgespült als auf einer Volksbewegung getragen. Er war zu viel Aristokrat, ein zwei Jahrzehnte lang umstrittener Regent, als daß er das richtige Verständnis für die politischen Forderungen seiner Zeit hätte aufbringen können, im übrigen zwielichtig, was seine Position beim Mord an den de Witt-Brüdern anging. Der Prinz war kein Neuerer, eher eine Gallionsfigur, ein Heilsbringer in Zeiten der äußeren Not, ein Kriegsmann also, aber zudem ein Wahrer der regentistischen Kontinuität. Die Ärgernisse der oligarchischen Regierungsform setzten sich fort. Sie kamen 1747/48 bei der starken demokratischen »Doelisten«-Bewegung zum Ausbruch, die einen anderen Oranier emportrug, erneut den falschen Mann, da er von demokratischen Sympathien ebensoweit entfernt war wie seine Gegner, die Regenten. Sie äußerten sich später im Zuge der »Patriotten«-Bewegung, nunmehr freilich unter dem Einfluß der amerikanischen Unabhängigkeit und naturrechtlicher Ideen, die auch die Demokraten dazu bewogen, in der Statthalterschaft nur noch eine »Hereditas damnosa« zu sehen.

Auf der Suche nach nationalem Selbstverständnis und Selbstbewußtsein

Der niederländische Staat sei aus der Verneinung geboren, so ist geschrieben worden. Erst nach langem Zögern habe sich das Land mit dem Gedanken vertraut machen können, daß da eine selbständige Republik entstanden war. Es ist gewiß nicht abwegig, die Rebellion gegen den spanischen König, der Landfremder war und als solcher empfunden wurde, als eine Aktion der Unsicherheit einzustufen, deren einzige Sicherheit in der Ablehnung des Herrschers bestand. Es war ebensowenig ausgemacht, ob das burgundisch-habsburgische Territorium in seiner Gänze für die Rebellion gewonnen werden konnte oder ob nur ein Teil des Gebietes Erfolg haben würde, wie es tatsächlich geschah. Die Aufständischen zielten aufs Ganze, ernteten aber bloß die Hälfte. Dennoch war der Aufstand intellektuell nicht bodenlos. Er führte die Tradition ins Feld, die Welt der Privilegien und Handfesten; er rezipierte Neues, den Humanismus und eine Mehrzahl von Bekenntnissen. Auf solche Weise wurden Gemeinsamkeiten ins Bewußtsein gerufen, die zumindest Impulse für das Durchhaltevermögen vermittelten. Doch wie weit setzte sich die Einheitlichkeit nach dem ersten Erfolg der Gründung einer Republik in einen Prozeß der nationalen Bewußtwerdung um? So zu fragen ist legitim, weil vor dem Aufstand die territoriale Bindung kaum einer überterritorialen Sichtweise gewichen war und weil nach der Bildung der Union von Utrecht sich ein nicht unumstrittenes Denken in den Kategorien provinzialständischer Souveränität durchgesetzt hat, das einer tiefer greifenden Gemeinsamkeit hinderlich sein mußte. Und die Frage ist auch deshalb legitim, weil die humanistische Bildungswelt bereits vor dem Aufstand eine Grundlage für niederländische geistig-intellektuelle Gemeinsamkeiten geschaffen hat. So weckte die humanistische Bildungsoffensive das Interesse an der niederländischen Sprache, der »Lingua Belgica«. Das hieß Sprachsäuberung und orthographische Vereinheitlichung. Eingeführt wurde der Begriff von der »sprachlichen Besonderheit« als Ergebnis der neu aufkommenden Sprachwissenschaft. Es galt als humanistischer Grundsatz, daß erst die eigene Sprache erfaßt sein müsse, ehe man Fremdsprachen, in diesem Fall antike Sprachen, lerne. Für die Verlage lag es schon aus kommerziellen Gründen nahe, solche Entwicklung zu fördern, und Kirchenreformer sahen darin ohnehin große Möglichkeiten zur Verbreitung des christlichen Glaubens. Schon 1550 erschien in Gent eine »Nederlandsche Spellinghe«, eine niederländische Rechtschreibung, und es bezeugte den wissenschaftsübergreifenden Impetus sprachlichen Bemühens, wenn Simon Stevin, führender Techniker und Naturwissenschaftler seiner Zeit, das Niederländische durch neue Wortschöpfungen zu einer für die Vermittlung naturwissenschaftlicher Erkenntnisse geeigneten Sprache erhob.

Ein derartiger Erkenntniswille enthielt zugleich den Nachweis der Fähigkeiten menschlichen Geistes, der sich mit dem Gedanken der Unterwerfung unter weltliche Obrigkeit nicht mehr vertrug. In der wissenschaftlichen Untersuchung nach Struktur und Begrifflichkeit der eigenen Sprache steckte ein Stück aufkeimendes niederländisches Gemeinschaftsbewußtsein, das den in langer politischer Tradition genährten Gedanken von der nicht akzeptablen Landfremdheit des Herrschers zusätzlich stärken mußte. Doch die sprachliche Form der Realisierung humanistischer Bildungsziele war nicht gleich jedermann zugänglich. Aber es kam ein anderes hinzu. Die Niederländer des ausgehenden 16. und des 17. Jahrhunderts fanden im Aufstand des Batavers Julius Civilis ein erstes Beispiel an Charakter und Eigenart, das sie für sich gleichsam zum Volkscharakter hochstilisierten. Es war kein spontaner Fund, in der ersten Aufregung gemacht, sondern ein weiteres Erbe humanistischer Wissenschaft – eines Humanismus, dem es darauf ankam, Barbarei durch Wissen zu verdrängen, auf die Quellen zurückzugreifen. Es ging um die Eigenständigkeit und die historischen Grundlagen einer Landschaft. Antike Autoren halfen dabei, allen voran Tacitus. Bereits zu Anfang des 16. Jahrhunderts setzte sich der Humanist Geldenhauer daran, die Bataver des Tacitus zu lokalisieren. Er siedelte sie zwischen Rhein und Maas, in der Betuwe, an. Seine Landsleute, die »Geldersmannen«, erhielten damit ihre Vorfahren. Der Kleriker Cornelius Aurelius aus Gouda ließ 1516 die Bataver in der damaligen Grafschaft Holland wohnen, zwischen Katwijk und Leiden. Dieser Streit um den Ursprungsort wurde zugunsten der Grafschaft entschieden. Außerdem muß hier die »Divisiechroniek«, die ab 1538 in gekürzter Fassung sechzig Auflagen erlebt hat und ursprünglich von Cornelius Aurelius 1517 als »Chronijcke van Hollandt, Zeelandt ende Vrieslandt« geschrieben worden ist, genannt werden, weil sie in niederländischer Sprache verfaßt und somit den des Lateinischen nicht mächtigen Laien zugänglich gewesen ist. Diese Chronik, deren Auflagen immer wieder durch zusätzliche Zeitabschnitte ergänzt wurden, diente bis ins 19. Jahrhundert als Schulbuch und beschreibt die Bataver als die Stammväter der Holländer.

Was in der Zeit des Humanismus noch der Suche nach einer allgemeinen Identität dienen mochte, das entwickelte sich in den Jahren nach dem Aufstand dann zur Rechtfertigung der Rebellion sowie zur Etablierung eines niederländischen Volkscharakters durch historisches Beispiel. 1610 leitete Hugo Grotius die Rechtfertigung neuer republikanischer Existenz aus der batavisch-holländischen Tradition ab. Man konnte dies auch als Rechtfertigung holländischer Vorrangstellung im niederländischen Gesamtverband der Utrechter Union deuten. Volkscharakter, das hieß Freiheitsliebe. Schon vor Grotius arbeitete das Justus Lipsius heraus. Die lange belagerte Stadt Leiden erhielt 1575 den Namen »Lugdunum Batavorum«, und der Bataver-Name wurde hinausgetragen in den indonesischen Archipel, als dort Jan Pietersz. Coen 1619 Batavia gründete. Batavische Vergangenheit, der Kampf um Freiheit von Fremdherrschaft, fand bald auch ihren ikonographischen Ausdruck. »Es ist eine Art der Darstellung, in der die Bewunderung der Gegenwart sich ausdrückt in einer in der Geschichte gefundenen Bildsprache« (H. van de Waal). Auftraggeber waren die Obrigkeiten. So ließ der Magistrat von Den Haag einen Band mit sechsunddreißig Illustrationen zum Thema »Batavorum cum Romanis Bellum« anfertigen. Den Band entwarf der Maler Otto van Veen in Zusammenarbeit mit dem Kupferstecher Antonio Tempesta. Die einzelnen Bildunterschriften erhielten lateinische und niederländische Texte und einen Kommentar aus den »Historien« des Tacitus. Die Szenerie war die heroisierende Darstellung des Kampfes gegen die Römer, eine Moritat insgesamt, die nicht leidvoll, sondern mit einem Sieg endete. Es war praktisch die bildliche Ausweitung jenes Triumphbogens, den Prinz Moritz von Oranien nach dem Sieg in Groningen 1594 gegenüber seinem Logis in Amsterdam fand: Julius Civilis setzt einem darniederliegenden Römer den Fuß in den Nacken – eine Siegerpose. Die Haager Generalstände kauften 1613 für 2.200 Gulden von Otto van Veen zum gleichen Thema eine Reihe von zwölf Gemälden. Die Bilder waren für den Versammlungsraum bestimmt, für die Politiker, die der heroischen Komponente zur Demonstratoin des Selbstverständnisses und der Imagepflege bedurften. Aber den Nachweis der historisch-charakterlichen Kontinuität suchte man nicht nur im großen Gemälde. Es genügte auch die kleine Bildsprache. Es reichten dazu die Titelbilder auf historischen Darstellungen, die große Verbreitung fanden. Sie zeigten Civilis und Wilhelm I. von Oranien, die Freiheitshelden, ihnen gegenüber Philipp II. und Alva, die Tyrannen. Unter dem Aspekt der Multiplikation war solche Form sicherlich ertragreich, wenn auch nicht so wirkungsvoll wie die große farbliche Demonstration der historischen Kontinuität, die Ende 1650 im neuerbauten Amsterdamer Rathaus angeboten wurde. Die Regenten der Stadt als Auftraggeber wünschten eine Art historische Aufarbeitung, die den ganzen Umfang des nach dem Westfälischen Frieden neuerlich bestätigten Selbstverständnisses widerspiegelte. Die Maler, die die Aufträge erhielten, zählten zur ersten Garnitur ihrer Zeit; zu ihnen gehörte Govaert Flinck ebenso wie Jacob Jordaens, Jan Lievens, Ferdinand Bol und Rembrandt van Rijn. Es entstand der Freiheitskampf der Bataver in seinen verschiedenen Phasen, von der Schilderhebung des Brinio bis zum Sieg über die Römer – die Bataver-Szene in Farbe und Großformat von 3,5 Meter mal 4,85 Meter bis 6 Meter mal 6 Meter. Vondel, der Dichter der Nation, fügte Verse hinzu, die die ganze Intention des Unternehmens wiedergaben. Aber hier war die Suche nach dem Selbstverständnis schon lange einem historisch gewachsenen, am Erfolg orientierten Selbstbewußtsein gewichen. Da ging es gar nicht mehr allein um Freiheit, da waren bereits die Tugenden der Regenten gefragt. Szenen aus der Antike dienten dazu, sie zu präsentieren. Die Tugenden waren Tapferkeit, Treue, Mäßigung und Unbestechlichkeit. So hatte der Betrachter die Gemälde zu deuten, der einen Spaziergang durch das Amsterdamer Rathaus machte. Sie boten sich als Gruppenphänomen der politischen Elite des Landes. Der Dichter Jan Vos hat dies richtig erfaßt, wenn er in seiner Deutung formulierte: »Auf solche Tapferkeit kann die Amstel sich verlassen, die Treue der Großen ist die Schuld der Hintersassen.«

Das waren Tugenden, die der Wahrung der Freiheit dienten. Unter diesem Aspekt schlossen die Amsterdamer Gemälde wieder an das nationale Selbstverständnis an, wozu eine weitere Quelle trat: die Religiosität des Calvinismus. Die abweisende Haltung der Öffentlichkeitskirche gegenüber bildlicher Darstellung in der Kirche schloß keineswegs die Darstellung selbst aus. Die Geschichte und die Lehren des »Alten Testaments« als Quelle des neuen Glaubens wurden schriftlich und in der Predigt allzu häufig vorgetragen, als daß bildliche Erfassung hätte ausbleiben können, zumal sich der calvinistische Teil des Volkes voll mit dem neuen Staat identifizierte, sich als sein Träger betrachtete und, wie in der Geschichtsschreibung festgestellt worden ist, »Geisteshaltung und Lebensführung« bestimmte, obwohl dieser Teil des Volkes nicht die Mehrheit stellte. Zugriff auf das »Alte Testament«, das hieß Identifikation mit dem Volk Israels vor allem dort, wo es um Befreiung von Fremdherrschaft ging. Schon früh, 1581, brachte der Haarlemer Kupferstecher Hendrik Goltzius einen Stich zu Wilhelm I. von Oranien heraus, in dessen Details der Bezug zum Exodus deutlich wird. In zwei Inserts, links und rechts oben, wird der Auszug der Juden dargestellt – »hac duce clarescit mihi nox«, »hac protegor umbra« –, unten links erscheint als Insert die Überreichung der Schrifttafeln am Berg Sinai. Bereits 1578 hatte Goltzius in dem Stich »Punitio Tyrannorum« den Pharao im Roten Meer untergehen lassen. Es ist zu vermuten, daß der Exodus zu einer kirchlichen und nationalen Thematik zugleich wurde, stattete doch, nachdem Cornelis van Haarlem die »Durchquerung des Roten Meeres« gemalt hatte, Isaac Nicolai van Swanenburgh ein Kirchenfenster der Janskerk in Gouda nach dem 2. Buch Moses, 19-10,44, aus, wo Moses, vom Berg Sinai herabsteigend, seinem Volk die rituelle Waschung in Vorbereitung der Gesetzgebung durch die Zehn Gebote empfiehlt. Diese rituelle Waschung zeichnete der Utrechter Maler Abraham Blomaert später noch einmal, einen Vorgang darstellend, den die calvinistischen Prediger, wie die zeitgenössischen Flugschriften aussagten, der neugeweihten Nation als Prozeß der Reinigung von der götzendienerischen und fremden Vergangenheit einhämmerten.

Bataver und Exodus, dazu die Antike als Motivlieferant patrizischer Tugenden waren unterschiedliche Quellen, die ikonographisch zur Grundlage der Nation stilisiert wurden. Bei Moses und Wilhelm I. von Oranien handelte es sich um zwei Führer, denen es um die Befreiung von Fremdherrschaft ging. Kunst diente als nationale Lehrstunde, als ein Stück Didaktik, die meistens im Auftrag gefertigt und präsentiert wurde. Zum Bild trat das Wort, in vielerlei Gestalt. Die Möglichkeiten, die Identifikation von Glauben und Aufstand augenfällig zu machen, waren größer, das Wort, gesprochen oder geschrieben, konnte unmittelbarer wirken. Die Umsetzung des jüdischen alttestamentarischen Schicksals in ein niederländisches war nur ein kleiner Schritt, weil es nicht schwierig sein konnte, über den gemeinsamen Nenner von Repression und Kampf die Gemeinsamkeit des Schicksals festzustellen, wenn zudem der Finger Gottes und der göttliche Auftrag eine gesegnete Zukunft verhießen. Im Geusenlied »Van de Verlossinghe van Leyden« wurde entsprechend dem Münzschlag – »haec religionis ergo«, »haec libertatis ergo« – die religiöse und weltliche Komponente des Kampfes hervorgehoben, wenn es dort hieß, daß die Belagerten für das Vaterland kämpften sowie für das Wort des Herrn, das in diesem Vaterland lebendig war. Aussagen solcher Art sind Legion.

Es ist im nachhinein die Frage gestellt worden, ob sich die Niederländer wie die Juden des »Alten Testaments« als ein auserwähltes Volk empfunden hätten. Oder anders formuliert: Trat nicht zu einer ohnehin auf Privilegien und Handfesten sich stützenden Besonderheit gegenüber den Ansprüchen eines zentralisierenden frühabsolutistischen Staates eine neue umfassende Besonderheit des

Auserwähltseins, die das nationale Selbstverständnis mitbestimmte? Der Leidener Historiker Adolf Johan Cord Rüter hat das in einer 1941 gehaltenen und erst nach dem Krieg veröffentlichten Rede über die niederländische Nation und den niederländischen Volkscharakter für den calvinistischen Volksteil bejaht. Vor ihm hat Conrad Busken-Huet, Schriftsteller, Journalist und Historiker im 19. Jahrhundert, solche Gedanken vertreten und nach ihm Pieter Geyl. Dieser Utrechter Historiker meint, eine Übereinstimmung im Denken der Juden des »Alten Testaments« und der Niederländer der Aufstandszeit feststellen zu können, insofern es um die Auserwähltheit eines Volkes geht, dessen Geschichte die Offenbarung der göttlichen Gnade im tiefsten Sinne enthält. Geyl geht weiter als Rüter, da er den Auserwähltheitsgedanken zu einem Teil der öffentlichen Meinung promoviert, ähnlich wie Busken-Huet, der von einer gewissen hebräischen Färbung in der niederländischen Gesellschaft jener Jahre meint reden zu können. Der reformierte Historiker Hendrik Smitskamp bestreitet dies auf der Basis der Lehre Calvins, die die Auserwähltheit eines Volkes mit Ausnahme der Israels überhaupt nicht kenne. Er hat recht, wenn er darauf hinweist, es sei ein Zug der Zeit gewesen, sich über die Reflexion historischer Ereignisse ins geeignete Licht zu setzen. Dafür gibt es zahllose Beispiele. Philipp II. wurde mit Nero und Judas verglichen, Moritz von Oranien mit Cäsar Augustus, mit dem jüdischen König David oder dem Feldherrn Gideon. Hinzuweisen ist auch auf das »Liederbuch der Geusen«, das vom Seehelden Maarten Tromp singt, er sei den Spaniern nach der Art des Gideon an den Kragen gegangen. Die Synode von Dordrecht entschied allerdings, es sei eine Irrlehre, zu glauben, daß, wenn Gott dem einen Volk mehr als dem anderen die evangelische Botschaft zuteil werden lasse, dies nicht sosehr vom Wohlgefallen Gottes abhänge, sondern von der Höherwertigkeit des einen gegenüber dem anderen Volk. Immerhin scheint eine solche Irrlehre grassiert zu haben, sonst wäre eine Synodalentscheidung nicht vonnöten gewesen. Es wird jedoch schwierig bleiben, hinreichende Nachweise für vorherrschende Verhaltensweisen zu erbringen. Daß die Niederlande in der Literatur der Zeit etwas »hebräisiert« erscheinen, ist wohl unstrittig. Busken-Huet hat das richtig nachempfunden, und es ist durchaus zu vermuten, daß aus dieser Lebenswelt (J. C. Boogman) die hochgezüchtete Moralität des 19. und 20. Jahrhunderts geformt worden ist, die die niederländische internationale Politik ausgemacht und eine Art Vorbestimmung für besondere Aufgaben im internationalen Verband geschaffen hat. Auserwähltsein, das sich literarisch äußerte, meinte eine andere Wertigkeit, eine Besonderheit, die in sich ruhte, weil sie dies in Form von Befreiung war. Der Rückgriff auf das »Alte Testament« als ein psychologisches Instrument diente dazu, den Kampfwillen zu stärken, da

Gottes Segen über dem Unternehmen zu stehen schien, und er diente mit dem wachsenden Erfolg im Krieg zur Bestätigung dieser religiös geprägten Besonderheit der Nation.

Zu glauben jedoch, daß nur der calvinistische Volksteil des Landes solcher Überzeugung gehuldigt habe, hieße die werbende Kraft einer die Zeit der Not überwindenden und dann vom Volk gestützten Frömmigkeit unterschätzen. »Nicht nur gottesfürchtige Calvinisten, sondern auch Niederländer, die der calvinistischen Kirche einigermaßen kritisch gegenüberstanden, Männer wie Hugo Grotius und Johan de Witt also, sahen Gottes Hand in den Geschehnissen ihrer Zeit« (K. W. Swart). Der Vergleich mit Israel wurde zum Allgemeingut. Als Wilhelm I. von Oranien 1577 nach Brüssel kam, führte man dort »Tableaux Vivants« auf. Die Themen lauteten: »Moses erlöst die Juden« oder »David mit dem Haupte Goliaths«. In einem Geusenlied von 1597 wird Gott gebeten, den Schafen beizustehen, die noch mit Zittern und Seufzen auf Ägyptens Weiden grasen. Zur Zeit des Waffenstillstandsvertrages von 1609, der einen unverkennbaren niederländischen Erfolg darstellte, lag das Gelobte Land schon in Reich- und Sichtweite. So dichtete zumindest Jacob Revius, Theologe und Prediger, Dichter und Historiker, daß Josua die Juden nach vierzig Jahren Wanderung durch die Wildnis ins Gelobte Land gebracht habe. Nicht nur Calvinisten haben solches geschrieben. Der zunächst noch zu den Täufern zählende, später zum Katholizismus zurückkehrende Joost van den Vondel widmete sein erstes thematisch aus der Bibel geschöpftes »Het Passcha« dem gleichen Gegenstand. Während das Stück selbst keine unmittelbaren Vergleiche enthält, gibt es sie in einem hinzugefügten Gedicht unter dem Titel: »Vergelijcking van de verlossinghe der kinderen Israëls met de vrijwoordinghe der vereenichde nederlandtse provinciën«. Selbst wenn es Vondel in erster Linie darauf angekommen sein dürfte, die Erlösung der Gläubigen durch Christus darzustellen, und man, wie es in seinem ausführlichen Vorwort heißt, das »Alte Testament« als Vorspiel zum Auftritt des Messias zu begreifen hat, bot das angehängte Gedicht doch alle Möglichkeiten des Vergleichs der jüdischen und niederländischen Situation, zumal das Gedicht vornehmlich das wiedergab, was sich an Bildern in den Geusenliedern fand. Vondel hat das politisch-religiöse Denken seiner Zeit, die israelitisch-niederländische Identifikation, zunächst einmal einfach rezipiert, um dann diesen Gedanken christologisch weiterzudenken und im »Passcha« darzustellen: der Oranier und Moses gegenüber dem spanischen König und Pharao. Der eine erniedrigte Jakobs Haus in Sklaverei, der andere unterdrückte die Niederlande durch Tyrannei. Das Bild war aus Flugschriften bekannt. Bei Vondel sind Moses und der Oranier durch die Geschichte ihrer Völker verbunden. Der eine kämpfte um das Recht, der andere schlug die Trommel und befreite mit eigener Hand das Evangelium; der eine führte die Hebräer durch das Rote Meer, der andere sein Volk durch ein Tal von Blut und Tränen. Solche Parallelen finden sich darüber hinaus in der damaligen Geschichtsschreibung. Everhard van Reyd verglich in seinen »Nederlandtsche Oorloghen« die fünf nassauischen Brüder mit den fünf Makkabäern, Johan van den Sande, Fortsetzer der Arbeit van Reyds, sah nach Ursache und Ergebnis volle Übereinstimmung zwischen den Niederlanden und Israel. In dem 1675 erschienenen »'t Verweerd Europa« des Petrus Valckenier, einer außenpolitischen Arbeit und Analyse, verglich der Autor Ludwig XIV. mit Nebukadnezar und die von dem französischen König bedrohten Niederlande mit Jerusalem. Der Dichter und Prediger Jacobus Lydius dankte Gott, weil er Holland zum Jerusalem mache.

Auch der Rückgriff auf die Bataver fand nicht nur seinen ikonographischen, sondern zugleich seinen literarischen Ausdruck. Tacitus galt da als Zeuge. Pieter Cornelisz. Hooft, der dem Tacitus wohl am stärksten verbundene Dichter und Historiker der Republik sowie eine vorrangige Figur in der niederländischen Gesellschaft, griff 1617 gleich mächtig zu, als er seine Tragödie »Baeto« schrieb: Baeto, ein weiser Fürst, als Begründer der batavischen Nation. Bereits zwei Jahrzehnte zuvor hatten kritische Geschichtsschreiber wie Petrus Scriverius und Janus Dousa Sr. diese Figur näher beleuchtet und als historisch unbrauchbar zurückgewiesen. Aber Hooft übernahm die Legende vom Germanenfürsten, der sein Land verließ, um Bürgerkrieg zu vermeiden und andernorts eine neue Nation zu bilden. Hier drang zugleich die Klassik durch, denn Baeto wurde zum niederländischen Aeneas stilisiert, der das zerstörte Troja verließ, um in Italien an Land zu gehen. Der Auftrag des Baeto hatte den batavisch-holländischen Nexus: »Dort sollst Du ein Volk heranbilden, das durch die Jahrhunderte hindurch zu existieren imstande sein wird; Bataver sollen sie zunächst heißen, dann Holländer zusammen mit ihren Nachbarn, und dieses Volk wird in Krieg und Frieden, in allem hervorstechen.« Freilich wollte Hooft hier mehr als nur die Beziehung zur Form des Freiheitskampfes. Er versuchte auch Ähnlichkeiten der inneren Struktur aufzuzeigen und die Ordnung des Landes – in Vergangenheit und seiner Gegenwart – als eine zwischen den Fürsten und den Ständen vereinbarte auszuweisen. Zugleich spielte in dieser Tragödie das Verhältnis von Staat und Kirche eine wichtige Rolle. Sie hakte damit auf den gerade hohe Wellen schlagenden Streit zwischen Remonstranten und Kontraremonstranten ein. Gut fünf Jahrzehnte später, 1662, ging Joost van den Vondel in einem seiner Spätwerke »De Batavische Gebroeders« noch einmal auf die batavischen Vorläufer ein, heroisierte die Personen und schloß somit an die akzeptierte Vorstellung vom batavischen Erbe der Niederlande an. Er schrieb das, als der Kampf gegen die Spanier längst ausgetragen war. Vondel, der den Amsterdamer Historiengemälden die sachdienlichen Verse beigab, wußte zum Tod Govaert Flincks, des größten Auftragnehmers in Amsterdam, zu formulieren: »Also lebte Apelles Flinck, der Stadt zu früh entrissen, als er, beauftragt vom städtischen Magistrat, das herrliche Rathaus mit historischen Gemälden ausschmücken sollte, wie es Tacitus in früher Zeit dargestellt hat, zeigend, daß Rom die Segel streichen mußte vor der rechtmäßigen Sache der Bataver.«

Es nimmt nicht Wunder, daß sich die zeitgenössische Geschichtsschreibung in ihrer Identifikation mit dem Werden der Republik dem Denken in den Kategorien der aufständischen Tradition angeschlossen hat. Das taten Reyd, Emanuel van Meteren und Hugo Grotius, zu dieser Zeit immer bereit, den Ständen zu dienen. Auf Grotius, das früherkannte Wunderkind niederländischen Geisteslebens, hörte man. In der wissenschaftlichen Umgebung Leidens erwachte sein historisches Interesse, und 1601 ließ der Achtzehnjährige wissen, ein Großteil seiner Zeit sei von nun ab historischen Studien gewidmet. Als 1610 sein »Liber de antiquitate reipublicae batavicae« zunächst lateinisch, dann in niederländischer Übersetzung erschien, lag ein neuerlicher Versuch vor, die Bataver für die niederländische Gegenwart in Anspruch zu nehmen. Das Buch wurde in seiner lateinischen wie niederländischen Fassung im 17. Jahrhundert siebenmal neu aufgelegt. An der Begeisterung, es zu lesen, änderte auch die Tatsache nichts, daß sich Grotius später, als er mit den Ständen im Anschluß an die Affäre »Moritz von Oranien–Oldenbarnevelt« mit seinem Land in Unfrieden lebte, von seiner Deutung der niederländischen Geschichte distanzierte. Der Gedankengang ist einfach nachzuvollziehen. Am Anfang waren die Bataver; sie galten ihm als der tapferste aller Germanenstämme. Am Anfang stand aber auch die Freiheit; sie war so alt, daß sie sich für die Gegenwart besonders gut in Anspruch nehmen ließ. Der Stamm der Bataver hatte immer frei und unabhängig neben Rom gestanden; jetzt tat dies – historisch und logisch – die Republik der Niederlande neben den übrigen Mächten Europas. Das war die erste These, die mit dem Waffenstillstand von 1609 zwar noch keine abschließende, immerhin eine vorläufige Bestätigung fand. Insofern war das Buch des Grotius eine Art Festschrift zum Waffenstillstand. Schon vor Hooft interessierte auch ihn die batavische Innenwelt. In ihr war ebenfalls die Freiheit gegeben, in Form der Stammesversammlung, der Stände im Klartext. Der niederländische Status quo der konstitutionellen Struktur wurde mit den Batavern belegt. Für Freiheit und Innenstruktur bediente sich Grotius der Kontinuitätslogik. Ihm kam es darauf an, die Position der Städte und Regenten zu bestätigen. Die Logik freilich basierte auf Vermutungen. Die Bataver hatten Hilfstruppen für die Römer gestellt, also mußten sie sowohl ein zahlreiches Volk sein als auch eine Vielzahl von Städten gegründet haben. Die Städte wurden von den Besten regiert. Sie waren eine politische Elite, nicht mehr dem täglichen Beruf, sondern lediglich der Regierung und Verwaltung zugetan. Da die Germanen nach dem Zeugnis der antiken Autoren auch ihre interurbanen Versammlungen hatten, entsandten die batavischen Gemeinwesen ihre Vertreter in diese Versammlungen. Somit entsprach die batavische Struktur der niederländischen. Sie war alt und darum gut. Ebendiese traditionsreiche Regierungsform hatte sich als der eigentliche Eckstein, als Bollwerk im Kampf gegen Spanien und dessen Herrschaftspläne erwiesen, wie Grotius anläßlich der Zusendung des Büchleins an Georg Michael Lingelsheim wissen ließ: »Adversus magnitudinem valum hac tenus europae.« In Strukturfragen brauchte Grotius nicht sonderlich originell zu sein, denn das Memorandum des François Vranck stand Pate. Daneben bot François Hotman mit »Franco gallia sive tractatus isagogicus de regimini regum gallice« von 1574 Material an. Daß er sich darüber hinaus mit Sitten und Gebräuchen der Bataver befaßte, diente lediglich der weiteren Absicherung der batavisch-niederländischen Identität, die in erster Linie in der Freiheit von Herrschaft bestand. Der Humanist und Geschichtsschreiber Petrus Scriverius steuerte hierzu einen originellen Beitrag bei, indem er, ein Zeitgenosse des Grotius und wie dieser im Leidener Kreis herangewachsen, Recht und Freiheit der Niederländer nicht nur aus der frühen Besiedlung durch Bataver ableitete, sondern Fleiß und Durchsetzungsvermögen in einem unbewohnten, wilden Land als Beweis für historischen Anspruch anführte.

Was hier dem Leser insgesamt vorgetragen wurde, war das »Vaterland«. Kein Wort neben »Gott«, dem »Herrn«, oder ähnlichem christlichem Sprachgebrauch fand häufiger Verwendung als dieser Begriff, der neueren Ursprungs war, ein typischer Renaissance-Begriff. Das von den Franzosen eingeführte »Patrie« war von Beginn an ein Wort, das nicht nur geographisch ein Territorium absteckte, sondern als ein mit Werten und Emotionen geladener Ausdruck der Verbundenheit galt. Schon 1571 wurde Wilhelm I. von Oranien »Vater des Vaterlandes« genannt. Im Laufe der Zeit wandelte sich erst einmal die territoriale Grundlage des Begriffs. Vaterland war stets da, wo um Gesetz und Recht gekämpft wurde. Das umfaßte zunächst die gesamten burgundisch-habsburgischen Niederlande. Nach der Bildung der Utrechter Union fand nicht sofort eine Verlagerung auf die vereinigten Provinzen statt. Grotius redete immer von Holland und Seeland. Busken-Huet warf ihm deshalb im 19. Jahrhundert vor, den anderen Provinzen keine Liebe entgegengebracht zu haben. Der Begriff mag

Nach wenigh Predicatien
Die Caluinsche Religion
Das bildent farmen fiengen an
Das niche ein bildt dauon bleib sten
Anno Dŋ̄. M. D. LXVI. ... XX Augusti
Kay Monstrantz kelch, auch die altar
Vnd weß sonst dort vor handen war
Zerbrochen ell in kurtzer stundt
Gleich gar vil leuten da: ist kundt

17. Plünderung und Verwüstung einer katholischen Kirche im Jahr 1566. Radierung von Franz Hogenberg, 1583. Berlin, Archiv für Kunst und Geschichte

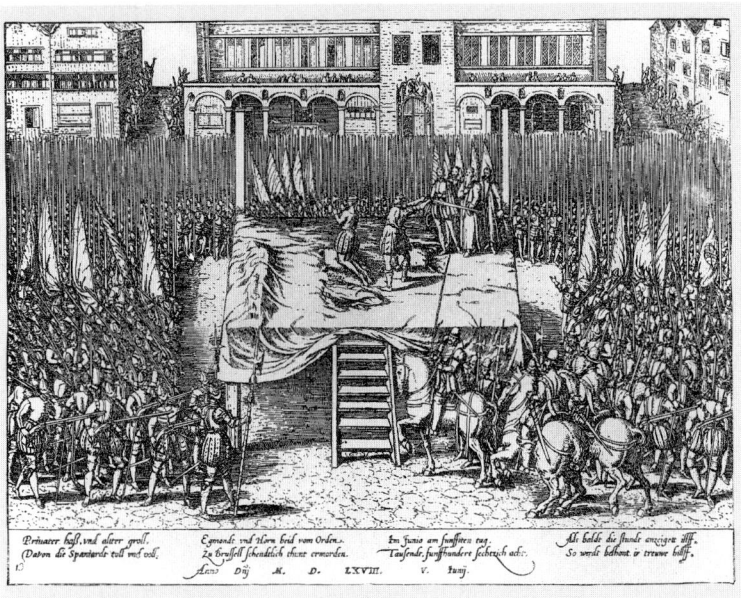

18 a. Bittgang des niederen Adels zur Statthalterin Margarete von Parma im Schloß zu Brüssel Anfang April 1566. Radierung von Franz Hogenberg, 1583. Brüssel, Bibliothèque Royale. – b. Hinrichtung der Grafen Egmont und Hoorn auf dem Marktplatz zu Brüssel am 5. Juni 1568. Radierung von Franz Hogenberg, 1583. Berlin, Archiv für Kunst und Geschichte

19. Ersuchen um Aufhebung der Ketzergesetze. Erste Seite der Bittschrift des niederen Adels vom 5. April 1566 an die Statthalterin und ihre Antwort als Randbeschriftung. Den Haag, Koninklijk Huisarchief

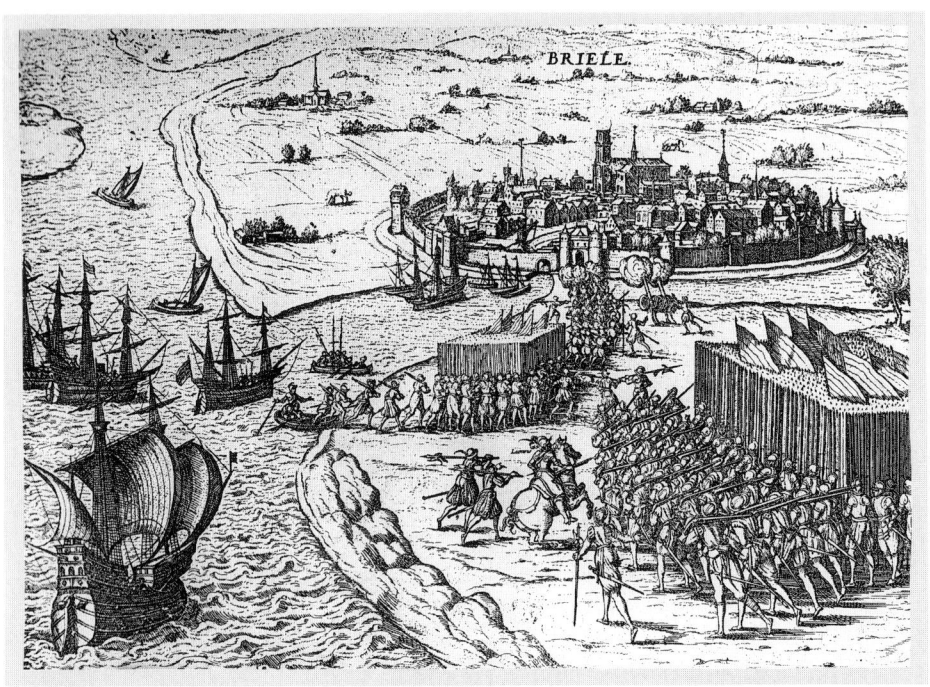

20. Die Einnahme der seeländischen Stadt Den Briel an der Maas-Mündung durch die Wassergeusen am 1. April 1572. Radierung, Ende des 16. Jahrhunderts. London, Radio Times Hulton Picture Library

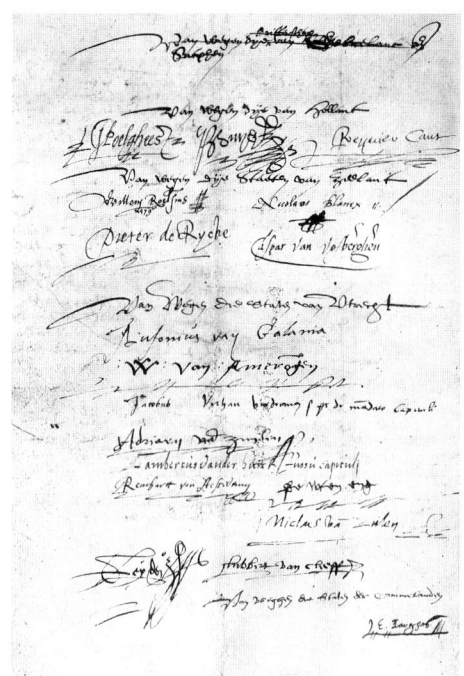

21 a. Vertrag über die Gründung der Union von Utrecht am 23. Januar 1579. Seite mit den Unterschriften der Gründungsmitglieder. Den Haag, Algemeen Rijksarchief. – b. Lossagung vom spanischen König. Titelblatt der 1581 in Leiden erschienenen Abschwörungsakte. Privatsammlung

22. Vertreibung der Spanier aus einer niederländischen Zitadelle während der Niederländischen Befreiungskriege. Niederländische Bleiplakette, vor 1600. Oldenburg, Landesmuseum für Kunst- und Kulturgeschichte

23. Die Nationalsynode zu Dordrecht. Medaille von W. van Bijlaer auf die Schluß-
sitzung am 25. Mai 1619. Bussum, Sammlung Laurens Schulman

24 a. Die Belagerung von Ostende durch die Spanier in den Jahren 1601 bis 1604: spanische Truppen zwischen den Forts St. Albert und St. Isabella vor der Stadt. Gemälde eines flämischen Künstlers, 1621. Brüssel, Musées Royaux des Beaux-Arts. – b. Anreise des holländischen Gesandten Adriaen Pauw zum Friedenskongreß in Münster. Aus dem Gemälde von Gerard ter Borch, 1648. Münster, Stadtmuseum

25. Versammlung der Generalstände der Vereinigten Niederlande im gotischen Saal des Binnenhofes in Den Haag im Jahr 1651. Gemälde von Dirck van Delen, 1651/52. Amsterdam, Rijksmuseum

26 a und b. Constantijn Huygens und Joost van den Vondel. Miniaturen von Clemens Nachtegaal, drittes Viertel des 17. Jahrhunderts. Amsterdam, Rijksmuseum. – c. Baruch Spinoza. Miniatur vermutlich von Hendrik van der Spijck, um 1670. Den Haag, Stichting Historische Verzamelingen van het Huis Oranje-Nassau. – d. Der junge Hugo Grotius. Gemälde von Jan Anthonisz. van Ravesteyn, 1599. Paris, Fondation Custodia (Collection F. Lugt), Institut Néerlandais

27. Eine Kunstkammer. Gemälde »Venus bei der Toilette« von Jan van Kessel, 1659. Karlsruhe, Staatliche Kunsthalle

28. Disputierende verschiedener Konfessionen. Gemälde eines holländischen Meisters, 1659. Haarlem, Frans-Hals-Museum

29. Familie beim Gebet. Gemälde von Jan Steen. London, Johnny van Haeften Ltd.

30 a. Die Niederlande als Bankier der Gegner Frankreichs. Kupferstich in dem bei Bonnart in Paris verlegten Almanach für das Jahr 1661. Paris, Bibliothèque Nationale. – b. Die Stärke der am 30. August 1673 geschlossenen Allianz zwischen den Niederlanden, Spanien und dem deutschen Kaiser gegen den französischen König und den Bischof von Münster. Flugblatt, 1673. Münster, Westfälisches Landesmuseum für Kunst und Kulturgeschichte

31. Titelblatt des 1648 von Johannes de Laet in Amsterdam herausgegebenen Sammelwerks über die Pflanzen- und Tierwelt Brasiliens. Berlin, Staatsbibliothek Preußischer Kulturbesitz

32 a. Eine Sitzung der VOC unter Vorsitz Wilhelms V. von Oranien-Nassau in Amsterdam im Juni 1768. Kupferstich von Arend Simonsz. Fokke. Amsterdam, Rijksmuseum. – b. Das 1755 errichtete Stadthaus in der holländischen Siedlung am Kap der Guten Hoffnung. Lavierte Zeichnung von Johannes Rach, 1762. Amsterdam, Rijksmuseum

im Laufe der Jahrzehnte zunehmend häufiger auf die Republik insgesamt gemünzt gewesen sein, die postulierte Bataver-Kontinuität freilich, die zur Rechtfertigung des Aufstandes und zum Nachweis der besonderen Qualität des Nationalcharakters diente und schließlich für das Selbstbewußtsein der Niederländer sorgte, führte bei einigen zur Einengung oder leistete ihr zumindest Vorschub, wenn die vermeintlichen charakterlichen und konstitutionellen Vorzüge der Bataver auf eine Region innerhalb der Republik begrenzt blieben und den Status quo dieser Region historisch bestätigten und vertieften. Grotius tat dies und förderte ein Denken, das den Vaterlandsbegriff auf die Provinzen Holland und Seeland begrenzte. Aus der historischen Begründung leitete er eine besondere Wertigkeit dieses begrenzten Territoriums und damit dessen Führungsanspruch für die ganze Republik ab.

Es ist zu vermuten, daß diese Kategorie »Vaterland« in dem Maße an Bedeutung gewonnen hat, in dem das Leiden zur gemeinsamen Erfahrung geworden ist: sowohl für die autochthonen Bewohner der Nordprovinzen als auch für die Immigranten aus dem bald wieder fest in spanischer Hand befindlichen Süden. Und wer die leidvollen Jahre nicht selbst erlebt hatte, gar nichts davon wußte, weil er einer jüngeren Generation angehörte, dem wurden sie bald, konnte er lesen, in Wort und Bild vorgeführt, in Chroniken, Geschichtsschreibung oder der historischen Erzählung zu Einzelereignissen. Diese Formen der Multiplikation dienten dazu, die Niederländer wachsam zu halten, das einmal Erreichte zu hüten. Da sei zunächst Willem Baudart genannt, calvinistischer Prediger aus Zutphen, der eingangs des auf zwölf Jahre befristeten Waffenstillstands von 1609 eine kleine Broschüre unter dem Titel herausgegeben hat: »De morghenwecker der vrye nederlandtsche Provintiën: ofte een cort verhael van de bloedighe vervolginghen ende wreetheden door de Spaenjaerden ende haere Adherenten in de Nederlanden gheduerende deze veertichjarighe Troublen en de Oorloghen, begaen aen vele Steden en de etelijcke duyzent particuliere persoonen.« Sie war, wie später der »Nederlandtsche Gedenckclanck« des Adrianus Valerius, eine Lehr- und Mahnschrift zugleich. Ziel und Zweck seiner Arbeit sollte ein Stück politische Pädagogik sein, Ermahnung an alle Bürger des Landes und ganz besonders an alle Freunde der niederländischen Freiheit, künftig Kinder und Enkel nicht mehr solchem Elend anheimfallen zu lassen. Der allgemeinen Mahnung schob er einen Spruch aus Jesus Sirach, 12,10, nach: »Nie und nimmer traue einem Feind: denn seine Bosheit gleicht dem Rost am Eisen.« Baudart lag der Waffenstillstand von 1609 schwer im Magen, da die nötige Wachsamkeit zu erlahmen drohte, wie er meinte. Er tadelte auch die zeitgenössischen Geschichtsschreiber, die die spanischen Greuel nicht zum zentralen Thema erhoben. Es fehlte für ihn die propagandistische Absicht. Sein Büchlein wurde in der ganzen Republik verbreitet und erlebte noch im selben Jahr fünf Auflagen. Es wurde später als Lesebuch der Jugend unter dem Titel »Spieghel der Jeught« neu aufgelegt. So darf von hoher Verbreitungsdichte und damit von einiger Popularität dieses in Dialogform geschriebenen Texte die Rede sein. Die Dialogpartner waren ein »freier« Niederländer und ein noch spanientreuer aus den südlichen Provinzen. Die spanischen Greuel standen im Mittelpunkt des Gesprächs, die in der Quintessenz einer Grabinschrift für Alva endeten: »So man des Himmelreichs durch Mord teilhaftig wird, werde ich, Alva, dort eingehen.« Davon zeigte sich selbst der spanientreue Niederländer überzeugt.

Neben Baudart sind andere zu nennen: Johan Gijsius etwa und allen voran Hooft, van Meteren, Pieter Bor oder die Autoren des Dordrechter »Maertelaer's Boek«. Solche Zeitgeschichtsschreibung hob die Helden hervor, die die Niederlande von den Spaniern befreit hatten, den »Vater des Vaterlandes«, den Baron von Brederode, die Grafen Hoorn und Egmont. Außerdem ging es ihr um die literarische und bildliche Darstellung der spanischen Grausamkeiten bis in alle Einzelheiten oder, in allgemeiner Form, um Machtwillen und Brutalität der Spanier insgesamt. Dergleichen macht die Titelseite der Quarto-Ausgabe des Buches von Gijsius von 1616 anschaulich. Spanien schwingt den Dolch, um ihn der niederländischen Jungfrau in die Brust zu stoßen. Im Hintergrund findet eine Selbstverbrennung statt, stehen üble Priester neben einer Reihe von Galgen. Gijsius ließ unter anderem einen Stich über die »spanische Furie« in Antwerpen abbilden, die später Hooft noch einmal detailliert beschrieben hat; die Szene ähnelt hier einem Schlachthaus. Solche Arbeiten wollten nicht nur alle Schrekken der spanischen Zeit wachhalten, sondern zugleich den Versuch unternehmen, charakterlich-kulturelle Unterschiede zwischen Nationen darzulegen, damit naturgemäß die eigene Nation und die Unversöhnlichkeit beider Nationen hervorhebend. Das wurde religiös unterlegt und auf diese Weise zum Anwurf: So steckte im spanischen Hochmut die Arroganz gegenüber Gott, stand ihm gegenüber die christliche Bescheidenheit, die Unterwerfung unter göttlichen Willen. Aber man hob auch den Unterschied zwischen aristokratischen, also adeligen, und bürgerlichen Tugenden hervor. Die einen zielten auf Krieg, Ehre und Macht, die anderen fanden Erfüllung in einer christlich geprägten Demut und Bescheidenheit und in einem hochentwickelten Familiensinn. Die Spanier traten wie aus einer anderen Welt in der Absicht auf, niederländische Lebensart zu schänden und niederländische Kultur zu entweihen, Tugenden niederzutrampeln, die nicht allein christlich geprägt waren, sondern auch bei den Batavern gefunden wurden. So hat Hooft einen Stich von Tempesta in sein Werk aufnehmen lassen, der Julius Civilis mit batavischen Frauen und Kindern zeigt, die sich weit hinter der Front der gegen die Römer kämpfenden Bataver befinden, also unter dem Schutz des Bataverfürsten persönlich stehen. Wie die Chronisten über die Schändung der Familien berichteten – ein Familienmitglied wird unter den Augen des anderen geschändet, gefoltert, getötet –, so widmeten sie sich ausführlich dem Mord an Alten und Schwachen, denen man in der niederländischen Gesellschaft besondere Achtung und Pflege zuteil werden ließ.

Neben den Chronisten und Geschichtsschreibern machten die Autoren der Liederbücher auf sich aufmerksam. Das »Geusenliederbuch« ist an erster Stelle zu nennen. Es handelt sich um die Zusammenfassung einer Vielzahl von zuvor durch Flugblätter verbreiteten Liedertexte zum Aufstand, zu den Taten der Niederländer und den Untaten der Spanier. Das Liederbuch mit insgesamt zweihundertfünfzig Texten erlebte im 16. und 17. Jahrhundert dreißig Auflagen. Aus ihm wurde regelmäßig vorgesungen. Vielleicht hatte es im Gebrauchswert nicht den Rang der »Bibel«, doch es war ein Druckerzeugnis, das zum Alltag zählte. Überhaupt ist dem Lied hohe Bedeutung bei der Vermittlung »vaterländischen Gefühls« oder »nationalen Selbstbewußtseins« in dieser frühen Zeit beizumessen. Hier ist vor allem die Liedersammlung des Adrianus Valerius, eines Schöffen und Notars im seeländischen Veere, zu nennen, die 1625 fertiggestellt und 1626 veröffentlicht wurde. Es handelt sich um ein Liederbuch des niederländischen Aufstandes und Krieges, die beide in einer Art Rahmenhandlung, durchsetzt mit sechsundsiebzig Liedertexten und den dazugehörenden Tonsätzen, vorgestellt wurden. Im 19. und 20. Jahrhundert wurde dieser »Nederlandtsche Gedenckclanck« als die wichtigste Grundlage des nationalen niederländischen Liedgutes bezeichnet. Der Rahmentext beruhte auf Emanuel van Meterens »Historië der Nederlandscher en de haerer naburen Oorlogen ende geschiedenissen«. Unter den Texten finden sich drei Geusenlieder, darunter das »Wilhelmus van Nassouwe«. Wie der »Spieghel der Jeught« von 1614 den Lehrern der freien Niederlande gewidmet war, galt auch die Liedersammlung des Valerius der »vaterländischen« Unterweisung der Jugend als Mahnung an die guten Patrioten. Die Einleitung widmete der Veerer Schöffe den seeländischen Ständen. Sie war ein einziger Aufruf, voll von Begriffen wie »Vaterland« und »Patrioten« sowie von Adjektiven und Substantiven zu spanischer Barbarei und niederländischer Standhaftigkeit. Rezeption der niederländischen Geschichte in ihrer konfliktreichsten Form mit deutlicher Scheidung der Parteien in »gut« und »böse« war das didaktische Ziel. Wo man von »Vaterland« und »Patrioten« sprach, konnte das Wort von Gott und Gottvertrauen nicht weit sein. Es häuften sich die Begriffe und ihre Bezüge aufeinander. Da man bei der

Veröffentlichung schon das Jahr 1626 schrieb, zielten Freiheit und Unabhängigkeit nicht allein auf Spanien, sondern meinten bereits jeden politischen Gegner der neuen Republik. Und mehr noch: Lob und Preis galt dem »lieben Vaterland« auch in seiner Ausdehnung nach Übersee. Das Land der Schiffe und der Seefahrt fand dort die Vollendung seiner Bestimmung. Im letzten, den ganzen Gehalt des Liederbuches zusammenfassenden Vers heißt es: »O Neerland! So ghey maer en bout / Op God den Heer alltydt, / U peylen vast gebonden hout, / end' t'saem eendrachtig zyd,/ So kan U Duyvel Hel, noch Doot, / Niet krencken, noch vertreen, / Al waer oock Spanjen noch so groot, / Ja, 'swerelts machten een.« Simon Schama nennt die Sammlung eine »niederländische Haggadah«. Er tut es nicht ohne Grund, denn in dem die Liedersammlung abschließenden langen Gebet danken die Provinzen dem alttestamentarischen Gott für den so erfolgreichen Exodus, ja, es werden alle Namen genannt, die für diesen Kampf der Juden stehen: Moses und Josua, David und Salomon, Gideon, Jephtha und Samson, und der Kupferstich, der das Gebet illustriert, zeigt den Freiheitshut, die Kopfbedeckung freigelassener römischer Sklaven, die knienden Prinzen von Oranien und in weiblicher Gestalt die knienden Provinzen, alle mit einem Siegeslorbeer im Haar. Über dem Ganzen strahlt das Jahwe-Tetragrammaton.

Einige Verleger spezialisierten sich auf eine andere Kategorie von Druckerzeugnissen, auf Kupferstichblätter, die einzelne Szenen des Aufstandes und Krieges zum Thema hatten, und unabhängig von bildlichen Darstellungen flochten viele Schriftsteller und Dichter dem »Vaterland« und der »goldenen Freiheit« grüne Kränze. Literaturhistoriker bemerken zu dieser Phase, es sei kaum ein Unterschied zwischen Literatur im modernen Sinne des Wortes und Texten anderer Art auszumachen. Im 16. und 17. Jahrhundert sei der Dichter vorzugsweise mit einem Redner verglichen worden, der mit allen rationalen und emotionalen Mitteln versucht habe, das Publikum für eine Sache zu gewinnen. Das galt gewiß nicht in vollem Umfang für die literarische Produktion der Niederlande des 17. Jahrhunderts, gleichwohl fühlten sich auch die besten Literaten des Landes verpflichtet, didaktischen Zielen zu folgen und kollektive Werte, Gefühle, Ideen umzusetzen. Der Aufstand wirkte hier als Katalysator. Die Frage nach der Wirkung solcher Bilder, Traktate und Schriften insgesamt ist kaum hinreichend zu beantworten. Trotzdem darf angesichts der zahlreichen Auflagen mancher Schriften einiger Einfluß vermutet werden, zumal der Alphabetisierungsgrad der niederländischen Gesellschaft vergleichsweise beachtlich hoch gewesen ist. Hinzu kam, daß die Geschichtsschreiber, Literaten und Maler zur Kunstelite des Landes zählten. Außerdem dürfte die Anerkennung, die die

Republik als Einheit von außen her fand, nicht ohne Rückwirkung auf die Entfaltung eines nationalen Bewußtseins geblieben sein. Es war ganz wichtig, daß das Land sich zu einer Hochburg des europäischen Protestantismus entwickelte und diese Position bewahrte, als die unmittelbare Bedrohung der niederländischen Existenz durch Spanien aufgehoben war. Die Identitätsbildung aus der von Beginn an erfolgreich verteidigten Konfession heraus spielte auch dann noch eine Rolle, als sich die außen- und koalitionspolitische Landschaft Europas durch die Politik Ludwig XIV. änderte. Der König-Statthalter Wilhelm III. holte das konfessionelle Argument aus der Lade, indem er Koalitionen und Kriege als die Instrumentarien zur Verteidigung des europäischen Protestantismus gegen den aggressiven Katholizismus Ludwigs XIV. bezeichnete. Daß das Wort »Vaterland« schon zum Repertoire des Bekennertums zählte, von dessen hoher Wirkung die Zeitgenossen überzeugt waren, erhärtete die »Deduktion« des Johan de Witt, der den außenpolitischen Alleingang der Provinz Holland und überhaupt die Vorherrschaft Hollands zu camouflieren versuchte, indem er an Vaterlandsliebe und republikanische Gemeinsamkeit appellierte, wohl wissend, daß er hier einen lebendigen Gedanken ins Spiel brachte.

Das calvinistische Bekenntnis im religiösen Umfeld

»Die Reformation hatte viele Gesichter«, so formuliert Arie van Deursen und meint dabei die Reformation als europäische Erscheinung. Sie habe Bruch, Verketzerung und Vielfalt zugleich bedeutet. Solche Vielfalt zu unterstützen gehörte sicherlich zur Gewissensfreiheit, wie sie der Oranier in seiner Silvesterrede von 1564 gefordert hatte. Auf der Dordrechter Ständeversammlung vom 20. Juli 1572 wurde auf Antrag des abwesenden Oraniers ein jener Maxime entsprechender Entschluß gefaßt. Es hieß dort, die Glaubensfreiheit solle gewahrt bleiben, das gelte für die reformierte und die katholische Religion gleichermaßen; jeder dürfe seinem Gottesdienst im Freien oder in Kirchen und Kapellen nachgehen, ohne daraus Nachteil zu erfahren. Solche Regelung entsprach nicht nur den im Zuge des Aufstandes oder unmittelbar zuvor entwickelten Freiheitskonzeptionen, sondern ging auch von der schlichten Tatsache aus, daß das den Aufstand leitende Bekenntnis, der Calvinismus, als »Newcomer« keineswegs so stark war, um sich als Ausschließlichkeitsreligion gerieren zu können. Daß der Gedanke eines christlichen Alleinvertretungsanspruchs bei den Bekennern des Calvinismus durchaus lebte, war die eine Sache, eine andere war es, den Anspruch aus einer Minderheitsposition heraus politisch durchzusetzen, ohne vorerst eine feste Organisation zu haben. Gleichwohl waren die Calvinisten von Beginn an in einer bevorrechteten Position. Dort, wo der Aufstand erfolgreich war, nahmen sie die großen Stadtkirchen in Besitz, während die Täufer ihre Gottesdienste in Privathäusern abhielten und die Katholiken vorläufig noch in Klosterkapellen die Messe lesen durften. Mobilien und Immobilien ehemaliger Kirchen und Klöster fielen an die öffentliche Hand, die städtischen Magistrate, die das Vermögen für die Besoldung der Prädikanten und den Unterhalt der Kirchen zu nutzen hatten.

Diese weitgefaßte Toleranz währte nicht lange, soweit es die freie Ausübung des Gottesdienstes betraf. Im Zusammenhang mit dem Abschluß eines engeren Verbundes zwischen den aufständischen Provinzen Holland und Seeland in den Jahren 1575/76 wurde ein erster Schritt auf dem Weg zum Verbot des Gottesdienstes für Katholiken getan. Der Prinz von Oranien als »Hoofd en Hoogste Overigheid« sollte die Ausübung der reformierten evangelischen Religion sicherstellen und gegen die Ausübung jener Religionen vorgehen, die dem »Evangelium« entgegenstanden. Das dürfte zunächst nicht im Sinne des Prinzen gewesen sein, der sich, obwohl seit 1573 den Calvinisten zugehörend, immer noch am Gehalt seiner Silvesterrede von 1564 orientierte. Es stand dort immerhin der Passus zu lesen, »daß niemand wegen seines Glaubens oder Gewissens beunruhigt oder aus Glaubens- oder Gewissensgründen Unbill widerfahren oder Schaden zugefügt werden sollte«. Auf jeden Fall wurde das calvinistische Bekenntnis in dem Beschluß von 1575/76 als das eigentliche wahre Glaubensbekenntnis festgezurrt. Er enthielt lediglich eine Bestätigung von schon Geübtem, weil die Magistrate der meisten holländischen Städte bis dahin den öffentlichen katholischen Gottesdienst verboten hatten. Er erfuhr mit prinzlichem Erlaß von 1581 insofern eine Erweiterung, als auch private Gottesdienstveranstaltungen untersagt wurden. Diese Bestimmungen galten ab 1587 für das gesamte Territorium der Republik. Die Provinzen schlossen sich dann dem holländisch-seeländischen Vorgehen an, nachdem die Union von Utrecht in Paragraph 13 noch von der Fortexistenz des Katholizismus ausgegangen war. Damit war der Status der reformierten Kirche als »Öffentlichkeitskirche (Publieke Kerk)« festgeschrieben. Die Verordnung von 1581 wurde 1622, 1629, 1641 und 1649 fast wörtlich wiederholt. Dahinter steckten calvinistischer Abscheu gegenüber dem Charakter römisch-katholischer Gottesdienste überhaupt sowie die Furcht vor der Möglichkeit katholischer Verschwörung im Rahmen von Gottesdiensten, Prozessionen und Pilgerfahrten. Es wurde verboten, bei Begräbnissen ein Kreuz zu tragen oder anderes Ritual auszuüben. Obwohl die Katholiken wegen ihres Bekenntnisses nicht verfolgt werden konnten, die Gewissensfreiheit also erhalten blieb, ist zu Recht die Frage gestellt worden, was eine solche Freiheit de facto bedeutet habe, in der es einem Katholiken untersagt war, sich von einem Priester die Sakramente erteilen zu lassen (H. A. E. van Gelder). Aber es war nicht bloß das Verbot der Kulthandlung, sondern auch die Beschränkung im zivilen sozialen Leben, die die »Freiheit« erheblich einengte. Der Fortfall katholischer Schulen oder der katholischen Trauung, der Ausschluß von Katholiken von Verwaltungsämtern oder die Abhängigkeit katholischer Armer und Bedürftiger von der reformierten Diakonie und den städtischen Armenfürsorgen, all dieses waren Konsequenzen des Aufstandes, die sich nur schwierig unter dem Begriff »Toleranz« subsumieren ließen.

Freilich sah die Praxis insofern etwas anders aus, als es den Katholiken durchaus gelang, immer wieder bei Zusammenkünften in Privathäusern Priester zu finden, die die Sakramente erteilten. Es gibt reichlich Zeugnisse für diese Erscheinung einer katholischen »Untergrundkirche«, Zeugnisse, die in Form von Beschwerden seitens der Behörden vorliegen. Einige Stadthäuser glichen durch ihre Fassade einem Privathaus, waren jedoch innen wie eine katholische Kirche ausgestattet. Im holländischen Noorderkwartier errichtete man sogar eigene Kapellen, finanziert aus Kollektegeldern, ohne daß die Behörden eingriffen. Das galt aber nicht überall. Häufig kam es vor, daß die Behörde zugriff, Verhaftungen vornahm und die Ausstattung konfiszierte. Andererseits verfiel die katholische Bevölkerung auf mancherlei Tricks, um die Behörden zu täuschen und die Versiegelung ihrer Häuser zu vermeiden. Insgesamt gehörte es zu den Merkmalen der Republik, daß die Bewegungs- und Betätigungsfreiheit der Katholiken auf dem Verordnungsweg heftig eingeschränkt wurde, die Praxis hingegen mancherlei Schlupflöcher ließ. Rigorosität scheint bei manchen Regenten in den Magistraten der Städte nicht gefragt gewesen zu sein. Zum einen hingen sie eher dem erasmischen Gedanken an, zum anderen fürchteten sie eine allzu große Einflußnahme calvinistischer Prädikanten und zum dritten drohten auch wirtschaftliche Nachteile. Schließlich hatte man in der zweiten Hälfte des 17. Jahrhunderts zu beachten, daß die Republik Koalitionen mit dem katholischen Kaiser im Kampf gegen Ludwig XIV. einging, was eine eher sanfte Behandlung jener katholischen Handlungen empfahl, die eindeutig als Verstoß gegen die Verordnungen deklariert werden konnten. Dazu trat ein weiteres: die Gefahr der großen Zahl. Die Zeugnisse der Zeit belegen, daß es häufig zu katholischen Zusammenrottungen vor »polizeilich« bedrohten Untergrundkirchen kam, die zur Zurückhaltung der Exekutivbeamten führten. Man fühlte sich schlicht machtlos. Nach einigen Schätzungen der Zeit belief sich die Zahl der Katholiken in der zweiten Hälfte des 17. Jahrhunderts auf ein Drittel der

Bevölkerung, ein weiteres Drittel gehörte zu den Calvinisten, während sich das letzte Drittel auf Dissidenten und Freigeister verteilte. Andere Zählungen, die von Komunikantenlisten ausgehen, setzten den Anteil der Katholiken 1656 auf 47 Prozent an, der bis 1726 auf 34 Prozent geschrumpft sein soll. Gleichviel welcher Zählung man Glauben schenken will, sicher ist, daß der katholische Anteil recht hoch blieb, wobei freilich regionale Unterschiede zu beachten sind. Dabei lagen die höchsten Werte in den Generalitätslanden sowie in den Provinzen Utrecht, Overijssel und Geldern. Im Norden unterschritt der Anteil erheblich den Durchschnitt. In der Provinz Holland konzentrierte sich die Präsenz von Katholiken auf die größeren Städte.

Es ist zu fragen, ob die Gottesdienste in Privathäusern allein die katholischen Gläubigen bei der Stange haben halten können. Man wird zum einen eine gewisse Trotzhaltung einer in ihrer Existenz bedrohten, wenn auch nicht in jedem Augenblick verfolgten religiösen Gemeinschaft vermuten dürfen, zum anderen auf die Re-Organisationsarbeit der katholischen Kirche hinzuweisen haben, die am Ende der gröbsten Wirren einsetzte, als sich abzeichnete, daß die Republik wohl kaum wieder vollständig spanisches Gebiet werden würde. Zu den wichtigsten Organisatoren, die sich mit dieser Aufgabe belasteten, zählte der Priester Sasbout Vosmeer, ein Mann aus Delfter Patriziergeschlecht. Ihm oblag seit 1583 als Generalvikar und seit 1592 als apostolischer Vikar die Verwaltung des Erzbistums Utrecht. Aber was hieß in dieser Zeit schon Verwaltung? Sie war wie der katholische Gottesdienst eine Aktion im Untergrund, eine ganz neue Form katholischer Missionsarbeit. Der Papst übertrug dem Delfter Priester nicht nur die Verantwortung für die gesamten nördlichen Niederlande, sondern verlieh ihm auch den Titel eines Erzbischofs von Philippi, dem ehemaligen mazedonischen Bistum, mit allen dazugehörenden bischöflichen Befugnissen. Apostolischer Vikar, Bischof von Philippi, wahrlich große Titel, die in seltsamem Kontrast zur äußeren Erscheinung der Missiontätigkeit standen, die sich auf geheime Rundreisen in Verkleidung beschränkte. Zudem bestand ein spürbarer Mangel an Priestern, da viele nach dem Abschluß der Utrechter Union das Land verließen. Mehrere hundert liefen auch zum Calvinismus über. Sie heirateten ihre Haushälterin. Etliche von ihnen legten vor der calvinistischen Classis eine Prüfung ab und redeten von nun an calvinistisch. Vosmeer empfand den Priestermangel als größtes Hindernis seiner Missiontätigkeit. 1602 sollen in Holland und Utrecht nur noch siebzig gelebt haben oder tätig gewesen sein. Eine neue Generation katholischer Priester wurde dann in den Seminaren von Löwen (1617) und Köln (1602) zur Arbeit in den Niederlanden ausgebildet. Die Klöster stellten ebenfalls bald Nachwuchs, zunächst die Jesuiten, dann die Minderbrüder und Dominikaner. Den Jesuiten kamen ihre engen Beziehungen zu Adel und städtischen Regenten zugute. Sie operierten zuweilen vom adeligen Besitz aus.

Die Arbeit des Sasbout Vosmeer blieb den Behörden nicht unbekannt. Sie schritten zu Verhaftungen, denen Vosmeer nur knapp entkommen konnte. Ab 1602 leitete er die Missionstätigkeit von Köln aus. Daß er ein karrierebewußter, die Psyche katholischer Niederländer möglicherweise nicht immer gut genug auslotender Missionar gewesen ist, läßt sich seinen Briefen entnehmen. Nicht nur, daß er auf den Stuhl des Erzbistums Utrecht spekulierte, wozu es der Wiedereroberung des Nordens durch die Spanier bedurft hätte, er bewahrte auch das ihm geschenkte Haupt des Balthazar Gérard, des Oranien-Mörders, als eine Reliquie – nicht gerade eine erfreuliche Handlung für niederländische Katholiken, die zugleich Patrioten waren. Die Missionstätigkeit des Vosmeer und seiner Priester hätte sich ohne katholische Laienschwestern, die »Klopjes«, schwerlich realisieren lassen. Es handelte sich bei den »Klopjes« in der überwiegenden Mehrzahl um unverheiratete Frauen, die sich für den Klosterdienst als Nonne entschieden hätten, wären die Zeiten anders gewesen. Diese Frauen, groß an Zahl, kümmerten sich um die Altar-Utensilien, stellten den Chor oder suchten Mitglieder der ehemaligen Pfarrei auf. Sie wirkten nicht nur in den Städten, sondern auch auf dem platten Land. Es sollen, wie van Deursen feststellt, häufig auffallend schöne und höchst selbstbewußte junge Frauen gewesen sein, die durch ihr Äußeres und ihr sicheres Auftreten günstige Voraussetzungen für die Erfüllung ihrer Aufgabe der Rettung des katholischen Bekenntnisses mitbrachten. Der Erfolg ist nicht ausgeblieben. Selbst wenn man Aussagen, die sich aus Furcht herleiten, cum grano salis nehmen sollte, dürfte das Urteil des Goudaer Ratsherrn Sebastiaen Francken etwas von der Werbekraft der »Klopjes« vermitteln: »Diese ›cloppen‹ sind unglaublich frech. Sie fügen Land und Religion mehr Schaden zu als alle Priester zusammen.« Die Frechheit bestand wohl darin, daß sie in harter Slogan-Manier die Geusen als für die Verdammung vorbestimmt nannten, die Kirchen als Diebesgut der Geusen bezeichneten. Die Kanzel stehe auf einer Teufelsfratze.

Es blieb nicht bei der bloßen Rettung des Katholizismus, denn es ließ sich Wachstum verzeichnen, in Städten und auf dem Lande gleichermaßen. Die Rekatholisierung vollzog sich in einigen Regionen vor der Calvinisierung und gab die einmal erreichten Positionen nicht preis. Anzunehmen ist, daß neben der höheren Anziehungskraft der katholischen Liturgie, die nicht stringent durchgeführte personelle Umbesetzung in den Vorständen caritativer Institutionen und die starke, über den Hausbesuch bei Anhängern des katholischen Glaubens hinausgehende Aktivität katholischer Priester der Calvinisierung entgegengestanden haben und einem gewissen Wachstum förderlich gewesen sind. Zu solchen außergewöhnlichen Aktivitäten zählten Besuche in Krankenhäusern und Gefängnissen – ein Arbeitsbereich, dem sich die Prädikanten nicht widmeten. Hätte angesichts des katholischen Fortschreitens der calvinistische Bevölkerungsteil zu mehr Tätigkeit bewogen werden können? Tatsächlich hagelte es Schimpfkanonaden von der Kanzel hinunter und kamen Flugschriften oder Broschüren in Umlauf, die den Kampf gegen Katholiken aufs tiefste Niveau drückten und ein hohes Maß an verbaler Aggressivität enthielten. Im übrigen war das Nebeneinander der Konfessionen meistens reibungslos. Vermutlich begrenzte das Fehlen einer Massenbewegung gegen den weitergelebten Katholizismus den Handlungswillen der Obrigkeit. Natürlich wurde der Katholizismus nicht mehr als gleichberechtigtes Bekenntnis anerkannt, aber die katholische Bevölkerung hielt sich zurück, sie gehorchte zumeist den Gesetzen. »Daher mußte die Obrigkeit einen Mittelweg gehen: Erlauben, was die Katholiken für ihr Leben für unverzichtbar hielten, und zugleich ihnen in Form von vereinzelten Polizeimaßnahmen die Grenzen ihrer im Untergrund gelebten Freiheit aufzeigen« (van Deursen).

Eins war immerhin erreicht: Die Katholiken vermochten außerhalb des privaten Bereichs keine Rolle mehr beim Auf- und Ausbau der Republik zu spielen. Das galt auch für die Täufer, die ohnehin Tätigkeiten bei den Behörden und Eidesleistung ablehnten. Die Calvinisten verdammten zwar die Täufer nicht, wie sie es bei den Katholiken taten, aber sie standen ihnen auch nicht wohlwollend gegenüber. Das äußerte sich schon früh, etwa auf der Synode der Provinzen Holland und Seeland von 1574, bei der die Obrigkeit aufgefordert wurde, nur jene in ihren Dienst zu nehmen, die sich bereit zeigten, den Treueeid zu leisten. Die Prädikanten waren gehalten, von den Täufern die Kindertaufe zu fordern und im Weigerungsfalle Aufschluß über ihr Tun zu verlangen. Und nicht genug damit: Sie sollten sich in die Versammlungen der Täufer begeben und diese dort auf die Unrechtmäßigkeit hinweisen. Doch die Obrigkeit ließ sich auf solches Ansinnen nicht ein. Dafür war die Toleranz der Regenten stark ausgeprägt, und es dürfte kaum in ihrem Sinne gewesen sein, wenn die Synode von Nordholland 1607 empfahl, die Zusammenkünfte der Täufer zu stören, indem man die Teilnehmer in Diskussionen verwickelte. Die Täufer, als religiöse Bewegung erheblich älter als die Calvinisten, waren zudem zahlenmäßig reichlich vertreten. Nach der Satisfaktion von Amsterdam lebten dort ebenso viele Täufer wie Calvinisten. In den Groninger Ommelanden scheinen die Mitgliederzahlen zwischen 1580 und 1594 erheblich zugenommen zu haben, sehr zur Besorgnis der

Groningschen Provinzialsynode. In Friesland dürfte sich die Zahl der Täufer, die der calvinistische Prädikant Succanus eine »Ausgeburt des Teufels« nannte, auf rund ein Viertel der Bevölkerung belaufen haben.

Im Unterschied zu den Katholiken hatten die Täufer keinen verstärkten Zulauf. Das lag wohl an ihrer kurzen, noch dazu erfolglosen Vergangenheit, bestimmt aber daran, daß die Abschaffung der Kindertaufe wenig werbewirksam war, entsprach doch die Kindertaufe als Notwendigkeit zur Erlangung des Heils der allgemeinen Auffassung. Denn was geschah mit einem Kind, das vor der Taufe starb? Die Täufer trugen bewußt oder unbewußt ein hohes Risiko in das Glaubensleben der Bevölkerung. Es ist darauf hingewiesen worden, daß der Fortfall der Kindertaufe so lange leichter wog, wie die Wiederkehr Christus in der nächsten Zukunft erwartet wurde, die eschatologische Heilserwartung besonders ausgeprägt war. »Doch als die Aussicht sich verlagerte und die feurige eschatologische Erwartung nachließ, gelangte die Kindertaufe wieder in ihre alte Position und wurde jeder Aufschub der Taufe als eine leichtfertige Reizung göttlicher Vorsehung betrachtet« (A. van Deursen). Die Täufer verloren vor allem an die Calvinisten Terrain, wobei sie sich noch in drei Richtungen aufteilten, was ihrem Zusammenhalt schadete. Abgesehen davon, daß sie in allen großen Städten Gemeinden hatten, waren sie in den eigenen Traditionsgebieten wie die Zaan-Region besonders stark vertreten. Ihre Zahl wurde hier auf 10.000 geschätzt. Für die Stadt Amsterdam sind die Täufer aller Richtungen auf 7 Prozent der Bevölkerung hochgerechnet worden. Über ganz Holland gerechnet, blieben sie freilich eine bescheidene Minderheit. Als Konkurrenz für Calvinisten und Katholiken spielten sie zahlenmäßig keine Rolle. Außerdem wirkten die internen Auseinandersetzungen und die damit zusammenhängenden Probleme der Kirchenzucht kaum anziehend, selbst wenn die Richtung der »Waterlanders« – daneben gab es die friesische und die flämische Richtung – ein sehr liberal geprägtes Gemeindeleben führte. Sie stellten wohl nur für jene Calvinisten ein Problem dar, die eine Protestantisierung des Nordens bis in den letzten Winkel hinein anstrebten.

Von noch geringerer Relevanz war das Lutersche Bekenntnis. Sein Anhang war gering. Lediglich Amsterdam und Woerden zählten je eine größere Gemeinde. In letztgenannter Stadt hielten sie ihren Gottesdienst in den ersten Jahrzehnten sogar in der Parochialkirche ab. Es zeigte sich hier wie bei dem Verhältnis der Calvinisten zu den Täufern und Katholiken, daß die Vertreter der Öffentlichkeitskirche in dem Wunsch nach Verbot und Verfolgung eifriger waren, als es die städtischen Magistrate zum größten Teil glaubten sein zu können und zu müssen. Im Fall der Lutheraner hatte das unterschiedliche Gründe. So kam ein

Großteil aus den südlichen Provinzen, aus jenen Städten, in denen sie sich gegenüber den Calvinisten scharf abgegrenzt oder gar ihnen feindlich gegenübergestellt hatten. Möglicherweise war aber auch die Toleranzgrenze zu den Brabantern und Flamen enger gezogen als zu den Bürgern aus den eigenen Regionen. Zudem gab es einen deutlichen Unterschied in der Staatsauffassung. Die Lutheraner maßen der Obrigkeit höhere Bedeutung zu als die Calvinisten. Im Lutherschen »Katechismus« war zu Beginn des Aufstandes, 1568, zu lesen, daß Calvinisten, Katholiken und Täufer alle zu Unrecht zum Schwert gegriffen hatten. Man hätte sich kaum ein gröberes Verfahren als die Verschmelzung dieser drei Bekenntnisse denken können. Es trug auch nicht zur Freude der Calvinisten bei, wenn ein lutherischer Pastor 1581 die Abschwörungsakte scharf tadelte. Er wurde verbannt, andere Pastoren erhielten Predigtverbot. Schließlich existierten rein theologische Unterschiede in der Abendmahlslehre, in der Beibehaltung des Altars und christologisch. Kam es zu repressiven Maßnahmen gegen die Lutheraner, dann hing das von der Zusammensetzung der Magistrate ab, von der Bindung der Magistrate an die Calvinisten. In Amsterdam kam es mehrmals zum Verbot des Lutherschen Gottesdienstes, nicht zuletzt durch Zutun des Geographen und calvinistischen Eiferers Pieter Plantijn (Plancius). Dies waren jedoch nur Episoden. Ab 1603/04 wurden auch in Amsterdam alle Beschränkungen aufgehoben. Hier wirkte sich der Einfluß des dänischen Königs aus, der sich für die Lutheraner einsetzte. Mit Christian IV. trat ein Monarch auf, der den Sund kontrollierte. Amsterdamer Bürgermeister wie Cornelis Pieterszoon Hooft, ohnehin eher auf Toleranz gestimmt, waren für solche ins Wirtschaftliche hineinragende Ereignisse voll empfänglich, so daß die Intervention rasch Wirkung zeigte. Insgesamt wurde die Kultusfreiheit der Lutheraner festgeschrieben, und das war mehr als die Gewissensfreiheit, wie sie sich in der Utrechter Akte garantiert fand. 1658 bedauerte selbst ein calvinistischer Theologe die Trennung zwischen Calvinisten und Lutheranern.

Mit den drei genannten Bekenntnissen, die von den Calvinisten entweder als feindlich gesinnt oder als nicht unbedingt akzeptabel empfunden wurden, war das Kontingent der konfessionellen Vielfalt keineswegs erschöpft. Das ganze Spektrum erfaßte viel mehr Gruppen und Grüppchen, die ihre zahlenmäßig bescheidene Existenz neben der Öffentlichkeitskirche fristen konnten, nicht immer unbehelligt. Eine Flugschrift von 1614 zählte sie auf: die Anhänger des Dirck Volckertsz. Coornhert, die Vorstianer und Sozinianer, die David-Joristen und Nicolaïten; sie nannte damit nur einige von jenen, die »wie Mücken das Land bevölkerten«. Unter ihnen war der Sozianismus, den 1598 zwei polnische Bürger in den Niederlanden einführten und der sich rasch ausbreitete, als

Hauptgegner angewiesen, weil er die Dreieinigkeit verwarf. Das kam für Calvinisten einer Gotteslästerung gleich. 1653 führte ihr Auftreten zu einer Verordnung, in der Lehre und Bücher der Gruppe scharf verurteilt wurden. Aber insgesamt zeigte die religionspolitische Praxis einen weiten Toleranzspielraum, der weniger von den calvinistischen Prädikanten und der kirchlichen Organisation als von den Städten und Ständen angeboten wurde. Natürlich gab es regional wie unter den städtischen Magistraten im Laufe der Jahrzehnte unterschiedliche Verhaltensweisen, aber alles in allem gehörte Engherzigkeit gegenüber der Zulässigkeit dissidierender Strömungen nicht zu den Charaktermerkmalen.

Bürgermeister vom Schlage des Cornelis Pieterszoon Hooft haben den Tenor wesentlich bestimmt. Er lebte und regierte nach dem Grundsatz, daß »jene, die sich nicht zur calvinistischen Religion bekennen können, nicht zu Atheisten, Freigeistern und Gottlosen gestempelt werden dürften«. Unter Regenten galten die Toleranzparabel von Weizen und Unkraut, das Liebesgebot des Jesus Christus und die Einsicht in die Sinnlosigkeit von Ketzerverfolgungen. Hooft selbst hatte auch aus psychologischen Erwägungen etwas gegen die Verfolgung Andersgläubiger. Er dachte an jene Richter, die mit Dissidenten verschwägert waren. Obrigkeitliche Gegengewalt durfte nur Anwendung finden, wenn der Status quo von einzelnen oder einer gesellschaftlichen Gruppe mit Gewalt verändert werden sollte. Den Regenten ging es, falls eine Auseinandersetzung verlangt war und nicht reines Nebeneinander der Richtungen genügte, um einen geistigen Streit. Möglicherweise traf Oldenbarnevelt die Meinung vieler, wenn er feststellte: »Es ist nie die Ansicht der Herren Generalstände gewesen, Krieg für die Wahrung dieser oder jener Religion zu führen; vielmehr sollte es jeder Provinz, ja selbst jeder Stadt freistehen, die Religion anzunehmen oder zu wahren, die man für richtig und ratsam hält.« In solchen Formulierungen waren die beiden Seiten der Leidener Münze – »haec religionis ergo«, »haec libertatis ergo« – ebenso gegenwärtig wie Inhalte der Rede des Oraniers vom Silvestertag 1564. Hier wurde spürbar, wie sehr der Aufstand gegen Spanien auch ein politischer Kampf um Freiheiten war, unter denen Religionsfreiheit lediglich eine unter vielen darstellte. Das Ziel hieß Befreiung von jedwedem Zwang. Deshalb war es nicht verwunderlich, daß gerade in den ersten Jahrzehnten der Republik Regentenstimmen laut wurden, die verkündeten, man habe sich nicht vom spanischen Zwang befreit, um diesen durch eine calvinistische Theokratie zu ersetzen. Regenten der Richtung des Erasmus konnten sich auf eine reiche Tradition stützen, nicht nur bei Erasmus selbst, sondern mehr noch bei Sebastian Castellio, Franciscus Junius oder Sebastian Franck. Dabei war Hooft mit anderen einer der Wortführer, die die Tradition reflektierten und versuchten, sie in politische Praxis umzusetzen oder nach innen und außen zu verteidigen, nach innen gegenüber den calvinistischen Prädikanten, die bewegte Klage über das tolerante Verhalten führten, später nach außen gegenüber Herrschern wie Ludwig XIV., der sich von dem Amsterdamer Bürgermeister Coenraad van Beuningen belehren lassen mußte, daß Täufer ebenso gute Staatsbürger waren wie Calvinisten, weil sie ihre Kriegsdienstverweigerung erkauften, so daß aus diesen Beträgen neue Truppen angeworben werden konnten. Die Verbote nicht-calvinistischer Richtungen ergaben sich als Folge engster Verbindung von ehemaliger Amtskirche und repressivem weltlichem Regime. Eine völlige Gleichberechtigung der Glaubensgemeinschaften wäre angesichts der Erfahrungen mit dem Repräsentanten des katholischen Glaubens, mit Spanien, in keiner Weise durchsetzbar gewesen. Das hätte man eine Begünstigung des Gegners nennen müssen.

Hier spielte politisch-sozialer Realismus eine Rolle, dem sich wirtschaftlich begründete Toleranz hinzufügte. Wirtschaftliche Begründung trat schon 1566 nach dem Bildersturm auf. Der Oranier selbst führte dies in seinem »Mémoire sur l'état critique des Pays-Bas« vor, wie dies auch die Antwerpener Reformierten in ihrer Bittschrift zur Freiheit des Gottesdienstes an Margarethe von Parma taten. Sie schrieben, daß der Handel, von dem das ganze Wohlergehen des Staates abhänge, noch besser blühen könne, sobald Glaubens- und Gottesdienstfreiheit eingeführt seien. Das Argument wurde in den siebziger Jahren übernommen, als sich Middelburger Kaufleute, die den Täufern anhingen, über die erzwungene Schließung ihrer Geschäfte beklagten. Solche Argumentation findet sich auch bei dem eher auf Prinzipielles setzenden Hooft oder lange nach ihm bei Pieter de la Court, dem Theoretiker der Republik in der zweiten Hälfte des 17. Jahrhunderts. So war es sicher richtig, wenn der englische Diplomat William Temple, langjähriger Beobachter der niederländischen Szene vor Ort, feststellte, daß sich in der Republik niemand über Gewissensdruck beklagen könne oder vom Gottesdienst gemäß eigenem Bekenntnis innerhalb des eigenen Hauses abgehalten werde. Aller Wahrscheinlichkeit nach konnte die föderalistisch-partikularistische Struktur der niederländischen Republik die Möglichkeiten einer religiösen Toleranz politisch insofern erweitern, als sich auf der Grundlage dieser staatsrechtlichen Vielgestaltigkeit die persönliche Einstellung der herrschenden Regenten voll zu entfalten vermochte, gegen die nicht einmal der einheitliche Eifer orthodoxer Calvinisten etwas auszurichten imstande war. Anders ausgedrückt: Da es kein zentralstaatliches Unterordnungsverhältnis, sondern bloß ein gleichberechtigtes Nebeneinander souveräner oder sich souverän empfindender Einheiten gab, konnte Toleranzdenken von dieser Vielgestaltigkeit profitieren. Das zeigte sich im übrigen bei Veröffentlichungen von Büchern und Broschüren. Abgesehen davon, daß eine Vorzensur nicht stattfand, konnten Druckerzeugnisse, die in der einen Provinz oder Stadt verboten wurden, in einer anderen verbreitet werden. So stand trotz der in Verordnungen verankerten Verbotsbestimmungen gegen den Katholizismus die religionspolitische Praxis gegenüber Katholiken und anderen einer Protestantisierung des Nordens im Sinne der Öffentlichkeitskirche im Weg. Teile der herrschenden Regentenschicht engten in Fortschreibung einer schon vor dem Aufstand befürworteten Toleranzpolitik letztlich die allgemeine Prostestantisierung ein, zumal fehlende Durchgängigkeit niemals die neue staatliche Existenz bedrohte, ja möglicherweise sogar deren Lebensfähigkeit erhöhte, weil sie hochgehende innerstaatliche Konflikte vermied.

Der innere Ausbau der Öffentlichkeitskirche

Prinzip und praktisches Erfordernis standen dem Expansionsbedürfnis der Öffentlichkeitskirche entgegen, die zunächst selbst ihre innere Organisation festigen und ihr Verhältnis zur Obrigkeit regeln mußte. Es ging um einheitliche Dogmatik und Verwaltung ebenso wie um eine einheitliche Kirchenordnung und Kirchenzucht. Die Entwicklung auf diesem Weg setzte zu unterschiedlichen Zeiten ein, in der Provinz Holland erheblich früher als etwa in Utrecht. Entsprechend der Empfehlung der Emigranten auf der Synode von Emden für die Annahme der »Confessio Belgica«, nahm die Synode Nordhollands diese schon 1573 an. Dazu hielt sie die Zustimmung aller Prädikanten für erforderlich. Südholland wollte sogar die Kirchenältesten und Diakone zur Unterschrift heranziehen. Das klang nach Selbstverständlichkeit oder gar Quisquilie, bereitete aber Schwierigkeiten, da die »Confessio Belgica« in aufständischen Gebieten noch kaum bekannt war. Der Wunsch, daß alle Prädikanten die »Confessio« erst nach gründlicher Lektüre unterschreiben sollten, war demnach nur unter großen Mühen zu verwirklichen. Das einheitliche Kirchenregiment ließ sich zumindest in Holland rasch einführen, da es bald zur Bildung von »Classes« kam, in denen die örtlichen Gemeinden zusammengefaßt wurden. Auf dieser organisatorischen Grundlage konnten auch Kirchenordnung und -zucht Fuß fassen, die von den eigens dazu gebildeten Kirchenräten überwacht wurden. Sie bildeten zusammen mit den »Classes« das organisatorische Kernstück im Calvinisierungsprozeß. Unabdingbare Voraussetzung war die Übernahme der Kirchengebäude, in denen man ein neues Ritual übte. An die Stelle der Messe trat das Abendmahl; die Predigt nahm eine zentrale Stelle ein. Taufe und Eheschließung gehörten wie zuvor bei den Katholiken zu den kirchlichen Pflichten. Bei Begräbnissen hatte die Öffentlichkeitskirche jedoch kein Zeremoniell anzubieten. Das hieß nicht Bruch mit, sondern Fortsetzung der alten Dienstleistungen. Sicherlich wandte sich die neue Kirche zunächst an die eigenen Gläubigen, »aber sie stand auch allen anderen Einwohnern der Stadt oder des Dorfes offen, die ihre Kinder taufen oder ihre Eheschließung kirchlich bestätigen lassen wollten oder einfach nicht auf Kirchgang zu verzichten gedachten, auch wenn dies nun nur in einer reformierten Kirche sein konnte« (A. van Deursen). Schon Zeitgenossen machten einen Unterschied zwischen der kirchlichen Gemeinde im engeren Sinne, den Mitgliedern also, und den Nutznießern oder den Sympathisanten. Es war eben jene Gruppe, von der man meinte, sie durch die ganz im Mittelpunkt stehende Predigt als feste Mitglieder der Kirche gewinnen zu können. Hinsichtlich der Eheschließung bestanden reifliche Überlegungen, beschloß doch die Nordholländische Synode im August 1572, der bürgerlichen Trauung den Vorzug zu geben. Damals entstand die Zivilehe; kirchliche Trauung blieb jedoch möglich, falls das Brautpaar getauft war. Die Kindstaufe selbst wurde allerdings von vornherein als Pflicht betrachtet, obwohl man 1572 noch davon ausging, daß, nicht anders als bei den Katholiken, nur Kinder von Gemeindemitgliedern getauft werden sollten. Erst als deutlich war, daß alles auf ein Verbot der katholischen Kulthandlungen hinauslief, beschloß die Nordholländische Synode 1578, alle Kinder, auch die der Katholiken oder moralisch Minderwertigen, zu taufen.

Diente die Erteilung dieser Sakramente mehr der einfachen Christenpflicht als der Empfehlung des calvinistischen Bekenntnisses, so war die Predigt das eigentliche Instrument zur Verbreitung des Glaubens. Eine Analyse der Texte zeigt, daß Bibelstellen die ausschließlichen Bausteine der Predigten gewesen sind, deren Autoren sich bis zum Ende des 16. Jahrhunderts nicht durch besonders hohes intellektuelles Niveau ausgezeichnet haben. Die sprachliche Übereinstimmung zwischen Bibel und Predigt, wie sie die Übergangspassagen von der einen zur nächsten Bibelstelle aufwiesen, ist als ein Zeichen der Vorsicht aus hoher Anerkennung gegenüber der Bibel gedeutet worden. Aber nicht nur dies ist für den Aspekt der Calvinisierung wichtig. Letztlich war solcher Predigtaufbau dazu geeignet, den Bibelinhalt anders zu vermitteln, als man ihn las. »Wenn ebendiese Predigt ihm (dem Zuhörer) noch dazu immer wieder einhämmert, daß das Buch das unfehlbare, offenbarte Wort Gottes ist, wird sich bei dem Zuhörer auf Dauer der Gedanke durchsetzen, daß er das gepredigte Wort bedingungslos akzeptieren und glauben muß« (A. van Deursen). Die Predigt als unmittelbare Bibelvermittlung konnte ein Hilfsinstrument sein, solange es an ausreichender Anzahl von Bibelexemplaren fehlte. Der ununterbrochene Hinweis auf die Bibel unterstützte die gegen alle anderen Bekenntnisse gerichtete Polemik, aber sie enthielt zugleich Schutz vor Gottes Zorn, indem sie zur Buße aufrief. Das mochte in Zeiten des Übergangs, in denen die alte Kirche der Möglichkeit zumindest offiziell beraubt war, Trost und Schutz bieten, der Proselytenmacherei zugute kommen, dennoch lag der neuen Kirche nichts daran, wahllos neue Mitglieder einzuschreiben. Es war weniger die Anforderung, die man an Bewerber in Sachen Kenntnis der calvinistischen Lehre stellte, als vielmehr die Kontrolle des bisherigen Lebenswandels, die den Zugang zur Öffentlichkeitskirche erschwerte. Es sprach dafür, daß man aus dieser Kirche eine Kongregation mit hoher Selbstdisziplin und einem Moralimage als Zeichen ihrer Besonderheit machen wollte.

Man wird solche Besonderheit als Rückblick auf den in calvinistischer Vorstellung moralisch begriffenen Verfall der katholischen Kirche begreifen können, sie aber auch als ein neues Phänomen einer Gemeinschaft des Abendmahls sehen müssen. Nur Mitglieder, nicht einfache Kirchgänger oder Sympathisanten durften am Sakrament des Abendmahls teilnehmen. Die Teilnahme wiederum war strengsten Anforderungen der Kirchenzucht unterworfen, wie überhaupt Zucht und Disziplin die Gemeinde der Calvinisten zu einer homogenen, in jeder Lage verpflichteten, nachgerade verschworenen Gemeinschaft machte. Der Begriff »verschworene Gemeinschaft« meint nichts anderes als die in jenen Jahrzehnten geltende Aufforderung, daß die Mitglieder der Gemeinde nicht das Leben des übrigen Volkes führen durften. Und es war angesichts der weitverbreiteten, oft wenig vorbildlichen, viel eher groben Lebensgewohnheiten der Niederländer – und dazu gehörten Glücksspiel, Sauferei, Steuerbetrug und Diskriminierung Fremder – begreiflich, wenn man sich hier abheben wollte. Der Calvinisierungsprozeß war im Hinblick auf die Anforderungen, die die Gemeinschaft an den Einzelnen stellte, wollte er Mitglied sein, ein zunächst nach innen gekehrter, der von der Beispielhaftigkeit der Lebensführung getragen werden sollte. Es war ein Stück Frömmigkeit, das in der Arbeitswelt tagtäglich zu leben war, um allsonntäglich beim Kirchgang den Höhepunkt zu erreichen. Katholische zeitgenössische Beobachter stellten die enge Beziehung von Bibellesungen und Calvinismus und große Bibelkenntnisse beim calvinistischen Volk fest. »Alle Handwerke und Künste«, so ist geschrieben worden, »haben Gelegenheit, Weisen und Meister gefunden, die Bibel zu lernen und zu lehren.« Selbst unterwegs trage man die Bibel bei sich, und der Spanier Vázquez fügte hinzu, alle Frauen seien in der Lage, über theologische Fragen mitzureden. Den Grund fand er in der weiten Verbreitung der in der Landessprache gedruckten Bibel. Zwar ist zu beobachten, daß die calvinistischen »Classes« und Synoden von der Bibelkenntnis der Gemeinde nicht zu jeder Zeit in gleichem Maße beeindruckt gewesen sind, aber es ist zu vermuten, daß sie gegenüber den Andersgläubigen deutlich hervorgestochen haben.

Die neue Kirche und die neue Obrigkeit

Der Aufstand gegen Philipp II. führte in den Niederlanden zu einem vollständigen Bruch der traditionellen Beziehungen, »wodurch Staat und Kirche in der Republik der Vereinigten Niederlande in ein gänzlich neues Verhältnis zueinander gerieten« (H. A. Enno van Gelder). Das betraf zum einen die Unabhängigkeit des Staatsbürgers in Religionsfragen, die Gewissensfreiheit. Jeder Bürger war frei, sich dem Bekenntnis seiner Wahl zuzuwenden, ohne daß ihm Nachteile daraus entstanden. Damit entfiel theoretisch der Ketzerbegriff. Dieses neue Verhältnis fand einen konkreten rechtlichen Ausdruck in der Frage der Eheschließung. Eine Ehe konnte, sollte sie Rechtsgültigkeit etwa im vermögensrechtlichen Sinn haben, sowohl bürgerlich als auch kirchlich geschlossen werden. Das wurde festgelegt, »um«, wie es 1576 hieß, »allen Unklarheiten aus dem Wege zu gehen, ohne Gewissenszwang auszuüben«. In katholischer Zeit ließ sich Rechtsgültigkeit erst durch den Priester erreichen. Zum anderen betraf das gänzlich Neue das besondere Verhältnis des Staates zur Kirche. Im niederländischen Glaubensbekenntnis des Guy de Bray stand geschrieben, daß die Obrigkeit als Dienerin Gottes aufgerufen war, die Kirche zu schützen und überall das Evangelium verkünden zu lassen, damit jeder Gott diene und jeder ihn verehre. Als das Glaubensbekenntnis entstand, gab es noch keine Möglichkeit, diesen Gedanken zu verwirklichen. Sie wurde erst nach 1572 geboten, und dann war mit Kirche die calvinistische gemeint; sie war die »nationale Manifestation des Gottesdienstes« (van Deursen). Die calvinistische Kirche erhielt nicht den Status einer Staatskirche, sondern den einer Öffentlichkeitskirche. Ihre Mitglieder gelangten in der Republik in eine privilegierte Position. Die Gewissensfreiheit, die in den Jahrzehnten der Republik immer wieder bestätigt wurde, erfuhr für die Nichtcalvinisten insofern ihre politische und soziale Einschränkung, als der Zugang zu öffentlichen Ämtern den Mitgliedern der Öffentlichkeitskirche vorbehalten blieb, abgesehen davon, daß die verkündete Gewissensfreiheit sicher nicht mehr freie und öffentliche Ausübung des Gottesdienstes anderer Bekenntnisse implizierte.

Genauso wichtig war die Frage, wieweit die Obrigkeit ihre Schutzfunktion in Mitbestimmung bei kirchlichen Angelegenheiten umsetzen konnte. Daß sie sich als Wahrerin der calvinistischen Religion empfand – wenn auch nicht immer nach dem Sinn der Zeloten unter den Prädikanten –, war unstrittig, konnte angesichts der Entwicklung im Aufstand auch gar nicht anders sein. Sie sorgte für die Umwandlung der katholischen Kirchen in Kirchen der reformierten Gemeinden, unterstützte die Ansprüche der Öffentlichkeitskirche aus dem von ihr verwalteten mittelalterlichen Kirchengut und leistete darüber hinaus finanzielle Zuwendungen. Die Stände Hollands verpflichteten sich am 26. November 1574, aus den Einkünften der früher für die Unterstützung der Kirchendiener bestimmten Güter die Besoldung der Prädikanten zu sichern. Das wurde ein halbes Jahr später auf die finanzielle Unterstützung der Armen- und Sozialfürsorge sowie auf den Unterhalt der Kirchen ausgedehnt. Außerdem verordnete die Obrigkeit die Unterweisung im calvinistischen Bekenntnis, im »waren goddelijcken dienst«. Das galt für alle staatlichen oder halbstaatlichen Institutionen, mithin für Schulen, Universitäten, Armen- und Waisenhäuser. Zur Unterweisung trat die geforderte Ehrerbietung vor dem anerkannten Bekenntnis. Das betraf vor allem Soldaten und Seeleute, deren vermeintliche Zuchtlosigkeit zur Blasphemie führen konnte. Den Soldaten wurde die Möglichkeit eröffnet, sich als bekennendes Mitglied in der Kirchengemeinde ihrer Garnisonsstadt einschreiben zu lassen. Die Garnisonen kamen somit ohne eigene Prädikanten aus, die freilich von den Provinzialsynoden entsandt wurden, wenn das Heer zu Felde zog. Die calvinistischen Prädikanten haben sich solcher Aufforderung nur widerwillig gebeugt, da sie keine Beziehung zum Soldatenleben entwickeln konnten. Die spanischen katholischen Feldprediger legten dagegen ganz andere Aktivitäten an den Tag, indem sie den Sterbenden auf dem Schlachtfeld noch die Beichte abnahmen. Die Obrigkeit sorgte auch für die geistliche Betreuung auf den Handels- und Kriegsschiffen. Hier galten ihre Bestimmungen nicht zuletzt der Disziplinierung der in mancher Hinsicht problematischen Seefahrer, bei denen Angst vor Strafen nicht unbedingt mit calvinistischer Frömmigkeit identisch war. Unterweisung im christlichen Glauben war ebenfalls den Zuchthäusern aufgetragen, mit einer Ordnung, die sich als praktikabel erwies, weil die Häftlinge kaum in der Lage waren, solcher Unterweisung zu entkommen, die Kirchgang und Bibellektüre gebot, nicht bloß empfahl. Abgesehen davon, daß einerseits niedere öffentliche Funktionen nur nach Zustimmung der kirchlichen Instanzen besetzt wurden, andererseits die Obrigkeit Maßnahmen unterstützte, die aus einem Verstoß gegen die Kirchenzucht folgten, erließ die Obrigkeit in Zusammenarbeit mit der Kirche auch Gesetze über die Sonntagsruhe, die von beiden Seiten nicht als so absolut begriffen wurde, daß man auf unbedingt erforderliche Tätigkeiten hätte verzichten müssen.

Die Zusammenarbeit der Obrigkeit mit der neuen Kirche schuf nicht selten Kompetenzprobleme. Die Synode zu Dordrecht von 1574 gestand der Obrigkeit bei der Anstellung von Prädikanten und bei der Ernennung von Ältesten nur eine geringe Rolle zu. Die Ernennung sollte der örtliche Kirchenrat mit Zustimmung der »Classes« vollziehen. Sie war nur mitteilungsbedürftig dem Magistrat gegenüber. Als dies auf der Synode von 1578 neuerlich vorgetragen wurde, wehrte sich der Leidener Magistrat, der anbot, dann auch die Schutzfunktion der Obrigkeit aufzuheben. Ein nie verkündeter holländisch-provinzialständischer Entwurf einer Kirchenordnung von 1576 sah vor, daß die Prädikanten von der städtischen Behörde angestellt und diese durch Eidesleistung verpflichtet wurden, nachdem der zuständige Kirchenrat sie auf ihre theologische Eignung hin überprüft hatte. Die Ältesten waren von den Magistraten zu benennen, Professoren und Lehrer von der Stadt anzustellen, die lediglich gehalten sein sollte, ausschließlich Calvinisten ins Amt zu bringen. Die Synode von 1578 gab Anlaß zu scharfen Auseinandersetzungen ganz prinzipieller Art, in der auf der einen, der weltlichen Seite die Furcht vor einer Vorherrschaft calvinistischer Enge, auf der anderen, der kirchlichen Seite die Besorgnis über allzu lasche Handhabung der Glaubensregeln zum Austrag kam. Es wurden 1582, 1586 und 1591 Versuche unternommen, eine gültige Regelung zu finden. Das ist niemals wirklich gelungen. Abgesehen davon, daß manches auf lokaler Ebene von der Kompromißfähigkeit der Partner abhing, ließ sich die Obrigkeit insgesamt nicht zu einem verlängerten Arm kirchlicher Instanzen und ihrer Beschlüsse degradieren. Dagegen sprach in der überwiegenden Zahl der Fälle schon die Unterschiedlichkeit der mentalen Prädispositionen zwischen calvinistischen Prädikanten und Magistratspersonen, die sich zwar selbst den Schutz der Religion zur Aufgabe machten, in der Auslegung von Gewissensfreiheit aber toleranter waren. Jedenfalls nahmen die Provinzial- und Kommunalbehörden Einfluß auf alle kirchlichen Beschlüsse und Versammlungen. Die in den Synodalversammlungen eingeführten »politischen Vertreter (Commissarissen politiek)«, deren Präsenz kirchlicherseits ursprünglich dazu gedacht war, die Synodalbeschlüsse zu unterstützen, gaben sich niemals zur reinen Zustimmung her, sondern nahmen eine echte Kontrollfunktion wahr, insofern sie darauf achteten, daß die Synode nichts behandelte, was zum weltlich-politischen Bereich gehörte.

Im Streit zwischen Remonstranten und Kontraremonstranten spielte die Frage nach dem Kompetenzbereich der Obrigkeit von Beginn an eine Rolle, und dieser brachte am Ende mit der Nationalsynode von Dordrecht 1618 die Generalstände in eine starke Position. Schon 1617 legten sie eine Ordnung für die künftige Synode vor, in der die Inhalte der Synodalberatungen genau umschrieben waren. Das war allerdings eine Regelung, die noch vor dem Fall des Oldenbarnevelt entstand. Obwohl dann entgegen der ursprünglichen Absicht der Generalstände nur die kontraremonstrantische Seite vertreten war, erwies sich doch, daß die Generalstände sich nicht abseits hielten, auch nicht in einer Zusammensetzung, die nach Neubesetzung der Magistrate durch den Statthalter den Kontraremonstranten freundlich gesinnt war. Neben den 26 niederländischen, von den Provinzialsynoden benannten Theologen, 28 Gottesgelehrten des Auslandes und 5 Professoren der Republik, saßen 18 von den Ständen benannte politische Kommissare, die mit ihren 7 Stimmen, eine je Provinz, die Entscheidungen beeinflußten und zudem in vollem Umfang an der Diskussion teilnahmen. Sie konnten nicht nur die Tagesordnung festlegen, sondern auch Vorschläge im Auftrag der Stände einbringen. Sie hatten ein Vetorecht und bestimmten, ob und wann die Synodalbeschlüsse veröffentlicht wurden. Auf diese Weise erhielten die Synodalbeschlüsse den Charakter von Empfehlungen, die dann ganz in das Belieben der Stände gestellt waren. Die Hauptaufgabe der politischen Kommissare bestand darin zu verhindern, daß bei einer von der Synode zu erarbeitenden neuen Kirchenordnung die bestehende staatsrechtliche Ordnung samt der Provinzialrechte beeinträchtigt wurde. Einerseits haben die Generalstände dann den Beschluß der Synode über die Verdammung der remonstrantischen Lehre gutgeheißen und eine Verbreitung dieser Lehre in den Kirchen verboten, andererseits haben sie die Hoffnung der Synode auf eine für die ganze Republik geltende Kirchenordnung, die eine weitestgehende Autonomie der Kirche bedeutet hätte, enttäuscht. Die Kirche blieb jeweils im Kompetenzbereich der Provinzen. Die überkommene und intensiv gelebte föderalistische bis partikularistische Struktur der Politik stand solchem Ansinnen entgegen, und das erwies sich selbst dort, wo, wie in Friesland, die Remonstranten vordem nie einen Fuß auf den Boden bekommen hatten. Die friesischen Stände wiesen daraufhin, daß damit die alten Rechte, die die zivilen Behörden bei der Ernennung von Prädikanten immer gehabt hatten, angetastet würden. Gerade diese Rechte spielten auch in anderen Provinzen eine erste Rolle. Unter ihnen nahm Holland die Kirchenordnung nicht an, sondern richtete sich in den meisten Städten nach der Ordnung von 1591.

In dieser Zeit begann eine intensive theoretische Auseinandersetzung um das Verhältnis von Kirche und Staat, an der Theologen und Staatsrechtslehrer wie Ulric Huber und Hugo Grotius oder der Remonstrant Johannes Uytenbogaert teilnahmen. Aber eine endgültige republikweite Regelung über die Ernennung und Anstellung von Prädikanten, Ältesten oder Diakonen blieb aus; sie blieb in der Hand der Provinzen und gab dort im Laufe des 17. Jahrhunderts zu zahlreichen Streitigkeiten Anlaß. Wenngleich die niederländische Öffentlichkeitskirche nie eine Staatskirche war, hielt sich »Ius in sacra« für die Obrigkeit, das sich vorwiegend in der Personalpolitik äußerte und es vermied, daß die Öffentlichkeitskirche zu einer völlig autonomen Vereinigung neben der Obrigkeit heranwuchs, was diese als eine Bedrohung der eigenen Autonomie empfunden hätte. Die Theorie des »Ius in sacra« fand ihre praktische Stütze in dem Hinweis auf die Vielfalt der provinzialen und lokalen Rechte, die ohnehin jeder Vereinheitlichung auch in weltlichen, zivilen Dingen entgegenstanden. Selbst wenn die Öffentlichkeitskirche als Kirche des Aufstandes galt und als solche bevorzugt behandelt wurde – der Auftrag der weltlichen Obrigkeit lautete entsprechend und wurde niemals in Zweifel gezogen –, so scharte sie doch nicht das ganze Volk der Republik hinter sich. Zudem gab es innerhalb der Kirche große Unterschiede in der gelebten Frömmigkeit, die eine strukturell durch eine Kirchenordnung vorgeschriebene Lebensweise und Lebenshaltung nicht empfehlenswert erscheinen ließen.

Ein innerkirchlicher Streit und das Ende eines Ratspensionärs: Moritz von Oranien und Oldenbarnevelt

Es ist zum niederländischen Modell einer Öffentlichkeitskirche geschrieben worden, das System unterscheide sich in Theorie und Praxis vom Staats- und Landeskirchentum umgebender Länder durch die »aufrechterhaltene Trennung von kirchlicher und bürgerlicher Gemeinde sowie die eindeutige institutionelle Differenzierung und weitgehende gegenseitige Unabhängigkeit von staatlichen und kirchlichen Institutionen« (H. Schilling). Wenngleich dies so war, ließ sich offensichtlich die Einbeziehung der weltlichen Obrigkeit in theologische Konflikte nicht vermeiden. Das geschah schon in der ersten beiden Jahrzehnten des 17. Jahrhunderts. Es ging um die richtige Auslegung der Prädestinationslehre. Innerhalb des calvinistischen Bekenntnisses hatte es schon immer Pluriformität gegeben, aber die Auseinandersetzung um die Prädestinationslehre, die – ganz verkürzt – als eine Disputation über den freien Willen des Menschen begriffen werden kann, erhob die Exegese zu einem erstrangigen Politikum. Die geistigen Träger des Streits waren die Leidener Theologen und Hochschullehrer Jacobus Arminius und Franciscus Gomarus. Ihr theologischer Konflikt war scheinbar nicht zu lösen, so daß die Arminianer nach dem Tod ihres Wortführers 1610 bei den Provinzialständen Hollands ein »Memorandum«, »Remonstrantie«, einreichten und um ständischen Schutz ihres Bekenntnisses einkamen, das sie als gut-calvinistisch betrachteten. Diesen Schritt hielten die Arminianer, nun auch »Remonstranten« genannt, für erforderlich, weil sie vielerorts des Papismus oder anderer Übel bis hin zum Landesverrat beschuldigt wurden. Das »Memorandum« war nichts anderes als eine Bitte um Toleranz innerhalb der Öffentlichkeitskirche. Uytenbogaert, der nach dem Tod des Arminius die Führung der Bewegung übernommen hatte, war der Autor der Vorlage, in der noch einmal die Lehre des Arminius erläutert wurde, nachdem Oldenbarnevelt einige Veränderungen vorgenommen hatte. Daß sich die Arminianer an die Ständeversammlungen wandten, war sicherlich ungewöhnlich, denn solches Vorgehen spielte jenen städtischen Magistraten in die Karte, die sich immer um Mitsprache in Kirchenfragen bemüht hatten, ohne wirklich etwas zu erreichen. Es klang schon interessant, wenn das »Memorandum« der Obrigkeit die Oberaufsicht in kirchlichen und weltlichen Fragen zuwies, zugleich eine freie Synode forderte, die unter der Aufsicht der Obrigkeit stehen sollte. Genau an dieser Stelle rührte das theologische Problem an konstitutionelle Strukturfragen der Republik. Die Lage verschärfte sich noch, als Uytenbogaert wenig später seinen »Tractatus« veröffentlichte, in dem er die Lehrautorität der weltlichen Obrigkeit akzeptierte und mit diesem Tenor auf die Zustimmung des englischen Königs Jakob und einiger protestantischen (weltlichen und geistlichen) Oberen traf.

Die holländischen Provinzialstände übernahmen gern die ihnen angetragene Rolle. Dies fruchtete freilich wenig, wie sich im Laufe der nächsten Jahre zeigen sollte, als der Theologenstreit das gläubige Volk ergriff. Jedenfalls beschlossen die Provinzialstände im August 1610 zunächst, dem Schutzersuchen der Remonstranten zu entsprechen und ein Predigt- und Prüfungsverbot in diesen theologischen Streitfragen aufzuerlegen. Dahinter stand die Furcht vor einer Zersplitterung der Einheit und nicht zuletzt vor einer Art Theokratie, die sich anmaßen würde, auch die Rechtgläubigkeit der weltlichen Obrigkeit unter die Lupe zu nehmen. Die Weichen für eine Verschärfung des Konflikts waren gestellt, als die Prädikanten der Richtung des Gomarus 1611 bei den Ständen eine Gegendarstellung, »Kontraremonstratie«, einbrachten. Sie machten darin deutlich, daß sie eine Entscheidung in dieser Angelegenheit nur von einer nationalen Synode oder von einer Hochschule des Auslands akzeptieren wollten. Erschwerend für den eher auf Ausgleich bedachten und in der Frage nach dem Verhältnis von Kirche und Staat mehr den Remonstranten zuneigenden Oldenbarnevelt kam hinzu, daß sich die Magistrate von Amsterdam, Enkhuizen und Edam, später auch von Purmerend und Dordrecht, für die Sache der Kontraremonstranten einsetzten. Die Unversöhnlichkeit ließ sich nicht mehr aufhalten. Die holländisch-provinzialständische Resolution über den innerkirchlichen Frieden von 1613, die Hugo Grotius ausarbeitete und die im Januar 1614 angenommen wurde, plädierte nicht nur für Toleranz, sondern suggerierte auch, daß Artikel 3 des »Memorandums« der Arminianer als Grundlage für eine Wiederherstellung der kirchlichen Einheit dienen konnte. Das blieb völlig ungehört. Schon lange hatte der diffizile Streit zwischen Hochschullehrern über die Prädikanten und die Kirchenräte das Volk erreicht und die städtischen Behörden erfaßt; er führte zur Verbannung der kontraremonstrantischen Prädikanten aus der Stadt oder zur Ernennung von einigen, der Mehrheit des Kirchenvolkes nicht genehmen Prädikanten. Abgesehen davon, daß den Magistraten als Obrigkeiten der Zugriff auf kirchliche Angelegenheiten nur lieb sein konnte und sie ihn auch ausübten, drohte jetzt der ohnehin noch nicht sehr starke calvinistische Bevölkerungsteil auseinanderzufallen, was dem Bestand des Staates, der die Kirche zur Grundlage seiner Existenz gemacht hatte, nicht zuträglich sein konnte. Allerdings war die Richtung der Remonstranten lediglich in den Provinzen Holland und Utrecht vertreten, vor allem in den Städten, während auf dem platten Land diese Richtung sich nur durchzusetzen vermochte, wenn dort eine remonstrantisch gerichtete Stadt wie Rotterdam als Grundherrin solchen Weg wies.

Daß der Streit über den Magistrat und die Gruppe der Prädikanten hinaus in das Volk hineinwirkte, war nicht allein aus der Zahl der eingeworfenen Fensterscheiben bei unliebsamen Remonstranten abzulesen. Darauf hat Arie van Deursen gegen Pieter Geyl hingewiesen, der formuliert hat: »Unser Pöbel konnte Versammlungen der Remonstranten stören oder die Häuser bekannter und wohlhabender Remonstranten plündern, aber hieß das denn zugleich, daß sie die Lehre der Calvinisten (Kontraremonstranten) wirklich erfaßten? Diese Menschen standen außerhalb jeder höheren Kultur, einschließlich der Religion im echten Sinne des Wortes.« Solches Verdikt unterschätzt die Religiösität. Obwohl sie sich nicht im gelehrten Gespräch artikulieren konnte, war sie als grundlegendes Lebensgefühl vorhanden. Nicht ohne Grund ließ die Stadt Leiden schon 1610 eine Verordnung ergehen, nach der Zusammenrottungen und Diskussionen auf den Straßen oder in der Kirche ebenso verboten waren wie die Beschimpfung von Prädikanten nach der Predigt. In Den Briel dürfte es ähnlich lebhafte Diskussionen gegeben haben wie in Rotterdam, wo Gasthäuser zum Ort für heftige Streitigkeiten wurden. Es gab genug andere Beispiele von

Diskussionen auf Straßen und Treckschuten oder gar von Unterschriftensammlungen, die eher Zeugnis für die in ihrer Religiösität getroffene Bevölkerung als für die Lust waren, Unruhe zu stiften und zu nutzen, wenngleich es bei Handgreiflichkeiten Trittbrettfahrer gegeben haben mag. Wie die Stadt Leiden nicht ohne Grund ihre Verordnung erließ, so sahen die Calvinisten in Hoorn zu Recht die Gefahr, daß der Streit in Kirchenfragen nicht allein die Kirche verwüste, sondern auch »das Band der Bruderliebe zerschneide und die Ruhe der Bürger störe«. Selbst Ehen waren oft nicht stark genug, um den Streit zu überleben. Über die spontanen oder vorab organisierten Diskussionen und Disputationen hinaus entstand ein wahrer Flugschriftenkrieg, der die verbitterte Atmosphäre weiter anheizte. Die Kontraremonstranten schienen von der Rezeption des diffizilen theologischen Streits durch die gläubigen Kirchgänger wohl stärker überzeugt zu sein als die Remonstranten, die die Auseinandersetzung eher auf intellektuelle Kreise abgehoben sehen wollten. Die Antwort auf die Frage nach dem Grund solch vielfältiger Haltungen ist schwer zu finden. Auf eine unterschiedliche soziale Zusammensetzung ist nicht zu rekurrieren, da in beiden Lagern sowohl Regenten als auch Mittel- und Unterschichten vertreten gewesen sind. Daß sich zudem in einigen Städten sozialer Unmut gegen Regenten geäußert und sozialer Gegensatz den religiösen Konflikt verschärft hat, ist unbestritten.

Im Jahr 1617 setzte die entscheidende Runde im Kampf um die Exegese ein, in einem Kampf, der sich nun zum Kräftemessen zwischen dem Statthalter und dem Ratspensionär auswuchs. Es bedurfte in einer nicht zuletzt durch die Vielzahl der Flugschriften angeheizten Atmosphäre nur noch eines geringen Anlasses, um den offenen Konflikt herbeizuführen. Diesen Anlaß bot die Entwicklung in Den Haag, als Anfang des Jahres ein länger schwelender Streit zwischen dem Prädikanten zur Spaltung der Kirchengemeinde führte und die Kontraremonstranten in Rijswijk eine »Kreuzkirche« gründeten. Die Kontraremonstranten fühlten sich in die Zeit Alvas und der spanischen Inquisition zurückversetzt. In der ganzen Provinz schienen sie sich jetzt als eine große Partei zu empfinden, die nur noch einstimmig angenommene Beschlüsse der Provinzialstände über Kirchenfragen anerkennen wollte. Unterstützung erhielt diese Gruppierung von dem Statthalter Frieslands, Wilhelm Ludwig von Nassau, der selbst ein calvinistischer Eiferer war und sehr wahrscheinlich seinen Neffen Moritz von Oranien beeinflußte. Im Januar 1617 besprachen holländische Verwaltungs- und Rechtsgremien zusammen mit dem Haager Magistrat die Lage auf einer Sondersitzung, in deren Verlauf es zu einem scharfen Wortgefecht zwischen Moritz und Oldenbarnevelt kam. Moritz vertrat die Sache der Kontraremonstranten, die im Haag eine eigene Kirche forderten und seit langem eine nationale Synode in diesem Streit entscheiden lassen wollten. Die Aufforderung, allenthalben Truppen gegen die »Spalter« einzusetzen, lehnte der Oranier mit dem Hinweis ab, daß er die »wahre christlich-reformierte Religion« zu verteidigen habe. Für sich hatte er zu diesem Zeitpunkt die Frage, welche dies denn nun sei, schon zugunsten der Kontraremonstranten entschieden. Daß sich der Oranier auf deren Seite schlug – er betonte diese Haltung nachdrücklich, als er bald den Gottesdienst in der von ihnen gewaltsam in Besitz genommenen Haager Klosterkirche besuchte –, dürfte auf eine Vielzahl von Gründen zurückzuführen sein. Moritz gehörte sicher nicht zu den Denkern oder Zweiflern, die sich mit theologischen Neuigkeiten zu befassen pflegten; vielmehr hielt er, ein für Mathematik und Technik aufgeschlossener Mann, sich im Geistig-Religiösen an das Überkommene, in dem er erzogen und groß geworden war. Er war Calvinist, und es bestand für ihn kein Grund, auch nur einen Schritt neben dem vorgeschriebenen Pfad zu gehen. Hinzu kam der Einfluß von Freunden und Verwandten wie Wilhelm Ludwig von Nassau oder dem englischen Gesandten Sir Dudley Carleton. Nicht ohne Bedeutung war für ihn Ruhe und Ordnung im Lande selbst; er brauchte sie, wenn der Krieg nach Ablauf des Waffenstillstandes von 1621 weitergeführt werden sollte. Darin unterschied er sich keineswegs von Oldenbarnevelt, der jedoch über das Dekret der Toleranz solches Ziel zu erreichen versuchte, während Moritz sich für deutliche Parteinahme und damit für eine nationale Synode entschied. Vermutlich resultierte die Oppositionsstellung des Oraniers gegenüber dem Ratspensionär auch aus einem tief verwurzelten Mißtrauen, das aus der Zeit der Waffenstillstandsverhandlungen vor 1609 stammte und mit der Furcht verbunden war, der Ratspensionär ziele auf Abschaffung des Statthalteramtes, in dem er es durch eine gelungene Außenpolitik überflüssig machte. Überhaupt geriet um 1617 die außenpolitische Argumentation wenn schon nicht in den Vordergrund, so doch in eine wichtige Rolle. Der nicht zuletzt durch den Waffenstillstand von 1609 herbeigeführte komplexe Charakter der Außenpolitik unterlag im Lande, bei Disputanten wie bei Pamphletschreibern, einer erschreckenden Vereinfachung. Tatsächlich stand die Republik zwischen Frankreich und England. Paris sah in Oldenbarnevelt einen Freund, aber Paris war römisch-katholisch. Wenn der Ratspensionär Truppen schickte, um einen Hugenottenaufstand zu unterdrücken, dann warf das kein günstiges Licht auf den Staatsmann. Andererseits stand der englische König der Republik religiös kaum nahe, aber er mußte die Republik aus eigenen außenpolitischen Erwägungen stark halten. Deshalb setzte er sich in einem Schreiben an die Generalstände 1617 für eine nationale Synode ein, um die Einheit im Lande wiederherzustellen. Die Kontraremonstranten machten es sich höchst einfach, wenn sie für den Fall eines Bürgerkrieges die Spanier wieder von ihren Städten als die Hilfstruppen der Remonstranten auftauchen sahen. Wer nicht mit ihnen war, der war gegen sie. Nachdem sich die Remonstranten ohnehin in all den Jahren des Streits in die Nähe der »papistischen« Religion gerückt fanden, brauchte man keinen großen Schritt zu tun, um gleichsam als fünfte Kolonne der Spanier zu fungieren. Das machte sich propagandistisch besonders gut in einer Zeit, in der die Niederländer sich gerade bemühten, die spanische Inquisition und die Repression der Alva-Zeit mit all ihren Schrecken nachhaltig vor Augen zu führen. Der englische Gesandte Carleton formulierte dazu, »daß die Remonstranten im Falle eines Bürgerkrieges fremde Hilfe benötigen würden. Es sei leicht zu sehen, wo sie herkommen müsse«. Selbst der Statthalter brachte es fertig, von »Oranien« und »Spanien« als den beiden Fraktionen im Lande zu sprechen.

Eine solche Verbindung von remonstrantischer Theologie und Oldenbarneveltscher Außenpolitik, wiewohl sie nur als Möglichkeit suggeriert wurde, schwächte die Position des Ratspensionärs, der sich in den Generalständen einer wachsenden Opposition gegenübersah. Es hätte kaum verwundert, wenn er zurückgetreten wäre. Doch das geschah nicht. Er ging vielmehr zum Angriff über. Es gelang ihm, im August 1617 in den holländischen Provinzialständen die »Scharfe Resolution (Scherpe Resolutie)« durchzubringen, in der die Städte ermächtigt wurden, eigene Hilfstruppen zur Wahrung von Ordnung und Sicherheit anzunehmen. Zugleich wurden alle auf dem Territorium der Provinz stationierten Truppen aufgefordert, sich entsprechend ihrem der gesetzmäßigen Obrigkeit in Stadt und Land geleisteten Eid zu verhalten. Schließlich konnten Entscheidungen der städtischen Magistrate nicht vor dem Justizrat, dem »Hof van Justitie«, anhängig gemacht werden. Wenngleich diese Resolution in keiner Weise gegen Gesetz und Recht der Provinz oder der Republik insgesamt verstieß und die Annahme von städtischen Hilfstruppen äußerst zögerlich verlief, empfand der Oranier das Vorgehen als Angriff auf seine Position, auf sein Prestige als Oberbefehlshaber.

Die Gegenaktion war äußerst geschickt angelegt, da es ihm zunächst darauf ankam, die Provinz Holland zu isolieren. So drohte er mit der Anwendung militärischer Gewalt und besetzte im Januar 1618 den remonstrantischen Magistrat Nimwegens neu, was wenig später zum Übergang Gelderns ins kontraremonstrantische Lager führte. Bald ging auch der Landtag von Overijssel diesen Weg, nachdem er unter Druck gesetzt worden war. Acht holländische Städte drohten damit, die Zahlung ihres Finanzierungsanteils einzustellen, und setzten in der Ständeversammlung den besonderen Schutz Oldenbarnevelts durch. Das schien notwendig zu sein, denn der Ratspensionär bildete nunmehr zusammen mit seiner Familie die Zielscheibe der Lästerungen, wozu der Vorwurf des Ausverkaufs der Republik an Spanien gehörte. Hierbei war die Flugschriftenliteratur der Zeit ein Becken für gesammelten Unsinn, der allerdings Methode hatte. Die politische Kultur des Landes zeigte sich von der Seite der Unkultur. Die von der Nachwelt so häufig apostrophierte Toleranz in Haltung und Denken dürfte damals nur für wenige gegolten haben. Oldenbarnevelt und die Remonstranten befanden sich voll in der Defensive. In den Generalständen hatte der Ratspensionär die Mehrheit verloren. Moritz lehnte jedes Angebot eines Versöhnungsgesprächs ab. Er trat als Parteimann auf, begab sich nach Utrecht und entließ dort die städtischen Hilfstruppen. Auf Widerstand stieß er nicht. Zugleich wurde der städtische Magistrat umbesetzt. Es hatte den Anschein, als regiere einen Augenblick lang Furcht das Land, denn die holländischen Städte entließen ihrerseits ihre Hilfstruppen, von Oldenbarnevelt dazu aufgefordert. Der Ratspensionär stimmte schließlich – und das bildete den Schlußpunkt – einer nationalen Synode zur Klärung des theologischen Streites zu. Sie sollte jedoch unter dem Zeichen von Versöhnung und Toleranz stehen. Aber das erwies sich bald als vergebliche Hoffnung. Zunächst verhaftete der Oranier Oldenbarnevelt zusammen mit Grotius, dem Syndikus in Rotterdam, und Rombout Hoogerbeets, das Mitglied des Gerichtshofes, in Den Haag sowie Gillis Ledenberg, den Sekretär der Utrechter Stände, in Utrecht. Danach besetzte Moritz nicht nur die holländische ritterschaftliche Vertretung in den Ständen neu, sondern auch in zahlreichen holländischen Städten die Magistrate. Das war eine Demonstration von Macht, die mit Recht nichts mehr zu tun hatte.

Im November 1618 trat die nationale Synode nach einem Beschluß der Generalstände in Dordrecht zusammen. Es war ein international bestücktes Gremium. Neben den 61 niederländischen Prädikanten, Kirchenältesten und Professoren hatten 23 Briten, Deutsche und Schweizer Platz genommen. Dazu kamen 18 Vertreter der Stände, die politischen Kommissare. Die Synode blieb trotz der vielen Reden ein Tribunal. Daß die Remonstranten nach dem Ereignis theologisch und politisch nicht mehr existent sein durften, war bereits der Ausgangspunkt der Versammlung. Die Lehre der Remonstranten wurde in den sogenannten fünf Kapiteln von Dordrecht widerlegt. Diese Kapitel galten von nun an als Dogma der Öffentlichkeitskirche. Am 3. Juli legten die Generalstände dies in einer eigenen Verordnung fest. Verlangt wurde von den Prädikanten der Verliererseite, daß sie eine Erklärung unterzeichneten, nach der sie von ihrem Amt zurücktraten. Von den 200 abgesetzten Personen verweigerten 80 die Unterschrift. Sie wurden verbannt. Am 15. Juli 1619 folgte das Verbot aller remonstrantischen Versammlungen. Von einer Wiederherstellung der kirchlichen Einheit konnte keine Rede sein. Die Remonstranten gruppierten sich neu, in Waalwijk zunächst und schließlich in der Emigration in Antwerpen. Der Flugschriftenstreit war keineswegs zu Ende. Zahlreiche Karikaturen prangerten den Verfolgungswahn der Synode an. In vielen Pamphleten wurde die remonstrantische Sache weiter verfochten. Einer der Vormänner der Remonstranten, Simon Episcopius, der seine theologischen Überlegungen den Synodalen ausführlich vorgetragen hatte, verfaßte einen lateinisch gehaltenen Katechismus, den Uytenbogaert ins Niederländische übersetzte. Dies war die zentrale Schrift, um die herum sich bald eine neue Organisation der Remonstranten, die »Remonstrantische Brüderschaft«, gruppierte. Während sich die Öffentlichkeitskirche in diesem seltsam hochgespielten theologischen Streit kaum als ein »Ausbund« an Toleranz erwies, endete der politische Teil der Auseinandersetzung, der sich praktisch immer mehr von seinem religiösen Ursprung löste, mit einem Prozeß gegen Oldenbarnevelt und dessen Mitstreiter und schließlich mit der Hinrichtung des Ratspensionärs sowie der Verurteilung der Grotius und Hoogerbeets zu lebenslangen Haftstrafen.

Was mit Oldenbarnevelt geschah, läßt sich der Nachwelt vermitteln, aber es ist ihr kaum einsichtig zu machen, daß der Anlaß, der Arminius-Gomarus-Streit, eine solche Wirkung hat haben müssen. Es ist nicht zu begreifen, daß alle Faktoren zusammengenommen den Tatbestand von Hoch- und Landesverrat erfüllt haben sollen. Die Zahl der Studien zu diesem Fall ist groß, die Meinungen divergieren, sie reichen von der Billigung bis hin zum Wort vom »politischen Mord«. Auch vom »tragischen Konflikt« ist die Rede. Möglicherweise hat sich diese Tragik weniger aus den Kommunikationsstörungen zwischen beiden Politikern als vielmehr aus der Unausgewogenheit der konstitutionellen Situation, den Startbedingungen der Republik mit einem religiösen Bekenntnis als Grundlage und schließlich aus den Erfordernissen der Außenpolitik ergeben. Wenn Oldenbarnevelt eine frankreichorientierte, als bestmöglichen Schutz gegen Spanien gedachte Außenpolitik so weit trieb, daß er 1617 niederländische Truppen zur Unterdrückung einer Emeute der Hugenotten bereitstellte, dann war dies Außenpolitik pur et simple, Sicherung des Staates, welcher Religion auch immer der Partner anhängen mochte. Aber es ließ sich ein Strick daraus drehen, wenn im Inland die religiöse Agitation eine Verbindung zwischen remonstrantischem Bekenntnis und einer von Religion freien Außenpolitik herstellte. Eine derart verquickte Politik konnte bei Argwöhnischen oder Eiferern nur dazu dienen, die spanische Reconquista zu fördern. Die Tatsache, daß darüber hinaus das Souveränitätsproblem nicht schriftlich verbindlich gelöst war, sondern lediglich die politische Praxis die Souveränität der Provinz zuschob, enthielt potentiell stets Konfliktstoff, der virulent wurde, sobald sich irgendwelche innenpolitische Gegensätze entwickelten. Auch die Außenwelt schien die Eigenart der republikanischen Staatsstruktur der Niederlande nicht ganz durchschaut zu haben. Heinrich IV. von Frankreich war es, der mehrmals vorschlug, Moritz zum Grafen zu erheben. Die Engländer standen solchem Gedanken positiv gegenüber, und im Inland stellten insbesondere die seeländischen Freunde des Oraniers die Souveränitätsfrage zur Diskussion. Aber Oldenbarnevelt vermochte im Laufe der Jahre solchen Ideen keinen Geschmack abzugewinnen, wie er andererseits in voller Vertretung der Provinzsouveränität in starkem Maße den holländischen Führungsanspruch deutlich werden ließ. Wie man Moritz kaum verdächtigen kann, die Grafenwürde angestrebt zu haben, so läßt sich Oldenbarnevelt schwerlich bezichtigen, daß er einen von Regentenmentalität geprägten außenpolitischen Kurs des republikanischen Ausverkaufs betrieb oder daß ihm das holländische Interesse mehr am Herzen lag als die Belange der Gesamtheit. Trotzdem mag ein Mann wie er nicht mehr in der Lage gewesen sein, die vom Ursprung her religiöse Gebundenheit und damit die Intensität des gelebten Bekenntnisses nachzuvollziehen. Sein Ausspruch, daß die Obrigkeit der Kirche vorzuschreiben habe, was zu tun und zu lassen sei, übersah, daß sich die Calvinisten gerade dem Staatskirchentum der katholischen Spanier widersetzt hatten. Diesem mangelnden Verständnis entsprach eine geringe politische Flexibilität, ein Beharren auf der Rechtlichkeit seines Handelns. Er lehnte es aus dieser Haltung heraus ab, ein Gnadengesuch bei dem Oranier einzureichen.

Dieser wiederum, durch die Aktion gegen die »Partei« Oldenbarnevelts wenig populär geworden, unternahm nichts, um an der Regierungsstruktur der Republik etwas zu ändern. Sicherlich wäre die Gelegenheit günstig gewesen. Aber Moritz war wohl primär ein Heerführer, darüber hinaus ein Mann, der in Verfolgung des väterlichen Erbes den Unionsgedanken verfocht, ein Feind der Zwietracht oder dessen, was er dafür hielt. Dies war sein politisches Interesse. Es ging von der Anerkennung der bestehenden Regierungsform aus, reichte nicht darüber hinaus. So blieb die Stellung der Regenten unangetastet. Nach der ersten Beruhigung der Geschehnisse galt in diesen Kreisen, gleichviel ob ehemals remonstrantisch oder kontraremonstrantisch, daß die »Maximen in den Staet« wiederhergestellt werden mußten. Sie waren eigentlich nie wesentlich in Gefahr geraten. An Hollands Übergewicht rührte niemand. Und der »Kreuzzug« der orthodoxen Calvinisten, der Sieger von Dordrecht, fand bei Moritz auf die Dauer keine Gegenliebe. Obwohl sich Opposition gegen Moritz nach der Hinrichtung Oldenbarnevelts rührte und die städtischen Regenten gleichsam in Kontinuität ihrer Kompetenzen fortwirkten, erhöhte sich das Ansehen des Hauses Oranien in der Republik wie im Ausland. Davon konnte weniger Moritz als sein Halbbruder und Nachfolger Friedrich Heinrich profitieren.

Beginnender Aufstieg zur europäischen Großmacht

Johannes C. Boogman hat festgestellt, daß die Politik der niederländischen Republik die des Kaufmanns und des Predigers gleichermaßen gewesen sei. Einer solchen Aussage wird man für den Bereich der Außenpolitik ganz besonders beipflichten können. Umgesetzt in abstrakte Begriffe heißt das, Konfession und Interesse als die bestimmenden Faktoren in der niederländischen Außenpolitik auszuweisen. Sie waren in der Bestimmung des außenpolitischen Kurses der Republik allerdings nicht immer von gleichem Gewicht. Im Laufe der Jahrzehnte trat das konfessionelle Motiv zunehmend in den Hintergrund, aber es verschwand nie gänzlich, auch wenn es später nur als ein Instrument der Agitation hergeholt wurde. Zu Anfang jedenfalls spielte es eine erhebliche Rolle, da die Existenz des neuen Staates und die der neuen Kirche eng miteinander verflochten waren, bei allen Streitigkeiten, die bestanden. Für die Niederlande stellte sich als Existenzfrage für Staat und Kirche, was Philipp Sydney, Diplomat und Dichter der englischen Königin und bei Zutphen tödlich verwundet, noch als Rat ausgegeben hatte, wenn er schrieb, ein weiser Staatsmann dürfe Politik und Religion niemals trennen. Der neu entstehende Staat im Nordwesten Europas begriff solche Empfehlung als eine Selbstverständlichkeit, war doch die Öffentlichkeitskirche gerade am Anfang eine Lebensgrundlage, eine Rechtfertigung des neuen Staates. Hier verwirklichte sich in ganz radikalem Sinne die Mahnung Calvins, Könige, Fürsten und überhaupt alle obrigkeitlichen Instanzen seien verpflichtet, sich als Lenker des öffentlichen Geschicks in den Dienst von Kirche und Religion zu stellen. Im übrigen ließ es die katholische Seite an gleichlautenden Empfehlungen nicht fehlen. Derartigen Mahnungen und Ermahnungen nachzuleben gehörte im 16. und 17. Jahrhundert fast schon zur politischen Übung. Als sich die eine Religion in Konfessionen spaltete, blieb es nicht bei der Exegese, nicht beim Streit der Theologen; vielmehr riß dieser die Epoche bestimmende Vorgang die politische Obrigkeit in den Streit hinein und sorgte für einen neuartigen politischen Gegensatz. Die Konfession avancierte zu einem politischen Instrument in den inner- und zwischenstaatlichen Beziehungen.

Außenpolitisch gesehen konnte es einer Obrigkeit nicht mehr gleichgültig sein, wie es den Glaubensfreunden jenseits der Grenzen erging, nicht nur, weil einfache konfessionelle Einmütigkeit dahinterstand, sondern auch, weil von der Entwicklung andernorts die Position des eigenen Machtbereiches und damit der eigenen Religion abhing.

Der Aufstand in den Niederlanden und die ihm folgende republikanische Existenz sind im Zeitalter der Glaubenskämpfe ein herausragendes Beispiel für den Beitrag des konfessionellen Motivs zu außenpolitischen Entwicklungen, im Hinblick sowohl auf die unmittelbare Koalitionspolitik als auch auf die eher mittelbare Finanzierungspolitik. Zeitgenossen haben erkannt, daß sich in dem aus dem Aufstand hervorgehenden achtzigjährigen, nur durch einen Waffenstillstand von zwölf Jahren unterbrochenen spanisch-niederländischen Krieg die europäische Polarisierung der internationalen Politik entwickelte. Gustav Adolf von Schweden wies dabei den zentralen Ort der Handlung an, wenn er den niederländischen Gesandten Gaspar van Vosbergen wissen ließ, daß Den Haag die Bühne sei, auf der alle Verhandlungen und Aktionen Europas stattfänden. Johannes Meerman, der niederländische Chronist des 18. Jahrhunderts, hob als die niederländischen Garantien gegen eine Eroberung durch eine feindliche Macht Gott, das Wasser und batavischen Heldenmut hervor. Die Einführung der göttlichen Unterstützung sollte dabei nicht als flott hingeworfene handelsübliche Rechtfertigung der eigenen Existenz begriffen, sondern als tief empfundene Überzeugung von der Redlichkeit des eigenen Handelns im Kampf um staatliche Existenz und konfessionelle Unabhängigkeit verstanden werden. Es lag auf der Hand, daß die Führer des Aufstandes in ihrer calvinistischen, auf jeden Fall antikatholischen Religiosität in der schlichten Erkenntnis, den Kampf auf Dauer nicht allein durchstehen zu können, ihre Partner zunächst bei den Gleichgesinnten im Ausland suchten. Gleichgesinnt, das hieß im allgemeinsten Sinne antikatholisch. Es machte nichts, wenn ein potentieller Partner kaum ein Freund des Christentums genannt werden konnte.

So schöpften die Aufständischen Hoffnung aus der Belagerung Maltas durch die Türken, weil hieraus eine militärische Bindung Spaniens hervorging. Brederode hegte gar den Wunsch, daß die Türken schon in Valladolid säßen, um dort ihren Vergnügungen nachzugehen. Vergebliche Hoffnung. Der türkische Sultan, der im niederländischen Aufstand eine willkommene Unterstützung seines Kampfes gegen Spanien sah, ließ das calvinistische Konsistorium Antwerpens wissen, er werde den König von Spanien so schädigen, daß diesem der Gedanke an Flandern vergehe. Dem Gedanken folgte nicht die Tat. Die Lage für die Aufständischen blieb schwierig, auch wenn protestantische Revolte gegen spanische Repression zu einem Schlag gegen spanisches Hegemonialstreben wurde. Denn die außerspanischen Kräfte waren kaum stark genug. Deutsche Fürsten und französische Hugenotten zeigten auf Nachfrage der Aufständischen zwar Verständnis für deren Belange, aber in Frankreich zerstörte die Bartholomäus-Nacht die Hoffnung auf hugenottischen Beistand, so daß lediglich Unterstützung seitens des Pfalzgrafen und des Grafen von Nassau eintraf. Es war angesichts solcher Lage durchaus begreiflich, daß der Oranier 1574 an seinen Bruder schrieb: »Ich glaube kaum, daß wir Außergewöhnliches vollbringen können, wenn uns nicht jemand zu Hilfe eilt. Mir fällt ein, was ich Dir früher schon einmal gesagt habe: Zwei Jahre lang wird man den Kampf gegen die Macht des spanischen Königs durchstehen können, dann wird man der Hilfe auswärtiger Mächte bedürfen. Da diese zwei Jahre bald ablaufen, ist es mehr als dringlich, daß uns einige Fürsten oder Potentaten die Hand reichen.« Die Außenpolitik der Aufständischen konzentrierte sich dann auf die Suche nach einem neuen Landesherrn. Es sollte der Herzog von Anjou sein, weil er, ein Mann des konfessionellen Ausgleichs, die Geschlossenheit der antispanischen Front vertrat. Doch dieser niederländische Schritt scheiterte an einem den niederländischen Vorstellungen von Souveränität kaum entsprechenden Verhalten des Franzosen. Die Spekulation auf eine Ehe zwischen Elisabeth von England und Anjou blieb unerfüllt.

Die protestantisch-katholische Polarisierung in der Außenpolitik trat in vollem Umfang erst mit dem Tod Heinrichs III. ein. Nunmehr gruppierten sich auf dem Kontinent die protestantischen und katholischen Koalitionen sehr viel umfassender, brachte sich auch Großbritannien nach anfänglich zögernder Beobachtung nachdrücklich ins Spiel. Die Aussicht auf einen protestantischen Nachfolger in Frankreich in der Person des Heinrich von Navarra ließ den spanischen König eine heilige Allianz mit der französischen katholischen Liga schließen, die nach dem frühen Tod Anjous im Jahr 1584 zwischen 1585 und 1588, also schon vor dem Tod Heinrichs, drei Millionen Gulden aus Spanien empfangen hatte. Nach dem Mord an diesem letzten Valois verschärfte sich der Kampf zwischen Katholiken und Protestanten des Landes. Die katholischen Staaten, voran Spanien, intervenierten mit massiven Geld- und Truppensendungen. Auch der Papst leistete Hilfe. In dieser Phase trat allmählich England in den Vordergrund. Die Königin schickte den Grafen Leicester in die Niederlande, der dort als Generalstatthalter die niederländische Sache militärisch und politisch verfechten sollte, wie das der Vertrag zu Nonesuch von 1585 vorsah. Das Scheitern dieses Mannes an der besonderen innenpolitischen Struktur der aufständischen Niederlande bedeutete nicht das Ende des britisch-niederländischen Zusammengehens. Vielmehr galt für London die Maxime Lord Burghleys, des Kanzlers der Elisabeth. Er schrieb: »Sollte es dem spanischen König gelingen, die Niederlande vollständig zu unterwerfen, dann weiß ich nicht, welche Barrieren man vernünftigerweise seiner Macht und Größe entgegensetzen könnte.« Kurz vor der Fahrt der spanischen Armada in Richtung England hatte ein Korrespondent des Grafen Leicester auf die Allianz des Herzogs von Parma mit der katholischen Liga hingewiesen und geklagt: »Wir haben unsererseits keine Allianz oder Verbindung mit einem Fürsten unserer Religion und, was noch schlimmer ist, wir stehen ihnen feindlich gegenüber.«

Bald jedoch stand der sich um die Liga und Spanien scharenden katholischen Koalition eine protestantische gegenüber, der die Niederlande, England und mehrere deutsche Fürsten angehörten. Die Politik der Königin Elisabeth war sachorientiert. Ein spanischer Sieg im Nordwesten Europas hätte eine herbe Gefährdung des englischen Handels bedeutet, und darüber hinaus hätte Elisabeth auch eine spanische Herrschaft über die niederländischen Provinzen bei gleichzeitiger weitestgehender Autonomie dieses Raumes nicht akzeptieren können, da dann eine allzu große Abhängigkeit von Frankreich entstanden wäre. Neben den strategischen und kontinentalpolitischen Rücksichten blieb der konfessionelle Gegensatz nicht ohne Einfluß. In England konnte man bei allen Besonderheiten insularen Interesses gegenüber der das 16. Jahrhundert beherrschenden Trennung der Konfessionen nicht gleichgültig bleiben. Es fanden sich genug Engländer, die als Freiwillige in den Reihen der protestantischen Niederländer und Hugenotten Dienst taten oder auf der anderen Seite als Exilierte für den katholischen Glauben stritten. Die Parteiung wirkte bis hinein in den diplomatischen Verkehr, in dem katholische Gesandte am britischen Hof ihre Kontakte fast ausschließlich bei englischen Katholiken suchten, während umgekehrt englische Gesandte an katholischen Höfen enge Beziehungen zu protestantischen Faktionen knüpften.

Die britisch-niederländische Koalition kam nicht nur den Partnern selbst, sondern auch Heinrich IV. von Navarra zugute, für den sie sich in den neunziger Jahren tatkräftig einsetzte. Auf Drängen des Franzosen wurde 1596 noch ein britisch-französisch-niederländischer Dreibund geschlossen, zu einem Zeitpunkt freilich, zu dem Heinrich schon zum Katholizismus übergetreten war. Der Dreibund stellte zugleich das vorläufige Ende einer antispanischen Front dar, denn 1598 folgten der französisch-spanische und 1604 der englisch-spanische Friede. Hier erwies sich dann eindeutig, daß die Konfrontation der Konfessionen im Hinblick auf die außenpolitische Tragfähigkeit ihre deutlichen Grenzen hatte. Für Heinrich IV. bot sich Konfession kaum noch als unverrückbares Prinzip, wenn es darauf ankam, die eigene Position im Innern wie nach außen zu stärken. So wie Paris eine Messe wert war, brachte ihm der Friede mit Spanien auch eine weiterreichende Anerkennung seines Königtums. In den Augen niederländischer Calvinisten gereichte solcher Opportunismus nur einem Renegaten zur Ehre. Zwar gedachte Frankreich, auch in Zukunft den Kampf gegen spanischen Herrschaftsanspruch fortzusetzen, aber das Element »Konfession« fehlte jetzt. Es trat gleichsam eine Laizisierung der Außenpolitik ein, die jedoch nicht mehr ausreichte, um das Angebot Heinrichs an die weiterhin auf die französische Karte setzenden Niederländer zu stützen, die Landesherrschaft über die Republik zu übernehmen. Solches Angebot offenbarte kaum allzu große Kenntnis über niederländische Motivationen und über die Stellung der Konfession in diesem Staat. Heinrichs Pläne wurden voll zurückgewiesen. Insgesamt warf die Entwicklung bis 1604 die Republik wieder um Jahre zurück, weil sich das europäische Gleichgewicht zunächst einmal zugunsten Spaniens und damit zuungunsten der Republik änderte, auch wenn Moritz von Oranien bis dahin erhebliche militärische Erfolge erzielt hatte. Zwar kam 1605 ein Vertrag mit dem Kurfürsten von Brandenburg zustande, wurden brandenburgische Hilfstruppen entsandt und war die Republik neben England zur Seemacht aufgestiegen, aber man mußte froh sein, wenn die erreichte Pattstellung gehalten werden konnte. Daß der Anspruch Heinrichs IV. auf Souveränität über die Republik als Voraussetzung für engstes niederländisch-französisches Zusammenwirken der Ablehnung verfiel, bedeutete allerdings keine Änderung der Grundeinstellung des Ratspensionärs und faktischen Leiters der Außenpolitik, Oldenbarnevelt, für den Frankreich der Dreh- und Angelpunkt einer antispanischen Politik blieb. Die Souveränität als Sicherung einer gegen spanisches Hegemoniestreben gerichteten Politik mochte politisch und militärisch sinnvoll sein, aber die Republik fühlte sich noch nicht so schwach, um auf diesen Handel eingehen zu müssen. Schwierigkeiten machte jedoch nicht nur der Gedanke an eine Souveränitätsübertragung, sondern auch der damit verbundene Gedanke an den veränderten Charakter des Krieges. Bis dahin war der Krieg gegen Spanien als »Krieg der Konfessionen«, nicht einfach als Austragung außenpolitischer Händel begriffen worden, obwohl der Dreibund bereits eine Bresche in solche Konzeption geschlagen hatte.

Vor- und Nachteile des Waffenstillstandes (1609–1621)

Da eine Atempause über eine französische Verbindung angesichts der Souveränitätsansprüche nicht zu erreichen war, bot es sich an, die von Albrecht und Isabella, den Generalstatthaltern der Südprovinzen, ausgehenden Friedensangebote auf jeden Fall aufzugreifen. Was hier vorgelegt wurde, empfanden die Niederlande als Zumutung. Zwar wollte die südniederländische Delegation die Republik anerkennen, aber nicht auf Dauer. Neben diesem Wunsch nach Vorläufigkeit verlangte die Delegation die Preisgabe des niederländischen Handels in Ostindien, Aufhebung der Schelde-Blockade und Bekenntnisfreiheit für die Katholiken in der Republik. Die empörte Reaktion der Republikaner war verständlich. Die Großkaufleute der Provinzen Holland und Seeland sahen sich, »bien étonné de se trouver ensemble«, in einmütiger Front der Ablehnung neben Moritz von Oranien, den calvinistischen Predigern, Wilhelm Ludwig von Nassau und den adeligen Militärs. Denn Preisgabe des überseeischen Handels hieß Rückzug aus der Übersee- und Weltwirtschaft mit ihren hohen Profitmöglichkeiten; Aufhebung der Schelde-Blockade hätte eine mutwillige Zulassung erstklassiger Handelskonkurrenz für die Häfen Hollands und Seelands bedeutet; Bekenntnisfreiheit für Katholiken kam einem Sakrileg gleich. Bei solchen Vorgaben gestalteten sich die Verhandlungen schwierig, zumal die Republik keineswegs militärisch oder politisch in so desolatem Zustand war, daß sie hätte annehmen müssen. Hinzu kam, daß weder England noch Frankreich – aus einsichtigen Gründen – einen Friedensschluß begrüßt hätten und einiges unternahmen, um ihn zu verhindern. Es wurde schließlich kein Friede erreicht, sondern ein auf zwölf Jahre befristeter Waffenstillstand, für welche Zeit Spanien die Unabhängigkeit der Niederlande anerkannte. Nur den Katholiken in den von der Republik eroberten Gebieten Brabants und Flanderns sollte ein gewisses Maß an Bekenntnisfreiheit zugestanden werden. Das Ergebnis war eine Umkehrung der ursprünglichen Vorgaben, was entweder auf spanische Erschöpfung oder auf hohe diplomatische Fähigkeiten des Ratspensionärs Oldenbarnevelt schließen lassen könnte oder auch auf eine fruchtbare Vermittlungstätigkeit des Franzosen Pierre Jeannin, der als Mitglied der französischen Delegation gegen seine Instruktion handelte. Jedenfalls hob der Waffenstillstand die Republik endgültig aus dem Bereich der Rebellion oder gar des Bürgerkrieges heraus und machte sie zu einem international anerkannten Partner. Die Republik reihte sich gleichberechtigt in die Reihe der etablierten europäischen Mächte ein, und zwar nach deren unmittelbarer Mitwirkung bei den Verhandlungen, denn anwesend waren Frankreich, England, Dänemark, Hessen, die Pfalz und Brandenburg, alles also, was in der protestantischen Welt Rang und Namen hatte. In London und Den Haag folgte dem Abschluß des Waffenstillstandes die Erhebung der jeweiligen Gesandtschaften zu Botschaften. Frankreich und Venedig folgten bald darauf. Vierzig Jahre später hieß es über diese Jahre: »Man kann beobachten, wie sich alle christlichen Nationen, ja, auch Türken und Moskowiter, mehr oder weniger mit uns Niederländern befassen.«

Wie sehr die Bedeutung des jungen Staates gewachsen war, ließ sich an den militärischen und finanziellen Aktionen messen, die zur Vorgeschichte der großen Auseinandersetzung ab 1618 gehörten, denn in dieser Phase des Waffenstillstandes blieb die Republik nicht außerhalb des außenpolitischen Geschehens in Europa. Sie sprang bei den Versuchen zu einer antikatholischen Koalitionsbildung mit Geld und Truppen tatkräftig ein und half bei der Friedensvermittlung. 1615 ging es bei der schwedisch-russischen Auseinandersetzung um solche Vermittlung. Weiterhin schickte sie 3.000 Soldaten und 12 Kriegsschiffe an Venedig, den Traditionsgegner Habsburgs für den Kampf in Dalmatien, und machte schließlich 1617 Savoyen ein Militärhilfeangebot. Derartige Maßnahmen drängten sich angesichts der Aktionen Spaniens auf, das sich, wie Francis Bacon damals feststellte, anschickte, eine katholische Internationale aufzubauen, und versuchte, das Gesetz des Papstes mit Waffengewalt durchzudrücken, wie es die Ottomanen für das Gesetz Mohammeds täten. Beide wurden als eine Gefahr für die protestantischen Kirchen Europas gesehen. Abwegig war das keinesfalls. Auf niederländischer Seite ist zu Zeiten des Aufstandes die Türkei noch ein willkommener Partner gewesen. Das hatte sich geändert. Spanische Truppen besetzten 1614 Teile der Herzogtümer Jülich und Kleve. Madrid half den Habsburgern im Kampf gegen Venedig und schickte dem Kaiser 1619 10.000 Soldaten und eine halbe Million Gulden. Der Aufstand in Böhmen hätte eine enge Verbindung des Pfälzers mit den Niederlanden und England erwarten lassen. Die verwandtschaftlichen Bande Friedrichs V., des Winterkönigs, und die ohnehin traditionellen böhmischen Beziehungen zu diesen westeuropäischen Ländern boten eine Allianz geradezu an. Einer umfassenden Hilfeleistung stand freilich die spanisch-englische Verbindung entgegen, die Jakob I., der Stuart, zustande brachte, und äußerst ungelegen kamen auch die innerniederländischen Wirren um den Statthalter Moritz und den Ratspensionär Oldenbarnevelt, die mit dessen Hinrichtung endeten, ohne Ruhe zu bringen. Gleichwohl bildete sich nach der Flucht des Winterkönigs in die Niederlande hier eine Art Zentrum des internationalen protestantischen Widerstandes. Die Protestanten Mitteleuropas suchten Zuflucht in Den Haag, wie das rund drei Jahrzehnte zuvor die südniederländischen Emigranten in den Nordprovinzen getan hatten. Von hier aus bemühte sich die Exilregierung Friedrichs V. um Allianzen gegen die Achse Madrid–Wien. Dazu formulierte Geoffrey Parker: »Genau wie die Emigranten aus Brabant und Flandern die militante Außenpolitik der neunziger Jahre stärkten, so wirkten die Emigranten aus Zentraleuropa gleichsam als ›Generalstab‹ für die antihabsburgische Linie in den zwanziger und dreißiger Jahren« des 17. Jahrhunderts. Auf diese Weise wurden Schweden, Dänemark, England und schließlich Frankreich sowie eine Reihe von kleinen Staaten in die Front einbezogen. Ein zeitgenössischer Beobachter bemerkte hierzu, alle Erhebungen und Unruhen würden als Variationen auf ein und dasselbe Thema des Kampfes der Konfessionen betrachtet. Vom katholischen Brüssel aus habe man von Polen bis Portugal für die Stabilisierung der Front gekämpft, aus Amsterdam von Schottland bis Ungarn entgegengehalten.

Bedingungen und Ziele der Außenpolitik

Während der Verhandlungen zum Waffenstillstand zeigte sich, daß die Entscheidungen, die in den Generalständen als dem für die Außenpolitik zuständigen Organ getroffen wurden, nicht unbedingt Einmütigkeit widerspiegelten. Das wirtschaftliche Interesse wurde von der Kaufmannschaft der stärksten und reichsten Provinz verfochten. Der Blick richtete sich hier, im Unterschied zu den eher agrarisch strukturierten Provinzen in der Mitte und im Osten des Landes, nach Westen, galt dem Seehandel und der Schiffahrt. Gelenkt wurde das Interesse von einer Regentenschicht, die in ihrer Mehrheit nicht von religiösem Eifer, sondern von einer eher toleranten Geisteshaltung geprägt war, die sich – wie in Zeiten der religiösen Unruhen etwa bei den Kaufleuten Antwerpens – aus der immer wieder neuen Begegnung mit der internationalen Handelswelt fortentwickelte. Solche Geisteshaltung stand voll »im Einklang mit den materiellen Interessen ihrer Provinz« (C. Boogman). Für den Handel, so wußte man hier, konnte Krieg in keiner Weise, Frieden aber sehr wohl von Vorteil sein, abgesehen davon, daß sich die einmal errungene Vorherrschaft der Provinz innerhalb der Republik am besten in Friedenszeiten verwirklichen ließ. In einer Denkschrift von 1607, die – wohl fälschlich – Oldenbarnevelt zugeschrieben wird, ist festgestellt worden, daß die Holländer von ihrer Wesensart her sanftmütig und friedfertig seien, nicht zum Krieg geeignet. Man habe selbst in Notzeiten die eigenen Kinder und Freunde aus den kriegerischen Auseinandersetzungen herausgehalten; an ihre Stelle habe man fremdes Kriegsvolk aus anderen Königreichen und Ländern zur Verteidigung des Landes kommen lassen. Eine so im Charakter aufgehobene Unfähigkeit zum Krieg wird man kaum als prinzipiellen Pazifismus werten können. Immerhin herrschte bei den Regenten eine ihnen eigentümliche Gesinnung der Abstinenz von unmittelbaren kriegerischen Aktivitäten, solange sich die eigenen Interessen mit Hilfe anderer durchsetzen ließen, und solche Abstinenz herrschte mit Gewißheit dort, wo Krieg nicht der Logik eines gewinnträchtigen Kalküls unterlag. So war Expansion des Staatsgebietes nach Süden, wenn die Sicherung der Grenzen das nicht unbedingt erforderten, kein Thema für eine auf die hohe See gerichtete Provinz. Zurückgezogenheit auf den territorialen Status quo bei garantierter Öffnung zur See erschien viel wichtiger. Damit erklärt sich auch die Diskrepanz der Anschauungen in der Republik, wie sie während der Verhandlungen um den Waffenstillstand und schon vorher deutlich geworden ist.

Der expansive Missionseifer strenger Calvinisten zielte auf die Befreiung der Südprovinzen von Spanien. Das war ein für Regenten kaum akzeptables Motiv, das wesentlich von calvinistischen Emigranten der Südprovinzen getragen und bis in die zwanziger und dreißiger Jahre hinein verfochten wurde. Mission nach Süden hieß Protestantisierung, ein für Regenten nicht lohnendes Kriegsziel. Besinnung auf die wirtschaftliche Sicherstellung, nicht Mission und Wiedervereinigung, war die regentistische Parole, zumal eine Wiedervereinigung die Zulassung Antwerpens zur Konkurrenz der Häfen bedeutet hätte. Ein anderer Faktor der Diskrepanz war die Stellung der Statthalter als militärische Oberbefehlshaber. Anfänglich, zur Zeit des Moritz von Oranien, galt der Statthalter als jenes Instrument, das die militärische Inkompetenz der städtischen Kaufleute und Regenten zu kompensieren, somit die Sicherheit der Republik zu gewährleisten hatte. Die Eigenart der republikanischen Struktur, aber auch die Entwicklung des Aufstandes, der nicht nur Wilhelm von Oranien und Teile des Adels an seiner Spitze gesehen hatte, brachten jenes Gerangel um Kompetenzen und Macht zwischen Regenten und Statthalter mit sich, das die innenpolitischen Geschicke der Republik ganz wesentlich mitbestimmte – bis hin zu ihrem Ende in der Zeit der Französischen Revolution. Die Statthalter, mithin die Vertreter des Hauses Oranien, verkörperten nichts anderes als eine von der militärischen Dienstleistung geprägte Tradition, zu der bis in die Zeit Philipps II. hinein ein politischer Auftrag gehörte. Mit der Verschiebung der Souveränität zugunsten des städtischen Bürgertums fand sich diese Tradition insofern unterbrochen, als die adelige Funktion gleichsam ins zweite Glied abgedrängt wurde. Gefragt waren die Leute zu Schiff, nicht die zu Pferd. Die permanente Auseinandersetzung zwischen Regenten und Statthaltern war denn auch Ausfluß einer Divergenz zwischen kaufmännischen und dynastischen Interessen. Der Abstieg in die beamtete Abhängigkeit dürfte mental schwer zu verdrängen gewesen sein. So war es schon Moritz von Oranien klar, daß eine Stärkung der eigenen Position nur über die militärische Stütze, vor allem über militärischen Erfolg erreicht werden konnte. Er, sich auf die orthodoxen calvinistischen Bevölkerungskreise stützend und die Animositäten der Landesprovinzen gegen die Seeprovinzen nutzend, führte aus solchen Gründen eine scharfe Opposition gegen den Abschluß des Waffenstillstandes. Bereits bei ihm, noch stärker aber bei seinem Bruder und Nachfolger, Friedrich Heinrich, verbanden sich die Steigerung der militärischen Macht der Republik mit der des Ansehens der Dynastie Oranien. Es schien zu gelingen, aus der Stellung als Diener der Provinzial- und Generalstände zu einer kontinentalen, landesfürstlichen Position emporzusteigen. Und da war es nicht immer sicher, ob die Interessen der Republik mit den dynastischen Wünschen übereinkamen. Das wurde in der Vorphase zu den Verhandlungen in Münster wiederum sichtbar. Sicherung von Grenzen mochte da eine Sache sein, die auch den Regenten einleuchtete, Expansion nach Süden aber, über die bestehenden Grenzen hinaus, stieß auf ihre volle Ablehnung. Auf jeden Fall waren es Divergenzen, die den außenpolitischen Entscheidungsprozeß erheblich erschwerten. Natürlich ließ sich eine herausgehobene Stellung des Statthalters auch mit den Gefahren föderalistischer Staatsstruktur, also mit dem Hinweis begründen, daß ein Statthalter für den Zusammenhalt der Teile zu sorgen habe.

Das Interesse an den Südprovinzen

Zu den zweifellos großen militärischen Erfolgen des Statthalters und »Städtebezwingers« Friedrich Heinrich traten die aktive, auf die südniederländischen Provinzen zielende antispanische Politik Frankreichs unter Richelieu und eine wachsende Unzufriedenheit unter der Bevölkerung in den südlichen Niederlanden. Da bahnte sich ein Verbund an, der über die bis dahin gepflegte außenpolitische Aktion hinausging. Bisher hatten sich die Generalstände im wesentlichen auf finanzielle Aktivitäten beschränkt, Den Haag zum Bankier Europas gemacht und bei aller antispanischen Einstellung das Prinzip der Sparsamkeit befolgt, die keine Verpflichtungen ad libitum duldete. Die Konkurrenz zwischen den Großmächten dürfte der Zurückhaltung förderlich gewesen sein. Lieuwe van Aitzema, einer der bekanntesten Chronikschreiber seiner Zeit und – wenngleich umstritten – sicherlich ein scharfer Beobachter der politischen Entwicklung, hat dazu formuliert: »Die Sicherung dieses Staates bestand in den Eifersüchteleien der benachbarten Könige. Hatten schon viele Kleinstaaten in Deutschland in Folge ebendieser Voraussetzungen ihre Existenz wahren können, warum sollte nicht unsere mächtige Republik in der Lage sein, ihre Existenz zu wahren und weiter zu sichern, allein auf Grund der zwischen Spanien, Frankreich und England bestehenden Eifersucht.« Solche Haltung mußte einleuchten, da bei aller prinzipiellen Tendenz zu einer gegen Madrid, Rom und Wien gerichteten Front die koalitionspolitischen Eindeutigkeiten fehlten. Da war die Frage berechtigt, warum man eine klare Koalitionspolitik führen sollte, die auf jeden Fall die Gefahr barg, daß sich die bislang neutral verhaltenden katholischen Fürsten des Reiches und der Kaiser selbst mit aller Entschiedenheit gegen die Republik kehrten. Nach der Hinrichtung des Ratspensionärs Oldenbarnevelt mußte der von ihm gepflegte Frankreich-Kurs ebenso wieder neu aufgebaut werden wie die von Moritz von Oranien auf England gerichtete Politik. Das Risiko eines Meinungsumschwungs bei Kaiser und katholischen deutschen Fürsten schien keine bloße Schimäre zu sein, weil die Existenz einer Republik in einer monarchisch regierten europäischen Landschaft im Reich zumindest Argwohn und Mißtrauen erregte. Der hessische Diplomat Heinrich Wolff, der sich ausführlich über die Lage der Niederlande und ihrer Binnenstruktur ausgelassen hat, schrieb dazu, daß die Niederländer den Kampf zwischen Katholiken und Protestanten im Reich mit unverhohlener Freude betrachteten, weil im Falle der Einigkeit die Gefahr bestehe, daß »der wiederwertigkeit und offenbahren mißgunst wegen, welche zwischen dem furstlichen und aristocratischen standt ist, ihnen vielmaehr quad tun, als einigen vorschueb erweisen werden, und dahero nicht allzu gern der evangelischen stände gäntzliche befreihung, daß berurte uhrsachen ihne diese willig und geneicht halten und also eine parthei durch die ander im contrepois behalten und in den schranken der hern Staten wohlfahrt begrieffen bleiben«. Dies war sicher übertrieben, weil die Republik den Protestanten des Reiches zu Beginn des Dreißigjährigen Krieges erhebliche Finanzhilfen hatte zukommen lassen, aber der Hinweis auf die Animosität zwischen Fürsten und Aristokraten – hier begriffen als die Schicht der die Politik bestimmenden bürgerlichen Regenten – war doch keine bloße Erfindung. Den Berichten des diplomatischen Vertreters der Generalstände bei den Hansestädten zufolge erregte die 1616 zwischen den Niederlanden und den Hansestädten gegen Dänemark geschlossene Allianz Unwillen, weil man sie als eine gegen Fürsten gerichtete republikanische Politik deutete. Wallenstein nannte die Niederländer die »Destructores Regum et Principum«, wie er die Hansestädte »des Reiches Holländer und allen Übels und Ungehorsams Anfänger« bezeichnete.

Solcherlei Bekundungen stempelten die Republik zu einem lästigen Störfaktor in der internationalen Politik, in der protestantischer Republikanismus als abartig erschien. Aber die Niederlande waren eben sehr viel mehr. Im Augenblick der niederländisch-französischen Gespräche über den gemeinsamen Kampf gegen Spanien kam die Republik endgültig als eine europäische Großmacht ins Spiel, die sich nicht mehr allein mit der Stärkung von Defensivpositionen befaßte, sondern mit der Möglichkeit territorialen Zugewinns konfrontiert wurde. Dies war etwas Neues, zumal angesichts der äußerst günstigen militärischen Lage, gleichsam aus einer Siegerposition heraus, ein Friede auf dem Boden des Status quo hätte geschlossen werden können. Zeitgenossen sahen diese Chance greifbar nahe. Man stellte sich die Frage, warum der Statthalter nach dem Fall Maastrichts seinen Siegeszug nicht fortsetzte. Daß es dazu nicht kam, war letztlich dem militärisch erfolgreichen Friedrich Heinrich zuzuschreiben, der nach Aussagen des französischen Botschafters Hercule Girard de Charnacé einen Frieden fürchtete und einer nur allmählichen Eroberung der Südprovinzen den Vorzug gab. Frieden hätte möglicherweise eine Schwächung seiner Position als Statthalter und Militär-Befehlshaber bedeutet, wogegen bei allmählicher – naturgemäß erfolgreicher – Eroberung die Unentbehrlichkeit des Mannes nachhaltig bewiesen worden wäre. Es war deutlich, daß sich die südlichen Provinzen nicht bloß wegen der militärischen Erfolge der Republik, sondern auch wegen innerer Unruhen stark bedrängt fühlten. Bei den nach Maastricht angeknüpften republikanisch-südniederländischen Gesprächen wurden den Ständevertretern des Südens neun Punkte vorgelegt, die trotz garantierter Wahrung der katholischen Konfession als erniedrigend empfunden wurden und, wie Pieter Geyl meint, so gehalten waren, daß die spanische Herrschaft dort auf Dauer unterlaufen werden mußte. Sollte jemand an die alte »Pazifikation von Gent« gedacht haben, so mußte er sich von diesem Gedanken rasch befreien, denn die Vertreter der Südprovinzen präsentierten sich als loyale Untertanen des spanischen Königs. Gemeinsam Niederländisches war kaum wahrzunehmen, so daß die Bemühungen der unterdessen von Utrecht und Geldern unterstützten holländischen Friedenspartei nicht wirklich greifen konnten. 1633 schickte man die Verhandlungsdelegation aus dem Süden wieder nach Hause. Nun sprang Frankreich ein. Die Annäherung zwischen der Republik und der französischen Monarchie datierte von 1630. Die Macht Habsburgs, des Hauptgegners von Frankreich an der Nord- und Südflanke des Landes, war noch lange nicht gebrochen. Man wollte es sich einiges kosten lassen, um die Klammer an der eigenen Nordgrenze loszuwerden. Kardinal Richelieu versprach in jenem Jahr den Ständen Subsidien von einer halben Million jährlich.

Die Republik nun mehr als Kassiererin. Frankreich war einfach an einer Befriedung des Konflikts unter Wahrung der habsburgischen Position in den Südprovinzen nicht sonderlich interessiert; Richelieu ließ dies in Den Haag auch spüren. Die Republik war somit in eine Schutzfunktion zugunsten Frankreichs geraten. Nach dem Scheitern der Nord-Süd-Gespräche im Dezember 1633 kam es im April 1634 zu einem niederländisch-französischen Abkommen, in dem sich die Republik gegen finanzielle französische Unterstützung verpflichtete, bis zum 1. Januar 1635 keine Friedens- oder Waffenstillstandsverhandlungen mit Spanien anzuknüpfen. Das war eine Art Vorabvertrag, der helfen sollte, zum raschen Abschluß eines Defensiv-Offensiv-Vertrages zu gelangen. Es entsprach dem Wunsch Friedrich Heinrichs, Frankreich unmittelbar in die militärischen Aktivitäten gegen Spanien einzubeziehen, und diesem Land die Möglichkeit zu bieten, eine territoriale Ausweitung nach Norden zu realisieren oder zumindest auf andere Weise die habsburgische Klammer zu lösen. Der Vertrag kam am 8. Februar 1635 zustande und nahm die später angenommenen »Barrière-Traktate« vorweg. Die Vertragspartner verpflichteten sich, mit umfangreichen Heereskontingenten gegen Spanien ins Feld zu ziehen.

Noch wichtiger waren die Bestimmungen über das künftige Schicksal der spanischen Niederlande, denn hier war eine Art Eigenständigkeitsklausel der Südprovinzen eingebaut, und zwar die Bekundung von Selbstbestimmung durch Aufstand. Eine solche Erwartung schien nicht abwegig zu sein, denn es existierte der südniederländische Adel, der sich der spanischen Souveränität entziehen wollte, in seinem wallonischen Teil freilich aus Statusgründen nach Frankreich neigte. Und es gab breite Bevölkerungskreise, die sich mit der politischen Situation unter spanischer Herrschaft höchst unzufrieden zeigten. Das waren Anlässe für die Generalstände in Den Haag schon 1632, mit einem an die Bevölkerung im Süden gerichteten Manifest zur Befreiung vom spanischen Joch aufzurufen und sich dem Norden anzuschließen. Im Vertrag zwischen der Republik und Frankreich war jedoch für den Fall des Aufstandes vom Beitritt oder Anschluß zu der einen oder anderen Seite nicht die Rede. Vorgesehen war vielmehr ein sogenanntes Kantonnement, die Bildung eines unabhängigen, von Frankreich und der Republik garantierten Staates. Belgien wurde damit in nuce angelegt. Dabei sollten beiden Mächten Pfandstädte überlassen werden – ein völkerrechtliches Servitut, wie es die Niederlande bereits beim Handel mit Leicester erfahren hatte. Nur ein Aufstand garantierte demnach Selbständigkeit; blieb er aus, dann waren die Südprovinzen von der Republik und Frankreich her militärisch zu erobern und von den Siegermächten aufzuteilen. Die dafür vorgesehene Grenze sollte entlang einer von Blankenberge über Rupelmonde, der Schelde folgenden Linie verlaufen. Im Klartext: Mecheln und Brabant waren der Republik zuzuschlagen, während Flandern mit Gent und Brügge an Frankreich fiel. Jene Aufteilung schloß ein wenig an die 1632 insgeheim in Den Haag von südniederländischen Adeligen vorgetragene Teilungspläne an, mit dem Unterschied, daß sich jener Teilungsvorschlag hauptsächlich an der Sprachgrenze orientiert hatte. Es war schon erstaunlich, daß sich die Republik auf eine territoriale Neugestaltung so eindeutig nachteiliger Art eingelassen hat. Vielleicht entsprach es dem unbedingten Wunsch des Statthalters, die französische Monarchie auf jeden Fall in den Krieg gegen Spanien einzubeziehen. Doch vermuten läßt sich auch, daß die Haager Generalstände tatsächlich in erster Linie auf das »Kantonnement« gehofft haben. Jedenfalls erging am 2. Juni 1635 ein gemeinsames niederländisch-französisches Manifest mit einem Aufruf zur Rebellion an die Südniederländer. Man nahm sich vor, Frankreich als Freund zu schätzen, aber nicht als Nachbarn zu dulden. Das scheint umgekehrt ebenfalls gegolten zu haben. Für Richelieu, dem großen Lenker der antihabsburgischen Politik, waren die Niederlande nur einer der wichtigen Bausteine, aber dem Bündnis stand er zurückhaltend gegenüber. So schrieb er: »Man könnte bald, wenn keine Barrière zwischen uns und den Holländern besteht, in einen solchen kriegerischen Konflikt miteinander kommen, in den die Holländer jetzt mit den Spaniern verwickelt sind.« Auch der Kardinal hätte lieber die Errichtung eines »État tampon« zwischen beiden Mächten gesehen. Da die antihabsburgische Politik noch nicht zu einem siegreichen Ende geführt war, mußte Ruhe an der französischen Nordgrenze die erste außenpolitische Pflicht sein.

Für die Republik bedeutete dieser Handel den Übergang in eine neue Qualität des Krieges gegen Spanien. Ganz abgesehen nun von einer militärisch nicht allzu großen Ergiebigkeit des Unternehmens, deutete sich zu Anfang der vierziger Jahre die Problematik des Eintritts der Republik in die ganz große Politik an. Die Möglichkeiten der französischen Politik waren offensichtlich reichhaltiger, als es sich die Republik hatte vorstellen können. Das bewies Jules Mazarin, der Nachfolger Richelieus; er demonstrierte seinerseits die Kurzlebigkeit der Allianz, enthüllte praktisch die Gefahren eines Zusammengehens mit Frankreich, in dem lediglich das »Kantonnement«-Vorhaben einige Sicherheit für den Partner bot. Er führte eine aktivistische Politik gegenüber den spanischen Niederlanden, indem er eine Heirat zwischen dem Dauphin und der spanischen Infantin durchzudrücken versuchte. Bei diesem Handel sollte Frankreich das von ihm besetzte Katalonien wieder räumen und dafür die gesamten spanischen Niederlande in Besitz nehmen. Das rief blankes Entsetzen bei den Ständen der Provinz Holland hervor, zumal die französischen Truppen just zu dieser Zeit einige große Erfolge zu verzeichnen hatten. Frankreich, so hieß es in einem Beschluß der holländischen Stände zu Beginn der Waffenstillstandsverhandlungen mit Spanien in Münster 1646, würde eine furchterregende Macht für die Republik darstellen. Großmächte als Nachbarn seien nicht zu empfehlen. Die spanischen Niederlande dürften nicht in die Hände Frankreichs fallen. Partner einer antifranzösischen Koalition seien die Hugenotten in Frankreich selbst, England und die deutschen Protestanten. Der zeitgenössische Historiker Johan van den Sande notierte, daß es der Republik kaum gut bekommen könne, wenn ein so starker Nachbar unmittelbar an ihren Grenzen residiere. Es bestehe die Gefahr, daß Frankreich bald sowohl ganz Spanien als auch die Republik sich einverleiben werde. Es sei dafür zu sorgen, daß die spanischen Niederlande unbedingt als Puffer zwischen Frankreich und den Niederlanden bestehen blieben. Solche Furcht entsprach den Bedenken der holländischen Stände. Jetzt tauchte im Zusammenhang mit der Forderung nach einem Pufferstaat auch die alte protestantische Besinnung wieder auf. Man forderte unverzügliche Kontaktaufnahme mit England, den französischen Hugenotten und den deutschen Protestanten. Frankreich trat da zum ersten Mal deutlich an die Stelle des alten Gegners Spanien. Nun geriet der Leitsatz der Elisabeth von England, der schon um 1634/35 in den Köpfen einiger Republikaner eine Rolle gespielt haben mag, Frankreich zum Freund, aber nicht zum Nachbarn zu haben, voll in die öffentliche Diskussion. Auf jeden Fall wurde in der niederländischen politischen und publizistischen Öffentlichkeit seit Mazarins Zeit vorformuliert, was in den folgenden Jahrzehnten bis hinein ins 18. Jahrhundert ein bestimmendes Element niederländischer Außenpolitik werden sollte: die Bemühung um ein Bollwerk gegen Frankreich. Das konnte sich in der Gestaltung einer echten militärischen Barrière äußern oder aber die Form einer umtriebigen Koalitionspolitik annehmen. Es war deutlich, wie sehr man die Macht Frankreichs bereits fürchtete, noch ehe der Friedensschluß von Münster gelang. Die außenpolitische Entwicklung in Europa strebte früh einem »Renversement des alliances« zu, mit der niederländischen Republik an der Spitze.

Gleichgewicht und Hegemonie

In jene Phase der niederländisch-französischen Annäherung und Distanzierung fiel der Westfälische Friede von 1648. Daß er nach langen Vorverhandlungen in der letzten Phase doch relativ rasch zustande kam, war nicht zuletzt den französischen Ambitionen in Richtung auf die spanischen Niederlande zu verdanken. Dieses europäische Großereignis stellte eine triumphale Bestätigung der acht Jahrzehnte zuvor begonnenen Rebellion dar. Dennoch lag seine Bedeutung als Friedenswerk für die Niederlande im Schatten jener säkularen Verschiebung der europäischen Machtverhältnisse, die Frankreich zum ersten Gegner einer gefestigten europäischen Ordnung machte. Das Friedenswerk selbst schuf die Voraussetzung neuer Koalitionen, an denen bald die Republik beteiligt war, obwohl der Friede für sie kaum mehr als symbolischen Charakter trug, nichts anderes enthielt als die Festschreibung einer lange gepflegten Realität. Artikel 1 bestimmte, daß der spanische König die Republik als unabhängigen Staat anerkannte. Die Vorläufigkeit der Bestimmung aus dem Waffenstillstand von 1609 wurde in Dauerhaftigkeit umgesetzt. Das war zu diesem Zeitpunkt ein Anachronismus. Die weiteren Artikel benannten die durch die Republik eroberten Gebiete, regelten die Schließung der Schelde, verboten spanische Schiffahrt im Monopolbereich der Ost- und Westindischen Kompanie.

Der Abschluß des Westfälischen Friedens brachte den Niederlanden außenpolitisch keine Ruhe. Die Republik war allzu wichtig im europäischen Mächtekonzert, als daß sie als zentrale Macht in der europäischen Politik einfach am Rande hätte verharren können. Zum einen brauchte das Land im Süden eine sichere Landesgrenze, und es mußte stark genug bleiben, diese Sicherheit herzustellen. Zum anderen hatte es von der geographischen und wirtschaftlichen Struktur her seine Interessen in erster Linie auf See zu verwirklichen, und da galt es vor allem, im Interessenkonflikt mit anderen zu bestehen. Die Gegner waren vorbestimmt: ein expansionistisches Frankreich mit Drang nach Norden und die gleichfalls seeorientierte Handelsmacht England. Die hier verborgenen Möglichkeiten des internationalen Konflikts verlangten die Suche nach der Koalition. Konflikt und Koalition prägten in den sechs Jahrzehnten vom Westfälischen Frieden bis zum Frieden von Utrecht die niederländische Außenpolitik. Es war eine aktive Politik vorgeschrieben, die, ausgehend von der Haltung der den politischen Entscheidungsprozeß bestimmenden Provinz Holland, die von Boogman apostrophierte Kontraktionsmentalität, die Rückzugsgesinnung, zunächst einmal überwinden mußte. Das schien nicht so einfach zu sein. Noch 1662 schrieb Johan de Witt, der Ratspensionär, der in der statthalterlosen Zeit den außenpolitischen Kurs wesentlich bestimmt hatte, es sei am vorteilhaftesten, wenn man ein schlichtes Handels- und Seeabkommen schließe, ohne Verpflichtung zu irgendeiner Verteidigung.

In dem Buch »Interest van Holland« seines Freundes Pieter de la Court, das in jenem Jahr erschien und aus mancherlei Gründen viel Aufsehen erregte, war dies noch bilderreicher und eindringlicher ausgedrückt. De la Court schrieb für die Provinz Holland, und das entsprach der konstitutionellen Praxis der Zeit. Er machte eine kurze Anleihe bei Machiavelli, der verlangt habe, daß der Fürst stark sein müsse wie ein Löwe und schlau wie ein Fuchs. Für de la Court waren das nicht die geeigneten Tiere für vergleichbare Verhaltensweisen. Eine Handelsrepublik, so meinte er vielmehr, müsse so sein wie eine Katze. Sie tue alles, um sich gut zu ernähren, und kümmere sich lediglich um ihre eigenen Angelegenheiten. Zank und Streitereien gehe sie aus dem Weg. Nur wenn ihr Leben auf dem Spiel stehe, kämpfe sie, und dann schlage sie sich mutiger als ein Löwe. Eine derart selbstverordnete Ruhe beschere ein längeres Leben. Ein solcher Rückgriff auf die Zoologie enthielt Abstinenz als Vorschrift. De la Court stellte außerdem militärstrategische Überlegungen an. Er schlug in der zweiten Auflage seines Buches vor, in der Provinz Utrecht von der Zuiderzee zum Lek einen Kanal zu graben, der die Provinz Holland von der Ostseite her sichern sollte. Das war ein im wahrsten Sinne des Wortes insularer Einfall, der Holland zu einer künstlichen Insel machte, von wo aus sich die Auseinandersetzung der europäischen Großen mit Ruhe beobachten und die Stärkung des eigenen Welthandels verfolgen ließ. De la Court zählte wie de Witt zur politischen Elite der Republik; er war kein Außenseiter, dem es darauf angekommen wäre, sich selbst mit wilden Ideen zu profilieren, wohl aber ein Interpret außenpolitischer Denkweisen der Holländer. Es war ein Stück kaufmännisch orientierter Republikanismus, der kaum eine gedankliche Beziehung zu einer von landorientierten Staaten verfolgten Politik des territorialen Erwerbs oder zu Krieg als Äußerung adeliger Lebensweise entwickeln konnte. Nach ihm formulierte das der an unmittelbarer außenpolitischer Erfahrung reiche Pieter de Groot, Sohn des Hugo Grotius und Diplomat, der sich zugleich über die Unzuverlässigkeit von Allianzen mokierte. Er schrieb 1671 an einen Freund in Den Haag: »Je länger ich über die Natur unseres Staates nachdenke, desto fester bin ich der Ansicht, daß wir nur aus eigener Kraft heraus existieren können. Alle Übereinkommen und Allianzen, die wir suchen oder mit unseren Nachbarn abschließen, sind für uns letztlich ruinös, da sich die kleinen Staaten lediglich von uns unterstützen lassen wollen, die mächtigen Staaten dagegen es darauf anlegen, uns auszumerzen.«

Solche Klage mochte dann ein Plädoyer für Abstinenz enthalten, aber sie wies auch darauf hin, daß man ohne Allianzen kaum auskommen konnte, wenn man aus den Konflikten einigermaßen unbeschädigt hervorgehen wollte. Konfliktvermeidung durch selbstgenügsame Abstinenz, die angesichts der Bedeutung auf See keine echte sein konnte, gehörte nicht zu den Möglichkeiten. Die führenden Kräfte der Republik empfanden nicht nur Frankreich als potentiellen

Gegner, sondern auch England, das sich zur frühen Zeit des Aufstandes wenigstens ansatzweise als Bundesgenosse empfohlen hatte. Die Rivalitäten waren unübersehbar und die Verhältnisse ungleich komplizierter. Zu Zeiten der de Witt und de la Court trug das Petrus Valckenier, Publizist und Diplomat der Niederlande, vor, als er 1668 seine Maximen staatlichen Handelns in »'t Verwerd Europa« in zwei Bänden veröffentlichte – eine Arbeit, die 1675, 1677, 1688 in drei weiteren Auflagen erschien. Nach Anlage und Struktur fügte sich das Werk, beeinflußt vom Herzog von Rohan, in die Reihe staatstheoretischer Lehren der Zeit ein. Auf niederländischem Boden erwachsen, bot es zugleich ein koalitionspolitisches Konzept, das die ganze Lehre von der Abstinenz als einem Stück Irrealismus konterfeite. Valckenier griff zunächst die »französische Frage« auf. Er malte das Bild einer maritim und kontinental gleichermaßen dräuenden Macht aus, einer Hegemonialmacht, die auf dem Weg über eine bourbonische Herrschaft in Spanien zu einer wirklichen Gefahr werden konnte, weil sie das kontinentale Gleichgewicht völlig zerstörte. Der Hinweis auf das Gleichgewicht implizierte die Aufforderung zu einer britisch-niederländischen Koalition, denn Valckenier sprach auch die britischen Handelsbelange an. Er griff zum einen Gedanken des Herzogs von Rohan auf, zum anderen Ausführungen des Österreichers Franz Paul Freiherr von Lisola aus dessen »Le bouclier d'Etat« von 1667, ging jedoch über diesen hinaus, insofern bei ihm, dem Niederländer, schon ein Stück möglicher Interessenkollision durchschien. Denn für die Republik reichte die einfache Aussage von England als dem entscheidenden Faktor der Koalitionsbildung gegen eine hegemoniale Macht nicht mehr. Die geographische Lage und ökonomische Struktur boten durchaus die Möglichkeit zu einem Verbund mit der Insel, aber über die Interessenkollision ließ sich nicht hinwegsehen, was zusammen mit der unmittelbar drohenden Gefahr durch die große Kontinentalmacht Frankreich die Schwierigkeiten der niederländischen Außenpolitik deutlich machte.

England als Partner oder Konfliktgegner? Schon der Herzog von Rohan hatte im frühen 17. Jahrhundert zwar auf das säkulare Interesse Englands an den Niederlanden hingewiesen, von einem Optionszwang für die Republik der Franzose allerdings noch nicht reden können, solange Spanien als die hegemoniale Macht par excellence galt, gegen die Frankreich und England gemeinsam auftraten. Aber bereits vor und mit dem Abschluß des Westfälischen und erst recht mit dem des Pyrenäen-Friedens von 1659, der den außenpolitischen Rückzug Spaniens deutlich werden ließ, erlebte die Gleichgewichtspolitik eine neue Variante. Hugo Grotius' These vom freien Meer führte in diesen Jahrzehnten – ungewollt – zu ihren kriegerischen Konsequenzen. Der Umbau der europäischen Konstellation durch die allmähliche Ausschaltung Spaniens und die umfassende Ausweitung des überseeischen und europäischen Handels drängte der finanziell gewiß gefestigten, militärisch allerdings nicht überall gleich schlagkräftigen Republik die Wahl aus zwei Übeln auf. Mit Frankreich im Bund gegen die See- und Handelsmacht England zu streiten, kam einer Bedrohung der staatlichen Unabhängigkeit gleich; ein Kampf gegen Ludwig XIV. mit England als Vertragspartner hieß dagegen eine gewisse Preisgabe des maritimen Wettbewerbs.

Einen Vorgeschmack auf Englands Willen zur Seeherrschaft erhielt die Republik schon in der frühen Zeit des Oliver Cromwell, im ersten englischen Krieg von 1652 bis 1654, den die Londoner Lobby aus Reedern und Kaufleuten regelrecht inszenierte, dabei Cromwell überspielend. Zuvor, 1651, hatte das Parlament die »Navigationsakte« angenommen, die darauf zielte, die niederländische Flotte vom Warentransport nach England auszuschließen. Der Seekrieg, englische Überlegenheit demonstrierend, wurde zwar 1654 mit dem Frieden von Westminster beendet, aber die auf Drängen Cromwells von den holländischen Provinzialständen unter der Führung Johan de Witts angenommene »Acte van Seclusie«, die die Oranier von der Statthalterschaft ausschloß, bewies nachdrücklich, daß man innenpolitische Intervention der Engländer dulden mußte, wenn man außenpolitisch nicht ins Schlingern geraten wollte. Der Sturz des Puritaners Cromwell und die Wiedereinsetzung der Stuarts brachten keine Veränderung der Lage. Die Interessenkollision blieb erhalten, zumal die Stuarts durch die Heirat des Oraniers mit Maria als Verfechter unerfüllter oranischer Ansprüche auftreten konnten. Für de Witt kam es jetzt darauf an, zu einem »distanzierten Einvernehmen« (W. Hahlweg) mit Frankreich zu gelangen. So griff er in einem umfangreichen Memorandum von 1663 den alten Richelieu-Vorschlag zur Bildung eines Pufferstaates aus den spanischen Niederlanden wieder auf. Er sprach von einem »Kantonnement« nach Schweizer Muster. Es sollte hier eine freie, von den Niederlanden und Frankreich gleichermaßen garantierte Republik entstehen. Darüber hinaus zielte er auf eine Defensivallianz zwischen der Republik der Vereinigten Provinzen, den kantonnierten Südprovinzen, England und Frankreich. Die ein Jahr zuvor abgeschlossene niederländisch-französische Freundschafts- und Defensivallianz war eine Art Vorab-Demonstration des guten Willens von seiten des Ratspensionärs. Aber das garantierte noch nicht die Verläßlichkeit des letztlich doch potentiellen Gegners. Während bei de Witt die Barrière gegen Frankreich das politische Ziel war, dachte Ludwig XIV. bereits über die Realisierung des Devolutionsrechts nach. Die geheimen Verhandlungen zwischen Frankreich und der Republik wurden

1664 abgebrochen. De Witt wurde bald klar, daß die südniederländische Prä-
ferenz für Frankreich und die Abneigung gegenüber dem Norden das Vorhaben
als Sicherheitsfaktor obsolet machten.

Die Problematik niederländischer Außenpolitik enthüllte sich in ihrer ganzen Fülle, als Ludwig XIV. während des zweiten englisch-niederländischen Krieges von 1665 bis 1667 in die spanischen Niederlande zur Abwicklung des
Devolutionsrechts einfiel. Dieser Krieg war ein typischer Handelskrieg und eine
Folge englischer Aggressionslust. Von Vorteil freilich war, daß französische Ex-
pansionslust englischem Gleichgewichtsdenken gegenüberstand, und da war es
vornehmlich der mit den niederländischen Verhältnissen vertraute britische Diplomat William Temple, der im Januar 1668 nach dem raschen Abschluß des
niederländisch-englischen Friedens von Breda im Juli 1667 das Bündnis zum
Schutz der spanischen Niederlande zusammenbrachte – eine Allianz, die sich
mit dem Beitritt Schwedens zur Triplealllianz erweiterte. De Witt machte noch
im Frühjahr 1668 die Absicht deutlich: Zwar achte man den 1662 abgeschlossenen Allianz- und Freundschaftsvertrag, doch es sei kaum erträglich, die spanischen Niederlande in den Händen Frankreichs zu wissen. Im Frieden zu Aachen vom Mai 1668 wurde Frankreich dann durch die Triplealllianz gezwungen,
einen beträchtlichen Teil der bis dahin eroberten Gebiete der spanischen Niederlande wieder zu räumen. Aber nicht nur das. Die Republik war schon zuvor
aktiv geworden, als sie mit Spanien einen Pfand-Leihvertrag schloß, der ihr eine
bestimmte Anzahl von festen Plätzen in den spanischen Niederlanden gegen
Zahlung eines Geldbetrages überließ. Was früher noch »Kantonnement« hatte
heißen können, das nahm im Augenblick der sichtbar gewordenen französischen Aggression die Gestalt der Barrière an. Es war die Form gefunden, die in
den Jahrzehnten bis zum Utrechter Frieden von 1713/15 die europäische Landkarte im Westen mitbestimmen sollte. Zwar trat der Pfand-Leihvertrag nicht in
Kraft, gleichwohl wurde er zur Urform aller späteren Barrière-Verträge. Hier
begann das »Renversement des alliances«, da Spanien und die Niederlande sich
von nun an in der gemeinsamen Abwehr gegen Frankreich befanden. Dieser
Gedanke setzte sich nicht gleich voll durch, weil de Witt immer noch auf ein
gutnachbarliches Verhältnis hoffte und die »Kantonnements«-Idee hin und wieder vortrug. Der französische Diplomat Arnauld Pomponne schrieb im Mai
1669 an seinen König: »Sie wollen Eure Majestät nicht vor ihren Toren sehen,
aber sie fühlen auch die Gefahr, sich dagegen zu wehren. Am liebsten möchten
sie auf irgendeine Weise einen kleinen Staat zwischen diesen Provinzen und
Frankreich bilden, den sie und England mit dem gleichen Interesse zu unterstützen verpflichtet seien, das beide heute vereinigt.« Möglicherweise steckte da-

hinter auch Furcht vor der Unzuverlässigkeit des englischen Partners. Die Analyse war jedenfalls sehr richtig. Daß das Verhältnis zwischen beiden Seemächten noch nicht gefestigt war, zeigte der englische Zugriff im Gefolge des französischen Angriffs auf die Republik 1672. Erst der bald folgende Friede von Westminster 1674 zwischen beiden Staaten vermochte das Verhältnis bis hin zum Frieden von Utrecht zu konsolidieren.

Das »Renversement des alliances«, das sich unter dem bürgerlichen Regenten de Witt angebahnt hatte, aber aufgrund der vorsichtigen Zurückhaltung der Niederlande und der englischen Handelsrivalität noch unzuträgliche Ecken zeigte, kam unter Statthalter Wilhelm III. von Oranien voll zur Entfaltung, vor allem, nachdem er 1689 den englischen Thron bestiegen hatte und somit die beiden Seestaaten gleichsam in Personalunion miteinander verbunden waren. Der von Vorsicht geprägten Außenpolitik de Witts war ein Ende gesetzt. Es war seinen Nachfolgern, den Ratspensionären Gaspar Fagel und Anthonie Heinsius, vorbehalten, die antifranzösische Koalitionspolitik zur Blüte zu bringen. Der französische Abbé Mably äußerte sich im 18. Jahrhundert zurückschauend über die Situation zur Zeit des Oraniers: »Anstatt die Absicht zu hegen, zwischen den Mächten ein Gleichgewicht herzustellen, das nur eine Chimäre sein konnte..., redete man nur noch von den Hindernissen, die man der Macht Frankreichs entgegensetzen wollte; sobald das Land in jene Grenzen zurückgedrängt war, die es vor dem Pyrenäen-Frieden gehabt hatte, sollte es dort unwiderruflich festgehalten werden.« Bei aller internationalen Einsicht in die hegemonialen Tendenzen Frankreichs stellten sich die Koalitionen und Allianzen, die bis 1713 das außenpolitische Bild Europas prägten, nicht ohne Schwierigkeiten her. Es bedurfte hoher diplomatischer Kunst, die jeweiligen Verbündeten zu schaffen. Der Gedanke des Oraniers, daß die Republik nur durch Wahrung der Existenz der spanischen Niederlande gesichert werden könne und daß allein die Existenz der Republik das europäische Gleichgewicht garantiere, mußte sich erst auf dem europäischen Festland und auf der Britischen Insel durchsetzen. Mit dieser Politik, die sich als eine Summe von Koalitionen, Kriegen und Friedensschlüssen präsentierte, avancierte die Republik zum Dreh- und Angelpunkt Europas gegen französisches Hegemonialstreben: zum Koalitionsmacher und Geldgeber, mit dem Versuch, in der Berufung auf den Protestantismus dem europäischen Geschehen eine konfessionelle Komponente mit auf den Weg zu geben, was angesichts der konfessionellen Zusammensetzung der Koalitionen kaum glaubwürdig sein konnte.

In allen Verhandlungen war die Barrière-Frage und damit der Schutz der Südprovinzen und der Republik zentraler Gegenstand der militärisch sich absichernden niederländischen Außenpolitik. Sie stand in engem Zusammenhang mit der Allianzpolitik, die von dem Oranier mit aller Intensität betrieben wurde. Die oranische Personalunion England–Niederlande konnte dabei eine gewisse Vereinfachung bedeuten. Eine wirkliche Verbesserung des aus der Cromwell- und Stuart-Zeit miserablen englisch-niederländischen Verhältnisses ließ sich kaum bewerkstelligen. Die englische Stimmung gab zum Beispiel eine Flugschrift wieder: »Lediglich Interesse bestimmt die Haltung der Könige, Staaten verlieben sich nicht ineinander, wie das Privatpersonen wegen ihrer blauen Augen tun.« Das entsprach der Auffassung im englischen Parlament. Die Personalunion schlug koalitionspolitisch nicht wirklich zu Buche. Dazu kamen Schwierigkeiten von niederländischer Seite, die innenpolitischen Ursprungs waren und mit der Stellung des Oraniers als Statthalter in der Republik zusammenhingen. Seine Stellung war einer subsidienträchtigen Stadt wie Amsterdam einfach zu stark. Der Oranier hatte in Anthonie Heinsius einen Ratspensionär, der das Unbehagen einer Bürgeraristokratie sehr wohl nachzuempfinden vermochte und vermutlich deswegen der geeignete Mann war, um mit geschickter Taktik die Stadt bei der Stange zu halten. Wenn man bei Friedensverhandlungen die spezifischen Handelsinteressen dieser größten Stadt der Niederlande berücksichtigte oder die Stadt von künftiger Berücksichtigung überzeugen konnte, dann waren geringere Schwierigkeiten bei der Mittelbewilligung zu erwarten. Heinsius vermochte offensichtlich den Kaufleuten solche Überzeugung zu suggerieren. Er war es auch, der sich gegen die Obstruktionspolitik der kaiserlichen Diplomaten durchsetzte; dem Kaiser war 1689 das spanische Erbe von den Partnern der großen Allianz versprochen worden. Insgesamt ist der Ratspensionär höher einzuschätzen als sein König-Statthalter, wenn man die Durchsetzungsfähigkeit einer außenpolitischen Konzeption ins Auge faßt.

Heinsius war ein Mann des Details, der die Grundkonzeptionen der Allianzpolitik umzusetzen hatte, sich um die Anpassung des konkreten Interesses an die herrschenden Prinzipien bemühen mußte. Er war der Mann, der aus den koalitionspolitischen Erfordernissen heraus den europäischen Norden befriedete und schließlich auch Savoyen in die Große Allianz brachte. Gegenüber der Ungeduld des Oraniers, der angesichts der wenig entgegenkommenden Friedensdiplomatie des Kaisers hochfahrende Nervosität zeigte, nahm sich das Verhalten des Heinsius als ruhige Beharrlichkeit aus. Allein die diplomatische Intensität des Ratspensionärs hielt die Allianz mit dem Kaiser zusammen und hinderte den Oranier daran, vor 1697 mit Ludwig XIV. abzuschließen, was andere Wege für die Teilung der spanischen Erbschaft aufgezeigt hätte. Vielleicht war darum die Klage der englischen kriegs- und lastenmüden Tories, die britische Außenpolitik werde von Niederländern geführt, mehr als eine propagandistische Zweckmeldung. Denn tatsächlich stellten Führungsanspruch und -position des Ratspensionärs für die Zeit der Teilungsverträge ein typisches Merkmal dar. Aus Den Haag wurde Rat geholt, als Ludwig XIV. in London die ersten Teilungsvorschläge für den Fall eines plötzlichen Todes des spanischen Königs unterbreiten ließ. Der Unterschied zwischen dem König-Statthalter und dem Ratspensionär bestand darin, daß der Oranier offensichtlich Neigung zeigte, seinen Ausgangspunkten abzuschwören und mit dem französischen König zu einer Vereinbarung zu gelangen, während Heinsius darum bemüht blieb, Ludwig eine starke Allianz gegenüberzustellen und Frankreich von Spanien abzubringen. Das Problem für beide Niederländer war die englische Indisposition, die ein gemeinsames niederländisch-englisches Zusammengehen erschwerte. Solche Indisposition bekam der Oranier in den Verhaltensweisen des Londoner Parlaments zu spüren. Daß schließlich auch Heinsius sich mit der Behandlung der französischen Alternativen einverstanden erklärte, lag zusätzlich an der Unverträglichkeit des Kaisers. Er konnte es mit der Rückendeckung seiner eigenen Auftraggeber tun, da in den Vorschlägen die niederländischen und englischen Handelsinteressen in Westindien und in der Levante gewahrt zu sein schienen und die österreichischen Habsburger als potentielle Landesherren in den spanischen Niederlanden nur als unsichere Kantonisten angesehen wurden. Die Analyse der französischen Teilungsvorschläge geschah in erster Linie in Den Haag, und bei der Behandlung beider Verträge diktierte Heinsius die politisch-diplomatischen Richtlinien. Bei der territorialen Gliederung umstrittener Gebiete nach dem Gesichtspunkt europäischer Konvenienz, von Leopold Ranke als Charakteristikum des 18. Jahrhunderts begriffen, hatte der Ratspensionär einen sehr wesentlichen Anteil. Es kam ihm darauf an, den gordischen Knoten des spanischen Erbfolgeproblems zu zerschlagen und ihn zugleich mit dem richtigen Partner »neu zu schürzen«. Das hieß, eine Erbfolgeregelung finden, die auf keinen Fall Frankreich in die spanischen Niederlande brachte. Petrus Valckenier hatte schon wenige Jahrzehnte zuvor, zur Zeit des Devolutionskrieges, dieses Problem erörtert. In den neunziger Jahren begriff man, daß derjenige, der seinen gefährlichen Nachbarn allzu nahe herankommen lasse, sich selbst zu dessen Sklaven mache. Und es wurde hier erneut das alte Sprichwort »Galliam amicum, sed non vicinum habeas« angeführt. In französischer Nachbarschaft erblickte man das Ende der freiheitlichen Existenz der Republik.

Ludwig XIV. bestätigte die Befürchtungen des Oraniers und des Heinsius, als er im November 1700 das gesamte spanische Erbe unter Negierung des zweiten Teilungsvertrages für seinen Enkel Philipp von Anjou annahm. Eine neue Konstellation tat sich auf: Frankreich und Spanien vereint, nahezu undenkbar nach dem Pyrenäen-Frieden. Die vereinbarten acht Barrière-Plätze gingen verloren, und der Oranier schrieb an Heinsius, wie sehr ihn das Scheitern eines Werkes bedrücke, für das er fast achtundzwanzig Jahre lang gekämpft habe. Eine neue Allianz mußte her. Sie kam 1701 zustande und sah als eines der Kriegsziele gegen Frankreich die Wiederherstellung eines südniederländischen Puffers vor. Obwohl die Allianzpartner im Laufe des Spanischen Erbfolgekrieges von 1701 bis 1713 diesen Weg beschritten und nach den ersten militärischen Erfolgen Verhandlungen über Barrière-Plätze anknüpften, lag die Bedeutung dieses Krieges nicht in der Niederringung Frankreichs, sondern im neuerlichen Aufkommen der englisch-niederländischen Rivalität und in der Positionsverschiebung zum Vorteil Englands, zum Nachteil der Republik. Eine totale Ausschaltung Frankreichs, wie sie England anstrebte, gehörte keinesfalls zu den Wunschzielen der Republik, da dann an die Stelle französischer Handelskonkurrenz in Amerika und der Levante die mehr zu beargwöhnende englische getreten wäre. Andererseits fürchtete England eine zu feste Konsolidierung der Republik in den südlichen Provinzen, weil das den britischen Handel in diesem Raum gefährdete.

Ein Sonderfriede mit Frankreich, zwischenzeitlich erwogen, wollte für die Republik nicht sinnvoll erscheinen, da die Kapazität und Schlagkraft abnahm und man sich daher englische Feindschaft nicht erlauben konnte. Übrig blieb lediglich die Einsicht, England in der weiteren Gestaltung der Machtverhältnisse auf dem Kontinent zu folgen. Die letzten Jahre des Erbfolgekrieges waren hauptsächlich von den englisch-niederländischen Beziehungen geprägt. Die Engländer setzten im Frieden von Utrecht eine Verminderung der Zahl von Barrière-Plätzen durch, wohl im Einvernehmen mit Frankreich. Im Barrière-Vertrag, der 1715 in Den Haag mit den dann österreichischen Niederlanden abgeschlossen wurde, blieb der Republik zwar eine starke militärische Stellung erhalten, zu der mehrere wirtschaftliche Vorteile kamen, beispielsweise freie Warenzufuhr und die weitere Schließung der Schelde, doch insgesamt mußte sie die zentrale Rolle, die sie bis dahin im Konzert der europäischen Mächte gespielt hatte, preisgeben. Das vollzog sich nur allmählich, machte aber augenfällig, daß das Land zu klein war, um auf Dauer den Part einer Führungsmacht zu spielen. Bei aller wirtschaftlichen und finanziellen Potenz hatte man die Reihe der kriegerischen Konflikte in den vorausgegangenen Jahrzehnten nicht ohne Schaden durchstehen können. Der hohe Steuerdruck etwa hatte die wirtschaftliche Entwicklung des Landes erheblich gestört. Das sollte in den nächsten Jahrzehnten innenpolitische Konsequenzen haben. So stand das 18. Jahrhundert, spätestens seit dem Frieden von Utrecht, im Zeichen des Abstiegs der

Republik von der Höhe der Macht in die Niederungen einer der territorialen Größe entsprechenden Normalität. Außenpolitisch war eine Politik der bescheidenen Zurückhaltung angezeigt. Hierfür kamen dem Land die außenpolitischen Verhältnisse Europas deutlich entgegen. Es wurde in den folgenden Jahrzehnten nicht mehr so stark gefordert, wie das seit der zweiten Hälfte des 17. Jahrhunderts der Fall war. Die von dem Chronisten Johannes Meerman im 18. Jahrhundert rückschauend beschriebenen Voraussetzungen republikanischer Existenz – das Wasser, Gott und batavischer Heldenmut – brauchten fortan kaum noch in Anspruch genommen zu werden. Das waren Reminiszenzen. Der Historiker Boogman betont dazu: »Im 18. Jahrhundert war die Republik ein durchaus gesättigtes, friedfertiges Glied der europäischen Staatengesellschaft. Weil das politische Gleichgewicht in dieser Periode nicht wie am Ende des vorhergehenden Jahrhunderts ernstlich gefährdet wurde, hat die Republik, besonders in der zweiten Hälfte des Jahrhunderts, in der Regel eine Politik der Enthaltung führen können, gänzlich im Einklang mit der ... holländischen Tradition.«

Die Expansion der Wirtschaft

Reisende aus aller Welt haben ohne Ausnahme bei der Beschreibung der Republik die wirtschaftliche Blüte des Landes, Wohlstand und Reichtum hervorgehoben. Kaum einer, der es unterlassen hätte, auf den Turm der Wester-Kirche Amsterdams zu steigen, um von dort aus den Wald von Segelmasten im nahegelegenen Hafen zu bewundern. Die Zahl der Masten war freilich nur einer der Maßstäbe, die auf Wohlstand hindeuteten. Das äußere Erscheinungsbild des Landes insgesamt, die Häuser und ihr Interieur, die Kleidung, der Gewerbeeifer und nicht zuletzt der Kunstmarkt, boten dem Beobachter Anlaß, auf hohen Lebensstandard zu schließen. Jüngere wirtschaftshistorische Arbeiten haben Differenzierungen vorgelegt. Die Zeit der Republik wird danach in zwei Abschnitte unterteilt, deren einer, bis um 1650 reichend, die Phase der wirtschaftlichen Expansion repräsentiert, während die folgenden Jahrzehnte bis zum Ende des 18. Jahrhunderts als Zeit der Stagnation, des allmählichen Rückgangs und sogar des offensichtlichen Verfalls eingeordnet werden. Die wirtschaftliche Expansion erfaßte alle Wirtschaftssektoren. Sie verlief bis zur Jahrhundertmitte einigermaßen kontinuierlich; in der zweiten Hälfte des 17. Jahrhunderts gab es allerdings erste Rückschläge, aus unterschiedlichen Gründen und unterschiedlich für die einzelnen Sektoren und Regionen. Wesentliche Voraussetzung für das Wachstum war der Bevölkerungsanstieg. Bis 1650 belief sich die Einwohnerzahl im Gebiet der Republik auf 1,9 Millionen. Der Anstieg vollzog sich im Rahmen eines säkularen Trends, der schon um 1500 eingesetzt hatte und sich nunmehr in der Republik fortsetzte. Für die Niederlande selbst war er eine Kontinuitätserscheinung, im europäischen Vergleich eine Ausnahme. Der Wachstumsprozeß konzentrierte sich vor allem auf die Städte. In der Provinz Holland stellten die Stadtbewohner bis 1622 etwa 60 Prozent der Bevölkerung – gegenüber ungefähr 50 Prozent um 1500. Ähnlich entwickelten sich die Verhältnisse in der Provinz Utrecht. Innerhalb der Städtelandschaft wuchsen die Hafen- und Handelsstädte im allgemeinen rascher als die Gewerbeorte.

Die Konzentration in den Städten war nicht zuletzt eine Folge der erhöhten Aktivitäten in Handel und Gewerbe und damit des erhöhten Angebots an Arbeitsplätzen. Zudem führte die kontinuierliche Zunahme der Bevölkerungszahl zu einem erheblichen Anstieg der Nachfrage im Primärbereich. Es war eine Veränderung der Produktionskapazitäten erforderlich, was durch die Einführung neuer Produktionstechniken erreicht wurde. In seiner Bedeutung kaum zu überschätzen war neben dem Bevölkerungsanstieg der Zustrom von Emigranten aus den Provinzen im Süden, vor allem nach dem Fall Antwerpens. Sie brachten Initiativkraft und Know-how mit. Unter den führenden Unternehmern und Kaufleuten der Republik fand sich eine Reihe von ehemaligen Emigranten oder deren Söhnen. Sie wirkten, entsprechend der anfänglichen militärischen Lage, vor allem in den Provinzen Seeland und Holland. Zahlenmäßig ist der Strom der Emigranten nicht genau festzustellen. Globalberechnungen beziffern die Zahl der Auswanderer auf 175.000 Menschen für den Zeitraum von 1540 bis 1630, von denen sich rund 150.000 in den nördlichen Provinzen beziehungsweise in der Republik niedergelassen haben. Die übrigen fanden vornehmlich in Deutschland und England eine Bleibe. Die Emigranten aus den südlichen Provinzen kamen nicht nur aus religiösen, sondern häufig auch aus wirtschaftlichen Gründen. Im Norden bestand Bedarf an Kaufleuten, Unternehmern und anderen hochqualifizierten Arbeitskräften. Entsprechend trieb man hier eine Politik, die darauf gerichtet war, zu einer zügigen Integration dieser Kräfte in den Städten zu kommen. Die Politik städtischer Magistrate mutete ganz modern an, insbesondere durch die flankierenden Maßnahmen, die getroffen wurden: Gewährung von Niederlassungsprämien und Bereitstellung von Anfangskapital, Erstattung von Umzugskosten und Angebot an geeigneten Lokalitäten sowie Steuererleichterungen. Mit solchen Maßnahmen lockten die Magistrate vor allem Emigranten, die schon in England oder Deutschland saßen. Der niederländische zeitgenössische Geschichtsschreiber Emanuel van Meteren stellte dazu fest, daß alle Angehörigen des Auslandes wirtschaftlich stärker gefördert worden seien als die eigenen Landsleute. Für die Regenten spielte dabei das Glaubensbekenntnis offensichtlich keine Rolle. Die wirtschaftliche Entwicklung hatte Vorrang. Als der Staatsrat kurz nach 1585 angesichts des hohen Zustroms aus den südlichen Provinzen eine Aufnahmesperre verordnete, bedauerten dies die seeländischen Stände, indem sie auf den möglichen Verlust dringend benötigter Wirtschaftskraft hinwiesen und selbst die Konkurrenzposition anderer möglicher Niederlassungsorte anführten. Gerade Seeland hatte 1576 eine Art Personenfähre zwischen Middelburg und Antwerpen verkehren lassen, mit der die Emigranten in die Provinz geholt worden waren. In der Praxis überging man die Entscheidung des Staatsrates. Zum wirtschaftlichen Aufschwung trug auch der Krieg einiges bei, obschon dessen Einfluß insofern ambivalent war, als zum einen zwar die Rüstungsindustrie durch den Kampf gegen Spanien florierte, zum anderen aber der Handel durch Beschlagnahme von Schiffen in Spanien und Portugal erhebliche Verluste erlitt. Es ist errechnet worden, daß die schädlichen Folgen des Krieges nach 1599 die wirtschaftlichen Vorteile überwogen haben, so daß Krieg als exogener Wachstumsfaktor für die Periode bis 1650 eher abgeschrieben werden muß (F. Snapper). Hinzu kamen die Kaper-Aktivitäten anderer Länder, die sich für die Holländer und Seeländer negativ auswirkten. Während der Seekriege nahm der Handel über Land zu, was zu einem gewissen Ausgleich der auf See erlittenen Schäden führte.

Der Sektor Handel, Schiffahrt und Finanzen repräsentierte wohl an erster Stelle und für alle sichtbar den wirtschaftlichen Aufschwung der Republik. Es ist nachgewiesen worden, daß sich in den Niederlanden, vor allem in Amsterdam, zum ersten Mal in der Geschichte Europas ein echter Weltmarkt entwickelt hat. Gewiß waren Handelszentren europaweit nichts Neues, doch sie hatten vornehmlich lokale oder regionale Bedeutung. In der Republik vollzog sich dagegen eine Verbindung von Handel, Frachtschiffahrt mit Massengütern und Transport von Luxuswaren, wozu nicht zuletzt Gewürze gehörten. Das lag nicht allein an der günstigen maritimen Lage der Niederlande, sondern auch an den relativ geringen Kosten im Schiffbau durch die Anfuhr von billigen Baumaterialien und die Anwendung von Standardisierungsverfahren. Von großem Vorteil war der neue Schiffstyp, die »Fluit«, der besonders für den Transport von Massengütern geeignet war und mit nur kleiner Mannschaft gesegelt werden konnte. In der ersten Hälfte des Jahrhunderts verschifften die Frachtkähne der Republik jährlich durchschnittlich 50.000 Ladungen Getreide aus dem Ostsee-Raum nach Westen. Für den Getreidetransport waren rund 600 der 1.200 niederländischen Sundfahrer erforderlich. In den Lagerhäusern Amsterdams wurden vier Fünftel des Raumbestandes für Getreide reserviert. Zu Getreide traten andere Massengüter wie Eisen, Kupfer, Glas, Hanf, Salpeter, Teer, Pech und Eichenholz. Solche Anfuhr schuf eine hohe Zahl an diversifizierten Arbeitsplätzen in den Häfen. Dieser Handel fand seine Ergänzung im Verkehr mit Spanien, Portugal und bis in die sechziger Jahre auch mit Frankreich, wozu dann bald der Levante-Handel trat – eine zuweilen risikoreiche Route, da die Niederländer hier an erster Stelle den Spaniern, den konkurrierenden Engländern und Franzosen und nicht zuletzt den afrikanischen Kaperschiffen begegneten. Der Handel mit Nordeuropa, mit Norwegen, konzentrierte sich vorwiegend auf die Anfuhr von Hölzern, da der Bedarf durch den rasanten Anstieg des Schiffbaus immens war. Diese weitverzweigte und profitträchtige Handelstätigkeit einschließlich der Schiffahrt nach Übersee, in den Pazifik und Atlantik realisierte man mit einer Flotte, die zahlenmäßig den Gesamtbestand der englischen, schottischen und französischen Flotte übertraf: 1632 etwa 1.750 Schiffe mit insgesamt 310.000 Tonnen. Es war ein Handel, der, begünstigt durch die Lage Hollands an den alten, nach Zentral- und Südosteuropa führenden Handelswegen, das kontinentale Hinterland beherrschte.

Die Blüte des Handels, die in der weitestgehenden personellen Identität von Kaufmannselite und Obrigkeit und in der dadurch erleichterten Kooperation zwischen Wirtschaft und Obrigkeit ihre günstigen Voraussetzungen hatte, förderte nicht nur den Aufbau des Bank- und Kreditwesens, sondern bedingte auch den Aufstieg des gewerblichen Sektors. Wie Handel und Schiffahrt konnte dieser Sektor an die Entwicklung vor dem Aufstand anschließen. Vermutet wird, daß sich die Republik zum fortgeschrittensten Gewerbezentrum Europas entwickelt hat. Durch Handel und das große Angebot an Schiffsraum waren die Anfuhr von Rohstoffen und die Ausfuhr von Fertig- und Veredelungserzeugnissen garantiert, abgesehen davon, daß ein gut ausgebautes Netz von Wasserwegen für eine ziemlich reibungslose Distribution auf dem Binnenmarkt sorgte. Typisch für diese Aufstiegsphase war eine fortschreitende Verzahnung von Handels- und Gewerbekapital. Zum einen wurden die Betriebe erheblich größer, zum anderen verstand man sich auf eine starke Diversifizierung und zugleich Spezialisierung in der Güterproduktion. Außerdem entwickelte sich ein vielfältiges Gewerbe auf dem platten Land und verschoben sich die Warenschwerpunkte einzelner Städte. Wo alte, traditionelle Güterproduktion zugunsten anderer Städte verlorenging, entwickelten sich neue Branchen. Zwar konnte sich das ländliche Gewerbe zu einer Konkurrenz für den städtischen Gewerbebetrieb auswachsen, dennoch blieb das städtische Gewerbe, nicht zuletzt durch die Spezialisierung, insgesamt ungestört. Die einzelnen Gewerbezweige konzentrierten sich namentlich in den Städten im Westen des Landes, in Holland und Seeland. Hier bot der Handel die Kapitalbasis; er sorgte für den Aufbau von Unternehmen, die nicht allein in ihrer finanziellen Ausstattung, sondern auch im Hinblick auf das Produktionsspektrum eng mit dem Handel zusammenhingen. Es entwickelten sich die sogenannten Trafieken, eng an das Warenangebot des Handels gebundene Gewerbezweige, zumeist Veredelungsbetriebe. Gerade dies waren investitionsfreudige, kapitalintensive Bereiche, die einigermaßen konkurrenzlos arbeiten konnten. Für den Schiffbau entstanden Zulieferindustrien. Dafür war die nördlich Amsterdam gelegene Zaan-Region ein Hauptzentrum. Diese Region ist bis in die jüngste Zeit hinein ein wichtiges Industriegebiet geblieben.

Die Landwirtschaft erlebte einen ähnlichen Aufstieg. Sie bewies eine Anpassungs- und Leistungsfähigkeit, die jene in anderen Ländern Europas beträchtlich überstieg. Wichtige Voraussetzung war die aus den besonderen Siedlungsschwierigkeiten zu erklärende Freiheit der Bauernschaft mit Eigentum oder Pachtbesitz bei nur gering entwickelter adeliger Grundherrschaft. Das betraf vor allem Holland und Seeland. Diese freie Struktur hat die Landwirtschaft dazu befähigt, den starken Bevölkerungsanstieg sowie das Wachstum in Handel und Gewerbe vorteilhaft zu nutzen. Arbeitsteilung und Spezialisierung setzten sich durch. An die Stelle der einfachen Subsistenzwirtschaft trat die Kommerzialisierung. Neue Anbautechniken und -methoden wurden eingeführt. Das war eine Antwort auf die steigende Nachfrage. Neben die Getreideerzeugung trat in zunehmendem Maße der Anbau von Handelsgewächsen, wurde die Gartenbauwirtschaft vorangetrieben. Das Verhältnis von Aussaat und Ernteergebnis in der Republik war viel günstiger als in Deutschland, Osteuropa und Skandinavien. Der bevorzugte Anbau von Handelsgewächsen statt des Getreides ist insofern ungewöhnlich gewesen, als das »Bevölkerungswachstum in der vorindustriellen Zeit eher zur Ausbreitung des Ackerbaus in der traditionellen Form« geführt hat (P. Klein). In den Niederlanden wurde solche Tradition noch weiter durchbrochen, da die Viehzucht auf Kosten des Ackerbaus zunahm, was der Düngemittelversorgung zugute kam. Rinder- und Schafzucht standen da im Vordergrund. Die neuen Methoden führten zu einer im Vergleich zu anderen Ländern Europas überaus günstigen Ertragslage. Mit Trockenlegungen und Erschließungen sorgte man für zusätzliche landwirtschaftliche Nutzfläche. Dies waren kapitalintensive Maßnahmen. Das Kapital stellten die Amsterdamer Kaufleute zur Verfügung. Überhaupt war die Kapitalinvestition für Produktionsmittel wie Windmühlen zur Verarbeitung der Agrarerzeugnisse beträchtlich. Zur Technisierung und Kommerzialisierung im Agrarsektor brauchte man die Lohnarbeiter, die auf der Grundlage von freien Arbeitsverträgen herangezogen wurden. Darüber hinaus entstand in diesem ländlichen Bereich eine Vielzahl von kleinen Handwerksbetrieben und Unternehmungen, die als Dienstleistungsbetriebe für die technisierte Landwirtschaft auftraten, für den Warentransport sorgten oder mittels Torfgewinnung die Energieversorgung auch in den Städten sicherstellten. Äußerst ergiebig war zudem die Fischereiwirtschaft. Die Zahl der Fangschiffe wird auf rund 2.000 geschätzt, die Zahl der Beschäftigten in diesem Wirtschaftszweig für die Periode 1630 bis 1650 auf etwa 6.000 bis 7.000 Personen. Die internationale Wettbewerbsposition entwickelte sich zu einer Monopolposition, nicht zuletzt herbeigeführt durch technische Innovationen, die wiederum zu kostengünstigen Einsparungen bei der Schiffsbesatzung führten. Ebenfalls vorteilhaft wirkte sich eine schon aus dem Jahr 1567 stammende öffentliche Qualitätskontrolle aus, was die Wettbewerbsposition zusätzlich verbesserte. Um 1650 trat jedoch insgesamt Stagnation an die Stelle des Wachstums, was darauf zurückzuführen sein dürfte, daß sowohl die Ausfuhr ins Ostsee-Gebiet als auch die Nachfrage allgemein nachließen und in den Seekriegen viele Schiffsverluste zu beklagen waren.

Die Niederländer in Asien und Amerika: die Vereinigte Ostindische Kompanie (VOC) und die Westindische Kompanie (WIC)

Der Aufstieg der Republik aus dem Zustand der Rebellion zu einem selbstbewußten, von allen europäischen Mächten anerkannten Staat mit wirtschaftlicher und kultureller Blüte war mit dem Auf- und Ausbau eines Kolonialreiches in Asien und Amerika verbunden, das die Republik in die Reihen der stärksten Kolonialmächte Europas emporhob und das erst nach dem Zweiten Weltkrieg im Zuge des weltweiten Dekolonisierungsprozesses aufgelöst wurde. Die Republik trat auf den Plan, als Spanien und Portugal die Welt bereits unter sich aufgeteilt zu haben schienen. Sie trat als eine frische Konkurrenz auf, die ihre Sporen im Seehandel schon lange verdient hatte und finanziell in der Lage war, stattliche bewaffnete Handelsflotten auszurüsten, zu den Gewürzinseln zu schicken und dort vor Ort den Feind zu schädigen, der den jungen Staat auf dem europäischen Kontinent bedrohte. Dem Feind Schaden zuzufügen, wo immer möglich, und zugleich ins große Gewürzgeschäft einzusteigen, das war eine glückliche Kombination, die herzustellen eine mit Abwehrkampf befaßte und in der Seefahrt erfahrene Nation nicht zögern konnte. Der Profit ließ sich angesichts der Marktlage voraussehen. Das spanisch-portugiesische Kontraktsystem schien nicht mehr zu funktionieren. Der europäische Verbraucher wurde nur noch unzureichend beliefert. Auch Venedig, neben Spanien und Portugal immer noch Lieferant der asiatischen Erzeugnisse, konnte den Bedarf nicht decken. Um die Marktlücke zu füllen, bedurfte es des Kapitals und der Kenntnis der günstigsten Fahrtrouten. Beides war vorhanden. In der Republik sorgte der Zustrom von Niederländern aus den südlichen Provinzen für eine beachtliche Zunahme der Kapitalkraft. Die Kenntnis der Route nach Indien und in den Indonesischen Archipel war längst nicht mehr ein Monopol der Portugiesen. In der Republik war es Petrus Plancius, aus den südlichen Niederlanden stammend, calvinistischer Prediger und ein Schüler Mercators, der die neu gewonnenen Erkenntnisse kartographisch umsetzte. Seine Bedeutung für die Route nach Übersee verdeutlicht ein Kupferstich, auf dem er als Lehrer für Seefahrtskunde abgebildet ist.

Aber auch andere leisteten Hilfe, jene, die in portugiesischen Diensten gestanden hatten. Dazu gehörten Dirk Gerritsz. Pomp, genannt »China«, dessen Aufzeichnungen in dem von Lucas Jansz. Waghenaer edierten »Tresoor der Zeevaert« veröffentlicht wurden, und Jan Huyghen van Linschoten, wie Pomp ein Mann aus Enkhuizen, der Stadt des Herings, der Fischer und Seeleute. In jungen Jahren war er mit den Portugiesen unterwegs. Er fuhr mit ihnen an der westafrikanischen Küste vorbei, machte Station am Kap der Guten Hoffnung, das vornehmlich der Frischwasserversorgung diente, landete in Mocambique an und fuhr von dort nach Goa, dem Zielort, nachdem vorher auf der Höhe von Natal entschieden worden war, ob man westlich oder östlich an Madagaskar vorbei nach Indien segeln sollte. Es war eine gut fünf Monate dauernde, für damalige Begriffe schnelle Reise, die van Linschoten im Dienst des zum Erzbischof von Indien ernannten Dominikanermönchs Frey Vicente da Fonseca unternahm. Goa war der Ausgangspunkt seiner Reise in Indien, nach Malakka und in den Indonesischen Archipel. Der Niederländer diente der Überseefahrt seines Landes mit zwei wichtigen Schriften. 1595 erschien »Reijs-Geschrift van de Navigatiën der Portugaloysers«, das genaue Segelanweisungen für die Reise in den Fernen Osten sowie für die Fahrten zwischen den einzelnen Handelsposten enthielt. Die Daten entnahm er vornehmlich portugiesischen und spanischen Quellen, ergänzt durch Mitteilungen erfahrener Seeleute. Seine zweite Schrift war das »Itinerario«. Er widmete das Büchlein den Generalständen der Vereinigten Niederlande und ließ sie wissen, es gebe manche Menschen, die naiv genug unterschiedslos alles für wahr hielten, was ihnen an Seltsamem oder Neuem aufgetischt werde; er sei freilich der Ansicht, daß jene, die nichts als nur die Erscheinungen der eigenen Region für glaubwürdig hielten, der Natur und ihren Wundern allzu enge Grenzen zögen. Da steht zu lesen: »Vertiefen wir uns in die verborgenen Kräfte und Eigenschaften, die der allmächtige Schöpfer der Natur mitgegeben hat, dann müssen wir bekennen, daß seine Weisheit uns viel Wunderbares geschenkt hat, dessen Ursache in der Tiefe seiner Unerforschlichkeit verborgen liegt.« Das »Itinerario« darf als exzellente Routebeschreibung, kaufmännisches Handbuch und landeskundlicher Führer gleichermaßen bezeichnet werden. Ob die tiefer gehenden Betrachtungen des van Linschoten zu jenem Zeitpunkt schon Eindruck bei den primär auf Gewinn gerichteten Kaufleuten gemacht haben, mag dahin gestellt bleiben. Immerhin spielten in den beiden folgenden Jahrhunderten nicht nur Pfeffer- und Nelkensträucher, Zimt und Muskat eine Rolle, sondern es waren auch Fauna und Flora des Archipels sowie Land und Leute Gegenstand schriftlicher Aufzeichnung und führten zur wissenschaftlichen Bereicherung. Entdeckerfreude und Abenteuersinn gaben wesentliche Impulse für die Reise in den Fernen Osten.

In Entdecker- und Nautikkreisen hoffte man anfänglich noch auf eine nördliche, schnellere Durchfahrt nach China und Südostasien. Petrus Plancius gehörte ebenso zu ihnen wie van Linschoten. Amsterdamer Kaufleute rüsteten sieben Schiffe für den nördlichen Kurs aus. Die Expedition unter Willem Barentsz. und Jacob van Heemskerck scheiterte. Die Teilnehmer mußten von 1596 bis 1597 auf Nova Zembla überwintern. Das war ein entdeckerisches Großereignis und Abenteuer ganz neuer Art, doch keineswegs profitträchtig. Aber Abenteuer mußte in bare Münze umgesetzt werden, zumal der Markt viel versprach. Auf dem bekannten Weg ließ sich das am ehesten realisieren. Schon 1594 traf sich in Amsterdam eine Gruppe von Kaufleuten, unter ihnen drei Mitglieder des Amsterdamer Magistrats, ein Südniederländer und ein Deutscher. Sie gründeten die »Compagnie van Verre«, eine Ad-hoc-Handelsgesellschaft, die eine aus vier Kauffahrteischiffen bestehende Flotte ausrüstete und unter Cornelis Houtman und Gerrit van Beuningen in den Archipel sandte. Ein Schüler des Plancius übernahm die Navigation. Zur Ladung gehörten neben Tauschwaren wie Textilien, Glas, Spiegeln, Töpfererzeugnissen, Messern und anderen Kleinigkeiten spanische Silbermünzen, Reales, im Wert von 100.000 Gulden. Die Tauschwaren hatte man zunächst versuchsweise zusammengestellt, da die Amsterdamer über den überseeischen Warenbedarf noch nicht voll informiert waren. Die Flotte brauchte die ungewöhnlich lange Zeit von vierzehn Monaten, weil sie nicht ins portugiesische Fahrwasser geraten wollte. Sie zog Umwege vor und blieb fünf Monate vor Madagaskar liegen. Dann landete sie in Bantam und auf West-Java, das laut van Linschoten von Portugiesen frei war. Später segelte Houtman nach Bali weiter. Die Reise war voller Widerwärtigkeiten. Mit nur noch drei Schiffen lag die Flotte im August 1597 wieder auf der Reede bei Texel. Von der ursprünglich zweihundertvierzigköpfigen Besatzung hatten siebenundachtzig überlebt. Viele waren unterwegs gestorben oder hatten die Flotte auf Bali verlassen, um sich dort niederzulassen. Aber Houtman war es gelungen, eine Ladung Pfeffer einzukaufen. Die Kaufleute hatten davon nicht viel Gewinn, aber sie wurden reicher an Erfahrung, denn diese Reise gewährte erste Einblicke in die Marktverhältnisse Asiens. Bantam war bereits ein internationales Handelszentrum, in dessen Hinterland Pfeffer angebaut wurde. Mohammedaner, Chinesen und Autochthone schlossen hier ihre Geschäfte ab. Nicht nur das Geschäft mit Gewürzen florierte, die Stadt diente auch als Stapelort für eine Vielzahl von Waren, die als Tauschgut eingeführt wurden. Das Warenangebot übertraf an Vielfalt bei weitem das, was die Niederländer mitgeführt hatten. Es reichte bis zu Halbedelsteinen, Porzellan, Samt und Seide. Das überstieg die Erwartungen der Ankömmlinge, die Schwierigkeiten hatten, die spanischen Reales an den Mann zu bringen. Die Kaufleute aus Java und von anderen Inseln des Archipels brachten neben den Gewürzen Sandelholz, Elfenbein, Hörner des Nashorns, Zinn, Blei, Reis, Salz und Zucker auf den Markt. Es wurde den Niederländern rasch deutlich, daß sie über ein Angebot von Waren dieses innerasiatischen Handelsverkehrs, etwa von Baumwolle aus Indien, am schnellsten an die Gewürze kommen würden.

Obwohl Houtman – wenn überhaupt – dann nur kargen Gewinn eingefahren haben dürfte, wogen neue Erkenntnisse über Handel und Wandel im Archipel zu diesem frühen Zeitpunkt schwerer. Sein geringer kaufmännischer Erfolg hielt jedenfalls die Investoren der Republik nicht davon ab, sogleich neue Flotten auszurüsten. Man begriff in den holländischen und seeländischen Städten, daß die Profite erklecklich sein konnten, wenn man einmal die richtigen Tauschgüter gefunden hatte und die portugiesische Konkurrenz zurückgedrängt oder gar ausgeschaltet war. Schon 1598/99 brachten 18 Amsterdamer Kaufleute das Kapital für die Ausrüstung von 8 schwerbewaffneten Seglern mit 560 Auffahrenden zusammen, die unter Jacob van Neck in den Archipel fuhren. Van Neck stammte aus den begüterten Kreisen Amsterdams und sollte später noch mehrmals Bürgermeister der Stadt werden. Es wurde eine höchst profitable Reise, nachdem man in Bantam die Hälfte der Flotte mit Pfeffer hatte beladen und auf die Heimreise schicken können und weil die andere Hälfte zu den Banda-Inseln weitersegelte, zu den großen Anbaugebieten für Muskat. Hier faßten die Niederländer zum ersten Mal Fuß, schufen einen Ausgangspunkt zur Beherrschung des ganzen Archipels. Die Erfahrungen waren ähnlich denen des Houtman in Bantam. Jetzt erfuhren die Holländer, welche Waren die Eingeborenen wirklich brauchten: Nahrungsmittel, Töpferwaren und Textilien. Zudem gelang es dem

Flottenchef, zwei Handelsniederlassungen anzulegen und dort 20 Auffahrende zur Wahrnehmung der Interessen zurückzulassen. Im Vergleich zur asiatischen und zu der übrigen europäischen Präsenz war dies ein kleiner, aber immerhin erster Schritt. Der Ertrag der Neckschen Reise bot zugleich Anlaß, neue Flotten auszurüsten. Die Aufgabe übernahm eine Reihe der Ad-hoc-Zusammenschlüsse, die in fieberhafter Folge gegründet wurden, Schiffe ausrüsteten, sie in den Archipel entsandten und sich nach erfolgter Fahrt wieder auflösten. Zwischen 1595, dem Jahr der ersten Reise des Cornelis Houtman, bis 1601 fuhren insgesamt 65 Kauffahrteischiffe in den Archipel, ausgerüstet und ausgestattet von 9 eigens dafür gebildeten Kapitalgesellschaften. Von den 65 Schiffen, verteilt über 15 Eskader, kehrten fast 50 Schiffe zurück. Angesichts der Gefahren unterwegs und vor Ort war das keine geringe Quote und ein weiterer Ansporn, die eigenen Kapazitäten zu erweitern.

Diese Gesellschaften, die sogenannten Vorkompanien, standen in Konkurrenz zueinander; das war die größte Schwäche der nach Übersee segelnden Holländer und Seeländer. Es setzte sich mühevoll und ganz allmählich die Erkenntnis durch, daß dies auf Dauer kein geeignetes Instrument zur Expansion des niederländischen Anteils am Gewürzhandel sein konnte. Es ließ an der Durchsetzung des Einheitsgedankens in der Republik zweifeln, wenn in Steven van Haghens Instruktion beim Auslaufen seines Eskaders 1599 zu lesen stand: »Es ist immer darauf zu achten, daß die Seeländer unseren Aktivitäten feindlich gesinnt sind und daß man ihnen daher nicht vertrauen darf.« Solche Konkurrenz spielte den spanischen und portugiesischen Händlern in die Hände. In der Republik waren es dann Johan van Oldenbarnevelt und Moritz von Oranien, welche die Kaufmannschaft von der Schädlichkeit der Konkurrenz zu überzeugen vermochten. Das war nicht einfach, zumal die Seeländer in einer einzigen Handelsgesellschaft den Ausgangspunkt für Amsterdamer Hegemonie zu sehen meinten. Dennoch gelang es den beiden, die bestehenden Gesellschaften in einer Gesellschaft, der Vereinigten Ostindischen Kompanie (VOC), zusammenzufassen. Die Kompetenzen wurden der neuen Gruppierung von den Generalständen zugewiesen, und da sie dazu gedacht war, gleichsam als verlängerter Arm der antispanischen Festlandspolitik im südostasiatischen Archipel zu dienen, hatten die Befugnisse quasi-obrigkeitlichen Charakter. Vor allem trat die Handelsgesellschaft als Monopolgesellschaft auf. Sie erhielt das Schiffahrts- und Handelsmonopol zwischen dem Kap der Guten Hoffnung und der Magellan-Straße. Für andere private Handelsgesellschaften war nun kein Platz mehr. Innerniederländische Konkurrenz blieb ausgeschlossen. Darüber hinaus oblag der VOC der militärische Kampf gegen Landesfeinde im Monopolbereich.

Das implizierte ein reiches Arbeitsfeld. Die VOC trat im Namen der Generalstände auf und durfte Verträge mit den Fürsten Asiens abschließen, Festungen anlegen, Soldaten rekrutieren und unterhalten, Gouverneure anstellen. Obwohl die Gouverneure von den Generalständen vereidigt wurden, übte das Haager Gremium äußerst geringe Kontrollbefugnisse aus. Gegen das Monopol erhoben sich in der Republik scharfe Proteste, wenngleich von einer wirklichen Neuerung in der europäischen Wirtschaft keine Rede sein konnte. Der Umfang des Monopols war etwas Ungewohntes, weil es alle Waren betraf und für ein so großes Gebiet galt. Neu war auch, daß die Direktoren, »Bewindhebbers«, für etwaige Schulden nicht aufzukommen hatten. Die VOC hatte demnach die Rechtsform einer frühen Aktiengesellschaft. Das Kapital erhielt die VOC durch die Ausgabe von Anteilsscheinen, deren Besitz unter den einzelnen Bevölkerungsschichten zunächst recht breit gestreut war. Jeder Bürger konnte Anteile zeichnen, so er glaubte, kapitalkräftig genug zu sein. Die gezeichneten Beträge reichten von 50.000 bis 85.000 Gulden. In Amsterdam legten 88 Aktionäre je über 10.000 Gulden ein. Unter diesen 88 Investoren befanden sich 40 Kaufleute aus den Kreisen der südniederländischen Immigranten. Die Gruppe zeichnete mit 150.000 Gulden die Hälfte der gesamten Einlagen Amsterdams. In Seeland waren es 77 Großaktionäre, die über die Hälfte der seeländischen Einlagen verfügten. Außerdem legten Handwerker, Lohnarbeiter, Prädikanten, Ärzte und Bedienstete aus Städten und Provinzen Beträge ein. Die Zahl der Aktionäre reduzierte sich rasch, da viele der kleinen Besitzer ihre Anteile schon bald wieder verkauften. Das eingebrachte Kapital betrug zu Anfang rund 6 Millionen Gulden, übertraf damit die Einlagen der 1600 gegründeten englischen East India Company um das Zehnfache. Der Betrag stieg bis 1691 an und blieb sodann konstant. Zur Finanzierung der Geschäftstätigkeit und Kriegshandlungen dienten neben dem Anlagekapital auch Kredite, Obligationen und die »Anticipatiepenningen«. Das waren Gelder, die die Kaufleute als Vorschuß für die Versteigerung der angelaufenen Waren einzahlten. Solche Einlagen waren verzinslich, und die Einzahler erhielten Vorrang bei der Versteigerung.

Wenngleich es sich bei der VOC um eine nationale Gesellschaft handelte, wurden einzelne, lokale, Kammern mit eigenem Haushalt gebildet, die an der Basis der Verwaltung standen und für die Ausrüstung der Schiffe ebenso verantwortlich waren wie für den Verkauf der Waren. Diese Kammereinteilung war notwendig, weil sich vor der Gründung der VOC einzelne Städte mit der Ausrüstung für die Überseefahrt befaßt hatten und nunmehr ihre Interessen auf diesem Weg gegenüber der zentralen Verwaltung wahrnehmen wollten. Die zentrale Leitung lag in den Händen der »Heren XVII«, einem Gremium, das von den Mitgliedern der Kammerverwaltungen beschickt wurde. Davon stellten Amsterdam acht, Seeland vier Vertreter, je ein Vertreter kam aus den vier kleinen Kammern von Delft, Rotterdam, Hoorn und Enkhuizen sowie – im Turnus – ein Abgesandter der Kammer Maas-Middelburg beziehungsweise Nordholland. Diese Struktur widerspiegelte die föderalistische Organisation der Republik und unterstrich darüber hinaus den oligarchischen Charakter auch der VOC, da ein Sitz in den Kammern rasch zu einem Amt der Regenten wurde. Hinzu kam, daß die patrizischen Amtsträger der VOC zugleich eine wirtschaftliche Vorrangstellung in VOC-Angelegenheiten genossen. So konnten sie für sich ein Vorkaufsrecht in Anspruch nehmen, vor allem beim Handel mit teuren Gewürzen. Daß frei werdende Sitze durch Kooptation neu besetzt wurden, entsprach genau der Herrschaftsstruktur der Republik. Dabei legten die Kammermitglieder in der Provinz ihren Vorschlag dem jeweiligen Bürgermeister vor, während in Seeland die Provinzialstände über einen solchen Vorschlag zu befinden hatten. Ein engeres Band zwischen lokaler, regionaler Oligarchie und Kammermitgliedern konnte gar nicht geflochten werden – und dies sicherlich nicht immer zur Freude der Aktionäre, die keinerlei Einfluß auf das Geschäftsgebahren der VOC hatten. Bei der Erneuerung der Charta 1623 gab es zwar gewisse Änderungen, doch von einer echten Reform konnte kaum die Rede sein, da eine Regelung wie die Begrenzung der Amtszeit auf drei Jahre und eine mögliche Wiederwahl erst nach einer Reihe von amtslosen Jahren nicht eingehalten wurden. Zwanzig- bis dreißigjährige Amtsperioden städtischer Regenten gehörten nicht zu den Ausnahmen. Es gab später noch andere Änderungsverordnungen, die nichts fruchteten, wie auch die Erweiterung der Mitwirkungsrechte auf Städte, die keine eigene Kammer hatten, auf Haarlem und Leiden, am System nichts änderte. Dabei ging es diesen Städten nicht um den Status, sondern um reines wirtschaftliches Interesse. Leiden wollte am Textilexport teilnehmen, und die Haarlemer Seidenverarbeitung wollte nur Rohseide, aber keine asiatischen Fertigerzeugnisse aus Seide eingeführt sehen.

Von Amsterdam aus, der Stadt, die bei der gegebenen Struktur den weitaus größten Einfluß hatte, lenkten die »Heren XVII« den einträglichen Überseehandel – einträglich, wenngleich jede neue Reise nach Übersee und zurück ein gewaltiges Abenteuer mit oft beträchtlichen Verlusten an Menschen, Schiffen und Waren war. In einer zeitgenössischen »Beschreibung der weltberühmten Handelsstadt Amsterdam« wurden der Öffentlichkeit die Voraussetzungen bekanntgegeben, unter denen sich die günstige Ertragslage einstellte: »Die Kompanie ist von kleinen Anfängen mit Gottes Hilfe so hoch emporgestiegen, daß sich jede Kapitalanlage um ein Mehrfaches ausgezahlt hat. Diese Kompanie rekrutiert Soldaten auf eigene Kosten, führt Heere in den Kampf, vernichtet den Gegner, führt Kriege in anderen Erdteilen, nimmt Inseln ein, rüstet Flotten aus, nimmt dem Feinde Länder, Festungen und Häfen, erleichtert die Kriegslasten des Vaterlandes, sticht durch Taten hervor, die sich kaum von den Aktionen großer Fürsten und Könige unterscheiden.« Solche Beobachtung entsprach im Ergebnis dem Rat, den einer der kundigsten Generalgouverneure des Archipels, Jan Pietersz. Coen, schon 1614, noch vor seiner Amtszeit, unaufgefordert den »Heren XVII« hatte zuteil werden lassen, als er schrieb: »Es sollte Euch ehrenwerten Herren aus Erfahrung bekannt sein, daß der asiatische Handel betrieben und beschützt werden muß mit Hilfe Eurer eigenen Waffen, und diese Waffen müssen aus den Erträgen des Handels bezahlt werden; das heißt, wir können den Handel nicht treiben, ohne Krieg zu führen, und wir können den Krieg nicht führen, ohne Handel zu treiben.«

Coen galt seinen im Überseegeschäft erfahrenen Zeitgenossen als ein Mann von nachgerade calvinistischer Reinheit; er war ein »Eisenfresser«, der die ihm später als Generalgouverneur gestellte Aufgabe eines höchsten Interessenvertreters mit aller Konsequenz erfüllte. Wie viele seiner Amtskollegen hatte er auch unter Anwendung von Gewalt den Auftrag, die Macht der quasi-souveränen Handelsgesellschaft durchzusetzen und zu konsolidieren. Die Monopolstellung, wie sie in der Charta von 1602 verbrieft war, hieß zwar nur Ausschaltung von Konkurrenz in den Niederlanden selbst, aber für die VOC, einmal organisiert und in Gang gekommen, bedeutete das auch Durchsetzung eines selbstverordneten Monopolanspruchs im Archipel. Als die ersten Schiffe vor der VOC-Periode in den Archipel segelten, ging es vornehmlich darum, einen Weg zu finden, der zügige Fahrt erlaubte. Da galt es noch zu verbessern, was die Portugiesen zuvor ausgekundschaftet hatten, und da war es Entdeckerfreude mit der Hoffnung auf wirtschaftlichen Erfolg. Sobald man Fuß gefaßt, die ersten Forts angelegt, die erste reiche Ernte eingebracht hatte, Expansion und Konsolidierung zur täglichen Aufgabe wurden, erhielt das alles eine neue Qualität: die Qualität der Gewalt. Sie charakterisierte diese ostindische Gesellschaft und deren Geschäft. Sie beherrschte die Begegnung zweier Kulturen, wenn überhaupt von einer Begegnung die Rede sein konnte. Schon die Flotten der ersten Ad-hoc-Kompanien waren durch den ganzen Archipel bis nach Kambodscha und Japan gesegelt, ihre Präsenz sozusagen nachweisend. Der eigentliche Kampf begann nach Gründung der VOC und galt zunächst den Portugiesen, deren Positionen in Moçambique und Goa attackiert werden sollten. Das blieb ohne Erfolg, lediglich von Ambon konnten die Portugiesen vertrieben werden. Frühe Fehlschläge führten zur Einsicht, daß sich von Amsterdam aus die Dinge nur konzeptionell, gleichsam theoretisch steuern ließen, daß es der vor Ort gesammelten und dort in weitere Aktivitäten umgesetzten Erfahrungen bedurfte, wenn das Werk gelingen sollte.

So entschied man sich für die Bestallung eines Generalgouverneurs, der zusammen mit einem »Rat von Indien« die oberste Verwaltung bildete. Darüber hinaus verlangten die Verhältnisse einen sicheren Anlaufplatz. Bantam, das seinen Reichtum aus der Internationalität bezog, war dazu weder bereit noch geeignet, zumal es den Niederländern nicht gelang, die Chinesen aus der vordersten Front des Pfefferhandels zu verdrängen. Eine schon 1610 im östlich von Bantam gelegenen Jakatra gegründete Handelsniederlassung wurde nach zahlreichen kriegerischen Auseinandersetzungen mit Engländern, Bantamern und Jakatranern zur Anlaufstelle erhoben und zum Mittelpunkt der niederländischen Präsenz in Übersee. Der Ort wurde zur Festung und Stadt ausgebaut und erhielt den Namen »Batavia«. Damit wurde die Position Bantams zwar geschwächt, aber der Ort blieb ein Zentrum des Pfefferhandels. Es sollte noch gut sechs Jahrzehnte dauern, ehe sich Bantam der Oberhoheit der VOC unterwarf. Wie die starke Stellung Bantams dem Monopolstreben der VOC ein Dorn im Auge war, so mußte auch das gegen Ende des Waffenstillstandsvertrages (1609–1621) getroffene Abkommen mit der englischen East India Company (EIC) das Unbehagen der Niederländer vor Ort wecken, da es die Verteilung des gesamten Pfefferaufkommens im Verhältnis zwei Drittel für die VOC, ein Drittel für die EIC stipulierte, und dies, obwohl, wie Coen zynisch feststellte, den Engländern »noch kein Körnchen Sand an den Stränden der Molukken, der Banda-Inseln oder Ambon gehörte«. Das sollte Folgen haben, denn nach der Ermordung der auf Ambon befindlichen Engländer durch Truppen der VOC zog sich die EIC aus den Molukken zurück. Die Portugiesen erwiesen sich ohnehin als schwacher Gegner und waren rasch verschwunden, während von den Philippinen her die Spanier noch in den Gewässern operierten. Doch da sie nur geringe handelspolitische Aktivitäten zeigten, stellten sie kaum länger eine Gefahr dar. Im Bereich der Molukken, um Ambon und Celebes, war bald nur noch die VOC präsent. Lediglich das auf Süd-Celebes gelegene Makassar bot noch die Möglichkeit des Schmuggels zugunsten anderer europäischer Händler oder der Asiaten. Dieses letzte Schlupfloch wurde ebenfalls geschlossen, als es Cornelis Speelman 1667 gelang, die Stadt mit Hilfe einheimischer Fürsten in die Knie zu zwingen. Makassar wurde der VOC übergeben, die nun ohne Konkurrenz die Nelkenernte aufkaufen konnte. Die Eroberung Malakkas 1641 verbesserte die Marktverhältnisse zugunsten der VOC rund um die Straße von Malakka. Hatte es zuvor nur lose Kontakte mit den Bewohnern von Atjeh, Palembang und Jambi gegeben, so konnten nunmehr Monopolverträge abgeschlossen werden.

Der Kampf gegen den europäischen Konkurrenten und Feind war die eine Sache, eine andere war der Kampf gegen die eingeborenen Herrscher, wenn diese sich den Niederländern widersetzten. Der Gewürzsack und was sonst noch an Begehrtem zu holen war, mußten ohne allzu viele Umstände an Bord der Flotte gebracht werden. Zur portugiesisch-spanischen Expansion ist der Befund geäußert worden: »Die Europäer betrieben... das Treffen mit Außereuropa völlig einseitig. Sie brachen in den Eigenbereich der anderen ein und forderten die Aufnahme von Beziehungen. Es wurde nicht ein einziges Mal ernsthaft gefragt, ob die ›Partner‹ diesen Kontakt wünschten; sie mußten ihn einfach akzeptieren.« Das galt für die Republik in gleichem Maße. Die Kapitalgeber der Gesellschaft waren bereit, in jede Lücke zu stoßen oder sich eine solche zu schaffen. Dem Kampf ging man nicht aus dem Weg. Die Bestallung eines Generalgouverneurs und neben diesem eines »Rates von Indien« verfolgte dieses Ziel. Dem Gouverneur war es ausdrücklich aufgetragen, »den ostindischen Handel zur Verbreitung des Namens von Jesus Christus, für die Seligkeit der Christen zu Ruhm und Ehre der Nation und zum Nutzen der Kompanie nicht nur aufrechtzuhalten, sondern mit allen Mitteln und auf allen Wegen auszubreiten«. Die Bewohner der Banda-Inseln erfuhren schon früh die Unerbittlichkeit niederländischer Expansion. Sie waren selbstbewußte Händler, mit Portugiesen und Engländern ebenso wie mit asiatischen Völkern seit langem im Geschäft. Auf den Banda-Inseln wuchsen Muskatnüsse und -blüten, deren Qualität schwerlich zu übertreffen war. Beide Produkte erzielten auf dem europäischen Markt Höchstpreise. Nur begüterte Europäer konnten sich den Luxus dieser Frucht erlauben. Handelsprivilegien oder ein Monopol mußten her, um größten Gewinn zu garantieren. Es gab bereits 1602 mit einigen Unterfürsten, Orangkayas, der Banda-Inseln eine Art Meistbegünstigungsvertrag, den Admiral Wolfert Harmensz. mit ihnen abschloß. Das funktionierte allerdings nicht, so daß schon 1607 Cornelis Matelief de Jonghe mitteilte, eine Monopolstellung sei nur mit nackter Gewalt zu erreichen. Ein entsprechender Auftrag erging 1609 an Admiral Pieter Willemszoon Verhoeff. Er kam in einem Hinterhalt um, und die Bevölkerung verließ die Banda-Inseln. Dies war ein Mittel der Verteidigung gegen den Zwang, Monopolverträge abzuschließen, was völlig außerhalb der Handelsgewohnheiten der Inselbewohner lag.

Erst Coen gelang es, die Inseln unter seine Botmäßigkeit zu zwingen. Er erschien mit einer 2.000 Mann starken Truppe. Die Bevölkerung flüchtete in die Berge. Seine Absicht war es, sie abzuführen und dort ein anderes Volk anzusiedeln. Die 44 wichtigsten Orangkayas von Banda ließ er köpfen und vierteilen. Die Arbeit besorgten nicht die Niederländer, sondern eigens dafür angeheuerte Japaner. In einer zeitgenössischen Schrift über diese Hinrichtung wurde die Tat scharf verurteilt, und es hieß weiter dazu: »Schließlich müßten wir doch wissen, daß sie für die Freiheit des Landes gekämpft haben, für die wir so viele Jahre unter Einsatz von Leben und Gut selbst gestritten haben.« Da wurde ein Spiegel vorgehalten. Man relativierte den Kampf um Freiheit auf ungebührliche Weise, wenn ein ganzer Bevölkerungsteil des Archipels dezimiert wurde, der sich dem Monopolzwang widersetzte, während zur gleichen Zeit die Metropole sich bemühte, den eigenen Freiheitskampf positiv zu schildern, die Spanier und ihre Grausamkeiten detailliert anzuprangern. Die Aussicht auf Gewinn überdeckte manches, und die Tatsache, daß da nicht Weiße, nicht Europäer gegenüberstanden, ließ solche mentalen Diskrepanzen einfacher überwinden. Von der in die Berge geflüchteten Bevölkerung verhungerten oder erfroren etwa 2.000 Menschen. Die Überlebenden wurden als Sklaven in die Gefangenschaft abgeführt. Das Monopol war sichergestellt. Um die letzten Lücken abzuriegeln, ließ die VOC alle Muskatbäume der umliegenden Inseln abholzen. Ein Muskatbaum braucht zwanzig Jahre, um erste Früchte zu tragen.

Kaum friedlicher ging es im Kampf um das Gewürznelkenmonopol zu – in den nördlichen Molukken, wo zunächst die Inseln Ternate und Tidore, später auch die Westküste von Ceram und schließlich Ambon die Zentren des Anbaus dieser tropischen Pflanzen waren. Es war ein Gebiet auch der Rivalitäten zwischen örtlichen Herrschern; hier hatten sich vor den Niederländern die Portugiesen um das Monopol bemüht und Allianzpartner im örtlichen Streit gespielt. Immerhin war es ihnen gelungen, einen Teil der Bevölkerung zum Christentum zu bekehren. Beliebt waren sie freilich nicht, so daß man den im 17. Jahrhundert auftauchenden Niederländern die Rolle von Befreiern zumaß. Sie konnten die Portugiesen vertreiben, richteten dann ihr Hauptaugenmerk auf Ambon selbst und töteten die Rivalen von der EIC, die dort eine Niederlassung hatten. Die VOC setzte energische Bedienstete wie Herman van Speult ein, der nicht nur für eine große Expeditionstruppe plädierte, sondern auch die Kahlschlagmethode empfahl, um der Bevölkerung jede Subsistenzmöglichkeit zu nehmen. Ambon sollte das Gewürznelkenzentrum bleiben. Auf den anderen Inseln war diese Pflanze zu vernichten. Dem Vorschlag folgte die Tat auf Ceram und einigen nördlich gelegenen Inseln. Nicht nur die Gewürznelkenhölzer wurden entfernt, sondern auch Kokos und Sago-Palmen umgehackt. Zugleich führte man auf Ambon und Hitu ein dem 19. Jahrhundert vorauseilendes »Anbausystem« ein, den Zwang zur Anpflanzung von Gewürznelken, und verpflichtete die Bevölkerung zu Knechtsarbeiten im Dienst der VOC. Außerdem bediente man sich eines systematischen Aus- und Umsiedlungsverfahrens. Wo Widerstand losbrach, wurde er mit aller Härte unterdrückt, nicht zuletzt mit Hilfe einheimischer Hilfstruppen. Dabei ließ einer der brutalsten Militärs der VOC, Arnold de Vlaming van Oudtshoorn – der Name »de Vlaming« gilt noch heute als Schimpfwort –, vorzugsweise Kopfjäger agieren. Der Kampf um den Pfeffer verlief vergleichsweise unblutiger, da die Interessenten zu stark waren, als daß man mit kräftigem militärischen Zugriff klare Verhältnisse zugunsten des eigenen Handels hätte schaffen können.

Die Kompanie konzentrierte sich nicht allein auf den Archipel, sondern unternahm auch Expansions- und Einflußversuche westlich und östlich dieser Inselwelt. Dabei ging es einerseits um Gewürze, andererseits um den Wunsch, möglichst ertragreich in den inter-asiatischen Handel einzusteigen. Daß hier ein erstaunlicher Handelsverkehr betrieben wurde, hatte man gleich zu Beginn der Überseefahrten feststellen müssen. So waren etwa Textilien des indischen Subkontinents eine unerläßliche Voraussetzung für einen profitablen Gewürzhandel im Archipel. Hier mußte man mit sehr viel größerer Vorsicht vorgehen als etwa in den Molukken, da die politische Konstellation eine betont aggressive Politik nicht zuließ. Im Norden lag das Reich der Großmogule mit einem weit nach Süden reichenden Einfluß. An der Westküste und auf Ceylon saßen die Portugiesen noch fest im Sattel. Die Koromandel-Küste im Osten bot zunächst die größten Möglichkeiten, weil hier der Handel von örtlichen Regenten, nicht von Portugiesen oder vom Großmogul beherrscht wurde. Die in dieser Region gefertigten Baumwolltuche mit ihrer Vielfalt in Farbe und Muster waren genau die Ware, die man für den Handel im Archipel brauchte. So konnte sich die VOC hier einigermaßen geräuschlos niederlassen. Vor allem die Faktorei Masulipatnam wuchs zu einer blühenden Handelsstation heran. 1659 konnten die Portugiesen aus ihrem Fort Negapatnam vertrieben werden. Die VOC ließ einige Zeit verstreichen, ehe sie sich für stark genug hielt, die letzten Bastionen der Portugiesen in Südostasien anzugreifen. Der erste Schlag galt der Zimtinsel Ceylon. Die Unzufriedenheit der Ceylonesen mit den Portugiesen, die als Abschaum bezeichnet wurden, kam ihr zu Hilfe. Zusammen mit den einheimischen Fürsten vertrieb sie die Portugiesen, trat an ihre Stelle und brachte bis gegen Ende der fünfziger Jahre die ganze Insel in ihre Gewalt. Der Handel mit Zimt, der auf Ceylon höchste Qualität hatte, war sichergestellt. Darüber hinaus beteiligte sich die Kompanie am ceylonesisch-indischen Elefantenhandel sowie am Nahrungsmittelexport und -import, am Handel mit Perlen und tropischen Hölzern. Der Angriff auf die indische Westküste, auf Malabar, begann, nachdem 1641 die portugiesische Hegemonie in Malakka gebrochen und die VOC die Straße von Malakka neben der Sunda-Straße beherrschte. Der Angriff galt zunächst Goa, dann der gesamten Küste und endete 1663 mit der Eroberung Cochins. Von der portugiesischen Präsenz, auch wenn sie nur in Stein gehauen oder in Stein errichtet war, blieb nichts mehr übrig. Lediglich die Festungen übernahm man. Schließlich gelangten die Niederländer in die Nordwestecke Indiens, die zum Reich des Großmoguls gehörte. Hier war äußerste Zurückhaltung am Platz. Die VOC erwarb in Suratte einen Handelsposten, der aufgrund zur Schau getragener Friedfertigkeit aufblühen konnte und ein wichtiges Verbindungsglied zum Handel mit Persien unter Nutzung des reich verflochtenen Handelsnetzes wurde.

So konnte sich die Kompanie in der Region des Subkontinents und im Archipel durchsetzen. Zurecht schrieb Joost van den Vondel zum Ruhm der Nation: »Al waar de wind ons voert na alle zeen en kusten; gewinzucht liet tot nog geen havens onbezocht.« Natürlich wurde nicht überall eine Monopolstellung errungen, aber es sprach sich in den einzelnen Regionen rasch herum, daß Europa sich sehr wesentlich und bestimmend durch die Republik vertreten fand. Schon 1625 formulierte Omar Talib, ein gelehrter Türke: »Die Europäer haben jetzt die ganze Welt kennengelernt und bemächtigen sich der wichtigsten Häfen. Früher pflegten die Waren von Indien und China nach Suez gebracht zu werden, von wo aus sie von den Moslems in die ganze Welt verkauft wurden. Jetzt aber haben die Europäer... die Aufgabe übernommen. Was sie selbst nicht benötigen, verkaufen sie nach Istanbul oder an andere Länder des Islam. Sie verkaufen die Waren um den vielfachen Preis und verdienen viel Geld. Gold und Silber werden rar in den Ländern des Islam.« Wieviel stärker galt das noch in den späteren Jahrzehnten, als die Niederländer den Löwenanteil des Handels für sich in Anspruch nahmen. Nimmt man die territoriale Kontrolle über Inseln und Küstensiedlungen bis hin zu den Ansiedlungen am Kap der Guten Hoffnung zusammen mit den Möglichkeiten, vom offenen Meer her die Entwicklungen im Kontrollgebiet zu steuern oder nach Gutdünken zu regeln, dann werden die Jubelzeilen erklärlich, die Jan van de Marre 1740 auf die Stadt Batavia verfaßt hat: »In Indien sitzt die Kompanie auf dem Thron. Hier übt sie königliche und fürstliche Gewalt aus, sie ist Herrin über Leben und Tod, entscheidet über das Schicksal von Königen, über Krieg und Frieden, schlägt ihre eigene Münze und hat alle Eigenschaften, die nur bei unabhängigen Fürsten zu finden sind.« Die Gewaltanwendung, die die VOC diesen Status erreichen ließ, versagte östlich des Archipels. Chinesen und Japanern war kein niederländischer Wille aufzuzwingen. Das mußten die Niederländer erfahren, als sie darangingen, das portugiesische Macao anzugreifen und den Handel zwischen China und Manila zu unterbrechen. Bemerkenswert war die Absicht, im Falle eines Krieges mit China möglichst viele Chinesinnen und Chinesen der Küstenregionen zu kidnappen und auf Ambon, den Banda-Inseln und in Batavia anzusiedeln. Das lief auf einen Fehlschlag hinaus. Nur auf Formosa vermochte die Gesellschaft eine echte Kolonialherrschaft zu errichten. Das Gebiet wurde unter Einsatz von Tausenden von Festlandkulis für Zuckerplantagen erschlossen. Hier setzte auch eine Missionsarbeit großen Stils ein, die – ungleich der Entwicklung im Archipel oder im Indischen Ozean – erfolgreich verlief. In den innerchinesischen Wirren, die mit der Vertreibung der Ming-Dynastie endeten, ging auch die Herrschaft der VOC zu Ende. Der Ming-Anhänger Kochinga, der eine Operationsbasis suchte, belagerte Fort Zeelandia, das 1662 fiel.

Waren die Niederländer im südostasiatischen Raum im Bewußtsein ihrer Stärke als prädestinierte Anwärter auf Herrschaft aufgetreten, so empfahl sich gegenüber Japan eher eine untertänige Haltung, denn hier imponierte höchstens niederländische Seefahrtkunde, nicht Dominanz auf See. Die Position in diesem Raum war abhängig vom Willen des Shogun. Obwohl es gelang, die Portugiesen aus dem ertragreichen chinesisch-japanischen Handelsverkehr zurückzudrängen, was nicht ganz einfach war, da die Portugiesen in Japan schon eine höchst erfolgreiche Missionsarbeit geleistet hatten, reichte es nicht zur Errichtung einer Vorherrschaft, auch nicht, als die Portugiesen gegen Ende des vierten Jahrzehnts aus Japan ausgewiesen wurden. Denn ihrer Ausweisung folgte die der Niederländer aus Hirado, nachdem diese dort im Giebel einer neuerrichteten Loge die Inschrift hatten anbringen lassen »Anno Christi 1640«. Die Niederländer wurden auf die Insel Deshima vor Nagasaki verpflanzt. Von dort aus trieben sie Handel mit dem im übrigen hermetisch abgeschlossenen Festland. Die Ausweisung der Niederländer begründete der japanische Kaiser mit den Worten: »Die Kaiserliche Majestät weiß, daß ihr wie die Portugiesen Christen seid. Ihr heiligt den Sonntag, ihr schreibt das Jahr von Christi Geburt auf eure Dachgiebel, weithin sichtbar für jeden Angehörigen. Ihr habt die Zehn Gebote, das Vaterunser, die Taufe, das Abendmahl, die Bibel, Moses, die Propheten und die Apostel, kurz: Es ist alles ein und dasselbe! Ihr seid einig in der Hauptsache, die Unterschiede zwischen euren beiden Richtungen halten wir für gering. Daß ihr Christen wart, wußten wir schon lange vor diesem Tag, wir haben freilich gemeint, daß ihr einen anderen Christus hattet!«

Im 17. Jahrhundert war das Gebiet der kolonialen Expansion und Kontrolle in Südostasien und im Fernen Osten abgerundet. Im 18. Jahrhundert kam es nur noch darauf an, den Erwerb oder die Kontrolle zu konsolidieren. Das verlief nicht ohne Schwierigkeiten und Rückzug, weil die europäische und asiatische Konkurrenz an Kraft gewann. Die VOC mußte sich immer stärker auf den indonesischen Archipel konzentrieren. Die Niederlassungen in Persien und Siam wurden 1760 geschlossen. In Vorderindien traten England und Frankreich in Konkurrenz. Dagegen erwarb die VOC noch die Teilhaberschaft am Kantoner Teehandel, konnte die Handelsbeziehung mit Japan aufrechterhalten und verstärkte sogar ihre Position auf Ceylon. Im Archipel selbst verbesserte sich die Stellung weiterhin, entweder in der kriegerischen Auseinandersetzung mit den Regionalfürsten oder im Einvernehmen mit ihnen. Der Einfluß auf Java nahm zu, und die Beziehungen zu Sumatra und Borneo verdichteten sich. Es war dies auch die Zeit, in der sich einerseits zwar die Anfuhr von Kolonialwaren nach Europa vergrößerte, andererseits jedoch die Gewinne sanken, weil zum einen zu den Kolonialwaren viele Erzeugnisse zählten, die nicht im Monopol, sondern in Konkurrenz angeboten wurden, und weil zum anderen der allmähliche Zuwachs an unmittelbarer Territorialherrschaft der VOC die Kosten für Verwaltung und Verteidigung erheblich steigerte. Zudem hatte der Verfall der Schlagkraft zur See einen Rückgang des Anteils am inter-asiatischen Handel zur Folge. Dadurch reduzierten sich die Mittel, die bis dahin sowohl die Geschäftskosten als auch den Einkauf für die Heimatflotte deckten.

Wer waren die Menschen und Gruppen, die von »Heren XVII« und ihren bürgerlich-aristokratischen Auftraggebern ausgewählt wurden, um vor Ort die Handels- und Kriegsaufgaben wahrzunehmen? Es sei dazu der niederländische Islam-Forscher Christiaan Snouck-Hourgronje zitiert, der die Präsenz der Niederländer im Archipel kritisiert und sie als eine niederländisch-indische Tragödie eingestuft hat: »Der erste Akt dieser niederländisch-indischen Tragödie heißt ›Compagnie‹, und sie beginnt fast genau mit dem 17. Jahrhundert. Die Hauptakteure verdienen unsere Bewunderung für ihre unbezähmbare Energie, aber das Ziel, für das sie arbeiteten, und die Mittel, die sie anwendeten, um dieses Ziel zu erreichen, waren von solcher Art, daß es uns schwerfällt, sie ohne Abscheu zu würdigen, selbst wenn wir uns voll und ganz der Regel unterwerfen, daß die Taten entsprechend dem Standard der Zeit zu beurteilen sind. Das ›Experiment‹ (gemeint ist die Handelsexpansion in den Archipel hinein) begann so, daß die Einwohner Asiens mit dem Abschaum der niederländischen Nation in Berührung kamen und von diesem mit fast unerträglicher Verachtung behandelt wurden. Aufgabe dieses Teils der Nation war es, sich voll und ganz für die Bereicherung einer Gruppe von Aktionären im Vaterland einzusetzen. Die Diener dieser Monopolgesellschaft, die von ihren Arbeitgebern besonders knapp gehalten wurden, aber nicht weniger raffgierig waren, gaben ein Schaustück von Korruption ab, das noch das Schlimmste übersteigt, was man den orientalischen Völkern in dieser Beziehung vorgeworfen hat.« Nun waren gewiß nicht alle Angestellten über einen Kamm zu scheren, und auch an der Spitze des Betriebes im Archipel, bei den Generalgouverneuren, gab es wesentliche Unterschiede, was Durchsetzungsvermögen und Härte betraf. Die Soldaten und Seeleute stammten aus den untersten Schichten der gesellschaftlichen Pyramide, waren häufig Leute aus dem europäischen Ausland. Das Rekrutierungsfeld reichte bis nach Osteuropa hinein. Dazu kamen Handwerker der verschiedensten Sparten, Ärzte ohne akademische Ausbildung und calvinistische Prädikanten sowie die Kaufleute, die mit dem Einkauf von Waren, dem Tauschgeschäft und der Buchhaltung befaßt waren. Was sich hier herausbildete, war eine Fluktuationsgesellschaft, deren Mitglieder eine begrenzte Vertragszeit hatten, nur vorübergehend im Archipel weilten, so sie überhaupt ihre Zeit aussitzen konnten und nicht vorher starben. Ihr Auftrag war, den Reichtum der Geldgeber auf dem Kontinent zu mehren, was sie nicht hinderte, auf eigene Rechnung, zum Nachteil der Gesellschaft, Geschäfte zu machen.

Eine Siedlungspolitik hat die VOC nie konzipiert. Sie konzentrierte sich im wesentlichen immer auf den Handel und seine Durchsetzung. Dennoch gab es Stimmen, die für eine systematische Siedlungspolitik plädierten, die letztlich der Sicherung des Handels dienen sollte. Coen setzte sich dafür ein, ohne überzeugen zu können. Zwar ließ die VOC eine Anzahl von Freibürgern zu, von jenen, deren Vertrag abgelaufen war und die nicht mehr ins Mutterland zurückkehren wollten, aber deren Bewegungsfreiheit blieb im Handel begrenzt, und als Handwerker hatten sie angesichts der herrschenden chinesischen Konkurrenz einen schweren Stand. Schließlich fehlte es auch an geeigneten Frauen, um durch Familiengründung erste Ansätze zu einer erfolgreichen Siedlungspolitik zu erreichen. Laut dem Briefwechsel, der zwischen Batavia und Amsterdam geführt wurde, ließ sich der Wunsch der Obersten vor Ort, ganze, intakte Familien in den Archipel zu schicken, nicht erfüllen. Auch die Anregung, mit Eingeborenenfrauen feste Bindungen einzugehen, stieß auf derart viele Schwierigkeiten, daß der Gedanke bald preisgegeben wurde. Die VOC war selbstverständlich Teilhaberin an dem im Archipel üblichen Sklavenhandel. Sie benutzte die Sklaven vornehmlich zu Arbeiten bei den befestigten Plätzen, den Forts, und in den Häfen. Man kaufte sie auf Madagaskar oder in Mocambique, später auch an der westafrikanischen Küste, dem Rekrutierungsfeld vor allem für den Sklavenhandel in Amerika. Wenngleich der Überseehandel nicht allein für den materiellen Zugewinn des Mutterlandes sorgte, trug er einiges zum Gewinn bei. Die Hoffnung auf Profit äußerte sich schon darin, daß die Anteilsscheine an der

Amsterdamer Börse gehandelt wurden. Das geschah bereits 1602, als die Kurse gleich auf 14 Punkte über pari anstiegen. Das verhieß Hoffnung, doch sie war ohne Realität, da die Kompanie in den ersten acht Jahren weder Waren noch Dividende ausschüttete. Rasch sanken die Kurse auf 58 unter pari. Erst seit 1610 wurden Muskat und Pfeffer, schließlich auch Geld ausgeschüttet. Ab Ende der vierziger Jahre erfolgte die Gewinnverteilung nicht mehr in natura, sondern ausschließlich in bar. Zwischen 1640 und 1780 lagen die Kurse der VOC-Anteile an der Börse immer über 400, mit einem Höhepunkt von 539 Punkten im Jahr 1648. Mit Ausnahme von siebzehn Kriegsjahren pendelten die Gewinne zwischen 10 und 36 Prozent. Insgesamt wurden bis 1780 3.600 Prozent ausgezahlt. Der allmähliche Verfall des Gewinns im 18. Jahrhundert lag zum einen an der Zufuhr von Waren, die nicht aus dem Monopol stammten, sondern auf dem freien Markt eingekauft waren, zum anderen an den wachsenden Kosten für Verwaltung, Unterhalt und Verteidigung der VOC-Position. Die reinen Personalkosten stiegen, zählte die Gesellschaft doch im 18. Jahrhundert bis zu 20.000 Bedienstete gegenüber 8.000 im Jahrhundert zuvor.

Eine kulturelle Begegnung zwischen den nordwesteuropäischen Niederländern und den Völkern des Archipels oder des Subkontinents hat nicht stattgefunden. Zu mächtig war der Drang nach Profit, zu schwach die »fremde Gesellschaft«, die sich zu formieren begann. Die Begegnung erfolgte vornehmlich aufgrund der in Münze umrechenbaren Quantitäten, und jene, die da rechneten, die Ware mit oder ohne Gewalt erwarben, zählten sicherlich nicht zu den Kulturträgern der Niederländer oder zu den Mäzenen jener europäischen Kultur. Woraus sollten sich kulturelle Vereinbarkeiten entwickeln? Wer sollte was vertreten? Ansätze, nicht nur eine Erwerbs-, sondern auch eine Kulturgesellschaft zu bilden, hat es in der rudimentärsten Form gegeben – in Batavia. Die Tatsache, daß eine Lateinschule nach kurzer Zeit wieder geschlossen werden mußte, zeigte unmißverständlich, welche Schwierigkeiten es machte, zu ersten Konsolidierungen zu kommen. Auch der missionarische Erfolg reformierter Prediger war viel geringer als jener der katholischen Portugiesen. Vermutlich hatten die niederländischen Mißerfolge ihre Ursache in der minderen Qualität der Prädikanten, die sich auf den Weg in den Archipel begaben. Wo eine strenge, gegenüber anderen Richtungen intolerante Linie dem Gewinn im Wege lag, empfahl sich für die Niederländer Zurückhaltung. So duldeten sie Lutheraner, die katholischen Missionare anderer Nationen und hüteten sich, die religiösen Gefühle etwa moslemischer Handelspartner durch überschäumenden christlichen Missionseifer zu verletzen. Am leichtesten ließ sich Christentum unter den Sklaven verbreiten.

Der Erfolg im Handel sorgte auf jeden Fall für eine Stärkung des Selbstbewußtseins des Einzelnen und der Republik. Wie sich in der Metropole der gehobene Bürger und der Regent porträtieren ließen, so geschah das auch im Archipel. Es kamen eigens Maler nach Übersee, um Gouverneure oder Oberkaufleute mit ihrer Familie zu konterfeien, wenn möglich mit einem Mohren im Hintergrund. So entstanden Porträts, die Leistung, Saturiertheit und Überlegenheit gleichermaßen ausstrahlten. Aber ebendies waren kollektive Epitheta des nationalen Selbstverständnisses, das sich in den Schriften der Zeit äußerte und auch von auswärtigen Besuchern begriffen wurde, zumal sich gerade in den ersten Jahrzehnten die Expansion der VOC als die erfolgreiche Fortsetzung des Kampfes gegen Spanien in einem anderen Teil der Welt deuten ließ. Wenn dem neuen Hauptsitz der Name »Batavia« gegeben wurde, dann war das die wörtliche Umsetzung eines wachsenden Nationalgefühls. Wohl völlig unabhängig von aller Profitgier entstanden etliche wissenschaftliche Arbeiten zur Religion, Fauna und Flora der Inseln des Archipels und des Subkontinents sowie zur Seefahrt- und Kartenkunde. Vermutlich war die Klage des Nicolaas Witsen, Kammermitglied und Bürgermeister von Amsterdam, nicht für den ganzen Zeitraum der VOC berechtigt, wenn er 1712 einem Freund schrieb: »Ich müßte mich eigentlich schämen, tatsächlich aber steht man der Fortsetzung wissenschaftlicher Arbeit lieblos gegenüber... Was fragen sie denn nach gelehrten Neuigkeiten über Indien... Nein, nur Geld suchen unsere Leute dort, keine Wissenschaft: das ist sehr zu beklagen.« Daß schon früh, 1603, ein erstes niederländisch-malayisches Wörterbuch erschienen ist, dürfte noch eher dem Wunsch nach Erleichterung der Handelsbeziehungen als dem sprachwissenschaftlichen Drang zuzuschreiben sein. In den späteren Jahrzehnten sah das anders aus. Da war es die niederländische Reiseliteratur, die eine Vielfalt von landeskundlichen und naturwissenschaftlichen Erkenntnissen ausbreitete, freilich über Völker und Sitten in vielen Fällen mehr spontan als fundiert urteilend. Aber es gab auch Gründliches und Tiefgehendes, etwa das von dem Prediger Abraham Rogerius erarbeitete »De open deure tot het verborgen heydendom«, das als ein Standardwerk über den Hinduismus zu gelten hat. Das Material sammelte der Autor während eines langen Aufenthalts in Pulicat an der Koromandel-Küste. François Valentijn, ein anderer Prediger, der auf Ambon in protestantischer Mission tätig war, gab zwischen 1724 und 1726 ein achtbändiges enzyklopädisches Werk über »Oud en nieuw Oostindië« heraus, das insgesamt 4.800 Seiten umfaßte. Es mochte nicht in allen Teilen ein originäres Werk sein, aber es bot eine ganz wesentliche Orientierungshilfe über Politik, Leben, Land und Leute im Archipel. Die Arbeit an Werken zur Schiffahrt- und Seefahrtkunde hatte in den Niederlanden wie in anderen seefahrenden Ländern Europas Tradition. Als vorbildlich wurde lange vor der VOC-Zeit der »Spieghel der Zeevaert« des Lucas Jansz. Wagenaer empfunden. Es war das erste Buch mit standardisierten Symbolen für Seebojen, sichere Ankerplätze und gefährliche Klippen. Wagenaers Pionierarbeit wurde von Amsterdamer Verlegern, voran von Willem Jansz. Blaeu fortgesetzt. Die bekannteste Leistung dieses Verlegers war der Weltatlas, der 1662 in elf Foliobänden auf den Markt kam. Nach dem Tod Blaeus gingen die innovatorischen verlegerischen Aktivitäten zurück. Man beschränkte sich vorwiegend auf die Herausgabe von Reproduktionen, so daß englische und französische Verleger Anfang des 18. Jahrhunderts genauere Globen, See- und Landkarten herausbrachten. Darüber hinaus erlebte die Literatur zur Technik der Seefahrt einen beachtlichen Aufschwung. Das bis ins 17. Jahrhundert gültige Buch des Spaniers Pedro de Medina »Arte de Navigar« von 1545 wurde zunächst von C. J. Lastmans »Beschrijvinghe van de Kunst der Stuerlieden« aus dem Jahr 1642 abgelöst, dem weitere Werke folgten. Zudem hatte der Unterricht in Seefahrtkunde für künftige Fahrensleute Konjunktur; es kam in den Hafenstädten der Republik zu einem regelrechten Konkurrenzkampf zwischen diesen Lehrern, die entweder erfahrene Seeleute waren oder Mathematik und Navigation studiert hatten und nunmehr ihr Wissen an den Mann bringen wollten. Bedarf an Unterweisung war wegen des weitverbreiteten Handelsnetzes reichlich vorhanden.

Die niederländischen Universitäten äußerten ihre Neugier auf Flora und Fauna im Archipel und andernorts. Die Schiffsärzte schon der ersten Reise erhielten den Auftrag, Pflanzen zu beschreiben und, falls möglich, mitzubringen. Getrocknete Pflanzen, Samen, Zwiebeln und Knollen fanden sich bald in den Botanischen Gärten von Amsterdam und Leiden oder bei Apothekern und Gewürzhändlern. Botaniker und Pharmazeuten sahen sich nun einer bunten Vielfalt von ihnen bislang unbekannten Gewächsen gegenüber. Zunächst kam es für die Botaniker darauf an, sie beschreibend und zeichnend zu erfassen. Der Direktor des Hortus Botanicus von Leiden, Carolus Clusius, veröffentlichte 1605 sein Opus »Exoticorum libri decem«, in dem einzelne Kapitel über die Pflanzen handelten, die von den ersten Reisen der VOC-Schiffe mitgebracht worden waren. Das war ein sichtbarer Erfolg für eine weitere fruchtbare Zusammenarbeit zwischen der Handelsgesellschaft und dieser wissenschaftlichen Institution. 1627 reiste der Arzt Jacobus Bontius in den Archipel, zu den Molukken und nach Timor. Seine Aufzeichnungen über die Flora der Inseln wurden 1658 nach seinem Tod unter dem Titel »Historiae naturalis et medicae indiae orientalis« veröffentlicht. Zum bekanntesten Gelehrten des Kolonialgebiets avancierte Georg Everaard Rumphius, der »blinde Seher von Ambon«, ein Deutscher, der als Soldat in den Dienst der Handelsgesellschaft trat und auf Ambon und den Molukken von 1653 bis 1702 als Angestellter und Verwalter lebte. Er widmete die ganze Zeit seines Aufenthalts dem Sammeln von Pflanzen und Kräutern, die er in großen Foliobänden beschrieb und abbildete. Sechs Teile seines »Ambonnese kruidenboek« schickte er 1692 in die Niederlande. Dort wurde es in Amsterdam 1741 bis 1750 ediert. Dieser großen Publikation ging 1705 die Veröffentlichung seiner Beschreibung von Seemuscheln, Weich- und Schaltieren, »Amboinsche rariteitenkamer«, voraus. Die Arbeiten des Rumphius bildeten zusammen mit seinen Untersuchungen zur Mineralogie, Geologie und Paläontologie der Molukken viele Jahrzehnte lang eine wichtige Erkenntnisquelle für die europäischen Wissenschaften. Unterstützt wurde seine Arbeit von dem an solchen Studien interessierten Generalgouverneur Johannes Camphuysen, der auch die Japan-Studien des deutschen Arztes Engelbert Kaempfer förderte. Das Zusammentragen von Raritäten, von seltsamen Tieren, Vögeln und Steinen, blieb nicht der wissenschaftlichen Beschreibung vorbehalten, sondern war häufig auch Gegenstand einer neuen niederländischen Mode: der Sammelwut. Eine Vielzahl an Versteigerungslisten von niederländischem Privatbesitz im 17. und 18. Jahrhundert weist aus, daß vom Horn des Nashorns bis zum Elefantenschwanz etwa alles gesammelt worden ist, was den Rahmen europäischer Naturalien gesprengt hat.

Während Rumphius auf Ambon und den Molukken seine Arbeit verrichtete, wandte sich Baron Rheede tot Drakensteyn der indischen Westküste zu. Der Utrechter Baron, einer der wenigen Edelleute im Dienst der Handelsgesellschaft, war ein Amateur-Botaniker, trat als Seekadett die Reise an und verbrachte zwischen 1661 und 1667 den größten Teil in Malabar, wo er als Gouverneur lebte. Ihm gelang es aufgrund seiner Autorität als hoher Angestellter der VOC, sowohl den Radscha von Cochin als auch andere Potentaten Südindiens dazu zu bewegen, ihm bei der Sammlung von botanischen Materialien zu helfen. Er scharte einen Rat von gelehrten Brahmanen um sich und unternahm mit Hunderten von Kulis Entdeckungsreisen ins Innere des Landes. Das Ergebnis war der von ihm auf eigene Kosten veröffentlichte »Hortus indicus malabricus«, der zwischen 1678 und 1703 in zwölf reich bebilderten Foliobänden erschien. Das Werk sollte Weltberühmtheit erlangen. Aber das neue, erweiterte Wissen über Fauna und Flora wurde nicht nur in Buchform präsentiert. Die Raritätenkabinette, häufig von Bürgern zusammengestellt, die viele Jahre in Südostasien gelebt hatten, boten vielfältiges Anschauungsmaterial, das bei Versteigerungen der Öffentlichkeit zugänglich gemacht wurde. Darüber hinaus wurde Anschauung am lebenden Objekt möglich. Privatleute pflanzten und pflegten in ihren Gewächshäusern tropische Pflanzen. Die Matrosen brachten Affen und Papageien mit. In den Menagerien der statthalterlichen Familie fanden sich Tiere aus den Regionen des Archipels. Zum Gasthaus »Blauw Jan« in Amsterdam oder zum Erholungspark bei der Leidener Bucht pilgerte das Volk, um dort die Tiere aus der Fremde zu bewundern. In den Landhäusern der Regenten, die sich als Rentiers aus dem Geschäftsleben zurückgezogen hatten, standen zahlreiche Volieren mit tropischen Vögeln. Ein Papagei im Wohnzimmer zählte im 18. Jahrhundert schon nicht mehr zu den Besonderheiten. Selbst auf Kirmesfesten wurden Tiere aus den Tropen vorgeführt. In den Niederlanden verendete Tiere wurden ausgestopft und im Leidener Botanischen Garten aufgestellt.

Mit der Erweiterung botanischer und zoologischer Kenntnisse ging die Veränderung in der täglichen Lebenshaltung, in den Eß- und Trinkgewohnheiten wie in der Wohnkultur, einher. Obwohl Gewürze nicht zu den größten Neuigkeiten zählten, wurden sie breiteren Kreisen zugänglich, weil die hohe Anfuhr die Preise sinken ließ. Hinzu kam der Zucker, der von beiden Handelskompanien, der Ost- wie der Westindischen, eingeführt wurde. Die Geschmackskombination von würzig und süß, zum Beispiel bei Pfefferkuchen und Spekulatius, wurde begehrt, und gegen Ende des 18. Jahrhunderts übernahm man indonesische Küchenrezepturen. Nachdem zunächst Gewürze lediglich über Apotheken verkauft worden waren, kam gegen Ende des 17. Jahrhunderts der Beruf des Gewürzwarenhändlers auf. Die enge Verbindung von Arzt- und Kochkunst zeigte sich darin, daß drei niederländische Kochbücher des 17. Jahrhunderts von Ärzten geschrieben wurden, die auch den in den Anfängen der VOC nur in geringen Mengen eingeführten Tee vorerst eher als Heilkraut denn als Genußmittel sahen. Mediziner scheinen mit ihren Expertisen und Traktaten den Genuß von Tee in der zweiten Hälfte des 17. Jahrhunderts in verstärktem Maße angepriesen und durchgesetzt zu haben. Nunmehr vertrieb nicht der Apotheker, sondern der Gewürzwarenhändler die Ware. Es entwickelte sich eine Teekultur bei Damenkränzchen und in Teehäusern außerhalb der Städte, was im 18. Jahrhundert nicht selten Gegenstand des Spottes wurde. Wer es sich leisten konnte, ergänzte seinen Hausrat durch die Anschaffung von eigens für den Teegenuß angefertigtem Porzellan, und der Teetisch kam in Mode. Für den Kaffee galt eine ähnliche Entwicklung. 1692 zählte man allein in Amsterdam 24 Kaffeehäuser. 1726 ließ François Valentijn wissen, Kaffee sei vor etwa vierzig Jahren fast noch unbekannt gewesen, habe aber einen solchen Durchbruch erzielt, »daß Hausmädchen und Näherinnen allmorgentlich ihren Kaffee haben müßten, weil sonst der Faden nicht durchs Nadelöhr gehen wolle«.

Abgesehen davon, daß neue Eßgewohnheiten ganz allgemein zu einer Veränderung des Hausrates führten, setzte sich im Laufe des 17. und verbreitet im 18. Jahrhundert die Ausstattung mit Porzellan durch. Es fand seinen Weg aus den Kuriositätensammlungen fürstlicher Häuser in die der Bürger. Vor allem die chinesische Ware beherrschte das Bild. Zwischen 1602 und 1682 führte die VOC 3,2 Millionen Stück Porzellan ein, eine Menge, die zwischen 1730 und 1789 auf 42,5 Millionen anstieg. Zum größten Teil handelte es sich um Massenware für breiteste Käuferschichten. Angesichts der vorherrschenden chinesischen Ornamentik in den Bürgerhäusern erhielten die Niederländer im 19. Jahrhundert den Beinamen »Chinesen Europas«, wenngleich dies im übertragenen Sinne gemeint war. Mit der Einfuhr chinesischen Porzellans, dessen Ornamentik im Laufe der Jahrzehnte dem europäischen Geschmack angepaßt wurde, wuchs das allgemeine Interesse an chinesischer Kunst sowie an Land und Leuten überhaupt. Nicht nur, daß die europäische Kunst chinesische Motive verarbeitete, es ging auch bald um Fauna und Flora, um Sprache und Geographie des Landes. Es entstand eine Vielzahl von Beschreibungen, die mehrere Auflagen erlebten und das China-Bild der Europäer lange Zeit bestimmten. Stellvertretend seien der Gesandtschaftsbericht des Amsterdamer Arztes, Historikers und Geographen Olfert Dapper von 1670 sowie Johan Nieuhoffs reich mit Gravuren versehener China-Band genannt. Die Literatur weist nachdrücklich darauf hin, daß die »Rezeption Chinas« und damit eine Synthese chinesischer und europäischer Kunst ein europaweites Phänomen war, welches in den Niederlanden bis in die Produktion des Delfter Porzellans in Form und Motiv hineinreichte. Der asiatische Einfluß setzte sich fort in der Ausstattung der Wohnungen mit Möbeln aus Edelholz oder Lackarbeiten aus China und Japan. Am statthalterlichen Hof wurden ganze Kabinette mit asiatischen Möbeln eingerichtet. Das insgesamt eher dunkel gehaltene Interieur niederländischer Bürgerhäuser erhielt durch diese Mode aufhellende Farbtupfer. Aus Indien importierte man bemalte waschechte Glanzseide. Die ebenfalls importierten Baumwollstoffe sorgten für eine Blüte der die asiatischen Motive imitierenden Baumwolldruckereien. Sowohl Glanzseide (Chintz) als auch Baumwollstoffe, bereicherten Wäschetruhen und Alltagskleidung, deren Motive und Qualität schon 1615 der Dichter Gerbrand Adriaensz. Bredero beschrieben hat. All dieses gehörte, wenn man etwas gelten wollte, ebenso zum täglichen Outfit wie der chinesische Fächer für Damen und der in großen Mengen von der VOC eingeführte Spazierstock für Herren.

Das handelsgesellschaftliche Pendant für die neue Welt, für beide Amerikas und Westafrika, wurde die 1621 gegründete Westindische Kompanie (WIC).

Auch ihrer Gründung gingen umfangreiche Tätigkeiten einzelner Handelsgesellschaften der niederländischen Seeprovinzen voraus; so stießen die Holländer bis zum Sankt-Lorenz-Strom und am Unterlauf des Hudson vor. Wirtschaftliche und militärische Ziele lieferten das Motiv zur Kompaniegründung. Es ging darum, die Spanier und Portugiesen aus dem atlantischen Raum zu vertreiben, sie damit wirtschaftlich zu beerben und zugleich für den Kampf auf dem europäischen Kontinent zu schwächen. Daß die WIC unmittelbar nach Ablauf des zwölfjährigen Waffenstillstandes 1621 gegründet worden ist, darf als ein Hinweis auf die militärische Zielsetzung gewertet werden. Wirtschaftlich war die Übernahme der brasilianischen Zuckerproduktion ebenso von Interesse wie die Beteiligung am afrikanischen Gold- und Sklavenhandel. Die Charta vom 3. Juni, von den Generalständen für eine »allgemeine« oder »vereinigte Kompanie« ausgestellt, sah vor, daß es die Aufgabe der Gesellschaft war, in Westindien und Afrika Handel und Schiffahrt zu treiben und die Position der dort in einzelnen Niederlassungen lebenden Niederländer zu verstärken. Wie die Ostindische Kompanie erhielt die Westindische eine Monopolstellung zuerkannt. Das Monopolgebiet reichte von Westafrika südlich vom Wendekreis des Krebses nach Amerika südlich von Neufundland und der Bering-Straße. Jeder private Handel, der von der Republik aus oder von im Ausland lebenden Niederländern in diesem Gebiet betrieben wurde, war strafbar. Insgesamt lauteten die Bestimmungen der Charta ähnlich wie die der VOC: Anlage von Festungen und Garnisonen, Rekrutierung von Soldaten, Befugnis, Allianzen mit Fürsten und Völkern zu schließen, Rechtsprechung und Verwaltung sowie Niederlassungsrecht in unbewohnten Gebieten. Auch die Verwaltungs- und Entscheidungsstruktur entsprach der der ostindischen Schwestergesellschaft: Kammereinteilung – Amsterdam, Seeland, Maze mit Rotterdam, Delft, Dordrecht, Noorderkwartier mit sechs westfriesischen Städten und Friesland-Groningen – mit ihren jeweiligen Verwaltungsdirektoren, die entsprechend dem oligarchischen Prinzip der Republik in ihre Positionen rückten. Die Zentralverwaltung bestand aus neunzehn Direktoren, unter ihnen ein Vertreter der Generalstände, dem »Kollegium der XIX«. Es gab allerdings zwei Unterschiede zur ostindischen Gesellschaft: Zum einen behielten sich die Generalstände eine Reihe von Rechten und Kompetenzen vor, was in der Praxis bedeutungslos blieb. Denn Vorstellungen, wie sie zuvor der aus den südlichen Niederlanden stammende Willem Usselincx entwickelt hatte, der diesen zweiten Vorstoß der Republik nach Übersee zu einer Angelegenheit des Staates machen wollte, erwiesen sich als unrealistisch. Zum anderen trat der Kolonisierungsaspekt stärker in den Vordergrund, was auf die Vielzahl der schon vorhandenen niederländischen Niederlassungen im Monopolgebiet zurückzuführen ist.

Handel und Schiffahrt sollten in Nutzung der Monopolstellung betrieben werden, so hieß es in der Charta von 1621. Sie sollten helfen, die Einlagen – erste Einlage 7 Millionen Gulden – gewinnbringend anzulegen. Eine solche Geldanlage war offensichtlich die Kaperfahrt, mit der sich das Kapital verzinsen und zugleich der Hauptgegner Spanien schädigen ließ. Die Ausstellung von Kaperbriefen für einzelne Kapitäne war nichts Neues und wurde auch von anderen europäischen Nationen gepflegt, doch mit der Gründung der Westindischen Kompanie entwickelte sich die niederländische Kaperfahrt zu einem Unternehmen großen Stils. Zwei Jahrzehnte lang rüstete die Gesellschaft große Kaperflotten aus, die vornehmlich die Gewässer in der Karibischen See befuhren und mit reicher Beute heimkehrten. Unter der Vielzahl von Flotten ist die des Piet Heyn zu nennen, dem es 1628 gelungen ist, einen Teil der spanischen Silberflotte zu kapern. Die Versteigerung der Beute in Amsterdam brachte 12 Millionen Gulden ein, bei Expeditionskosten in Höhe von 5 Millionen immerhin ein Gewinn von 7 Millionen Gulden. In den vierziger Jahren ging diese Form der Prosperität zu Ende. Den Spaniern und Portugiesen wurde zwar erheblicher Schaden zugefügt, aber es kam nun darauf an, das Handelsmonopol zu einer gefahrlosen Unternehmung zu gestalten und den gesamten Zuckerhandel sowie den afrikanischen Gold- und Sklavenhandel in die Hand zu bekommen. Diese Art des Handels war für niederländische Kaufleute nicht neu, denn schon zuvor hatten sie sich als Privatunternehmer an diesem Geschäft beteiligt oder im portugiesischen Auftrag gearbeitet.

Die WIC versuchte, die Portugiesen mit einem Schlag von ihrem Hauptstützpunkt Brasilien, dem Zentrum des Zuckeranbaus und -handels, zu vertreiben und zugleich den mit dem Zuckeranbau eng verbundenen afrikanischen Sklavenhandel zu einer niederländischen Angelegenheit zu machen. Ein erster Angriff mißglückte 1625. Ein neuer, fünf Jahre später einsetzender Angriff gegen Pernambuco und Recife hatte mehr Erfolg. Mit Hilfe einiger Indianerstämme und Negersklaven, die sich auf die Seite der Niederländer schlugen, gelang es der WIC, in diesem nördlichen Teil Brasiliens eine Kolonie zu gründen, deren erster Gouverneur Johann Moritz von Nassau wurde. 1637 eroberte die WIC Elmina an der westafrikanischen Goldküste, so daß sowohl der dortige Goldhandel als auch ein Großteil des Sklavenhandels in ihre Hände fielen. Die Situation konnte günstiger nicht sein, als Anfang der vierziger Jahre noch das Zentrum des südafrikanischen Sklavenhandels, Luanda in Angola, und die Insel St. Tomé erobert wurden und 1642 ein Waffenstillstand mit Portugal zustande kam. Ausbau und Sicherung der Marktstellung ließen sich freilich nur herbeiführen, wenn es ausreichend Kolonisten gab; dies um so mehr, weil die Zahl der in der Kolonie verbliebenen oder dorthin zurückgekehrten Portugiesen, der Moradores und Ritirados, nicht gering war. Zudem erwies es sich nicht als einfach, eine Politik zu führen, die diese mit den neuen Herren versöhnen konnte. So bemühte sich die WIC um erhöhte Einwanderung aus dem Mutterland. Die Kolonisten sollten vor allem auf dem platten Land siedeln, unter günstigen Bedingungen, die auch siedlungswilligen Soldaten der WIC angeboten wurden. Das gelang nicht im erwarteten Umfang. Die Mehrzahl der Freibürger bestand aus Kaufleuten, Handwerkern und Gewerbetreibenden in Recife und dem neu gegründeten Mauritsstad. Ein Drittel der Freibürger waren Juden, vor allem Sephardim, die ab 1635 in größerer Zahl in die Kolonie kamen. Der unter dem Gouverneur residierende höchste Regierungs- und Verwaltungsrat, »Hoge en Secrete Raad«, proklamierte zu dieser Zeit Glaubens- und Gewissensfreiheit, was die schon vor 1635 in dem Gebiet wohnenden getauften Juden veranlaßte, zum alten Glauben zurückzukehren, kaum zur Freude der protestantischen Prädikanten, die jetzt den Bau von Synagogen dulden mußten. Freilich blieb den Juden der Zugang zu öffentlichen Ämtern versperrt, und für die Landwirtschaft und den Zuckeranbau interessierten sie sich nur sporadisch. Ihre Hauptbeschäftigung lag im Zwischenhandel auf dem Sklavenmarkt. Zwischen 1640 und 1644 kauften sie über 40 Prozent der gesamten Sklavenanfuhr auf. Das bedeutete auch, daß sie in zahlreichen Fällen Gläubiger der Besitzer von Zuckermühlen und Zuckerrohr waren. Das diente keineswegs dem Ansehen der Niederländer beim portugiesischen Bevölkerungsteil, zumal die Juden einen Großteil der Kolonialsteuern pachteten und den Landhandel besetzten.

Wichtig für den Bestand der WIC war das Verhältnis zu den Indianerstämmen. Die Gesellschaft setzte nicht auf Unterdrückung, sondern auf gute Beziehungen. Sie gewährte den Dorfgemeinschaften eine größere Autonomie, als sie unter den Portugiesen bestanden hatte. Die Indianer blieben im Prinzip frei, wenngleich es unter der portugiesischen Herrschaft indianische Sklaven gegeben hatte, die auch unter der WIC nicht frei wurden, vermutlich um die portugiesischen Moradores nicht gegen sich aufzubringen. Miete und Vermietung indianischer Arbeitskräfte blieb möglich, was sowohl auf den Zuckerrohrfeldern als auch in den Zuckerfabriken voll ausgenutzt wurde. Zugleich warb man Indianer als Soldaten an und faßte sie in eigenen Bataillonen unter europäischen Offizieren gegen halben Sold zusammen. Der Versuch, die Indianer durch christliche Mission an die europäische Gemeinschaft zu binden, erwies sich weitgehend als Fehlschlag. Die Übersetzung des protestantischen »Katechismus« ins Portugiesische und dann in die Tupi-Sprache nützte wenig, da die zuvor von katholischen Missionaren bekehrten Indianer weiterhin ihren Rosenkranz abholten und die Heiligen feierten, abgesehen davon, daß sie weiterhin ihre Körper bemalten. Immerhin bemühten sich die protestantischen Prädikanten nicht nur um das Seelenheil, sondern auch um die Verbesserung der Lebensverhältnisse der Eingeborenen. Wiederholt beklagten sie bei der Kolonialverwaltung die Armut und den schlechten Gesundheitszustand der Indianer.

Die Anfuhr von Sklaven war für den Handel und die Unternehmer profitabel, hatte aber unter den gegebenen Umständen auch eine Kehrseite. A. von Quelen schrieb 1640 an die »Heren XIX«, daß die Früchte des Landes niemals ohne Sklavenarbeit eingefahren werden könnten, und er fügte hinzu, daß die Anfuhr zu vergrößern sei, um immer mehr Land kultivieren zu können. Die Gewinne der WIC wären in den vergangenen zwei Jahren verdoppelt worden, hätte man mehr Sklaven eingeführt. Die Zahl der von 1636 bis 1645 in den niederländischen Teil Brasiliens gebrachten Sklaven, die entlang der westafrikanischen Küste aufgekauft wurden, wurde auf gut 25.000 beziffert. Ein sehr großer Teil der Landsklaven gehörte den portugiesischen Moradores. Die in den Städten arbeitenden Sklaven waren entweder Eigentum der Gesellschaft oder der Freibürger. Da die Moradores noch weitestgehend den Agrarsektor beherrschten, blieb, wenn dieser auf Sklavenarbeit beruhende Sektor blühen und die Ruhe einigermaßen gewährleistet sein sollte, nichts anderes übrig, als ihnen Sklaven zu liefern. Und eben hier lag das Problem. Mit der Lieferung von Sklaven verhalf man den portugiesischen Landbesitzern zu Mannschaften, die im Falle einer kriegerischen Auseinandersetzung mit der WIC-Regierung militärische Hilfsdienste leisten konnten, zumal sich die Regierung keineswegs in der Lage zeigte, auf die Sklaven im Sinne einer Loyalität gegenüber Land und Regierung erzieherisch einzuwirken und die protestantischen Prädikanten sich kaum um die Bekehrung der Neger kümmerten. Da beratschlagte man über die Missionsaufgaben, empfahl die Ehe zwischen Sklaven, um der »Unkeuschheit« vorzubeugen, aber konkrete Resultate zeitigte das alles nicht. Lediglich den unmittelbar der WIC unterstellten Sklaven wurde die Möglichkeit geboten, sich und ihre Verwandten nach einer Zeit harter Arbeit und treuer Dienste freizukaufen. Das Angebot galt nicht für die Privatsklaven. Die seit der Eroberung durch die Niederländer schwelende Opposition unter den Moradores verschärfte sich mit wachsenden wirtschaftlichen Schwierigkeiten, – Verfall der Preise brasilianischer Erzeugnisse auf dem Amsterdamer Markt – und führte im Juni 1645 zum Aufstand der Moradores. Der nunmehr einsetzende Kampf mit wechselndem militärischen Erfolg und Mißerfolg auf beiden Seiten endete schließlich mit der Wiedereroberung Recifes durch die Portugiesen 1654. Auch die niederländische Präsenz in Brasilien war damit erloschen. Allerdings kam es erst 1661 zu einem portugiesisch-niederländischen Vertrag, in dem Portugal sich verpflichtete, als Entschädigung für die niederländischen Besitzungen 4.000.000 Crusados zu zahlen.

Dies bedeutete nicht das Ende des niederländischen Sklavenhandels, der nun in zunehmendem Maße von niederländischen Privatunternehmern gegen das Monopol der WIC betrieben wurde. Außerdem verstärkte sich im Laufe der zweiten Hälfte des 17. Jahrhunderts und vollends im 18. Jahrhundert die britische und französische Konkurrenz. Die Niederländer entwickelten das System des Dreieckshandels. Aus holländischen und seeländischen Häfen fuhren Schiffe mit Baumwolltuchen von der Koromandel-Küste an die westafrikanische Küste, tauschten die Waren gegen Sklaven ein, schmuggelten sie in die Karibische See und segelten von dort, beladen mit Kolonialerzeugnissen wie Tabak, nach Europa zurück. Das wichtigste Sklavendepot lag auf Curaçao, einer Insel, die die Niederländer 1634 von den Spaniern eroberten. Von hier aus wurden die Sklaven nach einer kurzen Erholungspause an die Zucker- und Tabakplantagen der britischen und französischen Antillen verkauft. Das war ein höchst einträgliches Geschäft, weil diese Plantagen einen unerschöpflichen Bedarf an Arbeitskräften hatten. Zwar ließen sich auch auf Curaçao einige Kolonisten nieder, doch die wirkliche Kolonisierung erfolgte auf den umliegenden kleineren Inseln, die von Curaçao aus in Besitz genommen wurden. In diese Zeit fällt der Ausbau der den Briten abgerungenen Niederlassung Paramaribo an der Mündung des Surinam-Flusses zu einer auf Sklavenhaltung basierenden Plantagenwirtschaft für Zuckerproduktion in Guyana. Dieses Gebiet wurde 1667 definitiv an die Niederlande übertragen. Auf den übrigen Kolonisteninseln der Niederländer kam das große Geld aus dem Sklavenhandel; die Plantagen selbst warfen keine so hohen Erträge ab. Das Verhältnis der Plantagenbesitzer zu den Sklaven war besser als auf den Zuckerplantagen der Engländer und Franzosen in der Karibik, da die niederländischen Besitzungen eher größere Bauernhöfe waren und sich das Verhältnis zu den zahllosen Haussklaven persönlicher gestaltete.

Auf dem nordamerikanischen Kontinent unternahm die WIC schon ab 1624 den Versuch, den Handelsposten an der Mündung des Hudson zu einem landwirtschaftlichen Anbaugebiet mit Kolonisten zu entwickeln, entsprechend den Vorstellungen des Willem Usselincx. Die WIC übertrug einigen ihrer kapitalkräftigen Direktoren Patronatsrechte mit der Aufgabe, Ansiedlung und Ausbau in die Hand zu nehmen. Es entstand hier ein recht kompliziertes Nebeneinander von unmittelbar der Gesellschaft unterstehenden Handelsposten, Patronatsgebieten und den Besitzungen von freien Kolonisten. Der Handel blieb immer Monopol der Gesellschaft. Außerhalb dieses Bereichs war die kolonisierende Tätigkeit mit Abgaben an die Gesellschaft verbunden. Das Kolonisations- und Handelsgebiet, aus dem man vornehmlich Pelze exportierte, erhielt den Namen Neu-Niederland, bestand aus einzelnen Enklaven inmitten indianischen Territoriums und wurde durch britische Niederlassungen im Nordosten und Süden begrenzt. Auf dem alten Fort Oranje auf der Insel Manhattan entstand 1625 Neu-Amsterdam. Die aus der Verwaltungs- und Herrschaftsgliederung resultierenden Friktionen, die Auseinandersetzungen mit den Indianerstämmen oder zwischen den Indianern, die Nähe der zahlenmäßig sehr viel stärkeren britischen Kolonien und die heterogene Zusammensetzung der Bevölkerung in den niederländischen Regionen machten den gesamten Bereich zu einem für die WIC höchst schwierigen Operationsgebiet. Die Zahl der europäischen Kolonisten stieg bis 1664 auf etwa 10.000 Menschen an, unter ihnen nicht nur Niederländer. In Manhattan sollen zur Zeit des Gouverneurs Willem Kieft achtzehn Sprachen gesprochen worden sein. Handel und Landwirtschaft machten die wirtschaftliche Grundlage des Gebietes aus. Die Zahl der Negersklaven überstieg nie 5 Prozent der weißen Bevölkerung. Ihre Stellung war gegenüber den Sklaven in Brasilien oder auf den Plantagen der Antillen insofern unvergleichlich besser, als bekehrte Sklaven in die Gesellschaft aufgenommen wurden, freilich auf der untersten Stufe der sozialen Leiter. Trotz der Verwaltungsschwierigkeiten und der in den fünfziger Jahren zunehmenden Streitigkeiten mit der autochthonen indianischen Bevölkerung ging Neu-Niederland nicht durch die innere Problematik, sondern durch den europäischen Konflikt verloren. Am Ende des zweiten englisch-niederländischen Krieges fiel das Gebiet an die Briten. Aus Neu-Amsterdam wurde New York. Die Niederländer erhielten dafür endgültig Guyana, das lange zuvor den Engländern abgenommen worden war.

Die zweite Hälfte des 17. Jahrhunderts und erst recht das 18. Jahrhundert waren von deutlichen Auflösungserscheinungen geprägt, auch wenn die Gesellschaft als Regierungs- und Verwaltungsorgan noch bestehen blieb. Auflösungserscheinungen waren es, weil es sich als unmöglich erwies, den Handel mit der westafrikanischen Küste und den beiden Amerikas als Monopol zu erhalten. Das war bereits deutlich geworden, ehe die zweite Charta, jene von 1674, diesem Problem Rechnung trug. Das Monopol galt fortan bloß für den Handel mit Afrika und für den zunächst einträglichen Sklavenhandel, abgesehen davon, daß in einer Art Navigationsakte bestimmt wurde, nur niederländischen Schiffen den Handelsverkehr zwischen Mutterland und Kolonien zu gestatten.

Das alles erwies sich als halbe Sache, weil die niederländischen Händler bald auf Freigabe des Sklavenhandels drängten, was schließlich 1730 geschah. Dem Monopolverlust im Handel folgte im Verlauf des 18. Jahrhunderts der in der Verwaltung der Gebiete. Zudem trug das Konkurrenzdenken zwischen den einzelnen Kammern, vor allem zwischen Seeland und Amsterdam, nicht zur Stärkung der WIC als Handelsgesellschaft bei. Die Liberalisierung des Handels, zuletzt des Sklavenhandels, der fast völlig in der Hand der Seeländer lag, brachte die finanziell ohnehin nicht starke Kompanie in Bedrängnis. Tatsächlich überstieg die seit der Charta von 1674 ausgezahlte Dividende nie mehr als 1,5 bis 2,5 Prozent. Nach 1784 wurde überhaupt keine Dividende mehr gezahlt. 1791 löste sich die Gesellschaft schließlich auf.

Insgesamt unterschied sich die Westindische Kompanie von der ostindischen Gesellschaft in wesentlichen Punkten. Die VOC war in den fast zwei Jahrhunderten ihrer Existenz immer in erster Linie eine Handelsgesellschaft, obwohl auch sie zu Beginn dem europäischen Gegner im Archipel Schaden zufügen wollte. Die Motivation zur Gründung der WIC war dagegen militärischer Art, gefolgt von Handel und Kolonisation. Die VOC trieb Handel mit Luxusgütern aus Landwirtschaft und Handwerk, während die WIC mit den Massenerzeugnissen der Plantagenwirtschaft handelte. Sie brachte als Gesamtunternehmen jedoch kaum Erträge auf, weil die verbriefte Monopolposition sowohl im Handel als auch in der Verwaltung des kolonisierten Gebietes rasch unterlaufen und schließlich gänzlich aufgegeben wurde. Hinzu kam die europäische Konkurrenz, die im atlantischen Gebiet ungleich stärker war als im Archipel; das betraf den Handel und die koloniale Warenerzeugung sowie im 18. Jahrhundert den Sklavenhandel. Die Niederländer, die im Archipel den Handel weitestgehend beherrschten, waren im atlantischen Raum, insgesamt gesehen, wohl die Schwächsten unter den Konkurrenten.

Ein »Goldenes Jahrhundert«: Universitäten und Hochschulen, Literatur, bildende Kunst

Die Republik als Großmacht – sie war es politisch und wirtschaftlich, sie war es auch auf kulturellem Gebiet. Huizinga hat wohl zu Recht gefragt, ob es denn noch eine andere nationale Kultur gebe, die so rasch nach ihrem ersten Aufkommen ihren Höhepunkt erreicht habe. Doch dies ist nur die eine Seite, viel auffälliger ist es, daß die Entwicklung des intellektuellen und künstlerischen Lebens nicht nur mit dem europäischen Fortgang Schritt hielt oder diesen sogar übertraf, sondern im Bereich vor allem der bildenden Kunst etwas ganz Eigenständiges und Neues schuf, abwich von dem, was das Kaiserreich, Spanien, Frankreich oder Italien präsentierten oder repräsentierten. Die Republik und ihre Bewohner stellten sich als eine politisch und kulturell neuartige Existenz dar. Es war eine Zeit der Blüte. Ein »Goldenes Jahrhundert« sei das 17. Jahrhundert gewesen, so wird berichtet, von den Zeitgenossen und der Nachwelt gleichermaßen. Das Wort, aus der Antike übernommen, meint eine Epoche geistiger und kultureller Höchstleistungen, läßt freilich den wirtschaftlichen Wohlstand nicht außer acht, den Gulden, der reichlich gescheffelt wurde. Der Germanist Hermann Meyer hat es in den Worten zusammengefaßt: »Man erlebt Holland und seinen Mittelpunkt Amsterdam als etwas Einmaliges, Großartiges, als wunderbare Vereinigung von Weltmacht, Reichtum, Wohlleben, Lebensmut, Gelehrsamkeit und Kunstsinn.« Der Befund, der Holland und in dieser Provinz Amsterdam zu Schwerpunkten macht, ist sicherlich richtig, führt freilich zu der Frage, ob das »Goldene Jahrhundert« unter der Sichtweise »Kunst und Kultur« tatsächlich für die gesamte Republik gegolten habe. Dazu ist festzuhalten, daß in der Republik die beiden Seeprovinzen und da wiederum Holland das Kerngebiet der republikanischen Kultur ausgemacht haben. Es war vor allem diese Städtelandschaft mit Amsterdam als Zentrum, die weitgehend das kulturelle Bild prägte. Der bewundernde Reisende mochte von Westen, Norden, Osten oder Süden ins Land kommen und es durchqueren, die reichsten Eindrücke erhielt er in Amsterdam, Delft oder Leiden. Hoher wirtschaftlicher Standard, politische Machtkonzentration und kultureller Hochstand fanden hier ihre Symbiose. J. L. Price hat formuliert, was nicht in Holland begonnen habe, das sei dorthin gezogen worden. Freilich wäre es falsch, zu vermuten, daß in den Provinzen außerhalb Hollands überall kultureller Stillstand geherrscht habe. Für Seeland galt das ganz sicher nicht, auch nicht für Utrecht, hingegen sehr wohl für Drenthe im Osten. Dort geben die Archive des Landes zum künstlerisch-intellektuellen Leben so gut wie nichts her, lassen sich auch nur wenige »bodenständige« Gemälde vorweisen. Erst 1695 ließ sich ein Drucker in dieser Region nieder, in der literarische Zeugnisse gar nicht vorhanden waren. Dort scheint eine betonte, von der agrarischen Umgebung bestimmte Einfachheit des Lebens selbst den Habitus der Regenten und Oligarchen geprägt zu haben. Das sah im friesischen Raum, dem Gebiet zwischen Zuiderzee und dem ostfriesischen Territorium, anders aus. Hier reichte die kulturelle Leistung über die Provinzgrenze hinaus und in die vorrepublikanische Zeit zurück. Für diese Vorzeit ist auf die Vertreter der »Devotio moderna« hinzuweisen, auf Geert Groote, Wessel Gansfort und Rudolf Agricola aus der Provinz Groningen, Verehrer

Petrarcas und Gegenstand einer Biographie aus der Feder des Erasmus von Rotterdam. Die Lebhaftigkeit des intellektuellen Lebens im 16. Jahrhundert, das mit der 1585 gegründeten Universität in Franeker einen Sammelpunkt erhielt, setzte sich im 17. Jahrhundert in Friesland und Groningen an Sekundar- und Hochschulen fort, zumal in der zweiten Hälfte des Jahrhunderts die sprachwissenschaftlichen Untersuchungen zum Friesischen begannen. In diesem Jahrhundert wurde auch ein Stück friesischer Patriotismus geboren, dessen Freiheitsbegriff sich auf anderer sozialer Grundlage entwickelte als in der Provinz Holland. Ubbo Emmius und Lieuwe van Aitzema seien in diesem Zusammenhang erwähnt.

Gleichwohl, man wird zwar ein solches Kulturleben nicht als Randerscheinung apostrophieren können, aber neben der Fülle und Blüte der dichten Städtelandschaft Hollands nahm es sich eher bescheiden aus. Es war eben die Atmosphäre der politisch und wirtschaftlich mächtigen Städtebündelung, die die in einer Region gewachsene und gepflegte Kultur zur Weltläufigkeit erhob und die Anerkennung als Repräsentantin einer nationalen Kultur erwarb. Allerdings war es nicht ein autochthoner holländischer Stamm, der für das Kulturleben sorgte, sondern eine aus den unterschiedlichsten Regionen stammende künstlerische und intellektuelle Elite, die an der künstlerischen und intellektuellen Äußerung teilhatte. Vor allem die Emigranten aus Brabant und Flandern gaben auch im Kulturleben entscheidende Impulse. Der kulturelle und intellektuelle Reichtum entwickelte sich auf kleinstem Raum. Die Ursachen waren vielfältiger Natur. Gewiß spielte die wirtschaftliche Blüte eine Rolle. Wichtige Beiträge leisteten auch all jene, die in einer freiheitlichen Atmosphäre zu arbeiten beabsichtigten. Zu berücksichtigen ist ferner das wachsende Selbstbewußtsein im Volk, das nach heroischen Ausgangspunkten in der eigenen Vergangenheit oder in der Religion nach den adäquaten Vorbildern im »Alten Testament« suchte. Und nicht zuletzt bleibt zu vermuten, daß vor allem in der darstellenden Kunst allmählich eine Konkurrenzsituation entstanden ist, die nach Giorgio Vasaris italienischen Beobachtungen der Schaffung von Spitzenleistungen nur förderlich sein konnte.

Träger des intellektuellen Lebens waren vorrangig die Universitäten. Unter ihnen ist die Leidener Universität besonders hervorzuheben, weil sie als Zentrum einer international geprägten Lehr- und Lerntätigkeit die Rolle übernahm, die zuvor, in der burgundisch-habsburgischen Periode, die Löwener Universität, damals die einzige in den Niederlanden, innegehabt hatte. Die Gründung der neuen Universität war ein kühnes Unternehmen, da sie schon in den Anfängen des Aufstandes, also zu einer Zeit erfolgte, in der sich der militärische und damit der politische Erfolg noch keineswegs abzeichnete. Die Wechselfälle des Krieges erlaubten keine Prognose über dessen Ausgang. Gründer waren die Stände der Provinz Holland. Sie realisierten hier einen Gedanken, den der Prinz von Oranien seit längerem gehegt hatte. Unmittelbar nach dem Fehlschlag der spanischen Belagerung Leidens am 28. Dezember 1574 schrieb er den Ständen, die Gründung der Universität diene der Stützung und Pflege der Freiheit und der gesetzmäßigen Regierung – was immer er darunter zu diesem Zeitpunkt verstehen mochte –, und sie liege im allgemeinen Interesse der Bevölkerung. An einer solchen Universität könne die Jugend der beiden Provinzen, aber auch die Flanderns und Brabants sowie anderer Länder, in der richtigen Religion und in allen freien Künsten und Wissenschaften zum Wohle und Nutzen der Regierungen ausgebildet werden. Von einer so zentralen Institution erhoffte er sich eine Vertiefung des Gefühls der Zusammengehörigkeit. Außerdem betonte er den Vorteil, daß die Gelder, die unter den bisherigen Gegebenheiten im Ausland ausgegeben wurden, im Lande blieben. Die Entscheidung zugunsten Leidens war nicht zuletzt eine Honorierung des Widerstandes der Stadt gegen die spanische Belagerung. Es entsprach in jenen Jahren noch der Rechtsauffassung der Aufständischen, wenn laut Gründungsakte nicht der Oranier oder gar die Stände, sondern der spanische König Philipp II. als Gründer auftrat, der »seinem lieben Vetter« und den holländischen Ständen den Vollzug auftrug. Seit der Dordrechter Ständeversammlung von 1572 war die Einstellung, man kämpfe nicht gegen den König, sondern nur gegen dessen Stellvertreter Alva, gängige Münze – nicht für jedermann verständlich, aber immerhin geeignet, sich ein wenig vom Ruch des Aufständischen zu befreien. Im Auftrag des Königs hieß es, in der zu gründenden Universität seien »frei und öffentlich« Theologie, Rechtswissenschaft und Medizin sowie Philosophie und alle anderen Künste, auch Sprachen wie Latein, Griechisch und Hebräisch zu lehren. Der Begriff »frei (vryelyck)« lieferte zu Beginn offensichtlich Konfliktstoff. Die calvinistische Kirche wollte Kontrolle und meinte, diese über die Universitätsverwaltung ausüben zu können. Solches Ansinnen stieß auf den heftigen Widerstand des Leidener Magistrats, der das Wort »frei« als Ablehnung jedweder Bevormundung begriff.

Leiden war die erste und größte Universität der Republik, aber sie blieb nicht die einzige. Im Laufe des 17. Jahrhunderts spannte sich ein ganzes Netz von Universitäten oder universitätsähnlichen Institutionen über das Land; alle waren private oder städtisch-ständische Gründungen. Es entstanden mehrere Einrichtungen für Theologie, Recht oder Medizin sowie theologische Seminare auf privater Basis, etwa durch Remonstranten oder Mennoniten in Amsterdam. Die

»Illustre Scholen« oder »Athenaea« waren als Rumpfuniversitäten einzustufen, weil sie nicht alle Fakultäten beherbergten und, obwohl städtische oder provinzialständische Gründungen, kein Promotionsrecht hatten, was nichts über die wissenschaftliche Qualität solcher Institutionen aussagte. Schulen dieser Art wurden 1631/32 in Amsterdam, 1634 in Utrecht, 1636 in Dordrecht, 1650 in Middelburg und 1681 in Rotterdam eingerichtet. Zur Universität von Leiden trat bald die im friesischen Franeker. Angesichts des Mangels an geeigneten Prädikanten für die Unterweisung im calvinistischen Bekenntnis hatte man zunächst an die Gründung eines theologischen Seminars gedacht. Die Planung griff jedoch bald darüber hinaus. Die Provinzialstände wollten eine vollwertige Universität, die im Juli 1585 aus der Taufe gehoben wurde. Im Gegensatz zur Leidener Ordnung waren die Professoren dieser friesischen Universität verpflichtet, die Anerkennung des »Heidelberger Katechismus« durch Unterschrift zu bestätigen, was in der Praxis freilich nicht immer strikte Anwendung fand. In Groningen tauchten unmittelbar nach der Wiedereroberung der Stadt Pläne für eine eigene Universität auf. Im Februar 1595 beschloß man, den Kirchenbesitz »zum Nutzen der Schulen und der Erziehung der Groninger Jugend« zu verwenden. Aber erst 1614 gelang die Gründung der Universität, an die als einer der ersten Professoren Ubbo Emmius, Rektor der Lateinschule und Historiker, berufen wurde. Daß die Gründung überhaupt zustande kam, war nicht zuletzt auf die Initiative von Emmius zurückzuführen, der theologisch begründete Ängste vorbrachte. Er fürchtete, daß die Groninger Jugend nach Leiden gehen und dort unter den Einfluß des Streites zwischen Gomaristen und Arminianern geraten und ins arminianische Fahrwasser abtriften würde. In Utrecht führte die städtische Initiative 1634 zunächst nur zur Gründung einer »Illustren Schule«, aber Konkurrenzdenken bewog die Utrechter Provinzialstände doch dazu, dem städtischen Antrag auf Umwandlung in eine Universität 1636 zuzustimmen, zumal die Stadt die Kosten übernahm. Auch die Universität von Harderwijk am Südufer des Ijsselmeeres ging aus einer solchen Schule hervor, die 1599 mit dem Ziel, die Jugend auf das Studium an einer ordentlichen Universität vorzubereiten, gegründet worden war. Harderwijk als Standort einer solchen Schule für die Landprovinz Geldern schien mancherlei Vorteile zu besitzen. Der Ort hatte bereits eine über die Stadtgrenze hinaus bekannte Lateinschule, er war zu Lande und zu Wasser gefahrlos zugänglich, und die Stadtväter priesen die gesunde Luft ebenso an wie die Reichhaltigkeit an Lebensmitteln, was die Kosten für die Schüler senkte oder zumindest unter denen anderer Städte hielt. Der für die Finanzierung vorgesehene Kirchenbesitz der Landschaft Veluwe reichte jedoch nicht aus. Die Umwandlung in eine Universität brachte insofern eine Verbesserung, als nun nicht die Landschaft allein, sondern auch Zutphen und Nimwegen die Kosten zu tragen hatten.

Diese Topographie des Geisteslebens soll einen Einblick in die geographisch dichte Streuung vermitteln. Die Verdichtung im Westen des Landes entsprach dem Bild der Städtelandschaft. Was hat die Universitäten zu einem Hort europäischen Geisteslebens gemacht? Heinrich Ludolph Benthem sei in diesem Zusammenhang stellvertretend für viele Zeitgenossen genannt. Er, ein Deutscher und wie kaum ein anderer ein Kenner der Niederlande, schrieb: »Niederland hat sonderlich diese zweyhundert Jahr her den Ruhm, daß es die Gelehrten der Welt beherbergt habe. So sich ein Gelehrter in anderen Landen vorgethan, hat man solchen hieher geholet und so wol gehalten, daß viele fürtreffliche Männer lieber dieser Kauffleute als der grösten Potentaten in Europa Beruff annehmen solle.« Was Benthem hier allgemein für das gelehrte Leben in den Niederlanden formulierte, war in besonderem Maße auf Leiden gemünzt. Sicherlich zu Recht ließ das Friedrich Lucae im »Europäischen Helicon« von 1711 noch deutlicher wissen. Unter den »wohlbestellten Universitäten und hohen Schulen« behalte Leiden den Vorzug. Dabei hatten die Universitäten insgesamt nichts Revolutionierendes oder bloß aufregend Neues. Sie glichen in ihrer Zielsetzung noch den mittelalterlichen Institutionen. Die Theologie war Norm und Ziel. Das galt auch für die Universität von Leiden, wenngleich sich der Magistrat dem Zugriff der calvinistischen Kirche widersetzte. In einem freilich unterschied sich Leiden von Franeker oder der »Illustren Schule« Deventers, wo das Bekenntnis zum »Heidelberger Katechismus« schriftlich bekräftigt werden mußte. Nicht daß man in Leiden die Theologie zu einem Stiefkind der Institution degradiert hätte, aber es fehlte hier die calvinistische Enge. Dafür drang ein humanistisch geprägter Zeitgeist durch, der den Menschen und seine Fähigkeiten in den Mittelpunkt rückte und auf die Möglichkeiten neuer Erkenntnisse hinwies, die nicht theologische waren. Einer der großen Lehrherren in Leiden war der Latinist und Graecist Bonaventura Vulcanius. In seinen universitätspolitischen Reden bei Promotionsfeierlichkeiten beschwor er eher die Zukunft, als daß er die gelehrten Inhalte mittelalterlicher Vergangenheit würdigte. Das Mittelalter war ihm eine »barbarische Ära«. Ihm ging es nicht um die Universität als Hort der neuen Theologie, sondern um die Funktion der gelehrten Institution für die Gesellschaft. Das schloß Theologie und Kirche keineswegs aus, gab aber beiden nicht den Vorzug. Juristen und Mediziner erhielten einen wichtigen Platz zugewiesen. Und nicht nur sie. Auch die Geisteswissenschaften nannte er, weil er in ihrer Pflege den wesentlichsten Beitrag zur Bildung des Menschen sah. Eine Verwahrlosung der Wissenschaft führe zum Untergang des jungen Staates, der es sich angelegen sein lassen müsse, mitten im Krieg ein Zentrum der Kultur zu schaffen. Was er darlegte, wollte er auch im Geist des Oraniers verstanden wissen. Es offenbarte universitätspatriotischen Stolz, wenn Vulcanius nach gut fünfzehn Jahren Existenz seiner Anstalt den Nutzen der Universität für die europäische Wissenschaft hervorhob. Es gebe kaum noch eine Stadt in der Republik, die an ihrer Spitze nicht die Sachkundigen aus Leiden hätte. Auch in England seien die Absolventen aus Leiden sehr geschätzt. Wichtiger war noch, daß er seine Wertung und Definition bei öffentlichen Promotionsfeiern aussprach, in coram publico also, was wohl auf offizielle Universitätsmeinung schließen läßt.

Leiden als Domizil der Musen, Mutter und Nährerin der Geistes- und Naturwissenschaften, das war das Prädikat, das Vulcanius der Universität beigab. Die Universität, die sich von Beginn an um hohe Qualität bemühte, schaute dabei ins Ausland. Der selbstgesteckte Qualitätsstandard konnte offensichtlich nicht aus dem wissenschaftlichen Potential des eigenen Landes gedeckt werden. Das galt sowohl für die Theologie als auch für die anderen Fächer. Leiden suchte einen großen Teil seiner Professoren während des ganzen 17. Jahrhunderts und auch noch in den Jahrzehnten danach im Ausland. 1765 hieß es in ganz folgerichtig der »Encyclopédie ou dictionnaire raisonné des sciences des arts et des métiers«, es scheine, als hätten sich alle Berühmtheiten der Gelehrtenrepublik nach Leiden begeben, um dort der Universität zu einem blühenden Leben zu verhelfen. Das frühe Universitätsleben lief bei allem raschen Aufschwung nicht ohne Konflikte ab, zumal nicht in der Theologie. Denn einige Verfechter der neuen Religion standen noch unter dem Eindruck der spanischen Inquisition und ihrer Konsequenzen und vertraten ihren Standpunkt mit entsprechender Rigorosität und Militanz, was dem eher der Mäßigung und Toleranz zuneigenden Leidener Magistrat kaum behagte. Radikalität stand gegen Toleranz. Im Kuratorium tauchten anfänglich Stimmen auf, die der Gewissensfreiheit der Bürger nicht nochmals ein Joch auferlegen wollten. Busken-Huet hat die damalige niederländische Gesellschaft eine »theologische Debating-society« genannt. Sie ist es im großen und ganzen jahrhundertelang geblieben, und das zeigte sich in den ersten Jahrzehnten der Leidener Universität sowohl beim immer wieder aufflackernden Streit um Berufungen von Theologen oder bei der Auseinandersetzung zwischen Arminius und Gomarus, der in der Leidener Umgebung begann. Er schlug bald in einen politischen Streit um. Es waren darüber hinaus Strittigkeiten der Lehre, die bis ins Ausland hineinwirkten, da Theologen aus den deutschen Staaten aufgefordert wurden, ihre Gutachten einzubringen. Abgesehen von solcher nachgesuchten Hilfestellung erwies es sich rasch, daß die Leidener Theologische Fakultät durchgängig als eine

Zentralstelle für theologische Autorität galt. Von Leiden aus wurden die besten europäischen Theologen gesucht, die den Ruf zumeist gerne annahmen. Aus den benachbarten deutschen Staaten gingen zahlreiche Gesuche um Gutachten zu Personen, bei Streitfällen und zu Druckschriften ein.

Die theologische Wissenschaft mit ihrer verstärkten Hinwendung zu den Quellen, zur Bibel, entwickelte sich in enger Verbindung mit der Philologie, die ihrerseits einen hohen Aufschwung nahm. Hebräisch und die orientalischen Sprachen sowie die gesamte klassische Philologie erreichten eine beachtenswerte wissenschaftliche Qualität. In diesem Zusammenhang sind Justus Lipsius, der aus Löwen nach Leiden kam und als späthumanistischer Lehrer für Staats- und Politiktheorie eine große Rolle spielte, und – für eine etwas spätere Zeit – Justus Scaliger, aus Frankreich kommend, zu nennen. Scaliger war dem Morden der Bartholomäus-Nacht knapp entronnen und gehörte zu den profiliertesten Vertretern humanistischer Gelehrsamkeit und Autorität. Sein Ruhm reichte weit über die Grenzen Frankreichs und der Niederlande hinaus. Die von ihm bewerkstelligte Verquickung von geschriebenem Wort und archäologischem Fund ließ die Konturen antiker Kultur und Gesellschaft greifbarer erscheinen. Aber nicht nur dies. In den Niederlanden hatte das einen praktischen Bezug, der über die Gelehrtenstube hinausreichte. So ist ein allgemeines Interesse an Lipsius »De militia romana libri quinque, commentarius ad Polybium« zu beobachten, initiiert durch die intensive Aufmerksamkeit, die Prinz Moritz von Oranien und Simon Stevin der Monographie über die Taktik des oströmischen Kaisers Leon VI. widmeten. Moritz setzte die aus diesem Werk gewonnenen Erkenntnisse sogleich in militärische Praxis um, und auch sein Bruder Friedrich Heinrich forderte den Leidener Wissenschaftler Claudius Salmasius auf, eine Studie zur antiken Strategie vorzulegen.

Solche Aktualisierung der Antike war ein Nebenergebnis des Studiums der klassischen Sprachen, die insgesamt als Altertumswissenschaft konzipiert waren, sich um Leben und Denken in der antiken Welt bemühten; sie reichte bis zur ästhetischen Analyse antiker Poesie, eng verbunden mit dem Namen des zunächst Leidener, später Amsterdamer Hochschullehrers Gerardus Vossius, schließlich dem des Daniel Heinsius, eines Schülers von Scaliger. Heinsius sollte sich nicht nur als Altertumswissenschaftler, sondern vor allem als Dichter seiner Muttersprache einen Namen machen und als solcher großen Einfluß auf die deutsche Barockdichtung ausüben. Von den Leidener Professoren, die das breite Spektrum der Altertumswissenschaften repräsentierten und deren Ruhm begründeten, kam keiner aus der Republik. Drei stammten aus den südlichen Niederlanden, Lipsius, Vulcanius und Heinsius, zwei aus Frankreich, Scaliger und Salmasius, einer aus Deutschland, Johann Friedrich Gronovius. Neben der Altertumswissenschaft machte die Orientalistik beachtliche Fortschritte. »Gefördert durch die engen wirtschaftlichen Beziehungen der Niederlande zu den Ländern des Nahen und Fernen Ostens, aber auch bedingt durch die Bedeutung der östlichen Sprachen und Kulturen für die Exegese des Alten und Neuen Testaments, hat das Fach Orientalistik seit Scaligers Zeiten eine einzigartige Stellung innerhalb der Universität Leiden eingenommen und behauptet« (H. Schneppen). Der Orientalist Johann Wilhelm Fück hat zum Rang des Faches in Europa geäußert, daß »in dem Wettstreit der europäischen Nationen die Niederlande für nahezu zwei Jahrhunderte die Führung« errangen. Der Ausbau der Leidener Orientalistik war wiederum mit dem Namen des Justus Scaliger und seines Schülers Thomas van Erpen (Erpenius) verbunden. Als Verfasser einer ersten methodischen Darstellung galt Erpenius über die Grenzen des Landes hinaus als der eigentliche Begründer der klassischen Arabistik, wobei er selbst auf die Bedeutung seines Lehrers hinwies (»magni Scaligeri hortatu«). In Leiden galt es wie andernorts in Europa als ausgemacht, daß die Orientalistik zu den Kernfächern humanistischer Bildung zählte oder zumindest als Ziel so formuliert werden mußte. Erpenius hat in seiner Antrittsvorlesung 1613 diese Notwendigkeit begründet, die arabische Kultur neben die griechisch-römische gestellt, sie sogar höher angesiedelt, wo es um das Wissen der Welt ging, um Mathematik und Geographie, um Medizin und die Historiographie der alten Völker des Mittelmeerraumes. Die Kenntnis des Arabischen als Vehikel anderer Wissenschaften, aber auch der Theologie: Erpenius wußte es zu begründen. Keine sinnvolle Übersetzung der hebräischen Bibel und der alten chaldäischen Fassung ohne die Kenntnis des Arabischen! Da dies schon geraume Zeit Communis opinio in der gelehrten Welt war, empfahl sich ein gründliches Studium des Arabischen wie von selbst. Der Schüler und Nachfolger von Erpenius, Jacobus Gool (Golius), legte nach Reisen in Marokko den Grundstock für die berühmte Sammlung der Leidener Orientalia. In der Universitätslehre erhielten Persisch, Chaldäisch, Äthiopisch und Syrisch einen festen Platz. Golius, der aus einer Leidener Patrizierfamilie stammte, war zugleich Mathematiker und Begründer der Leidener Sternwarte. Unter ihm gelang der endgültige Durchbruch der Leidener Orientalistik zur europaweit anerkannten Forschungsinstanz. Sein 1633 ediertes »Lexikon Arabico-Latinum« trug dazu bei, Leiden für ein Jahrhundert lang zu einem Zentrum orientalischer Forschung für europäische Gelehrte zu machen.

Altertumswissenschaft und Orientalistik gehörten als »Artes liberales« zu jener Fakultät, die auf das Studium an einer der klassischen Fakultäten vorbe-

33 a. Offiziere der Amsterdamer Schützengilde unter Hauptmann Reael und Leut-
nant Cornelis Michielsz. Blaeuw. Gemälde von Frans Hals und Pieter Codde, 1637.
Amsterdam, Rijksmuseum. – b. Bänkelsängerin. Gemälde von Hendrick Ter-
brugghen, 1628. – c. Sibylla Merian. Gemälde vermutlich eines niederländischen
Meisters, 1679. Beide: Basel, Kunstmuseum

34. »Theatrum Anatomicum«. Lavierte Zeichnung von Willem Buytewech, um
1616. Rotterdam, Museum Boymans-van Beuningen

35. Die verstoßene Medea bei der Zeremonie der Vermählung Iasons und Glaukes
auf Korinth. Zwischenakt-Tableau der Amsterdamer Aufführung der »Medea« von
Jan Six im Jahr 1648. Radierung von Rembrandt, 1648. Amsterdam, Rijksmuseum

36. Der Künstler in seiner Werkstatt. Gemälde von Adriaen van Ostade, 1663.
Dresden, Gemäldegalerie

37. Der Friede von Utrecht: die Vertreter Englands, der Niederlande, Portugals, Preußens, Savoyens und Frankreichs bei den Beratungen im April 1713. Radierung von Abraham Allard, 1713. Paris, Bibliothèque Nationale

38. Bau einer Schleuse. Gemälde von Cornelis Huysmans. Bonn, Rheinisches Landesmuseum

39. Alltag an der Leidener Fähre in Amsterdam, dem Anlegeplatz der Schleppkäh-
ne nach Leiden. Lavierte Zeichnung »Blick zum Münzturm auf dem Singel« von
     Jacob Cats, um 1790. Leiden, Kupferstichkabinett der Universität

40. Provokation in Den Haag am 17. März 1786: zwei Regenten aus Dordrecht beim Verlassen des Binnenhofes durch die für den Statthalter reservierte Pforte. Lavierte Zeichnung von P. Wagenaar, wohl 1786. Den Haag, Gemeentearchief

41 a. Angriff preußischer Truppen auf die Stadt Weesp an der Vecht am 10. September 1787. Lavierte Zeichnung von Maas van Altena, 1787. Amsterdam, Rijksmuseum. – b. Landung englischer und russischer Invasionstruppen bei Bergen in Nordholland während des zweiten Koalitionskrieges. Aquarell von Dirck Langendijk, 1799. Düsseldorf, Kunstantiquariat C. G. Boerner

42 a. Einzug Bonapartes in Amsterdam nach der Eroberung der Stadt durch die Franzosen im Jahr 1795. Gemälde von Mathieu Ignace van Bree, erstes Viertel des 19. Jahrhunderts. Amsterdam, Stedelijk Museum. – b. Symbol der Freiheit. Miniatur von Nicolaas Frederik Knip, 1795. 's-Hertogenbosch, Noordbrabants Museum

43. Regenten des Waisenhauses in Amsterdam. Gemälde von Cornelis Troost,
1729. Amsterdam, Rijksmuseum

44. Zweiklassen-Unterricht in einer holländischen Schule. Kolorierter Stich von Jacobus Hoedt, 1812. Rotterdam, Gemeentelijke Archiefdienst

45. Sabbat in der Amsterdamer Synagoge. Lavierte Zeichnung von Johannes Bosboom, nach 1850. Amsterdam, Fodormuseum

46 a. Die Eisengießerei »De Prins van Oranje« in Den Haag. Zeichnung von Vincent van Gogh, 1882. Karlsruhe, Staatliche Kunsthalle. – b. Unfall in einer Maschinenfabrik. Reproduktion einer Zeichnung von Johann Bahr, 1889. München, Deutsches Museum

47. Der Streik der Eisenbahner im Jahr 1903. Bildsatire von Albrt Hahn, 1903.
Haarlem, Spaarnestad Fotoarchief

48. Eine Weberei in Laren. Gemälde von Max Liebermann, 1897. Euerbach,
Sammlung Georg Schäfer

reitete. Dazu zählte die Jurisprudenz, auch sie in Leiden international besetzt wie Theologie und Altertumswissenschaft/Orientalistik. Das Rechtsstudium war hier wie die Theologie eng mit der Altertumswissenschaft verbunden. Klassische Vertreter für Recht und zugleich Altphilologie waren der französische Calvinist und Jurist Hugo Donellus, der als erster ein umfassendes System des Römischen Rechts ausgearbeitet hatte, und nach ihm vor allem Everhard Bronckhorst. Die Geisteswissenschaftler der Universität und die Juristen arbeiteten fachlich eng zusammen. Typisch für die Leidener Jurisprudenz war die große Distanz zur Rechtspraxis im eigenen Land. Man hat festgestellt, daß die Leidener Fakultät und ihre Hochschullehrer im 16. Jahrhundert noch als Autorität für schwierige juristische Probleme herangezogen worden sind, während sie sich im 17. Jahrhundert ganz wesentlich auf die akademische Lehre zurückgezogen haben. An ihre Stelle traten dann die Advokaten der Republik. Das entsprach letztlich dem Prinzip der Fakultät, der es insbesondere um die Vermittlung international anwendbarer Methoden ging.

Die Medizinische Fakultät Leidens erreichte erst im 18. Jahrhundert unter Herman Boerhaave den Höhepunkt einer international anerkannten Spitzenposition, obwohl sie sich schon im 17. Jahrhundert über die Grenzen Leidens und der Republik hinaus einen guten Namen zu machen wußte. Die Anfänge waren mehr als bescheiden. Die ersten Einschreibungen erfolgten 1578. Die Berufung von Pieter Pauw aus Amsterdam brachte den großen Aufschwung in der Lehre. Er kam nach langer Wanderung über Universitäten Italiens und Deutschlands 1589 nach Leiden. Pauw sezierte in jedem Wintersemester drei Leichen, was anfänglich jeweils ein Großereignis war. Solche Sektionen gestalteten sich zur Schau, denn es waren nicht nur Professoren aller Fakultäten und Studenten, sondern auch Magistrat und Leidener Bürger präsent. 1613 beschloß der Senat, bei Leichenöffnungen sogar ein musikalisches Rahmenprogramm festzulegen, um die Bedeutung des Vorgangs zu unterstreichen. Die Grundlage der Medizin war die Anatomie. Dem Pieter Pauw folgten in diesem Fach Otto van Heurne und Conrad Vorstius, die die Fakultät ausbauten. Besonders wichtig wurde der institutionelle Rahmen. Da gab es das »Theatrum Anatomicum«, das die Leidener Kuratoren nach den Lehrerfolgen Pieter Pauws und möglicherweise auf dessen Anregung hin 1597 einzurichten beschlossen. Diese Stätte, eine umgebaute Beginenkirche, sollte bald europäische Berühmtheit erlangen. Kaum ein Reisender, der sich die Anatomie nicht angesehen hätte. Schließlich ging es dort nicht nur um Leichenöffnungen; das Gebäude war zudem ein Ausstellungsort für anatomische Abnormitäten und Kuriositäten sowie für Mumien und anatomische Funde. Dieser Schauplatz der Anatomie wurde von seinen Begründern und Leitern im Laufe der Jahre zu einer moralischen Anstalt stilisiert, zu einem Ort der Mahnung und Erbaulichkeit. Das »Memento mori« war ebenso allgegenwärtig wie der Spruch von der Gleichheit im Tod, manifestiert in den zahlreichen Stichen und Versen an den Wänden, in Zitaten nach Publius Papinius Statius oder Seneca oder aus der Bibel. Noch ehe an den Ausbau der Anatomie gedacht war, beschlossen 1587 die Leidener, einen botanischen Garten anzulegen. Die Botanik galt als Hilfswissenschaft der Medizin; der Garten sollte Sä- und Pflanzort für Heilkräuter sein. Den ersten Ruf an die Leidener Universität erhielt der in Atrecht geborene Begründer der beschreibenden Pflanzenkunde, Charles de l'Ecluse, bekannt als Carolus Clusius. Der Professor baute den botanischen Garten rasch zu einem für die Arzneimittellehre zentralen Ort Europas aus. Er pflegte grenzüberschreitende enge Kontakte zu Fachgelehrten und Freunden und erhielt von ihnen auch Saatgut zugesandt. Er galt als einer der Vorläufer der Mykologie. Früh brachte er eine Beschreibung exotischer Pflanzen heraus, »Exoticorum libri decem«, eine Bestandsaufnahme, die in den Jahren der VOC und WIC noch erheblich erweitert wurde.

Die Leidener Medizin schuf sich 1637 einen weiteren Anziehungspunkt: die Universitätsklinik, die einzige im damaligen Europa. Bis zur Errichtung des Krankenhauses war der Unterricht in der Hauptsache theoretisch verlaufen. Praktische Erfahrungen sammelten die Medizinstudenten, wenn überhaupt, bei den Ärzten einer Stadt. Beispielhaft war Padua. In dieser italienischen Stadt gab man seit dem letzten Viertel des 16. Jahrhunderts auch praktischen Unterricht im städtischen Krankenhaus. Die Blütezeit der Leidener Medizinischen Fakultät hing eng mit der Gründung der Klinik zusammen und erreichte einen Höhepunkt, als der in Hanau geborene Mediziner Franciscus Sylvius, eigentlich François Deleboe, einer der herausragenden Ärzte seiner Zeit, 1658 die Klinik übernahm. Neben seiner hohen fachlichen Qualifikation stach die didaktische hervor, was sich angesichts der internationalen Zusammensetzung der Studentenschaft von großem Nutzen erwies. Es ist ermittelt worden, daß Leiden in den Jahren des Sylvius mehr Studenten gezählt hat als später zu Zeiten des großen Boerhaave. Sylvius war der in Europa bedeutendste Vertreter der Iatrochemie. Er führte die Lehre von den sauren und alkalischen Schärfen des Blutes in die Medizin ein, kannte schon die Tuberkelknoten und gab Einzelbeschreibungen zur Anatomie des Gehirns. Mit dieser in den Niederlanden dann vorherrschenden iatrochemischen Schule setzte sich der neue Wissenschaftsbegriff des 17. Jahrhunderts durch: weg von der spekulativen Medizin des Paracelsus und Helmont. Schüler des Sylvius, etwa die Leibärzte des Großen Kurfürsten, bereiteten der iatrochemischen Richtung in den deutschen Staaten den Boden. Unter

Sylvius war die Medizinische Fakultät Leidens bereits ein europäisches Unikum, unter Herman Boerhaave, der ab 1709 den Lehrstuhl besetzte, wuchs sie zur letzten Instanz medizinischen Wissens der Europäer heran. Boerhaave verband seine ärztliche und medizinisch-wissenschaftliche Tätigkeit mit den neuesten naturwissenschaftlichen Erkenntnissen. Er vollzog die Synthese der »chemischen und physikalischen, der pathologisch-anatomischen und mikroskopischen Untersuchung mit dem hypokratischen Arzttum«. Albrecht von Haller, sein Schweizer Schüler, hat ihn den »communis Europae sub initio huius saeculo preceptor« genannt. Wichtig war, daß er die klinische Praxis den Methoden der theoretischen Medizin vorzog, somit der Universitätsklinik eine herausragende Bedeutung beimaß. So trat die Qualität der Medizinischen Fakultät zur fruchtbaren Gelehrsamkeit von Theologie, Artes liberales und Jurisprudenz. Daß gleichzeitig Naturwissenschaften, Technik und Experiment eine Heimstatt fanden, erhöhte die Bedeutung dieser Bildungsstätte.

Weder Franeker noch Groningen, weder Utrecht noch Harderwijk, die zuweilen auch über die Grenzen des Landes oder der Provinz hinaus bekannte Wissenschaftler auf einem ihrer Lehrstühle hatten, vermochten die Bedeutung der Leidener Universität zu erlangen. Leiden stand für Internationalität der Wissenschaft, den anderen war Provinzialität eigen. Nicht nur der grenzüberschreitende Ruf zahlreicher, häufig aus dem Ausland kommender Professoren bewies das, sondern auch die Zahl der von auswärts kommenden Studenten, abgesehen davon, daß Leiden im 17. und frühen 18. Jahrhundert mehr Studenten anzog als die anderen Universitäten zusammen. In dieser ältesten Universität der Republik schrieben sich zwischen 1575 und 1750 immerhin 11.000 deutsche Studenten ein. Die Zahl stieg besonders stark in den Jahren des Dreißigjährigen Krieges an, als einige reformierte deutsche Universitäten ihre Pforten schlossen. Nur Königsberg und Köln, beide am Rand des Kriegsgeschehens gelegen, hatten mehr deutsche Studenten als Leiden. Aufs Ganze gesehen waren es vorwiegend Nordost- und Mittelostdeutsche, die in Leiden studierten. An den anderen niederländischen Universitäten lag der Anteil der Deutschen ebenfalls hoch. In Franeker schrieben sich zwischen 1585 und 1811 insgesamt 14.000 Studenten ein, von denen 17 Prozent aus den deutschen Territorien kamen, vornehmlich aus Westfalen und Rheinland, Bremen und Ostfriesland. In Groningen machten die Deutschen zwischen 1615 und 1775 immerhin 27 Prozent der Studentenbevölkerung aus. Ostfriesen und Westfalen stellten unter ihnen die Mehrheit. Zur Universität Utrecht schrieb Heinrich Ludolph Benthem, einer der besten deutschen Kenner der Niederlande, gegen Ende des 17. Jahrhunderts, die Lebensart dort ergebe sich aus einem Gemisch aus niederländischen, deutschen und französischen Sitten. Was immer das gewesen sein mag, auf jeden Fall scheinen dazu die »nette Conduitee« und »galante Lebensart« gezählt zu haben. In Utrecht gesellte sich den Deutschen zwischen 1680 und 1720 eine Vielzahl englischer und schottischer Studenten hinzu, unter ihnen William Pitt d. Ä. und James Boswell, der ein höchst interessantes Tagebuch über das Utrechter Studentenleben nachgelassen hat.

Zu den Bildungsinstitutionen, die, von Stadt oder Provinz gegründet, durchaus Universitätsniveau erreichen konnten, gehörten die »Illustren Schulen«. Sie hatten kein Promotionsrecht, eine geringere Zahl von Professoren und, damit zusammenhängend, ein begrenztes Angebot an Veranstaltungen. Es fehlten ihnen einige der echten Fakultäten, meistens die Medizinische, während die »Artes«-Fakultät fast immer vorhanden war, so daß ein Großteil der Studenten das Studium an solcher Institution propädeutisch für die Arbeit an einer Volluniversität ansah. Die »Illustren Schulen« waren Stätten, an denen Allgemeinbildung vermittelt, nicht für einen bestimmten Beruf ausgebildet wurde, es sei denn zuweilen für den des Prädikanten. Unter diesen Schulen in Städten und Provinzen ist das Amsterdamer Athenäum an erster Stelle zu nennen, ohne daß damit die Qualität der anderen ähnlichen Institutionen herabgewürdigt werden soll. Es diente nicht wie andere dem Zweck, das Bekenntnis der Reformation zu stützen und zu verbreiten. Die Amsterdamer Stadtväter verfolgten vielmehr ein doppeltes Ziel: Zum einen ging es ihnen um eine verbesserte Vorbereitung der Studenten auf ein Universitätsstudium, zum anderen wollten sie nicht nur als gute Händler und Wirtschaftsleute gelten, sondern ihren Sinn für Kunst und Wissenschaft demonstrieren. Die Tatsache, daß die Amsterdamer Stadtregierung einen so renommierten Wissenschaftler wie Gerardus Vossius berief, zeigte, daß es ihnen darauf ankam, sich nicht auf die Propädeutik zu beschränken. Man wollte sich das Athenäum etwas kosten lassen. Das ganze Verfahren um Vossius verlief nicht ohne Querelen, die aus Leidener Eifersüchteleien und dem immer noch in der niederländischen Politik und Gesellschaft schwelenden Streit zwischen Remonstranten und Gomaristen herrührten.

Neben Vossius war es vor allem der Leidener Literat und Historiker Caspar Barlaeus, der nach Amsterdam ging und zu den Spitzenkräften niederländischen Geisteslebens zählte. Es war für die Motivation der Hochschulgründung in Amsterdam bezeichnend, wenn Barlaeus seiner Antrittsvorlesung den Titel mitgab: »Der gebildete Kaufmann oder Über die Verbindung von Handel und Philosophie«. Genau das wollte der Amsterdamer Magistrat hören: die enge Verbindung von wirtschaftlicher Blüte und kulturellem Hochstand. Dies entsprach dem Bild, das die Niederlande auf den Reisenden und Außenstehenden machten. Barlaeus stellte ein »ungewöhnlich gutes Wechselverhältnis zwischen dem Handel und dem Studium von Literatur und Philosophie« fest. Nachdenken und Nachdenklichkeiten, der Geist, behinderten ebensowenig die Mehrung des Besitzstandes wie umgekehrt solche Mehrung dem Geist nicht im Weg stand. Es war eine Welt der geistig-materiellen Harmonie, die Barlaeus beschrieb. Schon die großen Gelehrten der Frühzeit hätten besonderes Interesse am Handel gezeigt. Letztlich ging es dem Redner darum, dem »Geistigen« oder »Philosophischen« in der Welt des Handels und Handelsgewinns einen Platz zuzuweisen, gleichsam die Gründung der »Illustren Schule« zu rechtfertigen. Da trat die Moralphilosophie als Tugendlehre des Kaufmannes auf, geeignet, die Übel des Handels gar nicht erst aufkommen zu lassen. Barlaeus gab Faustregeln für den Kaufmann an die Hand: Nicht zuviel solle er begehren, nicht leben dürfe er wie ein Krösus. Ehelich solle er sein und auch dort die Tugend wachhalten, wo sich ungestraft ungerechtfertigte Vorteilnahme anbiete. Der »Mercator honestus« des Cicero! Es scheint, als habe diese Antrittsvorlesung des Barlaeus in der Welt- und Handelsstadt Amsterdam mit ihrem Sinn für den praktischen Wert der Münze einen größeren Eindruck gemacht als die eher abgehobene Darlegung des wissenschaftlich höher eingeschätzten Vossius.

Beide Gelehrte haben das Bild der Amsterdamer Bildungsstätte geprägt, Amsterdam als Kulturstadt nach innen und außen vertreten. Wichtig war, daß die Vorlesungen öffentlich stattfanden und nicht auf eingeschriebene Studenten beschränkt blieben. Barlaeus schrieb 1632 an Constantijn Huygens anläßlich seiner und des Vossius' Antrittsvorlesung, es sei ihr Wunsch, den Kaufleuten der Stadt die Liebe für die antike Philosophenschule beizubringen und Bereiche an sie heranzuführen, von denen sie sich bis dahin zumeist ferngehalten hätten. Jedenfalls scheint das Vorlesungsangebot zur Zufriedenheit aller ausgefallen zu sein, wenn man Vossius' Aussagen und anderen zeitgenössischen Zeugnissen Glauben schenken will. Sowohl Barlaeus als auch Vossius bemühten sich, die eigene Bildungsstätte aufzuwerten, indem sie um weit bekannte Kollegen warben. Im Falle des Hugo Grotius blieb das ohne Erfolg, weil sich die Amsterdamer Stadtväter nicht dazu verstehen konnten, den durch den Remonstrantenstreit belasteten Gelehrten in der Stadt zu haben. Aber der Mathematiker Martinus Hortensius, ein Schüler des Isaac Beeckman und des Willibrord Snellius, folgte dem Ruf. Es war typisch für den Kulturbegriff gerade Amsterdams, zu vermuten, daß »man ohne mathematische Kenntnisse weder die Buchhaltung noch die Seefahrt sach- und fachkundig ausüben könne – zwei Fähigkeiten, auf denen der Reichtum der Stadt beruhe«. Hortensius blieb am Athenäum eine attraktive Persönlichkeit, nicht so sehr, weil er auch Vorlesungen zur römischen

Geschichte gab, die Vossius entlasteten, sondern vor allem, weil er gut besuchte Vorträge zur Seefahrtkunde hielt, die angesichts der rührigen ost- und westindischen Aktivitäten praktischen Nutzen versprachen. Hortensius saß zusammen mit dem Kartographen Willem Jansz. Blaeu, dem Mathematiker Beeckman und Renier Reael, die sich über den praktischen Nutzen der von ihm gefundenen Methode zur Ermittlung des Längengrads auf See beugten. In diese Zeit fiel auch die Auseinandersetzung um das kopernikanische Weltbild, das am Athenäum diskutiert wurde, so daß sich das Konsistorium der Amsterdamer Calvinisten veranlaßt sah zu fragen, ob theologische Fragen in den Räumen der Hochschule diskutiert werden sollten. Hier meldete sich Grotius zu Wort, der vorschlug, dem inhaftierten Galileo Galilei einen Lehrstuhl in Amsterdam anzubieten. Galileo verspürte aus Altersgründen freilich keine Neigung. Insgesamt erweiterte sich allmählich das Spektrum der in Amsterdam vertretenen Disziplinen. Philosophie, Geschichte, Mathematik und Astronomie, bald auch Rechtswissenschaft und schließlich orientalische Sprachen wurden gelehrt, nicht aber Theologie und zunächst auch nicht Medizin, wenngleich mit der Stadt der Name des bekannten Nicolaas Tulp verbunden war und Amsterdam schon seit der Mitte des 16. Jahrhunderts die Gilde der Chirurgen kannte und anfing, ins Zentrum der anatomischen Untersuchungen zu rücken. Doch erst 1660 wurde zum ersten Mal ein Extraordinariat für Medizin – ohne genaue Spezifizierung – besetzt. Obgleich Leiden national wie international der Mittelpunkt des niederländischen Hochschullebens war, pflegte man also auch andernorts in der Republik die Vermittlung von Wissenschaft und Allgemeinbildung. Das Netz der Wissensvermittlung war insofern noch dichter geknüpft, als es vielerorts fachspezifische Ausbildungsstätten, Seminarien, gab. Auf engstem Raum bot sich eine bunte Palette von Ausbildungsmöglichkeiten, und Professoren und Studenten des Auslandes trugen zum Kulturprofil der Republik erheblich bei.

Das an den Universitäten und Hochschulen gepflegte Geistesleben lag ganz in der Tradition des Humanismus. Das war besonders dort sichtbar, wo sich die gelehrte Welt in die öffentliche Auseinandersetzung begab, in staatstheoretische Problematisierungen, mit immer wieder neuen Bezügen zu den klassischen Sprachen oder Bibeltexten. Die wissenschaftliche Zuflucht boten Tacitus und Cicero, Plato und vor allem Aristoteles sowie die Kirchenväter. Die Sprache, in der man kommunizierte, war das Lateinische. »Da sich alte klassische, heidnische oder christliche Betrachtungen in damals als vollendet gewerteten lateinischen Sprachformen äußerten, glaubte man, daß solche Formen letztlich schon gleichsam automatisch die Reinheit und Klarheit eigener Gedanken bestimmen würden« (I. Schöffer). Das Studium der klassischen Literatur wurde praktisch zum Glanzstück von Kultur und Wissenschaft emporgehoben, und das betraf die gelehrte Abhandlung ebenso wie Geschichtsschreibung, Prosa und Poesie. Schöpferische Tätigkeit und Kommunikation waren somit die Angelegenheit einer Elite, die auf den Lateinschulen sehr gut auf den Gebrauch der Sprache an den Universitäten vorbereitet wurde. Solche Kontraktion auf eine kleine Gruppe war im europäischen Maßstab nichts Außergewöhnliches; sie förderte nachgerade die Eingliederung des niederländischen Geisteslebens in einen europäischen Zusammenhang, soweit dieser nicht bereits durch die Vielzahl von Professoren und Studenten des Auslandes hergestellt war.

Das humanistische Bildungsstreben mochte auf die Klassik gerichtet sein, gegenüber den sprachlichen Gegebenheiten des eigenen Landes hielt es sich jedoch nicht zurück. Die Bemühungen um die niederländische Sprache setzten schon im 16. Jahrhundert deutlich ein. Der »Patria«-Gedanke begann, sich durchzusetzen. Es war nur allzu natürlich, daß der Aufstand diesen Gedanken in einem ausgesprochenen Patriotismus ummünzte. Hinzu kam, daß die humanistischen Gelehrten auch das eigene Land als eine historische Eigenständigkeit und Besonderheit betrachteten. Um die Batarer ging es. Hatte man im 16. Jahrhundert erste Kunde erhalten und darüber diskutiert, wo dieser germanische Stamm wohl anzusiedeln sei, so entwickelte sich im 17. Jahrhundert die Kenntnis zum Kult. Man sah in den Batavern die populären Stammväter mit allen positiven Ingredienzen, die man für einen Freiheitskampf brauchte. Man suchte und fand das Eigene. Dazu zählte auch die Sprache, die gepflegt werden mußte. Sprachpflege hieß Ordnung des Vorhandenen in Grammatik und gemeinsamer Orthographie. So erschienen große Arbeiten oder Abhandlungen sowohl Lateinisch als auch Niederländisch. Ein Mann wie Daniel Heinsius, der sich nicht nur um die niederländische Sprache verdient gemacht hat, sondern auch auf die deutsche Barockdichtung erheblichen Einfluß ausübte, hat ein umfangreiches Werk lateinischer Poesie hinterlassen. Hugo Grotius verfaßte sein »De iure belli ac pacis« und sein »Mare liberum« in lateinischer Sprache. Sein »Bewijs van de ware godsdienst« und seine »Inleidinghe tot de Hollandsche rechtsgeleerdheijdt« erschienen auf Niederländisch. Das entsprach den Zielgruppen, die er ansprechen wollte. Die völkerrechtlichen Arbeiten wandten sich – gleichsam grenzüberschreitend – an die gelehrte Juristenwelt, während die anderen Schriften gerade der Vermittlung niederländischer Theologie und holländischer Rechtsgrundlagen dienten, sozusagen die erforderliche Information vor Ort übertrugen, abgesehen vom stark propagandistischen Charakter, den das Buch über den »Wahren Gottesdienst« hatte. Grotius wollte damit vor allem Seeleute und Kinder erreichen. Geschichtsschreiber wie Pieter Bor oder Emanuel van Meteren veröffentlichten ihre großen Werke in niederländischer Sprache. Das tat auch Pieter Cornelisz. Hooft mit seinen »Nederlandsche historien«. Hooft, der Regentensproß, orientierte sich im Aufbau seiner Arbeit völlig an Tacitus und begriff sich offensichtlich als ein Tacitus des Nordens.

Zu jenen Literaten und Poeten, die der Regentenschicht angehörten, zählten neben Hooft Constantijn Huygens, ein Synonym für das niederländische Geistesleben in der Republik, und Jacob Cats, aus seeländischem Geschlecht und viele Jahre das höchste Amt der Republik, das des Ratspensionärs, bekleidend. Zu Huygens und Hooft, die Neo-Lateiner, fügen sich Barlaeus und Heinsius. Sie waren nicht nur Vertreter der sozialen Elite, sondern auch die der kulturellen Elite, welche die Maßstäbe setzten. Sie erfreuten sich bei einem durch die Ausbildung auf Lateinschulen und Universitäten gleichrangigen Publikum höchster Beliebtheit. Es wäre zu undifferenziert zu sagen, daß die Kultur der Herrschenden auch die herrschende Kultur ausgemacht habe, aber diese Literaten und Dichter, die zugleich sehr viel mehr waren als das, lebten in dem schon nicht mehr ganz frischen, dennoch intensiv fortlebenden Denken des Humanismus und schöpften ihre Impulse zur Kontinuität aus italienischen und französischen Beispielen. J. L. Price hat die Lebensfähigkeit der neo-lateinischen, klassischen Schriftkultur – dazu zählte auch der umfangreiche lateinisch verfaßte Briefwechsel der niederländischen Koryphäen – auf den Mangel an literarischer Tradition in den nördlichen Niederlanden zurückgeführt: »Die Niederländer konnten nicht auf einen umfangreichen Bestand landessprachlicher Literatur fortbauen, oder sie hatten zumindest Schwierigkeiten, die Qualitäten solcher Literatur positiv einzuschätzen.« Die literarische Überlieferung lag bei den »Rederijkers« und deren Kammern. Es handelte sich hier um Amateurgesellschaften, die seit dem 15. Jahrhundert das literarische Leben bestimmten, indem sie durch Städte und Dörfer, von Ort zu Ort zogen, Theaterstücke aufführten, auf andere Weise bei festlichen Anlässen auftraten oder ganze Feste organisierten. Anfang des 17. Jahrhunderts spielten diese Gesellschaften, die zuvor besonders in Brabant geblüht hatten, durchaus noch eine Rolle bei der Präsentation von Poesie und Drama. Sie bildeten, von den Ortsbehörden unterstützt, das Zentrum für literarisch ambitionierte Bürger. Zu ihnen traten bald auch die akademisch Gebildeten, die ihre Kenntnisse bei den »Artes liberales« der Universitäten erworben hatten. Darüber hinaus fungierten die Gesellschaften als Institutionen, in denen man das dramatische oder poetische Handwerk erlernen konnte, abgesehen davon, daß die Autoren ihre Dramen nur mit deren Hilfe an die Öffentlichkeit zu bringen vermochten. »Die Gesellschaften waren Kollektive«

(E. K. Grootes). Bühnenstücke wurden nicht unter Autorennamen aufgeführt und nur wenige gedruckt.

In diese eher amorphe Gelegenheitsliteratur stieß die Arbeit der literarisch Gebildeten, Kenntnisreichen, die sich auf die Gebote des Humanismus konzentrierten. Mit ihnen setzten sich auch die neuen Literaturauffassungen durch. Wo sie nicht unmittelbar über die antike Literatur vermittelt wurden, erfolgte dies über französische oder italienische Beispiele, über Sprachen, die fester geordnet waren und mit denen sich die Antike aufzeigen ließ. Die literarische Bildungselite der Niederlande führte die »ästhetischen Standards ein, die auf internationaler Ebene Anerkennung gefunden hatten« (J. L. Price). Die Literatur – Prosa, Drama, Poesie – entwickelte sich insofern zu einer Art gelehrter Tätigkeit, als sich Leitfiguren der Bildungselite ihrer bemächtigten, die soziales und kulturelles Prestige gleichermaßen besaßen. Daß es um Formen und Inhalte, nicht mehr bloß um den Gebrauch des Lateinischen ging, demonstrierte Daniel Heinsius, der 1616 eine Sammlung seiner niederländischsprachigen Poesie herausbrachte. Wie Grootes feststellt, hat dieser Schritt des Lateiners Heinsius zum Niederländischen das Ansehen der Sprache gefördert. Aber Heinsius wollte zudem darstellen, was echte Literatur sein konnte, welchen Regeln sie sich zu unterwerfen hatte. Regel und Norm waren so anders und so hochgesteckt, daß laut Heinsius die gesamte Produktion der Amateurgesellschaften darunter nicht fallen konnte. Bürgern wie Hooft, Heinsius, Huygens oder Cats diente das Schreiben nicht als Broterwerb. Für sie gab es dazu keine materielle Notwendigkeit. Aber ihr kulturelles Prestige bildete die Basis für die Akzeptanz der neuen, die Amateurgesellschaften als nicht mehr vollwertig empfindenden Literaten in den breiteren Schichten der gebildeten und meistens auch begüterten Bevölkerung. Es entstand allmählich ein Markt für das Buch, das als Luxusgut besonders dort Eingang fand, wo die materielle Lage sich zusehends verbesserte. Das geschah im 17. Jahrhundert. Wer sonst noch nach den neuen Normen und Regeln Literatur produzierte, konnte auf dieser Basis, vielleicht nicht gleich Geld, so doch an kulturellem Prestige gewinnen, auch wenn er nicht aus der Schicht der reichsten Bürger und Regenten stammte. Als Beispiel sei Joachim Oudaen genannt, Sohn eines Rotterdamer Fliesenproduzenten, der in den Regentenkreisen der Stadt ein- und ausgegangen ist. In noch stärkerem Maße galt das für Joost van den Vondel, der, wie Price meint, nur durch Drama und Poesie zu einer Position in der Gesellschaft aufzurücken vermochte, die er aufgrund der sozialen Herkunft nie hätte erreichen können. Dies sei nur möglich gewesen »durch Anpassung an die künstlerischen und kulturellen Normen der reichen und mächtigen Sozialgruppen der niederländischen Gesellschaft; und diese Normen wurden weitgehend durch die Standards der internationalen aristokratischen Kultur« bestimmt. Zu diesen Literaten zählte wohl auch Gerbrand Adriaensz. Bredero, der zwar Stücke schrieb, »die eher den Zustand der Gesellschaft, in der er lebte, widerspiegelten als das klassische Ideal, und der deutlich den Widerspruch zwischen seinem Aussage-bedürfnis und den vorgeschriebenen Aussageformen fühlte«, aber sein Wider-stand habe nicht, so Price, allzuweit gereicht.

Hierbei handelte es sich um Literatur als renaissancistische Kunstform, als eine erlernbare dazu. Joost van den Vondel, der allein dreißig Dramen hinter-lassen hat, gab Richtlinien für den angehenden Dichter heraus. In den »Aenlei-dinghe ter nederduitsche dichtkunste« teilte er 1650 mit, was der künftige Dich-ter zu tun habe. Des Niederländischen mußte er selbstverständlich mächtig sein, was angesichts der Uneinheitlichkeit der Sprache nicht ohne weiteres zu ver-wirklichen war. Das beste Niederländisch spreche man in Den Haag und Am-sterdam, so ließ Vondel wissen. Ältere Autoren seien heranzuziehen, typische Ausdrücke und Redeweisen zu sammeln. Die Gedanken und Ideen lieferten Werke ethisch-moralischen Inhalts. Die handwerkliche Seite erlerne man, wenn man berühmte Dichter des Auslandes übersetze. Den Regeln und Beispielen der alten Dichter sei Beachtung zu schenken. Voraussetzungen seien die Ordnung der Sprache und ihre Formgebung, doch nicht zuletzt das Talent. Der ver-gleichsweise einfach gehaltene Vondelsche Leitfaden sollte nicht über die Schwierigkeiten hinwegtäuschen, die die neuen Formen mit sich brachten. Al-lein die Orientierung an den Vorbildern aus Italien, mehr noch aus Frankreich, setzte Sprachkenntnisse voraus, und es bedurfte langer Übung, um einen flüs-sigen sechsfüßigen Jambus, Alexandriner, im Niederländischen zu schreiben. »Es scheint, als ob sich das Niederländische gesträubt habe, sich diesem ver-trauten Muster zu fügen« (E. K. Grootes). Es war nicht einfach, die literarischen Konventionen aus dem 16. Jahrhundert, unter anderem die Bildsprache, in die eigene, noch zu findende Sprache umzusetzen. Autoren wie Heinsius und Hooft sorgten für den literarischen Transfer von Renaissance und Humanismus in die Republik. Sie wirkten als eine Art Trendsetter beim Aufbau einer niederländi-schen Literatur. Sie vermittelten die Antike entweder unmittelbar oder über italienische und französische Vorbilder. Ein Mann wie Hooft, der das hohe Amt des Drosts von Muiden bekleidete, pflegte solche bei ihm so gründlich verar-beitete Rezeption noch in dem von ihm gebildeten Literatur- und Kulturkreis, dem »Muiderkring«, dem Huygens, Barlaeus und Bredero sowie eine Reihe anderer Vertreter des niederländischen Kulturlebens angehörten. Das war et-was ganz anderes als die Amateurgesellschaften der »Rederijkers«, die auch im

17. Jahrhundert noch existierten und ihre Stücke zu Ostern oder Weihnachten in der Kirche oder zu festlichen Gelegenheiten auf den Marktplätzen spielten. Der »Muiderkring« Hoofts präsentierte sich als Diskussionsrunde, deren Mitglieder miteinander befreundet, auf jeden Fall gut bekannt waren, als ein lockerer Zusammenschluß, aber hochkarätig besetzt. Solche Literatur- und Kunstgesellschaften gab es mancherorts. So wurde 1669 in Amsterdam die Gesellschaft »Nil volentibus arduum« ins Leben gerufen. Sie hatte zum einen eine etwas straffere Organisation und bemühte sich zum anderen darum, das Niveau des 1637 gegründeten Amsterdamer Stadttheaters zu erhöhen. Es war das einzige Stadttheater der Republik. Die Zahl der Literaten des 17. Jahrhunderts reichte weit über diese Kreise hinaus, und viele Autoren gehörten zu den mittleren Schichten der Bevölkerung.

In dem Bemühen um eine einheitliche Sprache bis hin zur Sprachästhetik äußerte sich das wachsende nationale Selbstbewußtsein. Die von den Autoren gewählte Thematik schloß stark an die besondere Situation der Republik an, wie sie sich aus dem Freiheitskampf gegen die Spanier und darüber hinaus aus dem Bekenntnis zur eng mit dem Aufstand verbundenen calvinistischen Religion ergab. Beide Bereiche zählten zur »Erziehungsliteratur«, die jedoch mehr erfaßte als nur die innere und äußere Neuheit »Republik« und ihre Entstehungsgeschichte; sie zielte auch auf den einzelnen Bürger, hielt ihm den Spiegel seines Verhaltens vor und gab Lebens- und Verhaltensregeln an die Hand. »Lering« war der niederländische Begriff für solchen Ausgangspunkt, was allerdings eine andere Komponente, die »Unterhaltung (Vermaak)«, keineswegs ausschloß. Es galt in Literatur- und Autorenkreisen als allgemein anerkannt, daß Dichter und Schriftsteller gegenüber der Gemeinschaft eine Aufgabe zu erfüllen hatten, und es will scheinen, als hätten sich das die meisten unter ihnen zu Herzen genommen. »Die Moral der Geschichte«, die des Dramas oder der Poesie, die eine Verallgemeinerung der individuellen Erfahrung einbezog, bezweckte Kenntnisvermittlung und Läuterung. Ob das immer auf der Basis der selbstgesetzten ästhetischen Maßstäbe gelungen ist, muß dahingestellt bleiben. Nicht jeder war ein Pieter Cornelisz. Hooft oder ein Constantijn Huygens.

Die niederländische Literatur war durch die starke Einbeziehung der weiter zurückliegenden und der unmittelbaren Vergangenheit zugleich ein Stück Konflikt- und Beweisliteratur. Konflikt, insoweit sie den Freiheitskampf samt Gewalt zu einem wichtigen Thema machte, Beweis, insoweit sie die Berechtigung des Freiheitskampfes vorführte, bis hinein in die sprachlich durchgefeilte Geschichtsschreibung, wie das Hooft in seinem unvollendet gebliebenen »Nederlandsche historiën« darlegte. Hooft, der selbst hohes Interesse an Politik und politischer Theorie entwickelte, schrieb 1613 eines seiner einflußreichsten Dramen: »Geeraert van Velsen«. Es war ein Stück über Tyrannei und Freiheit, aber auch über Ordnung, Friede und Gegengewalt. Hooft war ein Anhänger des bestehenden Systems der Ständeregierung, entsprechend der 1587 von François Vranck und 1610 von Hugo Grotius vorgelegten Souveränitätstheorie, die ein deutliches Ordnungsprinzip enthielt. Die Haltung des Grafen Floris V. gegenüber der Hauptfigur van Velsen war ein Verstoß gegen die Ordnung, die auf Zusammenarbeit von Fürst und Volk beruhte; deshalb war der Widerstand van Velsens völlig berechtigt. Doch die Einbeziehung des bei Vranck in der Ordnung nicht vorgesehenen gemeinen Volkes unterlief, für Hooft, die Gültigkeit des Anspruchs seiner Hauptperson. Dies war der eigentliche Konflikt, der sich aus vorgegebenem Ordnungsdenken, nicht aber aus dem inneren Konflikt einer Dramenfigur ergab. Joost van den Vondel lieferte in seinem »Pascha« ein Stück Offenbarungsgeschichte. Während er den dort enthaltenen Gedanken vom »Neuen Bund« als eine für das nationale Selbstverständnis wichtige politische Denkvoraussetzung präsentierte, begab er sich 1625 mit »Palamedes« auf die Bühne des zwar entschiedenen, gleichwohl noch nachwirkenden politisch-religiösen Streits zwischen Remonstranten und Kontraremonstranten. Das Drama enthielt eine scharfe Anklage gegen Moritz von Oranien und die Kontraremonstranten. Vondel bezeichnete beide als Unterdrücker bürgerlicher und religiöser Freiheit. Hier entsprach er der Auffassung Hoofts, zu dem er in jenen Jahren Kontakt pflegte. Gerade den Führungsanspruch der Calvinisten kontraremonstrantischer Prägung geißelte Vondel 1630 erneut in seinem Gedicht »Harpoen«. In dieser Periode äußerte er sich als Erasmianer, der die Toleranz als erste Losung hochhielt. Unter solchen Denkvoraussetzungen hatten Moritz von Oranien und die Kontraremonstranten die Probe nicht bestanden. Vondel lehnte außerdem korrupte und ehrgeizige oder statusbesessene Vertreter der bürgerlichen Freiheit ab, zum Beispiel 1630 im »Roskam«. Es handelte sich bei ihm nicht um Parteinahme für die eine oder andere Seite, wie es bei seinen Lobeshymnen auf Friedrich Heinrich deutlich wurde, sondern um die Frage nach dem Verstoß gegen Prinzipien, nach denen die Republik als neue Existenz zu leben hatte.

Es erschien noch eine Reihe von literarischen Werken, die sich mit den faktischen und ideellen Entstehungsbedingungen der Republik befaßten. Dazu gehörten nicht nur Dramen, sondern auch Sammlungen von Liedern und die Geschichtsschreibung, wie sie Hooft vorlegte. Religion und moralisches Anliegen waren wesentliche Ingredienzen der Literatur jenes Jahrhunderts. Der religiöse Impuls, so bemerkt Price, sei der ausgeprägteste niederländische Beitrag zu einer kulturellen Tradition gewesen, die bis zum Anfang der Republik viel von ihrer ursprünglichen Vitalität verloren hatte. »In keiner (nationalen) Literatur war er so vorherrschend wie in der der Niederlande des 17. Jahrhunderts.« Selbst Autoren wie Hooft und Bredero haben sich, obwohl sie der religiösen Lebenswelt einigermaßen fern standen, diesem Beweggrund nicht entzogen oder entziehen können. Es war eine Literatur, die von Erbaulichkeit bis zur Polemik reichte, und das fügte sich in eine Gesellschaft ein, die in ihrem religiösen Dasein zwischen Auftrag und Konflikt lebte. Sowohl Jeremias Decker aus Dordrecht als auch Geeraerdt Brandt, Amsterdamer und früher Vondel-Verehrer und -Biograph, zählten zu ihnen. Beide kamen aus dem Mittelstand, galten sicherlich nicht als die größten Poeten, bezeugten aber eine religiöse Betroffenheit, die allgemein für diese Jahrzehnte galt. Joachim Oudaen, der im Haus des Gelehrten Petrus Scriverius seine Erziehung genoß, war ein entschiedener Anhänger der Reformation und zeichnete sich vor allem durch seine scharfen Angriffe gegen den Katholizismus und Spinozismus aus. Er stand von der literarischen Form her zunächst unter dem Einfluß Vondels und bewunderte einen anderen religiösen Dichter, Dirck Rafaëlsz. Camphuysen, dessen »Stichtelijke rijmen« von 1624 mehrfach neu aufgelegt wurden. Camphuysen neigte eher der Täuferbewegung zu, anders als sein dreißig Jahre länger lebender Zeitgenosse Jacobus Revius, ein orthodoxer Calvinist, Prädikant aus Deventer, der seine Universitätsjahre in Leiden (Hörer von Gomarus, nicht von Arminius) und in Frankreich verbrachte und bald als Regent des Leidener »Collegium Theologicum« starken Einfluß auf die Studenten ausübte. Revius gab seine literarischen Arbeiten 1630 in dem Sammelband »Over-Yysselsche sangen en dichten« heraus, in einer Sammlung von kurzen Gedichten, häufig Sonetten, die das »Alte« und »Neue Testament« in Verse umsetzte und von dem Literaturhistoriker W. P. A. Smit als »Epos der Gottesgeschichte« benannt worden ist. Revius war einer jener religiösen Autoren, die die römischen Klassiker ebenso kannten wie die Kirchenväter und formal-stilistisch stark unter Renaissance-Einfluß standen. Die Motivation zu seiner Arbeit fand er in den Dogmen von Schuld und Versöhnung sowie im Leiden Christi. Daß ihn die Verbindung von Religiösem und Nationalem auszeichnete, entsprach dem niederländischen Bewußtsein, stellte die in Poesie umgesetzte Version der Leidener Münze »haec religionis ergo« und »haec libertatis ergo« dar.

Ein Bericht zur niederländischen Literatur des 17. Jahrhunderts wird immer nachdrücklich auf Joost van den Vondel hinzuweisen haben, auf den Dramatiker, Dichter, Prosaschreiber, der allein dreißig Bühnenstücke hinterlassen hat und dessen »Gijsbreght van Aemstel« bis ins 20. Jahrhundert alljährlich zu

Neujahr aufgeführt worden ist. Wenn jemand unter den niederländischen Dramatikern jener Zeit dem Beispiel der griechischen Tragödie nacheiferte, dann war es Joost van den Vondel. Er übernahm wohl am vollendetsten Form und Struktur des klassischen Vorbildes. Bei ihm zeigte sich am besten die Verstrikkung in Politik und Religion seiner Zeit. Während bei Hooft die Neigung zu historisch-politischem Stoff gegenüber religiösem Impuls überwog, Heinsius eher der Ordnung der Sprache sich verpflichtet fühlte, Cats stärker der Moral und den Lebensregeln des Alltags zugewandt war, bewegte sich Vondel auf mehreren Feldern. Die Religiosität äußerte sich bei ihm weniger in der Form eines der nationalen und damit religiösen Geschichte verpflichteten Missionsgedankens, war daher nicht mit den stärker auf Förderung des Calvinismus gerichteten literarischen Arbeiten der Camphuysen und Revius vergleichbar, sondern offenbarte sich ganz persönlich, nach innen gekehrt, ohne einem bestimmten Bekenntnis zu huldigen. Sie war eine den Glauben zum persönlichen Problem erhebende Religiosität. Vondel, aus einer Täufergemeinde kommend, trat schließlich zum Katholizismus über. Die Heftigkeit und Intensität seines persönlichen religiösen Erlebens äußerten sich auch außerhalb des Dramas, etwa in der gegen Spinozas Gottesbegriff gerichteten Schrift »Bespiegheling van god en godsdienst«. Der Glaube als Konflikt dürfte im »Lucifer« von 1654 dramatisch am besten ausgearbeitet sein, im Stück um den Aufstand des Erzengels gegen Gott und um die Unzuträglichkeit solchen Aufstandes, der deshalb mit einer Niederlage und dem Sturz Luzifers endete. Vondel schrieb eine Tragödie, in der die Tragik im Konflikt zwischen Stolz und Unterwerfung, zwischen hybrider Vermessenheit und dem Unterworfensein unter göttliche Herrschaft lag. Es war nicht die bei Shakespeare ein gutes halbes Jahrhundert zuvor kundgetane menschliche Hybris allein, sondern eine der Religiosität des Landes entsprechende Einbeziehung Gottes, die den Vermessenen und Stolzen scheitern ließ. Price nennt »Lucifer« Miltons »Paradise lost« vergleichbar. Zum religiösen Klima des Landes paßte es, wenn calvinistische Prädikanten sich von der Kanzel herab gegen das Stück kehrten, weil es Himmel und Engel auf die Bühne bringe und ein Szenario vorführe, das menschlichen Spitzfindigkeiten entsprungen sei. Der Vondel-Verehrer und -Biograph Geeraerdt Brandt hat darüber berichtet. Ihm zufolge galten Aufstand und damit Konflikt in diesen calvinistischen Kreisen als eher blasphemisch, durften gar nicht gedacht werden, hatte man sich dem renaissancistischen Bild vom Menschen hier noch nicht geöffnet. Der »Lucifer« wurde nach zwei Aufführungen zwar verboten, die erste gedruckte Auflage war jedoch innerhalb einer Woche ausverkauft. Im selben Jahr erlebte das Drama noch sieben weitere Auflagen. Das macht deutlich, daß der

Angriff der Prädikanten und die mehrfachen Auflagen auch jene prägnante Mischung von Eifertum und Toleranz-Prinzip reflektierten, die die niederländische Gesellschaft auszeichnete. Vondel, der nicht wie seine Dichter- und Literatenkollegen Hooft, Huygens oder Cats aus Regentenkreisen kam, war dennoch ein großer Befürworter des aristokratischen Systems. Die Amsterdamer Regenten ließen ihn nicht fallen, als er zum Katholizismus übergetreten war. Einer der städtischen Bürgermeister verhalf ihm zu einer Stelle als Schreiber bei der Amsterdamer Darlehnsbank, nachdem Vondel mit seinem Strumpfhandel in finanzielle Schwierigkeiten gekommen war – keine sine cure, wie Price feststellt, sondern eine echte Ganztagsbeschäftigung. Vondel war in seiner Katholizität sicherlich ein Außenseiter. Vermutlich ließen die anerkannte Qualität seiner literarischen Arbeit und seine deutliche Option für die bestehenden Strukturen der politischen Ordnung die Mangelhaftigkeit der Glaubensrichtung übersehen. Wie stark die Optimatenstruktur der niederländischen Gesellschaft auch sein mochte, für die bildende Kunst und die Literatur gleichermaßen, galt die Qualität unabhängig von sozialer Herkunft. Das bewies ein Mann wie Vondel, der sich die klassischen Sprachen und die klassische Literaturtheorie nicht auf dem Weg über Schule und Universität, sondern als Autodidakt in Perfektion angeeignet hatte.

Vondel oder Hooft, Huygens oder Heinsius – sie waren bei aller Neigung zur literarischen Umsetzung politischer und religiöser Thematik des eigenen Landes eher Literaten oder sich belletristisch äußernde Gelehrte, ohne einen unmittelbaren erzieherischen Impetus, es sei denn, man will das strikt verfolgte Gebot der Übernahme der klassischen Norm als Element der erzieherischen Kulturpflege werten. Das war ganz ungleich den Absichten eines anderen Literaten aus der Regentenschicht, des Jacob Cats, dem wohl am ehesten das Merkmal des erhobenen Zeigefingers eignete. »Vader Cats« hieß er im Volksmund, und das war der richtige Beiname für einen Mann, der sich zum Moralisten der Nation aufschwang. Das in der modernen Historiographie geprägte Wort von der niederländischen Welt als der Umgebung des Kaufmanns und des Predigers könnte auf den Charakter der Literatur des Jacob Cats Anwendung finden. Ein Prediger war er allemal. Huizinga erwähnt ihn im Anschluß an Constantijn Huygens und schreibt: »Man hat uns daran gewöhnt, über diesen Dichter, dessen Werk zwei Jahrhunderte lang neben der Bibel in jedem Haus lag, mit einer gewissen verlegenen Entschuldigung zu sprechen. Wir halten ihn mehr oder weniger für das Enfant terrible unserer großen Zeit. Er bietet uns aus dieser Zeit ein allzu durchschnittliches Maß, das uns jetzt zu niedrig erscheinen will, während seine außergewöhnliche Beliebtheit beweist, daß das niederländische Volk in ihm das fand, was es selbst sein wollte.« Huizinga problematisiert das niederländische »Mittelmaß« und provinzialisiert es zugleich, indem er die Frage nach der Herkunft des Cats als möglicherweise ursächlich für das bescheidene Niveau anschneidet. Cats kam aus der Provinz Seeland. Diese war nach Huizinga bezaubernd, mit weicherem Licht und faszinierenden Weiten, grüneren Wiesen, intimeren Dörfern und reinlicheren Städten als anderswo, eine Provinz aber auch, die nur wenig zum Geistesleben der Republik beigetragen habe. Geist sei nicht die Sache der kühnen Seefahrer und gutmütigen Bauern gewesen. »War die ›seeländische Nachtigall‹, mit der sich die ›Beaux-esprits‹ der Schelde-Ufer ins Lager der Literatur und Literaten wagten, nicht viel eher ein sommerlicher, Schlaflosigkeit und doch zugleich Ruhe verschaffender Frosch im Reet?« Dennoch war Cats ein Studierter. Er hielt sich in Leiden auf und promovierte in der Jurisprudenz in Orléans, betätigte sich als Anwalt und stieg zum Ratspensionär auf. Seine Karriere war weder eine schlechte noch eine schlichte. Außerdem war er reich, weil er frühzeitg als Deichbauer unternehmerisch tätig wurde. Er hing dem calvinistischen Bekenntnis strikt an. In seiner Nähe hielten sich viele Prädikanten auf. Aber Cats war kein Theologe, nicht geeignet für die Formulierung von Dogmen oder schriftgelehrtem Tiefsinn. Er rezipierte vielmehr jene andere Komponente des Predigers, die Moralisierung des täglichen Lebens und Verhaltens, was darauf hinauslief, Regeln zu verteilen. Busken-Huet und danach Huizinga beschreiben die Arbeit von Cats mit einem Höchstmaß an Abneigung ob dessen ausgeprägter Mittelmäßigkeit, die für den intellektuellen Standard der niederländischen Gesellschaft typisch sei. Cats als Spiegelbild der Intellektualität der Republik? Der Seeländer war vor allem Didaktiker; er äußerte sich in einer Sprache, die nicht die poetischen Qualitäten in Wortgebrauch und Form haben mochte, aber jedem verständlich war. Justus van Effen, niederländischer Schriftsteller des 18. Jahrhunderts und der Aufklärung zugehörig, hob 1732 im »Hollandsche Spectator« gerade die einfache, allen zugängliche Sprache des Jacob Cats als wohltuend gegenüber dem Hochgeschraubten seiner Zeitgenossen hervor. Ob er deren Leistungen richtig oder falsch beurteilt hat, ist hier unerheblich; erlaubt sei der Hinweis, daß Cats in seiner Lehrhaftigkeit möglicherweise seiner Zeit voraus gewesen ist. Er rückte nicht einmal ansatzweise in die Nähe des niederländischen Freiheitskampfes, der noch nicht entschieden war, wenngleich sich Erfolg abzeichnete. Er setzte auf den »Kalenderspruch«, angereichert mit Versen aus dem Lust- und Liebesleben. Dem niederländischen Volk gab er Lebensweisheiten und Ansporn mit auf den Weg, Hinweise für richtiges Verhalten. Was ihn von der Welt der Hooft, Vondel, Huygens so völlig trennte, ihn aber so populär machte, waren nicht nur Simplizität und Eingängigkeit seiner Lebensregeln, sondern die gar nicht beabsichtigten Prätentionen, als ein großer Dichter oder Prosaschreiber zu erscheinen.

Huizinga hat Cats namentlich gegen Constantijn Huygens abgehoben, gegen jenen Universalgelehrten der Republik und Sekretär der Prinzen von Oranien, der wie kaum ein anderer eine wohlausgewogene körperliche, intellektuelle und musische Ausbildung erhielt, seine vielseitige Begabung kreativ umsetzte und in der statthalterlichen Umgebung vor allem Friedrich Heinrichs in einer Welt lebte, die der Versuchung ausgesetzt war, den Sprung von der bürgerlichen Aristokratie in den Kreis eines monarchischen Lebensstils zu wagen. Als Dichter gingen ihm lateinische, französische und niederländische Reime leicht aus der Feder, und der Zugang zu den Wissenschaften fiel ihm nicht schwer. Cats mochte Ratspensionär und als solcher eine bekannte Persönlichkeit gewesen sein, Huygens war dies durch zahlreiche Reisen und internationale Kontakte mit der europäischen Bildungswelt. Er war ein gelehrter Dichter und zugleich dichtender Gelehrter, viel mehr noch als Hooft oder Heinsius, weil er einen umfassenderen Wissensstand hatte. Während Cats als Übersetzer und Lehrer für das Alltägliche auftrat, ein selbsternannter und gern gelesener dazu, war Huygens der hochgebildete Ästhet, dessen Gedanken- und Gefühlsleben stets den Anschein des Erhabenen erhielten. Es fällt nicht schwer, Huygens in die »Gelehrtenrepublik«, die europäische Gemeinschaft der besonderen Art, einzureihen, aber er ist vornehmlich Niederländer geblieben. Cats war es auch, jedoch als ein bedingungsloser Calvinist mit einer innigen Frömmigkeit und als Lehrer und Hüter der Moral des Volkes, eher ein Prediger denn ein Dichter, dem die enge Beziehung zu Aufstand und Freiheitskampf, die andere auszeichnete, gefehlt hat. Huygens hatte sie, denn der Calvinismus, der anfangs kämpferisch, später gemäßigter voranging, und Auflehnung gegen Unterdrückung waren für ihn eine Einheit. In seinen Gedichten, vor allem in den Versen seines über 2.800 Zeilen zählenden »Hofwijck«, kam dies stark zum Ausdruck; es zeigte auch seine Verbundenheit mit dem eigenen Besitz sowie dem ganzen Lande.

Es wäre falsch, zu vermuten, daß sich die niederländische Literatur der Republik, insbesondere die des 17. Jahrhunderts, lediglich um die Schönheit der eigenen Sprache oder der hohen anspruchsvollen Thematik oder um die Prosa oder gereimte Fassung der Vergangenheit bemüht habe. Denn gefragt war gleichfalls die reine Unterhaltung, die auch von Stückeschreibern geboten werden konnte. Selbst eine so bedachtsame und kontemplative Natur wie Constantijn Huygens ließ die Niederschrift von »Trijntje Cornelis« zu, einer Posse, voll aus dem niederländischen Alltag gegriffen, doch dem Autor Gelegenheit bietend, seine Sprachfertigkeit nachzuweisen. Indem er seine Bühnenfiguren holländischen und Antwerpener Dialekt sprechen ließ, verhalf er ihnen zu prallem Leben. Aber Unbeschwertes fand sich viel eindeutiger bei einem Mann wie Gerbrand Adriaensz. Bredero, einem 1585 geborenen Amsterdamer, der 1618 mit dreiunddreißig Jahren starb, als seine Literatenkollegen noch in der Blütezeit ihres Schaffens standen. Obwohl er nicht aus untersten Schichten kam, blieb er ein Mann des Volkes, fernab von den Regenten. Die Klassik kannte er lediglich aus Übersetzungen, weil er »wenig Latein und noch weniger Griechisch« gelernt hatte. Immerhin konnte er über die Franzosen an die klassischen Vertreter herangeführt werden, auch wenn er selbst schrieb, er vermöge sich nur wenig seines Schulfranzösisch zu erinnern. An Hooft, Vondel oder Huygens war er nicht zu messen, da er sich von Beginn an ganz bewußt von deren ausgeklügelter Übernahme klassischer Formeln absetzte. In der Vorrede zum »Spaanse Brabander«, seinem Hauptwerk, ließ er wissen, das Stück biete nicht den Duft griechischen Thymians und römischer Kräuter, sondern den holländischer Blumen; er nannte das Werk sogar »amsterdamisch«. Spürbar war dies vor allem in seiner Liebeslyrik, die, wie Gerard Petrus Maria Knuvelder urteilt, in die Nähe des Volksliedes rückte, sich einfacher Sprache bei der Beschreibung einer Liebe, ihrer Erfüllung oder Verschmähung bediente. An die Stelle der klassischen Abgewogenheit mit ihrem zumeist stilisierten Ernst trat bei Bredero ein hohes Maß an Emotionalität und Spontaneität. Die ausgebliebene klassische Vorbereitung kam ihm, der zunächst Maler werden wollte, in seinem gefühlsbetonten Naturell entgegen. Der einfache Reim und die einfache Wortwahl schlossen nicht Tiefgang aus, nicht Allgemeines, jedoch das Erhabene, das andere Dichter auszeichnete. Bredero fand seine Themen im Volk; er skizzierte und kritisierte es im Drama oder in der Lyrik. Bei Huygens dagegen, der in der Lage war, »Trijntje Cornelis« zu schreiben, hatten wohl das eigene Schmunzeln und die Darbietung der Sprachfertigkeit Vorrang. Trotzdem bezog Bredero Anregungen aus anderen Literaturen, zum Beispiel aus dem spanischen Schelmenroman »Lazarillo de Tormes« für seinen »Spaanse Brabander« oder aus der französischen Prosabearbeitung des »Eunuchius« von Terentius für seinen »Het Moortje«. Sprachfertigkeit bewies auch er, dessen Stücke sowohl den getragenen Alexandriner als auch den kurzen Reim oder den Amsterdamer Dialekt enthielten. Die Mischform der Sprache kam der Gestaltung der Dramen insofern zugute, als ein Trauerspiel wie »Roddrich en Alphonsus« durchaus komische Szenarien bot, während auf Komödie angelegte Stücke wie »Spaanse Brabander« und »Moortje« in ihrem Kern nicht komisch waren. Bredero griff auch zur reinen Posse, etwa mit der »Klucht van de koe« oder der »Klucht van de molenaar«, welche dem »Decamerone« entsprungen zu sein schien, beide jedenfalls geprägt von einer realistischen Nachzeichnung des Volkslebens mit deutlich satirischem Einschlag, sehr holländisch und sehr närrisch. Bredero gelang es, sein Liebe zu Amsterdam in einer präzisen Schilderung des städtischen Lebens augenfällig zu machen. Huizinga formuliert dazu: »Er breitet vor uns und für uns das packendste Beispiel unserer Vergangenheit und die der über alles Lob erhabenen Stadt Amsterdam aus, das aus dieser Zeit überliefert ist. Für Brederos Kunst ist die Metapher ›Bild‹ voll am Platze.«

Populär wie Bredero war auch Jan Vos, ein Glaser aus Amsterdam, der nur des Niederländischen mächtig war, sich dennoch an die klassischen Regeln hielt, aber nach eigener Aussage an der Glaserei mehr verdiente als bei der Kunst des Stückeschreibens. Die Popularität ergab sich vielleicht weniger aus der wohlgestalteten Form als vielmehr aus der Thematik. Grausame antike Stoffe bot er stellenweise in einer Horrorversion, allerdings nach den Regeln der klassischen Gestaltung. Offensichtlich schuf er Aktionstheater, das viel zu schauen bot und nach dem Geschmack der Zuschauer war, denn sie kamen in Scharen, und zwar nicht nur aus den Unter- und Mittelschichten. Im übrigen scheinen ihm sogar die anerkannten »großen« Dichter, jene, die schon lange den Lorbeer trugen, Beifall gezollt zu haben, zumindest zu dem Stück »Aran en Titus« von 1641. Zeitgenossen und Literaturhistoriker haben nach dem Grund für die große Beliebtheit des Vos gefragt. Da wurde im Anschluß an seine eigenen Worte »sehen geht vor hören« auf den Schau-Spiel-Charakter der Stücke hingewiesen, analytisch auf die reiche Nebenhandlung, die geeignet gewesen sei, die Spannung voranzutreiben, und psychologisch auf die schiere Sensationslust, die das Publikum gefesselt habe.

Zu fragen bleibt nach dem Markt für Prosa, Lyrik und Drama, nach Leser und Produzenten. Die Republik des 17. Jahrhunderts identifizierte sich immerhin auch mit der Welt des Buches. Es gilt die These, daß in den Niederlanden des 17. Jahrhunderts mehr Bücher verlegt und gedruckt worden sind als in der übrigen Welt. Jedenfalls standen Verleger der Republik als Hersteller klassischer Ausgaben, sprachwissenschaftlicher Werke, Bibeln oder Atlanten im vordersten Glied. Das lag nicht zuletzt an den fachlichen Qualitäten der häufig aus den Südprovinzen gekommenen Drucker und Verleger, sondern auch an der nahezu unbegrenzten Pressefreiheit, die in der föderalistisch-partikularistischen Staatsstruktur herrschte. Außerdem machte sich die starke Stellung der Republik im internationalen Handel bemerkbar. Auch das Buch war eine Ware. Niederländische Verleger waren auf der Frankfurter Messe immer stark vertreten. Der Export bedeutete ein Zusatzgeschäft zu einem profitablen Binnenmarkt, der durch den Forschungs- und Lehreifer der Universitäten in vielen

Disziplinen gefördert wurde. Innerhalb der gesamten Buchproduktion machte die Belletristik freilich nur einen geringen Teil aus. Den Markt bestimmten die Leser. Es wird allgemein angenommen, daß der Alphabetisierungsgrad unter der niederländischen Bevölkerung relativ hoch gewesen ist. Wenngleich genaue Zahlenwerte hierzu nur in geringem Umfang vorliegen, ist diese Vermutung angesichts der hohen Zahl von Flugschriften und der häufig mehrfachen Auflagen von Büchern sicherlich berechtigt, zumal Reisende das seit dem 16. Jahrhundert immer wieder bestätigt haben. Bücher wurden in Buchläden verkauft, aber neben Flugschriften oder Liedertexten auch auf der Straße und auf Märkten, was in Amsterdam der dortigen Gilde der Buchhändler große Sorgen machte, da hier die Ware aufgrund von Steuerfreiheit der Verkäufer, die noch dazu keine Ladenmiete aufzubringen hatten, billiger angeboten wurde.

Es ist kaum möglich, etwas über die soziale Struktur der Leser zu sagen. Doch es dürfte nicht nur die gebildete Welt der Latein- und Hochschüler oder Universitätslehrer Bücherkäufe getätigt haben. Von Jacob Cats' »Houwelyck«, einer Ehefibel von 1625, wurden in fünfundzwanzig Jahren 50.000 Exemplare verkauft. Der Kaufpreis belief sich auf immerhin 5 Gulden. Vondels »Lucifer«, der in erster Auflage zu 1.000 Stück in den Handel kam, war innerhalb einer Woche ausverkauft. Eine Reihe von Werken wurde mehrfach aufgelegt. Gegenwärtig werden die Auflageziffern für das 17. Jahrhundert zwischen 500 und 2.000 Exemplaren angesetzt. Der Handel konnte demnach bisweilen auf hohe Verkaufsziffern blicken. Wer nicht lesen konnte, der schaute. Gelegenheiten, sich einzelne Dramen anzusehen, gab es reichlich. Dafür sorgten das Straßentheater der örtlichen »Rederijkers« sowie die Aufführungen reisender Theatergesellschaften, die zum Teil auch ins Ausland gingen oder aus dem Ausland kamen. Engländer brachten Shakespeares Stücke auf die Bühne. In Amsterdam gründeten Samuel Coster und seine Freunde 1617 die »Nederduytsche Academie«, die an der Keizersgracht ein eigenes Gebäude hatte, das dem Theaterspiel ebenso diente wie dem Sprachunterricht. Das blieb nicht ohne Widerstand seitens calvinistischer Prädikanten, denen Theater überhaupt ein Dorn im Auge war. Der Inhalt sei »geil und kapriziös, grausam, blutig, meistens aus heidnischen Komödien und Tragödien, voller Aberglauben und scheußlichen Götzenverehrungen, Gotteslästerungen, erfundenen Fabeln und Lügen«, meinte 1655 der Prädikant Wittewrongel. Coster mußte seine Academie bald verkaufen, aber 1637 gründete man am gleichen Ort das Stadttheater, das mit Vondels »Gysbreght van Aemstel« am 3. Januar 1638 eröffnet wurde. Die Amsterdamer Institution blieb für lange Zeit das einzige feste Theater in der Republik. Über das Publikum ist ebensowenig Genaues auszusagen wie über den Leserkreis.

Angenommen wird, daß es im durchweg gut besuchten Stadttheater zu Amsterdam vornehmlich die Mittelschichten waren, die die Plätze besetzten.

Wenn vom 17. Jahrhundert als dem »Goldenen Jahrhundert« der Republik die Rede ist, dann bezieht sich das im Kulturbereich hauptsächlich auf das Vermögen, die Welt bildlich zu erfassen. Die reisenden Zeitgenossen aus dem Ausland haben ebenso wie die internationale Fach- und Nachwelt sich von der Bewunderung vornehmlich für bildende Kunst leiten lassen, wenn man von einem Mann wie dem deutschen Barockliteraten Martin Opitz absieht, der die Bedeutung des Daniel Heinsius nicht genug hervorheben konnte. Ein Beispiel für ausländisches Erstaunen über die Blüte des niederländischen Kunstbetriebs war der englische Reisende Peter Mundy, der sich 1640 nach Amsterdam begab und feststellte, die Liebe der Bewohner zur Malerei sei wohl unübertroffen. Hervorragende Maler gebe es und diese gleich in Menge. Die Amsterdamer, so Mundy, schmückten ihre Wohnungen mit Bildern, vor allem die Räume zur Straße. Sogar in den Läden der Bäcker und Fleischer seien sie zu bewundern, ebenso neben der Esse des Schmiedes oder in der Werkstatt des Schusters. »Such is a general notion, inclination and delight that these country natives have to painting.« Und Mundy war nicht der einzige, der solche Auffälligkeit notierte; andere vermerkten Ähnliches, beobachteten, daß auch die Bauern ihre Wohnungen zahlreich mit Bildern schmückten und daß auf Kirmes, Festen und Jahrmärkten viele Gemälde feilgeboten wurden. In diesen Reiseberichten erscheint Malerei gleichsam als Alltäglichkeit, Kunst als Ware und als selbstverständlicher Bedarf. Derartige zeitgenössische Beobachtungen haben Kunst- und Kulturhistoriker im nachhinein bestätigt: Kunst als quantitative Eruption, aber auch als etwas Neues und Eigenständiges in einem Land, das seine staatliche Existenz ebenfalls einer Eruption verdankte. Wie die Republik eine politische Besonderheit inmitten eines monarchischen Umfelds in Europa war, so entsprach ihr eine Originalität der Malerei, ein Bemühen um Eigenständigkeit, wie sie sich auch in der Entwicklung von Sprache und Sprachwissenschaft offenbarte. Zu dieser Originalität, die ex negativo eine Abweichung von den geltenden Regeln der europäischen Kunst sichtbar machte, trat die Quantität. In den Niederlanden war Kunst in geringerem Umfang Auftragsarbeit; viel mehr produzierten die Maler für den Markt. Sie fanden Abnehmer aus fast allen Schichten der Bevölkerung. Es scheint zwischen Produzenten und Konsumenten eine Interessengemeinschaft nach Motiv und Geschmack gegeben zu haben. Mit dem Blick auf Literatur und Malerei in der Republik hat Price festgestellt, daß die Literatur vorwiegend vom Geschmack einer kulturellen Elite bestimmt sei, die ihre Beispiele in der Antike, vermittelt durch die Renaissance, gefunden habe. Eine Innovation im Sinne eines nach Form und Inhalt originären Schaffens sei ihr nicht möglich gewesen, weil die eigene Literatur im europäischen Vergleich als rückständig gesehen würde und daher das Selbstbewußtsein als wesentliche Voraussetzung für Innovatives gefehlt habe. Dem stellt Price die Mehrheit der Maler und ihres Publikums gegenüber, die nach seiner Meinung den Einflüssen der Renaissance und der humanistischen Tradition nicht unterlegen waren, weil sie nichts wußten. Unwissenheit über europäisches Erbe als Voraussetzung für Originalität? Wenngleich sich niederländische Maler auch nach dem Aufstand noch in den europäischen Süden begaben, um sich dort inspirieren zu lassen oder zu lernen, dann nahm deren Zahl ab etwa 1620 erheblich ab, ohne ganz aus dem Erscheinungsbild zu verschwinden. Der Rückgang des italianisierenden Beispiels war kaum zu übersehen, obwohl unmittelbar nach der Jahrhundertwende kunsttheoretische Betrachtungen angestellt wurden, die gerade die renaissancistische Kunst einschließlich des Manierismus in den Vordergrund schoben, wie das Karel van Mander tat. Lediglich bei den Malern der Utrechter Region blieb die Tradition der Künstlerreise nach Italien erhalten, was sich in der Formgebung ihrer Arbeiten niederschlug.

Bei aller Besonderheit der niederländischen Kunst nahm der Künstler in der Republik keine besondere Stellung ein. Die Maler haben gleich zu Beginn des neuen Staates die schon im Mittelalter europaweit existente Einbindung in die Handwerkergilde übernommen oder übernehmen müssen, sich nicht italienischen Verhältnissen angeschlossen, wo die Künstler mit der Renaissance den einfachen Handwerkszunftgenossen in Status und Ansehen weit vorausgeeilt waren. Die soziale Anerkennung ging hier von einer nicht dem Handwerker eigenen Fähigkeit aus – ging aus gleichsam von Genialität in Form und Farbe. Entsprechend waren die Honorare gestiegen. Aus Italien kommend, hatten sich die Künstler über die Höfe Europas verbreitet, waren dort als Hofmaler tätig und wurden zu Exponenten monarchisch-höfischen Kunstsinns. Der Anteil von Nordniederländern an dieser Spezies mit hochentwickeltem Bewußtsein über die eigene Bedeutung war vergleichsweise gering im Unterschied zu vielen Künstlern in den südlichen Niederlanden, in Brabant und Flandern, dem zentralen Raum burgundisch-habsburgischen Kulturlebens.

Die Trennung in südliche und nördliche Niederlande veränderte den Status der Maler, weil Adel und Kirche als Auftrag- und Arbeitgeber im Norden, in der Republik, entfielen. War noch in der Mitte des 16. Jahrhunderts die Malerei als eine freie und edle Kunst bezeichnet worden, ohne jede Gleichsetzung von Handwerkern und Künstlern, so sahen sich die Maler nach dem Aufstand eben gezwungen, der Handwerkergilde beizutreten, was einem Mann wie Karel van

Mander Anlaß gab, über solch grobschlächtige Gleichsetzung zu klagen und die städtischen Magistrate aufzufordern, Gesetze dieser Art wieder aufzuheben. Solche Klage half nichts. In der ersten Hälfte des 17. Jahrhunderts waren alle Maler, die Anstreicher (»Grof-« oder »Kladschilders«) ebenso wie die Künstler (»Fijnschilders«) Mitglied der St.-Lucas-Gilde. 1642 war Leiden die einzige Stadt ohne Lucas-Gilde. Der Wunsch der Middelburger Maler etwa, eine eigene Abteilung in der Gilde zugewiesen zu erhalten, stieß bei der Stadtregierung auf Ablehnung. Ähnlich erging es in Haarlem. Doch die Gilde war auch in der bestehenden Form für die Subsistenz der Maler wichtig, weil sie sie durch protektionistische Politik schützte, ein gewisses Einkommen sicherstellte. Solche Mitgliedschaft unterstrich, wie wenig die Maler als eine Besonderheit gesehen wurden, daß sie nicht als Paradiesvögel mit einem Anflug von Genialität galten. Der in den Gilden manifestierte Status des Mittelschichtigen entsprach der sozialen Herkunft der Maler. Bis auf ganz wenige Ausnahmen kam keiner von ihnen aus der Gruppe der Regenten und reichen Kaufleute; sie stammten aus der Schicht der Handwerker, Gewerbetreibenden und kleinen Kaufleute. Ihr Einkommen überstieg nur selten das ihrer Klasse, blieb meistens darunter. Zuweilen war eine Nebenbeschäftigung vonnöten, wenn der Bedarf des täglichen Lebens gedeckt werden sollte. Natürlich gab es solche, die sich einen reicheren Lebensstil erlauben konnten, aber deren Zahl war gering. Weder über das Einkommen noch über die Preise der Bilder, die damals üblich waren, lassen sich genaue Angaben machen. Die Produktion ließ sich im Atelier sowie auf Jahrmärkten, Versteigerungen, Lotterie- oder Tombolaveranstaltungen absetzen. Hier war für den Kunden Gelegenheit gegeben, einen Maler nach eigenem Gusto zu finden. Motive, die in Auftrag gegeben wurden, sehr häufig von Stadtregierungen oder vom statthalterlichen Hof, brachten meistens mehr Geld ein. Aber es war nicht so, wie es der hochgebildete, in der Welt der Kunst und Kultur lebende Constantijn Huygens darstellte, der, nach Meinung von Bob Haak vom Blick auf die Renaissance beeinflußt, vom unermeßlichen Vorteil der Kunst sprach. Das im Anschluß an Senecas »De beneficiis« genannte Dreigestirn, in dem neben Ehre und Liebe zur Kunst auch die Freude am finanziellen Gewinn Motiv des Künstlers war, galt sicher auch für Karel van Mander in seinen allgemeinen Betrachtungen zur Malerei. Viel später hat das Samuel van Hoogstraeten schriftlich in seinen »Inleydingen« und bildlich im »Kijkdoos« umgesetzt. Allzuviel dürfte jedoch für den einzelnen Maler materiell nicht herausgekommen sein.

Der starken Kontraktionstendenz des Patriziats entsprach ein elitäres Bewußtsein von der besonderen Wertigkeit dieser Schicht. Sehr wahrscheinlich fand sich dieses Denken auch im einigermaßen mittelmäßigen Ansehen der Maler reflektiert, zumal es im Bürgertum kein Mäzenatentum gab, was auf Anerkennung einer Besonderheit des Künstlers schließen lassen könnte. Price hat in seiner Arbeit über Kultur und Gesellschaft der Niederlande seinem Kapitel über die Malerei den Titel »The painter as craftsman« mitgegeben. Dies zu Recht, denn als Handwerker, aus dieser Schicht stammend, wurde er gesehen. Das mindere Ansehen der Maler in der Gesellschaft war für Karel van Mander bedauernswert. Er zitierte die gängige Meinung »hoe schilder hoe wilder«, ein Wortspiel, das nicht adäquat übersetzt werden kann. Jacob Cats machte 1637 in seinem »Trou-ringh« einen Maler lächerlich, indem er ihm aufgesetzte gelehrte Dinge in den Mund legte. Huygens war einer der wenigen Zeugen, die die hohe Bedeutung der Kunst und des Künstlers betonten, aber er stand mit dieser Meinung wohl ziemlich allein. Vielmehr schien zu gelten, was ein junger Adeliger ausdrückte, der als talentierter Schüler im Atelier Anthonie Blocklandts nicht ein »Maler« genannt sein wollte, weil »dies dem Glanz seiner Familie Abbruch tun könne«. Und 1633 ließ Willem van Oldenbarnevelt anläßlich einer diplomatischen Mission, die Peter Paul Rubens in die Niederlande unternahm, wissen, für einen Maler sei dieser Mann zu eitel. Rembrandt wurde im Streit mit seinen friesischen Schwiegereltern »bloß ein Maler« genannt. Für Außenstehende, Reisende und Kunstinteressierte waren die niederländischen Maler durchaus eine Besonderheit. Diesem Eindruck konnte das ausgeprägte Rang- und Standesdenken nichts anhaben.

Die Auftraggeber, der statthalterliche Hof, Stadtregierungen, Vereinigungen wie die Schützengilden und private Stadtbürger traten nicht als Mäzene auf. Die republikanische Gesellschaft kannte diese Einrichtung nicht. Die Republik war keine Monarchie mehr mit einem mächtigen selbstbewußten und kunstsinnigen Adel, und aufgehoben war auch die katholische Kirche als Institution. Der niederländische Adel bedeutete politisch, sozial und finanziell nur noch wenig. Einzig der Hof des Statthalters, insbesondere zur Zeit Friedrich Heinrichs, konnte sich ein Mäzenat erlauben, doch auch der war nicht in der Lage, die finanzielle Huld breit zu streuen. Die calvinistische Öffentlichkeitskirche stand zwar der bildlichen Darstellung nicht völlig abweisend gegenüber, aber als Auftraggeber trat sie nicht an die Stelle der katholischen Kirche. Die Frage, warum sich reiche bürgerliche Familien, deren es viele gab, nicht dazu entschließen konnten, als Mäzene aufzutreten, ist kaum zu beantworten, es sei denn, man will den sozialen Abstand zwischen dieser Schicht der Auftraggeber und den Künstlern als Ursache betrachten. Für einen Auftrag dürften sehr häufig das hochentwickelte nationale Bewußtsein und bürgerliche Selbstverständnis wichtiger gewesen sein als die Freude an Form und Farbe. Bataver und Exodus waren der Freiheitskampf als Tradition in der bildlichen Darstellung. Aber die Aufträge jener Zeit erfaßten nicht bloß das Freiheitsthema, sondern bezweckten auch Reflexion über Bürgertugenden, die sich die Regenten als Auftraggeber gern selbst zuschrieben. Die Maler, die Aufträge erhielten, zählten zur ersten Garnitur. Die Amsterdamer Regenten und das städtische Patriziat anderer Orte wollten ihre Tugenden dargestellt sehen, am antiken Beispiel, farbig und groß-formatig. Dazu ließen sie die Maler tief in die Geschichte der Römischen Republik greifen und schmückten mit deren Gemälden die Ratssäle der Bürgermeister.

Eine Arbeit des Ferdinand Bol stellt den Konsul Fabricius neben Pyrrhus, den König der Molosser und Makedonier, dar, in einer Szene, die Plutarch in seinem »Pyrrhus« beschrieben hat. Nach dieser Erzählung versuchte der Makedonier, seinen Gegner, der zu Verhandlungen ins Lager gekommen war, zunächst mit Gold zu bestechen und sodann durch einen hinter einem Vorhang stehenden Elefanten zu erschrecken. Govaert Flinck malte eine Plutarch-Szene, in der der römische Konsul Marcus Curius Dentatus den Korruptionsversuch der Samniter abweist und ein Rübengericht dem Gold seiner Gegner vorzieht. Vondels Vierzeiler enthält dazu den Hinweis, ein Staatsmann lasse sich weder korrumpieren noch Angst einjagen, und er sprach von Mäßigung und Treue. Unbestechlichkeit und Unerschrockenheit wurde den Amsterdamer Regenten zugemessen – in der statthalterlosen Zeit der »wahren Freiheit«, in der offensichtlich ein besonders großer Bedarf an Selbstdarstellung bestand. Reiseberichte und Stadtbeschreibungen weisen aus, daß die Bürger in versammlungsfreier Zeit in den Räumen flanieren durften. Für den Multiplikatoreffekt der ikonographischen Intention waren das günstige Voraussetzungen. Einer der bekanntesten Interieurmaler, Pieter de Hooch, stellt den Bürgermeistersaal mit den flanierenden Bürgern dar und läßt zur Hälfte die Arbeit des Ferdinand Bol sichtbar werden. Zur Historienmalerei, wie sie mehrere Rathäuser zierte und noch ziert, trat die Allegorie in zahllosen Stichen, Radierungen und Gemälden. Daß Wilhelm von Oranien eine zentrale Figur für die Tugendhaftigkeit abgab, war im Hinblick auf die Entwicklung des Aufstandes einleuchtend. Die auf 136 mal 342,5 Zentimeter bemessene »Verherrlichung Prinz Wilhelms I.« von Hendrick Pot aus dem Jahr 1620, die die Stadt Haarlem für 450 Gulden kaufte, zeigt den Oranier neben einem von Elefanten gezogenen Triumphwagen, umgeben von Frauengruppen, die Standarten mit Inschriften über die Tugenden des Christen, des Kriegsmannes und der Obrigkeit tragen, über Tugenden, die die Haarlemer Stadtväter auch für sich in Anspruch nahmen. Solche Auftragskunst enthielt mittels einer historisch und alttestamentarisch begründeten Komponente einen Katalog von Tugenden, den sich eine soziale Gruppe, die Regenten, als gelebte Eigenschaft zuschrieb. Der Maler gab dem Gestalt in Form und Farbe, und der Bürger, der Deutung des Dichters folgend, wähnte sich im Schutz der bestehenden Ordnung.

Dies war ein Stück Selbstdarstellung, die ihre eigentliche Blüte in der Porträtmalerei erfuhr. Wenn es irgendwo im privaten Bereich Auftragskunst gab, dann vor allem und naturgemäß in der Gattung der Porträts. Für den Maler war es ein einträgliches Geschäft, denn Bildnisse wurden besser bezahlt als die sonstige Produktion für den Markt. In Amsterdam entwickelte sich die Porträtmalerei zur Ganztagsbeschäftigung. Es saßen dem Maler die Regenten, aber nicht nur sie, sondern auch die große Schicht der »Nouveaux riches«, die Geld genug hatten. Die eigene Person konterfeit zu sehen, sich wie in einem Spiegel betrachten zu können oder für die Nachwelt zu verewigen, das setzte ein gerüttelt Maß an Selbstbewußtsein voraus. Aber das äußerte sich nicht in »pomp and circumstances«. Als Porträtist war nicht so sehr Anthonie van Dyck gefragt als vielmehr Frans Hals, Bartholomeus van der Helst und Rembrandt. Man wünschte nicht Glättung, Verschönerung und Glanz, viel eher schlichte Einfalt und naturgetreues Abbild, eben die realistische holländische Schule mit ihrem Bekenntnis selbst zur Warze. Der Bürger wollte sich als Person sehen, gar nicht so sehr als Persönlichkeit, nicht geglättet oder geschönt, ganz einfach naturgetreu.

Im Laufe des Jahrhunderts, vor allem ab der zweiten Hälfte, als der politisch-geistige Habitus der »ware Vrijheid« Fuß faßte, änderte sich jedoch der Stil. Price stellt fest, nicht mehr die Person, sondern das Amt und die Würde des Amtes seien dann gemalt worden. Man legte gesteigerten Wert darauf, den Bürger als Gruppe darzustellen. Es war, als habe man das ganze Kollegialsystem, das Hauptingredienz der republikanischen Struktur, in Form und Farbe festhalten wollen. Das galt für sämtliche Ämter, für die Bürgermeisterkollegien, die Schöffengremien, für die städtischen Kammern der Vereinigten Ostindischen Kompanie, aber ebenso für die Familie. Das war gleichsam die amtliche Form der bürgerlichen Selbstdarstellung. Mitglied einer Regentenfamilie oder wenigstens einer begüterten Familie zu sein bedeutete, einer sozialen Aufgabe zu entsprechen. Simon Schama hat seinem Interpretationsversuch zur niederländischen Kultur des 17. Jahrhunderts den Titel »Embarrasment of riches« gegeben, der hier – den Titel der offiziellen Übersetzung außer acht lassend – mit »Peinlichkeit des Reichtums« interpretiert sei. Reisenden fielen damals nicht nur die Blüte und die Eigenart der Kunst oder die vielen Schiffsmasten in

Amsterdam, sondern auch die für europäische Verhältnisse zahlreichen sozialen Einrichtungen auf, die Armen- und Waisenhäuser, die Krankenhäuser und Altersheime sowie die Arbeitshäuser für Männer und Frauen, die »Rasp-« und »Spinhuizen«. Die Gebäude, die hierfür errichtet wurden, zählen noch heute zu den klassischen Beispielen des Renaissance-Baus. Sie wurden von den führenden Baumeistern der Zeit, wie Hendrik und Pieter de Keyser, Jacob van Campen oder Lieven de Key, entworfen. Ihr Bau war die Folge einer aus dem 16. Jahrhundert datierenden neuen Haltung gegenüber der Armut und der mit ihr zusammenhängenden Bettelei, Landstreicherei und Kriminalität. Die mittelalterliche Barmherzigkeit blieb zwar erhalten, aber hinzu kam der Wunsch, das Übel grundsätzlich zu beseitigen. Zahlreiche Gruppenporträts zeigen mithin die Regenten und Regentinnen, die von der städtischen Obrigkeit zu Verwaltern solcher Häuser eingesetzt waren, oder jene, die derartige Institutionen privat finanzierten oder unterhielten. Solche Werke sind immer im Zusammenhang mit den Allegorien zur Barmherzigkeit zu sehen, um zu begreifen, daß die Darstellung der Gruppe auch eine christliche Nächstenliebe umfaßte, die sich zum einen neuer Methoden bediente, zum anderen in der sozialen Verwendung von Reichtum ein Stück christlicher Pflichterfüllung sah und zum eigenen Seelenfrieden beitrug. Diese Deutung ist insofern erlaubt, als Wohltätigkeit und Armenfürsorge zu den stets neu geforderten Aufgaben gehört haben. Die Emblemata bezeugen das. In einem Emblembuch des Johan de Brune heißt es: »Wilt ghy vasten rijckdom hebben? Wilt hem by den armen legghen... Maer noch niet genoegh: ghy moet hier by gedencken, Dat ghy der armen nood te gheener tijdt vergeet, ›Ten zal uw ziel niet schaen, noch oock uw rijckdom krencken, Want t'wert met Gods beloft van s'hemels winst besteet.«

Darstellungen dieser Art hatten einen konkreten Bezug zum sozialen Handeln reicher Bürger, während die Gruppenporträts der Schützengilden nichts anderes waren als eine Demonstration der zweifellos geselligen, gleichwohl wachsenden Belanglosigkeit. Die Schützengilden, die noch in der ersten Hälfte des 16. Jahrhunderts betont religiösen Charakter getragen und militärische Funktionen übernommen hatten, sanken mit dem Aufstand und erst recht mit der Konsolidierung der Republik und ihren sich verfestigenden oligarchischen Strukturen politisch in die Bedeutungslosigkeit ab. Hier und da eine Eskorte bei hohem Besuch, etwa dem der Königin Henriette Marie, der Gemahlin Karls I., am Strand von Scheveningen oder die Aufgabe, Ruhe und Ordnung in einer Stadt wiederherzustellen, kaum mehr. Gleichwohl zählten die Schützengilden zu den größten Auftraggebern. Die prächtigen Bildnisse standen im umgekehrten Verhältnis zu ihrer Bedeutung und unterschieden sich von der eher strengen

Gebärde, die die Regentenstücke auszeichnete. Es ist im übrigen nicht klar auszumachen, aus welchem Anlaß solche Gruppenporträts in Auftrag gegeben worden sind. Zuweilen war es eine Ernennung oder Beförderung, manchmal ein militärischer Anlaß. Nicht alle Mitglieder eines Fähnleins fanden sich verewigt, sondern nur jene, die es bezahlen konnten.

Ein Großteil der Malerei erschloß die bürgerliche und bäuerliche Lebenswelt, stellte Haus und häusliches Interieur sowie die Landwirtschaft dar. Dabei waren ordinäre bis clowneske Szenerien besonders beliebt. Sie alle wurden hauptsächlich über den Markt vermittelt. Wenn der Markt der Subsistenz des Malers diente, mußte er nach Motiv und Form den Geschmack des Käufers treffen. Vor allem das Motiv »Landschaft« fand begeisterte Käufer, jene, die das Bild zur Verschönerung der Wohnung kauften, und jene, die investieren wollten oder aus rein ästhetischem Behagen Kunstkabinette anlegten. Eine Analyse weist auf, daß Landschaftsszenen, soweit es sich um die billigere Ware gehandelt hat, bis weit in die Mittel- und Unterschichten gekauft worden sind. Doch es wurde nicht nur für den Markt produziert; zahlreiche Aufträge kamen sowohl von der Obrigkeit als auch von den reichen Bürgern, und zwar zu ganz erheblichen Honoraren. Am statthalterlichen Hof des Friedrich Heinrich spielte die Landschaftsmalerei nur eine geringe Rolle, abgesehen davon, daß der Hof die italienisierende Malweise vorzog. Dagegen traten die städtischen Obrigkeiten als die wichtigsten Auftraggeber für dieses Genre auf. Das war nicht ohne Tradition aus der burgundisch-habsburgischen Zeit, setzte aber erst in der Republik in großem Umfang ein. In dieser Republik der Städte schauten die Regenten zunächst einmal auf sich selbst und die eigene Stadt; es setzte sich eine Art städtischer Patriotismus durch. Dabei reichte die Skala von der Gesamtansicht der Städte bis hin zu Seestücken mit Kriegsgeschehen und dem städtischen Panorama als weit ausladendem Hintergrund. Es gab bis zur Jahrhundertmitte kaum noch einen für Geschichte und Gegenwart der Republik relevanten Ort, der nicht eine Topographie in Auftrag gegeben oder angekauft hätte. Einzelne Maler spezialisierten sich auf ganz bestimmte Ausschnitte der Natur, um Konkurrenz auszuschließen. So war Jan van der Heyden ein Städtemaler, während Simon de Vlieger und Jan van de Cappelle Wasserlandschaften und Seestücke malten, Hendrik Avercamp konzentrierte sich auf Winterlandschaften, Philips Koninck bevorzugte Panoramen. Die gut dotierten Aufträge gingen freilich nur an eine schmale Malerelite, an jene Gruppe, die für herausragend gehalten wurde. Maler wie Albert Cuyp oder Jacob und Salomon van Ruysdael, die gegenwärtig hoch eingeschätzt werden, haben nie für Stadtregierungen gearbeitet. Den Großteil der Elite stellten die Maler der Seestücke. Offensichtlich galten ihre präzise Technik bei der Darstellung von Schiffen, Seeschlachten, Häfen und ihr Interesse an kartographischen Motiven als Empfehlung für das Malen von Stadtansichten.

Die erste große Welle des landschaftlichen Motivs entstand in der Zeit des zwölfjährigen Waffenstillstandes oder unmittelbar danach, also in einer Phase, die eine deutliche politisch-militärische Vorentscheidung zugunsten der aufständischen Republik brachte. Mithin trat die Naturlandschaft erst voll ins Bewußtsein, nachdem der Boden von der Fremdherrschaft befreit und zum eigenen geworden war, zu einem Boden freilich, der nicht nur militärisch, sondern auch gegen die Natur selbst erkämpft wurde. Das Wasser, jener wichtigste Bestandteil der niederländischen Naturlandschaft, empfand man als Freund und Feind gleichermaßen. Das trockene Land hatte dem Wasser abgerungen und gegen dieses beschützt werden müssen, und es wurde im 17. Jahrhundert immer neues Land gewonnen. Wasser war außerdem eine Kommunikationsgrundlage zwischen den Städten und dem platten Land, aber auch der Schauplatz militärischer Auseinandersetzungen. Es verhalf den Niederlanden zum Reichtum. Die Wasserlandschaft hatte patriotischen und existentiellen Bezug. Insgesamt war das Naturbewußtsein ein wesentliches Merkmal der Zeit, und dies in einem doppelten Sinn: Zum einen wurde Natur begriffen als eine Widerspiegelung göttlicher Kraft und Herrlichkeit, zum anderen entwickelte sich der Wunsch, die eigene Umgebung nicht nur wahrzunehmen, sondern sie zugleich zu ergründen. Das alles dürfte die Vorliebe niederländischer Bürger für das Porträt ihrer Landschaften geweckt haben. Ein Blick auf die Poesie der Zeit vermittelt einen Einblick in das Naturbewußtsein, in Natur, begriffen als sichtbare Schöpfung Gottes. Beispiele hierfür lieferten Joost van den Vondel, Constantijn Huygens, Jacob Cats, Petrus Hondius und Joachim Oudaen. Es waren die Verfasser der »Hofdichten«, einer beliebten literarischen Form des 17. Jahrhunderts, die den Zweck verfolgten, Landschaft oder Landsitz naturalistisch in Einzelheiten zu beschreiben, den Gartenbau zu lehren und zu moralisieren. All dies geschah häufig, indem sie patriotische Gefühle zu wecken versuchten. In dieser literarischen Form setzte man die ländliche Umgebung zugleich gegen ein nicht mehr so erquickliches Leben in der Stadt. Das Naturbewußtsein war zudem naturwissenschaftlich, wenn nicht gar kommerziell orientiert. Huygens' »Hofwijck« spricht ebenso dafür wie van Hoogstraetens theoretische Kunstbetrachtungen.

Michel Foucault hat aufgezeigt, daß das 17. Jahrhundert dem Sehen und der Darstellung den Vorrang eingeräumt, die Renaissance das Lesen und Interpretieren in den Vordergrund gestellt habe. Swetlana Alpers fügt hinzu, diese Art und Weise, die Welt zu begreifen, habe im Holland des 17. Jahrhunderts eine besonders eindrucksvolle und schöpferische Ausprägung gefunden: »Fest verwurzelte malerische und handwerkliche Traditionen, unterstützt durch die neue experimentelle Naturwissenschaft und Technik, bekräftigen die Auffassung, daß Bilder zu neuen, gesicherten Erkenntnissen über die Welt führen können.« Die von Alpers vertretene Sichtweise hat einiges für sich, wenn man die Malerei in Beziehung zu der in den Niederlanden hoch entwickelten Kartographie setzt und zugleich nicht nur die niederländische Landschaft ansieht, sondern auch die Zeichenkunst und Malerei jener berücksichtigt, die den Spuren niederländischer Expansion nach Übersee gefolgt waren, dort Land und Bewohner, Fauna und Flora minutiös dargestellt haben.

Einerseits eignete der Landschaftsmalerei und ihren Konsumenten stadtväterlicher Stolz, andererseits Verifikation der neu erkämpften Umwelt, aber auch ein Bewußtsein und Lebensgefühl, das von dem Drang nach Welterkenntnis, selbst auf engstem Raum, ebenso geprägt war wie von dem Wunsch nach Ruhe, Idylle und Arkadien. Die niederländische Kunst war dort öffentlich, wo sie sich in Rathäusern und Versammlungsräumen in Historien-und Schlachtengemälden oder in Allegorien, aber auch in der Bebilderung von Druckerzeugnissen als politisches Selbstverständnis äußerte oder bürgerliche Tugenden jedermann vorführte. Sie hatte in solcher Verbindung eine öffentliche Funktion. In größerem Umfang war sie jeodch privat; sie wurde, breitere Käuferschichten findend, zu einem wichtigen Bestandteil des persönlichen und alltäglichen Lebens. Sie war nicht die Kunst der großen Gebärde, sondern die Wiedergabe der sichtbaren, leicht überschaubaren Lebenswelt, die das Hauptmotiv ausmachte, eine Lebenswelt in ihrer ganzen Vielfalt. Das galt für die Natur- und Landschaftsmalerei ebenso wie für die Bauern- und Wirtshausszenen oder die Architekturmalerei, ganz besonders für die Interieurs und Stilleben, die in Mengen gemalt und gekauft wurden. Jakob Rosenberg und Seymour Slive haben die Stilleben eine Widerspiegelung der in den Niederlanden gepflegten intimen häuslichen Kultur genannt, die sich von der höfischen Atmosphäre des Barock in anderen Ländern deutlich unterschied. Interieur und Innerhäusliches in ihrer malerischen Abgrenzung gegen das Außerhäusliche sowie die Szenerie mit Familien, Ehepaaren und Kindern unterstrichen noch stärker den privaten und individuellen Charakter der Malkunst. Vielleicht ist es nicht abwegig, die These zu wagen, daß die enge Verbindung von Malerei und Handwerk, die Integration des Malers über die Gilde, der Artikulation des in sich gekehrten bürgerlichen Lebensgefühls förderlich gewesen ist, die eigenartige partikularistische Struktur des Staatswesens ohne echte Zentralgewalt diese Harmonie von Malerei und Lebenswelt begünstigt hat.

Huizinga hat in seinen Betrachtungen zum niederländischen 17. Jahrhundert die Frage gestellt, warum die Malerei unter den Künsten ein solches Übergewicht erhalten habe. Die Antwort, es sei dies das Ergebnis eines hochentwickelten oder verfeinerten Sinns für Schönheit gewesen, will er nicht gelten lassen. Er streitet die schlichte Freude an Farbe und Liniengebung nicht ab, sieht sie bereits in früheren Jahrhunderten gegeben, aber es reicht ihm nicht. Vielmehr erblickt er in einem den Menschen des 17. Jahrhunderts kennzeichnenden Behagen an den Dingen eine Hauptursache des Phänomens. Damit nimmt er vorweg, was Michel Foucault als Charakteristikum bezeichnet hat: den Wunsch zu sehen und darzustellen. Gewiß läßt sich daraus allein die Eruption der Malerei nicht erklären. Es sei eine Vermutung erlaubt, die nicht auf dem Erklärungsgrund »Zufall« beharrt. Das Land zog in andauernder Auseinandersetzung mit der Natur Nutzen oder erfuhr Nachteile. Den Boden, auf dem man lebte, hatte man nicht allein dem Wasser streitig gemacht, sondern erst im Kampf gegen eine Herrschaft zu wirklichem Eigentum gewonnen, die als fremd empfunden wurde. Noch gab es kein ausgeprägtes Nationalbewußtsein, aber Stolz und ein Wissen um Eigenständigkeit und Besonderheit der neuen Lebenswelt waren vorhanden. Sie wurden von vielen Reisenden gefördert, die das Wunder im Nordwesten Europas sehen wollten, auch von zahllosen Immigranten, die in dieser Besonderheit Zuflucht fanden. Hinzu kam die neue, eng mit dem Aufstand verbundene Frömmigkeit, eine befreite Frömmigkeit, die nicht nur im Forum der Öffentlichkeitskirche, sondern in mancherlei Richtungen gelebt werden konnte. Die vielen alttestamentarischen Darstellungen der Zeit waren keine Auftragsarbeiten der Kirche, sondern ganz allgemein Ausdruck einer gelebten und sichtbar gemachten Frömmigkeit, die wiederum als ein Stück Geschichte des eigenen Landes begriffen wurde. Dazu bedurfte es einer toleranten Gesellschaft, die für unterschiedlichste Denk- und Lebensweisen zugänglich war, nicht nur von innen heraus, sondern auch von außen her. Auf diese Weise ergab sich eine Rezeptionskultur, die duldete und aufsaugte, was von außen kam, und dazu gehörte der offene Sinn sowohl für Philosophie als auch für Naturwissenschaft und Technik, um die man sich bemühte. Ein hohes Maß an Neuem hat diese Gesellschaft beschäftigt, das Orientierungsstreben gefördert und die Neugier angestachelt. René Descartes, der viele Jahre in den Niederlanden lebte, schrieb 1631 aus Amsterdam: »An welchem anderen Ort der Erde sind so viele Dinge des täglichen Lebens und so viele Seltsamkeiten leichter zu erhalten und zu finden als hier? In welch anderem Land genießt man eine so vollständige Freiheit?« Das Verlangen nach Orientierung und die Neugier fanden in der bildlichen Darstellung eine erste Befriedigung. Der Vielzahl der Eindrücke entsprach eine Vielzahl der Bilder. So war die Kunst der Niederländer eine Reflexion von Denk- und Lebensweisen der Bürger, eine Kunst der Konsumenten, für die der Künstler als Erfüllungsgehilfe auftrat.

Zur allgemeinen Charakteristik des 18. Jahrhunderts

Im 17. Jahrhundert waren die Niederlande ein Territorium, das zu besuchen zum guten Ton der europäischen Gesellschaft gehörte. Das setzte sich ins 18. Jahrhundert hinein fort, so daß die Republik immer wieder Gegenstand der Reisebeschreibungen, aber bald auch der kritischen Analyse wurde. Soweit es um die Landschaft allein ging, wußten Neuankömmlinge noch mancherlei zu bewundern. Von den »Elysäischen Gefilden« schrieb Charles Ogier, als er zwischen Amsterdam und Leiden reiste. Voltaire formulierte Sätze vom irdischen Paradies zwischen Haarlem und Amsterdam. Offensichtlich vermochten nicht einmal Sturm, Nebel und Regen das Bild zu stören, schon gar nicht die Szenerie einer holländischen Winterlandschaft mit ihren Eisläufern und Zuschauern. Diderot spach vom holländischen Karneval in Eis und Schnee. Was die Landschaft Hollands an Bewundernswertem zu bieten hatte, galt ebenfalls für Seeland oder Friesland: die Provinzen als Idylle. Im Unterschied dazu fühlten sich einige Reisende veranlaßt, das Land, seine Bewohner und ihre Aktivitäten herberer Kritik zu unterwerfen, als dies je zuvor der Fall gewesen ist. Das Bild der Niederlande des 18. Jahrhunderts und ihrer Bevölkerung deutete auf eine eher skeptische und bald sogar abschätzige Haltung der Beobachter. Die Zeit scheint vorbei gewesen zu sein, in der vornehmlich Erstaunen über den republikanischen Außenseiter, Glanz und Gloria niederländischer Städte und des Handels, über die technischen Fertigkeiten und die Kunst herrschten. Montesquieu verbrachte 1737 drei Wochen in Holland, um dort Material für seine wirtschafts- und finanzpolitischen sowie staatsrechtlichen Untersuchungen zu sammeln. Sie wurden später im »Esprit des lois« verarbeitet. In diesen wenigen Tagen kam er zu schnellen, vielleicht vorschnellen Urteilen. Großes Lob hatte er für das föderale System, aber Handel und Schiffahrt sah er in einem deutlichen Rückgang, die Regenten immer korrupter werdend, und der Durchschnittsholländer konnte es dem Franzosen kaum recht machen. Die regentistischen Bürgermeister als Ämter- und Postenverteiler und die »Tyrannei« der Unterschichten empörten ihn. »Alles was man mir«, so schrieb er, »über die Schurkerei«, das Schwindlertum der Holländer erzählt hat, ist die reine Wahrheit und nicht übertrieben. Ich glaube nicht, daß es seit jener Person, die den Namen Judas trug, jüdischere Juden gegeben hat als einige von ihnen.« Diderot, ein anderer der aufklärerischen Intellektuellen Frankreichs, befaßte sich ausführlicher mit der Republik, doch in seinem Urteil stützte er sich hauptsächlich auf die Erläuterungen anderer französischer Reisender. Sieben Monate verbrachte er insgesamt in dem Land, ohne zu gründlich geschürften Ergebnissen zu kommen. Alte römische Tugenden der Niederländer hob er hervor, Tugenden wie eheliche Treue, Nüchternheit, Haß auf Tyrannen. Von einem Gelehrten wäre mehr zu erwarten gewesen. Es scheint, als ob Jean Baptiste de Boyer, Marquis d'Argens, ein Freund Voltaires, sich intensiver mit dem Gastgeberland, in dem er sich von 1735 bis 1738 aufhielt, beschäftigt habe. Harmonie herrsche zwischen Obrigkeit und Untertanen, auch volle Freiheit, solange man die öffentliche Ordnung nicht in Gefahr bringe. Die Macht der bürgerlichen Obrigkeit sei größer als die der Kirchen. Es gebe Reiche im Land, aber keine reichen Nichtsnutze. Er sah die Niederländer als freimütig und offen, sich überall wie zu Hause fühlend. Er nannte den Mangel an guten Schriftstellern, sprach von zahlreichen Vielschreibern, und es fiel ihm die hohe Zahl von Buchhändlern auf. Das war nüchtern, kritisch; die Republik wurde nicht mehr als Besonderheit empfunden, sondern als europäische Normalität. Das »Einmalige« und »Großartige«, wie es in den bewundernden Beschreibungen des 17. Jahrhunderts international vorherrschend war, gehörte zu den Epitheta der Vergangenheit. Obwohl viele Beobachter bis weit in die zweite Hälfte des Jahrhunderts hinein nicht nur Reinlichkeit und Pflege von Stadt und Haus, die Qualität verarbeiteter Materialien und vor allem das erfolgreiche Bemühen der Niederländer im Kampf gegen das Wasser priesen, schwand jetzt allmählich die Anziehungskraft, die das Land ein Jahrhundert zuvor noch besessen hatte.

Wo der politische Status »Republik« nichts Besonderes mehr bedeutete, gerieten Kunst und Kultur in einen Anpassungssog. Die Malerei, jene spezifische Äußerungsform niederländischer Kultur, kam schon in der zweiten Hälfte des 17. Jahrhunderts unter starken französischen Einfluß, wie überhaupt das Geistesleben in wachsendem Maße französisch durchdrungen war, erstaunlicherweise bereits in einer Zeit, in der Frankreich noch als der politische Gegner par excellence galt. Solche Entwicklung dürfte auf die Aufhebung des Edikts von Nantes und den daraus resultierenden hugenottischen Flüchtlingsstrom in Richtung Republik zurückzuführen sein. Ob dies der alleinige Grund gewesen ist, mag dahingestellt bleiben. Jedenfalls bürgerte sich französischer Geist bei der kulturellen Elite der Republik ein. Eine Analyse von hundert Privatbibliotheken niederländischer Juristen, hoher Beamter, Theologen und Gelehrten hat gezeigt, daß nur zwölf von ihnen ohne französischsprachige Literatur gewesen sind. Die Kenntnis der Sprache begann sich durchzusetzen. In Adelskreisen war das nichts Neues. Einen Wandel aber bedeutete es für Regentenkreise und unterhalb dieser Schicht ganz sicher für den gehobenen Bürgerstand. Außerdem wurde es allmählich Mode, französische Lebensgewohnheiten bis hinein in die Innenraumgestaltung zu übernehmen, die zumindest in der Führungsschicht die äußere Präsentation zu prägen begannen. Man wird dies als ein Zeichen für Verlust an Originalität werten können, ohne daß ein Stillstand des eigenständigen geistigen Lebens auszmachen wäre. Dieses fand sich weiterhin in Kunst und Wissenschaft. Die Malerei wurde noch immer ins Ausland exportiert. Hugo Grotius wirkte nach wie vor in die europäische Gelehrtenwelt hinein, ebenso Constantijn Huygens, der engste Kontakte mit französischen und britischen Gelehrten gepflegt hatte. Erhalten blieb zudem die Fähigkeit, auf engstem Raum den eigenen Kapazitäten und der eigenen Gelehrsamkeit die aus der Fremde hinzuzugewinnen, sie materiell zu »ködern« oder ihr auf andere Weise Obdach zu bieten. Der politischen Besonderheit der föderativen Republik entsprach weniger eine intellektuelle, sondern viel eher die Eigenart, die Intellektualität Europas zum eigenen Potential zu fügen und erst dadurch das Land zu einem Zentrum europäischen Geisteslebens emporzuheben. Immerhin wurden die Niederlande um die Jahrhundertwende zum Mittelpunkt der europäischen Gelehrtenrepublik, und von hier gingen noch mancherlei Impulse aus, auch wenn sie vornehmlich französischer Art waren. Die relative Toleranz von Staat und Gesellschaft der Republik bot mehr denn je alle Möglichkeiten, Kontroversen der Religion und des geistigen Lebens mittels der Druckerpresse auszutragen. Ein Autor des 17. Jahrhunderts nannte die Republik das »Mekka der Autoren«. Solche Aussage konnte auch für das 18. Jahrhundert gelten. Dazu ist von G. C. Gibbs formuliert worden: »Indem die Vereinigten Provinzen einen freien Austausch der Gelehrsamkeit begünstigten und gewöhnlich auch praktizierten, leisteten sie der europäischen Gelehrtenwelt wertvolle Dienste im späten 17. und frühen 18. Jahrhundert.« Verlage und Druckereien belieferten das eigene Land und zugleich das europäische Umfeld mit wissenschaftlichen Monographien und Gelehrtenzeitschriften, wie den »Nouvelles de la République des Lettres«, die schon in internationaler Konkurrenz standen. Über das gelehrte Schrifttum hinaus fand der politische Journalismus in der Republik ein reiches Betätigungsfeld. Unter den Journalisten stachen die hugenottischen Flüchtlinge hervor. Das Image der in der Republik geschriebenen und produzierten Zeitungen griff weit über die Landesgrenzen hinaus. Es war nicht von ungefähr, wenn 1744 eine in Potsdam gegründete Zeitung, die inhaltlich gar nichts mit der Republik zu tun hatte, den Titel «Observateur Hollandais» erhielt.

Die Presse war mithin intellektuelles Entrepôt der Republik, das Land insgesamt noch Vermittler europäischen Geistes. Die Konstanz geistigen Lebens blieb in der Republik erhalten. Die Leidener Universität etwa erfreute sich weiterhin eines sehr guten internationalen Rufes, vor allem die Medizinische Fakultät. So empfahl das Handbuch des Hallenser Mediziners Friedrich Hoffmann, sein »Medicus politicus« von 1738, allen Studenten nachdrücklich den Besuch niederländischer Universitäten. 1754 wurde das Niederlassungsgesuch eines Arztes in Nürnberg abgewiesen, weil er nicht genug gereist sei, woraufhin er sich in die Niederlande begab. »Durch die Schüler Boerhaaves und seiner Kollegen wurden die Ergebnisse und Methoden der Leidener Schule bestimmend für das medizinische Studium in ganz Europa« (H. Schneppen). Die 1726 mit Preußischer Kabinettsordre gegründete Charité nahm sich in der Verbindung von Theorie und Praxis die Ausbildung in Leiden zum Vorbild, wie überhaupt die meisten Charité-Ärzte ihre Ausbildung »mittelbar oder unmittelbar der niederländischen Schule« verdankten (G. Oestreich). Doch nicht alle Disziplinen vermochten es, fortdauernde Anerkennung zu finden. Während Physiker wie Willem Jacob 's-Gravesande und Petrus van Musschenbroeck auch als Philosophen weites Ansehen genossen, scheint sich die Philologie für auswärtige Gelehrte auf absteigendem Ast bewegt zu haben. Die Kritik aus dem Ausland war herb. Der Leipziger Hochschullehrer Nikolaus Guntling ließ 1734 wissen: »Sonst ist die größte Erudition nicht in ihren Schriften. Ich getraue mir hergegen, in Leipzig, gelehrtere Leute in humaniori literatura zu finden als in gantz Holland.« Ob das berechtigt war, mag dahingestellt bleiben, wenn man auf die international anerkannten vergleichenden Studien über das Niederländische und Gotische von Lambert ten Cate blickt. Auf keinen Fall galt solche Kritik für die klassische Philologie, wie das Barthold Georg Niebuhr noch einmal 1811 in seiner »Römischen Geschichte« in einem Lobgesang auf die Bedeutung der Leidener Universität für diese Disziplin betonte. Pieter und Petrus Burman, Onkel und Neffe, beide große Latinisten, knüpften an die Tradition der niederländischen Altphilologen des 17. Jahrhunderts an und sorgten weit über ihr Fach hinaus für Einflußnahme. Petrus Burman verhalf dem Amsterdamer Athenaeum neuerlich zu großer Blüte, und seine Wohnung in Santhorst war ein Zentrum der Aufklärung in den Niederlanden. Neben ihm wirkten Tiberius Hemsterhuis, Vater des Philosophen, und Rijklof Michaël Goens , Wunderkind und Erudit gleichermaßen. Im 18. Jahrhundert setzte sich auch die reiche Tradition der Historiographie fort. Hooft, van Meteren oder Bor fanden ihre Nachfolger, zum Beispiel in dem Sprachwissenschaftler und Historiker Balthasar Huydencoper. Onno Zwier van Haren, Adriaan Kluit, Jan Wagenaar schlossen thematisch an die Bemühungen des 17. Jahrhunderts an, insofern sie den Nachweis über den richtigen Inhalt der Staatsform zu führen versuchten – Wagenaar im Lager der Regenten, Kluit in dem der statthalterlichen Seite stehend. Wagenaars einundzwanzig Bände zur Geschichte seines Landes gelten immer noch als zuverlässige Quelle, wie auch Kluits Betrachtungen zur niederländischen Staatsstruktur moderner Auseinandersetzung wert sind.

Grenzüberschreitendes, die europäische Welt Befruchtendes oder nur im europäischen Maßstab Bewundernswertes konnte die Republik im 18. Jahrhundert jedoch nicht vorweisen. Europäische Reisende und Intellektuelle vermochten keine über europäische Allgemeinheiten hinausgehende niederländische Besonderheit zu entdecken. Die Republik trug nichts Eigenständiges zu Rationalismus und Aufklärung bei. Natürlich fand diese große Strömung Eingang in das niederländische Geistesleben. Bereits 1691 äußerte sich das in Balthasar Bekkers »Betoverde wereld«, indem sich der Autor gegen den überzogenen Hexen- und Teufelswahn seiner Zeit kehrte. Das Büchlein fand freilich im 18. Jahrhundert bei den orthodoxen Calvinisten nicht die rechte Anerkennung. Bekker stellte sich mit seiner Schrift an die Seite Pierre Bayles, des gelehrten hugenottischen Flüchtlings, der von den Niederlanden aus seinen Kampf gegen Aberglauben und Intoleranz und für die Vernunft aufnahm. Bayles »Dictionnaire historique et critique« zählte in der Aufklärungszeit zum festen Bestand einer fortschrittlichen Bibliothek. Die Aufklärung, begriffen als eine ernsthafte Krise des Glaubens, hatte in der Republik keinen leichten Stand. Soweit sich die Apotheose der Vernunft gegen feste Dogmen der calvinistischen Kirche richtete und zugleich spinozistisch beeinflußt war, mußten die Verfechter vieles erdulden. So wurde Pontiaan van Hattem, Prädikant in Philipshaven, der in seinen Erläuterungen zum »Katechismus« von der Sündelosigkeit der Menschen ausging, abgesetzt. Man verbannte den Entdeckungsreisenden Jacob van Roggeveen aus Middelburg, weil er die Schrift des van Hattem herausgegeben hatte. Der Prädikant F. van Leenhof aus Zwolle nannte die Vernunft ein von Gott gegebenes Licht, predigte ein nicht nur der Devotion verpflichtetes Christentum, das den Freuden des Lebens zugewandt sein sollte. Der örtliche Kirchenrat hielt ihn im Amt, wiewohl Klage gegen ihn vorgetragen wurde. Solche Beispiele machten zusammen mit einer Reihe anderer aus der Laien- und Universitätswelt deutlich, daß die Rezeption aufklärerischen Denkens in der Republik in einen Streit um das herrschende Bekenntnis ausartete, da sich der orthodoxe Calvinismus der Dordrechter Synode bedroht fühlte. Die Vernunft bedeutete Gefahr. In dieser Gedankenwelt der Aufklärung hielt sich die calvinistische Orthodoxie recht gut, auch dann noch, als die Stadtregierungen und Provinzialstände in religiösen Dingen eine tolerantere Haltung an den Tag legten, abgesehen davon, daß die Öffentlichkeitskirche selbst sich in der zweiten Hälfte des Jahrhunderts nicht gänzlich den neuen Gedanken verschloß. Vermutlich war die europaweite Strömung der Aufklärung zu stark, als daß man sie völlig hätte zurückdrängen können. Außerdem dürfte sie für die Niederlande nicht sonderlich viel Neues geboten haben. In Fragen von Vernunft, Freiheit, Naturrecht, Staat existierte immerhin seit den Anfängen der Republik in der bürgerlichen Welt eine solchem Aufklärungsdenken adäquate Umgebung, in der sich die naturrechtlich begründete Individualität entfalten konnte. Zudem war die calvinistische Kirche keine Staats-, sondern eine Öffentlichkeitskirche, so daß die Verzahnung mit der weltlichen Obrigkeit, wenn überhaupt, äußerst gering war. Die aus dem Aufstand überkommene allgemeine Kategorie »Freiheit« war nur zunächst als eine privilegiengestützte, dann jedoch auch als eine vernunftgeprägte verstanden worden. Die Rationalität des 17. Jahrhunderts, besonders dort, wo es um die republikanische Staatstheorie ging, machte das deutlich. Für die Republik des 18. Jahrhunderts brachte die Aufklärung schon lange Gelebtes. Die Kantsche Definition von der Aufklärung als Ausgang aus der selbstverschuldeten Unmündigkeit war für sie eine weit zuvor erfahrene Begriffsumschreibung, die lediglich für den orthodoxen Calvinismus beunruhigend wirken konnte. Möglicherweise liegt hier ein Grund, warum von einer kreativen Teilhaberschaft an der Aufklärung seitens der Niederlande nicht die Rede sein kann. Die Republik vermochte den französischen Aufklärern, den britischen Empiristen oder den deutschen Denkern und Dichtern nichts Gleichwertiges entgegenzusetzen. Es gab zwar den Philosophen Frans Hemsterhuis, ein Eigengewächs, dessen Name im europäischen Ausland einen guten Klang hatte, aber er galt nichts im eigenen Haus. Der eigentliche Beitrag der Niederländer zur Aufklärung lag in der Drucklegung und Verbreitung von Schriften ausländischer Autoren. Der Verkauf erfolgte im In- und Ausland, im Ausland auch insgeheim, falls die Bücher dort verboten waren. Das entpuppte sich als ein gutes Geschäft. Voltaire hat die Republik »ce pays des nouvelles et des livres« genannt; damit unterstrich er einen wesentlichen Faktor im Kulturleben des Landes. Die Drucker und Verleger entwickelten einen hohen Sinn fürs Geschäft, hatten das immer so gehalten. Sie begriffen sehr wohl, daß das Ausland das neue Wissen vortrug. Wer es in Originalsprache nicht lesen konnte, bekam manches in Übersetzung geboten. Ob sie alle gewissenlos waren, wie Voltaire einmal bemerkt hat, bleibt fraglich. Immerhin: »Sie waren ein bedeutungsvoller Kulturfaktor, ohne daß sie selbst immer als Kulturträger auftraten« (H. H. Zwager). Hochgebildete Verleger wie den Leidener Elie Luzac gab es nur wenige. Da das Verlegen von Büchern französischer Autoren offensichtlich gewinnbringend war, empfahlen sich enge Beziehungen zu Frankreich. Ein niederländischer Verleger, der ins Geschäft kommen wollte, mußte über solche internationalen Kontakte verfügen, die er selbst zu knüpfen hatte. Luzac, selbst mitten in der aufklärerischen Diskussion stehend, veröffentlichte das Gesamtwerk Montesquieus sowie »L'homme machine« des materialistischen Philosophen Julien Offray de la Mettrie sowie Voltaires »Diatribe du docteur Akakia«, ein Pamphlet, über das der Autor sich mit dem preußischen König Friedrich II. zerstritt. Der in den Niederlanden tätige Franzose Marc Michel Rey brachte in seinem Verlag Buffon, de Fontenelle, Montesquieu und d'Alembert heraus sowie sechs Arbeiten von Jean Jacques Rousseau.

Luzac zählte zu jenen, die sich mit der Strömung der Zeit auseinandersetzten. Er nahm nicht alles hin, was im Gewand der Moderne erschien. Aber er trat voll für Pressefreiheit ein. Bei la Mettries Arbeit erwartete er von vornherein kirchliche Opposition und schrieb in einem Vorwort, das Bekenntnis stehe über der Darstellung des Autors. Das fruchtete freilich wenig, denn Luzac mußte vor dem Konsistorium der wallonischen Kirche Leiden versprechen, niemals wieder Bücher »gegen Religion und gute Sitten« zu drucken. Er weigerte sich jedoch, den Namen des anonymen Autors zu nennen. Wie er hier la Mettrie deckte, so bekämpfte er Rousseau in seinen beiden Zeitschriften »Bibliothèque Impartial« und »Nederlandse Letter-Courant«. Er rieb sich vor allem an Rousseaus Naturmenschen und dessen Antipathie gegen die Kultur des 18. Jahrhunderts, abgesehen davon, daß er des Franzosen Nähe zur Volkssouveränität als eine Bedrohung von Kultur sah, wie er sie verstand. Vor allem der »Contrat social« Rousseaus rief Luzacs Empörung hervor. Und sie beherrschte auch seine Reaktion gegenüber dem »Émile«. Während Luzac trotz allem die Pressefreiheit verteidigte, sah das bei weltlicher und kirchlicher Obrigkeit etwas anders aus. So kam »Émile« wegen seiner deistischen und spinozistischen Tendenzen, wie der Ratspensionär Pieter Steyn sie vortrug, auf den Index. Die letzte Anregung dazu gab der wallonische Kirchenrat, den die Amsterdamer Behörde mit der Untersuchung des Buches beauftragt hatte. Der Kirchenrat fand nicht weniger als sechzig anstößige Passagen in dem Erziehungsroman, der dann sowohl vom Amsterdamer Magistrat als auch von den Provinzialständen Hollands verboten wurde. Die ursprüngliche Druckerlaubnis wurde eingezogen, weil »Émile« von »sehr gottlosen und verderblichen Thesen« strotze, die man als »skandalös, ärgerlich und profan« abtun müsse. Gleichsam in einem Abwasch verboten Amsterdamer Magistrat und die Provinzialstände dann den »Contrat social« und bald darauf die »Lettres de la Montaigne« und Voltaires »Dictionnaire philosophique«. Die friesischen Provinzialstände zogen gegen die niederländische Übersetzung von Voltaires »Traité sur la tolerance (Verhandeling over de Verdraagzaamheid in het stuk der religie)« heftig zu Felde. Die calvinistischen Prädikanten waren es auch, die den holländischen Provinzialgerichtshof dazu anregten, den Provinzialständen eine Verordnung zu empfehlen, in der gegen die Religion gerichtete und unsittliche Schriften verboten wurden. Die holländischen Stände zogen jedoch nicht mit. Ein weiterer Plan des Gerichtshofes, beamtete Zensoren einzustellen, fand zwar die freudige Zustimmung der Prädikanten, nicht aber die der Provinzialstände. Der Buchhandel geriet hier ebenfalls in Aufstand, denn er fürchtete den totalen Ruin seines Geschäftes. Die Zensur kam nicht zustande, doch die Provinzialstände beschlossen, daß die Dogmata der Öffentlichkeitskirche nicht verspottet werden durften. Das war keine Neuerung im öffentlichen Leben der Niederlande, trotzdem in den sechziger Jahren eine Verschärfung der Verbotsbestimmungen, ohne daß sie de facto griffen. Dazu kam, daß die Bestimmungen immer nur solche der Provinzialstände waren und nicht für die Republik allgemein galten. Man hat ermittelt, daß von den vierhundertundfünfzig verbotenen Titeln aus der Zeit der Republik lediglich das Pamphlet »Aan het volk van Nederland« unter die Inhibition der Generalstände gefallen ist. Die städtischen Regenten hatten eine liberalere Denkweise als die Prädikanten und gaben sich nur zögerlich zu Verbotsbestimmungen her, auch nur dann, wenn tatsächlich das Bekenntnis der Öffentlichkeitskirche angegriffen zu sein schien und dadurch die Ruhe im eigenen Land gestört zu werden drohte. Das zeigte sich bei Rousseaus »Contrat social« und »Émile« ebenso wie bei Arbeiten von Voltaire. Es wäre also falsch, wollte man aus der Verdichtung in den sechziger Jahren des 18. Jahrhunderts auf eine Veränderung im Toleranzverhalten der Regenten schließen.

Im übrigen wurden nicht nur Bücher aus französischer Feder verbreitet. Von jenseits des Atlantik kam Thomas Paine, dessen »Jahrhundert der Vernunft« in einem Jahr drei Auflagen in der Republik erlebte. Die deutsche klassische Literatur wurde nicht in so reichem Maße gelesen; dagegen wurden Philosophen wie Gottfried Wilhelm Leibniz und Christian Wolff in der zweiten Hälfte des 18. Jahrhunderts durch populäre Ausgaben und vor allen Dingen durch ihre Lehre des Eudämonismus bekannt und fanden viel Anklang. In dieser Welt des Handels und des Geschäfts mußte die These, daß Handeln im eigenen Interesse der Erhebung der Welt und damit der Erhebung Gottes diene, auf guten Boden fallen.

Auch in der Literatur setzte sich ein gemäßigter Rationalismus fort, wie er in Nachahmung der »spektatorialen« Schriften Englands von Justus van Effen mit dem von ihm herausgegebenen »Hollandsche Spectator« vertreten wurde.

Van Effen war wohl der wichtigste Prosaschreiber des Rationalismus, verbunden mit einer starken Neigung zum Moralisieren, die ihn auszeichnete. Seine Betonung der bürgerlichen Tugenden und Moral lag genau in der Strömung der Zeit. Er war ein weitgereister Mann, der sich mancherlei Einflüssen öffnete, besonders stark aber durch Montesquieus »Lettres persanes« beeinflußt wurde. Die vorurteilsfreie »natürliche« Vernunft galt ihm als das Mittel, mit dem sich das Leben ordnen ließ. Soweit er als Moralist auftrat, war er kein zweiter »Vader Cats«, der sich auf die Stimme Gottes berufen hatte, sondern ein Verfechter der »subjektiven, spontanen Begründung, die nur das Verantwortungsvolle, Nützliche, etwas Nüchterne als angemessen anerkennt« (G. Knuvelder). Van Effen vermittelte in seinen spektatorialen Arbeiten einen guten Einblick in das tägliche Leben der ersten Hälfte des 18. Jahrhunderts und wurde durch seine genaue Beschreibung der Wirklichkeit der Wegbereiter für Betje Wolff und Aagje Deken, die wichtigsten Prosaschreiberinnen der Folgezeit. Die spektatorialen Schriften waren ebenso wie die Prosa-Arbeiten von Betje Wolff und Aagje Deken eine Art Instrument für die neuen Ideen, die die Gebiete von Erziehung, Moral, Wissenschaft und später auch Wirtschaft und Politik erfaßten. Vermittlung und Rezeption von neuen Kenntnissen waren an der Tagesordnung. Die neuen Gedanken erfaßten »eine interessierte Bürgerschaft, einen nicht geringen Teil der Bevölkerung, die dafür sowohl Zeit als auch Geld und schließlich auch politische Motive hatte« (H. H. Zwager). Zwischen 1718 und 1800 kamen mehr als siebzig verschiedene niederländische spektatoriale Schriften auf den Markt. Daneben erschienen gut fünfundzwanzig Übersetzungen solcher Schriften und noch zehn in einer Fremdsprache. Sie widerspiegelten, was die niederländische Aufklärung ausmachte: Mäßigung, Ansporn zur Tugendhaftigkeit, eklektische und christliche Inspiration. Einen wirklich politischen Charakter hatten sie, bis auf wenige Ausnahmen, nicht.

Das politische Element der Aufklärung im Sinne einer Änderung überkommener Regierungsstrukturen machte sich in der Republik erst um 1780, zu Beginn der Patriotenzeit, bemerkbar. Das war eine Phase, in der schon der Amerikanische Unabhängigkeitskrieg geführt wurde, die Republik im Krieg mit England lag und sie von niemandem mehr um ihre wirtschaftliche Lage beneidet werden konnte. Als Ergänzung der spektatorialen Schriften wirkten die vor allem in der zweiten Hälfte des 18. Jahrhunderts gegründeten Vereinigungen, in denen sich die Wißbegierde auf zahlreichen Gebieten der Wissenschaft und des gesellschaftlichen Lebens befriedigen ließ. Literaturvereine, mathematische Genossenschaften, naturwissenschaftliche Vereinigungen oder selbst medizinische Klubs schossen wie Pilze aus dem Boden. Zwischen 1748 und 1808 wurden insgesamt zweiundfünfzig gut organisierte Vereinigungen gegründet, von denen allein zweiunddreißig in der Provinz Holland lagen. Muster solcher Vereinigungen waren die 1752 ins Leben gerufene »Hollandsche Maatschappij der Wetenschappen«. In diesen Vereinigungen oder Genossenschaften, die oft mit recht sprechenden Namen versehen wurden – »Vlijt is de Voedster der Wetenschappen«, »Tot leerzaam vermaak«, »Nut is ons doel«, »Servandis Civibus«, »Conamur tenues grandia«–, trafen sich Bürger, die sich auf den unterschiedlichsten Wissensgebieten unterrichten oder vervollkommnen wollten. Hierbei handelte es sich um die sozialen Instrumente, die dazu dienten, die Kenntnisse der Zeit zu popularisieren, und die darüber hinaus für eine Erweiterung des Blickfeldes, für Humanität, Toleranz und Sittlichkeit sorgen sollten. Die vielen wortreichen Abhandlungen, die in jenen Jahren der Genossenschaften und Vereinigungen auf den Markt kamen, zeugen nicht nur von fruchtbarer Arbeit, sondern trugen außerdem zur einfachen Unterhaltung bei. Es gab eben auch in den Niederlanden einen breit angelegten Versuch, die von Kant apostrophierte »selbstverschuldete Unmündigkeit« zu überwinden.

Regierungsstrukturen und ihre Träger

Im Hinblick auf das politische Geschehen des 18. Jahrhunderts bleibt die Frage nach Kontinuität, Neuerung und Bedeutungswandel zu stellen. Kontinuität bedeutet Fortführung von Regentenherrschaft in einer extremen Form, die das Jahr 1672 und seine ersten Konsequenzen nur noch als eine lästige Episode erscheinen lassen. Es war die Zeit elitären Auswuchses und Gehabes, was zu Reaktionen in den unter den Regenten stehenden Bürgerschichten führte. Die Reaktionen wurden in der ersten Hälfte des neuen Jahrhunderts erst nach außenpolitischen Wirren politisch umgesetzt, ohne voll zum Durchbruch zu gelangen. Sie offenbarten dann in der zweiten Hälfte die ganze Komplexität des Verhältnisses von Statthalterschaft, Regentenherrschaft und demokratischem Anspruch, zumal sie unter den Einfluß vor allem der amerikanischen Ereignisse und der europäischen Theorie gerieten. Der Bedeutungswandel manifestierte sich nach dem Utrechter Frieden von 1713 als Abstieg aus der ersten Liga der europäischen Mächte und vollzog sich unter dem Druck namentlich der britischen Handelskonkurrenz.

Der König-Statthalter Wilhelm III. erwies sich nicht als der große Neuerer. Seine Position war trotz der Führung im Kampf gegen Ludwig XIV. wohl nicht stark genug, um den von den geldrischen Ständen eilfertig angebotenen Herzogtitel gegen den republikanisch gefärbten Widerstand der holländischen Stände annehmen zu können. Die Holländer und mit ihnen die Seeländer erklärten die Statthalterschaft in der männlichen Linie für erblich, und die Generalstände schlossen sich diesem Schritt für die Position des Generalkapitäns und Generaladmirals an. Das war der klare Widerruf der republikanischen Politik der fünfziger und sechziger Jahre. Schließlich brachte die Wiederaufnahme der von französischen und münsterschen Soldaten befreiten Provinzen Utrecht, Overijssel und Geldern in die Utrechter Union eine Erweiterung der prinzlichen Befugnisse in diesen Provinzen mittels spezieller Regierungselemente, aber grundlegende Reformen standen nicht zur Diskussion. Der Wandel war höchstens faktionistisch bestimmt, nicht grundsätzlicher Art. Drängen in diese Richtung war endgültig chancenlos, als Wilhelm III. die englische Krone annahm. Er konzentrierte sich nunmehr auf die Außenpolitik und die damit verbundenen Schwierigkeiten im neuen Land.

Der Tod des Oraniers im Jahr 1702 brachte zugleich die Neuauflage der statthalterlosen Zeit. Das entwickelte sich zunächst in der Periode des Ratspensionärs Anthonie Heinsius als Selbstverständlichkeit, obwohl der neuerliche Umschwung in Geldern, Utrecht, Overijssel und Seeland einiges an blutigen Auseinandersetzungen zur Folge hatte. Im seeländischen Tholen richtete sich der ganze Unmut gegen die Steuerpächter und, wie man meinte, das betrügerische Finanzgebaren von Regenten. In Middelburg setzten die Gilden sogar die Auswechslung einiger Magistratspersonen durch. Dort nutzte wenig später die eine Regentenschicht den Widerstand von Schützengilden gegen den Machtzugriff der anderen aus. Der faktionistische Zwist in Overijssel konnte erst nach Intervention der Stände geschlichtet werden, ebenso wie in Utrecht. In dieser Provinz gelang es den Schützengilden von Amersfoort, einen Teil des Magistrats aus dem Rathaus zu entfernen. Möglicherweise lieferten die Amersfoorter Ereignisse schon einen Hinweis auf den künftigen Gegensatz Aristokratie und Demokratie, wenn die Schützengilden auf die Frage, was sie zu solchem Handeln qualifiziere, auf die vor dem Rathaus versammelten Menschenmassen verwiesen. Erst der Eingriff der Utrechter Stände und der Generalstände beendete diesen städtischen Aufruhr. Zwei Bürgerhauptleute wurden wegen Rebellion und Majestätsbeleidigung aufs Schafott gebracht. Ähnliches geschah in zahlreichen Orten Gelderns; fast überall mußten auch hier Truppen der Generalstände eingreifen, um die alte, durch Gilden gestörte Ordnung wiederherzustellen. Dennoch wurde nach dem Tod Wilhelms eine Erweiterung an der Basis des städtischen Regiments und damit eine Demokratisierung angestrebt. Aber derartige Absichten gingen keineswegs von Theoremen aus, wie sie etwa Spinoza verbreitet hatte, sondern zielten lediglich auf die Restauration alter Privilegien, in denen die Teilnahme korporativer Verbände festgeschrieben stand: Demokratisierung also im Rückgriff auf die Vergangenheit, nicht im Vorgriff auf moderne Theorie.

Andererseits lebte in der Regentenaristokratie immer noch das alte Selbstbewußtsein der ersten statthalterlosen Zeit der fünfziger und sechziger Jahre des 17. Jahrhunderts. Es war über die Statthalterschaft Wilhelms III. von Oranien hinaus gerettet worden, ein Bewußtsein, das dem Statthalter keine rechte Funktion zuzuweisen vermochte. Der französische politische Agent Helvetius drückte das 1706 wie folgt aus: »Solange der Prinz lebte, wurde er von fast allen Holländern verehrt: von den einen aus Furcht, von den anderen aus Eigennutz; aber seit seinem Tod haben sich die Dinge völlig verändert, denn obwohl die Erinnerung an ihn von einem Teil der Bevölkerung gepflegt zu werden scheint, ist er allen jenen verhaßt, die sich als echte Republikaner fühlen. Diese Partei, die solange unterdrückt wurde, läßt ihrem Haß um so freieren Lauf, je heftiger sie unterdrückt worden ist.« Unabhängig davon, daß es keinen »natürlichen« Nachfolger im Statthalteramt gab, dominierte das Gefühl, endgültig von einem politischen Druck befreit zu sein, der nunmehr von einem regentenaristokratischen Wildwuchs abgelöst wurde. In Friesland gab es zwar noch den Nassauer Johan Willem Friso, aber ihm wurde seine Stellung rasch deutlich: 1707 beschlossen die Generalstände auf Vorschlag Hollands, ihn aus dem Staatsrat auszuschließen. Der Nassauer ertrank 1711 im Hollandsch Diep; damit wurde die Republik in einer Weise rein bürgerlich, die die Transparenz der innenpolitischen Entscheidungsprozesse gänzlich aufhob und die Erscheinungsform permanenter Inzucht annahm. Das blieb nicht ohne Folgen. Auf jeden Fall wurden die sozialen Gegensätze deutlicher als im Jahrhundert zuvor.

Der katholische Historiker Ludovicus Rogier hat die Republik im Hinblick auf jene Periode eine Spielwiese für Abenteurer und Parasiten genannt, einen Lustgarten für Regenten, die ihrerseits wohl deutlich ein entsprechendes Bewußtsein entwickelten und das auch öffentlich kundtaten. Es war die Zeit einer permanenten Darbietung von Luxus in Stadt und Land, einer Etablierung von Macht im Reichtum, zu der Klassenjustiz, Nepotismus, Ämterschiebungen den innenpolitischen Rahmen abgaben. Henri Bernard schreibt dazu: »Die Ungleichheit der sozialen Bedingungen erscheint noch auffälliger und widerwärtiger als im vorhergehenden Jahrhundert. Denn die Patrizier, die ihren unverschämten Luxus zur Schau stellten, hatten nicht einmal die Berechtigung ihrer Vorfahren, einen durch Arbeit erworbenen Reichtum zu genießen.« Es setzte ein Entfremdungsprozeß zwischen Regierenden und Regierten ein, der dem

Kontraktionsverhalten entsprach, das neue politische Kräfte nicht mehr zuließ. In Regentenkreisen kursierte der Ausspruch, daß die Obrigkeit von Gott gesandt sei, um das Volk zu regieren. Solche Aussage bewegte sich in der Nähe des göttlichen Rechts der absolut herrschenden französischen Könige. Regieren geschah kaum noch primär im Gedanken an das Allgemeinwohl, vielmehr waren jetzt dem Egoismus, dem selbstsüchtigen Handeln und Wirtschaften kaum noch Grenzen gesetzt. Die Ämterschiebung garantierte faktisch den persönlichen Vorteil. Ein Amsterdamer Regent verdiente am Ämterverkauf zwischen 1717 und 1724 22.820 Gulden. Die Amsterdamer verfügten über insgesamt 3.200 Ämter, von denen die meisten von den vier Bürgermeistern vergeben wurden. Es fügte sich in diese Praxis, wenn Qualifikation bei der Vergabe kein Kriterium mehr war. Das »Korrespondenzsystem« sicherte solche Verhaltensweisen sorgfältig ab. Daß auch neue Namen in der Regentenschicht auftauchten, besagte weniger über die soziale Mobilität als über natürliche Bedingungen, die nicht immer eine Ergänzung der Regentenposten aus den engsten Familienkreisen zuließen. Für einen sozialen Aufstieg, der zu den Ausnahmen zählte, blieben Vermögen, auch juristische Schulung oder hohe Funktionen bei einer der beiden Überseekompanien die wichtigsten Voraussetzungen. In der ersten Hälfte des 18. Jahrhunderts gehörten fast alle Regenten Amsterdams zu den Familien Trip, Corver, Hooft, regierte in Delft die Familie van Bleiswijk die Stadt, bestimmten in Gorcum die van Hoeys die Entwicklung. In Rotterdam sicherte ein geheimer Schwurverband die Abgrenzung gegen die Außenwelt. In Friesland gelang es immer weniger Familien, die Macht voll in der Hand zu behalten, ohne sich außerhalb dieser »in-crowd« neu zu rekrutieren.

Van Deursen hat darauf hingewiesen, daß die Regenten nie besonders populär gewesen seien. Das war begreiflich, da es kaum überbrückbare soziale Gegensätze bereits im 17. Jahrhundert gegeben hat. »Aber wer diese Anerkennung und Achtung (verwiesen wird auf die Popularität Reinier Pauws als Ausnahme) nicht besaß, mußte dafür sorgen, daß man sich ihm verpflichtet fühlte.« Über die Ämterverteilung scheint das ebenso gelungen zu sein wie über die zahlreichen Hauspersonalstellen der Regenten. Ein sicherlich sprechendes Beispiel für solchermaßen geartete politische Klientel bietet der Aufzug der Rotterdamer »Doelisten« in Den Haag. Die Demonstranten wurden auf dem Haager Binnenhof umzingelt, »von einer Menge von Dienern und Hausangestellten, deren Herren in der holländischen Ständeversammlung saßen; sie riefen – und wiesen dabei auf uns: ›Hackt den Schurken die Beine ab und laßt sie auf den Stümpfen nach Hause laufen‹«. So lautete ein zeitgenössischer Bericht. Doch wo Ämterverteilung zum Ämterverkauf wurde, verlor die Regentenoligarchie erheblich an Basis. Obwohl die soziale und politische Kluft immer größer wurde oder auf jeden Fall die aus dem 17. Jahrhundert überkommenen Unterschiede erhalten blieben, gab es einige Anzeichen dafür, daß man die unbegrenzte Regentenherrschaft in ihrer Berechtigung anzweifelte oder Kritik an Mißständen zur Systemkritik entwickelte. Da gab es eine bürgerliche Oberschicht unterhalb der Regentenkaste, durchaus reiche Kaufleute, die nach Sitzen in der Stadtregierung strebten, weil sie meinten, daß durch ihren Beitrag an wirtschaftlicher Kenntnis die Blüte des Handels am ehesten garantiert sei. So argumentierten jene Amsterdamer und Haarlemer Seiden-Industriellen, die ein Mitspracherecht im politischen Entscheidungsprozeß der Ostindischen Kompanie forderten. Es mußte den Unmut steigern, wenn die geldrischen Stände 1717 die Amtsperiode der städtischen Magistrate von drei Jahren auf Lebenszeit verlängerten. Der Widerstand gegen jenen Beschluß wurde dort mit Gewalt unterdrückt.

In der umfangreichen zeitgenössischen Publizistik wurden vor allem die regentenaristokratischen Fehlleistungen der prunkvollen Äußerlichkeit angeprangert, aber darüber hinaus die Rechte des Hauses Oranien verteidigt. Doch die Inhalte dieser Flugschriften vermochten die bürgerliche Aristokratie wohl ebensowenig zu erschüttern, wie es die Querelen taten, die innerhalb dieser Gruppierung wegen der Ämtervergabe entstanden. Trotz solcher in die Öffentlichkeit getragenen Aversionen scheint das Regiment der Regenten insgesamt angenommen worden zu sein. Es läßt sich vermuten, daß eine für die Republik typische Selbstverständlichkeit der Anerkennung obrigkeitlicher Gewalt zu dem einigermaßen ruhigen Verhalten beigetragen hat, wie möglicherweise auch die soziale Distanz zwischen Regentenaristokratie und jenen Unterschichten, deren Vertreter 1672 die Gebrüder de Witt gelyncht hatten, noch zu groß war, als daß daraus Spannungen zu politischen Konsequenzen hätten führen können. Wenngleich es in der ersten Hälfte des 18. Jahrhunderts eine Reihe von Aufständen in einzelnen Städten gab, hatten sie kaum politischen Charakter. Auf keinen Fall waren sie mit den Aufständen zu vergleichen, wie sie in den süd- und nordniederländischen Städten während der ersten Hälfte des 16. Jahrhunderts stattgefunden hatten. Das galt für den Costerman-Aufruhr in Rotterdam von 1690, für den Tabakaufstand in Haarlem vom selben Jahr, für den heftigen »Leichenbestatter-Aufruhr« in Amsterdam von 1696 oder für die Hungeraufstände von 1740, die an zahlreichen Orten der Republik ausbrachen. Diese Aufstände verrieten, daß die Republik keine Oase der sozialen Ruhe war, aber sie hatten keinen prononciert politischen Charakter, auch wenn man sich damit gegen die von der Obrigkeit auferlegte steuerliche Belastung und das System der Steuereintreibung zur Wehr setzte.

Der schlechte Zustand der öffentlichen Finanzen zählte durchaus zu den herausragenden Politika in der ersten Hälfte des 18. Jahrhunderts. Schon vor Unterzeichnung des Utrechter Friedens begannen die Generalstände mit der Entlassung von Truppen. Sodann beschränkten sie 1717 den Bestand auf 34.000 Mann. Das schuf kaum finanzielle Erleichterung. Die aus dem Krieg resultierende Schuld lag schließlich so hoch, daß die Zinsen einen erheblichen Teil der Staatseinnahmen auffraßen. Dennoch wurde das Steuersystem nicht geändert. Auch in der Provinz Holland scheiterten vernünftige Vorschläge am ausgeprägten Partikularismus aller Städte, der kleinen wie der großen, zumal eine Besserung der öffentlichen Finanzverhältnisse eine auf stärkere Zentralisierung gerichtete Verwaltung voraussetzte. Statt dessen versuchte man über den Verkauf und die Versteigerung von Liegenschaften der öffentlichen Hand der Finanzmisere beizukommen; von 1729 bis 1731 versteigerte man fünfunddreißig Liegenschaften. Die Erträge blieben gering, zumindest wenn man sie an der holländischen Schuldenlast maß, doch der Vorgang führte zur Übernahme von etwa 70 Prozent des ehemals öffentlichen Eigentums durch Regentenfamilien und reiche Kaufleute. 10 Prozent übernahmen die Städte, die sich dadurch einen Zugriff aufs platte Land sicherten. Bei den Versuchen, zu neuen Steuergrundlagen bei Haus- und Grundbesitz zu kommen – man wandte zunächst immer noch die Bewertungsgrundlage von 1632 an –, zeigte sich gleichfalls, wie stark das Privatinteresse war, das sich infolge der typischen Beschlußstruktur zunächst durchsetzen konnte. Die Metropole Amsterdam war ebensowenig an einer neuen Steuerbasis interessiert wie die heranwachsenden Städte Rotterdam und Schiedam – und dies im Gegensatz zu Haarlem, Delft, Leiden oder zu dem in Nordholland gelegenen westfriesischen Noorderkwartier. Selbst wenn hier und da schließlich einige Rektifikationen des Steuersystems gelangen, reichte es nicht, um die Schuldenlast entscheidend zu vermindern. Im Gegenteil: Sie wuchs noch, da die zunehmende Unruhe in der europäischen Außenpolitik eine Verstärkung der Land- und Seemacht erforderlich zu machen schien, darüber hinaus Naturereignisse wie das Auftreten des Holzwurms kostspielige Deicherneuerungen erzwangen und die stagnierende Getreidezufuhr sowie die strengen Winter von 1740 und 1741 erhebliche Preissteigerungen und damit eine beträchtliche Belastung der städtischen Armenfürsorge mit sich brachten. Als nach 1744 die agrarischen Gebiete großen Schaden durch eine Viehpestwelle erlitten, sank das Steueraufkommen in jenen Provinzen, vor allem in Friesland, nochmals stark ab. Der Einfall der Franzosen in Staats-Flandern offenbarte dann vollends das finanzielle Unvermögen der ganzen Republik – ein Unvermögen, das schon lange nicht mehr allein aus politischem Unwillen resultierte.

Ungleich der Entwicklung in der ersten statthalterlosen Periode schien in der Phase 1702 bis 1747 die Nichtbesetzung des Statthalteramtes, die letztlich eine Nichtachtung seitens der Regenten darstellte, eine Selbstverständlichkeit zu sein. Weder in der Periode des Spanischen Erbfolgekrieges noch in den Jahren unmittelbar danach hat jemand an die Selbstverständlichkeit der Oligarchie, an diese Neuauflage der »ware Vrijheid«, rühren wollen. Ähnlich dem Beginn der ersten statthalterlosen Periode fand eine »Große Versammlung (Grote Vergadering)« statt, aber nicht, weil sich die Regentenoligarchie selbst bestätigen wollte, sondern weil die Kassen der Generalstände leer waren und man sich deshalb zu besinnen hatte, ob nicht eine veränderte, die Provinzen als Gliedstaaten stärker bindende Struktur, mithin eine höhere Verpflichtung gegenüber den zentralen Instanzen, am Platze war, um der Republik aus dem finanziellen Sumpf zu helfen. Es ergab sich eine eigenartige Situation. Die Generalstände waren verarmt. Die Bewohner des Landes, das sie vertraten, galten dagegen als die reichsten der Welt. Die Konstitution stand zur Diskussion, aber ohne statthalterliche, quasi monarchische Spitze. Simon van Slingelandt hat bedauernd darauf hingewiesen, daß die Generalstände unter den herrschenden Verhältnissen ein reichlich überflüssiges Organ waren, nur zuständig für Angelegenheiten des Heeres. Der Oligarchisierungstendenz der Republik im sozialen und politischen Bereich entsprach staats- und verfassungspolitisch eine Kontraktion auf die Provinz und innerhalb dieser zumeist auf die Stadt. In der niederländischen Republik erhob die Konstitution des ausgehenden Mittelalters Anspruch auf Modernität, mehr, denn es im 17. Jahrhundert je der Fall gewesen war.

Das Ergebnis der zweiten »Großen Versammlung« folgte dieser Tendenz, obwohl es Kräfte in der Republik gab, die auf den vollen Umfang partikularistischer Regierungsweise wiesen und auf Abhilfe drängten. Es kam nicht einmal zur Auflistung der Mißstände, wie ursprünglich vorgesehen. Zur Diskussion stand lediglich die Frage der Heeresgröße, praktisch der Verminderung der Truppen. Nicht ein einziger Punkt sei erledigt worden, sagte nach fast einjähriger Sitzungsdauer der Graf van Rechteren aus Overijssel, und er fügte hinzu, man müsse »mit Erstaunen und äußerstem Seelenschmerz erklären, daß die Republik untergehen wird, wenn wir auf diese Weise fortfahren wollen«. Pessimismus also bei dem Grafen, Verärgerung bei den echten Organen der Gesamtheit, dem Staatsrat und dem Rechnungshof, denn beide hatten den Generalständen eine Reihe von Berichten über die Mängel der republikanischen Staatsstruktur zugesandt. Alles blieb unberücksichtigt. Sekretär des Staatsrates war seit 1690 Simon van Slingelandt, der 1727 holländischer Ratspensionär wurde. Er zählte zu jenen Persönlichkeiten, die die Geschichte der niederländischen Republik mitgestaltet haben, auch wenn ihnen nicht immer voller Erfolg beschieden war oder ihr Ende keineswegs ihrer politischen Leistung entsprach. Van Slingelandt fügte sich in die Reihe der Oldenbarnevelt, de Witt, Fagel und Heinsius. Er war es, der im 18. Jahrhundert wohl am sachkundigsten und am tiefsten auf die Problematik niederländischer Staatsstruktur einging, in eindringlicher Analyse ihrer historischen Entwicklung. Obwohl selbst aus dem Kreis der Regentenoligarchie stammend, blieb er in erster Linie dem Generalitätsprinzip und damit einem höheren Maß an zentraler Gewalt verpflichtet. Die bis zur Unregierbarkeit sich auswachsenden Unzulänglichkeiten der republikanischen Verfasssung fand er in der souveränen Gewalt der örtlichen Regentenaristokratie begründet, mithin in jener Schicht, die eifersüchtig über die Unantastbarkeit ihrer Kompetenzen wachte.

Van Slingelandt verfaßte im frühen 18. Jahrhundert eine Reihe von Abhandlungen, die erst 1784 publiziert wurden und in denen er unter anderem eben die Unerträglichkeit der Regentenherrschaft mit ihren Kooptationsmethoden bloßlegte. In seinen »Verhandeling van de oude regeering van Holland onder de Graaven…« von 1716 bewies er, daß die Provinzialstände die zuvor Philipp II. beziehungsweise seinem Statthalter zugewiesene Macht usurpiert und den städtischen Obrigkeiten durch Einführung des imperativen Mandats zugespielt hatten. Für van Slingelandt war das eine zwar begründbare, gleichwohl beklagenswerte Fehlentwicklung. Den Abbau der Unionskompetenzen empfand er als einen gegen die ursprünglichen Intentionen gerichteten Prozeß. Hier sprach der langjährige Sekretär des Staatsrates. Es habe niemals in der Absicht der Unionsväter gelegen, einen Pakt zu schließen, in dem sich die Partner hinter lähmendem Partikularismus verschanzen konnten, vielmehr sei die Schaffung eines bestimmten Maßes an staatlicher Einheit angestrebt worden. So liest man es im »Discours over de defecten in de Jeegenwoordige Constitutie« vom Januar 1716. Die Konfrontation mit einer Verschiebung der Macht von Den Haag zu den städtischen Magistraten und unter diesen dann zu den finanzkräftigsten gehörte zu seinen persönlichen Erfahrungen. Ausgehend von den schädlichen Folgen der nach wie vor gültigen Geschäftsordnung für die holländischen Provinzialstände vom 19. Februar/12. März 1585, plädierte Slingelandt zum einen für eine Wiedereinführung des Mehrheitsprinzips bei Beschlüssen der Unionspartner, zum anderen für eine Koordinierungs- und Schiedsstelle, wie sie nach seiner Ansicht im Amt des Statthalters gelegen hatte. Er suchte eine neutrale Instanz, die man Statthalterschaft nennen oder die auch ein Rat, ein Gremium, sein konnte und die für den Fall, daß man sich für die Statthalterschaft entschied, nicht unbedingt mit einem Oranier besetzt werden müßte. Ihm ging es nicht um die Wiedereinsetzung einer mit dem Aufstand so eng verbundenen Adelsfamilie, sondern schlicht um die Funktionsfähigkeit der Republik. Erst dies brachte für ihn die Rückkehr zur »ware vrijheid«, wie sie ein verantwortungsbewußter Staatsmann zu praktizieren hatte. Was verstand er 1716 unter »Freiheit«? »Nur das Volk und die Regierung sind frei, wo die Macht, Gesetze zu erlassen, Steuern festzusetzen, Kriege zu erklären und Frieden zu schließen oder die Regierungsform zu ändern, in den Händen des Volkes oder der Stände liegt, die das Volk vertreten. Dagegen liegt die Freiheit nicht dort, wo jedes Mitglied (des Staates) dem Volk oder den Ständen die Hände binden und die dringlichen und nützlichen Beschlüsse verhindern kann. Zweitens sind nur das Volk und die Regierung frei, wo Gesetze und Verordnungen über die Steuererhebung ohne Ansehen der Person ausgeführt werden und wo nur das Volk oder die Stände die Macht haben, sich oder andere davon zu eximinieren. Dagegen sind Volk und Regierung nicht frei, wo jedes Mitglied (des Staates) die Absichten der Verordnungen und Erlasse nach eigenem Gutdünken interpretiert für den Teil des Volkes, den es vertritt, und unter ständischem Namen und ständischer Autorität die Regierung führt. Schließlich sind nur das Volk und die Regierung frei, wo derjenige, dem die Ausführung der Gesetze und Verordnungen übertragen ist, einerseits die nötige Macht und Autorität besitzt, um diese Durchführung in vollem Umfang und ohne Ansehen der Person zu garantieren und Gesetzesbrecher zu strafen, andererseits diese Macht und Autorität nicht zur Unterdrückung des Volkes mißbrauchen kann. Dagegen liegt die Freiheit nicht dort, wo der Grund, daß Mißbrauch nicht zu fürchten ist, einfach der ist, daß der Exekutive die erforderliche Macht fehlt, so daß weder guter noch schlechter Gebrauch davon gemacht werden kann. Alle Regierungsprinzipien, die nicht diese drei Merkmale enthalten, zielen nicht auf freie Regierung oder fördern die Anarchie.«

Nach van Slingelandts Ansicht war der Zustand der Republik bedenklich in die Nähe der Anarchie gerückt. »Freiheit«, noch dazu »ware vrijheid«, hieß für diesen niederländischen Juristen, Beamten und Staatsmann letztlich auch Funktionstüchtigkeit auf der Grundlage einsichtsvoller Redlichkeit. Es war sicherlich bezeichnend für die damaligen politischen Mentalitäten, wenn van Slingelandt einerseits das Statthalteramt als äußerst geeignetes und vor allem historisch ausgewiesenes Heilmittel für die konstitutionellen Gebrechen der Republik angab, andererseits in einer weiteren Betrachtung von 1717 die Wiedereinführung des Statthalteramtes aus einem doppelten Grund nicht vortrug. Da standen eben die aus den Reminiszenzen an frühere Statthalterschaften lebenden Regenten entgegen – die Einführung hätte demnach nicht den Schein einer Chance gehabt –, und da gab es nach Ansicht van Slingelandts auch keinen geeigneten

Kandidaten. Einige Jahre später, 1722, in seiner »Aanwysing van een korte, en gereede, weg om the koomen tot herstel der vervalle saaken van de Republicq« sah er im Statthalteramt oder in der Anstellung eines »Eminent Hoofd«, etwa der eines Staatschefs, einen mit der Struktur einer Republik kaum noch zu vereinbarenden Anachronismus. Das trug er mit einer Entschiedenheit vor, die im Hinblick auf zuvor Geäußertes überraschte. Die Ursache für den Gesinnungswandel lag sicherlich darin, daß der Staatsratssekretär nach dem Tod des Ratspensionärs Heinsius im Jahr 1720 bei der Benennung des Nachfolgers einfach übergangen worden war, vermutlich wegen vermeintlicher Komplizenschaft mit Oranien-Nassau, obwohl er niemals ein wirklicher »Oranje-Klant« (Oranien-Freund) gewesen ist, wie später die Anhänger des Hauses Oranien abfällig genannt wurden. Van Slingelandt mußte bei der Annahme des Amtes eines Ratspensionärs 1727 versprechen, von einer Reform der Konstitution absehen zu wollen. So blieb die Republik weiterhin »ein Staat, wo alles sich durch Überredung regeln muß«, wie es der französische Diplomat François de Salignac de la Mothe Fénelon ausdrückte. Die »ware vrijheid« ließ es nicht zu, daß an ihren Grundfesten gerüttelt wurde. Van Slingelandts Überlegungen, die rund sechzig Jahre lang ungedruckt blieben, galten in den zwanziger und dreißiger Jahren als eine Art geheimes Staatspapier, das allerhöchstens hinter verschlossenen Türen der Betrachtung wert war. Es war bezeichnend, daß die Schrift des seeländischen Regenten Levinus Ferdinand de Beaufort »Verhandeling over de vrijheid in den burgerstaat« 1737 sehr wohl Verbreitung fand; in ihr wurde das republikanische Regierungssystem gegenüber der monarchischen Regierungsform hochgelobt. Auch van Slingelandt zählte zum Kreis der Regenten, aber anders als der Seeländer schaute er über die Begrenzungen der Kaste hinaus. De Beaufort verstieg sich sogar zu der Ansicht, daß es sich beim Regentenregime um eine Volksregierung handele, dabei offensichtlich von einem sehr eng gefaßten Volksbegriff ausgehend. Bei ihm handelte es sich um einen Interessenvertreter, der auszog, die politisch-konstitutionelle Praxis zu rechtfertigen, nicht wie Slingelandt, sie zu verbessern, ohne an der Grundstruktur zu rütteln. Der Ratspensionär war ein Mann des »Juste milieu«; er dachte auch anders als jene in den dreißiger Jahren in Vielzahl auftretenden Autoren zahlreicher Flugschriften, die die Regentenoligarchie nicht nur herber Kritik unterwarfen, sondern zugleich nach den Oraniern riefen. Die alte Kluft zwischen »Staatsgezinden« und »Prinsgezinden« erlebte eine simple Neuauflage, nunmehr gegen den Hintergrund einer voll ausgewachsenen oligarchischen Herrschaft und ohne daß der Auseinandersetzung zunächst ein wirklich struktureller Unterschied zugrunde gelegen hätte. Es machte seit je die Eigenart des niederländischen republikanischen Konstitutionsstreites aus, daß es sich um Parteiungen handelte, die sozial gesehen weitgehend zu ein und derselben Gruppe zählten. Die hochgespielte Frage nach Einführung oder Ablehnung des Statthalteramtes wuchs sich erst dann zu einem prinzipiellen Problem aus, als sich unterschiedliche soziale Gruppen einander gegenüberstanden und die Gruppe auf seiten der Statthalterpartei in die Betrachtung »konstitutioneller Neuordnung« voll einbezogen wurde. Das war aber zunächst nicht der Fall.

Die Opposition der Doelisten

Wie zynisch, sarkastisch, spottend und widersprüchlich auch immer geschrieben worden sein mag, erst Krieg und Aufstand brachten die Oranier schließlich wieder in Amt und Würden. Die Renaissance von Haus und Amt vollzog sich etwa nach dem Muster in der zweiten Hälfte des vorangegangenen Jahrhunderts. Bis jetzt war es einfach, den statthalterlichen Prätendenten Johan Willem Friso und nach dessen Tod seinen Sohn Willem Karel Hendrik Friso aus Amt und Würden zu halten. Johan Willem, zunächst Statthalter in Friesland und Groningen, gelang es 1705 nicht, Sitz und Stimme im Staatsrat zu erhalten. Sein Sohn wurde zwar 1722 ebenfalls noch Statthalter in Geldern, aber vom politischen Geschäft hielten ihn die Regenten fern. Sicherlich hob es das Ansehen des Statthalters, als er im Zuge endgültiger Lösung der Erbschaftsfragen, die sich nach dem Tod Wilhelms III. ergeben hatten, den Titel eines Prinzen von Oranien erhielt und ihm die umfangreichen oranischen Besitzungen zufielen, doch dieser Förderung seines Prestiges entsprach zugleich die Furcht der Regenten vor weiteren, politischen Ambitionen des Prinzen. Die Seeländer, unterstützt von ihren holländischen Standesgenossen, reagierten deswegen prompt. Das dem Prinzen als Erbteil zugefallene Marquisat von Veere und Vlissingen, das ihm Einfluß auf zwei in den Ständen vertretene Städte gesichert hätte, wurde einfach aufgehoben. Außerdem war die Heirat zwischen dem Prinzen und der Tochter Anna des englischen Königs Georg II. 1734 so gar nicht dazu angetan, den Statthalter Frieslands in die Republik zu integrieren. Im Gegenteil: Bei empfindlichen Regenten tauchten die Erinnerungen an die Oranien-Stuart-Verbindung im 17. Jahrhundert auf. Die Glückwünsche, die Georg II. seitens der Generalstände erhielt, und der Empfang, der Anna von Hannover in den Niederlanden zuteil wurde, gingen kaum über die Kühle verpflichteter Höflichkeit hinaus, und die Stände ließen auch nicht nach, auf den ihnen zu Herzen gehenden Status ihrer Republik zu verweisen, wenngleich er noch nicht zur Diskussion stand.

Bereits damals kam es zu einer Kontroverse zwischen Pamphletautoren, eingeleitet von einem Anonymus, der sich anschickte, noch einmal den Begriff »Prinsman« oder »Princeluiden« zu erläutern. Er erklärte das Wort in Reminiszenz an die Auseinandersetzungen zur ersten statthalterlosen Periode als Ausdruck für das Haus Oranien-Nassau und initiierte damit eine Konfrontation, die zu jenem Zeitpunkt innenpolitisch nicht gegeben war. Er mußte sich daher von den Antwortschreibern zu Recht den Vorwurf der Stimmungsmache gefallen lassen. Wenngleich solcher Streit um die Wiedereinführung einer politisch belasteten Begrifflichkeit zur Unzeit geführt wurde, machte er deutlich, daß der alte politische Gegensatz Statthalter–Regenten auch für die Öffentlichkeit noch virulent geblieben war und bei geringstem Anlaß sich verschärfen konnte. Es war selbstverständlich nicht unbekannt geblieben, daß der junge Prinz die Statthalterwürde in der gesamten Republik anstrebte, ohne das herrschende System in Frage zu stellen, und nicht unbekannt dürfte auch gewesen sein, daß der englische Hof in der Vermählung Annas von Hannover mit dem Nassau-Oranier die Hoffnung hegte, dadurch die Karriere des Prinzen in der Republik zu fördern. Das war ein Irrtum, denn die Generalstände ließen den britischen König schriftlich wissen, die Prinzessin habe sich für eine »freie Republik« entschieden, und man hoffe, daß sie sich wohl fühlen werde. Das konnte zwar den Ehrgeiz des Prinzen nicht dämpfen, aber er war kaum beweglich genug, um seinen Willen mit Hilfe des im Gegensatz zu den Regenten stehenden Volkes durchzusetzen. Der Prinz war – und das sollte sich anderthalb Jahrzehnte später zeigen – kein revolutionärer Kopf, nicht einmal ein Mann der Reform.

Was zu Beginn der dreißiger Jahre anklang, das setzte sich in den folgenden Jahren in der Diskussion fort, wobei man sich zahlreicher »Schuit- en Jagtpraatjes« bediente, also eine Form wählte, die schon im 17. Jahrhundert beliebt war. Die Position des Prinzen erwies sich jedenfalls bis dahin nicht nur wegen der Abwehr in Holland, Seeland, Utrecht und Overijssel als schwach, sondern auch aufgrund der geringen Eintracht zwischen jenen Provinzen, in denen er Statthalter war. Bei allem Ehrgeiz vermochte er die Schwäche seiner Persönlichkeit nicht zu überwinden. Selbst der Generalsrang blieb ihm, dem Generalkapitän von drei Provinzen, verwehrt, und das lief auf einen republikanischen Affront hinaus, bewies aber auch die Stärke der Seeprovinzen gegenüber den Unionspartnern im Nordosten und Südosten des Landes. Als Offizier wurde dieser Prinz von Oranien als einer unter vielen angesehen. So gelang es Holland, gegen den Willen von Friesland, Groningen und Utrecht, eine allgemeine Liste für Anstellung und Beförderung von Offizieren durchzubringen, auf der die Ernennung von sechs Generälen und zwölf Generalleutnants stand. Der Prinz zählte zur zweiten Gruppe. Er lehnte ab; der Schlag war hart, vor allem für jenen, der traditionsbewußt war. Wer in diesen Kategorien dachte, dem mußte, ließ er die Reihe Moritz, Friedrich Heinrich, Wilhelm II. und III. Revue passieren, der politische Niedergang des Hauses Nassau-Oranien besonders augenfällig werden. Aber die Zeit des Prinzen sollte dennoch kommen. Sie kam, wie bei seinem Vorgänger, über Krieg und Invasion. Für jene, die eng um den Prinzen standen, ihn auf angemessenem Platz sehen wollten, war es deutlich, daß die schon 1738 spürbaren europäischen Wirren eine Chance erhielten, den Prinzen sozusagen innenpolitisch »durchzusetzen«. Willem Bentinck, Herr von Rhoon und Pendrecht, in England großgeworden und in Leiden erzogen, war der Mann, der aus dem engsten Beraterkreis des Prinzen die Fäden knüpfte, ihn drängte, die allmählich anwachsende breite Opposition gegen die Regenten als Stütze des eigenen Anspruchs zu nutzen. Bentinck wünschte den Prinzen als Statthalter zu sehen und setzte sich für eine Reform der Verwaltungs- und Finanzstruktur ein. Die Neutralitätspolitik der Republik lehnte er voll ab. So suchte er Kontakt mit England, um über eine festere englisch-niederländische Verbindung dem Oranier zur Statthalterschaft zu verhelfen. Offensichtlich mit Erfolg, denn der neuernannte englische Gesandte John Montague Sandwich wollte die Republik aus ihrer neutralen Haltung im Österreichischen Erbfolgekrieg herausholen. Willem van Haren aus Friesland, neben seinem Bruder Onno Zwier und Bentinck zum engsten Kreis zählend, ließ in Form eines Gedichtes eine Flugschrift »Leonidas« veröffentlichen, in der die Neutralitätspolitik angegriffen wurde. Die Schrift wurde innerhalb weniger Tage in hoher Auflage verbreitet. Der Prinz ließ sich kaum belehren. Sein Abstand zum Volk entsprach mindestens dem der Regenten. Er hielt wenig davon, die Statthalterwürde aus der Bewegung des Volkes zu empfangen.

Als schließlich Frankreich im Zuge des Österreichischen Erbfolgekrieges 1747 in Staats-Flandern einfiel, bot die Republik eine Neuauflage der Situation von 1672. Die Unruhen begannen in Seeland, das dem militärischen Geschehen am nächsten lag. Die Mittel- und Unterschichten, genannt »Grauw (Pöbel)«, kehrten sich gegen die Regenten, riefen nach einem Statthalter. Die Unruhen pflanzten sich in der anderen Seeprovinz, in Holland, fort. Die Täter der Zusammenrottungen vor den Rathäusern und der kleinen Gewalttaten – es gab keine Lynchjustiz mehr – stammten aus den gleichen Schichten wie 1672. Sie stellten die gleichen Forderungen. Die Bewegung in Holland ging von Rotterdam aus und verbreitete sich rasch bis in den Norden der Provinz. Die Zwischenfälle waren in aller Regel nicht spontan. Im Hintergrund standen Faktionen, wie sie der Baron Bentinck auf die Beine hatte bringen können. In Rotterdam scheint ein englischer Agent namens Wolters die Hand im Spiel gehabt zu haben. Die Anwesenheit englischer Matrosen und Schiffe in Seeland bot der Volksbewegung Schutz. Die seeländischen Stände ernannten den Kandidaten aus Friesland zum Statthalter und zum Chef der Land- und Seemacht. Holland folgte am 3. Mai 1747, ebenso Utrecht, Overijssel am 10. Mai. Nicht die breiten Volksschichten hoben den höchst passiven Statthalter in den Sattel, sondern die Stände, die Regenten, ursprünglich seine Gegner. So hatte man es schon einmal erlebt. Die Legitimität war gesichert. Über den militärischen Oberbefehl und die Statthalterschaft in allen niederländischen Provinzen hinaus wurde schließlich noch die Erblichkeit des Amtes verordnet. Die holländische Ritterschaft als Stand beantragte dies am 7. Oktober 1747. Der Annahme durch die Provinzialstände war nach der Eroberung der Stadt Bergen-op-Zoom durch die Franzosen am 16. September 1747 kein Hindernis mehr in den Weg zu legen.

Wie zuvor den anderen Mitgliedern seiner Familie verhalf auch diesem Oranier der Krieg zur politischen Macht. Es erwies sich jetzt, daß die Ernennung zum Statthalter jenen nicht mehr genügte, die eine Änderung im Regierungssystem anstrebten. Der Unmutsstau von Jahrzehnten verlangte angesichts auch der Gefahren des Krieges zusätzliche Maßnahmen. So fand der ritterständische Antrag Widerhall bei breiten Volksschichten, die – ob in Rotterdam oder Amsterdam, das unter der Führung des Porzellanverkäufers Daniel Raap stand – nicht nur Erblichkeit des Statthalteramtes in der männlichen und weiblichen Linie forderten, sondern darüber hinaus einen freien Ämterverkauf mit Zuweisung der Einnahmen an die Staatskasse und die Wiederherstellung der alten korporatistischen, von Privilegien gestützten Mitbestimmungsformen in den Stadtregierungen. Der Artikulation solchen Verlangens folgte der Druck von der Straße. Die Tumulte auf dem Dam in Amsterdam und die kurzzeitige Besetzung des Rathauses bewogen die Stände Hollands am 11. und 16. November 1747, den Forderungen zuzustimmen, mit einem Kompromiß in der Ämterfrage. Seeland, Utrecht und Overijssel schlossen sich rasch an. In Friesland, Groningen und Geldern, jenen Provinzen, in denen die Statthalterschaft immer schon erheblichen Kompetenzbeschränkungen unterworfen war, erhob sich allerdings Widerstand gegen die Erblichkeit, ohne daß dieser zum Erfolg geführt hätte.

Bejahende wie ablehnende Haltungen, die sich bald im ganzen Land zeigen sollten, bewiesen, daß die Bewegung durchaus ihre Eigendynamik hatte, die eben nicht durch Erblichkeitserklärungen zu beschwichtigen war. Solange nicht strukturelle Änderungen im Regime erfolgten, waren Unruhen kaum einzudämmen. Die ohnehin ungünstige Wirtschaftslage mit ihren hohen Preissteigerungen für lebenswichtige Güter und ihrem starken Steuerdruck, der als besonders gravierend empfunden wurde, unterstrich die Unzulänglichkeit der Struktur. Es ging im Steuerbereich um die Höhe der Steuerlast wie um die Art der Eintreibung auf dem Weg der Steuerpacht. Es traf sicher den Kern der Situation, wenn ein ausländischer Besucher der Republik zu berichten wußte, daß in den Niederlanden alles besteuert sei außer der Luft, die man atme. Der Kampf gegen Steuersatz und Steuereintreibung hatte politischen Charakter, insofern das System der Steuerpacht voll mit der Regentenoligarchie verbunden wurde. Der Anklage gegen den profitorientierten Regenten entsprach der Vorwurf gegen die gewinnträchtige Funktion des Steuerpächters. Im Mai 1748 brachen auf dem platten Land, in Friesland, danach in den Städten heftige Unruhen aus. Gerade die Bauern hatten unter dem hohen Steuerdruck zu leiden, der im übrigen die Bildung von Großgrundbesitz begünstigte. Es kam im Laufe der Unruhen zu Brandschatzung und Plünderungen. Aber dies blieb nicht die Hauptsache. Die Bewegung richtete sich gegen Abgeordnete von Stadt und Land, die als nebenständische Versammlung regelmäßig zusammenkamen und Forderungen stellten, die auf Wiedereinführung der »Kompetenzabgrenzungen (Poincten reformatoir)« von 1672/73, Ersetzung der Steuerpacht durch eine Kopfsteuer, Kontrolle des Finanzgebarens hinausliefen. Die in Friesland besonders hartnäckige Regentenaristokratie mußte nachgeben. Sie tat es zwar unter dem Druck Wilhelms IV., aber solcher Druck dürfte praktisch ein Stück Kooperation enthalten haben, denn das Reglement, das er vortrug, enthielt einerseits Korrekturen, änderte andererseits jedoch nichts am Regierungsprinzip. Der Statthalter rückte in eine prominente Schiedsposition auf. Er blieb allen demokratischen Experimenten abhold, wie sie zuvor in den Versammlungen von Bauern und Bürgern angeklungen waren. Was sich in Friesland ereignete, sprang nach Groningen und Drenthe über und fand seine Entsprechung in Holland, doch hier in ungleich schärferem Maße. Im Steueraufruhr vom Juni 1748 gehörte die Plünderung der Pächterbesitzungen zum Alltagsbild. Jan Wagenaar, der Chronist der Stadt Amsterdam, schrieb: »Viele begüterte Einwohner meinten sogar, daß die Pächter eines allgemeinen Schutzes unwürdig waren und ausgerottet zu werden verdienten.« Erst als die Amsterdamer Reichen allgemein in Bedrängnis zu geraten drohten, griff die Stadtmiliz ein. Die ärgsten Rädelsführer wurden kurzerhand aufgeknüpft. Panik während der Hinrichtung kostete viele weitere Menschenleben. Aber Amsterdam blieb keine Ausnahmeerscheinung. Die in starker Rezession befindliche Textilstadt Haarlem, das von hoher Arbeitslosigkeit angeschlagene Leiden oder die Residenzstadt erlebten ebenfalls heftige Unruhen. Auch in Den Haag hielt sich die Stadtmiliz, die zum größten Teil den

Unterschichten entstammte, zunächst zurück. Die Steuerpächter blieben im großen und ganzen ohne Schutz. Die städtischen Regenten Haarlems und Leidens schafften das Pachtsystem rasch ab und schoben die Steuerforderungen auf.

Wie stark die Bewegung gegen die Regenten inzwischen geworden war, zeigte sich an der geringen Bereitschaft der Bürger Amsterdams, die provinzialständischen Entscheidungen über die Abschaffung des Pachtsystems, übrigens auf Vorschlag des Statthalters, als Beruhigungsmittel zu schlucken. Im Gegenteil: Es setzte eine Radikalisierung ein, die in die nach dem Versammlungsgebäude »Kloveniers-Doelen« benannte »Doelisten-Bewegung« einmündete. Wenngleich das Ganze wohl von aktivistischen »Prinsgezinden« in Amsterdams Kneipen und Kaffeehäusern und mit Hilfe einer Vielzahl von Flugschriften gegen die Regenten eingeleitet war, reflektierte es vor allem in der Form den wachsenden Unmut von innen heraus. In elf Artikeln fanden die Forderungen der Amsterdamer Bürger 1748 ihren Niederschlag. Redigiert vom Haarlemer Modellzeichner Hendrik van Gimnig, enthielt das Papier: die Übertragung des bisher bei den Städten ruhenden Postmonopols auf den Prinzen, Änderungen im Modus der Ämtervergabe, Wiederherstellung der alten Zunftrechte, Wahl des Kriegs- und Militärausschusses der Städte durch die Bürger aus einem Kreis von Personen, die nicht in der Stadtregierung saßen – ein Gremium, das ohne Zweifel ein Kontrollorgan gegenüber der Stadtregierung werden sollte –, Mitspracherecht der Bürger bei der Wahl der Stadtregierung, Abschaffung der preistreibenden Akzise und anderer Steuern. Sicherlich waren die Anhänger des van Gimnig voreilig, wenn sie, propagandistisch durchaus geschickt, ihre Forderungen als mit den Wünschen des Prinzen identisch erklärten. Der engere Kreis der oranientreuen Aktivisten um Willem Bentinck sah hier eine Gelegenheit, einen Mittelkurs zu fahren, der zum einen die Macht der Regenten stark einzuschränken vermochte, zum anderen das nur begrenzt positive Verhältnis des Statthalters gegenüber Volksbewegungen nicht überstrapazierte. Er bediente sich des Amsterdamers Daniel Raap, mit dessen Hilfe in einer Bürgerschaftsversammlung in den Kloveniers-Doelen drei Artikel angenommen wurden, die eben weniger enthielten: Übertragung des Postmonopols auf den Prinzen, Vermeidung mißbräuchlicher Ämtervergabe, Wiederherstellung der Zunftrechte und Wahl eines Kriegsrates bei der Bürgerwacht, unabhängig von der Stadtregierung. Solche gleichsam auf dem Weg der Bürgerinitiative bei der Stadt eingereichten Vorschläge konnten bei den Herren Regenten kaum auf fruchtbaren Boden fallen. Sie verwiesen die Delegation auf die prinzlichen Richtlinien vom 25. Juni 1748 über die Post und die provinzialständischen Beschlüsse über die

Ämtervergabe vom 11. November des Vorjahres. Den unabhängigen Kriegsrat aber lehnten sie ab, ironischerweise mit historischer Argumentation, jenem Repertoire, das die Petenten im Hinblick auf die Wiederherstellung der Zunftrechte permanent vortrugen. Einen Kriegsrat habe es in der Vergangenheit nicht gegeben, so hieß es in der Antwort. Befriedigend konnte solche Auskunft für die Bittsteller und ihren Anhang gewiß nicht sein. Trotzdem erwiesen sie sich als gehorsame Diener ihrer Obrigkeit, »indem sie sich so oft verbeugten, wie der Name der Hohen Herren, Seiner Hoheit, der Bürgermeister und des Hochwohllöblichen Rates genannt wurde«. Solche Ergebnisse, die im Grunde gar keine waren, mußten eine ohnehin vorhandene Radikalisierung geradezu fördern. Die Kompromißlosigkeit äußerte sich nun nicht mehr allein in größerer Lautstärke oder umfassenderer Forderung, sondern änderte auch die Argumentationsbasis. Im Unterschied zu dem gemäßigten Daniel Raap, der historisch Fundiertes vortrug und auf historischer Grundlage abschlägig beschieden wurde, führten die Radikalen anderes ins Feld: das Naturrecht als alleinige Begründung eines Mitspracherechts, die Vernunft als Ausgangspunkt. Nicht, daß dies in jenem Sommer des Jahres 1748 etwas genützt hätte, aber ein Ausbau solcher gedanklicher Grundlage enthielt im Kern ein stärkeres Potential an Aktivitätsdrang als der Versuch einer historischen Begründung.

Zwei Dinge ergaben sich in den folgenden Wochen: Gegenüber der zunehmenden Radikalisierung der Doelisten, die in den einzelnen Stadtbezirken ihre Vertreter für künftige Unterhandlungen mit der Stadtregierung wählen ließen, mußten die Bürgermeister ihre ablehnende Haltung preisgeben. Sie hatten ihre Möglichkeiten erheblich überschätzt. Der nunmehr zum Handeln aufgerufene, von den Doelisten gestützte, von den Regenten ungern gesehene Statthalter Wilhelm IV. reiste zwar nach Amsterdam, erwies sich jedoch als eine regentenorientierte Figur in einem Spiel, in dem prinzipielle Änderungen gefordert waren. Von der Bewegung eingeladen, erwartete er, der allem Populären abholde Formalist, eine Einladung der Stadt selbst. In Amsterdam bildete die alte Zunft der Schiffszimmerer, die »Bijltjes«, Spalier bei seiner Ankunft; sie eskortierten ihn als Ehrengarde. Der Forderung nach Neubesetzung der Stadtregierung, wie sie die Vertreter der Doelisten vortrugen, konnte der Prinz kaum entgehen. Hier mußte er Farbe bekennen, dem Druck nachgeben, ohne die Regenten zu verletzen. Die Bürgermeister wurden fortgeschickt. Er ernannte neue. Aber die neuen zählten zu den Regentenkreisen. Nicht die Herkunft änderte sich, nur die Namen waren andere. Die 17 neuen Mitglieder des 36 Mann starken Stadtrates kamen zwar nicht aus dem engen Kreis der Oligarchie, gehörten jedoch dem der Großkaufleute an, die gute Beziehungen zum statthalterlichen Haus unterhielten. Zusätzlich nahm der Prinz das Recht für sich in Anspruch, jedes Jahr die Wahl von zwei Bürgermeistern und zwei Schöffen zu empfehlen. Selbst der Kriegsrat wurde neu gewählt, entsprechend den Vorstellungen der Doelisten, aber schon in seiner Abschiedsproklamation wollte der Prinz die künftige Zusammenstellung an alte Privilegien und das Gewohnheitsrecht gebunden sehen. Ab sofort sollte der Ausschuß nicht ohne Zustimmung der Bürgermeister zusammenkommen dürfen. Als der Statthalter Amsterdam im September 1748 verließ, eskortierten ihn die Schiffszimmerleute. »Oranien und Freiheit (Oranje en Vrijheid)« hieß die Losung dieser Zunft und des umstehenden Volkes.

Gleichwohl: die demokratische Strömung jener beiden Jahre war noch nicht stark genug, um sich auf Dauer durchzusetzen, der Prinz, auf den man sich stützte, gar nicht gewillt und auch zu schwach und larmoyant, um Ergebnisse festigen oder gar ausbauen zu können. Obwohl die Postrechte jetzt beim Prinzen lagen, brachte die Übertragung keine Erweiterung von Bürgerrechten. Die personellen Veränderungen der Amsterdamer Stadtregierung unterliefen keineswegs die Regierungsstruktur, wenngleich dem Prinzen ein Empfehlungsrecht eingeräumt war, und sie förderten sicherlich nicht den Übergang von aristokratischem Verhalten zu demokratischem Bewußtsein. Nach dem Tod des Prinzen 1751 sprach niemand mehr von diesem schriftlich nicht fixierten Empfehlungsrecht, und der lediglich geduldete Kriegs- und Militärrat entwickelte sich nicht zu dem geplanten demokratischen und unabhängigen Gremium. Letztlich war es typisch, daß nach den faktisch ein Jahrzehnt dauernden Unruhen und einem noch länger weiterhin spürbaren Unbehagen über regentenaristokratische Regierungsstrukturen eigentlich nichts anderes herauskam als die Ergebnisse der Vergangenheit: Die Macht oder zumindest das Ansehen des Statthalters wurde erheblich gesteigert. Eine über den statthalterlichen personellen Macht- und Kreditzuwachs hinausgehende Änderung der Herrschaftsstrukturen blieb hingegen aus. Die politische Kultur dieses Landes erschöpfte sich seit dem Aufstand in der Wiederholung.

So kam die Bewegung bis hin zu dem Aufstand der »Patrioten« nicht zur Ruhe. Die Provinzialstände ermächtigten zwar den Statthalter, in allen Städten den Magistrat neu zu besetzen, doch jede die Regenten schonende Maßnahme des Prinzen mußte die um sich greifenden Unlustgefühle noch wachsen lassen. Der Prinz und die Doelisten waren gleichermaßen Zielscheibe allgemeiner Kritik. An den Doelisten konnte man am ehesten seine Wut über den Fehlschlag auslassen. Sie wurden zum Teil aus dem gesellschaftlichen Leben ausgeschlossen, in ihrer Existenz bedroht. In allem schlug man den Esel, meinte aber deutlich den Herrn. Als im Januar 1754 Daniel Raap starb, waren Spott und Hohn nachgerade eine Grabbeigabe: »Seine Beisetzung wurde eine üble Demonstration der Verachtung durch das Volk«, hieß es zeitgenössisch. Die Gelegenheit erschien für jene günstig, die sich schon immer am regentistischen Partikularismus gestört und dessen Funktionsuntüchtigkeit bedauert hatten. Nun, da der Prinz als Erbstatthalter für alle einzelnen Glieder der Republik auftrat und praktisch aufgrund einzelner Regierungsverordnungen für die Provinzen in den relevanten Personalentscheidungen nichts mehr ohne ihn gehen konnte, verkörperte er in einer monarchengleichen Stellung die republikanische Einheit. Bentinck dachte vor allem an die Bildung einzelner Ministerien – für das Innere, Äußere, für Verteidigung, Finanzen, Marine und Handel –, die von zuverlässigen Leuten geleitet werden und Entscheidungen vorbereiten sollten. Darüber hinaus schwebte ihm ein statthalterlicher Rat vor, der zusammen mit dem Prinzen die politischen Richtlinien zu stipulieren hatte. Das war ein erster Schritt zur Zentralisierung, der jedoch dem Prinzen in seinem traditionsorientierten Denken wenig behagen konnte. So scheiterten auf Zentralisierung und Effektivität zielende Reformpläne. Lediglich die Konferenz des Statthalters mit dem Ratspensionär und dem Griffier, einer Art Sekretär der Generalstände, eine informelle Gesprächsrunde, kam zustande. Alles andere blieb Gedanke, wurde nicht realisiert. Nach dem Tod des Prinzen, in der Phase der Regentschaft seiner Frau Anna von Hannover, wuchs die Hartnäckigkeit der Parteien. In ihrer Thematik bewiesen die Auseinandersetzungen, daß die Republik das Erbe ihres Aufstandes noch nicht überwunden hatte. Eine Republik sein zu wollen und es wegen der wachsenden Spannungen zwischen den sozialen Gruppen, aber auch infolge außenpolitischer Entwicklungen und militärischer Erfordernisse nicht ohne eine quasi-monarchische Spitze sein zu können, das war das große Problem. Der Flugschriftenstreit der fünfziger Jahre erreichte mit den Auseinandersetzungen um die Politik der Gebrüder de Witt – in die Geschichtsschreibung als »de Witten oorlog« eingegangen – seinen Höhepunkt, ohne daß die aktualisierte historische Reminiszenz an die erste statthalterlose Periode irgendeine Variante in der Argumentation eingebracht hätte. Die Frage lautete wie fast hundert Jahre zuvor: War die Statthalterschaft eine Segnung oder eine »Hereditas damnosa« der Vergangenheit? Personen wie der Leidener Verleger Elie Luzac und der Geschichtsschreiber Jan Wagenaar standen neben zahlreichen anderen inmitten dieser Kontroverse. Sie blieb zunächst noch theoretisch, war aber der Anfang einer neuen Serie von innen- und verfassungspolitischen Diskussionen, die zum großen Teil bereits unter dem Einfluß des Naturrechts und des Primats der Vernunft geführt wurden, auch wenn Rousseau, Voltaire und andere in Holland verboten waren, und die schließlich in einen Bürgerkrieg einmündeten.

Die Bewegung der Patrioten

Die Bewegung der Doelisten verkörperte den Anfang einer demokratischen Strömung, die die Republik bis hin zur Französischen Revolution beunruhigen sollte, gewiß nicht permanent, aber doch in einem überaus heftigen Ausbruch mit Bürgerkrieg als Konsequenz, dessen Merkmale die des 19. Jahrhunderts vorwegnahmen, da es nun nicht mehr nur um die traditionelle Auseinandersetzung zwischen Regenten und Statthalter, sondern zugleich um den Kampf von Oligarchie versus Demokratie ging. Hierbei gewann die Bewegung der Patrioten (»Patriotten«), verglichen mit demokratischen Aktionen früherer Jahrzehnte, erheblich an Kraft, wohl weil gleichzeitig wirtschaftlicher Rückgang des Landes und außenpolitische Niederlagen das Szenario schufen. Solcher Rückgang setzte in der zweiten Hälfte des 17. Jahrhunderts ein; insgesamt konnte nicht von einem absoluten, sondern nur von einem relativen Rückgang die Rede sein – relativ im Verhältnis zu den Nachbarländern und England in den Sektoren Handel und Finanzen. Dagegen erlebten Gewerbe und Fischerei einen absoluten Rückgang. Die eigentliche Wirtschaftsproblematik der niederländischen Republik lag in der Konzentration auf Handel und Schiffahrt als Dreh- und Angelpunkt wirtschaftlichen Wachstums. Der Amsterdamer Stapelmarkt bestimmte weitestgehend das Schicksal anderer Sektoren. Von Schiffahrt und Handel hingen Arbeitsplätze und neue Gewerbezweige ab. Sie bildeten die Wirtschafts- und Existenzgrundlage eines so dicht bevölkerten Landes. Sie stimulierten auch die Landwirtschaft, Veredelungserzeugnisse und Handelsgewächse anzubauen. Der niederländische Anteil am internationalen Handel über die Ostsee, bei der England-Fahrt und in der Levante nahm ab, insofern er nicht mehr im gleichen Maße an der zunehmenden Dichte der Handelsverbindungen Anteil hatte. Wenn die Sundfahrt der niederländischen Schiffe von 53 Prozent 1660 auf 35 Prozent ein Jahrhundert später abfiel, dann mußte man das Schlimmste befürchten, zumal der Anteilsschwund auf den anderen Haupthandelsrouten ebenfalls augenfällig war. Hier machte sich die wachsende Konkurrenz bemerkbar. Vor allem gegenüber England geriet die Republik völlig ins Hintertreffen. Um 1780 mußte das selbst dem letzten Optimisten deutlich sein.

Die Ursachen des Rückgangs lagen in dem Ausbau der Verkehrswege und der verbesserten Segeltechnik der anderen; neue Formen der Preisbildung und des Kommissionshandels begünstigten ein Umgehen des Amsterdamer Stapelmarktes. Amsterdam nahm zwar weiterhin eine wichtige Stellung ein, verlor aber erheblich an Bedeutung gegenüber Hamburg und London. Der nun möglich werdende rentable direkte Weg zwischen Ein- und Ausfuhrländern war wirtschaftlich einträglicher als der Umweg über den Amsterdamer Stapelmarkt. Außerdem wirkte sich der protektionistische Merkantilismus nachteilig auf den holländischen Handel und die Schiffahrt aus. Die nordholländische Heringsflotte verminderte zwischen 1630 und 1770 ihren Bestand an Fischereifahrzeugen um rund 80 Prozent, die südholländische um etwa 55 Prozent. Zugleich verringerte sich der Fangertrag je Schiff um 25 Prozent. Vor allem die schwedische Konkurrenz hat den Fischern der Republik zugesetzt. Neben dem Schifffahrtssektor mit seinen arbeitsplatzschaffenden Werften wurden viele Gewerbezweige, die mit der Seefischerei verbunden waren, von dem Niedergang voll in Mitleidenschaft gezogen. Hohe Arbeitslosigkeit und starke Emigration waren die Folge. Im Rahmen der zunehmenden Handelsdichte mit der sich dabei notwendigerweise verschärfenden Konkurrenz zog auch das Qualitätsargument nicht mehr. Die Gesellschaft der Patrioten Enkhuizens an der Zuiderzee ließ dem amerikanischen Präsidenten George Washington 1783 durch Baron van der Capellen einige Fässer Salzheringe zusenden mit dem Hinweis auf die hervorragende Qualität. Washington vermerkte im Dankschreiben: »Ihr Hering, mein Herr, schmeckt zweifellos besser als der unsere, das mag an der größeren Fertigkeit der Holländer liegen, ihn zuzubereiten, oder am Fisch selbst, der von höherer Qualität sein mag«; doch für eine echte Konkurrenz räumte er kaum Chancen ein, da der Atlantik voll von möglicherweise geringerwertigen, aber passablen Heringen sei.

In eine ähnlich schwierige Lage geriet das Gewerbe, das im wesentlichen aus einer Vielzahl kleiner handwerklicher Betriebe bestand. Daneben arbeiteten vor allem im Sektor Veredelungsindustrie einige Manufakturen, die meistens in den Handelsverkehr des Stapelmarktes eingeschaltet und damit von ihm mehr oder weniger abhängig waren. Der Verfall im kleingewerblichen Bereich resultierte aus der höheren, technologisch bedingten Wettbewerbsfähigkeit und dem Protektionismus der Nachbarn. Die Textilregionen im Osten und Westen des Landes bekamen das rasch zu spüren. Die Niedriglohn-Regionen von Verviers und Staats-Brabant traten an ihre Stelle. Arbeitslosigkeit und Armut beherrschten unterdessen das Bild der niederländischen Städte. Die meisten zeitgenössischen Berichte stammen aus den siebziger Jahren, aber es liegen auch frühere Zeugnisse vor. Mit Schmerz konstatierte 1752 der Utrechter Seidenfabrikant van Mullem, daß so viele Arme unter dem Niedergang des Gewerbes litten und in Armut leben mußten. Das Periodikum »De Opmerker« bemerkte 1772: »Unsere Städte wimmeln von abgerissenen Leuten«, 1776 fügte »De Vaderlander« hinzu, daß der größte Teil der Einwohner der Republik in tiefster Armut lebe und keine Möglichkeit sehe, ans tägliche Brot zu kommen. Es ließe sich noch eine Vielzahl von ähnlichen Beobachtungen anführen. Typisch war für alle Beschreibungen ein hohes Maß an Einsicht in die Ausweglosigkeit aus der Misere, die sich durch den starken Preisanstieg drastisch verschlimmerte. Dabei dürfte kaum ein Unterschied zwischen Städten und plattem Land bestanden haben. In Twente zählten 50 bis 60 Prozent der Bevölkerung zu den Paupers. Tausende sollen in Schweineställen, Hütten oder Schuppen von geringen Abmessungen gelebt haben. Starke Emigrationsbewegung, einfaches Vagabundieren und Bettelei prägten das soziale Bild in allen Provinzen. Simon Schama hat festgestellt, daß Bettelei zum öffentlichen Problem erster Ordnung herangewachsen sei und nicht mehr zur leicht zu verdeckenden sozialen Abweichung gezählt habe. Das Periodikum »De Borger« bemerkte in jener Zeit, daß es bald in der Republik nur noch zwei Klassen gebe: Rentiers und Bettler. Dabei ging es auf der »Armen«-Seite nun nicht mehr allein um jene Gruppen der Bevölkerung, die wirtschaftlich bis dahin ohnehin unstabil gelebt hatten; jetzt zählte zu dieser »Klasse« auch vermehrt der »Mittelständler«, der im Zuge des Verfalls seine Existenzgrundlage verloren hatte. Auf der Seite der Reichen befanden sich jene ehemaligen Kaufleute, die sich aus dem Warengeschäft zurückgezogen hatten und nunmehr voll dem Bankiers- und Emissionsgeschäft widmeten, ihren Profit dabei nicht auf dem Binnenmarkt mit seinen niedrigen Zinssätzen einheimsten, sondern ihr Geld als Anleihen ins Ausland transferierten, wo höhere Gewinnaussichten bestanden. Der Eindruck von der sozialen Unerträglichkeit nahm, wie Johan de Vries festgestellt hat, mit der Verbreitung und Intensivierung der Armut zu.

Die Außenpolitik war seit den Regelungen des Utrechter Friedens von 1713 auf Neutralität und Stabilität gerichtet. Das machte Simon van Slingelandt noch einmal deutlich, als er auf dem Kongreß von Soissons 1728 – Karl VI. sagte gegen Anerkennung der Pragmatischen Sanktion zu, seine Tochter Maria Theresia nicht mit einem das europäische Gleichgewicht störenden Prinzen zu verehelichen – ein Memorandum unter dem Titel »Pensées impartiales et pacifiques« einbrachte, in dem es ihm um die Wiederherstellung solcher Stabilität ging. Der Wunsch war Vater des Gedankens; wer in dieser Phase eine mit der Stabilität verbundene »Garantie« erwartete, mußte sich getäuscht sehen. Die Zeitläufe waren noch nicht so, daß man sich in voller Selbstzufriedenheit gleichsam neutral zurücklehnen und die Entwicklung beobachten konnte. Das lag vor allem an dem englisch-französischen Gegensatz und seinen Konsequenzen etwa für die »Barrière-Frage«. Aus dem Konflikt des Siebenjährigen Krieges konnte sich die Republik – im Gegensatz zu den Ereignissen des Österreichischen Erbfolgekrieges – heraushalten. Die Politik des »Non-alignment« erwies sich sogar als einigermaßen profitabel, weil Handel und Kapitaleigner aus diesem Konflikt beträchtliche Gewinne zogen. Aber der Amerikanische Unabhängigkeitskrieg brachte die Problematik der Jahre vor dem Siebenjährigen Krieg wieder ins Spiel. Jetzt konnte der schon beinahe zwei Jahrzehnte alte Gegensatz zwischen Statthaltern und Regenten neu ausbrechen, zumal die Konfrontation im Innern des Landes eine außenpolitische Parteinahme für England, mithin für Oranien, beziehungsweise für Frankreich, somit für die Regenten, enthielt. Dort, wo man zusätzlich Sympathien für die amerikanische Revolution bezeugte, schloß dies folgerichtig Abneigung gegen England ein. Für die statthalterliche Seite war es äußerst ungünstig, daß England auf die Einschränkung des neutralen niederländischen Handels setzte, eine Konterbande-Strategie gegen das Prinzip des »Mare liberum« verfolgte und daß die Kaufleute sich solchem Vorgehen, nicht zuletzt nach französischer Ermunterung, widersetzten. Insbesondere Amsterdam, dem Statthalter ohnehin nicht hold gestimmt, kehrte sich gegen englische Maßnahmen und schloß sich 1780 der von Zarin Katharina II. initiierten Allianz der bewaffneten Neutralität – mit Schweden, Dänemark, Preußen – an. Das ließ sich als Abweichung von der bisher verfolgten Linie der strikten Neutralität deuten und bot England Anlaß, der Republik den Krieg zu erklären, der 1784 mit einem Fiasko für die Republik endete. Zur See wie zu Lande zeigte sie sich dem Gegner unterlegen.

Diese Niederlage ließ sich für die antistatthalterliche Bewegung der Patrioten vortrefflich nutzen, weil der Statthalter der Tradition des Hauses gemäß England favorisierte und als Chef der Land- und Seemacht für die Unzulänglichkeit voll verantwortlich gemacht werden konnte. Das außenpolitische und militärische Debakel gab den letzten Anstoß zur Stärkung einer Strömung, die sich mit dem auf wenige konzentrierten Klientelsystem der statthalterlichen Regierung nicht abfinden wollten. Es war so erstaunlich nicht, daß in dieser Republik, in der manch einer in Reminiszenz an die glorreiche Vergangenheit sein Selbstbewußtsein bezog, die Bewegung der Patrioten heranwuchs. Diese geriet unter den Einfluß der aufklärerisch-moralisierenden Tendenzen und machte sie zum Vehikel einer weiterführenden Ausdifferenzierung des überkommenen Gegensatzes. Es entsprach angesichts der wirtschaftlichen Misere dem Zeitgeist und zeigte die Verquickung von Wirtschaft und dem Ruf nach neuer Politik, wenn bei einem Akademie-Wettbewerb der »Holländischen Gesellschaft für Wissenschaften (Hollandsche Maatschappij voor Wetenschappen)« das Thema gestellt wurde, wie denn die Wirtschaft der Republik wieder kuriert werden könne. Als Preisträger ging Hendrik Herman van den Heuvel aus dem Wettbewerb hervor.

Er war einer der wichtigsten Vertreter der »Ökonomisch-Patriotischen Bewegung (Oeconomisch-Patriottische Beweging)« und betrieb die Gründung einer »Abteilung Wirtschaft« in der »Hollandsche Maatschappij«. Wenngleich »ökonomische« und »politische« Patriotenbewegung unterschiedliche Ziele verfolgten, war beiden Strömungen die Klage über die jeweiligen Strukturen gemeinsam.

Das Hauptproblem der Zeit lag im politischen Bereich, in der Konfrontation von Beharrung und Mitbestimmung. Hierzu brachte schon früh, 1781, der aus adligem Geschlecht Overijssels stammende Johan Derk van der Capellen tot den Pol einen neuen, die europäisch-atlantische Gedankenwelt zusammenfassenden Tenor in die Diskussion, als er den Aufruf »An das niederländische Volk« verteilen ließ. Diese Flugschrift verdiente ihren Namen im wahrsten Sinne des Wortes: Am Morgen des 26. September 1781 war sie überall in den großen Städten der Republik zu finden. Die Verbreitung hatte der Täufer-Pastor François Adriaan van der Kemp für die Nacht zuvor organisiert. Da die letzten Passagen des Schriftchens Aufrührerisches enthielten, wurde es von den holländischen Provinzialständen verboten, so daß er nicht zu Unrecht vom elektrischen Schockeffekt sprach, den die Flugschrift verursacht habe. Doch keiner der vielen Verteiler habe, so van der Kemp, den Autor angezeigt, obwohl 2.500 Pfund Belohnung ausgeschrieben worden seien. Unabhängig davon, ob man van der Capellen als Bürgerbaron oder als den Archetypus eines abtrünnigen Aristokraten à la Mirabeau oder Kropotkin bezeichnen will, wie es in Biographien oder biographischen Anmerkungen zur Person geschieht, das Pamphlet prangerte das politische System der Republik an und rief das Volk, die Nation, zur Veränderung auf. Das geschah – wie in den politischen oder staatstheoretischen Betrachtungen des 17. Jahrhunderts – im Rückgriff auf eine bis zu den Batavern reichende Vergangenheit, soweit es um den Kampf gegen Tyrannei und für die Freiheit ging. Gewollt war eine den eigenen Freiheitsvorstellungen angemessene Konstitution. Die Flugschrift war ein in erster Linie gegen die Statthalterschaft gerichtetes Plädoyer, das sich zugleich für ein repräsentatives Regierungssystem aussprach. Das erfolgte in umständlicher Diktion, aber politisch geschickt dort, wo es sich um den für die Ablehnung der Statthalterschaft wichtigen Nachweis handelte, daß die Landesherren geringere Befugnisse gehabt hatten, als sie die mit dem Statthalteramt bekleideten Oranier besaßen oder besessen hatten. Der Argumentationsstrang, soweit er die Frage statthalterlicher Machtgier betraf, schloß sich dem Flugschriftenstreit aus der ersten statthalterlosen Periode an und machte auch vor dem »Vater des Vaterlandes« nicht halt. Zu stark wurde jetzt wohl die drückende Last der Statthalterschaft empfunden, als daß eine zwei Jahrhunderte alte Befreiungstat noch politisch relevanten Erinnerungswert hätte haben können. Und da die Kritik schon dem ersten Oranier galt, setzte sie erst recht bei seinen Nachfolgern ein: das Haus Oranien als eine Cliquenerscheinung, die auf Souveränität versessen war.

Die Ablehnung der Statthalterschaft hieß bei van der Capellen nicht volle Bejahung der Regentenherrschaft. Zu den Regenten bewies der Autor ein ambivalentes Verhältnis. Wie er auf der einen Seite Person und Politik des Oldenbarnevelt oder der de Witt-Brüder als glänzend, dem Vaterland dienlich konterfeite, tadelte er auf der anderen die Kontraktionspolitik der Regenten insgesamt. Der Kritik an der Regentenherrschaft fehlte jene Schärfe, die er für das Amt des Statthalters und seine Träger bereithielt. Lediglich die orangistische Faktion der Regenten prangerte er wegen egoistischer Machtbesessenheit an. Gleichwohl sah er auch für die anderen die Gefahren der Verführung zum Mißbrauch von Macht gegeben. Um Machtmißbrauch zu verhindern, plädierte er für Herrschaft und Kontrolle durch das Volk. Er definierte es: »die Eingesessenen, Bürger und Bauern, die minder Vermögenden ebenso wie die Reichen, die Großen und Kleinen«. Das war das Volk, die Nation. Die Begriffe waren Synonyma. Nach Ansicht des Autors schien die Zeit gekommen zu sein, das Volk als Corpus Politicum einzubringen, was schon lange hätte geschehen müssen. Das Plädoyer für das Repräsentativsystem war in seiner Konzeption der Position des Thomas Wilkes in seiner Auseinandersetzung mit François Vranck vergleichbar. Der Unterschied bestand allerdings darin, daß van der Capellen vom naturrechtlichen Gedanken ausging. »Alle Menschen sind frei geboren. Niemand hat über den anderen zu bestimmen ... wer intelligenter, stärker oder reicher ist als der andere, erhält damit noch nicht das Recht, über den anderen zu bestimmen. Gott, unser aller Vater, hat die Menschen geschaffen, damit sie glücklich werden, und alle Menschen verpflichtet, soweit wie möglich anderen zu helfen, um das Glück zu erreichen.« Der Gleichheitsgrundsatz und die amerikanische Unabhängigkeitserklärung drangen hier durch. Dies war der Ausgangspunkt, mit dem sich der Baron nicht nur an die Faktion des Statthalters oder gegen diese richtete, sondern an die Regenten allgemein, die nicht abschätzig bewertet wurden, sich aber sagen lassen mußten, durch Kontraktion der Kompetenz auf eine kleine Clique die Interessen der Bürgergesellschaft – so definierte er »Nation« – vergessen zu haben.

Die demokratische Erweiterung des bestehenden Systems mit deutlicher Wendung zunächst einmal gegen den Statthalter und seine Faktion war der eigentliche Kern der Flugschrift, die im übrigen Nation und bürgerliche Gesellschaft identifizierte, vom niederländischen Ganzen redete, ohne der Nation eine den herrschenden Partikularismus überwindende konstitutionelle Lösung an die Hand zu geben. Aber vielleicht ließ sich das auch nicht erwarten in einer politischen Schrift, die sich – häufig unter Hinweis auf die aufständischen Amerikaner und die Schweiz – für ein Repräsentativsystem aussprach als Ausdruck der »natürlichen« Befindlichkeit der Menschen. Van der Capellen trug das mit einer solchen Unabdingbarkeit vor, daß der Aufruf, sich zu bewaffnen, als folgerichtig apostrophiert werden kann. Soweit die Flugschrift sich gegen den Statthalter und dessen Klientel richtete, konnten letztlich alle politischen Gegner des Amtes eingebunden werden. Wo jedoch die demokratische Ergänzung eingeschrieben stand, da waren jene Probleme vorprogrammiert, die schon ein Jahrhundert zuvor in der Konfrontation von regentistischer Elite und breiteren Bürgerschichten eine Rolle gespielt hatten.

Noch ehe die Flugschrift erschien, war die Bewegung in ersten Ansätzen in Gang gekommen. Jene, die die statthalterlichen Befugnisse etwa bei der Zusammensetzung der städtischen Regierung, aber auch ganz allgemein als zu weitgehend ansahen, waren angesichts der ersten Niederlagen im englischen Krieg sehr gern bereit, das Regierungssystem, und darunter verstand man das Patronagesystem mit dem Statthalter als »Patron«, als schuldig anzuprangern. Sie nannten sich »Patrioten«. Dieser Begriff war gut drei Jahrzehnte zuvor plakatiert worden. Jedoch: damals hatten die Anhänger des Statthalters sich seiner bedient. Nunmehr übernahmen ihn die Regenten-»Patrioten« und argumentierten kraft eigenen Rechts. Der Statthalter als Patron konnte aus ihrer Sicht bloß ein historisches Mißverständnis sein. Die Rollen gehörten umgekehrt verteilt. Aufgrund der tatsächlichen Kräfteverhältnisse erschien es notwendig, auch die breiteren Bürgerschichten zu mobilisieren. Eine oligarchische Elite als Führer einer demokratischen Bewegung, das war neu, aber auf Dauer nicht haltbar, zumal unter den Regenten selbst unterschiedliche Meinungen über die demokratische Taktik bestanden. Am 4. Oktober 1783 schlossen sich zweiunddreißig Regenten-»Patrioten« aus Holland, Utrecht, Overijssel und Friesland in einem Gremium zusammen, das eine verfassungsrechtliche und verfassungspolitische Studie in Auftrag gab, die 1784 in erster Auflage erschien und van der Capellens Gedanken aufnahm. Der Begriff »Volkssouveränität« war dieser Schrift ebensowenig fremd wie der Hinweis auf oligarchische Mißstände oder Übergriffe. Aber unter Beibehaltung der überkommenen Trennung zwischen Regenten und »Normalbürgern« blieb die Erweiterung der bürgerlichen Mitbestimmung auf Petitionen beschränkt. Der Gegenzug der statthalterlichen Partei zwang allerdings die Regenten zu weiteren Zugeständnissen. Dort, wo es den Statthalterlichen gelang, Unterschichten mit der Oranienkokarde gegen die bürgerliche Bewegung in Gang zu setzen, erhielten die Bürger seitens der Regenten das Zugeständnis der Freikorpsbildung und Bewaffnung. Und hier lag für die oppositionellen Regenten das eigentliche Problem. Selbst wenn es in Zusammenarbeit mit den Bürgern gelingen sollte, in den Städten die statthalterlichen Rechte zu beschneiden, war abzusehen, daß die breite Unterstützung durch den demokratisch gerichteten Flügel der Bewegung eine Eigendynamik entwickeln und sich auf Dauer nicht einspannen lassen würde, um den Regenten lediglich aus dem Patronagesystem gegen das geringe »Entgelt« des Petitionismus herauszuhelfen. C. H. E. de Wit hat vermerkt, daß die allmählich durch die Freikorps über eine erkleckliche militärische Macht verfügenden Bürger dem Wort »Patrioten« einen anderen Inhalt beigaben. Was in der Republik »demokratisch« genannt wurde, das hieß in Frankreich oder den Vereinigten Staaten »republikanisch«. Die Regenten-»Patrioten« begriffen sehr wohl, von welch politischer Gangart der Koalitionspartner war. Dieser ließ sich auf dem Weg über die Pressezensur zunächst wohl noch in seinen Aktivitäten einengen und ausschließlich als Helfer im Kampf gegen das Patronagesystem einspannen, auf Dauer aber kaum unterdrücken. Der Vergleich mag hinken, quantitativ kaum eine Basis haben, zumal die Akteure andere waren. Doch die Situation in den achtziger Jahren ähnelte jener Bewegung des nachfolgenden Jahrhunderts in Europa, in der das Bürgertum sich endgültig gegen die Adelsaristokratie durchzusetzen vermochte und schon das Proletariat im Nacken spürte. In jenem bürgerlichen, zeitgenössisch als »demokratisch« bezeichneten Flügel der patriotischen Strömung wurde das System als Ganzes zur Diskussion gestellt. Da ging es nicht nur um Statthalter oder Regenten, sondern insgesamt um strukturelle Erneuerung. Der 1784 beendete Krieg gegen England mit seinen horrenden Verlusten, der starke Verfall zahlreicher Wirtschaftszweige mit geringen Aussichten auf Besserung vor allem im Gewerbesektor wurden als Verfall des ganzen Systems gedeutet. 1785 schlossen sich dann die inzwischen gebildeten Freikorps in Utrecht zu einer nationalen Föderation zusammen. Die bei dieser Gelegenheit veröffentlichten politischen Pläne enthielten die Forderung nach einer echten republikanischen Regierung. Das bedeutete die Ablösung der »ware Vrijheid«, denn verlangt wurde eine Volksregierung als Ergebnis eines repräsentativen Wahlverfahrens. Der Statthalter war nicht generell ausgeschaltet. Vielmehr forderte ein Leidener Papier aus demselben Jahr eine repräsentative Volksregierung und, ihr untergeordnet, eine erbliche Statthalterschaft, gebunden an das Haus Oranien. Das alles mochte wenig sein, war tatsächlich aber mehr, denn die Republik begab sich zu diesem Zeitpunkt auf dem Kontinent als erste – noch vor Frankreich – auf den Weg der politischen Modernisierung. In ihr steckten die Wurzeln des fast ein Jahrhundert später voll durchgesetzten Konstitutionalismus.

Die patriotisch-demokratisch-republikanische Bewegung erschöpfte sich nicht in bloßer papierner Demonstration. In der Stadt Utrecht, ohnehin nie eine der ruhigsten, gelang es ihren Anhängern, ein revolutionäres Regime einzusetzen, nachdem sie zuvor zusammen mit den städtischen Regenten den Statthalter seiner Patronagerechte für verlustig erklärt hatten. In der Provinz Holland drohte eine ähnliche Entwicklung, die nur durch den Einmarsch preußischer Truppen gebrochen werden konnte. Aber noch ehe die preußischen Truppen im September 1787 eintrafen, brachte ein Ausschuß bewaffneter Bürger in Woerden eine Provinzialversammlung in Amsterdam zusammen. Der für diese Versammlung vorbereitete, aber nicht mehr beratene Plan sah in Artikel 26 eine nationale Repräsentation in einer Volksversammlung vor, die aus allen Provinzen und Generalitätsländern beschickt werden sollte. Zugleich wurde vorgeschlagen, das Haus Oranien auszuschalten. Das überraschte mittlerweile nicht mehr. Daß zudem wenige Wochen zuvor ein Antrag der Stadt Haarlem bei den Provinzialständen, einen größeren politischen Einfluß breiterer Schichten festzuschreiben, auf dilatorische Taktik stieß – eine eigens für die Beratung eingesetzte Kommission ließ nichts von sich hören –, zeigte, daß sich bis 1787 die Bewegung der »Patrioten«, die niemals eine echte Einheit gewesen war, vollends auseinanderdividiert hatte. Bis dahin befanden sich die Regenten-»Patrioten« in einer Situation, die der französische Botschafter François Verac als eine Lage zwischen der Scylla der statthalterlichen Patronage und der Charybdis demokratischer Umwälzung, als eine »Embarras extrème«, bezeichnete und in der man sich größtenteils für die Rückkehr unter statthalterliche Obhut entschied. Hierdurch erfolgte eine Schwächung der patriotischen Bewegung insgesamt. Obwohl die Absicht bestand, mit den regelmäßigen Zusammenkünften der bürgerlichen Freikorps eine Institutionalisierung der Einheit auf Landesebene herbeizuführen, blieb die Stärke der Freikorps in den einzelnen Provinzen zu unterschiedlich. Was in Utrecht erreicht wurde, in der Stadt mit einer »demokratischen« Tradition und siebzig Zünften, das blieb etwa in Geldern völlig aus, da hier der Adel eine starke Stellung einnahm und oranientreue Interessenpolitik trieb. Mit Hilfe einiger Regentenfamilien gelang es hier, die demokratische Bewegung von politischen Erfolgen abzudrängen, wenngleich das nicht ohne Unruhen in einzelnen Städten wie Zutphen oder Arnheim ablief. Möglichkeit der Petition und des Protests, so lautete das oligarchisch-adlige Zugeständnis. In Overijssel, jener Provinz, in der die Provinzial- und Lokalinstanzen fast völlig vom Statthalter abhängig und entsprechend oranientreu besetzt waren, kontrollierte die von Beginn an gegen das Patriziat gerichtete Bewegung der Patrioten die Städte Zwolle, Kampen und Deventer, aber festen Fuß vermochte sie auch hier nicht zu fassen. In Friesland hatte die patriotische Bewegung zwar sehr heftig eingesetzt, doch sie spaltete sich bald in die Regenten-»Patrioten« und eine »demokratische« Minderheit. Gerade für die Provinz Friesland ist die Heterogenität der Bewegung deutlich zu verfolgen. In Seeland bekam sie wie in Geldern keinen Fuß auf die Erde. Die traditionsreiche Bindung der Provinz an das Haus Oranien setzte sich durch und äußerte sich in den unruhigen Monaten 1786/87 in sozialen Konflikten, in denen sich Seeleute und Fischer tätlich an Personen und Eigentum des städtischen Patriziats vergriffen. Somit hingen im Sommer 1787 die Provinzen Holland und Utrecht der patriotischen Bewegung und Geldern und Seeland der statthalterlichen Partei an, während die Lage in Overijssel und Friesland zunächst noch unentschieden blieb.

Während die Heterogenität der Patrioten-Bewegung ihre Ursachen in der Verschiedenheit der herrschenden Prinzipien und Ziele hatte, lebte die Statthalter-Partei nicht nur von der Anhänglichkeit des Adels oder einiger oranientreuer Regenten-Faktionen, sondern sowohl vom elitären Bewußtsein jener Regenten, denen die patriotische Bewegung über ihr gelebtes patrizisches Prinzip allzu demokratisch hinausschoß, als auch von den sozialen Konflikten, die verschärft hervortraten. In den Unterschichten, die den Verfall einzelner Wirtschaftsbranchen am härtesten spürten und in Oranienkreisen opportunistisch »das wahre Volk« genannt wurden, lag die eigentliche Rekrutierungsbasis. Motivation boten der soziale Gegensatz und die daraus sich ergebende Identifikation wirtschaftlicher und militärischer Misere mit dem Herrschaftsanspruch der bürgerlichen Schichten. Für eine Differenzierung zwischen Regenten und den bürgerlich-demokratischen Freikorps war kein Raum. Die statthalterliche Partei genoß die volle Unterstützung Englands, vertreten durch den Haager Gesandten James Harris Graf Malmesbury, durch die politische Initiative, die Oranientreuen zusammenzuschließen und -zuhalten, sowie durch erheblichen finanziellen Aufwand, darunter Bestechungsgelder. Die englischen Motive zu dieser Handlungsweise ergaben sich aus den verwandtschaftlichen Beziehungen zum statthalterlichen Haus und bezweckten die Wiedergewinnung britischen Einflusses, um wachsende französische Einwirkungen auf die Republik abzuwehren. Dies glaubte man am ehesten über das Patronagesystem und seine Verfechter erreichen zu können. Wenngleich Harris von London her ein gewisses Maß an Zurückhaltung auferlegt worden war und die orangistische Partei an der Basis aus originär niederländischen Quellen schöpfte, erforderten die außenpolitischen Gegebenheiten intensive Unterstützung, wenn man, wie Harris das sah, die Republik nicht zu einer französischen Provinz sich auswachsen lassen wollte. Tatsächlich zog Frankreich eine Unterstützung der Patrioten vor, schreckte allerdings dort zurück, wo Demokratisches sich als allzu erfolgreich erwies. Harris dürfte den Mund zu voll genommen haben, wenn er von der Möglichkeit eines Volksaufstandes sprach, dessen Träger Bürger und Bauern sein würden. »Wenn es tatsächlich zu etwas Gutem führen würde und wenn ich nur die geringste Aussicht auf Erfolg sähe, bräuchte ich bloß den Finger zu heben, um eine Volkserhebung zu entfachen. Mehr als die Hälfte der Bürger dieser Provinz (gemeint war Holland) und die gesamte Bauernschaft ist reif für den Aufstand.« Auf jeden Fall erschien ihm Hilfe seitens einer auswärtigen Macht als geeignetes Instrument, und diese Hilfe von außen sollte wohl über finanzielle Unterstützung hinausgehen.

Im Sommer und frühen Herbst 1787 trieb der Konflikt auf den Höhepunkt und nahm endgültig bürgerkriegsähnliche Formen an. Entschieden allerdings wurde er durch Intervention von außen: durch preußisches Militär. England hatte seit geraumer Zeit auf preußische Mitwirkung gesetzt. Preußen nahm den Zwischenfall von Goejanverwellesluis im Juni 1787, bei dem der oranischen Prinzessin Wilhelmina, einer Tochter des Hohenzollernhauses, die Durchreise nach Den Haag versperrt wurde, zum Anlaß, militärisch zu intervenieren. Zweck der Reise war es, in Den Haag die Flagge des Statthalters zu hissen. Die orangistische Strategie zielte auf Nutzung einer preußischen Unterstützung zugunsten eines authentischen Aufstandes der Unterschichten für das statthalterliche Haus. Orangisten, Preußen und England hatten diese Schritte genau vereinbart. Die orangistische »Konterrevolution« mit dem »Proletariat« als dem Hauptträger wurde in den der Intervention vorausgegangenen Monaten in zahlreichen Orten geprobt. Die Orangisten wollten die Wiederherstellung der Rechte des Patriziats und die Restitution der Provinzialrechte, mithin die republikanische Provinzialsouveränität. Es kam also den Patrioten demokratischer Observanz auf eine zentrale repräsentative Institution an. Wenn die orangistische Seite betonte, daß mit Bedrohung der Regentenrechte und der Provinzialhoheit die Grundlage der republikanischen Freiheit bedroht sei, dann war ihre Behauptung insofern nicht abwegig, als dies seit dem Aufstand gegen den spanischen König tatsächlich die Regierungsbasis gewesen ist, die sich freilich nicht in jeder Phase als funktionsuntüchtig erwiesen hatte. Bei der Betonung der Provinzialhoheit und der regentistischen Souveränität handelte es sich nur um die konsequente Fortschreibung alter Strukturen, die in der die Provinzgrenzen überschreitenden patriotischen Bewegung nunmehr überwunden werden sollte, ohne daß dies als bewußter Akt der Moderne gegenüber der Vergangenheit begriffen wurde. Der Zweifel am patrizischen Herrschaftsanspruch und die Einebnung der Provinzialordnung machten zusammen das Neue der Bewegung aus, die letztlich unterstrich, daß eine im wesentlichen auf der Tradition des Handels beruhende Wirtschaftspolitik und -struktur allein keinen Herrschaftsanspruch mehr begründen konnte. Die Probe der »Konterrevolution« begann in Geldern – angesichts der für die Patrioten ungünstigen sozialen Voraussetzungen der Provinz ein logischer Ausgangspunkt. Hier hatte das patriotisch eingestellte städtische Patriziat den Freikorps zu seinem Schutz gegen die Unterschichten eine klare Rechtsstellung eingeräumt. Viele Regenten waren jedoch inzwischen schon umgeschwenkt, die Freikorps in ihrer Entwicklung durch die Anwesenheit von Söldnern der Provinz in den einzelnen Städten gehemmt. In Zutphen etwa begannen die Befehlshaber jener Söldner, gegen Beträge aus der englischen Anleihe für die Provinz, immerhin 500.000 Gulden, Häuser von Freikorpsleuten zu zerstören und zu plündern, mit Hilfe einer kleinen Gruppe aus den Unterschichten. Der Stadtrat hob daraufhin die Freikorps auf, und der Anführer solcher Gewaltakte ließ das Ganze in der Berichterstattung unter »spontaner Volkserhebung« laufen. Nach diesem Schema verliefen Aktionen in Doesburg, Arnheim, Nimwegen. Nur die Akteure und Organisatoren wechselten. Liebe und Anhänglichkeit des Volkes zum Haus Oranien lautete die offizielle Version, oder man gab, wo dies als allzu durchsichtig erschien, die Bedrohung der Garnisonen als Motiv an. In anderen Städten Gelderns gelang es aufgrund der vorangegangenen Ereignisse in der Nachbarschaft, die Freikorps widerstandslos zu entwaffnen.

Geldern war sicherlich ein voller Erfolg, aber nicht die ganze Sache. Und in Holland erreichte man nichts, da das feingesponnene Spiel der »Konterrevolution« durch den Zwischenfall bei Goejanverwellesluis durchkreuzt wurde, vorläufig zumindest. Doch nach dem Vordringen der preußischen Truppen im September 1787 wiederholte sich alles. Die holländischen Stände hatten das preußische Ultimatum, der Prinzessin die Durchreise nach Den Haag freizugeben, unter dem Druck der Freikorps abgelehnt. Gorcum, die stärkste Festung der Provinz, wurde von den Preußen eingenommen. Sofort agierten die Unterschichten unter dem Schutz der preußischen Truppen gegen die Bürger. Es lief ab, wie vorher geplant. Bürger der Stadt wurden von den Truppen nach Preußen deportiert. Gorcum gab wiederum nur das Modell für den Ablauf in anderen Städten. Auch in Seeland verliefen die Aktionen gemäß der Zusammenarbeit zwischen Unterschichten und Garnisonen. Am 20. September 1787 war der zuvor, 1785, aus Den Haag nach Nimwegen abgereiste Wilhelm V. in der Residenz zurück, die Revolution der demokratischen Patrioten beendet. Das Patronagesystem wurde wieder eingeführt, der Statthalter erneut in alle Befugnisse der vorpatriotischen Zeit eingesetzt. Der Aufstand von 1747/48 lebte fort.

Amsterdam blieb vorerst noch eine letzte Bastion des Widerstandes und Zufluchtsort für demokratische Patrioten. Die Stadt wurde befestigt. Die letzte Provinzialständeversammlung vom 17. September wies Person und Ansprüche Wilhelms V. noch einmal voll zurück und plädierte für eine Nationalversammlung (»Nationale Vergadering«), die die Republik neu konstituieren sollte. Die Stadt selbst fiel nach zehntägiger Belagerung am 10. Oktober den preußischen Truppen in die Hände. Im Zuge der Wiedereinsetzung des Statthalters in Amt und Rechte erwiesen sich der Engländer Harris und die preußischen Truppen als wertvolle Stütze. Es begann die Zeit der Repression. Die Presse wurde mundtot gemacht, alle patriotischen Vereinigungen wurden geschlossen und die Freikorps aufgelöst. Man entfernte die Patrioten und deren Sympathisanten aus sämtlichen Instanzen. Wer nicht flüchtete, wurde verhaftet. Brand und Plünderung waren an der Tagesordnung. Tausende gingen außer Landes. Viele begaben sich in die österreichischen Niederlande, nach Brüssel oder Antwerpen, oder sie gingen nach Frankreich, wo sie um Asyl baten. In Dünkirchen, Graveline und St. Omer bildeten sich von Patrioten bewohnte Stadtviertel. Manche begaben sich auch in die Vereinigten Staaten in der Hoffnung, dort ihren patriotisch-demokratischen Idealen leben zu können. Dazu bemerkte Simon Schama: »Es war vielleicht voller Ironie, daß die niederländische Republik, die in Europa als der politische Zufluchtsort par excellence gefeiert wurde, die Bürger ihres Landes zu Flüchtlingen machte.« Und Mirabeau schrieb von einem Tag der Trauer für Europa. Robert R. Palmer, amerikanischer Historiker, der es in einer umfangreichen Monographie unternommen hat, die Revolutionen der zweiten Hälfte des 18. Jahrhunderts als einander sehr verwandte Ereignisse zu sehen, weist die Niederlage der demokratischen Patrioten vornehmlich der militärischen Unterlegenheit zu. Er schreibt: »Wenn diese Vorgänge etwas beweisen, so vielleicht die Tatsache, daß keine Revolution des Mittelstandes allein, keine rein bürgerliche Revolution Erfolg haben konnte. Rechtsanwälte, Bankiers, Kaufleute, Ladenbesitzer, Studenten und Professoren allein konnten nicht die Mächte absetzen, in deren Händen die politische Gewalt lag. Sie hatten getan, was sie tun konnten. Sie und ihre Söhne hatten zu den Waffen gegriffen, sich militärisch schulen lassen, sie hatten in Irland, Holland, Belgien und Genf bewaffnete Kompanien oder Nationalgarden gebildet. In Holland und Genf waren sie durch reguläre einheimische oder fremde Truppen besiegt worden. Einer der Gründe hierfür war der Mangel an Erfahrung im Militärdienst und in militärischer Führung in den bürgerlichen Kreisen... Ein weiterer Grund für die Niederlage der Demokraten lag zum mindesten in Holland, Belgien und Genf darin, daß dies unglücklicherweise kleine Länder waren, die für eine Intervention vom Ausland her keine großen Hindernisse boten.«

Wenn van der Capellen tot den Pol immer wieder die »Nation« beschwor, dann war das in jenem Jahr 1781 mehr als lediglich die Neuauflage eines politischen Begriffs aus der Zeit des »Goldenen Jahrhunderts«. Der Unterschied gegenüber der Verwendung des »Vaterland«-Begriffes im 16. und 17. Jahrhundert lag politisch im offensiven Charakter des Wortes »Nation«. Wo sich »Vaterland« einst als ein aus der Abwehr des Tyrannen entstandenes Gemeinschaftsbewußtsein ohne genauere politische Definition oder soziale Zuweisung manifestierte, enthielt »Nation« nunmehr die Forderung nach politischer Realisierung von Entscheidungskompetenz aus Naturrecht und Tradition gleichermaßen. Außerdem erhob sie sich unter dem Einfluß aufklärerischen Denkens zu einem Tugendideal, das nur durch Tugend erhalten bleiben konnte. Es war nicht verwunderlich, daß der Chronist Johannes Meerman die Fortexistenz der Republik gerade zu dieser Zeit der göttlichen Hilfe, dem batavischen Heldenmut und den Möglichkeiten des Wassers zuschrieb, wurde doch mit dem Hinweis auf »Heldenmut« den allgemeinen Aufklärungselementen »Tugend, Wissen und Glück« eine alte vaterländische Tugend hinzugefügt. Der Anspruch der patriotischen Bewegung, der sich vor dem Hintergrund eines immer stärker um sich greifenden, durch Einzelpublikationen und Lesegesellschaften verbreiteten Denkens entwickelte, blieb auf die bürgerliche Mitte begrenzt. Er gehörte bei den Unterschichten kaum zum Selbstbewußtsein und stieß in der elitären Regentenspitze auf wenig Gegenliebe, weil der soziale Abstand zwischen Unterschichten und Mittelstand nach wie vor zu groß war, als daß er eine Basis für politisches Vertrauen hätte schaffen können.

Die französische Zeit

Die Unruhen der achtziger Jahre bewogen die Sieger und jene, die sich rasch als solche verstanden, nicht einmal ansatzweise dazu, das überkommene System der provinzialständischen Souveränität zumindest aufzulockern. Die einsetzende Restauration erhielt insofern noch einen besonderen Touch, als die Provinzen unter der Leitung des Ratspensionärs Laurens Pieter van den Spiegel und unter englischer und preußischer Pression die statthalterliche Kompetenz zum integrierenden Bestandteil jeder Provinzialverfassung erklärten. Die »Acte van Garantie« versprach die Wahrung der Staatsstruktur insgesamt. Sie schloß eine generalständische Exekution gegen abweichlerische Provinzen ein. Aber dabei blieb es nicht. England und Preußen garantierten vertraglich diese Form der Konstitution im Rahmen von Defensivverträgen mit der Republik und erhielten somit ein Interventionsrecht zugunsten des Hauses Oranien. Es wäre falsch, anzunehmen, daß mit solcher Festlegung statthalterlicher Macht eine Verbesserung der Arbeitsweise erreicht wurde. Der Ratspensionär erwies sich wohl als ein dem Historischen eng verbundener und daher nicht geeigneter Mann, der eine Stärkung der Exekutive hätte bewerkstelligen können. Über einen permanenten Ausschuß aus hohen Zentral- und Provinzialvertretern, die zusammen mit dem Statthalter tätig werden sollten, gingen seine Vorschläge niemals hinaus. Die Arbeit der Generalstände bis zur Gründung der Batavischen Republik 1795 bewies lediglich, daß es – folgt man den Beratungen über das Umlage- und Beitragssystem und die Verteidigungsfragen – besonders schwierig war, das provinziale Ständesystem zu überwinden.

Trotzdem blieb die gescheiterte Zielsetzung der achtziger Jahre in der Diskussion, nicht im Lande selbst, sondern in der Emigration, vor allem in den österreichischen Niederlanden und in Frankreich. In Brüssel gaben sich die vielen Emigranten eine erste zentrale Organisation, die ihre Sache beim französischen König verteidigen sollte. Der dortige Hauptausschuß entwarf im Oktober 1789 das Modell einer künftigen Verfassung, das, konzipiert rund um eine gesamtniederländische Konstituante, wie schon in den Jahren zuvor erneut gegen das historisch verfestigte System der provinzialständischen Souveränität gerichtet war. Auch dabei blieb es nicht. Als einer der patriotischen Wortführer, Johan Valckenaer, 1791 in Nachzeichnung der französischen Konstituante einen Entwurf für die Niederlande vorlegte, stieß er nicht mehr bei allen Patrioten-Emigranten auf Gegenliebe, da nicht wenige von ihnen die Abschaffung der Dynastie auf der Tagesordnung hatten. Überhaupt fanden sich in Emigrantenkreisen unterschiedliche Auffassungen über die künftige Politik, kam es zu Faktionsbildungen. Dennoch hielt der Wunsch nach Beseitigung des herrschenden Systems diese Gruppen zusammen. Sozialstrukturell gesehen glichen sie der Zusammensetzung der patriotischen Bewegung in den achtziger Jahren. Sie gaben sich vorzugsweise den Namen »Bataver«, der für sie Freiheitsliebe und Gleichheit symbolisierte. Die Bezeichnung setzte sich durch, wenngleich die französische Regierung, solange sie sich mit den Niederlanden nicht im Krieg befand, diesen Namen verbot. Die »Bataver«-Patrioten beließen es nicht bei der papiernen Forderung. Sie bildeten Klubs und gründeten Presseorgane, die im vorrevolutionären Frankreich eine Rolle spielten, und sie schlossen sich in einer bewaffneten Legion zusammen, der die französische Regierung den Namen

»Légion Franche Étrangère« zuordnete und der neben Niederländern auch Schweizer und Flamen angehörten. Diese etwas über 2.800 Mitglieder zählende Kampftruppe hatte keinen besonderen militärischen Wert, aber ihr Zustandekommen verdeutlichte ebenso wie die Errichtung eines batavischen revolutionären Ausschusses etwas Modernes: Durchsetzung des revolutionären Gedankens gewaltsam von außen bei gleichzeitiger theoretischer Vorbereitung künftiger Strukturen. Die Revolution als eine bewußte politische Kraft stand in jener Phase im Vordergrund.

Französische Waffengewalt wurde erst ab 1. Februar 1793 wirksam, als Frankreich dem englischen König und gleichzeitig dem Statthalter Wilhelm V. den Krieg erklärte. Der Krieg offenbarte zu Land und zur See die militärische und finanzielle Ohnmacht der Republik. Zwar bedeutete die Niederlage der Franzosen gegen die Österreicher bei Neerwinden im März 1793 zunächst die Beseitigung unmittelbarer Gefahr für die Republik, aber der Sieg der Franzosen über die Österreicher 1794 war dann neuerlicher Ausgangspunkt französischer Offensive gegen Norden, die diesmal mit Erfolg bis zum Ende durchgeführt wurde. Die Waffengewalt der Franzosen fand bald Unterstützung von innen heraus, in Form von patriotischen Aufständen in mehreren Städten. Das war für die Bewegung sicherlich nicht ohne Bedeutung, da die Emigranten seit der Desertion des französischen Generals Charles François Dumouriez, der die Legion und den Ausschuß gefördert hatte, bei Robespierre in Ungnade gefallen, Legion und Ausschuß aufgelöst und einige Patrioten sogar hingerichtet worden waren. Im Inland hatte sich eine gegenüber den achtziger Jahren radikalere patriotische Strömung durchgesetzt. Sie gab allmählich den Ton an. Eines der geistigen und damit politischen Zentren war die Gesellschaft für Kunst und Literatur »Doctrina« in Amsterdam. Für solche radikaleren Gruppen, die nicht isoliert arbeiteten, war die Lage insofern günstig, als die wirtschaftliche Misere das von Beginn an in Frage gestellte Ansehen des Ancien régime noch weiter abbaute, während die Regierung ziemlich passiv blieb. Nach innen hin festigte sich die Position der Patrioten, da sie durch ihre engen Kontakte mit den Franzosen deren Zusage zur vollen niederländischen Unabhängigkeit erhielten. Im Haager Friedensvertrag von 1795 hat sich Frankreich an diese Abmachung gehalten.

Die Umwälzung in den niederländischen Städten verlief gewaltlos, im Stil »der freundlichen Aufforderung«. Die Stadtväter verließen ihre Posten. An ihre Stelle traten vorläufige Repräsentanten des Volkes, die ihrerseits die Provinzialvertreter und damit indirekt die zentralen Vertreter der Generalstände benannten. Bis zum März 1795 war alles geregelt. Ernst Kossmann nennt die

Naivität und Gutartigkeit der Revolutionäre »eindrucksvoll«. Die persönliche Unversehrtheit und das persönliche Eigentum der abgesetzten Regenten wurden garantiert. Jene Veränderung hatte weder mit dem orangistischen Coup von 1787 noch mit der französischen Entwicklung etwas gemein. Ein calvinistischer ehemaliger Hofprediger charakterisierte die Entwicklung im Sommer 1795 wohl ganz richtig, wenn er sagte: »... dieser Umsturz kommt von Gott.« Ferner hieß es in dem im Februar 1795 gebildeten Vereinigten Revolutionskomitee in den Niederlanden, daß Ruhe und Ordnung die echten Merkmale eines Volksaufstandes seien. Es bestand zunächst kein Grund, an der Gültigkeit solcher Maxime der Gewaltlosigkeit zu zweifeln. Die Neubesetzung der städtischen Regierungen war jedoch nur der Anfang von Maßnahmen, die auf Bildung einer Nationalversammlung und Erarbeitung einer Verfassung zielten. Das Aktionsfeld »Verfassung« bewies im Laufe der nächsten Jahre, daß die patriotische Bewegung keine Einheit, sondern eine Mehrzahl von Strömungen darstellte, die allenfalls in der Ablehnung der Orangisten zusammengeführt werden konnten. In der Folge bot sich das Bild der revolutionären Neuorientierung mit gegensätzlichen Konzeptionen, wobei Gewaltlosigkeit als permanentes Prinzip nicht ganz beibehalten werden konnte.

Die Nationalversammlung trat am 1. März 1796 in Den Haag zusammen, nachdem Wahlen im Januar stattgefunden hatten, zu der alle männlichen Einwohner über zwanzig Jahre zugelassen waren, soweit sie als Anhänger des Gedankens der Volkssouveränität galten. Die Orangisten hatte man von vornherein ausgeschlossen. Die meisten Abgeordneten gehörten der höheren Bürgerschicht an, waren Fabrikanten, Kaufleute, Professoren, Rechtsanwälte, Geistliche und vertraten, im großen und ganzen gesehen, entweder die aristokratische, föderalistische oder die demokratische, radikale, unitarische Richtung der Patrioten. So stellte das Erscheinungsbild eine Fortsetzung der Entwicklung der achtziger Jahre mit dem Unterschied dar, daß die demokratische Strömung erheblich stärker angewachsen war und die Frage der Staatsform sehr viel intensiver als zuvor zur Diskussion stand. Während die Föderalisten sich auf eine Neustrukturierung der Utrechter Union mit ihrem Partikularismus beschränken wollten, ging es den Unitaristen um eine Ordnung, wie sie auf dem Haager Kongreß der demokratischen Klubs und Gesellschaften im Juli 1795 definiert worden war: »... es soll nur eine Volksvertretung, nur ein Autorität besitzendes und machtausübendes Organ bestehen.« Umfassender Volkseinfluß und einheitsstaatliches Denken gehörten ebenso zusammen wie bürgerlich-aristokratische Begrenzung der politischen Mitsprache und föderalistisches Denken; die beiden letztgenannten Konzeptionen wurden von der Finanzseite der patriotischen Bewegung vertreten. Das indirekte Wahlsystem hatte dieser Gruppe auch die Mehrheit in der Nationalversammlung und schließlich im Verfassungsausschuß gebracht. Der Entwurf, den dieser Ausschuß nach erheblichem Hin und Her erst auf den Tisch der Nationalversammlung legen konnte, dann mit Bestandteilen aus einem unitarisch orientierten Gegenentwurf, erwies sich immer noch als stark föderalistisch geprägt, was sich vor allem in der Einzeldiskussion zeigte. Die Debatte um diesen Entwurf, der Montesquieus Gewaltentrennung verfassungsmäßig zu konkretisieren versuchte, ein Einkommen von 20.000 Gulden als Zensus vor das Wahlrecht setzte und Orangisten von vornherein von jedem Wahlrecht ausschloß, griff praktisch eine aus der Zeit vor dem Aufstand stammende Fragestellung wieder auf, die eine für neuzeitliche Verfassungsdiskussionen immer wieder aktuelle Problematik darstellte: die Frage nach dem Verhältnis von Einheit und Freiheit, Autonomie und Freiheit. Das Volk – in dem Maße, in dem »Volk« definiert war – hat jenes Problem zunächst gelöst, indem es den Entwurf im August 1797 in einem Plebiszit eindeutig niederstimmte. Etwa 33 Prozent der erwachsenen Männer nahmen hieran teil. 26 Prozent stimmten dagegen, das entsprach in absoluten Zahlen etwa 108.000 gegen rund 30.000 Stimmen. Diese öffentliche Mißbilligung, die nach intensiv geführter Presse- und Flugschriftenkampagne erfolgte, bedeutete einen Sieg des modernen radikalen Prinzips, eine Niederlage des »Juste milieu«, das mehr der Regentenvergangenheit als neuen Grundsätzen der Staats- und Regierungsform anhing. Vielleicht hat es der »radikale« Brabanter Textilfabrikant und Literat Pieter Vreede, dessen Kreis politischer Gesinnungsfreunde die Gruppe der »Zwölf Apostel« genannt wurde, am besten ausgedrückt, wenn er sagte, es gehe den Föderalisten nicht um eine Volksvertretung, sondern um eine zu wählende Aristokratie, also um Auferlegung eines Jochs, »das mit weichem Samt überzogen war, um weniger auf den Schultern zu drücken«.

Die noch im August 1797 gewählte neue Nationalversammlung brachte für die Demokraten eine größere Zahl von Sitzen. Doch die Verfassungsfrage kam nicht auf die Tagesordnung, sondern geriet in den außerparlamentarischen Bereich und löste sich auf dem Weg der internationalen Revolutionshilfe. Die Franzosen standen hinter dem Staatsstreich der Radikalen vom 27. Januar 1798, die schon zuvor Beziehungen zu Paris geknüpft hatten. Das alles verlief sehr rasch. Föderalisten der Nationalversammlung wurden verhaftet. Der Präsident verlangte von den übrigen Mitgliedern das Gelübde, der Statthalterschaft, der Aristokratie, dem Föderalismus auf ewig abzuschwören. Elf weigerten sich und verließen den Saal. Die Rumpfversammlung erklärte sich zur neuen Konstituante, ernannte einen neuen Verfassungsausschuß, der sofort seine Arbeit aufnahm. Die neue Konstitution wurde unter starkem französischem Einfluß – zum Teil nach dem französischen Modell von 1795 – entworfen, zeigte im Ergebnis jedoch auch durchaus niederländische Züge. Das Plebiszit vom 23. April 1798 brachte eine überwältigende Mehrheit für diese Verfassung, die in ihrer Radikalität sehr modern war und für die Republik einen entscheidenden Durchbruch gegenüber den überkommenen Bestimmungen bedeutete. Die höchste Gewalt lag beim gewählten Repräsentativorgan, das in zwei Kammern aufgeteilt war, ausschließlich Gesetzesinitiative besaß und die Exekutive (»Uitvoerend Bewind«) wählte. Die Einteilung des Landes in Departements, deren Behörden ebenso wie die der Gemeinden nur noch administrative Funktionen ausübten, diente der Auflösung des bis dahin so typischen Partikularismus. Es entsprach solcher Maßnahme, daß nunmehr ministerienähnliche, nationale Direktorate für Auswärtiges, Inneres, Recht, Finanzen, Krieg, Marine, Erziehung und Wirtschaft bei der Zentrale eingerichtet wurden. Insgesamt fügte sich die Republik mit dieser Verfassung in das revolutionäre Geschehen der Zeit ein. Sie hörte auf, eine Besonderheit zu sein.

Der neuen Exekutive war nur kurze Zeit beschieden. Schon am 12. Juni 1798 folgte ein neuer Staatsstreich, der die »Gemäßigten«, eine zwischen aristokratischen Föderalisten und demokratischen Unitaristen stehende Gruppierung, an die Macht brachte und parallel zur französischen Entwicklung verlief. Der Erfolg dieses Staatsstreiches war insofern erstaunlich, als hinter den radikalen Demokraten bei der Annahme der Verfassung eine überzeugende Mehrheit gestanden hatte. Solche Mehrheit gab es allerdings nicht überall. Sie konzentrierte sich in den ländlich geprägten Provinzen Overijssel und Nordbrabant, Geldern und teilweise auch in Seeland. Holland dagegen sah die radikalen Demokraten in der Minderheit. Kossman weist darauf hin, daß die Bauern und Katholiken der ländlichen Provinzen sich über ein Plebiszit zwar gegen die herrschenden Klassen äußern konnten, es ihnen aber an Mitteln und politischer Qualität gefehlt habe, die Demokraten hinreichend zu stützen. So gelangte hier die Macht schließlich wieder in die Hand einer quantitativ schmaler bemessenen politischen Elite. Die von Holland mitgetragene Gruppierung der »Gemäßigten« übernahm das Ruder. Sie anerkannte die Verfassung, ließ aber durch den Vorsitzenden der Volksvertretung ausrufen, die Revolution sei nunmehr beendet. Das Charakteristikum der neuen Regierung scheint ein gut Stück Energielosigkeit gewesen zu sein. Es ergingen keine klaren politischen Richtlinien für so wichtige Bereiche wie öffentliche Finanzen, Kirche, Rechtsprechung, schulische Erziehung. Man wandte sich primär gegen die Radikalen, gegen deren Extremismus oder was man dafür hielt. Einer der Initiatoren des Coups

von 1798, Jacob Spoors, war anderer Meinung: »Unsere Politik ist ganz neu…
Sie enthält nicht weniger als den ehrlichen Willen, die Konstitution zum Tragen
zu bringen und allgemein zu machen.« Aus dieser Neuerung – denn solche Kraft
steckte tatsächlich in der Verfassung – ist nichts geworden. Der Einheitsstaat
blieb ein Postulat.

Es mag dahingestellt bleiben, ob es sich hier um Versagen aus Unvermögen
gehandelt hat. Auf jeden Fall war am 18. September 1801 die Frist der »gemäßigten« Exekutive mit ihrer demokratisch, sozusagen »jakobinisch« inspirierten Verfassung abgelaufen. Das hatte sich nach dem Napoleonischen Staatsstreich von 1799 bereits angedeutet, und es war angesichts der nicht zu übersehenden engen Verbindung zu Frankreich nur noch eine Frage der Zeit, wann
eine angepaßte Regierungsform auch in der Republik folgen würde. Napoleonische Wünsche nach Gleichschaltung und damit nach außenpolitischer Sicherung, innerrepublikanische Diskussion über die Effektivität der Regierungsform sowie das Verlangen, außenpolitische Vorteile mittels Napoleons zu erzielen, kamen weitgehend überein. Die neue Verfassung wurde in Zusammenarbeit mit Napoleon erarbeitet, die Volksvertretung dabei übergangen, die plebis-
zitäre Behandlung am 14. September 1801 angekündigt. Vier Tage später wurde
der Saal der Volksvertretung versiegelt. Unruhen gab es nicht. Die Gewehr bei
Fuß stehenden Soldaten Frankreichs brauchten nicht einzugreifen. Das Plebiszit
von Anfang Oktober wies jedoch die neue Konstitution mit großer Mehrheit –
etwa 52.000 gegen rund 17.000 Stimmen – zurück. 350.000 Stimmberechtigte
waren zu Hause geblieben. Ihre Stimmen wurden auf dem Weg der »Arithmé-
tique française« als Ja-Stimmen gezählt, so daß die Verfassung als angenommen
galt. Sie schrieb nicht mehr liberal-demokratische, sondern autoritäre Regierungsprinzipien fest, schob die Exekutive (»Staatsbewind«) vor die zahlenmäßig erheblich beschnittene Legislative, führte endgültig das Zensuswahlrecht
ein, das bis weit ins 19. Jahrhundert gelten sollte. Der »Thermidor« der niederländischen Entwicklung setzte ein, indem allmählich die alten Regentenschich-
ten, auch die ehemaligen Oranienanhänger, einmal über das kapitalfreundliche
Wahlrecht, zum anderen über die gegenüber den vorangegangenen Verfassun-
gen größere departementale Autonomie wieder ins Spiel gebracht wurden. Die
Demokratie verschwand fast geräuschlos, doch der Gedanke des Einheitsstaa-
tes wurde nicht ganz preisgegeben, aber erheblich modifiziert. Der in der kräftigen Stärkung der Exekutive enthaltene autoritäre Charakter der neuen Ordnung erleichterte den von Napoleon verlangten Übergang zur Ein-Mann-Regierung, die dann von dem Ratspensionär Rutger Jan Schimmelpenninck, der bis
dahin niederländischer Gesandter in Paris war, für ein Jahr bis zur Umwand-

lung in ein Königreich unter Napoleons Bruder Louis Napoléon ausgeübt wurde. Die geänderte Konstitution war das Ergebnis niederländisch-französischer Teamarbeit. Die Stellung des Ratspensionärs, der entscheidend daran mitgewirkt hatte, war noch stärker als die des »Staatsbewind«. Die legislative Körperschaft wurde auf neunzehn Mitglieder reduziert, die von den einzelnen Departementsverwaltungen benannt wurden. Damit war wiederum einiges in Richtung auf Zentralisierung geschehen. Innerhalb des einen Jahres gelang es Schimmelpenninck, vor allem zusammen mit dem demokratischen Patrioten Izaak Jan Alexander Gogel, Reformen durchzuführen, die seit vielen Jahren ausgestanden hatten. Der Wirtschafts- und Steuerexperte Gogel führte ein neues Steuersystem ein, das einheitlich für die gesamte Republik galt. Zur Uniformität mit dem Kataster als Basis für die Grundsteuer kamen eine Vereinfachung des Hebesystems sowie eine gerechtere Verteilung des Steuerdrucks auf die einzelnen Departements. Viele indirekte Steuern auf Konsumgüter wurden abgeschafft. An ihre Stelle traten direkte Steuern. Ein weiterer Schritt zur Vereinheitlichung erfolgte mit dem im Juli 1805 ergangenen Reglement für die Departementsverwaltungen, denen jede Kompetenz in Finanzfragen genommen wurde. Schließlich setzte die neue Regierung nicht nur zu einer einheitlichen Rechtspflege an, sondern führte 1806 auch das Schulgesetz ein, das für den Aufbau der Grundschule bestimmend blieb. Es handelte sich hier um einen schon 1801 vom Leidener Hochschullehrer Johannes Henricus van der Palm vorgelegten und dann von Adriaan van den Ende abgeänderten Entwurf, der auf die Einführung der bekenntnisneutralen Staatsschule und einer Schulinspektion für Unterricht und Schulgebäude zielte.

Mit den Maßnahmen der Ratspensionärsregierung waren bereits die Grundvoraussetzungen für einen nahtlosen Übergang in die Phase des Königreichs Holland gelegt, bedingt durch napoleonische Erfordernisse im Krieg gegen England nach der Niederlage bei Trafalgar im Oktober 1805. Daß die Monarchie durch außenpolitische Entwicklungen entstand inmitten republikanischer Betriebsamkeit, war ein eigenartiger Vorgang, der letztlich nur formell eine Änderung brachte, insofern man dem Land die Krone mit entsprechender Erblichkeit überstülpte, allerdings die Krone eines Landfremden. Louis Napoléon war sicher kein begeisterter Wahlniederländer, aber ein gutwilliger Optimist. Er wollte ein Reich regieren »mit Sorgfalt und ein wenig Einfallsreichtum«, und zwar »ungezwungen und unter Wahrung der Freiheit und des Glücks in dieser bemerkenswerten Region Europas«. In der Sache setzte man unter dem Monarchen, dessen Befugnisse etwa dem des Ratspensionärs entsprachen, den Kurs der Schimmelpenninck-Regierung fort. Gogel arbeitete an der Fortführung des neuen Steuersystems. Es brachte freilich nur wenig, da den vermehrten Einnahmen noch höhere kriegsbedingte Ausgaben gegenüberstanden. Die Abschaffung der Gilden und Zünfte wurde im Januar 1808 gesetzlich geregelt. Im folgenden Jahr führte die Monarchie einen neuen Strafrechtskodex ein, der neben Prinzipien des altniederländischen Rechts neue, französische Normen enthielt. Es folgte noch im selben Jahr das »Bürgerliche Gesetzbuch (Burgerlijk Wetboek)«, nichts anderes als der »Code Napoléon« mit geringfügigen Änderungen. Hatte doch Napoleon geäußert: Eine Nation von zwei Millionen Seelen bedürfe keiner eigenen Gesetzgebung. Die Verwaltung der zehn Departements wurde von königlichen Landdrosten mit Assessoren wahrgenommen. Bei Stadtregierungen in Gemeinden mit mehr als 5.000 Einwohnern ernannte der König auch die Bürgermeister. Der Einfluß der »Vroedschappen« ging erheblich zurück. Was den Patrioten nicht gelungen war, das wurde in den Jahren ab 1805 unter den in geringerem Maße an Diskussion oder Mehrheit gebundenen Regierungen einigermaßen rasch durchgeführt. Für Kossmann ist das auffälligste Kennzeichen jener Periode die Aufhebung provinzieller und städtischer Selbständigkeit, mithin die Beseitigung zählebiger Traditionen ohne Protest.

Das wurde ebensowenig als nationales Unglück empfunden wie wenig später die Annexion durch Bonaparte, als die Republik ein Stück Frankreich wurde. Spiegelte dies die Einsicht ins Unvermeidliche oder die Hoffnung, das Beste aus Unerwünschtem herauszuholen? Der liberale Johan Rudolf Thorbecke deutete es 1860 in seinen »Historischen Skizzen« an: »Es gibt einen inneren, aus unwiderlegbaren Gründen sich ergebenden Zwang, der verpflichtet, für das zu arbeiten, was man selbst nicht wählen würde. Wenn unser Staat die Bauelemente einer nationalen Selbstregierung nicht besaß und eine Monarchie mit einem fremden Fürsten forderte, was eben Napoleon verlangte, konnte man diese Notwendigkeit ein Unglück nennen, doch mußte man versuchen, sie zum Guten zu führen« – eine sehr rationale, objektivierte Betrachtungsweise. Thorbecke nannte jedoch auch Furcht sowie Opportunismus, den der preußische Gesandte im Haag als Zeitgenosse, auf den Verlust des »Esprit public« hinweisend, ebenfalls empfand: »Jene nun, die sich Pöstchen erhoffen oder auf die Gewogenheit des Hofes zielen, verbergen ihre Meinung nicht, ja, sie suchen jede Gelegenheit, ihr Ausdruck zu verleihen. Das ist die große Mehrheit der Statthalterpartei… In Amsterdam applaudieren gar die vornehmsten Bankiers einer Verfassung, deren Vorteile ihre Erwartungen zu übertreffen scheinen. Was an echten Republikanern in Holland übrig ist, wo seit langem die Amts- und Geldaristokratie den politischen Sinn korrumpiert hatte, hat an keiner politischen Betrachtung teil, und die kleine Zahl der talentierten und charakterfesten Personen, die ihnen angehören, haben weder den Wunsch noch die Mittel, Widerstand ins Leben zu rufen.« Andere Zeugnisse aus jenen Jahren lassen Ähnliches erkennen. Widerstand gab es nicht, doch vereinzelte Proteste – von Demokraten, deren politische Rolle allerdings ausgespielt war. Als Napoleon 1810 zur Annexion überging, war die Reaktion kaum anders. Rückzug aus dem politischen Leben, an dem man unter seinem Bruder Louis noch teilgenommen hatte, galt als Zeichen der Entrüstung, als schwacher Protest. Es gab allerdings ehemalige demokratische Patrioten, deren Abneigung gegen das Haus Oranien um einiges stärker entwickelt war als die Furcht vor dem Franzosen-Kaiser. Gleichwohl zeigte sich in dieser Phase der Mitarbeit oder Hinnahme des Unvermeidlichen, daß Napoleon nur einen bestimmten, wenn auch großzügig bemessenen Spielraum hatte, innerhalb dessen er seine Politik betreiben konnte. Seine Konskriptionsmaßnahmen waren genau die Schwelle, die er nicht ungeschoren zu überschreiten vermochte. Andernfalls kam es zu Aufständen, die in der nicht primär an Kriegsdienst gewöhnten Bevölkerung im Ansatz so etwas wie den nun schon alten patriotischen Gedanken der nationalen Einheit aufkommen ließen, der von den unmittelbar Betroffenen, den weniger Reichen, getragen wurde, da das »Vertretungssystem«, das in den Niederlanden bis weit ins 19. Jahrhundert galt, die Reichen zunächst vom Kriegsdienst ausnahm. Auf Plakaten war zu lesen: »Kaiser Napoleon, Du beraubst die Frau ihres Mannes, den Vater seines Kindes, den Greis seiner Unterstützung, wie willst Du das Blut, das Du zur Ausdehnung Deines Reiches vergießt, rechtfertigen?« Auf anderen Flugschriften wurden die »Bataver« zum Ziehen des Säbels aufgerufen: Lieber tot wolle man sein, als den Sklaven spielen. Es kam zu Aufständen, Unruhen, die Tote forderten und in deren Verlauf Todesurteile gefällt wurden. Die Liste der Toten verzeichnete ausschließlich Handwerker und Arbeiter. Doch das alles blieb zunächst noch Episode.

Frankreich führte den modernen Beamtenstaat, die Bürokratie, ein mit seinen Präfekten, Unterpräfekten, Maires, mit jener durchkontrollierten Struktur und einem Beamtenkorps, das, wie Jan und Annie Romein feststellen, seine Aufgaben nicht mehr pfeiferauchend und gleichsam nebenher erledigte, sondern effektiv arbeitete. Seit den Jahren des Louis Napoléon galt französisches Zivilrecht; das Strafrecht war eine Mischung aus altniederländischen und modernen Vorstellungen. Die Institutionen des Standesamtes und der Zivilehe wurden eingeführt. Zentralisierung und Vereinheitlichung, in jener Zeit als modern empfunden und in den vorangegangenen zwanzig Jahren von vielen Niederländern der Republik gewünscht, fanden sich hier konkretisiert. Das mag unter staats- und verwaltungsrechtlichem oder strukturellem Aspekt als eine

Schule für die Zukunft, als eine Bedingung für die Arbeit im späteren Königreich der Niederlande zu deuten sein, doch in jener Phase dürfte es hinsichtlich
der mit Händen zu greifenden Misere des Landes vielen Einwohnern ziemlich
gleichgültig gewesen sein, was sich da an Zentralismus und an Vorzügen französischen Staatsaufbaus manifestiert hat. Dieser neue französische Landstrich
war unter dem Gesetz des Krieges gegen England kassiert worden. Die Annexion diente der weiteren Abschottung der Kontinentalsperre, und der Krieg
bestimmte auch die weitere französische Politik. Sie erwies sich als schädigend
für eine Region, die bereits seit dem Beginn des 19. Jahrhunderts und ganz
deutlich seit Louis Napoléon Anzeichen eines beträchtlichen finanziellen Verfalls und zunehmend wirtschaftlichen Rückgangs zeigte. Das Staatsdefizit unter
Louis Napoléon brachte niederländische Politiker dazu, nach Preußens Niederlage bei Napoleon um ganz erhebliche Ausdehnung niederländischen Hoheits-
gebietes auf deutsche Kosten zur Deckung der Finanzlücken einzukommen. So
fiel auch Ostfriesland an die ehemalige Republik. Die ohnehin geschwächte
Wirtschaft wurde durch die in den Niederlanden besonders streng gehandhabte
Kontinentalsperre zusätzlich belastet. Das galt für Handel wie Gewerbe. Der
Pauperismus, aus dem vorigen Jahrhundert nicht unbekannt, nahm überhand.
Die Armut vor allem der städtischen Bevölkerung war Thema von Bildungsrei-
senden der Zeit; ihr Ausmaß überstieg das bisher Gesehene. Es war die Zeit der
»Armen-Erziehung«, der Armen-Fabriken, der nach dem englischen Lord Rum-
ford benannten Suppen, einer kräftigen Brühe aus Knochensud, Schweine-
fleisch, Graupen und Gemüse. Barthold Georg Niebuhr, der Historiker, beobachtete bei seinem Besuch auch den wirtschaftlichen und sozialen Rückgang der
Mittelschichten: »Es ist schon fast dahin gekommen, daß es hier nur Reiche und
Bettler gibt.« Lediglich die reiche Oberschicht bewies ausreichend Widerstandskraft, wenngleich sie ebenfalls Federn lassen mußte.

Es scheint bei der Annexion auch Zuversicht auf Besserung gegeben zu haben. Vielleicht läßt sich das »Vive l'empereur«, das die Amsterdamer Schützengilden beim Einzug französischer Truppen ausgerufen haben, als ein solches
Zeichen deuten. Jedenfalls setzte man auf Ausbreitung des Handels durch Fortfall der Zollgrenzen, auf die Einführung der niedrigen französischen Steuern.
Aber gerade das blieb bis 1812 aus. Die gegenüber der Louis-Napoléon-Zeit
sehr rigorose Handhabung der Kontinentalsperre brachte den Seehandel fast
völlig zum Erliegen. Die Seefischerei wurde 1812 sogar gänzlich verboten. Die
überstrapazierte Staatskasse zahlte nur noch ein Drittel der Zinsen auf Staatsanleihen, wogegen in den Jahren zuvor heftig gestritten worden war. Die Hoffnung auf Frankreich schwand verständlicherweise schnell, obwohl es unter

Louis Napoléon, aber auch unter Bonaparte Versuche gab, Industrie und Handwerk anzukurbeln. Landwirtschaft und das ländliche Gewerbe florierten sowieso einigermaßen. Da die Strukturschwäche aus den letzten Jahrzehnten des 18. Jahrhunderts fortgewirkt hat, läßt sich nicht alle wirtschaftliche Misere der französischen Politik anlasten. Sie wurde durch die von französischen Interessen bestimmten Erfordernisse des Krieges lediglich gesteigert. Die Jahre von 1806 bis 1813 brachten dem Land zum ersten Mal seit der Befreiung von Spanien eine fremde Herrschaft. Hieraus wurde das Land befreit, ohne selbst einen Befreiungskrieg zu führen; das Ende der französischen Herrschaft kam trotz der spontanen, kurzen und heftigen Unruhen in Amsterdam und Den Haag ohne dramatischen Höhepunkt. Ein politisch umsetzbares nationalniederländisches, zum Widerstand erzogenes Bewußtsein war ausgeblieben. Dennoch waren Begriffe wie »Vaterland« oder »Nation«, die man in den achtziger und den folgenden Jahren gepflegt hatte, aus der Öffentlichkeit nicht verschwunden. Sie zählten nunmehr zum Repertoire einer Art innerer Emigration und wurden von der intellektuellen Elite im literarisch-kulturellen Umfeld wachgehalten. Solange sich die eigene, durch »Sprache, Literatur, Sitten und eigentümliche Volksart« (J. M. Kemper) geprägte nationale Identität politisch nicht manifestieren konnte, sollte sie als kulturelle Identität immer wieder ins Bewußtsein gerückt werden. Die folgenden Jahrzehnte des 19. Jahrhunderts haben dann neue Spielräume für die Demonstration einer nationalen Identität geschaffen.

Das Königreich der Niederlande

Zur allgemeinen Charakteristik
des 19. Jahrhunderts

Das Ende der Napoleonischen Zeit brachte für die Niederlande den Beginn einer neuen innen- und außenpolitischen Qualität, den Eintritt in die Welt der Modernität und Modernisierung mit ihren Verschiebungen und Verwerfungen im wirtschaftlichen und sozialen Gefüge sowie mit ihren Neuerungen im konstitutionellen Leben. Nach gut zwei Jahrhunderten einer in jeder Beziehung souveränen Republik und eineinhalb Jahrzehnten französischen Zwischenspiels wurde aus den Niederlanden eine Monarchie, ein »Vereinigtes Königreich«, das in dieser Vereinigung mit den ehemaligen spanisch-österreichischen Niederlanden jedoch Episode blieb und als Ergebnis überkommener Maximen einer europäischen Gleichgewichtspolitik entstand. Diese Zwei-Einheit ging 1815 aus einer konzertierten Aktion der Mächte hervor, und als das Gebilde fünfzehn Jahre später auseinanderbrach, fiel es den die Richtlinien der europäischen Neugestaltung maßgeblich bestimmenden Großmächten nicht schwer, an die Stelle des zur Abwehr bestimmten kontinentalen Blocks ein Völkerrechtsinstitut, die garantierte Neutralität Belgiens, zu setzen. Obwohl die Wiener Kongreßdiplomatie den Niederlanden noch einmal eine wichtige Aufgabe im europäischen Mächtekonzert zuweisen wollte, konnte zu diesem Zeitpunkt von einer wirklich erneuerten außenpolitischen Relevanz des Landes keine Rede sein. Außenpolitisch war der Bruch mit der Vergangenheit und ihrem Glanz praktisch seit dem 18. Jahrhundert eingeläutet, und er wurde nach dem Scheitern der Nord-Süd-Union endgültig Wirklichkeit. Der eine oder andere Vertreter der offiziellen Politik wollte das noch nicht wahrhaben. Wenn ein Politiker wie der niederländische Außenminister Verstolk van Soelen seinem König riet, das Land der Kuratel der Großmächte zu entziehen und zu einem Platz in der Gemeinschaft der Staaten zu führen, der ihm aufgrund seines Reichtums, seiner wirtschaftlichen Entwicklung und seines Kolonialreiches zukomme, dann war das sicher ein schönes Plädoyer, intelligent und emphatisch zugleich, aber an der Realität vorbeiredend.

Es war auffällig, daß der seit dem 18. Jahrhundert andauernde Prozeß der Rückführung des Landes auf eine mittel- bis kleinstaatliche Existenz eine spekulierende Außenwelt schuf, die sich ebenso genüßlich wie vollmundig über Lebensstil und Charakter der Niederländer, jener Menschen irgendwo an der See, mokierte. Ein Schwall von Stereotypen fand Eingang, wo man nichts Rechtes wußte oder sich das beobachtete Objekt nicht mehr recht zu präsentieren vermochte. Vorbei war jedenfalls die Zeit der großen Bewunderung, von Glanz und Gloria, von reicher Bürgerlichkeit, von einträglichen Kolonialwaren und Seehelden, vorbei die Jahrhunderte, in denen das Land eine staatsrechtliche Besonderheit dargestellt und in Kunst und Wissenschaft die Vorreiterrolle gespielt hatte. Es gab eine Vielzahl von Beobachtungen, die der Skurrilität und Scharade näherstanden als dem Bericht über simple Tatbestände, manches Mal auch der Persiflage dienten oder herben Tadel enthielten, aber es gab auch Beobachter, die sich um Ernsthaftigkeit des Berichts und der Überlegung über die Stellung des Landes im internationalen Verband bemühten. Zu dieser Kategorie gehörte Georg Forster, der Geograph und Politiker, der von den Niederlanden während der Französischen Revolution als dem Hort eines demokratischen Bekenntnisses sprach; zu ihr zählte auch der Historiker Barthold Georg Niebuhr, der an Ort und Stelle längere Zeit vor allem die wirtschaftlich-soziale Entwicklung verfolgte. Wenig später war es die westfälische Dichterin Annette von Droste-Hülshoff, die über Tradition, Eigentümlichkeit und Besonderheit schrieb: »Die Niederlande ... dieser ... Landstrich ... bewahrt in der Natur seines Volksschlages einen Hort alles erklärender Eigentümlichkeit, der besser beschützt als Gebirge.« Drei Generationen später hat Richard von Kühlmann, Gesandter in Den Haag, aus eigener Erfahrung schöpfend sowie gestützt auf Wahrnehmungen seiner Mitarbeiter, das Wort der Dichterin von der Eigentümlichkeit bestätigt, wenn er von der »eigentümlichen Nation« redete, deren »zähes Hängen am Alten eine der hervorragendsten Charakterzüge zu sein« scheine. Aber selbst jene, die nur Spott bereithielten, indem sie die Niederländer mit Windmühlen, Käse und Treckschute identifizierten und so einem wohl unausrottbaren Klischee folgten, sprachen von der eigenen, der besonderen Art des Nachbarn im Nordwesten Europas.

Wenn die romantische, für die Deutung des Typischen und Eigenen begabte Dichterin Annette und Generationen später der scharfsinnige Diplomat solchen Charakterzug betonten, wenn die gleiche Beobachtung über eine so große Zeitspanne das Auffällige zur Konstanten erhebt, bleibt doch die Frage nach dem eigentlich Gemeinten. Was war das zähe Hängen am Alten? Es gibt mannigfaltige Hinweise von niederländischen Autoren, welche die »öffentlich-rechtliche« Eigentümlichkeit, den Charakter oder die Tradition der politischen Kultur des Landes betont haben. Sie beschworen mehr oder weniger die republikanische Tradition, nicht die Republik als Staatsform, sondern als überkommenen Inhalt des politischen Lebens, aber ebenso als prägende Form der besonderen niederländischen Existenz. Dieser Status aus der Vergangenheit wurde vor allem seit den dreißiger Jahren immer wieder benannt, wenn es galt, vermeintliche Bedrohungen abzuwehren oder sich noch einmal über die tatsächliche eigene Schwäche klarzuwerden. Derartige Hinweise finden sich in der öffentlichen Äußerung wie im privaten Schriftverkehr. So formulierte Johan Rudolf Thorbecke in Reaktion auf den die deutsch-niederländische »Gemeinschaft« postulierenden deutschen Historiker Heinrich Leo folgendes: »Wir sind Mitglied eines germanischen Europa, aber ein freies Mitglied ... Wir sehen unseren Standort in der Mitte zwischen Deutschland und England. Während sich Deutschland eher der abstrakten, subjektiven Betrachtung widmet und sich in der so geschaffenen Welt vergnügen kann, befinden wir uns infolge unserer natürlich-sittlichen und politischen Struktur immer unter dem Einfluß des Sinnlichen, Äußerlichen, Objektiven von Gesellschaft und Praxis.« An anderer Stelle schrieb er: »Man gestatte uns doch die Frage, ob die Republik im Hinblick darauf, was sie ganz allgemein, aber auch ganz spezifisch für Deutschland bedeutet hat, dies hätte gewesen sein können, wenn sie zu Deutschland gehört hätte.« Hier hob Thorbecke, der einen Großteil seiner Ausbildung in Deutschland, an der Universität Göttingen, erfahren hatte, das Land in seinem geistigen Habitus gegen Deutschland ab, postulierte gar die Fruchtbarkeit des Nebeneinanders für die deutschen Territorien. Das waren Worte, die aus einer gewissen Verteidigung gegenüber einem als möglich empfundenen Zugriff der Außenwelt heraus geschrieben wurden, Äußerungen eines Mannes, der sich bei anderer Gelegenheit pessimistisch über das nur gering entwickelte staatsbürgerliche Bewußtsein seiner Landsleute aussprach. Es ging ihm jetzt um den Nachweis der Leistungsfähigkeit, wie es in den dreißiger Jahren der Amsterdamer Hochschullehrer und Literaturwissenschaftler Nicolaas Godfried van Kampen tat. Die als bedrohlich empfundene Außenwelt thematisierte zudem die unübersehbare Lethargie des Landes. Die »Augsburger Allgemeine Zeitung« ließ sich am Ende der preußisch-niederländischen Querelen über die Mannheimer »Rhein-Schiffahrtsakte« von 1831 dazu verleiten, von den Niederlanden als einem »kleinen Land auf der Anschwemmung eines deutschen Flusses« zu schreiben. Einige degradierten diesen Nordwestraum zum »Land des Belächelns«. Tatsächlich blieben die Niederlande ohne Eruptionen in einer Zeit, die Erik Hobsbawm als »Völkerfrühling (Springtime of the peoples)« bezeichnet. Dieses Land kannte keine aufgeregten Studentenbewegungen, kein Hambacher Fest, keine »Sociétés des saisons«, und in der Phase der mittel- und westeuropäischen Unruhen rund um 1848 benötigte man weder einen Kartätschenprinzen noch einen Cavaignac oder sah sich etwa Gefahren ausgesetzt, wie sie sich für Belgien in der Affäre von Risquons-Tout anbahnten. Es fehlte außerdem an jenen großen sozialpolitischen Entwürfen, den Utopien, die das politisch-geistige Leben Frankreichs und der deutschen Länder auszeichneten. Die »alten Kerle in den niederländischen Rathäusern mit schwarzen Mänteln und Kragen und schlappen Hüten«, die der britische Gesandte Charles Bagot ironisierte, waren nicht jene Träger von Schlapphüten mit langen Bärten und wehenden Rockschößen, wie sie Hobsbawm als Symbol für das vorrevolutionäre Europa schildert. Die Niederländer waren damals damit befaßt, die Aufhebung der Nord-Süd-Union zu bereinigen und eine einträgliche Kolonialpolitik zu führen. Es fehlte die Emphase politisch-literarischer Romantik, die beim deutschen Nachbarn im Vordergrund stand und von Deutschland aus begann, den Sinn einer nationalen Existenz der Niederlande in Frage zu stellen, hier und da zwar nur, gleichwohl augenfällig. Statt dessen thematisierten die Niederländer ihre Konfession, äußerten Unbehagen über den Status der Kirche; einige zogen die Konsequenzen und gründeten einen eigenen konfessionellen Verband, die »Afgescheidenen«. Dieses Land huldigte eher einer gewissen Introvertiertheit, wohl auch deshalb, weil eines der in jener Phase nicht nur die deutschen Länder beherrschenden Themen, die Geburt des Nationalstaates, für die Niederlande obsolet war. Sie präsentierten sich als ein »frühreifes Kind« in der europäischen Staatenwelt, fürchteten angesichts der nationalen Freiheitsbestrebungen beim Nachbarn im Osten um die Existenz und bemühten sich, die eigene nationale Identität neuerlich aus der Vergangenheit zu definieren. Es stellte sich das Problem, ob das Land im Falle eines europäischen Konfliktes seine Selbständigkeit halten oder sich bei engerem Anschluß an Deutschland nicht doch sicherer fühlen konnte. Solche Gedankengänge trug eine Kulturzeitschrift wie die liberale »De Gids« vor.

Die Entscheidung des Wiener Kongresses, Belgien der ehemaligen Republik zuzuschlagen, mochte nüchtern strategisch motiviert sein und auch den politischen und wirtschaftlichen Ehrgeiz des Dynasten Wilhelms I. befriedigen, aber es fehlte ihr nicht an Ideologie, die die Expansion nach Süden stützen sollte. Von Sprachverwandtschaft wurde ebenso geredet wie von Stammverwandtschaft und von geschichtlicher Gemeinsamkeit. Dabei ist neuerdings darauf hingewiesen worden, daß solcherlei Argumentation weniger im direkten diplomatischen Verkehr als vielmehr publizistisch als Vorbereitung zur Übernahme der südlichen Provinzen Verwendung gefunden hat. Da würzten große Worte das Geschehen. Wilhelm von Oranien, der »Vater des Vaterlandes«, mußte neuerlich herhalten. Zweieinhalb Jahrhunderte zuvor sei dessen Werk unvollendet und daher ein nicht ganz standsicheres Gebilde geblieben. Nunmehr sei der Augenblick angebrochen, um alle Niederländer in »einem starken, ansehnlichen Staat« zu vereinigen. Vereinigung oder Wiedervereinigung? Mit der Akzentuierung des zweiten Begriffs war auch jede Gefahr gebannt, die Leute aus dem Norden als expansionsfreudige Zeitgenossen zu konterfeien. Was hier bereits 1813/14 vorgetragen wurde, ergänzte man mit dem Fingerzeig auf die burgundisch-habsburgische Vergangenheit. Dabei konnte das Argument von der Gemeinsamkeit der Sprache im Hinblick auf ehemals wallonische Provinzen lediglich zurückhaltend eingesetzt werden. Inwieweit solche Forderungen Verbreitung gefunden haben, läßt sich nicht ausmachen. Es kamen Broschüren auf den Markt, die die Geringwertigkeit des Südens gegenüber dem Norden zu unterstreichen versuchten, vor allem im Hinblick auf den antinapoleonischen Befreiungsprozeß. Doch ohne Zweifel wurde hier ein seit dem Aufstand unabhängiger Staat mit Provinzen zusammengefügt, die niemals unabhängig und souverän gewesen waren. Es war zudem die Frage, ob Gedanken wie die vom alten burgundisch-habsburgischen Staatsgebilde überhaupt irgendwelche Freunde finden oder ob nicht eher der Einfluß der Französischen Revolution und der Napoleonischen Zeit seine Spuren hinterlassen hatte, zumal die südliche Hälfte ohnehin zu Frankreich tendierte. Die herrschenden sozialen Gruppen waren keineswegs auf den nördlichen Nachbarn ausgerichtet. Das galt für die klerikale, der alten österreichischen Herrschaft noch anhängende konservative Aristokratie ebenso wie für das Großbürgertum. Andererseits gab es auf nordniederländischer Seite eine publizistische, zum Teil auf gemeinsame Vergangenheit abhebende Vorbereitung zur Übernahme. Doch auch hier traten führende Politiker auf, denen derlei Expansion in gar keiner Weise behagte; so machte Justizminister Cornelis Felix van Maanen aus seiner Abneigung keinen Hehl. Gijsbert Karel van Hogendorp vertrat den anderen Part. Er ließ es sehr deutlich werden, als sich der Oranier angesichts der überraschenden Rückkehr Napoleons aus Elba schon vorsichtshalber selbst zum König der nördlichen und südlichen Niederlande proklamierte. Der Zusammenschluß überdauerte nur anderthalb Jahrzehnte.

Das außenpolitische Erfordernis konnte das politisch-kulturelle Auseinanderdriften der Nord-Süd-Entwicklung seit dem Aufstand nicht überdecken. Es zeugte von Starrheit, nicht von fortgeschrittener Erkenntnis, wenn van Hogendorp schrieb: »Es ist unbedingt notwendig, daß die Niederlande eine Seemacht und ein protestantischer Staat bleiben … Die Niederlande werden eine Seemacht und ein protestantischer Staat bleiben, solange das Zentrum von Macht und Autorität in den Provinzen Holland, Seeland und Friesland liegt, die die Wiege der Republik der Vereinigten Provinzen waren … Man kann den Belgiern alles gewähren, was nicht gegen die Prinzipien verstößt, man sollte ihnen aber nicht mehr zugestehen, wenn man die Früchte des eigenen Werkes erhalten will.« Van Hogendorp stand mit solcher Konzeption nicht allein. Justizminister van Maanen, kein Freund des Zusammenschlusses, dachte ähnlich und ließ es in seiner politischen Praxis spüren: Die Regierung blieb niederländisch. Das war ein außenpolitisches Erfordernis und entsprach den Vorstellungen aller Partnermächte, zumal die Zuverlässigkeit einer zum großen Teil kulturell und sprachlich nach Frankreich orientierten belgischen Bourgeoisie nicht allzu hoch veranschlagt wurde. Es gab darüber hinaus eine Mehrzahl von Reibungsflächen aus der jüngsten politischen Vergangenheit, nachwirkende Erinnerungen, und es gab strukturelle Unterschiede, die wohl am schwersten wogen, wenn es um die Formulierung einer Einheitspolitik ging. So hatten bereits im 18. Jahrhundert die niederländischen Truppen in den Barrière-Festungen nicht zur Verbreitung von Sympathie beigetragen, ebensowenig hatte man sich mit der Schließung der Schelde Freunde geschaffen. Andererseits schien die Ernennung belgischer Beamter zu Präfekten des Napoleon Bonaparte in den nördlichen Provinzen keine erfolgreiche Personalpolitik gewesen zu sein, weil diese Präfekten – wie berichtet wird – eine unerträgliche Servilität gegenüber dem Kaiser an den Tag legten. Das mochten keine unüberwindlichen Schwierigkeiten sein, doch sie zählten insofern, als die beiden Regionen seit dem Aufstand gegen Spanien eine jeweils eigene Existenz aufgebaut hatten: der Norden eine autochthone Verwaltung mit dem berechtigten Selbstbewußtsein einer Großmacht, der Süden dagegen im permanenten Erdulden fremder Herrscherhäuser aus Spanien, Österreich, Frankreich.

Das führte zu politischen, religiösen, kulturellen Konsequenzen. Jene Einheit des niederländischen Raumes, wie sie noch bei Rembrandt und Rubens in Bilder umgesetzt worden war, bestand schon lange nicht mehr. Wer daran dachte, mußte sich zunächst die Voraussetzungen der Trennung vergegenwärtigen, ehe er sich mit der Rekonstruktion des Gewesenen befaßte. Burgund und Habsburg waren damals in vieler Munde, aber die burgundisch-habsburgische Konzentration war in jenen Jahrhunderten von Brüssel her erfolgt, nicht vom Norden aus. Brüssel ist politisch und kulturell ein zentraler Ort gewesen, was Den Haag niemals erreicht hat. Burgund-Habsburg hatte seinen organischen Aufbau durch Expansion herbeigeführt, während die neue Einheit in sich fertige Staatsgebiete betraf. Sie sollte vom Norden her betrieben werden und wurde auch von hierher betrieben, aber immer mit dem gewichtigen Hintergedanken an die nördliche Vergangenheit. Der Auf- und Ausbau des Vereinigten Königreiches erfolgte nur geographisch in Anlehnung an burgundisch-habsburgisches Vorbild, historisch-politisch wurde er in Reminiszenz an die glorreiche Vergangenheit der Republik gesehen. Der König selbst war hierfür ein sprechendes Beispiel. Seine Anweisungen an niederländische Diplomaten, mit größerem Selbstbewußtsein aufzutreten, ergingen in diesem Geist. Die gleiche Einstellung bezeugte das große Memorandum des niederländischen Außenministers Verstolk van Soelen von 1828, der in vermeintlicher Wiederholung republikanischer Führungsposition die gesamten Niederlande auf den Rang einer Großmacht, übrigens auf Kosten Preußens und Frankreichs, erheben wollte. Solcherlei schrieb der Minister ein Jahr vor der belgischen Revolution und zielte dabei insbesondere auf die Annexion der preußischen Rheinlande. Das war von der politischen Machbarkeit her gesehen eine Schimäre, aber es verriet etwas von der Denkweise, die in führenden politischen Kreisen des Nordens herrschte und einer engen Zusammenführung auf Dauer abträglich sein mußte.

Die Politik des niederländischen Königs, Wilhelm I., scheiterte nicht an der Wirtschafts-, sondern an der Sprachen- und Kirchenpolitik. Den Haag ging von gemeinsamer Sprache als Grundlage der staatlichen Einheit aus, abgesehen davon, daß in Regierungskreisen das Französische als kulturell zweitrangig erachtet wurde. Ein »staatstheoretischer« Ausgangspunkt solcher Art nahm wie selbstverständlich die Tendenzen auf, in denen Volk, Kultur, Sprache Topoi der Staatswerdung waren, aber unter den hierzulande gegebenen Umständen war diese Politik nicht machbar. Sie setzte in einer Region an, die jahrhundertelang nicht nur eine andere kulturelle Entwicklung mitgemacht und eine festverwurzelte katholische Kirche hatte, mit allen traditionellen Ansprüchen gegenüber dem Staat und in der Gesellschaft, sondern die auch selbst sprachlich geteilt war. Mit dem Unterschied der Sprachen wuchs der kulturelle Einfluß von Süden her, dem namentlich die tonangebenden Schichten der belgischen Gesellschaft unterlagen und der sich in den zwanziger Jahren bei einer neuen Generation belgischer liberaler Intellektueller durchsetzte. Und liberal sein hieß nichts anderes als eine Konstitution in Sinne der individuellen Freiheit zu erlangen. Die persönliche, autokratische Politik des niederländischen Königs, von gutem Willen geprägt und der Förderung des Südens bevorzugt gewidmet, litt bei ihrer

Durchsetzung an den eigenen Diskrepanzen. Gerade der neue, in Belgien vorgetragene liberale Anspruch konnte sich leicht mit den Unzufriedenheiten wegen der Kirchen- und Sprachenpolitik der Regierung verbinden. Da trieb der Monarch eine Industriepolitik, die durchaus auf der Höhe der Zeit war, aber er förderte damit das Industrie-, Handels- und Finanzbürgertum, das zumindest in seinen führenden Schichten ausschließlich französisch sprach und sich mit der Sprachenpolitik des Monarchen nicht abfinden konnte. Im Süden stand eine junge liberale Intelligentia unter dem Einfluß französischer Altjakobiner und Bonapartisten, die als Juristen, politische Publizisten, Lehrer, Verleger und Buchhändler französische Kultur und französischen Lebensstil pflegten. Der Konservatismus als die im frühen 19. Jahrhundert herrschende politische Kraft sorgte auch in Belgien für Beschränkung der Pressefreiheit und -prozesse, was zur wachsenden Ablehnung des Regimes durch die jungen belgischen Intellektuellen führte.

Das brachte rasch prinzipiellen Widerstand gegen die Niederlandisierungs-Politik des Monarchen. Die führenden Köpfe des belgischen Aufstandes und der späteren Regierungen haben zuvor diesem Kreis angehört. Die niederländische Politik, die vorrangig die des Monarchen war, hatte die Absicht, das »Amalgame intime« realisieren zu wollen, und sie war damit gescheitert. Unmittelbar nach dem belgischen Aufstand schien nicht einmal mehr eine Personalunion zu den Möglichkeiten zu zählen. Ein »Amalgam«, eine wirkliche Einheit, hätte sich nicht in gemeinsamer Verwaltung oder in einer gemeinsamen Außen- und Wirtschaftspolitik erschöpfen dürfen, sondern hätte – und das war sicher Wilhelms Ziel – eine Einheitlichkeit des Denkens im Sinne einer Nationswerdung schaffen müssen. Der strenge Protestantismus im Norden stand einer Amalgamierung gewiß ebenso im Weg wie der ausgeprägte Katholizismus im Süden. Indem der König durch seine Kirchen- und Schulpolitik einen ganz wesentlichen Bereich kirchlicher Existenz zu unterlaufen drohte, rüttelte er an den Grundlagen des gesellschaftlichen Lebens in den Südprovinzen. Seine Sprachpolitik ließ sich für die flämischen Gebiete sicherlich verteidigen, aber eine Ausdehnung nach Süden, über die unmittelbar südlich von Brüssel verlaufende Sprachgrenze hinaus, mußte auf Unverständnis stoßen. Im Norden war auf jeden Fall die von den Befürwortern der Vereinigung beschworene Erinnerung an die burgundisch-habsburgische Gesamtheit ein Schlag ins Leere. Schon die »Genter Pazifikation« von 1576 hatte Schwierigkeiten mit sich gebracht. Wie sollte es jetzt anders sein, nachdem zweihundertfünfzig Jahre Geschichte die ehemaligen Provinzen auf getrennten Wegen umfassend geprägt hatten. Im Norden gab es ebenfalls Kräfte, für die die Trennung 1830 ein willkommenes politisches Ereignis war. Van Maanen hatte zudem durchblicken lassen, daß Belgien den Niederlanden beitrete, hätten die Belgier vorher doch gar keine »politische Existenz« gekannt. Das war eine nicht nur für ihn geltende Grundhaltung, die jene von Wilhelm angestrebte Nationsbildung behinderte. Auch die Bedingungen in den ehemaligen österreichischen Niederlanden vor allem nach der französischen Zeit konnten einem solchen Prozeß kaum förderlich sein. Belgien als »Carrefour d'Europe«, wie später von Henri Pirenne einmal formuliert worden ist, mochte für mancherlei Ideen offen sein, aber gerade daraus ergaben sich für die Entwicklung eines nationalen Gedankens innerhalb der eigenen Grenzen Schwierigkeiten. Die unmittelbare Gegenwart ist ein Beweis dafür.

Der Ausstieg Belgiens aus dem Vereinigten Königreich führte im Norden zu einer »allgemeinen, politischen und kulturellen Katerstimmung« (H. von der Dunk), selbst wenn es Kräfte gab, die den Provinzen des Südens nicht nachtrauerten. Der Pessimismus, der sich vorwiegend in der politischen Publizistik ausbreitete, betraf die künftige nationale Lebensfähigkeit auch des Nordens, reichte bis weit in die vierziger Jahre hinein und hob sich von Äußerungen ab, wie sie rund anderthalb Jahrzehnte zuvor Verstolk van Soelen in eigenartigem Großmachtsdenken vorgetragen hatte. Kein Geringerer als der Liberale Thorbecke gab gleich 1830 eine Broschüre heraus, in der er für Erhaltung des vereinigten Territoriums plädierte und die politische Entscheidung des Wiener Kongresses zu einem neuen Ausgangspunkt niederländischer Außenpolitik stilisierte. Er schrieb: »Die Geschichte der ehemaligen Republik hat gezeigt, daß die Seemacht Holland auf größerem Grundgebiet und höheren Bevölkerungszahlen beruhen muß. Der Zwiespalt und das fehlende Interessengleichgewicht zwischen See- und Landprovinzen hatten die Stabilität der Republik unterhöhlt. Sie hatten bewiesen, daß das Gewicht der Landprovinzen erhöht und der Staat … kräftigere Wurzeln auf dem Festland treiben muß.« In dieser Kombination von Land- und Seemacht lag für Thorbecke, wie er in einer weiteren Broschüre noch im selben Jahr feststellte, die besondere Funktion des neuen Gebildes im europäischen Mächteverband beschlossen. Es war die Wahrung des Gleichgewichts, jene Konzeption der früheren Jahrhunderte, die jetzt wieder durchdrang und letztlich die Gedankengänge der Wiener Kongreßpartner aufgriff. In der Verbindung von Land- und Seemacht ist neuerdings die Thorbeckesche Wiederaufnahme der Politik des König-Statthalters Wilhelm III. von Oranien gesehen worden (J. C. Boogman). Aber die Rufe des niederländischen Liberalen vermochten die Entwicklung nicht zu stoppen, zumal die europäischen Großmächte, die 1815 die Bildung der Nord-Süd-Union inszeniert hatten, sich mittlerweile für die Fortführung einer auf Gleichgewicht beruhenden europäischen Ordnungspolitik voll verantwortlich fühlten. Und die Entscheidung der Mächte fiel zugunsten des neuen belgischen Staates aus, was wohl anzeigte, daß sich Gleichgewichtsdenken auch mit Belgien allein realisieren ließ, wenn der richtige völkerrechtliche Status gefunden war.

Daß die politische Publizistik der Niederlande schockiert reagierte, war nicht bloß auf die 1839 endgültig geregelte Abtretung Belgiens zurückzuführen, sondern auch auf die Konfrontation eines relativ ruhigen Landes mit nationalen und radikalen Bewegungen in Deutschland und Italien. Vor allem der gesamtdeutsche Gedanke schuf in den Niederlanden Beunruhigung. Niederländische Intellektuelle äußerten sich zwiespältig. Skepsis schob sich ob der eigenen Zukunft in den Vordergrund. Für die Niederländer stellte sich die einfache Frage, ob die Selbständigkeit oder ein etwaiger Anschluß an Deutschland zweckmäßiger sei, falls es in Europa zu Konflikten komme. Es gab allerdings auch Intellektuelle, die sich mit dem zunehmenden Defätismus nicht abzufinden vermochten. Zu ihnen zählte der Amsterdamer Historiker Johannes Bosscha, der 1847 einen Angriff gegen die defätistische Mentalität in einer Rede startete, die er unter dem Titel »Die Deutschen und die Niederländer vor dem Frieden von Münster« hielt. Bosscha unterschied zwischen Volks- und Staatseinheit. Während er Volkseinheit als ein Ordnungsprinzip, göttlichem Ratschluß entsprungen, definierte, ordnete er staatliche Einheit als ein Zwangssystem aus menschlicher Kalkulation ein. Das implizierte, auch wenn es nicht expressis verbis ausgesprochen wurde, die Kongruenz von Volks- und Staatseinheit als Idealzustand. Daß sich dies gegen die Gerüchte um eine mögliche Auflösung der Niederlande im künftigen Deutschen Reich richtete, wie das häufig geäußert wurde, war einsichtig. Bosscha griff zum Beweis der Unterschiedlichkeit zwischen Deutschland und den Niederlanden tief in die Geschichte zurück und legte die Anfänge solch unterschiedlicher Entwicklung in die Mitte des 13. Jahrhunderts. Die Entscheidung schließlich der Friedensunterhändler in Münster 1648 war demnach nur die Bestätigung eines bis dahin schon voll entwickelten Prozesses. Der Amsterdamer Hochschullehrer versuchte, die öffentliche Meinung zu bearbeiten, indem er auf die Gefahren wachsenden deutschen Einflusses und auf die Übernahme einer Vielzahl von Germanismen ins Niederländische hinwies. »Die niederländische Selbständigkeit zu würdigen heißt jetzt schon, dem Spott über Vorurteil anheimzufallen, und die deutsche Volkseinheit droht unsere Nationalität mit sich zu reißen und zu verschlingen.« J. Hora Siccama, Kanzleidirektor beim Hohen Militärgerichtshof, sah solche Gefahren noch umfassender. Nicht nur Deutschland zählte zu den Furcht einflößenden Mächten, sondern auch Frankreich und Großbritannien. Es schien dem Juristen, als ob sich das national inzwischen bewußtlos lebende niederländische Volk den Nachbarn nachgerade anbiete.

Bosschas Versuch, die Niederländer zu einem national geprägten positiven Denken zurückzuführen, stand rasch zur Diskussion. Der Rezensent, der Orientalist Pieter Johannes Veth, einer der Redakteure der Zeitschrift »De Gids« und wie Bosscha Professor am Amsterdamer Athenaeum, reagierte sogleich. Wesentlich bei Veth war, daß er einerseits die Besonderheit der niederländischen Nationalität seit dem Mittelalter einräumen wollte, andererseits in der historischen Verwurzelung keinen Anspruch auf dauernden Bestand begründet sah. Für ihn war der niederländische Staat kaum noch lebensfähig, das »Goldene Jahrhundert« unwiederbringlich verloren. Nicht zuletzt die zunehmenden Demokratisierungstendenzen schienen ihm den Pessimismus eingegeben zu haben. Die Elemente des Guten, die die niederländische Nationalität noch besitze, so ließ er wissen, könnten durch Verschmelzung mit einer verwandten und zugleich stärkeren Nationalität vor Zerstörung bewahrt werden und möglicherweise sogar bessere Entwicklungsformen hervorbringen. Überlasse man solche Elemente sich selbst, dann bedeute das ein allmähliches Hinsiechen in einem zähen, aber nicht mehr fruchtbaren Leben. Deutschland gehe darüber hinaus einen Weg, der die materiellen und sittlichen Interessen seines Volkes berücksichtige, indem es darauf abziele, alle Beschränkungen seines politischen und wirtschaftlichen Lebens aufzuheben. Eine große Zukunft sei dem Land beschieden, das nach der Vereinigung aller Stämme unter einem Banner strebe. Die Rezension zu Bosschas veröffentlichter Rede war nicht das einzige Zeugnis des Vethschen Wunsches nach deutsch-niederländischem Zusammenschluß. Schon kurz zuvor hatte er solche Ansicht anläßlich eines deutsch-niederländischen Sängerfestes in seiner Zeitschrift verkündet. An Ernst Moritz Arndt meinte er anknüpfen zu müssen und fand, daß die Preisgabe der eigenen Sprache keineswegs ein allzu großes Opfer für den Anschluß an Deutschland sei. Von einer Veränderung der Sprache könne eigentlich keine Rede sein, denn es handele sich angesichts der sprachlichen Verwandtschaft lediglich um die Übernahme eines anderen Akzents. Offensichtlich war er von dem Sängerfest so fasziniert, daß er seine niederländische Staatsangehörigkeit vergaß und – nach eigenem Zeugnis – »aus voller Brust« mitsang: »Was ist des Deutschen Vaterland?«

Auch in der zweiten Hälfte des Jahrhunderts beobachteten die Niederländer das europäische Geschehen voller Angst, vor allem in den sechziger Jahren und während des deutsch-französischen Krieges. Aber es zeigte sich zugleich das Bemühen um Konsolidierung nationalen Bewußtseins und nationaler Identität durch Manifestationen im kulturellen Bereich. Das schloß an die Aufrufe an, wie sie in der Zeit der Batavischen Republik zur Pflege der nationalen Kultur und Betonung der nationalen Besonderheit ergingen. Was sich im 19. Jahrhundert auf diesem Feld vollzog, ist neuerdings von Jan Bank in Anlehnung auch an Thomas Nipperdey als »kultureller Nationalismus« umschrieben worden. Und was von der Intentionen der um nationale Identität bemühten Batavischen Republik umgesetzt wurde, knüpfte an das patriotische Prinzip der Neubelebung der Geschichte als Instrument zur Förderung nationalen Denkens sowie an das Erziehungsideal der Aufklärung an. Um die nationale Identität historisch zu verankern, schuf man Standbilder und errichtete Museen. Schon in der Zeit der Batavischen Republik wurde die Nationale Kunstgalerie im Huis ten Bosch in Den Haag eröffnet, um dem Betrachter die neue Tugend der Vaterlandsliebe näherzubringen. Das Kunsthaus wurde zu einem Anziehungspunkt für zeitgenössische Maler, die sich auf der Suche nach nationalen Geschichtsthemen inspirieren lassen sollten. Unter Louis Napoléon wurde diese Tendenz verstärkt; es entstand das Königliche Institut, der Vorläufer der Königlichen Akademie der Wissenschaften. Dem Königlichen Institut war aufgetragen, Wissenschaft, Literatur und Schöne Künste zu fördern. Der Zugriff galt immer wieder dem 17. Jahrhundert oder den Persönlichkeiten des vorangegangenen Aufstandes: Wilhelm von Oranien sowie den hervorragenden Vertretern aus Dichtung und darstellender Kunst. Vondel-Feiern wurden arrangiert, ihm zu Ehren Standbilder aufgestellt, Plätze und Parks nach ihm benannt. In gleicher Weise gedachte man des Malers Rembrandt. Der ganze pädagogische, fast volksaufklärerische Impetus äußerte sich schon früh, als man 1829 im Geburtsort Brouwershaven ein Standbild des Jacob Cats enthüllte, der im 17. Jahrhundert die Lebens- und Verhaltensregeln festgeschrieben hatte. Daß die »Maatschappij tot nut van't Algemeen« das Standbild finanzierte beweist, daß Volkserziehung zu den vornehmlichen Zielen dieser Gesellschaft gehörte. Es entsprach auch der spätestens seit der Batavischen Republik nachhaltig betonten politischen Besonderheit des Landes, wenn Klage über ein französisch inspiriertes Reiterstandbild des Wilhelm von Oranien geführt wurde. Der Dichter Jozef Albertus Alberdingk Thijm ließ wissen, der »Vater des Vaterlandes« sei kein »prahlsüchtiger Kavalier«, den man in Kriegsmontur oder im festlichen Gewand darstellen müsse; er sei vielmehr den Launen eines übermütigen Kriegsrausches zum Opfer gefallen. Der Mann der »ausgewogenen Geistesarbeit« dürfe nur ausnahmsweise zu Pferde sitzen.

Überhaupt: Die Betonung des Geistigen, vielleicht auch Insichgekehrten äußerte sich als Selbstverständnis in der darstellenden Kunst. Der französische Schriftsteller Gérard de Nerval, der 1852 durch die Niederlande reiste, meinte

49. Bekanntmachung des Ergebnisses der Parlamentswahlen von 1901 in Rotterdam

50 a. Der »Rote Dienstag« 1911 in Den Haag: Demonstration für das allgemeine
Wahlrecht. – b. Versammlung im Kampf um das Frauenwahlrecht im Juni 1916 in
Amsterdam

51 a. SDAP-Delegation beim Begräbnis von Pieter Jelle Troelstra im Mai 1930. –
b. Begrüßung von Anton Mussert auf einem Landtag der NSB

52. Arbeitsuchender Arbeitsloser während der Weltwirtschaftskrise 1929

53. Werbestelle der Niederländischen Union im Sommer 1940

54 a. Absprung deutscher Fallschirmjäger über dem Gebiet zwischen Moerdijk und Den Haag im Mai 1940. – b. Radfahrereinheit des niederländischen Heeres im Jahr 1939

55 a. Eingang zum Ghetto in Amsterdam. Photographie, 1942. – b. Begrüßung der nationalsozialistischen Jugend durch den Führer Anton Mussert im Oktober 1943 in Winterswijk

56 a. Ankündigung einer Rede des Reichskommissars Arthur Seyß-Inquart auf einer Massenkundgebung am 27. Juni 1941 in Amsterdam. – b. Ansprache Seyß-Inquarts anläßlich der Gründung der Kulturkammer am 30. Mai 1942 im Stadt-theater von Den Haag

57 a. Befreiung der Stadt Eindhoven durch die Alliierten am 18. September 1944.
– b. Verhaftung eines Kollaborateurs durch ein Mitglied der niederländischen Miliz
im Jahr 1945

58 a. Milchwirtschaft in den ersten Nachkriegsjahren. – b. Fließband-Produktion in »Van Doorne's Automobiel Fabriek«

59 a. Sitzstreik der Bauarbeiter auf dem Dam in Amsterdam während eines Zwei-Tage-Ausstandes im Juni 1966. – b. »Nozems« Anfang der sechziger Jahre in Amsterdam

60. Modernisierung der Infrastruktur: der Velsener Tunnel unter dem Nordsee-Kanal

61. Bau eines Teilabschnitts des 1987 vollendeten Delta-Projekts

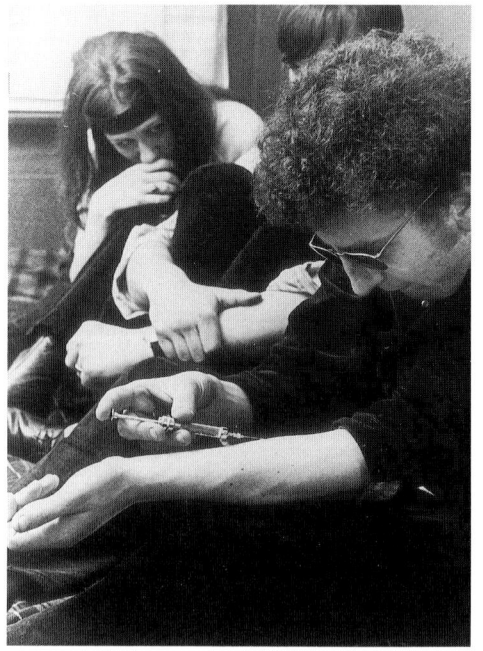

62 a. Demonstration der Frauenbewegung »Dolle Mina's«. – b. Drogenabhängige

63. Das CDA/VVD-Kabinett Ruud Lubbers (dritter von links) im November 1982
vor dem Huis ten Bosch in Den Haag

64. Der Friedenspalast in Den Haag, Sitz des Internationalen Gerichtshofes

feststellen zu können: Erasmus, Coster und auch Rembrandt schauten nachdenklich in Bücher oder zu den Musen der Kunst auf. Selbst Seehelden, vor allem in einer ihren Kriegsverrichtungen angepaßten Montur vorstellbar, sollten aufgrund einer vom Königlichen Institut ausgeschriebenen Preisfrage zu einem Standbild für Michiel de Ruyter mit »der Ruhe und Gelassenheit und mit dem Vertrauen auf die göttliche Vorsehung« dargestellt werden, die »ihn selbst im Kampf gegen eine große Übermacht nicht verlassen habe«. Es ist hier eine seltsame Beschränkung bei den Merkmalen des 17. Jahrhunderts spürbar, die jede Äußerlichkeit überging, nicht den glanzvollen Ruhm suchte, sondern neben der von anderen apostrophierten politischen Kultur die Intensität des Geistes sowie der Religion unterstrich. Es war gleichsam ein ausgewähltes 17. Jahrhundert, das für das niederländische Selbstverständnis oder für die niederländische Volkserziehung präsentiert wurde. Die Betonung der Kunst und der Künstler, der Literatur wie der Malerei, diente der Kongruenz von Staats- und Kulturnation, und bei genauem Hinschauen gab es eine Kontinuität in der Präsentation des Eigenen und Besonderen, insofern die Methode des Zugriffs auf die Geschichte ihre Vorläufer in der frühen Republik hatte, als es darauf ankam, den Aufstand gegen Spanien zu rechtfertigen und hierauf ein nationales Selbstverständnis aufzubauen. Der Künstler als historischer Multiplikator vorzüglicher niederländischer Charaktereigenschaften war jedoch eine neue Erscheinung. Der Männerchor, der im 19. Jahrhundert das Vondel-Standbild besang, wollte Vaterland und Muttersprache von Vondelschem Geist beseelt sehen; so werde weder Feuer noch Stahl die Existenz der Nation vernichten können. »Dies war die typische Äußerung eines kulturellen Nationalismus, der die Sprache zum nationalen Bindemittel und die großen Sprachkünstler rückwirkend zu den Erblassern der nationalen Kultur erhob« (J. Bank). Die Sprache als Unterpfand der nationalen Existenz war ebenso Thema der Sprachwissenschaftler, die in ihrer Arbeit einen nationalen Auftrag erblickten. Es weist auf die Kraft dieses Gedankens, wenn sieben bis acht Jahrzehnte später Johan Huizinga aus dem zunehmenden Vordringen von Germanismen ins Niederländische einen drohenden Verfall niederländischer Kultur oder gar staatlicher Existenz abgeleitet hat. Die Übernahme von Teilen einer fremden Sprache als Symptom eines Verlustes an eigenständiger Kultur mußte Anlaß zur Beunruhigung sein. Und was für die Sprache des Literaten Vondel galt, wurde mit dem Maler Rembrandt noch intensiver erlebt. Conrad Busken-Huet, führender niederländischer Journalist und Schriftsteller des 19. Jahrhunderts, gab seinem umfangreichen Werk über die Kultur der Republik im 17. Jahrhundert nicht zufällig den Titel »Das Land des Rembrandt«. Das Buch verfolgte in erster Linie das

Ziel, die Niederländer aus ihrer Zurückhaltung oder gar Lethargie zu lösen, indem man ihnen den Glanz des 17. Jahrhunderts, verkörpert durch Rembrandt, vorführte und vom Nationalprinzip redete, das die Niederländer jenes Jahrhunderts als erste vielfach angewandt hätten. In diesem Sinne wurde der Künstler Rembrandt als der Träger der niederländischen Kultur vorgeführt.

Die Suche nach der eigenen Identität begnügte sich nicht mit Demonstration von Vergangenheit in Dichtkunst und Malerei. Man griff auch zur Tonkunst, trieb Quellenkritik in diesem Bereich und konstatierte den Einfluß der alten niederländischen Komponisten auf die italienische Polyphonie. Aber über diesen Rückgriff auf die alten Meister, zum Beispiel Jacob Obrecht und Jan Pietersz. Sweelinck, hinaus ging es um die musikalische Aufbereitung der nationalen Geschichte und um die »zeitgenössische« Umrahmung nationaler Feierlichkeiten. Die Rezeption der deutschen Liedertafelkultur sorgte dann für Oratorien, Festchöre und Kantaten zu Themen der niederländischen Vergangenheit, zu den großen Fixpunkten des Geschehens. Eine Oper über Floris V., Graf von Holland, wurde geschrieben, ebenso ein Oratorium über den Entsatz des 1575 belagerten Leiden oder ein Chor mit Texten über den als Vorbild des Freiheitskämpfers stilisierten Claudius Civilis. Außerdem vertonte man Ereignisse der Gegenwart wie den Kampf gegen die Aceh-Bevölkerung auf Sumatra – ein Stück Kolonialgeschichte, die man ohnehin zu verherrlichen verstand. Wie die Komponisten sich zumeist mit der Vergangenheit des Landes beschäftigten, so taten es auch die Literaten mittels des historischen Romans. Der Dichter David Jacob van Lensiegt zählte zu jenen, die weit in die Vergangenheit, zur »Abtei von Egmond«, zurückgriffen. Das mag lediglich als ein weiteres Stückchen im Mosaik der historischen Identitätssuche des niederländischen 19. Jahrhunderts zu sehen sein, aufschlußreich aber ist die Verbindung der Malerlandschaft Hollands mit den historischen Überresten: der Überrest als Impuls zur Erinnerung an die Vergangenheit, die Natur als die ureigene Umgebung der Geschichte, als ihr zugehörig. Die Einbettung historischer Überreste in die Landschaft erinnert an die umfangreiche, realistische Landschaftsmalerei des 17. Jahrhunderts, die nach Ansicht der Kunsthistorikerin Swetlana Alpers nicht zuletzt aus dem Bewußtsein über ein im Aufstand gewonnenes neues Eigentum zu deuten ist. Der auffällige Romantizismus dieses Genres blieb freilich nicht unwidersprochen. Der Kreis um die Zeitschrift »De Gids«, zu dem Bakhuizen van den Brink gehörte, konnte gerade im Rückgriff auf das, noch dazu katholische Mittelalter kein Heil sehen, sondern hob die Jahrzehnte republikanischen Stolzes und überschäumender Energie der Bürger als einzig relevant hervor, weil in ihr gleichfalls die Freiheit verteidigt wurde.

So blieb der sich in mancherlei Spielformen der Kultur äußernde nationale Gedanke eine Angelegenheit von Bürgern, die sich auf die alte bürgerliche Lebens- und Verhaltensweise beriefen. Der offensichtlich hohe Bedarf der niederländischen Gesellschaft an solcher Manifestation, die die Nation als eine Gemeinschaft von Sprache und Kultur begriff, war sicherlich ein die Parteien und gesellschaftlichen Gruppen übergreifendes Phänomen. Für die Liberalen war es im Zugriff auf das 17. Jahrhundert ebenso leicht zu vertreten wie für die Konservativen der alten Notabeln-Kaste oder für die Konfessionellen, die Katholiken wie die Protestanten, und das trotz des Antagonismus der Konfessionen in den ersten sieben Jahrzehnten. Katholiken wie Willem Jan Frans Nuyens oder Alberdingk Thijm hätten zwar den grenzüberschreitenden Gedanken der Kulturnation verbreiten können, doch sie verblieben im Rahmen der eigenen Grenzen und begnügten sich mit dem Nachweis, daß die niederländische Identität nicht ausschließlich protestantisch geprägt sei. Auf protestantischer Seite rückte in der zweiten Hälfte des 19. Jahrhunderts in dieser Frage der historischen Grundlagen der niederländischen Identität nicht jene antikatholische Haltung in den Vordergrund, die noch in Zeiten der April-Bewegung 1853 die Feder diktiert und den Katholiken überhaupt jede nationale Qualität abgesprochen hatte. Abraham Kuyper, der Führer der Protestanten in der zweiten Jahrhunderthälfte, befaßte sich intensiv mit diesem Themenkomplex. Er sprach anläßlich des siebenjährigen Bestehens der Vrije Universiteit, Amsterdam, über die doppelte Loyalität des Christen: Er sei der Universalität des Christentums verpflichtet und zugleich »unserer Nation an den westlichen Stränden mit ihrer schönen Sprache und ihrer ruhmreichen Vergangenheit und ihren überreichen Besitzungen und – mehr noch – mit ihrer tiefernsten Berufung«. Kuyper, der hier die gängige Wortwahl aufgriff, wäre nicht der anerkannte protestantische Bibelmann gewesen, wenn er dem nationalen Gedanken nicht auch die biblische Begründung mitgegeben hätte. Nationale Haltung war demnach nur die Konsequenz göttlichen Zorns über babylonischen Hochmut und zugleich eine Gnade Gottes. »Sich dieses Ursprungs bewußt werdend«, so hieß es in seiner Jubiläumsrede, »hat jedes Volk die Vaterlandsliebe immer zu den heiligen Dingen gezählt, wurde Landesverrat auch immer als teuflisches Vergehen gebrandmarkt und ist die Aufgabe, für das uns von Gott geschenkte Vaterland zu leben und zu sterben, in allen Jahrhunderten und überall immer die Ehre gewesen, die dem Mann zuteil wurde.«

Inwieweit die Äußerungen nationalen Denkens, gleichviel, ob sie in Stein gehauen, in Worte gefaßt oder in Noten gestochen waren, rezipiert worden sind, dürfte schwer auszumachen sein. Um eine halbwegs klare Auskunft geben zu können, wäre eine gründlichere Untersuchung der veröffentlichten Meinungen zu kulturellen und politischen Ereignissen ebenso erforderlich wie eine Erforschung des niederländischen Vereinslebens. Das Phänomen des kulturellen Nationalismus, das man eine historisch gestützte Selbstfindung nennen könnte, war gewiß nicht auf das Königreich der Niederlande begrenzt, aber hier wirkten die Bemühungen um ein neues Zusammengehörigkeitsgefühl recht angestrengt, weil einerseits die Vorbildlichkeit der Nation im 17. Jahrhundert und in der dort schon bemühten Historizität gesucht wurde, andererseits die Furcht vor einem Verlust der nationalen Existenz immer wieder im Vordergrund stand. Das lag nicht zuletzt an der Bindungslosigkeit eines Kleinstaates, der den eigenen, sodann durch die Abtrennung Belgiens nachhaltig betonten Abstieg in eine geringe Bedeutung noch nicht recht überwunden hatte. Dagegen entwickelte Belgien mit dem Status der garantierten Neutralität bei aller Einengung des eigenen Handlungsspielraums ein höheres Maß an Selbstsicherheit, wozu der Triumph des gelungenen Aufstandes einiges beigetragen haben dürfte, der zur Trennung von den nördlichen Niederlanden führte. In den Niederlanden schwächte sich gegen Ende des 19. Jahrhunderts der Rückgriff auf die ruhmvolle Vergangenheit zur Stütze der Identitätsbildung merklich ab. Im Zuge der erklärten Neutralitätspolitik schob sich ein neues, positiv gewendetes Selbstverständnis nach vorn.

Andere Versuche zur nationalen Selbstfindung bedienten sich der Aktualität. Thorbecke wies anläßlich des Grundgesetzes von 1848 darauf hin, daß das Grundgesetz von 1813/1815 die Niederländer nicht aus ihrer Lethargie habe wachrütteln können, weil die Staatsbürgerschaft nicht verankert gewesen sei. Ohne Zweifel wurde hier eine Relation zwischen Staatsbürgerschaft und Selbstfindung gesehen, wurde erkannt, daß der Mündigkeitsprozeß mit seinem Endpunkt einer vollwertigen Staatsbürgerschaft auch der Identifikation des Einzelnen mit Staat und Gesellschaft, mithin der nationalen Selbstfindung dienen konnte. Die im niederländischen Staatsleben nunmehr verankerte Monarchie vermochte einiges zum nationalen Gedanken beizutragen. Sie erschien akzeptabel, vor allem für die bis dahin agierende oder in der französischen Zeit am Rande gestandene politische Klasse. Letztlich startete die Monarchie mit Erfolgserlebnissen. Zum einen löste sie die französische Fremdherrschaft ab, ohne daß dies freilich das Resultat eigenen nationalen Widerstandes gewesen wäre, zum anderen erweiterte sich das Herrschaftsgebiet um die südlichen, österreichischen Niederlande. Dieses Ergebnis der Verhandlungspartner des Wiener Kongresses wurde im Norden, zum Beispiel von Verstolk van Soelen, als ein Erfolg empfunden. Und mehr noch: Für die politische Klasse trat die Einsicht in die Unzulänglichkeiten des Ancien régime hinzu, zumal diese mit dem Untergang der Republik eng verknüpft waren. Die Beendigung des alten Gegensatzes zwischen Statthaltern und Regenten war nicht so wichtig wie die Überwindung des bis hin zum Partikularismus ausufernden Föderalismus des alten Systems. Die Verkündung des nationalen Gedankens in der Patrioten-Zeit war nicht nur Ausfluß aufklärerischer Ideen, sondern entsprang ganz konkret dem Wunsch nach mehr Einheit im Land, den die Batavische Republik zu verwirklichen suchte. Außerdem konnte die Zeit des Königs Louis Napoléon durchaus als vorbildlich gedeutet werden und somit für einen Mann wie Gijsbert Karel van Hogendorp die Arbeit erleichtern.

Ein weiteres noch: Während die Monarchie die alte aristokratisch geprägte Republik mit ihrem Prinzip der provinzialen Souveränität überwand, behielten die alten tragenden politischen Kräfte zunächst ihre Funktion. Im Unterschied zu der Lage in weiten Teilen Europas gab es außer der wenig effektiven republikanischen Struktur mit ihrem eigenwilligen Souveränitätsbegriff nichts zu überwinden. Der mancherorts das innenpolitische Geschehen prägende Gegensatz zwischen einer aus der absolutistischen Form hervorgehenden Monarchie und einem gleichsam frischgeborenen oder politisch sich bewußtwerdenden Bürgertum hatte nicht die Breitenwirkung wie in anderen Ländern. Der Übergang in die Monarchie war auch kein Oktroi, sondern eine Maßnahme aus Einsicht, vielleicht sogar der Versuch einer Synthese aus Überwindung von Unzuträglichkeiten und Beibehaltung alter politisch mitbestimmender Kräfte; das mutete im Hinblick auf die soziale Zusammensetzung im europäischen Vergleich vorerst immer noch modern an, obwohl es sich um elitäre Strukturen handelte. Dabei blieb der König selbst nicht untätig. Sowohl seine Industrialisierungspolitik im zuerworbenen Belgien als auch seine handelspolitischen Maßnahmen in der ehemaligen Republik schufen einen Rahmen, der ihn als einen modernen Monarchen erscheinen ließ. Dieser Eindruck wurde noch dadurch erhärtet, daß unter ihm eine Kolonialpolitik eingeführt wurde, die innerhalb relativ kurzer Zeit zum finanziellen Erfolg führte. Wirtschaftspolitisch gesehen war der König bestrebt, die alte Regenten- und Bürgerschicht zu übertreffen. Er setzte sich wirtschaftlich für das neue Herrschaftsgebiet stark ein, zuweilen zum Leidwesen der Nordniederländer, erfuhr aber deutliche Solidaritätsbekundungen, als sich der Süden trennte. Der Monarch war im übrigen klug genug, die alten Regentenfamilien, gleichviel, ob sie ursprünglich zu den Patrioten gezählt hatten oder nicht, an die Dynastie zu binden, indem er sie in hohe Positionen auf Landes- und Provinzial- oder Kommunalebene brachte. Nicht einmal jene, die mit Napoleon gearbeitet hatten, wurden übergangen.

Doch eine derart enge Anbindung der alten Eliten an die Monarchie hätte vermutlich kaum genügt, um die Monarchie zu einer bindungsfähigen nationalen Institution zu erheben, wären da nicht auch jene Schichten der Bevölkerung gewesen, die aus alter Oranientreue diesem Hause und mit ihm der Monarchie anhingen. Nicht Monarchie überhaupt, sondern Monarchie mit den Oraniern als Herrschern schwebte jenen Niederländern vor, die hier die Schicht der calvinistischen Kleinbürger ausmachten, neben den städtischen Unterschichten, die in der Patrioten-Krise noch auf seiten des Oraniers gestanden hatten, und neben der bäuerlichen Bevölkerung, soweit sie zu den orthodoxen Calvinisten zählte. Es war eigenartig, daß die Calvinisten die enge Verflechtung von Oranien und niederländischem Protestantismus gegeben sahen, obwohl der Monarch eine auf Staatskirchentum zielende Politik betrieb, die man in Kirchenkreisen nicht guthieß. Die von protestantischer Seite postulierte enge Verbindung von Herrscherhaus und Protestantismus wurde auch im 19. Jahrhundert zu einem besonderen Merkmal der niederländischen Nation stilisiert, was der nationalen Integration aller Kräfte insofern abträglich sein mußte, als die Katholiken einen recht großen Bevölkerungsanteil stellten. Kritik an der königlichen Kirchenpolitik hatte wenig Sinn, solange die Calvinisten ihren politischen und gesellschaftlichen Führungsanspruch allein aus der Vergangenheit begründeten, denn die war nun einmal in enger Verzahnung mit dem Haus Oranien gestaltet worden. Es galt die alte Verbindung »Nation–Oranien–Protestantismus«. Der Monarch begriff die mit solchem Anspruch verbundenen Gefahren für den nationalen Zusammenhalt sehr wohl, ohne selbst die extremsten Formen des konfessionellen Antagonismus, wie er sich in der Phase der April-Bewegung abspielte, noch miterlebt zu haben. Es war ihm nicht gelungen, die protestantische Bevölkerung samt deren Vertreter zu einer toleranten Einstellung zu bewegen und den Gedanken durchzusetzen, daß auch den Katholiken die Identifikation mit Staat und Nation zugestanden werden müsse. Damit waren von Beginn an von nordniederländischer Seite einer Wiederherstellung des alten burgundischen Staates Hindernisse in den Weg gelegt. Die antikatholische Komponente im niederländischen Identitätsbildungsprozeß überdauerte die Regierungsjahre des ersten Monarchen; sie kam erst zu Beginn der zweiten Jahrhunderthälfte voll zum Austrag. Daran änderte auch die Vondel-Verehrung, die nationale Auswertung des Dichters nichts, der schließlich zum Katholizismus konvertiert war. Daß der Monarch bei den Katholiken kaum Sympathien zu gewinnen vermochte, lag hauptsächlich an dem Versuch, auch ein Aufsichtsrecht über die katholische Kirche wahrzunehmen, wie er das bei den Protestanten tat. Antikatholische Einstellung kam von den Protestanten, nicht vom königlichen Hof. – Insgesamt war der konfessio-

—·—·— Grenze des Königreichs 1815 bis 1830

▨ von Frankreich 1815 zurückgegebenes Gebiet

Den Haag und Brüssel Sitze der Generalstände der Niederlande

ⅢⅢⅢⅢⅢ Grenze zwischen Niederlande und Belgien 1830

Das Königreich der Niederlande 1815 bis 1830

nelle Antagonismus weder für die Dynastie Oranien noch für ihre integrative Kraft von Bedeutung. Die gesicherte Position blieb unbestritten und konnte genutzt werden, um gegen die Lethargie und Apathie der Niederländer durch immer wiederholten Hinweis auf die engste Verbundenheit des Hauses mit dem Freiheitskampf anzugehen. Das Haus Oranien spielte – und dies zu Recht – in der historischen Begründung der Nation bei den Geschichtsschreibern oder politischen und historischen Publizisten immer eine Rolle, gleichviel, ob man aus oranienfixierter Warte, aus liberaler Ecke oder streng calvinistischer Sichtweise die Vergangenheit beschwor. Das führte häufig zu hagiographischen Ergebnissen, zu einem Oranienmythos, der bei nationalen Festen voll ausgespielt werden konnte. Mit der historischen Realität hatte solcherlei Entwicklung insofern wenig zu tun, als der ganze Konfliktreichtum, der die Republik im Zusammenhang mit der Position der Statthalter geprägt hatte, nicht mehr Gegenstand der Betrachtung war. Die politische und gesellschaftliche Sicherung der Dynastie zur Regierungszeit Wilhelms I. und danach beurteilte man nicht völlig kritiklos, aber die Kritik, die vor allem zu Zeiten Wilhelms III. in Verfassungsfragen losbrach, stellte niemals die Staatsform »Monarchie« in Frage.

Die Verfassung der Monarchie und ihre Entwicklung

Die Niederlande wurden 1813 von der französischen Herrschaft befreit, ohne selbst Entscheidendes dazu getan zu haben. Gijsbert Karel van Hogendorp proklamierte am 17. November den Aufstand, kurz nachdem kleine, an der Leipziger Völkerschlacht beteiligt gewesene Verbände der antinapoleonischen Koalition in die Niederlande eingerückt und am 12. November Zwolle, drei Tage später Groningen besetzt hatten. Am selben Tag verließ die französische Garnison Amsterdams die Stadt, um die eigenen Truppen bei Utrecht zu verstärken. Dem Abzug aus der Stadt folgten Unruhen. Die Hogendorpsche Proklamation war ein riskantes Unternehmen, das nur gelingen konnte, weil die völlig demoralisierten französischen Truppen ihre Stellungen preisgaben. Hogendorps Vorstoß diente dem Zweck, die Koalitionsmächte zu einer raschen Befreiung der Niederlande zu veranlassen und gleichzeitig die nationale Selbständigkeit des Landes zu betonen, das nunmehr ohne Einfluß von außen das Recht für sich in Anspruch nahm, künftig den inneren und äußeren Kurs zu bestimmen. Innenpolitisch galt es jetzt, die Konstitution zu gestalten, die Herrschaftsverhältnisse zu regeln. »Oranje Boven« lautete der Ruf gleich am Anfang der Proklamation. Das statthalterliche Haus, dessen jüngster Sproß, Wilhelm VI., zu dieser Zeit in

England weilte, war neuerlich angesprochen – wieder in Zeiten der Wirren, aber nun auch, um einen neuen Platz in einem neuen System einzunehmen, das noch beraten und festgeschrieben werden mußte. Prinz Wilhelm VI. sollte zunächst zur »Hoge Overheid« ausgerufen werden; dies war ein bekannter Titel aus den Tagen des niederländischen Aufstandes. Am 21. November kam eine vorläufige Regierung (»Algemeen Bewind«) unter van Hogendorp zustande, und am 1. Dezember boten die Niederländer dem Prinzen den Titel »Souveräner Fürst« an. Der Prinz proklamierte, er nehme »unter der Garantie einer freien Konstitution« an. Es stellte sich die dringliche Frage, wie diese auszusehen hatte. Immerhin waren die Erfahrungen und Unternehmungen nach der Französischen Revolution zu tiefgreifend, als daß nicht Veränderungen gegenüber der vorrevolutionären Periode des Ancien régime hätten kommen müssen. Wie selbstverständlich wandelte sich die ehemalige Republik innerhalb kurzer Zeit in eine Monarchie, in der das Haus Oranien-Nassau nach knapp zweieinhalb Jahrhunderten Statthalterschaft nunmehr auch die Monarchen stellte. In der französischen Phase war viel über mögliche Herrschaftsformen in den Niederlanden nachgedacht worden, hatte man neue Formen gefunden, und es stand schon lange fest, daß das Ancien régime nicht wiederhergestellt werden konnte.

Die Niederlande nahmen ab sofort wieder als souveräner Staat am europäischen Geschehen teil. Daß der Oranier, am 30. November 1813 aus England kommend, Fuß auf niederländischen Boden setzten, dort zunächst die Stellung eines »Souveränen Fürsten«, sodann die des Königs der Vereinigten Niederlande akzeptieren konnte, war sicherlich die Folge einer souveränen Entscheidung, die freilich das Wohlwollen Englands hatte und wohl solchen Wohlwollens bedurfte. Der neue Status des Hauses Oranien erfuhr sogleich eine breite, nationale Zustimmung. Hatten in der Zeit des Ancien régime die Statthalter immer wieder Parteiungen und Faktionen verursacht, so vertrat Wilhelm VI. jetzt das Ganze. Die im Gefolge der Französischen Revolution und der Napoleonischen Zeit entstandenen Regime in den Niederlanden, die Ein-Mann-Regierung des Schimmelpenninck, die Monarchie des Louis Napoléon und schließlich die Umwandlung in ein französisches Département, trugen zu der Erkenntnis bei, daß eine monarchische Regierung das zeitgemäße System sein mußte, wollte man die nationale Einheit herstellen und bewahren. Schon die Patrioten hatten die Einheit der niederländischen Republik beschworen, zumindest aber den auf Partikularität bedachten Föderalismus überwinden wollen. Und wenn je während der Republik der Gedanke der Einheitlichkeit vertreten worden war, dann am ehesten noch durch die Statthalter des Hauses Oranien, nicht aber durch die städtischen Regenten.

War die Verbindung von nationaler Einheit und Monarchie die eine Seite der Neuerung, dann bot sich die andere in der Einbettung der Monarchie in die Regeln einer Verfassung. Das entsprach dem allgemeinen Trend. Konstitution im Wortgebrauch des 19. Jahrhunderts implizierte Liberalität des Geistes und der politischen Kultur, Aufhebung absoluter Herrschaft und Einführung eines an Freiheit und Kontrolle orientierten Systems und auf jeden Fall vorab eine Begrenzung des legitimistischen Prinzips. Johan Rudolf Thorbecke und andere Träger von Politik und Kultur vertraten zu Recht die Meinung, daß die Republik schon einen Standard der Liberalität und des Geistes erreicht hatte, ehe dieser nach Aufklärung, Amerikanischer und Französischer Revolution allgemeine Tendenz wurde. Im Hinblick auf die niederländische Konstitution, das Grundgesetz (»Grondwet«), war es ein plausibler Vorgang, wenn in der Phase des staatlichen Wiederaufbaus nach Jahren fremder Herrschaft Erfahrungen und Vorzüge der Vergangenheit eingebracht wurden. Es entsprach kühler Rationalität ebenso wie historischem Denken, wenn im neuen Grundgesetz Effizienz und staatsbürgerliche Freiheit nebeneinandertraten. Die neue konstitutionelle Monarchie war das Ergebnis der Abstimmung beider Elemente aufeinander. Es ist im Hinblick auf die Frage nach der Funktion republikanischer Traditionen bei der Einführung der parlamentarischen Monarchie im Zeitraum bis 1848 über die Fruchtbarkeit der Republik für das Verfassungsleben der Moderne gestritten. Da ist die Meinung vertreten worden, das soziale und politische System der Republik sei weit davon entfernt gewesen, einen fruchtbaren Ausgangspunkt für demokratisches Wachstum gebildet zu haben. Tatsächlich waren die Freiheiten der Republik auf dem Boden kollektiver Souveränitäten entstanden, nachdem man sich dem auf Zentralisation erpichten Landesherrn widersetzt hatte, und sie waren auf der Basis einer städtisch orientierten Privilegienwelt erwachsen, getragen vornehmlich von der Regentenaristokratie. Und eben da setzt die verfassungshistorische Betrachtung an. Als ein auf oligarchisches und korporatives Privileg abhebendes System habe es einer demokratisch geprägten bürgerlichen Gleichheit und individueller Freiheit widersprochen. Der Erfolg des Aufstandes und die Gründung der Republik ließen sich aus solcher Sicht nicht als Ausgangspunkte für einen modernen Staat begreifen. Die andere Richtung hat dagegen die Bedeutung des sorgsamen Respekts vor erworbenen Rechten hervorgehoben, die jede Neigung staatlicher Macht, »korporative und später auch individuelle Freiheit zu unterlaufen, begrenzt« habe. Betont wurden die politische Kultur des gütlichen Ausgleichs, der korporative Relativismus und die Neigung zum politischen Kompromiß. Somit wies diese Richtung auch den Radikalismus von 1798 zurück; statt dessen erwärmte sie sich für das gemäßigte Regierungs- und Strukturprinzip von 1795/96 und für die directoire-ähnlichen Tendenzen nach 1798, »als ein natürlicher Relativismus und provinzieller Partikularismus den extremen Unitariern widerstanden«. So standen hier die an den Errungenschaften des ausgehenden 19. und beginnenden 20. Jahrhunderts orientierten Auffassungen über die Modernität der Massendemokratie einer eher rückwärts gewandten Konzeption gegenüber, nach der die Übernahme alter Freiheiten und die Einführung der Gewaltenkontrolle, zunächst die Volkssouveränität ausschließend, eine gelungene, nicht von Massenkonvulsionen erschütterte Basis für den weiteren Ausbau der Herrschaftsstrukturen im demokratischen Sinne darstellten. Wie immer man das Grundgesetz werten will, es entsprach der Tendenz der Zeit, daß es überhaupt entstand – die deutschen Fürsten hatten zunächst nur ein Verfassungsversprechen gegeben –, aber es zog der Verlagerung des politischen Willens in das Kontrollorgan, die Kammern, hinein durch die Selektion des Wählers und in der Festschreibung des Verhältnisses des Monarchen zu den Kammern enge Grenzen. Es stimmte mit der Tradition der Republik überein, wenn dann moderne Grundrechtsforderungen ohne großartige Diskussionen in das Grundgesetz aufgenommen wurden: die Unverletzlichkeit der Person, die Unversehrbarkeit der Wohnung, das Recht auf Eigentum, Pressefreiheit, Bekenntnisfreiheit und -gleichheit, gleiches Recht bei Ernennungen, Gleichheit vor dem Gesetz, Öffentlichkeit der Rechtsprechung, Petitionsrecht.

Doch die in der Republik gelebte, obwohl im modernen Sinn nicht festgeschriebene Freiheit kannte ihre Schwächen in den oligarchischen Tendenzen ebenso wie in den Schwierigkeiten des politischen Entscheidungsprozesses. Nicht zuletzt unter dem Eindruck der Patrioten-Zeit und der Batavischen Republik entschied sich der Inspirator und Autor des Grundgesetzes, Gijsbert Karel van Hogendorp, für eine »eenhoofdige« Regierung, für eine Spitze, die zunächst den Titel »Souveräner Fürst«, sodann den einen »Königs« erhielt. Dieser Staatsmann und Politiker stammte aus altem Patriziergeschlecht. Als junger Mann war er weit gereist, hatte zu Beginn der achtziger Jahre in Nordamerika Kontakt mit Thomas Jefferson und anderen amerikanischen Staatsmännern der ersten Stunde. In den Niederlanden stand er 1787 mitten im Patrioten-Streit und trat als Anhänger des Elie Luzac auf. Er schrieb Briefe und Memoranden, um das aktuelle Thema einer neuen staatsrechtlichen Struktur in den Niederlanden in den Griff zu bekommen. Er handelte über Demokratie und Aristokratie, über Volk, Monarchen und Regenten. Dabei sollte das Haus Oranien eine Mittlerrolle zwischen den Regenten und dem Volk einnehmen. Obschon dabei manches noch etwas unausgegoren war, fanden sich hierin bereits die Grundlagen für eine künftige konstitutionelle Monarchie, Grundlagen, die er in der Zeit der Batavischen Republik weiterentwickelte und nun, nach dem Ende der französischen Herrschaft, realisieren konnte, nachdem er seine Gedanken kurz zuvor, 1812, im »Schets eener grondwet voor het Koninkrijk Holland« gebündelt hatte. Den Entwurf brachte van Hogendorp in leicht revidierter Form bei einem eigens bestellten Verfassungsausschuß ein. Der konservativ zusammengesetzte Ausschuß ließ am 29. März 1814 das Ergebnis der Beratungen durch eine von den Provinzialgouverneuren des Landes bestellte Notabeln-Versammlung annehmen, mit 448 gegen 26 vornehmlich katholische Stimmen. Der Transfer der republikanischen kollektiven Souveränitäten auf eine monarchische Spitze erfolgte im Rückgriff auf die vorrepublikanische Zeit. Er diente eher der Einheit der Nation als dem Einheitsstaat und kam der grundsätzlich festzuschreibenden Disziplinierung der provinzialen oder lokalen Individualität der republikanischen Phase entgegen. Dieses erste Konstrukt von Einheit und Vielfalt erinnerte an die burgundisch-habsburgische, selbst noch an die republikanische Periode, mit dem wesentlichen Unterschied freilich, daß die aus Provinzialständen delegierten Abgeordneten der Generalstände nicht mehr weisungs- und auftragsgebunden waren. Hierin lag ein Stück Modernität, machte sich eine Überwindung des Ancien régime bemerkbar. Es entsprach zudem der Tendenz, wenn die Generalstände mit dem Haushalts- und Initiativrecht ausgestattet wurden, selbst wenn die Kompetenz des Monarchen reichlich bemessen war. Er nahm nicht nur die Exekutive wahr, sondern teilte sich auch die Legislative mit den Generalständen. Mit dem »Blanketwet« von 1818 erhielt er sogar die Befugnis, die von ihm selbst erlassenen Verordnungen mit strafrechtlichen Sanktionen zu verbinden. Er beeinflußte die grundsätzlich unabhängige Gerichtsbarkeit dadurch, daß er die Richter ernannte.

Dem Monarchen stand in der Exekutive ein Staatsrat beratend zur Seite. Er ernannte und entließ die Minister, bestimmte selbständig die Richtlinien der Außenpolitik. Auf Drängen der Belgier wurde das 1814 vorgesehene Einkammersystem in ein Zweikammersystem umgewandelt. Die Generalstände (»Staten-generaal«) wurden bei diesem Verfahren zur Zweiten Kammer. Die Erste Kammer bestand aus vierzig bis sechzig Mitgliedern, die vom König aufgrund von Besitz, Geburt oder wegen besonderer Verdienste für den Staat auf Lebenszeit ernannt wurden. Der föderalistisch-unitarische Kompromiß zeigte sich in der Zusammensetzung der Zweiten Kammer. Die Abgeordneten dieses Gremiums setzten sich aus Vertretern der einzelnen, wiedereingeführten Provinzialstände zusammen, die nach einem indirekten, ständisch gegliederten Wahlsystem gewählt wurden, aus dem Adel, den städtischen Bürgern und den Landständen. Die delegierten Vertreter waren nicht mehr auftrags- und weisungsgebundene Abgeordnete ihrer Körperschaften. Von einer echten Volksvertretung konnte natürlich keine Rede sein. Sie wirkte zwar bei der Gesetzgebung mit, hatte auch das Initiativrecht und ratifizierte den Staatshaushalt, doch das waren begrenzte Kompetenzen, weil zum einen Gesetze nur in wenigen Fällen vorgeschrieben waren, das meiste also auf dem Verordnungsweg lief, und weil zum anderen die Haushaltsbewilligung für zehn Jahre galt, jährliche Bewilligung nur bei unvorhergesehenen Ausgaben. Da auch die Ministerverantwortlichkeit fehlte, war dem Monarchen die Möglichkeit der persönlichen Herrschaftsausübung gegeben.

Im Blick auf die Beibehaltung des einheitlichen Rechts, der Einheitlichkeit der Rechtspflege, der Steuer-, Verwaltungs- und Währungseinheit bewies das unitarische Prinzip seine Wirkungskraft, während vom demokratischen Prinzip, das nicht nur als Diskussionsgegenstand nicht neu war, sondern seinen Platz bereits in der Konstitution von 1798 gefunden hatte, gar nichts mehr zu spüren war. In der staatsrechtlich-politischen Erörterung jener Jahrzehnte, vor allem bei einem Regenten wie van Hogendorp, war der Begriff »Volk« so wenig konsistent und fest umrissen, wurde er so unterschiedlich verwendet, daß mit dem Begriff »Volkssouveränität« auch eine ständisch strukturierte Entscheidungskompetenz gemeint sein konnte. Jedenfalls hatten der hohe Zensus und das indirekte Wahlrecht mit Demokratie nichts zu tun; im Norden zählte man ungefähr 80.000 Wähler, in Belgien 60.000. Ein verfassungspolitisch relativ früh unter dem Einfluß der Französischen Revolution in Gang gekommener Demokratisierungsprozeß wurde hier endgültig unterbrochen, und zwar nicht von außen her. Sowohl unter dem Aspekt des begrenzten Wahlrechts als auch unter dem der vorerst noch eingeschränkten Kontrolle der Exekutive durch eine nicht mehr weisungsgebundene Instanz sowie unter dem der Umsetzung der privilegierten Gruppenfreiheit in verfassungsmäßig garantierte Individualrechte war die neue Konstitution eine frühliberale. Sie ging im Augenblick ihrer Vereinbarung über den Zustand etwa in deutschen Ländern hinaus, wo sich Fürsten lediglich dazu durchzuringen vermochten, in der Wiener Bundesakte ein Verfassungsversprechen niederzuschreiben. Zwischen der Garantie bürgerlicher Freiheiten und staatsbürgerlichem Bewußtsein bestand allerdings auch in den Niederlanden kein Automatismus. Die Annahme der Verfassung lief einigermaßen unbeachtet ab, weil die breitesten Bevölkerungsschichten wegen der sie bedrückenden wirtschaftlichen Stagnation kaum Interesse dafür aufbrachten. Das Land entwickelte eine extreme Klassen- und Standesgesellschaft mit hohem Pauperisierungsgrad bei einem traditionalistischen Wirtschaftsverhalten. Hierzu schrieb Niebuhr: »Es ist der natürliche Gang der Entwicklung des Geldreichtums, daß, während die Reichen immer reicher werden, nicht nur eine unzählige Menge absolut Armer – Bettelarmer – entsteht, sondern die mittlere und genügsame Wohlhabenheit untergeht und zuletzt fast niemand in der Mitte zwischen den enorm Reichen und immer reicher Werdenden und den Blutarmen bleibt.« Die wirtschaftshistorische Analyse zu Ausgang des 20. Jahrhunderts stellt dieser Phase der niederländischen Entwicklung kein besseres Zeugnis aus. Es herrschte eine auffällige politische Ruhe im Land, die mancher als Lethargie bezeichnete. In Auswertung der ersten fünfundzwanzig Jahre politisch-kultureller Mentalität der Niederländer schrieb 1848 der dem Geist der Romantik verpflichtete Thorbecke, die Verfassung von 1814/15 habe die vornehmste Triebfeder des Jahrhunderts, die Staatsbürgerschaft, schlafen lassen, soviel es in ihrer Macht lag. Den Bürgern sei es nicht zu Bewußtsein gekommen, daß sie mitregierten. »Ohne dieses Bewußtsein basiert der Staat nicht auf nationaler Kraft, und ohne hochentwickelte nationale Kraft bleibt heutzutage kein Staat erhalten.« Thorbecke traf im Kern das Wirkliche, denn den hektischen Neuerungsversuchen der Patrioten-Zeit und der unmittelbar folgenden Jahre mit ihrer spezifisch französisch geprägten Fortsetzung in der Batavischen Republik folgte eine verfassungstheoretische und -politische Stille. Es fand die Kontraktion einer Notabeln-Schicht statt, die zunächst einmal mit dem neuen Grundgesetz zufrieden sein konnte, als ob ein für allemal das entscheidende Wort gesprochen worden sei. Das ist einigermaßen auffällig, gemessen an dem, was sich 1830/31 an konstitutionellem Leben und Konstitution in Belgien abspielte.

Nach dem Ausstieg Belgiens aus dem Vereinigten Königreich war eine Verfassungsänderung vonnöten. Bis dahin waren das persönliche Regiment des Königs und vor allem die Finanzpolitik als Belastung empfunden worden, und der nationale Vorschuß, den der Monarch im Kampf gegen das aufständische Belgien erhalten hatte, war aufgebraucht. Die Folge war, daß die Zweite Kammer 1839 das Zehnjahreshaushaltsgesetz verwarf. Der Kolonial- und der Finanzminister traten zurück, um das Ansehen des Königs, dessen Politik niedergestimmt wurde, nicht weiter zu schädigen. Zu Recht hat Pieter Jacobus Oud festgestellt, daß hier der erste Schritt auf dem Weg zur ministeriellen Verantwortlichkeit unternommen worden ist. Und diese war Gegenstand der Diskussion, als im Herbst 1839 die Änderung des Grundgesetzes auf der Tagesordnung stand, weil die Lage seit 1830 verfassungsrechtlich nicht tragbar war. Die Generalstände arbeiteten nur noch als Rumpfparlament, da die Vertreter Belgiens fehlten. Es tauchten damals erste Stimmen auf, die in einer Reform allein wenig Heil sahen. Der Haager Advokat Dirk Donker Curtius schlug dabei radikale Töne an. Er wollte nicht nur sämtliche politischen Handlungen des Monarchen unter die Ministerverantwortlichkeit gebracht sehen, sondern auch direkte Wahlen zur Zweiten Kammer einführen und den Staatsrat aufheben. Er plädierte für eine in direkter Wahl zu bildende verfassungsgebende National-versammlung, die ein neues Grundgesetz entwerfen sollte. Während Guillaume Groen van Prinsterer, der politische und geistige Führer des niederländischen Protestantismus, meinte, sich zu dem Grundgesetz noch bekennen zu können, legte Johan Rudolf Thorbecke 1840 eine Broschüre vor, die ihn, der an der historischen Rechtsschule in Göttingen groß geworden war, als einen gemäßigt liberalen Reformer auswies. Thorbecke sprach sich für die Unverantwortlich-keit des Monarchen für politische Handlungen aus, wollte der Zweiten Kam-mer das Recht der Gesetzesänderung zuerkennen und lehnte im Unterschied zu Curtius eine direkte Wahl der Generalstände ab. Der Haushalt einschließlich des Kolonialhaushalts sollte jährlich eingebracht werden. Die Ausgaben waren, für jedes Ministerium getrennt, gesetzlich zu verankern. Dem Rechnungshof oblag demnach, die für die Generalstände bestimmten Berichte über die Ausga-ben zu kontrollieren. Das machte alles den Anschein einer gemäßigten Reform, doch die Durchführung hätte tiefe Eingriffe gebracht.

Es gab zu Ausgang des dritten Jahrzehnts eine Reihe von Gesetzesentwürfen der Exekutive, die letztlich nichts anderes als eine Anpassung an die neuen Ver-hältnisse nach dem offiziellen Ausscheiden Belgiens enthielten – und dies zur Unzufriedenheit des Parlaments. Das änderte sich im Laufe des Jahres 1840, als neue Vorschläge der Regierung eingingen, die dann rasch von dem zuständigen Gremium angenommen wurden. Bei diesem Gremium handelte es sich um das im Grundgesetz von 1815 für Verfassungsänderungen vorgesehene Organ, in dem die auf dem normalen Weg gewählten Mitglieder der Zweiten Kammer und eine gleiche Anzahl von Vertretern aus den Provinzialständen saßen. Die Annah-me der Änderungsvorschläge erfolgte zwischen dem 4. August und 2. September 1840. Von radikaler Änderung konnte keine Rede sein. Neu war die strafrecht-liche Verantwortlichkeit der Minister für den Fall des Ämtermißbrauchs und des Verstoßes gegen das Grundgesetz. Dazu traten die ministerielle Gegenzeichnung und die Bestimmung, daß jeder Minister seinen Haushalt im Parlament vertei-digen mußte. Darüber hinaus wurde die zweijährige Haushaltsbewilligung durch die Zweite Kammer eingeführt. Das waren Konkretisierungen, wie sie Thorbecke in seiner Broschüre von Anfang 1840 schon vorgetragen hatte.

Im Mittelpunkt des Interesses standen die strafrechtliche Ministerverant-wortlichkeit und die Gegenzeichnung, weil hiermit zum ersten Mal eindeutig stipuliert wurde, daß die Minister nicht einfach Diener des Monarchen waren.

Hier leiteten die Reformer einen Loslösungsprozeß vom autokratischen Gebaren des Monarchen ein, der diesen immerhin dazu veranlaßte abzudanken. Während Wilhelm I. resignierte, sagte der Sohn und Nachfolger, Wilhelm II.: »Man muß mit seinem Jahrhundert marschieren, man muß frei heraus den konstitutionellen Weg gehen; für die Souveräne gibt es keinen anderen Weg mehr.« Beim König-Vater klang das ganz anders. Der französische Gesandte, der beim Thronverzicht auf Schloß 't Loo anwesend war, bezeugte die folgenden Worte des Königs: »Ich weiß, ... daß ich den Schritt bereuen werde; aber ich weiß auch, daß ich es noch mehr bereuen würde, wenn ich bleiben würde, jeden Tag zu neuen Konzessionen verpflichtet, um zu befriedigen, was nicht befriedigt werden kann.« Der Autokrat wollte nicht mehr, weil er nicht mehr konnte, wie er wollte. Van Zuylen van Nijevelt, sieben Jahre lang Minister unter Wilhelm II., bestätigte im nachhinein, daß die Aufnahme der Ministerverantwortlichkeit ins Grundgesetz den König zu seinem Abgang bewogen habe. Wenngleich es sich auf dem Papier nur um strafrechtliche Ministerverantwortlichkeit handelte, veränderte sich die politische Atmosphäre insofern ganz erheblich, als der Begriff von der Verantwortlichkeit die Politik für die Öffentlichkeit durchsichtiger gestaltete. Ausländische Diplomaten erblickten darin einen Schritt von der kollektiven zur individuellen Verantwortlichkeit. Bei dem französischen Gesandten hieß es: »Wir haben es hier mit einer Art Übergangsstadium zu tun; man verläßt das Regime königlicher Macht und will eintreten in das Repräsentativsystem.« Tatsächlich war dann auch ein wichtiger Schritt auf dem Weg zur großen Verfassungsreform von 1848 getan. Es zeigte sich jedoch später, als Wilhelm II. mit den Folgen der Reform konfrontiert wurde, daß er sein Wort, man müsse mit seinem Jahrhundert marschieren, etwas leichtfertig hingeworfen hatte, denn bald erwies sich der neue Mann liberalen Ideen gegenüber gar nicht so uneingeschränkt aufgeschlossen, wie das seine frühe Aussage vermuten lassen konnte. Aber die Entwicklung insgesamt hing jetzt nicht mehr vom Monarchen ab. Die öffentliche Diskussion kam voll in Schwung. Es brach die Zeit der Liberalen an, zu denen der Leidener Staats- und Völkerrechtler Joan Melchior Kemper ebenso zählte wie der Haager Advokat und spätere Minister Dirk Donker Curtius, der Kammerabgeordnete Jacob Matthaeus de Kempenaer oder Theodorus Marinus Roest van Limburg, Redakteur der »Arnhemsche Courant« und Verfasser der schon 1837 erschienenen Broschüre »Liberalisme«, in der er vor allem die staatsrechtlichen Konsequenzen liberaler Politik vortrug. Die Zeitung galt in jener Phase als führendes Blatt der niederländischen liberalen Tendenzen. Seitdem riß die Verfassungsdiskussion in den Niederlanden nicht mehr ab.

In jener Phase setzte auch der politische Durchbruch des Johan Rudolf Thorbecke ein. Er war ein Mann aus dem reichen Bürgertum Overijssels mit Patrioten-Vergangenheit der Familie und einer Universitätsausbildung in den Niederlanden und in Deutschland, kein Jurist, aber ein Kenner des Staatsrechts. Thorbecke war sicher der unumstrittene liberale Führer seiner Zeit, doch dies mit allen Besonderheiten, die seinen Liberalismus auszeichneten. Sein intellektuelles Rüstzeug holte er sich hauptsächlich in Deutschland, bei den Begründern der Historischen Rechtsschule, Carl von Savigny und Karl Friedrich Eichhorn. Daraus erwuchs die in Form eines Briefes an Eichhorn veröffentlichte Schrift »Über das Wesen und den organischen Charakter der Geschichte«. Sie enthielt eine tiefgehende Auseinandersetzung mit den durch die romantische Philosophie aufgeworfenen Problemen der Ganzheit und des Organischen sowie den Schlüssel zu Thorbeckes Liberalismus, in dem die Komponente »Freiheit« als über die Gemeinschaft vermittelt erscheint. Bei ihm ergab sich die liberale Forderung als politisches Prinzip nicht etwa aus naturrechtlich begründetem Anspruch des Einzelnen, sondern aus dem Wachstum der kollektiven Individualität Nation als einer geschichtlichen Prägung. Der Ausgangspunkt war für Thorbecke das durch Sprache und Kultur bestimmte und gewachsene Volk. Es war nicht nur eine Ad-hoc-Abwehr deutscher Ansprüche, wenn er in der Entgegnung auf die grenzüberschreitenden Forderungen des deutschen Historikers Heinrich Leo die besondere, historisch gewachsene Eigenart der Niederlande und ihrer Bevölkerung sowie ihre Bedeutung im europäischen Mächteverband unterstrich. Thorbecke war ein zutiefst historischer Denker, der von gewachsenen Strukturen und damit von gewachsenen Eigenarten ausging. Wie Savigny sah er in der Geschichte das wesentliche Ingredienz der geistigen Existenz eines Volkes. Sprache, Kultur, Volk, Nation standen bei Thorbecke voran, Liberalismus und Liberalität waren damit verbunden. »Der romantische Liberalismus«, so hat Thomas Nipperdey festgestellt, »war ... dem klassischen Liberalismus eng verschwistert. Die Betonung der nationalen Kultur hatte einen gebildet-individuellen, einen liberalen Charakter. Die Berufung auf die Geschichte war Berufung auf die alten nationalen Freiheiten; die Berufung auf den Volksgeist mündete in der Forderung nach ›volkstümlichen‹, das heißt liberalen Institutionen.« Die Einbettung des neuen, liberalen Denkens in die Geschichte fiel Thorbecke besonders leicht, weil er, bei aller Kritik an der Geschichte des eigenen Landes, nicht des Zugriffs auf die Prinzipien der Französischen Revolution bedurfte. Das liberale Potential fand er in der Geschichte der Republik der Vereinigten Niederlande, die im zeitgenössischen europäischen Bewußtsein schon als ein Hort der Liberalität, sowohl der kollektiven als auch der individuellen, gegolten hatte, trotz vieler Verwerfungen und Verfilzungen, die in jener Zeit aufgetreten waren. Thorbecke ging es in seiner politisch-theoretischen Publizistik – und diese besticht durch Umfang und Tiefgang gleichermaßen – um den Ausbau des Grundgesetzes von 1814/15, um die neue Basis eines wirklichen Verfassungsstaates, um ein neues Gleichgewicht der Kräfte und damit um eine weitgehende Beteiligung jener, die da vertreten werden sollten, und das dürfte der politisch besonders relevante Aspekt sein, denn insoweit die Wahlrechtsfrage nun in den Vordergrund geschoben wurde, reichte der Liberalismus Thorbeckescher Prägung weit über Ansatz und Ergebnis von 1839/40 hinaus. Dies soll die Bedeutung der Ministerverantwortlichkeit für die Neuentwicklung nach 1840 nicht schmälern. Im Gegenteil: Auch dieser Fixpunkt der Reformer des Grundgesetzes blieb voll im Visier. Es sei im Anschluß an neuere Forschungen hinzugefügt, daß die politische Praxis in einigen Fällen schon die konkrete Einführung der Ministerverantwortlichkeit – über die strafrechtliche Verantwortlichkeit hinaus – gebracht hat, während im übrigen festgestellt wurde, daß nach 1848 die Umsetzung des dann festgeschriebenen verfassungsrechtlichen Grundsatzes in manchen Fällen ausgeblieben ist.

Bis zur Revision des Grundgesetzes von 1848 war es noch ein weiter Weg. Auch nach der Änderung von 1840 herrschte innerhalb und außerhalb des Parlaments Unzufriedenheit, weil der Ministerrat kein homogener Block war, der die politische Verantwortung übernahm, so daß es an koordinierter Tätigkeit mangelte. Hinzu kam, daß der neue König den Ministern zwar einen größeren Spielraum ließ, selbst aber in wichtigen Sachen in die Aktivitäten eingriff. Militär- und Außenpolitik beanspruchte er ganz in eigener Kompetenz. Daß der Monarch in seiner Ernennungspolitik einen liberaleren Kurs fuhr, als das zuvor sein Vater getan hatte, verschlug nichts. In der Zweiten Kammer, die noch den Charakter einer »vornehmen Notabeln-Gesellschaft« hatte (J. C. Boogman) und im wesentlichen aus juristisch ausgebildeten Amateur-Politikern bestand, ließen sich global drei Gruppen unterscheiden: zum einen die Konservativen, die im Frieden mit dem bestehenden System lebten und zu denen Adel und die Nachfahren alter Regentengeschlechter zählten; zum anderen die Vertreter der konservativ-liberalen Richtung, die sich selbst als Juste-milieu-Gruppierung verstanden, wirtschaftlich die Freihandelslehre vertraten und sich politisch gegen monarchische Autokratie wandten. Nach 1844 legten die Vertreter des linken Flügels dieser Gruppierung ein eigenes Papier zur Verfassungsrevision vor, in dem sie Abschaffung der Stände, direkte Wahlen zur Zweiten Kammer, Auflösungsrecht, Einfluß des Parlaments auf die Kolonialgesetzgebung, jährliches Budgetrecht, Amendementsrecht und Ministerverantwortlichkeit verlangten.

Die Fraktionsstärke beider Gruppierungen, der Konservativen und der Konservativ-Liberalen, wird auf jeweils fünfundzwanzig geschätzt, was nicht zutreffen muß, da die Mitglieder beider dem sehr gehobenen (»deftig«) Bürgertum angehörten und die Übergänge fließend waren. Von den orthodox Liberalen vom Schlage eines Thorbecke, der dritten Gruppierung, hoben sich die Konservativ-Liberalen ab, weil ihnen Prinzipienreiterei fern lag und sie eher einer gewissen Flexibilität, abseits freilich jeder Radikalität, zuneigten. Der konservative Flügel der Konservativ-Liberalen fand einen Großteil seines Anhangs in der Provinz Holland, hier besonders in Amsterdam, dagegen stützten sich die orthodoxen Liberalen auf die Bürgerschichten der anderen Provinzen, vor allem im Osten und Nordosten des Landes. Ihre Zahl blieb in den vierziger Jahren auf fünf bis neun Vertreter in der Zweiten Kammer begrenzt. Für diese liberale Richtung war das elitäre Notabeln-System mit seinen »hohlen Prätentionen« ebenso unerträglich wie die damit eng verbundene »aristokratische Cliquenwirtschaft« (J. C. Boogman). Ihnen ging es um einen Strukturwandel der Öffentlichkeit. Sie hingen noch bedingungsloser der Freihandelslehre an als die Konservativ-Liberalen, die sich stärker mit den kommerziellen Interessen Hollands verbunden fühlten. Im Dezember 1844 brachte Thorbecke, im März des Jahres von südholländischen Ständen in die Zweite Kammer entsandt, den »Negenmannen«-Entwurf ein, einen Entwurf, den er selbst und mit ihm acht andere liberale Abgeordnete erarbeitet hatten. Der Vorstoß scheiterte, der Entwurf wurde verworfen, was jedoch nicht das Ende der Verfassungsbestrebungen bedeutete. Der Wunsch, den Kernsatz »Le roi règne, mais il ne gouverne pas« endlich verwirklicht zu sehen, war trotz bislang vergeblicher Versuche nicht unterdrückt.

Seit Mitte der vierziger Jahre gab es in den Niederlanden deutliche Anzeichen für soziale Unruhen. Die Zahl der Paupers nahm erheblich zu, ohne daß von ihnen eine Bedrohung der bestehenden Ordnung ausgegangen wäre. Eine Beschleunigung erfuhr die Verfassungsfrage erst von außen. Als am 27. Februar 1848 die Flucht des französischen Königs bekannt wurde, warnten politische Kreise in Regierung und Öffentlichkeit davor, die Reform sofort einzuleiten. Erst die Berliner Märzereignisse und die Zugeständnisse deutscher Fürsten bewirkten in den Niederlanden einen Meinungsumschwung. Es wurde eine Verfassungskommission benannt, die unter dem Vorsitz Thorbeckes arbeitete und rasch einen Revisionsentwurf vorlegte, fast ausschließlich seine Schöpfung. Der König, der unter dem Druck der europäischen Entwicklungen selbst auf Bildung der Kommission gedrungen hatte, erhielt schon am 11. April das fertige Werk der Kommission. Es war von Thorbecke redigiert und wurde von ihm unter anderem mit den Worten überreicht: »Das Grundgesetz hat die Staatsbürgerschaft, die vornehmste Triebfeder unseres Jahrhunderts, soviel wie möglich ruhen lassen ... Das Bürgertum hatte bis zum heutigen Tage nicht das Bewußtsein mitzuregieren. Aber ohne solches Bewußtsein beruht der Staat nicht auf nationaler Kraft, und ohne hochentwickelte nationale Kraft wird gegenwärtig kein Staat erhalten. Solch ein Bewußtsein wird den Einwohnern durch eine echte, einfache Vertretung auf lokaler, regionaler und nationaler Ebene mitgegeben.« Die Lage war günstig, da der König eine rasche Erledigung der Revision wünschte.

Die Verfassung von 1848 brachte einen ersten Schritt auf dem Weg zur parlamentarischen Monarchie. Die Zweite Kammer ging nunmehr aus direkten Wahlen hervor, die Erste Kammer wurde aus den Vertretern der Provinzialstände gewählt. Zur strafrechtlichen trat die politische Ministerverantwortlichkeit. Der Monarch blieb »unverletzlich« und behielt das Auflösungsrecht für die beiden Kammern. Die Haushaltsbewilligung fand jährlich statt, der parlamentarische Gesetzgebungsbereich wurde erweitert, das Recht, Gesetzesvorlagen des Königs zu ändern, erteilt. Neue Grundrechte wie Vereinigungs- und Versammlungsfreiheit, Briefgeheimnis, Unterrichtsfreiheit wurden festgeschrieben. Die Einführung des direkten Zensuswahlrechts hatte, auch nachdem der Zensus halbiert worden war, zur Folge, daß die Zahl der Stimmberechtigten erheblich unter der der Wähler lag, die zuvor im indirekten System die Wahlmänner hatten bestimmen dürfen: etwas 73.000 Wähler gegenüber vorher ungefähr 90.000 bei rund 3 Millionen Einwohnern. Der liberale Vorstoß beendete das ständische System, garantierte direkte Wahlen, brachte aber nicht das allgemeine Wahlrecht. Die Besitzgebundenheit des Wahlrechts, die schon bei den demokratischen Patrioten eine Rolle gespielt hatte, war bei Thorbecke noch nicht ausgeräumt. Wiewohl niederländische Entwicklung sich in Nachahmung des europäischen Geschehens vollzog, stellte sie insofern eine Besonderheit dar, als der König zusammen mit dem noch kleinen Haufen der Thorbeckianer die Verfassung schließlich durchzusetzen wußte, eine Verfassung, die in späteren Jahrzehnten vor allem im Hinblick auf das Wahlrecht Änderungen erfuhr, in ihren Grundstrukturen jedoch bis heute gilt.

Innenpolitisch bestimmten nach 1848 zunächst einmal die Liberalen unter Thorbecke das Bild. Die Ergebnisse der ersten Wahlen nach der Verfassungsänderung im November 1848 schufen die Basis für liberales Regiment. Tatsächlich war gegenüber der Zusammensetzung der Zweiten Kammer vor 1848 ein wahrer Erdrutsch erfolgt. Von den 68 Sitzen stellten die Liberalen oder – nach eigener Benennung – die »Konstitutionellen« mehr als die Hälfte, ohne daß es hier eine geschlossene Fraktion oder einen homogenen Block gegeben hätte.

Lediglich 18 der ehemaligen Mitglieder wurden wiedergewählt. Jetzt prägte das Bildungsbürgertum das Gesicht der Kammer. Die Mehrzahl der Mitglieder, nämlich 51, hatte eine juristische Ausbildung. Von ihnen kamen 24 aus der Justiz oder Verwaltung, 12 kamen aus dem Anwaltsstand und 5 waren Notare; darüber hinaus zählte die Kammer 5 selbständige Unternehmer, 1 Fabrikant, 2 Kaufleute und 2 Groninger Bauern, zu denen 14 Großgrundbesitzer und Privatiers traten. Nach einem Zwischenspiel des Kabinetts de Kempenaer–Curtius erhielt Thorbecke den Auftrag, eine Regierung zu bilden, die er im November 1849 vorstellen konnte. Die Animosität des neuen Königs, Wilhelms III. – sein Vorgänger war im März 1849 einem Herzanfall erlegen – gegenüber Liberalen vom Schlage Thorbeckes ließ sich nicht übersehen. Dabei war Thorbecke kein Republikaner, sondern ein dem Gedanken der konstitutionellen Monarchie anhängender Liberaler, aber eben ein Liberaler, bei dem die Prärogativen der Krone keine wirkliche Existenzberechtigung hatten und der sich innerhalb der liberalen Vertretung nur auf 14 Abgeordnete, den Thorbeckeschen Kammer-Klub, stützen konnte. Als pragmatischer Politiker verfocht er die Erhaltung der eigenen Grundsätze. So argumentierte er 1861 in einer an den gemäßigten Liberalen Floris Adriaan van Hall in dessen Funktion als Ministerpräsidenten gerichteten Rede vor der Kammer: »Wenn ich mich einer Politik gegenübersehe, die sich nicht auf die guten Eigenschaften des Menschen, sondern auf dessen sittliche Schwäche und Charakterlosigkeit gründet ..., die sich mit allen Elementen und Systemen vereint und bereit ist, Dienerin sowohl des Fortschritts als der Reaktion zu sein, eine Politik, die ich parasitär nennen möchte, weil sie sich an jede Autorität, an jedes Ereignis, an jedes Interesse, an jede Volksäußerung klammert, ... Herr Vorsitzender, wenn ich mich einer solchen Politik gegenübersehe, ob in meinem eigenen Lager oder in dem meiner Gegner, dann kann ich solch politisches Verhalten nur deutlich ablehnen.«

Für den liberalen Staatsmann gab es zwei Arbeitsfelder, auf denen er seine Aufgabe suchte: zum einen die strikte Kompetenzabgrenzung der staatsrechtlich festgeschriebenen Gremien, zum anderen die Verwurzelung des staatsbürgerlichen Gedankens. Thorbecke setzte sich in seinen Ministerpräsidentenjahren mit diesem Problem auseinander, wobei er sich der Ministerverantwortlichkeit als einer wesentlichen Argumentationshilfe bediente. Die mit der Fortentwicklung des Wahlrechts verbundene Verwurzelung des staatsbürgerlichen Denkens hat er in den Konsequenzen der allgemeinen und direkten Wahlen nicht mehr miterlebt, diese stets als folgerichtig im Sinne des eigenen Ausgangspunktes begriffen, auch wenn er seinerzeit das »Volk« durch Zensus begrenzt gesehen hatte. Schon 1844 las man in seiner Broschüre »Over het hedendaagsche staatsburgerschap«, daß der Grundsatz des allgemeinen Wahlrechts im Trend des Jahrhunderts liege. Das von ihm eingeführte Zensuswahlrecht galt für ihn dann auch bloß als eine Schwelle, die eine allzu rasche Anwendung des radikal-demokratischen Prinzips behindern sollte. Wenn er noch am 11. April 1848 in seiner Erläuterung zu den Verfassungsänderungen sagte, daß der Staat entgegen der Vergangenheit die Volkskraft in »seine Adern aufnehmen« müsse, so reichte das Wort »Volk« in der sozialen Klassifizierung wohl nur bis zum einigermaßen gut situierten Bürger und Bauern. Aber Thorbecke zählte zu jenen Politikern, die zwar ihrem politischen Leitprinzip anhingen, sehr wohl jedoch die Unzulänglichkeit der eigenen Denkvoraussetzungen gegenüber realpolitischen Entwicklungen erkannten, die das Prinzip selbst ad absurdum zu führen drohten. Solche Erkenntnis bezeugte er, wenn er in einer auf Kapital gründenden Gesellschaftsordnung eine tiefere Spaltung in arm und reich für möglich hielt und damit die Forderung nach einer für jeden Staatsangehörigen geltenden Staatsbürgerschaft als einen Formalismus anmerkte, solange die Gebundenheit der politischen Mitbestimmung an den Besitz erhalten blieb.

Dieser politische Zusammenhang ist gleich zu Beginn des ersten Kabinetts Thorbecke im Rahmen der »organischen Gesetzgebung (organische Wetten)« umschrieben worden, die wohl zu den bleibenden Leistungen der Liberalen zählt. Entsprechend den Verfassungsbestimmungen brachte Thorbecke ein Wahl- und ein Provinzialgesetz ein. Das Wahlgesetz legte im Sinne seiner Konzeption von einer allmählichen Umsetzung des staatsbürgerlichen Gedankens das Zensuswahlrecht fest. Der Entwurf erfuhr von seiten der konservativen und der konservativ-liberalen Abgeordneten mancherlei Widerstand, da sie sich sowohl mit der Abgrenzung der Wahlbezirke als auch mit dem Zensussatz nicht einverstanden erklären konnten. Er war ihnen zu niedrig. Gleichwohl wurde das Gesetz mit großer Mehrheit angenommen. Es brachte für die bald folgenden Wahlen zur Zweiten Kammer 81.497 Personen der über dreiundzwanzigjährigen männlichen Bevölkerung das Wahlrecht, was 11 bis 12 Prozent der männlichen und 2,6 Prozent der Gesamtbevölkerung entsprach. Für die Kommunalratswahlen von 1851 waren es 4,5 Prozent der Gesamtbevölkerung. Mithin ließ das Zensuswahlrecht nur eine kleine Minderheit der Bevölkerung partizipieren. Niederländische zeitgenössische Kritiker haben die Auswirkungen stark bemängelt und das neue, liberale Wahlgesetz an den Bestimmungen der Zeit vor 1848 gemessen. Es sei doch zuvor ein sehr viel größerer Teil der Bevölkerung wahlberechtigt gewesen. Tatsache ist allerdings, daß durch das indirekte Wahlsystem der frühkonstitutionellen Phase die Bevölkerung kaum Einfluß auf die endgültige Zusammensetzung der Zweiten Kammer hatte ausüben können.

Die nach dem neuen Gesetz veranstalteten Wahlen vom August 1850 brachten ähnliche Ergebnisse wie gut eineinhalb Jahre vorher. Die Stellung der Liberalen konsolidierte sich. Thorbecke konnte mit fast 40 der 68 Abgeordneten rechnen und seine engste Fraktion auf 27 Mitglieder erweitern. Eine wesentliche Stütze bildeten für die Liberalen in jener Phase auch die Katholiken, ohne die nichts durchzusetzen war.

Unter dem Aspekt der staatsbürgerlichen Erziehung und Beteiligung war das Wahlgesetz von 1850 von einiger Bedeutung. Es zeigte, daß der Übergang zu einer politischen Mitbestimmung im heutigen demokratischen Sinne tatsächlich überaus vorsichtig gestaltet werden sollte. Staatspolitisch von zumindest ebensolcher Relevanz waren das Provinzialgesetz vom selben Jahr sowie das Kommunalgesetz vom Juni 1851. Es handelte sich hier um eine gesetzliche Festschreibung der Beziehungen zwischen dem Staat und seinen Gliedern, den Provinzen, und nicht zuletzt um den Abschluß jener jahrhundertealten Auseinandersetzung zwischen den Teilen und dem Ganzen, die das Geschehen während der burgundischen Zentralisierungstendenzen entscheidend bestimmt hatte. Hier stand eine Neuregelung des Verhältnisses zur Diskussion, in dem die Ansprüche des modernen Staates in ausgewogener Form mit denen der historisch gewachsenen Einheiten, den Provinzen, in Einklang zu bringen waren. In diesem Gesetz äußerte sich liberales Staatsverständnis der Niederländer genauso eklatant, wie das Wahlgesetz liberales Denken von der stufenweisen Verwirklichung staatsbürgerlicher Integration manifestierte. Von noch größerer Bedeutung dürfte das Kommunalgesetz gewesen sein. Der liberale Gedanke einer kontrollierten Autonomie setzte sich hier in der Breite durch, weil das staatsbürgerliche Prinzip, in der Konkretisierung naturgemäß nicht nur auf den Inhalt eines Wahlgesetzes konzentriert, im kommunalen Bereich seinen ersten grundsätzlichen Arbeitsansatz finden konnte. Obwohl die Opposition Thorbecke Neigung zu Reglementierung und Zentralisierung vorwarf, war seine Intention, staatsbürgerliches Denken durch Autonomie zu fördern, mit diesem Kommunalgesetz erfolgreich.

Vollends neu stand das Wahlrecht erst in den siebziger Jahren wieder zur Debatte. Es setzte die Entwicklung ein, die Thorbecke prophezeit und die auch der Antirevolutionär Groen van Prinsterer vorausgesehen hatte – mit Schaudern, weil er am Ende Diktatur und Anarchie erblickte. Thorbecke hatte sich in seiner Grundsatzrede »Over het hedendaagse staatsburgerschap« für das allgemeine Wahlrecht ausgesprochen, das logisch aus der Entwicklung von Staat und Gesellschaft folge und schrittweise zu verwirklichen sei. Doch bis dahin sollte es noch ein weiter Weg sein. Es ist übrigens auffällig, daß die

Einschränkung des Wahlrechts auf einen geringen Bevölkerungsteil in den ersten Dekaden nach 1848 kaum zu Bewegungen oder Demonstrationen für eine Wahlrechtserweiterung geführt hat. Zeigte schon das wirtschaftliche Leben wenig Flexibilität und nur geringe modernisierende Tendenz, und zeichnete sich der Bereich der sozialen Mobilität durch eine sehr schwache Durchlässigkeit aus, so zählte auf politischem Feld Beweglichkeit auch nicht zu den Eigenschaften größerer Bevölkerungskreise. Nur der Kampf der Konfessionen ließ hier und da über die Stränge schlagen. Vermutlich waren die allgemeine Armut zu verbreitet, die Bildung zu gering und der Respekt vor der führenden politischen Elite und den herrschenden sozialen Ständen zu groß, als daß eine spontane, impulsgebende politische Bewegung sich hätte formieren können. Es ist durchaus begreiflich, wenn Thorbecke 1844 die staatspolitische Lethargie seiner Mitbürger anprangerte und sie auf die Struktur des Grundgesetzes zurückführte, was etwas zu kurz gegriffen war. Es ist in der Wissenschaft darauf hingewiesen worden, daß in den Niederlanden der Obrigkeit traditionell ein »Eigenrecht« zuerkannt worden ist. Der Staat habe eine Eigenständigkeit gegenüber den vielen Interessen der Gesellschaft besessen. Der Staatsrechtslehrer Johan Theodor Buys schrieb 1885, der Staat sei eine zu kostbare Institution, als daß man ihn als »Corpus vile« den Experimenten der Ungeübten und Unfähigen überlassen könne. Es ging dabei nicht um den Staat als Herrschaftsinstrument oder als ein Instrument der herrschenden Klassen, vielmehr um die Funktionstüchtigkeit der Körperschaft »Staat«. Solcherlei Ansicht steckte im liberalen Denken, das die Exekutive beim »denkenden Teil der Nation« und bei den materiell Unabhängigen belassen, zugleich jedoch Kontrollinstrumente bauen wollte, und es schloß, bewußt oder unbewußt, an das Selbstverständnis städtischer Obrigkeiten des 17. und 18. Jahrhunderts an. Anderes kam hinzu. Der Gedanke von der Funktionstüchtigkeit galt letztlich nicht nur für die Exekutive, sondern auch für die Kontrollorgane, das Parlament. Es zeigte sich, daß das geltende Zensuswahlrecht kaum noch für eine funktionstüchtige Kammer zu sorgen vermochte und vieles von Zufälligkeiten abhing. Die Anstellung von Fachkabinetten und das freie Schalten und Walten des Monarchen bei den immer wieder geübten Kabinettsumbildungen widersprach den politischen Vorstellungen breitester Kreise. So ging es darum, das Wahlrecht zu ändern, graduell oder prinzipiell. Wenn sich das allgemeine Wahlrecht nicht durchsetzen ließ, dann mußten weitgehende graduelle Änderungen vorgenommen werden. Die Forderung nach allgemeinem Wahlrecht oder mindestens Wahlrechtserweiterung wurde organisiert geäußert, getragen von Organisationen linksliberaler oder gewerkschaftlicher Observanz, aber ebenso von Gruppierungen, die die Beamten,

Einzelhändler, Lehrer und die besser situierte Bürgerschaft vertraten. Die Intensität der Kampagnen ist schwierig einzuschätzen, weil vor allem in den achtziger Jahren die herrschende Wirtschaftskrise die Aufmerksamkeit auf akute soziale Probleme, weniger auf die verfassungspolitische Problematik lenkte. Ein Politiker wie Sam van Houten war seiner liberalen Partei, was das Tempo anging, voraus; nur bei den Liberalen insgesamt gab es keinen prinzipiellen Widerstand gegen das allgemeine Wahlrecht. Aber der Weg dorthin war allmählich und schrittweise und sollte dem Fortschritt bei Bildung und Wohlstand entsprechen.

Gegen eine Änderung des Wahlrechts waren die wenigsten. Es war der für die liberale Bewegung ganz Europas typische Fortschrittsoptimismus, der die Haltung in der Wahlrechtsfrage bestimmte. Wußten die politisch führenden Kräfte aller Kammerfraktionen einerseits, daß auf Dauer das allgemeine Wahlrecht nicht ferngehalten werden konnte, so waren sie andererseits der Ansicht, daß eben nur schrittweise vorangegangen werden könne. Der Katholik Alexander Frederik de Savornin Lohman und der Antirevolutionär Abraham Kuyper sahen Möglichkeiten in Zuerkennung des Wahlrechts an alle Familienväter. Die Antirevolutionären wandten sich zwar gegen das allgemeine Wahlrecht, setzten sich aber zunächst für eine Erweiterung der Wählerschaft durch Senkung des Zensus ein, da sie sich zu Recht Wahlerfolge beim unteren Mittelstand ausrechnen konnten. In Ausführung der Verfassungsänderung von 1887 ist dann auch das Wahlrecht geändert worden. Die neue Bestimmung enthielt keinen Zensus mehr, dagegen galten persönliche Eignung und individueller Status als Kriterien für die Feststellung des Elektorats unter der über dreiundzwanzig Jahre alten männlichen Bevölkerung. In den Zusatzbestimmungen wurde bei aller geringen Bestimmtheit der Kriterien eine erhebliche Erweiterung des Elektorats in Aussicht gestellt, was tatsächlich erfolgte und hauptsächlich die Antirevolutionären zufriedenstellte. Zu den ersten Wahlen nach der Änderung erhielten 292.000 Bürger, mithin 13,9 Prozent der Bevölkerung das Wahlrecht gegenüber zuvor etwa 122.000, also 6,4 Prozent. Die Zahl der Mitglieder in der Zweiten Kammer wurde auf 100 festgesetzt, die der Ersten Kammer auf 50, die zudem das Enquêterecht erhielt. Zu Recht stellt die Literatur fest, daß durch die Erweiterung des Wahlrechts die Entwicklung zur parlamentarischen Monarchie stimuliert worden sei, weil es die Bildung von Ministerien aufgrund von deutlichen Mehrheiten in der Kammer förderte. Seit 1887 brachte man die Wahlrechtsentwicklung auf den Weg zum allgemeinen Wahlrecht, das weitere Zwischenregelungen 1894 und 1897 mit den ihnen eigentümlichen Interpretationen von Wohlstand und Befähigung zu verkraften hatte und erst 1917 eingeführt wurde.

Die ohnehin kaum gefestigt zu nennende Einheit der Liberalen trug in diesem Prozeß erhebliche Risse davon.

Die Position der Kirchen

Die niederländischen Katholiken und ihre Kirche profitierten von der Französischen Revolution. Sie erhielten im Frühjahr 1795 nicht nur Zugang zu den Revolutionsausschüssen und vorläufigen Regierungen, die französischen Generäle hatten sich auch bei den Kapitulationsbedingungen für Staats-Brabant, Utrecht, Holland, Seeland und Friesland Freiheit des Gottesdienstes ausbedungen. In der Proklamation der holländischen Stände vom 31. Januar 1795 hieß es, daß Ämterbekleidung nur nach Kriterien von Ausbildung und Fähigkeit zu erfolgen hatte. Das Dekret der Nationalversammlung vom 5. August 1796 stipulierte schließlich, daß es in den Niederlanden keine privilegierte Kirche mehr geben solle. Damit war die Gleichberechtigung der Kirchen und religiösen Gemeinschaften hergestellt. Sicher war es so, daß viele Katholiken nun in den Regierungs- und Verwaltungsgremien voll mitarbeiteten, aber sie mußten sich klarmachen, daß die revolutionären Prinzipien Frankreichs, die die Grundlage der Batavischen Republik bildeten, überall dort gegen die Glaubensbrüder gerichtet blieben, wo diese als Staatskirche organisiert waren, abgesehen davon, daß der Papst ebenfalls solche Prinzipien verwarf. Die päpstliche Ablehnung des Eides »à la liberté et à la égalité« führte in der Republik zum Protest des apostolischen Vikars von 's-Hertogenbosch, Antonius van Alphen, der seinen Priestern die Eidesleistung verbot. Das geschah freilich nicht überall. Dagegen akzeptierte die katholische Geistlichkeit die Forderung, daß alle, die am politischen Leben teilzunehmen wünschten, eine Erklärung über ihre »unabänderliche« Ablehnung der statthalterlichen Regierung abgeben mußten, wie auch der zuvor in Holland eingeführte Treueschwur akzeptabel erschienen war. Die Ausbildung der Priester für die Kirche mußte ein erstes Anliegen sein. Die eigene, nationale Ausbildung begann in den Seminaren, die noch vor der Jahrhundertwende in 's-Hertogenbosch, Breda, Warmond und 's-Heerenberg entstanden, überwiegend entsprechend der traditionellen Theologie. Der Wiederaufbau der katholischen Hierarchie verlief jedoch äußerst zögerlich. Das lag nicht zuletzt daran, daß die Römische Kurie dem immer noch revolutionären Staat nicht recht traute. So blieb die Republik für Rom zunächst Missionsgebiet. Auch die 1798 verfügte Neuverteilung des kirchlichen Eigentums und die damit verbundene Entschädigung stagnierte schon zu Beginn des neuen Jahrhunderts, woran die Verzögerungspolitik der Protestanten ihren Anteil hatte. Selbst Orte mit deutlicher katholischer Mehrheit kamen nicht in den Besitz einer eigenen Kirche, es sei denn, sie bauten eine neue, was erlaubt war.

Mit der Gründung des Vereinigten Königreiches wurde noch keine einheitliche Organisation der katholischen Kirche geschaffen. In den ehemaligen österreichischen Niederlanden, also in Belgien, galt das 1801 abgeschlossene Napoleonische Konkordat, unter das auch fast die gesamte Provinz Limburg fiel. Nordbrabant wurde von Breda und 's-Hertogenbosch her von den Apostolischen Vikaren verwaltet, und die übrigen Provinzen unterstanden sieben Erzpriestern, von denen jeder ein kleines Missionsgebiet betreute. Der König hegte seinerseits die Absicht, auch aus der katholischen Kirche eine nationale Institution zu machen, in der Hoffnung, die Katholiken für sich und für das Vaterland zu gewinnen und sie stärker von Rom zu lösen. Die belgische Politik des Königs in Sachen Priesterausbildung wies allerdings aus, daß staatliche Einmischung in die Angelegenheiten der Kirche auf heftigen Widerstand stieß. Noch mehr Unruhe wäre entstanden, wenn Wilhelm I. seinen eigenen Plan zur Kirchenordnung durchgeführt hätte, der eine enge Abhängigkeit der Kirche vom Staat vorsah. Statt dessen kam es 1827 zu einem Konkordat, das als neue, vom Staat reich dotierte Bistümer 's-Hertogenbosch für Nordbrabant, Seeland und Gelderland, Amsterdam für alle nördlichen Provinzen vorsah. Das Konkordat blieb ein toter Buchstabe, weil eine Reihe von Kabinettsmitgliedern von der Durchführung abriet. Aber das war gewiß nicht der einzige Grund. Denn selbst den Klerikalen im Norden lag wenig an einer Verwirklichung des Konkordats, weil sie bereits unter dem Einfluß des eine scharfe Trennung von Kirche und Staat fordernden Robert de Lamennais standen, der seinen Befürworter und Multiplikator in Joachim George Le Sage ten Broek hatte. Der Monarch stand kirchenpolitisch mit leeren Händen da, nachdem wegen der Kirchen- und Sprachenpolitik der belgische Widerstand aufgeflammt und der folgende Aufstand zur Auflösung des Wiener Kongreßgebildes geführt hatte und nunmehr auch im Norden der Widerstand gegen staatlichen Einfluß auf kirchliches Leben und kirchliche Organisation heranwuchs. Als es in den dreißiger und erst recht in den vierziger Jahren um Ausbau oder Änderung der Verfassung im Sinne erweiterter politischer Mitbestimmung, also um mehr Freiheit ging, war die Stimmung im Land kaum dazu angetan, katholischem Emanzipationsdrang Hindernisse aus dem Weg zu räumen. Die Abtrennung Belgiens initiierte einerseits Ängste in bezug auf die Existenz des eigenen Landes, andererseits die Reminiszenz an die Entstehungsgeschichte der Republik und deren Existenzbedingungen und verknüpfte unter dem Signum des nationalen Selbstverständnisses den reformatorischen Glauben mit der Nation. Da war kaum Platz für Katholiken, die sich um völlige Freiheit in Glaubens- und Kirchenfragen bemühten. Zudem wurden die nordniederländischen Katholiken angesichts der gerade überstandenen belgischen Revolution schlicht mit Aufsässigkeit identifiziert, was bei der Suche nach einem Feindbild nahezu typisch war. Hier setzte ein gesellschaftlicher Ausgrenzungsprozeß ein, der sich vornehmlich in einer in Zeitschriftenartikeln und Broschüren vorgetragenen Disqualifikation der Katholiken äußerte.

Nach 1840 ließen sich die Katholiken ihrerseits stärker hören. Judocus Smits, Priester aus Brabant, gründete und redigierte die Zeitung »De Tijd« und verlegte den Erscheinungsort 1846 aus dem katholischen Breda in die Hauptstadt Amsterdam. Die Dozenten des Großseminars Warmond brachten die als theologisch-wissenschaftlich konzipierte Zeitschrift »De Katholieke Tijd« heraus. Katholische Geschichtsschreiber meldeten sich zu Wort. Der katholische Arzt Willem Nuyens – dieses Bekenntnis war für Mediziner jener Zeit kaum üblich – veröffentlichte nach langem Studium 1865 die katholische Sicht des niederländischen Aufstandes unter dem Titel »Geschiedenis der Nederlandsche Beroerten in de zestiende eeuw«. Ohnehin gab es erste Ansätze zur Pflege eines eigenständigen, niederländisch-katholischen Selbstbewußtseins. Dabei konzentrierte sich das Emanzipationsstreben vor allem bei den Katholiken im Nordwesten des Landes, in Holland und Utrecht, wo sie sozial vornehmlich zu den mittelständischen Gewerbetreibenden und Bauern zählten. Im katholisch beherrschten Limburg und Nordbrabant blieb es einigermaßen ruhig, da man nicht auf den Norden, sondern immer noch auf den belgischen Katholizismus fixiert war. Im Nordwesten dagegen wurden die Reaktionen der Protestanten besonders spürbar. Ihre Losung lautete, daß Katholiken sich ruhig zu verhalten hätten; als Ruhestörung wertete man, wenn die Katholiken etwa in Amsterdam ihre ehemaligen Untergrundkirchen mit stattlichen Giebeln ausstatteten oder Kirchen im neugotischen Stil errichteten. Die Bauwerke mochten ein steingewordenes Zeichen fortschreitender katholischer Emanzipation sein, doch im täglichen Leben, in der Stellung der Katholiken als Staatsbürger im Sinne voller Anerkennung, mußten noch viele Animositäten überwunden werden, die sich aus der protestantischen Anschauung nährten, daß nur die Protestanten die Nation verkörperten. Da lag ein gut Stück Diskriminierung verborgen, auch wenn sie sich nicht immer so scharf äußerte wie im Falle eines brabantischen Pfarrers, der die Katholiken als »Nicht-Volk« bezeichnete. Natürlich hielt die katholische Seite publizistisch dagegen, in den obengenannten Presseorganen sowie in der Zeitschrift »De Katholiek«, die mit dem Losungswort erschien »Vindicamus haereditatem patrum nostrorum«. Dies implizierte den Versuch, die Katholiken über

die Historie national ebenbürtig darzustellen. Anläßlich der Dreihundertjahr-
feier des Westfälischen Friedens machte das Blatt nachdrücklich darauf aufmerksam, daß sich die Katholiken seit dem Friedensschluß immer als tolerante
und zuverlässige vaterlandsliebende Bürger erwiesen hätten.

Die Protestanten meinten ihren eingeschworenen Antikatholizismus hoch-
spielen zu müssen, weil die Politik Wilhelms II. einen deutlich versöhnlichen
Kurs steuerte. Auf jeden Fall konnte man seine Kirchenpolitik so deuten. Es war
schließlich kein Geheimnis, daß er am Tag der Thronfolge katholischen Klö-
stern die Genehmigung erteilte, neue Mitglieder in die Klostergemeinschaft aufzunehmen, und Ende Dezember 1840 wurde auch bekannt, daß er mit der
Kurie in Rom Besprechungen über die Ausführung des Konkordats von 1827
eingeleitet hatte. Die Besprechungen führten immerhin dazu, daß die Apostolischen Vikare im Süden des Landes zu Bischöfen »in partibus infidelium« ernannt wurden. Das war noch keine Wiederherstellung der katholischen Hierarchie, trotzdem ein Schritt in diese Richtung, für Protestanten Anlaß genug,
über die scharfen »antirömischen« Presse–Erzeugnisse hinaus mit der Bildung
von geheimen Gesellschaften zu antworten. Die Äußerungen antikatholischen
Unbehagens paßten zu jener Stimmung der Frustration und des Defätismus, die
führende Schichten des Landes nach der endgültigen Abtretung Belgiens im Jahr
1839 und angesichts der allgemeinen außenpolitischen Entwicklung quälte. Die
Verfassungsänderung von 1848, Ergebnis liberaler Politik und Maximen,
brachte für die Katholiken weitere Fortschritte. So wurde das »Recht van pla-
cet« gestrichen, das ein Recht der staatlichen Einsichtnahme in kirchliche Verordnungen und Entscheidungen vor deren Inkrafttreten vorgesehen hatte, während die Verfassung ihnen nun das Recht zuerkannte, die kirchliche Organisation nach eigenem Gutdünken zu gestalten. Mit der Festschreibung solcher
Veränderungen und Rechte war freilich die Konfrontation zwischen Protestanten und Katholiken keineswegs abgeschlossen. Im Gegenteil: Auf protestantischer Seite plante man nun erst recht den Stoß gegen die Katholiken zu führen.
Denn es lag auf der Hand, daß die Katholiken von dem verfassungsmäßigen
Recht auf eigene kirchliche Organisation rasch Gebrauch machen würden. Der
Ministerrat wollte den Anstoß dazu von Den Haag ausgehen lassen, was jedoch
nicht die Zustimmung des Königs fand, der sicherlich nicht zu Unrecht auf
mögliche feindliche protestantische Reaktionen verwies. So ergriff Rom auf
Drängen niederländischer Katholiken im Dezember 1851 die Initiative. Der
Heilige Stuhl schritt nach einigem Zögern zur Tat und fand sich bereit, die
kirchliche Organisation vorzunehmen und nach Durchführung die Vereinbarungen von 1827 und 1841 für erledigt zu erklären.

Dies war der Ausgangspunkt der sogenannten April-Bewegung von 1853, die die niederländische Gesellschaft erschütterte und die Regierung Thorbecke zum Rücktritt zwang. Wenn es jemals echte Antagonismen und Konfrontationen in der niederländischen Gesellschaft gegeben hat, dann die im Bereich der konfessionellen Konflikte. Was geschah? Mit päpstlichem Breve vom März 1853 erfolgte die Gründung des Erzbistums Utrecht und der vier Bistümer Haarlem, 's-Hertogenbosch, Breda und Roermond. Der Tonfall der päpstlichen Bekanntgabe mit der Apostrophierung der über ein Jahrhundert alten jansenistischen Kirche in Utrecht als »Monstrum ac pestis« oder mit der Bezeugung des Abscheus gegenüber dem Aufstand und der calvinistischen Ketzerei war wenig dazu angetan, die aufgeregten Gemüter zu beruhigen, und überfuhr die liberale Regierung Thorbecke sowie Thorbecke selbst, dem es darauf ankam, den stilisierten Gedanken von der »protestantischen Nation« zugunsten des Gedankens von einer »niederländischen Nation« im Bewußtsein der Niederländer zurückzudrängen. In der Phase rund um die April-Bewegung war man noch weit davon entfernt. So hatte schon unmittelbar nach der Grundgesetzgebung von 1848 die Hauptvereinigung des Niederländischen Lehrerverbandes (»Nederlandsch Onderwijzersgenootschap«) gegen den Verfassungsartikel über Schulfreiheit opponiert, weil »man gemäß dieser Bestimmung den größten Schurken, ja, selbst einen Jesuiten im Lehramt« zulassen müsse. Ein protestantischer Pfarrer urteilte, die katholische Kirche sei ein Tiger, der in diebischer Freude unschuldiges Blut mit seinem Urin beschmutze, und der Staatsrechtslehrer Johan Theodor Buys ließ wissen, daß es sich bei Katholiken um Strauchdiebe handle. In dieser Phase der höchsten Aufregung bestimmte die Gosse den Ton, der von Feindseligkeit geprägt war, bis ins Persönliche reichte und sogar dazu anregte, Katholiken als »un-niederländisch« zu brandmarken. Der eingeengte Nationsbegriff auf die Protestanten definierte die Katholiken als eine auszuscheidende Stoffwechselerkrankung und war ein Akt der Diskriminierung, der das Toleranzprinzip kräftig strapazierte.

Selbst wenn man mancherlei Überreaktion in Abzug bringt, ergibt sich insgesamt aus solch heftigen Verhaltensweisen, daß man zwar eine Verfassung mit allen liberalen Prinzipien, so auch mit der Bekenntnisfreiheit, haben konnte, daß die einer derartigen Verfassung inhärente Toleranz jedoch Schwierigkeiten hatte, im politischen Verhalten zum Tragen zu kommen, solange modernes Denken einer aus dem Traditionalismus, in diesem Falle aus der erfolgreich gewesenen protestantischen Vergangenheit schöpfenden Lebensweise entgegenstand. Die April-Bewegung ist wie die vorhergegangenen antikatholischen Aktionen nur zu begreifen, wenn man von der Intensität protestantischen Lebens weiß, aber auch das hohe Maß an Orthodoxie kennt. Die Reaktion des Protestantismus vermochte den römischen Katholizismus aus dem eigenen Land nicht zu verdrängen, aber dem Katholizismus gelang es auch nicht, sich auszubreiten. Die einige Jahrzehnte später einsetzende »Versäulung« der niederländischen Gesellschaft im konfessionllen Bereich resultierte aus diesem Gegensatz und bedeutete für die Katholiken Selbstbehauptung durch Abschottung. Dennoch wurden nicht die Katholiken das Opfer der üblen Kampagne, sondern das Kabinett des Liberalen Thorbecke. Es stand politisch zwischen den Fronten. Thorbecke hatte die Freiheit des Bekenntnisses verfassungsmäßig ganz erheblich erweitert und mußte sich nun von dem katholischen Publizisten Alberdingk Thijm sagen lassen, er sei ein Heuchler. Die Konservativen und mit ihnen der König sahen eine Gelegenheit, das Kabinett des ungeliebten Thorbecke zu stürzen. Sie konnten die gemäßigt Liberalen auf ihre Seite ziehen und sich auf die protestantischen Pfarrer sowie die ihnen zugeneigten »kleynen Luyden« stützen, die der Zensus noch vom Wahlrecht ausschloß und die sich unter den Schutz des Monarchen begaben. Jedenfalls bot Thorbecke 1853 seinen Rücktritt an, nicht zuletzt unter dem Druck der Straße und aufgrund der von dem Theologen, Schriftsteller und Utrechter Hochschullehrer Bernard ter Haar inszenierten Unterschriftenaktion mit 51.000 Namen, die der König in verdeckter Desavouierung Thorbeckes kommentierte.

Die katholische Kirche nahm in dieser Konfrontation keinen Schaden, sondern stützte sich weiterhin auf die Tatkraft der eloquenten Fürsprecher in den Redaktionen ihrer Presseorgane. Dabei ging es mehr denn je um eine kulturelle Verankerung der Katholiken in Geschichte und Gegenwart der Niederlande, weil der Ausschließlichkeitsanspruch der Protestanten auf Nation und Kultur unterlaufen werden mußte. Alberdingk Thijm spielte hier eine führende Rolle, indem er nicht nur die mittelalterliche Geschichte des Landes hervorhob, sondern – wie J. A. Bornewasser unterstreicht – unter Willem Bilderdijks Einfluß auch die Romantik als Wiederherstellung des alten christlichen Geistes ansah und die Gotik als eine dem Katholizismus eigene Kirchenbaukunst begriff. So stand Thijm auch an der Wiege der katholischen Neu-Gotik, die »der katholischen Minderheit ihre eigentliche Ausdrucksform gegeben hat« (J. A. Bornewasser). Außerdem war es Thijm, der katholische Elemente aus der Kultur des für die niederländische Geschichte zentralen 17. Jahrhunderts hervorhob und etwa die Aufmerksamkeit auf den zum Katholizismus konvertierten Dichter der Nation, Joost van den Vondel, lenkte. Bornewasser vertritt die Ansicht, daß dieses Nachholbedürfnis mit seiner zunächst polarisierenden Wirkung letztendlich zur kulturellen Integration der Katholiken beigetragen habe. Es wäre jedoch falsch, katholisches Nachholbedürfnis mit Anpassungswillen zu verwechseln; vielmehr handelte es sich zum Teil um eine Umdeutung der Geschichte, vor allem der Geschichte des niederländischen Aufstandes, ging es um den Nachweis, daß Glaubenstreue nicht unbedingt Anhänglichkeit an den spanischen Herrscher bedeutete. Nuyens gehörte ebenso zu dieser Gruppe wie der Priester Herman Schaepman. Es wirkte überzeugend, daß sich die Katholiken 1879 nicht an den Feiern zum dreihundertjährigen Jubiläum der Utrechter Union zu beteiligen wünschten, weil diese, wie Nuyens es ausdrückte, die Unterdrückung eines Volksteils nicht verhindert habe. Für ihn galt die Union als das eigentlich trennende Element der Niederlande, da sie das Zusammengehen der zu drei Vierteln »dietschen« Niederlande blockierte. Die Historiographie hat den Katholiken im nachhinein bescheinigt, daß sie inkonsequenterweise nur unzureichendes Interesse für die Sprachverwandten in den südlichen Provinzen gehabt oder gar eine »krasse Gleichgültigkeit« gegenüber der flämischen Bewegung bewiesen hätten. Dagegen ist die Frage gestellt worden, ob nicht gerade die Konzentration auf den Norden die Bereitschaft der Katholiken zur nationalen Eingebundenheit und ihren Wunsch nach Anlehnung an das oranische Königshaus bekundet hätten. Bereits für Schaepman waren die Belgier und die Niederländer zwei verschiedene Völker, und er wies darauf hin, daß man im Norden eben ein Stammhaus habe.

Recht betrachtet ging es den Katholiken in ihrem immer wieder neu vorgetragenen Anspruch auf umfassende Integration in Staat und Gesellschaft darum, zu vermeiden, daß ihnen Vaterlandslosigkeit vorgeworfen werden konnte. Der Begriff tauchte in der zweiten Hälfte des 19. Jahrhunderts auf, und wo eine Beziehung von ultramontaner Haltung und Vaterlandsliebe konstruiert wurde, da wiesen alle damals führenden Katholiken ihre Vaterlandsliebe in Artikeln und Schriften nach. Die Frage der Integration niederländischer Katholiken war keine konstitutionelle mehr, sondern eine der Praxis und der protestantisch beherrschten Mentalität. Zur Praxis hätte die Einbindung der Katholiken in den öffentlichen Dienst gehört, und daran haperte es das ganze 19. Jahrhundert hindurch. Deswegen stellte Jan Baptist van Son, katholischer Minister unter Wilhelm II., die Frage: »Ist und bleibt die Emanzipation der Katholiken, die doch eigentlich festgeschrieben steht, ein Ideal?« Jedenfalls wurden von protestantischer Seite Argumente vorgetragen, die entweder vom Mangel an geeigneten Kandidaten redeten oder die antagonistischen mentalen Prädispositionen zur Sprache brachten. Verständlicherweise wurde von katholischer Seite auf Gefahren für die nationale Einheit hingewiesen, falls die personalpolitische Benachteiligung in den Grenzprovinzen Nordbrabant und Limburg fortdauere.

Zumindest auf die Provinz Limburg traf jenes Menetekel zu, die sich historisch wenig in Richtung auf national-niederländische Verbundenheit entwickelt hatte. Der katholische Historiker Rogier bemerkte dazu, der Bevölkerung Limburgs habe der Begriff »Vaterland« genauso nahegestanden wie einem Findling der Begriff »Eltern«.

Dieser Rückstand der Katholiken im öffentlichen Dienst war um 1890 überwunden, was nicht zuletzt auf die spätestens seit den sechziger Jahren sich andeutende katholisch-protestantische schulpolitische Zusammenarbeit zurückzuführen sein dürfte, auf eine Zusammenarbeit, die bald in eine Koalition einmündete. Das war trotz aller Animositäten kein Anachronismus, da der neue säkulare Trend, der Liberalismus, ohnehin verstanden als Erbe der Französischen Revolution, erziehungspolitisch einen Weg beschritt, der an die Grundkonzeption kirchlicher Tradition beider Konfessionen rüttelte. So entwickelte sich die ursprüngliche katholisch-liberale Gemeinsamkeit zur Gegnerschaft, die in den vierziger Jahren bereits von Groen van Prinsterer in der Lehre von der »Antithese« konzipiert worden war. In der hierin beschlossenen rigorosen Konfrontation von Glauben und Unglauben wurde gleichsam das Tor zu einem Zusammengehen der Konfessionen schon geöffnet. Doch das Wort von der Emanzipation saß so tief, daß der von den Protestanten eingeleiteten Abschottung gegen die Obrigkeit und andere gesellschaftliche Gruppen zwangsläufig jene durch die Katholiken folgte, die die mit Herman Schaepman erreichte Emanzipation in der eigenen »Säule« abzusichern versuchten. Vermutlich war die Versäulung weniger ein Mittel der katholischen Emanzipation in den Übergangsdezennien des Jahrhundertwechsels, wie neuerdings dargestellt worden ist, sondern eher eine Schutzmaßnahme für einmal Erreichtes. Zudem entsprach sie dem niederländischen Wunsch, sich nicht nur als Besonderheit zu empfinden, sondern diese Besonderheit auch ungestört, zufrieden und in dem Bewußtsein, national-niederländisch identifiziert worden zu sein, auszuleben.

Anders als die Katholiken brauchten die niederländischen Protestanten und ihre Kirche sich weder zu emanzipieren noch darum zu bemühen, ihre Identität zu finden oder als nationale Kraft aufzutreten. Die Geschichte der Niederlande seit dem Aufstand gegen Spanien hatte dies alles schon besorgt. Und in dem Bewußtsein ihrer nationalen Qualität lebten die Protestanten der Niederländisch Reformierten Kirche. Das Problem, dem sich die protestantische Kirche mit der Gründung des Königreiches gegenübersah, war weder ein emanzipatorisches noch ein gesellschaftliches, sondern eines aus dem Verhältnis »Staat–Kirche« hervorgehendes und damit bald ein innerkirchliches. Der Monarch strebte nach Konsolidierung des neu zu gestaltenden Reiches, und das hieß für ihn, allen gesellschaftlichen Gruppen Lebens- und Spielraum zu geben und den Rahmen dafür abzustecken. Für die Reformierte Kirche, der der Monarch selbst angehörte – in dem ursprünglichen Verfassungsentwurf stand sogar, daß der Träger der Monarchie nur dieser Glaubensrichtung angehören dürfe –, erging 1816 ein durch königliche Verordnung eingeführtes »Allgemeines Reglement (Algemeen Reglement)«, eine Kirchenordnung, die eine bis dahin unbekannte Organisationsform schuf. Das alte presbyterianische System, in dem der Schwerpunkt bei den Kirchenräten und Distriktsversammlungen (»Classicale Vergaderingen«) gelegen hatte, die für die Gestaltung der Glaubens- und Lehrinhalte zuständig waren, wich einem Synodalsystem, in dem die Synodalversammlung nicht aus Vertretern der einzelnen »Classes«, sondern aus denen der Provinzen bestand. Aus jeder Provinz wurde ein Prädikant sowie aus allen ein Ältester neben zusätzlich 3 Hochschullehrern als Beratern gewählt. Der König ernannte sämtliche Mitglieder der ersten Synodalversammlung sowie der 10 provinzialen und 43 klassikalen Kirchenverwaltungen. Der Staat übernahm nunmehr alle Diäten der Prädikanten, was im Hinblick auf die Einkommenssicherung ein Fortschritt war. Die reformierten Prädikanten erhielten wie früher ihre Ausbildung an den staatlichen theologischen Fakultäten oder städtischen Athenäen. So führte der Monarch eine Kirchenordnung ein, die sich am deutschen Staatskirchentum orientierte und mit der Öffentlichkeitskirche der republikanischen Zeit nichts mehr zu tun hatte. Aber dies war noch nicht das wesentliche Problem. Schwierig wurde es erst, als zu einer Ordnung, die staatlichen Einfluß mitbrachte, noch eine theologische Konzeption trat, die im Sinne der Aufklärung Verstand und Glauben miteinander zu versöhnen trachtete, wobei Toleranz gegenüber abweichenden Meinungen eine ganz erhebliche Rolle spielte. Das äußerte sich im Kirchenlied und in den Psalmen. An den Universitäten dozierten damals Theologen, die dieser Richtung der Versöhnung von Glauben und Verstand in einem ethisch orientierten Christentum strikt anhingen. Auf die Einführung der neuen Ordnung reagierten nur einige Distriktversammlungen der Kirche mit Protesten. Die weitere Entwicklung brachte dann in den dreißiger Jahren eine erste Abspaltung aus der Kirche, die in der geistigen Atmosphäre des »Réveil« gründete, an deren Anfang die für das kulturelle Leben der Niederlande wichtigen Männer wie die Literaten Willem Bilderdijk und Isaac Da Costa standen. »Réveil«, das bedeutete protestantische Erneuerung, emotionsgeladene Rückkehr zur Bibel, wie sie vor der Aufklärungsphase des Ancien régime verstanden wurde, das hieß dementsprechend Konfrontation mit dem Zeitgeist, mit dem Freisinn in Staat und Gesellschaft. Unter diesem Aspekt war die niederländische Reaktion lediglich ein Teil einer überall in Europa aufkommenden antimodernistischen Strömung, die sich gegen den utilitaristischen Moralismus und gegen die Auflösung der Glaubensbeziehung von Gott und Mensch kehrte.

Das »Réveil« war eine Fortsetzung der pietistischen Bewegung des 18. Jahrhunderts, in der Glaube eben Glaubenserlebnis sein mußte, das Gefühl sich dem Verstand entgegenstellte. Der erste große Einfluß ging von Willem Bilderdijk aus, der an der Leidener Universität ein Privatissimum dozierte. Den denkerischen Ansatz der Bewegung lieferte er in den Worten: »Man muß Gott empfinden, nicht denken; empfinden …, indem man ihn dem Herzen bekannt macht … nicht denken, denn Er kann nicht gedacht werden.« Europa, so ließ er an anderer Stelle wissen, sei durch die Loslösung von Gott, durch diesen schnöden Verrat, zu jenem fluchbeladenen Erdteil geworden, der sich nunmehr dem Betrachter präsentiere. Unter seinen Schülern in Leiden zählten der spätere Arzt A. Capadose, der sich als letzter seiner Sparte der Pockenimpfung widersetzte, die beiden Söhne Dirk und Willem des Gijsbert Karel van Hogendorp sowie Guillaume Groen van Prinsterer, der geistige Führer des niederländischen Protestantismus um die Jahrhundertmitte bis in die siebziger Jahre, und Isaac Da Costa. Dieser Da Costa, zunächst der mosaischen Religion angehörig, dann 1823 protestantisch getauft, schrieb ein Jahr nach seiner Konversion »Bezwaren tegen de geest der eeuw (Bedenken gegen den Zeitgeist)«, eine Arbeit, die mancherlei Empörung erregte. Das Büchlein enthielt einen scharfen Angriff auf den Liberalismus. Da Costa sprach von der Notwendigkeit eines im Herkommen begründeten Privilegs, verwarf die Macht des Volkes ebenso wie die absolute Macht der Monarchen und anderer Herrscher. Ein Gesellschaftsvertrag sei lächerlich und traurig gleichermaßen, und ein Herrscher müsse ein Vater sein, der nach dem Beispiel des Vaters im Himmel seine Kinder zu regieren habe. Erziehung und Unterricht sollten auf Zufriedenheit mit der eigenen Existenz, in die man hineingeboren werde, zielen. Pressefreiheit und die Abschaffung der Sklaverei lehnte Da Costa in dieser Schrift ab. Alles, was nicht »an den Grundsätzen des echten Gottesdienstes« gemessen sei, müsse man als Ergebnis von »Aberglauben, Götzendienst, Unwissenheit und Dunkelheit« einordnen. Das alles wurde betrachtet unter dem Schirm des erneuerten, weil gegen Verflachung durch Rationalismus gerichteten orthodoxen protestantischen Glaubens in einem Land, das nach Ansicht des getauften Konvertiten Da Costa zu den auserwählten unter den christlichen Ländern zählte. Die Reaktion unter den niederländischen Liberalen und Anhängern der Aufklärung blieb nicht aus, zumal die von Bilderdijk inspirierte Gruppe – er selbst machte sich zum Multiplikator der Broschüre – bereits zuvor argwöhnisch in ihren Äußerungen verfolgt worden war. Vor allem die Konstitutionellen regten sich mächtig auf, da Da Costa gegen das gültige politische Prinzip oder zumindest gegen die konstitutionelle Tendenz verstieß. Man konnte Da Costa zwar angreifen, ihn aber nicht widerlegen, weil seine Argumentationsweise auf der Basis der Vor-Aufklärungsphase beruht habe und man sich in eine völlig andere Gefühlswelt habe versetzen müssen (O. Noordenbos).

Die Broschüre wurde dem Monarchen angetragen. Auch bei Hofe zeigte man die kalte Schulter, denn Da Costa brachte mit der Behauptung, der Monarch sei in seiner Funktion als christlicher König und in seiner Verbundenheit zum Himmlischen Vater nicht an den eigenen Eid gebunden, die Monarchie in Verruf. Außerdem füge die erneuerte Verinnerlichung des Glaubens sich nicht in den Vorstellungsbereich eines an der Aufklärung orientierten und bei Hofe rezipierten protestantischen Christentums. Daß dem Verfasser das Wort vom »elenden Schurken« entgegentönte, war angesichts der allgemeinen Aufregung nicht verwunderlich. Die so negative Reaktion resultierte auch daraus, daß Da Costa auf die positiv-optimistisch gesehene Entwicklung der Jahre eindrosch und der Fortschrittsgläubigkeit ein Menetekel entgegenhielt. Aber wie scharf die Kritik auch war, sie behinderte keineswegs den Zusammenschluß von Gleichgesinnten und den weiteren Ausbau der »Réveil«-Bewegung, in der der angesehene Kaufmann und Dichter Willem de Clercq und nach ihm der Protestantenführer und Denker Guillaume Groen van Prinsterer einen vornehmen Platz einnahmen. Was Da Costa betraf, so nahm er später einige seiner kontroversen Thesen zurück, veranstaltete etwa seit 1826 in seinem Amsterdamer Haus Bibel- und Meditationsabende, hielt Vorlesungen, wobei er sich historischen und theologischen Themen widmete. Aus dieser Zeit gingen die »Sonntagabende im Haus Da Costa« hervor, das zum zentralen Ort für die »Réveil«-Bewegung wurde. Gebet und Gesang umrahmten jede seiner Vorlesungen, die in ihm einen zwar nicht akademisch geschulten, so doch einen kenntnisreichen Theologen als Autor hatten. Der Amsterdamer schulte seine Zuhörer im Kampf gegen die »modernen« Theologen in der Reformierten Kirche, gegen die Supranaturalisten. Ähnliche Gruppierungen entstanden auch in anderen niederländischen Städten; vor allem Vertreter der höheren Stände fanden sich hier zusammen. Ganz allmählich entwickelte sich aus den der Theologie und Tradition gewidmeten Kreisen eine Bewegung, die sich neben diesem ursprünglichen »Kampfgebiet« die Armenfürsorge und andere philanthropische Aufgaben angelegen sein ließ. Damit griff man Tätigkeiten auf, wie sie im 17. Jahrhundert von Regenten und reichen Kaufleuten ausgeübt worden waren. Willem de Clercq gab etwas von der gesellschaftlichen Atmosphäre des »Réveil«-Kreises wieder, indem er nach einer Begegnung mit der adligen Familie Boreel in Den Haag schrieb: »Der Umgangston in dieser Familie gefällt mir sehr gut. Hier herrscht so etwas Hochanständiges und zugleich etwas Christliches, wie ich es selten zusammen erlebt habe.« Das »Réveil« war eine romantische Bewegung, die sich durch hohe Empfindsamkeit, gemeinsames Genießen geistiger Dinge, Exaltation auszeichnete, sie war zugleich eine christliche Bewegung, die sich gegen eine staatskirchlich abgesegnete Verflachung des Bekenntnisses kehrte, aber sie war nicht kirchlich getragen oder geprägt, da Prädikanten in ihr kaum eine Rolle spielten. Freilich hat sie in die Kirche hineingewirkt, indem sie ein bei Prädikanten und Gemeinde herrschendes Unbehagen vertiefte. Und dort, wo sich Prädikanten und Gemeinde dem Kreis des »Réveil« nicht gleich anschlossen, teilten sie doch den Wunsch des Da Costa und anderer nach einem intensiveren Erleben und Erfahren des Glaubens.

Was gleichsam auf weltlicher Ebene vorgedacht war, das breitete sich bald in den kirchlichen Gemeinden aus. Dabei spielte die Universität Leiden eine entscheidende Rolle. Hier wuchs ein Kreis von Theologiestudenten heran, die sich gegen den Supranaturalismus der offiziellen Kirche wandten und schließlich als Prädikanten in Konflikt mit den kirchlichen Instanzen gerieten. Aufsehen erregte auch der Ulrumer Prädikant Hendrik de Cock, der Kinder von Eltern einer anderen Gemeinde taufte, weil die Eltern an der liberalen Haltung ihres Gemeindeprädikanten Anstoß nahmen. Das Vorgehen des de Cock widersprach der Kirchenordnung. Der Prädikant ließ es dabei nicht bewenden, sondern agierte in einer Broschüre gegen die Amtsbrüder in Assen und Uithuizen. Er gründete mit dem gesamten Kirchenrat und der Gemeinde hinter sich im Oktober 1834 die erste »Afgescheiden Gemeente« und gab damit ein Beispiel für eine Reihe von anderen Gemeinden, die sich noch im gleichen Jahr oder unmittelbar später der neuen Richtung anschlossen. Der Schwerpunkt dieser Spaltungsbewegung in der Reformierten Kirche lag im Norden des Landes. 1834/35 waren es insgesamt sechs Prädikanten, die sich von ihrer Kirche trennten, im übrigen nicht älter als achtundzwanzig Jahre waren, und zu deren Gottesdiensten auch Teilnehmer aus der Umgebung jenseits der Gemeindegrenzen kamen. Obwohl es sich hierbei zunächst um keine Massenerscheinung handelte, glaubte die Staatsgewalt, von Beginn an energisch gegen die »Afgescheidenen« durchgreifen zu müssen. Sie stand voll hinter der Amtskirche und dekretierte kurzerhand, daß diese neue Gruppierung nicht zu jenen Glaubensrichtungen zählte, die nach Artikel 191 des Grundgesetzes schutzwürdig waren. Im Gegenteil: Anwendung fanden Artikel 291 und 292 des Napoleonischen »Code pénal«, die Maßnahmen gegen unerlaubte Zusammenkünfte von mehr als zwanzig Personen vorsahen, die sich zur Teilnahme an Gottesdiensten oder zu politischen und literarischen Veranstaltungen trafen. Eine der Maßnahmen war die Einquartierung von Truppen in den Häusern der »Afgescheidenen«. Die Regierung ließ sich dabei nicht der Glaubensverfolgung zeihen, sondern machte das Anliegen der »Spalter« zu einer Angelegenheit von Staats- und Strafrecht. Die Toleranz von Staat und Amtskirche war offensichtlich an ihre Grenzen geführt. Trotz repressiver Maßnahmen vermochte es die Staatsgewalt nicht, die junge Bewegung zu unterdrücken. Ihr hingen etwa ein halbes Jahrhundert nach Bildung der Ulrumer Gemeinde 140.000 Seelen an, was auf 3,5 Prozent der Gesamtbevölkerung hinauslief. Dabei konnte von einer personellen Verflechtung zwischen »Afgescheidenen« und »Réveil« nicht die Rede sein. In der Gruppe der »Afgescheidenen« äußerte sich soziale Gegensätzlichkeit, die eine solche Verflechtung weitestgehend ausschloß. Zum größten Teil gehörten die »Afgescheidenen« zu den unteren Schichten der Bevölkerung, wenngleich es Beziehungen zwischen Prädikanten und dem höheren Bürgerstand gab. Gleichwohl existierte eine gedankliche Verwandtschaft zwischen »Afgescheidenen« und »Réveil«: Zum einen die Intensivierung des Glaubens durch Ablehnung des Rationalismus und Hinwendung zur Lehre der republikanischen Zeit, zum anderen die Loslösung vom staatlichen Einfluß und die Besinnung auf den besonderen Auftrag der Kirche in der niederländischen Gesellschaft durch Funktionalisierung des Glaubens.

Niemand, so schreibt Noordenbos, habe das »Réveil« als religiöses Lebensgefühl so zum Kern seiner Existenz gemacht wie Willem de Clercq, und niemand, so ist hinzuzufügen, hat es so bewußt unternommen, die Ziele der politisch-protestantischen Erneuerungsbewegung in staatspolitische Forderungen umzusetzen wie Guillaume Groen van Prinsterer. Dieser protestantische Führer der ersten Stunde schuf das Wort von der »Antithese«. Der Begriff meinte eine über die soziale Gruppierung hinausgehende Verhaltensweise, die einen scharfen Trennungsstrich zwischen Konfessionellen aller Richtungen und Nicht-Konfessionellen, praktisch zwischen Glauben und Unglauben, zog. Groen formulierte den später von Abraham Kuyper übernommenen Begriff, als er bereits 1849 den Katholiken bescheinigte, daß sie zwar in Zusammenarbeit mit den Liberalen durchaus politischen Einfluß auszuüben vermochten, aber auf lange Sicht wegen der liberalen Tendenz zum Unglauben kaum einen Nutzen ziehen könnten. Er setzte die Gemeinschaft im Glauben gegen den Unglauben und gegen den Zugriff staatlicher Oberherrschaft; er hatte sich schon 1837 gegen die staatliche Verfolgung der »Afgescheidenen« ausgesprochen. David Friedman hat die Wurzeln der bei Groen und später bei Kuyper vorgetragenen Konfrontation »christlich-weltlich« und die durch die Säkularisierungstendenz entsprechend präformierte konfessionelle Gemeinschaft auf die Geisteshaltung der Niederlande in republikanischer Zeit zurückgeführt. Bei ihm heißt es: »Dieses Zeitalter war in Wirklichkeit charakterisiert durch eine Antithese … zwischen den theokratischen Prinzipien der Reformation in ihrer calvinistischen Ausprägung und den humanistisch-individualistischen Prinzipien der Renaissance, die sich beide in den Niederlanden niemals in einem harmonischen Ganzen vereinigt haben.«

Ehe der säkulare Konflikt, wie er sich für Groen stellte, zum Tragen kam, galt es erst einmal, in der protestantischen Kirche selbst zu einer neuen Ordnung zu gelangen. König Wilhelm II. gab der Niederländisch Reformierten Kirche 1842 die Möglichkeit, die Reglements allein und selbständig zu verändern. Die Neufassung des Reglements von 1852 akzentuierte die Stellung der einzelnen Gemeinden im Kirchenverband. Es erhob sich nunmehr die Frage, inwieweit die Gemeindemitglieder bei der Ernennung eines Prädikanten mitsprechen sollten. Die Bewegung der »Afgescheidenen« war nicht mehr zurückzudrängen, zumal sich nach dem Thronwechsel von 1840 auch die Chance bot, örtlich die staatliche Anerkennung unter dem Namen »Christelijk Afgescheiden Gemeente« zu erhalten, was eine Reihe von Gemeinden jedoch ablehnte. Nach 1866 konnten die Kirchen ihre Organisation nach eigenem Gutdünken gestalten. In den Niederlanden gab es genügend »Afgescheidene«, die diese Gelegenheit ergriffen, wenngleich viele unter ihnen nach staatlicher Verfolgung und unter dem sozialen Druck der Amtskirche in die Emigration ausgewichen waren. So kam es 1869 zur Sammlung der »Afgescheidenen« in der »Christlich Reformierten Kirche (Christelijk Gereformeerde Kerk)«, die zwar eine Minderheitskirche blieb, aber bis 1879 immerhin 3 Prozent der Bevölkerung erfaßte, mit örtlich zuweilen sehr viel höherem Anteil. Die Kontakte der Kirche reichten bis zu den Kolonisten-Kirchen in Amerika sowie in Südafrika. Seit 1854 sorgten die »Afgescheidenen« für eine eigene theologische Ausbildung in Kampen an der Ijssel. Die Namensgebung schloß sich dem schon 1836 geäußerten Wunsch an, als die »Afgescheidenen« bei der Regierung vorstellig geworden waren, »als Christlich Reformierte Kirche unter dem Kreuz« firmieren zu dürfen.

Mit der Gründung dieser Kirche waren noch nicht alle Probleme innerhalb des niederländischen Calvinismus gelöst. In den folgenden Jahren spielte in der Amtskirche die Funktion der Synode weiter eine Rolle. Es handelte sich um die Kompetenzen der örtlichen Kirchenräte, auch um theologische Fragen, die wieder aufgriffen, was schon zur Zeit des »Réveil« und der »Afgescheidenen« eine Rolle gespielt hatte. Und es ging um mehr. Ganz im Sinne des 1876 verstorbenen Groen van Prinsterer ging es Kuyper bei der »Antithese« darum, den gesamten protestantischen Alltag zu erfassen, ihn gleichsam gegen die Welt des Unglaubens abzuschirmen und ihn über die »Souveränität im eigenen Kreis« – so das Motto der Kuyperschen Eröffnungsrede in der 1880 gegründeten Vrije Universiteit – abzuschirmen. Die von Kuyper initiierte Gründung dieser Universität bezweckte, dem reformierten Bevölkerungsteil der Niederlande das theologisch-geistige Rüstzeug zu vermitteln. Die Amtskirche konnte diesem Ansatz nicht folgen, den Kuyper freilich durchsetzte. Es war zu erwarten, daß die Synode der Amtskirche die Theologiestudenten der Vrije Universiteit nicht akzeptieren würde, falls sich eine Kirchengemeinde zur Ernennung verstände. Der Konflikt war vorprogrammiert und brach aus, als 1885/86 die Gemeinde Kootwijk, und bald darauf andere, Prädikanten aus der Vrije Universiteit anstellte. Eine neuerliche Spaltung weitete sich zum Konflikt um Kirchen und Parteien aus, der die Gerichte beschäftigte. Vielleicht war Kuypers Ziel nicht die Gründung einer Kirche, sondern eher der Kampf gegen den Druck der Synode, jedenfalls schied er mit Gleichgesinnten (»Doleantie«) aus der Amtskirche aus und gründete in Zusammenschluß mit der »Christlich Reformierten Kirche« 1892 die »Reformierte Kirche der Niederlande (Gereformeerde Kerken in Nederland)«. Die Anhänger der »Doleantie« kamen, wie zuvor die »Afgescheidenen«, hauptsächlich aus den unteren Mittelschichten. Der Unterschied zwischen beiden, ein halbes Jahrhundert auseinanderliegenden Konflikten bestand darin, daß es Kuyper gelang, diese Schichten politisch zum ersten Mal zu aktivieren.

Die konfessionelle Koalition in der Schulfrage

Die Forderung nach protestantisch-calvinistischer Lebensgestaltung oder die Intensivierung des Bekenntnisses zu einem bibelbezogenen persönlichen Erlebnis des Alltags, wie es sich im »Réveil« und bei den »Afgescheidenen« äußerte, machten deutlich, daß sich ein Arbeitsfeld wie die schulische Erziehung – nachgerade ein Intimbereich der Kirche – nicht einfach auf dem Gesetzesweg gestalten ließ, wenn die Regierung liberal oder liberal-konservativ geprägt war. Es erwies sich als sehr schwierig, ohne die volle Zustimmung des protestantischen Bevölkerungsteils eine so wichtige Frage wie die in die tägliche christliche Lebensgestaltung hineinragende Organisation der Schule zu einer Lösung zu führen. Opposition war vor allem von jenen zu erwarten, die es mit Groen van Prinsterer und seinen Antirevolutionären hielten. Selbst innerhalb des protestantischen Lagers bestanden gravierende konzeptionelle Unterschiede. Die konservativen Großprotestanten etwa um den Utrechter Hochschullehrer Gerrit Jan Mulder waren für den eher orthodox-calvinistischen Groen theologisch-dogmatisch gesehen allzu freisinnig, als daß eine enge Zusammenarbeit möglich gewesen wäre. Die Schulfrage blieb nicht auf das Parlament beschränkt, sondern aktivierte die Öffentlichkeit in Form von Adreßbewegungen und Pressekampagnen. Der Gesetzentwurf vom September 1854 sah für den Grundschulbereich die konfessionell gemischte, staatliche Schule vor und bot die Möglichkeit, für Kinder bestimmten Bekenntnisses eigene öffentliche Schulen aufzubauen. Das war als Konzession an die Antirevolutionären um Groen gedacht, fand aber nicht die Zustimmung der Kammermehrheit, so daß diese Möglichkeit in einem nächsten Entwurf fortfiel. Mit Groens Vorstellungen hatte die neue Form gar nichts mehr zu tun. Er plädierte zwar für eine öffentliche Schule, doch sie sollte von vornherein konfessionalisiert sein, so daß jedem Bekenntnis die Chance einer gegen die andere Konfession abgeschotteten Erziehung und Ausbildung gewährleistet sein würde. In diese Richtung rollte eine umfangreiche Petitionswelle, die allerdings in der Zweiten Kammer unbeachtet blieb. Der liberal angelegte Entwurf scheiterte an der Kammermehrheit, da König Wilhelm III. es sich angelegen sein ließ, die von Groen und anderen Protestanten initiierte Adreßbewegung zu unterstützen. Er schickte das Kabinett van Hall fort, zumal er eine Möglichkeit gegeben sah, mehr konservative Politiker ins Regierungsamt zu bringen. So kam erst 1857 unter dem nachfolgenden Minderheitskabinett van der Brugghen das Schulgesetz durch. Van der Brugghen, selbst Antirevolutionär wie Groen, war von weniger orthodoxer Haltung, meinte, durch Einführung eines Kompromißvorschlages – Zulassung von Konfessionsschulen (»Bijzondere School«) ohne jeweilige Einzelgenehmigung und Zuerkennung von staatlichen Zuschüssen von Fall zu Fall – die Antirevolutionären und Katholiken mitziehen zu können. Aber welche Stellung konnte ein solcher Kompromiß unter Verhältnissen haben, in denen die Antirevolutionären von protestantischem Unterricht als logischer Entsprechung ihres Verständnisses von einer protestantischen Nation ausgingen. Der Gesetzestext enthielt wiederum deutlich liberale Züge, indem er von Erziehung im Sinne von Anerkennung und Tolerierung der jeweils anderen Konfession sprach.

Das Gesetz von 1857 hat die niederländische Schullandschaft weitgehend geprägt und sicherlich auch – da der Staatszuschuß für staatsfreie Schulen schließlich doch nicht akzeptiert worden war – die Position der öffentlichen Schule gegenüber der konfessionellen gefestigt, obwohl die Vielzahl von konfessionellen Schulgründungen in der Folgezeit nicht zu übersehen war. Aber dieses Gesetz bildete erst den Anfang des Schulstreits, in dem die Antirevolutionären die treibende Kraft waren. Es war nicht ohne Logik, wenn Groen nunmehr den öffentlichen Schulen die Befugnis absprach, zu »christlichen Tugenden« zu erziehen oder gar Religionsunterricht zu erteilen. Solches Urteil verriet die Intensität der Emotionen bei führenden antirevolutionären Niederländern. Schließlich erfolgte die Gründung des »Verbandes für die Christlich-Nationale Schule (Vereeniging voor Christelijk Nationaal Onderwijs)« als eine Reaktion auf das Gesetz von 1857, als Versuch, den eigenen Anspruch durchzusetzen. Größere politische Aktionen blieben aus, zumal in antirevolutionären Kreisen ohnehin nicht volle Einigkeit über die Haltung zum Schulgesetz herrschte. Erst in den siebziger Jahren geriet wieder Bewegung in den Schulstreit, nicht zuletzt durch die neue Position der Katholiken, die sich nach dem Hirtenbrief der Bischöfe von 1868, der zum Widerstand gegen den »Staat in der Schule« aufrief, von den Liberalen zu lösen begannen. Der Auflösungsprozeß des Liberalismus stand zwar noch bevor, aber die Liberalen zeigten bereits nicht mehr die Stärke wie in den Jahrzehnten zuvor. Die Abschaffung des Zeitungsstempels förderte im übrigen das Broschüren- und Zeitungswesen und intensivierte den »Schulkampf«, der nur gesetzgeberisch zur Ruhe gekommen war. Das Kopfblatt der Antirevolutionären wurde der 1872 gegründete »Standaard« unter der Leitung von Abraham Kuyper, der für die nächsten Jahrzehnte als Führer der »Antirevolutionären Partei (ARP)« eine wichtige Rolle im politischen Leben der Niederlande spielen sollte.

Die in liberalen Kreisen vertretene Ansicht, daß das Schulsystem einer weiteren Verbesserung bedürfe, und die Hoffnung der Liberalen, über die Lösung der Schulfrage die durch Meinungsverschiedenheiten zerstrittenen eigenen Reihen wieder zusammenführen zu können, aktualisierten das Problem insofern, als es nunmehr aus der Publizistik wieder in die Kammer hineingetragen wurde. Die herrschenden Antagonismen lassen sich somit zum einen mit der antirevolutionären Publizistik, zum anderen mit Auslassungen demonstrieren, die der liberale Abgeordnete Johannes Kappeyne van de Coppello gegenüber Abraham Kuyper vorgetragen hat. Er verglich die konfessionelle Minderheit mit einer toten Fliege, die die nationale Crème verunziere und deren Unterdrückung kaum bedauert werden könne. Für sie gebe es ohnehin keinen Platz in der Gesellschaft. Abgesehen von dem in diesem Fall reichlich seltsam formulierten Vergleich bewies die Äußerung, wie hart hier der liberale Begriff von Nation und die protestantisch-antirevolutionäre Konzeption einander gegenüberstanden. Die bei aller Zuerkennung von Autonomie auf Provinzial- und Kommunalebene und bei aller Anerkennung der Freiheit politischen Denkens doch deutlich sichtbaren Zentralisierungstendenzen der Liberalen stießen sich an Sonderungen, die, historisch gesehen, zwar einmal bestimmend gewesen sind, in ihrem staatspolitischen Anspruch aber als Anachronismus empfunden wurden. Kurz: Die liberale Neutralität, die von der Regierungsspitze her zu wahren war, duldete keine konfessionelle Sonderexistenz.

Kappeyne van de Coppello brachte als Regierungschef 1878 ein neues Grundschulgesetz durch, das den Konfessionsschulen kaum noch Platz ließ. Obwohl jene Kreise, darunter auch liberale, die die Grundschulstruktur mit der sozialen Frage wie Kinderarbeit und Schulpflicht verbanden, mit dem neuen Gesetz nicht zufrieden waren, das durch Verbesserung von Schulgebäuden, Gehalt und Lehrerausbildung hohe Kosten erwarten ließ, war dem Unterricht auf jeden Fall durch weitestgehende staatliche Übernahme der bisher bei den Gemeinden ruhenden Schulverwaltung und -aufsicht seine letzte religiöse Färbung genommen. Was sich in der Kammer nicht erreichen ließ, versuchten die Antirevolutionären über eine Petition an den Monarchen durchzusetzen. Die Petition, die höfliche, nachgerade hofgerechte Form eines Proteststurms, wurde, versehen mit 300.000 Unterschriften, dem König mit dem Ersuchen »um eine Schule unter dem Bibelwort (School met de Bijbel)« im August 1878 überreicht. Eine ähnliche Petition brachten auch die Katholiken unter Schaepman ein. Während der Monarch einige Jahrzehnte zuvor sich noch bereit gezeigt hatte, Petitionen zum Anlaß zu nehmen, um liberale Regierungen zu unterlaufen, blieb seine positive Reaktion nunmehr aus. Er unterzeichnete das neue Schulgesetz. Kuyper schrieb daraufhin, der Oranier habe mit der Tradition des Hauses gebrochen. Die Niederlage der Konfessionellen führte nach 1878 zu ihrem engeren Zusammenrücken, zu einem Novum in der niederländischen Innenpolitik, das zwar die »Versäulung« nicht behinderte, aber der Ausgangspunkt für spätere konfessionelle Koalition wurde. In den Wahlen nach Annahme des Schulgesetzes gewannen vor allem die Antirevolutionären, die nicht nur ihre Wahlkampfmunition aus dem jüngsten Schulstreit bezogen, sondern in ihrer ganzen Politik auf die Frage der Konfessionsschulen voll konzentriert blieben. Sie hatten in ihrer Zusammenarbeit mit den Katholiken im Schulstreit schrittweisen Erfolg, den sie den Wahlrechtsänderungen verdankten. Noch 1887 begnügten sich die auf die Möglichkeiten eines neuen Wahlrechts schauenden ARP-Vertreter mit der liberalen Erklärung, einer finanziellen Unterstützung der Konfessionsschule stehe die Verfassung nicht im Weg. Im Jahr darauf wurden dann von einem konfessionellen Koalitionskabinett Subsidienleistungen gesetzlich verankert und die Gemeinden verpflichtet, Schulgeld für die Staatsschulen zu erheben. Das vermochte die Konkurrenzposition der Konfessionsschulen erheblich zu verbessern, da die Eltern der zu den Konfessionsschulen gehenden Schüler immerhin zwei Drittel der Kosten aufbringen mußten.

Die den Wünschen der Konfessionellen entsprechende Regelung der Schulfrage konnte sich infolge der Zersplitterung unter den Liberalen bald relativ rasch vollziehen. Die drei konfessionellen Kabinette der beiden Jahrzehnte vor dem Ersten Weltkrieg haben dies zustande gebracht. Sie haben die staatlichen Subventionen für die Konfessionsschulen erhöht und die Anerkennung von Abschlußzeugnissen der Konfessionsschulen im Gymnasialbereich durchgesetzt. Und nicht nur dies. Daß die von Kuyper propagierte »Souveränität im eigenen Kreis« ein wesentliches Entscheidungsmotiv war, bewies die Haltung jener Konfessionellen in der Schulpflichtfrage. Was Liberale seit je, später auch Sozialisten, in ihrem Prinzipien-Portefeuille bargen, das stieß bei den Konfessionellen auf heftigen Widerstand. Für sie bedeutete Schulpflicht einen Eingriff in das Elternrecht, in die elterliche Gewalt. Sie befürchteten, daß sie gezwungen sein würden, die Kinder in jenen Gemeinden in öffentliche Schulen zu schicken, wo es keine Konfessionsschulen gab. Abgesehen von einer 1900 geschaffenen Kompromißlösung des Kabinetts Pierson/Goeman Borgesius in der Schulpflichtfrage – die sechsjährige Schulpflicht wurde eingeführt, ohne die Verpflichtung zum Besuch einer öffentlichen Schule –, unternahm Abraham Kuyper, Kabinettschef von 1901 bis 1905, noch einmal 1904/05 einen großangelegten Vorstoß in Richtung auf die völlige finanzielle und rechtliche Gleichstellung der beiden Schularten. Zunächst setzte er die Anerkennung der Hochschulabschlüsse der konfessionellen Institutionen durch. Für die Finanzierung der Grundschule brachte er ein recht einfaches Argument ins Feld: Der Staat habe die beiden »antithetischen Teile« der Gesellschaft, die Konfessionellen und Nicht-Konfessionellen gleichermaßen zu unterstützen. Der nüchterne Rechner sah jedoch die begrenzten finanziellen Möglichkeiten, so daß sein Gesetzentwurf bloß die Regelung enthielt, daß die gesetzlichen Mindestgehälter für das gesamte Lehrpersonal direkt vom Staat getragen werden sollten. Da aber, soweit es um Lehrkräfte an öffentlichen Schulen ging, diese Beträge von den jährlichen Leistungen der Staatskasse an die Gemeinden abgezogen werden sollten, lief die Regelung indirekt auf zusätzliche Subventionen für die Konfessionsschulen hinaus. Wie stark die Position der Konfessionellen war, zeigte sich auch daran, daß man zwar eine Gleichstellung der Abschlußzeugnisse durchsetzte, aber eine öffentliche Kontrolle des Lehrplans der Konfessionsschulen mit Erfolg abwehren konnte. Für die Konfessionellen selbst waren solche Erfolge von einiger Bedeutung. Die sich in der Schulfrage manifestierende Kontraktionstendenz und die theoretisch überhöhte Prämisse von der »Souveränität im eigenen Kreis«, die als eine Reaktion auf die zunehmende Laizisierung und weltanschauliche Neutralität des öffentlichen Lebens zu begreifen war und wie jede Kontraktion einer Defensivhaltung entsprang, schufen eine noch bessere Grundlage für die Festigung der »Säulen« in der niederländischen Gesellschaft.

Das Spektrum der politischen Parteien in seiner Entfaltung

Auch die Niederlande erlebten im 19. und 20. Jahrhundert den Übergang zur Industrie- und Klassengesellschaft mit allen politischen und sozialen Folgen, auch wenn dies später als etwa beim Nachbarn Deutschland und erst recht später als beim belgischen Nachbarn geschah. Die politische Konsequenz war nicht nur der Ausbau des Verfassungsstaates, sondern auch die Bildung politischer Parteien als den neuen Trägern des politischen Willens. Fand der Begriff »Partei« in der ersten Hälfte des Jahrhunderts Verwendung, dann meinte er nur informelle Meinungsgruppen in der Kammer, auf lokaler Ebene oder landesweit. So sprach man von einer Konstitutionellen Partei wie von einer Liberalen oder Großprotestantischen Partei. Katholiken bedachte man mit dem Begriff »Ultramontane«, und der führende protestantische Politiker jener Phase, Groen van Prinsterer, nannte seine ihn unterstützende Gruppierung die »Antirevolutionären« oder »Christlich-Historische Richtung«. Die Bildung von Parteiorganisationen erfolgte relativ spät und vollzog sich aus unterschiedlichen Motiven. Die späte Gründung war insofern erstaunlich, als man mit der Verfassung von 1848 den konstitutionellen Rahmen für die Bildung von Parteiorganisationen geschaffen hatte. Es bedurfte erst hochgehender Dauerkonflikte wie den des Schulstreits oder der Ergebnisse langfristiger sozialökonomischer Umwälzungen, ehe es zur Bildung von Parteien kam. Selbstverständlich gab es vor dem eigentlichen Parteigründungsprozeß deutlich voneinander unterschiedene Gruppierungen, die auch ohne Organisation und Programm in ihren politischen Wünschen klar auszumachen waren: Konservative, Liberale, Katholiken und Antirevolutionäre.

Der Konservatismus in den Niederlanden war eine Strömung der besonderen Art, weil er nicht wie in anderen europäischen Staaten in agrarisch-feudalen Verhältnissen wurzelte, sondern in der dem Land eigenen Tradition, dem Handel, seinen Ursprung nahm und weil er sich in der jüngeren, »antirevolutionären« Form aus calvinistischem Boden nährte. Die Anhänger des Konservatismus in der ersten Hälfte des 19. Jahrhunderts gehörten zur ehemaligen Elite aus der Zeit der Republik. Es war eine Notabeln-Elite, die sich aus alten Regentengeschlechtern des städtischen Patriziats sowie anderen reichen Kaufleuten und Bankiers rekrutierte, aber auch aus Adels- und Beamtenfamilien, die während der Batavischen Republik, des Königreiches Holland und der Phase der Einverleibung durch Napoleon aufgestiegen waren. Sie konzentrierten sich, geographisch gesehen, auf das Gebiet zwischen Amsterdam und Den Haag. Der von dieser Gruppe gepflegte Konservatismus war allzu städtisch verwurzelt, als daß sich hier eine christlich-mittelalterliche Rückorientierung unter dem Einfluß politischer Romantik in irgendeiner Weise hätte breitmachen können. Die niederländischen Konservativen konnten im Unterschied zu den Konservativen in anderen Ländern des Kontinents oder in Britannien lediglich auf das Haus Oranien, das niemals ein Königtum getragen hatte, oder auf die »aristokratische Regentenelite« zurückgreifen, die selbst auf städtisch-kommerzieller und nicht auf feudal-ständischer Grundlage stand. Das bot kaum genug Schwungkraft für einen Frontalangriff gegen die Französische Revolution oder gegen liberale Ideen. Huizinga hat die einigermaßen bruchlose niederländische Entwicklung 1934 in dem aufschlußreichen Essay »Nederlands Geestesmerk« beschrieben. Der Schicht der Notabeln, der zur Zeit des ersten oranischen Königs herrschenden politischen Klasse, ging es um die Fortschreibung alter Rechte, ohne daß dies auf dem Boden einer ausgefeilten und rückwärtsgewandten Ideologie vorgetragen wurde. In Hogendorps Verfassungsentwurf, der zum Grundgesetz erhoben wurde, stand die Fortsetzung der Republik im Sinne der Notabeln festgeschrieben, mit den an junge und alte Erfahrungen angepaßten Abstrichen oder Ergänzungen. Der dezentralisierte Ständestaat sollte zentralistische Neigungen des Monarchen ebenso bremsen, wie er Hindernisse gegen demokratische Strömungen aufwarf. »Der Staat war typisch konservativ im Sinne der alten Republik«, so Hermann von der Dunk. Und wenn das Grundgesetz liberale Züge hatte, dann wohl aus Einsicht in moderne Erfordernisse oder in Wiederaufnahme der städtisch-bürgerlichen Prägung des eigenen Landes; auf jeden Fall konnte die herrschende politische Klasse unter diesen Voraussetzungen ihre Lebensbereiche finden. Es war in diesem Zusammenhang nicht erstaunlich, daß die mit einem Teil der Notabeln-Kaste liierte oder sie repräsentierende Fraktion in der Zweiten Kammer als die Gruppe der Konservativ-Liberalen galt, die sich zwar der für sie zu umfassend ausgefallenen Verfassungsrevision von 1848 widersetzte, sich mithin als Gegnerin der Liberalen um Thorbecke verstand, aber auf jeden Fall abhold jeder reaktionären Bestrebung war. Was sich hier in den fünfziger und sechziger Jahren sozialgeschichtlich manifestierte, war der Gegensatz von Mittelstand und Notabeln, ein klassischer Gegensatz, denn der Widerspruch aus der Zeit der Republik zwischen

Regenten und den nicht zu dieser Schicht gehörenden Stadtbürgern lebte fort.
Daß in den Auseinandersetzungen zwischen den Fraktionen der Thorbecke-Li-
beralen und der Konservativ-Liberalen, die nach dem 1853 erfolgten Sturz des
ersten Kabinetts Thorbecke begannen, die Thorbecke-Anhänger ihre Gegner
einfach zu Konservativen stempelten, war möglicherweise eine unangebrachte
Verwendung des Etiketts. Viel richtiger drückte es wohl der Staatsrechtslehrer
Buys aus, der seine Gruppe der Konservativ-Liberalen »einen selbständigen Teil
der einen großen liberalen Partei« nannte. Bezeichnenderweise scheiterte eine
in der fünfziger Jahren im Zuge der April-Bewegung auftauchende großprote-
stantische und durchaus reaktionäre Bewegung in ihrem Versuch, mit den Konservativ-Liberalen gemeinsame Front gegen Katholiken und Liberale bei Ablehnung der Verfassung von 1848 zu machen. Das lag zum einen an der mangelnden Führungsqualität der Verantwortlichen im großprotestantischen Lager,
zum anderen vor allem am Widerstand der Konservativ-Liberalen, die zur
Mehrheit des »Pays Légal« zählten. Daß sie auch bei den damals noch nicht in
einer Partei organisierten calvinistischen Antirevolutionären des Groen van
Prinsterer auf Granit stießen, offenbarte den vollen Mißerfolg dieser reaktionären Gruppierung. »Ihr Kampfziel, die Herausbildung einer mächtigen sowohl
antikatholischen als auch antiliberalen Einheitsfront, wurde kaum ansatzweise
erreicht« (J. C. Boogman). Im Hinblick auf den Ausbau der niederländisch-indischen Kolonien im Archipel kam es zu einer Verschärfung der Konfrontation
der Liberalen à la Thorbecke und der Konservativen. Neben dem großprote-
stantisch-konservativen Versuch probierte man es auch auf ehemals konserva-
tiv-liberaler Seite, zu einer Art konservativer Volkspartei zu gelangen. Die Zeichen standen insofern nicht schlecht, als es zu einer Lockerung der in den
vierziger und fünfziger Jahren noch engen Verbindung von Liberalen und Katholiken kam. Aber sie trogen auch, solange sich die Antirevolutionären unter
ihrem Führer Groen verweigerten. Sie taten dies, weil die Konservativen ein
Stück Oligarchie repräsentierten und zudem im Vorstand der Reformierten Kirche (»Hervormd«) eine recht tolerante und unorthodoxe Haltung demonstrierten, was einem Groen van Prinsterer und seinem aus den unteren sozialen
Schichten kommenden antirevolutionären Anhang ein Dorn im Auge war.

Wie sich Konservatismus in jener Zeit als Gegner des Liberalismus selbst
begriffen hat, erhellt aus einer Definition des Isaac J. Lion in seiner Autobiographie von 1865. Dort heißt es: »Konservatismus will das Bestehende bewahren, und eben weil er bewahren will, muß er das Bestehende immer verbessern
und entwickeln, weil es sonst untergehen oder sich selbst zerstören würde. Die
beständige Verbesserung und Entwicklung, ein Naturgesetz des Konservatis-

mus, muß jedoch dem Geist, der Art, dem Ursprung des Bestehenden entsprechen.« Der Liberalismus dagegen setze etwas völlig Neues an die Stelle des Bestehenden oder lasse dort Unkraut wachsen, wo früher der Ruhm der Nation gekeimt habe. Der Konservative lasse fortbestehen und verbessere das Bestehende. Das Bestehende sei die Grundlage der nationalen Einrichtungen, deren wesentliches Kennzeichen die Freiheit sei. Der Liberalismus zerstöre je nach Laune und Parteierfordernissen des Augenblicks Vorhandenes; er tue dies unter Bruch mit der Vergangenheit und unter idealistischer Beschwörung der Zukunft. Lion führte hier ein Stück Reformkonservatismus vor, der das wesentliche Kennzeichen der konservativen Strömung ausmachte und kaum etwas mit dem Konservatismus großprotestantischer Prägung zu tun hatte. Aller Wahrscheinlichkeit nach hätte ein Mann wie Thorbecke auf dem Boden des von ihm in der deutschen Historischen Schule rezipierten organischen Gedankens solche Definition unterschrieben. Diese Voraussetzung ermöglichte es, daß sich die nie in Parteiform organisierten ehemaligen Konservativ-Liberalen auf ihrem Weg in den Niedergang in den siebziger und achtziger Jahren den altliberalen Konservativen anschlossen. Daß die Konservativen bei den Wahlen zum Parlament keine Erfolge mehr hatten und 1888 nur noch einen Abgeordneten stellten, hatte mehrere Gründe: Zum einen wurde die Frage des kolonialen Anbausystems (»Cultuurstelsel«) zugunsten liberaler Vorstellung des freien Unternehmertums gelöst, zum anderen kehrte nach der deutsch-französischen Entscheidung in den Niederlanden eine gewisse Beruhigung ob der eigenen Position des Landes im europäischen Verband ein, nachdem die Bismarcksche Außen- und Deutschland-Politik bis dahin für Ängste gesorgt und sich zum Vorteil der Konservativen, die ihre nationale Plattform betonten, ausgewirkt hatte. Und schließlich verwischten sich allmählich die Unterschiede zwischen Konservativen und Liberalen.

An der Spitze der konfessionellen Gruppierungen rangierte die »Antirevolutionäre Partei (ARP)«, die viele Jahrzehnte das politische Leben der Niederlande bestimmen sollte und deren Entwicklung bis in die dreißiger Jahre des 20. Jahrhunderts mit den Namen Groen van Prinsterer, Abraham Kuyper und Hendrik Colijn verbunden war. 1905 wurde noch einmal auf konservativer Seite der Versuch unternommen, eine eigene Partei zu gründen. Das scheiterte aber, weil damals der Begriff »konservativ« durch das in den Niederlanden verbreitete Deutschland-Bild mit Begriffen wie Imperialismus, Militarismus, Protektionismus, Untertanengeist, deutschem Junkertum belastend definiert war. Bei dieser Gelegenheit ließen Kommentatoren auch deutlich werden, daß die Konfessionellen für die Freiheit des Gewissens, für Selbstbestimmung und Emanzipation gekämpft hätten. Solche Definition entsprach dem Selbstverständnis sowohl der Protestanten als auch der Katholiken.

Die schon in der ersten Hälfte des 19. Jahrhunderts sich bildende und dann 1879 als Partei organisierte antirevolutionäre Bewegung, die sich den Namen »Antirevolutionäre Partei« gab, war nach dem von Guillaume Groen van Prinsterer artikulierten Selbstverständnis eine antiliberale und christlich-historische Gruppierung. Groen, ein zutiefst in den Kategorien niederländischer Geschichte und niederländischen Glaubens denkender Mann, der dies auch als königlicher Hausarchivar in seinen »Archives de la Maison d'Orange-Nassau« in den Anmerkungen und vor allem in seiner historischen Vorlesungssammlung »Ongeloof en revolutie (Unglaube und Revolution)« unmißverständlich bewies, wandte sich gegen die Französische Revolution. Das schon machte ihn zu einem Gegner der Liberalen, aber nicht a priori zu einem Konservativen. Seine Definition von Revolution war eine christlich-theologische. Er beschrieb den Begriff als eine »Umkehrung des Denkens und der Gesinnung«, insofern man sich nicht mehr den Gesetzen und der Autorität Gottes fügen wolle, sondern selbst zum Maß aller Dinge mache. Am Anfang stehe der Unglaube, er führe zur Revolution gegen Gott und damit gegen den Mitmenschen. An die Stelle der Bibel mit ihren Handlungsanweisungen auch für den staatlichen und gesellschaftlichen Alltag träten revolutionäre Regelungen ohne jede göttliche Autorität. Sie bestimmten das menschliche Handeln, und da der Mensch von seiner Natur her eher zum Bösen als zum Guten veranlagt sei, führe die Entwicklung »zu den ausschweifendsten Absurditäten und den schlimmsten Greueln«. Indem sich Groen gegen die am Anfang der Revolution stehende und durch sie fortgesetzte Säkularisierung des Denkens kehrte, war er ein Antirevolutionär. Es ging ihm nicht so sehr um die Erhaltung alter Institutionen, sondern um die zentrale Funktion des Evangeliums. Das machte auch den Unterschied zu den Konservativen alter regentistischer oder orangistischer Prägung aus, die sich lediglich gegen die institutionellen Konsequenzen von Revolution wandten und daher bloß konterrevolutionär waren. Das über den Begriff »antirevolutionär« hinaus mit »christlich-historisch« dcfinierte Selbstverständnis konkretisierte sich in der nimmermüden Beobachtung des historischen Ablaufs. Die Geschichte zeigte, »daß es für Obrigkeit und Volk außer dem gemeinschaftlichen Respekt für den höchsten Gesetzgeber kein Bindemittel zur Vereinigung von Freiheit und Macht gibt«. Und weiter: Das Bekenntnis zum Evangelium führe zu Aufstieg und Blüte, seine Verleugnung zum Untergang. Gut anderthalb Jahrzehnte vor der Veröffentlichung von »Ongeloof en revolutie« machte Groen 1831 deutlich, daß ihm die Niederlande als klassisches Beispiel für die enge Verbindung von Glauben und nationaler Blüte galten. Aber wenn er in der Geschichte in jedem Augenblick ein Zeugnis der Führung Gottes sah und Beschäftigung mit Geschichte als Lebensnotwendigkeit begriff, dann hieß das nicht kritiklose Akzeptanz des historischen Vorgangs, sondern Normsetzung im christlichen Sinne und Kritik am Geschehen unter diesem Aspekt. »Der historische Gehalt … war immer dem thetischen Korrektiv der christlichen Normen ausgesetzt« (G. Schutte). Nation und Christlichkeit waren für ihn in der Symbiose die eigentlich existentielle Basis der Niederlande. Unter Christlichkeit verstand er in erster Linie immer die protestantische, aber dort, wo sie in Gefahr geriet, war eine Koalition mit der katholisch geprägten Christlichkeit nicht auszuschließen. Der Schulstreit bewies das zum ersten Mal. Groen hatte das bereits 1849 in einem Aufruf an die Katholiken angedeutet, die damals noch die Liberalen unterstützten. Da hieß es: »Ich könnte Euch (die Katholiken) fragen, ob die Zusammenarbeit mit unserem gemeinsamen Feind zu dem von Euch gewünschten Ergebnis führt. Die große Gegensätzlichkeit unserer Tage besteht nicht in der Konfrontation von ›römisch‹ oder ›nicht-römisch‹, sondern in Glaube und Unglaube. Wir sind alle daran interessiert, uns gegen die modernen radikalen Theorien zu verteidigen, gegen die Allmacht des Staates.«

Diese Aussage deutete ein weiteres Merkmal der christlich-historischen Konzeption des Groen van Prinsterer an, zugleich ein Charakteristikum von Staat und Gesellschaft in den Niederlanden. Groen hing zunächst noch den paternalistischen Staatsauffassungen eines Friedrich Julius Stahl oder Carl Ludwig von Haller an, wandte sich aber bald von diesem allzusehr mit den Kategorien staatlicher Zentralgewalt verbundenen Denken ab und entwickelte eine Auffassung, in der der Staat nur begrenzten Handlungsspielraum zugewiesen erhielt. Er griff zurück auf Monarchomachen und mittelalterlichen Konstitutionalismus und stellte dem Streben nach staatlicher Zentralisation die Selbständigkeit der einzelnen gesellschaftlichen Lebensbereiche gegenüber. Damit war vorausgedacht, was später das antirevolutionäre Axiom von der »Souveränität im eigenen Kreis« werden sollte. Die Ablehnung staatlicher Zentralisation implizierte einen Rückgriff auf die Zeit der Republik und ihre föderalistische bis partikularistische Struktur, in der der Souveränitätsbegriff niemals auf die Haager Generalstände übergegangen war. Das Verhältnis von Staat und Kirche war in der Republik-Zeit nach anfänglichen Problemen in eine Trennung von Staat und Kirche eingemündet, mit dem Ergebnis der Öffentlichkeitskirche. Der staatliche Zugriff auf kirchliche Angelegenheiten seit der Gründung des Königreiches bot erst recht Anlaß zu einem Rückgriff auf die bis dahin gelebte Praxis, weil Groen den Staat als eine für die christliche Gemeinschaft unzuträgliche

säkularisierte Gewalt begriff. Für Groen ließ sich der Begriff »Öffentlichkeits-
kirche« nicht mehr rechtfertigen, denn seit geraumer Zeit war die katholische
Kirche eine zugelassene Institution und Gemeinschaft. Zudem gehörte Groen
aus der Sorge um die Christlichkeit nicht zu den Verfechtern theokratischer
Formen, vielmehr sah er in seinem Konzept eine säuberliche Trennung von
Staat und Kirche vor und forderte einen von christlichen Prinzipien geleiteten
Staat. Er wollte weder Caesaropapismus noch Ius in sacra oder Staatsreligion;
er begrenzte die Gewalt des Staates gegenüber den gleichberechtigten religiösen
Gruppen auf ein Aufsichtsrecht und verlangte vom Staat die Pflicht zum Schutz.
Aber darin erschöpfte sich für Groen nicht die Christlichkeit des Staates; sie
stellte sich ihm als eine noch zu realisierende Aufgabe. Das hatte Konsequenzen
für die Arbeit der Christen, die von ihm aufgerufen waren, für die Verwirklichung des christlichen Staates tätig zu sein. So setzte er sich für die Bildung von
politischen Vereinen und für die programmatische Verbundenheit von Wählern
und Gewählten ein. Das lief auf eine Politisierung der Gesellschaft und Modernisierung der politischen Auseinandersetzung hinaus. Die nicht zuletzt durch
das Zensuswahlrecht vermittelte Abgehobenheit der politischen Klasse von der
Bevölkerung wurde bei Groen aufgehoben.

Für die Herstellung des christlichen Staates boten sich gleich in der frühen
Phase Groenschen Wirkens Arbeitsfelder an, die entweder verteidigt oder neu
erstritten werden mußten. So wandte sich Groen gegen die um 1853 vom liberal
besetzten Ministerium vorgetragenen Entwürfe für ein neues Armengesetz, denen zufolge der Staat die Armenfürsorge übernehmen sollte, während die kirchliche unter die Aufsicht des Staates zu stellen und der staatlichen unterzuordnen
war. Gegen diese Aufhebung der traditionalen kirchlichen Aufgabe wandte sich
Groen; der wollte dem Staat nur eine stimulierende, aber zugleich schützende
Funktion zuerkannt wissen. Hier galt für ihn praktisch das Subsidiaritätsprinzip. Der Staat dürfe nur dort eingreifen, wo die Kirche versage. Sehr viel deutlicher wurde der Kampf für den christlichen Staat in der Unterrichtsfrage. In
jener Auseinandersetzung trug Groen eine Fülle seiner Ansichten über die Beschränkungen der staatlichen Aufgaben vor. Dieser »achtzigjährige Kampf um
das Kind«, wie in Anlehnung an den achtzigjährigen Freiheitskampf der Niederlande formuliert worden ist, mußte ihn zwangsläufig sehr intensiv beschäftigen. Wenngleich er selbst die Bildung der christlich orientierten politischen
Vereinigung anregte, fand er in der breiten Schicht der Bevölkerung, um die es
ihm schließlich ging, nicht das nötige politische Echo. In der Zweiten Kammer
saßen nur wenige Mitstreiter, weil sich das Zensuswahlrecht durch das Mehr-
heitswahlsystem verstärkt negativ auswirkte. Außerdem konnte er sich mit den

auf den bestehenden Staat konzentrierten Konservativen nicht zusammentun, obwohl der calvinistische Protestantismus ein wichtiges Verbindungsglied war. An seinem Kampf um die Konfessionsschule schieden sich die Geister, abgesehen davon, daß sich die Konservativen mit dem Zustand einer Semi-Staatskirche abzufinden vermochten. So war ihm kein politisch umsetzbarer Wahlerfolg beschieden.

Aber der Gedanke von der höchsten Autorität des göttlichen Wortes, der nach der Beobachtung Michael P. Fogartys die gleiche Bedeutung hatte wie das Dogma von der Unfehlbarkeit des Papstes für die Katholiken, blieb im calvinistischen Bevölkerungsteil bewahrt. Dessen Umsetzung gelang Abraham Kuypers unter dem die politische Organisation des niederländischen Protestantismus Gestalt gewann. Kuyper, Sohn eines reformierten Predigers, schließlich selbst Theologe, stand schon vor Groens Tod im Jahr 1876 mitten im politischen Kampf, im Kampf um das Schulsystem. Er schuf sich dazu ein eigenes Publikationsorgan, »De Standaard«, dem ein besseres Schicksal zuteil werden sollte als Groens »De Nederlander«, einem Blatt, das 1855 nach fünf Erscheinungsjahren aus Mangel an Lesern eingegangen war. Kuypers Zeitung wuchs dagegen zu einem auflagestarken Parteiblatt heran. Kuyper wurde als Prediger in seiner ersten Gemeinde in Beesel mit einem von den Gedanken der »Zweiten Reformation (Nadere Reformatie)« geprägten orthodoxen Calvinismus konfrontiert und geprägt. Man mag ihn in seinem politischen Werk als den legitimen Nachfolger des Groen van Prinsterer einstufen, aber es hat zwischen beiden einen ganz wesentlichen Unterschied gegeben: Während Groen durch die Unbedingtheit des Denkens, die Kompromisse nur schwer ertragen konnte, hervorstach, trat Kuyper durch die Unbedingtheit der Tat hervor. Allerdings machte auch Kuyper in Bekenntnisfragen keine Kompromisse, er brach selbst mit der eigenen Kirche, was Groen nie getan hatte, und gründete eine neue. Als er, wie Groen Mitglied der »Nederlands Hervormde Kerk«, mit Glaubensinhalt und Organisation seiner Kirche nicht mehr übereinzustimmen vermochte, schied er 1886 zusammen mit anderen aus und gründete 1892 im Zusammenschluß mit der »Christelijk Gereformeerde Kerk« von 1869, der kirchlichen Organisation der »Afgescheidenen«, die »Gereformeerde Kerken in Nederland«. Er faßte nicht nur die antirevolutionären Gemeinschaften und Konventikel zu einer modernen Programmpartei zusammen, sondern initiierte 1880 auch die Gründung der »Vrije Universiteit«, einer Stätte der Wissenschaft für seinen Glauben.

Die originäre und politisch besonders relevante Leistung war freilich die Parteigründung. Er forcierte die Entwicklung zu diesem Ziel im Wissen um die eigenen Führungsqualitäten und stützte sich auf andere Bevölkerungsschichten als der bei allem Streben nach politischer Praxis eher intellektuell abgehoben wirkende Groen van Prinsterer. Kuyper war kein Freund der calvinistischen Aristokraten, wie sie sich in der »Réveil«-Bewegung zusammengefunden hatten, vielmehr setzte er sich vornehmlich für die »kleinen Leute«, die Handwerker und kleinen Händler, die Fischer und Schiffer, die Bauern, unteren Beamten und gelernten Arbeiter, ein. Er galt zu Recht als der Küster dieser sozialen Gruppen. Das waren die Gruppen, die sich seit April 1879, dem Gründungsdatum der »Antirevolutionären Partei (ARP)«, um die Partei scharten und Kuyper unterstützten, um aus dieser Vereinigung von Wählergemeinschaften eine politische, kampffähige und kampfbereite Organisation zu machen, die einen führenden Platz in der niederländischen Politik erobern und ihn zumindest bis zum Ausbruch des Zweiten Weltkrieges erhalten konnte. Dabei stand die Partei auf dem Boden des schon 1878 von Kuyper selbst entworfenen Programms. In dieser Grundsatzarbeit betonte der Parteiführer den protestantischen Charakter von Partei und Nation. Der Staat galt als Diener Gottes und hatte sich somit aller Maßnahmen und Regelungen zu enthalten, die die Verbreitung des Evangeliums im Volk behinderten. Damals standen Staat und Gesellschaft mitten im Schulstreit.

Wie Groen vor ihm verwarf Kuyper den Begriff von der Volkssouveränität, der er die einzig anzuerkennende, die Souveränität Gottes, entgegensetzte, ohne den Volkseinfluß auf die Staatsgeschäfte abzulehnen. Daher plädierte er für Erweiterung des Wahlrechts durch Senkung des Zensus und für Einführung des »Huismanskiesrecht«, des Wahlrechts für Familienvorstände. Obwohl Kuyper im Vergleich zu Groen der politische Praktiker oder zumindest jener war, der den Calvinismus gleichsam organisiert in den politischen Kampf führte, standen für ihn der Gehalt des Calvinismus und die grundsätzliche Position der Kirche in Staat und Gesellschaft im Mittelpunkt des Aufgabenbereichs. Es gab bei ihm eine äußerst enge Verbindung von Theorie und Praxis. Die absolute Souveränität Gottes sowie die Lobpreisung der Souveränität und das Leben in Gehorsam gegen Gott waren es, die sein Wirken bestimmten, ein an die Bibel gebundenes Wirken. Das hatte die völlige Unabhängigkeit der Kirche als der Versammlung der auserwählten Gläubigen gegenüber jedwedem Zugriff von außen zur Folge. Wie bei Groen, so verstanden sich die Antirevolutionäre auch bei Kuyper als die Hüter der Allgegenwart und Unverletzlichkeit der göttlichen Souveränität. Die Lehre von der »Antithese« und der »Souveränität im eigenen Kreis« bot den theoretischen Rahmen für die politische Position des Calvinismus und das Handeln seiner ARP. Für Kuyper bestimmte die Religion das menschliche Verhalten nicht partiell, sondern universell. Mithin beherrschte der Gegensatz »Glauben – Unglauben« auch die Politik. Konfrontation hieß demnach Auseinandersetzung jener, für die das politische Leben unter die Souveränität Gottes fiel, mit jenen, die in der Politik ein »von Willen und Einsicht der Menschen« abhängiges Wirkungsfeld sahen. Zwar enthielt der Gedanke von der »Antithese« ein hohes Maß an protestantischem Rigorismus, aber er ebnete auch den Weg für eine Koalition mit dem konfessionellen Widerpart, den Katholiken.

Die Lehre von der »Souveränität im eigenen Kreis« hing unmittelbar mit der Konfrontation von Glauben und Unglauben zusammen. Sie ging von dem Nebeneinander von Staat und Gesellschaft aus, von der Vielfalt der Form gesellschaftlichen und gemeinschaftlichen Lebens und beschrieb politisch eine Verbotslinie, über die hinaus der Staat und seine Organe nicht in die Souveränität jener vielfältigen Formen eingreifen durften. Dem Staat gegenüber stand eine Reihe von gleichwertigen Lebensbereichen, die alle an eigenen Lebensgesetzen orientiert waren. Bei Kuyper lautete das: »So gibt es ein Gebiet der Natur, in dem der souveräne Gott die Materie mit den Kräften fester Gesetze bestimmt, aber so auch Gebiete des persönlichen, häuslichen und wissenschaftlichen Lebens, die dem eigenen Gesetz gehorchen.« Der Staat sollte nur dort intervenieren, wo die gesellschaftliche Ordnung insgesamt gefährdet war; er durfte sich nicht in die als souverän anzuerkennenden Bereiche nicht-staatlicher Gemeinschaft einmischen, also in Familie, Vereine, berufliche Organisationen. Solche Konzeption, 1880 unmittelbar nach der Gründung der ARP entwickelt, enthielt in der Abgrenzung der einzelnen souveränen Lebensbereiche gegen den Staat und untereinander ein Toleranzprinzip. Dennoch war sie eine Defensivformel, als deutlich geworden war, daß sich die öffentliche Schule als christlich-calvinistische Institution nicht durchsetzen ließ. Für Kuyper war das gesamte Bildungswesen mit seinen Institutionen in diese Formel einbringbar, auch die Universitäten. Die von ihm in die Wege geleitete Gründung der »Vrije Universiteit« glich einem bildungspolitischen Coup im Sinne der Souveränitätsformel: Zum einen machte Kuyper schon 1880 deutlich, wie er seinen Anspruch zu konkretisieren gedachte; zum anderen wußte er – und hier sah das eher politisch als theoretisch aus –, daß der strengreformierte Bevölkerungsteil einen Rückstand an akademischer Bildung hatte; zum dritten hatten die Antirevolutionären einen wachsenden Bedarf an Theologen zu decken. Was lag näher, als diesen Berufsstand gleichsam im eigenen Haus heranzubilden?

Soziale Grundlage, politischer Ort und politische Praxis der Partei hingen eng mit dem sozialen Selbstverständnis der reformierten Orthodoxie des 19.

Jahrhunderts zusammen. Entsprechend dem ersten Korinther-Brief (1, 26) sahen sich die Strengreformierten als »nicht viele Weise, nicht viele Mächtige, nicht viele Hochgeborene«. Insgesamt waren es die »kleynen Luyden«, die die Basis der Partei bildeten. Zu dieser Gruppe zählten mancherorts sowohl die »Niedrigen« als auch die »Niedrigsten«, während sie sich andernorts deutlich von den Arbeitern und Fürsorgeempfängern abhob. Der Begriff »kleyne Luyden« konnte nicht umfassend gelten, weil sich zahlreiche Vertreter der höheren Stände vor allem in der Partei, zum Teil auch in der »Doleantie« fanden. Hier ging die Charakterisierung der Mitgliedschaft als aus »kummervollen, dürftigen Verhältnissen« stammend nicht auf.

Die Anhänger des von Kuyper verfochtenen orthodoxen Calvinismus gehörten konfessionell zu einer Minorität, die sich in ihrer religiösen Lebensgestaltung behaupten mußte. Es war bezeichnend, daß Kuyper die Antirevolutionären vorzugsweise eine »Gideons-Bande« nannte. Das hieß nichts anderes als Auseinandersetzung mit den herrschenden konfessionellen Kräften und sozialen Gruppen. Dabei bot ihm die antiliberale Grundkonzeption gegen den Liberalismus als das moderne Phänomen in Staat und Gesellschaft die Handhabe, religiösen Kampf und soziale Auseinandersetzung im Sinne seiner Gefolgschaft miteinander zu verbinden. Auf dem ersten Christlich-Sozialen Kongreß 1897 wurde das deutlich. Hier sagte er: »Wenn es so weitergeht, dann wird es schon weniger ein Himmel als vielmehr eine Hölle auf Erden. Unsere Gesellschaft löst sich von Christus: Vor dem Mammon liegt sie im Staub gebogen; und durch den ruchlosen Reiz des brutalsten Egoismus wackeln, wie der Psalmist klagen würde, die Fundamente der Erde. Alle Balken und Anker des gesellschaftlichen Lebens verschieben sich. Desorganisation erzeugt Desorientierung; und in der zunehmenden Betroffenheit des einen gegenüber der immer steigenden Not des anderen spürt man eher etwas von der Zersetzung eines Leichnams als von dem frischen Geruch und der muskulösen Spannkraft einer blühenden Gesundheit.« In dem von ihm verfaßten Programm der Partei hatte er bereits von der Sünde des habgierigen Egoismus geschrieben, was einer Stellungnahme gegen die sozialen Konsequenzen liberal geprägten Wirtschaftens gleichkam. Ohnehin war bei ihm eine deutliche Abneigung gegen Finanzokratie spürbar, gleichviel, ob sie sich auf seiten der Konservativen oder auf seiten der Liberalen befand. Es mußte nicht erstaunen, daß F. J. Domela Nieuwenhuis mit den Stimmen der antirevolutionären Wähler ins Parlament einziehen konnte, ohne daß man dies als ein Bekenntnis Kuypers zum Sozialismus bezeichnen sollte. Es war schlicht eine Oppositionshaltung gegen gesellschaftliche Gruppen, die ihre Politik nicht im Sinne der höheren Ehre Gottes betrieben.

Bis 1878 war das antirevolutionäre Wahlvolk von Abgesandten des Patriziats vertreten worden; der Wahlsieg von 1878 brachte dann eine Erweiterung der Fraktion nach »unten«. Es ist zwar kaum zu bezweifeln, daß die Konfession als einigendes Band sozial heterogener Schichten von politischer Wirkungskraft gewesen ist, gleichwohl haben weder die »Antithese« noch die »Souveränität des eigenen Kreises« die mit der sozialen Heterogenität gegebene Problematik konfessioneller Parteien fortzuwischen vermocht, wozu in den Niederlanden als Spezifikum noch die unausgegorenen Gegensätze im protestantisch-kirchlichen Leben selbst traten. So kam es schon bald zu Konflikten zwischen Groß- und Kleinbürgertum, zwischen Groß- und Kleinbauern. Die ARP präsentierte sich in den ersten beiden Jahrzehnten nicht als homogener Block, sondern als eine Partei, der es schwerfiel, Mitglieder und Wähler bei der Stange zu halten. Die Verbindung von innerkirchlicher Problematik und sozialer Gegensätzlichkeit zeigte sich etwa 1881 bei der Bildung des »Christlich-Historischen Wählerverbandes St. Marnix (Christelijk-Historisch Kiezersbond St. Marnix)«, dessen Mitglieder der ARP als einer Partei der Niederländischen Reformierten Kirche mißtrauten. Der Verband kehrte erst 1887 in die ARP zurück und löste sich 1892 auf. Eine weitere Abspaltung vollzog sich 1888 unter Andries Willem Bronsveld, dessen Anhänger sich gegen die antirevolutionäre Tendenz zur Zusammenarbeit mit den Katholiken wandten. Der Hauptkonflikt lief freilich zunächst innerhalb der Fraktion selbst ab, zwischen Alexander Frederik de Savornin Lohman und Abraham Kuyper. Der Versuch und Erfolg Kuypers, die Antirevolutionären zu einer wirkungsmächtigen Partei auf Klassenbasis umzuformen, wiesen in der Konsequenz des innerfraktionellen Konflikts aus, daß die Aristokraten diese moderne Form der Parteibildung gedanklich nicht nachvollziehen konnten, weil sie psychologisch keine Beziehung zum Phänomen des Übergangs vom Honoratiorenclub zur Partei als politischer Äußerungsform breiter Volksschichten zu entwickeln vermochten. So drängte de Savornin Lohman auf Selbständigkeit der Fraktion gegenüber Partei und Parteivolk. Dieser Unabhängigkeitsdrang entsprach so gar nicht den Vorstellungen Kuypers, war aber für die andere Seite 1894 Motiv genug, sich als selbständige Fraktion zu etablieren. Savornin wandte sich zudem gegen die »Antithese«, die die Gesellschaft in Gläubige und Ungläubige teilte.

Vor der Fraktionsspaltung gehörten der zwanzigköpfigen AR-Gruppe im Parlament elf Adelige an, die sich alle dem Gegenspieler Kuypers anschlossen. Der Anhang Lohmans in Fraktion und Gesellschaft stammte geistesgeschichtlich aus der »Réveil«-Bewegung, sozial gesehen wurzelte er vor allem im Großbürgertum. Die Lohman-Fraktion organisierte sich 1897 in der »Frei-Antirevo-

lutionären Partei (Vrij Antirevolutionaire Partij)«, einer von der Organisationsstruktur her recht lockeren Verbindung. Parallel dazu vollzog sich im Norden
des Landes, in Friesland, eine protestantische Neuformierung, die politische,
vornehmlich aber konfessionelle Motive hatte. 1897 entstanden hier der
»Christlich-Historische Wählerverband (Christelijk Historisch Kiezersbond)«
und ein Jahr später der »Friesische Bund (Bond van Kiesvereenigingen op Christelijk Historische Grondslag in de Provincie Friesland)« unter Pastor Philippus
Jacobus Hoedemaker. Diese Gruppierungen scheinen die von Kuyper in der
eigenen, der Niederländisch Reformierten Kirche geführte Opposition nicht
verarbeitet oder gar überwunden zu haben; sie vertraten die Ansicht, daß die
ARP von den »Gereformeerden« beherrscht werde. Der bei Kuyper präsente
allgemein-christliche Rigorismus setzte sich bei den Friesen, gleichsam zeitlich
zurückgreifend, in einen spezifisch protestantischen Rigorismus um, insofern
Kuypers »Antithese«, die ein Zusammengehen mit den Katholiken schon im
Ansatz bei Groen van Prinsterer ermöglichen sollte, scharf zurückgewiesen
wurde. Der Antikatholizismus diktierte die Haltung wie zu Zeiten der April-Bewegung. Die Lohmanianer vereinigten sich 1903 mit dem Wählerverband zur
»Christlich Historischen Partei«, die schließlich 1908 mit dem »Friesischen
Bund« zur »Christlich Historischen Union (Christelijk Historische Unie)« fusionierte. Diese Union verkörperte die rechte Abspaltung aus der Mutterpartei,
der ARP. Bei dieser Parteigründung zeigten sich die Schwierigkeiten einer konfessionellen Partei mit einer sozial heterogen zusammengesetzten Mitgliederschaft. Solche Schwierigkeiten traten auch auf der anderen Seite des politischen
Spektrums auf, als sich 1905 die »Christlich Demokratische Partei (Christelijk
Democratische Partij)« unter A. P. Staalman von der ARP abzweigte. Staalman
vertrat die Gegenposition zu den Lohmanianern. Kuyper wurde von seinem
Widerpart de Savornin Lohman des unerträglichen Modernismus bezichtigt,
Staalman hingegen tadelte die Zurückhaltung des ARP-Führers in der Wahl-
rechtsfrage und gründete 1905 die »Partei der Christdemokraten«. Kuyper be-
fand sich da in einer Mittelposition; er konnte keine Beziehung zu Staalmans
Kritik entwickeln, der nicht nur um eine Erweiterung des Wahlrechts kämpfte,
sondern auch das kapitalistische System in Frage stellte und schließlich eine
Koalition mit nicht-konfessionellen Parteien einer solchen mit den Katholiken
vorzog. 1926 fusionierte die Partei Staalmans mit der 1912 gegründeten
»Christlich Sozialen Partei (Christelijk Sociale Partij)« zur »Christlich Demokratischen Union«. Es war dies jene christliche Gruppierung, die dem Sozialismus und Antimilitarismus der niederländischen Sozialdemokraten am nächsten
stand.

Der politische Wille der protestantischen Bevölkerung artikulierte sich mehrheitlich über die Antirevolutionären. Doch das konfessionelle Band war nicht dehnbar genug, um die wachsenden Anforderungen einer sich modernisierenden Gesellschaft ohne Verwerfungen auszuhalten, die sich dann in eigenen Parteigründungen äußerten. Die Katholiken präsentierten sich dagegen bis zum Interbellum als ein eher homogener Block, der allerdings die Erfahrung der Zersplitterung des politischen Willens nachholen mußte. Möglicherweise läßt sich dies auf den noch stärker als bei den Protestanten entwickelten Emanzipationsgedanken im katholischen Bevölkerungsteil zurückführen – mit einem länger anhaltenden Blockdenken und einer dauerhafteren Frontmentalität. Es ist bemerkt worden, daß der politische Katholizismus der Niederlande »von der Entstehungsphase an bis weit hinein ins 20. Jahrhundert durch eine sowohl in organisatorischer als auch dogmatischer Hinsicht ultramontane Treue zu Rom und durch eine kämpferische, polarisierende Haltung gegenüber der ›nicht-katholischen‹ Majorität gekennzeichnet« gewesen sei (J. A. Bornewasser/J. Bläsing). Im Unterschied zu den Protestanten führten sie eine Zweifrontenabwehr. Zum einen sahen sie sich mit ihrem gleichsam historischen Gegner, den Protestanten, konfrontiert – nichts hat das deutlicher machen können als die Ereignisse der April-Bewegung –, zum anderen kehrten sie sich gegen jede Form der staatlichen Intervention, die erst gegen Ende des 19. Jahrhunderts begrenzte Anerkennung fand. Und in dieser gegen den Staat gerichteten Abwehrhaltung waren sie potentielle Koalitionspartner für den historischen Gegner. Groen van Prinsterer hatte das schon 1849 in einem Mahnwort an die mit den Liberalen verbündeten Katholiken ausgesprochen.

Nachdem man die Katholiken 1796 als vollwertige Staatsbürger anerkannt hatte, mochten sie rechtlich gleichgestellt sein, aber sie zeigten, wie festgestellt worden ist, »die Merkmale des ehemaligen Sklaven, der zwar freigeworden ist, sich gegenüber dem Freigeborenen freilich wie ein minderwertiger Mensch fühlt« (M. Matthijssen). Zudem bedeutete Rechtsgleichheit auch faktische Gleichheit. In den frühen dreißiger Jahren gab es bereits erste Versuche, sich politisch zu assoziieren, sich zum Zweck gemeinsamen politischen Handelns zusammenzuschließen. An der Spitze jener, die zum Bündeln der Kräfte riefen, stand Joachim George Le Sage ten Broek, der als der erste katholische Vorkämpfer zur Befreiung seiner Glaubensgenossen zu gelten hat. Er hatte schon 1823 eine »Römisch-Katholische Gesellschaft (Roomsch-Catholijke Maatschappij)« gegründet, die kulturelle Aktivitäten entwickelte und rasch vom König verboten wurde. Die Aufrufe einzelner Katholiken in den Jahren vor der Änderung des Grundgesetzes 1848 liefen auf die Bildung von Vereinen oder

Verbänden hinaus, die ein Gegengewicht zu den scharf antikatholischen protestantischen Vereinigungen schaffen sollten. Man bezweckte die Wahrung und Erweiterung von Grundrechten und die moralische Unterstützung des katholischen Bevölkerungsteils. Die Zeitschrift »De Katholiek« drückte das in den Worten aus: »Katholiken, ihr seid nicht gleich, ihr werdet nicht gleich behandelt, ihr seid und ihr bleibt ausgeschlossen; euer Recht wird euch fortwährend vorenthalten … Schließt euch in Vereinigungen zusammen, damit ihr das Unrecht in die Schranken weisen könnt.« Der eher trägen Entwicklung vor 1848 folgte nach der Änderung der Verfassung in jenem Jahr ein erheblicher Aktivitäts- und Organisationsdrang. Die ersten Direktwahlen zur Zweiten Kammer führten nördlich der Rhein-Waal-Maas-Grenze zur Bildung katholischer Wählervereinigungen, in den meisten Fällen zu Ad-hoc-Gruppierungen. Die in Den Haag gegründete Organisation »De Toekomst« formulierte ihr Vereinsziel mit den Worten: Es gehe darum, das Bekenntnis und seine Bekenner gegen Rechtsverletzungen, Unterdrückung und Angriffe zu schützen. Eine positive Sichtweise war das keineswegs, aber in dieser Phase der liberalen Prädominanz in katholischen Kreisen eine typische. So legte es der katholische Landesausschuß »La Jeune Hollande« erst gar nicht darauf an, eine eigene Assoziation zu bilden, sondern konzentrierte sich auf die Frage, mit Hilfe der bestehenden politischen Gruppierungen, hier der Konservativen und vornehmlich der Liberalen, die ihrerseits um die Gunst der Katholiken warben, die mit der Verfassungsrevision erlangten Rechte zu wahren. Katholische Wählervereinigungen hatten sich entsprechend zu beraten, welche Kandidaten die beste Garantie dafür boten.

Abgesehen davon, daß die ersten Direktwahlen den Katholiken eine Enttäuschung brachten, ließ sich in den folgenden Jahrzehnten nicht von Katholiken, katholischer Politik oder einer katholischen Fraktion sprechen. Die katholischen Abgeordneten waren Mitglieder der Konservativen oder der Liberalen im Parlament, und nur in Glaubensfragen stimmten sie über die Grenzen ihrer Gruppe hinaus en bloc. Aber selbst hier – konkret bei der Abstimmung über den Schulgesetzentwurf von 1857 – waren sie nicht einer Meinung. Insgesamt blieben sie in ihre jeweiligen Parteien eingebunden, immer darauf bedacht, daß nichts gegen die katholischen Rechte unternommen wurde. Es gab lediglich eine kleine Gruppe von Katholiken, die den Abwehrgedanken mit politischem Bewußtsein trug. In der jüngeren Literatur wird es nicht für zulässig gehalten, vom »durchschnittlichen Kirchgänger Bewußtsein über politische Rechte und Freiheiten zu erwarten« (J. A. Bornewasser). Politik blieb auch bei den Katholiken zunächst eine Angelegenheit der oberen Gesellschaftsschicht. Das änderte sich gegen Ende der sechziger Jahre. Jetzt wirkte sich allmählich die päpstliche

Enzyklika »Syllabus errorum« von 1864 aus, die eine Zusammenarbeit der Katholiken mit den Liberalen praktisch ausschließen mußte. Für die niederländischen Bischöfe bot sich nun die Gelegenheit, mittels eines politischen Topos, der Schulpolitik, die ganze Gegensätzlichkeit der konfessionellen und liberalen Welt vorzutragen. Das geschah im Hirtenbrief von 1868, der im Grunde nichts anderes darstellte als die von dem Protestanten Groen van Prinsterer schon vorgedachte »Antithese« von Glauben und Unglauben. Im Hirtenbrief wurden die katholischen Gläubigen aufgerufen, alles zu tun, was der Gründung, Festigung und Förderung katholischer Schulen dienen könne. Von nun an war die Entscheidung der katholischen Wähler von der Stellung des Abgeordneten zur Konfessionsschule abhängig. Insbesondere nach 1870 entstand eine Vielzahl von Wählervereinigungen, in denen es um die spezifisch katholischen Interessen ging. Zweifelsohne wirkten die offizielle Schulpolitik sowie die kämpferische Einstellung orthodoxer Protestanten unter Groen und dann vor allem unter Kuyper auf die Katholiken bewußtseinsfördernd. Außerdem verstärkte der Kulturkampf in Preußen im Laufe der siebziger Jahre den Gegensatz auch der niederländischen Katholiken zu obrigkeitlichen Maßnahmen, abgesehen davon, daß zu diesem Zeitpunkt der Liberalismus als der säkulare Gegner galt. In der Grundsatzerklärung der nordbrabantischen Wählergemeinschaft hieß es für alle lokalen Verbände: »Die Wählergemeinschaft fordert von ihren Kandidaten, daß sie sich dem liberalen Gedankengut widersetzen, vor allem dort, wo liberale Ideen durch höchstinstanzliches kirchliches Urteil zurückgewiesen wurden, vornehmlich in der Schulfrage und im Verhältnis von Kirche und Staat ... Die Kandidaten haben in dieser Frage ein Glaubensbekenntnis abzulegen.«

Organisatorisch gesehen ging der politische Katholizismus ohne engeres Band in die siebziger Jahre hinein und unterschied sich in dieser Hinsicht in nichts von den anderen Strömungen des Landes. Alle begannen erst jetzt ihre organisatorischen Gehversuche. Was dann Kuyper für die orthodoxen Calvinisten bedeutete, das wurde der Priester Schaepman für die Katholiken. Er stieg zum großen Inspirator des politischen Katholizismus auf. Der Priester, der erste seines Standes, der 1880 einen Parlamentssitz einnahm, hatte es sich zur dringlichen Aufgabe gemacht, die niederländischen Katholiken aus ihrer Isolierung herauszuholen. Schaepman war ein politischer Aktivist wie Kuyper. Organisation war für ihn, wenn schon kein Zauberwort, so doch eine Notwendigkeit, zumal er meinte, feststellen zu können, daß die Kirche allmählich alle Lebensbereiche durchdringe. Und er wurde politisch höchst modern, wenn er im Parlament die Worte des britischen Bischofs von Westminster und Kardinals Henry

Edward Manning zitierte, der gesagt hatte, daß alle Nationen auf dem Weg zur Demokratie seien und daß die katholische Kirche wisse, wie man diesem neuen und eigenartigen Aspekt des Weltgeschehens zu begegnen habe. Schaepman identifizierte sich mit dieser Aussage und fand den Protestanten de Savornin Lohman an seiner Seite, mit dem er sich eng befreundete. Gründung und Politik der deutschen Zentrums-Partei wirkten darüber hinaus inspirierend oder empfahlen sich zur Nachahmung.

Schaepman begriff sehr wohl, daß nur eine festorganisierte politische Partei geeignet war, die Interessen des katholischen Volkes durchzusetzen. Nachdem er Kuypers Broschüre »Ons program« hart kritisiert hatte, brachte er selbst 1883 eine organisationsvorbereitende Arbeit, ein Programm, auf den Markt: »Een Katholieke Partij, proeve van een program«. Dies war der deutliche schriftliche Ausdruck des vom Papst Leo XIII. eingeläuteten offenen Katholizismus, dessen Anhänger Schaepman vorbehaltlos war und blieb. Als Gefolgsmann des Papstes sei er geboren, so ließ er wissen. Die »Schweizer Garde des Papstes«, nannten ihn Jan und Annie Romein im nachhinein. Für Schaepman stand die Bildung einer nationalen politisch-katholischen Einheit gegen den Hintergrund allgemeiner, »von der Kirche und im Namen Gottes gegebener und garantierter Grundsätze des Verhaltens«. Für jedes politische Handeln galt eine feste, unveränderliche Glaubens- und Sittenlehre als Prüfstein und Richtungsanzeiger. Schaepmans Alleingang fiel nicht bei allen Glaubensgenossen auf fruchtbaren Boden. Die von ihm geforderte Verbindung von Glaubensfreiheit und Gleichheit bei Ernennungen im öffentlichen Dienst konnten die katholischen Gläubigen noch begrüßen, aber mit der Forderung nach Wahlrechtserweiterung begab sich Schaepman auf ein Gebiet, das bei Katholiken, denen die Bürgerlichkeit wichtiger war als ihre Katholizität, wenig Freude weckte. Gerade unter diesem demokratischen Aspekt bezeugten die Katholiken nur geringe Homogenität, und es war bezeichnend, daß man in den internen politischen Auseinandersetzungen Begriffe wie »Sozialer« oder »Liberaler« als Anwurf vorbrachte. Für den Bereich der sozialen Frage, die auch in den Niederlanden eine ganz erhebliche Rolle spielte, scheint Schaepman nicht ganz auf der Höhe der Zeit gestanden zu haben. Sonntagsruhe und Fortentwicklung christlicher Caritas dürften kaum noch volltaugliche Instrumente gewesen sein. Von den sozialen Vorstellungen Wilhelm Emmanuel von Kettelers in Deutschland und Karl von Vogelsangs in Österreich nahm er in jenen Jahren wohl kaum Notiz. Erst die Enzyklika »Rerum novarum« führte ihn voll auf den Weg der christlichen Soziallehre. »Bis dahin boten sich die sozialen Abschnitte äußerst konservativ: Zurückweisung staatlichen Einflusses in der Sozialgesetzgebung, Lösung der sozialen Probleme durch Private auf dem Weg über die Caritas« (L. J. Rogier).

Die katholische Kritik an Schaepman mußte für diesen politischen Kirchenmann vor allem dann enttäuschend sein, wenn sie aus Friesland kam, wo es ihm gelungen war, den »Friesischen Bund (Friesche Bond)« zu gründen. Sie war deshalb besonders schmerzhaft, weil sie sich nicht lediglich an einem Detail rieb, sondern die Grundintention angriff, nämlich Schaepmans Gründung einer eigenständigen Partei des politischen Katholizismus. Aus Friesland wurde ihm mitgeteilt, er habe kein Mandat von den katholischen Glaubensfreunden und die Gründung einer katholischen Partei könne den Katholiken der Niederlande kaum noch eine politische Zukunft eröffnen. Zum einen wurde auf das fortbestehende Erfordernis der politischen Entwicklung innerhalb der katholischen Gemeinschaft hingewiesen, zum anderen sollten Katholiken aufgrund ihrer bürgerlichen Position, falls es nötig wurde, lediglich den Kern einer konservativen Partei formen. Gleichviel, ob es sich bei solcher Kritik um Mangel an emanzipatorischem Selbstbewußtsein oder um einen auf den politischen Einzelfall abhebenden Opportunismus handelte, Schaepman ging seinen Weg der politisch organisierten katholischen Einheit, ohne das Ziel nach dem Vorbild seines konfessionellen Widerparts Kuyper zu erreichen. Doch das lief nicht ohne heftigsten innerkatholischen Konflikt ab. Die Fraktion der Katholiken im Parlament kannte bald ihre Dissidenten, die von Schaepmans Gegenspieler Bahlman angeführt wurden. Da ging es nicht allein um die Frage einer selbständigen katholischen Partei, sondern auch um die seit 1888 bestehende Koalition mit den antirevolutionären Protestanten sowie um die eng miteinander verbundenen Themen »Wahlrechtserweiterung und soziale Frage«. In dieser innerkatholischen Auseinandersetzung vertrat Schaepman, der die Zeichen der Zeit spätestens seit »Rerum novarum« begriffen hatte, in den folgenden Jahren den fortschrittlichen Part, während die Gruppe um Bahlman und andere den konservativen Flügel bildete, mit einem unverhältnismäßig hohen Anteil der katholischen Kaufmann- und Unternehmerschaft. Schaepman gelang es schließlich, die überall im Land aktiven katholischen Wählervereinigungen auf der Utrechter Konferenz am 5. Mai 1896 einer Führung und einem Programm zu unterstellen. 1897 unterschrieben fast alle katholischen Wählergemeinschaften das an der päpstlichen Enzyklika orientierte Programm. Es fehlte noch an der nationalen Organisation, die dann 1904 zustande kam. Die Wählergemeinschaften schlossen sich zum »Allgemeinen Verband römisch-katholischer Wählergemeinschaften (Algemene Bond van Roomsch-Katholieke Kiesvereenigingen)« zusammen, zum ersten echten politischen Verbund der niederländischen Katholiken, wenngleich nicht alle Wählerverbände beitraten und die Organisationsstruktur einigermaßen locker blieb. Schaepman selbst hat die Gründung des Verbandes nicht mehr erlebt. Er starb ein Jahr zuvor.

Viele der in den konfessionellen Organisationen auftauchenden Konflikte, auf katholischer wie protestantischer Seite und zwischen beiden, ergaben sich aufgrund der sozialökonomischen Lage und der Demokratisierungsforderung. Die Konflikte lassen sich vielleicht auf die Formel »Konservierung oder Reform des politisch-gesellschaftlich Vorhandenen« reduzieren. Eine weitergehende Formel, die der strukturellen Änderung, brachte die organisierte Arbeiterbewegung ins Spiel. Sie trat nicht als Partnerin auf, nicht einmal als potentielle, sondern als Neugestalterin, der es, wie andernorts in Europa, um Verbesserung der Lage der arbeitenden Klassen und um Umwälzung der sozialökonomischen Struktur ging. Sie war nicht die erste organisierte Äußerungsform der Arbeiter auf niederländischem Boden, aber die erste, die ihre Impulse aus der internationalen Bewegung bezog. Daß sich die niederländischen Arbeiter relativ spät organisierten, sich spät als die unter kapitalistischen Produktionsverhältnissen antagonistische Klasse der Gesellschaft ihre politische Form gaben, hing sicherlich zu einem Großteil mit dem ebenfalls verspätet einsetzenden Industrialisierungsprozeß zusammen. Gleichwohl sollten andere Faktoren nicht übersehen werden, Faktoren, die zum einen die mentale Bereitschaft zur antagonistisch begriffenen Organisationsform stimuliert, zum anderen einer solchen Antiorganisation entgegengewirkt haben. Der Utrechter Historiker Theo van Tijn hat in einem Versuch, die Entstehung eines modernen Klassenbewußtseins in den Niederlanden zu analysieren, auf die Auswirkung jener traditionellen Herrschaftsverhältnisse hingewiesen, in denen die mit dem Staat und seiner Verwaltung verbundenen »Herren« dem »Volk« gegenüberstanden. Der Begriff »Herren« bezeichnete das patrizische Bürgertum, die Notabeln, mit seiner jahrhundertealten, zwar nicht unumstrittenen, doch einigermaßen gefestigten Herrschaftstradition, die infolge der zunächst geringen sozialen Mobilität in den Niederlanden vor allem der ersten Hälfte des 19. Jahrhunderts stabil bleiben konnte. Van Tijn bezieht sich in seiner Analyse in erster Linie auf Amsterdam und zeigt sich zurückhaltend in der Frage nach der Ausdehnung seines Befundes etwa auf die Textilregion Twente. Gleichwohl ist solche Ausdehnung nicht abwegig, wenn man einander ähnelnde städtische Sozialstrukturen oder die Gegensätze in der Landwirtschaft berücksichtigt, wie sie in der Provinz Groningen geherrscht haben.

Die Erfahrung, aus dem Lebenskreis der sozial hoch angesiedelten Schicht ausgeschlossen zu sein, die »begütert« und »einen abgehobenen, reichen Lebensstil praktizierend« genannt wurde, sowie der in Kaufmannskreisen und in zunehmendem Maße auch in der Landwirtschaft bei den Großgrundbesitzern gepflegte, materiell reiche Lebensstil vermochten möglicherweise das Bewußtsein von der Arbeiterschaft als Klasse zu schärfen, die dann unter langsam sich verändernden Produktionsbedingungen quantitativ anwuchs und fabrikmäßig zusammengefaßt wurde. Will man dem schon aus der vorindustriellen Zeit datierenden mentalen Traditionsstrang solche Wirkung der erleichterten Umsetzung in Klassenbewußtsein attestieren, dann sind dagegen auch retardierende Faktoren anzumerken. Sie ergaben sich zum einen aus dem liberalen Fortschrittsglauben nach 1848er Zuschnitt, nicht unähnlich dem Arbeiterbildungsverlangen der Fortschrittspartei in Preußen, zum anderen aus der kirchlichen Bindung, hingen also mit der Anziehungskraft des Protestantismus und des Katholizismus gleichermaßen zusammen, zumal vor allem die Katholiken Emanzipationsstreben für sich in Anspruch nehmen konnten. Darüber hinaus war der Lehrplan für den Grundschulunterricht meistens auf Rang und Stand zugeschnitten, der Schulbetrieb auf Gehorsam und Ehrerbietung gegenüber den höheren Ständen ausgerichtet. Die gutsituierten Stände hingegen erhielten hochwertigen Unterricht an Privatschulen. Wo die Grundschule Lücken ließ, sorgte die örtliche Armenfürsorge, die weitestgehend in der Hand der Kirche war, für die entsprechende Ergänzung. Die »Schuster bleib bei deinen Leisten«-Mentalität war in dieser Phase ein voranstehendes Gestaltungsprinzip der niederländischen Gesellschaft. In diesem Punkt glich sie der Entwicklung europäischer Gesellschaften überhaupt.

Das vollzog sich in den sechziger Jahren vor dem Hintergrund eines Bevölkerungswachstums, mit entsprechenden Folgen für die Lebensverhältnisse aller Unterschichten in den Städten, deren Zahl sich sowohl durch natürlichen Zuwachs als auch durch Zuzug vom platten Land erheblich vergrößerte. Dieser Bevölkerungsanstieg resultierte nicht zuletzt aus der positiven wirtschaftlichen Entwicklung, die zwar nur allmählich verlief, aber einige Perspektiven bot und auf jeden Fall die Heiratsfreudigkeit stimulierte. Faktisch profitierte die Arbeiterbevölkerung vom Wirtschaftswachstum kaum. Es liegen etliche Beschreibungen ärztlicher Betreuer vor, in denen die Ursachen hoher Säuglingssterblichkeit angegeben sind: körperliche Verwahrlosung, sehr schlechte und ungeeignete Ernährung, schlechte Luft aufgrund erbärmlicher Wohnverhältnisse. Der »soziale« Wohnungsbau steckte noch in den Anfängen, konnte in dieser Phase mit dem Bevölkerungszuwachs nicht Schritt halten. Strukturelle Arbeitslosigkeit bestimmte zudem bis 1870 für diese Schichten die sozialökonomische Wirklichkeit. Daß dazu Kinder- und Frauenarbeit gehörte, war selbstverständlich. Für die nachfolgende Periode bis 1895 war die Abhängigkeit der niederländischen Wirtschaft von der internationalen Konjunktur charakteristisch, die die Lebensverhältnisse der Arbeitnehmer beeinflußte. Es wäre falsch, sich eine allgemeine Verschlechterung der Lage der Arbeiter vorzustellen, wenn man von den Folgen der schweren Depression in der Landwirtschaft absieht, von der wegen starken Preisverfalls wiederum der städtische Konsument profitieren konnte. Für die Arbeiter verbesserten sich im allgemeinen das Lohn-Preis-Verhältnis sowie die sekundären und tertiären Gegebenheiten wie Hygiene und Schulung. Man erkannte, daß nicht jeder Zustand gleichsam als gottgegeben akzeptiert werde mußte. Die Funktion der Arbeit im System des Kapitalismus entwickelte sich im Bewußtsein der Arbeiter zum Nachdenken über ihren Platz in der Gesellschaft. Das geschah nur allmählich, auch nicht klassenautochthon, sondern wurde unter anderem von jungliberaler Seite eingebracht. Doch indem sich die Säuglingssterblichkeit verminderte und die Lebenserwartung erhöhte, vergrößerten sich die Familien, die finanziell zu erhalten den Familienvätern oft schwerfiel. Dazu trat eine Intensivierung der sozialen Mobilität, die vornehmlich den Schichten mit den besseren materiellen und ausbildungsmäßigen Startbedingungen zugute kam, die Masse der Arbeiter aber weitestgehend ausschloß, damit auf besondere Art neue Kluften aufriß und die Arbeiter nach einer eigenen politischen Organisation rufen ließ.

Die Jahre nach 1895 bis zum Ersten Weltkrieg brachten auch für die Industrie und Landarbeit eine deutliche Besserung der Lebensverhältnisse; auf jeden Fall wurde der Spielraum über dem Existenzminimum größer. Die positive Entwicklung auf dem Arbeitsmarkt führte zu spürbaren Lohnerhöhungen in beiden Wirtschaftszweigen. Im Agrarsektor kam hinzu, daß durch den Aufstieg von Landarbeitern in den Bauernstand der Arbeitsmarkt angespannter wurde, sich allerdings das herkömmliche Patronatsverhältnis lockerte. Die Verbesserung der hygienischen Infrastruktur erleichterte die Lebensumstände. Bei Konjunktureinbrüchen nahm die Streikbereitschaft ab, verringerte sich das Wachstum der Gewerkschaften, während in Hausse-Zeiten die Aktivitäten sich erheblich verstärkten. Die günstige Entwicklung der Gesamtwirtschaft führte zu einem weiteren Bevölkerungswachstum, wobei sich jedoch regionale Unterschiede zeigten. Die biologische Stagnation in den Westprovinzen etwa ergab sich vermutlich aus dem Wunsch der Arbeiterfamilien, einmal erreichten Wohlstand nicht durch hohe Kinderzahl zu gefährden und den wenigen Kindern eine bessere Ausbildung zu ermöglichen. Da im wirtschaftlichen Wachstumsprozeß der Arbeitsmarkt sich im Industrie- und Handelssektor günstiger entwickelte als im Agrarbereich, erfuhr die Urbanisierung eine erhöhte Beschleunigung. Die Arbeitskräfte wurden in den Industrieregionen vornehmlich von den Mittel- und immer stärker aufkommenden Großbetrieben aufgenommen. Letztgenannte beschäftigten zwei Drittel der Arbeitskräfte. Dies war hinsichtlich der Quantität noch kein Konzentrationsprozeß, aber für die Entwicklung der Arbeiterbewegung von einiger Bedeutung. Die sozialen Aufstiegschancen verbesserten sich zwar allgemein, doch die Lohnarbeiterschaft blieb hiervon weitgehend ausgeschlossen.

In der hier nur grob umrissenen sozialökonomischen Umgebung bildeten sich die organisatorischen Anfänge, vollzog sich der Aufstieg der niederländischen Arbeiterbewegung. Brugmans hat in seinem immer wieder neu aufgelegten Buch über die arbeitende Klasse in den Niederlanden im 19. Jahrhundert im letzten Kapitel vom »Erwachen« der Arbeiterklasse gesprochen; es sei hinzugefügt, daß das Erwachen einigermaßen zögerlich verlaufen ist und darüber hinaus die konfessionelle Richtung ebenso betroffen hat wie die sozialistische und die liberale. Abgesehen von den eher flüchtigen Erscheinungen einiger Arbeiterzusammenschlüsse bei Druckern und Diamantarbeitern in den fünfziger und sechziger Jahren kam es 1871 zu einer ersten gewerkschaftlichen Organisation: Amsterdamer, Den Haager und Utrechter Sektionen der »Internationalen Arbeiter-Assoziation (IAA)«, der Ersten Internationale, schlossen sich zum »Niederländischen Arbeiterverband« zusammen, an dessen Spitze einer der Vorkämpfer des Sozialismus in den Niederlanden, der Schneider Hendrik Gerhard, stand. Die örtliche Sektion Amsterdam der IAA bestand schon seit 1869. Gerhard selbst zählte zu den Facharbeitern, hatte das Ausland bereist, war sprachen- und literaturkundig und kam aus dem in der Vereinigung »De Dageraad« gruppierten Kreis von Freidenkern. Freilich war Gerhard kein Theoretiker von besonderem Tiefgang, nicht vergleichbar etwa dem deutschen Arbeiter-Theoretiker Joseph Dietzgen. Den niederländischen Sektionen war das gleiche Schicksal beschieden wie der »Muttergesellschaft«. Sie verschwanden rasch von der Bildfläche, ohne wirklich Eindruck gemacht, dagegen höchsten Unwillen in der Bevölkerung hervorgerufen zu haben. Im Vergleich zu Deutschland, wo man 1871 schon auf fast ein Jahrzehnt erfolgreich betriebener Arbeiteragitation zurückblicken konnte, nahm sich der Versuch der Niederländer mager aus. Doch auch wenn die aktuelle Effizienz des Verbandes gering gewesen ist, weil die Basis fehlte, versuchte Gerhard mit der Organisation ein erstes Zeichen zu setzen, die Arbeiter aus dem Bereich der Philanthropie und Caritas heraus auf eigene Füße zu stellen. Es war allerdings ein Versuch zur Unzeit, denn es mangelte hier an theoretisch geschulten Köpfen, und die Internationalität war kaum ein gängiger Begriff bei einer sozialen Schicht, die sich selbst bis dahin noch nicht einmal national organisiert hatte. Außerdem stellten Ereignisse wie die Pariser Kommune keine Empfehlung für die Bewegung dar, befand sich die Arbeiterschaft dort, wo sie sich zur Organisation fähig zeigte, zum großen Teil noch in der Nähe des handwerklich-zünftigen Denkens.

Genau dieser letzte Punkt erklärt auch die Stärke der eher linksliberal und konfessionell orientierten Vereinigungen. So ist es nicht verwunderlich, daß es 1871 der Druckerverband, die Diamantschleifer und andere Handwerker gewesen sind, die sich zum »Allgemeinen Niederländischen Arbeiterverband (Algemeen Nederlandsch Werkliedenbond, ANWV)« zusammengeschlossen haben, der mit dem »Niederländischen Arbeiterverband« nicht verwechselt werden sollte. Diese für die Geschichte der niederländischen Arbeiterbewegung wichtige Organisation sprach sich streng gegen Internationale und Sozialismus aus. Auf dem Programm standen die materielle Besserstellung sowie das politische Mitbestimmungsrecht und die sittliche Erbauung, und der Verband verstand sich keinesfalls als Kampforganisation. Immerhin zählte er 1872 bereits 16 Einzelorganisationen mit 3.400 Mitgliedern, deren Zahl bis 1876 auf 5.500 anstieg. Die große Agitation, die 1874 zur Unterstützung des Gesetzes gegen die Kinderarbeit inszeniert wurde und bei Demonstrationen nach Schätzungen 12.000 Arbeiter auf die Beine brachte, erfolgte unter Führung der Linksliberalen. Noch viel stärker der bestehenden Ordnung anhängend war der protestantische Arbeiterverein »Patrimonium«, dessen Gründung einer gemeinsamen Initiative von Bankiers, Arbeitgebern und Arbeitnehmern entsprang und durch das Blatt »De Werkmans Vriend« vorbereitet wurde. Ließ im linksliberal orientierten Verband der Ordnungsgedanke durchaus Konfrontation zu, so war das im protestantischen Verband durch Anerkennung der gottgewollten Ordnung von vornherein unmöglich. Brugmans hat in seiner umfangreichen Untersuchung festgestellt, daß die Tendenz des ANWV, mehr oder weniger auf friedlichem Weg zur Übereinkunft mit den Arbeitgebern zu kommen, bei »Patrimonium« zu einer gewissen Form von Servilität entartet sei. Wie immer dies gewesen sein mag, sowohl ANWV als auch »Patrimonium« gingen von einem Harmonie-Modell aus, in dem die Arbeitgeberseite insgesamt eine positiv eingeschätzte Rolle spielte, bei den Protestanten schärfer ausgeprägt als bei den Linksliberalen. Es waren zweifelsohne auf Zusammenarbeit bedachte Vereine, in denen nicht allein der Standpunkt der Arbeiter herrschte, also nicht bloß die Interessen dieses Standes oder dieser Klasse reflektiert wurden, sondern die eigenen Bitten oder Forderungen meistens schon unter Verarbeitung der Arbeitgebermeinung sich äußerten. So betonte der ANWV-Leiter Bernardus Hermannus Heldt, den Gerhard als einen Schleppenträger der Unternehmer konterfeite, daß es dankenswerterweise in den Niederlanden noch keinen Arbeiterverein gebe, der gegen die Unternehmer zu Felde ziehe. Das war sicher eine allzu optimistische Darstellung, denn es gab Ende der sechziger und Anfang der siebziger Jahre eine Reihe von Lohnstreiks, die durchaus die Form moderner Ausstände samt Streikkomitees, Streikbrecher, Polizeieinsatz annahmen, aber eher spontanen Charakter hatten.

Die Mitgliederhausse des ANWV hielt nicht lange an. Bis 1887 war die Zahl der Mitglieder auf 2.730 zurückgegangen. Für beide Arbeitervereine trat Konkurrenz auf, der »Patrimonium« durch die starke konfessionelle Bindung weniger unterlag. Immerhin war diese protestantische Standesorganisation, deren Mitgliederzahl sich 1895 noch auf fast 13.000 belief, einige Jahre lang auch die mitgliederstärkste in den Niederlanden. Aus ihr entstand 1909 nach langen und schwierigen Beratungen mit anderen inzwischen tätig gewordenen protestantisch-christlichen Berufsverbänden der »Christlich-Nationale Gewerkschaftsverband (Christelijk Nationaal Vakverbond, CNV)« mit zunächst insgesamt nur 5.400 Mitgliedern. Die Zahl erhöhte sich anfänglich sehr langsam, bis 1916 auf 15.000, stieg danach sprunghaft an. Der CNV war ein echter gewerkschaftlicher Zusammenschluß von mehreren protestantisch-christlichen sowie katholischen Berufsverbänden auf Landesebene, die sich seit den neunziger Jahren gebildet hatten, nicht immer zur Freude der alten Standesorganisation »Patrimonium«. Die Entwicklung sowohl der Einzelgewerkschaften als auch eines Verbandes auf Landesebene war wohl nicht zuletzt auf die Nachwirkungen der Christlich-Sozialen Kongresse von 1891 und 1905 zurückzuführen, auf denen man die Zeichen der Zeit begriffen hatte. Dennoch hielt man am christlichen Sittengesetz als Leitfaden des Handelns fest, der Streik als legitimes und moralisch zu rechtfertigendes Kampfinstrument erlaubte, aber Klassenkampf verbot.

Parallel zu den protestantisch-christlichen Gewerkschaften entstanden die katholischen Organisationen, allerdings unter ungleich größeren Schwierigkeiten, da es hier schwerfiel, die seit der zweiten Hälfte des 19. Jahrhunderts akute Emanzipation der Katholiken und die soziale Emanzipation der katholischen Arbeiter zu trennen. Man schuf in den letzten beiden Jahrzehnten zunächst Standesverbände, die in erster Linie darauf bedacht waren, sozialistischen Einflüssen zu wehren. Der Gründungsprozeß setzte ab 1888 ein. Ab dann wurden römisch-katholische Volksverbände oder Arbeitervereinigungen ins Leben gerufen. Priester wie Alfons Ariëns und Henricus A. Poels entwickelten vor allem in Twente und Limburg hohe soziale Aktivitäten zur Abwehr sozialistischer Gedanken. Aus diesen Standesvereinigungen gingen allmählich regionale und organisatorisch unterschiedliche gewerkschaftliche Berufsverbände hervor. Es geschah häufig, daß sich katholische Arbeiter und Unternehmer in sogenannten Berufsgilden zusammenschlossen. Die Überwindung des Gildensystems und die Entwicklung zur Katholisch-Christlichen Gewerkschaft ließen sich dabei nicht nur mit der Enzyklika »Rerum novarum« stützen, sondern wurden auch durch den Aufstieg sozialistisch gesinnter Gewerkschaften und die damit zusammenhängende Bildung des interkonfessionellen Gewerkschaftsverbandes »Unitas« in Twente gefördert, der katholische und protestantische Textilarbeiter der Region zusammenbrachte und geistliche Führung abwies. Freilich war der Widerstand der Geistlichkeit gegen die Interkonfessionalität sowie gegen die Selbständigkeit und landesweite Organisation von katholischen Gewerkschaftsverbänden so erheblich, daß diese Richtung spätestens 1912 zu Ende ging, der CNV, ursprünglich interkonfessionell, zu einer rein protestantisch-christlichen Vereinigung wurde und es schließlich bei dem 1909 gebildeten Büro Römisch-katholischer Gewerkschaftsverbände, einem lockeren Verband, blieb, der auch von den Bischöfen gebilligt wurde.

Sowohl die konfessionellen als auch die linksliberal eingestellten Zusammenschlüsse bewiesen insgesamt gesehen eine Homogenität, die sich gegenüber Einflüssen von außen als immun zeigte. Die seit Ende der siebziger Jahre auftauchenden sozialistischen Gruppierungen durchliefen dagegen schwierige interne Querelen, ehe sie sich zu konsolidieren vermochten. Die Anfänge waren bescheiden. In der Provinz Holland entstanden sie lediglich im autochthonen Proletariat der großen Städte sowie in der Zaan-Region, außerhalb dieser Provinz im friesischen und Groninger Agrargebiet unter verarmten Bauern und Landarbeitern, im Osten des Landes im Gebiet der Twenter Textilindustrie. Depression in der Landwirtschaft und Konjunkturkrisen bei Handel und Industrie förderten solche Zusammenschlüsse. Die Literatur lehnt die Wirtschaftskrisen als alleinigen Erklärungsgrund ab, führt den Verlust an übereinstimmender Intention der politischen Eliten als weitere Ursache für das Entstehen radikaler Organisationen an. Zudem wird darauf hingewiesen, daß seit längerem Arbeiter aus anderen Provinzen in die großen holländischen Städte und zur Textilindustrie in Twente geströmt sind und dort jeder Bindung durch Tradition entbehrt haben. Das galt ebenfalls für die Erschließungsbereiche der Moor- und Venngebiete, die durch Trockenlegung in kapitalistischem Stil erschlossen wurden. Hier gab es keine paternalistischen Strukturen wie in den alten Dörfern mit ihren Kirchen als Mittelpunkt.

Trotz des Verfalls der IAA-Sektion gab man den sozialistischen Gedanken nicht sogleich auf. So bildete sich 1874 eine Geheimgesellschaft namens »Vox Populi«, in der sich eine »Kerngruppe der alten Internationalisten« traf und die

die »Klassenregierung« durch eine »Volksregierung« ersetzt sehen wollte. Zentraler Punkt war der Kampf um das allgemeine Wahlrecht. Es kam im Laufe der siebziger Jahre zu mehreren Vereinsgründungen, an denen Vertreter der alten Internationale beteiligt waren. Dem gehörte auch der Amsterdamer »Sozialdemokratische Verein (Sociaal-Democratische Vereeniging)« an, der 1881 mit ähnlich gerichteten Gruppierungen den »Sozialdemokratischen Bund (Sociaal-Democratische Bond, SDB)« einging. Dies war das Ende der alten internationalistischen Tätigkeit. Eine neue Generation von Intellektuellen und Politikern des Sozialismus schob sich in den Vordergrund, unter ihnen der ehemalige lutherische Pfarrer Ferdinand Domela Nieuwenhuis. Domela sollte für ein gutes Jahrzehnt die Entwicklung von Sozialdemokratie und Sozialismus in den Niederlanden entscheidend prägen. Er, der dem Titel seiner Autobiographie zufolge den Weg vom »Christ zum Anarchisten« zurückgelegt hat, darf, gemessen an Popularität und Wirkungskraft wie an der Entschiedenheit des Wollens, mit dem Antirevolutionär Abraham Kuyper verglichen werden, weil trotz größter Gegensätzlichkeiten die frühe Bedeutung des Mannes für die niederländische Arbeiterbewegung damit zur Geltung gebracht wird. »Uus verlosser komt«, dieser Ausruf eines friesischen Arbeiters vor einer Veranstaltung mit Domela gab gewiß die Einschätzung breitester Schichten des Volkes wieder. Er war freilich nicht der große, selbständige Theoretiker, wie ihn die Belgier in der Person des César de Paepe hatten, doch er war weit mehr als Gerhard der Mann der tiefempfundenen Emotion, mit einer Unbedingtheit und einer Unabdingbarkeit der Forderung, die aus seiner Erfahrung als lutherischer Pfarrer herrühren mochten. In dem Blatt »Recht voor Allen«, dessen Chefredakteur er war, äußerte sich seine Kompromißlosigkeit ebenso wie in seiner Hinwendung zum Anarchismus. Domela war ein Mann, unter dessen Leitung in den achtziger Jahren die Wahlrechtsagitation in verhältnismäßig großem Stil in Gang kam, der wegen Majestätsbeleidigung für acht Monate ins Gefängnis wanderte. Über die Erweiterung des Wahlrechts schaffte er den Sprung in die Zweite Kammer, gewählt von friesischen Arbeitern gegen Heldt von der ANWV. Domela saß im Parlament als eine isolierte Figur. Er wollte die Gesetzesinitiative zur Einführung des Acht-Stunden-Arbeitstages nutzen, wurde aber mehrmals abgewiesen. Diese Enttäuschung schob ihn auf den Weg zum Anarchismus. Das Wahlrecht galt ihm nicht mehr als Hebel zum revolutionären Umsturz.

Gründung und Tätigkeit des SDB fielen in die Zeit der großen Wirtschaftsdepression, die mit kleineren Schwankungen von 1873 bis 1895 dauerte. Der Bund blieb zunächst auf Holland begrenzt, dehnte sich dann nach Friesland und in die Textilregion Twente aus. Er konzentrierte sich auf den politischen Kampf mit dem allgemeinen Wahlrecht als wichtigstem Topic. Es wird vermutet, daß die Vernachlässigung gewerkschaftlicher Tätigkeit, die bis dahin die Arbeiterbewegung insgesamt gekennzeichnet hatte, als Folge der ungünstigen Wirtschaftslage gesehen werden muß. Jedenfalls gab der SDB dem damals gegründeten »Verein für allgemeines Wahl- und Stimmrecht (Bond voor Algemeen Kies- en Stemrecht, auch ›Bond voor Ak en S‹ genannt)«, dem zunächst nicht-sozialistische, radikale Demokraten angehörten, neue Impulse. Dieser Kreis fiel jedoch im Sommer 1885 auseinander. Die strikt verfolgte Linie im politischen Kampf um das allgemeine Wahlrecht sollte nicht auf eine Geradlinigkeit der Politik oder der theoretischen Konzeption schließen lassen. Der SDB bekannte sich zur deutschen Sozialdemokratischen Partei und übernahm das Gothaer Programm von 1875, fügte dort nur eine Passage über die Gleichberechtigung von Mann und Frau hinzu. Übernommen wurden somit das Lassallesche »eherne Lohngesetz« sowie der Ausspruch von der der Arbeiterklasse gegenüberstehenden »einen reaktionären Masse«, ferner der Passus des Marxschen Manifests zur Ersten Internationale, nach dem die Befreiung der Arbeiterklasse das Werk der Arbeiterklasse selbst sein mußte. Das »eherne Lohngesetz« bedingte auch, daß der Bund vorerst ein äußerst ambivalentes Verhältnis zur Gewerkschaftsgründung wie zu Produktionsgenossenschaften hatte. Gleichwohl drängte er 1883/84 zum ersten Mal auf die Bildung von Gewerkschaften, die jedoch ihre Aufgabe, die soziale Lage zu verbessern, nicht in den Vordergrund stellten, so daß sie eher mit Propagandavereinigungen innerhalb der Abteilungen des Bundes und innerhalb bestimmter Berufsgruppen zu vergleichen waren. Es ist nicht ganz klar, ob der SDB eine marxistische Gewerkschaftskonzeption gepflegt hat, nach der Gewerkschaften Hilfsinstrumente im politischen Kampf gewesen sind. Auf jeden Fall hatten sie den Vorteil, daß sie die Kreise des liberalen ANWV störten. Mit oder ohne Zutun des Bundes waren die Zeitzeichen auf neutrale Gewerkschaften gerichtet, so daß sich eine Einbindung in eine lokale Abteilung des SDB nicht mehr empfahl. Die um 1891 einsetzenden Fraktionskämpfe innerhalb des SDB wurden von vielen, vornehmlich auf die Durchsetzung gewerkschaftlicher Ziele bedachten Mitgliedern als ein schwerwiegendes politisches Hindernis empfunden. So entschied man sich Ende 1892 nicht zuletzt unter dem Eindruck einer Resolution des Brüsseler Kongresses der Zweiten Internationale von 1891, Fachverbände nicht länger als Abteilungen des SDB zu führen, und 1893 gründeten einige Fachvereine und Gewerkschaften einen Dachverband, das »Nationale Arbeitssekretariat (Nationaal Arbeidssecretariaat, NAS)«. Zwar sollte das NAS für alle Arbeitervereine, auch für konfessionelle, zugänglich sein, aber die Richtlinien der gewerkschaftlichen Arbeit bestimmte stets der SDB.

Die Auseinandersetzungen im SDB hatten mehrere Ursachen. Im Westen konzentrierten sich die Arbeiter zunehmend auf gewerkschaftliche Fragen, wodurch politische Probleme und damit der Bund in den Hintergrund rückten. In Friesland und Groningen hingegen setzte der Bund auf den Kampf um das allgemeine Wahlrecht. Die Entwicklung in Teilen der Nordprovinzen und in Twente blieb phasenverschoben, was während der Depression Anfang der neunziger Jahre Folgen hatte, die vor allem die Agrargebiete trafen. Hier begann eine Radikalisierung, die sich vom Wahlrechtskampf abkehrte und den Kampf um Arbeit und Brot propagierte, der zu zahlreichen lokalen Aktionen führte, mit entsprechenden Reaktionen der örtlichen Behörden. Die Radikalisierung in dieser Region sowie die mittlerweile offen bekundete antiparlamentarische Haltung des Domela Nieuwenhuis – er wurde 1891 nicht wiedergewählt – führten zur Spaltung des SDB, zu einer Entwicklung, die sich unter das in jener Zeit schon europaweit diskutierte Verhältnis von Theorie und Praxis subsumieren ließe. Domela brach mit der »Friesischen Volkspartei (Friese Volkspartij)« einer Föderation von Wahlrechtskomitees, Gewerkschaften und SDB-Abteilungen, auf deren Programm das allgemeine Wahlrecht, aber auch die Einführung des Acht-Stunden-Arbeitstages mit der Nationalisierung von Grund und Boden standen. Das war ein weiteres Zeichen des parteiinternen Konflikts. Propagierte man auf dem Weihnachtskongreß des SDB 1892 noch den Sturz der Gesellschaftsordnung mit allen gesetzlichen *und* ungesetzlichen Mitteln, so wurden bereits ein Jahr später auf dem Groninger Kongreß mit nur noch 47 gegen 40 Stimmen bei 14 Enthaltungen parlamentarische Mitarbeit und Wahlbeteiligung verworfen.

Der Bund hatte die Grenzen seiner Möglichkeiten erreicht. Die seit mehreren Jahren wachsende Opposition in den eigenen Reihen sah ihre Stunde gekommen, zumal der Bund national wie international in die Isolierung geriet. Der Gegensatz zur deutschen Sozialdemokratie war unübersehbar, da Domela seinen ganzen antiparlamentarischen Frust abließ und bei Politikern wie Wilhelm Liebknecht auf völliges Unverständnis stieß. Vermutlich wurde die nach dem Groninger Kongreß sich vollziehende Spaltung, die 1894 zur Gründung der »Sozialdemokratischen Arbeiterpartei (Sociaal-Democratische Arbeiderspartij, SDAP)« führte, nicht zuletzt angesichts der Entwicklung der deutschen Sozialdemokratie zur Massenpartei vorangetrieben. Die deutsche Schwesterpartei kannte zwar ähnliche Konflikte, entschied sich aber voll für die parlamentarische Mitarbeit auf allen Ebenen. Schließlich erfolgte die SDB-Spaltung, weil im niederländischen Parlament eine neuerliche Erweiterung des Wahlrechts zur Diskussion stand. Nachdem 1888 bei solcher Diskussion der SDB keinerlei

Interesse bewiesen hatte, wollten die Oppositionellen nun nicht mehr außen vor bleiben. Die SDAP übernahm fast wörtlich das Erfurter Programm der deutschen Sozialdemokraten. Sie bediente sich des Marxismus als Instruments zur Förderung des Klassenbewußtseins. Sie »verwissenschaftlichte« die Hoffnung, wie Hans Daalder es ausdrückt, und konzentrierte die Auseinandersetzung auf den politischen Kampf im Rahmen langfristig gesetzter Ziele. Die Gründungsgruppe, die »Zwölf Apostel«, bestand aus drei Intellektuellen, zwei Volksschullehrern, einem Einzelhändler und sechs Arbeitern, unter ihnen Frank van der Goes, Henri Hubert van Kol, Pieter Jelles Troelstra, Johan Hendrik Andries Schaper, Hendrik Spiekman, Willem Hubert Vliegen, um nur einige zu nennen, die lange Jahre Politik und geistigen Habitus der Partei bestimmen sollten. Rein quantitativ hielt die SDAP keinen Vergleich mit den entsprechenden Massenorganisationen in anderen europäischen Ländern aus, auch nicht in der geographischen Relation. 54 Personen waren auf dem Gründungskongreß anwesend. Die Mitgliederzahl stieg allmählich auf 700, um 1900 immerhin 3.200 zu erreichen. Die Rekrutierungsbasis bildeten die bis dahin noch nicht von der sozialistischen Bewegung erfaßten Berufsgruppen: Diamantschleifer, Drucker, Metallarbeiter, Lehrer und kleine Angestellte. Andere Sparten wie die der Hafenarbeiter, Bauarbeiter, städtischen Arbeiter in Amsterdam und Landarbeiter im Norden blieben vorerst im alten SDB. Ungelernte Fabrikarbeiter standen außerhalb jeder Bewegung. Überhaupt war die SDAP zunächst in den Städten schwach vertreten. Andererseits gelang es ihr, 1897 bei den ersten Wahlen nach dem neuen Wahlrecht 2 Sitze zu erobern und ihren Anteil bei den Wahlen von 1913 auf 15 Sitze zu erhöhen. Über diesen Zeitraum betrachtet dürften sowohl die Mitarbeit an der Sozialgesetzgebung bei aller Unzufriedenheit über das Ergebnis als auch die von ihr groß angelegte Wahlrechtsagitation wichtige Ursachen für die Zuwachsraten an Wählern aus der Arbeiterschaft gewesen sein, wobei das platte Land durch das Wahlrecht für die SDAP ohnehin günstiger gestellt war. Die Mitgliederzahl erreichte bis 1914 immerhin 25.000, mit einem starken Anstieg zwischen 1911 und 1914, in der Zeit der großen Wahlrechtsdemonstrationen. Entsprechend sicherte sich die Partei allmählich auch in den Städten Amsterdam, Rotterdam, Den Haag, Enschede, lange der Schwachpunkt der SDAP, eine feste Position. Sicherlich war es für diese Entwicklung nicht ohne Bedeutung, daß sich die SDAP relativ früh mit der Lage der Landarbeiter und der Pachtbauern im Norden befaßte und prinzipiell keine Einwände gegen Staatsbeiträge zu den Konfessionsschulen äußerte.

Die von Anfang an bestimmende Maxime der Partei, parlamentarische Arbeit mit dem Anspruch auf revolutionäre Politik zu verbinden, wie sie auf dem

Zwoller SDB-Kongreß von 1892 unter Mitwirkung der Oppositionellen, die bald darauf die SDAP gründeten, angeklungen war, bewirkte rasch einen jahrelang anhaltenden Richtungsstreit innerhalb der Partei, der zu einer neuerlichen Abspaltung und Neugründung einer Partei, dem SDB, führte, aber in der sozialistischen Welt des europäischen Kontinents nichts Besonderes war. Es ist bemerkt worden, daß die Konfliktpunkte der SDAP die »fundamental(en) Dilemmas in der sozialdemokratischen Arbeiterbewegung um die Jahrhundertwende« bloßgelegt haben (H. Buiting). Das Problem lag in der politischen Umsetzung der Strategie, die parlamentarische Mitarbeit und revolutionäre Maxime nebeneinander formulierte. Hier stand die Parteizentrale um den Friesen Pieter Jelles Troelstra gegen die um die theoretische Zeitschrift »De Nieuwe Tijd« gescharte Gruppe, zu der Intellektuelle wie die Dichterin und Schriftstellerin Henriëtte Roland Holst und der Dichter Herman Gorter zählten. Troelstra entwickelte ein strategisches Konzept, das zum einen von einer breiten Mehrheit der Partei unterstützt wurde, zum anderen von dem bis dahin noch schwach entwickelten industriekapitalistischen Charakter der Niederlande ausging und den Einfluß der Konfessionen auf Denk- und Verhaltensweise der Arbeiterschaft berücksichtigte. Die Schlußfolgerung lautete, daß ein revolutionäres Vorgehen unter diesen Voraussetzungen keine Chance auf Realisierung hatte. Indem Troelstra auf die parlamentarische Basis setzte, die für die politische Arbeit gewonnen werden sollte, hatte er deren Mitarbeit in der Schul- und Agrarfrage im Sinn. Genau hier lag das Konfliktpotential, das europaweit als Revisionismus-Streit in die Annalen des Sozialismus eingegangen ist oder als Problematik des Kautskyanischen Zentrums gesehen werden kann. Die Gruppe um »De Nieuwe Tijd« richtete sich zunächst gegen die Agrarpolitik der Partei, die sich 1897 nicht für die Sozialisierung von Grund und Boden, sondern für Landverteilung an Landarbeiter und für bessere Pachtbedingungen ausgesprochen hatte. Sie richtete sich außerdem gegen die Subventionen für Konfessionsschulen, kehrte sich gegen die Unterstützung des konfessionellen Antrags auf Einführung des Zehn-Stunden-Arbeitstages und verurteilte die Stichwahlbündnisse mit den Liberalen. Offensichtlich sah sie in allen den Arbeitern gegenüberstehenden Schichten »die eine reaktionäre Masse«. Darüber hinaus war das Verhalten der Parteiführung im großen Streik von 1903 für diese Gruppe, die Parteilinke, ein Grund für den Vorwurf schwankender, undurchsichtiger Politik. Sie wandte sich gegen parlamentarische Mitarbeit oder gewerkschaftlichen Kampf um die Verbesserung der täglichen Lebensbedingungen, weil sie darin eine Störung in der Entwicklung jenes Klassenbewußtseins erblickte, das helfen sollte, die Arbeiter auf dem Weg über die Revolution an die staatliche Macht zu bringen. Die Gruppe verwarf »alle Reformen, die die Entstehung des Klassenbewußtseins verzögern und das Proletariat vom eigentlichen Ziel wegführen könnten« (H. Buiting).

Im übrigen war es für die Hauptströmung der nicht-konfessionellen Arbeiterbewegung bezeichnend und für die Opposition ein Ärgernis, daß sich im Laufe der Auseinandersetzung um die richtige Exegese oder um die Überwindung der klassischen Vorgaben 1906 eine neue Gewerkschaftszentrale bildete, der »Niederländische Gewerkschaftsverband (Nederlands Verbond van Vakverenigingen, NVV)«, der die Facharbeiterverbände erfaßte, sich im strikten Gegensatz zum syndikalistisch orientierten NAS verstand, sich ganz auf effektive Verbandsarbeit konzentrierte und im Zuge des seit 1895 voll einsetzenden Industrialisierungsprozesses starken Aufwärtstrend verzeichnete. Von der beachtlichen Zahl kleiner Organisationen schloß sich nur ein geringer Teil dem »Nationalen Arbeitssekretariat (Nationaal Arbeidssecretariaat, NAS)« an. Der starke »Allgemeine Niederländische Diamantarbeiter-Verband (ANDB)«, der sich nach dem Vorbild britischer Gewerkschaften gebildet hatte, stellte sogar einen Gegenpol zum NAS dar. Der ANDB als Facharbeiterorganisation verfolgte andere Ziele als das NAS, das mit seinen organisatorischen Grundsätzen den Verhältnissen in einigen Wirtschaftszweigen, vor allem in der Hafenwirtschaft, entsprach. Während das 1893 zunächst aus sieben Verbänden entstandene NAS keine Zentralstelle, sondern ein Kontaktbüro für die sozialistischen Gewerkschaften und bis 1896 auch politischer Gruppierungen war, ging der ANDB aus einer spontanen Streikbewegung 1894 hervor. Der Verband verlangte hohe Beiträge, legte eine Streikkasse bei der Zentrale an und besoldete seine Funktionäre. Damit gab er sich von Beginn an eine moderne Gewerkschaftsform. Zwar verwaltete auch das NAS eine zentrale Streikkasse und stellte 1897 einen besoldeten Funktionär ein, doch die vielen Zwergorganisationen, die ihre Streiks nicht finanzieren konnten, schwächten permanent die Streikkasse, so daß das NAS gezwungen war, zu wiederholten Malen um Spenden einzukommen, was wiederum Zerwürfnisse mit den größeren Verbänden brachte.

Diese Praxis fand schließlich ab 1900 eine theoretische Rechtfertigung, indem das NAS starke landesweite Verbände für überflüssig erachtete und jeden kleinen Streik begrüßte, sogar inszenierte, mit der Begründung, daß auf dem Weg über Solidaritätsbezeugungen ein lokaler Streik zum Generalstreik sich auswachsen und damit zum Sturz des Kapitalismus führen könne. Die größeren Verbände verließen deshalb bald das NAS. Der Fehlschlag des Eisenbahnerstreiks von 1903, der nicht nur vom NAS, sondern auch von der »Sozialdemokratischen Arbeiterpartei (SDAP)« und einigen sozialdemokratischen Gewerkschaftsverbänden mitgetragen wurde, beschleunigte den Trend zur Bildung sozialdemokratischer moderner Gewerkschaften, wie sie der ANDB schon darstellte. Die syndikalistische Kampfform war obsolet geworden. Es erfolgte die Gründung des sozialdemokratischen »Niederländischen Gewerkschaftsverbandes (NVV)«, dessen Kern der ANDB mit fast 8.000 Mitgliedern stellte. Insgesamt zählte der NVV in der Gründungsphase 19.000 Mitglieder, gegenüber 3.700 des NAS im Jahr 1907. Als modern verstand sich der NVV insofern, als er zum einen – gleichsam in Fortführung der ANDB-Organisation – eine zentralistische Organisation mit besoldeten Funktionären, hohen Beiträgen und gut gefüllten Streikkassen aufbaute, zum anderen eine Verhandlungs- und Streiktaktik entwarf, die in erster Linie auf wirtschaftliche Ziele gerichtet war und vor der Umsetzung die Erfolgschancen sorgfältig berechnete. Das war etwas anderes als die Methode der spontanen Streikaktionen einer nur locker strukturierten Organisation, wie sie das Arbeitssekretariat darstellte, das Erfolge im wirtschaftlichen Kampf mit den Arbeitgebern für unmöglich hielt und daher auf das politische Ziel einer unmittelbaren Verwirklichung der sozialistischen Gesellschaft setzte. Im Vordergrund stand beim NVV der Lohnkampf, nicht aber jenes Schlagwort des NAS, in dem es hieß, daß der Arbeitergroschen im Kampf gegen den Unternehmergulden niemals bestehen könne. Allein aufgrund der personellen Verflechtung stand der NVV deutlich in der Nähe der Sozialdemokratischen Arbeiterpartei, fühlte sich jedoch nicht als enger Bundesgenosse der Partei. Um seine Neutralität und Begrenzung auf den Tarifbereich zu bezeugen, weigerte sich der Gewerkschaftsbund anfänglich sogar, am SDAP-Kampf für das allgemeine Wahlrecht teilzunehmen. Derart strapazierte er die Fiktion der Neutralität auf das äußerste. Das ließ sich angesichts der zahlreichen Doppelmitgliedschaften im Führungskern nicht durchhalten. Hinzu kam, daß die noch nicht so starken und mit mancherlei Querelen lebenden katholischen und protestantischen Gewerkschaftsbünde den Kampf um die Verbesserung der Arbeits- und Lebensbedingungen neben oder gar erst an die zweite Stelle hinter das Ziel stellten, die Arbeiter vor den Gefahren und Einflüsterungen des Sozialismus zu schützen. Solche Konkurrenz bewog den NVV dann doch dazu, sich auch politisch zu betätigen, indem er die sozialdemokratische Presse unterstützte oder Unterlagen für sozialdemokratische Abgeordnete in Parlamentsdebatten über soziale Fragen bereitstellte. Dies alles vermochte Auseinandersetzungen zwischen den zwei Organisationen nicht abzuwenden.

Die parteiinterne Opposition der SDAP glaubte sich durch den Streik von 1903 in ihrem Kampf unterstützt, insofern sie ihn, auch wenn er fehlschlug, als Beginn einer Abkehr vom Parlamentarismus interpretierte. Auf jeden Fall wuchs sich der anfänglich abstrakt geführte Streit zum parteiinternen Konflikt aus, mit mancherlei Querelen, die nach dem Kongreß von Utrecht im Jahr 1906 deutlich zum Machtverlust der Parteilinken führten, die ihren Kampf trotzdem nicht einstellte. Im Gegenteil: Die unterschiedlichen Standpunkte verhärteten sich, als der Politiker David Wijnkoop, der Essayist Willem van Ravesteijn und der Lehrer Jan Cornelis Ceton das Wochenblatt »De Tribune« herausbrachten, in dem – immer noch innerhalb der Partei – scharfe Angriffe gegen Politik und Personen geführt wurden. Vor allem die Fraktion der SDAP in der Zweiten Kammer mußte sich manchen Angriff gefallen lassen, zumal Troelstra, der schlicht als Unwissender angeprangert wurde. Die Bildung der »Tribune-Gruppe« erfolgte in einer Zeit der wirtschaftlichen Rezession, wohl in der Hoffnung, eine solide Parteibasis auf die eigene Seite ziehen zu können. Das erwies sich als Fehlkalkulation. Das Periodikum »Tribune« gab letztendlich den Ausschlag zur Parteispaltung, die 1909 auf dem Kongreß von Deventer mit dem Ausschluß der »Tribune-Gruppe« und der bald darauf erfolgten Gründung der »Sozialdemokratischen Partei (Sociaal-Democratische Partij, SDP)« vollzogen wurde. Dieser schwerwiegende Schritt einer noch jungen Partei war bemerkenswert, auch im Hinblick auf die Schwesterpartei in Deutschland, die sehr viel stärkeren inneren Belastungen widerstand, ehe sie unter der schwierigen Problematik des Ersten Weltkrieges zerbrach. Möglicherweise war die Fähigkeit zur Toleranz zu gering, als daß sie einen von persönlichen Invektiven getragenen Kampf hätte bestehen können. Andererseits bestach die »Tribune-Gruppe« zunächst durch ein hohes Eiferertum, und es konnte so erstaunlich nicht sein, daß die »Zimmerwalder Linke«, die sich während des Krieges innerhalb der »Zimmerwalder Bewegung« herausbildete und politisch schon vorher unter der Leitung der Bolschewiken formiert hatte, die niederländische SDP als eine Vertreterin der »reinen Lehre« und damit als akzeptabel betrachtete. Und was die SDAP betraf, so war sie eine Organisation, die zwar aufsteigenden Trend zeigte, quantitativ aber noch einigermaßen geringwertig war und Abweichungen nicht tragen zu können meinte, zumal sie sich in einer Konkurrenzposition zu anderen, durch konfessionelles Band vermeintlich gefestigten Gruppen mit einem Zugriff auf die Arbeiterschaft befand. Auf seiten der Abgespaltenen scheint sich dagegen die niederländische Neigung zur Absonderung voll durchgesetzt zu haben, samt einem Hang zum Purismus und der Tendenz zu predigen. Im übrigen nahm die Spaltung den Prozeß vorweg, der während des Krieges oder spätestens unmittelbar danach überall einsetzte: die Spaltung in Sozialdemokraten und Kommunisten. Die SDP war die direkte Vorläuferin der »Kommunistischen Partei« Hollands beziehungsweise der Niederlande. Bei Kriegsende ersetzte sie lediglich

»sozialdemokratisch« durch »kommunistisch«. Die Zahl der SDP-Mitglieder war zunächst kaum mit jener der SDAP zu vergleichen. Mit 400 eingeschriebenen Anhängern blieb die Partei erheblich hinter der SDAP zurück, abgesehen davon, daß die Wahlen von 1909 für die Partei ein deprimierendes Ergebnis hatten. In Amsterdam, Rotterdam und Leiden stimmten insgesamt 542 Wahlberechtigte für die SDP, was dem Charakter eines radikalen Bürgerklubs, weniger dem einer Arbeiterpartei entsprach, denn mit Blick auf die Mitgliederstruktur zählten 56 Prozent zu den Selbständigen, Angestellten und Lehrern. Intellektuelle leiteten die Partei. Zu den ständigen Mitarbeitern des Parteiblattes »De Tribune« gehörte Anton Pannekoek, neben Henriëtte Roland Holst, damals noch SDAP, der einzige über die Grenzen des Landes hinaus bekannte Theoretiker des Sozialismus. Er pflegte enge Beziehungen zur deutschen Partei, war im Bremer Bildungsausschuß der deutschen Sozialdemokraten tätig und unterstützte später mit dem Dichter Herman Gorter, einem SDP-Mann, den niederländischen Rätekommunismus.

Im Gegensatz zu den Sozialisten waren die Liberalen eine Kraft, die schon seit Jahrzehnten die Politik mitbestimmte. Der Politikwissenschaftler Hans Daalder hat eine seiner Darstellungen zur Geschichte des niederländischen Liberalismus mit dem Untertitel »Eine herrschende, aber unorganisierte Minderheit« versehen. Der niederländische Liberalismus begriff sich abseits von jedem Hang nach Organisation als eine Bewegung, der es qualitate qua zustand, die Regierung zu übernehmen. Sie war nicht nur Regierungspartei, sondern nahm eine vorrangige Position in der niederländischen Gesellschaft ein, in Universitäten, Presse und zum Teil auch in der Bürokratie. Doch seit den achtziger Jahren war es wegen der zunehmenden Tendenz zur Organisation der politischen Richtungen und der damit verbundenen nachdrücklichen Artikulation der politischen Interessen sowie der nun weit über die liberale Bewegung hinausgehenden Emanzipationsbestrebungen von Konfessionellen und Arbeitern überdeutlich, daß eine politische Herrschaft der Liberalen sich lediglich über einen nach allen Richtungen zielenden politischen Kampf verlängern ließ. Zur Zeit des Grundgesetzes von 1848 und noch im Jahrzehnt danach existierte ein Konsens zwischen vielen Konservativen, Katholiken und Liberalen, der vor dem Hintergrund der Verfassung entwickelt werden konnte. Erst die Diversifizierung der politischen Forderung, wie sie sich in den Bereichen Konfessionsschulen, Wahlrecht und soziale Problematik herausschälte, führte zu einer Kontraktion der Interessengruppen. Dennoch vollzog sich keine saubere Trennung zwischen Konfession und Liberalismus, zwischen Glaube und Unglaube im Sinne der protestantischen »Antithese«. Es gab genügend praktizierende Protestanten innerhalb der Niederländischen Reformierten Kirche, die auf liberaler Seite standen. Außerdem offenbarte die Diversifizierung der politisch-sozialen Ansprüche die Schwäche der Liberalen. Mit den siebziger Jahren zeigte es sich, daß die einzige Gemeinsamkeit, die sich in liberalen Kreisen noch wahrnehmen ließ, der Antiklerikalismus war, der sich bis ins nächste Jahrhundert hinein noch verschärfte.

So hatten sich die Liberalen, die in einzelnen Wählergemeinschaften auf lokaler Ebene organisiert waren, auf ein umfassendes, für alle gültiges Programm zu einigen. Die Autonomie der Wählergemeinschaften galt als eine wesentliche Kondition für politisches Handeln überhaupt, was einem gemeinsamen Auftreten nicht unbedingt förderlich war. Es war daher nicht verwunderlich, daß ausgerechnet liberale Kammerabgeordnete, die nicht zu den praktizierenden Christen zählten, bei der parlamentarischen Patt-Stellung 1884 in der Schulfrage erklärten, der Verfassungsartikel über die Regierungsverantwortlichkeit für das öffentliche Bildungswesen behindere nicht die Zuerkennung staatlicher Subsidien für die nicht-öffentlichen Schulen. Immerhin führte die Schulfrage die Liberalen zu einem Zusammenschluß, zu der »Liberalen Union (Liberale Unie)« von 1885, der sich allerdings nur 62 von 185 örtlichen Verbänden anschlossen. Sie zählten ungefähr 4.500 Mitglieder. Von den 185 angeschriebenen Vereinigungen hielten es 100 nicht einmal für nötig, zu antworten. Ein gemeinsames Programm kam nach Zurückweisung eines Vorschlags gar nicht zustande. Der erste geschäftsführende Vorsitzende ließ wissen: »Unsere Partei ist nicht so jung, als daß sie ein Empfehlungsschreiben in Form eines Grundsatzprogrammes benötigte; und es fehlt ihr auch nicht an Taten, auf die sie doch mit Stolz verweisen darf.« Es war einigermaßen bezeichnend, daß sich die in Amsterdam als »Pelzmantelklub« apostrophierte Vereinigung »Grondwet« nicht anschließen wollte. Die Initiative war von einer anderen Amsterdamer Vereinigung, der »Burgerpligt«, ausgegangen, die weniger »deftig« war und bald in den eigenen Reihen eine fortschrittliche, über die vorhandenen politischen Vorstellungen hinausgehende Politik entwickelte. In ihr kam es zur Spaltung, als ein politisches Programm, das Wahlrechtserweiterung, progressive Einkommensteuer und staatliche sozialpolitische Maßnahmen vorsah, verworfen wurde. Mehrere Mitglieder traten aus und gründeten die Vereinigung »Amsterdam«. Jetzt vollzog sich, völlig unabhängig von der Schulfrage, in der liberalen Bewegung ein Trennungsprozeß, der der deutschen Entwicklung bei der Spaltung der Fortschrittspartei ähnlich war. Es entwickelte sich, ausgehend von diesem Kern, eine junge radikalliberale Bewegung.

Paralleles geschah in den Provinzen Friesland und Groningen und in einigen

Orten Nordhollands, in denen man versuchte, den kleinen Mittelstand und die Arbeiter zu einer Art Volkspartei zusammenzuschließen. Aus dieser insgesamt progressiven Bewegung, die anfangs im Wahlkampf ziemlich erfolglos blieb, ging 1892 der »Radikale Bund (Radicale Bond)« hervor. In der Frage der Erweiterung des Wahlrechts stand der Bund nicht allein; die »Liberale Union« selbst preschte vor. Sie beabsichtigte trotz vieler Gegenstimmen den Weg einer fortschrittlichen Politik zumindest in der Wahlrechtsfrage zu gehen. In dem von 1891 bis 1894 amtierenden Kabinett brachte der von ihr gestellte Innenminister Johannes Pieter Roetert Tak van Poortvliet 1892 einen Antrag ein, jedem, der lesen konnte und kein Fürsorgeempfänger war, das Wahlrecht zu erteilen. Für Liberale, denen es darauf ankam, die Zusammenstellung der politischen Corpora insbesondere den materiell Unabhängigen zu überlassen, war das ein allzu weitreichender Schritt, der zu inneren Konflikten Anlaß gab, zumal der Minister den Antrag noch im November des Jahres durch Kongreßbeschluß auf Betreiben des Vorstandes stützen ließ. Die folgende Auseinandersetzung, die die gesamte niederländische Innenpolitik tangierte, führte nicht nur 1894 zur Auflösung der Zweiten Kammer, sondern brachte der Union auch Verbandsaustritte, die sich mehrten, als der Kongreß 1896 ein Reformprogramm annahm, in dem Maßnahmen gegen überlange Arbeitszeiten, in Arbeitsvertragsfragen allgemein sowie im Bereich von Sozialordnung und Rechtsstellung der Frau festgeschrieben und zum Dringlichkeitsprogramm erhoben wurden. In der Wahlrechtsfrage griff Tak van Poortvliet das alte Thorbeckesche Demokratie-Verständnis auf, aber er tat es zur Unzeit, weil die gesellschaftliche Entwicklung neue Interessenkonstellationen und vor allem Abwehrhaltungen aufkommen ließ, die durch frühliberale Überlegungen nicht mehr zu befriedigen waren. Für Liberale, die eher auf den Manchester-Liberalismus blickten, waren solche Überlegungen akzeptabel, zumal sie die autonome Position der Wählervereinigungen zu beeinträchtigen schienen. Einschließlich der staatsinterventionistischen Forderungen des »Radikalen Bundes« und der Gedanken und Maßnahmen des Groninger Liberalen Sam van Houten, der die Folge eines extremen Laissez-faire-Denkens überwinden wollte, zeigte sich ein breit gefächertes politisches Spektrum der niederländischen Liberalen. Das blieb im weiteren Verlauf nicht ohne innerparteiliche Konsequenzen. Als die Unionsspitze 1901 empfahl, ein Programm zugunsten des allgemeinen Wahlrechts anzunehmen, weigerte sich der Parteitag, der Empfehlung zuzustimmen. Das führte zur Spaltung der Unionsexekutive. Die Befürworter des allgemeinen Wahlrechts fusionierten im selben Jahr mit dem »Radikalen Bund« zum »Freisinnig Demokratischen Bund«. Fünf Jahre später, 1906, folgte der Zusammenschluß der bis dahin ohne

Organisation oder noch innerhalb der Union agierenden Freiliberalen zum
»Bund der Freien Liberalen (Bond van Vrije Liberalen)« einer Vereinigung, die
den Manchester-Liberalismus vertrat. Dazwischen blieb die »Liberale Union«,
eine Organisation des Kompromisses, ohne die Entschiedenheit der einen oder
der anderen Seite. Im übrigen sollte sich nach der Annahme des allgemeinen
Wahlrechts für Männer und des Verhältniswahlsystems zeigen, daß die Frag-
mentierung des niederländischen Liberalismus noch nicht abgeschlossen war.

Wirtschaft und Sozialgesetzgebung

Verfassungspolitisch konnte sich das Königreich 1848 mit anderen europäischen Staaten messen, wirtschaftlich auch in den folgenden Jahrzehnten nicht.
Der amerikanische Gesandte Pike, der sich in seinen Beobachtungen die Rolle
kleiner Staaten angelegen sein ließ, stellte zur Wirtschaft der Niederlande 1863
fest: »Die Tatsache, daß dieses Land sich über ein nur schmal bemessenes Territorium erstreckt, stärker agrarisch als mechanisch und industriell entwickelt
ist und sein Handel eingeschränkt wird, führt dazu, daß die gewaltige Anhäu-
fung von Kapital irgendwo außerhalb des Landes eingesetzt werden muß. Es ist
sicher auch nicht so, daß die Niederländer nicht gerne ins Unsichere spekulie-
ren, wie man es ihrem Charakter zuzuschreiben pflegt, denn es gibt kaum profitable Unternehmen in der Welt, an denen die Niederländer nicht beteiligt
sind.« Hier wies der Amerikaner nicht nur auf rückständige Mechanisierung,
sondern auch auf den für die Industrialisierung des Landes nicht günstigen
Kapitalabfluß hin. Was Pike konstatierte, hatte der britische Gesandte Lord
Napier schon wenige Jahre zuvor bemerkt. Empfänger für niederländische Investitionen waren die Kaiserreiche Österreich und Rußland, vorwiegend durch
den Ankauf von Staatsanleihen, und die amerikanischen Eisenbahngesellschaf-
ten. Wenn das 19. Jahrhundert die Länder Europas mit raschen Schritten in die
Phase der modernen Industriegesellschaft hineintrug, so machten die Niederlande durch Verspätung eine Ausnahme. Wie hieß es doch sarkastisch zum
niederländischen Beitrag auf der Londoner Industrieausstellung 1851? »Traurig war in einem Wort der Anblick der niederländischen Abteilung; es herrschte
dort etwas Totes, etwas Nacktes in dem Raum, den man für die Niederlande
eingeräumt hatte… Die meisten Ausstellungsstücke waren … so seltsam, daß
das Ganze den Niederländern einigermaßen peinlich erscheinen mußte; die Abwesenheit von Besuchern und die Ruhe in dieser Abteilung waren dann auch
ein sprechender Beweis dafür, daß jeder das ohnehin herrschende ungünstige

Urteil teilte.« Und selbst 1868 qualifizierte man auf der Pariser Ausstellung französischerseits die niederländische Industrie als zweitrangig, die sich kaum im internationalen Konkurrenzkampf werde halten können. Tatsächlich sind die Träger der Wirtschaft in der ersten Hälfte des Jahrhunderts alles andere als vorbildlich gewesen. Zeitgenossen wie Hendrik Jacob Koenen führten solche wirtschaftliche Verschlossenheit auf mentale Trägheit zurück, auf Furcht vor Neuerungen, denen das Überkommene und Vertraute vorzuziehen war. Man habe selbst, so Koenen, den Dampf der Maschinen als den abscheulichen Qualm der Hölle angesehen.

Dieses schon für das 18. Jahrhundert festzustellende Beharren auf Routine, auf Handel und Kapitalbesitz scheint durch die Abgeschlossenheit in der französischen Zeit noch gefördert worden zu sein; jedenfalls fehlte es den niederländischen Wirtschaftskreisen in der ersten Hälfte des 19. Jahrhunderts an jener Offenheit und Empfänglichkeit, die in einer Phase der neue Gesetze des Wirtschaftslebens schaffenden technologischen Veränderungen vonnöten gewesen wäre. Wenn zudem die Behörden, speziell das Ministerium für Gewerbe, die Ansicht vertraten, daß hauptsächlich der Handel den Wohlstand des Landes ausmache, dann bestand für eine Förderung der Industrie nur geringe Aussicht. Obwohl das den Intentionen des Königs widersprochen haben dürfte, kam seine Politik vor allem den industriell stark wachsenden Südprovinzen zugute. Huizinga hat in seiner Charakteristik der Niederlande für die Jahre nach 1813 vom geistigen Rüstzeug des 18. Jahrhunderts gesprochen, von einer Nabelschau unter Kaufleuten und Professoren, und in solches Bild fügt sich eine von ausländischen Beobachtern festgestellte Unkenntnis in technisch-industriellen und betriebswirtschaftlichen Fragen. Diese Beobachter wußten, wovon sie sprachen, denn sie halfen, wenigstens die Anfänge einer niederländischen Industrie aufzubauen. So ließen sich in der ersten Hälfte des Jahrhunderts einige belgische Textilfabrikanten, denen es um die Wahrung ihrer Absatzgebiete im Archipel ging, im Norden nieder, wo auch Engländer auftraten. In der zweiten Hälfte setzte sich hier sehr viel intensiver deutsches Know-how durch. Waren es wenig zuvor noch die belächelten westfälischen »Hannekemaaiers«, die unwissenden Sensenträger, die jährlich zu Johannis bei der Heuernte halfen, dann waren es mitten im Industrialisierungsprozeß die deutschen Fachleute, deren man bedurfte. Der Begründer der ersten Fabrik für Kohleteererzeugnisse in den Niederlanden, Grothe-van Maanen, hieß Diederich Grothe. Er kam aus Westfalen. Deutsche, Philipp Hoffmann, Alexander Propfe und Karl Döring, leiteten von 1894 bis 1918 die chemische Abteilung der »Maatschappij tot bereiding van Koolteerproducten« in Krimpen an der Ijssel. Mitarbeiter der 1860 gegründeten »Maatschappij voor Chemische Industrie« war der weit über die Grenzen des Landes hinaus bekannte deutsche Chemiker Julius Walter Spalteholz. Er übernahm von 1897 bis 1924 zusammen mit dem Niederländer Ameschot die Leitung des Unternehmens. Begründer der späteren Utrechter Asphaltfabrik war 1889 der Deutsche Heinrich Max Stein. Die Firma Philips stellte Anfang der neunziger Jahre einen deutschen Werkmeister an. In einigen Betrieben arbeitete man nach deutschen Verfahren. So übernahm man im Braugewerbe die bayerischen Rezepte. Deutsche wirkten bei der Einführung der Telegraphie in den Niederlanden mit. Neuere Forschungen haben gezeigt, daß deutscher Einfluß sich im Bergbau, im Landmaschinenbau, bei der Eisen- und Stahlproduktion, beim Bau von Eisenbahnwaggons, selbst in der Zuckerrübenindustrie und bei der Herstellung von Phosphaterzeugnissen durchsetzen konnte. Die deutsche Berufs- und Fachschulausbildung wurde ebenso als vorbildlich angesehen wie das allgemeinbildende Schulsystem. Auf dessen Qualität, so meinten Niederländer schon 1861, sei es zurückzuführen, daß deutsche Handelshäuser überall in der Welt die erste Geige spielten. Deutsche waren es auch, die in den Niederlanden einen zeitgemäßen Technikunterricht förderten. Diederich Grothe zählte zu ihnen. Er wurde 1850 Direktor und Dozent an der in jenen Jahren gegründeten Technischen Schule in Utrecht und 1864 zum Professor für Mechanische Technologie am Polytechnikum in Delft ernannt. Um den Handelsschulunterricht machte sich Johann Heinrich Hermann Hülsmann verdient, der Direktor der Amsterdamer Öffentlichen Handelsschule.

Obwohl die niederländische Entwicklung im Vergleich zu Belgien, Deutschland, hier vor allem zum Rhein-Ruhr-Raum, oder zu England träge voranging, deutete dies nicht auf völlige Untätigkeit. Abgesehen von der hektischen handels- und industriepolitischen Arbeit des Monarchen im Vereinigten Königreich bis 1830, welche die vielen Schwierigkeiten offenbarte, die Schutzzollbedürfnisse der südlichen Industrie und die Freihandelswünsche der Kaufmannskreise im Norden in Einklang zu bringen, und abgesehen von dem industriepolitisch herben Rückschlag durch die Trennung des Südens vom Norden, gab es in dieser Phase Stimmen, die auf Rezeption neuer Technologien, überhaupt auf Hinwendung zur Industrie drängten. Einige Schritte hierzu wurden allerdings erst unter der Ägide der Liberalen unternommen. Es entsprach ihrem politischen Programm, wenn sie zunächst Hand an den Protektionismus legten. Man folgte britischem Beispiel, etwa mit der Abschaffung aller Bestimmungen zum Schutz der eigenen Schiffahrt. 1854 beschloß man eine allgemeine Senkung der Zollsätze. Thorbecke ließ 1862 alle Ausfuhrzölle abschaffen und gestand nur geringe Einfuhrzölle für gewerbliche Erzeugnisse zu. Das brachte dem Handel Vorteile, da sich Ein-, Aus- und Durchfuhr erheblich erhöhten. Von einer Industrialisierung konnte zu diesem Zeitpunkt zwar immer noch keine Rede sein, weil zum einen niederländische Wirtschaftskreise sich scheuten, ausländisches Kapital zu investieren, andererseits eigenes Kapital entsprechend der alten Routine in Staatsanleihen und im Ausland anlegten. Die Abschaffung der in der vorliberalen Zeit hinderlichen Brennstoffabgabe sowie der Niedrigzoll für die Einfuhr von Maschinen brachten spürbare Erleichterung. Die technologischen Neuerungen setzten sich in diesem Zeitraum in den Baumwollfabriken Twentes und in Nordbrabant, hier nicht zuletzt unter belgischer Anleitung, durch. Twente stellte auf Großproduktion um. Der Rohstoffverbrauch verdoppelte sich zwischen 1861 und 1871. Die Verbesserung der Infrastruktur durch die Fertigstellung des Kanals Overijssel von Zwolle nach Almelo sowie durch Eisenbahnverbindungen und die damit verbundene Verbilligung der Kohlepreise begünstigten den Aufschwung, den die Handelsflotte in eigenen Gesellschaften mittrug. Der Bau der Eisenbahnen erfolgte wesentlich mit Hilfe deutschen und britischen Kapitals, wie umgekehrt in der zweiten Hälfte des 19. Jahrhunderts niederländisches Handelskapital in zunehmendem Maße in Bergbau und Stahlindustrie an der Ruhr floß. Die Mechanisierung erfaßte vor allem die Konsumgüterindustrie: Mühlen, Brotfabriken, Brauereien, Hefe- und Spiritusbetriebe. Anfänge waren gemacht, aber das nicht zu übersehende Wachstum in diesem Zeitraum betraf insbesondere den kleingewerblich-handwerklichen Sektor, der die steigende Nachfrage, unterdessen auch bei der Landbevölkerung aufkommend, auf dem Inlandsmarkt zu decken versuchte. Dazu bedurfte es in vielen Branchen veränderter Organisationsformen und neuer Produkte. Zwischen 1875 und 1895 machte sich eine internationale Depression mit einem starken Abfallen der Weltmarktpreise bemerkbar, so daß sich einige Wirtschaftszweige nicht so stark weiterentwickelten, wie es nach dem Aufstieg während der ersten siebziger Jahre zu erwarten gewesen wäre. Lediglich die Diamantenindustrie wuchs besonders kräftig heran, gefolgt von Binnenschiffbau, landwirtschaftlicher Industrie, graphischem Gewerbe und dementsprechend von dem Sektor der Papiererzeugung. Textil und Metall expandierten in geringerem Maße. Daß es während der Depression überhaupt Wachstum gab, lag nicht zuletzt an der Verbesserung der Infrastruktur des Landes, die maßgeblich der Rhein-Schiffahrt und dem Hafenumschlag in Rotterdam zugute kam. Mit dem Ausbau der Wasser-, Straßen- und Schienenwege wurden bisher abseits gelegene Regionen in das Marktgeschehen einbezogen.

Die niederländische Landwirtschaft hatte im allgemeinen vorerst keinen Grund zur Klage. Im dritten Quartal des 19. Jahrhunderts profitierte sie vor allem vom freien Zugang zum englischen Markt. Butter, Käse und Fleisch vorwiegend von Schweinen stellten den größten Anteil. Die Exportexpansion ergab sich nicht allein aus dem starken mengenmäßigen Zuwachs, sondern auch aus den steigenden Weltmarktpreisen. Der große Ertrag und die Aussicht auf weiteren hohen Erlös sorgten für Folgeerscheinungen wie Spezialisierung, Einbeziehung auch der kleinen Bauern in den Markt, Vermehrung von Arbeitsplätzen für Landarbeiter mit Dauerbeschäftigung und Saisonarbeit, steigende Bodenpreise und Pachten. Namentlich in größeren landwirtschaftlichen Betrieben führte die günstige wirtschaftliche Entwicklung nun zu modernisierter Ausstattung, neuen Produkten und Qualitätsverbesserung. Allerdings hielten sich die neuen Anbauformen in Grenzen. In der Depression erlitt die Landwirtschaft jedoch einen erheblichen Rückschlag durch Preisverfall bei Getreide und Kartoffeln. Bis 1896 gingen die Preise gegenüber 1876/78 um die Hälfte zurück. Da die Pachtsätze langsamer fielen und die Bodenpreise bis 1896 nur noch ein gutes Viertel der Hausse-Zeit ausmachten, kam es zu beträchtlichen Einkommensverlusten, die durch die Neuorientierung bei der Erzeugung nicht sogleich ausgeglichen wurden, da es sich hier um einen langsamen Prozeß handelte. Die Regierung traf gleichsam in Fortführung liberaler Wirtschaftsprinzipien trotz agrarischer Lobby keine protektionistischen Hilfsmaßnahmen, weil sie großes Interesse an niedrigen Brotpreisen für die städtische Bevölkerung hatte. Auf lange Sicht dürfte sich das für die niederländische Landwirtschaft als vorteilhaft erwiesen haben, weil die Bauern zum Teil nicht mehr Getreide, sondern Obst und Gemüse anbauten sowie Viehzucht betrieben und zu genossenschaftlichen Formen fanden, die ihre Marktstellung stärkten. Nach 1886 hat die Regierung aufgrund eines Berichtes einer eigens dafür eingesetzten Agrarkommission Qualitätskontrollen eingeführt, Kredite bewilligt, eine Verbesserung des landwirtschaftlichen Fachunterrichts neben anderen Maßnahmen vorgenommen, die zusammen mit der Selbsthilfe der Bauern eine günstige Ausgangsposition für die Jahre nach 1895 schufen, als die Weltmarktpreise stiegen und sich stabilisierten. Der Export der landwirtschaftlichen Erzeugnisse nahm neuerlich bemerkenswert zu. Das deutsche Kaiserreich avancierte zu einem wichtigen Abnehmerland und sollte es über Jahrzehnte für die gesamte Land- und Gartenbauwirtschaft der Niederlande bleiben. Die Gartenbauwirtschaft hatte übrigens in keiner Weise unter der Depression gelitten. Der bald durch die Verwendung von Kunstdünger beträchtlich erhöhte Produktionsausstoß kam auch aus den kleineren landwirtschaftlichen Betrieben, wobei durch die verbesserten Absatzmöglichkeiten mancher ehemalige Landarbeiter zu einem selbständigen Kleinbauern wurde.

Aber nicht nur der Agrarwirtschaft, sondern auch den anderen Sektoren der Volkswirtschaft brachten die letzten Jahre vor der Jahrhundertwende den großen Aufschwung. Die günstige Konjunktur schuf einen Expansionsdrang, der schließlich zu einer Erweiterung der Kapitaldecke führte. Es zeigte sich dabei ein deutlicher Mentalitätswandel bei den niederländischen Kapitalbesitzern, denn jetzt wurde auch im großen Stil in die Wirtschaft des eigenen Landes investiert. Die Banken erweiterten gleichfalls ihre Kapitalbasis, um ihrerseits stärker investiv tätig sein zu können. Es kam noch vor dem Ersten Weltkrieg zu Bankenkonzentrationen, die der neuen Entwicklung förderlich waren. Theo van Tijn stellte fest, daß in den Jahren 1895 bis 1914 die niederländische Industrie »erwachsen« geworden sei.

Im sozialen Bereich blieben Zustände aus der ersten Hälfte des 19. Jahrhunderts teilweise bis weit in die zweite Hälfte hinein erhalten. Das Gesetz über die Armenfürsorge von 1854 mochte für die Paupers einige Erleichterung bringen, wenngleich sich dahinter ein Kompetenzgerangel zwischen bürgerlicher Obrigkeit und Kirche verbarg. Im Grunde erlaubten solche Gesetze nur Hilfe in der ärgsten Not, ohne deren Ursachen aufzudecken. Das von den Armenverwaltungen praktizierte Verfahren, Unternehmen Arbeitskräfte zu liefern, setzte sich zunächst fort, und zwar samt der Kinderarbeit. Kinder arbeiteten bis zu zwölf Stunden täglich, und es fragte sich, ob ein Unternehmer »Wohltäter« genannt werden konnte, wo es »Ausbeuter« hätte heißen müssen. Jedenfalls waren um 1865 schon Vierjährige in Ziegelbrennereien tätig. In Leiden schufteten Acht- bis Zehnjährige vierzehn bis fünfzehn Stunden in äußerst ungesunden Werkstätten. Das waren sicherlich extreme Formen, die allerdings von den Verhältnissen in dem industriell weiter fortgeschrittenen Maastricht noch übertroffen wurden und der Situation in Großbritannien am Anfang des 19. Jahrhunderts glichen. Der Romancier Jacobus Jan Cremer hat dies in seiner Broschüre »Fabriekskinderen« beschrieben. Unter den erwachsenen Arbeitern waren 1871 ungefähr 15 Prozent Frauen. Unter den Kindern lag der Anteil der Mädchen höher. Der Arbeitstag war für Frauen zwar kürzer als für Männer, was wenig besagte, da die Männer nicht selten sechzehn Stunden lang zu arbeiten hatten. Der Arbeitslohn blieb in vielen Fällen unter dem täglichen Bedarf. Eine Erhebung ermittelte einen Betrag von 9 Gulden zur Deckung des Notwendigsten in einer Woche. Der Nettolohn betrug jedoch lediglich 6,60 Gulden. So konnte häufig der Hunger nicht gestillt werden. Möglicherweise schuf die in den Niederlanden tätige Philanthropie einen gewissen Ausgleich. Die Wohnverhältnisse waren entsprechend kümmerlich. In Amsterdam lebten 1873 noch 7,5 Prozent der Bevölkerung in Kellerwohnungen. In Friesland boten halb unter der Erde gebaute Hütten Unterdach. Thorbecke hat Cremers Broschüre gelesen und danach ein Gesetz gegen die Kinderarbeit in Erwägung gezogen, doch dabei blieb es. Ein 1863 von der Regierung eingesetzter Untersuchungsausschuß wies 1869 in seinem Abschlußbericht gesetzliche Maßnahmen gegen die Kinderarbeit zurück. Die Begründung entsprach der alten liberalen Staatsauffassung Thorbeckes, nach der der Gesetzgeber sich nicht auf ein ihm fremdes Terrain begeben durfte, solange unentschieden war, ob nicht die gesellschaftlichen Kräfte selbst wirksam werden konnten.

Doch in den siebziger Jahren begann das Parlament, die ärgsten Auswirkungen des modernen Produktionsprozesses einzudämmen. Der liberale Minister Sam van Houten brachte 1873 einen Gesetzentwurf ein, der entgegen den liberalen Prinzipien einen ersten Schritt auf dem Weg zur staatlichen Intervention darstellte. Das Gesetz bezweckte »eine falsche Richtung des wirtschaftlichen Weges zu bekämpfen und die Schattenseiten des freien Wettbewerbs etwas aufzuhellen«. Der Entwurf wurde 1874 im Parlament angenommen. Das Gesetz verbot die Arbeit von Kindern unter zwölf Jahren; ausgenommen waren die Haus- und Landarbeit. Abgesehen davon, daß sich der Jungliberale van Houten weniger von moralischer Empörung als vielmehr vom bevölkerungspolitischen Impetus – Kinderarbeit als Stimulus für verfrühte Eheschließung von Partnern armer Bevölkerungsschichten – leiten ließ, brachte das Gesetz kaum wirkliche Veränderung. Das stellte sich nach der Arbeit eines Untersuchungsausschusses heraus, der 1886 einen Überblick über die Auswirkung des van Houten-Gesetzes vorlegen sollte. Sein nüchterner Bericht stellte fest: dreizehn- bis achtzehnstündige Arbeitstage, Hungerlöhne, Kinderarbeit und Frauenarbeit und viele andere Mißstände. Die Enquête-Ergebnisse waren mehr als eindeutig. Deshalb brachte der katholische Justizminister Ruys van Beerenbroek aus dem Koalitionskabinett des Antirevolutionärs Aeneas Mackay 1889 den Entwurf zu einem Arbeitsgesetz ein, das vor allem dem Schutz von Frauen und Kindern vor übermäßig langer und gefährlicher Arbeit dienen sollte. Das Gesetz verbot alle Arbeit für Kinder unter zwölf Jahren und für Frauen in Fabriken und Werkstätten für die Zeit von vier Wochen nach einer Niederkunft. Im übrigen galt für Kinder von zwölf bis sechzehn Jahren und für Frauen eine Arbeitszeitbeschränkung auf maximal elf Stunden. Schließlich wurden das Sonntagsarbeitsverbot und eine Fabrikinspektion eingeführt. Für diese Gruppen, die Personae universales, sollte sich der harte Wirtschaftskampf nicht im gleichen Maße auswirken wie für andere Arbeitnehmer. Pieter Jacobus Oud hat dazu festgestellt, daß die Begrenzung des Schutzgesetzes auf jenen Personenkreis die geringe Opposition erklärte, die der Entwurf im Parlament erfuhr. Das auf linkem und rechtem

Flügel des politischen Spektrums in großer Mehrheit vertretene Laissez-faire-Prinzip habe den Schutz dieser Personen noch akzeptieren können, jedoch mit deutlichem Hinweis darauf, daß eine weitergehende staatliche Intervention kaum Akzeptanz erwarten könne. Lediglich Domela Nieuwenhuis hatte den Mut, die niederländische Rückständigkeit in der Sozialgesetzgebung als Versäumnis anzuprangern. Verglichen mit der Entwicklung im Deutschen Reich, der Bismarckschen Sozialgesetzgebung, stand das Land noch in der Beginnphase einer schutzverheißenden Sozialpolitik. Ein Gesetz wie das Arbeitsgesetz von 1889 erfaßte eben nur die Schwächsten, Schutzlosesten unter den Arbeitnehmern; von einem Schutz aller Arbeiter zwecks Sicherung zumindest des Existenzminimums war am Ende der achtziger Jahre bei den politisch herrschenden Gruppen keine Rede.

Es dauerte noch bis ins 20. Jahrhundert hinein, ehe weitere Schritte unternommen wurden, um der Industriegesellschaft gerecht zu werden. Gerade in jenen Jahren zeigte sich bald, daß die organisierte Arbeiterschaft als gesellschaftliche und politische Kraft auch außerhalb der konstitutionell verankerten Institutionen nicht mehr ohne weiteres übersehen werden konnte, sozialgesetzgeberische Aktivitäten demnach nicht bloß ein moralisches Gebot, sondern ein politisches Erfordernis waren. Die Regierung Kuyper wurde mit sozialen Unruhen konfrontiert, die die neue politische Qualität der Gesellschaft eindrucksvoll vorführten: mit den Streiks der Hafenarbeiter und Eisenbahner im Jahr 1903. Wenngleich, aus unterschiedlichen Motiven, immer ein Stückchen Übertreibung in kurz formulierter Charakteristik bisher unbekannter Ereignisse liegt, wird man die pessimistische Aussage Kuypers auf der einen, den hoffnungsfrohen Spruch Troelstras auf der anderen Seite als die Lage durchaus richtig einschätzende Ansichten ansehen dürfen. »Die Autorität hat sich verschoben«, schrieb Kuyper in seinem Blatt »De Standaard«. »Der Löwe hat seine Krallen nur kurz gezeigt, aber seine Möglichkeit bei voller Kraftentfaltung in der Zukunft angedeutet«, hieß es bei Troelstra. Anlaß zu diesen Streiks war bei der sozialen Unsicherheit und einer gewissen Zerrissenheit in der niederländischen Arbeiterbewegung die Unzufriedenheit über die Arbeitsbedingungen sowohl bei den Hafenarbeitern, die zuerst streikten, als auch bei den Eisenbahnern, die sich ihnen anschlossen. Enquête-Ergebnisse zur Lage dieser Arbeiterkategorien machten deutlich, daß die Mißstände nicht mehr zu übersehen waren. An der Mole verdienten die Arbeiter bei einer Arbeitszeit von zehn, zuweilen vierzehn bis sechzehn Stunden 12 bis 15 Gulden in der Woche, die große Masse der Gelegenheitsarbeiter brachte es bei günstiger Hafenkonjunktur mit oft bis zu vierzig Stunden ununterbrochener Arbeit auf 20 Gulden. Die langen Perioden der Arbeitslosigkeit drückten das Durchschnittseinkommen ganz erheblich. Die Unsitte des Subunternehmertums führte zu weiteren Lohndrückereien samt Lohnbetrug. Selbst wenn die Lage der Eisenbahner insgesamt günstiger war, bewegten sie sich immer am Rande des Existenzminimums und arbeiteten in einer zentralistischen und hierarchisch geführten Betriebsstruktur, in der strenge Disziplinarmaßnahmen gegen sie zum typischen Erscheinungsbild gehörten. Das galt auch für die Hafenarbeiter. Aufgrund der Ablehnung von Gewerkschaften sahen sich zunächst die Hafenarbeiter der Firma Müller & Co. zur Arbeitseinstellung gezwungen, die das ganze Hafengebiet lahmlegte und der bald die Eisenbahner folgten, so daß zwei Tage nach Streikbeginn Amsterdam vom Eisenbahnverkehr abgeschlossen war.

Auf diesen Streik der Eisenbahner konzentrierte sich das Geschehen. Wohl aus Furcht, daß sich der deutlich als Solidaritätsaktion erkennbare Streik auch auf andere Städte ausdehnen würde, haben die Arbeitgeber nachgegeben, die Gewerkschaften anerkannt und sich bereit erklärt, über die Arbeitsbedingungen zu verhandeln. Darüber hinaus bewilligten sie die Forderung, daß Eisenbahner nicht dort zur Arbeit eingesetzt werden durften, wo sie streikenden Kollegen schaden konnten. Solcher Erfolg wirkte beispielhaft; andere Gewerkschaften begannen Streikaktionen, und auch die kommunalen Arbeiter, die der Gas- und Wasserwerke, drohten damit. Die neue Qualität dieser Streiks oder Streikdrohungen lag darin, daß hier nicht nur privates, sondern zugleich öffentliches Interesse tangiert wurde, was vermutlich einer der Schwachpunkte der Bewegung war. Streiks oder Streikmöglichkeiten in Versorgungsbetrieben stießen bei der Bevölkerung nicht eben auf Sympathie. Für die Regierung, die sich anfänglich zurückgehalten hatte, bot dies einen Anknüpfungspunkt, gesetzgeberisch gegen die Streiks tätig zu werden. Rasch forderte der Frei-Antirevolutionär de Savornin Lohman ein Streikverbot für die Arbeiter der Versorgungsbetriebe. Die Eisenbahner antworteten mit der Vorbereitung zu neuen Streiks und Demonstrationen, falls die Regierung ein Gesetz über strafrechtliche Verfolgung von Streikenden in Versorgungsbetrieben einbringen und das Parlament es annehmen sollte. Der Übergang vom wirtschaftlichen zum politischen Streik war so in nuce angelegt. De Savornin Lohman war so etwas wie das Sprachrohr der Regierung, die am 25. Februar 1903 drei Gesetzentwürfe vorlegte, nachdem zuvor Truppen auf einen möglichen Belagerungszustand in Nordholland, Südholland und Utrecht vorbereitet worden waren. Der wichtigste Entwurf, eine Ergänzung zum geltenden Strafrecht, enthielt ein Streikverbot für Beamte und alle Arbeitnehmer in öffentlichen Betrieben oder bei den Eisenbahnen. In Tateinheit mit Verschwörung konnten Strafen von achtzehn Monaten bis sechs Jahren Haft auferlegt werden. Daß regierungsseits zugleich die Bildung einer Enquête-Kommission zur Untersuchung der Arbeitsbedingungen beantragt wurde, vermochte die empörte Reaktion der Arbeiterorganisationen nicht zu mildern. Auf jeden Fall war hier der Streik in seiner ganz modernen Form zur Diskussion gestellt, zumal auch den Arbeitswilligen gesetzlicher Schutz zuerkannt wurde. Es entsprach der politischen Konzeption des Antirevolutionärs Kuyper, wenn er gleichzeitig Lohn- und Arbeitszeit in den Versorgungsbetrieben der Billigung seitens der Regierung unterworfen und eine Arbeitnehmervertretung mit Beschwerderecht sowie eine Schiedskommission eingesetzt sehen wollte. Diese ausgleichende Einstellung Kuypers hatte im Kabinett jedoch wenig Erfolg, da man hier fürchtete, den Streiks volle Berechtigung einzuräumen.

Wenngleich die Regierung mitteilte, vor der Abstimmung im Parlament noch die Rechtsposition und Dienstvorschriften der Eisenbahner festlegen zu wollen, konnte sie im April 1903 den Generalstreik, einen deutlich politischen Streik, nicht verhindern. Für Sozialdemokraten und Sozialisten war dies, angesichts der geringen Stärke in der Zweiten Kammer, wohl die einzige Möglichkeit einer Antwort. Doch es zeigte sich schnell, daß ein politischer Generalstreik in den Niederlanden kaum eine Chance auf Erfolg haben konnte. Er endete nach kurzer Zeit mit einer völligen Niederlage. Obwohl in Amsterdam insgesamt 25.000 Arbeiter streikten, blieb die Basis schmal. Gewinner war die Regierung, die gegen die Stimmen der SDAP, der Freisinnigen und des Katholiken Staalman ihre Vorlagen durchbrachte. Der Streik, gedacht als politische Waffe gegen die Regierung, war nicht mehr ein Problem des Kabinetts Kuyper, sondern entpuppte sich als eines der jungen Arbeiterbewegung selbst, die damals noch die interne Auseinandersetzung zwischen gemäßigter und extremer Richtung zu führen hatte. Letztlich forcierte die Niederlage den Trennungsprozeß. Was zu Beginn in dem »Nationalen Streikausschuß (Comité van Verweer)« – etwas Neuem im niederländischen Arbeitskampf – zusammengesessen hatte, dividierte sich nach dem Streik völlig auseinander. Die SDAP schied sich hier endgültig von der anarcho-syndikalistischen Strömung, und innerhalb der Partei erhielt der Streit zwischen Revisionisten und Marxisten neue Nahrung. Die Gründung des »Niederländischen Gewerkschaftsverbandes« als Gegenstück zum syndikalistischen »Nationalen Arbeitssekretariat (NAS)« ergab sich ebenfalls aus diesem Mißerfolg. Die christliche Arbeiterbewegung sah eine Möglichkeit, sich gegenüber den anderen abzuschotten, ihre Reihen zu vergrößern, gleichzeitig aber in den konfessionellen Parteien auf die Dringlichkeit einer umfassenden Sozialgesetzgebung hinzuweisen.

Offensichtlich reichten die Ereignisse dieser Streikphase vom Januar bis April 1903 nicht aus, um die Regierung zu sozialpolitischen Taten zu veranlassen. So arbeitete Kuypers Kabinett eine Reihe von Sozialgesetzen aus; keines jedoch wurde ins Parlament gebracht. Auch die schon vor Kuyper vom Kabinett Pierson vorgetragene Arbeitszeitbeschränkung für männliche Arbeitnehmer landete wieder in der Regierungsschublade. Viel mehr als kleine Ergänzungen zu bestehenden Gesetzen, etwa dem Unfallversicherungsgesetz von 1898, kam nicht zustande. Erst unter dem Kabinett Heemskerk geriet die Sozialgesetzgebung spürbar in Bewegung. Das war vornehmlich dem protestantischen Pfarrer Aritius Sybrandus Talma, AR-Mann und Minister für Landwirtschaft, Handel und Gewerbe, zu verdanken, der es mit großer Energie vermochte, zumindest einen Teil seiner Auffassung von einer christlichen Gesellschaftsordnung durchzusetzen. Talma war ein Verfechter des christlichen Gewerkschaftsgedankens, demzufolge Gewerkschaften als rein wirtschaftliche Interessenvertretung der Arbeitnehmer neben einer weiteren, auf christliche Bildung und Ausbildung gerichteten, mit der Kirche verbundenen Organisation wirken sollten. Talma war, gemessen am katholischen wie protestantischen Vorstellungsbereich, seiner politischen Umwelt voraus, insofern er einer selbständigen Arbeitnehmervertretung das Wort redete. Er präsentierte sich als ein Politiker, der seine Ordnungsvorstellungen in ein System einzubringen gedachte, in dem die einzelnen gesellschaftlichen Einheiten, Staat und gesellschaftliche Gruppen, als Träger eingeschaltet waren, mit der wohl nicht zu übersehenden Absicht, die sozialökonomischen Gegensätze zu erkennen und auszugleichen. Dies war das Prinzip, das ihn beim Entwurf seines »Arbeitsrätegesetzes (Radenwet)« von 1910 leitete, nachdem er im Gesetzentwurf über Bäckerräte den Gedanken in einem spezifischen Gewerbezweig hatte verwirklichen wollen. Das Bäckergesetz kam nicht zustande.

Talmas Idee war nicht ganz neu; bereits im letzten Jahrzehnt des vorangegangenen Jahrhunderts hatte das liberale Kabinett Roëll/van Houten ein Gesetz zur Bildung von lokalen Arbeitskammern eingebracht, war im Zuge der Diskussion um diese Frage von Kuyper ein Konzept vorgelegt worden, das die höchst bescheidenen Funktionen der Arbeitskammern des liberalen Entwurfs beträchtlich erweiterte. Doch was Talma in seinem allgemeinen Rätegesetz vorschwebte, ging noch darüber hinaus: Arbeitsräte, paritätisch von gewählten Vertretern der Arbeitgeber und Arbeitnehmer besetzt und zuständig für einzelne Städte oder Bezirke, sollten als soziale Vertretungsorgane die Durchführung der Sozialgesetzgebung und deren Kontrolle im gesamten Umfang übernehmen und sogar Verordnungs- und Sanktionsbefugnisse erhalten. Die Übertragung der Arbeits- und Sozialversicherung auf solche Selbstverwaltungsorgane der Interessengruppen mit öffentlich-rechtlichen Befugnissen scheint im niederländischen Parlament nicht das nötige Echo gefunden zu haben. Das Gesetz wurde 1913 zwar angenommen, aber in einer Form, die mit dem ursprünglichen Entwurf nicht mehr viel zu tun hatte. Die öffentlich-rechtlichen Befugnisse entfielen, die Kompetenzen wurden auf Hilfstätigkeit im Bereich der Arbeiterversicherung begrenzt. Abgesehen von dem im Kern gescheiterten Arbeitsrätegesetz und von einzelnen Arbeitsschutzgesetzen unternahm es Talma, die Sozialversicherungspolitik neu in Gang zu bringen, die seit der Jahrhundertwende ins Stocken geraten war. Bei seiner Initiative handelte es sich um die erste systematische für einen Ausbau des Sozialversicherungsnetzes der Niederlande überhaupt. Die Diskussion in den Jahren um die Jahrhundertwende konzentrierte sich insgesamt auf die Frage nach Abgrenzung von Staatseinfluß und Kompetenzbereich gesellschaftlicher Gruppen. Zur Annahme standen unter Talma das mit dem Arbeitsrätegesetz eingebrachte Krankenversicherungsgesetz und ein Jahr später, 1911, das Renten- und Invaliditätsgesetz. Krankenversicherungs- und Invaliditätsgesetz wurden zwar angenommen, ihre Durchführung allerdings blieb nach Demission der Regierung für einige Jahre aufgeschoben. Eine Teilausführung erfuhr lediglich das Altersversorgungsgesetz. Die über siebzig Jahre alten Arbeitnehmer, die bis zur Verkündung des Gesetzes keine Versicherungsbeiträge geleistet hatten, erhielten eine staatliche Rente. Es war noch ein weiter Weg bis zur sogenannten AOW-Regelung, die der PvdA-Politiker Willem Drees zu Beginn der fünfziger Jahre einführte.

Kolonialpolitik im indonesischen Archipel

Durch die Friedensordnung des Wiener Kongresses erhielten die Niederländer 1816 ihr ehemaliges VOC-Handelsgebiet im indonesischen Archipel zurück. Noch 1811 hatte Großbritannien diesen niederländischen Kolonialbesitz übernommen und unter dem Gouverneur Thomas Stamford Raffles eine an liberalen Prinzipien orientierte, mit dem System zwangsweiser Lieferungen brechende Kolonialpolitik einführen lassen, die das Land zum Kronland machte und sich auf Steuererhebung als Einkommensquelle beschränkte. Das »Landrent system« hatte den Anfang einer Geldwirtschaft mit der Möglichkeit der Marktbildung für britische Erzeugnisse schaffen sollen. Die Konsequenzen bekamen nicht mehr die Briten, sondern die Niederländer zu spüren, die sich vorerst an das britische Verfahren gebunden fühlten. Da die Steuer sehr häufig von den

Einheimischen nicht bar aufgebracht werden konnte, sah sich die Landbevölkerung gezwungen, Geld aufzunehmen, meistens bei den chinesischen Wuche-
rern. Darüber hinaus verdrängte der Import von Stoffen allmählich das einheimische Gewerbe. Die seit dem 18. Jahrhundert angelegten Baumwoll- und
Indigofelder lagen brach. In der Forschung ist festgestellt worden, daß die von
Raffles verwalteten Gebiete der Herd für Brandstiftung, Raub und Mord gewesen seien und daß das System die Bevölkerung verarmt und das Sozialsystem
unterlaufen habe. Die Aushöhlung des javanischen Sozialsystems bestand vor
allem in der Ausweitung der niederländischen Kolonialverwaltung, die es darauf anlegte, die Macht der autochthonen Regenten und Unterhäuptlinge einzuschränken, was dazu führte, daß sich der Verwaltungsapparat merklich verteu-
erte. Der einheimische Adel versuchte 1825 unter Dipanagara (Dipo Negoro)
im sogenannten javanischen Krieg, die Niederländer aus Java zu vertreiben. Der
Versuch scheiterte 1830 mit der Gefangennahme des Anführers. Ein großer Teil
Mitteljavas wurde verwüstet, 8.000 Europäer und erheblich mehr Javaner kamen um.

Nicht nur, daß das niederländische Königreich bei der Rückgabe die alte
Schuldenlast übernommen hatte, auch die Erträge standen in keinem Verhältnis
zum administrativen Aufwand und zu den Kosten der Kriegführung, so daß
man in Den Haag/Batavia wachsend rote Zahlen schrieb. Es lag auf der Hand,
daß ein neues Verfahren gefunden werden mußte, um diesen Kolonialbesitz
künftighin zu einem einträglichen Geschäft zu machen. Ein Mann für solche
Fälle dürfte der neue Generalgouverneur Johannes van den Bosch gewesen sein,
der noch vor seinem Amtsantritt 1830 die Lösung gefunden zu haben schien.
Sein Biograph meint, van den Bosch habe Geld aus den Kolonien klopfen können wie weiland Moses Wasser aus dem Felsen. Was er vortrug, war letztlich
nichts anderes als ein Rückgriff auf die alte VOC-Zeit. Es ging darum, die
Bevölkerung zum Anbau von erlösträchtigen Erzeugnissen zu zwingen, ein
»Cultuurstelsel« einzuführen, das mit »Zwangsanbausystem« wohl am besten
verdeutscht ist. Dieser Plan sah folgendes vor: Die Bevölkerung Javas sollte
nicht wie bisher ein Fünftel der Reisernte in Geld aufbringen, sondern ein Fünftel ihres Bodens und ein Fünftel ihrer Arbeitszeit zugunsten eines zuvor je Dorf
festgelegten Produktes zur Verfügung stellen. Bei diesen »eingeplanten« Agrar-
erzeugnissen handelte es sich hauptsächlich um Kaffee, Zucker und Indigo. Die
Waren wurden der Niederländischen Handelsgesellschaft in Kommission übergeben und von niederländischen Schiffen nach Amsterdam gebracht. Die Handelsgesellschaft gewährte der niederländisch-indischen Regierung Vorschüsse
und rechnete später mit den Behörden im Mutterland ab. Aufgabe der Handels-

gesellschaft war es außerdem, die Textilerzeugnisse der Twenter Industrie in den Kolonien auf den Markt zu bringen. Das Zwangsanbausystem, das die alte Stapelfunktion der Niederlande zu neuem Leben erweckte, erwies sich tatsächlich als ein höchst profitables Unternehmen. Schon bis 1834 konnte die Regierung auf einen Gesamtertrag von etwa 10 Millionen Gulden blicken, und in den folgenden Jahren erwirtschaftete man einen Überschuß von jährlich beinahe 20 Millionen Gulden. Ab etwa 1830 bis 1867 sollen die Kolonien die Staatsfinanzen mit insgesamt 672 Millionen Gulden aufgebessert haben.

Diese Beträge mußten vor den Generalständen nicht verantwortet werden, da der König kolonialer Oberherr war. Dadurch war es ihm möglich, außenpolitische Querelen wie die »belgische Frage« voll durchzuhalten, aber auch die Staatsschuld zu amortisieren, Eisenbahn und Straßenbau sowie Festungsanlagen zu finanzieren. Solch innenpolitischer Vorteil ging natürlich auf Kosten der niederländisch-indischen Regierung, deren Budget äußerst knapp bemessen war. Ein System der gelenkten Staatswirtschaft führte zu bis dahin unbekannten Ausbeutungsformen, an denen sich vor allem die eingeborenen Regenten und niederen einheimischen Herrscher beteiligten, ohne daß die niederländischen Kolonialbehörden gegen solche »internen« Mißbräuche aufgetreten wären. Im Gegenteil: Im Unterschied zu Raffles wandte sich van den Bosch nicht an die Dorfoberhäupter, sondern an die Regenten, deren Position er wieder aufbaute, sie etwa durch die Anerkennung der Erblichkeit des Amtes zur Loyalität verpflichtete und denen er Land zuwies. Die Kolonialverwaltung war bereit, über Mißstände hinwegzusehen, die im Zusammenhang mit dem Einsatz von Arbeitskräften um sich griffen, zumal Regenten und europäische Verwaltungsbeamten am Ertrag beteiligt wurden. Die Gewährung von sogenannten Anbauprozenten (»Cultuurprocenten«) war allerdings keine Erfindung des van den Bosch, sondern datierte aus früheren Zeiten. Das Oberhaupt eines im Plan des Zwangsanbaus vorgeschlagenen »Dessa«, einer Dorfgemeinde, wurde von den Anordnungen der Kolonialbehörden abhängig, was seine Schutzfunktion gegenüber den »Dessa«-Bewohnern aushöhlte und seine Autorität unterlief. R. van Niel notiert dazu: »In the eyes of the villagers he often became a source of governmental oppression rather as previously, the keystone of village solidarity and protection.« Das System, so vorteilhaft es sich für die Staatskasse in Den Haag erwiesen haben mochte, bewirkte einen, wie Rudolf von Albertini meint, »Erosionsprozeß traditioneller Autoritätsstrukturen – zunehmende Bindung und Abhängigkeit von Adel und Dorfchefs von der Administration unter Verlust ihrer Repräsentativ- und Schutzfunktionen – und die Deklassierung der traditionell an den Entscheidungen mitbeteiligten Dorfbewohner zu ›verwalteten‹ Produzenten, wie dies ein Charakteristikum des sozialen Wandels unter kolonialen Bedingungen, sowohl in Asien wie in Afrika, ist«.

Im Mutterland gab es durchaus Widerstand gegen das System. Die Liberalen zeigten sich zunächst noch einigermaßen gleichgültig, und wenn sie opponierten, dann gegen die Tatsache, daß der Monarch unkontrolliert über die Beträge aus den Kolonien verfügen konnte. Andere widmeten sich moralischen Überlegungen über das Verhältnis der Metropole zum Kolonialgebiet. So schrieb die liberale Zeitschrift »De Gids« von der Schuld der profitsüchtigen Niederländer gegenüber der autochthonen Bevölkerung. Dazu gehörte ein Mann wie W. R. Baron van Hoëvell, ehemals Prädikant in Batavia, der sich eine niederländisch-indonesische Symbiose auf dem Boden von Wirtschaft und Christentum vorstellen konnte. Niederländisch-Indien sollte nicht nur das Terrain von mehreren hundert niederländischen Beamten sein, die das Land lediglich verwalteten und keinerlei Kontakt zur Bevölkerung hatten, sondern auch von niederländischen Privatleuten und der protestantischen Mission (»Zending«), so daß Tugenden wie Handelsgeist und Fleiß zugleich Eingang finden konnten. Kossmann stellt fest, daß bei niederländischen Reformern zwar der wirtschaftliche Vorteil für das Mutterland gewahrt bleiben sollte, die Verbesserung der Lage der autochthonen Bevölkerung aber Leitprinzip gewesen sei. Es habe sich insgesamt ein Schuldbewußtsein breitgemacht. Einer der großen Ankläger gegen das Anbausystem und die damit verbundene Ausbeutung der einheimischen Bevölkerung vor allem durch die eigenen Oberhäupter und Regenten war Edouard Douwes Dekker, einer der Kolonialbeamten, der seine Klage unter dem Pseudonym »Multatuli« in dem Roman »Max Havelaar« vortrug. Das Buch zählt nicht nur unter literarischem Aspekt zu den Meisterwerken der niederländischen Literatur; es gewährt auch der Geschichtsschreibung einen tiefen Einblick in das niederländische Kolonialsystem der Zeit, in der die Niederländer versuchten, nach Java noch die anderen Inselreiche des gewaltigen Archipels unter unmittelbare Kontrolle und Verwaltung zu bringen – eine Unternehmung, die in permanenten harten Auseinandersetzungen mit den einheimischen Fürsten und den etwa auf Borneo konkurrierenden Engländern durchzusetzen war.

Die auf Änderung dieser staatswirtschaftlichen Struktur zugunsten freier Unternehmerschaft drängenden Kreise setzten sich nur sehr langsam durch. Schließlich hatte der Anbauplan zählbaren Erfolg in Gulden aufzuweisen, so daß sich ein etwaiges Anziehen der Steuerschraube im Mutterland aufgrund des notwendigen Ausbaus der Infrastruktur vermeiden ließ. Bis zum Aceh-Krieg wurde allerdings das Anbausystem einigermaßen durchlöchert, da man eine Reihe von Erzeugnissen aus dem Zwangsanbau herausnahm und die Zahl der

Privatunternehmer erheblich wuchs. Bis 1872 stieg der Anteil der Erzeugung aus privatem Anbau auf 70 Prozent gegenüber nur 15 Prozent 1842. Kossmann weist darauf hin, daß gerade dieses Anbausystem der Regierung Ansporn für intensive Unternehmertätigkeit gewesen sei. Tatsächlich konnte sich ab 1870 die von den Liberalen inspirierte Kolonialpolitik des freien Unternehmertums voll durchsetzen, allerdings mit wechselndem Erfolg einschließlich einiger Krisenerscheinungen. 1878 brach der Aceh-Krieg aus. Er war nichts anderes als die Folge der niederländischen Absicht, alle Gebiete außerhalb Javas und Maduras direkter Kontrolle zu unterwerfen oder auf jeden Fall die niederländische Oberhoheit durch die Häupter und Fürsten des Archipels anerkennen zu lassen. Der Krieg im Aceh-Gebiet, im Westen Sumatras, war ein Unterfangen, das bei der Kolonialmacht wegen geringer Kenntnis der geographischen Verhältnisse sowie deutlicher Unterschätzung des Gegners große Schwierigkeiten mit sich brachte. Diese militärische Expedition in Permanenz verursachte ungeheure Kosten. Groß-Aceh konnte bis 1880 zwar erobert werden, aber der zu Beginn der achtziger Jahre wieder ausbrechende Aufstand, der nunmehr als ein Religionskrieg geführt wurde, bewies, wie schwach die militärische Position der Niederlande war. Die Generalstände in Den Haag beschlossen 1884 angesichts der hohen Kriegskosten die unmittelbare militärische Herrschaft auf sechzehn feste Plätze, gelegen in einem Umkreis mit einem Durchmesser von 5 Kilometern, zu beschränken. Zwölf Jahre lang wurde dieses System durchgehalten und wohl ebenso lange von Außenstehenden mit Schmunzeln betrachtet. Der niederländische Orientalist und Kolonialpolitiker Christian Snouck Hurgronje verglich die niederländischen Truppen mit einem angeketteten Affen, der von einigen »dummen Jungs« ohne Gefahr bis zur Weißglut gereizt werden konnte. 1896 gaben die Militärs ihre festen Plätze auf und gingen zum Angriff über, der schließlich einigen Erfolg hatte und den Krieg 1903/04 abschloß. Das bedeutete nicht das Ende kriegerischer Expeditionen im Archipel. Der Unwille, sich der unmittelbaren Kontrolle der niederländischen Verwaltung zu unterwerfen, war in riesigen Gebieten stark ausgeprägt und führte zu zahlreichen Unruhen und kleinen Aufständen. Doch bis 1910 war der gesamte Archipel vorläufig befriedet. Große Teile neben Java und Madura, etwa Borneo, Sumatra, Celebes, Bali, unterstanden nunmehr direkt der niederländisch-indischen Regierung. Mehr als die Hälfte der Region allerdings erhielt eine Art autonomen Status, der naturgemäß wichtigen Beschränkungen unterlag und in jedem Augenblick von der Regierung aufgehoben werden konnte. Die Einführung kapitalistischen Wirtschaftens, das zum Beispiel die Zuckerkrise nicht vermeiden konnte, führte zu einer Lockerung der dörflichen Gemeinschaft und verursachte eine Klassen-

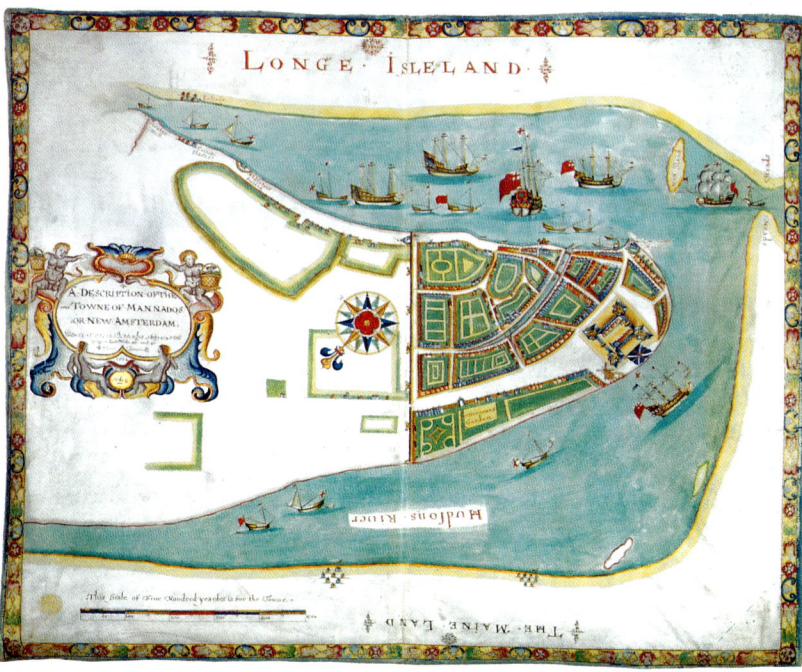

XVII a. Die Molukkeninsel Ambon mit dem Bildnis ihres holländischen Gouverneurs Frederik Houtman, des Bruders von Cornelis, des ersten holländischen Ostindien-Fahrers. Gemälde eines holländischen Künstlers, 1617. Amsterdam, Rijksmuseum. – b. New York nach der holländischen Besetzung im September 1661: Nieuw Amsterdam. Aquarellierte Karte von Siv Robert Holmes, 1664. London, British Library

XVIII. Zuckermühle in Pernambuco, dem Kerngebiet des holländischen Besitzes in Brasilien. Gemälde von Frans Post, um 1651. Rotterdam, Museum Boymans-van Beuningen

XIX. Die Festung und Handelsniederlassung Batavia. Gemälde von Andries Beeckman, um 1656. Amsterdam, Rijksmuseum

XX. Schiffe der VOC vor Kapstadt. Chinesischer Porzellanteller, um 1730.
Bremen, Focke-Museum

XXI. Schiffbrüchige. Gemälde von Simon de Vlieger, zwischen 1630 und 1640. Cambridge, MA, Fogg Art Museum, Harvard University

XXII. Leinenbleiche. Gemälde von David Teniers d. J. Hamburg, Kunsthalle

XXIII. Predigt in einer protestantischen niederländischen Kirche. Gemälde von
Emanuel de Witte, um 1670. Hamburg, Kunsthalle

XXIV. Der Mennonitenprediger Anslo und seine Frau. Gemälde von Rembrandt,
1641. Berlin, Staatliche Museen Preußischer Kulturbesitz, Gemäldegalerie

XXV. Nationalversammlung im Binnenhof zu Den Haag im Jahr 1796. Aquarell von Nicolaas Baur. Den Haag, Gemeentemuseum

XXVI. Plünderung des Hauses »Drie Haringen« in Leiden im Jahr 1748. Gemälde
von Pieter Cattel, 1748. Leiden, Stedelijk Museum »De Lakenhal«

XXVII. Kämpfe im Schloßpark zu Brüssel im September 1830. Gemälde von Constantine Fidele Coene, 1830. Brüssel, Musées Royaux des Beaux-Arts

XXVIII. Kartoffelesser. Gemälde von Vincent van Gogh, 1885. Amsterdam, Van-Gogh-Museum

XXIX. Einheimische während einer Predigt in der reformierten Kirche von Egmont aan Zee westlich von Alkmaar. Gemälde von Gari Melchers, 1885/86. Washington, DC, National Museum of American Art, Smithsonian Institution, Bequest of Henry Ward Ranger

XXX. »Das Teil der Armen«. Gemälde von Philip L. J. F. Sadée, 1901. Den Haag, Gemeentemuseum

XXXI. Arbeiter beim Verlassen einer Fabrik. Gemälde von Bart van der Leck, 1910. Rotterdam, Museum Boymans-van Beuningen

XXXII. Der Hafen von Rotterdam. Luftbild Klammet & Aberl

gliederung entsprechend rassischer Herkunft. Während Handel, Banken und die agrarischen Großbetriebe in den Händen der Europäer blieben, nahm die chinesische Bevölkerungsgruppe den Zwischenhandel wahr; die Javaner hingegen stellten die Unterschicht, die zusehends verarmte, was wiederum den Warenimport aus dem Mutterland verringerte. Eine Linderung der Armut blieb aus, da die Behörden an Geldmangel litten.

In dieser Phase niederländischer Kolonialpolitik entwickelte sich im Mutterland eine Strömung, die sogenannte ethische Richtung, die eine neue, auf Fürsorge und Aufbau bedachte Politik in einem Territorium anstrebte, das gemäß der Verfassung von 1848 integraler Bestandteil des Königreiches war. Den »Ethikern« war nicht verborgen geblieben, daß die Kolonien dem Mutterland erhebliche Gewinne überwiesen hatten. Einer der Protagonisten dieser Richtung war der anfänglich in der niederländisch-indischen Gerichtsverwaltung tätige Jurist Conrad Theodor van Deventer, der gleichsam unter dem Aspekt einer Ehrenschuld des Mutterlandes einen Ausbau des Archipels verlangte. Grundlagen solchen Ausbaus waren für ihn: Bewässerung zum Nutzen der Agrarwirtschaft, infrastrukturelle Erschließung und berufliche Ausbildung – Maßnahmen also, die gegenwärtig unter den Begriff »Entwicklungshilfe« fallen würden. Tatsächlich vermochte sich der Gedanke der »ethischen Politik« bis in die Thronrede von 1901 durchzusetzen. So hieß es dort: »Als christlicher Staat sind die Niederlande verpflichtet, die Regierungspolitik im indischen Archipel unter den Leitsatz zu stellen, daß das Land gegenüber der Bevölkerung dieser Territorien einen sittlichen Auftrag zu erfüllen hat.« An die Stelle der Beherrschung sollte die Verwaltung treten und sich um eine bessere Versorgung der Bevölkerung im materiellen und immateriellen Bereich, um Schulbildung, medizinische und hygienische Vorsorge sowie eine Vereinheitlichung der Rechtsverhältnisse kümmern. Jene Gedanken ließen sich weitgehend realisieren, nicht zuletzt deshalb, weil die konkreten Maßnahmen im Bereich der Wirtschaft eine Unterstützung kapitalistischer Betriebsamkeit bedeuteten. Ein Anstieg der allgemeinen Kaufkraft war eben die Voraussetzung für den Absatz von Industrieerzeugnissen aus dem Westen; Bewässerung förderte das Wachstum auf den Zuckerplantagen; Aufbau einer guten Infrastruktur konnte dem Warenverkehr allgemein zugute kommen; eine bessere Schulbildung brachte den Unternehmen die benötigten Fachleute; Hygiene erhöhte die Arbeitsleistung.

Gedanken, wie sie zuerst van Deventer mit aller Intensität vorgetragen hatte, fanden auch bei niederländischen Sozialdemokraten – ihr Sprecher, Henri Hubert van Kol, war ihr Experte in Kolonialfragen – Anklang. Sie verwarfen Kolonialismus nicht pauschal, sondern plädierten für eine allmähliche Erziehung der kolonisierten Bevölkerung zur Unabhängigkeit. Eine wesentliche Rolle für diese Politik spielten die protestantischen Christen, die schon in den Jahren zuvor in ihrem Blatt »Standaard« ähnliches verbreitet, ein Stück echten Paternalismus zur Schau gestellt hatten. Und die Thronrede mit ihren Passagen über das Verhältnis des Mutterlandes zur Kolonie war zu hören, als Abraham Kuyper das Kabinett bildete. Die Kolonialverwaltung mühte sich, bei der vom »ethischen Prinzip« ausgehenden Modernisierung des Landes die Dorfgemeinschaft einzuschalten. Die Dorfoberhäupter erhielten Anleitung für die Einnahme- und Ausgabepolitik oder Bodenzuteilung. Monatliche Dorfversammlungen sollten Entscheidungen über Verpachtung von Land an Europäer, Kauf von Land für den Dorfschulbau, Ausgaben für Bewässerungen und dergleichen treffen, während man auch den Regenten größere Selbständigkeit einräumte. Es ist schwierig, den Erfolg dieses Neuansatzes zu beurteilen. Sicher ist, daß sich die auf Eigeninitiative der »Dessas« bedachte Politik wenn überhaupt, dann nur mit sanftem Druck hat durchsetzen lassen. Aufs Ganze gesehen erhöhte sich der Lebensstandard der eingeborenen Bevölkerung zwischen 1904 und 1914 deutlich, gereichten die Maßnahmen auf dem Gebiet der schulischen Bildung, der ärztlichen Betreuung und hygienischen Vorsorge sowie der Infrastruktur den Einheimischen zum Vorteil, was der niederländischen Wirtschaft voll zugute kam.

Ohne Zweifel hat es sich bei der »ethischen Politik«, die man auch als eine Politik der moralischen Überhöhung bezeichnen kann, um eine ganz spezifische Form der Festigung von Herrschaft gehandelt, die von der Begrifflichkeit her dem britischen »White man's burden« oder der französischen »Mission sacrée« gleichzusetzen gewesen ist. Parallel dazu lief noch während oder seit dem Ende der Aceh-Auseinandersetzung der weitestgehend erfolgreiche und zugleich mit kriegerischen Aktionen verbundene Versuch, den ganzen Archipel fest in den Verwaltungsgriff zu bekommen, ihn in allen Teilen zu einem für die politische und wirtschaftliche Präsenz zuverlässigen Gebiet zu machen. Definiert man Imperialismus, wie es Maarten Kuitenbrouwer tut, als das zielgerichtete aktive Streben, eine formelle oder informelle politische Herrschaft über eine andere Gesellschaft zu errichten, dann fällt die niederländische Politik unter solche Definition, wenngleich Motivationen wie profitable Anlage von Überschußkapital oder Ablenkung von sozialen Spannungen in der Metropole, also ein Sozialimperialismus, für die Niederlande keine Anwendung finden können. Der jüngsten Forschung zufolge glaubten die außerhalb Javas und Maduras stationierten Beamten, sich entgegen der insgesamt von Den Haag verordneten Abstimmung ihre Autorität nötigenfalls mit Waffengewalt verteidigen oder bestätigen zu müssen, wobei nationales Prestigedenken ebenso eine Rolle gespielt zu haben scheint wie Überlegenheitsgefühl oder »Berufung« im Blick auf Engländer, Deutsche, Japaner und Amerikaner, die sich in den angrenzenden Gebieten festsetzten. Die Akzentuierung der eigenen Autorität im Archipel und die internationale Lage in Südostasien waren insofern miteinander verbunden, als die Niederländer gar nicht erst den Eindruck aufkommen lassen wollten, es handele sich beim Archipel um ein »leeres« Kongo-Becken, das auf der Berliner Konferenz »vermarktet« worden war. Darüber hinaus steckte hinter solcher Politik die Erwartung, daß sich die eingeborene Bevölkerung im Falle eines Angriffs anderer Mächte hinter die Niederlande scharen würde.

Die zunächst protestantisch-christliche, aus einem Gefühl der Schuld, aber auch der technischen und kulturellen Überlegenheit motivierte und formulierte Politik provozierte die spätere Unabhängigkeit des Archipels; die »Umarmungspolitik« gegenüber der autochthonen Bevölkerung vermochte Aufkommen und Anwachsen einer nationalistischen, auf rasche Unabhängigkeit dringenden Bewegung nicht zu verhindern. Das war möglicherweise eine Reaktion auf jene Befürworter der »ethischen Politik«, die glaubten, auf diese Weise ein unauflösliches Band zwischen Metropole und Peripherie schmieden zu können. Auch die Kunde von den nationalistischen Strömungen in anderen Kolonialgebieten verstärkte den Unabhängigkeitsdrang. Die erste, 1908 ins Leben gerufene Bewegung war die »Budi Utomo«, ein Zusammenschluß von Aristokraten und Intellektuellen, die sich für die Bewahrung der javanischen Kultur einsetzten. Ihr folgte 1912 die »Sarekat Islam«, die 1917 bereits 800.000 Mitglieder hatte, eine Massenbewegung, die sich um die Tagesinteressen der Bevölkerung kümmerte und bald unter marxistischen Einfluß geriet. Parallel zu dieser Entwicklung verordnete die niederländisch-indische Regierung die Bildung von Kommunal- und Regionalräten sowie schließlich eines Volksrates als Gesamtvertretung. Das waren interessante Maßnahmen, aber kaum weitreichend in Kompetenz und Zusammensetzung, da die Europäer die Mehrheit hatten. Jedenfalls genügte diese Institutionalisierung nicht, um die nationalistische Bewegung, die sich seit den zwanziger Jahren kräftig äußerte, einzudämmen.

Die Angst vor Bedeutungsverlust

Trotz der Vielzahl von Äußerungen eines wachsenden Nationalbewußtseins und der engen Verbindung von internationaler und kolonialer Politik konnte von einem massenhysterisch geprägten Nationalismus oder hochgeputschtem

Chauvinismus der Niederländer nie die Rede sein. Dafür war der Ausgangspunkt ihrer Außenpolitik nicht geeignet. Die Vereinigung mit Belgien mochte
kurzzeitig ein Hochgefühl bei niederländischen Politikern oder Intellektuellen
hervorgerufen haben, doch das Bewußtsein über eine defizitäre Stellung im
internationalen Verband folgte sofort nach der belgischen Revolution. Der anfänglichen Depression wich rasch die Erkenntnis des Unabänderlichen, und das
hieß: Existenzsicherung durch eine entschiedene Neutralitätspolitik. Die für das
19. Jahrhundert europaweit relevanten Fragen nach Allianzen, Koalitionen, Be-
teiligungen stellten sich für die niederländische Außenpolitik in keiner Weise.
Vielmehr übte sich Den Haag offiziell in Zurückgezogenheit, grundlos in Exi-
stenzangst schwebend und auf das Wohlwollen der Europäer rechnend, aber
auch in der verkündeten Absicht, daß sich das niederländische Volk im indonesischen Archipel ein dem »Geist der Nation angepaßtes Arbeitsfeld« zu suchen
habe. Das war eine Auslassung des Außenministers Van Zuylen van Nijevelt.
Thorbecke fürchtete, daß man auf diesem Weg zu einer unglücklichen Verbindung von Neutralität und Charakterlosigkeit kommen könne. Eine von Den
Haag nach dem Prinzip der Neutralität konzipierte und praktizierte Außenpolitik lebte im Zustand der dauerhaften Beunruhigung, vor allem in Zeiten wer-
dender Nationalstaaten. Sie entwickelte hochgradige Berührungsängste und
maß schließlich der selbstkreierten Abschirmung eine moralische Höherwertigkeit innerhalb der europäischen Welt bei.

Hier entfaltete sich allmählich eine neue Dimension niederländischen Selbstverständnisses, die sich für das Land zum ersten Mal in der Phase der »Realpolitik« der sechziger Jahre stellte. Thorbecke sagte 1867 in der Zweiten Kammer
der Generalstände: »Überkommene Rechtsbeziehungen gelten nichts mehr; wir
sehen uns einer allgemeinen Krise gegenüber, einem Streben nach militärischer
Größe, das auf die Unterdrückung des Schwächeren hinauslaufen wird.« Für
den protestantischen Groen van Prinsterer deutete Bismarcks Politik – denn
darum ging es – auf Verlust an »Recht und Sittlichkeit«. Dieser niederländische
Politiker, in jenen Jahren der Inbegriff nicht nur des protestantischen, sondern
des ganzen politischen Lebens der Niederlande, wußte das auch seinen zahlreichen deutschen Korrespondenz- und Gesprächspartnern, unter ihnen Friedrich
Julius Stahl, die Gerlachs und Moritz von Bethmann Hollweg, mitzuteilen, und
schließlich ließ er es die ganze politische Welt in den Niederlanden wie in
Deutschland wissen, in Form einer Broschüre »A nos amis de Berlin, La Prusse
et les Pays Bas«. Der Anlaß, eine solche Schrift zu verfassen und zu veröffentlichen, war ein Artikel der »Kreuz-Zeitung« vom 14. Februar 1867, der schon
im Anhub die Niederländer zu den »allersonderbarsten ›Kostgängern des lieben

Gottes‹ auf der Erde« stempelte. Überfremdet seien sie, die Niederländer, ursprünglich Vermittler europäischer Kultur nach Übersee, nunmehr in wesentlichen Zügen überlagert durch eigene koloniale Vergangenheit und Gegenwart. Das Wort von den »Chinesen Europas« tauchte wieder auf, wenn es hieß: »Das ganze constitutionelle Parteiwesen, an sich schon bedenklich, ist in Niederland chinesisch verzopft und japanesisch verquickt; der Liberalismus bimmelt wie ein Glockenspiel seine Walzer ab und – fängt dann wieder von vorn an.« Nun war solcherlei Wort- und Bildwahl barer Unsinn, aber sie bezweckte in ihrer vermeintlichen Ironie auch nur, die niederländische Außen- und Handelspolitik gegenüber Preußen der Wut eines »malaiischen Krisgängers« gleichzustellen. Da bedurfte es vieler Sätze, um zum Kern der Sache zu kommen: zum niederländischen Groll gegen Preußen. Worin immer er bestanden haben mag, der Autor des Artikels wußte ihn herzuleiten: aus dem Wissen um den politischen und wirtschaftlichen Abstieg des eigenen Landes. In dem Artikel lebte die Situation der vierziger Jahre wieder auf, nunmehr freilich mit umgekehrten Vorzeichen. Es gehe durch das ganze niederländische Volk das Gefühl, daß der preußisch-norddeutsche Handel bald den niederländischen Handel auf allen Meeren überflügeln werde. Das sei der Grund, und man wolle da auch eine gewisse Berechtigung nicht absprechen. Trage man ob solcher Entwicklung nur Trauer, dann sei das erträglich, gefährlich aber werde es, wenn man sich aus Enttäuschung über die eigene Schwäche zu wütender Feindseligkeit gegen Preußen hinreißen lasse. Der Artikel endete mit der Ermahnung: »Hoffen wir, daß sich das niederländische Volk bald besinnen, daß es begreifen wird, wie es nur im engsten Anschluß an Preußen den wertvollen Rest seiner National-Eigenthümlichkeiten retten kann.«

Der Artikel, nach Umfang und Inhalt eigentlich kaum einer Erwähnung wert, in seinem gekünstelten Hinweis auf die asiatischen Einflüsse nicht einmal als journalistischer Gag einzustufen, war nur eine Reaktion auf die niederländische Verwirrung ob der preußischen Erfolge, auf eine Verwirrung, die aus Furcht entstand. Groens Antwort war von besonderer Bedeutung, weil er als einer der führenden Kräfte der Antirevolutionären bis zum preußisch-österreichischen Krieg eine positive Meinung über Preußen gehabt hat. Er glaubte, in diesem Staat eine Realisierung konservativ-christlicher Grundsätze entdecken zu können, die sich für ihn wohltuend vom laizistisch-revolutionären Prinzip Frankreichs abhoben. Wenn es je einen Zerstörer der europäischen Rechtsordnung gegeben hatte, dann war das bis dahin der Usurpator Napoleon III. Die protestantisch-christliche Gemeinsamkeit mit Preußen wurde durch die guten Beziehungen zwischen den Häusern Hohenzollern und Oranien ergänzt. Christlicher Staat, wie er ihn auch in den Niederlanden verwirklicht sehen wollte, und europäische Rechtsordnung mit einem garantierten Existenzrecht für alle Nationen, das waren die Leitprinzipien, die Groen in der Bismarckschen Politik nach 1866 dann deutlich gestört sah. Daß ausgerechnet die »Kreuz-Zeitung«, der er sich geistig verwandt fühlte, sich auf die Seite Bismarcks schlug, muß den niederländischen Protestanten besonders getroffen haben, denn der Begründer dieses Blattes hieß Friedrich Julius Stahl, der Freund und Lehrer des Groen van Prinsterer. Dabei maßte der niederländische Antirevolutionär sich keineswegs an, das Ziel der Bismarckschen Politik, die deutsche Einheit, in Zweifel zu ziehen. Das Problem für ihn waren vielmehr die Mittel, die er angewandt fand. Noch ehe er sich daran begab, seine ganze Bitterkeit und Enttäuschung in der Broschüre zu veröffentlichen, vertraute er sich Freunden brieflich an. Wie eng seine Beziehungen zur politisch-geistigen Welt des östlichen Nachbarn, zur geistigen Welt des Konservatismus, waren, äußerte sich in einem Schreiben an den niederländischen Wirtschaftswissenschaftler Hendrik Jacob Koenen, als er vom Konservatismus als über »irdisches und aktuelles hinausreichendes Band eines gemeinsamen politischen Ziels« sprach. Er beließ es nicht beim ideellen Befund. Er nannte Namen und setzte sie in konkreten Bezug zur anstehenden politischen Frage: zur deutschen Einheit. Er erwähnte den Freiherrn vom Stein, Barthold Niebuhr und Ernst Moritz Arndt. Sie hatten sicherlich eine andere deutsche Einheit begehrt als jene, die sich im Deutschen Bund manifestierte, doch keiner würde je die Mittel begrüßt haben, die nunmehr Anwendung fanden.

Groen sprach zweierlei an: zum einen den Konflikt »großdeutsche oder kleindeutsche Lösung«, zum anderen die preußische Vorherrschaft. Obwohl kein Freund des katholischen Österreich, plädierte Groen indirekt für eine großdeutsche Lösung, in der preußisches Übergewicht politisch und militärisch ausbalanciert würde. Aber es waren die angewandten Mittel, die er anprangerte. Koenen, ein Verwandter des preußischen Staatsmannes J. F. E. von Koenen, ließ er wissen, daß das preußische Zündnadelgewehr weder das achte noch das neunte Gebot auszuwischen vermöchte. Groen stand unter dem Einfluß der niederländischen Diskussion um die Gefahren, die aus dem bisherigen Verhalten Preußens sich auch für die Niederlande voraussehen ließen, aber sein Hauptaugenmerk galt der gestörten Rechtsordnung. Wo Realpolitik den Kurs bestimmte, fand sich Rechtlichkeit als nachrangiges Problem diskutiert. Es war die wachsende Entfernung vom Ideal des christlichen Staates, die Groen betrübte, und solche Betrübnis stellte sich ein, weil man an eine gemeinsame, grenzüberschreitende Realisierung des Ideals geglaubt hatte. Da er den Verlust an Rechtlichkeit des Denkens erkannte, befürchtete er schlimme Folgen für sein eigenes Land. Warum er die sechsundzwanzigseitige Broschüre in französischer Sprache veröffentlicht hat, erklärt sich wohl aus dem Wunsch, die kleine Arbeit nur jenen zugänglich zu machen, von denen er sich einen Umschwung im Denken und damit in der Politik erhoffte, den »Amis de Berlin«. Der Ton der Broschüre hat eine Schärfe, die man bei ihm, der bei aller Überzeugung von der Berechtigung seines Denkens und Anliegens immer verbindlich geblieben ist, nicht erwartet. Er lehnte nicht nur die Deutung der tatsächlich sichtbaren niederländischen Aufregung als einer Folge des nationalen Abstiegs strikt ab, sondern befaßte sich hauptsächlich mit dem letzten Satz des Artikels, in dem er das Wort vom »engsten Anschluß« als eine politische Ungehörigkeit empfand. Er wies dieser Aufforderung zwei Inhalte zu: Subordination unter oder Annexion durch Preußen. Beide Begriffe hätten im internationalen politischen Vokabular nicht vorkommen dürfen, Begriffe, die sich inhaltlich nur graduell voneinander unterschieden. »Anschluß«, das konnte nur Aufnahme in den »Schoß von Mutter Preußen« oder aber Eingliederung in den Norddeutschen Bund bedeuten. Groen bedankte sich für solche Fürsorge mit Spott und Hohn: die niederländischen Kolonien als reiche Morgengabe für den Bund und als Gegenleistung den Schutz des Landes, denn schließlich könne das Land nicht eine Million Soldaten unter Waffen haben, das »heute erforderliche Minimum«.

Was den absurden asiatischen Vergleich im Artikel der »Kreuz-Zeitung« betraf, so leugnete Groen gar nicht, daß es extreme Formen journalistischer Narreteien in den Niederlanden gab, sei es gegenüber Preußen, sei es gegenüber Österreich, aber nicht zu Unrecht monierte er, daß eine seriöse Berichterstattung solcherlei Auswüchse kaum als die Meinung eines ganzen Landes werten würde. Außerdem könne von »wütendem Haß« oder »mörderischer Wut« in der niederländischen Presse keineswegs die Rede sein. Und er erwähnte, daß die ursprüngliche Haltung der Niederländer gegenüber Preußen positiv gewesen sei. Gerade dieses anfänglich gute Verhältnis wurzelte für ihn in den historischen Gemeinsamkeiten, in der alten dynastischen Verbindung der Häuser Oranien-Nassau und Hohenzollern, im gemeinsamen Kampf gegen den Expansionismus Ludwigs XIV. und Napoleons I. Aber wichtiger als jene Tradition war die Vermutung der protestantischen Niederlande, daß sie zusammen mit Großbritannien, Hannover und eben Preußen einen natürlichen Wall gegen die Unwägbarkeiten der Französischen Revolution bildeten. Hier sprach Groen, der Antirevolutionär. Die Preußen zählten für ihn zum germanischen Stamm, den Niederländern daher eng verwandt, und sie waren überwiegend protestantisch, das hieß für Groen schlicht Gegner des Ultramontanismus. Die hochentwickelte antikatholische Einstellung, die nicht nur Groen, dem Vorkämpfer des Protestantismus, sondern den Protestanten der Niederlande allgemein eigen war, bildete die Grundlage für eine Art geistiger Koalition mit Preußen. Doch genügte das? Bedeutete das eine protestantisch inspirierte Vasallentreue? Es scheint, als habe dies für viele in Groens Umgebung gegolten, für ihn selbst jedenfalls galt es nicht. Völlig unempfänglich war er für Argumente aus der Geschichte mit der simplen »Wie du mir, so ich dir«-Pointe. »Es handelt sich weniger darum«, so schrieb er, »die Waage über die Verbrechen der vergangenen Jahrhunderte zu unseren Gunsten ausschlagen zu lassen, als vielmehr um die Frage, auf welcher Seite hier und jetzt das Recht ist.« Unter diesem Aspekt erwies sich bei Groen die konfessionelle Verwandtschaft als irrelevant.

Was sich zu Groens Zeiten zunächst noch als Anklage gegen Preußen offenbarte, das wandelte sich in den Jahrzehnten nach der Jahrhundertwende zur eigenen Moralität, die sich durch die Anberaumung von Friedenskonferenzen nach Den Haag und durch den Bau des Friedenspalastes gestützt fand. Es würde den Rahmen sprengen, wollte man für die letzten Jahrzehnte des 19. und den Anfang des 20. Jahrhunderts die Außenpolitik des Landes im einzelnen beschreiben. Die meisten europäischen Krisen und Konflikte trugen dazu bei, daß die moralische Überhöhung sich zum Bestandteil niederländischen Selbstverständnisses auswuchs, eine gewisse Verwandtschaft mit der als »ethisch« apostrophierten Politik im Archipel hatte und ganz wesentlich das Nationalbewußtsein prägte, insofern man sich über die eigene Rolle im Mächteverband Klarheit verschaffte. Die moralisch überhöhte Zurückgezogenheit als Merkmal einer nationalen Identität, oder anders gesagt: einer sich bei aller konfessionellen und ideologischen Segmentierung als nationale Gemeinschaft empfindenden Gesellschaft erhielt ihre zusätzliche Stütze, indem das spätestens seit der ersten Hälfte des 19. Jahrhunderts gepflegte Bewußtsein über tradierte bürgerliche Freiheitlichkeit und ganz allgemein, Besonderheit der politischen Kultur die Berührungsängste zumindest gegenüber dem Nachbarn im Osten verstärkte. Deutschen Diplomaten blieb dies nicht verborgen. Als kurzzeitig in der deutschen Öffentlichkeit der Wunsch nach einer deutsch-niederländischen Zollunion geäußert wurde, teilte Graf Pourtalès, deutscher Gesandter in Den Haag, nach Berlin mit: »Sodann regt sich bei jedem Holländer bei dem Gedanken an eine politische Annäherung an uns sofort ein Gefühl des Grauens vor den ›militärischen Institutionen‹ des Deutschen Reiches, welche unvermeidlich im Falle eines Bündnisses hier eindringen würden.« Zeugnisse dieser Art liegen zahlreich vor, auch für die spätere Phase.

Die niederländischen Regierungen vermochten sich mit ihrer Neutralitätspolitik aus dem Ersten Weltkrieg herauszuhalten, wenngleich sie von Entente und Mittelmächten gleichermaßen beargwöhnt wurden. Sie überstanden den Krieg, ohne größeren Schaden zu nehmen, obwohl es im Zusammenhang mit der Seekriegführung der Mächte und mit der Handelspolitik mancherlei Probleme gab. Die Querelen, die das Land wegen der belgischen Forderungen auf Seeländisch-Flandern während der Versailler Friedenskonferenz zu überstehen hatte, brachten ihm ebenfalls keine territoriale Beeinträchtigung. Insgesamt war es, als ob das Land am Rande des europäischen Geschehens gestanden habe. Man hielt auch weiterhin nachhaltig an einer Neutralitätspolitik fest, die dem Land die Rolle des in sich ruhenden Beobachters zuschob, eine Rolle, die der Nachbar Belgien für sich nicht mehr akzeptieren wollte. Außenpolitische Ruhe, innenpolitische Stabilität – so war es schon fast ein Jahrhundert lang: die Niederlande als der Prototyp der geruhsamen Existenz. Die Furcht des Kleinstaates, wie sie seit der Mitte des 19. Jahrhunderts bestanden und wie sie der amerikanische Gesandte in Dänemark, Pike, beschrieben hatte, schien angesichts der allgemeinen Erschöpfung nach dem Ersten Weltkrieg wie fortgewischt zu sein. Welche politischen und kulturellen Möglichkeiten hatte das kleine Land im europäischen Verband? Es gab Reisende wie Wilhelm Hausenstein oder Hermann Keyserling, die keineswegs geneigt waren, ihm irgendeine besondere Rolle zuzuerkennen. Hausenstein ließ sich in seiner »Herbstlichen Reise eines Melancholikers, Briefe aus Holland von Kannitverstaan« bei aller Offenheit des Geistes in erster Linie wohl durch die Trübung des melancholischen Blickes beeindrucken, so daß ihm bei Wahrnehmung von Volk, Landschaft und Sprache ganz allgemein das große Unbehagen überkam. Keyserling, vielgelesener Kulturphilosoph seiner Zeit, bot im »Spektrum Europas« nichts anderes als eine Wiederholung von Plattheiten aus dem 19. Jahrhundert, wenn er von der »Kultur der Häßlichkeit« und von den Niederländern als den »Philistern« schrieb. Das war schlicht abgeschrieben. »So kann dort der Geist des Puritanismus, nachdem er als heroisches oder sonst beschleunigendes Motiv ausgespielt …, in Holland noch Jahrtausende entlang ein unerschütterbares Philisterdasein führen.« Für ihn war die Sprache irgendwann gegen drei Uhr morgens in einer Herrengesellschaft erfunden worden. Ihre Grundlage sei tölpelhaft. Das Tölpelhafte wurzele tief, man sehe das auch an der besonderen Art, wie Holländer falsch deutsch reden oder schreiben. Keyserling bot insgesamt eine seltsame Mischung aus Unverständnis, Oberflächlichkeit und pseudointellektuellem Zynismus.

Dieser europäische Kleinstaat mit dem großen Kolonialreich im Rücken hatte jedoch auch noch seine Bewunderer, zumal eine politisch-intellektuelle Elite nicht nachließ, die auf Redlichkeit des Denkens und Moralität abgestellte Funktion des Landes in der internationalen Politik hervorzuheben. Der Betrachter im nachhinein vermag sich des Eindrucks nicht zu erwehren, daß die hartnäckige Betonung der besonderen Wertigkeit der Neutralität und des neutralen Landes zwar auf eine lange Tradition zurückschauen konnte, aber immer noch die Furcht vor außenpolitischer Abhängigkeit von den europäischen Mächten nicht zu überspielen vermochte. Dazu gehörte eine nicht nachlassende Standortbestimmung des eigenen Landes, die sich nun nicht in erster Linie mit Fragen der internationalen Funktion befaßte, sondern auch nach dem kulturellen Wert fragte, sich nach Eigenständigem und Abhängigkeiten erkundigte. Der weit über die Grenzen des Landes hinaus bekannte Kulturhistoriker und -kritiker Johan Huizinga hat sich zwischen 1925/26 und 1934 mehrfach in Vorträgen und Publikationen mit derartigen Fragen beschäftigt. Letztlich argumentierte er auf dem Boden seiner die völkerrechtliche Maxime der Neutralität vertretenden Landsleute und mit der gleichen Zielvorstellung, die lautete, daß die niederländische Kultur ihren Wert in der Fähigkeit habe, »zu vermitteln und Frieden zu stiften.« Aber Huizinga, dieser mit der Kulturgeschichte seines Landes gleichsam verwobene Historiker, der Autor der »Niederländischen Kultur des 17. Jahrhunderts« und einer Erasmus-Biographie, wäre nicht er selbst gewesen, hätte er nicht nach dem kulturellen Rang seines Landes in der europäischen Umwelt gefragt. Und da spielte die Sorge mit, das Land könne im Zuge neutraler Aktionslosigkeit ins Mittelmaß versinken. Für Huizinga ließ sich das am Einfluß ablesen, den benachbarte Kulturen auf die eigene ausübten, diese überlagerten. In einem Vortrag vor einer »Versammlung deutscher Philologen und Schulmänner« 1925 in Erlangen hat er sich diesem Thema erstmals zugewandt. Die Vortragsfassung erschien 1926 im »Archiv für Kulturgeschichte« und in stark erweiterter niederländischer Fassung 1925 in den »Cultuurhistorische Verkenningen«. Huizinga holte in seiner ausführlichen Fassung weit aus. Er griff auf den gleichsam sicheren Hafen der Republik zurück, um die Niederlande als politisch-kulturelles Unikat vorzustellen. Er huldigte hier nicht einem starken Nationalismus, sondern bot eine ausgewogene Betrachtung unter Einbeziehung französischer und englischer Einflüsse; aber ganz deutlich stand der Nachbar Deutschland im Vordergrund.

Er anerkannte den deutschen Einfluß in Kultur und Wissenschaft vor allem im 19. Jahrhundert. Gegenüber dieser – vermeintlichen – deutschen Präponderanz wollte er die niederländische Besonderheit betonen, nicht allein in der politischen Struktur und Kultur, wie es vor ihm Thorbecke eindringlich getan hatte, sondern auch für das Feld der Geistesgeschichte. Es war nicht wertend, lediglich erläuternd, wenn er dem in Deutschland und in anderen Ländern

kräftig wurzelfassenden Geist der Romantik die Sprödigkeit »euklidischer Drei-
dimensionalität« als Festpunkt niederländischen Denkens entgegensetzte. Undenkbar schien es ihm, daß der Kulturphilosoph Oswald Spengler in den Niederlanden je das Faustische zum Inbegriff modernen Geisteslebens hätte erheben können. »Es wäre ihm nie in den Sinn gekommen.« Und die Unterschiedlichkeit solcher Rezeptionsfähigkeit bedingte nach Huizinga auch einen unterschiedlichen Inhalt des Begriffs »Germanen«. Es fehlte bei dem Niederländer
die Beigabe der »rassischen Komponente«. Wenn Huizinga dieses Wort einen
schlichten und vor allem nüchternen Begriff aus der Gelehrtenwelt nannte, der
ausschließlich dort Verwendung finde, dann erläuterte er damit das Unverständnis und die Empörung gegenüber einer germanisch-rassisch begründeten
Forderung nach Verschmelzung beider Länder, wie es bei den Alldeutschen
angeklungen war. Verwandtschaft leugnete er nicht, aber er umschrieb sie anders: »Wir sind uns unserer Verwandtschaft mit den Deutschen und mit den
Völkern des Nordens bewußt, wir verstehen sie aber als einen internationalen
Zusammenhang nach Veranlagung und Gefahr, nicht als eine mysteriöse Einheit von Blut und Schicksal.« Hinter der betonten Unterschiedlichkeit steckte
zugleich die Sorge um den Bestand des Eigenständigen. Skepsis zeigte er ob des
Phänomens, in zunehmendem Umfang gedankenlos Germanismen in die eigene
Sprache zu übernehmen. Das Problem schien für ihn darin zu liegen, daß sich
hier ein Bedeutungszuwachs der deutschen Sprache manifestierte, den er schon
im 18. Jahrhundert anzusetzen wußte. Die Übernahme von Sprache als Symptom eines Verlustes an eigenständiger Kultur gab Anlaß zur Beunruhigung.
Doch in all dem schwang sehr viel mehr mit als Furcht vor deutscher Kulturex-
pansion. Dahinter steckte ein gut Stück Kulturpessimismus eines in der Kenntnis der Geschichte lebenden und zugleich die Gegenwart scharf beobachtenden
Gelehrten. Er sah die Gefahren für sein von großmächtigen Zivilisationen um-
gebenes zweit- oder gar drittrangiges Land insofern drohend aufkommen, als
man hier ohnehin zur Kenntnis fremder Sprachen gezwungen und dadurch für
Einflüsse von außen zugänglich war; denn den neuartigen Kommunikations-
mitteln mit ihren großen Einflüssen konnte man sich nicht entziehen. Dies war
eine scharfsinnige Sichtweise; und darum will es um so erstaunlicher erscheinen,
wenn er seinem Land die Möglichkeit zusprach, aus den so grundverschiedenen
anglo-amerikanischen, französischen oder deutschen Einflüssen auszuwählen,
zu verarbeiten und trotzdem seine Selbständigkeit zu bewahren. Eine seltsame
Schlußfolgerung, vermutlich aus einem hohen Maß an Unsicherheit gewonnen.

Dabei gab es kaum Grund zum Pessimismus ob der kulturellen oder wissenschaftlichen Leistungsfähigkeit des Landes. Niederländische Universitäten ver-

mochten zwar nicht mehr so viele Studenten anzuziehen wie im 17. Jahrhundert, aber sie genossen in den zwanziger und dreißiger Jahren eine durchaus über die Grenzen des Landes hinausreichende Reputation. Das hing im naturwissenschaftlichen und mathematischen Bereich noch mit der Vorkriegszeit zusammen, als Hendrik Antoon Lorentz und Heike Kamerlingh Onnes aus Leiden, Johannes D. van der Waals und Pieter Zeeman aus Amsterdam den Nobel-Preis erhielten. Obwohl die Entwicklung in den Naturwissenschaften in den großen, finanziell stärkeren Mächten die Niederlande überflügelte, arbeitete die niederländische Naturwissenschaft auch weiterhin auf einem hohen Standard. Das galt im gleichen Maße für die Mathematik, die für die Vorkriegszeit eng mit dem Namen Luitzen Egbertus Jan Brouwer und später mit Gerrit Mannoury und David van Dantzig verbunden war, der 1944 in Bergen-Belsen ermordet wurde. Es sollte nicht unerwähnt bleiben, daß ausländische Gelehrte das Bild von der Qualität niederländischer Universitäten mitgeprägt haben. Neuere Forschungen weisen aus, daß viele deutsche Professoren zwischen 1867 und 1933 einen Ruf an niederländische Universitäten erhalten und angenommen haben, von denen der weitaus größte Teil bezeichnenderweise naturwissenschaftliche Disziplinen vertrat.

Die Geschichtswissenschaft hatte Gelehrte, die für lange Jahrzehnte das Bild der Historiographie in den Niederlanden bestimmt haben. Einige von ihnen bewunderten die Literatur und Kunst pflegende »Beweging der Tachtigers«, eine Bewegung, die Kunst und Literatur über wissenschaftliche Arbeit stellte, Erkenntnis durch Empfindung über die durch Rationalität erworbene hob. Aber seit den achtziger Jahren vollzog sich auch im Bereich der Geschichtsschreibung ein Wandel, der nicht zuletzt durch die sozialen Anforderungen angetrieben wurde. Nicht so sehr das Aufkommen der niederländischen Sozialdemokratie als vielmehr die linksliberale Entwicklung und das damit verbundene politische und soziale Engagement sollten auf die junge, in jener Periode großgewordene Historiker-Generation durchschlagen, die sich gegen die bis dahin von Robert Fruin vorgeführte Historiographie kehrte. Ihr erster und führender Vertreter war Gerhard Wilhelm Kernkamp, der als Historiker Stellung bezog, in einer Welt mit schwach ausgebildeter sozialer Sicherung und fehlendem allgemeinem Wahlrecht. So entwickelte sich um die Jahrhundertwende eine Generation, die Geschichtswissenschaft und politisch-soziales Engagement miteinander verband und damit die sozialökonomische Geschichte als neuen Wissenschaftszweig einführte, repräsentiert durch Kernkamp sowie Hajo Brugmans oder Johannes Gerard van Dillen. Die Richtung scheint vom deutschen Katheder-Sozialismus inspiriert und beeinflußt worden zu sein. Außerdem kam der historische Materialismus als Methode auf den »Prüfstand«, völlig unvoreingenommen und kritisch zugleich. Immerhin war es möglich, daß in Amsterdam der Parteitheoretiker Frank van der Goes einen Lehrauftrag für »Sozialistische Wirtschaftslehre« erhielt. Weder Kernkamp noch Brugmans verschrieben sich dem historischen Materialismus, sie sahen in ihm lediglich eine neue Methode, deren »Tauglichkeit in der Praxis erprobt werden kann«. Diese nicht abwertende, dennoch distanzierte Einstellung galt in noch stärkerem Maße für Herman Theodor Colenbrander, einem Zeitgenossen Kernkamps, der in den ersten beiden Jahrzehnten des 20. Jahrhunderts als Schüler Fruins und Vertreter der vornehmlich politischen Geschichte eine bedeutende Rolle im historiographischen Betrieb der Niederlande spielte. Er zählte wie sein Fachgenosse Kernkamp zu jenen, die als Historiker den politischen Journalismus pflegten, allerdings auf hohem Niveau, so daß sie die Urheber der Zeitgeschichtsschreibung waren, an der es bis dahin fehlte.

1903 wies Kernkamp darauf hin, daß die Niederlande einen erheblichen Rückstand gegenüber der Historiographie des Deutschen Reiches hatten. Er bezeichnete Heinrich von Sybel und Heinrich von Treitschke als die Prototypen der Zeitgeschichtsschreibung, denen die Entwicklung in Deutschland Anlaß zur zeitgeschichtlichen Untersuchung ihrer Nation gewesen sei. Und er nannte seinen Fachfreunden die zur zeitgeschichtlichen Betrachtung des eigenen Landes anstehende Thematik im einzelnen. Nicht nur weltweit, sondern auch in den Niederlanden erhielt die Zeitgeschichtsschreibung ihren großen Impuls durch das Weltkriegserlebnis. Es war bezeichnend, wenn 1924 auf Anregung Nicolaus Japikse ein Ausschuß zur Erforschung der Ursachen des Ersten Weltkrieges gebildet wurde, und dies, obwohl das Land neutral abseits gestanden hatte. Hajo Brugmans stellte 1936 die Synthese der Arbeit vor. Jene Bemühungen setzten sich in gerader Linie für die Zeit nach 1945 fort, als bereits im Mai das »Rijksinstituut voor Oorlogsdocumentatie« gegründet wurde. Dessen Arbeit beschränkte sich fortan nicht auf die Historiographie der fünf Kriegsjahre. Auch die Geschichte des Mittelalters erfuhr einen vertieften Zugriff durch Otto Alexander Oppermann in Utrecht, ebenso die Geschichte des Altertums durch Hendrik Bolkestein an derselben Universität. Er plädierte in den dreißiger Jahren für eine Annäherung von Soziologie und Geschichte. Dazu kamen die Unternehmungen des Wirtschaftshistorikers Nicolaus Wilhelmus Posthumus, der 1934 das »Internationale Institut für Sozialgeschichte« in Amsterdam gründete. Es will somit sehr fraglich erscheinen, ob, wie Jan Romein gemeint hat, die niederländische Geschichtsschreibung nicht in der Lage gewesen sei, die nach Versailles sichtbare Veränderung des Weltgeschehens zu erfassen. Selbst wenn man erst 1921 nach Änderung des Akademischen Statuts eine Ausbildung im Fach Geschichte, das bis dahin der Philologie untergeordnet war, einführte und es bis zum Ausbruch des Zweiten Weltkrieges zuwenig Lehrstühle gab, hieß das nicht, daß die niederländischen Historiker nicht voll in der Diskussion der Zeit gestanden oder die vorherrschende Tendenz mitdiskutiert hätten.

Namentlich Johan Huizinga war um die kulturelle Eigenständigkeit des Landes in den zwanziger und dreißiger Jahren besorgt. Seine wissenschaftliche Leistung wirkte weit über die Grenzen seines Landes hinaus. Er bildete keine eigentliche Schule, so daß man ihn einen Unvollendeten nennen mochte, aber seinen Arbeiten fügte er eine Dimension hinzu, die er selbst eine »kulturhistorische« genannt hat, während man geneigt ist, sie als eine »integrationistische« zu bezeichnen, angewandt auf die Geschichte des eigenen Landes wie auf die anderer Länder und Kulturen. Die theoretischen Erörterungen, die er zum Beispiel in den »Cultuurhistorische Verkenningen« vorgetragen hat und die in der Nähe der Annales-Schule stehen, enthalten noch für die Gegenwart reichlich methodische Bausteine für einen nicht nur über die politisch-diplomatische, sondern auch über die wirtschafts- und sozialgeschichtliche Erweiterung hinausgehende Historiographie, die Mentalität und Sprache, Sitten und Gebräuche umfaßt. Dieser international Denkende war zugleich Zeitgeschichtler, Kulturpessimist und der die Niederlande in ihrem Wesen durchdringende Historiker. Er definierte die in den zwanziger Jahren aufkommenden und in »Schatten von Morgen« sich am ausgeprägtesten manifestierenden Zivilisationsfolgen der industrialisierten Moderne als Verfallserscheinung, und er bezeugte in vielen umfangreichen Aufsätzen, wie sehr es ihm bei allem Suchen nach neuen Methoden und Fragestellungen darauf ankam, die geistige und kulturelle Besonderheit seines Landes darzustellen. Historiker wie Jan Romein oder Pieter Geyl, der eine sich selbst als Marxist begreifend, der andere dem großniederländisch orientierten nationalen Gedanken anhängend, vertraten in Ausführung der Forderungen von Kernkamp und anderen die Forderung nach der Zeitzugewandtheit des Historikers, und sie ergänzten damit Huizinga, Geyl übrigens in scharfer Kritik an dem Leidener Historiker. Unter allen drei Aspekten galt Huizinga als Exponent niederländischen Geisteslebens, wie Piet Mondrian und Mies van der Rohe für Malerei und Architektur der Niederlande anerkannte Vertreter waren. Daß dagegen die insgesamt reiche Belletristik, weder die des ausgehenden 19. Jahrhunderts noch die des Interbellums, jenseits der Grenzen des Landes gelesen und rezipiert worden ist, läßt sich kaum behaupten, und dies im Unterschied zur flämischen Literatur, zu den Arbeiten des Felix Timmermans oder vor diesem des Guido Gezelle, die in Deutschland weitaus stärkere Beachtung gefunden haben. Doch in der Malerei hielt sich im 19. und 20. Jahrhundert noch manches vom Ruhm des »Goldenen Zeitalters«. Die europäischen Künstler reisten, soweit das erforderlich schien, in die Niederlande, um dort die Meister des 17. Jahrhunderts zu kopieren oder um selbst vor Ort die Motive jener Meister neu zu zeichnen oder zu malen. Max Liebermann hat das beobachtet und beschrieben, und lange vor ihm bemühten sich Eduard Pistorius und Andreas Achenbach oder Caspar Scheuren neben vielen anderen als gelehrige Epigonen der alten Meister. Aber nicht nur Deutsche, auch Vertreter der französischen Künstlerwelt oder Amerikaner spendeten vor Ort Bewunderung für die alte Kunst und suchten Orientierung. Die Verehrung des Vergangenen und seines Stils ließ bei den Künstlern auch ein positives Bild von den gegenwärtigen Niederlanden entstehen, und sei es nur ein für die Welt des Malers und Malens geeignetes. Jedenfalls war dieses Bild in seinen Inhalten weit entfernt von Ironie und Sarkasmus, wie sie deutsche Literaten aus der ersten Hälfte des 19. Jahrhunderts bevorzugten. Die niederländischen Provinzen boten für die internationale Künstlerwelt ein Fluidum für unaufhörliche Diskussion über Kunst und Künstler. Zwischen niederländischen und deutschen Malern kam es zu zahlreichen freundschaftlichen Beziehungen, die in keiner Weise von der politischen Distanziertheit etwas ahnen ließen, die zwischen beiden Ländern herrschte. So stand Liebermann in enger Verbindung zu Jozef Israëls, Anton Mauve und Jan Veth, und auch die Künstlervereinigungen sorgten für einen Gedankenaustausch.

Das niederländische Phänomen der Versäulung

Die schon vor dem Weltkrieg einsetzende und sich danach voll entwickelnde Versäulung der niederländischen Gesellschaft und Politik hat bis in die fünfziger Jahre hinein deren Abläufe und Verhaltensweise geprägt. Der Begriff bezeichnet die Aufteilung der niederländischen Öffentlichkeit in gegeneinander abgeschottete Gruppierungen, die ein eigenes Lebens- und Kulturbewußtsein pflegen und zugleich als kalkulierbarer Rückhalt im politischen Entscheidungsprozeß fungieren. Die »Säulen (Zuilen)« sollen gleichsam als Lebensprinzip der niederländischen Gesellschaft gesehen werden, als Kennzeichen der politischen Kultur des Landes. In der Antwort auf die Frage nach den Ursachen dieses das gesellschaftliche Leben so stark charakterisierenden Phänomens ist zunächst Ivo Schöffers früher wissenschaftlicher Erklärungsversuch heranzuziehen. Der Leidener Historiker weist auf die lange Tradition des provinzialen, regionalen und städtischen Partikularismus in den Niederlanden hin, auf eine Tradition, die nicht nur Abschottungstendenzen enthalte, sondern auch in keiner der auf Zentralisierung zielenden Phasen wirklich überwunden worden sei. Zentralismus französischer Ausprägung habe zwar in Belgien, nie jedoch in den Niederlanden eine Chance erhalten. Schöffer vermutet darüber hinaus, daß sowohl die starke Bindung an soziale Kleingruppen wie die Familie und die calvinistische Gemeinde, beide durch protestantischen Individualismus geprägt, als auch eine auf die Familie gerichtete Arbeitsmoral und Nüchternheit diese Abgrenzungstendenz gefördert hätten. Er sieht seine These durch die Existenz eines familiengerichteten städtischen Patriziats in der Phase des Handelskapitalismus vom 16. bis zum 18. Jahrhundert erhärtet. Die starke kirchliche Einbindung der Katholiken und Protestanten habe während des Emanzipationsprozesses der unteren Mittelschichten und der Arbeiterschaft weiterbestanden, und die spät einsetzende Industrialisierung habe eine radikale Entchristlichung der Arbeiterschaft verhindert. Für die Katholiken führt Schöffer deren regionale Konzentration auf die Provinzen Brabant und Limburg an – die regionale Prädisposition zur Abschottung also.

Schöffer argumentiert plausibel, aber in jüngerer Zeit haben Historiker und Soziologen neuerlich über jene Ursachen nachgedacht und eine Emanzipations-, Entfaltungs- und Abwehrthese entwickelt. Emanzipations- und Abwehrthese stehen in engem Zusammenhang miteinander. Sie gehen zum einen von der Position der Konfessionen in der Gesellschaft aus, definieren mithin das Verhältnis der Konfessionen zueinander, wie sie auch die Stellung des Staates in der Gesellschaft oder zu den gesellschaftlichen Gruppen ins Auge fassen. So entwickelten die Groensche »Antithese« und die Kuypersche Formel »Souveränität im eigenen Kreis« die Möglichkeit zu Emanzipation wie Abwehr gleichermaßen. Abwehr stand vor allem den Protestanten voran, weil der Staat säkular, von den Politikprinzipien der Französischen Revolution geprägt, begriffen wurde, der das unabhängige konfessionelle Leben im Sinne tradierter Werte und Grundlagen vermeintlich nicht mehr gewährleisten wollte. Kuyper und seine Anhänger lehnten das durch Allgemeine Verordnung von 1816 festgelegte Kirchenreglement ab, und dies in Nachfolge der »Afgescheidenen« der dreißiger Jahre des 19. Jahrhunderts. Das enthielt zwar ein Stück Emanzipationsstreben, aber die Emanzipationskomponente war bei den Katholiken deshalb stärker, weil sie den Staat als einen protestantisch geformten Unterdrücker, die Gesellschaft als eine protestantisch dominierte und beide als Gegner des 1796 nur formal emanzipierten Katholizismus betrachteten. Den Katholiken wurde von einem Teil der Protestanten eine geringere politische sowie gesellschaftliche

Wertigkeit zugeschrieben, was einer Konzentration auf das von der eigenen Religion gestaltete Umfeld und der Pflege eines spezifisch katholischen Lebensstils förderlich war, wenngleich der Modernismus in der Form des liberalen Denkens ein Zusammenspiel der Konfessionen bei der Abwehr der säkularen Tendenzen erforderlich machte. Die Einsicht in ein solches Erfordernis war vorhanden, und so kam es rasch zur protestantisch-katholischen Koalitionsbildung im Schulstreit.

Auf diese Weise entwickelten sich Abschottung gegen den Staat und gegenüber der anderen Konfession in dem Wunsch, Emanzipation zu erwerben, zu leben und auszubauen. Abwehr und Emanzipation bedingten einander. Die von Ludovicus Jacobus Rogier introduzierte Entfaltungsthese geht einen anderen Weg. Sie »interpretiert die christlichen Aktionen in den verschiedenen Bereichen von Politik, Gesellschaft und Kultur als ein Mittel zur Rechristianisierung der Welt durch die Wiederverbreitung christlicher Auffassungen und Ideale« (P. Luykx). Letztlich geht diese Definition in das Motiv der Abwehr über. Die Entfaltungsthese umreißt hingegen mehr, da sie unterstellt, daß es um die gegenseitige Anpassung von Moderne und Christentum gegangen sei, um zwei Strömungen, die aufeinander angewiesen sein sollten: Rechristianisierung und zugleich der Versuch, den Anforderungen der modernen Welt gerecht zu werden. Das ergab sich praktisch in erster Linie aus dem Einstieg der konfessionellen, zur »Säule« gehörenden politischen Parteien in die Regierung. Dennoch erscheint das Emanzipations- und Abwehrmotiv, gestützt auf die von Schöffer vorgetragene Absonderungstradition, als das ausschlaggebende Moment.

Als wichtigste »Säulen« im gesellschaftlichen Leben der Niederlande entwickelten sich zunächst die protestantische, die katholische und die sozialistische. Schließlich bildete sich eine vierte »Säule«, die der Liberalen, eine weder durch Konfession noch durch gesellschaftsverändernden Impetus gebundene Gruppe von Neutralen, die eher als ein offener Verbund gegenüber den religiös und weltanschaulich geschlossenen Gruppierungen auftrat und eine Gegenkraft darstellte. Viele äußere Erscheinungsmerkmale und Verhaltensweisen ließen eine optische Zuordnung zur jeweiligen Säulengruppe mit einiger Sicherheit zu: Kleidung, Sprache, Lebensstil. Der Aktionsbereich der einzelnen »Säulen« erfaßte alle über den engsten familiären oder persönlichen Kreis hinausgehenden politisch-kulturellen Lebensäußerungen. Über die Schulen und Hochschulen wie die »Vrije Universiteit« Amsterdam und die »Katholieke Universiteit« Nimwegen hinaus wurden das gesamte Vereinsleben, die medizinischen Einrichtungen und die Berufsverbände von dieser organisierten Einheit der Religion oder Weltanschauung erfaßt, ebenso die Massenmedien, mithin die Presse, der Rundfunk und mittlerweile das Fernsehen. Die Rundfunkanstalten wurden den »Säulen« entsprechend strukturiert. Die Bevölkerung teilte sich in eine katholische (KRO), eine protestantische (NCRV), eine sozialistische (VARA), eine neutrale (AVRO) Hörerschaft. Die »Säulen« existierten nicht in den zugehörigen politischen Parteien, sondern neben ihnen. Die Parteien waren dennoch nicht unabhängig von ihnen, weil deren weltanschauliche Organisationskette die Basis und das Ferment der jeweiligen politischen Gruppierung bildete. Vermutlich war die religiös-weltanschauliche Parzellierung der Gesellschaft ein wesentlicher Grund für die relative Stabilität der politischen Verhältnisse in den Niederlanden während der zwanziger und dreißiger Jahre. Ein Überblick über die Wahlergebnisse bis hin zu den letzten Wahlen vor dem Zweiten Weltkrieg weist aus, wie gering die Verschiebungen gewesen sind. Die Einführung des allgemeinen Wahlrechts 1917 schrieb die Machtverhältnisse für mehr als zwanzig Jahre fest. Das brachte Stabilität, konnte aber auch zur Erstarrung führen. Wo es dazu kam, wie bei der Bildung der sozial und pazifistisch orientierten »Christlich-Demokratischen Union (Christelijk Democratische Unie, CDU)« oder den katholischen Parteigründungen neben der RKSP in den zwanziger Jahren, blieben sie Randerscheinungen. Für die jeweilige politische Partei als übergreifende Organisation der »Säule« bot die Parzellierung in soziale und kulturelle Zusammenschlüsse einerseits die Möglichkeit, die eigene Politik stärker von unten nach oben am Willen ihrer festgefügten Wählerschaft zu orientieren, sich nach der Parteibasis zu richten, andererseits erhielt sie – in umgekehrter vertikaler Richtung – eine sehr viel größere Chance, einen an der Parteispitze einmal formulierten politischen Willen als erforderliche politische Verhaltensweise, als politischen Kurs, bei der Wählerschaft durchzusetzen. Die in der Parzellierung angelegte und durch sie geförderte Intensivierung der religiös-weltanschaulich orientierten Lebensgestaltung hat den politischen Eliten des Landes ein hohes Maß an Einflußmöglichkeiten beschert und die Stabilisierung der eigenen Position erleichtert.

Die an anderer Stelle betonte Vielfalt der Parteienwelt darf nicht als Widerspruch zu dem versäulten Charakter der niederländischen Gesellschaft empfunden werden. Die nicht an eine »Säule« gebundenen Parteien blieben Splittergruppen, unbedeutend, meistens ohne Sitz im Parlament, wiesen Eigenwilligkeiten oder Eigensinnigkeiten aus, aber sie waren Randerscheinungen neben den Blöcken, jenen großen konfessionellen und weltanschaulichen Verflechtungen. Allerdings lassen sich auch innerhalb der einzelnen Großverbände unterschiedliche Versäulungsgrade ausmachen. Das katholische Verbandsleben war in sich besonders gefestigt. Hier setzte sich die bischöfliche Leitung und Anweisung durch. Gerade die niederländischen Katholiken haben fast alle Bereiche des gesellschaftlichen Lebens für sich zu strukturieren und die Bindung zu stärken vermocht. Den Katholiken gelang es innerhalb ihrer »Säule« unter der Leitung des Episkopats, »katholisch zu schwimmen, Fußball zu spielen, zu tanzen, Schach zu spielen, dem eigenen Rundfunk zuzuhören, zu verreisen und katholische Lebensversicherungen abzuschließen« (L. J. Rogier). Solche Gemeinsamkeiten der Lebensgestaltung galten auch für die anderen »Säulen«. Dort war jedoch die Durchdringung der gesellschaftlichen Lebensbereiche nicht im gleichen Maße umfassend wie bei den Katholiken. Das ist auf die geringere Homogenität beziehungsweise auf die größere Diversifizierung der protestantischen Bevölkerung zurückzuführen, auf eine Diversifizierung, die ihre Ursachen vornehmlich im Streit um die Exegese der Heiligen Schrift hatte. Ähnlich verhielt es sich hinsichtlich Umfang und Intensität bei der sozialistischen »Säule« sowie bei den ohnehin nicht so stark engagierten Neutralen. Was die Katholiken betraf, so wuchsen sie in den Jahren zwischen 1920 und 1930 zur stärksten konfessionellen Gruppe heran. Sie überflügelten die bis dahin führenden Reformierten, die »Hervormde Kerk«. Die andere Gruppe der Reformierten, »Gereformeerde Kerk«, nahm zu, stellte aber nach wie vor bloß die Minderheit. Eine Ursache für die Schwächung der »Hervormden« war der Übertritt von Konvertiten zu den »Gereformeerden«, eine andere die Folge von zahlreichen Kirchenaustritten. Zwar machten sich Kirchenaustritte auch bei der katholischen Kirche bemerkbar, doch sie wurden durch höhere Geburtenziffern wieder ausgeglichen. Die einzelnen »Säulen« stellten in der Lebensgestaltung keineswegs einen monolithischen Block dar, sondern nach Gemeinden differenzierte Einheiten, wobei Differenzierung etwa den Unterschied zwischen Stadt und Land oder auch die jeweils konfessionelle Struktur meint. Zudem scheint nach neuesten Erkenntnissen die Versäulung ohnehin nicht die Intensität erreicht zu haben, die bisher immer angenommen worden ist. Es gibt eine Reihe von Beispielen, die zeigen, daß es eine weit über das Kirchliche hinausreichende soziale Kontrolle gegeben hat, aber die sozialen Kontrollmöglichkeiten sind lange nicht überall gleich stark entwickelt gewesen. Moderne Erscheinungen wie Sport und Tanz ließen sich bei weitem nicht in allen Fällen konfessionell oder politisch-ideologisch erfassen, abgesehen davon, daß die Sozialisten einen geringen Versäulungsgrad erreichten. Die neuere Forschung führt dies auf die Konzentration von Partei und Gewerkschaften in den großen Städten und auf das Vorhandensein von Massenorganisationen zurück, so daß Partei- und Gewerkschaftsmitglieder nicht von einer zusätzlich institutionalisierten Dienstleistung abhängig waren.

Versäulung, diese permanente spezifische Lebensäußerung im »eigenen Kreis«, barg das Element der Beharrung und damit die Gefahr der Selbstgenügsamkeit im privaten und öffentlichen Bereich gleichermaßen. Sie ließ letztlich auch die Bedeutung des Parlaments in den Hintergrund rücken, zumal die politischen Eliten der einzelnen Großverbände die anstehenden Fragen unter sich auszuhandeln pflegten. Hinzu kam, daß die Konsequenzen der Industrialisierung, Massifizierung und Parlamentarisierung, kurz die Folgen der Modernität, nicht nur die in der Abschottung implizierte Beharrungstendenz verstärkt, sondern zugleich die »Antithese« aufgelockert und zu einem Einvernehmen zwischen Liberalen und Christen geführt haben, in der Abwehr jener Kräfte, die eine Änderung der gesellschaftlichen Struktur bezweckten. Der AR-Ministerpräsident Hendrik Colijn war in seiner wirtschaftlich-gesellschaftlichen Konzeption durchaus ein Mann nach dem Gusto der Liberalen. Diese Auflockerung der gegen die Moderne gerichteten »Antithese« aus neuerlich antimodernistischer und sozialökonomischer Motivation heraus ließ Zweifel am Nutzen und an der Funktionstüchtigkeit des Parlamentarismus aufkommen. Die Anhänger jenes Antimodernismus begaben sich auf die Suche nach einem neuen Typus von Autorität (»Gezag«). Die Suche nahm in Zeiten wirtschaftlicher Depression an Intensität zu, wurde lautstark artikuliert, entsprechend der wachsenden Dringlichkeit, die sozialen Probleme zu beheben. Schon Mitte der zwanziger Jahre entstanden Vereinigungen wie der »Vaderlandsch Verbond«, die »Nationale Unie« oder der »Verbond van Nationaal Herstel«, die dem Parlamentarismus skeptisch gegenüberstanden und denen sowohl Protestanten als auch Liberale angehörten. Diese Denkweise gründete in dem 1925 als »Staatkundig Advies (Politischer Rat)« in Form eines offenen Briefes an die Parteien verbreiteten, von 200 Personen der oberen Mittelschicht unterzeichneten Dokuments: »Wir anerkennen den christlichen Charakter unseres Volkslebens als die historische Grundlage unserer nationalen Kultur und halten den liberalen Staat für den Rahmen, in dem dieser Charakter sich unbehindert in alle Richtungen entwickeln kann.« Hier wurde der Versuch einer Symbiose zwischen »christlich-national« und »liberal« unternommen, um die alte »Antithese« des 19. Jahrhunderts zu überwinden. Zu diesem Zweck bedurfte es der Rückbesinnung auf Untersuchungen wie den Arbeiten Thorbeckes, der die Volkssouveränität verworfen habe, auf eine Zeit also, in der das Parlament eine begrenzte Rolle unter der Denkschablone des sogenannten Vereinbarungsprinzips zugewiesen bekommen hatte. Ereignisse, die im Zuge der großen Wirtschaftskrise die niederländische Öffentlichkeit stark beschäftigten, haben solche Gedankengänge noch verschärft.

War die Versäulung ein ausschließlich niederländisches Phänomen? In jüngster Zeit haben Hans Righart und Staf Hellemans auf ähnliche Formen in Deutschland, Österreich, der Schweiz, Frankreich und Belgien hingewiesen. Thomas Nipperdeys Darstellung über den deutschen Katholizismus, dessen umfassendes Vereins- und Kulturleben, dessen Sozialmoral und dessen politische Heimat, das Zentrum, vermittelt gleichfalls den Eindruck von einer deutschen Versäulung. Man kann über die Katholiken hinaus auf die deutsche Sozialdemokratie verweisen, die zumindest ein umfangreiches institutionelles Netz geflochten hat, das Gunther Roth die »sozialdemokratische Subkultur« nannte. Soweit es die katholische »Säule« betrifft – von einer vergleichbaren protestantischen kann in Deutschland keine Rede sein –, sollte nicht verschwiegen werden, daß die katholische Tendenz zu institutioneller Vernetzung in Deutschland weniger antimodernistisch-religiös motiviert gewesen ist, sondern ihren Ursprung in der Abwehrbewegung gegen die preußischen Ausgrenzungsbestrebungen mit dem Kulturkampf als Höhepunkt gehabt hat. Die Katholiken verloren den Charakter einer schutzbedürftigen Gemeinschaft, sobald der Integrationsprozeß in Preußen-Deutschland vollzogen war. Hinzu kommt, daß jene Gemeinsamkeit in der Lebensgestaltung, wie sie für die Niederlande bei allen Abstrichen, die nach den neuesten Forschungsergebnissen erforderlich sind, festgestellt wurde, im Deutschen Reich nicht bestanden hat.

Zur Problematik konfessioneller Koalitionen

Der niederländische Staat, der es vermocht hatte, sich aus dem Krieg herauszuhalten und der die Folgen des Krieges nicht zu tragen brauchte, nicht einmal jene, die sich aus den allgemeinen europäischen sozialen Unruhen der Nachkriegszeit ergaben, erfreute sich innenpolitischer Ruhe. Daß 1922 das allgemeine Frauenwahlrecht auch in der niederländischen Verfassung festgeschrieben wurde, lag ganz im 1917 begonnenen Trend. Damit war endgültig das Ende der politischen Kraft der Liberalen besiegelt, zugleich aber die Phase konfessioneller Koalitionsregierungen eingeleitet. Die Jahre nach 1918 offenbarten vollends die Neigung der Niederländer, ihren differenzierten politischen Willen organisatorisch zu manifestieren. 1933 nahmen nicht weniger als vierundfünfzig Parteien an den Wahlen teil. Da das Verhältniswahlrecht galt, reichten weniger als 1 Prozent der Stimmen, um einen Parlamentssitz zu erobern. So gelang es neben den sieben großen sieben kleinen Parteien, wenigstens je einen Sitz im Parlament einzunehmen. Vierzehn Fraktionen kontrollierten die Politik. Gleichwohl führte diese Situation nicht zur Destabilisierung des politischen Systems. Im Gegenteil: Ein hohes Maß an Stabilität zeichnete die niederländische Innenpolitik aus. Dafür sorgte nicht zuletzt die seit 1922 errungene absolute Mehrheit aller konfessionellen Parteien. Innerhalb des konfessionellen Blockes hatten die Katholiken, seit 1926 in der »Römisch-Katholischen Staatspartei (Roomsch Katholieke Staatspartij, RKSP)« organisiert, den größten Anteil. Sie rekrutierte ihre Klientel vor allem aus den Regionen südlich von Maas, Waal und Rhein. Zwischen 1918 und 1937 schwankte ihr Anteil zwischen 28 und 32 Sitzen. Demgegenüber erhielten die Antirevolutionären für den gleichen Zeitraum zwischen 12 und 17 Sitze, während die CHU 7 bis 11 Sitze erstritt. Die Anzahl der Stimmen und Sitze stand jedoch in keinem Verhältnis zur gegenseitigen politisch-sozialen Akzeptanz und zur Selbsteinschätzung der Protestanten einerund der Katholiken andererseits. Der protestantisch-katholische Gegensatz ließ sich äußerlich in Koalitionskabinetten retuschieren, zumal bestimmte, beiden Seiten gemeinsame Belange vorlagen, doch der tief verwurzelte protestantische Charakter der niederländischen Staatsordnung rief seitens des Katholizismus immer wieder Protest hervor. Das hatte noch andere Ursachen. Die Bevölkerung im Süden der Monarchie hatte soziale, wirtschaftliche und intellektuelle Rückstande aufzuholen. Die erst 1923 gegründete Katholische Universität Nimwegen, kaum über den Rahmen einer Provinzuniversität hinausreichend, hatte noch keine breite katholische Führungsschicht heranbilden können. Die dünne katholische Elite setzte sich aus Adel und besitzendem Bürgertum zusammen. Die Führungsstruktur der 1926 gegründeten RKSP entsprach etwa der der deutschen Zentrumspartei im ausgehenden 19. Jahrhundert. Selbst wenn die Katholiken konfessionell ein homogener Block waren, verlor sich in einigen innenpolitischen, vor allem sozialökonomischen Fragen die »katholische Geschlossenheit« (D. Bosscher). Die RKSP spiegelt die Problematik einer vom konfessionellen Band zusammengehaltenen Volkspartei sehr viel stärker wider als die protestantischen Partner. Die »Christlich-Historische Union« war vornehmlich eine Partei des gehobenen Bürgertums und hatte wie die Antirevolutionären relativ wenig Arbeiter in ihrem Anhang. Die RKSP dagegen stellte in ihrer Zusammensetzung einen Querschnitt der niederländischen Gesellschaft dar. Sie war eine Volkspartei im eigentlichen Sinne des Worts. Zu Recht ist darauf hingewiesen worden, daß sich die einer solchen Volkspartei inhärenten Spannungen zwischen den einzelnen sozialen Gruppen zwar spät, gleichwohl folgerichtig in der Regierungskrise 1939 ausgewirkt haben.

Die Problematik der sozialökonomischen Struktur einer Industriegesellschaft hat die Toleranz und die Tragfähigkeit der konfessionell geprägten Volkspartei auf die Probe gestellt. Den Aufgaben des Industriezeitalters ließ sich nicht ausweichen. Die bloße Existenz der Sozialdemokraten tat ein übriges. In katholischen Kreisen begriff man sehr wohl, daß die Lösung der wirtschafts- und gesellschaftspolitischen Fragen durchaus an die Existenz des politischen Katholizismus gekoppelt sein konnte. So überrascht es nicht, daß bereits zu Ostern 1919 auf Betreiben des Delfter Hochschullehrers Johannes Antonius Veraart ein Strukturprogramm der katholischen Standesorganisationen zustande kam, das Ostermanifest, das auf einer vom Harmonieprinzip ausgehenden, solidaristischen Grundlage beruhte. Insgesamt zielten die Vorschläge mit ihrer Forderung nach Einsetzung von Wirtschaftsräten (»Bedrijfsraden«) auf eine umfassende öffentlich-rechtliche Organisation der Wirtschaft ab, die den Klassengegensatz überwinden und den Staat als mögliche Interventionsmacht zurückdrängen sollte. Dieser Gedanke ist in den Kriegsjahren 1940 bis 1945 und intensiver noch nach 1945 von sozialdemokratischen Theoretikern und Politikern wiederaufgegriffen worden.

Veraart, der die »Arbeiterfrage« als »Arbeitsfrage« thematisierte, stieß auf Widerstand in Partei- und Kirchenkreisen. In der Konzeption von Wirtschaftsräten sah der Brabanter Pater F. Hendrichs einen Verstoß gegen die Enzyklika »Rerum Novarum«, und der weltliche Repräsentant der Arbeitgeber, Leonardus Gerardus Kortenhorst, bezichtigte Veraart gar des Wunsches nach Einführung der proletarischen Diktatur. Die scharfe Auseinandersetzung, bei der auch die geistliche Seite nicht einhelliger Meinung war, hatte Konsequenzen. Der konservative Arbeitgeberflügel konstituierte sich 1922 als »Neue Katholische Partei (Nieuwe Katholieke Partij)«. Der NKP ging es im wesentlichen um einen Abbau des sozialen Netzes, das das erste Kabinett Ruys de Beerenbrouck mit dem katholischen Sozialminister Petrus J. M. Aalberse 1919 geknüpft und ausgebaut hatte, mit Unfall- und Invaliditätsgesetz, Altersrente, Arbeitslosenversicherung. Diese Partei erlitt 1922 bei den Parlamentswahlen eine schwere Niederlage, bekam lediglich 0,46 Prozent und verschwand danach von der politischen Bühne. Als Reaktion auf das kurze Leben der NKP bildete sich noch im selben Jahr die aus dem Haager Ultrem (»Ultrum Remedium«)-Klub hervorgehende »Römisch-Katholische Volkspartei (Roomsch Katholieke Volkspartij)«, die unter dem Tilburger Pius Arts 1925 und 1933 je einen Parlamentssitz errang. Es handelte sich hier um eine Vereinigung katholischer Demokraten, die ihren Anhang vornehmlich unter den Arbeitern suchten, aber nur zum geringen Teil fanden. Größere Bedeutung hatte dagegen der »Bund St. Michael«, an dessen Spitze schon bald Veraart stand. Dieser Bund wirkte innerhalb des Allgemeinen Verbandes und drängte auf einen Kurswechsel der Katholiken. Er forderte ein Ausscheiden aus der konfessionellen Koalition und eine Hinwendung zur SDAP. Demokratisierung sowohl der Gesellschaft als auch der verschiedenen Parteiorganisationen waren die Kardinalforderungen des »St.-Michael-Bundes«. Vor allem ging es ihm darum sicherzustellen, daß das katholische Wahlvolk Einfluß auf die Kandidatenbenennung erhielt. 1926 kam es schließlich zu einer neuen Durchorganisierung des Allgemeinen Verbandes und zur Umbenennung in »Römisch-Katholische Staatspartei«. Die Koalitionswünsche Veraarts stießen auf Ablehnung, so daß er 1929 schließlich die Konsequenzen zog, aus der Partei austrat und entgegen den Warnungen des Episkopats den »Katholisch-Demokratischen Bund (Katholiek Democratische Bond)« gründete, der bei den Wahlen 1933 jedoch nur 0,5 Prozent der Stimmen erhielt und noch im selben Jahr mit der Volkspartei fusionierte. Der geringe politische Erfolg sowie die Mahnungen des Episkopats brachten die Mitglieder dieser Partei 1939 zur RKSP zurück.

Es wäre allerdings falsch, aus solchen Abspaltungen einen Zerfall der katholischen Einheit abzuleiten. Im Gegenteil: Trotz der deutlichen Interessengegensätze kam es in der Fraktion kaum zu schweren Zerwürfnissen. Dies zu verhindern hatte sich der Priester, Politiker und Abgeordnete Monsignore Willem Hubert Nolens zur Aufgabe gemacht. Er erfüllte sie einerseits durch große Offenheit, andererseits in Verfolgung eines Mittelkurses, also durch »Juste-milieu«-Politik. Es wirft ein bezeichnendes Licht auf das Geschick und die bindende Kraft der Persönlichkeit dieses katholischen Geistlichen, daß sich nach seinem Tod 1931 die Spannungen innerhalb der Partei entluden, wobei die Weltwirtschaftskrise, der auch die Niederlande nicht entgangen sind, ihre besonderen sozialen Probleme mit sich gebracht und die Auseinandersetzung verschärft hat.

Den Protestanten, denen der Mittelkurs der Katholiken Voraussetzung für eine Koalition war, stellte sich diese Problematik, wenn überhaupt, dann in viel geringerem Maße. Der Sozialstruktur nach ähnelten die Antirevolutionären als stärkste politische Partei dieser Konfession durchaus den Katholiken. Mitglieder und Wähler kamen aus allen Schichten der Bevölkerung, wobei der orthodoxe Flügel sich vornehmlich aus dem unteren Mittelstand rekrutierte. Bei den Katholiken stand der soziale Konflikt zwischen Arbeitgebern und Arbeitnehmern im Vordergrund, bei den Protestanten die theologische Auseinandersetzung. Vermutlich trug das Übergewicht des Mittelstandes dazu bei, den sozialen Konflikt hier nicht zum Hauptthema werden zu lassen. Außerdem war es für die Protestanten schon eine alte Tradition, für eine stärkere Einbindung auch jener sozialen Schichten zu sorgen, die nicht das sozialökonomische Interesse des Mittelstandes teilten. So organisierte sich die protestantische Arbeiterschaft in dem der ARP zuneigenden und mit dieser Partei zusammenarbeitenden »Christlich Nationalen Gewerkschaftsverband (Christelijk Nationaal Vakverbond, CNV)«, der 1920 immerhin 60.000, in den dreißiger Jahren sogar 100.000 Mitglieder zählte. Erst 1931 erhielt aber ein protestantisches Gewerkschaftsmitglied einen Parlamentssitz. Das in der ARP, in der CHU mit ihrer stark aristokratisch großbürgerlichen Struktur und mehr noch in den kleinen protestantischen Splittergruppen entwickelte Ordnungs- und Führungsdenken dürfte ein hohes Maß an bürgerlichem Gehorsam geschaffen haben; ein Abweichen von der politisch vorgezeichneten Linie lag nicht im korporatistischen Ordnungsempfinden. So konnte sich eine politische Führungselite heranbilden, die in dem AR-Mann Hendrik Colijn eine autoritäre, an der Spitze eines internationalen Konzerns großgewordene Persönlichkeit hatte, der die anderen kaum Gleichwertiges entgegenzusetzen vermochten.

Angesichts des Übergewichts der protestantischen politischen Führung, die innerhalb der Koalition die Richtlinien bestimmt hat, stellt sich die Frage, was die Koalition mit den Katholiken als der im gesamten Parlament stärksten Fraktion zusammengehalten hat. Zum einen lebte in der ARP noch der alte Kuypersche »Antithese«-Gedanke fort, so daß das Verhältnis zwischen ARP und RKSP sehr viel stabiler war als etwa das zwischen den Katholiken und der »Christlich-Historischen Union«. Zudem begünstigten das gemeinsame Erfolgserlebnis aus dem Schulstreit und die Reflexion über den lange geführten gemeinsamen Kampf, in dem sowohl die Antirevolutionären als auch die Katholiken auf bedeutende Vorkämpfer zurückblickten, ein Zusammenrücken. Gleiches bewirkte die diesen Parteien gemeinsame Furcht vor der »roten Gefahr«. Obwohl sie bei Troelstras Revolutionsprognose schon im Ansatz steckengeblieben war, schien sie sich in den späten zwanziger und ersten dreißiger Jahren für den konfessionellen Bevölkerungsteil bedrohlich zu konkretisieren: in den großen Textilstreiks in Twente 1928, dem Jordaan-Aufstand in Amsterdam 1934 und in der Meuterei auf dem Schlachtschiff »De Zeven Provinciën« 1933. Hinzu kam, daß die Abspaltungen, die sich bei den Katholiken, aber auch bei den Protestanten etwa in Form der streng orthodoxen »Reformierten Politischen Partei (Staatkundig Gereformeerde Partij, SGP)« oder der pazifistisch und sozial orientierten »Christlich Demokratischen Union (Christen Democratische Unie, CDU)« vollzogen, für eine Konsolidierung der Koalition der Mittelgruppe sorgten.

Die Sozialdemokraten und ihre Vorstellung von der Neuordnung

Jene Unruhen und Aufstände trugen zu einem Feindbild bei, das nicht nur in den Niederlanden zeitweilig die Inhalte politischer Äußerungen vornehmlich der bürgerlichen Parteien bestimmte. Zwar gab es einen Linksradikalismus in Gestalt der der Komintern angeschlossenen Kommunistischen Partei, der CPH, ab 1935 der CPN, und eine anarcho-syndikalistische Strömung, aber die Mehrheit der niederländischen Arbeiterbewegung hing innerhalb des linken Spektrums der SDAP an. Obwohl sie den Troelstraschen Irrtum gerügt hatte, war sie keine Partei der gesellschaftlichen Integration, sondern suchte ihr Gesicht als Partei des theoretischen Anspruchs und der Prophezeiung mit ausgeprägter Erwartungshaltung im Hinblick auf eine sozialistische Zukunft zu wahren. Die SDAP blieb bis zum Ausbruch des Zweiten Weltkrieges zweitstärkste politische Formation, gleichwohl wurde sie von den herrschenden Konfessionellen nie für koalitionsfähig gehalten. Da half es wenig, daß die Partei vor allem in den großen Städten der Provinz Holland in der Kommunalpolitik eine starke Stellung einnahm. Landesweit gelang es ihr nicht, die konfessionell gebundenen Arbeiter von ihren Parteien abzuwerben. Die von Troelstra verlangte Einsicht in die historischen Entwicklungen blieb bei dieser Gruppe von Arbeitern ebenso aus wie später bei dem in der Weltwirtschaftskrise proletarisierten Mittelstand. Die zunächst parteiinternen Auseinandersetzungen um das Verhältnis von Reform und Revolution machten auf die Öffentlichkeit einen zwiespältigen Eindruck. Das war eine für die internationale Sozialdemokratie typische Erscheinung, die keineswegs zur Transparenz ihres politischen Wollens beitrug.

Die Übernahme der Parteiführung durch die Reformisten vom Schlage eines Willem Hubert Vliegen, Johan Hubert Schaper, Johan Willem Albarda gegen den auch nach dem Eklat noch revolutionär gestimmten Troelstra brachte eine gewisse Kräftigung der Organisation, ohne die ideologische Unruhe zu beenden. Einer der »Unruhestifter« war der Vorsitzende der Gewerkschaft NVV, Roel Stenhuis, der für einen Zusammenschluß von SDAP und NVV zu einer neuen Arbeiterpartei plädierte. Von einer solchen Partei erhoffte er sich neue Impulse auf dem nach seiner Ansicht zu jenem Zeitpunkt versperrten Weg zum Sozialismus. Sein Plan fiel auf dem SDAP-Parteikongreß von 1926 voll durch. Die reformistische Führung hatte ihre Organisation im Griff und duldete keine Abweichung von dem einmal eingeschlagenen Kurs, der wenig später von einer Gruppe um den ehemaligen Kommunisten Jacques de Kadt erneut attackiert wurde. Für de Kadt ging es zunächst um ein deutliches Bekenntnis zum Sozialismus und zur sozialistischen Gesellschaftsordnung. Unter solchen Vorzeichen war nach seinem Verständnis der politische Kampf zu führen und damit die immer wieder betonte Bereitschaft aufzugeben, eine Koalition mit den Katholiken einzugehen. Diese koalitionsabweisende Oppositionshaltung der Parteilinken scheiterte innerhalb der Partei, schien keine Folgen zu haben, führte aber 1932 zur Abspaltung der »Unabhängigen Sozialistischen Partei (Onafhankelijke Socialistische Partij, OSP)«, die etwa 2.000 Mitglieder zählte. Es vollzog sich hier ein Prozeß, der der Bildung der »Sozialistischen Arbeiterpartei (SAP)« in Deutschland vergleichbar war. Die Parlamentswahlen von 1933 zeigten allerdings, daß die niederländischen Arbeiter die Spaltung nicht zu honorieren gedachten. Die neue Partei erhielt keinen Sitz im Parlament. Die SDAP verlor ihrerseits 145.000 Stimmen und damit zwei Sitze. Vliegen lastete diesen Verlust sofort der unabhängigen sozialistischen Gruppe und den Kommunisten an. Die OSP verfügte über jene Parteikritiker, die nach einem halben Jahrhundert SDAP-Politik endlich eine Veränderung in Gesellschaft und Wirtschaft erwarteten.

Größeren Widerhall fanden dagegen die Theorien des belgischen Sozialisten Hendrik de Man, dessen 1926 erschienene Studie »Zur Psychologie des Sozialismus« in breiten Kreisen gelesen wurde. De Man legte eine ethische Begründung des Sozialismus vor, kehrte sich von Marx ab und forderte die Hinwendung zum Sozialismus als einer dem Kapitalismus weit überlegenen Volksbewegung. In seinem Wunsch, die tendenziell zunehmende Verbürgerlichung der Arbeiter zu bremsen, wandte er sich gegen orthodoxe Marxisten und Revisionisten gleichermaßen. Der Belgier fand seine Anhänger bei dem christlichen Sozialisten Willem Banning und bei der von Koos Vorrink geführten Arbeiterjugend, der AJC. Die Forderung des Belgiers nach Mentalitätsveränderung als der wesentlichen Voraussetzung, um Sozialismus zur Volksbewegung zu machen, hatte eine starke Resonanz in der sozialistischen Jugendbewegung. Sie wollte eine eigene sozialistische Kultur aufbauen und vorleben. Das sollte durch Wanderfahrten, Zeltlager, Volkstanzveranstaltungen und Kameradschaftspflege geschehen, wobei die Distanzierung von der überkommenen Bürgerlichkeit bis in den persönlichen Habitus hinein zu erfolgen habe. Letztlich fügte sich diese AJC in andere Jugendbewegungen europäischer Länder ein.

Abgesehen von den Auseinandersetzungen um das Verhältnis zwischen Theorie und Praxis und von der Rezeption neuer Begründungen des Sozialismus, war es in Partei- und Gewerkschaftskreisen schon recht früh klar, daß über die simple sozialpolitische Gesetzgebung hinaus auf eine Änderung der wirtschaftlichen Eigentums- und Entscheidungsstruktur hinzuarbeiten war. Bereits am 16. und 17. November 1918 veranstalteten Partei und Gewerkschaft einen gemeinsamen Kongreß, der einen Dringlichkeitskatalog verabschiedete, in dem es unter Punkt 5 hieß: »Sozialisierung aller Unternehmen, die dafür in Betracht kommen.« Das war für die Niederlande politisch etwas Neues, nachdem der Krieg, obwohl das Land in seiner Neutralität unberührt lassend, als Zeugnis für die Unduldbarkeit des kapitalistischen Systems ausgemacht worden war. Anregungen zu diesem Unterfangen holten sich die Niederländer im Ausland, zum Beispiel bei dem österreichischen Sozialisten Otto Bauer, aber sie planten mehr, als ihre europäischen Vorbilder ihnen zu bieten hatten. So war von der Fortsetzung der Produktion auf hohem Niveau während des Umwandlungsprozesses die Rede, sprachen die Planer von der Berücksichtigung des Konsumenteninteresses und von der Sicherstellung des Arbeitereinflusses, nannten das Wohl der Gemeinschaft als Ziel und lehnten entsprechend eine Fetischisierung der Arbeiter ab. Zusätzlich entwickelten sie die Verwaltungs- und Entscheidungsrichtlinien für die sozialisierten Bereiche, in denen auch Vertreter der Konsumenten eingeplant waren. Für die innerbetriebliche Mitbestimmung waren Gruppenräte, bestehend aus Technikern, Arbeitern, Angestellten, und ein aus ihnen gebildeter Gesamtpersonalrat vorgesehen. Bei deren Bestellung sollten die Gewerkschaften mitwirken, ohne umfassenden Einfluß zu erlangen. Ihre Kompetenzen beschränkten sich auf Beratung und Kontrolle in technischen und sozialen Fragen. Bei der Bildung des Gesamtpersonalrats aus den Gruppenräten sollte nicht so sehr die zahlenmäßige Stärke als vielmehr die qualitative Kompetenz der Gruppenräte berücksichtigt werden. Die Kapitalisten hätten die körperliche Arbeit zu gering bewertet, aber jetzt solle man nicht ins Gegenteil verfallen und die körperliche Arbeit mit der Kopfarbeit gleichstellen.

Die Arbeit dieser Partei- und Gewerkschaftskommission hat man im nachhinein mehrfach gewürdigt, aber sie ist ohne Wirkung geblieben. Zum einen zeigten die Wahlergebnisse, daß von einer Erweiterung des sozialdemokratisch-gewerkschaftlichen Rückhalts in der Gesellschaft keine Rede sein konnte, zum anderen ließ die Depression der frühen zwanziger Jahre keinen Raum für Neuordnungsgedanken dort, wo zunächst tägliches Brot gefragt war. Trotzdem sah man sich herausgefordert, unverdrossen zu planen, da die katholische Konkurrenz seitens des Delfter Professors Veraart sich auch durch innerkatholische Auseinandersetzungen von ihrem Vorhaben einer sozialökonomischen Umstrukturierung nicht abbringen ließ. Veraart hatte seine schon im Forderungskatalog des »Ostermanifests« enthaltenen Konzeptionen 1921 in der Broschüre »Grundsätze der Wirtschaftsorganisation« landesweit verbreiten lassen. Partei und Gewerkschaftsverband NVV legten 1923 ein Arbeitsergebnis vor, in dem die Einrichtung von Betriebsräten in nicht-sozialisierten Unternehmen sowie die öffentlich-rechtliche Wirtschaftsorganisation, praktisch eine ganz spezifische, von den Gedanken Veraarts inspirierte Form der überbetrieblichen Mitbestimmung, vorgesehen waren. Zur intensiven Vorarbeit gehörten Informationsreisen von Gewerkschafts- und Parteimitgliedern nach Deutschland, Großbritannien und in die Tschechoslowakei. Im Ergebnis wurden Betriebsräte in noch nicht sozialisierten Betrieben nicht als antikapitalistische Machtinstrumente, sondern eher als Vorstufen für die Aufgaben nach der Sozialisierung gewertet.

Das eigentliche Thema der 1922 von NVV und SDAP paritätisch eingesetzten Kommission war die öffentlich-rechtliche Organisation der Wirtschaftszweige beziehungsweise der Wirtschaft insgesamt. Folgerichtig schlossen die Betrachtungen hierzu an die Darlegungen über Betriebsräte an. Die angestrebte öffentlich-rechtliche Organisation, die »Publiekrechtelijke Bedrijfsorganisatie (PBO)«, sollte doch ein weiterer Schritt auf dem Weg zur Sozialisierung der für diesen Schritt noch nicht reifen Sektoren sein. Nun mochten Partei und Gewerkschaften diese Form zwar als eine Vorstufe deklarieren, doch bei genauem Hinsehen handelte es sich, mit einigen Unterschieden, um das von Veraart vorgetragene Ordnungsprinzip, das auch ohne den Gedanken an künftige Sozialisierung existieren konnte. »Ordnung« hieß das neue Wort, das bis in die dreißiger Jahre hinein eine große Rolle spielen sollte. Mit ihr war der Systemlosigkeit und Anarchie des Wirtschaftslebens ein Ende zu bereiten. Träger der Ordnung waren Arbeitgeber, Arbeitnehmer und Vertreter der Öffentlichkeit, die in den für einzelne Wirtschaftszweige zu bildenden Wirtschaftsräten zusammenzuarbeiten und hier Maßnahmen zu beraten hatten: für gemeinsamen Rohstoffankauf und Standardisierung der Waren, für Ausschaltung unnötigen Zwischenhandels, Verbot veralteter und gesundheitsschädlicher Produktionsmethoden, für technologische Neuerungen, Vermeidung von Arbeitslosigkeit und Verbesserung der fachlichen Ausbildung. Außerhalb des Kompetenzbereiches der Wirtschaftsräte lagen Preisabsprachen und Tarifverträge. In der Auseinandersetzung um das Ergebnis wurde auf Gewerkschaftsseite festgestellt, das internationale sozialistische Lager habe es bisher unterlassen, sich intensiv mit Neuordnungsfragen zu befassen. Evert Kupers, NVV-Vorstandsmitglied, brachte das niederländische Anliegen auf die richtige Formel, wenn er von der Entwicklung vom »Arbeiteruntertan« zum »Arbeiterbürger« schrieb. Aber wer aus der überzeugend demokratisch klingenden Formel auf rasches parlamentarisches Handeln spekuliert hatte, mußte sich getäuscht sehen. In Unternehmerkreisen war die Animosität gegen derartige Vorschläge ein noch immer unüberwindbares Hindernis.

So kamen Vorschläge zur öffentlich-rechtlichen Wirtschaftsorganisation erst kurz nach dem Zweiten Weltkrieg ernsthaft zur Sprache, ohne daß sie in den dreißiger Jahren zu den Akten gelegt worden wären. Jetzt traten unter dem Einfluß des Hendrik de Man und seines »Plan der Arbeit« für Belgien sowie unter den jungen Nationalökonomen wie Jan Tinbergen und Hein Vos die Komponenten »Planung« und »staatliche Intervention auf dem Boden der bestehenden Ordnung« hinzu, die 1935 zu einem niederländischen »Plan der Arbeit« führten. Dieser von Partei und Gewerkschaften voll akzeptierte Plan enthielt Maßnahmen zur Krisenbekämpfung und Elemente einer strukturellen Veränderung des Wirtschaftens. Es waren Instrumente zu schaffen, die eine ungezügelte Expansion zu bremsen und den Wirtschaftsablauf zu ordnen vermochten. Zu diesem Zweck entstanden paritätisch aus Arbeitgebern, Arbeitnehmern und Staatsbeamten zusammengesetzte Wirtschafts- beziehungsweise Branchenräte. Sie erhielten die Kompetenzen im Produktions- und Investitionsbereich sowie für den Bereich der Arbeitsbedingungen zugewiesen. Über jenen Räten stand als Gesamtorgan der »Allgemeine Wirtschaftsrat«, der generelle Entscheidungen über Gesamtinvestitionen, Industrialisierung und Rationalisierung zu treffen hatte. Die für jede Einzelentscheidung erforderliche Datenkenntnis verschaffte ein Konjunkturamt, das eng mit dem Zentralamt für Statistik zusammenarbeiten sollte. Wenn es überhaupt noch um »Sozialisierung« ging – der Terminus lautete »Nationalisierung« – dann nur noch um die der Niederländischen Bank. Vergesellschaftung des Entscheidungsverfahrens, nicht der Eigentumsverhältnisse stand auf der Tagesordnung.

Dirk U. Stikker hat nach dem Krieg betont, daß bis 1940 die Beziehungen zwischen Arbeitnehmer- und Arbeitgeberorganisationen als ausgesprochen gut zu bezeichnen gewesen seien. Tatsächlich fanden ab 1938 Gespräche zwischen Arbeitnehmer- und Arbeitgebervertretern statt, die Jahre zuvor sporadisch eingesetzt hatten, nun aber in größerer Regelmäßigkeit zustande kamen, weil die Einrichtung von Wirtschaftsräten endlich realisiert werden sollte. Man wird dieses Vorgehen der Partei nicht nur als einen durch die große Depression eingegebenen Wunsch nach strukturpolitischer Neuerung, sondern auch als Ausfluß einer Diskussion begreifen müssen, die an die grundsätzlichen Theoreme der Partei gerührt und deren potentielle Mitglieder- und Anhängerschaft betroffen hat. Jan Tinbergen und Hein Vos waren Fachleute, die »Ordnung« und »Planung« nicht erst nach der Übernahme der politischen Macht konkretisiert sehen wollten, wie das bis dahin die Führungsspitze der Partei tat. So war die Parteipresse im Unterschied zur Parteispitze gar nicht gegen eine Übernahme des Plans von Hendrik de Man. Immerhin drängte sich angesichts der Wirtschaftskrise und der deutschen Entwicklung die Frage auf, ob man das Schicksal der deutschen Sozialdemokratie erleiden wolle. Unterschiedliche Antworten wurden gegeben. Während der linke Parteiflügel den Untergang der SPD auf das Fehlen einer entschiedenen Klassenpolitik schob, wiesen die um Pastor Willem Banning gruppierten SDAP-Mitglieder den Niedergang der Unfähigkeit zu, sich auch den antikapitalistischen Mittelgruppen, den Angestellten und Bauern, zu öffnen. Abgesehen davon, daß Banning nach dem Krieg einer der Propagandisten des »Durchbruchs« wurde, rückte er mit seiner These in die Nähe der Diskussion, die Rudolf Hilferding im frühen deutschen sozialdemokratischen Exil eröffnete. Die Banningsche Forderung schlug eine Bresche für die Akzeptanz der Ideen de Mans. Mit dem »Plan der Arbeit« sowie mit der unter dem Druck der internationalen Lage erfolgenden Preisgabe der antimilitaristischen Einstellung war die Basis nicht nur für die Konkretisierung des Volkspartei-Gedankens gelegt, sondern auch die Koalitionsfähigkeit der Partei für die bürgerlichen Organisationen unter Beweis gestellt. Im neuen Parteiprogramm von 1937 bestätigte die Organisation diese Wende, die von den Katholiken der RKSP begrüßt wurde. Das war naheliegend, weil spätestens seit der Wirtschaftskrise einerseits die Koalition mit den Protestanten als kaum noch tragbar empfunden wurde, andererseits die Heterogenität der Mitgliedschaft der RKSP und das von ihr immer verfochtene Harmoniemodell ein Zusammengehen mit den Sozialdemokraten verhinderte. Zudem förderten die starre liberale Wirtschaftspolitik des AR-Premiers Hendrik Colijn und dessen nur gering entwickeltes Gefühl für die soziale Malaise den katholischen Trend zum Absprung, der schließlich 1939 erfolgte. Der Premier Dirk Jan de Geer von der CHU bot der SDAP zwei Kabinettssitze an, die diese, nun zum ersten Mal in ihrer Geschichte Regierungspartei, akzeptierte. Im Kabinett von 1939 saßen CHU, RKSP und SDAP zusammen. Freilich war mit der Anerkennung der Regierungsfähigkeit die parteiinterne Auseinandersetzung um die richtigen gesellschaftspolitischen Prinzipien und ihre Realisierung keineswegs ausgestanden.

Aufkommen faschistischer und nationalsozialistischer Bewegungen und ihr Verhältnis zu den Nachbarn

Es kennzeichnet die niederländische Politik der zwanziger Jahre, daß die parlamentarische Entwicklung vergleichsweise ruhig verlaufen ist. Es fällt daher nicht schwer, das Land bei aller hektischen Zersplitterung der Parteienlandschaft als ein Zentrum der Ausgewogenheit darzustellen, zumal seine Neutralitätspolitik den Staat aus hochgehenden europäischen Konflikten heraushielt. Dies heißt nicht, daß nicht Kritik an den bestehenden politischen Strukturen geübt worden wäre. In diesem Zusammenhang wird von der »kleinen« und der »großen Krise« der niederländischen Demokratie gesprochen (A. A. de Jonge). Die »kleine Krise« hatte nichts mit den Planungen seitens der niederländischen Linken zu tun, denn sie wollten lediglich die Fortschreibung der Demokratie über den parlamentarischen Bereich hinaus. Bei der »kleinen Krise« ging es um den Zweifel an der politischen Schlagkraft des Parlaments und um die Kritik an dem im Zuge der Bürokratisierung entstandenen Abstand zwischen Wähler und Gewählten. Mancherlei Unbehagen ob solcher Entwicklung war nicht zuletzt auf die gegenseitige Abschottung der »Säulen«, die beharrliche Bindung und Anhänglichkeit und damit auf die Erstarrung der parlamentarischen Sitzverteilung zurückzuführen. Eine Verschiebung von zwei Sitzen bei niederländischen Wahlen stellt bis heute im allgemeinen keinen Erdrutsch dar. Die »große Krise« wird laut de Jonge als eine europäische Erscheinung, auf Ablehnung der »ideellen Grundlagen der Demokratie« gerichtet, bezeichnet. Die Erkenntnisse der Aufklärung wurden angezweifelt, man verweigerte die Anerkennung des Menschen als eines vernunftbegabten und damit politisch entscheidungsfähigen Wesens. Hier war der Kampf gegen das Parlament eine Prinzipienfrage aufgrund eines anderen Menschenbildes. Beide Denkweisen haben in der niederländischen Gesellschaft ihren Platz gefunden, allerdings nur Minderheiten erreicht. Sie äußerten sich zum einen in einer konservativ orientierten antiparlamentarischen Form, zum anderen in einem aggressiven – de Jonge nennt es: revolutionären – Antidemokratismus samt seiner radikalen Einstellung gegen die bestehende politische Ordnung. Diese aggressiven Bewegungen nahmen sich den Faschismus Italiens oder den Nationalsozialismus Deutschlands zum Vorbild. Sie blieben im großen und ganzen politische Randerscheinungen, national begrenzt oder über die südliche Staatsgrenze mit flämischen Nationalisten und Faschisten verbunden. Seit den frühen zwanziger Jahren entwickelten sich viele kleine Gruppierungen, die hauptsächlich von niederländischen Intellektuellen gegründet wurden. Die Zahl ihrer Anhänger, die zunächst dem italienischen Faschismus huldigten, war überschaubar. Erst über Alfred Haighton, den Mitbegründer der faschistischen »Bezem«-Gruppe, kam nationalsozialistisches Gedankengut in den niederländischen Rechtsradikalismus, jedoch ohne den Antisemitismus, wie ihn die NSDAP in ihr Programm genommen hatte. Den zu praktizieren, war der Bewegung »Schwarze Front (Zwarte Front)« des Arnold Meijer vorbehalten, einer Gruppe, die erst im Zweiten Weltkrieg mit Hilfe der deutschen Besatzer eine Rolle spielen sollte.

Unter den faschistischen Gruppen und Parteien war die »Nationalsozialistische Bewegung (NSB)« die Partei mit dem größten Erfolgserlebnis. Die von dem Wasserbauingenieur Anton Mussert zusammen mit dem Kanzleibeamten Cees van Geelkerken 1931 ins Leben gerufene Bewegung konnte auf der Gründungsversammlung bloß zwölf Zuhörer interessieren, von denen sich vier dazu bekannten. Auf den folgenden Versammlungen vermochte die zunächst auf Utrecht begrenzte Gruppe kaum Zuwachs zu verbuchen, aber noch im Laufe des nächsten Jahres ließen sich immerhin etwa 1.000 Mitglieder einschreiben, deren Zahl sich im Jahre 1934 auf mehr als 21.000 erhöhte und 1936 die Höchstzahl von 52.000 erreichte. Ihren größten Erfolg erzielte die Bewegung 1935 bei den Wahlen zu den Provinzialständen, als sie 8 Prozent der Stimmen erhielt. Doch das ließ sich nicht wiederholen: Bereits bei den Parlamentswahlen von 1937 bekam die Partei rund 4,22 Prozent der Stimmen und blieb 1939 sogar unter 4 Prozent. Solche Resultate lassen den Schluß zu, daß es sich bei Musserts Partei zunächst um eine vorwiegend krisenbedingte Gruppierung gehandelt hat, denn ab 1936 schien sich eine Besserung der wirtschaftlichen Entwicklung abzuzeichnen. Viel mehr aber dürfte sich allerdings die intensive Gegenpropaganda ausgewirkt haben, die insbesondere von der 1935 gebildeten »Einheit durch Demokratie (Eenheid door Democratie)« gelenkt wurde, von einem Verbund, in dem die großen parlamentarischen Parteien zusammenarbeiteten. Außerdem dürften weder Mussolinis Abessinien-Politik, mit der sich Mussert solidarisch erklärte, noch die Hitlersche Außenpolitik und die Judenverfolgung der NSB alles andere als Auftrieb gegeben haben. Zu dem schlechten Ergebnis bei den Provinzialständewahlen von 1939 kam die Tatsache, daß der NSB-Anhang zu diesem Zeitpunkt im politischen Leben der Niederlande ziemlich isoliert war. Es gab eben ein hohes Potential an einem in der kleinstaatlichen Existenz herangewachsenen moralischen Empfinden wie darüber hinaus die Furcht vor Hitlers Außenpolitik, und es gab noch andere faschistische Gruppen, die allerdings sehr viel weniger Mitglieder und Wähler hatten als die NSB. So ist zu vermuten, daß der Aufstieg an die Person Musserts gebunden war. Er, alles andere als eine charismatische Führerfigur, war kein Unbekannter in der niederländischen Politik. In seinen Aktionen gegen den belgisch-niederländischen Vertrag von 1926 hatte er sich einen Namen gemacht. Mussert war ein gutsituierter, anerkannter Bürger, der mit den Führern anderer faschistischer Gruppen, von denen er sich distanzierte, kaum etwas gemein hatte. De Jonge hat darauf hingewiesen, daß die Bindungslosigkeit Musserts innerhalb der »versäulten« Gesellschaft und vor allem sein Abstand zu den Konfessionen sowie seine moderne professionelle Organisationspolitik und Propaganda entscheidend für den Erfolg der Partei gewesen sind.

Die NSB rekrutierte ihre Mitglieder und Wähler aus dem städtischen Mittelstand sowie aus dem Kreis der Freiberuflichen. Geographisch war ihr Anhang ungleich verteilt. In den Provinzen Limburg und Drenthe erzielte sie bei den Wahlen von 1935 die größten Erfolge: 11,69 beziehungsweise 11,19 Prozent. Nordbrabant und Friesland verschlossen sich dagegen dem Werben der Bewegung am stärksten: 2,93 beziehungsweise 3,17 Prozent. Zwei Drittel ihrer Mitglieder lebten in Nord- und Südholland und konzentrierten sich hier ebenfalls auf die großen Städte, auf Amsterdam, Rotterdam und Den Haag. Die Provinz Nordholland äußerte sich 1935 mit immerhin 9,64 Prozent der Stimmen für die NSB, in Südholland waren es 8,8 Prozent, in Utrecht 9,51 Prozent und in Groningen 8,42 Prozent. Geldern erreichte annährend den Landesdurchschnitt, Overijssel 5 Prozent und Seeland 6 Prozent. Die Wählerverteilung innerhalb der Provinzen war äußerst unterschiedlich. Die NSB-Stimmen konzentrierten sich vor allem auf die städtischen Zentren, während sie in den ländlichen Gemeinden unter 5.000 Einwohnern durchschnittlich nur um 5,97 Prozent lagen. Gleichwohl bleibt mit G. A. Kooij festzuhalten, daß kein Zusammenhang zwischen Urbanisierungs- und Nazifizierungsgrad der niederländischen Bevölkerung abzuleiten ist. Das protestantische, aber nicht kirchlich orientierte Groninger-Drenther Grenzgebiet wies ein hohes Wählerpotential auf, ebenso das katholische Südlimburg. Nördlich von Roermond vermochte die NSB kaum Fuß zu fassen, in Südlimburg dagegen lag ihr Stimmenanteil in mehreren Gemeinden über 20 Prozent. Das hieß, daß die katholische »Säule« in dieser Region ihre einbindende Kraft nicht umfassend hatte entfalten können. Das Wahlergebnis war erstaunlich, weil sich die RKSP relativ rasch auf die Spitzen des Dritten Reiches einschoß. Goebbels galt als »abgefallener Katholik«, Göring fungierte als »fanatischer Katholikengegner«, und Hitler wurde Verfassungsbruch, persönliche Bereicherung und Aufhebung des ursprünglichen nationalsozialistischen Wirtschaftssystems vorgeworfen. Dies alles waren Argumente, die nicht primär außenpolitische Äußerungen darstellten, sondern in erster Linie gegen die NSB gerichtet blieben. Die RKSP sah sehr wohl, daß sie gerade dort ihre Wähler zu verlieren drohte, wo sie bisher aus einem homogenen Wählerreservoir hatte schöpfen können: im Kohlenbezirk der Provinz Limburg mit seiner konfessionellen Monostruktur und mit seinen persönlichen und verwandtschaftlichen Kontakten zum deutschen und belgischen Nachbarn sowie mit einer Wirtschaft, die in der ersten Hälfte der dreißiger Jahre sowohl im Bereich der Industrie als auch im Agrarsektor völlig zusammenbrach. Die Zahl der Arbeitslosen im Bergbaugebiet betrug zwischen 1934 und 1936 etwa 10 bis 15 Prozent der Erwerbstätigen. Dazu kamen Lohnkürzungen, deren

Ende 1935 noch nicht abzusehen war. Katholische Standes- sowie Gewerk-schaftsorganisationen und auch die katholische Partei liefen Gefahr, ihren tra-ditionellen Zugriff auf dieses Gebiet zu verlieren, zumal sich die dort Lebenden ohnehin durch die hohe Mobilität der sozialen Kontrolle seitens der katholi-schen Instanzen entzogen. Nicht einmal die Hirtenbriefe, in denen jenen die Verweigerung der Sakramente angedroht wurde, die die NSB unterstützten, konnten den für die Katholiken nachteiligen Trend aufhalten.

Das Programm der NSB hatte wenig Profil, auch wenn ihm das Epitheton »nationalsozialistisch« mitgegeben wurde. Nach eigener Aussage sah Mussert in der Verbindung von »national« und »sozialistisch« eine Anziehungskraft. Sie war realiter jedoch nicht mehr als eine inhaltslose Begriffsübernahme, denn im Programm von 1931 zählten weder das Führerprinzip noch Antimarxismus oder Antisemitismus zu den Formeln der Bewegung. Von einer kräftigen und unabhängigen Staatsgewalt war die Rede, von einer Einteilung der Gesellschaft in Korporationen, deren Mitgliedern allein das Wahlrecht zustehen sollte. Sol-chen Forderungen, die unter die Überschrift »Faschismus« fallen konnten, hat-ten mit Nationalsozialismus wenig zu tun, abgesehen davon, daß dem Tonfall die Radikalität fehlte. Was zur Sozialökonomie gesagt wurde, entsprach etwa den Äußerungen der »Korporativen Konzentration«, eines Zusammenschlusses des »Allgemeinen Niederländischen Faschistenbundes« unter Jan Baars mit der konservativen »Nationalen Union«. Genannt waren: Streikverbot, staatliche Bankenaufsicht, Aufbau staatlicher Unternehmen, soweit sich dies als zweck-mäßig erweisen sollte, Gewinnbeteiligung für Arbeiter, Pensionsrecht im Alter von fünfzig oder sechzig Jahren. Eine gewisse Profilierung schuf sich die Bewe-gung in der Ausarbeitung des Staatsgedankens. Sie entwickelte ihn in der »Bro-schüre Nr. 3«, in der die Hegelsche Staatslehre den Ausgangspunkt bildete. Ganze Passagen aus Hegels Rechtsphilosophie wurden übersetzt in die Bro-schüre übernommen. Dabei wurden der Staats- und der Führergedanke mitein-ander verquickt. Demnach konkretisierte sich der allgemeine sittliche Wille im Staatswillen und damit in der Person des Führers. Nur jener Bürger war wirk-lich frei, der den Staat als die Verwirklichung der allgemeinen sittlichen Idee begriff und sich selbst in den Dienst dieser Idee stellte. Staat und staatliches Recht wurden als Instrumente zur Selbstbefreiung des Geistes verstanden. Des-halb hat der Staat das Ziel des politischen Strebens seiner Bürger zu sein. An anderer Stelle der Broschüre wurde dieser Staat sogar als Geist der Nation begriffen, als etwas Permanentes, über der zufälligen Existenz des Einzelnen Stehendes. Damit war praktisch jeder liberal orientierte Individualismus dem Anspruch des Staates unterworfen. Hier trat eindeutig die Gemeinschaft an die

Stelle der partikularistischen Gesellschaft. Das alles mochte im europäischen Denken jener Jahrzehnte nichts Besonderes sein, aber für die auf ihre Eigenart, Eigenheit und Eigensinnigkeit, auf ihren Individualismus bedachten Niederländer, die – ob sie nun weltanschaulich oder kirchlich gebunden waren – zum großen Teil dem Gedanken der »Souveränität im eigenen Kreis« lebten, war solche Staatsverherrlichung kaum erträglich.

Es gab innerhalb der NSB eine Reihe von Intellektuellen vor allem protestantischer Observanz, die meinten, ihre eigenen Interpretationen des faschistischen Programms vortragen oder, wie der mennonitische Pfarrer Cornelis Bonnes Hylkema, den sozialen und ethischen Charakter der NSB hervorheben zu müssen, der mit dem Begriff »Volk« operierte und in der Verbindung von Gott, Staat und Volk die Rechtfertigung des faschistischen Führerstaates fand. Dabei blieb die Frage nach der Provenienz des Führers unbeantwortet. Er tauchte einfach auf, gleichsam als Deus ex machina. Andere, die aus dem katholischen Lager kamen, wie der Privatdozent für Wirtschaftspolitik Emile Gerard Hubert Verviers, oder aus der antidemokratisch-konservativen Bewegung, wie der Hochschullehrer Jan Hendrik Valckenier Kips, leisteten ebenfalls ihre Theoriebeiträge. Insgesamt mußte die mehrgestaltige Interpretation in den Jahren 1935/36 der stärker auf Deutschland gerichteten Linie weichen. Zum einen griff das Wort vom »Völkischen« zunehmend Platz, zum anderen rückten die Rassenlehre und besonders das Führerprinzip in den Vordergrund. Es ist schwierig, diese Entwicklung auf bestimmte Personen der Bewegung zurückzuführen. Auf jeden Fall vollzog sie sich ohne Musserts Zutun, aber sicher spielte hierin Meinoud Marinus Rost van Tonningen eine Rolle, ein in Surabaja geborener Niederländer, der schon früh mit dem österreichischen Nationalsozialismus in Berührung kam und ein enger Freund Himmlers war. Doch er trug nicht allein die Verantwortung für die allmählich sich durchsetzende Radikalisierung. In der »Broschüre Nr. 5« von 1936, die die staatstheoretisch orientierte »Broschüre Nr. 3« ersetzen sollte, wurde die neue Richtung der Bewegung zum Teil fixiert: mit den Begriffen »Volksgemeinschaft« und vor allem »Rasse«. Die Verschiedenheit der Rassen und die Blutsbindung der Menschen einer Rasse als Wille der Schöpfung, das waren die neuen Schlagworte. In der Definition des Volkes als Rasse verharrten die Autoren nicht bei der Biologie, vielmehr zogen sie Sprache, Sitten und Gebräuche, Geschichte und Lebensumstände als bestimmende Merkmale eines Volkes hinzu. Man zeigte sich hier theoretisch noch nicht antisemitisch, wenngleich die Perzeption von Rasse als Bestimmungsmerkmal in nuce zumindest die Möglichkeit eines völkischen Ausscheidungsprozesses enthielt. Die Tatsache, daß zunächst auch Juden die Mitgliedschaft der NSB erwerben konnten, dürfte vornehmlich opportunistische Ursachen gehabt haben, da infolge der gesellschaftlichen Integration der Juden in den Niederlanden ein Judenproblem gar nicht denkbar war. In der Kontaktsuche zu Deutschland, bei der Rost van Tonningen seine Beziehungen spielen ließ, war Opportunismus eine verständliche Haltung. Der Wunsch nach Anerkennung durch die deutsche Bewegung ließ Mussert umschwenken und den für den Erfolg solchen Kontaktes erforderlichen prinzipiellen Antisemitismus einführen. 1937 war dann auch in der Broschüre »De bronnen van het Nationaal-Socialisme« die Rede von der nordischen Rasse als der schöpferischen und führenden Kraft der Welt und der Geschichte. Kühnheit, Durchsetzungsvermögen, Willenskraft waren ihr eigen. Das war eine Sprache, die man in Deutschland verstand. Fügte man hinzu, daß die Juden damit befaßt seien, den Boden der Niederlande in ihren Besitz zu bringen, daß sie – wie propagiert wurde – Handel und Industrie beherrschten und sogar die Erziehung der Jugend bestimmten, dann war alles genannt, was auch in Deutschland zum täglichen Propagandastil gehörte. Hierzu sei de Jonge zitiert, der die opportunistische Kehrtwendung Musserts auf die ohnehin einsetzende Radikalisierung der Bewegung, aber auch auf den moralischen Nihilismus des NSB-Führers zurückführt: »Vor die Wahl gestellt, entweder eine gewisse Verbindung noch mit den traditionellen Werten der niederländischen Kultur zu halten oder sich, auf wessen Kosten auch immer, mit den mächtigen geistesverwandten Bewegungen im Ausland zu vereinen, entschieden sich Mussert und seine Anhänger für die zweite Möglichkeit.« Der Antisemitismus der NSB war der Anstoß, um diese Bewegung innerhalb der niederländischen Gesellschaft vollends zu isolieren. Die Wahlen von 1937 und 1939 bewiesen das. Erst mit dem Einfall der Deutschen in das Land und in den folgenden Besatzungsjahren erreichte die Bewegung eine neue Qualität: die des kollaborierenden Unterdrückers.

Über die Ambivalenz eines Verhältnisses: die Niederlande und das Reich

Staat und Gesellschaft der Niederlande fanden sich in den dreißiger Jahren mit zwei Problemen konfrontiert, die die bestehende Ordnung zu stören drohten. In der Innenpolitik mußten die Folgen der großen Depression bewältigt werden, und an der Ostgrenze des Landes entwickelte sich das Dritte Reich mit einer innen- und außenpolitisch völlig anders gearteten Orientierung, so daß sich für einen neutralen, der liberalen und demokratischen Tradition verbundenen Staat die Frage nach der Gestaltung der Beziehungen neuerlich stellen mußte. Die Außenpolitik hatte in Zeiten wirtschaftlicher Depression für einen so exportorientierten Staat wie die Niederlande vornehmlich Außenwirtschaftspolitik zu sein, was gegebenenfalls Auswirkungen auf die eigene Innenpolitik haben konnte. Verglichen mit der Gestaltung des Verhältnisses zum deutschen Nachbarn waren außenpolitische Fragen wie der niederländisch-belgische Vertrag von 1926, die Aufnahme diplomatischer Beziehungen zum Heiligen Stuhl oder zur Sowjetunion lediglich Quisquilien. Es gelang den niederländischen Außenpolitikern in strikter Befolgung neutraler Politik, allen Annäherungsversuchen des nationalsozialistischen Deutschlands auszuweichen, sich nicht kollektiv engagieren zu lassen, wo es um die Durchführung von Sanktionen hätte gehen können. Das auf Ausgleich gerichtete Denken in Kategorien der Neutralität scheint die Perzeption von Gefahr gemildert zu haben. Zur Taktik der niederländischen Regierung gehörten außenpolitische Ausweichmanöver und diplomatische Beobachtungen der deutschen Verhältnisse einschließlich der sich verändernden Parteienlandschaft. Dabei hatte man anfangs noch kein klares Urteil über das neue Phänomen, die NSDAP.

Vor September 1930 schrieben die Diplomaten über rhetorisch begabte, aber wenig substantielle Parteiredner, die auf die Jugend einzuwirken versuchten und die Brachialgewalt nicht scheuten. Der September-Wahlsieg der NSDAP galt als Ergebnis der Schwäche durch Parteienzersplitterung und der politischen Unreife des Wahlvolkes. Der Rotterdamer Wirtschaftswissenschaftler G. W. J. Brusius, der als Kommissar für die »Geldausgabe« bei der Reichsbank in Berlin tätig war, einer der niederländischen Top-Wirtschaftler, hatte ein knappes Jahr vor den September-Wahlen notiert: »Das Sympathische an den Hitler-Anhängern ist ihr interessenfreies Nationalgefühl. In ihrem Kreis herrscht viel Idealismus. Ihr Zugewinn und der der Kommunisten ist ausschließlich der Beweis für das viele Steuerlose und Gährende, das noch im deutschen Volk lebt.« Die politische Konzeption der Nationalsozialisten blieb im wesentlichen unbeachtet, von deren außenpolitischen Vorstellungen war gar keine Rede. Schließlich saß die Partei auch noch nicht in der Regierung. Sie wurde insgesamt als ein Hort hohler Phraseologie abgetan. Volle Aufmerksamkeit hingegen fand die Wirtschafts- und Handelspolitik, da die Nationalsozialisten einen erhöhten Zollschutz für die eigene Landwirtschaft forderten. Solche Aufmerksamkeit war geboten, weil die Partei die Front jener Gruppen zu stärken vermochte, die unter Führung des Ministers Martin Schiele im Brüning-Kabinett gleichfalls eine Erhöhung der Tarife der für die Niederlande wichtigsten landwirtschaftlichen Exporterzeugnisse verlangten. In den folgenden Monaten galt der Handel als zentrales Problem der Niederländer, so daß deren Außenpolitik in erster Linie Außenhandelspolitik sein mußte. Die niederländische Beobachtung richtete sich dabei auf die Agrarier, die »Grüne Front«. Daß die Reichsregierung 1931 mit Finnland ein Abkommen über Butterkontingente geschlossen hatte, trug zur Beunruhigung bei. Doch noch alarmierender war die Forderung der Agrarier nach Erhöhung der Einfuhrzölle für landwirtschaftliche Produkte. Johan Paul van Limburg Stirum, niederländischer Gesandter in Berlin, setzte die Befürchtungen gleich in Zahlen um. Er legte den Einfuhrwert niederländischer Agrar- und Gartenbauerzeugnisse von 1929 vor, um die Bedeutung, ja die Lebenswichtigkeit des Exports ins Nachbarland noch deutlicher zu machen. In jenem Jahr seien für 110 Millionen Mark Butter, 80 Millionen Mark Eier, 60 Millionen Mark Käse, 62 Millionen Mark Gemüse und 15 Millionen Mark Blumen ins Deutsche Reich exportiert worden. Da zudem die »Kreuz-Zeitung« im Januar 1931 von einer bevorstehenden »zweiten Agrarschlacht« schrieb, sah der Gesandte schlimme Zeiten für die Niederlande heraufziehen.

So abwegig war die Vermutung eines Korrespondenten der »Kölnischen Zeitung« nicht, der nach den September-Wahlen 1930 angesichts der Bestürzung im Ausland über den Wahlerfolg der Nationalsozialisten nach Gesprächen mit niederländischen Wirtschaftlern formulierte: »Wirtschaft ist alles, Politik nicht viel! Das ist eigentlich das Kriterium des Holländers, und deshalb darf man die politische Neuorientierung in Deutschland, die die Wahl mit sich gebracht hat, als für den Holländer wenig bedeutungsvoll ansehen.« Es war nicht verwunderlich, daß der »Standaard«, das Organ der Antirevolutionären Partei, am 31. Januar 1933 den Akt der Machtübernahme nur kurz erwähnte und in einem zweiten Absatz hinzufügte, mit Alfred Hugenberg als Ernährungsminister sei wenig Hoffnung für die landwirtschaftlichen Erzeugnisse der Niederlande gegeben. Den Artikel schrieb Hendrik Colijn, der wenige Monate später Chef seines zweiten Kabinetts werden sollte. Gleichzeitig konzentrierte sich die diplomatisch-politische Beobachtung auf die Entwicklung des Kommunismus. Außenminister Frans Beelaerts van Blokland sah als Folge wirtschaftlichen Niedergangs und politischer Zerstörung den »Bolschewismus« hochkommen, nicht den Nationalsozialismus. Man befürchtete, daß die »rote Gefahr« auch die Niederlande nicht verschonen würde. Daß ein Mann wie der Außenminister nicht den Nationalsozialismus, sondern den Bolschewismus als Ergebnis politisch-gesellschaftlicher Zerrüttung apostrophierte, lag wohl daran, daß den Nationalsozialisten eine starke sozialistische Komponente zugewiesen wurde. Vor allem Gregor Strasser, »der sehr weit links steht«, galt in Den Haag als ganz wichtiger Mann in der NSDAP. Anfang 1932 nannte van Limburg Stirum ihn den »Mann der Zukunft«, und zwar im Zusammenhang mit dem neuen Kabinett Schleicher. Im Grunde war jedoch alles Spekulation. Für den niederländischen Beobachter blieb die deutsche Entwicklung weitgehend undurchsichtig; es waren Augenblickseindrücke, die man mitnahm. Da wurden Hitler und Hugenberg einander gegenübergestellt: Hitler galt als der Exponent der besitzlosen Arbeiterschaft, Hugenberg wurde als Vertreter der Großgrundbesitzer und Bauern bezeichnet. Wenig später befaßte man sich mit dem Machtkampf zwischen dem »gemäßigten« Hitler und Hermann Göring oder mit dem Kampf zwischen den »wilden Nazis« und Hitler. Einen Tag nach der Machtübernahme hieß es, daß es das Ausland kaltlassen könne, von welcher Sorte Menschen die Deutschen sich regieren lassen wollten, »wenn nicht Unglück drohte durch die wirtschaftliche Diktatur des Hugenberg«. Für Hugenberg sah man die Schwierigkeit darin, die industriellen und landwirtschaftlichen Interessen in Übereinstimmung zu bringen. Doch an jenem Tag hieß es auch, »unter den Nationalsozialisten kann höchstens ein halbes Prozent denken, und davon denkt die Hälfte noch falsch. Die Masse ist verhext durch den psychopathischen Führer und erwartet von ihm die Glückseligkeit des Dritten Reiches. Wie er das zustande bringt, geht sie nichts an.« Bereits Ende März war Hitler für den Gesandten nicht nur »gemäßigt«, sondern ein Politiker mit Sachverstand.

Van Limburg Stirum beobachtete schon früh die außenpolitischen Bestrebungen: Revision des Versailler Vertrages, Aufrüstung und Anschluß Österreichs. Damit werde Hitler noch warten, da er nicht gleich zu Anfang die Italiener verprellen und für alle Zukunft den Anschluß verspielen wolle. Ob Hitler außenpolitisch ebenfalls als »gemäßigt« angesehen wurde, ist nicht ersichtlich. Auf jeden Fall registrierten Politik und Diplomatie, daß Juden verfolgt wurden. Darin sah man einen politisch sehr unklugen Schritt, nicht nur, weil sich Deutschland die internationale Empörung auf den Hals hole, sondern weil dieses Land auf die Juden in keiner Weise verzichten könne. Man nahm die politische Verfolgung insgesamt sehr ernst und blickte mit sehr viel Pessimismus in die Zukunft, vor allem für die der Kirchen. Wo Hitler als Messias galt, schien dies kein Problem zu sein, aber wo man bei den Pastoren die christliche Überzeugung über den täglichen Broterwerb stellte, sah der niederländische Gesandte das Menetekel bereits an die Wand geschrieben. Es will nach dem Bericht des Gesandten scheinen, als ob diese nur kleine Gruppe die Zeit der Untergrundkirchen wieder habe heraufziehen sehen, wie sie vor dem niederländischen Aufstand bestanden hatten. Der Gesandte verzeichnete dies alles voller Empörung, den politischen Mord und besonders die Ausschaltung sozialfürsorgerisch verdienstvoller Jüdinnen aus den sozialen Diensten. Und er gab Beispiele. Der

Gesandte begriff einerseits, daß man, wie er formulierte, die »Ostjuden und Geldhaie« los sein wollte und sich dem unverhältnismäßig hohen Anteil von Juden an den Schaltstellen von Gesellschaft und Kultur widersetzte, aber »es gibt Grenzen«; andererseits wies er die Schuld an den Auswüchsen dem Pöbel zu. Hitler schien ihm gut beraten zu sein, wenn er solchem Treiben ein Ende setzte. Schließlich sah er die Nationalsozialisten allmählich das ausführen, was die Bolschewisten schon lange praktizierten. Die Parallelität der Extreme in ihren politischen oder hier: mörderischen Verhaltensweisen kennzeichnete durchgehend die Berichterstattung. Der NRC-Korrespondent H. J. Noordewier, der von Juni 1933 bis Dezember 1935 als »stiller Presseattaché für das halboffizielle »Nationaal Bureau voor Documentatie over Nederland« arbeitete, legte zusätzliche Informationen über das innenpolitische Geschehen, die Verfolgung des politischen und »rassischen Gegners« im Reich und über deutsche Wiederbewaffnung vor.

Es ist somit davon auszugehen, daß schon im ersten Jahr der Machtergreifung zuverlässige Nachrichten über den neuen nationalsozialistisch regierten Staat und den frühen Repressionsmechanismus bekannt gewesen sind. Damit war insofern eine Konfliktsituation vorgegeben, als zum einen die eigene politische Kultur und Tradition dem repressiven Regime diametral entgegengesetzt war, zum anderen vornehmlich wirtschaftliche Abhängigkeiten sowie die selbstverordnete Neutralität eine Abkehr von diesem Nachbarn im Osten verboten. Zu Beginn des Dritten Reiches scheint die Konfliktkonstellation noch nicht recht klar gewesen zu sein. Die bürgerliche und konfessionelle Presse begrüßte den Hitlerschen Antimarxismus. Die katholische »Tijd« äußerte sich in diesem Sinne ebenso wie »De Telegraaf« oder die AR-Zeitung »De Standaard«. Das letztgenannte Blatt war das Sprachrohr des Ministerpräsidenten Hendrik Colijn; er zeichnete zugleich als Chefredakteur verantwortlich. Diese Zeitung begrüßte Hitlers Rede vom 1. Februar als gewaltige Leistung mit großen Wahrheiten. Colijn selbst kommentierte den Reichstagsbrand als »kommunistisches Komplott«, und er konnte nur bedauern, daß die »Herren Kommunisten« in den Niederlanden noch öffentliche Funktionen ausübten. Terror war hier ein Epitheton für die Kommunisten. Hitler erhielt bei Colijn und seiner Zeitung in jenen ersten Monaten den Charakter eines Instruments im Kampf gegen die Linke zuerkannt. Die März-Wahlen hatten die Kommunisten nicht ganz aus dem Reichstag vertrieben, und in dieser Feststellung spürte man den Unterton des Bedauerns. Es verwunderte angesichts solchen Tenors nicht, daß die früh eröffnete »Sozialisten- und Kommunistenhatz« von Colijn im »Standaard« euphemistisch als »Widerrede« klassifiziert wurde. Mit erhobenem Zeigefinger wohl auf eigene Verhältnisse deutend, hieß es: »Deutschlands Beispiel zeigt, wie ein Volk, das in wachsendem Maße durch kommunistische Frechheit bedroht wird, schließlich um der Ordnung willen die so häufig mißbrauchte Freiheit gerne aufgibt.« Die Bejahung des nationalsozialistischen Terrors erfolgte hier aus einem im Klassenkampf geborenen bürgerlichen Ordnungsdenken, das erst dann Besorgnis äußerte, als auch die anderen Parteien von der Bildfläche verschwanden und der Antisemitismus in antijüdische Aktion umgesetzt wurde. Der Antisemitismus war eine Komponente, die Colijn im »Standaard« mißbilligte. Aber gerade wegen dieser Antihaltung in der Judenfrage ist zu konstatieren, daß die aus den Widrigkeiten des eigenen politischen Kampfes erwachsene Einstellung eine Gradation des Menschen und somit eine Degradation der Menschlichkeit impliziert. Die Zeitung nahm zwar in den folgenden Jahren eine etwas kritischere Haltung ein, blieb jedoch im ganzen sehr reserviert. Dort, wo »sozialistische« oder »bolschewistische« Tendenzen mit Gewalt abgewürgt wurden – so interpretierte man die Röhm-Affäre –, fand man die Handlungsweise des Regimes begreiflich. Solche Fehlinterpretationen, denen in erster Linie die eigenen Ordnungsvorstellungen zugrunde lagen, ergaben sich auch für die Außenpolitik des Dritten Reiches, wenngleich etwa die Rheinland-Besetzung als ein deutlicher Verlust der außenpolitischen Moral Hitlers angemerkt wurde, man im Anschluß Österreichs eine Bedrohung der europäischen Kleinstaaten erkannte und der Geist solcher Konzeptionen gefürchtet wurde.

Neben dem regierungsamtlichen Organ befaßten sich auch Presse-Erzeugnisse gesellschaftlicher Gruppen oder politischer Parteien mit Deutschland. Viele protestantische Zeitungen und Zeitschriften urteilten positiv über den nationalsozialistischen Antikommunismus, den Trennungsstrich gegenüber der Weimarer Republik sowie die wiederhergestellte »Ruhe und Ordnung«. Der Gedanke, daß der Feind ganz links stehe, gehörte zu den grenzüberschreitenden Epitheta der Zeit. Da erschienen die Nationalsozialisten als der Vorkämpfer gegen den Bolschewismus. Solche allgemeinen Feststellungen ergänzte man durch Einzelberichte über die Lage der politischen Gefangenen, die Stimmung in Deutschland, über die Maßnahmen der deutschen Regierung gegen Nudismus und Pornographie. Die Presse schrieb darüber, nachdem ihre Korrespondenten auf Reisen die Situation in Augenschein genommen hatten. In dem Blatt »Luctor et Emergo« der »Christelijke Gereformeerde Jongelingsvereinigingen« hieß es, daß Gott immer etwas Bahnbrechendes mit Hitler vorgehabt habe. Es entsprach einer über die Kirchenkreise hinaus verbreiteten Ansicht, wenn eine Reihe von Kirchenzeitungen die Revision des Versailler Vertrages, wie sie Hitler beabsichtigte, guthieß, mit anderen Worten, wenn sie den Vertrag mißbilligte.

»Solch ein Volk von 70 Millionen energievollen Menschen läßt sich auf die Dauer nicht so behandeln«, las man im »Groninger Kerkblad«. Nicht die Art des politischen Systems galt als vorrangig, sondern das »Wohl des Volkes«, und man sah es bei Hitler in guten Händen. Zu einer solcher Meinung trugen der Antikommunismus und der Antimarxismus ebenso bei wie das Ende der katholischen Partei, des Zentrums.

Gleichwohl schluckte die protestantisch-christliche Presse nicht alles. Im Sommer 1933 tauchte doch Unruhe auf. Johannes Jacobus Buskes, auf dem linken Flügel der Protestanten stehender Pfarrer, hielt eine scharfe Rede gegen unmenschliches Vorgehen seitens der NSDAP, die in dem Blatt »Kerk en Vrede« veröffentlicht wurde, und das Blatt selbst protestierte offiziell gegen die Verfolgungen. »Der Nederlander«, das Blatt der CHU, ohnehin etwas skeptischer, aber auch nicht von Beginn ganz und gar ablehnend gegenüber der NSDAP, sprach von Barbarismus. Noch im März hatte das »Algemeen Weekblad voor Christendom en Cultuur« vom historischen Verdienst der Deutschen im Kampf gegen die kommunistische Gefahr geschrieben; ein Aufatmen gehe durch Deutschland, nachdem die Ordnung wiederhergestellt sei. Doch im Juli schlug das Blatt andere Töne an. Von den »braunen Horden einer Privatpolizei« war die Rede, von Konzentrationslagern, von der Rechtsprechung als Instrument der NSDAP, von Rassenhaß und Chauvinismus, die Bücherverbrennung wurde angeprangert, die Knebelung der Presse überhaupt. »Das nennt man die Wiederbelebung und Befreiung des deutschen Volkes… Fürwahr, man hat in den vergangenen Monaten viel zustande gebracht, ein Volk von 60 Millionen schweigt.« Die neuere Literatur hat allerdings gerade zu derartigen Äußerungen festgestellt, daß dieses auf umfangreichen Einzelinformationen beruhende Bild von der deutschen Entwicklung eine Einzelerscheinung in der protestantischen Presse der Niederlande während der ersten Monate 1933 gewesen sei.

Die Verfolgung der Juden wurde bald das bevorzugte Thema der Blätter, mit dem Judenboykott vom 1. April 1933 als Ausgangspunkt. Es wäre falsch, anzunehmen, daß dieser Aufruf der NSDAP allgemein auf schärfste Mißbilligung in den Niederlanden gestoßen sei. In dem reformierten Blatt »De Heraut« demonstrierte H.H. Kuyper, der Sohn des Abraham Kuyper, einiges Verständnis für die deutsche Maßnahme und entwickelte ähnliche Gedanken, wie man sie in jenen Wochen auch in diplomatischen Kreisen zu hören bekam. Schon am 2. April 1933 ließ der Autor und Chefredakteur wissen: »Wenn dieses mehr oder weniger exotische Element (die Juden) einen so breiten Raum einnimmt bei der Presse, den Gerichten und unter den Anwälten, im Handel und bei den großen Warenhäusern, dann läßt es sich sehr wohl begreifen, daß man bei einer so starken nationalsozialistischen Bewegung, wie sie jetzt in Deutschland herrscht, den Einfluß eindämmen und den germanischen Charakter des Staates rein erhalten will.« Dieser Artikel wurde von mehreren protestantischen Presseorganen übernommen. Außerdem diente die »Reformierte Schweizer Zeitung« als Lieferant von Beiträgen, die versuchten, Verständnis für frühe deutsche Maßnahmen gegen die Juden zu wecken. Es wurde sogar das Gespenst des Marxismus hinter den Juden gesichtet, und man meinte, die niederländische Regierung vor der »Invasion deutscher Juden« warnen zu müssen.

Diese Mischung aus Protest und Verständnis setzte sich in die späteren Jahre fort. Auch den Vertretern der protestantischen Kirchen war der Antisemitismus nicht fremd. Die Relativierung der Judenverfolgung resultierte vielleicht aus einem gespaltenen Verhältnis niederländischer Protestanten zum Nationalsozialismus. Dabei begriffen einige diese neue Richtung nicht als ein deutsches Spezifikum, sondern als eine europäische Bewegung, als eine Reaktion auf Liberalismus, Individualismus und Rationalismus. Die »Sowohl-Als-auch«-Haltung, in der man im Nationalsozialismus Positives zu entdecken vermochte, war auch dort noch spürbar, wo es um das Verhältnis von Kirche und Staat im Hinblick auf die Entwicklungen in Deutschland ging. Sehr bezeichnend für die Zwiespältigkeit war der Streit zwischen dem Colijn-Blatt »De Standaard« und der Zeitschrift »De Nederlander« anläßlich des Aufrufs der Ökumenischen Konferenz vom August 1935. Dort stand zu lesen: »Es ist die eindeutige Pflicht der Kirchen, immer wieder zu erklären, daß die Gehorsamspflicht des Christen gegenüber Gott vor seiner Gehorsamspflicht gegen Institutionen des Menschen rangiert. Daher ist ein Christ gehalten, den Gehorsam zu verweigern, wenn ein Staat Forderungen stellt, die sich mit dem Gesetz Gottes nicht vereinbaren lassen.« »De Standaard« wies diese Auffassung mit dem Hinweis zurück, daß es vermessen sei, zu meinen, man könne einfach bestimmen, was christliches Gesetz sei. Knüpfe man an solche Bestimmung noch das Wissen des Einzelnen, dann sei dies nicht christlich, sondern heidnisch, öffne dem Ungehorsam Tür und Tor. Solcher Ungehorsam sei schon die Ursache für viele Kriege gewesen. Für das Blatt »De Nederlander« war diese Einstellung völlig unbegreiflich, da sie sich gegen die bisherigen Prinzipien der Antirevolutionären kehre. Es gehe schließlich um die Frage des Gehorsams im Kampf gegen Staatsabsolutismus, das wirklich Heidnische der Zeit, und in diesem Gewissenskampf seien bereits viele gestorben und litten und stürben auch in der Gegenwart. An der Auseinandersetzung nahmen etliche Presseorgane teil, und die Zweite Ökumenische Theologiekonferenz vom September 1935 befaßte sich mit dem Thema. Es spielte in die Vorbereitung der Oxforder Ökumenischen Weltkonferenz von

1937 hinein. Die Niederländer bereiteten ein Memorandum vor, das zwischen beiden Auffassungen einen Kompromißkurs steuerte, immerhin aber unter Punkt 8 formulierte, daß man jeden Gedanken an eine Anbetung des Staates, wie es nun einmal in einem absolutistischen oder totalitären System angelegt sei, für verwerflich halte.

Selbst der Kirchenkampf in Deutschland gegen die »Bekennende Kirche« scheint keine helle Empörung wachgerufen zu haben. Es fehlte zwar nicht an Kommentaren, doch von einer scharfen Verurteilung der Entwicklung in Deutschland konnte keine Rede sein. Hier und da fiel das auch der Leserschaft auf, und man zeigte Unverständnis gegenüber einer fast neutral zu nennenden Haltung der Kirchenpresse. Mit einer Analyse dieser Presseorgane ist noch nichts über die Haltung des einzelnen Protestanten, des Kirchgängers oder Abonnenten protestantischer Zeitungen ausgesagt, da der Entscheidungsprozeß im wesentlichen doch eine Angelegenheit weniger leitender Instanzen gewesen ist und die Wechselwirkung zwischen Basis und Führung im einzelnen untersucht werden müßte. Sicher ist, daß sozial gesehen die protestantische Welt der Niederlande auf dem Mittelstand beruht und eine gewisse Anfälligkeit für autoritäres und konservatives Denken mit seinen festgefahrenen Feindbildern gezeigt hat. Die angestrengte deutsche Beobachtung richtete sich so vorwiegend auf die katholische, sozialdemokratische und kommunistische Presse, nicht jedoch auf die protestantisch-christlichen Organe; es gab für den Beobachter nichts, das auf feindliche Haltung gegenüber dem Dritten Reich schließen ließ.

Geradezu hysterisch verhielten sich die Nationalsozialisten gegenüber der katholischen Presse und Kirche. »De Tijd« und »De Maasbode« stellten sie bereits im Juli 1934 »neben (die) jüdisch-roten Skribenten der Asphaltpresse«. Nun war allerdings nicht zu übersehen – und darin hatten die deutschen Beobachter sicherlich recht –, daß der Antifaschismus und der Antinationalsozialismus der katholischen Presse und Partei zum Teil auch ein innenpolitisches Kampfinstrument gegen die eigene nationalsozialistische Bewegung bildete. Die katholische Denkweise zeigte doch ganz typische Merkmale, wenn in der zu Hunderttausenden verbreiteten Broschüre »Ismaël trekt op« die NSB als neuartige »sozialistische« Bewegung angeprangert wurde. Nach Mitteilung eines Gestapo-Vertrauensmannes drohten die Gewerkschaften, denen die Auszahlung der Erwerbslosenunterstützung oblag, allen Besuchern von NSB-Veranstaltungen die Verweigerung des Unterstützungsgeldes an, und stellenlose katholische Lehrer und Lehrerinnen mußten den Nachweis der Mitgliedschaft in einer explizit gegen den Nationalsozialismus gerichteten Organisation erbringen. Dies alles mißfiel den deutschen Stellen, die vor allem das nahe Limburg mißtrauisch betrachteten, wo in den größeren Städten 1936 nach dem Hochamt zahlreiche gutbesuchte Demonstrationen gegen den Nationalsozialismus stattfanden. Im Mittelpunkt des katholischen antinazistischen Kampfes stand Pater Henri Poels, ein »Arbeiterpriester« und Freund des deutschen Jesuitenpaters Friedrich Muckermann. Poels hat sich bereits im Juni 1933 gegen die Verfolgung der Sozialisten, Kommunisten und Juden im Dritten Reich gewandt und, obwohl ein Gegner des Sozialismus und Kommunismus, nicht jene Differenzierung der Menschlichkeit vorgenommen, wie es der protestantische »Standaard« tat. Poels ließ seinen Protest wiederholt hören. Das war für die Reichsinstanzen und Beobachter vor allem im Poelsschen Wirkungszentrum Heerlen peinlich, denn dort unterhielten sie ein Spionage- und Propagandazentrum. Und ausgerechnet in Heerlen schien sich 1935 bei den Wahlen zu den Provinzialständen eine Feste der NSB zu bilden.

Die reichsdeutschen Stellen konzentrierten sich auch auf die Aktionen der Sozialisten und Kommunisten. Die Linkspresse lehnte den Nationalsozialismus konzessionslos ab, nicht allein wegen des Terrors gegen die Parteigenossen in Deutschland, sondern weil sie in Hitler den Kriegstreiber erblickte. Die SDAP und der niederländische Gewerkschaftsbund, der NVV, organisierten 1933 einen Boykott deutscher Waren, der aber nicht überall im Einzelhandel begrüßt wurde und auch offiziell mancherlei Ausnahmen zuließ. Zugleich bildeten beide Organisationen eine Aktions- und Propagandastelle zur Bekämpfung des Kommunismus und Faschismus. Eine neue Organisation, die »Einheit durch Demokratie«, wurde Ende Juni 1935, zwei Monate nach den Wahlen zu den Provinzialständen mit ihrem Wahlerfolg für die NSB, gebildet. An der Spitze standen vor allem Sozialdemokraten sowie Liberale und Freisinnige Demokraten. Die Konfessionellen hielten sich hier stark zurück. Die Organisation zählte bald 30.000 Mitglieder und war bis zum Einmarsch der Deutschen propagandistisch tätig.

Auf diesem Hintergrund stellte sich für die Regierungen beider Staaten die Frage, wie eine strapazierfähige Beziehung herzustellen sei, weil für die Niederlande die Nachbarschaft der Großmacht und die Exportabhängigkeit ins Kalkül zu nehmende Tatsachen waren und weil die deutsche Seite die Niederlande nicht gleich ins Lager der potentiellen Gegner abtriften lassen wollte. Deshalb erwartete die Reichsregierung Verständnis für die Nöte der eigenen außenpolitischen Strukturen des Reiches. Der deutsche Gesandte Julius Graf Zech von Burkersroda bedauerte das Ausscheiden des Außenministers Beelaerts van Blokland aus dem Kabinett Ruys de Beerenbrouck, da dieser bis dahin wiederholt viel Wohlwollen für Deutschland bewiesen hatte. Volle Aufmerksamkeit genoß gleich zu Beginn seiner Regierungstätigkeit Colijn, der in seiner Prinzipienhaftigkeit als Wirtschaftspraktiker, Politiker und als reformierter Protestant selbst den Spielraum des Verständnisses für deutsche Politik und Verhältnisse absteckte. Zech formulierte: »Colijn verbindet in besonders sympathischer Weise die Bodenständigkeit des Bauern mit dem Weitblick des Kolonialholländers. Für deutsche Dinge hat er viel Verständnis und namentlich bei der Konferenz in Basel große und nützliche Dinge geleistet. Damals erfreute es ihn sehr, daß er von deutscher Seite zum Sachverständigen vorgeschlagen wurde. Ebenso war er sehr erfreut, als ihm vor einigen Monaten der deutsche Präsident der Internationalen Handelskammer seine Nachfolgeschaft anbot. Als überzeugter Freihändler ist Colijn jedoch Gegner der deutschen Zollpolitik der letzten Jahre. Der nationalen Erhebung Deutschlands stand er zunächst als scharfer Gegner der Sozialdemokraten und Kommunisten durchaus freundlich abwartend gegenüber, dagegen vermag er kein Verständnis für die deutsche Aktion gegen die Juden aufzubringen. In Indien, wo die Wurzeln von Colijns Laufbahn liegen, fördert die holländische Regierung eher eine Vermischung der Rassen, und als frommer Reformierter geht ihm Glaubens- und Gewissensfreiheit über alles. Die Hauptsympathien Colijns liegen auf der Seite Englands, was auch mit seiner indischen Vergangenheit zusammenhängt. Er hat in allen Teilen des Britischen Weltreichs gute Freunde, mit denen er dauernd in Verbindung steht.« Für die Beurteilung der deutschen Szene und damit für die Richtlinien der Politik hatte die innenpolitische Einstellung Colijns einiges Gewicht, wenngleich nicht außer acht bleiben sollte, daß Colijn in seiner Politik vom guten Willen des katholischen Koalitionspartners abhängig war, der gegenüber der deutschen Entwicklung nicht die freundlichsten Gefühle hegte.

Die Charakteristik, die Zech anbot, war scharfsichtig, denn dem Ministerpräsidenten eignete eine klare Aversion gegen alles Linke. Zum parlamentarischen System insgesamt dürfte er zudem ein ambivalentes Verhältnis gehabt haben. Unmittelbar nach der Regierungskrise von 1935, die zur Bildung des dritten Kabinetts Colijn führte, besprach er mit dem deutschen Gesandten während eines für diesen völlig überraschenden Besuchs die innenpolitische Lage in den Niederlanden. Zech führte die Krise als Beweis für die Unfähigkeit des parlamentarischen Systems und die Notwendigkeit einer autoritären Regierungsstruktur an. Man müsse jetzt den »Schritt« so schnell wie möglich vollziehen. Colijn, dessen Äußerungen Zech höchst vertraulich behandelt wissen wollte, sah darin Richtiges, »und möglicherweise werde später einmal die jüngst durchlebte Krise als Beginn des Todeskampfes des holländischen Parlamentarismus angesehen werden«. Sicherlich sprach aus Colijns Worten Unzufriedenheit mit der bestehenden parlamentarischen Form; es wäre jedoch verfehlt, wollte man daraus auf Ablehnung des Parlamentarismus überhaupt oder gar auf Anpassung an faschistische Systeme schließen. Aber eine Neigung zum Autoritären hatte er allemal. Wenn er 1937 in einer Wahlrede vor seiner Partei den Kommunismus und den Faschismus oder den Nationalsozialismus als brauchbare Gesellschafts- oder Regierungsformen gleichermaßen ablehnte, dann geschah das nicht aus wahltaktischen Erwägungen, sondern aus tiefster Überzeugung. Es war die Überzeugung eines bürgerlichen und religiös geprägten »Juste-milieu«-Politikers, für den Extreme keine Existenzberechtigung hatten, zumal sie außerhalb der niederländischen Tradition lagen. Extreme fügten sich ebensowenig in sein Ordnungsbild wie mangelnde Effektivität. Gerade sein Denken ans Effektive ließ ihn für eine Stärkung der Exekutive gegenüber dem Parlament plädieren. Letztlich formte der Nationalsozialismus oder Faschismus für ihn »den drohenden Stock hinter der Tür, der zum Vorschein kommen könne«, wenn man die freiheitlichen Grundrechte in hemmungsloser Weise weiterhin ausbeute – auf Kosten der Regierungsautorität. Unter diesem Aspekt ist wohl auch seine Broschüre von 1940 zu begreifen, die aus mehreren Gründen viel Unwillen in Freundeskreisen verursacht hat. Es ging ihm nicht um eine Abschaffung der parlamentarischen Form überhaupt, sondern um Beseitigung ihrer Auswüchse durch neue Stützen für die Position der Regierung. Er stellte die »gesunde« Demokratie der »modernen« Demokratie gegenüber.

Unabhängig von der Denkweise des Kabinettchefs bleibt zu fragen, ob distanziertes und sachliches Verhalten in einen von sozialen und wirtschaftlichen Zwängen geprägten Opportunismus umschlagen durfte, wenn man den eigenen Denkvoraussetzungen treu bleiben wollte. So zeigten sich die zuständigen Ministerien nicht von ideologischen Skrupeln geplagt, sondern lediglich vom Wunsch nach Einsparung bei den öffentlichen Finanzen getrieben, wenn sie die örtlichen Arbeitsämter anwiesen, die Unterstützungssätze einzubehalten, falls sich ein Arbeitsloser weigerte, einen ihm in Deutschland angebotenen Arbeitsplatz anzunehmen. Im Reich war im Zuge der auch in den Niederlanden bekannten hektischen Aufrüstung und Kriegsvorbereitung jede Arbeitskraft willkommen. In den Niederlanden erreichte die Arbeitslosigkeit im Gefolge der Weltwirtschaftskrise 1936 einen Höchststand von 17,4 Prozent der Erwerbsbevölkerung. Das entsprach 480.000 Personen. Zwischen 1937 und 1939 wurden 30.000 niederländische Arbeiter in Deutschland eingesetzt, zunächst hauptsächlich Land-, später auch Bauarbeiter. Proteste seitens der SDAP und der Gewerkschaften fegte der Direktor des Zentralarbeitsamtes, R. A. Verwey, mit dem Anwurf vom Tisch, es handele sich hier um organisierte »Volksverarmer«.

Solche Handlungsweise, der sozialer Zwang zugrunde lag, war von jeder politischen Einsicht entblößt, entsprach jedoch ganz dem Geist des technokratischen Finanzverwalters und seiner Instinktlosigkeit. Sozialminister Marcus Slingenberg unternahm als erster niederländischer Minister offiziell eine Rundreise durch Deutschland, um sich dort unter anderem von der Effektivität des Arbeitsdienstes zu überzeugen. Nach Berichten von Vertrauensleuten des deutschen Gesandten scheint er von dem nicht-militaristischen Charakter des deutschen Arbeitsdienstes überzeugt worden zu sein und die Bildung eines niederländischen Arbeitsdienstes erwogen zu haben. Auffallend ist, daß die Reise Slingenbergs in der niederländischen Presse freundlich beurteilt wurde. Im Falle der Reise des Ministers und der Arbeitseinsatzfragen bewies die niederländische Regierung nicht das Maß jener Unsicherheit, die die deutsche diplomatische Vertretung im Hinblick auf die Furcht des Kabinetts vor negativen Reaktionen der öffentlichen Meinung, besonders seitens der Linkspresse, glaubte feststellen zu können. Tatsächlich waren 1936 Äußerungen des Verkehrsministers Otto C. A. Lidth de Jeude, die dieser anläßlich eines auf Einladung von Reichsorganisationsleiter Fritz Todt erfolgten Besuches bei der Eröffnung der Autobahn Köln–Düsseldorf getan hatte, bei der Zeitung »Vooruit« auf unfruchtbaren Boden gefallen. Auch die beiden RKSP-Minister Laurentius N. Deckers für Landwirtschaft und Henri C. J. H. Gelissen für Wirtschaft glaubten, einen Besuch auf der Leipziger Messe 1936 unter Umgehung des niederländischen Gesandten in Berlin, van Limburg Stirum, machen zu müssen, der als Gegner des Nationalsozialismus bekannt war.

Über die aus sozialökonomischen Zwängen motivierte Befriedung des politischen Nachbarn hinaus galt es, Infiltrationsversuche abzuwehren. Im Zuge der Strategie »grandioser Selbstverharmlosung« (H. A. Jacobsen) versuchten die Machthaber des Dritten Reiches, sich in den Niederlanden auf außeramtlichem Weg des Auf- und Ausbaus von reichsdeutschen Gruppen oder gar Parteiformationen zu bedienen. Die »Auslandsorganisation (AO)« der NSDAP nahm diese Aufgabe wahr. Es kam darauf an, »bei dem Gastvolk Verständnis und Sympathie für die nationalsozialistische Bewegung und den von ihr machtpolitisch eroberten Staat zu wecken« und zugleich »Deutschland und seiner Regierung alle Schwierigkeiten aus dem Wege zu räumen und nichts zu unternehmen, was zu außenpolitischen Komplikationen führen« könne. Für den deutschen Gesandten in Den Haag, Graf Zech, erwies sich diese Form der allmählichen Infiltration als nicht unbedingt empfehlenswert. Er meinte, wirtschaftlicher Erfolg im Reich habe ungleich größere Überzeugungskraft als jedwede Propaganda, und er ging, wie viele andere, von der wirtschaftlich orientierten Mentalität der Niederländer aus. Außerdem empfahl er die Entsendung von Vertretern der intellektuellen und künstlerischen Elite des Reiches, die auf die Errungenschaften der »nationalen Revolution« hinweisen sollten, vorzugsweise mit der Geste des objektiven Betrachters, doch auch mit einem kritischen Unterton. Gegenüber solcher Behutsamkeit und indirekten Beeinflussung nahmen sich die organisatorischen Bemühungen der AO äußerst rüde aus. Es kam jedenfalls zu ganz erheblichen Querelen zwischen der Haager Regierung und Berlin, weil die Auslandsorganisation oder seit 1934 ihre Camouflage-Gruppe »Reichsdeutsche Gemeinschaft (RDG)« eine mit dem niederländischen Neutralitätsanspruch unvereinbare und daher die Regierung in Den Haag kompromittierende Aktivität entwickelte. Zudem befürchtete man ein Überspringen des »nationalsozialistischen Funkens«, so daß die Regierung die Ausweisung deutscher Aktivisten beschließen ließ. Daß die in Amsterdam, Rotterdam und Den Haag agierenden »Fasci al Estero« Mussolinis unbehelligt blieben, lag wohl an der größeren geographischen Entfernung Italiens. Die Haager Regierung handhabte noch eine weitherzige Auslegung der Verbotsbestimmungen vom Juli 1933, nach denen sich Ausländer nicht politisch-organisatorisch betätigen durften. Sie duldete Zusammenkünfte ohne organisatorischen Rahmen, lehnte aber Beitragsentrichtung sowie die Herausgabe von politischen Broschüren und Parteiblättern ab. Um ausgewogen zu erscheinen, verbot sie auch politischen Flüchtlingen die Agitation gegen das Reich.

Das Hin und Her wegen der Aktionisten – die AO zählte in den Niederlanden nie mehr als 3.000 Mitglieder – beschäftigte die beiden Regierungen in Den Haag und Berlin. Für Den Haag freilich weitaus wichtiger war eine Regelung zur Kanalisierung des Flüchtlingsstroms aus dem Reich. Das war eine Frage von Humanität und Politik gleichermaßen, angesichts des skrupellosen Nachbarn auch eine Gratwanderung. Daß die jüdischen und politischen Flüchtlinge großenteils die Niederlande aufgesucht haben, erklärt Heinz Wielek, selbst politischer Flüchtling, mit folgenden Worten: »Für viele war es einfach so, daß sie in die Niederlande flüchteten, weil sie ... sich nicht von Deutschland trennen konnten. Ähnelte die niederländische nicht der deutschen Sprache? Waren die Niederlande nicht Deutschland geistig und kulturell verwandt?« Welches auch immer das Motiv für die Emigranten gewesen sein mag, niederländische Kabinettsmitglieder hatten gewisse mentale Schwierigkeiten bei deren vorbehaltloser Aufnahme. Den Haag bemühte sich darum, im Laufe der dreißiger Jahre Bestimmungen auszuarbeiten, die zwar den Zustrom nicht stoppten, ihn aber erheblich erschwerten. Zunächst fielen die Flüchtlinge noch unter das Fremdengesetz von 1849. Die Regierung versuchte im Herbst 1933 mit Erfolg, die Emigrantenfrage zu einer Angelegenheit des Völkerbundes zu machen, was der eigenen Entlastung dienen sollte; außerdem stellte sie im Wieringermeer-Polder ein Zentrum für die Berufsumschulung von Flüchtlingen zur Verfügung. Eine Eindämmung des Zustromes behielt sie sich jedoch vor. Schon 1934 meldete sich der katholische Justizminister im Koalitionskabinett Colijn, Josephus R. H. van Schaik, unterstützt von seinen Amtskollegen des Innen-, Wirtschafts- und Sozialministeriums, zu Wort. Die Flüchtlinge bildeten, so hieß es, nicht nur eine Gefahr für die niederländische Wirtschaft, vielmehr füge sich auch die Lebens- und Denkweise der unter ihnen befindlichen Osteuropäer, also der Ostjuden, nicht in die niederländische Gesellschaft und berge das Risiko der Überfremdung. Damals erfolgten bereits die ersten Ausweisungen von Flüchtlingen, und seit dem Herbst 1933 war die Zulassung deutscher Studenten an niederländischen Universitäten mit einigen Auflagen verbunden. Zwischen März und Mai 1934 beschloß die Regierung, die Einwanderungswelle auf dem Verordnungsweg einzudämmen. Sie dehnte das System der Arbeitserlaubnis auf alle Berufe aus, mit Ausnahme derjenigen für die See- und Binnenschiffahrt, und wollte nur noch im Reich Verfolgte vorübergehend zulassen. Den schließlich Zugelassenen wurde Arbeitsverbot auferlegt. Wenngleich ein Entwurf zu einem neuen Fremdengesetz, das seit 1936 bearbeitet wurde, 1937 in den Schubladen verschwand, wurde im April jenes Jahres ein Gesetz erlassen, das eine verschärfte Regelung für Unternehmensgründungen durch Ausländer enthielt. Es fand vor allem auf Unternehmenszweige Anwendung, in denen sich jüdische Flüchtlinge zu Hause fühlten, mithin auf die Konfektionsindustrie, die Handelsagenturen und den Kommissionshandel. Als sich der Anschluß Österreichs abzeichnete, griff die niederländische Regierung zu Maßnahmen, die die zu erwartende Flüchtlingswelle von vornherein abwehren sollten. Nach den neuen Bestimmungen hatten die Flüchtlinge eine von deutschen Instanzen unterzeichnete Erklärung vorzulegen, nach der es den Ausreisenden erlaubt war, jederzeit wieder nach Deutschland einzureisen. 1938 setzte dann ein erneuter Zustrom aus dem Altreich ein. Nach einer Richtlinie vom 7. Mai 1938 mußten die an der Grenze Ankommenden als »unerwünschte Ausländer« zurückgeschickt und die seit dem 1. März illegal Eingeschleusten wieder ausgewiesen werden. Etwa 800 Flüchtlinge erhielten aus humanitären Gründen dann doch ein Einreisevisum. Nach der Kristallnacht wurden, wohl nicht zuletzt unter dem Druck der veröffentlichten Meinung, 7.000 Flüchtlinge anstatt der vorgesehenen 2.000 aufgenommen. Bis März 1939 stieg die Zahl auf 10.000, die Illegalen eingerechnet. Diese wurden in Lagern untergebracht, um ihre Einschaltung in die niederländische Wirtschaft zu vermeiden.

Daß in den Niederlanden das Asylrecht grundsätzlich galt, ist unbestritten. Die Frage lautet lediglich, welche Beschränkungen mit welchen Motiven eingeführt worden sind. Es ist eindeutig, daß das Argument von der unzuträglichen Konkurrenz im Wirtschafts- und Arbeitsleben eine ganz wesentliche Rolle dabei gespielt hat. Um die Kluft zwischen einem zur internationalen Moralität gehörenden Asylrecht und dem wirtschaftlichen Eigeninteresse zu überwinden, bediente man sich einer Definition des Flüchtlings- und Verfolgten-Status, die die deutschen Juden nicht sofort einschloß. Es ist aber auch nicht zu übersehen, daß Gedankengänge die Runde machten, die rassistisch einzustufen sind. Das zeigte sich bei dem katholischen Kabinettsmitglied van Schaik ebenso wie in der niederländischen Gesandtschaft in Berlin – in beiden Fällen, soweit es um Ostjuden ging. Wenn der Leiter der Abteilung Grenzüberwachung und Ausländeramt schrieb, offensichtlich hätten sich die Juden in Deutschland sehr verhaßt gemacht, und wenn er von den deutschen Ostjuden, jenen aus Polen, als »halbasiatischen Personen« sprach, dann waren das recht bedenkliche Äußerungen, die zumindest einer Politik der weit offenen Tür nicht förderlich sein konnten. Man wollte, vielleicht aus Furcht vor Deutschland, eine neutrale Einstellung demonstrieren, wenn man nicht nur Nationalsozialisten auswies, sondern auch politische Flüchtlinge wieder zurückschickte. Die Regierung lieferte so eine Probe abwägenden Denkens, das der Loyalität gegenüber dem so intensiv gelebten Prinzip der Neutralität huldigte.

Letztlich konnte sich die Regierung in ihrer Handlungsweise auch insofern einigermaßen frei wähnen, als die veröffentlichte Meinung nun nicht einhellig eine liberale Flüchtlingspolitik predigte. Schon im protestantischen Lager gab es Meinungsverschiedenheiten. Der antirevolutionäre »Standaard« vertrat die Position der Regierung, während der christlich-historische »De Nederlander« christliches Gewissen und Nächstenliebe einbrachte. Abgesehen von der Reaktion auf die Regierungspolitik, ergab sich für Protestanten wie Katholiken die Stellungnahme zur Judenverfolgung aus ihrer theologischen Problematik. Die katholische Tageszeitung »De Maasbode« hob das ganze Problem 1938 aus der Aktualität heraus, kaprizierte sich auf eine zumindest damals seltsam anmutende Verallgemeinerung und damit auf eine Relativierung des aktuellen Geschehens, wenn sie meinte, man müsse die christliche Kultur gegen die jüdische beschützen, weil sie eben höherwertig sei. Dabei kamen so typische relativierende Formulierungen heraus wie: »Dies kann und muß mit aller Ehrerbietung, Würdigung und Liebe für den jüdischen Mitmenschen in seiner zweifellos theistischen Kultur geschehen; aber man könnte seine eigene christliche Kultur in Gefahr bringen, wenn man den Grundlagen und Trägern der jüdischen Kultur allzu unbegrenzte Gelegenheit bieten würde, die christliche zu verdrängen.« Die liberale Presse sprach die Verfolgung der Juden und der politischen Opposition in Deutschland relativ spät als ein echtes Problem an – erst 1938. Auch hier schieden sich die Geister. Während sich die NRC äußerst kritisch gegenüber der Regierungspolitik zeigte, gab sich das »Algemeen Handelsblad« zurückhaltender, da man den Juden kaum helfen könne. Anhänger dieser Meinung zielten zugleich auf eine palästinensische Lösung der Judenfrage. Eine andere Variante führte die Wochenzeitung »Het Liberale Weekblad« 1938 vor, indem sie ihre Antipathien nicht gegenüber allen Juden kundtat, sondern allein gegenüber den deutschen Juden. Da hieß es, daß der Wunsch dieser Emigranten, vorzugsweise deutsch zu sprechen, nach deutschen Gebräuchen und Gewohnheiten zu leben und überhaupt Deutschland zu preisen, ekelerregend sei. Man verletze nicht nur das niederländische Nationalgefühl, sondern störe auch den sonst weit verbreiteten Philosemitismus. Die tief verwurzelte Abneigung gegen die Deutschen in dieser Form zu präsentieren, glich der Aufforderung an die Flüchtlinge, ihre deutsche Gesinnung und Kultur schon an der Grenze abzugeben. Die scharfe Verurteilung der Regierungspolitik ertönte ganz entschieden auf dem linken Flügel des Parteienspektrums. Beide, SDAP und CPN, stimmten für die uneingeschränkt offene Tür, wobei die SDAP ihrem Tadel ein Plädoyer für Palästina als den Zufluchtsort einer neuen jüdischen Nation hinzufügte. Das außerparlamentarische »Comite van Waakzaamheid van antinationaal-socialistische intellectuelen« zeigte sich in der Flüchtlingspolitik äußerst rührig, kontrollierte die Verwaltungsmaßnahmen an der Grenze und veröffentlichte einen, bald einflußreichen Bericht unter dem Titel »De gesloten grens«.

Die rund 120.000 Menschen zählende jüdische Gemeinschaft in den Niederlanden organisierte ihrerseits von Beginn an die Flüchtlingshilfe, ohne eine Problematisierung der Zuwanderung vermeiden zu können. Denn nach der Kristallnacht schien man mancherorts in jüdischen Kreisen bedenklich den Kopf zu schütteln. Da griff das auflagenstarke jüdische Wochenblatt »Nieuw Israëlitisch Weekblad« das alte Regierungsargument von den Gefahren für die niederländische Wirtschaft durch allzu umgebremsten Zustrom von Flüchtlingen auf. Von Störung des Gleichgewichts in der Wirtschaft und von »Überfremdung« war die Rede. Die Übernahme des Wortes wurde sicherlich nicht dadurch besser, daß man es als einen deutschem Sprachgebrauch entstammenden Begriff abqualifizierte. Die anfänglich spontane Hilfsbereitschaft der Juden in den Niederlanden erlahmte im Laufe der Jahre. Nach dem Zeugnis eines Mitglieds des 1933 rasch gebildeten Jüdischen Flüchtlingsausschusses tauchten beim jüdischen Mittelstand Stimmen auf, die den Zustrom »all dieser Deutschen« als eine harte Konkurrenz des ohnehin mit Schwierigkeiten kämpfenden Mittelstandes ansahen, und selbst unter den Begüterten und den Arbeitern setzte solches Denken ein. Dabei wurde das primär wirtschaftlich motivierte Unbehagen gegenüber den deutschen Juden in eine Summe unangenehmer deutsch-jüdischer Eigenschaften bis hin zu konkreten politischen Anschauungen umgesetzt. Es waren zwar Juden, diese neuen Einwohner niederländischer Städte, jedoch, wie es »Het Liberale Weekblad« monierte, deutsche Juden. Ungebildet seien sie, so wurde gesagt, sie redeten zu laut, ihr Benehmen lasse erheblich zu wünschen übrig, sie sollten sich gefälligst so benehmen, wie sich das gehöre; und: »Hitler wäre nie ohne die Hilfe der deutschen Juden an die Macht gekommen«, schließlich: »Die deutschen Juden bringen den Antisemitismus in unser Land.« Solcher Haltung von Privaten arbeiteten jüdische Organisationen nicht entgegen, weder die »Nederlandsch-Israëlitisch Kerkgenootschaap« noch der »Raad van Opperrabbijnen«. Die Hauptsynagoge von Amsterdam unterstützte das jüdische Flüchtlingskomitee nur mit einem geringen Geldbetrag. Da sich zahlreiche geflüchtete Juden nicht dem orthodoxen jüdischen Verband anschlossen, sondern der liberalen Erneuerungsbewegung, waren die Orthodoxen darauf bedacht, sie durch mehr Zugänglichkeit auf ihre Seite zu ziehen, allerdings ohne großen Erfolg. Geographisch gesehen gab es hier Unterschiede. Der eher reservierten bis ablehnenden Haltung der Juden in den großen Städten des Westens standen die durchaus intensiven Hilfsversuche in den Gemeinden entlang der deutschen Grenze entgegen. In unmittelbarer Grenznähe scheinen die Familienbande eine Rolle gespielt zu haben. Zudem hoffte man, daß die an Zahl abnehmenden Glaubensgemeinschaften sich mit den Flüchtlingen wieder auffrischen ließen. Aber es waren ebenso Gegenargumente zu hören. Der Vorwurf, die deutschen Juden brächten den Antisemitismus mit, hieß ja nichts anderes, als daß im Land der hier und da latent vorhandene oder gar offen geäußerter Antisemitismus durch den Zustrom neue Nahrung fand. Dies empfanden die niederländischen Juden als Störung eines Integrationsprozesses, der bereits zu Anfang des 18. Jahrhunderts eingesetzt hatte, aber für sie noch nicht voll abgeschlossen war, so daß alte Animositäten wieder aufkommen konnten.

Innen-, sozial- und außenpolitisch nicht weniger schwierig als die Bewältigung des gesamten Flüchtlingsproblems war im Rahmen der deutsch-niederländischen Beziehungen die Haltung der Presse und die Pressepolitik, die eine Gratwanderung bedeutete. Die Presse war für das nationalsozialistische Regime ein höchst relevanter Faktor in der Gestaltung der Außenpolitik, im Werben um Verständnis für das eigene System. Nachteiliges über das Reich hatte Empörung zur Folge, und Beeinflussungsversuche liefen parallel. Die »Interventionsversuche«, die sehr häufig angestellt wurden, waren »ausgesprochen aggressiv im Ton und wurden von Drohungen mit politischen und wirtschaftlichen Sanktionen begleitet« (P. Stoop). Mancherlei Beschwerde ging im Haager Außenministerium ein, und dort glaubte niemand, sie schlicht ad acta legen zu können. Es gelang keine formelle Einschränkung der Pressefreiheit, da die Presseverbände sich heftig dagegen wehrten, dennoch konnte von einer Ablehnung deutscher Demarchen nicht die Rede sein. »Das Haager Außenministerium neigte am stärksten zu einem Vorgehen gegen Äußerungen, die es als Gefahr für die Beziehungen zum Deutschen Reich betrachtete« (P. Stoop). Es ist festgestellt worden, daß sich diese Haltung im Laufe der Jahre gegen eine sich auf das »eigene Rechtsempfinden« beziehende Haltung des Justizministeriums und die behutsame Einwirkung des Regierungspressedienstes durchgesetzt hat. Daß es für einige Kabinettsmitglieder schon früh eine Gratwanderung gewesen ist, vermittelt der Briefwechsel, den Außenminister Andries C. D. de Graeff mit seinem Berliner Gesandten van Limburg Stirum geführt hat. Er forderte den Diplomaten auf, doch einmal eine Rundfunkrede über die »wahren Zustände« in Deutschland zu halten, um jenen die Augen zu öffnen, die sich im eigenen Land so enthusiastisch zum Nationalsozialismus bekannten. Das war ein mutiges Vorhaben, das auf jeden Fall vom Pfad der Neutralität und von dem damit verbundenen Prinzip der Nichtintervention in die Angelegenheiten eines anderen Staates abwich. Konkretisiert wurde es wohl nicht.

Ein neuer fremder Zugriff aufs Land

Es stellte sich im Mai 1940 heraus: Weder Realpolitik noch Wohlverhalten, welche Formen dieses auch immer annehmen mochte, und schließlich auch nicht die in den dreißiger Jahren häufig genug betonte Unabhängigkeit als Ergebnis von Bindungslosigkeit bewahrten das Land vor dem expansionistischen Zugriff des nationalsozialistischen Reiches. »Non-commitment« und »Non-alignment« zahlten sich im Unterschied zur Entwicklung im Ersten Weltkrieg nicht aus. Gegenüber dem Expansionswillen Hitlers erwies sich neutrales Verhalten als wertlos.

Der Rotterdamer Prädikant und Pazifist Johannes Jacobus Buskes, nach 1945 ein Befürworter des politischen »Durchbruchs (Doorbraak)«, erinnert sich eines Erlebnisses am 14. Mai 1940, dem Tag des deutschen Luftangriffs auf Rotterdam: »Die Innenstadt war völlig verlassen, sie bot einen trostlosen Anblick. Widerwärtig war es, durch die leeren, brennenden Straßen zu fahren. Da stand plötzlich mitten auf der Straße ein Mann, ein Mensch, der niemand sah, der aber dort, als ich an ihm vorbeifuhr, mit geballten Fäusten stand und immer wieder die Worte wiederholte: ›Das lasse ich mir nicht gefallen!‹ Am darauf folgenden Sonntag habe ich dieses an sich unwichtige Ereignis in meine Predigt für meine Rotterdamer Gemeinde aufgenommen und es auch später bei allen möglichen Gelegenheiten erzählt. Die brennende Stadt mit diesem einen Menschen auf der Straße, der protestiert, der sagt: Das lassen wir uns nicht gefallen. Schon von Gottes wegen dürfen wir uns nicht in unser Schicksal ergeben – und plötzlich hatte ich die tiefe Überzeugung, daß wir, alle Niederländer, aufgerufen waren, dem Ungeist der Unmenschlichkeit und dem Nihilismus des Nationalsozialismus die Stirn zu bieten.« Es sollte für große Teile der niederländischen Bevölkerung in den Jahren 1940 bis 1945 noch viel härter kommen. Am Ende stand die Erfahrung des Leidens.

Als die deutschen Befehlshaber in den Niederlanden am 5. Mai 1945 die Kapitulationsurkunde unterzeichneten und zwei Tage später die alliierte Vorhut in Rotterdam, Den Haag und Amsterdam einrückte, bedeutete dies das Ende einer fünfjährigen Besatzungszeit, die dem Land bis in die allerletzte Phase nur Elend und Not gebracht hatte. Der Groninger Historiker Ernst H. Kossmann schreibt: »Niemals zuvor in ihrer Geschichte haben die Niederlande, auf jeden Fall aber die Provinz Holland mit ihren 4,5 Millionen Einwohnern, einer so ernsten Lage mit solcher Hilflosigkeit wie in den letzten Monaten vor dem Mai 1945 gegenübergestanden. Sie mußten mit dem Untergang ihrer Bevölkerung und gesamten Kultur rechnen. Und nicht einer der Ungeborenen wird, so hat Bloem in einem berühmt gewordenen Gedicht geschrieben, den Wert der Freiheit wieder so schätzen lernen wie jene Generation, die in diesem Frühjahr die Tore ihres Gefängnisses sich öffnen sah.« Was Kossmann eindringlich formuliert hat, wird sich die Nachwelt noch einmal konkret vergegenwärtigen müssen, um zu verstehen, warum in Kriegs- und Nachkriegszeit das Deutschland-Bild der Niederländer einen Tiefstpunkt erreicht hat und, wie jüngste Untersuchungen ausweisen, immer noch Gefahr läuft, nach Aufschwüngen wieder allzu leicht ins Negative umzuschlagen. Wie präsentierte sich das Land? Die Bevölkerung halb verhungert, in Lumpen gehüllt, zur Zwangsarbeit gepreßt, Augenzeuge der Zerstörung von Häfen und Städten und einer von Meerwasser überschwemmten Wiesen- und Ackerlandschaft, Zeitzeuge einer permanenten Unterdrückung und der Vernichtung der niederländischen Juden, aber zugleich konfrontiert mit eigener Unzulänglichkeit, mit dem Unvermögen, sich zu widersetzen, obwohl es Widerstand in den unterschiedlichsten Formen gegeben hat. Widerstand gegen die Unterdrücker, Solidarität mit den Unterdrückten,

aber auch Anpassung, Versuch, sich einzurichten, das waren die Erscheinungsformen in einem besetzten Land. Auf jeden Fall mußte der historisch interessierte Niederländer lange zurückdenken, wenn er Vergleichbares an Erfahrung
in seinem Land anführen wollte. Der Blutrat des Herzogs Alva während des
niederländischen Aufstandes, maß sich doch gering an der Systematik von Repression und Vernichtung, wie sie unter Arthur Seyß-Inquart praktiziert wurde.
Der Zeitgenosse erfuhr, was »Tabula rasa« bedeuten konnte. Niemals zuvor
war der Grat zwischen Leben und Überleben so schmal bemessen gewesen,
niemals zuvor das Leiden des Einzelnen oder ganzer Gruppen zu einer Kategorie des Alltäglichen geworden. Man empfand die Unterlegenheit gegenüber allen Formen der hochgeputschten Gewalt. Die Geschichte dieser Repression ist
schon vielfach erzählt worden, in Schrift, Ton und Bild. Die schriftliche und
bildnerisch-filmische Darstellung reicht weit über den wissenschaftlichen Rahmen hinaus in die Belletristik hinein. Der Roman »De Aanslag« von Harry
Mulisch sei stellvertretend für viele erwähnt. Hier wird nicht so sehr die materielle als vielmehr die psychisch-geistige Existenz angesichts eines unmenschli-
chen Entscheidungszwangs zwischen Tod für den einen oder für den anderen
angesprochen. Diese Alternative spiegelt die ganze Tragik niederländischen Da-
seins in jenen Jahren wider. Es handelt sich um ein sehr subtil geschriebenes und
zugleich sorgfältig verfilmtes Buch. Die nach 1945 entstandene Belletristik, die
viele Psychogramme des Menschen in der Repression entwirft und darstellt, wie
man den Zwängen von Krieg und Besatzung begegnet ist, vermittelt über die
wissenschaftliche Analyse hinaus gleichfalls ein Bild vom Deutschen, und zwar
intensiver, als es je zuvor in der Beziehungsgeschichte der beiden Länder geschehen ist. Auf jeden Fall gilt die Aussage des Germanisten Alexander von Bor-
mann: »Der Versuch der niederländischen Nachkriegsliteratur, was nicht zu
sehen ist, sichtbar zu machen, ist nicht als Zeugnis ungestillter Ranküne zu
interpretieren.«

Das Kriegsgeschehen kann in seinen Einzelheiten innerhalb einer auf die Nation bezogenen Darstellung ausgeklammert werden, nicht jedoch seine stufenweisen Einwirkungen auf das Leben und die politischen Reaktionen in den Niederlanden. Am 13. Mai, einen Tag vor der Kapitulation, hatten sich Königin
Wilhelmina und ihr Kabinett nach Großbritannien eingeschifft. Das war für
viele Niederländer deprimierend, namentlich für diejenigen, die den Namen
»Oranien« immer noch mit dem Aufstand gegen Spanien, mit der Führung im
Kampf, verbanden. Dabei hatte die Emigration der Monarchin und der Regierung durchaus ihren politischen Grund. Denn nur vom Ausland her ließ sich eine
unabhängige, für die Alliierten entscheidende Politik durchführen. Das Schicksal

des Belgierkönigs, der einen Verbleib im Land einer Emigration vorzog, weist das letztlich aus. Aber rationale Erwägungen waren in diesen Maitagen kaum möglich. Es prävalierten Furcht, Enttäuschung, Schuldzuweisungen, auch Sündenbock-Denken. Man war gegen Großbritannien und Frankreich, warf beiden Staaten vor, die Niederlande im Stich gelassen zu haben. Die Wut im Inland richtete sich besonders gegen die NSB, eine bis zum Mai kaum noch respektierte politische Gruppierung. So kam es in den Kriegstagen vom 10. bis zum 14. Mai zu Massenverhaftungen unter NSB-Mitgliedern und Reichsdeutschen, aus Furcht vor der Bildung einer »fünften Kolonne«. Die gesamte Führung der Bewegung wurde gefangengesetzt. Lediglich Mussert selbst konnte entkommen und im Gooi untertauchen, in einer sich zwischen Hilversum und einem Teil des südlichen Ijsselmeeres erstreckenden Landschaft. Die Unsicherheit war so groß, daß militärische Patrouillen sich gegenseitig beschossen. Die Gerüchteküche produzierte Absurdes. Trinkwasser sollte vergiftet sein, ebenso Schokolade, Zigaretten und Fleischwaren. Man meinte, allerorten deutsche Fallschirmjäger wittern zu müssen. Sie seien verkleidet als Polizisten, Briefträger, Bauern oder Priester, sogar als Nonnen inmitten der niederländischen Bevölkerung anwesend. Unmittelbar nach der Bekanntgabe der bevorstehenden Kapitulation verbrannte man in Amsterdam nazifeindliche Literatur. Wie groß das Ausmaß der Panik war, offenbarten die vielen Selbstmorde. Am Tag der niederländischen Kapitulation nahmen sich etwa 250 Menschen das Leben. All dies glich vorerst einer Hysterie ob der tatsächlichen Ereignisse. Die deutschen Truppen erwiesen sich nicht als die Horde, die man nach dem Angriff erwartet hatte. Es wurde weder geplündert noch die Bevölkerung belästigt.

Die Niederländer durften nach dem Schock des Überfalls erst einmal aufatmen, denn die Deutschen verhielten sich entsprechend der Parole der Militärverwaltung, nach der gegenseitiges Verständnis und gegenseitige Achtung zu respektieren waren. Die Deutschen mischten sich zunächst nicht in die inneren Angelegenheiten des Landes ein. Sie lösten weder Parteien noch Gewerkschaften auf und hielten sich in ihrer Unterstüzung der NSB sehr zurück. Auf die Frage des Haager Bürgermeisters Salomon Jean René Monchy, was mit den niederländischen Juden geschehen werde, antwortete ein deutscher Offizier einen Tag nach der Kapitulation: »Für die Deutschen gibt es in den Niederlanden keine Judenfrage.« De facto beschränkte sich die Militärverwaltung auf Überwachungsaufgaben gegenüber der niederländischen Verwaltung und auf Wiederankurbelung des Wirtschaftslebens. Wenn die Presseorgane bekanntmachten, daß die Blätter ohne Vorzensur erscheinen würden, dann setzte das Loyalität gegenüber der Besatzungsmacht voraus. Verboten waren allerdings Versammlungen und öffentliche Demonstrationen, Arbeitsausstände und das Abhören von Rundfunksendern der Alliierten. Daß schließlich die Kriegsgefangenen rasch zurückkehrten, wurde positiv vermerkt. »Tatsächlich hatte der ›Stimmungsumschwung‹, der sich nach dem Einmarsch der deutschen Truppen in weiten Kreisen der niederländischen Bevölkerung vollzogen hatte, kaum etwas mit Zuneigung zu tun. Es handelte sich vielmehr um einen Vorgang der ›Ernüchterung‹, gemischt aus Enttäuschung infolge der unerwarteten ›Flucht‹ der Königin und des Kabinetts und aus einem Abbau der anfänglichen Panik angesichts der wider Erwarten korrekten und kaum in Erscheinung tretenden deutschen Militärverwaltung. Dagegen konnte ein Gefühl der Verbundenheit oder Versöhnung auch durch eine ›noch so geschickte deutsche Militärverwaltung‹ schwerlich herbeigeführt werden, nachdem Deutschland, entgegen allen Beteuerungen und Versprechungen, die neutralen Niederlande gewaltsam in den Krieg hineingezogen und Hitler durch seinen blitzartigen Überfall den letzten Rest an Glaubwürdigkeit verspielt hatte« (K. Kwiet).

Neben die Militärverwaltung trat sehr rasch das Reichskommissariat unter Arthur Seyß-Inquart. Die Entscheidung kam abrupt, traf die militärischen Stellen unerwartet und war, wie Konrad Kwiet festgestellt hat, mehrschichtig motiviert. Zum einen manifestierte sich in der Entscheidung für eine politisch geführte Zivilverwaltung Hitlers Abneigung gegen das Militär preußisch-konservativer Observanz, zum anderen ergab sich durch die Emigration der Monarchin und ihrer Regierung ein politisches Vakuum, das gefüllt werden konnte. Darüber hinaus ließen sich auf diese Weise die Voraussetzungen für eine künftige Neuordnung im europäischen Nordwesten schaffen: eine politische und weltanschauliche Gleichschaltung in einem Raum, der gemäß den Vorstellungen der nationalsozialistischen Ideologie als ein »germanischer« begriffen wurde und darum, vergleichbar den Verhältnissen in Norwegen, anpassungsfähig und -würdig war. Die Anerkennung der Niederländer als »Germanen« mochte dann positiv eine Schonung der arischen Niederlande enthalten, sie bedeutete aber auf jeden Fall auch den Durchsetzungswillen einer völkischen Rassenpolitik mit allen Konsequenzen sowohl für die andersrassischen Niederländer als auch für den politischen Gegner, der national und in Kategorien des alten parlamentarischen Systems dachte.

Die Ernennung Seyß-Inquarts zum Reichskommissar erfolgte am 19. Mai 1940 durch Führererlaß. Im zusätzlichen Erlaß über die Regierungsbefugnisse hieß es, daß der Reichskommissar dem Führer unmittelbar unterstellt sei. Der Kommissar hatte die Reichsinteressen zu wahren und im zivilen Bereich die oberste Regierungsgewalt auszuüben. Die Anordnungen und Erlasse des Kom missariats sollten mit Hilfe deutscher Polizei und niederländischer Behörden durchgeführt werden. Das niederländische Recht blieb, soweit mit den Erfordernissen der Besatzungspolitik vereinbar, in Kraft. Damit war die Militärverwaltung ihrer Regierungsbefugnisse entledigt. Der dem Führer ebenfalls direkt unterstellte Wehrmachtsbefehlshaber, General Friedrich Christiansen, blieb auf die militärische Befehlsgewalt beschränkt und vertrat die Belange der Wehrmacht gegenüber dem Reichskommissar. Die weitere Struktur innerhalb der Zivilverwaltung war denkbar einfach. Zur Durchführung der Aufsichtsverwaltung wurden dem Reichskommissar vier Generalkommissare beigegeben, die alle aus dem Reich stammten. Jeder Generalkommissar beaufsichtigte bestimmte Sachbereiche. So übernahm Friedrich Wimmer, ehemaliger österreichischer Staatssekretär, danach Regierungspräsident in Regensburg, das Kommissariat für Verwaltung und Justiz. Für Wirtschaft und Finanzen war Hans Fischböck, ehemals Wiener Bankpräsident, zuständig. Chef der Sicherheit und Polizei wurde Hanns Albin Rauter, höherer SS-Polizeiführer und ein in der Wolle gefärbter Nationalsozialist. Als Generalkommissar zur besonderen Verwendung fungierte Fritz Schmidt, ein Parteigenosse der ersten Stunde. Ihm oblagen »alle Fragen der öffentlichen Meinungsbildung und der nicht-wirtschaftlichen Vereinigungen« sowie besondere, vom Reichskommissar ad hoc zugewiesene Aufgaben. Schließlich trat zu den Generalkommissaren noch ein Vertreter des Ribbentropschen Außenamtes in der Person des Gesandten Otto Bene, der alle die Außenpolitik berührenden Fragen zu behandeln hatte. Unterhalb dieser Aufsichtsverwaltung oblag die eigentliche Verwaltung den niederländischen Generalsekretären, die nach der Emigration des gesamten Kabinetts an die Spitze der einzelnen Ministerien gelangt waren. Die Generalsekretäre erhielten nunmehr größere Befugnisse, als sie sie in der Vorkriegszeit unter ihren Ministern besessen hatten, da sie Verordnungen mit Gesetzeskraft erlassen konnten. Gleichwohl ließ sich die Funktion eines Generalsekretärs nicht ohne große innere Konflikte wahrnehmen. Der Amtsträger handelte ja nicht kraft eigenen Rechts, sondern auf deutsche Weisung und unter deutscher Aufsicht und damit im deutschen Interesse. Die Generalsekretäre hatten sich schon gegenüber der Militärverwaltung zur Mitarbeit verpflichtet und wiederholten dies gegenüber Seyß-Inquart, unter der Bedingung allerdings, daß keine nationalsozialistische Regierung – Mussert und seine Anhänger – eingesetzt würde. Sie drohten dem Reichskommissar in Den Haag, daß sie bei der Übergabe der Amtsgeschäfte an ihn den Saal verlassen würden, falls er sich in seiner Ansprache gegen die Königin wenden oder etwa von einem niederländischen Neutralitätsbruch reden würde. Dem anschließenden Essen blieben sie fern und fanden dafür das volle Verständnis des Reichskommissars. Anfänglich bewies Seyß-Inquart gegenüber den Generalsekretären noch intelligente Zurückhaltung. So schien die NSB unter Mussert zunächst bei ihm keinen Fuß auf den Boden zu bekommen. Mussert notierte noch am 19. Mai in sein Tagebuch: »Keine Spur irgendeines Wohlwollens bei den deutschen Behörden, keine Erklärungen, keine Radiorede, nichts!« – und dies, obwohl sich der NSB-Führer um mehr als nur Anerkennung seiner Bewegung bemühte.

Über den vorsichtigen Umgang mit den Niederlanden bestand in der Reichsleitung während des Frühjahrs und Sommers 1940 Konsens. Hitler selbst hatte von der »großzügigen Behandlung der besetzten Niederlande« gesprochen. Dahinter stand der Gedanke, bei Schonung den Zusammenhang mit Niederländisch-Indien gegen britischen Zugriff wahren zu können. Göring sprach im Juni ähnlich von der vorsichtigen Behandlung der Niederlande, jedoch zugleich vom engen Anschluß an das Reich. Seyß-Inquart hat während des Nürnberger Prozesses seinen Auftrag im Sinne der früheren Instruktionen Hitlers umrissen: »Ich hatte die zivile Verwaltung zu führen und in deren Rahmen die Interessen des Reiches wahrzunehmen. Ich habe aber auch einen politischen Auftrag bekommen, nämlich bei Aufrechterhaltung der Unabhängigkeit der Niederlande danach zu trachten, daß dieselben aus ihrer englandfreundlichen Einstellung eine deutschlandfreundliche Einstellung einnehmen mit einer besonders engen wirtschaftlichen Verbindung.« Die Absicht reichte allerdings weiter. Der Reichskommissar äußerte Anfang Juni, daß die Niederländer zwar selbständig bleiben würden, sich später aber aus freiem Willen dem Führer Mitteleuropas anschließen müßten. Das war ein äußerst optimistisches Wunschdenken. Wollte man dieses politische Ziel erreichen, bedurfte es zumindest der politischen »Nachhilfe« in den Niederlanden, denn die Aussichten auf Selbstnazifizierung waren allzu gering.

Seyß-Inquart hat die Schwierigkeit der Aufgabe voll begriffen. Viele in seiner Zivilverwaltung und im Reich hatten andere Vorstellungen von der Konkretisierung des Ziels. Für den Reichskommissar waren die Sprüche Himmlers keine Hilfe, in denen es hieß, daß 9 Millionen germanisch-niederdeutsche Menschen »mit fester und doch sehr weicher Hand« der deutsch-germanischen Gemeinschaft wieder einzufügen seien. In einer SD-Meldung vom 6. Juli 1940 hieß es: »Das gesamte politische Leben in den Niederlanden ist zur Zeit wieder in Bewegung gekommen, so daß ein abschließendes Urteil über seine zukünftige Marschrichtung noch nicht abgegeben werden kann. Es steht jedoch fest, daß die Mehrheit des niederländischen Volkes nach wie vor auf ihrer Ablehnung aller nationalsozialistischen Bewegungen beharrt. Diese Kräfte dürften für die

Sammlung der Kräfte bürgerlich-nationaler Richtung von nicht unerheblicher Bedeutung sein.« Seyß-Inquart offenbarte Optimismus, wenn er vorerst auf einen Erneuerungs- und Selbstfindungsprozeß der Niederländer im Sinne der nationalsozialistischen Europa-Politik setzte. Seine Hoffnung galt dabei der 1940 ins Leben gerufenen, konservativ ausgerichteten »Niederländischen Union (Nederlandsche Unie)«. Sobald sich herausstellte, daß die »Weckung und Lenkung der politischen Willensbildung« Bestrebungen förderte, die für Freiheit, Unabhängigkeit und das Königshaus eintraten, zeigten sich auch die Grenzen. Solange der politische Wille keine Anpassung an die »großgermanische Ordnung« erkennen ließ, wurde er von der Besatzungsmacht nicht honoriert. Es zählte auch zu den Einschränkungen, wenn Seyß-Inquart am 21. Juni 1940 die Tätigkeit des niederländischen Parlaments, und zwar beider Kammern, und Parlamentswahlen aussetzte. Am 16. Juli folgte die Gleichschaltung des Gewerkschaftsbundes (NVV). Der alte Vorstand wurde abgesetzt. An seine Stelle trat das NSB-Mitglied Woudenberg. Der NVV zeigte keinerlei Reaktion.

An Mussert schienen solche Prozesse zunächst vorbeizugehen. Sein radikalerer politischer Kollege Rost van Tonningen jedoch, ein Günstling Heinrich Himmlers, erhielt früh eine Funktion. Seyß-Inquart bestellte ihn im Juli zum Kommissar für die marxistischen Parteien. SDAP, Kommunisten und »Revolutionäre Sozialisten (RSAP)«, eine Gründung von 1935, wurden unter die Verwaltung und Leitung dieses NSB-Mannes gestellt. Seine Aufgabe lautete, die Kommunistische Partei und die Revolutionären Sozialisten zu liquidieren und die freikommende Vermögensmasse der SDAP zuzuführen. Ideologisch bezweckte man die Ausmerzung marxistischen Gedankenguts in der SDAP. Offenkundig war es die Absicht des Reichskommissariats, sich auf diesem Weg eine Massenbasis für die Anpassung zu schaffen. Das Vorhaben lief jedoch auf ein Fiasko hinaus. Zwar wurden diese ersten konkreten Maßnahmen ohne Mussert getroffen, doch er selbst unternahm Schritte, um seine Bewegung zu konsolidieren, gestützt auf das Versprechen des Reichskommissars, ihm beim Ausbau behilflich zu sein. Da war sogar eine Machtübernahme in Aussicht gestellt worden, falls die NSB eine breitere Basis in der Bevölkerung gewinnen würde. Musserts forsches Vorgehen erwies sich als kaum geeignet, die Niederländer auf seine Seite zu bringen. Es gehörte ein gerüttelt Maß an Unverstand dazu, wenn er auf Massenversammlungen wie in Lunteren unumwunden Solidarität mit dem Reich bekundete und Göring am 22. Juni 1941 eine 3.300 Kilogramm schwere Turmglocke aus Kupfer und Zinn für die deutsche Rüstung anbot. Hier ging es kaum mehr um Werbung für die eigene Sache, sondern um Kumpaneibezeugung vor den deutschen Besatzern. Obwohl Seyß-Inquart das vor dem Krieg in den Niederlanden geltende Uniformverbot rasch aufhob, NSB-Mitglieder wieder Beamte werden durften und Mussert seine der SA gleichenden Wehrabteilungen, die »Weer-Afdelingen (WA)«, neu organisieren und verstärken konnte, waren solche Maßnahmen lediglich dazu angetan, die Kluft zwischen Bevölkerung und NSB zu vertiefen. Als es am Geburtstag des Prinzen Bernhard, am 29. Juni, dem Nelken-Tag, an dem die Niederländer die Lieblingsblume des Prinzen im Knopfloch trugen, in Rotterdam und Delft zu Straßenschlachten zwischen WA-Leuten und der Zivilbevölkerung kam, hätte das niemanden verwundern dürfen. Mit der NSB ließ sich für den Reichskommissar wirklich kein Staat machen. Das wußte Seyß-Inquart sehr wohl, so daß er mehr Hoffnung auf die »Niederländische Union« setzte und Musserts »Staatsratspläne«, die die NSB an die Spitze des niederländischen Staates bringen sollten, ablehnte. Dennoch gelang es Mussert, von Hitler empfangen zu werden. Nach mehrwöchigen Vorbereitungen stellte sich eine dreiköpfige Delegation am 23. September 1940 bei Hitler vor. Mussert hatte ein Memorandum für den deutschen Führer ausgearbeitet, in dem er einen »Bund der germanischen Völker« vorschlug, zu dem ein »Großdietsches Reich« als Mitglied gehören sollte. Dafür war das völkische Prinzip als Ordnungsgrundlage in Europa der Ausgangspunkt. Hitler übernahm in Musserts Konzeption die Funktion eines Oberhaupts des germanischen Bundes. Über die allgemeine Blutsverbundenheit hinaus sollten die Staaten des Bundes militärisch und wirtschaftlich miteinander verflochten sein. Daß die NSB die Führung im Gliedstaat Niederlande erhalten sollte, verstand sich von selbst, galt als Garantie der Bundestreue sowie der Selbständigkeit der Gliedstaaten. Die Anerkennung der NSB durch Hitler war als deutsche Gegenleistung zu dem von Mussert angebotenen Plan gedacht. Hitler machte bei diesem Besuch Musserts keinerlei Versprechungen. Er scheint lediglich ganz vage eine Machtübernahme seitens der NSB in Aussicht gestellt zu haben. Bei solcher Zurückhaltung war er gut beraten, denn Mussert gelang es nicht, seine Bewegung zur Massenpartei auszubauen.

An dieser Tatsache änderte auch der Anstieg der Mitgliederzahl von 25.000 auf 50.000 im Herbst 1940 nichts, ebensowenig der gegen Jahresende bezeugte Optimismus des Reichskommissars: Er habe keinen Zweifel daran, daß sich das niederländische Volk für Ehre, Blut und Arbeit entscheiden werde. Doch mit dem unabdingbaren Ziel der allmählichen Anpassung der Niederländer vor Augen und in der Gewißheit, daß sich auf dem bisher beschrittenen Weg dieses Ziel kaum erreichen ließ, zumal es eine umfassendere Toleranz gegenüber allen politischen Kräften der Vorkriegszeit bedeutet hätte, vollzog sich eine Hinwendung des Kommissars zur nationalsozialistischen Bewegung Musserts, nachdem die

SS versucht hatte, durch die Werbung von Niederländern für die SS den ihr eigenen Weg der Nazifizierung zu beschreiten. Den endgültigen Schritt tat Seyß-Inquart im Juli 1941. Er löste die bürgerlichen Parteien und die mit der NSB rivalisierenden faschistischen Gruppierungen sowie die »Niederländische Union« auf. Die NSB wurde die einzige zugelassene Partei. Zuvor, im Januar 1941, hatte der Vertreter des Außenamtes beim Reichskommissariat mitgeteilt, es sei deutlich geworden, »daß für Deutschland zur Zeit nur die NSB als brauchbar erscheinen kann. Diese wird in den nächsten Monaten zeigen müssen, ob sie das Zeug und die Kraft dazu aufbringen kann, um die innenpolitische Führung in den Niederlanden zu übernehmen beziehungsweise um die Niederlande von sich aus nationalsozialistisch zu machen. Die NSB ist heute noch unfertig und unreif, hat innere Schwierigkeiten zu überwinden, und zwischen Mussert und Rost van Tonningen besteht keine klare Freundschaft. Es scheint aber so, als ob mit entsprechender Hilfestellung von deutscher Seite mit der Zeit etwas aus ihr werden kann.« Bis zum Sommer 1941 allerdings war die Bewegung weder fertig noch reif, wenn man die Basis und ihre mehr denn je isolierte Stellung in der niederländischen Öffentlichkeit betrachtete. So konnte die »Hilfestellung von deutscher Seite« nur noch mittels der Repression anderer Kräfte erfolgen.

Die Vernichtung der niederländischen Juden

Die Erfahrung des Leidens machte ganz besonders der jüdische Bevölkerungsteil. Es war die Zeit der Anne Frank und der Etty Hillesum, der Februar-Streiks und des Lagers Westerbork, eines Durchgangslagers auf dem Weg nach Auschwitz, auch die Zeit des Jüdischen Rates und der damit verbundenen Probleme von Kooperation mit den Besatzern oder Widerstand gegen sie. Etty Hillesum saß im Jüdischen Rat, ehe sie aus Solidarität mit den Deportierten mit nach Westerbork ging, in die Zwischenstation der Vernichtung. Sie, eine Jüdin aus dem Amsterdamer Süden, notierte am 10. November 1941 in ihr Tagebuch: »Lebensangst auf der ganzen Linie. Völlig depressiv. Mangel an Selbstvertrauen. Abkehr. Angst«, und am Abend des 3. Juli 1942 hieß es: »Gut, diese neue Gewißheit, daß man unsere totale Vernichtung will, akzeptiere ich. Ich weiß es nun. Ich werde andere nicht mit meinen Ängsten quälen; ich werde mich nicht verbittert zeigen, wenn andere nicht begreifen, worum es bei uns Juden geht. Die eine Gewißheit wird durch die andere nicht angefressen oder entkräftet werden. Ich lebe und arbeite weiter mit der gleichen Überzeugung, und ich finde das Leben sinnvoll, dennoch sinnvoll.« Diese Amsterdamer Jüdin folgte vor allem dem jüdischen Proletariat aus dem Osten der Stadt ins Lager, weil sie wußte, daß es kaum die Chance hatte, irgendwo unterzutauchen. Noch mehrmals konnte sie aus dem Lager nach Amsterdam zurückkehren, ohne sich dem »Massenschicksal« der Juden entziehen zu wollen. Die Schicksale der Familie Frank und der Etty Hillesum stehen beispielhaft für über 100.000 niederländische Juden, für Angst und Leiden im Versteck oder für das Leiden durch tägliche Erfahrung vor Ort, im Judenviertel der Stadt Amsterdam. Dort wohnte der weitaus größte Teil der niederländischen Juden, so daß die deutschen Besatzer von Beginn an leichtes Spiel hatten, ihn zu kontrollieren. Es handelte sich bei den Juden um Niederländer, die niemals außerhalb der Gesellschaft gestanden hatten, sondern voll in diese Gesellschaft integriert waren, in ihre Unter- und auch in ihre Oberschichten, soweit es um die Juden im Süden Amsterdams ging. Der Journalist Meyer Sluyser hat das jüdische Leben, vor allem das der Unterschichten im Judenviertel, beschrieben und damit ein Volksleben geschildert, das in seiner Intensität das politische, soziale und kulturelle Leben jahrzehntelang nachhaltig mitgeprägt hat. Die ebenso pralle wie feinsinnige Erzählung des Journalisten vermittelt tiefe Einblicke in einen Überlebenskampf unter kaum akzeptablen sozialen Umständen. Die Integration dieser Amsterdamer Juden in die Gesellschaft bedeutete umfassende Akzeptanz, konkrete Umsetzung des Toleranzprinzips, wie es seit den Tagen der Republik zum politischen und gesellschaftlichen Leben der Niederlande gehörte und der politischen Kultur ihre Ausformung gab. Von daher, nicht allein aufgrund purer Menschlichkeit, wird die Empörung der niederländischen Bevölkerung angesichts der Judenverfolgungen verständlich, das Motiv der umfassenden offenen und verborgenen Hilfestellung einsichtig. Aber man begreift auch den tragischen Konflikt, der aus jener Situation zwischen Repression und Hilfeleistung entstanden ist. Harry Mulisch hat das im Roman »De Aanslag« zu vermitteln verstanden.

Die Verfolgung und Vernichtung der Juden ist häufig dargestellt worden, bis ins Detail hinein, von Abel Herzberg und vor allem von Jacques Presser und Louis de Jong, die ihre Familien im Holocaust verloren haben. Wenngleich die Besatzungsmacht anfangs die Rolle des Selbstverharmlosers spielte, griff sie in der »Judenfrage« lange vor der Wannsee-Konferenz relativ rasch zu. Hitler hatte zunächst Order erteilt, die Rassenfrage in den Niederlanden nicht aufzurollen. Einem vorsichtigen Mann wie Seyß-Inquart konnte das nur recht sein, aber gegen Ende August 1940 lagen bereits Verordnungen vor, die die Juden aus dem öffentlichen und wirtschaftlichen Leben ausschließen, auskreisen sollten. Sie lauteten: »a) Namentliche Erfassung sämtlicher Juden; b) Kennzeichnung sämtlicher jüdischer Geschäfte … (es könne den Deutschen nicht zugemutet werden, bei Juden einzukaufen); c) Entfernung sämtlicher Juden aus dem kulturellen Leben.« Schon zuvor war den Juden das rituelle Schlachten und der Dienst im Luftschutz verboten worden. Im Herbst folgten dann die ersten einschneidenden Maßnahmen. Sie bestanden in einer Teiländerung des Beamtenrechts. Juden durften nicht mehr in den öffentlichen Dienst aufgenommen oder befördert werden. Die Beamten wurden gezwungen, eine Ariererklärung abzugeben. Fast alle kamen dieser Aufforderung nach. Wenig später erfolgte die Suspendierung der Juden vom Dienst, am 21. Februar 1941 deren Entlassung. Zu den Entlassenen zählten auch jüdische Hochschullehrer. Damit setzte die Systematik der Verfolgung ein, die im Vernichtungslager endete. Zahlenmäßig ausgedrückt hieß das für alle Landes-, Provinzial- und Kommunalbehörden einschließlich Post, Staatsdruckerei und Pensionsrat: Ausscheiden von 2.092 Juden, Halb- und Vierteljuden aus einer insgesamt 192.205 Personen umfassenden Beamtenschaft. Davon entfielen allein auf die Kommunalbeamten von Amsterdam 582 Personen beziehungsweise 794, wenn man Halb- und Vierteljuden mitzählte, bei einem Kommunalbeamtenbestand von insgesamt 24.920. Von einer »Verjudung« der öffentlichen Dienste, wie das gern gebrauchte Schlagwort der Besatzungsmacht lautete, konnte also nicht die Rede sein. Solche Maßnahmen widersprachen außerdem dem Besatzungsrecht, wenn es an der Haager Landkriegsordnung orientiert bleiben sollte. Der zwar durchsichtige, gleichwohl höchst infame Vorgang schied Juden und Niederländer, das Argument von einem Eingriff in niederländische Verhältnisse auf diese Weise unterlaufend. Trotz der Entlassung wurde nicht sofort das ganze Gehalt gestrichen. So waren für die ersten drei Monate 85 Prozent des Gehalts, für die dann folgenden fünf Jahre 70 Prozent, danach fünf Jahre lang 60 Prozent bis hinunter zur Hälfte des Ausgangsbetrages zur Zahlung vorgesehen. Diese Regelung spielte allerdings bald keine Rolle mehr.

Im Januar 1941 verordnete die Besatzungmacht die Registrierung der Juden. Dieser Maßnahme folgte die Ausweisverordnung, nach der jeder niederländische Bürger im Besitz eines Personalausweises sein mußte. Juden trugen in ihrem Ausweis den Stempel »J«. Die Erfassung der Juden, die aufgelistet an die Zentrale der Einwohnermeldeämter (»Rijks Inspectie der Bevolkingsregisters«) ging, diente zur Abgrenzung der Ghettos in den Orten und später als Hilfsmittel bei der Deportation der Juden in Konzentrationslager. Nach der Statistik von 1941 wohnten in den Niederlanden insgesamt über 140.000 Juden. 15,5 Prozent davon waren Ausländer, allein 10,3 Prozent jüdische Emigranten aus Deutschland. Die Besatzungsmacht schritt in ihrer Systematik rasch voran. Fast gleichzeitig mit der Entlassung jüdischer Hochschullehrer erfolgte die Einführung eines Numerus clausus an den Universitäten. Studenten, die mehr als einen volljüdischen Großelternteil hatten oder als »Arier« der jüdischen Glaubensgemeinschaft angehörten, wurden erst nach Zustimmung seitens des Departements für Erziehung und Wissenschaft zugelassen. War die erstgenannte Voraussetzung gegeben, erfolgte die Zustimmung in der Regel nicht. Schon im Herbst 1940 fanden sich an den meisten Cafés und Restaurants Schilder mit der Aufschrift »Juden nicht erwünscht«. Ab April 1941 hingen sie allerorts; selbst der Zugang zu den Filmtheatern wurde den Juden verwehrt. Solche »gesellschaftlichen« Maßnahmen, die einen weiteren Schritt im Ausscheidungsprozeß darstellten, erfolgten zwar vorerst ohne obrigkeitliche Anordnung, gehörten aber zu der Pression, die seitens der NSB oder öffentlicher Stellen auf den einzelnen Unternehmer oder dessen Berufsverband ausgeübt wurde. Die Obrigkeit unternahm den »offiziellen« Ausschluß zuerst, im März 1941, in Haarlem. Juden war das Betreten aller privaten und öffentlichen Dienstleistungsbetriebe verboten. Darüber hinaus durften sie sich nicht mehr in Haarlem niederlassen oder ohne Zustimmung der Behörden innerhalb der Stadt umziehen. Amsterdam schloß sich dieser Reglementierung an. Wegzug aus der Stadt wurde ebenfalls verboten, weil die einmal erfolgte Erfassung der jüdischen Bevölkerung nicht durcheinandergeraten sollte. Damit nicht genug. Juden wurden im April aus allen öffentlich subventionierten Orchestern entfernt. Ab Mai 1941 galt für das ganze Land das Verbot für Juden, Strände, Parks, Tiergärten, öffentliche Badeanstalten, Strandboulevards zu betreten. Der gesamte Kultur- und Sportbetrieb blieb ihnen ab Mitte September 1941 verschlossen. Ausgegrenzt wurden auch öffentliche Märkte, Viehmärkte, Versteigerungen. Dem Verbot der Bildung von Vereinen oder Stiftungen und dem Befehl des Ausschlusses aller jüdischen Mitglieder aus nicht-jüdischen Vereinen, einschließlich der Berufsverbände, im Oktober 1941 folgte die Anordnung, daß alles nicht-jüdische Personal seine Arbeit in jüdischen Unternehmen oder Haushalten aufgeben mußte. Der Gefahr der »Rassenschande« gedachte man damit vorzubeugen. Nach den Sommerferien 1941 erging ein Erlaß, daß jüdische Kinder keine öffentlichen Schulen mehr besuchen durften, speziell in Amsterdam, Rotterdam, Den Haag und in den Hauptstädten der Provinzen. Den Gemeinden wurde der Bau von Schulen ausschließlich für Juden aufgetragen. Im September 1941 verschlossen ihnen die Behörden die Benutzung der Bibliotheken. Damit war den Juden der Zugang zu einer wesentlichen Quelle ihres Gemeinschaftslebens verwehrt.

Mit alldem versuchten die Besatzer samt ihrer Helfershelfer die Juden als Fremdkörper aus der niederländischen Gesellschaft auszuscheiden. Es gelang ihnen insofern erfolgreich, als das zuvor im eigenen Kreis so reiche und zugleich in die Gesellschaft integrierte jüdische Leben auf das Niveau bloßen Vegetierens hinuntergedrückt wurde. Die Juden gleichsam unmittelbar vor ihrer Haustür zu provozieren, schien man deutscherseits zunächst der NSB vorbehalten zu wollen. So zogen die Wehrabteilungen der NSB herausfordernd ins Judenviertel Amsterdams, wo sich Selbstschutzabteilungen formiert hatten. Bei einer der Schlägereien kam ein WA-Mann ums Leben. In Amsterdam-Süd wurde ein deutscher Polizist während einer Aktion gegen eine jüdische Widerstandsgruppe verwundet. Die Folgen blieben nicht aus. Himmler ließ 425 jüdische Männer der Stadt verhaften und ins Konzentrationslager Mauthausen abtransportieren. Keiner von ihnen kehrte zurück. Allerdings bewies diese Aktion der Besatzungsmacht zum ersten Mal ganz deutlich, daß die Amsterdamer Bevölkerung nicht gewillt war, die Repression widerstandslos hinzunehmen. Sie griff zum Mittel des Streiks als Zeichen des Widerstandes. Dazu unten mehr.

1942 begann die »Säuberung« vieler niederländischer Gemeinden. Die deutschen Juden verfrachtete die Besatzungsmacht ins Lager Westerbork, die niederländischen Juden wurden anfänglich in Amsterdam konzentriert. Jenen Aktionen folgte im Februar 1943 ein Aufenthaltsverbot für Juden zunächst in Haarlem, Heemstede, Bloemendaal und Voorschoten, dann, im April, nach entsprechender Evakuierung und Konzentration im Lager Vught ein Aufenthaltsverbot in allen Provinzen. Lediglich Amsterdam blieb bis Mai 1943 für Juden noch offen. Man brachte die Juden in Arbeitslager der Landeszentrale für Arbeitsbeschaffung unter, erst Arbeitslose, dann auch solche, die noch normaler Arbeit nachgingen. Die Lager befanden sich im Osten und Norden des Landes. Hanns Albin Rauter sah in diesen Arbeitsorten nur eine Art Zwischenstation auf dem Weg zur Deportation und Vernichtung der Juden. Dem Reichsführer SS schrieb er bereits am 24. September 1942: »In den Niederlanden gibt es eine sogenannte ›Werkverruiming‹, eine dem niederländischen Sozialministerium unterstehende Arbeitseinrichtung, die Juden zu verschiedenen Arbeiten in geschlossenen Betrieben und Lagern anhält. Wir haben diese Werkverruimingslager bisher nicht angetastet, um die Juden da hinein flüchten zu lassen. In diesen Werkverruimingslagern sind ca. 7.000 Juden. Wir hoffen, bis zum 1. Oktober auf 8.000 Juden zu kommen. Diese 8.000 Juden haben ca. 22.000 Angehörige im ganzen Lande Holland. Am 1. Oktober werden schlagartig die Werkverruimingslager von mir besetzt und am selben Tag die Angehörigen draußen verhaftet und in die beiden großen neu errichteten Judenlager in Westerbork bei Assen und Vught bei Hertogenbosch eingezogen werden. Ich will versuchen, anstatt 2 Zügen jede Woche 3 zu erhalten. Diese 30.000 Juden werden nun ab 1. Oktober abgeschoben. Ich hoffe, daß wir bis Weihnachten auch diese 30.000

Juden weghaben werden, so daß dann im ganzen 50.000 Juden, also die Hälfte, aus Holland entfernt sein werden.« Und weiter heißt es: »Am 15. Oktober wird das Judentum in Holland für vogelfrei erklärt, d. h. es beginnt eine große Polizeiaktion, an der nicht nur deutsche und niederländische Polizeiorgane, sondern darüber hinaus der Arbeitsbereich der NSDAP, die Gliederungen der Partei, die NSB, die Wehrmacht usw. mit herangezogen werden. Jeder Jude, der irgendwo in Holland angetroffen wird, wird in die großen Judenlager eingezogen. Es kann also kein Jude, der nicht privilegiert ist, sich mehr in Holland sehen lassen. Gleichzeitig beginne ich mit Veröffentlichungen, wonach Ariern, die Juden versteckt gehalten oder Juden über die Grenze verschoben oder Ausweispapiere gefälscht haben, das Vermögen beschlagnahmt und die Täter in ein KZ überführt werden, das alles, um die Flucht der Juden, die in großem Maße eingesetzt hat, zu unterbinden.«

Einer derartigen Systematik ist nichts hinzuzufügen. Was Rauter manifestiert und tatsächlich durchgeführt hat, ist nichts anderes als die auf niederländischem Boden entwickelte Praxis zur »Endlösung der Judenfrage«. Bis Weihnachten 1942 waren die anvisierten 30.000 Juden nach Auschwitz abtransportiert. In jenem Jahr 1942 wurde auch der »gelbe Judenstern« mit der Aufschrift »Jood« eingeführt, das abschließende Zeichen äußerster Diskriminierung. Der Judenstern markierte das Ende menschlicher Würde; er schied die niederländische Gesellschaft aus deutscher Sicht in Freund und Feind. Die Verpflichtung, ihn an einer bestimmten Stelle der Kleidung bei jeder Gelegenheit in der Öffentlichkeit, sogar auf dem eigenen Balkon, am eigenen Fenster zu tragen, stellte zusammen mit der Strafandrohung bei Nichtbefolgung der Anordnung eine letzte Schikane dar. Die Deportationen zur Ausmerzung der niederländischen Juden liefen ab 1942 regelmäßig. Sie firmierten unter dem Begriff »Arbeitseinsatz unter polizeilicher Aufsicht«. Anfänglich schienen die Juden das geglaubt zu haben, aber eben nur anfänglich. Selbst dies alles geschah formalistisch und bürokratisch mit postalischer Zusendung einer Art von Gestellungsbefehl, Angabe der mitzuführenden Güter, Lebensmittelkarten und dergleichen. Die Camouflage-Maschine arbeitete vorzüglich. Erst als diese Gestellungsbefehle nicht mehr zu dem gewünschten Ergebnis führten, als lange nicht alle Juden sich meldeten, griffen die deutschen Instanzen zum Mittel der Razzia, die bald zur niederländischen Alltäglichkeit zählte. Am 25. Juli 1943 sandte Bene, der Vertreter des Auswärtigen Amtes, einen SD-Bericht nach Berlin, demzufolge von den 140.000 niederländischen Juden 102.000 aufgegriffen und davon 72.000 deportiert worden waren. Bis zum Kriegsende sind von den 1941 in den Niederlanden lebenden 140.000 Juden über 110.000 umgekommen, davon

104.000 in den KZs in Deutschland und Polen. Zurückgekehrt aus den Lagern sind 6.000, darunter mehr Frauen als Männer. Die über Fünfzigjährigen und die bis Sechzehnjährigen sind fast völlig vernichtet worden.

Das den KZs Osteuropas vorgeschaltete Durchgangslager Westerbork vermag in seiner Struktur die ganze Infamie der Vernichtungsmaschinerie aufzudecken. Als Zwischenlager auf dem Weg zum Tod war es eines unter vielen in Europa. Das Lager war von deutschen, aus dem Reich geflüchteten Juden erbaut worden und wurde im Oktober 1939 als Aufnahmelager für deutsche Juden in Gebrauch genommen, auf einer Fläche von 50.000 Quadratmetern, bestimmt für etwa 3.000 Menschen in rund 200 kleinen Häuschen oder größeren Baracken, in einer Landschaft, die als staubige Einöde die Flüchtlinge gleichsam in Vergessenheit geraten ließ. Das Zentrallager Westerbork ging am 1. Juli 1942 in deutsche Hände über und wurde nun »Polizeiliches Durchgangslager Westerbork« genannt. Es sei für Juden gedacht, für die ein neuer Ort im Osten Europas gefunden werden sollte. Auf Weisung von Hanns Albin Rauter wurde das Lager durch 7 Wachtürme und einen 2 Meter hohen Zaun abgesichert. Die niederländische Polizei stellte die Wachmannschaft. Die Perfidie der Vernichtungssystematik offenbarte sich darin, daß die Besatzer den deutschen Juden die Verwaltung des Lagers übertrugen, samt allen leitenden Funktionen. Diese Juden, die zum größten Teil von der Deportation freigestellt blieben, entschieden ihrerseits über Leben und Tod der niederländischen Juden. Die Zahl der Lagerinsassen für die wöchentliche Deportation in Richtung Auschwitz, Sobibor, Bergen-Belsen legte Lagerleiter Albert Konrad Gemmeker, ein SS-Obersturmführer, fest; die Auswahl traf die jüdische Lagerverwaltung. Hier vollzog sich die Fortsetzung der Maßregeln in Amsterdam. Dort bestimmte der Jüdische Rat des Ghettos die Zusammensetzung der Transporte, was zu scharfen Konflikten in Amsterdam und dann auch in Westerbork führte. J. Boas, ein im Lager Westerbork geborener Jude, meint feststellen zu können, daß die deutsch-jüdischen Insassen des Lagers wegen der geringen Akzeptanz, die sie in den dreißiger Jahren bei ihren niederländischen Glaubensbrüdern gefunden hatten, nun eine Gelegenheit gesehen hätten, es ihnen heimzuzahlen. Wie immer dies gewesen sein mag, stets ist zur Ungewißheit über den Abtransport noch die Ungewißheit über das künftige Schicksal getreten. Weitaus nicht jedem, wie etwa der Etty Hillesum, war klar, daß es allein um die Vernichtung ging. Möglicherweise klammerte sich alle Hoffnung an das relativ geordnete Lagerleben in Westerbork, wo jeder irgendeiner Beschäftigung nachging und künstlerische oder sportliche Veranstaltungen organisiert wurden. Es sollte sich als vergebliche Hoffnung erweisen.

Andere Formen der Repression: Arbeitseinsatz

Zu den Formen der Repression, aber auch zu den Möglichkeiten für das Reich, den eigenen Mangel an Arbeitskräften auszugleichen, zählte der sogenannte Arbeitseinsatz, die Zwangsverpflichtung niederländischer Arbeiter für die deutsche Industrie und Landwirtschaft. Die Lage auf dem niederländischen Arbeitsmarkt kam den deutschen Instanzen sehr gelegen. Bis zum Überfall 1940 hatte sich die niederländische Wirtschaft noch nicht voll erholt, zumindest war die Zahl der Arbeitslosen beträchtlich. Nach den Kriegshandlungen verschlechterte sich die Lage zusehends, da der Überseehandel abgeschnitten war und die Niederlande sich wirtschaftlich primär auf Deutschland und die von Berlin dafür ausgewählten Länder auszurichten hatten. Ende Mai zählte man 325.000 Arbeitslose, demnach 140.000 mehr als im April 1940. Dazu kamen etwa 70.000 demobilisierte Soldaten, die keinen Arbeitsplatz finden konnten. Fügte man die nicht registrierte Arbeitslosigkeit hinzu, dann belief sich die Gesamtzahl auf schätzungsweise 400.000 bis 500.000. Erste Maßnahmen, die noch General Henri Gerard Winkelman gegen diese Entwicklung traf, fruchteten kaum. Erst der Einsatz niederländischer Arbeitskräfte auf deutschen Flugplätzen sowie beim Ausbau deutscher Küstenbefestigungsanlagen brachte eine spürbare Erleichterung. Die Zahl der niederländischen Arbeitskräfte auf den deutschen Flugplätzen belief sich im August 1940 auf 50.000. Von erheblich höherer Bedeutung war allerdings die Verpflichtung und Entsendung von Arbeitskräften ins Reich. Seitens des Departements für Arbeit und Soziales erging ein dringlicher Aufruf an alle Arbeitsämter, dies zu unterstützen. Man verstand es, finanziell zu ködern und zugleich zu drohen. Für den Fall, daß ein Arbeitsplatzangebot ausgeschlagen wurde, sollte die Arbeitslosenunterstützung entzogen werden. Solche Zwangsmaßnahmen konnten ihre Wirkung nicht verfehlen. Es gab in jener Frühphase des Kriegsregimes vereinzelt Widerstand gegen derartige Angebote, jedoch mit den entsprechenden Konsequenzen. Kommunale, kirchliche und gewerkschaftliche Instanzen sprangen in solchen Fällen, finanzielle Unterstützung leistend, ein. Das Vorgehen des niederländischen Departements spielte den deutschen Besatzungs- und Reichsbehörden in einem doppelten Sinne in die Hände: Zum einen erhielten die Wirtschaftsunternehmen im Reich die dringend benötigten Arbeitskräfte, zum anderen konnten sich die Reichsbehörden insofern salvieren, als sich auf das Prinzip der Freiwilligkeit verweisen ließ; das Druckmittel des Unterstützungsentzugs war schließlich eine innerniederländische Angelegenheit. Dies fügte sich genau in die Nazifizierungsversuche, die

Seyß-Inquart gleichsam mit weicher Hand von innen heraus anzustellen unternahm, und es entsprach solchen Versuchen, wenn die Reichsbehörden den Charakter der Freiwilligkeit betont wissen wollten. Konkret bedeutete dies, daß niederländische Arbeitskräfte, die vertragsbrüchig wurden, indem sie sich vorzeitig wieder in ihr Land absetzten, nicht ins Konzentrationslager wanderten. Bei diesem Verfahren, das Deutschland materiell begünstigte und ideell zunächst unterstützte, ließ sich nicht übersehen, daß hinter dem Verhalten des zuständigen Departements nicht bloß die Einsicht in die wirtschaftliche Notwendigkeit stand, sondern bei einigen Spitzenbeamten Gedanken im Hinblick auf eine »neue Zeit« oder »neue Ordnung« lebten, die andere Maßnahmen erlaubten, als sie vor dem Krieg möglich gewesen sind.

Doch die Neigung, in Deutschland zu arbeiten, war bei den Arbeitslosen nicht allzu stark entwickelt. Zudem gab es seitens niederländischer Instanzen Möglichkeiten, den Unwillen zu honorieren und somit den Arbeitskräfteexport zumindest zu zügeln. So sorgten Ärzte bei den regionalen Arbeitsämtern für eine erkleckliche Zahl von Untauglichkeitsbescheinigungen. Von den im September und Oktober 1940 ärztlich untersuchten 235.817 Arbeitslosen wurden lediglich 103.504 für arbeitstauglich im Reich befunden. Die Zahl jener, die nicht bereit waren, den Vertrag zu erfüllen, war recht hoch, so daß die deutschen Behörden meinten, Gegenmaßnahmen in Form des Entzugs von Lebensmittelkarten ergreifen zu müssen. Das Versorgungsdepartement konnte jedoch eine Rücknahme dieser Anordnung durchsetzen. Aber es zeigte sich auch hier: Ebensowenig wie sich die Nazifizierung der Niederlande von innen heraus und mit leichter Hand konkretisieren ließ, erzielte das Freiwilligkeitspostulat das gewünschte Ergebnis. So blieb die Reaktion des Reichskommissariats nicht aus. Nach einer Verordnung vom Februar 1941 wurde Verweigerung der Dienstverpflichtung mit einer Höchststrafe von sechs Monaten Arbeitslager geahndet. Das half wenig, so daß Ende 1941 die Drohung mit Einlieferung ins Konzentrationslager Amersfoort folgte. 140 Vertragsbrüchige wurden dann vom Sicherheitsdienst in das Lager verfrachtet. Dieses Vorgehen hatte schon nichts mehr mit Nazifizierung von innen heraus zu tun.

Bis März 1942 waren nur Arbeitslose verpflichtet worden, insgesamt 227.000. Das änderte sich, als der Krieg in Rußland erhöhte Rüstungsanstrengungen und eine Neuorganisation der Rüstungswirtschaft erforderlich machte. Fritz Sauckel wurde im Reich im Zuge der Neuordnung zum Generalbevollmächtigten für den Arbeitseinsatz berufen. In den Niederlanden war Fritz Schmidt der direkte Befehlsempfänger Sauckels. Der Kurswandel wurde rasch deutlich. Aus dem Reich entsandte Kommissionen führten großangelegte Aushebungsaktionen durch, die jeweils eine bestimmte Anzahl von niederländischen Arbeitskräften aufzubringen hatten. Nunmehr ging es nicht um Arbeitslose, sondern um Beschäftigte der niederländischen Industrie. Zwischen April 1942 und März/April 1943 wurden sieben solcher Aktionen angesetzt, die auf die Konskription von 254.000 Arbeitskräften zielten. Die Erfolgsmeldung brachte erheblich geringere Werte: Lediglich 163.000 Arbeiter, mithin 64 Prozent, konnte man »aufbringen«. Das stellte Sauckel nicht zufrieden, zeigte jedoch, daß sich die Reichs- und Besatzungsmaschinerie nicht ohne Widerstand in Bewegung setzen ließ. Da ergaben sich deutliche Diskrepanzen zwischen den Arbeitskräfteansprüchen Sauckels sowie seines Beauftragten Schmidt und der in den Niederlanden tätigen deutschen Rüstungsinspektion, die die Aufträge ihres Reichsministers Albert Speer in den für die deutsche Kriegführung arbeitenden niederländischen Firmen zu erfüllen hatte. Darüber hinaus wuchs der Widerstand der Betroffenen, wenngleich er angesichts der Gefährlichkeit der Verweigerung nicht allzu hoch eingeschätzt werden sollte. Immerhin erhielten 60 bis 80 Prozent der Arbeiter medizinische Untauglichkeitsbescheinigungen, fanden sich häufig nur 50 Prozent der Kontraktierten an den Bahnhöfen ein. Die Beamten der Arbeitsämter besannen sich allmählich auf ausgeklügelte Mittel und Wege, mit denen die Zwangsverpflichtung unterlaufen werden konnte. Zu großen gemeinsamen Protestaktionen der Arbeiter kam es allerdings zunächst noch nicht. Die Betroffenen waren auf sich allein gestellt, wollten sie dem deutschen Zugriff entkommen.

Eine weitere Verschärfung brachte 1943 die totale Kriegführung. In den niederländischen Betrieben wurden die Unternehmer von den deutschen Behörden unter Umgehung der Arbeits- und Fabrikinspektion ermächtigt, die Arbeitszeit auf 54 Wochenstunden zu verlängern. Andererseits wurden Betriebe geschlossen, so daß Arbeitskräfte für den Einsatz im Reich freikamen. Um bei den Arbeitsämtern die Chancen, der Dienstverpflichtung zu entkommen, einzuschränken, setzten die Deutschen beim zuständigen Generalsekretär eine stärkere Besetzung dieser Stellen mit NSB-Leuten oder Sympathisanten durch. Im Mai begann die Besatzung mit einem neuen Verfahren zur Erfassung von Arbeitskräften, mit der sogenannten Jahrgangsaktion. Alle Männer von 18 bis 35 Jahren hatten sich bei den Arbeitsämtern zu melden. Man errechnete sich je Jahrgang 10.000 arbeitsfähige Männer, so daß 170.000 zusätzliche Arbeitskräfte aus den Niederlanden im Reich erwartet wurden. Am Ende der Aktion standen nur 54.000 Männer zur Verfügung. Weitere 32.000 wurden mit dem bisherigen Verfahren des Durchkämmens von Betrieben erfaßt. Die 1943 verstärkt einsetzende Widerstandsbewegung brachte Erfolge. Gegen sie vermochten auch großangelegte Erfassungsrazzien nichts auszurichten, da die Zusammenarbeit zwischen niederländischen Bürgermeistern, Polizeistellen und Beamten der Arbeitsämter zum Aufbau eines wirkungsvollen Vorwarnsystems führte. Es erfolgten einige Aktionen, die in ihren Ergebnissen die Besatzungsmacht enttäuschten. Zumindest entsprach die Erfassungsplanung in keiner Weise dem tatsächlichen Aufkommen an Arbeitskräften. Die Diskrepanz wuchs beträchtlich, da die Erfassung bis zum Juli 1944 auf etwas mehr als 5 Prozent zurückging, der Transport von Arbeitskräften ins Reich also spürbar abebbte.

Die Monate bis zum Ende des Krieges waren auch für den Arbeitseinsatz durch die militärische Entwicklung bestimmt. Zum einen verpflichtete man die Bürgermeister einzelner Städte und Gemeinden zur Rekrutierung von Arbeitskräften, die für kurze Zeit zum Ausbau von Verteidigungsanlagen im Umfeld ihres Wohnorts herangezogen wurden. Zum anderen meinte Goebbels als Reichsbevollmächtigter für den totalen Kriegseinsatz in einer letzten Anstrengung ausländische Arbeitskräfte aufbieten zu sollen. Dabei handelte es sich vor allem um die Beseitigung von Bombenschäden und um den Ausbau von Schutzvorrichtungen im Reich. Die Erfassung erfolgte im alten Stil, zum großen Teil über plötzliche Razzien in Städten, Zügen und Rhein-Kähnen. Die Lage war für die Deutschen insofern günstiger, als die niederländische Industrie kaum noch mit deutschen Rüstungsaufträgen befaßt wurde, so daß von seiten der Rüstungsinspektion keine Interventionen mehr zu erwarten standen. So konnten bei letzten Unternehmungen allein aus Rotterdam im November 1944 nicht weniger als 50.000 arbeitsfähige Männer abgeführt werden; insgesamt belief sich die »Aushebung« für den ganzen zu dieser Zeit noch besetzten niederländischen Raum auf 120.000. Die Verpflichtung zum Arbeitseinsatz galt dann ab Dezember 1944 für arbeitsfähige Männer zwischen 16 und 40 Jahren, nachdem der Wehrmachtsbefehlshaber Christiansen aus Furcht vor allgemeiner Unruhe die großen Razzien, die jeden ohne Ausnahme erfaßten, untersagt hatte. Es blieb allerdings kaum noch Zeit zu neuen Aktionen. Den wenigen im letzten Moment Deportierten kamen Entlassene oder Geflohene entgegen. Nach Kriegsende kehrten schätzungsweise 261.000 niederländische Arbeiter zurück, ohne die Entlassenen und Geflohenen vom März/April 1945. Die Zahl der in Deutschland gestorbenen Niederländer wird mit 8.500 angegeben. Obwohl der weitaus überwiegende Teil der zum Arbeitseinsatz Gezwungenen zurückgekehrt ist, haben diese Menschen, erfaßt vom Räderwerk einer Repressionsmaschine, die die Niederländer in ihrer Geschichte bis dahin nicht erlebt hatten, eine Existenz am Rande des Überlebens führen müssen.

Formen des Widerstandes

Es sind in neuerer Zeit häufig die Fragen nach Umfang und Art des niederländischen Widerstandes gegen die Besatzungsmacht gestellt und die Formen der Kollaboration untersucht worden. Es will fraglich erscheinen, ob die damit verbundenen definitorischen Kategorien so hilfreich sind, wie sie dargestellt werden. Die für den Widerstands- und den Kollaborationsbegriff gleichermaßen eingeführten soziologischen, politologischen, anthropologischen oder psychologischen Definitionen mögen ein Element der Auffächerung von Aktions- und Verhaltensweisen enthalten, zu einer vertieften Erkenntnis tragen sie kaum bei. Deshalb sollen hier unter »Widerstand« schlicht die Ablehnung jeglicher Loyalität gegenüber dem Besatzer, der Angriff in Wort und Schrift und die gewaltbereite und bewaffnete Auseinandersetzung des Einzelnen oder ganzer Gruppen mit den Okkupanten verstanden werden. Dazu gehörten auch jene, die den aktiven Widerständlern in vielerlei Dingen hilfreich die Hand oder Verfolgten Unterschlupf boten. Für diese Menschen hat ein ehemaliger Widerstandskämpfer festgestellt: »Trotz all unseres guten Willens und unserer Arbeit hätten sich unsere Widerstandsaktivitäten als wirkungslos erwiesen, wären da nicht jene hilfsbereiten Bürger gewesen, die die Basis für unsere Arbeit abgaben.« Schätzungsweise 350.000 Niederländer mußten im Laufe der Kriegsjahre für kürzere oder längere Zeit untertauchen. Hunderttausende boten Möglichkeiten an, unterzuschlüpfen, und viele sorgten für die erforderliche materielle Ausstattung und Logistik.

Für die Beantwortung der Frage nach der Stärke des Widerstandes liegen Untersuchungen vor, die die Entwicklung in Frankreich, Belgien und den Niederlanden miteinander vergleichen und zu dem Schluß kommen, daß der niederländische Widerstand insgesamt als »begrenzt« oder »gemäßigt« anzusehen ist (B. de Graaff). Vergleicht man etwa die Anschläge gegen politische Kollaborateure oder Deutsche, dann hat die belgische, deutschfreundliche Rex-Bewegung schon um 50 Tote getrauert, ehe die NSB einen einzigen Toten zu beklagen hatte. Insgesamt blieb die Anzahl während der Besatzungszeit in den Niederlanden mit einigen Dutzend Toten bemerkenswert unter den Hunderten in Belgien und den rund 5.000 in Frankreich. Erst ab Mitte 1942 setzte eine bessere Organisation und Konzentration der Widerstandskräfte ein. Ursächlich waren die Wende auf dem östlichen Kriegsschauplatz zugunsten der Sowjetunion und die verstärkten repressiven Maßnahmen der Besatzer. Die anfängliche Zurückhaltung in den Niederlanden hatte unterschiedliche Gründe. Von Entbehrungen im Nahrungsmittelbereich konnte hier kaum die Rede sein. Es war der ausdrückliche Wunsch Hitlers, daß der Lebensstandard der Niederländer nicht unter den der Deutschen sinken sollte. Erst ab 1942 machten sich Einschränkungen bemerkbar, die dann 1944/45 in den Hungerwinter einmündeten. Die Verluste durch Kriegshandlungen lagen erheblich niedriger als in Belgien oder Frankreich. Der kommunistische Widerstand spielte im Gegensatz zur Entwicklung in Frankreich und Belgien eine unwesentliche Rolle. Großbritannien, von wo aus der Kontinent mit Agenten und Waffen versorgt werden sollte, vermochte dies aufgrund der geographischen Lage leichter für Frankreich und Belgien zu tun als für die Niederlande. Dorthin flogen weit weniger Maschinen als nach Belgien und Frankreich. Aber nicht genug damit. Das von der deutschen Kontraspionage nach Fehlern der in England arbeitenden Verbindungsleute inszenierte »England-Spiel« führte dazu, daß viele der über den Niederlanden abgesprungenen Agenten von den Deutschen »empfangen« wurden und 1942/43 annähernd 95 Prozent der abgeworfenen Waffen in deutsche Hände fielen. Nach dem Herbst 1944 nahm der Umfang der Waffenabwürfe zu, doch auch dann konnten immerhin noch ein Drittel von den Deutschen erbeutet werden. Die zahlenmäßige Erfassung der im Widerstand tätigen Niederländer ist völlig von der Definition des Begriffs »Widerstand« abhängig. Folgt man de Jongs Umschreibung, der unter Widerstandskämpfern nur jene versteht, »die innerhalb eines festen organisatorischen Zusammenhangs illegal tätig« gewesen sind, dann ist die Zahl bis zum Sommer 1942 auf einige Hundert festzusetzen. Starker Zuwachs erfolgte erst ab dem Frühjahr 1943. Für die Phase bis zum September 1944 schätzt de Jong die Anzahl der Widerstandskämpfer auf 25.000. Davon wurden etwa 10.000 verhaftet, von denen 6.000 den Krieg nicht überlebten. Nach September 1944 gab es nicht nur beträchtlich mehr Illegale, sondern auch Opfer. Die Schätzungen de Jongs belaufen sich unter Berücksichtigung aller Schwierigkeiten solcher Zählungen und einschließlich der Phase ab September 1944 bis hin zum Kriegsende auf etwa 45.000.

Von großer Bedeutung für das Potential des Widerstandes war die Kontinuität der Versäulung. Die »Christlich-Historische Union« bewies eher neutralistische Zurückhaltung, während die mit dieser Partei eng verbundene »Reformierte Kirche (Hervormd)« sich sehr rasch dem Besatzungsregime widersetzte, und zwar, wie Willem Verkade festgestellt hat, vergleichbar der »Bekennenden Kirche« im Reich mit einer neuen Führungsschicht von Geistlichen und Laien an der Spitze, die aus der christlichen Jugendbewegung stammten und stark durch Karl Barth beeinflußt waren. Viele Vertreter gerade dieser letztgenannten Kreise empfanden es als Desertion, als ihr Parteimann Dirk Jan de Geer, bei

Ausbruch des Krieges Ministerpräsident des Koalitionskabinetts, freiwillig aus London über Portugal in die Niederlande zurückkehrte, und dies mit deutscher Hilfe. Der protestantische Partner, die AR mit der anderen »Reformierten Kirche (Gereformeerd)« als Basis, zeigte anfänglich eine schwankende Haltung. Zumindest galt dies für ihren langjährigen Ministerpräsidenten Hendrik Colijn. Im Juli 1940 veröffentlichte er, wohl in einer Phase eines extremen persönlichen Pessimismus, seine Broschüre »Op de grens van twee werelden«. Eine Niederlage Deutschlands sei nicht mehr möglich, so hieß es da. Daraus folge die Notwendigkeit der Anpassung an die veränderten Umstände. Der europäische Kontinent werde, falls kein Wunder geschehe, in Zukunft von Deutschland geführt. Ein Gespräch mit Seyß-Inquart war der Abfassung der Schrift vorausgegangen, und in einer Amsterdamer Rede im August meinte Colijn, den Standpunkt wiederholen zu müssen. Der ehemalige Ministerpräsident stand in Partei und Kirche zunächst nicht allein. Es gab im Vorstand seiner Partei Vertreter, die von der Gehorsamkeit gegenüber der Obrigkeit sprachen, auf die Güte Gottes vertrauten und sich hierin in Übereinstimmung mit einigen CHU-Politikern sahen.

Aber es gab auch andere in der Parteizentrale oder in den lokalen und regionalen Vorständen, die jegliche Konzessionspolitik ablehnten und damit als erste etwa die Aktivitäten der »Niederländischen Union« verwarfen. Von der CHU war es Hendrik Willem Tilanus, der eine Vorreiterrolle spielte, bei der AR Johannes Schouten. Zusammen mit dem Sozialdemokraten Willem Drees wandte sich Schouten mit aller Schärfe gegen die Union, die er als einen Affront gegen Krone und rechtmäßige Regierung disqualifizierte. In der Vorstandssitzung vom August 1940 kam die Unzufriedenheit über Neutralismus und Anpassung zum Durchbruch; und die Parteibasis geriet in Bewegung. Für die AR war Amsterdam ein Zentrum; von hier ging eine Selbstbesinnung der Partei aus, die sich als Gegner des neuen Regimes begriff. Es waren erste Formen des Widerstandes, die sich an der antirevolutionären und christlich-historischen Basis bildeten, ohne daß die Parteispitzen radikal umschwenkten. Der Prozeß verlief langsam, und an seinem Ende fand sich auch Colijn als ein Organisator des Widerstandes. Er wurde prompt Ende Juni 1941 verhaftet, sodann nach Osten deportiert. Er starb 1944 in Ilmenau. Seine Kirche hat diesen Prozeß zum Widerstand mitvollzogen. Die »Gereformeerde Kerken« insgesamt entwickelten die größte illegale Organisation in den Niederlanden. Das war jedoch nicht das Ergebnis einer konsequenten synodalen Führung. Gerade in der Synode lebte der Gedanke des neutralistischen Kurses gegenüber der Obrigkeit fort. Der sich entfaltende Widerstand war vielmehr auf all jene Pastoren zurückzuführen, die sehr wohl begriffen, welches Maß an Christlichkeit man dieser

Obrigkeit gegenüber vertreten durfte. Bei ihnen war die Haltung von Beginn an eindeutig. Sie resultierte aus Erfahrungen der dreißiger Jahre oder hatte ihre Wurzeln in der calvinistischen Tradition des achtzigjährigen Krieges.

Der katholische Widerstand gegen das Besatzungsregime konnte sich voll unter dem Schutz bischöflicher Anweisungen entwickeln, die nichts anderes darstellten als eine Fortsetzung der vor dem Krieg bezeugten heftigen Aversion gegen die NSB. 1934 hatte man der Geistlichkeit, 1936 dann den Laien verboten, sich den Nationalsozialisten als Mitglied anzuschließen. Dahinter stand die Drohung der Exkommunikation, der Verweigerung des kirchlichen Begräbnisses. Adriaan Manning hat darauf hingewiesen, daß sich die katholische Kirche und in ihrem Gefolge die Neben- und Unterorganisationen sowie die Partei (RKSP) in jahrzehntelanger politischer Auseinandersetzung eine äußerst lebenskräftige »Säule« erarbeitet hatten, die als Reservat sowie als Refugium nicht ohne weiteres preisgegeben werden durfte. Auflösung und Zerstörung drohten aber von seiten der Mussert-Bewegung und nach Kriegsausbruch auch seitens der Besatzer. Im Unterschied zur Haltung der RKSP verhielten sich die Bischöfe sehr abweisend gegenüber der »Niederländischen Union«, zumal sie im katholischen Süden des Landes erheblichen Zulauf erhielt. Die Forderung der Union nach nationaler Zusammenarbeit auf breitester Grundlage verfing bei den Bischöfen nicht. Bei solcher Abwehr blieb es nicht. Im Januar 1941 verkündeten die Bischöfe, daß die Sakramente jenen nicht erteilt würden, die der NSB, WA oder der niederländischen SS und anderen Mantelorganisationen angehörten. Auch dies lag genau auf der Linie der Vorkriegszeit. In den »Meldungen aus den Niederlanden« sprach der Besatzer von einer »offenen Kampfansage an den Nationalsozialismus«. Seyß-Inquart nannte den bischöflichen Erlaß »ein sehr ernstes Symptom für die Stimmung in den Niederlanden«. Die Bischöfe traten in den folgenden Jahren der Besatzung als eine Art Beratungsgremium für die katholischen Gläubigen auf, für die in zahllosen Richtlinien zum einen die Grenzen des Erlaubten hinsichtlich der Mitwirkung an der »neuen Ordnung« aufgezeigt, zum anderen Vorkehrungen besprochen wurden, wie man der nationalsozialistischen Neuerungs- und Interventionspolitik, etwa der Gleichschaltung des »Roomsch Katholiek Werkliedenverbond«, voll entgegenwirken konnte. Das lief innerhalb des Kreises der Bischöfe und ihrer Berater zwar nicht immer ohne Konflikte ab, stand aber insgesamt im Zeichen der bedingungslosen Ablehnung des Nationalsozialismus und des totalitären Staates als Christentum und Glauben gefährdende Erscheinungen. Die Verbreitung solcher Haltung erfolgte nicht zuletzt über die sonntägliche Predigt mit ihren vielfältigen Kolportagemöglichkeiten. Die Widerstandspresse aller Richtungen hatte gerade diese Form der

Opposition zu würdigen vermocht. Im Hinblick auf das bischöfliche Schreiben vom Juli 1942 gegen die Judendeportationen und auf den scharfen, an den Reichskommissar gerichteten Protest vom 17. Februar 1943, in denen die Verfolgung und Tötung der Juden verurteilt worden sind, wird man ebenfalls sehr wohl von einem höchst mutigen Auftreten der Kirche im Sinne der christlichen Grundsätze sprechen können. Zweifelsohne hielten sich die Organisationen und Gruppierungen innerhalb der katholischen »Säule« im wesentlichen an die Linie, die die Bischöfe vorschrieben: an eindeutige Ablehnung des Nationalsozialismus und der Besatzer, vor allem dann, wenn sie einen Zugriff unternahmen, der die »Säule« in ihrem Bestand in Gefahr brachte.

Es handelte sich bei den Kirchen und konfessionellen Parteien während der ersten Monate der Okkupation zwar schon um ein kleines Stück Aktion, doch ganz wesentlich ging es zunächst noch um einen geistigen Klärungsprozeß, um eine interne Diskussion, in der obrigkeitliches Denken, ein gewisses Unbehagen über das politische System der Vorkriegszeit, Rückbesinnung auf die eigene, jahrhundertealte erfolgsgeprägte Tradition, Vaterlandsliebe und nicht zuletzt eine unterschiedliche Betonung christlicher Werte den Ton bestimmten und schließlich eine Lösung in Form von Protest und Widerstand gegen die Besatzungskräfte gefunden wurde. Auf der Seite der politischen Linken gehörte der Widerstand zur Selbstverständlichkeit. Aber die Kommunistische Partei konnte 1940 noch nicht mitziehen, weil die nach dem Abschluß des Hitler-Stalin-Paktes im Jahr 1939 von der Komintern verordnete Sprachregelung nicht Deutschland, sondern Großbritannien als den eigentlichen Kriegstreiber anwies, die eigene Sozialdemokratie zum Schuldigen an der niederländischen Tragödie stempelte und auf jeden Fall eine neutrale Haltung gegenüber Deutschland forderte. Allerdings blieb diese Haltung in der Partei nicht unwidersprochen. Die Formen des Widerstandes reichten vom Druck und von der Verteilung illegaler Presse-Erzeugnisse über kleine Sabotage-Akte und den Überfall auf Personen, Deutsche und NSBler, Hilfe für politisch Verfolgte und jüdische Familien bis hin zum großangelegten Streik. Zur frühen Form zählte insbesondere die illegale Presse. Die Gesamtzahl der Periodika belief sich für den ganzen Zeitraum auf 1.130. Die einzelnen Zeitungen oder Flugblätter dienten entweder der einfachen Nachrichtenübermittlung oder enthielten scharfe Anklage gegen die Besatzer und Aufrufe zu einer Ausdehnung des Widerstandes. Spektakuläre Aktionen, die dem Gegner personell und materiell schwer geschadet hätten, blieben zunächst aus. Eine Reihe von Widerstandsgruppen nahm den gezielten Kampf erst ab 1942 auf.

Zu den Unternehmungen, die die Widersetzlichkeit gegen das Besatzungsregime auf breiter Basis zu zeigen vermochten, gehörten die Streiks. Erster Höhepunkt war der Februar-Streik 1941, eher ein Demonstrations- als ein Erfolgserlebnis, jedoch ein Beweis für den Willen, freies Schalten und Walten der Besatzer nicht unwidersprochen hinzunehmen. Anlaß war die forcierte Judenverfolgung, die über die repressive Verordnung hinaus von den rabiaten WA-Leuten der Mussert-Bewegung und den Männern der NSNAP des Ernst Ridder van Rappard brutal umgesetzt wurde, wobei es zu Schlägereien mit dem jüdischen Selbstschutz kam. Sie plünderten und zerstörten jüdisches Eigentum und legten Brände in den Synagogen von Arnheim und Den Haag. Bei den wüsten Auseinandersetzungen kam in Amsterdam ein WA-Mann ums Leben. Den deutschen und niederländischen SS-Verbänden war es verboten, sich an solchen Provokationen zu beteiligen, weil es den Besatzern darauf ankam, die SS als eine makellose Elitetruppe darzustellen. Der Tod des WA-Mannes führte zu Repressalien. 425 Juden, zwischen 18 und 35 Jahre alt, wurden verhaftet und ins KZ Mauthausen verfrachtet. Alle kamen um. Diese Aktion des Besatzers, die mit schlimmen Brutalitäten bei der Razzia zur Aufbringung der Juden verbunden war, führte drei Tage später, am 25. und 26. Februar, vor allem in Amsterdam, in der Zaandamer Region sowie in Hilversum und Utrecht zu einem großangelegten Streik, an dessen Spitze die in der Illegalität tätige Kommunistische Partei stand. Die Kommunisten hatten gerade in Amsterdam einen starken Anhang und noch bei den Juni-Wahlen 1939 einen Stimmenanteil von 14 Prozent erreicht, im Judenviertel sogar 15 Prozent. In den Wochen der permanenten Provokation waren Arbeiter aus dem Jordaan und Kattenburg-Rapenburg den Juden zu Hilfe gekommen. Der anonyme Aufruf zum Streik war eine eigenartige Mischung aus Empörung über die Razzien und antikapitalistischer Einstellung insofern, als er vom arbeitenden Volk sprach und zugleich die Schuld nicht nur den Deutschen und ihren niederländischen nationalsozialistischen Handlangern, sondern auch den Mitgliedern des kurz zuvor gebildeten Jüdischen Rates zuschob, die hier als Großkapitalisten figurierten. Der Aufruf hatte Erfolg. In zahlreichen Groß- und Kleinbetrieben wurde die Arbeit niedergelegt. Die öffentlichen Verkehrsmittel stellten den Betrieb ein. Straßenbahnen, die noch fuhren, wurden in der Stadt angehalten, zur Umkehr gezwungen, mit Steinen beworfen oder umgestürzt. Tausende von Menschen begaben sich ins Zentrum Amsterdams, zum Teil unter Absingen sozialistischer Kampflieder. Auf der Straße schienen die Besatzungsbehörden der Entwicklung nicht Herr zu werden. Sie wandten sich an die Stadtregierung. Pression wurde ausgeübt. Der Amsterdamer Bürgermeister erließ einen Aufruf an alle städtischen Arbeiter und Angestellten, die Arbeit wiederaufzunehmen. Er drohte mit Bestrafung und

Entlassung. Der Jüdische Rat setzte sich bei Arbeitgebern und sozialistischen Stadträten für eine Einstellung des Streiks ein, nachdem eine weitere Geiselnahme unter der jüdischen Bevölkerung angedroht worden war. Die Mahnung des Bürgermeisters hatte Erfolg. Der Streik der städtischen Arbeiter flaute am folgenden Tag ab. In den privatwirtschaftlichen Betrieben dagegen hielt sich die Kampfstimmung. In Orten außerhalb Amsterdams breitete sich die Streikbewegung sogar weiter aus. Doch nachdem deutsche Truppen in Amsterdam zusammengezogen waren, verlor der Streik in der Stadt spürbar an Kraft und war am dritten Tag praktisch beendet. Die Besatzungsmacht verhaftete vorübergehend zahlreiche Amsterdamer Bürger. Schließlich auferlegte die Behörde individuelle und kollektive Geldstrafen, denen Entlassungen und Neueinstellung auf wichtigen kommunalen Posten folgten.

Der gegenüber dem Februar-Ereignis viel länger anhaltende Streik vom April/Mai 1942 – Anlaß war der Transport ehemaliger niederländischer Kriegsgefangener zum Arbeitseinsatz ins Reich – sah fast 1 Million Niederländer im Ausstand und führte zu heftigsten Reaktionen der Besatzungsmacht. Sie verkündete das Standrecht und ließ 130 Streikende erschießen. Im Hinblick auf eine so spontane und zugleich große Massenaktion war insgesamt gesehen die Anzahl der Widerstandshandlungen von Arbeitern, etwa auf Betriebsebene, auffällig gering. Es gab lediglich hier und da kleine Proteststreiks gegen Dienstverpflichtungen. Die deutschen Maßnahmen gegen die Dienstverweigerer, die Gewißheit, im Arbeitserziehungslager oder gar im Konzentrationslager zu landen, und die Ungewißheit über das eigene und das Schicksal der Familie im Falle einer Verweigerung dürften das Ausbleiben großangelegter gemeinsamer Aktionen hinreichend erklären. Sijes hat darüber hinaus darauf hingewiesen, daß nicht alle Arbeiter auf einmal, sondern immer nur bestimmte Gruppen, zunächst die Unverheirateten, aktiviert worden seien. So habe sich keine einheitliche Basis für einen gemeinsamen Kampf bilden können, sei der Protest auf Maßnahmen des Einzelnen begrenzt geblieben.

Den großen Eisenbahnerstreik vom Herbst 1944, der bis zum Kriegsende gedauert hat, mag man unter dem Aspekt der Widersetzlichkeit als die große Apotheose des Kampfes gegen die Besatzungsmacht deuten. Realiter brachte er täglich ein bis dahin unbekanntes Maß an Not und Elend für die Bevölkerung vor allem im Westen des Landes. Hier wurde der Wille, den Besatzern mit allen verfügbaren Mitteln zu widerstehen, aufs äußerste strapaziert. Dieser Streik sollte nicht nur den Transport von Zwangsarbeitern nach Deutschland verhindern, sondern die alliierten Luftlandeoperationen bei Eindhoven, Arnheim und Nimwegen unterstützen. Die Anordnung vom 17. September 1944 zu jener Initiative kam nicht von den Widerstandsgruppen, sondern von der Londoner Exilregierung, die ihrerseits vom Eisenhowerschen Hauptquartier dazu aufgefordert worden war. Insgesamt legten 30.000 Eisenbahner die Arbeit nieder. Geringere Streikbereitschaft zeigte lediglich der Raum Drenthe und Groningen. Die Besatzer reagierten nicht mit Repression; vielmehr versuchten sie mit 4.500 Beamten der Deutschen Reichsbahn den Betrieb notdürftig aufrechtzuerhalten. Der zunächst von deutschen Behörden erwogene Vorschlag, den Streik durch Aushungerung von Amsterdam, Rotterdam und Den Haag zu brechen, verfiel bei Seyß-Inquart der Ablehnung. Deshalb erschien es unlogisch, die Binnenschiffahrt zu blockieren, so daß die früh befohlene Blockade am 16. Oktober schon wieder aufgehoben wurde; dies geschah nicht zuletzt wegen des mittlerweile entstandenen Frontverlaufs. Da sich die Front nördlich von Rhein-Waal-Lek stabilisierte, konnten die Alliierten von den westlichen Großstädten ferngehalten werden.

Um den rechten Flügel der deutschen Truppen nachhaltig zu stärken, bedurfte es auf jeden Fall der Ruhe unter der Bevölkerung, die freilich bei fortschreitender Verknappung von Lebensmitteln und Brennstoffen nicht zu garantieren war. Die nach der Invasion der Alliierten zunehmenden Requisitionen der Besatzungsmacht, der Abtransport von Lebensmitteln aus den Agrarregionen und die durch den Streik ganz erheblich verringerte Transportkapazität in Richtung Westen waren die Ursache für die sich zuspitzende Versorgungsmisere. Im November 1944 hieß es in einem Telegramm der deutschen Militärdienststellen: »Lösung (des) Ernährungsproblems (nebst menschlicher Seite) von grundsätzlicher Bedeutung für Sicherheit deutscher Besatzung, da hungernde und frierende Massen in großen Städten aufnahmebereiten Boden für Bolschewismus darstellen.« Der Winter 1944/45 brachte Monate einer in der neueren Geschichte der Niederlande ungekannten Hungersnot. Zehntausende zogen aus den Städten des Westens aufs platte Land, um dort über Tausch von Wertsachen und ähnlichen Dingen die notwendigsten Lebensmittel einzuhandeln, die im Januar 1945 festgesetzten Wochenrationen von 500 Gramm Brot und 500 Gramm Kartoffeln pro Person aufzubessern. Mancher Landbewohner scheint diese Not voll genutzt zu haben. Außerdem herrschte ab Dezember 1944 bis Ende Januar 1945 eisige Kälte. Die Binnenschiffahrt konnte nicht leisten, was eine funktionierende Eisenbahn vermocht hätte, zumal der im Dezember einsetzende Frost wochenlang fast den gesamten Binnenschiffahrtsverkehr lahmlegte. Eine gewisse Erleichterung der Lage brachte die Zufuhr von Lebensmitteln durch das schwedische und schweizerische Rote Kreuz sowie von 2.600 Tonnen Roggen aus Deutschland, die ursprünglich gegen Kartoffeln getauscht werden sollten.

Die niederländische Kartoffellieferung ist freilich nie erfolgt. Mehrmalige Angebote der Besatzungskräfte, den Streik gegen Konzessionen deutscherseits zu beenden, wurden ausgeschlagen, so daß sich die Frage nach der Sinnfälligkeit eines solchen Streiks angesichts der hohen Zahl von Mangelkrankheiten und Toten bald stellte. Widerstandsgruppen und die Londoner Exilregierung verbreiteten Durchhalteparolen, und mit Hilfe der 1943 von Walraven van Hall und Iman van den Bosch gebildeten »Nationalen Unterstützungsfonds (Nationaal Steun Fonds)« gelang auch die Lohnfortzahlung für die Streikenden bis zum Ende des Krieges. Aber was bedeutete Geld?

Zum Vorwurf der Kollaboration

Die Frage nach dem Verhalten jener, die überhaupt nicht oder nur mittelbar am Widerstand beteiligt gewesen sind und das den Einzelnen ebenso wie soziale Gruppen oder öffentliche Instanzen betroffen hat, ist vielschichtiger, als es der anfänglich in die niederländische Historiographie eingebrachte einfache Gegensatz von »gut oder schlecht (goed of fout)« erscheinen läßt. Dieses Begriffspaar hat unmittelbar nach dem Krieg bei der Säuberung und Sondergerichtsbarkeit (»Bijzondere rechtspleging«) ebenso eine Rolle gespielt wie später in den Fällen Menten, Aantjes und Weinreb. Es geht hier um die Diskussion eines neu geprägten Freund-Feind-Denkens, das einen begreiflichen Wunsch nach Fortführung bisheriger Lebensweise, das Erfordernis des Arrangements oder die Notwendigkeit des Kompromisses zur Durchsetzung wenigstens eines Teils der eigenen Ziele nicht zu verarbeiten vermag. Solange alle Formen des Zusammenarbeitens mit den Besatzern als Kollaboration bezeichnet und ohne notwendige Differenzierung als moralisch belastet hingestellt werden, bleibt jede verstehende Erörterung ausgeschlossen. Als eindeutig ist der Sachverhalt bei der Mussert-Bewegung und ihren Untergliederungen oder bei anderen nationalsozialistischen Gruppierungen einzustufen, die einzig daran gearbeitet haben, der Position und der Zielsetzung der Besatzungsmacht Vorschub und Hilfestellung zu leisten. Auch wenn die hohen Erwartungen des Anton Mussert hinsichtlich der Entwicklung der eigenen Machtstellung im Lande nicht erfüllt wurden, wenn die Besetzung einiger Schlüsselstellungen im politischen und gesellschaftlichen Leben durch Mussert-Leute gar nichts bewirkte und wenn es innerhalb der Bewegung divergierende Ansichten über das Verhältnis zur Besatzungsmacht gab, so handelte es sich doch deutlich um Kollaboration, die dem Gegner/Freund und dem eigenen, zuvor auf demokratischem Weg nicht möglichen Aufstieg dienen sollte. Zu dieser Gruppe gehörten die Mitglieder der am 11. September 1940 von Mussert ins Leben gerufenen SS-Formation, die zwar als Untergliederung der NSB galt, faktisch aber organisatorisch unabhängig war und den niederländischen Teil der »großgermanischen SS« repräsentierte. Bis 1945 schlossen sich insgesamt 22.000 bis 25.000 Niederländer der SS an. Nach Angaben Hanns Albin Rauters gehörten davon nur 40 Prozent zur NSB.

Im Bereich der wirtschaftlichen Zusammenarbeit mit der Besatzungsmacht läßt sich das Verhalten niederländischer Unternehmer nicht einhellig unter das Verdikt der Unmoral stellen. Daß Profitdenken beim Export nach Deutschland oder bei der Produktion für die Deutschen im Inland eine Rolle gespielt hat, ist sicherlich nicht abzustreiten. Abgesehen von einer wegen der Exportabhängigkeit willkommenen Fortführung des Handels waren auch Überlegungen zur Erhaltung der Arbeits- und Leistungsfähigkeit sowie die Furcht vor umfangreicher Demontage von Produktionsgütern im Falle einer Leistungsverweigerung entscheidende Beweggründe für manches Verhalten. Eine mögliche Demontage hätte zudem Freisetzung von Arbeitskräften und damit deren Bereitstellung für den Arbeitseinsatz im Reich bedeutet. Dieses Argument galt trotz der Tatsache, daß die Reichsbehörden spätestens ab 1944 auch jene Kräfte abzogen, die noch im Produktionsprozeß standen. Selbst wenn man weiß, daß es in der Vorkriegszeit niederländische Wirtschaftsführer gegeben hat, die bei ihren Begegnungen mit deutschen Wirtschafts- und Parteiführern über den Rahmen der floskelhaften Höflichkeit hinaus das System und seinen Führer bewundert haben, hieß das im Kriege nicht, daß ideologische Motive die Haltung der Zusammenarbeit mit den Besatzern bestimmt haben. Das kam, wie festgestellt worden ist, selten vor (G. Hirschfeld). Daß niederländische Unternehmer an der von den Deutschen zum Zweck der Angleichung geforderten Neuorganisation der gewerblichen Wirtschaft mitarbeiteten, lag an dem Wunsch, das Heft selbst in der Hand zu behalten und die auf Mitwirkung drängende NSB vor der Tür zu lassen.

Wo es um Annäherung an und um Arrangement mit der Besatzungsmacht ging, hatten die Generalsekretäre, die Leiter der einzelnen Ministerien, ein gewichtiges Wort mitzureden. Wenn sich irgendwo die Grenzen in den Verhaltensweisen für oder gegen das Gesamtwohl verwischten, dann sicherlich an erster Stelle in diesem Bereich. Den Generalsekretären oblag die Verantwortung für die reibungslose Aufrechterhaltung der Ruhe und Ordnung, und dazu bedurfte es einer funktionstüchtigen Verwaltung. Die Generalsekretäre waren zu einem Arrangement gezwungen, wurden kontrolliert und mußten von den zuständigen Generalkommissaren Weisungen entgegennehmen. Gleichwohl boten sich ihnen Möglichkeiten, die Besatzungsmacht dort zu bremsen, wo es für das

Leben der Bevölkerung erforderlich erschien. Schon seit 1937 lag bei einzelnen Departements ein geheimes Regierungspapier vor, die sogenannten Anweisungen, in denen das Verhalten der niederländischen Beamten im Kriegs- und Besatzungsfall vorgegeben war. Es hieß dort: »Der Grund für eine weitere Wahrnehmung des Amtes ergibt sich aus dem Interesse der Bevölkerung: Der daraus entspringende Nachteil, daß sie (die Beamten) damit der Besatzungsmacht dienen, wiegt geringer als der aus einer Amtsniederlegung und damit aus der Funktionsuntüchtigkeit erwachsende größere Nachteil für die Bevölkerung. Sollten jedoch durch Kontinuierung des Amtes größere Vorteile für den Besatzer als für die Bevölkerung entstehen, hat der Amtsträger sofort sein Amt niederzulegen.« Letztlich blieb solche Anweisung interpretabel, zumindest, wenn der Begriff des Interesses ins Spiel kam. Das führte gleich zu Beginn zu personellen Konsequenzen. Der Generalsekretär des Verteidigungsdepartements hielt es für völkerrechtswidrig, niederländische Arbeitskräfte auf Flugplätzen für die Besatzung einzusetzen. Er wurde entlassen. Der Chef des Departements für Soziales legte bereits im August 1940 sein Amt nieder, weil er keine Möglichkeit der Zusammenarbeit mit den Besatzungsbehörden sah. Andere meinten im Sinne des niederländischen Interesses weiterarbeiten zu müssen, und es gab im Kollegium der Generalsekretäre sicher solche, die jetzt die Chance erblickten, einmal ohne das in den zwanziger und dreißiger Jahren als hinderlich empfundene Parlament agieren zu können, eine möglicherweise verlockende Aussicht. Aber stärker wog der Wille, soviel wie möglich für die niederländische Bevölkerung und nicht für die Besatzer herauszuholen, auch zu verhindern, daß NSBler in die eigene Position rückten. Nicht jedem gelang die Realisierung in gleichem Maße. Ein Mann wie R. A. Verwey, zweiter Mann im Departement für Soziales, bekam im Zuge der Arbeitseinsatzpolitik die ganze Härte seiner Position zu spüren. Er war sicherlich eine schwächere Persönlichkeit als etwa Hans Max Hirschfeld, Chef des Wirtschaftsdepartements, der hohe Sachkunde mit Mut paarte und trotzdem zu Konzessionen gegenüber der Besatzungsmacht gezwungen war. Jedenfalls dürfte es ihm zu verdanken sein, daß der niederländische Lebensstandard nicht allzu rasch absank und eine schnelles Einnisten von NSB-Leuten in seinem Amtsbereich gebremst wurde. Hirschfeld war es auch, der sich 1944/45 gegenüber den Deutschen weigerte, seine Landsleute zur Beendigung des Eisenbahnerstreiks aufzurufen. Andererseits gab es zwei der nicht-nationalsozialistischen Generalsekretäre, die sich öffentlich gegen organisierten Widerstand aussprachen. Es konnte nicht ausbleiben, daß die Verhaltensweisen der Generalsekretäre auf die mittleren und unteren Beamtenränge durchschlug.

In einer besonders zwiespältigen Lage befand sich die niederländische Polizei. Sie trat nicht nur als Ordnungsorgan auf, sondern wurde auch vor Ort bei der Deportation der Juden und bei anderen nationalsozialistischen Gewaltmaßnahmen eingesetzt, wobei die Handlungsweise einer nachdrücklichen Kontrolle durch die SS-Führung unterlag. Die vorhandene Konfliktsituation wurde insofern »bereinigt«, als eine Mehrheit des Polizeikorps sich dafür aussprach, sich den Anordnungen der Besatzer nicht zu entziehen. Dazu ist festgestellt worden, daß solche Entscheidung »weniger einer ideologischen Affinität« entsprungen sei, vielmehr als »Ergebnis eines angepaßten (autoritären) Sozialverhaltens und berufsspezifischer Dispositionen (Disziplin, hierarchische Unterordnung)« zu gelten habe, »wozu noch in einigen Fällen opportunistische Erwägungen« kamen (G. Hirschfeld).

Viel stärker als für die Generalsekretäre stellte sich die Problematik von Kollaboration und Anpassung für den Jüdischen Rat. Dieser Rat wirkte an der Entscheidung über Tod und Leben der jüdischen Ghetto-Bürger mit. Er wurde kurz vor dem Februar-Streik 1941 auf Geheiß der Besatzungsbehörden berufen und war nichts anderes als ein Befehlsempfänger dieser Behörden. Er wurde in einer Phase gebildet, in der die »Endlösung« der Judenfrage noch nicht bis ins einzelne konzipiert war. Die Wannsee-Konferenz hatte noch nicht stattgefunden. Dem Rat blieb keine Wahl, er mußte die Ausgrenzung der Juden aus der niederländischen Gesellschaft mittragen und schließlich die Ausrottung mitverwalten. Etty Hillesum, jene Jüdin aus dem Amsterdamer Süden, bewarb sich neben sehr vielen um eine Stelle im Jüdischen Rat. Sie tat dies auf Anraten von Freunden, und jeder wußte, daß ein Posten beim Rat die Chance bot, vorläufig zumindest dem »Massenschicksal« zu entgehen. Sie bekam den Posten in der Kulturabteilung. Sie klagte sich ob ihrer Bewerbung an, und es war bezeichnend für die Stellung des Jüdischen Rates, wenn eine Freundin der Hillesum sagte, sie sei das »Opfer der Protektion«. Im nachhinein ist viel Schriftliches über diesen Rat vorgelegt worden, vorwiegend Anklagendes. Tatsächlich lassen sich kaum Maßnahmen des Rates benennen, die bremsend auf die Aktivitäten der Besatzungsmacht eingewirkt hätten. Was hier mit Etty Hillesum als Beispiel angeführt wurde, galt für eine Vielzahl von Juden, die als »Eximierte« zunächst dem ungewissen Schicksal entgehen wollten. Es ist sicherlich nicht abwegig, zu fragen, ob sich jeder Bewerber jenen Gewissensqualen unterworfen hat. Der Gehorsam des Rates, der voll an der Registration und Deportation der Glaubensbrüder nach Westerbork mitgearbeitet hat, ist unübersehbar. Ursachenforschung zu treiben, dürfte angesichts der möglichen Vielzahl von Motiven auf große Hindernisse stoßen. Auf jeden Fall kann das Begriffspaar »Mut und Feigheit« kaum Aufschluß bieten. Im dunkeln wird auch bleiben, ob nicht eine

»alte, tiefverwurzelte jüdische Tradition der Gefügigkeit in schwierigen Zeiten« (J. C. H. Blom) eine Rolle gespielt hat. Vielleicht aber lebte gerade bei den Juden der für die ganze niederländische Gesellschaft typische Widersinn gegen Unruhe und Chaos und der Respekt vor der amtlichen Autorität.

Was immer das Erklärungsmuster sein mag, die Diskussion um die Moralität des Rates hat es von Beginn an gegeben. Es fand eine Auseinandersetzung zwischen dem zuvor durch jüdische Eigeninitiative formierten und von Deutschen bald aufgelösten Koordinierungsausschuß und dem Rat statt. Der Ausschuß konnte sich mit Recht als gewähltes Vertretungsorgan der jüdischen Gemeinschaft betrachten und dem Rat vorwerfen, er sei lediglich ein Instrument der Besatzungsmacht, das somit der Knechtung der Juden diene. Der Ausschuß zweifele, so hieß es, nicht an der Aufrichtigkeit des Rates, der jüdischen Gemeinschaft zu helfen, etwas für sie zu erreichen, aber: »Nach unserer Ansicht ist dies nicht der richtige Weg, er führt zu nichts Gutem.« Ein Briefwechsel zwischen Lodewijk Ernst Visser, Mitglied des Ausschusses, und David Cohen, Mitglied des Rates, verrät die ganze Tiefe der unterschiedlichen Konzeptionen. Auf eine kurze Formel gebracht, wird man die Konfrontation als den Gegensatz zwischen einem auf jüdische Würde und Ehre beharrenden Standpunkt und einer auf opportunistische Taktik, auf »Verhinderung von Schlimmerem« gerichteten Verhaltensweise, begreifen können. Beide Standpunkte reflektierten den Grad der Repression und zugleich der Perfidie der Besatzungsmacht. Gemessen am Erfolg war die Mitwirkung im Jüdischen Rat tatsächlich vergeblich. Nicht von ungefähr hielt Visser seinem Freund Cohen vor, er werde, wie der Held in Manns »Zauberberg«, gefangen sein in einem höllischen Zirkel. Dennoch bleibt verständlich, daß man noch Hoffnung geschöpft hat, solange die Repression nicht in systematische Vernichtung umgesetzt worden war. Im Jüdischen Rat gab man die Hoffnung nicht auf, auch wenn die Vorwürfe Vissers nur allzugut begriffen wurden. Die Besatzungsmacht stand da, bis an die Zähne bewaffnet und rassenideologisch fanatisiert, als eine unüberwindliche Realität. Gegen sie war keine andere Realität wirksam, wie Abel J. Herzberg bemerkt hat. Für die beiden einander ausschließenden Wirklichkeiten gab es keine echte Alternative. In der Praxis stand dem Tod in Ehre und Würde der Tod nach dem vergeblichen Versuch der Leidenserleichterung gegenüber. Herzberg hat eindrucksvoll herausgearbeitet, wie es gelungen ist, so etwas wie ein neues Gemeinschaftsbewußtsein der Juden aller Schichten zu schaffen, das sich in einem bis dahin ungekannt intensiven kulturellen Leben äußerte. Der Jüdische Rat hat in der Periode vor der Vernichtung die literarische und wissenschaftliche Aktivität, Theater und Jugendclubs mit aller Kraft gefördert, gleichsam für die Zukunft gearbeitet. Was hier aufkam, war eine in Zeiten des Leidens neu gefundene Emotionalität, die den Gang zum Sammelplatz der Deportationen nicht erleichtert haben wird, wohl aber in den Wochen und Monaten vorher Momente der Erleichterung aus dem Bewußtsein der neuen Gemeinsamkeit mit ihrer Orientierung an der Leidensgeschichte des eigenen Volkes hat schaffen können.

Die Niederländische Union

Eine ganz andere Möglichkeit des Arrangements mit der Besatzungsmacht ergab sich aus der Bildung der Niederländischen Union. Es handelte sich um eine Massenbewegung, die allerdings nicht lange Bestand hatte, weil sie den Wünschen der Besatzer nicht entsprach. Sie entstand mit Billigung des Reichskommissariats, weil vermutet wurde, sie im Sinne der Selbstnazifizierung instrumentalisieren oder jedenfalls in eine nicht mehr auf Parlamentarismus gerichtete Bewegung drängen zu können. Anfänglich kam sie wohl der Erwartungshaltung entgegen, wie sie Otto Bene im Januar 1941 retrospektiv im Hinblick auf die ersten politischen Überlegungen des Reichskommissars formulierte: »...das innenpolitische Leben sich selbst entwickeln lassen, um zu sehen, ob dabei etwas Brauchbares herauskommen würde.« Dazu bestand Hoffnung, weil die Initiative zur Gründung von der Niederländischen Gemeinschaft ausging, die schon seit den dreißiger Jahren existierte und die Reihen der »außerparlamentarisch-konservativen Protestbewegung« ergänzt hatte. Ihre Vertreter nahmen zwischen dem 24. und 28. Juni 1940 Gespräche mit Generalkommissar Schmidt auf, ohne daß die politischen Parteien des Landes hierüber informiert worden wären. Der Versuch, zu einer Sammlungsbewegung zu kommen, wenigstens die niederländische Parteienwelt der neuen Entwicklung anzupassen, wurde auf zwei getrennten Wegen unternommen: zum einen seitens der alten Niederländischen Gemeinschaft, zum anderen seitens der katholischen, protestantischen, sozialdemokratischen und liberalen Parteien, deren Führer am 1. Juli zusammentraten und die Gründung eines Nationalen Blocks, einer Einigungs- und Einheitsbewegung, beschlossen. Zugleich entschied man sich auf Anraten der Katholiken für eine Kontaktaufnahme mit der Niederländischen Gemeinschaft. Am 6. Juli kam es zu einem ersten Treffen zwischen den Parteivertretern und jenen der Niederländischen Gemeinschaft, auf dem Einigung über die gemeinschaftliche Bildung eines Nationalen Komitees erzielt wurde. Das Problem war der Inhalt eines zu veröffentlichenden Manifests, das inzwischen vorlag, formuliert von einer kleinen Kommission aus den Reihen der

Parteivertreter. Deutsche Vorzensur war unvermeidlich. Das wußten auch die zunächst sich widerstrebend gebenden Parteivertreter, denen klar war, daß Formulierungen wie die Forderung nach Wiedergeburt der Niederlande »in Freiheit und Unabhängigkeit und in Treue zum Hause Oranien« der Zensur zum Opfer fallen würden. So geschah es dann auch. Wenn die Parteivertreter tatsächlich noch als Repräsentanten des Volkes gelten wollten, konnten sie auf diese essentielle, die Grundlagen niederländischer Existenz widerspiegelnde Formel nicht verzichten.

Die Niederländische Gemeinschaft bot sich konzessionsbereit und schritt ohne Vorwissen der Parteivertretungen zur Bildung der Niederländischen Union, die sich dann mit einem zuvor vom Generalkommissar genehmigten Manifest an die Öffentlichkeit wandte. Als Führer der Union traten die drei Vertreter der Niederländischen Gemeinschaft, Jan Eduard de Quay, Johannes Linthorst Homan und L. Einthoven, auf – alle drei politische Köpfe, die Wirtschaftsstruktur und das parlamentarische System einer Änderung unterworfen sehen wollten und sich von ähnlich denkenden Personen wie dem ehemaligen Generalgouverneur in Niederländisch-Indien, Bonifacius Cornelis de Jonge, und dem Großindustriellen Frederik Hendrik Fentener van Vlissingen unterstützt fanden. Das Manifest der Union vom 24. Juli 1940 enthielt einen Aufruf an alle Niederländer, für eine neue niederländische Gemeinschaft zu arbeiten. Das hieß Zusammenarbeit auf der breitesten Grundlage, Anerkennung der veränderten Umstände, womit die Tatsache von Niederlage und Besatzung gemeint war, harmonischer Aufbau unter Nutzung aller Wirtschaftskräfte des Volkes, soziale Gerechtigkeit und Begeisterung der Jugend im vaterländischen Sinne. Dies alles sollte auf die den Niederlanden eigene Weise herbeigeführt werden: in geistiger Freiheit und Toleranz, durch die Zusammenarbeit mit niederländischen und deutschen Behörden. Das waren sehr allgemein gehaltene Zielsetzungen, wenig besagend, auf jeden Fall aber sehr »national« gerichtet, auch wenn das Haus Oranien in diesem Zusammenhang unerwähnt blieb. Mehr Relief erhält dieses Manifest erst, wenn man das drei Tage später veröffentlichte Programm der Union hinzuzieht. Die kurze Präambel sprach davon, Vaterland und Volksgemeinschaft in loyaler Haltung gegenüber der Besatzungsmacht zu stärken. Vom Volkscharakter war die Rede, von den spezifischen Eigenschaften der Niederländer sowie von der Pflege ihrer Kultur und Sitten. Es waren dies zweideutige Auslassungen, die als allgemein gehaltene Abwehr gegen Ansprüche der Besatzer, aber auch als Anpassung an völkische Terminologie gedeutet werden konnten. Gegen einen liberal geprägten Individualismus richtete sich der Passus über die Hinwendung zu den echten Lebenswerten von Mensch und Gemeinschaft gegenüber Materialismus und Egoismus. Abgesehen von den Forderungen nach nationaler Erziehung der Jugend und nach Vorsorge für die körperliche und die geistige(!) Volksgesundheit kam die antiliberale Haltung im kurzen Abschnitt über sozialökonomische Politik zum Ausdruck: Die »organische Ordnung der Wirtschaftsgemeinschaft (›Arbeidsgemeenschap‹) ohne Klassengegensätze« stand ebenso im Katalog wie die Favorisierung des Gemeinschaftsinteresses gegenüber dem Einzelinteresse. Die Pflicht zur Arbeit wurde gefordert, aber auch die Verpflichtung der Gemeinschaft, den Einzelnen am Arbeitsprozeß teilhaben zu lassen. Der Proletarisierung war zu wehren und die Volkskraft zu stärken durch Förderung von Familie und Eigentumsbildung. Unternehmenskonzentrationen und Trustbildung lehnten die Autoren ab. Für die politischen Ansprüche mußten offensichtlich sieben kurze Zeilen genügen. Die enge Verbundenheit mit den Kolonien wurde verlangt, und zum Staatsaufbau hieß es: »Sie (die Niederländische Union) ist überzeugt, daß der organische Aufbau des niederländischen Gemeinwesens unter der Führung eines starken und entschlußfähigen Mannes notwendig ist.« Von Parteien war keine Rede, von parlamentarischer Demokratie ebensowenig, vielmehr stand die Autorität der Exekutive im Vordergrund. Hier knüpften die Autoren und Initiatoren der Bewegung an Denkweisen der Vorkriegszeit an. Sie zielten auf eine gegen den politischen Pluralismus gerichtete »Einheit«, im Unterschied zu den Parteien, die im Zusammenhang mit dem ursprünglich anvisierten Nationalen Komitee lediglich »Eintracht« gemeint hatten.

Ein Mann wie Seyß-Inquart durfte aufgrund eigener Zielsetzung solcher Entwicklung nicht ablehnend gegenüberstehen. In einer Haager Rede am 21. Juli 1940 sagte er unter anderem: »Ich beobachte mancherlei Versuche der Sammlung, ›Konzentration‹ genannt. Ich begleite alle diese Versuche mit wohlwollendem Interesse und werde ihnen keine Schwierigkeiten bereiten, es sei denn, daß es sich einfach um den Versuch handelt, jenen Geist in irgendeiner Form weiterbestehen oder wiederaufleben zu lassen, der schließlich das niederländische Volk in den 10. Mai geführt hat. Eines möchte ich aber sagen: eine innenpolitische Bewegung und Willensbildung kann ihre Autorisierung niemals von mir als dem Vertreter der Besatzungsmacht erwarten, sondern muß sie dadurch erhalten, daß sie das niederländische Volk von der Richtigkeit ihres Weges überzeugt. Wenn ich hierzu etwas sage, so ist dies... ein Rat aus der Erfahrung... Die Sammlung der Kräfte eines Volkes kann niemals erfolgen durch die Verbindung verschiedener Programme, wobei die Grundsätze möglichst ausgedehnt und daher unklar werden, damit alle noch irgendwie einen Platz darin finden.«

Die Union besaß eine sehr große Anziehungskraft in der niederländischen Bevölkerung. Sie erfreute sich der Unterstützung seitens der niederländischen Generalsekretäre und startete einen umfassenden Werbefeldzug, der in kurzer Zeit beste Ergebnisse brachte. Bis Ende August 1940 waren 400.000 Niederländer der Union beigetreten, bis Februar 1941 sogar 800.000 von 9 Millionen. Die Ende August in die Öffentlichkeit gebrachte Zeitschrift »De Unie« wurde schon nach drei Monaten in einer Höhe von 200.000 Exemplaren verkauft, von denen fünf Sechstel auf den Straßenverkauf entfielen. Die Union vermochte auf intensive Mitarbeit zahlreicher Anhänger zu bauen und schuf sich damit ein dichtes Netz von Kontakt- und Koordinierungsstellen sowie lokalen und provinzialen Ausschüssen. Diese Ausschüsse stellten wichtige Zentren der Meinungsbildung in einer Bewegung dar, deren Anhänger aus den unterschiedlichsten politischen Richtungen kamen. Hier entwickelte sich tatsächlich eine Massenbewegung, die von ihren Begründern volle Aufmerksamkeit forderte, so daß de Quay sein Amt als Regierungskommissar niederlegte, Einthoven als »Hoofd Commissaris« der Polizei für unbestimmte Zeit beurlaubt wurde. Linthorst Homans Gesuch um befristete Beurlaubung von seinem Posten als Kommissar der Provinz Groningen wurde jedoch abgewiesen.

Für die konservativen Kräfte der Union bot sich jetzt, unter den Bedingungen der Besatzung, die Chance, Gedanken zu verwirklichen, die schon vor dem Krieg, in den dreißiger Jahren, von der rührigen Niederländischen Gemeinschaft vorgetragen worden waren. Als eine außerparlamentarische konservative Protestbewegung – mit ihren ursprünglichen geistigen Mittelpunkten in Nordbrabant und Groningen — durfte sie in ihrem Wunsch nach Überwindung des im Parlamentarismus eingeschlossenen Pluralismus und nach Aufhebung der Klassentrennung auf jeden Fall beim Besatzer Zuspruch erhoffen. Allerdings vermögen die hier umrissenen wirtschaftsstrukturellen und verfassungspolitischen Vorstellungen allein den überaus starken Zulauf kaum zu erklären. Existierende Unzufriedenheit in Bürgerkreisen, bei Bauern, im unteren Mittelstand, bei jungen Intellektuellen vor allem mit dem parteipolitischen Gefüge sowie der Zweifel an der Arbeitsfähigkeit eines parlamentarischen Systems können für eine bis dahin in »Säulen« fragmentierte Gesellschaft nicht die alleinigen Ursachen für den starken Zulauf sein. Es ist zu vermuten, daß die antinationalsozialistische Einstellung der eigentliche Beweggrund zur Mitgliedschaft gewesen ist; denn mit ihr bezog man Stellung gegen die Besatzer und gegen die eigene nationalsozialistische Partei, die NSB. Tatsächlich bot die Union nach dem Schock der Kapitulation durch ihre Betonung der Neufindung niederländischer Werte und der Unabhängigkeit die einzige Möglichkeit, die Identitätskrise zu überwinden. Da die niederländischen Parteien völlig in den Hintergrund gedrängt, auf Dauer für die Deutschen auch nicht akzeptabel waren und das Postulat der Unabhängigkeit Vorrang hatte, ließ sich ein Beitritt zu der Bewegung selbst für jene rechtfertigen, die aus den in Opposition zur Union stehenden Parteien kamen und das Programm in seiner Gänze nicht akzeptierten.

Die Haltung der Parteien gegenüber der Union war sehr unterschiedlich. Die die Union unterstützenden Generalsekretäre bekamen Mithilfe seitens der Römisch-Katholischen Staatspartei. Sie riet ihren Mitgliedern bereits am 1. August 1940, der neuen Bewegung beizutreten. Man empfahl intensive Mundpropaganda und zeigte sich bereit, den eigenen Parteiapparat für die Bewegung zur Verfügung zu stellen. Dahinter stand wohl die Absicht, den katholischen Einfluß in der innenpolitischen Entwicklung des Landes auch unter Besatzungsverhältnissen zu wahren. Die Sozialdemokratische Partei war einigermaßen zwiespältig. Man schien die Erwägung des Für und Wider nicht in eine parteioffizielle Entscheidung kleiden zu wollen. Daß der Weg der Union innenpolitische Gefahren barg, war jedem klar. Obwohl sich der Parteivorsitzende gegen die Union äußerte, war nicht zu verhindern, daß große Gruppen seiner Partei sich der neuen Organisation anschlossen. In Amsterdam stand selbst der Chef des gewerkschaftlichen Dokumentationszentrums, Jacobus Gerardus Suurhoff, an der Spitze der Unionsarbeit. Der Freisinnig-Demokratische Bund riet sogar zum Anschluß. Dagegen lehnte die Liberale Staatspartei einen solchen Schritt ab. Dennoch gingen beachtlich viele Liberale zur Union über. Es zeigte sich also auch hier eine Diskrepanz zwischen Parteibeschluß und Basisverhalten, die bei der CHU ebenfalls offensichtlich wurde. Sehr viel dezidierter traten die Antirevolutionären auf, nicht nur in Vorstandsentscheidungen, sondern auch auf Massenversammlungen, die häufig zusammen mit dem protestantischen Partner, der CHU, veranstaltet wurden. Man wolle sich nicht durch den nationalen »Einheitswolf« drehen lassen, hieß es da, und man berief sich auf Jahrhunderte niederländischer Geschichte, die sich für die Protestanten nicht ohne weiteres vom Tisch fegen ließen. Der christlich-historische Professor Jan Rudolph Slotemaker de Bruïne formulierte auf einer Amsterdamer Massenveranstaltung: »Wir sagen unserem Volk: Nehmt uns so, wie wir sind – wir stehen euch zu Diensten. Verlangt nicht von uns, daß wir um der Einheit willen das Heiligste, das wir besitzen, außerhalb des öffentlichen Lebens stellen.« Es herrschte volle Kompromißlosigkeit. Zu Recht hat de Jong bemerkt, man könne die gemeinsamen Versammlungen in ihrer Wirkung nicht hoch genug einschätzen, vor allem soweit es die Basis betraf: Auch hier scheint das Erfolgsmoment in einer Wiedergewinnung der Identität mit dem Ziel der Wahrung der überkommenen

Werte bestanden zu haben. Innerhalb der großen protestantischen Gruppe gab es Unterschiede aufgrund der ungleich starken kirchlichen Bindung. Die Verflechtung der Antirevolutionären mit ihrer Kirche war viel intensiver als auf seiten der Christlich-Historischen. Daraus resultierte, daß christlich-historische Gruppen entgegen dem Rat ihrer Partei zur Union übergingen. Die Frontstellung gegen die Union trieb die Antirevolutionären in die Isolierung. Aber hatte man nicht die Isolierung in der eigenen »Säule« schon jahrzehntelang gepflegt?

Daß sich die faschistischen Gruppen ablehnend verhielten, stand zu erwarten. Sowohl Mussert als auch Arnold Meijer, dessen »Schwarze Front« inzwischen in »Nationale Front« umbenannt war, kehrten sich gegen die Union. Die Konkurrenzposition begriff man hier sehr wohl. »Die Union«, so hieß es in »Het Nationale Dagblad«, »ist eine Frucht der Weltanschauung von Colijn; in ihr stehen die reaktionären Kreise des politischen Christentums zusammen mit jenen des liberalen Kapitalismus.« Dabei beschränkten sich weder Mussert noch Meijer auf Äußerungen in der Presse oder bei öffentlichen Veranstaltungen. Sie versuchten, dem Reichskommissar direkt deutlich zu machen, daß der Union nicht zu trauen war. Die Union ihrerseits äußerte ihre ablehnende Einstellung gegenüber der NSB in allgemeinen Formulierungen über eigenes niederländisches Wesen einschließlich der Unabhängigkeit des Landes. Sie sprach jedoch die NSB auch unmittelbar an, nannte sie »unniederländisch«, für das Volk nicht akzeptabel, und mit einem Blick auf die deutsche Besatzungsmacht bezweifelte sie, ob es der NSB je gelingen würde, an die Macht zu gelangen, da die Deutschen erklärt hätten, »niederländische Werte« nicht antasten zu wollen. Es kam zu Schlägereien zwischen Kolporteuren des Blattes »De Unie« und WA-Leuten, und ein Lagebericht des SD meldete, daß 90 Prozent der unteren Funktionärsschicht und die übergroße Mehrheit der Unionsmitglieder ihre Bewegung als Damm gegen Mussert betrachteten. Bei aller Eindeutigkeit der Aversion kam es im Laufe des Herbstes 1940 gerade auf der unteren Ebene zu einigen Kontakten zwischen Union und NSB. Außerdem zeigten Linthorst Homan und einige ähnlich Denkende eine gewisse Bereitschaft, zur NSB eine positivere Verbindung aufzubauen. Dahinter stand die Erwägung, daß nur eine taktisch gehaltene Verbindung zwischen NSB und Union verhindern konnte, daß die Besatzungsmacht die eine Bewegung gegen die andere ausspielte.

Die von der Union häufig propagierte Loyalität gegenüber der Besatzungsmacht resultierte nicht zuletzt aus der Konkurrenz zur NSB. Sie äußerte sich in der deklaratorischen Anerkennung der neuen Verhältnisse in Europa und in der Bezeugung, am Aufbau eines neuen Europa mitarbeiten zu wollen. Alles blieb einigermaßen vage. Zudem bestanden offensichtlich Meinungsverschiedenheiten im »Triumvirat« de Quay, Einthoven und Linthorst Homan, der engere Kontakte zu Seyß-Inquart und Fritz Schmidt unterhielt, sogar den Wunsch nach einer Niederlage Großbritanniens kundtat. Andererseits schien schon im Herbst die Union durch die Besatzer allmählich ins Abseits gedrängt zu werden, da die Bewegung auch den Juden offenstand und Unionsmitglieder an der frühen Widerstandsbewegung teilnahmen. Im November 1940 schrieb der Sicherheitsdienst: »Der Kern der Nederlandsche Unie bildet sich immer klarer als anti-deutsch und pro-englisch heraus.« Allerdings warnte die Union im Januar 1941 ihre Mitglieder davor, am Widerstand teilzunehmen, und im Mai 1941 wurden Juden als eingeschriebene Mitglieder wieder gestrichen. Unionsmitglieder unterstützten die niederländische Winterhilfe, die dem deutschen Winterhilfswerk (WHW) entsprach, finanziell und moralisch, was von den katholischen Bischöfen verworfen wurde. Eine wesentliche, endgültig negative Zäsur für die Union bildeten die Februar-Ereignisse von 1941, mit denen eine Radikalisierung der deutschen Besatzungspolitik einsetzte, die auch in Unionskreisen zunehmend zu der Ansicht führte, daß weitere Konzessionen kaum noch gemacht werden konnten. Zwar war das Verhalten der Union nicht gleich auf einen Bruch angelegt, aber dem Seyß-Inquartschen Aufruf an das niederländische Volk nach dem Hitlerschen Angriff auf Rußland, den Blick nach Osten zu richten, begegnete man mit Ablehnung, wie freundlich sie auch verpackt sein mochte. Es entsprach wohl der Überzeugung mancher Anhänger der Union, wenn der Bolschewismus als europäische Gefahr und als das Ende der europäischen Kultur klassifiziert wurde, aber das »Triumvirat« lehnte es ab, sich zu der deutsch-sowjetischen Auseinandersetzung zu äußern. Solche Entscheidung könne nur unter der Voraussetzung völliger Freiheit von der eigenen Regierung getroffen werden, diese saß als Exilregierung in London. Es konnte somit nicht ausbleiben, daß die Aktivitäten der Union erheblich eingeschränkt wurden. Ein halbes Jahr später, am 13. Dezember 1941, löste Seyß-Inquart die Union auf. Im Sommer 1942 wurde das »Triumvirat« zusammen mit anderen leitenden Funktionären der Union in Internierungshaft in Nordbrabant genommen.

Säuberung und Strafe

Die Kollaboration ist viele Jahrzehnte lang Gegenstand heftiger Auseinandersetzungen in der niederländischen Öffentlichkeit gewesen. Die Diskussion konzentrierte sich nicht nur auf die Verurteilung und Strafe der »Vier von Breda« — Willi Lages, Aus der Fünten, Franz Fischer und Joseph Kotälla —, sondern offenbarte grundsätzliche Meinungsverschiedenheiten über Säuberung und Bestrafung, über jene europaweite Erscheinung. In jüngster Zeit wurde die Frage gestellt, ob nicht die seit den sechziger Jahren hochgehenden Emotionen letztlich aus Schuldgefühlen ob eigenen Fehlverhaltens hervorgehen. »Denn beweist nicht allein«, so wird gefragt, »schon die unerhörte Verbreitung kollaborationistischen Verhaltens in allen Schichten, daß die niederländische Gesellschaft als ganze versagt hat vor der Aufgabe, sich den Nationalsozialisten mutig entgegenzustellen? Und wird diese Annahme nicht insbesondere durch die hohe Zahl der aus Holland deportierten jüdischen Bürger belegt?« (P. Romijn und G. Hirschfeld). Immerhin entsprach die Zahl der ermordeten Juden etwa 75 Prozent der jüdischen Bevölkerung; in Frankreich waren es 25 Prozent, in Belgien 35 Prozent. Obwohl das Wort von der unerhörten Verbreitung der Kollaboration überzogen zu sein scheint, sei doch die Vermutung geäußert, daß die Einsicht in die Grenzen der eigenen Leidensfähigkeit zu heftigen Emotionen im nachhinein geführt haben, wie es die Auseinandersetzung um die Breda-Häftlinge beweist.

Als erste Zielgruppe der Verhaftungswelle boten sich die NSB-Mitglieder, deren Zahl von 26.579 im Jahr 1939 auf den Höchststand von 72.252 im ersten Kriegsjahr gegen die Sowjetunion angewachsen war; sie sank bis 1943 auf 63.381. Bei diesen Menschen handelte es sich nicht immer um ideologisch geprägte Mussert-Anhänger, sondern auch um viele Opportunisten und Trittbrett-Fahrer. Für die niederländische Bevölkerung, in der die NSB im wesentlichen isoliert blieb, galt die Bewegung als »Outcast«, mit der aufzuräumen war. Solcher Wunsch wuchs im Laufe der Jahre, als sich die Besatzungsmacht in zunehmendem Maße von der repressiven Seite zeigte. Daß die Abrechnung folgen würde, ließen Exilregierung und Widerstand deutlich wissen. Die Londoner Exilregierung empfahl dann sogar den sofortigen Übergang zu Massenverhaftungen, nicht zuletzt, um Lynchjustiz zu vermeiden. Zu verhaften waren alle jene, die Kollaborationsverbrechen begangen hatten oder des Hochverrats verdächtig waren, darüber hinaus Verräter und Profiteure sowie alle Mitglieder von Organisationen, die mit dem Besatzer zusammengearbeitet hatten. Die Erfolge der Alliierten im Süden führten zu ersten Massenverhaftungen. Als arrestierende Behörde trat die nach der Befreiung des niederländischen Südens als Übergangsregierung operierende »Militärische Obrigkeit (Militair Gezag)« auf. Bis Dezember 1944 belief sich die Zahl der Verhaftungen nach offizieller Verlautbarung auf 12.000 bis 15.000. Andere Schätzungen vermuten jedoch 20.000 bis 25.000 Verhaftungen. Die Zahl nahm nach der Unterzeichnung der Kapitulationsurkunde im Mai 1945 sprunghaft zu. Vieles verlief plan- und wahllos. Im Oktober 1945 erreichte man einen Höhepunkt: 96.044 Personen befanden sich in Gewahrsam, darunter ein knappes Viertel Frauen. Direkte Übergriffe seitens der Bevölkerung richteten sich in größerem Stil gegen die schwächste Gruppe: gegen die Frauen, die sich mit Besatzungssoldaten abgegeben hatten. Man schor sie kahl und scheute sich in manchen Fällen nicht, sie zu teeren und zu federn. Es gab auch Lynchjustiz, jedoch nicht in so großem Umfang wie etwa in Belgien. Zehn Fälle wurden für das ganze Land registriert, wozu weitere 40 Personen in Internierungslagern durch Gewalteinwirkung des Aufsichtspersonals ums Leben kamen.

In Regierung und Öffentlichkeit tauchten bald Stimmen auf, die aus unterschiedlichen Motiven auf eine rasche Abwicklung der Säuberung drängten. Während für die Regierung überfüllte Internierungslager zu teuer waren und die Wachmannschaften besser im unruhigen Indonesien Dienst tun konnten, befürchteten andere nachteilige Folgen für die soziale Stabilität oder gar einen auf diese Weise gut vorbereiteten Boden für kommunistische Einflüsse. So schlug Frans Joseph Duynstee, führendes Mitglied der Katholischen Volkspartei, vor, die weniger belasteten Internierten in eine Resozialisation zu überführen. Mit der Regierung Schermerhorn/Drees setzte allmählich eine rechtsstaatliche Regelung über die Schaffung einer Sondergerichtsbarkeit mit Sonderrecht ein, da das bestehende Recht den Fall der Kollaboration nicht erfaßte. Wie kompliziert dies einerseits war und wie gründlich man andererseits verfahren wollte, erhellt aus der Installierung von Sondergerichtshöfen sowie von Volkstribunalen. Die Sondergerichtshöfe, zuständig für Kollaborationsverbrechen und Hochverrat, bestanden aus Berufsrichtern, während bei den Volkstribunalen nur Präsidentschaft und Sekretariat mit Berufsrichtern, die übrigen Stellen mit Laienrichtern besetzt waren. Bei den Volkstribunalen handelte es sich um Disziplinarkammern, die für »Attitude crimes« und »Opinion crimes« zuständig sein sollten. Diese Tribunale, insgesamt neunzehn, nahmen schon im Juli 1945 ihre Arbeit auf. Ihre Tätigkeit wurde im September 1948 von der ordentlichen Justiz übernommen. Die Sondergerichtshöfe fungierten bis 1950.

Während diese die Todesstrafe verhängen konnten, belief sich das Höchststrafmaß der Tribunale auf 10 Jahre Gefängnis und Einzug des gesamten Vermögens. Aufgrund von rund 450.000 Fallakten wurden gut 200.000 Ermittlungsverfahren eingeleitet. Das entsprach 3 Prozent der Gesamtbevölkerung, die, nimmt man den Stand von Januar 1942, 0,75 Prozent NSB-Mitglieder zählte. Sondergerichte und Tribunale haben 14.562 beziehungsweise 49.920 Personen verurteilt. Die Sondergerichte verhängten 154mal die Todesstrafe und 148mal eine lebenslängliche Gefängnisstrafe. Nur 201 Verurteilte erhielten weniger als ein Jahr Haft. Die übrigen Strafen lagen zwischen 18 und 20 Jahren Gefängnis. Die meisten Urteile wurden zwischen 1946 und 1948 gefällt, 4 Todesurteile schon 1945. Die Härte der Strafen nahm keineswegs mit dem Abstand vom Krieg ab. Von 1946 bis 1950 wurden noch 150 weitere Todesurteile ausgesprochen, davon bis zum selben Jahr 38 vollstreckt. Zu den Hingerichteten zählten aus der NSB-Spitze Mussert und der NSB-Propagandist Max Blokzijl. Zum Tode verurteilt wurden auch Polizeibeamte, »Henker« im Dienst der Besatzer, und Niederländer, die die Zufluchtsorte von Juden oder Widerstandskämpfern verraten hatten. Unter den Hingerichteten waren 5 Deutsche. Dazu gehörte Hanns Albin Rauter, den man an die Niederländer ausgeliefert hatte. Die meisten Todesurteile wurden bereits in den ersten Jahren in lebenslange Haft umgewandelt, zugleich setzte ab 1947, noch während eine Vielzahl von Verfahren liefen, eine Begnadigungswelle auch für jene ein, die zu längeren Freiheitsstrafen verurteilt waren, und dies nicht ohne Protest der Öffentlichkeit. Das königliche Haus zeigte ebenfalls unterschiedliche Reaktionen. Wilhelmina verfolgte einen härteren Kurs als ihre Tochter Juliana, die 1948 den Thron bestieg. Ihre religiöse Einstellung ließ sie Todesurteile ablehnen. Davon profitierte ein Mann wie Willi Lages, ehemals Chef der Sicherheitspolizei und des SD in Amsterdam. Er war für den Abtransport von 70.000 Amsterdamer Juden verantwortlich und kam, nachdem er im September 1949 zum Tode verurteilt war, nunmehr neben einigen anderen Deutschen in den Genuß der Begnadigungspolitik. Lages war der erste der »Vier von Breda«, der aus gesundheitlichen Gründen vorzeitig, 1964, aus der lebenslangen Haft entlassen wurde. Ein anderer der »Vier«, Joseph Kotälla, stellvertretender Chef des KZ Amersfoort, starb 1979. Aus der Fünten, SS-Hauptsturmführer, und Franz Fischer, SS-Sturmbannführer, blieben bis 1989 im Gefängnis und wurden auf Parlamentsbeschluß hin entlassen, was in der niederländischen Öffentlichkeit höchste Erregung verursachte.

Als äußert schwierig erwies sich das zusätzliche Unternehmen, öffentliche und private Institutionen von den auf irgendeine Weise kompromittierten Mitarbeitern, Beamten und Angestellten zu säubern. Es ging um die Wiederherstellung der Glaubwürdigkeit vor allem des öffentlichen Dienstes. Geschätzt wird, daß von den 380.000 Angehörigen des öffentlichen Dienstes zu Ende des Krieges 32.000 einem Verfahren unterworfen wurden. Es folgten 11.500 unehrenhafte, 6.000 ehrenhafte Entlassungen, während 6.000 Beamte mit einer Disziplinarstrafe belegt wurden. Diese Verfahren, wenn sie überhaupt als solche bezeichnet werden können, da längst nicht alle Delinquenten ein Einspruchsrecht erhielten, fußten auf einem sehr vagen gesetzlichen Rahmenwerk. Zu den politisch Belasteten zählten unter anderen 509 der 950 niederländischen Bürgermeister. Von diesen 509 wurden nicht weniger als 435 unehrenhaft entlassen. Gleiches Schicksal ereilte die ehemaligen Generalsekretäre K.J. Frederiks und Hans Max Hirschfeld. Letztgenannter protestierte erfolgreich gegen diese Maßnahme. Die meisten der belasteten Polizisten erhielten nur eine Disziplinarstrafe, da man fürchtete, bei stärkerem Zugriff die ganze Organisation der Polizei zu zerstören. Äußerst schwierig gestaltete sich auch die »Fahndung« in der Wirtschaft. Spontan gebildete Prüfungskommissionen befaßten sich mit Fehlverhalten von Arbeitern und Angestellten und kamen in kurzer Zeit zu Ergebnissen. Vertreter des Managements und Wirtschaftsführer hatten sich hingegen vor staatlichen Kommissionen in einem ordentlichen juristischen Verfahren zu verantworten. Es konnte selbst Berufung vor einer zentralen Säuberungskommission eingelegt werden. Auch die niederländische Presse wurde solchen Säuberungsverfahren unterworfen. Das betraf Presseorgane, die noch nach dem 1. Januar 1943 legal weiter erschienen waren; sie verschwanden vom Markt. Neue Lizenzen gab es lediglich für Widerstandsblätter und für vom ehemaligen Besatzer verbotene Zeitungen. Verleger und Journalisten wurden 1945/46 überprüft, und es kam zu langjährigen Berufsverboten und zur Enteignung von Druckereien.

Das Säuberungsvorhaben erfaßte darüber hinaus Berufsgruppen wie Ärzte, Rechtsanwälte, Künstler und Studenten. Studentische Unterzeichner der von den Deutschen 1943 geforderten Loyalitätserklärungen wurden in der Regel nach einem Verfahren vor spontan gebildeten Säuberungsausschüssen für 2 Jahre vom Studium ausgeschlossen. Zu den Unterzeichnern zählten etwa 15 Prozent der Studentenschaft. Unberücksichtigt blieb die Tatsache, daß viele Professoren ihre Studenten zur Unterzeichnung aufgefordert hatten, um ihnen den Weg in den Zwangsarbeitseinsatz zu ersparen. 1947 wurden dann alle Sanktionen wegen einiger Ungereimtheiten aufgehoben. Zahlenmäßig erhält man für die Säuberungsaktion im Bereich von Wirtschaft, Recht, Kunst und Wissenschaft folgendes Bild: Wegen »wirtschaftlicher Kollaboration« hatten sich 4.300 Personen zu verantworten; die Universitätskommissionen befaßten sich mit den Fällen von 2.500 Studenten und 120 Professoren; im Bereich der Presse ging es um 1.000 Journalisten und Verleger; bei den Künstlern standen 600 vor dem Ehrengericht, während 200 Ärzte und 63 Rechtsanwälte vor die Standeskommissionen zitiert wurden; der »Hohe Rat des Gerichtswesens« untersuchte die Fälle von 413 Richtern und Justizangestellten. Die niederländische Öffentlichkeit thematisierte zum einen die zu milde Behandlung, zum anderen die unkontrollierte Säuberungswut. Es ist festgestellt worden, daß gerade in der frühen Phase häufig private Motive zu einer Verhaftung und Verurteilung geführt haben. Aber bei allen Ungerechtigkeiten und Ungereimtheiten, bei aller Willkür und zum Teil auch Korruption wird in der Historiographie doch hervorgehoben, daß man sich von seiten der Instanzen darum bemüht habe, möglichst rasch zu rechtsstaatlichen Verhältnissen überzugehen.

Die Niederländische Volksbewegung und die Politik des »Durchbruchs«

Kriegs- und Besatzungszeit brachten freilich auch Besinnung sowie Selbstkritik, die sich mit den Unzulänglichkeiten des nationalen politischen Lebens in der Vergangenheit befaßte. Das galt für Niederländer im Umfeld der Londoner Exilregierung ebenso wie für Niederländer im Widerstand auf dem Festland. Es ging darum, den politischen Horizont der Zukunft abzustecken. Die Widerständler und Emigrantengruppen des Landes standen nicht allein. Auch in anderen besetzten Territorien Europas entfaltete sich bei Opposition und Widerstand eine reiche Diskussion um die europäische oder jeweils nationale politische Zukunft im Sinne einer Neugestaltung innenpolitischer Strukturen. Unter niederländischen Politikern und Intellektuellen war solche Besinnung nicht neu. Schon in den dreißiger Jahren kam eine Diskussion auf, die nicht zuletzt durch die Machtergreifung Hitlers 1933 und den Erfolg der eigenen nationalsozialistischen Bewegung ins Leben gerufen wurde. Es entwickelte sich eine Bewegung, die die Zersplitterung der Gesellschaft zugunsten der »Volksgemeinschaft« zu überwinden versuchte. Sie wurde von einer Reihe von Studenten- und Jugendverbänden getragen und gestützt von der Monarchin, die sich 1939 zu einer Radio-Ansprache bereit fand, in der sie die notwendige Volkseinheit sowie geistige und moralische Aufrüstung betonte. In jenem Jahr fanden in Woudschoten in diesem Geist zwei Konferenzen statt, an denen führende Vertreter politischer Parteien, der Wirtschaft und der Intelligenz teilnahmen. Publizistisches Sprachrohr der in keiner Weise fest organisierten Bewegung war seit 1938 die Zeitschrift »Het Gemeenebest«, die im Untertitel Begriffe wie »Volksganzes« und »Volksgemeinschaft« führte. Einen programmatischen Artikel steuerte in der ersten Nummer der Sozialdemokrat (SDAP) Wim Verkade bei, der jene Antagonismen benannte, die zu überwinden die nächstliegende Aufgabe sein sollte. Die gesellschaftlichen Konfliktlagen und Antagonismen erkannte er nicht nur im Verhältnis von Arbeiterklasse und Bürgertum, nicht nur im Bereich der »Antithese« der Konfessionellen, sondern auch im Nord-Süd-Konflikt zwischen den Regionen nördlich und südlich des Moerdijk, im Stadt-Land-Gegensatz sowie zwischen jenen, die ihre Existenz gleichsam außerhalb der Gesellschaft fristeten, den Armen, und jenen, die von Sicherung der eigenen Existenz reden konnten. Er tadelte den Nationalcharakter der Niederländer und die Unbeweglichkeit des Überkommenen, wenn er niederschrieb: »Wenn diese Gegensätze und Spannungen durch unsere nationale Untugend zu dogmatisieren noch verstärkt werden, wenn sie zementiert werden durch die Behinderung menschlicher Beziehungen, die dem Gewissen Fragen stellt, die bei ideologischen Abstraktionen in Fortfall kommen, und wenn sie weiterhin durch ein allzu streng strukturierendes Parteien- und Wahlsystem und durch Kommerzialisierung geistiger Unterschiede sich verfestigen, wenn man ebendiesen Faktoren ihren freien Lauf läßt, dann sieht die Zukunft für das Volksganze düster aus. Und jene, die die Zukunft noch vor sich haben, können das kaum akzeptieren.«

Der Gedanke vom Volksganzen oder sittlichen Volksbewußtsein durchzog auch die andere, nur von einer Partei, der SDAP, ausgehende »Niederländische Bewegung für Einheit durch Demokratie«, allerdings mit dem Unterschied, daß die demokratische Komponente stark akzentuiert wurde, weil die Demokratie angesichts nationalsozialistischer und faschistischer Erfolge im Ausland bedroht erschien. Die Organisation zählte 1937 immerhin 23.000 Mitglieder. Vorab ging und parallel lief innerhalb der Partei die Diskussion um eine Neudefinition des Sozialismus-Begriffes sowie um eine Erweiterung der Parteibasis. Das Sieben-Punkte-Grundsatzmanifest dieser Gruppierung sprach nicht nur von Wahrung demokratischer Regierungsform und bürgerlicher Freiheiten, sondern auch von einer »tatsächlichen Solidarität der einzelnen Volksgruppen« untereinander, von einer »Verstärkung des auf vaterländische Tradition bauenden sittlichen Volksbewußtseins«, das über den Parteien stehe und jede Glaubensrichtung anerkennen müsse. Das waren ohne Zweifel Töne, die in keiner Weise mehr etwas mit Klassenkampf oder gar historischem Materialismus zu tun hatten, viel eher galt die Stoßrichtung dem überzogenen Individualismus des liberalen Staates, abgesehen von der klaren Distanzierung von Nationalsozialisten und Kommunisten.

Diese Zielsetzung fand sich zunächst bei der Niederländischen Union, danach bei der Niederländischen Volksbewegung, die zwar nicht wie die Union zu einer Massenbewegung heranwuchs, eher höchst elitären Ursprungs war, gleichwohl nicht ohne Einfluß auf die niederländische Nachkriegsentwicklung blieb. Die Bewegung ging aus der Abgeschlossenheit des Geisellagers St. Michielsgestel hervor, in das Anfang Mai 1942 460 führende Niederländer aus

Kultur und Politik eingeliefert wurden. Die Sicherheitspolizei wählte die Geiseln aus den Kreisen jener aus, die sich 1941 geweigert hatten, mit den Deutschen zusammenzuarbeiten. Gewerkschaftsmitglieder und Funktionäre der Niederländischen Union waren hier ebenso stark vertreten wie bei der zweiten Gruppe von 800 Geiseln, die zwei Monate später im nordbrabantischen Haaren eingeliefert, bald darauf jedoch nach St. Michielsgestel verlegt wurden. Solches Vorgehen verstanden die Besatzer als eine repressive Maßnahme, die sich gegen die Interventionsversuche der Londoner Exilregierung richtete. Das Geisellager erwies sich als eine Brutstätte für neue Gedanken über die künftige politische Gestalt der Niederlande. Auswahlprinzip der Besatzer waren Status und Ansehen der Geiseln in der Öffentlichkeit. So fanden sich im Lager Politiker, hohe Beamte, Professoren, Wirtschaftsführer und Literaten. In diesem Personenkreis, der gleichsam einen Querschnitt der »versäulten« niederländischen Gesellschaft darstellte, entwickelte sich ein Sendungsbewußtsein, das nach dem Krieg, in der frühen Phase des Wiederaufbaus, mit den Worten »Geist von Gestel« apostrophiert wurde. Die Isolierung gegenüber der Außenwelt führte nach innen jene zusammen, die tiefere Kenntnis von Funktion und Struktur der niederländischen Gesellschaft besaßen und bis dahin das öffentliche Leben in leitenden Positionen mitbestimmt hatten. Die Form der Begegnung war die feste Gesprächsrunde. Sie war nichts anderes als die Fortsetzung eines Gesprächskreises, der sich im Jahr zuvor im Konzentrationslager Buchenwald gebildet hatte, in das mehrere niederländische Sozialdemokraten, unter ihnen der spätere Minister und Premier Willem Drees, verbracht und aus dem sie 1942 entlassen worden waren, um sich bald darauf in St. Michielsgestel wiederzufinden.

Im Kreis der Geiseln ging es um die Verwirklichung von sozialer Gerechtigkeit unter Wahrung demokratischer Grundsätze und um den Ort des Sozialismus in der niederländischen Gesellschaft. So umschrieb der Historiker Pieter Geyl, selbst Geisel im Lager, die Arbeit des Gesprächskreises. Die Leitung der Gruppe übernahm Willem Schermerhorn, vom Freisinnig Demokratischen Bund, nach dem Krieg Premier des ersten Kabinetts, in dem auch der Sozialdemokrat Drees saß. Nach Geyls Bericht über das erste Gespräch wies Schermerhorn in seiner Eröffnungsrede nachdrücklich darauf hin, daß die Neubelebung des christlichen Glaubens eine jener Folgen der Besatzungszeit sei, die es zu pflegen und auf Dauer zu bewahren gelte. Eine etwaige neue Parteigründung müsse dies zum Ausgangspunkt nehmen. Nichts biete eine bessere Garantie gegen den Absolutismus der Nationalsozialisten als die christliche Tradition. Schermerhorn sprach auch von der Überlegenheit dieser Tradition, die alle jene zu akzeptieren hätten, denen es um eine neue Parteigründung gehe. Nach Geyls

Bericht stieß solcher Anspruch zwar nicht sofort auf die Gegenliebe aller Beteiligten, aber insgesamt fiel er auf fruchtbaren Boden. Es bildete sich rasch eine kleine Gruppe, die sich zu Überlegungen zusammensetzte, wie jener Anspruch politisch zu konkretisieren sei. Zu dieser Gruppe gehörten neben Schermerhorn und dem CHU-Mitglied und späteren Minister Pieter Lieftinck der aus dem christlich-sozialistischen Lager stammende Willem Banning, der sich bald zum eifrigsten Verfechter des erneuerten christlichen Gedankens aufschwang. Eine der Geiseln, Pierre Henri Ritter jr., beschrieb ihn als einen nimmermüden, von Vortrag zu Vortrag, von Konferenz zu Konferenz eilenden Mitstreiter. Banning selbst ließ die Briefe an seine Frau in einer kleineren Gruppe verteilen, um sein Anliegen – Christentum und Gesellschaft – besonders deutlich zu machen. Es scheint ihm selbst unbegreiflich gewesen zu sein, daß man in jenen Zeiten vor allem im Hinblick auf die Gestaltung der Zukunft seine Tätigkeit auf eigene Nabelschau begrenzen konnte. Im Banning-Kreis, dem Vertreter der Niederländischen Union wie de Quay und Einthoven angehörten, stimmte man rasch in der Kritik an der Vergangenheit und in Ordnungsfragen der Zukunft überein. Daß der Weltkrieg die alten kapitalistisch bestimmten Jahrzehnte ein für allemal beendete, war den Mitgliedern ebenso einsichtig wie die Notwendigkeit, die nationale Gemeinschaft verstärken, neue Normen des staatlichen Lebens definieren und die Ordnung des Wirtschaftslebens neu bestimmen zu müssen. Gleichfalls unumstritten war, daß die alte »Antithese« zwischen christlichen und linken Parteien der Vergangenheit anzugehören hatte.

Schwierigkeiten entstanden bei dem Begriff »Sozialismus«, einem Begriff, der durch das historische Beispiel der Sowjetunion mit dem Wort vom Kollektivismus stark belastet war. Wenn er von allen Gesprächsteilnehmern akzeptiert werden sollte, dann bedurfte er praktisch einer neuen theoretischen Grundlegung. Der Romanist Hendrik Brugmans schuf hier Abhilfe, als er nach Lektüre der im Geisellager zugelassenen französischen Zeitschrift »L'Esprit«, Organ einiger um Emmanuel Mounier gruppierter katholischer Intellektueller Frankreichs, den Begriff »Personalismus« einbrachte. Mouniers Konzeption, dem Reformismus Hendrik de Mans ähnelnd, findet sich in dem Satz definiert: »La révolution attendue devait être personnaliste et communautaire, on ne devait transiger ni sur l'impératif communautaire (contre le règne de l'individu et le pouvoir des oligarchies) ni sur l'autonomie de la personne (contre le pouvoir anonyme des bureaux, du parti et de l'Etat).« Dieser Grundgedanke fand schließlich Eingang in ein Manifest, das nach zahlreichen Vorarbeiten im Mai 1945 in der Befreiungsausgabe der Widerstandszeitschrift »Je Maintiendrai« mit den Namen von 35 Unterzeichnern veröffentlicht wurde. Die Unterzeichner zählten zur sozialdemokratischen, katholischen und protestantischen Elite der niederländischen Gesellschaft. Grundintention des Manifests war die radikale Erneuerung des niederländischen Volkslebens, das künftig auf die Verwirklichung des Sozialismus personalistischer Observanz gerichtet sein sollte. Diese Formulierung enthielt entsprechend der Mounierschen Definition eine Abwehr kollektivistisch-bürokratischer Strukturen, bedeutete aber auch die Ablehnung eines hemmungslosen Individualismus. »Personalismus« meinte in diesem Manifest die Förderung des Gemeinschaftsgedankens auf dem Weg über eine radikalsoziale Politik, die auf jeden Fall eine Erneuerung des Parteiwesens und eine Kontrolle der Wirtschaftsordnung umfaßte. Die Würde und Bedeutung der Arbeit in einem nach bestimmten Ordnungsprinzipien strukturierten Wirtschaftssystem – hier erinnert das Manifest an Konzeptionen des Dominikanerpaters Welty aus dem Kloster Walberberg bei Brühl – standen ebenso im Vordergrund wie die Entwicklung der Persönlichkeit, Festigung der Familien und des Lebens der nationalen Gemeinschaft.

Diesem sehr allgemein gehaltenen Manifest folgte im Sommer 1945 ein konkretes Programm, das wie das Manifest im Geisellager erarbeitet worden war. Da beschworen die Autoren neue Moral und Sittlichkeit, riefen den Staat zum Schutz der Sitten auf, subsumierten unter die Forderung nach Pflege des Gemeinschaftsgedankens die Frontstellung gegen Rassen- und Klassenkampf. Sie ließen auch nicht nach, die neue Rolle der Arbeit in der Gesellschaft zu konkretisieren. Ziel des Wirtschaftens war eine gerechte Deckung angemessener Bedürfnisse aller Mitglieder der Gesellschaft. Dies durchzuführen machte vorab eine Erweiterung des Arbeitsrechts notwendig. Das Arbeitsleben sollte in seinem ganzen Umfang zur Rechtsordnung werden. In solcher Entwicklung erhielt der Staat eine zentrale Rolle zugeteilt. Seine Aufgabe war es zuvorderst, das Recht auf Arbeit über eine geeignete Konjunkturpolitik und durch Übernahme einer Richtlinienkompetenz in der Lohnpolitik zu gewährleisten. Verlangt wurde ferner eine Neuorganisation der Sozialversicherung, die den Staat in die Lage versetzen sollte, den Arbeitnehmern ein akzeptables Maß an Existenzsicherung zu garantieren. Zu diesen eher volkswirtschaftlichen und rechtlichen Forderungen trat eine betriebswirtschaftliche Ergänzung und Konkretisierung insofern, als die Autoren eine paritätische Besetzung der Aufsichtsräte forderten und sich für Betriebsräte als Beratungsorgane zwischen Unternehmensleitung und Belegschaft in allen Fragen der Arbeitsbedingungen einsetzten. Die Zusammenarbeit zwischen Staat und Wirtschaft sollte über öffentlich-rechtliche Wirtschaftsorgane sowie über einen Landeswirtschaftsrat erfolgen. Planwirtschaft erschien bei solcher Struktur als die angemessene Form des Wirtschaftsablaufs. Sie ließ sich auf mehreren Wegen konzipieren: durch eine Wirtschaftsplanungsbehörde, durch eine strenge Preiskontrolle oder durch Sozialisierung. Letztgenannte Maßnahme wurde dabei dem Kriterium wirtschaftlicher Zweckmäßigkeit unterworfen, unter Berücksichtigung des Gemeinwohls. Zu den potentiellen Sektoren der Sozialisierung zählten die Notenbank und gegebenenfalls andere Bank- und Kreditinstitute, der Energiebereich, große Transport- und Bauunternehmen sowie Rohstoffkartelle.

Solcherlei Forderungen waren weniger betriebs- oder volkswirtschaftlich als sittlich-moralisch motiviert. Sie sollten das gesetzte Ziel, die Neugestaltung der »Volksgemeinschaft«, erreichen helfen. »Unser Volk«, so hieß es im Programm, »soll zu einer Volksgemeinschaft werden, was von jedem Einzelnen und jeder Gruppe Opferbereitschaft für das Volksganze erfordert.. und allen Verantwortung für Geist und Kultur der Niederlande sowie für die niederländischen Aufgaben in Übersee und in der Welt abverlangt.« Das waren fürwahr selbstbewußte Worte in einer Zeit, die noch voll unter dem Eindruck von Repression und Leiden stand. Die Überwindung des Gruppen- und Klasseninteresses zum Wohle der Nation (»Gemeenschap«) hieß Zucht und Ordnung, die zu fördern waren durch eine »in ihrem Tun und Lassen ehrfurchtgebietende, in der geistigen Kraft der Nation wurzelnde Exekutive«. Ähnliche Töne waren zuvor in der Niederländischen Union angeschlagen worden. Es gehörte letztlich zur Tradition niederländischen Denkens, wenn auf die besondere Aufgabe des Landes im internationalen Verband hingewiesen wurde: auf die Förderung der internationalen Rechtlichkeit. Wie selbstverständlich wurde einer starken und entschlußfreudigen Obrigkeit das Wort geredet, etwa durch besondere Befugnisse für den Ministerpräsidenten. Zugleich wollten die Autoren die Arbeitsfähigkeit des Parlaments stärken. Das ließ sich durch eine Reform des Wahlrechts herbeiführen, das die Anzahl der Parteien zu begrenzen hatte. Offensichtlich gegen politische Extremisten war die Aussage gerichtet, die jenen Personen und Gruppen die Inanspruchnahme politischer Rechte versagte, die die geltende Rechtsordnung zu ändern, die Unabhängigkeit des Staates oder die Grundrechte und Freiheiten seiner Bürger zu beeinträchtigen beabsichtigten. Zudem sollte staatsbürgerliches Bewußtsein durch ein höheres Niveau der politischen Debatte gefördert werden. Mithin bedurfte die Erneuerung der politischen Kultur besonderer Pflege, wobei die Autoren eher von Klassen- und Interessenharmonie als von Konfliktkonstellationen ausgingen und für eine Umstrukturierung der zersplitterten Parteienlandschaft plädierten.

Die NVB, deren Manifest und Programm auf der Gründungsversammlung von 443 Teilnehmern am 24. Mai 1945 unterzeichnet wurde, verstand sich selbst nicht als politische Partei, lediglich als Ratgeber oder Schrittmacher in einem Neuordnungsprozeß, an dem ausschließlich Neugründungen teilhaben sollten. Aus diesem Grund befaßte sich die Presse der nunmehr befreiten Niederlande mit beiden Dokumenten insbesondere unter dem Aspekt neuer Parteiformierungen. Sie reagierte unterschiedlich. Die antirevolutionäre Tageszeitung »Trouw«, ehemals eines der führenden Blätter des protestantisch-christlich geprägten Widerstandes, verhielt sich völlig ablehnend. In ihrer Reaktion nahm sie in Wiederholung des Streits um die Niederländische Union den Tadel auf, wenn sie schrieb: »Der größte Feind der Eintracht ist der Zwang zur Einheit.« Tatsächlich rührte die Aufforderung der NVB zum Schulterschluß an die von den Antirevolutionären selbst eingeführte Tradition der »Antithese«, an die Grundlage der »Versäulung«, mit der die AR in den Jahrzehnten zuvor politisch und gesellschaftlich sehr gut hatte leben können, in den letzten beiden Jahrzehnten vor Ausbruch des Krieges sogar in ständiger Regierungsverantwortung. Überhaupt stand nach Ansicht der Zeitung die »Antithese« nicht zur Disposition; im Gegenteil: Die gerade von der Volksbewegung betonte Restitution von Sitte und Moral verlangte die Wiederbegründung oder Fortsetzung der christlichen Partei, um dem Glaubensverfall und der Verweltlichung entgegenzuarbeiten. Die Zeitung und mit ihr die Antirevolutionären verharrten in einer niederländischen Tradition, in der Glaubenstiefe und Sittlichkeit eng miteinander verflochten waren. So war es rasch klar, daß die Antirevolutionäre Partei auf keinen Fall dem Aufruf zu Neu- oder Umgruppierungen folgen würde und auch nicht bereit war, den übrigen Forderungen der NVB Gehör zu schenken. Schon gegen die Niederländische Union hatte sich die AR gekehrt, weil hier ein weltanschauliches Konglomerat entworfen worden war, das der »Antithese« voll widersprach. Obwohl die Antirevolutionäre Partei erst im 19. Jahrhundert entstanden war, verstand sie sich als Hüterin der niederländischen Moral, indem sie sich selbst aus der Tradition von Aufstand und Republik herleitete und damit einen Ausschließlichkeitsanspruch erhob.

Für den nicht-kommunistischen linken Flügel der Widerstandsbewegung und für Teile der alten SDAP boten sich im Programm und im Manifest Möglichkeiten zu einer sozialistischen Neuorientierung. Das alte Widerstandsblatt »Het Parool« ist immer Befürworter einer Veränderung der Parteienlandschaft und gegen die Wiederbegründung der SDAP gewesen. Die NVB lag genau auf dieser Linie. Die neue Zeitung der Partei, »Het Vrije Volk«, erkannte programmatische Verwandtschaft mit der NVB, glaubte auch an die Notwendigkeit einer weitestgehenden Kooperation von Parteien und Gruppen im Sinne einer radikalen Änderung der gesellschaftlichen Verhältnisse, lehnte aber eine Zusammenarbeit mit den Politikern der ehemaligen Niederländischen Union ab. Vom demokratisch-sozialistischen Teil des Volkes solle man nicht erwarten, daß es mit Hinz und Kunz zusammenarbeite, so schrieb das Blatt für den Fall der Umwandlung der NVB in eine politische Partei. Abgesehen von der für Linkskreise provozierenden personellen Durchsetzung der NVB mit ehemaligen Unionsleuten gab es von sozialistischer Seite auch Einzelkritik am Programm der NVB. So wandte sich der spätere Erste Minister Joop den Uyl in einem Grundsatzschreiben gegen eine, wie ihm schien, allzu starke Konfrontation von »personalistischem Sozialismus« und sozialistischer Tradition. Den von Mouniers Arbeiten übernommenen Begriff begrüßte er, weil er hier das Bemühen erkannte, ein Gleichgewicht zwischen Kollektivismus und Individualismus herzustellen. »Nachdem der Sozialismus als Idee in Deutschland verfälscht wurde und zugleich in Rußland nur scheinbar existierte und dämonisiert wurde, war es die Aufgabe westlicher Demokraten, ihren Sozialismus zu vertiefen und abzugrenzen.« Den Sozialismus-Begriff der NSDAP – nichts anderes konnte gemeint sein – als ein Beispiel der Verluderung der Begrifflichkeit anzuführen war nicht die stärkste Seite des Schreibens, wie ohnehin der letzte Satz verblasen klingt. Aber seltsam mutet es schon an, wenn er in einem Atemzug Rosa Luxemburg, Gustav Landauer und Jean Jaurès zu Vertretern des personalistischen Elements machte. Und er setzte sich für eine bewußte Anknüpfung an das überkommene sozialistische Ethos ein, das im Manifest und im Programm hätte stehen müssen; man habe offensichtlich gemeint, den sozialistischen Sprachgebrauch bei der Formulierung entbehren zu können.

Das Programm der NVB deutete den Uyl als Ausdruck eines »vitalistischen Lebensgefühls«, als Versuch, politischen Neubau stärker mit Personen als mit Prinzipien zu verknüpfen, das »Leben über die Lehre und die Tat über das Denken zu stellen«. Darin entdeckte er eine antidemokratische Tendenz, und so wandte er sich gegen jede Erweiterung der Macht zugunsten der Exekutive, bei aller Anerkennung einer notwendigen Neuordnung des Parteiensystems. Für den Uyl vermochte wohl der vom NVB-Kreis bereits in der Geisellager-Phase heftig propagierte Gemeinschaftsgedanke die sozialdemokratische Forderung nach staatspolitischer Verantwortung nicht zu ersetzen. Er blickte über die Grenzen des Nationalen, über die beschworene niederländische Eigenart hinaus, wenn er verlangte, daß Idealismus und Opferbereitschaft für supranationale und kulturelle Ziele eingebracht werden sollten. Es sprach aus ihm ein tradierter sozialistischer Internationalismus, wenn er von gleichem Interesse und gleichem Ideal der Menschen in den Demokratien des Westens redete. Erziehung nicht mehr nach nationalen Werten, eingedenk der Seehelden und der oranischen Fürsten, sondern im Geiste des Erasmus, des Hugo de Groot und des Baruch Spinoza war die Parole. Äußerst bedenklich fand den Uyl schließlich das deutlich implizierte Harmoniebedürfnis der NVB. Dagegen verlangte er den Zugriff auf alte sozialistische Programme, nicht die Preisgabe des Klassenkampfgedankens; er wollte die »Arbeiter« auch »Arbeiter«, nicht »Arbeitnehmer« genannt wissen. Ihm fehlte die Benennung des Gegners, der Vertreter aus der Finanzwelt und der Industrie. Den Uyls Einzelkritik von sozialdemokratischer Seite machte gerade in ihrem sozialökonomischen Teil verständlich, warum in der wenig später erfolgten Gründung der »Partei der Arbeit« die Bildung eines »Marxistischen Zentrums« als Gesprächs- und Diskussionsinstanz vereinbart wurde. Aus der Kritik war kein Gegensatz zwischen NVB und SDAP abzuleiten, vor allem nicht im sozialökonomischen Teil des Programms. Wirtschaftsorganisation, Sozialisierung und Planwirtschaft als Arbeitsfelder schlossen an Vorstellungen der SDAP aus der Vorkriegszeit an. Das bedeutete nichts anderes als eine Fortsetzung der in den dreißiger Jahren von Hendrik de Man, dem belgischen Sozialisten, inspirierten und stipulierten sozialökonomischen Linie. Der NVB-Neuordnungsgedanke, soweit er unmittelbar die Struktur von Wirtschaft und Gesellschaft betraf, konnte von der SDAP übernommen werden. Die politisch-konstitutionelle Umordnung mußte auf Skepsis stoßen, weil hier Elemente des Unions-Denkens enthalten waren.

Übereinstimmung mit der Konzeption zeigte sich auch bei einem Teil der CHU-Denker und -Politiker, und zwar nicht nur, weil Vertreter dieser protestantisch-christlichen Partei im Geisellager von St. Michielsgestel an den Gesprächen teilgenommen und im kleinen Kreis um Banning mitgearbeitet hatten. Die Übereinstimmung ergab sich zudem aus der innerkirchlichen »Hervormde-Kerk«-Entwicklung der dreißiger Jahre, die nicht zuletzt auf den Einfluß der deutschen »Bekennenden Kirche« und damit des Schweizer Theologen Karl Barth basierte. In den dreißiger Jahren kam eine Strömung auf, die aus der Erstarrung der »Erbaulichkeit« hinausstrebte zu einer Kirche, die Zeugnis von ihrem christlichen Auftrag ablegte. Der Widerstand gegen den Nationalsozialismus samt dem Kampf gegen die Besatzungsmacht förderte solches Denken. Nach all den leidvollen Erfahrungen erging gegen Ende des Zweiten Weltkrieges, im Februar 1945, der Aufruf eines Dringlichkeitsausschusses der Allgemeinen Synode, in dem von einer Erneuerung der christlichen Gemeinde die Rede war: Christus fordere eine radikale Erneuerung des politischen, sozialen und wirtschaftlichen Lebens. Arbeiter seien vollwertige und vollverantwortliche Mitglieder der Gesellschaft. Die Pfingstbotschaft der Allgemeinen Synode entwarf Willem Banning. Arbeitgeber, Kapitaleigner und Arbeiter wurden aufgefordert, in Verwirklichung der evangelischen Gerechtigkeit den Klassenkampf aufzugeben und die Klassengegensätze aufzuheben. In der Verfolgung des Ziels sollte die Arbeit in einer Rechtsordnung erfaßt werden. In jener Botschaft übernahm die »Hervormde Kerk« die Rolle eines radikalen Veränderers der nationalen Existenz auf der Grundlage des Evangeliums. In solcher Konzeption lag die Preisgabe der bis dahin auch politisch wirksamen »Antithese« beschlossen, was für einige Vertreter der mit dieser Kirche verbundenen Partei, der Christlich-Historischen Union, eine ausgemachte Sache war. Gott sei eben nicht nur für den christlichen Teil des Volkes da; er fordere das ganze Volk. Im Mai 1945 erschien die Tageszeitung »De Nieuwe Nederlander« unter der Redaktion von G. E. van Walsum, einem CHU-Mann, der sich in den dreißiger Jahren als Protagonist der kirchlichen Erneuerung geriert hatte. Es kam nicht überraschend, daß sich sein Blatt noch im selben Monat für die Niederländische Volksbewegung aussprach, bald danach jedoch die Voraussetzungen für eine Annäherung an die SDAP unter die Lupe nahm. Dabei stieß van Walsum auf marxistische Symbolik, die für einen volksparteilichen Zusammenschluß ebenso hinderlich erschien wie ein etwaiges Beharren der SDAP auf dem Anspruch, die alleinige Vertreterin der Arbeiter zu sein.

Jedenfalls blieb die NVB-Forderung nach volksparteilichem Übereinkommen im Verhältnis CHU–SDAP zunächst noch unerfüllt. Die Christlich-Demokratische Union (CDU), jene Ende der zwanziger Jahre gegründete, auf dem linken Flügel des reformierten Spektrums stehende Partei, gab sich ganz anders. Trotz ihres Einvernehmens mit der SDAP über Pazifismus und radikale sozialökonomische Forderung war in den dreißiger Jahren eine gewisse Distanz geblieben. Reformatorisches Christentum und marxistische Weltanschauung ließen sich unter den erschwerenden Voraussetzungen einer »versäulten« Gesellschaft nicht so rasch zusammenbringen. Das änderte sich jedoch im Krieg. Die Distanz schien überwunden zu sein. Das wohl wichtigste Parteimitglied, der Pfarrer Johannes Jacobus Buskes, trat zusammen mit sechs Amsterdamer Kollegen der SDAP 1945 bei. Doch der Parteivorstand der CDU hielt sich zunächst zurück. Eine Öffnung zur SDAP war aber ebenso vorhanden wie bei dem »Freisinnig Demokratischen Bund (Vrijzinnig Democratische Bond, VDB)«, jener linksliberalen Partei neben der Liberalen Union, die ihre Wählerschaft im freisinnigen Protestantismus fand und eine Art Brückenfunktion zwischen SDAP und den konfessionellen Gruppen wahrnahm. Die Programmatik der Freisinnigen aus der Vorkriegszeit eignete sich für einen Anschluß an die Vorstellungen des NVB, und zu jenen, die im Geisellager St. Michielsgestel die Gespräche um eine niederländische Neuordnung führten, gehörten auch VDB-Leute. Die Partei selbst war in der Kriegszeit nicht als Untergrundorganisation weitergeführt worden. Unmittelbar nach dem Ende des Krieges bekannte sich der Bund zu den Absichten der Volksbewegung, das Parteiwesen zu erneuern. Man wollte auf jeden Fall eine engere Zusammenarbeit, aber auch ein Zusammenschluß von Parteien lag im Bereich des Wünschenswerten. Manche äußerten Skepsis, so einer der wichtigsten Vertreter der Partei, der später zu den Liberalen übergetretene Pieter Jacobus Oud. Er betrachtete den Bruch mit der Tradition als eine rein theoretische Erwägung, die an den konkreten Verhältnissen scheitern müsse. Oud verwarf den Sozialismus, auch den der Volksbewegung. Da mußte man sich fragen, wieweit er überhaupt mitzugehen vermochte, obwohl sein Lösungsweg nicht uninteressant war. Demnach sollten sich alle Parteien auf ein gemeinsames Programm einigen, jedoch bei den Wahlen mit eigenen Listen auftreten.

Die hier genannten, vergleichsweise kleinen Parteien standen auf jeden Fall dem parteistrukturellen Neuerungsgedanken nicht ganz abweisend gegenüber. Von ungleich höherer Bedeutung war für diese Frage der Überwindung des alten Parteiensystems aber neben der Einstellung der alten SDAP die Haltung der Katholiken. Die größte Partei der katholischen »Säule«, die RKSP, zeigte sich in der Besatzungszeit schwach; sie verschwand praktisch von der Bildfläche. Viele Mitglieder wurden gleich zu Beginn von der Niederländischen Union aufgefangen. Katholische Unionsvertreter saßen auch in St. Michielsgestel, sprachen dort von der Möglichkeit einer neuen, progressiven Volkspartei. Als Sprachrohr dieser auf neue politische Formen bedachten Katholiken diente das Widerstandsblatt »Christofoor«. Die Zeitung sollte dem katholischen Bevölkerungsteil helfen, sich auf eine neue Zukunft zu besinnen. Im März 1944 kam es zu der für diesen Neuordnungsgedanken wichtigen Verbindung mit dem Widerstandsorgan »Je Maintiendrai«, um das sich die NVB-Leute scharten. Gegen Ende des Jahres setzte allgemein in katholischen Kreisen die Diskussion um den künftigen Weg des politischen Katholizismus ein. Für die einen boten der Kampf gegen eine verbreitete antirömische Haltung, die Notwendigkeit eines sozialökonomischen Wiederaufbaus nach katholischen Prinzipien und die Gefahren des Kommunismus für den katholischen Arbeiter Anlaß, eine konfessionelle, katholische Partei wiederzubegründen, für die anderen waren jene Voraussetzungen der Anreiz zur Überwindung der konfessionellen Schranken. Es zeigte sich jedoch schon im Sommer und Herbst 1945, daß sich die Erörterungen zugunsten der katholischen Sonderung entwickelten. An der Spitze dieser Richtung stand der Franziskanerparter Jacobus Gerardus Stokman, der allerdings nicht einer inhaltlichen Wiedergründung der RKSP das Wort redete, deren Renommee infolge der Nichtbeteiligung am Widerstand nicht das beste war, sondern für eine katholische Partei plädierte, die eine Programmbasis anstrebte, welche als sozial fortschrittlich angesehen werden und breiteste Schichten erfassen konnte. Dazu bedurfte es einer Neubesetzung des Führungskaders mit jüngeren Leuten. Ein im August 1945 auf Landesebene gegründetes »Zentrum für politische Bildung (Centrum voor Staatkundige Vorming)« bedeutete den ersten Schritt zur Konsolidierung des erneuerten und inhaltlich neuen katholischen Einheitsgedankens. Aber es war nicht zu übersehen, daß hinter dieser katholischen Kontraktion in der Frage der Parteibildung die Furcht vorherrschte, daß bei einer grenzüberschreitenden Lockerung des Parteigefüges die katholischen Normen verlorengehen würden. Deshalb genoß Stokman die Unterstützung des niederländischen Episkopats.

Überprüft man jene Intention der NVB, welche die Parteienzersplitterung und damit indirekt die »Versäulung« hat überwinden wollen, auf ihren Realitätsgehalt, dann sind die Chancen bei Ende des Krieges gewiß nicht allzu hoch einzuschätzen gewesen. Denn ein Denken in Kategorien wie »Gemeinschaft« entsprach in keiner Weise den Gegebenheiten, und ein Bewußtsein von der Notwendigkeit einer Veränderung ließ sich nicht so rasch herstellen. Die NVB wollte den Durchbruch. Ihm versagte sich von Beginn an die AR, die in den zwanziger und dreißiger Jahren ununterbrochen Regierungspartei war. Aber auch in der NVB gab es Kräfte, die kaum eine Verwandtschaft mit dieser protestantisch-christlichen Partei entdecken konnten, da die Partei eng mit dem Namen Colijn verbunden war, der als Symbolfigur für die Gestaltlosigkeit der Vorkriegsdemokratie galt. Die antikapitalistische Einstellung der NVB machte überdies eine Beziehung zur Liberalen Staatspartei unmöglich und eine Kontaktaufnahme zu den Kommunisten schon wegen der Abweisung des Klassenkampfes aussichtslos. Dem Durchbruch-Gedanken am nächsten stand somit die SDAP. Um eine breite Basis zu schaffen, bedurfte es eines Partners, am besten der damals stärksten Partei: der Partei der katholischen Niederlande. Es gab im Laufe des Spätsommers und Herbstes 1945 intensive Versuche, näher zusammenzurücken, sogar zu fusionieren. Die NVB legte sich voll ins Zeug, jedoch vergeblich. Schon im Oktober 1945 wurde endgültig klar, daß die Katholiken vorerst einen Zusammenschluß zu vermeiden trachteten. Die Argumentation der katholischen Seite, in diesem Falle de Quays, zielte auf langfristige Vorbereitung einer volksparteilichen Fusion. Sie ließ sich schließlich niemals herstellen. Im Gegenteil: Das bischöfliche Sendschreiben (»Mandement«) vom 30. Mai 1954 hat diese Annäherungsversuche endgültig unterbunden. Fragen wie die nach dem Rang christlicher Werte in der Gesellschaft oder nach dem

Inhalt des Begriffs »Sozialismus« trugen zur Aufrechterhaltung der Sonderung bei. Insgesamt ist mit Jan Bank, auf dessen Untersuchung sich die Darstellung stützt, festzustellen, daß in den entscheidenden Herbsttagen des Jahres 1945 die Sozialdemokraten mehr zu geben bereit gewesen sind, als man in Kreisen der NVB erwartet hatte, während die Katholiken deutlich hinter den Erwartungen zurückgeblieben sind.

Damit war die neue Entwicklung nicht abgeschlossen. Am 22. Dezember 1945 konstituierte sich die »Katholische Volkspartei (Katholieke Volkspartij, KVP)« als Nachfolgeorganisation der RKSP. Damit war die Kontinuität gewahrt, wenngleich sich die KVP eine »angepaßte« Programmatik mit auf den Weg gab. Die SDAP unternahm es dagegen, gleichsam im Alleingang, den Durchbruch-Gedanken zu konkretisieren und sich als Volkspartei aufzustellen, und zwar in permanentem Kontakt mit den Freisinnigen, den Christdemokraten, dem linken Flügel der CHU und auch mit der katholischen Gruppe »Christofoor«. Diese Unternehmung hatte nach intensiver Diskussion zwischen den einzelnen Gruppen Erfolg. Am 9. Februar 1946 wurde die »Partei der Arbeit (Partij van de Arbeid, PvdA)« im Rahmen eines Gründungskongresses aus der Taufe gehoben. Im zwanzigköpfigen Parteivorstand saßen neun ehemalige SDAP-Mitglieder, wie ohnehin die SDAP den Kern dieser Neugründung bildete. Die PvdA trat als Durchbruch-Partei auf, die sich auf praktisch-politische Programmpunkte einigte. Für sie war weltanschauliche Bindung nicht das einzige Organisationsprinzip. Sie lehnte damit die »Versäulung« restlos ab. Sie sagte auch deutlich, daß sie Parteibildung auf der Grundlage der Religion unter den gegebenen Umständen für schädlich halte. Das bedeutete jedoch keine antiklerikale Einstellung, vielmehr versuchte die Partei, für die unterschiedlichen Konfessionen und Weltanschauungen innerparteiliche Arbeitsgemeinschaften zu schaffen. So kam es zur Bildung einer protestantischen, einer katholischen und einer »humanistischen« Arbeitsgemeinschaft. Allerdings erwies sich dieser volksparteiliche Zusammenschluß nicht als strapazierfähig, weil die weltanschaulichen Voraussetzungen nicht leicht zu egalisieren waren. Es warf ein bezeichnendes Licht auf die Problematik einer Volkspartei, wenn sich schon einen Monat nach der Gründung ein »Sozialdemokratisches Zentrum (Sociaal-Democratisch Centrum, SDC)« bildete, in dem die Marxisten der PvdA die Arbeiter zu radikalisieren versuchten. Da stand plötzlich der Klassenkampfgedanke wieder im Vordergrund, wurde die Gesellschaftsordnung nachhaltig als eine kapitalistische klassifiziert, mit allen typischen Krisenerscheinungen, Klassengegensätzen und wachsenden Einkommensunterschieden; da forderte man Sozialisierung der Produktionsmittel und eine zentrale Planwirtschaft. Das war nach Diktion und Inhalt wesentlich schärfer als die PvdA-Gründungskonzeption, in der von Sozialisierung der Schlüsselindustrien, Öffnung zu den Mittelschichten und Wirtschaftsplanung die Rede war. Als das Sozialdemokratische Zentrum im August 1947 auch außerhalb der Partei aktiv wurde und damit die Gefahr einer Parteibildung innerhalb der PvdA auftauchte, erfolgte ihre Auflösung durch die Parteileitung.

Auf der anderen Seite des volksparteilichen Spektrums der PvdA sorgte Pieter Jacobus Oud, Freisinniger Demokrat und nicht unbedingt ein begeisterter Anhänger des Zusammenschlusses, für eine weitere Lockerung, als er mit seinen Anhängern schon 1947 aus der PvdA ausschied und sich an der im Januar 1948 erfolgten Gründung der »Volkspartei für Freiheit und Demokratie (Volkspartij voor Vrijheid en Democratie, VVD)« beteiligte, einer Partei, die nach der in ihr aufgehenden Partei der Freiheit die große liberale Neugründung war. Gerade der Austritt Ouds läßt die Frage aufkommen, ob unmittelbar nach dem Zweiten Weltkrieg der von der Niederländischen Volksbewegung kräftig propagierte Gedanke der Volkspartei reif war, konkretisiert zu werden. Möglicherweise war von vornherein die enge Bindung dieser Konzeption an den Sozialismus, die der linke Flügel bei weitem nicht stark genug fand, kein geeigneter Ausgangspunkt, um die traditionellen Schranken zu überwinden, zumal in den folgenden Jahren der Kalte Krieg einiges zur Erhöhung solcher Schranken beigetragen hat. Die ersten Nachkriegswahlen vom 17. Mai 1946 hätten die Probe auf die Tragfähigkeit des Volksparteigedankens bringen müssen. Aber sie brachten nur Normales, insofern sie die Vorkriegsverhältnisse kontinuierten. Die KVP wurde mit 30,8 Prozent stärkste Partei und trat an die Stelle der RKSP. Die PvdA erhielt soviel Stimmen wie zuvor SDAP und VDB zusammen, nämlich 28,3 Prozent. Während die Liberalen (VVD) leichten Stimmenzuwachs zu verzeichnen hatten, ging die ARP etwas zurück. Die Christlich-Historischen blieben annähernd auf ihrem Vorkriegsstand. Einzig auffällig war die Zunahme der kommunistischen Sitzzahl um 3 gegenüber den letzten Wahlen vor dem Krieg. Aber dieser Gewinn war nur vorübergehend. Bezeichnend war, daß die großen Diskussionen um die Neuordnung des Parteiwesens im Grunde nichts bewirkt haben. Damit hielt auch die »Versäulung« ihren Platz in der niederländischen Gesellschaft. Sie wurde praktisch erst in den sechziger Jahren durchbrochen.

Eine andere Form der Neuerung: die Einheitsgewerkschaft (EVC)

Unter das Signum »Erneuerung«, soweit sie die Neugruppierung gesellschaftlicher Organisationen betraf, fiel auch eine Strömung, die mit dem volksparteilichen Denken überhaupt nichts zu tun hatte: die Einheitsgewerkschaftsbewegung, die spätere Einheitsgewerkschaftszentrale. Sie vertrat eine radikale Gewerkschaftspolitik und schien eine kurze Zeit lang die große niederländische Gewerkschaftsorganisation, den NVV, zu überflügeln. Sie war eine für niederländische Verhältnisse neuartige Klassenorganisation, die im Gegensatz zu den Ideen der Volksbewegung ein hohes Maß an Radikalisierung im Sinne einer Politisierung der Gewerkschaften anstrebte. Mit der Forderung nach einer Einheitsbewegung standen die Initiatoren nicht allein. Solche Forderung war während des Krieges und danach international gängig, jedoch bloß von kurzer Dauer. Wie so manche Überlegungen über die Gestaltung der niederländischen Zukunft wurde auch der Wille, eine Einheitsgewerkschaft aufzubauen, während des Krieges formuliert. Die illegale Führung der Kommunistischen Partei übernahm die Initiative bereits 1943. Da sollte eine neue Gewerkschaftsbewegung entstehen, die den alten sozialdemokratisch orientierten NVV, den christlichen CNV und den katholischen RKWV zu ersetzen hatte. »Einheit« bezeichnete hier Überwindung der konfessionellen und weltanschaulichen Abschottung. Offensichtlich fiel die Propaganda für eine neue Organisation auf einigermaßen fruchtbaren Boden. Das war nicht verwunderlich, denn breite Arbeiterkreise beklagten die Schwäche der alten Gewerkschaften gegenüber Unternehmern und Regierung in der Vorkriegszeit, und ihre Unzufriedenheit steigerte sich angesichts der NVV-Politik gegenüber der Besatzungsmacht.

Das waren Gründe für den Aufruf zu einer radikalen Politik, die sich grundsätzlich gegen das herrschende System richtete. Zwar scharten sich die alten Gewerkschaften schon 1943/44 im »Rat der Gewerkschaftszentralen (Raad van Vakcentrales)« zusammen und zielten in Kooperation mit den Unternehmern auf eine neue Art der Tarifpartnerschaft in der »Stiftung der Arbeit (Stichting van de Arbeid)«, gleichwohl arbeiteten die Kommunisten ab 1944 an organisatorischen Aufgaben der Einheitsgewerkschaft. Sie gründeten Ausschüsse, gaben Zeitungen heraus, leisteten Öffentlichkeitsarbeit, vor allem in den seit September 1944 befreiten südlichen Gebietsteilen der Niederlande. Hier bildeten sich mehrere örtliche Einheitsorganisationen aus unterschiedlichen Wirtschaftszweigen. Die markanteste und stärkste unter ihnen war der »Allgemeine Bund der Bergwerksarbeiter«, der auf Initiative der um die Zeitung »De Waar-

	1918	1922	1925	1929	1933	1937	1946	1948
Anti-Revolutionäre Partei	13	16	13	12	14	17	13	13
Christl.-Histor. Union	7	11	11	11	10	8	8	9
Christl.-Dem. Partei	1				1	2		
Polit.-Reform. Partei		1	2	3	3	2	2	2
Allg. Röm.-Kath. Wähler-vereinigungen	30	32	30					
Röm.-Kath. Staatspartei					30	28	31	
Kathol. Volkspartei							32	32
Kath.-Nation. Partei								1
Liberale Union	6							
Bund von Freien Liberalen	4							
Freisinnig-Demokr. Bund	5	5	7	7	6	6		
Freiheitsbund		10	9	8	7	4		
Volkspartei für Freiheit und Demokratie							6	8
Sozialdem. Arbeiterpartei	22	20	24	24	22	23		
Partei der Arbeit							29	27
Pazif.-Sozial. Partei								
Kommun. Partei	2	2	1	2	4	3	10	8
Ökonomischer Bund	3							
Bund der Landbevölkerung	1	2	1	1				
Bauernpartei								
Nat.-Soz. Bewegung						4		
Demokraten '66 (D'66)								
Demokratische Sozialisten (DS'70)								
Politische Partei Radikale (PPR)								

Zusammensetzung der Zweiten Kammer der Generalstände von 1918 bis 1977
(nach Geismann)

heid« gruppierten Personen entstand und in dem Kommunisten und Katholiken neben anderen vertreten waren. Die Organisation, die rasch ein eigenes Publikationsorgan herausbrachte, wirkte beispielhaft für ähnliche Gründungen in anderen Wirtschaftszweigen und Orten wie Roermond, Maastricht, Nimwegen, Eindhoven, Breda, Tilburg, Middelburg und Vlissingen. Auffällig war, daß sich vor allem Eisenbahnarbeiter in diesen örtlichen Ausschüssen organisierten. Es wird vermutet, daß die Zusammenarbeit von NVV und Gewerkschaftsleitungen mit den Besatzern in den ersten Kriegsjahren eine wesentliche Ursache

	1952	1956	1959	1963	1967	1971	1972	1977
Anti-Revolutionäre Partei	12	10	14	13	15	13	14	
Christl.-Histor. Union	9	8	12	13	12	10	7	
Christl.-Dem. Partei								
Polit.-Reform. Partei	2	2	3	3				
Allg. Röm.-Kath. Wähler-								
vereinigungen								
Röm.-Kath. Staatspartei								
Kathol. Volkspartei	30	33	49	50	42	35	27	
Kath.-Nation. Partei	2							
Liberale Union								
Bund von Freien Liberalen								
Freisinnig-Demokr. Bund								
Freiheitsbund								
Volkspartei für Freiheit								
und Demokratie	9	9	19	16	17	16	22	28
Sozialdem. Arbeiterpartei								
Partei der Arbeit	30	34	48	43	37	39	43	53
Pazif.-Sozial. Partei			2	4				
Kommun. Partei	6	4	3	4	5	6	7	2
Ökonomischer Bund								
Bund der Landbevölkerung								
Bauernpartei				3	7	1	3	1
Nat.-Soz. Bewegung								
Demokraten '66 (D'66)					7	11	6	8
Demokratische Sozialisten								
(D'70)						8	6	1
Politische Partei Radikale								
(PPR)						2	7	3

für den Zulauf zu den Einheitsorganisationen gewesen ist. Zu einer Kooperation zwischen den Ortsausschüssen kam es jedoch nicht. Es ist wegen unterschiedlicher Angaben schwierig, schlüssige Aussagen über die zahlenmäßige Stärke der Einheitsverbände zu machen, aber als sicher darf gelten, daß sie, örtlich unterschiedlich, mehr als nur eine Randerscheinung gewesen sind, an den Mitgliederbestand der alten katholischen Gewerkschaftsverbände im Süden des Landes allerdings nicht herangereicht haben, zumindest nicht mehr nach Februar 1945. Auf jeden Fall blieben die Organisationen nicht unbeachtet. Sowohl die Militärische Obrigkeit im Süden des Landes als vor allem die alten Gewerkschaftsverbände und hier wiederum die Katholiken wandten sich mit Unterstützung der katholischen Geistlichkeit gegen die Gründung der Einheitsorganisationen. Die Geistlichkeit bediente sich ihres stärksten Machtmittels: der Exkommunikation. Mitgliedschaft in Einheitsorganisation und Kirche wurde schlicht für unvereinbar erklärt. In einem so katholisch geprägten Landesteil wie Limburg konnte die Drohung ihre Wirkung kaum verfehlen, zumal dann nicht, wenn sie mit grob gestricktem Antikommunismus vorgetragen wurde.

Einheit und radikalere Gestaltung von Arbeitskonflikten waren Vorhaben, die bei aller Opposition seitens der traditionellen Organisationen auch im Norden und Osten des Landes Fuß faßten, und zwar unter der Leitung der Kommunistischen Partei. Hier erschienen sogar eine Grundsatzerklärung und ein Aktionsprogramm für die Einheitsgewerkschaft, die wichtige Impulse zu vermitteln vermochten. Das Verbreitungsgebiet örtlicher Ausschüsse reichte von Rotterdam über Den Haag, Amsterdam und dem Zaan-Gebiet bis hin nach Hengelo und Enschede. Vor allem Enschede entwickelte sich zu einem Mittelpunkt für weitere Gründungen im Norden und Osten. Protestanten, Katholiken und alte NVV-Mitglieder fanden sich in der Einheitsorganisation zusammen. Was sich hier in der Kriegszeit vollzog, nahm nach Mai 1945 an Kraft und Umfang zu. Im Herbst zählte die Einheitsgewerkschaftsbewegung, die ab Juli als landesweite Organisation unter dem Namen »Einheitsgewerkschaftszentrale (EVC)« auftrat, mindestens 180.000 Mitglieder. Sie bestand nunmehr offiziell in Form von vier landesweiten Zentralen neben den drei alten Organisationen, wurde aber nicht in den zwischen Regierung, Unternehmer-Vereinigungen und diesen drei alten Verbänden bestehenden Konsultationsverband integriert. Die EVC blieb Außenseiterin innerhalb der gesamtgesellschaftlichen Organisation. Die Politik dieser neuen Gewerkschaft mochte in den ersten Nachkriegsjahren konfliktbereiter sein als die Harmoniepolitik der anderen Verbände, aber dies bedeutete nicht Politik der selbstbewußten Abkapselung, sondern Fortsetzung der Vereinigungspolitik, die in erster Linie auf die größte Gewerkschaft, den NVV, zielte. Das war kommunistische Strategie, wie sie damals mancherorts in Europa inszeniert wurde. Im NVV gab es anfänglich Kräfte, die einem Fusionsvorhaben wohlwollend gegenüberstanden. Die solche Politik vorantreibenden CPN-Politiker zeigten sich ihrerseits bereit, die EVC zu Konzessionen zu überreden, und so ließ sich die in den EVC-Reihen sehr viel größere Streikbereitschaft eindämmen. Das blieb nicht ohne Opposition in den eigenen Reihen, die sich jedoch nicht durchsetzen konnte, so daß ein zwischen den Führungsspitzen von EVC und NVV vereinbarter Fusionsbericht auf dem EVC-Kongreß vom Februar 1947 angenommen wurde. Die Opponenten wurden von der EVC stark gegeißelt, was eine Austrittsbewegung aus der EVC zur Folge hatte. Das Jahr 1947 brachte der EVC eine entscheidende Schwächung, die sie

unter das Niveau eines für die überkommenen Gewerkschaftszentralen gefährlichen Konkurrenten oder gar ebenbürtigen Partners sinken ließ. Ihre Rolle war
damit ausgespielt, wenngleich die Organisation erst 1964 offiziell aufgelöst
wurde.

Eine vornehmlich auf Radikalisierung drängende Einheitsbewegung blieb in
den Anfängen stecken, obwohl der Wunsch nach Gewerkschaftseinheit keine
niederländische Besonderheit darstellte. In Italien und Frankreich, aber vor allem im geschlagenen Deutschland ertönte zumindest in den Kreisen von Hans
Böckler und Albin Karl der Ruf nach der Einheitsgewerkschaft als Prinzip der
Reorganisation. Die Schwierigkeit in den Niederlanden lag wohl darin, daß die
Einheitsbewegung wesentlich von den Kommunisten getragen wurde. Das
konnte zunächst gelingen, weil eine aus Unzufriedenheit über die Entwicklung
in der Vorkriegszeit und aus dem Widerstand gegen die deutschen Besatzer
erwachsene Radikalisierung den Kommunisten zugute kam, sie im Widerstand
eine wichtige Rolle spielten, das Ansehen der Sowjetunion durch den Krieg
gegen das nationalsozialistische Deutschland wuchs und insgesamt eine gewisse
Radikalisierung des Denkens eingetreten war. Die Kommunistische Partei nahm
im Laufe des Krieges zahlenmäßig zu, und auch nach dem Krieg zeigte eine nach
amerikanischem Vorbild durchgeführte Probewahl einen erheblichen Anstieg
der Partei, aber dies scheint gerade das Dilemma gewesen zu sein. Es fragte sich,
ob der Zuwachs überhaupt noch einen Kurs zuließ, wie ihn dann die CPN
einschlug: Sie drängte die Einheitsgewerkschaft auf den Weg der Zusammenarbeit vor allem mit dem sozialdemokratisch orientierten NVV, doch sie vermochte dies keineswegs aus einer Position der Stärke heraus zu tun, was wiederum
Konzessionen erzwang. Es entsprach dem internationalen politischen Duktus
der Kommunistischen Partei, wenn man auch in den Niederlanden den Weg der
Kooperation selbst mit den bürgerlichen Parteien beschritt, aber die Konsequenz war, daß die radikale Erwartung, wie sie in breiten Kreisen der EVC-Mit-
glieder lebte, enttäuscht wurde. Das bewirkte Mitgliederschwund und Übergang zum NVV. Trat ein sich im Zuge des Kalten Krieges verschärfender Antikommunismus hinzu, dann befand sich eine Einheitsfront-Taktik, wenn sie
überhaupt noch den Namen verdiente, auf unsicherem oder gar unfruchtbarem
Boden. So endete ein Neuerungsvorhaben sehr rasch in dem Zerfall einer Gewerkschaft, die ihre radikalen Kräfte an kleinere Gruppierungen, die anderen
an die alten Gewerkschaftsverbände verlor.

Sozialökonomische Neuordnung

Es bedurfte sicherlich nicht des Marshall-Plans, um die ordnungspolitischen Vorstellungen, die in den Niederlanden lebten, zur Diskussion zu stellen, wenngleich die politische Erörterung des Plans, die recht antagonistisch um das Begriffspaar »Sozialismus und Liberalismus« geführt wurde, auch auf das für die Realisierung eigener Konzeptionen wichtige politische Klima eingewirkt hat. Auf jeden Fall handelte es sich bei den Arbeiten zu einer veränderten sozialökonomischen Ordnung um die Wiederaufnahme der Diskussion, die unmittelbar nach dem Ersten Weltkrieg begonnen und in den Zweiten Weltkrieg hinein fortgesetzt und schließlich auch von der NVB neuformuliert worden war. Dieses gesellschaftspolitische Problem stellte sich bis dahin nicht nur als »Steckenpferd« sozialdemokratischer oder freigewerkschaftlicher Gruppen dar, sondern erwies sich als Arbeitsfeld, das auch von Konfessionellen mitgetragen wurde.

Zu finden war eine sozialökonomische Formation, die den ungezügelten Wirtschaftsliberalismus ebenso zurückwies wie den ungezügelten Wirtschaftsdirigismus auf der Basis einer Zentralverwaltung. Doch nach einer Gegnerschaft gegen Wirtschaftsdirigismus sah es anfänglich nicht aus. Das Kabinett Schermerhorn/Drees ging von einer strengen, zentral geführten Lohn- und Preispolitik aus. Und nicht nur dies. Über lohn- und preispolitische Maßnahmen hinaus kam es zu einer Kette von Reglementierungen, die mit Maßnahmen zur Niederlassungsfreiheit, mit Vorschriften zu Produktion, Verteilung und Investition starke dirigistische Eingriffe signalisierten. Selbst wenn im Mai 1946 die Bildung eines »Zentralen Planungsamtes (Centraal Economisch Plan)« vorgelegt wurde, stellte sich bald heraus, daß alle Eingriffe eher situationsangepaßte Unternehmungen waren, die nicht eine genau definierte künftige Wirtschaftsordnung vorbereiteten. Jan Tinbergen, seit langem einer der führenden niederländischen Ökonomen, hat diesen Opportunismus, den er positiv als radikalen Ansatz einschätzte, begrüßt und damit die Regierungspolitik gerechtfertigt. Tinbergen ging in seinem Plädoyer von einer stark ausgeprägten Mangelwirtschaft aus, die er nur durch eine stringente staatlich gelenkte Wirtschaftspolitik überwinden zu können glaubte. Nun war es sicher Tinbergens Ziel, zu einem staatsfreien Wirtschaftssystem zurückzukehren, aber das konnte die Befürchtungen namentlich von Unternehmerkreisen, künftig in ein Netz staatlich gelenkter Wirtschaft eingebunden zu werden, nicht aufheben. Bedenken tauchten gleich gegen Ende des Krieges auf. Einer der führenden Wirtschaftswissenschaftler, François de Vries, veröffentlichte 1945 in den »Economisch-Statistischen Berichten« eine Artikelserie unter der Überschrift »Wird es dämmern?«, und es folgte das Zitat: »Der Morgen ist angebrochen, aber es ist noch Nacht.«

Der Ökonom prangerte in seiner Analyse der Vergangenheit und Gegenwart die Unentschiedenheit der Situation an. Er begriff sehr wohl, daß ein umfassender Wirtschaftsliberalismus kaum Urständ feiern konnte, zumal er sozialpolitisch die Erwartungen nicht erfüllt hatte. Seine Furcht galt aber der extremen Alternative, dem Dirigismus einer Zentralverwaltungswirtschaft mit ihrer Tendenz zur Unterdrückung individueller gesellschaftlicher Impulse. De Vries plädierte für einen mittleren Weg, ohne ihn genau zu definieren, für einen Weg jedenfalls zwischen Freiheit und staatlicher Planung. Sicherlich lag er mit seinen Gedankengängen in der Nähe der NVB-Absichten. Aber es gab auch Überlegungen anderer Art, die aus der Feder der unmittelbar am Wirtschaftsleben beteiligten Unternehmer stammten. Schon während der Besatzungszeit hatten Amsterdamer Unternehmer sich ausführlich mit der künftigen Wirtschaftsordnung auseinandergesetzt. Zusammen mit Vertretern der öffentlichen Hand gaben sie im ersten Nachkriegsjahr ein Memorandum heraus, in dem sie für einen befristeten Zeitraum staatliche Lenkungsmaßnahmen anerkannten, am Ende jedoch den Unternehmer als Herrn im eigenen Hause bestätigt sehen wollten. Auch in der Zusammenarbeit mit Staatsorganen mußte die Privatinitiative Vorrang haben. Das hieß auf Dauer: Rückkehr zur freien Wirtschaft, sobald die Mangelsituation behoben war. Verständlicherweise betrachteten diese Kreise jene Regierungsmaßnahmen argwöhnisch, wie es der sozialistische Minister Hein Vos betonte, der die stringente Lohn- und Preispolitik als nach einem »festen Plan« entworfen darstellte. Der »Zentrale Wirtschaftliche Plan« mochte auf die Gemüter beruhigend wirken, weil er nur Rahmenrichtlinien enthielt, aber der Blick auf den erheblichen Zuwachs an Landesbeamten – von 38.000 im Jahr 1939 auf 123.000 zum 1. Januar 1947 – konnte doch den Verdacht aufkommen lassen, daß hier ein Apparat für zentrale Wirtschaftsverwaltung aufgebaut werden sollte.

Bedenken ob solcher Phänomene verrieten Nervosität, doch sie waren realitätsfremd, da niemandem etwas an einer Zentralverwaltungswirtschaft gelegen war. Dagegen griffen Regierung und gesellschaftliche Gruppen bald jene Diskussion auf, die seit dem Ende des Ersten Weltkrieges bis in den Zweiten Weltkrieg hinein das Arbeitsfeld »Ordnungspolitik« beherrschte, die Diskussion um die öffentlich-rechtliche Wirtschaftsorganisation. Es waren die Arbeitgeber, die bereits 1941 Kontakt zu den von den Besatzern abgesetzten Spitzenkräften der freien und konfessionellen Gewerkschaften suchten. Unter ihnen Dirk Stikker, dem es in erster Linie um Zusammenarbeit ging, um zu verhindern, daß bei

Ende des Krieges gegebenenfalls radikale Kräfte das Ruder in Fragen der Ordnungspolitik übernahmen. Es wurde Übereinstimmung erzielt. Die »Sozialpartner« einigten sich über die Errichtung einer privatrechtlichen Stiftung, in der Arbeitgeber und Arbeitnehmer paritätisch vertreten sein sollten. So entstand die »Stiftung der Arbeit (Stichting van de Arbeid)«, der der Rang eines höchsten Beratungsorgans der Regierung auf dem Feld der industriellen Beziehung zuzuerkennen war. Dazu gehörten die primären Arbeitsbedingungen sowie die Sozialversicherung. Die offizielle Konstituierung seitens der Sozialpartner erfolgte am 17. Mai 1945, und die Zuerkennung des Status eines höchsten Beratungsorgans wurde vom Kabinett Schermerhorn/Drees in der schon in der Londoner Exilregierung ausgearbeiteten »Verordnung über Arbeitsbeziehungen (Buitengewoon Besluit Arbeidsverhoudingen)« im Oktober 1945 festgeschrieben. Die Verordnung bildete unter anderem den gesetzlichen Rahmen für die gelenkte Lohnpolitik, bei der auch die Stiftung beratend mitwirken sollte. Die Sozialpartner berieten demnach zunächst über die Lohnhöhe und legten das Beratungsergebnis der Regierung vor, die ihrerseits Vorschläge ausarbeitete. Für diese Phase des Entscheidungsprozesses sah die Verordnung ein Landesschlichtungs-Gremium vor, das »College van Rijksbemiddelaars«, das Entscheidungskompetenz für den ganzen tarifvertraglichen Bereich besaß, allerdings nicht ohne erneute Konsultation der Stiftung. Der Schlichtungsausschuß vertrat gleichsam die breite Öffentlichkeit, auch wenn hier nur Experten vertreten waren. Die vier Vertreter, Universitätsprofessoren oder Anwälte, nahmen die Aufgabe ehrenamtlich wahr und gewannen schon aus diesem Grund hohes Ansehen in der Öffentlichkeit. Mit der Bildung solcher Gremien sollte von vornherein jede radikale Strömung oder Aktion eingedämmt, aber gleichfalls Einsicht und Kompromißfähigkeit in einer Zeit der darniederliegenden Wirtschaft dokumentiert werden, die sich unkontrollierte Konflikte nicht leisten wollte.

Zeitgenössische und spätere Analysen weisen darauf hin, daß die Gewerkschaften bei der Konstituierung der Stiftung die größeren Konzessionen gemacht haben, da sie einerseits ihre Mitarbeit bei der Wiederherstellung der innerbetrieblichen Entscheidungsstrukturen aus der Vorkriegszeit zusagten, andererseits freilich, auch wenn nun Mitsprache bei der Gestaltung der Arbeitsbeziehungen erreicht war, der Wunsch nach überbetrieblicher wirtschaftlicher Mitbestimmung in der Stiftung selbst nicht verwirklicht werden konnte. Nach neueren Einsichten ist hierbei der als herbe Kritik gedachte Einwand zurückzuweisen, die Gewerkschaftsbewegung wäre mit dem Einzug in die Stiftung auch die Verpflichtung eingegangen, das kapitalistische System und damit die Parteien der Unternehmen im Wirtschaftsleben nicht anzutasten, denn sie hatten sich das Recht vorbehalten, auch weiterhin selbständig ihre Konzeption von einer künftigen Wirtschaftsordnung vorzutragen. Es gab gar keinen Grund, solche in den beiden Jahrzehnten vor Ausbruch des Krieges intensiv diskutierten Vorstellungen preiszugeben; schließlich waren es die Gewerkschaften, die der Londoner Exilregierung ein entsprechendes Memorandum vorgelegt hatten: »Nota inzake de sociaal-economische ordening«. Von einer »reaktionären Gesinnung« der Gewerkschaften, hier vor allem des NVV, konnte keine Rede sein. Gerade die Forderung nach überbetrieblicher Mitbestimmung war allzu traditionell, als daß man sich davon hätte trennen können, ohne unglaubwürdig zu werden. Krieg und Besatzung boten zudem Anlaß genug, genau diesen Punkt sozialökonomischer Strukturpolitik neuerlich in die Diskussion zu bringen. In der Besatzungszeit propagierte das illegale Blatt »Paraat« diesen Gedanken, ging selbst noch einen Schritt weiter, indem es der Sozialisierung das Wort redete. Aber da man sehr wohl begriff, daß Sozialisierungsvorhaben zunächst keine breite Basis finden würden, konzentrierten sich SDAP- und NVV-Autoren in dem Widerstandsblatt auf die schon lange in der Diskussion befindliche öffentlich-rechtliche Wirtschaftsorganisation für die einzelnen Wirtschaftszweige als Ausgangspunkt einer gegenüber dem liberalen Vorkriegssystem neuen Wirtschaftsordnung. Das hieß jedoch nicht, daß das Sozialisierungsthema endgültig zu den Akten gelegt war. Es herrschte in diesen Kreisen die optimistische Auffassung, daß der Wille zur Veränderung der Strukturen ein allgemeiner sei und deshalb die Bereitschaft der Arbeitgeber erwartet werden durfte. Offensichtlich setzten die »Paraat«-Autoren auch auf den Einfluß internationaler Entwicklungen, nachdem sie von den Sozialisierungsplänen in Belgien, Frankreich und bei der britischen Arbeiterpartei gehört hatten. Dennoch lagen die Schwierigkeiten in der aktuellen Wirtschaftssituation. Durch die totale Auflösung oder Stagnation bestimmter Wirtschaftszweige war ein struktureller Neuanfang mit Einführung von PBOs naheliegend, aber angesichts der Mangelsituation ließ sich mit Fug und Recht für eine rasche Produktionserhöhung als erstem Erfordernis der Wirtschaft plädieren. Dann freilich bestand die Gefahr, daß eine nach altem Vorbild wiederaufgebaute Wirtschaftsstruktur sich nur schwierig neuordnen ließ. Für die niederländische Politik einer wirtschaftsstrukturellen Neuordnung stellte sich jenes Problem, das auch für andere europäische Länder galt und das neuerdings mit der einprägsamen Formel »Strukturreform und Wachstumspakt« umschrieben worden ist.

Von den Denkvoraussetzungen der Exekutive her schienen die Aussichten auf Einführung neuer Strukturen nicht schlecht zu sein, denn schließlich trat das Kabinett Schermerhorn/Drees mit der Parole »Wiederaufbau und Erneuerung«

an. Außerdem gab es eine ausgewogene Gewichtung der Konzeptionen von Regierungsmitgliedern und Gewerkschaftlern. Das Kabinett beschloß im Oktober 1945, innerhalb kürzester Frist einen entsprechenden Gesetzentwurf vorzulegen, der bald als Vorentwurf eines Gesetzes über »Bedrijfschappen« zur Diskussion stand. Sein Autor war der Industrie- und Handelsminister Hein Vos, ein SDAP-Mitglied und für Fragen sozialökonomischer Neustrukturierung zuständig, ein Mann der ersten Stunde. Der Niederländische Gewerkschaftsverband NVV konnte dem »Vorentwurf Vos« in großen Zügen zustimmen. Vos sah die Bildung einer begrenzten Anzahl von »Bedrijfschappen« öffentlich-rechtlichen Charakters mit ausführenden Aufgaben im Rahmen der Wirtschaftsplanung vor. Der Unterschied zwischen der in diesem ersten Entwurf festgeschriebenen Konzeption und den NVV-Gedanken lag in der stärkeren Zentralisierungstendenz im Vorschlag des Ministers und in seiner den NVV nicht befriedigenden Absicht, die Arbeitnehmerseite allein im sozialen Sektor paritätisch vertreten sein zu lassen. Der NVV beklagte, daß wirtschaftliche Mitbestimmung seitens der Arbeitnehmer weitgehend ausgeschlossen blieb. Die Arbeitgeber zusammen mit den protestantischen und katholischen Gewerkschaften wiesen den Entwurf des Ministers voll zurück. Der Kern ihrer Kritik richtete sich gegen die enge Verbindung von Wirtschaftsplanung und PBO. Die Arbeitgeber fürchteten einen zu starken Einfluß des Staates auf das Wirtschaftsleben insgesamt. Die Kritik bestand nicht zu Unrecht, denn Vos wollte, daß die »Bedrijfschappen« planwirtschaftlich arbeiten, was dem Wunsch des NVV entsprach, der zentrale Lenkungswirtschaft forderte. Die Arbeitgeber der Stiftung der Arbeit warfen dem NVV vor, von der gemeinsamen »Nota inzake de sociaal-economische ordening« abgewichen zu sein. Das Unbehagen der Arbeitgeber reichte freilich weiter. Sie hatten sich im Manifest der Stiftung zwar prinzipiell für überbetriebliche wirtschaftliche Mitbestimmung ausgesprochen, aber wenn es zum Schwur kam, dann tauchten doch Argumente auf, die dazu dienten, die Konkretisierung hinauszuzögern. Parität, auch wenn sie im Ministerentwurf differenziert angeboten wurde, war kaum konsensfähig. Die Opposition von dieser Seite hieß dann, daß die Stiftung schon in ihrer ersten Phase wenig von der Gemeinsamkeit zwischen Arbeitgebern und Arbeitnehmern entwickelte, die man erwartet hatte. Einer der Initiatoren dieser Organisation befürchtete, daß ein Stillhalten der Stiftung bloß dahin führe, vollends mit der Realisierung staatlicher Lenkungspolitik konfrontiert zu werden. So beraumte er eine neuerliche Besprechung an, an der auch der NVV teilnahm. Das Ergebnis war ein gemeinsames Schreiben an den Minister, in dem von der prinzipiellen Übereinstimmung des NVV mit dem ministeriellen Entwurf seltsamerweise keine Rede mehr war. Zwar sprach man von der Bereitschaft, einen gewissen staatlichen Einfluß auf die Wirtschaft einräumen und wirtschaftlicher Mitbestimmung zustimmen zu wollen – so die Arbeitgeberseite–, aber am Ende stand die Forderung, doch einen Ausschuß zu bilden, der einen neuen Entwurf vorlegen sollte. Da Vos auch aus Parlamentskreisen kritisiert worden war, mußte ein Versuch, den Vorentwurf zum Gesetzesentwurf in der Kammer zu erheben, von vornherein zum Scheitern verdammt sein. Der politische Weg zur öffentlich-rechtlichen Wirtschaftsorganisation stieß auf die ersten Hindernisse, die nicht zuletzt durch die unterschiedlichen Konzeptionen des SDAP-Ministers und des NVV und durch die nicht recht verständliche Nachgiebigkeit des NVV gegenüber Stikker aufgeworfen wurden. Daß für den NVV die paritätische Mitbestimmung ein Hauptziel war und daß er meinte, dies mit Hilfe der Arbeitgeber durchsetzen zu können, mochte ein Einklärungsgrund für die Nachgiebigkeit sein.

Für den Aspekt der Erneuerung war die politische Konstellation in der Zeit des Kabinetts Schermerhorn/Drees günstig. Nach den Mai-Wahlen von 1946, als die KVP die Mehrheit erhielt und das Kabinett Beel gebildet wurde, sah das schon anders aus. Immerhin hieß es in der Regierungserklärung, daß die Regierung die berechtigten Wünsche der Wirtschaft berücksichtigen werde. Andererseits ließ das Blatt »De Vakbeweging« harschen Tadel an der Arbeitgeberseite laut werden. Das politische Klima war von Konfrontation geprägt. Die spontane Aktion des Hein Vos mußte nun einer eher bedächtigen Handlungsweise des KVP-Ministers Gerardus W. M. Huysmans weichen, der die Stiftung beauftragte, einen Arbeitsausschuß zur Vorbereitung eines Gesetzentwurfs zu konstituieren, der schließlich mit dem Namen seines Vorsitzenden als Van-de-Ven-Ausschuß bekannt wurde. Der NVV zeigte sich vollends beunruhigt, bildete eine eigene Kommission und gründete ein wissenschaftliches Büro als parallele und wirtschaftspolitisch richtungweisende Instanz. Im Van-de-Ven-Ausschuß zeigte sich rasch, wo der Schuh drückte: besonders in der Frage, ob die Arbeitnehmer in den Verwaltungsgremien der öffentlich-rechtlichen Wirtschaftsorgane paritätisch vertreten sein sollten, wenn diese vorwiegend wirtschaftspolitische Aufgaben zu erfüllen hatten. Verzögerungen kennzeichneten die Tätigkeit des Ausschusses, obwohl sich der NVV zu der einen oder anderen Drohgebärde einschließlich Streiks hinreißen ließ. Erst unter dem neuen Wirtschaftsminister Johannes R. M. van den Brink, der bis zum 1. März 1948 ein Ausschuß-Ergebnis auf dem Tisch haben wollte, gelang wenigstens ein Kompromiß, dem eine Reihe von Minderheitsvoten beigefügt waren. Es mußte jedem klar sein, daß ein Gesetz über die PBOs bei der Konkretisierung noch mancherlei Ergänzungsverordnungen bedurfte.

Was dann 1950 als Gesetz über die Schaffung einer öffentlich-rechtlichen Wirtschaftsorganisation herauskam – der Vorentwurf des Ausschusses war zum Gesetzentwurf ausgearbeitet worden –, scheint den NVV auf keinen Fall befriedigt zu haben. Im Parlament konnte der NVV die Parität mit Hilfe der PvdA zwar auf der ganzen Linie durchsetzen, aber da von Fall zu Fall über Notwendigkeit und Zweckmäßigkeit einer öffentlich-rechtlichen Strukturierung der einzelnen Wirtschaftszweige entschieden werden sollte, blieb es ungewiß, wann und wie die »Bedrijf«- und »Productschappen« als Instrumente einer Lenkungspolitik funktionieren sollten. Von der Übereinkunft zwischen Arbeitgebern und Arbeitnehmern hing es ab, in welchem Umfang solche Organisationsformen gebraucht wurden. Bei »Productschappen« handelte es sich um Körperschaften, die für zwei oder mehr Gruppen von Unternehmen, für bestimmte Produkte oder Gruppen von Produkten eine unterschiedliche Funktion – Herstellung und Vermarktung – hatten. Gegenüber diesem vertikalen Aufbau waren »Bedrijfschappen« Körperschaften, die im Wirtschaftsleben eine gleiche oder verwandte Funktion erfüllten, die horizontale Struktur darstellten. Für jede neu einzurichtende »-schap« war nach dem Willen des Gesetzgebers ein besonderes Gesetz zu erlassen. Das Rahmengesetz schuf also nur die allgemeine Rechtsgrundlage, während die Konkretisierung Einzelgesetzen vorbehalten war. Dies bedeutete, daß die um- und erstrittene Parität ein echter Papiertiger blieb. Denn Tatsache ist, daß außer in der Landwirtschaft und verwandten Sektoren die öffentlich-rechtliche Wirtschaftsorganisation nicht weiter konkretisiert worden ist.

Allerdings wurde ein von Arbeitgebern, Arbeitnehmern und Staat paritätisch besetzter »Sozialökonomischer Rat (SER)« geschaffen, der als höchstes Beratungsorgan der Regierung fungieren und eine kontrollierende und koordinierende Aufgabe gegenüber den »-schappen« haben sollte. Dieser Rat ist zum politisch wichtigen Gremium in den Niederlanden geworden, indem er als Gutachter für die Regierung und damit indirekt für das Parlament als politische Entscheidungsinstanz auftritt. Er erfreut sich bis in die Gegenwart nicht zuletzt wegen der Qualität seiner Leistung eines hohen Ansehens, zumal die Arbeit als Ergebnis einer Kooperation der gesellschaftlich relevanten Kräfte gilt. Unter diesem Aspekt können die vor und bei Ausgang des Krieges vorgetragenen allgemeinen Überlegungen zur Überwindung gesellschaftlicher Konflikte als gelungen betrachtet werden.

Sozialdemokratisch-katholische Zusammenarbeit

Der Versuch, politisch-gesellschaftliche Strukturen zu erneuern, ist relativ früh fehlgeschlagen. Die Literatur bedient sich für die Phase der angestrebten Erneuerung eines Ausspruchs der nachfranzösischen Zeit, in dem es heißt: »Die alten Zeiten kehren wieder.« Sie seien selbst überraschend schnell wiedergekehrt, so meint man; es habe letztlich nicht einmal eine echte Chance gegeben, alte Strukturen zu überwinden. So ist angesichts des Fehlschlags die Frage nach dem Handlungsbedarf zu stellen und damit nach der Funktionsfähigkeit des Vorkriegssystems. War »alt« mit »verkrustet« gleichzusetzen? Oder ließen die unter der Besatzung entstandenen Emotionen die eigene Vergangenheit in einem zu pessimistischen Licht erscheinen? Die enge Verzahnung von Politik und Konfession und die damit verbundene »Versäulung« der Gesellschaft gehörten zum politischen Ambiente, zur politisch-gesellschaftlichen Kultur der Niederlande, ohne ersichtliche Verschleißerscheinungen zu zeigen. Der Versuch, solche Struktur zu überwinden, erwies sich als verfehlt, weil er es unternahm, die Kultur der politischen Nische, die den Wunsch nach Selbstbehauptung und Selbstverwirklichung samt demokratischem Bewußtsein implizierte, aufzulösen, ohne das tatsächliche Bedürfnis der breiten Basis zu berücksichtigen. Es war eher das Gedankenspiel einer intellektuellen Elite als der allgemeine Wille der Mitglieder einer »versäulten« Gesellschaft, das auf Realisierung drängte. Solange die Besatzer im Land waren, trat die Diskrepanz nicht zutage, doch nach dem Abzug wurde sie mehr als deutlich. Ein Begriff wie der vom »personalistischen Sozialismus« mußte als Ordnungsprinzip gegenüber der existentiellen Sicherheit einer »Säule« verblassen, wenn nicht gar waghalsig erscheinen. Die Gründung der PvdA war wahrlich nur ein höchst bescheidenes Ergebnis klassen- und konfessionsübergreifender Bemühungen. Soziologische Untersuchungen weisen aus, daß der Grad der »Versäulung« in den Jahren nach 1945 noch erheblich zugenommen hat. Man wird bei aller Anerkennung der politisch-gesellschaftlichen Nische, die sich auch als »Abschottung« bezeichnen läßt, nicht übersehen können, daß die »Säule« in sich keinen demokratischen Willensbildungsprozeß enthalten, sondern eine nach unten geltende Entscheidungsgewalt der »Säulenspitzen« impliziert hat. Diese Spitzen der »Gesellschaften« fanden in der Nachkriegszeit stärker zueinander, als das vor dem Krieg der Fall gewesen ist. Was in der Politikwissenschaft der Niederlande die Entwicklung zu einer Pazifikationspolitik genannt worden ist, wird man präziser als den Weg von der Abschottung zu einem stärker auf Harmonie gerichteten Denken apostrophieren dürfen, als einen Prozeß, der weit früher einsetzte. Viel mehr war am Ausgang des Krieges nicht erreicht.

Am Ende der Vorkriegszeit waren zwei Sozialdemokraten in das von der RKSP dominierte Kabinett aufgenommen worden, und angesichts dieses Beispiels war die Teilnahme von Katholiken am ersten Nachkriegskabinett der Sozialdemokraten Schermerhorn/Drees eigentlich nichts Neues. Mit dem nach den ersten Wahlen 1946 folgenden Kabinett des Katholiken Louis Joseph Maria Beel, der eine Koalition mit der PvdA einging, wurde zum ersten Mal eine nur aus Katholiken und Sozialdemokraten bestehende Regierungsmannschaft auf die Beine gestellt. Beel nannte seine Koalition ein Kabinett des »Neuen Waffenstillstandes«. Aber diese Beschränkung auf zwei Parteien blieb Episode. Denn auf katholischer Seite brachten die Politiker die Forderung nach einer Regierung auf breiter Grundlage ins Spiel. Der erste Verfechter einer solchen Erweiterung der PvdA-KVP-Koalition war Carl Paul Maria Romme. »Politik auf breiter Basis« hieß, daß die Regierungsverantwortung von Katholiken, Sozialisten und mindestens von zwei der drei anderen »konstruktiven« Gruppen, der ARP, CHU oder der Liberalen, getragen werden müsse. Das war sicherlich ein optimistischer Ansatz, der von der Möglichkeit der Verständigung zwischen den gegeneinander abgeschotteten Gruppen ausging. Unter diesem Aspekt widerspiegelte er etwas von den Denkvoraussetzungen der NVB oder fügte sich in das Pazifikationsmodell ein, nach dem sich konfliktreiche Probleme zwischen den »Säulen« auf dem Weg des friedlichen Kompromisses lösen ließen, was wiederum voraussetzte, daß die politischen Gewährsleute der einzelnen »Säulen« von der Notwendigkeit durchdrungen waren, solche Politik auf dem Boden der bestehenden Staats- und Gesellschaftsordnung führen zu müssen, in dem Wunsch, die nationale Einheit nicht durch die Zentrifugalkraft der »Säulen« zu gefährden.

Aber ein Blick auf das wachsende Mißtrauen der Katholiken gegenüber den Sozialdemokraten, das schließlich 1954 in dem bischöflichen »Mandement« seinen klaren Ausdruck fand, verdeutlicht, daß solche Breitband-Politik eine Art Eindämmungsverfahren darstellte, an die Vorkriegszeit mit der katholischen Theorie der »äußersten Notwendigkeit (uiterste noodzaak)« von 1939 anschließend, hatte es damals doch geheißen, daß für den Fall eines katholisch-sozialdemokratischen Zusammengehens mindestens noch eine Partei in eine Koalition aufgenommen werden müsse. 1948 kam es mit dem Kabinett Drees/van Schaik zu der gewünschten breiten Basis. Hierzu schrieb Romme nach der Regierungserklärung im August 1948, »daß unter den gesellschaftlichen Gegebenheiten der unmittelbaren Gegenwart das Verhältnis zwischen der Würdigung des Menschen als Gemeinschaftswesen einerseits und als Individuum andererseits in einer pluralistischen Gesellschaft besser gestaltet werden kann als in einer einseitig strukturierten Gesellschaft. Wenn irgend möglich müssen wir diese Entwicklung in den Niederlanden nutzen und eine Politik verfolgen, die mit der wirklichen Natur des Menschen übereinstimmt, eine Politik, die den Menschen als Gemeinschaftswesen und als Individuum zugleich fördert, was für Staat und Volk sich nur segensreich auswirken kann.« Das Kabinett auf breiter Basis scheint für den katholischen Parteichef eine Art Garantie der Realisierung solcher Sentenz gewesen zu sein. Worte dieser Art hätten auch aus dem Munde von NVB-Leuten stammen können. Doch einer Reihe von führenden Katholiken in jener Phase stand nichts ferner als der »personalistische Sozialismus« der NVB, weil die Furcht zunahm, daß die PvdA diesen Ausgangspunkt verlassen und auf den »demokratischen Sozialismus« zusteuern würde. Das war jene alte SDAP-Forderung, die nach katholischer Meinung kaum die Entwicklung persönlicher Verantwortlichkeit zuließ und lediglich zu einer Stärkung der Staatsmacht führte. Es war in diesem Zusammenhang Wasser auf die Mühlen der katholischen Wortführer, wenn nach einer Meinungsumfrage unter den KVP-Anhängern 1946 zwar noch 35 bis 42 Prozent für eine katholisch-sozialdemokratische Koalition plädierten, diese Gruppe aber 1945 nur noch 25 Prozent zählte. Was sich bereits 1945 angedeutet hatte, setzte sich in KVP-Kreisen in den folgenden Jahren fort: die Vermutung über die Unveränderlichkeit sozialistischer Konzeptionen. Es war für eine Partei wie die PvdA recht nachteilig, wenn ein katholischer Arbeiterpriester wie Henri Poels, der sich schon als scharfer Gegner der SDAP bewiesen hatte, erklärte, die PvdA sei eine Partei, deren Grundsätze für Christen völlig unannehmbar seien. Noch heftiger äußerte sich »Herstel«, die Wochenzeitung der Katholischen Arbeiterbewegung, die die PvdA als »Verbrechen gegen das Volk«, als eine Unpartei also, konterfeite. Diese Form der Ausfälligkeit diktierte gewiß nicht durchgehend die Feder, aber der Tenor war allein von der Einsicht in die Unmöglichkeit eines engeren Zusammengehens mit der PvdA bestimmt. Daß ein Mann wie Willem Banning an führender Stelle der Sozialdemokraten stand, den Gedanken der Volkspartei vertrat, spielte offensichtlich keine Rolle. In den in jenen Jahren erschienenen katholischen Informationsschriften wurden die Gedanken der PvdA über persönliche Verantwortung, die Aufgabe des Staates und der Kirche zur Förderung des geistigen und sittlichen Lebens sowie der Nachdruck, den die Partei auf die herausgehobene Stellung von Ehe, Familie und Elternrecht in der Gesellschaft legte, einfach übergangen. Bezweckt war eben die Konfrontation, nicht die Erörterung von Gemeinsamkeiten. Der PvdA wurde die Absicht zugeschrieben, die klassenlose Gesellschaft anzustreben. Das widersprach katholischem Credo, das Klasse und Stand mit den diesen zugewiesenen Rechten und Pflichten erhalten wollte und dabei eine harmonisierende Zusammenarbeit zwischen ihnen voraussetzte.

Es war nicht zu übersehen, daß die katholische Haltung, die von Vorsicht bis Abneigung reichte, nicht zuletzt auf die Entwicklungen innerhalb der PvdA zurückzuführen war. Die Bildung des »Sozialdemokratischen Zentrums«, die sofort nach der Gründung von katholischen und protestantischen Arbeitsgemeinschaften als innerparteiliches Gegengewicht erfolgte, wies schon aus, daß es mit der Preisgabe alter sozialdemokratischer Vorstellungen nicht recht voranschritt. Die Terminologie, die NVB-Kreise gerne abgeschafft wissen wollten, blieb erhalten. Das Klassenschema diktierte das politische Ziel. Von Ausbeutung durch die Klasse der Kapitalisten war die Rede sowie von der Arbeiterklasse als der eigentlichen Grundlage der sozialistischen Bewegung. Eine Demokratisierung der Gesellschaft war nicht möglich, solange die Produktionsmittel von den Kapitalisten beherrscht blieben. Sozialisierung stand demnach auf der Tagesordnung. Eine Lenkungswirtschaft, wie sie das Kabinett Schermerhorn/Drees zu realisieren versuchte, galt als untaugliches Instrument, führe sie doch, so befanden die Zentrumsmitglieder, geradewegs zu einem konsolidierten Kapitalismus. Das Zentrum erfreute sich nicht allzu langer Existenz, da es an Uneinigkeit über die Dekolonisierungsfrage zugrunde ging, aber es bewies in Diktion und Zielsetzung einmal mehr das offensichtlich auch nach dem Krieg nicht überholte Dilemma von Prinzipienhaftigkeit und praktischer Politik, wie es die Geschichte der Sozialdemokratie international begleitet hat. Die Schwierigkeit für die PvdA und ihren Status lag zudem darin, daß der marxistische Arbeitskreis SDC den Durchbruch nach links, zur CPN hin, wollte, was 1946 wegen der guten Wahlergebnisse dieser Partei taktisch begreiflich erschien, da die PvdA nur Verluste vorweisen konnte. Daß die Partei 1947 ein Grundsatzprogramm annahm, das gesellschaftspolitisch im Ton eine Nuance schärfer gehalten war als das Programm von 1946, stimmte die Katholiken noch zurückhaltender. Romme sprach von einer »Entwicklung zum Schlechten« hin. Zwar sollte nach dem Programm nur in der Industrie sowie im Bank- und Transportwesen sozialisiert werden, aber es war auch die Rede von beschränkter Verfügungsgewalt des Privateigentums. Und da lag das Problem. Während die KVP Sozialisierungsvorhaben allein für Monopolunternehmen und öffentliche Versorgungsbetriebe äußerte, konzentrierte sie sich vor allem auf die Schaffung von Privateigentum, nicht auf dessen Begrenzung. Die Verbindung von Besitz und persönlicher Freiheit galt als Lehrsatz, Sozialisierung lediglich als Instrument des äußersten Notfalls.

Das blieb nicht ohne Folgen. So verließ Oud, der als Mitglied der Freisinnigen die Verschmelzung seiner Partei mit der SDAP zur PvdA nur zögerlich mitvollzogen hatte, sehr bald die neue Partei. Er war für viele alte Sozialdemokraten ohnehin ein Repräsentant der Vorkriegsmisere und ein Gegner des Plans der Arbeit. Die KVP sah sich durch diesen Austritt in ihrer Vermutung bestätigt, daß man es in der PvdA lediglich mit einer camouflierten SDAP zu tun habe. Nichts konnte diesen Eindruck ändern, auch später nicht der von der Planungskommission bearbeitete Bericht »De weg naar vrijheid, Een socialistisch perspectief« von 1951, der Sozialisierung in keiner Weise mehr in den Vordergrund schob, sondern in allgemeinster Form von den Hindernissen bei der gesellschaftlichen Entwicklung sprach, die zu beseitigen seien. Sozialisierung konnte in bestimmten Fällen ein Mittel zum Ziel sein. So war der Beelsche »Neue Waffenstillstand« zunehmend von Disharmonie geprägt. Es kennzeichnete die niederländische Innenpolitik der ersten Nachkriegsjahre, daß keine der beiden Parteien Anstalten machte, die bestehende Koalition aufzugeben. Als Richtschnur der Katholiken galt: »Beide in die Koalition, aber niemand hinaus.« Es war, als ob bei beiden Partnern eine gewisse Zwanghaftigkeit geherrscht habe. Der Grund für das koalitions- und regierungsfähige Verhältnis der ungleichen Partner lag anfänglich noch an der katholischen Auffassung, daß die PvdA in ihrer heterogenen Mitgliederschaft, zu der auch religiöse Sozialisten, Christdemokraten und ehemalige CHU-Vertreter zählten, sittliche Erneuerung inmitten einer materialistischen Welt auf ihre Fahnen geschrieben hatte. Die PvdA wollte, zumindest für kurze Zeit, ein Bollwerk gegen den fortschreitenden Nihilismus sein. Aber solche Vorstellungen wichen allmählich zurück. Ein Mann wie der katholische Politiker und Hochschullehrer Frans Duynstee, Mitarbeiter an den Zeitungen »De Maasbode« und »De Gelderlander«, zog im Herbst 1947, nachdem er zuvor für die Partnerschaft plädiert hatte, gegen den Kollektivismus scharf vom Leder und propagierte ein Kabinett der breiten Basis, wobei er der Koalition der Konfessionen den Vorzug gab. Die PvdA in die politische Opposition drängen, hieß freilich jene Katholiken kränken, die in der NVB mitgearbeitet oder deren Gedanken geteilt hatten. Wenn die KVP ihren Anspruch als Partei der Neuerung glaubwürdig erhalten wollte, dann mußte sie Nähe zur PvdA präsentieren. Sie tat das in einem Dringlichkeitsprogramm. Verbunden damit erwartete man, daß bei Modernisierung der katholischen Politik der potentiell katholische Wähler von der PvdA ferngehalten werde. Hinzu kam die Furcht vor wachsendem Kommunismus. Die Wahlen von 1946 nährten sie. Die Abwehr des Kommunismus, in der Zeit des Kalten Krieges ein erstrangiges Thema, erforderte Bildung einer breiten nationalen Front samt Einbindung der

PvdA, da sie als ausgegrenzte Oppositionspartei die Kommunisten stärken werde, wie KVP-Politiker meinten. Die breite Front diente demnach als Stimulans für die PvdA, den Kommunismus zu bekämpfen. Sonderlicher Anstrengung oder Überzeugungskraft bedurfte solches Vorhaben nicht, denn Kampf gegen den Kommunismus galt auch als erste Maxime der Sozialdemokraten. Während so der PvdA-Mann Marinus van der Goes van Naters 1949 im Parlament einen Angriff auf die KVP startete, zeigte eine Meinungsumfrage im »Vrij Nederland«, daß bei allen Unterschieden einer Fortsetzung der Zusammenarbeit zwischen KVP und PvdA das Wort geredet wurde.

Eine Politik der breiten Basis scheint den Ausweg aus einem Dilemma bedeutet zu haben, das für die katholisch-sozialdemokratische Verbindung zwischen Pflicht und Neigung wechselte. Daß die KVP nicht gleich zu Beginn der Nachkriegszeit auf eine Koalition mit den anderen christlichen Parteien setzte, lag zum einen an der noch nicht allzu lange zurückliegenden Erfahrung als Junior-Partner in den Kabinetten des Hendrik Colijn, zum anderen an der eigenen gesellschaftspolitischen, von der NVB mitgestalteten Konzeption, die realisiert werden sollte. Es hatte zunächst nicht den Anschein, daß die AR hier mitziehen würde. Eine NIPO-Untersuchung wies zudem nach, daß die Bevölkerung nicht bereit war, eine solche konfessionelle Koalition mitzutragen. Doch 1948 herrschte bei den Katholiken durchaus Konsens für die breite Basis, im Unterschied zur Einstellung bei der PvdA, die nach Bildung des Kabinetts Drees/van Schaik seltsamerweise ihren Unmut lediglich auf Parteikongressen, parteiintern oder in der Presse äußerte, nach Wahlen aber, die eine Koalitionsbildung auf breiter Basis erlaubten, lieber die Regierungsverantwortung als die Oppositionsrolle übernahm. Die PvdA zog erst 1958 die Konsequenzen aus ihrer Aversion. Der Grund für die zweifellos zwiespältige Haltung mag in der Furcht zu suchen sein, als Oppositionspartei vollends den Wunsch nach gesellschaftlichen Veränderungen preisgeben zu müssen, sowie in dem Bewußtsein, daß man es sich als zweitgrößte Partei des Landes nicht leisten konnte, den Wiederaufbau völlig den anderen zu überlassen. Außerdem dürften die jahrzehntelangen oppositionellen Erfahrungen die Lust zu regieren gesteigert haben. Es kam hinzu, daß die einzelnen Gewerkschaftsverbände, NVV, KAB und CNV, in der Phase des Wiederaufbaus zusammenarbeiteten, was eine Selbstisolierung der Partei in der Opposition zu einer elitären Farce gemacht hätte, herrschte doch ein die »Säulen« überwindender nationaler Konsens über die Notwendigkeit raschen Wiederaufbaus. Als Problem stellte sich auch die Partnerschaft in der Opposition. Da war angesichts der Stimmung in der Partei und im Lande die CPN ein vielleicht effektiver, aber gewiß unerwünschter Partner.

Gerade nach der Gründung der Kominform schlugen die Wellen über kommunistische Aggressivität gegen die freiheitlichen Prinzipien des Westens hoch, so daß ein Zusammengehen mit den Kommunisten auf nationaler Ebene im westlichen Lager als befremdlich empfunden worden wäre. Für die PvdA war der Gedanke an einen derartigen Schulterschluß unerträglich. Die Zeichen standen auf tiefgreifende gesellschaftliche Reform, um jedem kommunistischen Ausgreifen von vornherein den Boden zu entziehen. Der politische Konflikt definierte sich nicht aus dem Gegensatz von Sozialisten und Nicht-Sozialisten, sondern aus dem von Demokratie und Totalitarismus.

So hatte sich trotz des von der NVB verbreiteten Slogans von der politischen und gesellschaftlichen Neuerung die Parteienlandschaft in keiner Weise verändert. Die Verwendung des Begriffs »Durchbruch«, der die Gründung der PvdA charakterisieren sollte, blieb letztlich inhaltslos. Kontinuität stand nicht zur Diskussion; sie wurde politisch gelebt. Selbst wenn sich zwei Parteien neue Namen gaben, hielt sich die Kontinuität der »versäulten« Gesellschaft. Bei aller Kritik am bestehenden System in den Vorkriegsjahren und bei aller Erfahrung in der Besatzungszeit wurde der Wunsch nach Neuerung nur von wenigen multipliziert und von wenigen akzeptiert, am stärksten bei der alten SDAP. Aber gerade in ihren Kreisen konnte Erneuerung zur Radikalisierung werden, woran die NVB überhaupt nicht dachte. Das bedeutete zumindest an der Basis einen Trend zur CPN. Die Wahlen von 1946 bestätigten das. Obgleich die konfessionellen Arbeitsgemeinschaften sowie das SDC innerhalb der Partei eine pluralistische Einstellung bewiesen, verrieten sie, wie schwierig es war, tradierte Strukturen zu überwinden. Für die Konfessionellen bestand gar kein Grund, den Schutz ihrer »Säule« preiszugeben, solange nichts anderes, das ihre Besonderheit und Geschlossenheit garantierte, greifbar war. Es bedurfte gesamtgesellschaftlicher und vor allem länger anhaltender Prozesse, jene »Versäulung« aufzubrechen oder auf jeden Fall durchlässiger zu machen. Die Repression in der Besatzungszeit konnte der »Säule« eher noch den Charakter des Refugiums, einer Fluchtburg, verleihen. Im Zusammenhang mit der ideologischen Verschärfung des Globalkonfliktes der Nachkriegszeit, die auch auf die politische Kultur des Landes einwirkte, gerieten alle sozialökonomischen Reformabsichten, so sie am Eigentum rührten und staatliche Eingriffe befürworteten, in den Ruch des Totalitären. Der Unterschied zur Vorkriegszeit bestand allein in einer anderen Rollenverteilung. Waren bis fast zum Kriegsausbruch die Katholiken immer nur Junior-Partner der viel kleineren protestantischen Parteien und hatte die SDAP, obwohl quantitativ eine ernst zu nehmende Partei, immer bloß den Oppositions-Part, dann änderte sich das nach 1945. Die führende Rolle übernahmen KVP und PvdA gleichermaßen. Die protestantischen Gruppen standen zunächst am Rande, hielten sich abseits und vermochten erst dann wieder ins Rampenlicht zu treten, als die Katholiken ob ihres Zusammengehens mit der PvdA meinten, einen zu engen Pfad zu beschreiten, und versuchten, ihre Sicherheit mit der »breiteren Basis« wiederzugewinnen. Ob dieser Schritt der politischen Führung der KVP sich ausgezahlt hat, mag dahingestellt bleiben, denn Meinungsumfragen unter der katholischen Wählerschaft haben gezeigt, daß die Koalition ausschließlich mit der PvdA auf fruchtbareren Boden fiel als eine Kabinettsbildung auf breiterer Grundlage. Von Harmonie oder Übereinstimmung zwischen politischer Führung und ihrer Basis konnte weder auf dem rechten noch auf dem linken Flügel die Rede sein. Die Wahlen von 1952 brachten der Partei dann auch einige Verluste zugunsten der PvdA und ihrem eigenen Sproß, der KNP, die 1948 gegründet worden war und einen streng katholischen Kurs fuhr. Das für konfliktfreie Existenz erforderliche Harmoniedenken zwischen den einzelnen sozialen Gruppen der konfessionellen Partei war gestört, weil der Trend eine stärkere Hinwendung zur Frage der sozialökonomischen Struktur im allgemeinen und zur Arbeiterfrage im besonderen verlangte. Einzelne innerhalb der Partei scheinen dies als Verschiebung des Gleichgewichtes zum Nachteil von Mittelstand und Bauern empfunden zu haben. Gleichviel, ob solche Kritik berechtigt oder unberechtigt war, sie hatte 1948 zur Abspaltung und zur Gründung der »Katholisch Nationalen Partei (KNP)« geführt, die immerhin im Parlament vertreten war.

Die KNP blieb die exponierte Vertreterin jener Katholiken, die allmählich um die niederländische Katholizität fürchteten. Die Wahlen von 1952 scheinen auch die kirchlichen Instanzen aufgerüttelt zu haben, die meinten, lauwarmes bis gleichgültiges Verhalten ihrer Katholiken entdecken zu können. So gingen die Bischöfe 1954 zum Angriff über und brachten in jenem Jahr ihren bald heftig diskutierten Hirtenbrief mit dem Titel »De katholiek en het openbare leven van deze tijd« an die Öffentlichkeit. Er sollte zur strengsten »Versäulung« beitragen. Zwar wurde die Zusammenarbeit mit anderen für erforderlich gehalten, aber nicht um den Preis des Zerfalls der katholischen Einheit. Der Gegner war rasch benannt: Es waren nicht-kirchliche Strömungen wie Liberalismus, Humanismus, Kommunismus und Sozialismus. Sie galten als sittenverderbend und wurden für die wachsende Abkehr von den Kirchen verantwortlich gemacht. Die Bischöfe mißbilligten den Anschluß an die entsprechenden Organisationen sowie jede Übereinstimmung mit ihnen und drohten mit der Strafe des Sakramentsentzugs. Die PvdA lag zwar nicht voll in der Schußlinie, aber von einem Beitritt zur Partei rieten die Bischöfe energisch ab. Die Überzogenheit des Hirtenbriefes erklärte sich aus der Überreaktion eines Klerus, der die geringste Störung eingefahrener Ordnungen als Zusammenbruch einer ganzen Gesellschaft empfand. Die politische Öffentlichkeit wußte entsprechend nur kopfschüttelnd zu reagieren. KVP und die katholische Arbeiterbewegung hielten die Intervention für überflüssig und gefährlich zugleich – überflüssig, weil die KVP nach den Wahlen von 1952 selbst sehr wohl begriffen hatte, etwas für die Gewähr der katholischen Einheit tun zu müssen, gefährlich, weil beide Organisationen einen Austritt der PvdA aus der Koalition befürchteten. Die PvdA, die der Hirtenbrief nicht unerwähnt gelassen, aber etwas geschont hatte, fühlte sich verletzt, unter die »Unchristlichen« eingeordnet zu sein. Innerhalb der Partei wiesen die Mitglieder der katholischen Arbeitsgemeinschaften auf den alten Grundsatz hin, daß Parteibildung auf der Grundlage gemeinsamer Einsicht in gesellschaftliche Erfordernisse nicht allein nach konfessionellen Gesichtspunkten zu erfolgen habe. Man mußte Überlegungen der NVB auf den parteipolitischen Begriff bringen. Zum Bruch mit der KVP führte der Hirtenbrief allerdings nicht. Die PvdA hielt sich zurück, während der ihr nahestehende NVV härter reagierte. Er kündigte jede Zusammenarbeit im Rat der Gewerkschaftszentralen auf, als die KAB dem Hirtenbrief zustimmte und der CNV meinte, den protestantischen Christen von einer Mitgliedschaft im NVV abraten zu müssen. Erst 1958 wurde die Zusammenarbeit wiederaufgenommen, und erst Mitte der sechziger Jahre zogen die Bischöfe ihre Verbotsbestimmungen zurück.

Es ergaben sich mehr und mehr eine Verhärtung der Fronten und ein Abstieg der politischen Kultur. Mitte der fünfziger Jahre war der Versuch, die »Versäulung« und damit die weltanschaulich-konfessionelle Einteilung der Gesellschaft und der Parteien zu überwinden, endgültig gescheitert, und zwar nicht nur ideell, sondern auch strukturell. Denn die PvdA war entgegen ihrem Gründungsansatz geblieben, was sie in ihrem Kern gewesen ist: eine sozialistische Arbeiterpartei. Der Mittelstand ließ sich von ihr nicht vereinnahmen. Das führte innerhalb der Partei zur neuerlichen Bildung eines SDC, dem die Parteileitung jedoch keine Arbeitsmöglichkeiten einräumte. Das Zentrum wurde 1960 aufgehoben, nachdem es entgegen der offiziellen Parteipolitik allzu gefährliche Tendenzen zur Verselbständigung gezeigt hatte. Es kam hinzu, daß der Gewerkschaftsverband NVV nicht länger die Sozial- und Wirtschaftspolitik der Regierung unterstützte, da er einen deutlichen Mitgliederschwund erlitt und diesen Verlust seiner Zusammenarbeit mit der Regierung zuschrieb. Der Gedanke war nicht abwegig, denn die Gewerkschaft stimmte ihre Tarifpolitik im Zeichen wirtschaftlichen Wiederaufbaus mit den Regierungseinsichten ab, befürwortete in einer Zeit des Arbeitskräftemangels – ungleich KAB und CNV – eine nur

gemäßigte Lohnerhöhung und wandte sich gegen höhere Zulagen in prosperierenden Wirtschaftszweigen, um somit eine für die Gesamtwirtschaft nachteilige
Verlagerung der Arbeitskräfte zu vermeiden.

Trotz zunehmender Spannungen erwies sich die Koalition der breiten Basis
als regierungsfähig. Interventionen seitens eines Regierungsmitglieds einer der
Koalitionsparteien vermochten drohende Querelen mit entsprechenden Konsequenzen für die Mehrheitsverhältnisse immer wieder abzuwenden. Eine derart
fortentwickelte Streitkultur verhinderte zwischenzeitliche Rücktritte von Regierungen, weil sie die hohe Fähigkeit zum Kompromiß einschloß. Die PvdA-KVP-
Kooperation blieb auch erhalten, als die PvdA 1956 zum ersten Mal als stärkste
Partei aus den Parlamentswahlen hervorging. Keine andere als die große Koalition der drei christlichen Parteien mit der PvdA hatte eine Chance, so daß das
Kabinett Drees zunächst weiter im Amt bleiben konnte. Das waren bis Ende
1958 gut zwei Jahre, in denen die Provinzial- und dann die Kommunalwahlen
einen bedeutenden Anstieg der liberalen Partei brachten und sich die »Pazifi-
stisch-Sozialistische Partei (PSP)« gründete, die sich gegen die NATO-Politik
der PvdA kehrte und ihre Stimmen bei PvdA und CPN bezog; sie war viele Jahre
lang nicht mehr aus der niederländischen Parteienlandschaft wegzudenken. In
dieser Zeit spaltete sich die CPN in eine moskaufreundliche und eine moskau-
unabhängige Gruppe. Die PvdA-Verluste bei den Regional- und Kommunalwahlen führten zur innen- und außenpolitischen Opposition auch seitens der
Regierungsfraktionen gegen die Regierungsvereinbarung von 1956. Zur Diskussion standen Wirtschafts- und Steuerpolitik sowie die NATO-Verteidigung
und die Neuguinea-Frage. Das Kabinett fiel 1958 schließlich über die Steuer-
frage, wenngleich es ob der Meinungsunterschiede über jede andere Frage hätte
stürzen können. Aus den vorgezogenen Wahlen gingen die Liberalen als die
eigentlichen Sieger hervor. Die KVP hielt ihre Sitzzahl, während die PvdA einen
Teil der Verluste aus den Provinzialstände-Wahlen wieder wettmachen konnte.
Die beiden protestantischen Parteien verloren je einen Sitz. Es zeigte sich bald,
daß eine Koalitionsregierung unter Einschluß der Sozialisten nicht mehr möglich war. Vielmehr kam unter dem Katholiken Jan Eduard de Quay eine kon-
fessionell-liberale Koalition zustande, die zwar manche Probleme aufwarf, aber
sich nicht als eine sozialpolitisch reaktionäre Formation erwies, als die die PvdA
sie anzuprangern versuchte. Die Wahlen von 1963 jedenfalls brachten der PvdA
neue Verluste. Die alte Koalition wurde fortgesetzt.

Das Ende der Kolonialherrschaft im indonesischen Archipel

Mindestens in gleichem Maße wie die europäische Sicherheits- und Europa-Politik in der globalpolitisch vom Kalten Krieg bestimmten Konstellation hat die Abwicklung des Kolonialgebietes Niederländisch-Indien und somit das Ende der niederländischen Präsenz im Archipel die Haager Kabinette der Nachkriegszeit beschäftigt. Es erwies sich, daß die Haager Politik gleich welcher Observanz zögerte, diesen sich zwischen »Sabang und Merauke« erstreckenden inselreichen Großraum ohne Kampf preiszugeben, gleichsam dem allgemeinen Trend zum Opfer fallen zu lassen. In fast allen Ländern Ostasiens hatte die Niederlage gegen die Japaner die Schwachstellen der Europäer vorgeführt und den autochthonen nationalistischen Bewegungen, die nicht erst aufgrund der japanischen Erfolge spürbar wurden, neue Impulse verliehen, obwohl die Haltung der Japaner zunächst gar nicht darauf hindeutete, daß die Fahne der Freiheit gehißt werden konnte. Die nationalistische Bewegung in Niederländisch-Indien begann im Jahr 1911. Sie fand anfangs durchaus die Zustimmung der Kolonialmacht, geriet aber in den zwanziger Jahren in ein Spannungsverhältnis mit den Europäern. Kommunistisch geführte Aufstände, die allesamt fehlschlugen, dürften nicht zuletzt die Ursache der Entfremdung gewesen sein. Außerdem war die »ethische Politik« infolge zunehmender finanzieller Probleme kaum noch durchführbar. Dennoch wurden die Verbindungen zwischen autochthoner und kolonialer Politik nicht völlig unterbrochen, vielmehr bot der seit 1916 bestehende Volksrat (»Volksraad«) eine Art Vermittlungsinstanz für Gespräche. Der Volksrat, gleichsam ein Vorparlament, bestand aus gewählten und vom niederländischen Generalgouverneur bestellten Abgeordneten. Hier brachte der einheimische Adlige Sutardjo 1936 eine Petition ein, der zufolge eine Konferenz einberufen und die indonesische Unabhängigkeit innerhalb der nächsten zehn Jahre vorbereitet werden sollte. Kolonialminister Charles J. I. M. Welter verwarf 1938 die im Volksrat gegen die europäischen Stimmen angenommene Petition. Es zeigte sich hier zum ersten Mal ganz deutlich, daß jetzt die westlich erzogene indonesische Elite des Kolonialgebietes mit der autochthonen Bevölkerung gegen die Kolonialherren zusammenstand. Achmed Sukarno, Führer der 1927 gegründeten »Partido Nasional Indonesia (PNI)« und nach dem Krieg an der Spitze Indonesiens, betonte in jenen Jahren den Gegensatz zwischen der »braunen« und der »weißen« Front, als den der Menschen von »sini« und »sana«, von hüben und drüben.

Ein wichtiger Faktor der Konfrontation war die Tatsache, daß der Anteil der

»Totoks«, der nicht-seßhaften gegenüber dem der seßhaften Europäer in Niederländisch-Indien wuchs. Da sie in den meisten Fällen mit europäischen Ehe-
frauen ins Land kamen, erweiterte sich der Graben zwischen den Gruppen. Die
Vermischung der Rassen, zur Zeit der VOC noch als Lösung des Problems
»Frauenmangel« angesehen, blieb aus. Die Neuankömmlinge saßen nicht nur
in Führungspositionen, sondern vertraten auch einen Kolonialgedanken, in
dem die in der »ethischen Politik« zumindest vorgesehenen Elemente »Autonomie und Emanzipation« gegenüber dem »Reichseinheitsdenken« keinen Platz
mehr hatten. Dazu kam, daß im Zuge der Wirtschaftskrise der dreißiger Jahre
die Kolonie als ein unabdingbares Reservoir für die niederländische Wirtschaft
angesehen wurde. Nachdem sich die indonesischen Nationalisten 1939 in der
Organisation GAPI föderativ zusammengeschlossen hatten, brach der Krieg
aus. Der Vormarsch Japans im Dezember 1941 brachte ein rasches Ende für die
niederländisch-indonesische Streitmacht. Die Kapitulation erfolgte bereits am
8. März 1942.

Am 6. Dezember 1942 gab Königin Wilhelmina anläßlich des ersten Jahres-
tages des Angriffs auf Pearl Harbor im Londoner Exil eine Erklärung ab, in der
sie von der jahrhundertealten historischen Verbundenheit zwischen Kolonien
und Mutterland und vom Wiederaufbau des Königreiches auf der Grundlage
gleichberechtigter Partnerschaft sprach. Die Rede berücksichtigte die negative
amerikanische Meinung über das Kolonialsystem und kündigte eine Nach-
kriegskonferenz an, auf der die anstehenden Fragen zu besprechen seien. Sehr
weit ging der Hinweis, daß die »Reichseinheit« nur auf freiwilliger Grundlage
erhalten bleiben sollte. Das war ein Entgegenkommen, meinte, dem Trend zu
entsprechen, übersah jedoch, daß die Initiative in der neuen Entwicklung gar
nicht mehr von den Niederlanden ausgehen konnte. Die Position der
Niederlande war schon zu diesem Zeitpunkt denkbar schlecht und wurde bis
zum Ende des Krieges noch schwächer. In den japanischen Gefangenen- und
Internierungslagern starben etwa 20.000 niederländische und niederländisch-
indonesische Kriegsgefangene an Entkräftung. Im Augenblick der Befreiung
saßen noch Zehntausende in Gefangenschaft. Die japanische Politik war vorerst
auf Ausbeutung des Landes gerichtet. Den Nationalisten blieb wenig Spielraum.
Nachteilig für den ehemaligen Kolonialherrn war es, wenn der indonesische
Adel, ursprünglich eine Stütze der Niederländer, gezwungen wurde, mit den hart
auftretenden Japanern zusammenzuarbeiten. Zudem hatten die Nationalisten
im Laufe des Krieges die Gelegenheit erhalten, über Presse und Rundfunk nicht
nur antiwestliche Gedanken im Sinne der Japaner zu verbreiten, sondern auch
ihre Ideen und die Ziele ihres Unabhängigkeitsstrebens zu veröffentlichen.

Mit dem Wandel des Kriegsverlaufs gab der japanische Besatzer den Nationalisten Achmed Sukarno und Mohammed Hatta die Chance, die indonesische Bevölkerung zu organisieren, und er stellte am 7. September 1944 die Unabhängigkeit Indonesiens in Aussicht. Die Nachricht von der Kapitulation Japans veranlaßte Sukarno und Hatta, am 17. August 1945 die Republik Indonesien auszurufen, ohne daß sie von den noch im Archipel anwesenden Japanern daran gehindert worden wären. Der Einflußbereich der neu proklamierten Republik erstreckte sich auf Java einschließlich Madura und Sumatra. Die Entwicklung entsprach für die Niederländer nicht den Vorstellungen, die man sich im Londoner Exil von der Zukunft Niederländisch-Indiens gemacht hatte. Die Befehlsgewalt lag nunmehr in der Hand des britischen Admirals Louis Mountbatten. Nach der Proklamation erklärte sich Großbritannien bereit, den neuen Staat zu respektieren. Das konnte Beschwichtigung in einer instabilen Situation bedeuten. Vorläufig sollten die Japaner die Verwaltung weiterführen. Gleichzeitig ließ sich der Kolonialminister der Londoner Exilregierung, Hubertus J. van Mook, in Batavia nieder. Ihm fehlte freilich jedes Machtmittel. So mußte er dulden, daß Mountbatten die Landung von neuangekommenen niederländischen Truppen auf Java und Sumatra nicht zuließ. Zur gleichen Zeit saßen noch 80.000 niederländische Zivilinternierte fest, auf Geheiß der britischen Militärführung, aber bewacht von Japanern und Indonesiern, den Vertretern der Republik. Die britische Politik bezweckte ob der eigenen prekären Lage auf dem Subkontinent, die Internierten in Sicherheit zu bringen, die Japaner von den Inseln abzuführen und sich selbst dann unbehelligt abzuwenden. Dazu bedurfte es der Verhandlungen mit den Republikanern, und die Briten drängten auch die Niederländer, entsprechende Schritte zu unternehmen, was tatsächlich eine Etappe auf dem Weg zur Anerkennung bedeuten konnte.

Der Gedanke, mit Politikern verhandeln zu müssen, die mit den »japanischen Wölfen« geheult hatten, war für die meisten Niederländer unerträglich. Die Realität wies jedoch nur diesen einen Weg, zumal die Nationalisten nicht bloß eine Zentralregierung, sondern auch regionale und lokale Verwaltungseinheiten gebildet und mit ihren Leuten besetzt hatten, soweit dies nicht bereits während der japanischen Zeit geschehen war. Hinzu kam, daß die Engländer die Indonesier aufforderten, die Verwaltung außerhalb der britisch besetzten Gebiete fortzusetzen. Es zeigte sich darüber hinaus, daß die Republik auf Java große Unterstützung fand, wenngleich die Bewegung ein Bild der Zerrissenheit bot. Der großen Bewegung der Jugendlichen, der »Pemudas«, die noch von den Japanern als Hilfstruppen ausgebildet worden waren, die Niederländer als Feinde betrachtend, stand eine gemäßigte Richtung gegenüber, die sich eine

Zusammenarbeit mit den Niederlanden durchaus vorstellen konnte. Die Zustände wurden zunehmend chaotisch, weil die aggressiven »Pemudas« die allmählich aus den Lagern zurückkehrenden Niederländer an der Übernahme ihres alten Besitzes hinderten. Mord und Totschlag waren an der Tagesordnung. Zu den Opfern zählten Europäer, indoeuropäische Mischlinge, Chinesen und Indonesier, die der Kollaboration beschuldigt wurden. Es gab im Herbst 1945 eine Reihe von Kämpfen zwischen britischen Truppen und den »Pemudas«, an denen Einheiten des »Koninklijk Nederlandsch-Indisch Leger (KNIL)« teilnahmen, die im Kielwasser der Briten zusammen mit Verwaltungsbeamten eintrafen. Niederländischerseits hielt man die Republik für eine Bande von Chaoten oder sogar Kriminellen. Jedenfalls war eine Wiederherstellung der alten Verhältnisse nicht mehr möglich. Die Tatsache, daß die Regierung der Republik ihren Sitz von Batavia nach Djokjakarta verlegte, war sicherlich kein Zeichen von Schwäche. Auch ein Mann wie van Mook, ursprünglich ein scharfer Gegner der Nationalisten, vermochte dies einzusehen, nachdem er am 2. Oktober in Batavia das Amt des Stellvertretenden Generalgouverneurs übernommen hatte. Ihm war es nach den ersten Informationen vor Ort klar, daß seine eigene These, man müsse die durch Zusammenarbeit mit den Japanern korrumpierten Nationalistenführer Sukarno und Hatta verhaften und die alte Kolonialherrschaft wiederaufrichten, nicht mehr gültig sein konnte. Im niederländischen Parlament herrschten anfänglich unterschiedliche Auffassungen über die Entwicklung im Fernen Osten. Da gab es eine Reihe von Abgeordneten, die glaubten, Java und Sumatra wieder unter die Botmäßigkeit des Mutterlandes bringen zu können. Die Gruppe dieser Verteidiger des Kolonialsystems schob dabei die Schuld an dem Geschehen jenen fortschrittlich eingestellten Niederländern zu, die sich bereits in den dreißiger Jahren um die Zeitschrift »De Stuw« gesammelt hatten.

Van Mook wollte, daß Den Haag eine tatkräftige Politik führte. Die Regierung durfte sich nicht, auf Altem beharrend, in den Schmollwinkel zurückziehen, wollte man vermeiden, den Fortgang der Dinge anderen Kräften zu überlassen. Er begriff sehr wohl, daß weder die tatsächlichen Verhältnisse in Ostasien noch die öffentliche Weltmeinung für eine Beharrungspolitik sprachen. So versuchte er einen Ausweg zu finden, der sowohl niederländischen Aversionen als auch weltpolitischen Erfordernissen entgegenzukommen vermochte. Der Ansatzpunkt lag in den Gebieten, die noch nicht von der Republik regiert wurden, mithin auf allen Inseln außer Java und Sumatra. Die Startbedingungen waren insofern nicht ungünstig, als niederländische Verwaltungsleute und Militär den australischen Truppen, die die Gebiete östlich von Java und Sumatra befreit hatten, unmittelbar folgten, obschon nicht immer zur Freude der Australier. Van Mooks Nahziel war die Wiederherstellung der niederländischen Autorität und Verwaltung in jenen Gebieten, was ihm bis zum Frühjahr 1946 gelang. Zugleich bemühte er sich um den Aufbau einer politischen Organisation. Sie sollte den Aufbau einer Föderation indonesischer Staaten unter niederländischer Leitung ermöglichen. Diesen Gedanken trug er im Dezember 1945 in den Niederlanden selbst vor. Durch eine Föderation würde die Republik in ein System eingebunden, das genug Kräfte gegen die zentralistischen Tendenzen der Nationalisten um Sukarno und Hatta entwickeln und somit die Interessen der Niederlande kräftigen könnte. Die Gedankengänge des niederländischen Verwaltungsmannes waren nicht abwegig, da sie sich auf die fortbestehenden ethnologischen und kulturellen Unterschiede in diesem sich über 5.000 Kilometer von West nach Ost erstreckenden Archipel zu stützen vermochten. Solches Vorhaben enthielt, indem es die Eigenständigkeit von Völkerschaften berücksichtigte, sogar einen demokratischen Touch und war insgesamt konzeptionell nicht neu, denn ähnliche Überlegungen hatten zur Zeit der Kabinette Colijn in den dreißiger Jahren eine Rolle gespielt. Das hier hineinwirkende Interesse der Niederländer betraf sowohl die Rechtssicherheit der Kapitalinvestitionen vor Ort als auch die Sorge um die niederländische Wirtschaft insgesamt, vor allem angesichts des schwachen Devisensektors.

Die Haager Regierung übernahm die Konzeption van Mooks in ihren Vorschlägen vom Februar 1946. Das indonesische Volk sollte laut Regierungspapier nach einer »angemessenen Vorbereitungszeit« frei über sein »politisches Schicksal« entscheiden können. Während dieser Zeit würde die niederländische Regierung die Vereinigten Staaten von Indonesien schaffen, die als Ganzes ein Teil des Königreiches zu bleiben hatten, wobei den Gliedstaaten in unterschiedlichem Maße Autonomie zu gewähren war. Unter »angemessener Vorbereitungszeit« verstand man in einer nachgeschobenen Interpretation den Zeitraum, den eine Generation zur Realisierung brauchte. Auf diese Weise sollte die endgültige Entscheidung mehr oder weniger präjudiziert werden. Schließlich ließ die niederländische Regierung nicht nach, den eigenen Wunsch – im Anschluß an die Rede Wilhelminas vom 6. Dezember 1942 – als die beste der möglichen Lösungen anzupreisen. Die hierauf einsetzenden Verhandlungen mit den Vertretern der Republik im Kabinett Sjahrir fanden im Beisein eines Vertreters des britischen Foreign Office statt; nichts ging hier ohne britischen Druck. Ferner kam das am 6. März zwischen der Republik Vietnam und Frankreich geschlossene Abkommen über Vietnam als Teilstaat einer indo-chinesischen Föderation innerhalb einer Union Française der van Mookschen Konzeption entgegen. Trotzdem scheiterten die Verhandlungen auf der Hoge Veluwe; sie standen unter keinem guten Stern. Im Mutterland ließen die Katholiken gleich zu Beginn wissen, daß sie die vorgeschlagene Verhandlungszeit vom 14. bis 24. April 1946 eine »Woche der Schande« fanden. So schrieb es der Fraktionschef der KVP, Romme, in der »Volkskrant«. Ohne die Zustimmung der Katholiken war keine Übereinstimmung möglich. Die Indonesier erklärten sich zwar bereit, im Rahmen eines föderativen Verbandes mit den Niederlanden zusammenzuarbeiten, verlangten jedoch Vorab-Anerkennung der Souveränität der Republik auf Java und Sumatra. Im Punkt »Sumatra« widersetzte sich die niederländische Delegation.

Dieses Ergebnis führte zur Stärkung der republikanisch-indonesischen Position. Das wurde augenfällig, als das Kabinett Sjahrir sein Einverständnis mit dem niederländischen Vorschlag zu einem niederländisch-indonesischen Reichsverband im Sommer 1946 preisgab und nur noch von völkerrechtlichen Beziehungen zwischen beiden Ländern sprach. Im Abkommen von Linggadjati, das man als eine neue Lösung am 15. November 1946 paraphierte, vereinbarten die Partner eine Regelung, die den Wünschen der Republik etwas entgegenkam. Tatsächlich war nunmehr der im erwähnten Februar-Papier der Haager Regierung vorgetragene Reichsverband vom Tisch. An seine Stelle trat eine Union des Niederländischen Königreiches – Niederlande, Surinam, Curaçao – mit den Vereinigten Staaten von Indonesien. Neben der De-facto-Anerkennung der Republik und ihrer Herrschaft über Java einschließlich Madura und über Sumatra blieb aber der föderative Gedanke erhalten; er war in dem Abkommen immerhin so formuliert, daß den Nationalisten der Republik ein Abbau der föderativen Struktur erschwert wurde und etwaige Zentralisierungsabsichten sich möglicherweise gar nicht durchsetzen konnten. Das wird besonders deutlich, wenn man die Vereinbarungen von Linggadjati im Zusammenhang mit den erfolgreichen Bemühungen van Mooks um einen Aufbau von Teilstaaten auf Borneo und im ostindonesischen Archipel berücksichtigt.

Die niederländisch-indonesische Union sollte bis zum 1. Januar 1949 zustande gekommen sein. Im niederländischen Parlament wurde das Abkommen von Linggadjati erst am 25. März 1947 nach mehreren eigenwilligen Erklärungen und Erläuterungen ratifiziert. Das war kein guter Start für eine gedeihliche Zusammenarbeit. Es wirkte einigermaßen seltsam, wenn man einerseits die Autorität der Republik in einem abgegrenzten Gebiet de facto anerkannte, andererseits dort eine gemeinsame Polizeigewalt forderte. Die Regierung Beel dachte dabei an den Schutz der Niederländer und der loyalen Indonesier. Deren Anspruch versuchte die Regierung im Juli 1947 über eine militärische Aktion durchzusetzen, mit einer bewaffneten Macht, der immerhin 160.000 Mann zur Verfügung standen. Die Aktion fand die Zustimmung des gesamten Parlaments mit Ausnahme der Kommunisten und des linken PvdA-Flügels. Dieses Vorgehen und seine Unterstützung im Mutterland spiegelten etwas von dem gestörten niederländischen Selbstbewußtsein im gesamten Dekolonisierungsprozeß wider, aber nicht zuletzt waren es wirtschaftliche Interessen, die sich zum einen aus einem großen Devisenmangel, zum anderen aus der Sicherstellung der Ernährung und anderer primärer Lebensbedürfnisse auf Java ergaben. Schermerhorn, damals nicht mehr im Kabinett, doch als Vorsitzender der eigens für die Regelung der Indonesien-Frage eingesetzten Generalkommission unmittelbar betroffen, hat das an mehreren Stellen in seinem Tagebuch deutlich gemacht. Hinter dem Militäreinsatz stand auch der niederländisch-indische Unternehmerrat, eine Interessengruppe, die sich weigerte, die eigenen Besitzungen auf Java wieder in Betrieb zu nehmen, wenn nicht Ruhe und Ordnung mit Hilfe einer niederländischen und niederländisch-indischen Streitmacht sichergestellt seien.

Was militärisch ein Erfolg wurde, erwies sich politisch als Fehlschlag, da der UN-Sicherheitsrat Einhalt gebot. Wenngleich unter Vermittlung der UNO am 17. Februar 1948 der Vertrag von Renville zustande kam, in dem die Autorität der Republik auf Zentral-Java und das Hochland von Sumatra begrenzt wurde, bedeutete dies keinen diplomatischen Sieg der Niederlande, denn das Ansehen des Mutterlandes war erheblich gesunken. Trotzdem starteten die Niederlande im Dezember 1948 eine zweite Polizeiaktion, bei der sie das Verwaltungszentrum der Republik, Djokjakarta auf Java, einnahmen und die Nationalisten vertrieben. Vorangegangen war eine Rückkehr vieler niederländischer Besitzer auf ihre Plantagen, die sich schon 1948 und mehr nach der zweiten Aktion einer lebhaften Guerillatätigkeit ausgesetzt sahen. Ihr suchten sie sich mit der Bildung paramilitärischer Sicherheitseinheiten zu erwehren; sie stellten im Laufe des Jahres 1948 etwa 180.000 »Betriebspolizisten« auf. Der zugunsten aller rückkehrenden Besitzer unternommene umfassende Versuch Den Haags, den Dekolonisierungsprozeß nach eigenem Gusto zu gestalten, endete mit einer eklatanten politischen Niederlage, da der Sicherheitsrat und mit ihm die Vereinigten Staaten die Aktion scharf verurteilten. Die Amerikaner fürchteten, daß die Kommunisten sich in einem lang dauernden Kampf in Indonesien durchsetzen würden, und drohten den Niederlanden mit einem Entzug der Marshall-Hilfe.

Das bedeutete das Ende der niederländischen Kolonialherrschaft im ehemaligen Niederländisch-Indien. Im Juli 1949 kehrten die Nationalisten nach Djokjakarta zurück, und im August begann in Den Haag die »Runde-Tisch-Konferenz (Ronde Tafel-Conferentie)«, die im November 1949 den Dekolonisierungsprozeß abschloß. Königin Juliana, ihrer Mutter Wilhelmina 1948 auf den Thron gefolgt, unterzeichnete am 27. Dezember 1949 die Souveränitätsakte. Die Niederlande verzichteten auf alle Ansprüche. Nur West-Neuguinea blieb noch in ihrem Besitz. Die Union, in Linggadjati festgeschrieben, wurde wieder genannt, bedeutete aber praktisch nichts mehr. Es war zu diesem Zeitpunkt schon abzusehen, daß von dem Gedanken an eine Föderation in der politischen Praxis bald nichts übrigbleiben sollte. Bereits am 17. August 1950 proklamierte die Republik den alle Teile des Archipels umfassenden indonesischen Einheitsstaat.

Bei der Übergabe der Souveränität blieb der westliche Teil Neuguineas unter niederländischer Herrschaft; der östliche stand unter australischer Verwaltung. Einer der wesentlichen Gründe für die Einbehaltung des Inselteils war der wegen des indonesischen Nationalismus schon vor dem Krieg aufgekommene Wunsch der Indo-Europäer, in Neuguinea Fuß zu fassen. Ihr Wunsch wurde während der Runde-Tisch-Konferenz stark betont und auch von niederländischen Parlamentsabgeordneten unterstützt. Das war wichtig, weil eine Ratifizierung der Souveränitätsübergabe sich nur mit einer Zweidrittelmehrheit realisieren ließ, zumal sich die PvdA von dem Vorhaben nicht sonderlich überzeugt zeigte. Die Runde-Tisch-Konferenz, bei der die Indonesier verständlicherweise vom Heimfall West-Neuguineas unter ihre Souveränität ausgingen, beschloß, einem Kompromiß zuzustimmen, der zunächst auf Wahrung des Status quo lautete. Innerhalb eines Jahres sollte die Frage geklärt werden. Die auf Dezember 1950 anberaumte Konferenz fand statt, doch sie scheiterte, obwohl auf niederländischer Seite bei einzelnen Kabinettsmitgliedern Kompromißbereitschaft signalisiert wurde, was im nachhinein im Parlament Empörung hervorrief. Letztlich bestimmte Intransigenz auf beiden Seiten das Verhalten. 1956 machte eine Verfassungsänderung West-Neuguinea zum Bestandteil der Niederlande.

Abgesehen davon, daß sowohl wirtschaftliche als auch kirchliche Kreise das schlechte indonesisch-niederländische Verhältnis als nachteilig für ihre eigenen Ziele beklagten, führte Djakarta nun eine aggressive Politik. Die indonesische Regierung kündigte nicht nur die Union auf, die ohnehin nur Papier geblieben war, sondern stellte auch fünfhundert niederländische Betriebe unter Staatsaufsicht, befahl die Ausweisung von 50.000 Niederländern und schloß Amsterdam vom indonesischen Tabakmarkt aus. Ab 1958 verstärkte Sukarno seine Streitkräfte. Dies alles ließ die Niederlande nicht nachgeben. Die Regierung versuchte den Druck fortzunehmen, indem sie sich um das Selbstbestimmungsrecht der

Papuas bemühte und 1961 einen Neuguinea-Rat installierte. Zugleich verstärkte man die Verteidigung. In den Gewässern kreuzte ein Flugzeugträger, der einzige, den man hatte. Im Außenministerium saß der KVP-Mann Joseph Luns, der Neuguinea als wichtigen Standort im Kampf gegen den weltweiten Kommunismus benannte.

Alles in allem fragte man sich in der niederländischen Öffentlichkeit nach der Zweckmäßigkeit des parlamentarischen Standpunktes. Wirtschaft und Kirche setzten sich gleichermaßen für Verhandlungen mit Indonesien ein. Die Gefahr eines Krieges wuchs in dem Maße, in dem indonesische Kampfgruppen Neuguinea infiltrierten. Ein außenpolitisches Argument gegen die niederländische Haltung kam hinzu. Weder die USA noch Australien wünschten eine große kriegerische Auseinandersetzung. Die USA-Regierung unter John F. Kennedy sorgte schließlich für die folgende Lösung: Die Niederlande übertrugen am 1. Oktober 1962 die Verwaltung des Gebietes einer von den Vereinten Nationen (VN) bestimmten Mittelsperson, die ihrerseits am 1. Mai 1963 diese Verwaltung an Djakarta weitergeben sollte. 1969 war unter Aufsicht der VN durch Volksabstimmung über den Verbleib Neuguineas bei Indonesien zu entscheiden. Den Haag hatte auf diese Weise den Schein der Niederlage vermieden, indem es das weitere Schicksal der Insel in die Hand der VN legte. Der ganze Handel war, abgesehen von den Siedlungsvorhaben der Indo-Europäer, kaum noch von konkretem Interesse getragen, es sei denn von einem Prestige, dem überbordende Emotionen entsprachen. Jedenfalls blieb die hart geführte Auseinandersetzung ohne Konsequenzen, denn zwei Jahre nach der Übertragung Neuguineas kam es zur Wiederaufnahme normaler Beziehungen zwischen den beiden Staaten.

Konsolidierung und Wandel seit den fünfziger Jahren des 20. Jahrhunderts

Die niederländische Geschichte der fünfziger und sechziger Jahre ist neuerdings in einer knappen Analyse als Phase von »Wohlstand und Unruhe« einprägsam charakterisiert worden (H. von der Dunk). Tatsächlich ging es zunächst um Konsolidierung des Neubeginns, und zwar außen- und innenpolitisch. In der Außenpolitik setzte sich seit Kriegsende die Einsicht durch, daß man neue Ufer erreichen mußte. Die Erfahrungen des Krieges und die sich nach Kriegsende rasch verändernde weltpolitische Konstellation ließen in den Amtsstuben des Haager Außenministeriums deutlich werden, daß eine vom Prinzip der Neutralität ausgehende und damit in besonderer Weise auf Völkerrechtlichkeit basierende Politik aufzugeben war. An ihre Stelle trat eine im europäischen Verband geführte Sicherheitspolitik mit atlantischer Anbindung an Großbritannien und die USA und zugleich eine auf europäische Integration eingestellte Außenpolitik, die allerdings nicht von großer Begeisterung für den Gedanken an eine europäische Einheit, sondern eher von vorsichtiger Zurückhaltung ihr gegenüber geprägt war, denn man kannte die Existenzbedingungen eines kleinen Landes im politischen und militärischen Bereich, unter denen die Gefahr bestand, daß das kleine Land von den Großmächten immer wieder überspielt wurde. Schon aus diesem Grund plädierte Den Haag, wenn überhaupt, für einen nur ganz allmählichen Aufbau einer politischen Integration.

Die Politik der europäischen Gemeinsamkeit auf den unterschiedlichen Politikfeldern hatte es hierzulande insofern schwer, als die Aufnahme Deutschlands in den europäischen Verband für die alliierten Siegermächte unter der Führung der Vereinigten Staaten von Beginn an eine Selbstverständlichkeit war, während die breite Öffentlichkeit in den Niederlanden ein Deutschland-Bild haben mußte, das keine guten Voraussetzungen für eine europäische Kooperation enthielt. Trotz sehr verständlicher Vorbehalte setzten sich das nüchterne Kalkül und die Erkenntnis durch, daß es ob der globalpolitischen Lage keine Alternative gab und daß eine schon lange Jahrzehnte währende niederländische Exportabhängigkeit bestand, die eine den Nachbarn an der Ostgrenze ausgrenzende Politik nicht zuließ. Es war daher beinahe Zwang, daß die niederländischen Regierungen nach der amerikanischen Administration zu den stärksten Befürwortern eines raschen wirtschaftlichen Wiederaufbaus in Deutschland zählten. Daß Gebietsforderungen an Deutschland gestellt wurden, die von privater Seite zuweilen exorbitant, auf Regierungsseite aber sehr moderat ausfielen, sollte insgesamt eher als eine Quisquilie vermerkt werden.

So beschritt die Außenpolitik der Niederlande mit der Vorgabe »Kalter Krieg« den Weg in eine europapolitische Konsolidierung. Das war ein Bruch mit der Vergangenheit, aber innenpolitisch seit den fünfziger Jahren nichts Neues. Die Diskrepanz zwischen dem Wunsch, wie er noch während des Krieges und unmittelbar danach im Hinblick auf eine Umformung des politischen und sozialökonomischen Gefüges geäußert worden war, und der Wirklichkeit war auffallend, was einer europaweiten Entwicklung entsprach. Vor allem die überkommene »Versäulung« der Gesellschaft blieb erhalten, nachdem eine Auflockerung bei den Protestanten nie ein Chance gehabt hatte und bei den Katholiken nach dem Hirtenschreiben von 1954 endgültig ausgeschlossen worden war. Die Tatsache, daß sie mit der PvdA eine Koalition eingingen, sollte nicht als Zeichen einer Lockerung gewertet werden, viel eher als das Bewußtsein, endlich die seit Jahrzehnten dauernde protestantisch-liberale Hegemonie abgeschüttelt zu haben. Es fiel beiden in ihrem Wunsch, die Macht zu erhalten und die Protestanten für dauerhaft abgelöst zu erklären, leichter, Kompromisse miteinander einzugehen, außen- wie innenpolitisch. Die Koalition arbeitete für eine Partnerschaft zwecks wirtschaftlichem Wiederaufbau und sozialpolitischem Ausbau. Bei allem machtbewußten Opportunismus als Impuls für den Fortbestand der Koalition ließ sich im Bereich der Sozialpolitik auf Gemeinsamkeiten in der Zwischenkriegszeit hinweisen, und das war eine günstige Voraussetzung für sozialpolitische Reformen. In diesen sieben Koalitionsjahren kam 1956 das Altersrentengesetz zustande, das »Algemene Ouderdomswet (AOW)«, eine sozialpolitische Errungenschaft, die lange in der Planung der PvdA gelegen hatte.

In dieser Phase des erfolgreichen wirtschaftlichen Wiederaufbaus und des sozialstaatlichen Ausbaus verwischten sich die Grenzen von Staat und Gesellschaft. Hatte vor dem Krieg die »Versäulung« für die Abschottung nicht nur jeder einzelnen Sozialgruppe gesorgt, sondern sich auch gegen staatliche Einmischung gesperrt, so ließ sich eine Politik der permanenten Abstinenz nach dem Kriege nicht mehr aufrechterhalten. Dazu fehlten die außen- wie innenpolitischen Voraussetzungen. Außenpolitisch war die Teilnahme an vielen internationalen Organisationen erforderlich, die das Land sowohl politisch als auch wirtschaftlich brauchte. Die Obrigkeit gelangte somit in eine andere Position, als sie sie in der Phase der Neutralitätspolitik bezogen hatte. Mit der Intensivierung der internationalen Einbindung erhöhte sich der Stellenwert der Zentrale. Eine vorwiegend europäische Allianz- und Integrationspolitik verlangte auch nach innen eine Stabilisierung, denn es galt, den Kommunismus abzuwehren und die Überlegenheit des eigenen Systems deutlich zu machen. Da waren wirtschaftlicher Wiederaufbau, Sicherung des erreichten Ziels und nicht nur Konzentration auf das wirtschaftliche Ergebnis, sondern auch auf den seit der Zwischenkriegszeit geforderten Ausbau des Sozialstaates die ausschlaggebenden Fixpunkte. Wirtschaft wurde hier wie in der Bundesrepublik als soziale Marktwirtschaft verstanden, auch wenn dieser Begriff in den Niederlanden nicht geläufig war. Der Staat erhielt sehr viel mehr Arbeitsfelder zugewiesen, als das bis dahin üblich war. »Ein ganzes Netz staatlicher Instanzen, besetzt mit Fachleuten, erfaßte das ganze Land« (H. von der Dunk). Das hatte nichts mit Dirigismus zu tun, wiewohl er in der zweiten Hälfte der vierziger und zu Beginn der fünfziger Jahre nicht ausblieb. Viel eher handelte es sich um eine »Planification« nach französischem Vorbild, die alsbald auf Steuerungsmechanismen reduziert wurde. Über die Veränderung der außen- und innenpolitischen Bedingungen hinaus, die eine grundsätzlich neue Anerkennung der Obrigkeit mit sich brachten, spielte der während des Krieges und in der frühen Nachkriegszeit ergangene Ruf nach Autorität eine Rolle. Die in der NVB organisierte Erneuerungsbewegung hatte neben dem »Durchbruch«-Gedanken einen Autoritätsbedarf für die Zukunft entwickelt, der aus der Furcht vor Chaos und Revolution entstanden war. Hinzu kam, wie Hermann von der Dunk feststellt, die Furcht vor der Fortsetzung eines aus dem Widerstand erwachsenen »anarchistisch-individualistischen« Verhaltens, »gegen das sofort mit starker Hand durchgegriffen werden sollte«. Es zeigte sich auch, daß sich innerhalb politischer Parteien kein Widerstand gegen den Autoritätsanspruch der Parteileitungen selbst erhob. Die Funktionalisierung der Obrigkeit zu einer allgemein akzeptierten Führungsinstanz und der weitere Ausbau zum Wohlfahrtsstaat waren die entscheidenden Neuerungen der Nachkriegszeit. Das hatte mit den von den Intellektuellen des Geisellagers St. Michielsgestel oder von der Niederländischen Volksbewegung entwickelten Konzeptionen nichts mehr gemein. Die Modernität lag in der gewandelten Rolle des Staates, ohne daß die »Versäulung« vorerst preisgegeben werden mußte.

Seit Ende der fünfziger Jahre machten sich ein rasch steigender Lebensstandard und eine Absicherung im außenpolitischen Bereich bemerkbar. Der Ausbau der sozialen Sicherheit schritt weiter voran. Der bereits funktionierenden AOW-Regelung folgten 1962 und 1963 Gesetze über Kindergeld und Sozialfürsorge. Insgesamt fügten sich die Niederlande sozialökonomisch in die allgemeine europäische Entwicklung einschließlich aller mit der Steuerung von Lohn- und Preispolitik bei der Bekämpfung der Inflation, von Wohnungsbaupolitik und Steuerpolitik verbundenen Probleme samt aller mit dem wachsenden Wohlstand einhergehenden Erscheinungen wie des rasanten Anstiegs des Kraftfahrzeugbestandes pro Kopf der Bevölkerung oder der Fernsehgeräte. Die beträchtliche Zunahme an Fernsehgeräten war insofern ein gesellschaftlich relevantes Phänomen, als das bis dahin in der »versäulten« Gesellschaft wichtigste Medium, die Zeitung, durch ein Bild-Medium ergänzt wurde, das es dem Zuschauer auf besonders einfache Weise erlaubte, die Informations- und Unterhaltungsproduktion der jeweils anderen »Säule« anzuschauen. Hatte man im Land 1956 rund 99.000 Fernsehgeräte gezählt, so stieg die Zahl bis 1960 auf 800.000, um 1970 schon 3 Millionen zu erreichen. Im Personenkraftverkehr fuhren 1964 1 Million PKWs auf den niederländischen Straßen, 1970 bereits 2,5 Millionen. Das wirtschaftliche Wachstum, die im Vergleich zu anderen westeuropäischen Ländern exzeptionell hohe Bevölkerungszunahme, die Ausbreitung des Dienstleistungssektors und die verkehrstechnische Entwicklung auf dem platten Land

Die Niederlande

trugen zu einer weiter gehenden Verstädterung der Niederlande bei. Hatten die Niederlande 1913 lediglich 4 Städte mit mehr als 100.000 Einwohnern, so waren es 1963 schon 14. Aus dem Anstieg des Handelsvolumens, dem industriellen Wachstum und aus der damit zusammenhängenden Konzentration der Industrieproduktion und der Dienstleistungen auf die größer werdenden Städte ist allerdings nicht auf die abnehmende Bedeutung des Agrarsektors zu schließen. Die Land- und Gartenbauwirtschaft blieb für die niederländische Entwicklung ein wichtiger Bereich mit einer Vielzahl von Arbeitsplätzen. Der beachtlichen wirtschaftlichen Expansion und Ausbreitung des Dienstleistungssektors entsprach eine Veränderung im Bildungswesen, die durch Absenkung des Schulgeldes und der Hochschulgebühren gefördert wurde. Hatten 1930 bloß 10,7 Prozent der Zwölf- bis Achtzehnjährigen eine Gymnasialausbildung genossen, dann waren das 1963 schon 30 Prozent. Bei den Studenten im Alter zwischen achtzehn und fünfundzwanzig Jahren stieg die Zahl von 1,1 Prozent auf 3,4 Prozent.

Nach dem wirtschaftlichen Erfolg in der Phase des Wiederaufbaus, nach einem weiteren technologisch-industriellen Vorangehen und nach der ersten Festschreibung einer sozialpolitischen Neugestaltung wandten sich Staat und »Säulen« in den sechziger Jahren verstärkt den Fragen künftiger kultureller Konturen der niederländischen Gesellschaft zu. Die 1959 in der Thronrede hervorgehobene »geistige Erziehung unseres Volkes« galt als politisches Ziel in der christlichen Tradition des Landes, als moralische Erziehung nach dem christlichen Kodex. Das gehörte zum Programmpunkt eines rein konfessionellen Kabinetts, das jetzt die sozialistisch-katholische Koalition abgelöst hatte. Damals begann auch die niederländische Jugend, den englischen »Teddy-boys« zu folgen und nach eigenen Spielregeln zu leben, die nicht mehr die der älteren Generation waren. Seit Ende der fünfziger Jahre zeigte es sich, daß die mit dem Produktionsanstieg verbundene Verbesserung des Lebensstandards, die technisch-industrielle Innovation und die Expansion im Medienbereich ein neues Denken mit sich brachten, das sich aus dem überkommenen, »versäulten« Ordnungsgefüge löste. Die alte Formel aus der amerikanischen Unabhängigkeitserklärung »Pursuit of happiness« wurde in den Niederlanden eine Realität. Die Individualisierung des Denkens und das Einebnen der sozialen Unterschiede waren wie anderswo in Westeuropa das eigentlich Neue der Nachkriegszeit. Zu den Eigenheiten der Geschichte des Landes zählte bis dahin die eigenartige Diskrepanz zwischen politisch-institutioneller und gesellschaftlicher Entwicklung. Während im 19. Jahrhundert rasch und ohne Probleme eine moderne liberale Verfassung durchzusetzen gewesen war und sich die Bildung politischer

Parteien ungehindert vollzogen hatte, war auf gesellschaftlicher Ebene bei einem Großteil der Bevölkerung die feste Einbindung in einen Lebensverband mit deutlichen paternalistischen Merkmalen erfolgt. Nun, in den sechziger Jahren, erfolgte der große gesellschaftliche Bruch, der vor allem von den kulturellen Wortführern der Konfessionellen erkannt wurde und sie auf Wiederherstellung christlicher Normen drängen ließ. Die niederländischen Imitatoren der »Teddyboys«, die Halbstarken oder »Nozems«, stellten eine vornehmlich am Materiellen orientierte und gelangweilte Bindungslosigkeit zur Schau, doch danach, ab der Mitte der sechziger Jahre, wurde es erheblich ernsthafter. Die mit dem erfolgreichen Wiederaufbauprozeß der Wirtschaft verbundene Besinnung auf die individuelle Leistungsfähigkeit förderte nicht nur Anspruchs- und Konsumdenken, sondern ließ auch kritische Stimmen über das Verhältnis zur Obrigkeit oder über den Anachronismus gesellschaftlicher Strukturen aufkommen. »Hinterfragt«, wie sie es nannten, wurde von den Jugendlichen die politische Entwicklung, in der sie groß geworden waren. Kritik wurde zum Protest. Sie manifestierte sich in erster Linie in der Provo-Bewegung. Was als Happening auf der Amsterdamer Spui beim Standbild des »Lieverdje« begann, das wurde bald zur Auflehnung gegen außenpolitisch Überkommenes, gegen Antikommunismus und Kalten Krieg, und vor allem gegen Machtstrukturen im Innern des Landes. Die Krawalle bei der Heirat der Kronprinzessin Beatrix mit dem Deutschen Claus von Amsberg waren nicht nur antideutsch motiviert, sondern voller grundsätzlicher Kritik an der eigenen Gesellschaft. Diese Kritik schlug beim Sturm auf das Hauptgebäude der Tageszeitung »De Telegraaf« anläßlich einer Protestdemonstration der Bauarbeiter in Amsterdam in einen Gewaltakt um. »Provo war an allererster Stelle eine anarchistische Bewegung ohne festes Programm, die selbst keine institutionalisierte Form annehmen wollte« (F. P. Gout).

Auch ohne Institutionalisierung setzte sich, von der Bewegung ausgehend, zumindest von ihr nachhaltig gefördert, der Gedanke der Mitbestimmung in vielen staatlich-gesellschaftlichen Bereichen durch. Es wurde nicht die Berechtigung obrigkeitlicher Präsenz auf sozialem und kulturellem Gebiet angezweifelt, vielmehr ging es darum, die sozial-, wirtschafts- und kulturpolitische Steuerung (»Beleid«) auf eine breitere Basis zu stellen. Die niederländische Gesellschaft begann, sich zu einer Gremien-Gesellschaft zu entwickeln. Dieser Prozeß durchdrang auch die Sprache. Während der Begriff »Inspraak« jahrhundertelang die Bedeutung von Eingebung Gottes oder des Gewissens hatte, meinte das Wort in den sechziger Jahren Erteilung eines bindenden Ratschlags an die »Oberen«, die ihren Status preiszugeben hatten. Die Umsetzung von »verklaren« in »expliceren« und »expliciteren« fiel nach Kossmann ebenso unter den

Wortwandel wie die Aufnahme von Begriffen wie »Demokratie« oder »Revolution« in die Alltagssprache oder die Verwendung von »ismen«, ohne den wirklichen Gehalt der Begriffe zu berücksichtigen. Zum Protestpotential gehörten die Studenten. Das Universitätsgesetz von 1960 hatte noch einmal die alten Entscheidungsstrukturen gefestigt. Abgesehen davon, daß die Anzahl der Studenten von 29.000 im Jahr 1950 auf 103.000 im Jahr 1970 stieg und das öffentliche Interesse sich den neuen Zentren technisch-sozialer Innovation zuwandte, machte der Zweifel an den alten Entscheidungsstrukturen auch vor den Hochschulen nicht halt. Schon 1963 gründete Ton Regtien in Amsterdam eine Studentengewerkschaft mit Leuten, »die sich nicht mehr als künftige Elite, sondern als intellektuelle Arbeiter betrachteten« (F. P. Gout). Da lag der Kern einer wenig später einsetzenden Protestbewegung, die sich hier, wie in vielen Ländern Westeuropas, als ein studentischer Ansturm gegen alte Ordnungen entwickelte und ihre intellektuellen Stützen bei der Frankfurter Schule, bei Marcuse, Marx und Mao suchte. Ihren Höhepunkt erreichte die Entwicklung mit der Besetzung des Amsterdamer Maagdenhuis im Mai 1969. Die Aktion hatte Erfolg. Ein Jahr später nahm das Parlament ein Gesetz zur Verwaltungsreform der Universitäten an, die Mitarbeitern und Studenten auf allen Ebenen Mitspracherecht einräumten.

Der Protest gegen obrigkeitliche Entscheidungsbefugnisse und gegen die »Regentenmentalität« der bürgerlichen Gesellschaft überhaupt setzte sich in anderen Bereichen des öffentlichen Lebens fort. So etwa in der Theaterwelt, wo Rauchbomben, Tomatenwürfe, Flugschriften und Diskussionen die Forderung der Schauspieler nach Mitbestimmung bei der Gestaltung des Spielplans unterstützten. Das führte zur Gründung zahlreicher kleiner Theatergesellschaften, die sich um gesellschaftskritische Stücke bemühten. Gleichzeitig machten sich die Ansätze zu einer emanzipatorischen Frauenbewegung bemerkbar. 1968 wurde die Gruppe »Mann, Frau, Gesellschaft (Man, Vrouw, Maatschappij, MVM)« gegründet, die sich mit der Analyse der wirtschaftlichen und kulturellen Stellung der Frau in der Gesellschaft befaßte, gleiche Entlohnung und Chancengleichheit verlangte. Zugleich forderte sie Anpassung des Arbeitsmarktes an die Lebensbedingungen der Arbeitnehmerinnen, vor allem Teilzeit-Beschäftigung. Zur Gruppe MVM trat die »Dolle-Mina«, eine Bewegung, die nach außen hin aktionistisch und spektakulär auftrat, einer Popularisierung der Frauenbewegung nachstrebte und zahlreiche sozialistisch gefärbte Studien- und Gesprächsgruppen bildete. Im Zuge dieser Neuerungen oder Neuerungsbewegungen scheint die niederländische Gesellschaft auch ein neues Verhältnis zur Sexualität gewonnen zu haben. Es stand bald fernab von jeder bis dahin geltenden

Konvention und fand den ersten organisatorischen Ausdruck im »Niederländischen Verband für Sexualreform (Nederlands Verbond voor Sexuele Hervorming, NVSH)«, dessen Mitgliederzahl von 1950 bis 1959 von 55.000 auf 140.000 anstieg. Der erleichterte Zugang zu Verhütungsmitteln und die Sexualaufklärung waren die Hauptziele des Verbandes. Die Medien versäumten es nicht, diesem Trend zu folgen und ihn auszuweiten. Die so selbstverständlicher gewordene sexuelle Freizügigkeit brachte auch eine großzügigere Haltung bei Ehescheidungen mit sich. Der Gesetzgeber nahm 1971 in das Scheidungsgesetz das Zerrüttungsprinzip auf.

Insgesamt waren die sechziger und zum Teil auch die siebziger Jahre eine Zeit der permanenten Unruhe und der Auflösung vergangener Strukturen. Soweit es sich um studentische Unruhen und Zielsetzungen handelte, fügte sich der niederländische Prozeß in die europäische intellektuelle Entwicklung ein und wurde von dorther mitinspiriert. Aber Bewegungen wie die der Provo oder der mit diesen eng verbundenen »Kabouters« des Roel van Duyn oder die Vielzahl von Manifestationen, Happenings und Demonstrationen, die auf die Außenwelt den Eindruck von grassierendem Anarchismus machten, trugen einen eigentümlich niederländischen Charakter, obwohl sie in der Geschichte des Landes etwas völlig Neues waren. Noch nie seit dem Aufstand hatte die Gesellschaft, von der Patrioten-Bewegung abgesehen, so stark, doch auch erfolgreich an den Stützen der etablierten Gesellschaft gerüttelt. Dennoch bedeutete die Neuformierung der Gesellschaft keinen Angriff auf Staats- und Regierungsform; im Gegenteil: Die seit Ende der fünfziger Jahre eingeführte Steuerungsfunktion der Obrigkeit blieb erhalten, wurde im kulturellen Sektor zugunsten einer Förderung der Anlagen des Einzelnen zur Sicherung des »Welzijn« sogar noch erweitert. Der von Ernest Zahn angemerkte Begriff »Lebensfreude« bezeichnete eine Symbiose von wirtschaftlich-sozialen Garantien und dem Angebot an kultureller Selbstverwirklichung. Das alles war mit Konflikten und mit hohen Kosten verbunden. Bis weit in die achtziger Jahre hinein war die politische und soziale Entwicklung von Themen und Bewegungen bestimmt, die auch in anderen Ländern Europas die Öffentlichkeit beschäftigten. Manches verlief in den Niederlanden heftiger oder wurde früher als anderswo thematisiert. Die Hausbesetzer organisierten sich endgültig, um dem Gesetz gegen Hausbesetzung von Ende 1975 besser widerstehen zu können. Zugleich zerfiel die Bewegung in radikale und gemäßigte Gruppen. In den siebziger Jahren erreichte die länger dauernde Diskussion um die Abtreibung ihren Höhepunkt, als sich herausstellte, daß in der Bloemenhove-Klinik in Heemstede Abbruch von über zwölf Wochen alten Schwangerschaften vorgenommen wurde. Die Regierung des Katholiken van Agt wollte die

Schließung der Klinik, was vor Gericht zurückgewiesen wurde. Der dennoch erfolgende polizeiliche Zugriff und die Beschlagnahme der Apparatur führte zur Besetzung der Klinik durch Aktionsgruppen. Das Abtreibungsgesetz von 1981, das erst 1984 nach Erlaß einer allgemeinen Durchführungsverordnung in Kraft treten konnte, legalisierte die bis dahin geübte Praxis, fügte jedoch eine Genehmigungspflicht für Abortus-Kliniken, Registrierungspflicht und eine fünftägige Bedenkzeit für die Patientinnen ein.

Wie das Abortus-Problem thematisierte die Gesellschaft auch Umweltfragen, Energiekrise und Raketenpolitik. Die Öffentlichkeit ließ nichts unbesprochen oder unbestritten. Zu den Themen, die gegen Ende der siebziger und dann vollends in den achtziger Jahren im Kabinett erörtert wurden, gehörten nicht zuletzt die finanziellen Folgen des dichtgeknüpften sozialen Netzes. Im Zuge der zweiten Ölkrise während des Iranisch-Irakischen Krieges 1979 stellte sich die dringliche Frage, wie denn eine Eindämmung der Staatsausgaben – und dazu gehörten die Sozialausgaben – bewirkt werden könne. Dem in den ersten fünfzehn Nachkriegsjahren nur schleppenden Ausbau sozialer Sicherheit waren zwischen 1962 und 1976 rasch hintereinander kostenträchtige Sozialgesetze gefolgt: 1962 für Kindergeld, 1963 für Sozialhilfe, 1967 wurden die Krankenversicherung und Invaliditätsversicherung neu geregelt, 1974 die Arbeitslosenhilfe und 1976 wurde das Allgemeine Invaliditätsgesetz erlassen. Dazu kam dann ein Gesetz über Mindestlohn, gestaffelt nach Altersgruppen. All dieses bedeutete auch hohen Prämiendruck für die Versicherten, so daß bei gleichzeitig stark ansteigenden Lohnsteuern der Unterschied zwischen Brutto- und Nettoeinkommen ganz erheblich stieg. Trotz der hohen Prämien ließen wirtschaftliche Rezession und damit verbundene steigende Arbeitslosenzahlen, die bis 1984 auf 822.000 anwuchsen, bis 1990 allerdings wieder etwas rückläufig waren, die Frage nach der Finanzierbarkeit auftauchen, zumal über die Soziallasten hinaus noch andere, von der öffentlichen Hand eingegangene Verpflichtungen bewältigt werden mußten. Seit Beginn der neunziger Jahre stellte sich diese Frage ganz spezifisch im Zusammenhang mit dem aus dem Invaliditätsgesetz (WAO) angefallenen Kosten. Die erschreckend hohe Zahl von dauerhaft arbeitsunfähig Geschriebenen ließ Ministerpräsident Ruud Lubbers (CDA) von den Niederlanden als einer »kranken Nation« sprechen. Die achtziger Jahre mit ihren hauptsächlich innenpolitischen Problemen, die die CDA-VVD- und dann die CDA-PvdA-Koalition unter Lubbers zu bewältigen hatten und in den ersten neunziger Jahren offensichtlich noch zu lösen haben, heben die Niederlande in gar keiner Weise aus dem Kreis anderer europäischer Länder hervor. Das gilt auch für die Politik gegenüber Minderheiten, die, wie sich in den siebziger

Jahren bei der Geiselnahme durch Molukker zeigte, ihre großen Schwierigkeiten hatte, welche mit dem Zustrom von Surinamern nach der Unabhängigkeit Surinams gewiß nicht geringer geworden sind.

Völlig durchbrochen wurde im Zuge dieser gesellschaftlichen Entwicklung die viele Jahrzehnte dauernde und über den Weltkrieg hinaus gerettete »Versäulung«. Mit dem neuen Prozeß der »Entsäulung« hing die Veränderung des Parteienspektrums eng zusammen. Soweit es die Konfessionen betraf, handelte es sich zunächst nicht um Dekonfessionalisierung, sondern um die fehlende Bereitschaft, in dem von gesellschaftlichen Organisationen bis hin zur politischen Partei reichenden Konstrukt im vorgedachten Sinne zu reagieren. Der im technisch-industriellen Komplex groß gewordene Leistungs- und Konsumbürger zeigte nur noch wenig Neigung, den vorgegebenen Weg einzuhalten. Das war ein landesweites Phänomen, örtlich und regional allerdings unterschiedlich ausgeprägt. Während schon zuvor die Städte eine geringere Bindungskraft der »Säulen« bewiesen hatten, setzte sich der Prozeß nunmehr auch in den ländlichen Gebieten durch, weil sie in wachsendem Maße zu Wohngebieten der in den Städten beschäftigten Arbeitnehmer wurden. Die Kraft der »Säule«, der Autorität, wurde allerorten angezweifelt. Damit verschwand auch die relative Stabilität des Parteiensystems. Vor allem die Katholiken erlebten herbe Rückschläge. Nicht nur, daß ihre gesellschaftlichen Organisationen und Institutionen an Vitalität einbüßten, auch die bis Anfang der sechziger Jahre noch kräftige Katholische Volkspartei kassierte große Verluste ein. Wer katholisch war, wählte nicht unbedingt katholisch. Gesellschaftskritik, die sich gegen die eigene »Säule« richtete, wurde selbst von Priestern geübt. Ehemals landesweit verbreitete katholische Tageszeitungen gaben ihren exklusiv katholischen Charakter preis oder verschwanden vollends vom Medienmarkt. Die erst 1964 zum Katholischen Gewerkschaftsverband, dem »Nederlands Katholiek Vakverbond (NKV)«, umgewandelte Katholische Arbeiterbewegung (KAB) entwickelte sich immer mehr in Richtung Allgemeiner Gewerkschaftsverband (NVV). Die Katholische Volkspartei verlor einen Großteil ihrer Stimmen und Sitze. Hatte sie 1963 noch ihren Höchststand mit 31,9 Prozent und 50 Sitzen erreicht, so fiel sie bis 1972 auf 17,7 Prozent und 27 Mandate zurück. 1966 erschien der Bericht einer von der KVP 1964 eingesetzten Strukturkommission über Grundlagen und Charakter der KVP. Danach sollte die Partei als katholische Grundsatzpartei zwar erhalten bleiben, jedoch als Programmpartei ihre kurz- und längerfristigen Ziele samt des dazu notwendigen Instrumentariums angeben. Eine Entkonfessionalisierung wurde abgewiesen. Der Bericht sprach sich auch nicht für eine christliche Einheitspartei aus. Er wurde als offizielles Dokument innerhalb der Partei zur Diskussion gestellt. Die Auseinandersetzungen über den Bericht führten in der KVP zur Bildung von vier Gruppierungen: Die erste vertrat die Aufrechterhaltung einer katholischen Partei, die zweite strebte eine christdemokratische Partei an, die dritte wollte die Partei in eine breite, nicht konfessionell gebundene Volkspartei umgewandelt sehen, mit Christentum und Humanismus als gleichwertigen Quellen der politischen Inspiration, und die vierte sprach sich für eine radikale Partei auf der Grundlage des Evangeliums aus, die eine Zusammenarbeit mit der PvdA wünschte. Sie lehnte die bis dahin nahezu selbstverständliche Zusammenarbeit mit der ARP und der CHU ab. Die Abspaltung der Radikalen und die Gründung einer eigenen Partei, der »Politischen Partei Radikale (PPR)«, trugen zur endgültigen Schwächung der Volkspartei bei. Die neue Gruppierung fand zahlreichen Anhang unter Studenten und Jugendlichen, zumal sich ihr einige Radikale aus dem Lager der ARP zuwandten. Die Ursache für die Abspaltung lag in der Unhaltbarkeit der alten »Säule« unter den neuen Denkvoraussetzungen, der unmittelbare Anlaß war die konservativ gerichtete Zusammenarbeit der KVP mit der rechtsliberalen Volkspartei für Freiheit und Demokratie (VVD).

Die Tendenz zur »Entsäulung« ergriff gleichfalls die Protestanten. Bei ihnen war der Auflockerungsprozeß allerdings nicht so auffällig, da neben den beiden hauptsächlichen politischen Vertretungen, der ARP und der CHU, bereits seit 1918 die »Reformierte Politische Partei (Staatkundig Gereformeerde Partij, SGP)« und seit 1948 der »Reformierte Politische Verband (Gereformeerd Politiek Verbond, GVP)« bestanden, die, so eigenbrötlerisch sie auch sein mochten, die organisatorische Form einer seit dem 19. Jahrhundert lebendigen internen Diskussion darstellten. Die von Kuyper postulierte »Souveränität im eigenen Kreis« implizierte die souveräne Diskussion, die schon in der Vorkriegszeit zu Abspaltungen geführt hatte. Für die protestantischen Führungsspitzen war es offensichtlich leichter, den modernen politischen und sozialen Phänomenen entgegenzukommen, als ihre beiden stärksten Parteien, die ARP und die CHU, zu Randerscheinungen abzusinken drohten. In der intellektuellen Hochburg, der Vrije Universiteit, war es legitim, die Gemeinsamkeiten von Calvinismus und Marxismus zu entdecken. Insgesamt öffneten sich die protestantischen Kirchen jenen Gedanken, die wider den etablierten Stachel löckten. Ihr Ziel war nicht nur das Seelenheil des einzelnen Christen, sondern »die Rettung der ganzen Menschheit« (E. H. Kossmann). Die niederländische Eigenart, den moralischen Zeigefinger zu erheben, wie sie sich seit dem 19. Jahrhundert im Zuge des außenpolitischen Abstiegs und der Entscheidung für Neutralität entwickelt hatte, erhielt hier eine zusätzliche christlich inspirierte Komponente.

Die »Säule« der Sozialisten zeigte ihr Ende definitiv an. Als »Durchbruch«-Partei konnte die PvdA von Beginn an nicht auf einen homogenen Block bauen, aber ab den fünfziger Jahren fehlten ihr außerdem die für eine »Säulen«-Bildung unerläßlichen Organisationen oder Instrumente. Die Arbeiter-Jugend-Organisation verschwand von der Bildfläche. Die Parteizeitung »Het Vrije Volk« verlor ihre Leserschaft, löste sich von der Partei und war von 1971 bis 1991 nur noch ein Regionalblatt für Rotterdam. Die Partei geriet mitten in den Strudel der unterschiedlichsten gesellschaftspolitischen Auseinandersetzungen, die sich nicht zuletzt in ihrer Rundfunk- und Fernsehorganisation VARA widerspiegelten. Innerparteilich wurden heftige Debatten zwischen den alten Parteiführern und den Reformern geführt. Das hatte Konsequenzen. Nachdem schon 1957 die »Pazifistische Sozialistische Partei (Pacifistisch Socialistische Partij, PSP)« von einigen unzufriedenen ehemaligen PvdA-Mitgliedern mitbegründet worden war, führte das Übergewicht des von Akademikern beherrschten Flügels »Nieuw Links« zur Abspaltung auf dem rechten Flügel und damit zur Gründung der »Demokratischen Sozialisten '70 (Democratische Socialisten, DS '70)«. Die PvdA blieb in den Wahlen zwar einigermaßen stabil, profitierte aber in gar keiner Weise von den Stimmenverlusten der Konfessionellen. Diese kamen vielmehr der neuen Partei »Democraten '66« unter der Leitung des Hans van Mierlo zugute. Hierbei handelte es sich um eine Gruppierung, die zunächst von Intellektuellen aus PvdA und VVD getragen wurde und sich als direkte Antwort auf den in der zweiten Hälfte der sechziger Jahre deutlich wahrnehmbaren Autoritätsverlust staatlicher und gesellschaftlicher Institutionen verstand. Diese Partei rang nicht bloß um eine Entideologisierung der Politik insgesamt, sondern wollte dem Autoritätsschwund der Institutionen durch direktere Beteiligung der Bürger am politischen Geschehen und durch höhere Transparenz der Entscheidungen begegnen. Abgesehen davon, daß PPR, DS '70 oder Democraten '66 durchaus koalitionsfähige Parteien waren, die in den siebziger Jahren an der Regierungsverantwortung mittrugen, manifestierte sich in der neuen Parteienlandschaft, zu der weitere Abspaltungen und Neugründungen gehörten, eine Rationalität, die gegenüber der in der Vorkriegs- und unmittelbaren Nachkriegszeit gänzlich veränderten Verhältnissen entsprechen mußte. Mit der alten Konfrontation – protestantisch, katholisch, sozialistisch, liberal – ließ sich das nicht bewältigen, da jetzt ein hohes Maß an Flexibilität und Kompromißbereitschaft verlangt war. Verhärtete Positionen blieben auf der Strecke. Möglicherweise rettete das die konfessionellen Parteien, die nach einer im Juni 1973 geplanten und dann 1975 festgelegten Übereinkunft einen mit AR, CHU und KVP gemeinsamen, föderativen Zusammenschluß vereinbarten, um zur Bildung einer überkonfessionellen Partei zu gelangen. Dieser Schritt, die Gründung des »Christlich Demokratischen Appells (Christen Democratisch Appel, CDA)«, erfolgte am 11./12. Oktober 1980.

Die Bildung des CDA ließ die konfessionellen Parteien wieder festen Fuß fassen. Dieses Ergebnis des »Entsäulungs«-Prozesses konnte freilich nicht verhindern, daß eine auffallende Entkirchlichung einsetzte, die bis in die Gegenwart hereinreicht. Volkszählungen belegen, daß die Zahl der Konfessionslosen von 17 Prozent im Jahr 1947 auf über 40 Prozent im Jahr 1979 angestiegen war. Jüngere sozialwissenschaftliche Untersuchungen weisen aus, daß das Verhältnis zwischen kirchlich und unkirchlich 58 zu 42 beträgt, bei gleichzeitiger hoher Korrelation zwischen kirchlich und christlich beziehungsweise unkirchlich und unchristlich. »Der transzendente Gottesglaube, die christlich-überweltliche Deutung von Leben, Leiden und Tod gehören nicht mehr zum Kern der nationalen Kultur« (A. Felling). Und diese Einstellung geht durch alle Bildungsschichten. Man hat es mit einer säkularen Tendenzwende zu tun, die die im 19. Jahrhundert zum Teil mit dem Hinweis auf die eigene glorreiche Vergangenheit in sich gefestigte niederländische Gesellschaft einer charakteristischen Dimension beraubt. 1989 sind die Kirchenmitglieder zum ersten Mal eine Minderheit geworden. In jenem Jahr erklärten 51 Prozent der Bevölkerung, keiner Kirche angeschlossen zu sein. Bei einer Erhebung hundert Jahre zuvor hatte sich dieser Anteil bloß auf 1,5 Prozent belaufen. Als Fazit: Die Niederlande gingen im 19. und 20. Jahrhundert, in Zeiten des technisch-industriellen Umbruchs und des hochgehenden sozialen Konflikts, durch Neubelebung liberalen Denkens und durch Abfederung des Konfliktpotentials in einer »versäulten« Struktur äußerst gelassen ihren Weg, vermochten lange die Kontinuität zu bewahren und gelangten erst weit nach dem Zweiten Weltkrieg, als Produktion und Konsum von allen gesellschaftlichen Kräften als die Ingredienzen einer neuen Wertigkeit angesehen wurden und die Möglichkeiten des Individuums eine Renaissance erfuhren, zu einem postmodernen Neuansatz.

Krisen und Konflikte lassen, wie Ernest Zahn feststellt, keine Gesellschaft unverschont, auch die niederländische postmoderne nicht. Wirtschaftlichen und sozialen Herausforderungen haben sich Staat und Gesellschaft ebenso zu stellen wie den Problemen, die sich aus der Verschmutzung der Umwelt ergeben. Dabei ist gegenüber diesen Problembereichen in anderen Ländern lediglich auffällig, daß die Niederlande rascher und liberaler, vielleicht auch drastischer und bedingungsloser als anderswo Lösungen ausarbeiten. Man braucht nur an Drogen- und Abortus-Politik zu denken. So ist es keineswegs verwunderlich, daß die europäische Öffentlichkeit die niederländische Gesellschaft in ihren einzel-

nen Lebensäußerungen als die ausgeprägteste »permissive society« bezeichnet
oder angeprangert hat – ein Eindruck, der sich durch den Zustrom vieler Ju-
gendlicher aus dem Ausland noch verstärken mußte. Es ist schwer, diesen Ausbruch einer umfassenden Individualisierung zu ergründen, der erst im letzten
Vierteljahrhundert so deutlich spürbar wird. Das Ende der »Versäulung«, die
Betonung des Leistungsprinzips, die hohe Bereitschaft zur Rezeption von unterschiedlichsten Ideen bis hin zur Ausbildung eines auffälligen Synkretismus und,
damit verbunden, das überkommene Toleranz-Denken, das zuweilen durchaus
in die Nähe von Gleichgültigkeit zu rücken vermag, und vielleicht das Unbehagen über eine so viele Jahrhunderte unbekannte Allgegenwart des Staates – dies
dürften Faktoren sein, die die gegenwärtige Gesellschaft der Niederlande mitbestimmen. All das vollzieht sich auf dem Hintergrund einer europäischen Einbettung der Niederlande. Der Verfall als Großmacht war bis spätestens im 19.
Jahrhundert manifest, der Wechsel zur neutralen Geräuschlosigkeit und Abstinenz bestimmte bis zum Zweiten Weltkrieg die außenpolitische Position, von
der außer dem Bewußtsein, Hüterin der internationalen Moral zu sein, nichts
übrigblieb. Der Übergang zur Politik der engeren Kooperation oder gar Integration verlief zwar nicht bei allen politischen oder gesellschaftlichen Gruppierungen gleichermaßen geschmeidig, aber es fehlte auch nicht an eigenen Ideen,
zum Beispiel dem Stikker-Plan und Beyen-Plan, die auf dem Weg zur Integration
weiterhelfen sollten, wie es hier im übrigen nie Unternehmungen gegeben hat,
die das Land abseits des »Main-stream« zur Integration in Europa halten wollten.

Zeittafel

1356	Johanna von Brabant und ihr Mann Wenzel beschwören die »Blijde Inkomst«, in der sie den brabantischen Städten weitgehende Zusicherungen machen
1369	Heirat des burgundischen Herzogs Philipp des Kühnen (*1342, †1404) mit der flandrischen Erbtochter Margaretha von Male ist Ausgangspunkt ersten burgundischen Zugriffs auf die Niederlande (1384 Flandern, Artois)
1379–1385	Großer Genter Aufstand gegen die zentralisierenden Tendenzen der gräflichen Macht. Mehrmals gelingt es Aufständischen mit Hilfe der Handwerkergilden in den Städten, fast die ganze Grafschaft zu beherrschen
1385	Durch Vermittlung von Johanna von Brabant kommt eine Doppelhochzeit Burgund-Wittelsbach zustande. Johann ohne Furcht, der älteste Sohn von Philipp dem Kühnen, heiratet Margaretha, eine Tochter von Albrecht von Holland-Hennegau. Wilhelm von Oostervant, der älteste Sohn von Albrecht, heiratet Margaretha, eine Tochter Philipps des Kühnen
1417	Tod Wilhelms VI., dessen Nachfolgerin in der Grafschaft von Holland-Hennegau seine Tochter Jacoba von Bayern wird. Ihr Onkel Johann von Bayern fordert sein Recht auf die Grafschaften ein
1418	Jacoba von Bayern heiratet ihren Cousin Johann IV. von Brabant. Dies hat zur Folge, daß Holland-Seeland und Hennegau mit Brabant-Limburg verbunden werden
1428–1443	folgen unter Herzog Philipp dem Guten (*1396, †1467) weitere Erwerbungen im niederländischen Raum. Anfänge der burgundischen Zentralisierungspolitik. Philipp gilt als der Begründer der burgundischen Kultur in den Niederlanden
1428	Jacoba von Bayern und Philipp der Gute schließen Frieden beim »Kuß von Delft«. Philipp wird Regent von Jacobas Gebieten

1430	Philipp der Gute stiftet den Orden vom Goldenen Vlies
1433	Jacoba von Bayern dankt als Landesherrin ab, so daß Holland-Seeland und Hennegau an den burgundischen Herzog Philipp den Guten kommen
1451	Großer Genter Aufstand gegen die zentralisierenden Tendenzen unter der Regierung Philipps des Guten
1464	Erste Versammlung der Generalstände zu Brügge im Zusammenhang mit den Kreuzzugsplänen von Philipp dem Guten
1467	Karl der Kühne (* 1433, † 1477) übernimmt alle Titel und Rechte seines verstorbenen Vaters Philipp
1473	Kurzzeitige Einverleibung Gelderns in den burgundischen Machtbereich unter Herzog Karl dem Kühnen
1477	Karl der Kühne fällt im Januar in der Schlacht bei Nancy. Das burgundische Erbe geht an seine Tochter Maria. Das »Große Privileg« vom 11. Februar: Maria von Burgund muß die Privilegien der Städte und Territorien garantieren. Im Norden gewinnt Geldern die Selbständigkeit wieder. Als dort der Tod Karls bekannt wird, ziehen die burgundischen Beamten weg; autochthone Vertreter übernehmen die Verwaltung. Heirat Maximilians von Habsburg mit Maria von Burgund wird Ausgangspunkt für die Sicherung des burgundischen Erbes zugunsten der Habsburger
1481	Erneute Einverleibung Gelderns durch die Burgunder. Maria von Burgund stirbt in Brügge. Ihr folgt ihr Sohn Philipp der Schöne, für den sein Vater Maximilian die Regentschaft übernimmt
1483	Beginn des ersten flämischen Aufstandes gegen Maximilian unter Leitung des Genter Jan van Coppenhole. Der Aufstand wird bis 1485 andauern
1488	Beginn des zweiten flämischen Aufstandes gegen Maximilian, wobei der Regent in Brügge gefangengenommen wird, als er versucht, die Stadt zu unterwerfen
1489	Die Flamen, mit Ausnahme von Gent und Brügge, unterwerfen sich dem inzwischen freigelassenen Maximilian
1491	Aufstand des »Kaas- en Broodvolk«, der Bauern aus Kennemerland und West-Friesland, die sich gegen die burgundischen Steuern und die Einmischungsversuche wehren. Der Aufstand wird schon 1492 unterdrückt
1492	Jan van Coppenhole wird auf dem Freitagsmarkt in Gent enthauptet. Die Stadt ergibt sich Maximilian, so daß der zweite flämische

Aufstand beendet ist. Philipp der Schöne wird in den Gebieten Flandern, Artois, Limburg, Namur, Luxemburg, Hennegau, Holland und Seeland als Landesherr anerkannt

1493 Philipp der Schöne wird für volljährig erklärt und übernimmt die Regierung

1506 Philipp der Schöne stirbt in Spanien. Sein Frau Johanna von Aragon verfällt dem Wahnsinn. Ferdinand von Aragon regiert für Johanna über Kastilien. Zweite Regentschaft von Maximilian, diesmal für seinen Enkel Karl V. Als Kaiser von Deutschland und Erzherzog von Österreich kann er sich selbst nicht in den Niederlanden aufhalten und setzt daher seine Tochter Margarete als Statthalterin ein

1509 Erasmus schreibt sein »Lob der Torheit«

1515 Karl V. wird von Maximilian auf Wunsch des niederländischen Adels für volljährig erklärt und damit Herr der Niederlande

1520 Beginn der Inquisition in den Niederlanden

1523 Zwei Antwerpener Lutheraner, Heinrich Voes und Jan van Essen, werden als die ersten Märtyrer der Reformation in den Niederlanden in Brüssel verbrannt

1524–1543 Kaiser Karl V. bringt Friesland (1524), Flandern (1526), Utrecht und Overijssel (1528), Groningen und Drenthe (1536) sowie Gelderland (1543) in seinen Besitz

1533 Wilhelm von Nassau, der älteste Sohn von Wilhelm dem Reichen und Juliana von Stolberg, wird geboren

1535 Gescheiterter Versuch der Wiedertäufer, sich Amsterdams zu bemächtigen. Beginn der Unterdrückung der Wiedertäufer

1539/40 Großer Genter Aufstand gegen die Steuerpolitik Karls V. Die Stadt verliert alle Privilegien. Karl besetzt von nun an den Magistrat

1544 René von Chalon, Prinz von Oranien, fällt bei der Belagerung von Saint-Didier. Als Erbe wird sein ältester Neffe, der elfjährige Wilhelm von Nassau, angewiesen. Wilhelm von Nassau darf sich von nun an Prinz von Oranien nennen

1548 Bildung des Burgundischen Kreises auf dem Reichstag in Augsburg. Alle niederländischen Territorien sind fortan ein kollektiver Teil des Deutschen Reiches; die Verbindung war jedoch sehr schwach

1555 Karl V. überträgt seinem Sohn Philipp II. die Herrschaft über die Niederlande

1559	Margarethe II. von Parma (* 1522, † 1586) wird Generalstatthalterin in den Niederlanden
1562	Gründung der Liga des Hochadels: Oranien, Egmont, Hoorn, Bergen, Hoogstraten, Montigny, Meghen und Mansfeld, der Gouverneur von Luxemburg. Sie wenden sich gegen den Einfluß von Kardinal Granvelle und haben Angst vor der Einführung der spanischen Inquisition. Erster Bildersturm in Valenciennes
1563	Prediger und Psalmübersetzer Datheen übersetzt, kurz nach dessen Erscheinen, den »Heidelberger Katechismus« ins Niederländische
1564	Rücktritt von Granvelle. Die Mitglieder der Liga bekommen großen Einfluß im Staatsrat und in der Landesverwaltung
1565	Zwanzig Vertreter des niederen Adels schließen einen Verbund, um die Inquisition zu bekämpfen
1566	Der Adelsverbund »Gueux (Geusen)« reicht bei der Generalstatthalterin eine Bittschrift ein, in der er den Rückzug der spanischen Truppen und den Widerruf des Inquisitionsedikts fordert. Die religiösen Unruhen führen zum Bildersturm (Beginn in Steenvoorde, im Süden von Flandern). Der Bildersturm breitet sich schnell über die ganzen Niederlande aus. Vom 24. bis 26. August werden in Utrecht mehrere Kirchen gestürmt
1567	Der Herzog von Alva kommt mit einem spanischen Heer in die Niederlande
1568	Die Grafen Egmont (* 1522) und Hoorn (* 1524) werden hingerichtet. Beginn des Widerstands der Wasser- und Waldgeusen. Der vor der Ankunft Alvas geflohene Prinz Wilhelm von Nassau-Oranien (* 1533, † 1584) fällt mit einem kleinen Heer ohne bleibenden Erfolg in die Niederlande ein. Ludwig und Adolf von Nassau, zwei Brüder von Wilhelm von Oranien, schlagen den Statthalter Aremberg bei Heiligerlee
1572	Am 1. April Einnahme Den Briels durch die Wassergeusen unter Lumey. Am 19. Juli Zusammenkunft der Provinzen Holland und Seeland in Dordrecht, auf der der gemeinsame Kampf gegen Spanien unter der Führung des als Statthalter anerkannten Wilhelm von Oranien beschlossen wird
1573	Haarlem ergibt sich nach einem halben Jahr Belagerung den spanischen Truppen des Don Frederico. Abzug von Alva, der durch Requesens ersetzt wird. Spanische Truppen belagern Leiden. Wilhelm von Oranien schließt sich öffentlich den Calvinisten an. Die

	Stände von Holland verbieten die Ausübung der katholischen Religion
1574	Schlacht auf der Mokerheide, in der Ludwig und Heinrich von Nassau, zwei Brüder Wilhelms von Oranien, fallen. Nachdem die Belagerung Leidens für kurze Zeit aufgegeben worden war, belagern die Spanier die Stadt erneut; es entsteht große Hungersnot. Am 3. Oktober wird die Belagerung endgültig durchbrochen
1576	»Genter Pazifikation«. Verkündung der Religionsfreiheit in allen Provinzen
1577	Don Juan unterzeichnet im Februar das »Ewige Edikt« und erkennt damit die Pazifikation von Gent an. Er besetzt im Juli die Zitadelle von Namur
1579	Am 23. Januar Union von Utrecht: Zusammenschluß der sieben nördlichen Provinzen als Kampfgemeinschaft, der die Grundlage der Republik bildet. Die Südprovinzen Hennegau und Artois kehren in der Union von Arras unter die Herrschaft Spaniens zurück. Damit sind im großen und ganzen die Grenzen der Nord-Süd-Trennung bis auf Nordbrabant und Teile im Limburger Bereich festgelegt
1580	Wilhelm von Oranien bietet den Generalständen seine »Apologie« an, in der er sich gegen die Beschuldigungen von König Philipp II. wehrt
1581	Lossagung vom spanischen König durch die »Acte van Afzwering«
1584	Nachdem Verhandlungen zur Souveränitätsübertragung auf den Herzog von Anjou gescheitert sind, bieten Holland und Seeland Wilhelm von Oranien den Grafentitel an, mit sehr begrenzten Befugnissen. Wilhelm wird jedoch von dem Katholiken Balthazar Gerard in Delft erschossen. Der Herzog von Parma erobert Ieper (April), Brügge (Mai) und Gent (September)
1585	Antwerpen wird vom Herzog von Parma eingenommen; damit findet die Unterwerfung der südlichen Territorien unter erneute spanische Herrschaft ihren Abschluß. Moritz von Oranien (* 1567, † 1625), Sohn Wilhelms von Oranien, wird Statthalter von Holland und Seeland. Nachdem der Versuch der Union, Elisabeth I. von England die Souveränität anzubieten, durch die glücklose Mission des als Generalstatthalter entsandten englischen Grafen Leicester (Robert Dudley) 1587 gescheitert ist, übernimmt Moritz 1588 auch den Oberbefehl über die Flotte und 1589 über die Landmacht

1596/97	Erste Fahrt der Niederländer nach Ostindien
1602	Gründung der Vereinigten Ostindischen Companie (VOC)
1609–1621	Spanisch-niederländischer Waffenstillstand. König Philipp III. von Spanien erkennt die Selbständigkeit der Niederlande an
1617	Moritz ergreift öffentlich Partei für die Kontraremonstranten
1618	Moritz läßt seine remonstrantischen Gegner, darunter Johan van Oldenbarnevelt und Hugo de Groot, gefangennehmen. Beginn der Nationalen Synode in Dordrecht, die die Religionsstreitigkeiten beilegen soll. Die Synode dauert bis zum 23. April 1619 und führt zu einem Sieg der Kontraremonstranten. Gleichzeitig wird eine offizielle Bibelübersetzung beschlossen
1619	Hinrichtung Oldenbarnevelts (* 1547) nach Machtkonflikt mit Moritz von Oranien über Fragen der Religion und des Militärs. Jan Pietersz. Coen gründet Batavia
1620	Tod von Wilhelm Ludwig. Moritz wird nun Statthalter in Groningen und Drente. Wilhelm Ludwigs Bruder Ernst Kasimir wird Statthalter in Friesland
1621	Gründung der Westindischen Companie (WIC)
1625	Friedrich Heinrich (* 1584, † 1647) wird Statthalter und Oberbefehlshaber der See- und Landmacht. Unter ihm wird die Statthalterschaft erblich
1628	Piet Heyn erobert die spanische Silberflotte
1629	's-Hertogenbosch unterwirft sich Friedrich Heinrich, der die Stadt seit einigen Monaten belagert hatte
1635	Teilungsvertrag zwischen der Republik und Frankreich über die spanischen Niederlande. Diese sollen möglichst entlang der Sprachgrenze oder etwas weiter nördlich davon zwischen beiden Ländern aufgeteilt werden, die gleichzeitig einen Offensiv- und einen Defensivvertrag abschließen. Veröffentlichung der »Statenbijbel« am 17. September
1641	Die Niederlande bekommen die Zustimmung, sich auf Dejima vor der japanischen Küste niederzulassen. Kinderhochzeit zwischen dem vierzehnjährigen Prinzen Wilhelm, Sohn Friedrich Heinrichs, und der neunjährigen Maria Stuart, Tochter des englischen Königs Karls I.
1642	Abel Tasman erreicht Tasmanien, Neuseeland, die Fuji-Inseln und den Bismarck-Archipel
1644	Verlust von Pernambuco und Recife

1647	Friedrich Heinrich stirbt. Sein Sohn Wilhelm II. wird Statthalter in allen Provinzen außer in Friesland
1648	Internationale Anerkennung der Republik im Westfälischen Frieden durch die daran beteiligten Mächte, darunter Kaiser und Reich
1650	Zug des Statthalters Wilhelm II. von Oranien gegen Amsterdam. Wilhelm II. stirbt an Kinderpocken
1651	»Große Versammlung (Grote Vergadering)« der Generalstände: Umsetzung der Theorie von der »wahren Freiheit« in die politische Praxis. Beginn der ersten statthalterlosen Periode (Ausnahme: die Provinz Friesland). »Navigationsakte« des englischen Lord-Protektors Oliver Cromwell; sie dient dazu, die Niederlande vom englischen Seehandel auszuschließen und den niederländischen Zwischenhandel zu unterbinden
1652–1654	Erster Englisch-Niederländischer Krieg; endet mit dem Frieden von Westminster. Die Engländer ziehen die von Cromwell ausgegebene »Navigationsakte« nicht zurück
1652	Jan van Riebeeck legt einen Stützpunkt am Kap der Guten Hoffnung an, an dem auch Frischgemüse und Obst zur Bekämpfung von Skorbut aufgenommen werden können
1653	Johan de Witt (* 1625, † 1672) wird Ratspensionär und bestimmt als Vertreter der Regentenpartei die Innen- und Außenpolitik. Durch enge Freundschaft mit führenden Familien seiner Zeit beherrscht er den holländischen Regierungsapparat
1654	»Seklusionsakte (Acte van Seclusie)« von der holländischen Ständeversammlung angenommen, aber nicht von allen Städten. Sie bestimmt, daß kein Vertreter des Hauses Oranien jemals wieder Statthalter oder Oberbefehlshaber des Landheeres werden soll, und geht auf eine Forderung des englischen Lord-Protektors Cromwell zurück, der die Verbindung der Häuser Oranien und Stuart fürchtet und nur bei Erfüllung der Forderung den Frieden von Westminster unterzeichnen will; wurde 1660 wieder zurückgenommen
1654–1658	Eroberung der portugiesischen Handelsniederlassungen auf Ceylon und einiger anderer an der Küste von Malabar
1662	Formosa geht für die niederländischen Kaufleute an den chinesischen Seeräuber Zhen Cheng-gong verloren
1664	Eine englische Flotte zwingt Gouverneur Pieter Stuyvesant zur Kapitulation und erobert Neu-Amsterdam. Die Engländer nehmen

das Gebiet für Jacobus, Herzog von York, in Besitz, den Bruder von König Karl II. Nach ihm wird der Ort von nun an New York genannt

1665–1667 Zweiter Englisch-Niederländischer Krieg, den Johan de Witt infolge seiner Schaukelpolitik zwischen Frankreich und England nicht vermeiden kann; endet mit dem Frieden von Breda

1667 »Ewiges Edikt (Eeuwig Edict)«: Beschluß der holländischen Provinzialstände, nach dem die Statthalterschaft ganz abgeschafft und der militärische Oberbefehl für unvereinbar mit der Statthalterschaft in anderen Provinzen erklärt wird. Die Provinzen stimmen 1670 zu

1667/68 Devolutionskrieg. Die Republik und ihre Bundesgenossen England und Schweden können die Annexion der spanischen Niederlande durch Frankreich verhindern. Im Frieden von Aachen kann Ludwig XIV. nur einige niederländische Grenzfestungen, darunter Lille, erwerben

1672 Johan de Witt wird in Den Haag zusammen mit seinem Bruder Cornelis ermordet. Kurz zuvor ist Wilhelm III. von Oranien (* 1650, † 1702) von den holländischen Ständen zum Statthalter und Oberbefehlshaber ernannt worden. Nach der Wiedereroberung der Provinzen Utrecht, Gelderland und Overijssel erwirbt Wilhelm III. durch Regierungsverordnungen fast diktatorische Gewalt

1672–1678 Krieg der Niederlande gegen Frankreich. Unterstützt von England, Schweden und deutschen Fürsten, greift Ludwig XIV. die Niederlande an. Wilhelm III. von Oranien gelingt es, eine Koalition der Niederlande mit dem Reich, Brandenburg, Spanien gegen Ludwig XIV. zusammenzubringen

1674 Im Frieden von Westminster schließt England einen Separatfrieden mit den Niederlanden ab

1677 Heirat zwischen Statthalter Wilhelm III. und Maria Stuart, der ältesten Tochter des Herzogs von York, nach ihrem Vater der nächsten Anwärterin auf den englischen Thron, da König Karl II. selbst keine ehelichen Kinder hat

1678 Friede von Nimwegen, in dem der territoriale Bestand der Niederlande wiederhergestellt wird

1689–1702 Statthalter Wilhelm III. zugleich König von England (König-Statthalter)

1688–1713 Die Zeit der Koalitionen und Koalitionskriege, die unter dem König-Statthalter gegen Frankreich geschlossen und geführt werden. Die hier entwickelte außenpolitische Konstellation findet 1713 mit dem Frieden von Utrecht ihr Ende. Die Niederlande erhalten nun sieben Barriereplätze in den mittlerweile österreichischen Niederlanden

1689 Große Allianz von Wien zwischen dem Kaiser und der Republik, der sich England, Köln, Lüttich, die Pfalz, Brandenburg, Hannover, Bayern und 1690 Spanien und Savoyen anschließen. Damit ist die große Koalition gegen Frankreich, von der Wilhelm III. lange geträumt hatte, in die Tat umgesetzt

1697 Frieden von Rijswijk zwischen Frankreich und den Koalitionspartnern Wilhelms III. Die Franzosen müssen alle spanischen Eroberungen, wie in den südlichen Niederlanden, zurückgeben. Die Republik bekommt von den Spaniern das Recht, in den wichtigsten südniederländischen Grenzniederlassungen Garnisonen einzuquartieren: das erste Barriere-Traktat

1702 Tod von Statthalter-König Wilhelm III.

1715 Barriere-Traktat der Niederlande mit Österreich, in dem den Generalständen acht Festungsplätze zugewiesen werden

1711–1747 Nach dem Tod Johan Willem Frisos, des Statthalters von Friesland und Groningen, zweite statthalterlose Periode

1716/17 Zweite Große Versammlung der Generalstände zur Lösung der politischen und staatsrechtlichen Probleme und Bestätigung der »wahren Freiheit«

1717 Dreier-Allianz zwischen England, Frankreich und der Republik, bei der man das gegenseitige Grundgebiet garantiert

1722 Wilhelm IV., der schon Statthalter von Friesland und Groningen ist (1718), wird mit elf Jahren auch Statthalter von Drenthe und Gelderland. Die übrigen Gebiete beschließen im Jahr darauf feierlich, die statthalterlose Regierungsform beizubehalten

1747 Wilhelm IV., Prinz von Nassau-Oranien, wird erblicher Statthalter sowie Oberbefehlshaber des Landheeres und der Flotte, nunmehr der erste Statthalter in allen Provinzen

1748 Demokratische »Doelisten«-Bewegung, die auf Beschneidung der Regentenrechte zielt. Ihre Basis sind die Gilden und Schützengesellschaften

1751 Tod Wilhelms IV. Seine Frau, Anna von Hannover, nimmt die Regentschaft für ihren dreijährigen Sohn Wilhelm V. wahr

1766	Wilhelm V. nimmt mit achtzehn Jahren die Statthalterschaft auf sich. Der Herzog von Braunschweig läßt ihn am 3. Mai eine »Acte van Consulentschap« unterzeichnen, in der der Herzog verspricht, Wilhelm weiter zu beraten, daß der Statthalter jedoch selbst für seine Entscheidungen verantwortlich ist
1780–1784	Vierter Englisch-Niederländischer Krieg
1782	Preisgabe der Barriere-Städte
1780–1787	Aufkommen der Patriotenbewegung, die zwischen 1785 und 1787 die Regierung der Provinzen Holland und Utrecht übernimmt. Der Statthalter zieht sich nach Nimwegen zurück. Einfall des preußischen Heeres nach dem Zwischenfall von Goejanverwellesluis, wo die Frau des Statthalters, Wilhelmina, Schwester des preußischen Königs, von Patrioten auf dem Weg nach Den Haag aufgehalten wird. Die Folge ist eine Stärkung der Orangisten. Der Statthalter zieht wieder in Den Haag ein. Zahlreiche Patrioten flüchten nach Frankreich
1784	Friede von Paris zwischen der Republik und England setzt dem vierten Krieg ein Ende
1788	»Acte van Harmonie«: Die Provinzen garantieren das bestehende Staatssystem, nachdem auch die Regentenoligarchie im Gegensatz zu den demokratischen Patrioten die Seite der Oranier gewählt hat. Großbritannien und Preußen garantieren die Akte
1793	Kriegserklärung Frankreichs an die Republik
1795	Gründung der Batavischen Republik
1796	Erste Zusammenkunft der Nationalen Versammlung; diese führt noch vor dem Grundgesetz die Trennung zwischen Staat und Kirche durch
1806	Umwandlung der Republik in das Königreich Holland unter Kaiser Napoleons I. Bruder Louis (* 1778, † 1846)
1810	Abdankung Louis Napoleons wegen der für die Niederlande negativen Auswirkungen der Kontinentalsperre. Einverleibung des Königreiches Holland in das französische Kaiserreich. Die Einführung des französischen Rechts- und Verwaltungssystems wirkt bis weit ins 19. Jahrhundert fort
1813	Wilhelm VI. (* 1772, † 1843), Prinz von Oranien, nimmt den Titel »Souveräner Fürst« an
1814	Vertrag von Chaumont zwischen den gegen Napoleon verbündeten Großmächten: Beschluß, die nördlichen und südlichen Nieder-

lande zu vereinen. Eine Versammlung der Honoratioren gibt ihre Zustimmung zum neuen Grundgesetz in den Nord-Niederlanden, erarbeitet von einer Kommission unter Leitung van Hogendorps. Die wichtigste Bestimmung ist, daß der König von den Ministern unterstützt wird und daß diese nur dem König Verantwortung schuldig sind

1815   Der »Souveräne Fürst« nimmt am 16. März als Wilhelm I. den Titel »König der Niederlande« an. Die neue Verfassung wird am 24. August verkündet. In der Zweiten Kammer sollen die nördlichen und südlichen Niederlande trotz Bevölkerungsmehrheit des Südens gleich stark vertreten sein

1816   Die Niederlande erhalten den größten Teil der Kolonien zurück

1828   Bildung der Union aus Liberalen und Katholiken in Belgien

1830   Revolution in Brüssel unter dem Einfluß der französischen Julirevolution. Verhaftung und Verbannung von Dipanagara beendet den Java-Krieg. Einführung des »Cultuurstelsels« in Niederländisch-Indien durch Generalgouverneur van den Bosch. Dieses Anbausystem, bei dem die einheimischen Bauern verpflichtet werden, den niederländischen Machthabern bestimmte Handelsgewächse zu liefern, macht die Kolonien rentabel, liefert jedoch die Bevölkerung der Willkür der örtlichen Leiter und Gouvernementsbeamten aus

1833   Die Regierung beschließt, die Ansiedlung einer Baumwollindustrie im Norden und Osten der Niederlande zu fördern. Dies geschieht in Twente und in Haarlem, wo sich südniederländische Emigranten niederlassen

1834   Der »Afscheiding« der Pastoren de Cock aus Ulrum und Scholte aus Doeveren folgen bald einige Gemeinden, die die große Kirche in der Lehre als zu wenig streng empfinden

1837   Erscheinen des »Arnhemse Courant« als der ersten entschieden liberalen Zeitung in den Niederlanden. Gründung »De Gids« von Potgieter als allgemein kritisch literarische Zeitschrift

1839   Endgültige Lostrennung Belgiens nach dem Londoner Protokoll der europäischen Großmächte. Eröffnung der ersten niederländischen Bahnlinie zwischen Haarlem und Amsterdam

1840   Verfassungsrevision. Abdankung Wilhelms I.

1840–1849 Sein Sohn Wilhelm II. (* 1792, † 1849) besteigt den Thron

1848   Verfassungsänderung im Sinne stärkerer Parlamentsbefugnisse

1849–1890 König Wilhelm III. (* 1817, † 1890)

1849–1853 Erste Ministerpräsidentschaft des Liberalen Thorbecke

1853 April-Bewegung ist gegen die Wiedereinführung der bischöflichen Hierarchie. Vielzahl von Petitionen aus dem protestantischen Bevölkerungsteil aus Angst vor katholischer Vorherrschaft und von Konservativen, die die Gelegenheit sehen, das Ministerium Thorbecke zu Fall zu bringen

1854–1857 Erste Auseinandersetzung um die Schulgesetzgebung; endet mit dem Grundschulgesetz von 1857

1859 Abschaffung der Sklaverei in Niederländisch-Indien

1860 Erscheinen von »Max Havelaar« von Multatuli; dieses Buch prangert die Auswüchse des Anbausystems an

1863 Abschaffung der Sklaverei in Westindien. Der Zoll an der Schelde wird den Niederlanden von Belgien abgekauft. Dies beendet die letzten Behinderungen für das Aufblühen Antwerpens

1862–1866 Thorbecke wieder Ministerpräsident

1866–1868 Verfassungskonflikt mit dem König; endet mit Schwerpunktverlagerung zugunsten des Parlaments

1867 Die Verhandlungen von König Wilhelm III. mit dem französischen Kaiser Napoleon III. über den Verkauf Luxemburgs erwecken Bismarcks Unmut und führen zu einer internationalen Krise in London. Luxemburg und Limburg scheiden aus dem Deutschen Bund aus. Die Neutralität von Luxemburg wird durch die Großmächte und durch die Niederlande garantiert

1869 Abschaffung des Zeitungsstempels, wodurch Zeitungen in den Niederlanden billiger werden können und dadurch eine größere Verbreitung erlangen

1870 Abschaffung des Anbausystems in Niederländisch-Indien als Folge des Anbaugesetzes von Minister de Waal. Aletta Jacobs wird als erstes Mädchen zur HBS in Sappemeer zugelassen. Abschaffung der Todesstrafe in den Niederlanden

1871/72 Thorbecke erneut Ministerpräsident. Auf den Verfassungskonflikt folgen Kämpfe um Konfessionsschule, Wahlrecht und Sozialgesetzgebung; dies begünstigt das Aufkommen konfessioneller Parteien

1871 Die Aufhebung der niederländischen Gesandtschaft im Vatikan besiegelt den Bruch zwischen Liberalen und Katholiken. Gründung des »Algemeen Nederlands Werkliedenverbond (ANWB)« unter der Leitung des Schreiners Heldt. Dieser Verband will für die Verbesserung der Arbeitszustände auf gesetzlichem Weg, ohne Streiks, eintreten

1874 Verbot der Fabrikarbeit für Kinder unter zwölf Jahren

1878 Gründung der »Antirevolutionären Partei«, der ersten straff organisierten politischen Partei in den Niederlanden, nach dem Programm von Abraham Kuyper

1880 Gründung der »Vrije Universiteit Amsterdam«. Am 31. August Geburt von Prinzessin Wilhelmina, dem einzigen Kind aus der zweiten Ehe (1879) von König Wilhelm III. und Emma von Waldeck-Pyrmont

1881 Gründung des »Sociaal-Democratische Bond« von H. Gerard und F. Domela Nieuwenhuis; er steht auf dem Boden der sozialistischen Theorie. Publikationsorgan ist die Zeitschrift »Recht voor Allen«

1887, 1896 Erweiterung des Wahlrechts

1888–1891 Kampf der konfessionellen Parteien um Wahlrechtserweiterung und Sozialgesetzgebung

1888 Domela Nieuwenhuis wird als erster Sozialist in die Zweite Kammer gewählt

1890–1948 Wilhelms Tochter Königin Wilhelmina (* 1880, † 1962), deren Stellung bis 1898 ihre Mutter Emma von Waldeck (* 1858, † 1934) als Regentin wahrnimmt

1890 Ende der Personalunion mit Luxemburg

1891 Gründung der Philips Glühbirnenfabrik in Eindhoven

1892 Die aus der reformierten Kirche ausgetretene Gruppe um Abraham Kuyper (»Doleantie«) vereinigt sich mit einem Teil der »Afgescheidenen« von 1834 zu den »Gereformeerde Kerken in Nederland«. Ein Teil bleibt unter dem Namen »Christelijk gereformeerd« selbständig

1896 Die katholischen Wählervereinigungen nehmen in Utrecht das Programm an, das Schaepman schon 1883 aufgestellt hat

1899 Erste Haager Friedenskonferenz auf Vorschlag des russischen Zaren und auf Einladung von Königin Wilhelmina. Gründung des Haager Schiedsgerichts

1903 Eisenbahnerstreiks in den Niederlanden. Nach einem gelungenen Streik beim Amsterdamer Blauwhoedenveem, der von Bahnarbeitern unterstützt wurde, reicht Kuyper einen Entwurf für seine Würgegesetze (»Worgwetten«) ein, die streikende Arbeiter und Beamte in Staatsbetrieben unter Strafe stellen sollen. Dagegen wird ein zweiter, sogar allgemeiner Streik proklamiert, der scheitert. Die Zersplitterung unter der niederländischen Arbeiterbewegung wird dabei offensichtlich

1907   Zweite Haager Friedenskonferenz. Ergebnis beider Konferenzen: die Haager Landkriegsordnung. Entstehen der »Koninklijke Shellgroep«, durch eine Fusion zwischen der »Koninklijke Nederlandse Petroleum Mij.« und der Englischen Shell

1908   Gründung der »Christelijk Historische Unie« in den Niederlanden, bestehend aus den freien Antirevolutionären von de Savornin Lohman und einigen anderen Gruppen

1914–1918 Die Niederlande bleiben im Ersten Weltkrieg neutral

1917   Lösung des Schulstreits im konfessionellen Sinne. Einführung des allgemeinen Wahlrechts für Männer. Dieses wird 1919 ergänzt durch die Einführung des Frauenstimmrechts, das 1922 in der Verfassung verankert wird

1918   Flucht des deutschen Kaisers in die Niederlande, wo er Asyl erhält. Seine Auslieferung wird von Königin Wilhelmina 1919 verweigert. Troelstra prognostiziert die Revolution und ruft die Arbeiterklasse auf, die Macht zu ergreifen, aber es erfolgt kaum eine Reaktion. Sechs Tage später gibt Troelstra zu, sich geirrt zu haben

1920   Die Niederlande treten dem Völkerbund bei. Ein Gesetz regelt die Gleichstellung des öffentlichen und des konfessionellen Grundschulunterrichts

1925   Bildung des »Rooms-Katholiek Werklieden Verbond (RKWV)«. Damit sind in den Niederlanden die großen Gewerkschaftszentralen gebildet: NVV, CNV und RKWV

1931   Beginn der Wirtschaftskrise. Schutzzollpolitik für die Landwirtschaft. Gründung der »Nationaal-Socialistische Beweging (NSB)« von A. Mussert

1933   Meuterei auf dem Kreuzer »De Zeven Provinciën«. Wegen Lohnkürzungen fährt das Marinepersonal ohne Offiziere von Sabang nach Java. Im April Bildung eines Krisenkabinetts durch Ministerpräsident (1925–1926 und 1933–1939) Hendrikus Colijn (* 1869, † 1944), das die Finanzkrise und radikale Bewegungen von rechts und links bekämpfen soll

1934   Die Regierung Colijn setzt ihre Maßnahmen gegen die Wirtschaftskrise fort. Keine Guldenentwertung. Arbeitsbeschaffungsmaßnahmen. Aufruhr im Jordaan in Amsterdam wegen der Senkung der Arbeitslosenunterstützung

1935   Die SDAP akzeptiert einen »Plan der Arbeit«, entworfen nach dem Plan des belgischen Sozialisten Hendrik de Man. Der Plan findet seinen Niederschlag im neuen Grundsatzprogramm von 1937. Damit versucht die Partei, ihren exklusiven Charakter als Arbeiterpartei aufzugeben und sich allen »Opfern« des Kapitalismus zu öffnen. Der NSB verbucht mit 8 Prozent der Stimmen einen großen Sieg bei den Wahlen zu den Provinzialständen

1936   Die wirtschaftliche Krise erreicht mit einer Arbeitslosenquote von 17,5 Prozent der Berufsbevölkerung einen Höhepunkt. Aufrüstung in den Niederlanden und in ihren Kolonien. Gründung des »Comité van Waakzaamheid« von niederländischen Intellektuellen gegen den Nationalsozialismus (Ter Braak, du Perron, Romein u. a.)

1937   Hochzeit der niederländischen Kronprinzessin mit dem deutschen Prinzen Bernhard zu Lippe-Biesterfeld

1938   Am 31. Januar Prinzessin Beatrix als erstes Kind von Prinzessin Juliana und Prinz Bernhard geboren

1939   Das Kabinett Colijn (AR) tritt zurück. Nachfolger wird de Geer (CHU), der die Sozialdemokraten in das Kabinett aufnimmt. Königin Wilhelmina und Leopold III. von Belgien bieten ihre guten Dienste bei den Großmächten an

1940   Am 10. Mai fallen deutsche Truppen in Belgien und den Niederlanden ein. Am 14. Mai wird Rotterdam bombardiert, die Niederlande kapitulieren. Nach Beginn des deutschen Angriffs weicht Königin Wilhelmina mit der Regierung nach London aus. Die Regierung führt von dort die Geschäfte weiter. Im Juli Gründung der »Nederlandse Unie« durch Einthoven, de Quay und Linthorst Homan. Einige hochstehende Niederländer werden als Geiseln in Sint-Michielsgestel interniert

1941   Februar-Streik in Amsterdam aus Protest gegen die zunehmenden Provokationen der deutschen Besatzer gegen die Juden. Am 8. Dezember erklärt die Exilregierung Japan den Krieg

1942   Die Japaner erobern Niederländisch-Indien, fördern dort Selbständigkeitsbestrebungen. Seit Juli Beginn der Deportationen der Juden in Konzentrationslager

1944   Zur Verbesserung der Verteidigungsmöglichkeiten in den Niederlanden werden von der deutschen Wehrmacht fortschreitend Landflächen durch Öffnen der Schleusen unter Wasser gesetzt. 5. September, der »Dolle Dinsdag«. Es herrscht das Gerücht, daß die Befreiung des niederländischen Grundgebietes durch die Alliierten bevorstehe. Daraufhin flüchten viele Deutsche und NSB-Anhänger in Richtung Osten. Die Niederlande unterzeichnen zusammen mit Belgien und Luxemburg einen Zollvertrag; der Beginn der Benelux. Am 17. September Luftlandung der Alliierten bei Arnheim. Der Landeraum bei Arnheim wird von den Deutschen abgeriegelt, aber der von Nimwegen zur neuen Front gebildete Schlauch kann nicht mehr beseitigt werden. In der Erwartung baldiger Befreiung treten die niederländischen Eisenbahner in den Streik, der bis Kriegsende aufrechterhalten wird, wodurch die gefährdete Versorgung des verbliebenen Teils der Niederlande weiter erschwert wird. Die männliche Bevölkerung des Ortes Putten wird als Vergeltungsmaßnahme für einen Anschlag auf ein deutsches Fahrzeug in das Konzentrationslager Neuengamme deportiert und kommt dort um. 1944/45: Hungerwinter

1945   April: Durch den Vorstoß der Briten in Richtung Ostfriesland ist Holland, das noch von deutschen Truppen besetzt bleibt, vom übrigen deutschen Kampfraum abgetrennt. Es wird zur »Festung« erklärt. Beginn des Abwurfes von Nahrungsmitteln über den westlichen Niederlanden. 5. Mai: deutsche Kapitulation. Die in der »Festung Holland« noch Widerstand leistenden deutschen Truppen werden entwaffnet und auf Reichsgebiet überführt. 17. Mai: Gründung der »Stichting van de Arbeid« als Möglichkeit zur Beratung zwischen Arbeitgebern und Arbeitnehmern. 23. Mai: Das niederländische Exilkabinett tritt in Den Haag zusammen. 2. Juni: Bildung des nationalen Kabinetts Schermerhorn/Drees, das die ersten Wiederaufbauarbeiten in Angriff nimmt. 14. Juni: Die Londoner Exilregierung unter Pieter Sjoerd Gerbrandy (* 1885, † 1961) wird nach ihrer Rückkehr in die Niederlande von einer Interimsregierung unter Ministerpräsident Willem Schermerhorn (* 1894) abgelöst. 18. Juni: Die Königin kehrt in die Niederlande zurück. 17. August: Sukarno und Hatta proklamieren die indonesische Unabhängigkeit

1946   Gründung der »Partei van de Arbeid (PvdA)« durch einen Zusammenschluß der früheren Sozialisten, der Freisinnigen Demokraten und Christdemokraten. Diese präsentiert sich als »Doorbraak«-Partei, die das ganze niederländische Volk vertreten soll. Erste Nachkriegswahlen zur Zweiten Kammer: Katholische Volkspartei (KVP) 32, Partei der Arbeit (sozialdemokratisch; PvdA) 29, Antirevolutionäre Partei (ARP) 13, Christlich-Historische Union (CHU) 8, Freisinnige, später: Volkspartei für Freiheit und Demokratie (VVD) 6, Kommunistische Partei (CPN) 10, Reformiert-Politische Partei (Staatkundig Gereformeerde Partij, SGP) 2 Sitze. Abkommen von Linggadjati. Entwurf einer niederländisch-indonesischen Union: Niederlande einschließlich Surinam, Curaçao sowie Indonesische Republik (Java, Sumatra, Madura) und Borneo. Dabei sind diese als Teile eines demokratischen Föderalstaates (Vereinigte Staaten von Indonesien) gedacht. Das Abkommen wird endgültig am 25. März 1947 unterzeichnet. Niederländische Polizeiaktionen gegen die »Republikaner« auf Java, Bali und Sumatra

1947 »Notgesetz-Drees« ermöglicht allen Älteren, auch ohne daß sie Prämien gezahlt haben, eine Mindestrente

1948 Koalitionsregierung (KVP, PvdA, Liberale, CHU) des sozialdemokratischen Ministerpräsidenten Willem Drees (* 1886). Erste Runde-Tisch-Konferenz der Niederlande, Surinams und der niederländischen Antillen. Man kommt zu einer neuen Regelung innerhalb eines neuen Königreiches, des Vereinigten Königreiches der Niederlande. Gründung der »Volkspartei voor Vrijheid en Democratie (VVD)«. Königin Wilhelmina dankt zugunsten ihrer Tochter Juliana ab. Die zweite »Politionele Actie« in Niederländisch-Indien. Wie nach der ersten »Actie« im Sommer 1947, zwingt nun auch der Sicherheitsrat der UNO, das Feuer einzustellen und die Gefangenen freizulassen

1949 Indonesien wird unabhängig. Einige unbedeutende Grenzkorrekturen zwischen der Bundesrepublik Deutschland und den Niederlanden werden ausgeführt. Die hauptsächlichen Gebietsgewinne für die Niederlande sind die Gebiete Elten und Tüddern. Beginn der Runde-Tisch-Konferenz in Den Haag zwischen den Niederlanden, der Republik Indonesien und den Einzelstaaten zur Vorbereitung der Souveränitätsübertragung. Batavia wird seitdem Jakarta genannt

1950 Präsident Sukarno ruft nach der Einverleibung der Einzelstaaten den Einheitsstaat Indonesien aus

1951	Zweite Runde-Tisch-Konferenz mit den Niederlanden, Surinam und den Antillen. Es entstehen Schwierigkeiten bei der Frage, ob Abspaltung zugestanden werden kann
1953	Sturmflutkatastrophe vom 1. Februar verursacht große Überschwemmungen auf den seeländischen und südholländischen Inseln
1954	Dritte Runde-Tisch-Konferenz mit den Niederlanden, Surinam und den Antillen führt zur Verkündung des »Koninkrijks-Statuut«
1957	Gründung der »Pacifistisch Socialistische Partij (PSP)« mit der Losung »Sozialismus ohne Atombombe«
1960	Vertrag zwischen den Niederlanden und der Bundesrepublik, in dem die Grenzkorrekturen von 1949 aufgehoben werden. Die Niederlande bekommen einen Betrag von 280 Millionen DM, zum Teil als Wiedergutmachung für die Kriegsopfer gedacht
1965	Gründung der »Provo«, zunächst einer Zeitschrift, bald einer Gruppe junger Amsterdamer, die alle Formen der Macht auf spielerische Weise provozieren. 1967 werden Vertreter der »Provos« in den Amsterdamer Gemeinderat gewählt
1966	Die Hochzeit der Kronprinzessin Beatrix mit dem Deutschen Claus von Amsberg in Amsterdam ist Anlaß zu ernsten Unruhen auch durch »Provos«, die mit gackernden Hühnern und Rauchbomben herumwerfen. Es bleibt den ganzen Sommer unruhig in der Hauptstadt. Publikation von »Tien over Rood«, die von »Nieuw-Links«, einer Arbeitsgruppe innerhalb der PvdA ausgeht und unter anderem langfristig die Monarchie abschaffen und die Einkommensunterschiede weiter verringern will. Publikation des »Nieuwe Katechismus«, im Auftrag der niederländischen Bischöfe zusammengestellt. Dieses Buch offenbart den progressiven Kurs, den die niederländischen Katholiken seit einigen Jahren verfolgen. Nacht von Schmelzer. Die KVP bringt das Kabinett Cals zu Fall. Innerhalb der KVP entsteht große Uneinigkeit, was schließlich zu der Abspaltung der Gruppe Aarden führt, aus der später die PPR entsteht
1967	Die »Gruppe der 18« aus KVP, ARP und CHU untersucht die Möglichkeiten für eine große christdemokratische Zusammenarbeit. Aufhebung der »Provo«
1969	Studenten besetzen die »Hogeschool« in Tilburg. In Amsterdam will man nicht zurückstehen und besetzt das »Maagdenhuis«, das Verwaltungszentrum der Amsterdamer Stadt-Universität. Ziel dieser Aktion ist es, die Demokratisierung der Universitäten zu fördern

1972	Justizminister van Agt will die »Drei von Breda«, die Kriegsverbrecher Fischer, Kotälla und Aus der Fünten, freilassen, sieht aber nach heftigen Demonstrationen davon ab
1973	Gründung der Erasmus-Universität zu Rotterdam
1975	Proklamation der Unabhängigkeit von Surinam
1976	Beginn der Lockheed-Affäre. Es scheint, daß Prinz Bernhard Bestechungsgelder empfangen hat. Die »Kommission der drei Weisen« Donner, Holtrop und Peschar kommt zu dem Ergebnis, daß der Prinz nachlässig gehandelt hat. Bildung der Föderation »Christen-Democratisch Appèl (CDA)«, nachdem die Parteiräte von CHU und ARP einer gemeinsamen Kandidatenliste mit der KVP zugestimmt hatten, die schon vorher damit einverstanden gewesen ist
1977	Die Parteispitzen van Agt und Wiegel bilden ein CDA-VVD-Kabinett
1980	Königin Juliana tritt am 30. April zugunsten ihrer ältesten Tochter Beatrix ab. Im Oktober Umwandlung der CDA-Föderation in eine Partei
1981	Bei den Parlamentswahlen am 26. Mai hat D'66 den größten Stimmengewinn zu verzeichnen. Am 11. September präsentiert sich das zweite Kabinett van Agt – eine Koalition aus CDA, PvdA und D'66
1982	Am 12. Mai Kabinettskrise wegen wirtschaftspolitischer Meinungsverschiedenheiten; die PvdA verläßt die Regierung, CDA und D'66 bleiben in der Minderheitsregierung (drittes Kabinett van Agt). Bei den Neuwahlen im September wird die PvdA wieder stärkste Partei; den größten Stimmengewinn verbucht jedoch die VVD unter Ed Nijpels. Im November kommt es zur Koalitionsregierung CDA-VVD unter Ruud Lubbers
1983	17. Februar: Verkündung der »Nieuwe Grondwet«; sie enthält keine grundsätzlichen Änderungen der niederländischen Staatsstruktur. Im Juni Kabinettsentscheidung über die Stationierung von Cruise missiles in Woensdrecht; die parlamentarische Billigung erfolgt im folgenden Jahr
1984	20. April: Demonstration gegen Raketenstationierung in Woensdrecht
1985	Im Juli wird der Thronfolger Prinz Wilhelm Alexander als Mitglied des Staatsrates installiert. Im August entscheidet der staatliche Ausschuß für Euthanasie-Fragen, daß freiwillige Euthanasie unter bestimmten Voraussetzungen straffrei bleibt

1986	1. Januar: Die Antilleninsel Aruba erhält ihre Teilunabhängigkeit. Wim Kok wird als Nachfolger Joop den Uyls als Parteivorsitzender der PvdA vorgeschlagen. Bei den Parlamentswahlen am 21. Mai erringt die CDA von Ministerpräsident Ruud Lubbers einen überraschenden Erfolg und wird mit 34,6 Prozent der Stimmen stärkste Partei. Am 14. Juli wird das zweite Kabinett Lubbers (CDA-VVD) vereidigt
1987	25. und 26. Oktober: In Noordwijk findet die 1. Umweltministerkonferenz der EG- und EFTA-Länder statt
1988	Das Parlament begnadigt am 27. Januar die beiden letzten noch inhaftierten Kriegsverbrecher Franz Fischer und Ferdinand Aus der Fünten. Am 8. Oktober demonstrieren mehr als 100.000 Menschen in Amsterdam gegen die Sozialpolitik der Regierung und die als unzureichend empfundenen Maßnahmen zur Bekämpfung der Arbeitslosigkeit (692.300 Arbeitslose, 14 Prozent der Erwerbstätigen)
1989	Aus den vorgezogenen Parlamentswahlen vom 6. September gehen die beiden Parteien der Mitte-Rechts-Koalition mit einer Mehrheit von einer Stimme hervor. Am 7. November wird eine Mitte-Links-Regierung (Große Koalition von CDA und PvdA) unter Ruud Lubbers gebildet
1990	Bei den Kommunalwahlen am 22. Mai erleidet die PvdA hohe Verluste
1991	23. Mai: Staatsvertrag mit der Bundesrepublik Deutschland, nach dem niederländische Provinzen und Gemeinden künftig mit Gemeinden, Städten und Kreisen in Nordrhein-Westfalen und Niedersachsen sowie mit den Landschaftsverbänden rechtlich verbindliche Formen der Zusammenarbeit vereinbaren können. Demonstration von 25.000 Menschen in Den Haag gegen den vom Kabinett Lubbers (CDA-PvdA) beschlossenen Abbau von Sozialleistungen. Am 8. November beschließt das Kabinett eine gesetzliche Verankerung der aktiven Sterbehilfe, ohne den Strafrechtsparagraphen zu ändern, der sie mit Haft bis zu zwölf Jahren bedroht
1992	Am 1. Januar tritt eine Allgemeine Krankenversicherungspflicht in Kraft (bis dahin galt sie nur bis zum Jahreseinkommen von Hfl. 54.400,–). Am 22. März große Demonstration in Amsterdam gegen Rassismus und Ausländerfeindlichkeit. Anschläge auf ausländische Einrichtungen und tätliche Angriffe auf Ausländer waren vorausgegangen

Bibliographie

Bibliographien, Wörterbücher

A. J. van der Aa, Biografisch Woordenboek der Nederlanden, weitergeführt von K. J. R. van Harderwyk, G. D. J. Schotel u. a., 21 Bde, Haarlem 1852–1878

J. P. de Bie, J. Lindeboom, G. P. van Itterzoon u. a., Biografisch woordenboek van protestantsche godgeleerden in Nederland, 5 Bde, Den Haag 1907–1943

J. C. Boogman, Vaderlandse geschiedenis (na de middeleeuwen) in hedendaags perspectief, Enige kanttekeningen en beschouwingen, in: Idem, Van spel en spelers, 's-Gravenhage 1982

H. de Buck, Bibliografie der geschiedenis van Nederland, Leiden 1968

J. Charité (Hg.), Biografisch Woordenboek van Nederland, 3 Bde, 's-Gravenhage 1979

A. C. Duke, C. A. Tamse (Hg.), Britain and the Netherlands viii: Clio's mirror, Historiography in Britain and the Netherlands, Zutphen 1985

P. A. M. Geurts, A. E. M. Janssen (Hg.), Geschiedschrijving in Nederland, Studies over de historiografie van de Nieuwe Tijd, 2 Bde, Den Haag 1981

H. P. H. Jansen, Kalendarium Geschiedenis van de Lage Landen in jaartallen, Utrecht und Antwerpen [3]1977

W. P. C. Knuttel, Catalogus van de pamflettenverzameling berustende in de Koninklijke Bibliotheek, 9 Bde, 's-Gravenhage 1888–1920, Reprint Utrecht 1978

H. Lademacher, Literaturbericht über die Geschichte der Niederlande (Allgemeines und Neuzeit), Veröffentlichungen 1945–1970, in: Historische Zeitschrift, Sonderheft 5, 1972

P. Luykx, N. Bootsma, De laatste tijd, Geschiedschrijving over Nederland in de 20e eeuw, Utrecht 1987

W. W. Mijnhardt (Hg.), Kantelend geschiedbeeld, Nederlandse historiografie sinds 1945, Utrecht und Antwerpen 1983

P. C. Molhuysen, P. J. Blok, Nieuw Nederlandsch biografisch woordenboek, 10 Bde, Leiden 1911–1937

D. Nauta u. a. (Hg.), Biografisch lexicon voor de geschiedenis van het Nederlandse protestantisme, Bde 1–3, Kampen 1978–1988

B. A. Vermaseren, De katholieke Nederlandse geschiedschrijving in de 16e en 17e eeuw over de opstand, Leeuwarden 1981

H. W. J. Volmuller, Nijhoffs Geschiedenislexicon Nederland en België, Den Haag und Antwerpen 1981

Gesamt- und Teilübersichten

Algemene Geschiedenis der Nederlanden, 12 Bde, Utrecht und Antwerpen 1949–1958

Algemene Geschiedenis der Nederlanden, 15 Bde, Haarlem 1977–1983

H. Bernard, Terre Commune, Histoire des Pays de Benelux, microcosme de l'Europe, Brüssel ²1961

M. Erbe, Belgien, Niederlande, Luxemburg, Geschichte des niederländischen Raumes, Stuttgart (u. a.) 1993

W. Fischer (Hg.), Handbuch der europäischen Wirtschafts- und Sozialgeschichte, Bde 2–6, Stuttgart 1980–1993

H. Hambloch, Die Beneluxstaaten, Eine geografische Länderkunde, Darmstadt 1977

F. L. van Holthoon (Hg.), De Nederlandse samenleving sinds 1815, Assen und Maastricht 1985

J. Huizinga, Verzamelde Werken, 9 Bde, Haarlem 1948–1953

O. J. de Jong, Nederlandse kerkgeschiedenis, Nijkerk 1985

E. H. Kossmann, De Lage Landen 1780–1940, Anderhalve eeuw Nederland en België, Amsterdam und Brüssel 1976

E. H. Kossmann, De Lage Landen 1780–1980, Twee eeuwen Nederland en België, Bd II, 1914–1980, Amsterdam und Brüssel 1986

H. Lademacher, Geschichte der Niederlande, Politik – Verfassung – Wirtschaft, Darmstadt 1983

H. Lademacher, Zwei ungleiche Nachbarn: Wege und Wandlungen der deutsch-niederländischen Beziehungen im 19. und 20. Jahrhundert, Darmstadt 1989

F. Petri, Die Kultur der Niederlande, Handbuch der Kulturgeschichte, Konstanz 1964

A. en J. Romein, De Lage Landen bij de zee: een geschiedenis van het nederlandse volk, Amsterdam ⁶1976

A. en J. Romein, Erflaters van onze beschaving: Nederlandse gestalten uit zes eeuwen, Amsterdam ⁶1956

J. Romein, Op het breukvlak van twee eeuwen, Amsterdam ²1976

I. Schöffer, Veelvormig verleden, Zeventien studies in de vaderlandse geschiedenis, Amsterdam 1987

J. H. van Stuijvenberg (Hg.), De economische geschiedenis van Nederland, Groningen 1977

C. Tamse (Hg.), Nassau en Oranje in de Nederlandse geschiedenis, Alphen aan den Rijn 1979

Winkler Prins, Geschiedenis der Nederlanden, onder redactie van J. A. Bornewasser (u. a.), 3 Bde, Amsterdam und Brüssel 1976

J. J. Woltjer, Recent verleden, De geschiedenis van Nederland in de twintigste eeuw, Amsterdam 1992

E. Zahn, Das unbekannte Holland, Regenten, Rebellen, Reformatoren, Berlin 1984

Sammelwerke

Acta Historiae Neerlandica, Historical Studies in the Netherlands, Etudes historiques néerlandaises, Historische Studien in den Niederlanden, Bde 1 ff., Leiden 1966 ff.

G. A. M. Beekelaar, J. C. H. Blom u. a. (Hg.), Vaderlands verleden in veelvoud, 31 opstellen over de Nederlandse geschiedenis na 1500, 2 Bde, Den Haag ²1980

P. A. M. Geurts, F. A. M. Messing (Hg.), Economische ontwikkeling en sociale emancipatie, 2 Bde, Den Haag 1977

Burgund und Habsburg

Politik, Verfassung, Wirtschaft

P. Anderson, Die Entstehung des absolutistischen Staates, Frankfurt 1979

P. Avonds, Beschouwingen over het ontstaan en de evolutie van het saamhorigheidsbesef in de Nederlanden (14de–19de eeuw), in: Cultuurgeschiedenis in de Nederlanden van de Renaissance naar de Romantiek, Leuven 1986

M. Baelde, De collaterale raden onder Karel V en Filips II, 1531–1578: bijdrage tot de geschiedenis van de centrale instellingen in de zestiende eeuw, Brüssel 1965

P. Blickle, Unruhen in der ständischen Gesellschaft 1300–1800, Enzyklopädie deutscher Geschichte, Bd 1, München 1988

W. Blockmans, W. Prevenier, In de ban van Bourgondië, Houten 1988

E. Ennen, Die europäische Stadt des Mittelalters, Göttingen [2]1975

S. Groenveld, Natie en nationaal gevoel in de zestiende eeuwse Nederlanden, in: Nederlands Archievenblad 84, 1980

J. A. van Houtte, Essays on Medieval and Early Modern Economy and Society, Löwen 1977

J. A. van Houtte, Die Städte der Niederlande im Übergang vom Mittelalter zur Neuzeit, in: Rheinische Vierteljahresblätter 27, 1962

T. S. Jansma, Raad en Rekenkamer in Holland en Zeeland tijdens Hertog Philips van Bourgondië, Utrecht 1952

W. Jappe Alberts, H. P. H. Jansen, Welvaart in wording, Sociaal-economische geschiedenis van Nederland van de vroegste tijden tot het einde van de middeleeuwen, Den Haag 1964

H. G. Koenigsberger, Dominium regale or Dominium politicum et regale: Monarchies and Parliaments in Early Modern Europe, London 1975

J. P. de Monte Verloren, J. E. Spruit, Hoofdlijnen uit de ontwikkeling der rechterlijke organisatie in de noordelijke Nederlanden tot de Bataafse omwenteling, Deventer [5]1972

W. Prevenier, W. P. Blockmans, De bourgondische Nederlanden, Antwerpen 1983

J. van Rompaey, De Grote Raad van de Hertogen van Bourgondië en het Parlement van Mechelen, Brüssel 1973

H. de Schepper, Belgium nostrum 1500–1650: over integratie en desintegratie van het Nederland, Antwerpen 1987

H. de Schepper, De Grote Raad van Mechelen, hoogste rechtscollege in de Nederlanden, in: Bijdragen en Mededelingen betreffende de Geschiedenis der Nederlanden 93, 1978

R. van Uytven, De rechtsgeleerdheid van de Brabantse Blijde Inkomst van 3 januari 1356, in: Tijdschrift voor Geschiedenis 82, 1969

R. van Uytven, W. P. Blockmans, Constitutions and their application in the Netherlands during the Middle Ages, in: Revue Belge de Philologie et d'Histoire 47, 1969

R. van Uytven, Sociaal-economische evolutie in de Nederlanden vóór de Revoluties (veertiende-zestiende eeuw), in: Bijdragen en Mededelingen betreffende de Geschiedenis der Nederlanden 87, 1972

R. Vaughan, Philip the Bold: The Formation of the Burgundian State, London 1962

R. Vaughan, John the Fearless: The Growth of Burgundian Power, London 1966

R. Vaughan, Philip the Good: The Apogee of the Burgundian State, London 1970

R. Vaughan, Charles the Bold: The last Valois Duke of Burgundy, London 1973

J. de Vries, The Role of the Rural Sector in the Expansion of the Dutch Economy: 1500–1700, Yale University, Ph. D. 1970

Kultur und Geistesleben, religiöse Bewegung

C. Augustijn, Erasmus, Baarn 1986

P. Bange u. a. (Hg.), De doorwerking van de Moderne Devotie, Windesheim 1387–1987, Hilversum 1988

C. C. de Bruin, E. Persoons, A. G. Weiler, Geert de Grote en de Moderne Devotie, Zutphen 1984

O. Cartellieri, Am Hofe der Herzöge von Burgund, Kulturhistorische Bilder, Basel 1926

C. H. Carter (Hg.), From the Renaissance to the Counter-Reformation, London 1966

J. Decavele, De dageraad van de Reformatie in Vlaanderen, Brüssel 1975

G. Dogaer, M. Debae, De librije van Filips de Goede, Ausstellungskatalog, Brüssel 1967

G. Dogaer, The Flemish miniature-painting in the 15th and 16th centuries, Amsterdam 1983

Flanders in the fifteenth century: art and civilisation, Ausstellungskatalog, Detroit 1960

H. de la Fontaine Verwey, Uit de wereld van het boek I: humanisten, dwepers en rebellen in de zestiende eeuw, Amsterdam 1970

M. J. Friedländer, Early Netherlandish Painting, Leiden und Brüssel 1967–1976

H. A. E. van Gelder, Humanisten en Libertijnen, Erasmus en Hooft, in: Nederlands Archief voor Kerkgeschiedenis, N. S., Bd XVI, 1, 1920

L. Halkin, Erasmus von Rotterdam, Eine Biographie, Zürich 1989

J. Ijsewijn, The Coming of Humanism to the Low Countries, in: H. A. Obermann/Th. A. Brady (Hg.), Itinerarium italicum: the Profile of the Italian Renaissance in the Mirror of its European Transformations, Leiden 1975

Karel de Stoute, Ausstellungskatalog, Brüssel 1977

M. Mann Philips, Erasmus and the Northern Renaissance, Woodbridge 1981

E. Panofsky, Early Netherlandish Painting, Its origin and character, 2 Bde, Cambridge Mass. 1953

F. Petri (Hg.), Kirche und gesellschaftlicher Wandel in deutschen und niederländischen Städten der werdenden Neuzeit, Köln 1980

H. Schilling, Niederländische Exulanten im 16. Jahrhundert: ihre Stellung im religiösen Leben deutscher und englischer Städte, Gütersloh 1972

Vom Aufstand zur Republik in Theorie und Praxis

W. Bergsma, Aggaeus van Albada (c. 1525–1587), schwenckfeldiaan, staatsman en strijder voor verdraagzaamheid, Meppel 1985

K. van Berkel, Aggaeus de Albada en de crisis in de Opstand (1579–1587), in: Bijdragen en Mededelingen betreffende de Geschiedenis der Nederlanden 96, 1981

J. W. Berkelbach van der Sprenkel, Oranje en de vestiging van de Nederlandse staat, Amsterdam [2]1960

W. P. Blockmans, P. van Peteghem, La pacification de Gand à la lumière d'un siècle de continuité constitutionelle dans les Pays-Bas: 1477–1576, in: R. Vierhaus (ed.), Herrschaftsverträge, Wahlkapitulationen, Fundamentalgesetze, Göttingen 1977

W. P. Blockmans, Alternatives to Monarchical Centralization: the Great Tradition of Revolt in Flanders and Brabant, in: H. G. Koenigsberger (Hg.), Republiken und Republikanismus im Europa der frühen Neuzeit, München 1988

E. M. Braekmann, La pensée politique de Guy de Brès, in: Bulletin de la Société de l'Histoire du Protestantisme Français 115, 1969

R. H. Bremmer, Reformatie en rebellie, Willem van Oranje, de calvinisten en het recht van opstand, Tien onstuimige jaren: 1572–1581, Franeker 1984

J. P. A. Coopmans, De herkomst van het Plakkaat van Verlatinge, in: G. van Dievoet/G. Marcours (Hg.), Justicie ende gerechticheyt, Antwerpen 1983

J. Decavele, Tolerantie, de moeilijke weg van ideaal naar praktische erkenning, in: Apologie van Willem van Oranje: hertaling en evaluatie na vierhonderd jaar, Tielt 1980

J. Decavele, Willem van Oranje, de »vader« van een verscheurd »vaderland« (1577–1584), in: Handelingen der Maatschappij voor Geschiedenis en Oudheidkunde te Gent NS 38, 1984

J. Decavele (Hg.), Het eind van een rebelse droom: Opstellen over het calvinistisch bewind te Gent (1577–1584) en de terugkeer van de stad onder de gehoorzaamheid van de koning van Spanje (17 september 1584), Gent 1984

L. Delfos, Die Anfänge der Utrechter Union 1577–1587, Berlin 1941

A. Th. van Deursen, H. de Schepper, Willem van Oranje, Een strijd voor vrijheid en verdraagzaamheid, Weesp und Tielt 1984

A. Duke, From King and Country to King or Country?, Loyalty and Treason in the Revolt of the Netherlands, in: Transactions of the Royal Historical Society 32, 1982

A. Duke, Reformation and Revolt in the Low Countries, London 1990

A. Duke, D. A. H. Kolff, The Time of Troubles in the Country of Holland 1566–67, in: Tijdschrift voor Geschiedenis 82, 3, 1969

R. Fruin, Tien jaren uit den tachtigjarigen oorlog 1588–1598, z. p. [6]1904

M. van Gelderen, The political thought of the Dutch Revolt 1555–1590, Cambridge 1992

P. A. M. Geurts, De Nederlandse opstand in de pamfletten, 1566–1584, Utrecht [3]1983

R. E. Gisey, The monarchomach triumvirs: Hotman, Beza and Mornay, in: Bibliothèque d'Humanisme et Renaissance 32, 1970

F. Grapperhaus, Alva en de tiende penning, Deventer 1982

G. Griffiths, Democratic ideas in the revolt of the Netherlands, in: Archiv für Reformationsgeschichte 50, 1959

G. Griffiths, Humanists and representative government in the sixteenth century: Bodin, Marnix, and the invitation to the Duke of Anjou to become ruler of the Low Countries, in: Representative institutions in theory and practice: historical papers read at Bryn Mawr College, 1968: studies presented to the International Commission for the History of Representative and Parliamentary Institutions, Brüssel 1970

S. Groenveld, H. L. P. Leeuwenberg

(Hg.), De Unie van Utrecht, Wording en werking van een verbond en een verbondsacte, Den Haag 1979

S. Groenveld u. a., De kogel door de kerk?, De Opstand in de Nederlanden en de rol van de Unie van Utrecht 1559–1609, Zutphen 1979

G. Güldner, Das Toleranzproblem in den Niederlanden im Ausgang des 16. Jahrhunderts, Hamburg 1968

H. R. Guggisberg, Wandel der Argumente für religiöse Toleranz und Glaubensfreiheit im 16. und 17. Jahrhundert, in: H. Lutz (Hg.), Zur Geschichte der Toleranz und Religionsfreiheit, Darmstadt 1977

P. J. Herwerden, Bij den oorsprong van onze onafhankelijkheid, Een studie over het aandeel van de standen aan het verzet tegen Spanje in de jaren 1559–1572, Groningen 1947

C. C. Hibben, Gouda in Revolt: Particularism and Pacifism in the Revolt of the Netherlands 1572–1588, Utrecht 1983

E. H. Kossmann, A. F. Mellink (ed.), Texts concerning the Revolt of the Netherlands, Cambridge 1974

H. Lademacher, Die Stellung des Prinzen von Oranien als Statthalter in den Niederlanden von 1572 bis 1584, Rheinisches Archiv 52, Bonn 1958

Ph. Mack Crew, Calvinist preaching and iconoclasm in the Netherlands 1544–1569, Cambridge 1978

M. E. H. N. Mout, Heilige Lipsius, bid voor ons, in: Tijdschrift voor Geschiedenis 97, 1984

M. E. H. N. Mout, Het intellectuele milieu van Willem van Oranje, in: Bijdragen en Mededelingen betreffende de Geschiedenis der Nederlanden 99, 1984

M. E. H. N. Mout, Plakkaat van verlatinge 1581: inleiding, transcriptie en vertaling in hedendaags Nederlands, Den Haag 1979

M. E. H. N. Mout, The Family of Love (Huis der Liefde) and the Dutch Revolt, in: A. Duke, C. A. Tamse (Hg.), Britain and the Netherlands, vii, Den Haag 1981

M. E. H. N. Mout, Van arm vaderland tot eendrachtige republiek: de rol van politieke theorieën in de Nederlandse Opstand, in: Bijdragen en Mededelingen betreffende de Geschiedenis der Nederlanden 101, 1986

M. E. H. N. Mout, Ideales Muster oder erfundene Eigenart: republikanische Theorien während des niederländischen Aufstandes, in: H. G. Koenigsberger (Hg.), Republiken und Republikanismus, München 1988

H. F. K. van Nierop, Willem van Oranje als hoog edelman: patronage in de Habsburgse Nederlanden?, in: Bijdragen en Mededelingen betreffende de Geschiedenis der Nederlanden 99, 1984

G. Oestreich, Antiker Geist und moderner Staat bei Justus Lipsius (1547–1606), Göttingen 1989

Opstand en pacificatie in de lage landen: bijdrage tot de studie van de pacificatie van Gent, Gent 1976

F. G. Osterhoff, Leicester and the Netherlands, 1586–1587, Utrecht 1988

J. K. Oudendijk, Het »contract« in de wordingsgeschiedenis van de Republiek der Verenigde Nederlanden, Publicaties van het Volkenrechtelijk Instituut der Rijksuniversiteit te Utrecht, serie B nr. 1, Leiden 1961

G. Parker, Der Aufstand der Niederlande, Von der Herrschaft der Spanier zur Gründung der Niederländischen Republik, 1549–1609, München 1979

G. Parker, The Dutch Revolt, Harmondsworth 1985

A. Pettegree, The Exile Churches and the Churches »Under the Cross«: Antwerp and Emden During the Dutch Revolt, in: Journal of Ecclesiastical History 38, 1987

V. Press, Wilhelm von Oranien: die deutschen Reichsstände und der niederländische Aufstand, in: Bijdragen en Mededelingen betreffende de Geschiedenis der Nederlanden 99, 1984

J. Presser, De Tachtigjarige Oorlog, Amsterdam 1975

M. N. Raitière, Hubert Languet's Authorship of the Vindiciae Contra Tyrannos, in: II Pensiero Politico 13, 1981

R. van Roosbroeck, Het wonderjaar te Antwerpen (1566–1567): inleiding tot de studie der godsdienstonlusten van den beeldenstorm af (1566) tot aan de inneming der stad door Alexander Farnese (1585), Antwerpen 1930

R. van Roosbroeck, Willem van Oranje, Göttingen 1962

H. H. Rowen, The Princes of Orange: the Stadtholders in the Dutch Republic, Cambridge 1988

M. G. Schenk (Hg.), Prins Willem van Oranje: geschriften van 1568, Amsterdam 1933

H. Schilling, Bürgerliche Revolution oder Elitenkonflikt, in: H.-U. Wehler (ed.), 200 Jahre amerikanische Revolution und moderne Revolutionsforschung (= Geschichte und Gesellschaft, Sonderheft 2), Göttingen 1976

J. W. Smit, The Netherlands revolution, in: R. Forster, J. P. Greene (Hg.), Preconditions of revolution in early modern Europe, Baltimore 1970

P. F. Ch. Smit, Enige opmerkingen over de »considerans« van het Placcaet van Verlatinge van 26 juli 1581, Diss. Leiden 1952

K. W. Swart, Wat bewoog Willem van Oranje de strijd tegen de Spaanse Overheersing aan te binden, in: Bijdragen en Mededelingen betreffende de Geschiedenis der Nederlanden 99, 1984

A. L. E. Verheyden, Le conseil des troubles: liste des condamnés (1567–1573), Brüssel 1961

H. de la Verwey, De Blijde Incomste en de Opstand tegen Filipp II, in: Uit de wereld van het boek I. Humanisten, dwepers en rebellen in de zestiende eeuw, Amsterdam 1976

D. Visser, Junius: the author of the Vindiciae contra tyrannos, in: Tijdschrift voor Geschiedenis 84, 1971

A. J. C. de Vrankrijker, De motivering van onzen opstand, Nijmegen 1933

H. Wansink, The Apology of Prince Wiliam of Orange against the Proclamations of the King of Spain, Leiden 1969

E. H. Waterbolk, Humanisme en de tolerantiegedachte, in: Opstand en pacificatie in de lage landen: bijdrage tot de studie van de pacificatie van Gent, Gent 1976

H. van der Wee, De economie als factor bij het begin van de opstand in de Zuidelijke Nederlanden, in: Bijdragen en Mededelingen betreffende de Geschiedenis der Nederlanden 83, 1969

J. J. Woltjer, Inleiding, in: Opstand en onafhankelijkheid: eerste vrije staten vergadering Dordrecht 1572, Dordrecht 1972

J. J. Woltjer, Der niederländische Bürgerkrieg und die Gründung der Republik der Vereinigten Niederlande (1555–1648), in: Th. Schieder, Handbuch der Europäischen Geschichte, III, Stuttgart 1971

Republik der Vereinigten Provinzen

Politik, politische Bewegung und
Konstitution

R. G. Asch, A. M. Birke, Princes, Patronage and the Nobility, The Court at the Beginning of the Modern Age, Oxford 1991

M. van der Bijl, Idee en interest, Voorgeschiedenis, verloop en achtergronden van de politieke twisten in Zeeland en vooral in Middelburg tussen 1702 en 1715, Groningen 1981

H. Blom, Virtue and Republicanism: Spinoza's Political Philosophy in the Context of the Dutch Republic, in: H. G. Koenigsberger (Hg.), Republiken und Republikanismus im Europa der frühen Neuzeit, München 1988

H. W. Blom, I. W. Wildenberg (Hg.), Pieter de la Court in zijn tijd, Aspecten van een veelzijdig publicist (1618–1685), Amsterdam und Maarssen 1986

P. Burke, Venice and Amsterdam: A Study in 17th Century Elites, London 1974

R. Dekker, Holland in beroering, Oproeren in de 17de en 18de eeuw, Baarn 1982

A. Th. van Deursen, Mensen van klein vermogen, Het kopergeld van de Gouden Eeuw, Amsterdam 1991

S. J. Fockema Andreae, De Nederlandse staat onder de Republiek, ³1969

R. Fruin, Geschiedenis der staatsinstellingen in Nederland tot den val der Republiek, hg. von H. T. Colenbrander, 's-Gravenhage ²1922

A. J. C. M. Gabriëls, De heren als dienaren en de dienaar als heer, Het stadhouderlijk stelsel in de tweede helft van de achttiende eeuw, Hollandse Historische Reeks, 14, 's-Gravenhage 1990

P. Geyl, Pennestrijd over staat en historie, Groningen 1971

P. Geyl, Het stadhouderschap in de partij-literatuur onder De Witt, in: Ders., Pennestrijd over staat en historie, Groningen 1971

S. Groenveld, Adriaen Pauw (1585–1653), een pragmatisch Hollands staatsman, in: Spiegel Historiael 20, 1985

S. Groenveld, Breda is den Bosch waard, Politieke betekenis van het innemen van Breda in 1625 en 1637, in: Jaarboek De Oranjeboom, Breda 1988

S. Groenveld, De prins voor Amsterdam, Reacties uit pamfletten op de aanslag van 1650, Bussum 1967

S. Groenveld, M. E. H. N. Mout, I. Schöffer (Hg.), Bestuurders en geleerden, Opstellen over onderwerpen uit de Nederlandse geschiedenis van de zestiende, zeventiende en achttiende eeuw, Amsterdam und Dieren 1985

E. O. G. Haitsma Mulier, A Controversial Republican: Dutch Views of Machiavelli in the Seventeenth and Eighteenth Centuries, in: G. Bock u. a. (Hg.), Machiavelli and Republicanism, Cambridge 1990

E. O. G. Haitsma Mulier, The Language of Seventeenth-Century Republicanism in the United Provinces: Dutch or European?, in: A. Pagden (Hg.), The Language of Political Theory in Early Modern Europe, Cambridge 1987

E. O. G. Haitsma Mulier, The Myth of Venice and Dutch Republican Thought in the Seventeenth Century, Assen 1980

E. O. G. Haitsma Mulier, A. E. M. Janssen (ed.), Willem van Oranje in de historie 1584–1984, Utrecht 1984

K. H. D. Haley, The Dutch in the Seventeenth Century, London 1972

C. E. Harline, Pamphlets, Printing and Political Culture in the Early Dutch Republic, Dordrecht 1987

G. O. van de Klashorst, H. W. Blom, E. O. G. Haitsma Mulier, Bibliography of Dutch Seventeenth Century Political Thought, An Annotated Inventory, 1581–1710, Amsterdam und Maarssen 1986

G. O. van de Klashorst, Metten schijn van monarchie getempert, De verdediging van het stadhouderschap in de partijliteratuur 1650–1686, in: H. W. Blom, I. W. Wildenberg (Hg.), Pieter de la Court in zijn tijd (1618–1685), Amsterdam 1986

H. G. Koenigsberger, Orange, Granvelle and Philip II, in: Bijdragen en Mededelingen betreffende de Geschiedenis der Nederlanden 99, 1984

H. G. Koenigsberger, Estates and Revolutions: Essays in Early Modern European History, Ithaca und New York 1971

J. W. Koopmans, De Staten van Holland en de Opstand: de ontwikkeling van hun functies en organisatie in de periode 1544–1588, Den Haag 1990

E. H. Kossmann, Politieke theorie in het zeventiende-eeuwse Nederland, Amsterdam 1960

E. H. Kossmann, The development of Dutch political theory in the seventeenth century, in: J. S. Bromley, E. H. Kossmann (Hg.), Britain and the Netherlands, I, London 1960

E. H. Kossmann, In Praise of the Dutch Republic: Some Seventeenth Century Attitudes, London 1963

E. H. Kossmann, De Dissertationes Politicae van Ulric Huber, in: European Context, Studies in the History and Literature of the Netherlands Presented to Theodor Weevers, o. O. 1972

G. Oestreich, Antiker Geist und moderner Staat bei Justus Lipsius (1547–1606), Der Neustoizismus als politische Bewegung, hg. u. eingeleitet v. N. Mout, Göttingen 1989

G. Oestreich, Politischer Neustoizismus und niederländische Bewegung in Europa und besonders in Brandenburg-Preußen, Ein Beitrag zur Entwicklung des modernen Staates, in: Bijdragen en Mededelingen van het Historisch Genootschap 79, 1965

J. J. Poelhekke, Frederik Hendrik, Prins van Oranje, Een biografisch drieluik, Zutphen 1978

J. J. Poelhekke, Geen blijder maer in tachtigh jaer, in: Verspreide studiën over de crisisperiode 1648–1651, Zutphen 1973

J. J. Poelhekke, Kanttekeningen bij de pamfletten uit het jaar 1650, in: Bijdragen voor de Geschiedenis der Nederlanden 8, 1954

D. J. Roorda, Partij en factie, De oproeren van 1672 in steden van Holland en Zeeland, Een krachtmeting tussen partijen en facties, Groningen 1961

H. H. Rowen, The Princes of Orange: the Stadtholders in the Dutch Republic, Cambridge 1988

H. H. Rowen, John de Witt, Grand Pensionary of Holland, 1625–1672, Princeton 1978

H. H. Rowen, Neither Fish nor Fowl: the Stadtholderate in the Dutch Republic, in: H. H. Rowen, A. Lossky (Hg.), Political Ideas and Institutions in the Dutch Republic, Los Angeles 1985

S. Schama, Patriots and Liberators, Revolution in the Netherlands 1780–1813, New York 1977

H. Schilling, Der libertär-radikale Republikanismus der holländischen Regenten, in: Geschichte und Gesellschaft 10, 1984

H. Schilling, Die Geschichte der nördlichen Niederlande und die Modernisierungstheorie, in: Geschichte und Gesellschaft 8, 1982

J. den Tex, Oldenbarnevelt, 5 Bde, Haarlem 1960–1972

Th. van Tijn, Pieter de la Court, Zijn leven en zijn economische denkbeelden, in: Tijdschrift voor Geschiedenis 69, 1956

I. Vijlbrief, Van antiaristocratie tot democratie, Een bijdrage tot de politieke en sociale geschiedenis der stad Utrecht, Amsterdam 1950

N. J. J. de Voogd, De Doelistenbeweging te Amsterdam in 1748, Utrecht 1914

A. J. C. de Vrankrijker, De staatsleer van Hugo de Groot en zijn Nederlandsche tijdgenoten, Nimwegen und Utrecht 1937

I. W. Wildenberg, Johan & Pieter de la Court (1622–1660 & 1618–1685), Bibliografie en receptiegeschiedenis, Amsterdam und Maarssen 1986

C. H. E. de Wit, De strijd tussen aristocratie en democratie in Nederland, 1780–1848, Heerlen 1965

C. H. E. de Wit, De Nederlandse revolutie van de achttiende eeuw, 1780–1787, Oligarchie an proletariaat, Oirsbeek 1974

Wirtschaft, Sozialstruktur

V. Barbour, Capitalism in Amsterdam in the 17th Century, Ann Arbor [3]1976

M. van der Bijl, Familie en factie in de Alkmaarse stedelijke politiek, in: Van Spaans beleg tot Bataafse tijd, Alkmaars stedelijk leven in de 17de en 18de eeuw, Zutphen 1980

J. Briels, Zuidnederlanders in de Republiek, 1572–1630, Een demografische en cultuurhistorische studie, St. Niklaas o. J.

J. Briels, De Zuidnederlandse immigratie 1572–1630, Haarlem 1978

P. Burke, Venice and Amsterdam: A Study in 17th Century Elites, London 1974

A. C. Carter, Getting, Spending and Investing in Early Modern Times: essays on Dutch, English and Huguenot economic history, Assen 1975

R. Dekker, Holland in beroering, Oproeren in de 17de en 18de eeuw, Baarn 1982

H. van Dijk, D. J. Roorda, Het patriciaat in Zierikzee tijdens de Republiek, Middelburg 1980

H. van Dijk, D. J. Roorda, Sociale mobiliteit onder regenten van de Republiek, in: Tijdschrift voor Geschiedenis 84, 1971

J. G. van Dillen, Van Rijkdom en Regenten, Den Haag 1970

I. H. van Eeghen, De gilden, Theorie en praktijk, Bussum 1965

J. E. Elias, Geschiedenis van het Amsterdamsche regentenpatriciaat, Den Haag 1923

J. E. Elias, De vroedschap van Amsterdam 1578–1795, 2 Bde, Haarlem 1903–1905

E. A. Engelbrecht, De vroedschap van Rotterdam 1572–1795, Rotterdam 1973

J. A. Faber, Dure tijden en hongersnoden in preïndustrieel Nederland, Amsterdam 1976

H. Feenstra, Adel in de Ommelanden, Hoofdelingen, Jonkers en Eigenerfders van de late middeleeuwen tot de negentiende eeuw, Groningen 1988

H. P. Fölting, De vroedschap van 's-Gravenhage 1572–1795, Pijnacker 1985

S. Groenveld, Evidente Factiën in den Staet, Sociaal-politieke verhoudingen in de 17e-eeuwse Nederlandse Republiek, Hilversum 1990

H. de Haan, Moedernegotie en grote vaart, Een studie over de expansie van het Hollandse handelskapitaal in de 16e en 17e eeuw, Amsterdam 1960–1972

D. Haks, Huwelijk en gezin in Holland in de 17de en 18de eeuw, Assen 1982

J. I. Israel, Spain and the Dutch Sephardim 1609–1660, in: Studia Rosenthaliana 12, 1978

J. J. de Jong, Met goed fatsoen, De elite in een Hollandse stad, Gouda 1700–1780, Hollandse Historische Reeks 5, Amsterdam und Dieren 1985

J. de Jong, Een deftig bestaan, Het dagelijks leven van Regenten in de 17de en de 18de eeuw, Utrecht und Antwerpen 1987

Th. P. M. de Jong, De krimpende horizon van de Hollandse kooplieden; Hollands welvaren in het Caribische Zeegebied, Assen 1966

P. W. Klein, De Gouden Eeuw 1585–1700, in: J. H. van Stuijvenberg (Hg.), De economische geschiedenis van Nederland, Groningen 1977

P. W. Klein, De Trippen in de 17e eeuw. Een studie over het ondernemersgedrag op de Hollandse stapelmarkt, Assen 1965

L. Kooijmans, Onder regenten, De elite in een Hollandse stad, Hoorn 1700–1780, Amsterdam und Dieren 1985

S. Marshall, The Dutch Gentry, 1500–1650, Family, Faith and Fortune, New York (u. a.) 1987

A. Merens, De geschiedenis van een Westfriese regentenfamilie, Het geslacht Merens, Den Haag 1957

B. E. de Muinck, Een regentenhuishouding omstreeks 1700, Gegevens uit de privé-boekhouding van mr. Cornelis de Jonge van Ellemeet, Ont-

vanger-Generaal van de Verenigde Nederlanden 1646–1721, Den Haag 1965

H. F. K. Nierop, Van ridders tot regenten, De Hollandse adel in de zestiende en de eerste helft van de zeventiende eeuw, Hollandse Historische Reeks 1, Amsterdam und Dieren 1984

L. Noordegraaf, Hollands welvaren?, Levensstandaard in Holland 1450–1650, Bergen 1985

M. Prak, Gezeten burgers, De elite in een Hollandse stad, Leiden 1700–1780, Hollandse Historische Reeks 6, Amsterdam und Dieren 1985

D. J. Roorda, Rond prins en patriciaat, in: A. J. C. M. Gabriels u. a. (Hg.), Verspreide opstellen, Weesp 1984

D. J. Roorda, Partij en factie, De oproeren van 1672 in de steden van Holland en Zeeland, Een krachtmeting tussen partijen en facties, Groningen 1961

B. H. Slicher van Bath, Een samenleving onder spanning, Geschiedenis van het platteland in Overijssel, Assen 1957

H. Smilde, Jacob Cats in Dordrecht, Leven en werken gedurende de jaren 1623–1636, Groningen und Batavia 1938

S. W. Verstegen, Gegoede ingezetenen, Jonkers en geërfden op de Veluwe 1650–1830, Arnheim 1990

J. C. Vleggeert, Kinderarbeid in Nederland 1500–1874, Assen 1954

J. de Vries, The Dutch Rural Economy in the Golden Age, New Haven 1974

J. de Vries, De economische achteruitgang der Republiek in de achttiende eeuw, Leiden ²1968

C. Wilson, The Decline of the Netherlands, in: Ders., Economic History and the Historian, Collected Essays, London 1969

A. M. van der Woude, Het Noorderkwartier, Een regionaal historisch onderzoek in de demografische en economische geschiedenis van westelijk Nederland van de late middeleeuwen tot het begin der negentiende eeuw, 3 Bde, Wageningen 1972

J. L. van Zanden, De economie van Holland in de periode 1650–1805: groei of achteruitgang?, Een overzicht van bronnen, problemen en resultaten, in: Bijdragen en Mededelingen betreffende de Geschiedenis der Nederlanden 102, 1987

Kirchen

A. Th. van Deursen, Bavianen en slijkgeuzen: kerk en kerkvolk ten tijde van Maurits en Oldenbarnevelt, Assen 1974

A. Duke, The Ambivalent Face of Calvinism in the Netherlands, 1561–1618, in: M. Prestwich (Hg.), International Calvinism 1541–1565, Oxford 1985

R. B. Evenhuis, Ook dat was Amsterdam, De kerk in de gouden eeuw, 5 Bde, Amsterdam 1965–1978

G. C. Groenhuis, De predikanten, De sociale positie van de gereformeerde predikanten in de Republiek der Verenigde Nederlanden voor 1700, Groningen 1977

G. J. Hoenderdaal, P. M. Luca (Hg.), Staat in de vrijheid, De geschiedenis van de remonstranten, Zutphen 1982

W. J. op 't Hof, De visie op joden in de Nadere Reformatie tijdens het eerste kwart van de zeventiende eeuw, Amsterdam 1984

W. J. Kühler, Geschiedenis van de Doopsgezinden in Nederland, 1600–1735, Haarlem 1940

H. Roodenburg, Onder censuur, De kerkelijke tucht in de gereformeerde gemeente van Amsterdam 1578–1700, Hilversum 1990

H. Schilling, Religion und Gesellschaft in der calvinistischen Republik der Vereinigten Niederlande, in: F. Petri (Hg.), Kirche und gesellschaftlicher Wandel in deutschen und niederländischen Städten der werdenden Neuzeit, Köln und Wien 1980

H. Schilling, Calvinismus und Freiheitsrechte: die politisch-theologische Pamphletistik der Ostfriesisch-Groningschen »Patrioten-Partei« und die politische Kultur in Deutschland und in den Niederlanden, in: Bijdragen en Mededelingen betreffende de Geschiedenis der Nederlanden 102, 1987

G. J. Schutte, Het Calvinistisch Nederland, Utrecht 1988

J. J. Woltjer, De religieuze situatie in de eerste jaren van de republiek, in: Ketters en papen onder Filips II, Den Haag 1986

Nationales Selbstverständnis/Bürgerliches Selbstbewußtsein (s. a. Kultur und Geistesleben)

I. Schöffer, The Batavian Myth During the Sixteenth and Seventeenth Centuries, in: J. S. Bromley, E. H. Kossmann (Hg.), Britain and the Netherlands, V: Some Political Mythologies, Den Haag 1975

H. Smitskamp, Calvinistisch nationaal besef in Nederland vóór het midden der 17e eeuw, 's-Gravenhage 1947

Außenpolitik

J. Aalbers, De Republiek en de vrede van Europa I, Groningen 1980

S. A. Baxter, William III, London 1966

M. van der Bijl, De Franse politieke agent Helvetius over de situatie in de Nederlandse Republiek in het jaar 1706, in: BMHG 80, 1966

J. C. Boogman, Die holländische Tradition in der niederländischen Geschichte, in: Westfälische Forschungen 15, 1962

J. H. A. Bots (ed.), The Peace of Nijmegen, 1676–1679, Proceedings of the Tricetennial, 14–16 September 1978, Amsterdam 1980

A. C. Carter, Neutrality or Commitment: The Evolution of Dutch Foreign Policy, 1667–1795, London 1975

A. Th. van Deursen, Honni soit qui mal y pense?, De Republiek tussen de mogendheden (1610–1612), Amsterdam 1965

M. A. M. Franken, Coenraad van Beuningen's politieke en diplomatieke activiteiten in de jaren 1667–1684, Diss. Utrecht, Groningen 1966

P. Geyl, Oranje en Stuart, 1641–1672, Utrecht 1939

S. Groenveld, Verlopend getij, De Nederlandse Republiek en de Engelse burgeroorlog 1640–1646, Dieren 1984

W. Hahlweg, Barrière – Gleichgewicht – Sicherheit, Eine Studie über die Gleichgewichtspolitik und die Strukturwandlung des Staatensystems in Europa 1646–1715, in: HZ 187, 1959

W. Hahlweg, Untersuchungen zur Barrièrepolitik Wilhelms III. von Oranien und der Generalstaaten im 17. und 18. Jahrhundert, in: Westfälische Forschungen 14, 1961

H. Heringa, De eer en hoogheid van de staat, Over de plaats der Verenigde Nederlanden in het diplomatieke leven van de zeventiende eeuw, Groningen 1961

J. I. Israel, The Dutch Republic and the Hispanic World, 1606–1661, Oxford 1992

H. Lademacher, Wilhelm III. von Oranien und Anthonie Heinsius, in: Rheinische Vierteljahresblätter 34, 1970

G. Parker, The Dutch Revolt and the Polarization of International Politics, in: Tijdschrift voor Geschiedenis 89, 3, 1976

J. J. Poelhekke, De vrede van Munster, 's-Gravenhage 1948

VOC und WIC

C. R. Boxer, The Dutch Seaborne Empire 1600–1800, London 1965

C. R. Boxer, The Dutch in Brazil 1624–1654, Oxford 1957, Reprint Camden 1973

C. R. Boxer, Jan Compagnie in oorlog en vrede, Beknopte geschiedenis van de VOC, Bussum 1977

F. J. A. Broeze, Het einde van de Nederlandse theehandel op China, in: Economisch en Sociaal-Historisch Jaarboek XXXIV, 1971

J. R. Bruijn, De personeelsbehoefte van de VOC overzee en aan boord, bezien in Aziatisch en nederlands perspectief, in: Bijdragen en Mededelingen betreffende de Geschiedenis der Nederlanden 91, 1976

W. Ph. Coolhaas, A Critical Survey of Studies on Dutch Colonial History, 's-Gravenhage 1960

P. D. Curtin, The Atlantic Slave Trade, A Census, Madison (u. a.) 1969

A. van Dantzig, Het Nederlandse aandeel in de slavenhandel, Bussum 1968

A. van Dantzig, Les hollandais sur la Côte de Guinée à l'époque de l'essor de l'Ashanti et du Dahomey, 1680–1740, Paris 1980

D. W. Davies, A Primer of Dutch Seventeenth Century Overseas Trade, 's-Gravenhage 1961

J. G. van Dillen, De WIC, het Calvinisme en de politiek, in: Tijdschrift voor Geschiedenis 74, 1961

H. M. Feinberg, An Incident in Elmina – Dutch Relations, The Gold Coast (Ghana), 1739–1740, in: African Historical Studies II, 1970

H. Furber, Rival Empires of Trade in the Orient 1600–1800, Minneapolis 1976

F. S. Gaastra, De geschiedenis van de VOC, Zutphen 1991

K. Glamann, Dutch-Asiatic Trade 1620–1740, Kopenhagen und 's-Gravenhage 1958

C. Ch. Goslinga, The Dutch in the Caribbean and on the Wild Coast 1580–1680, Assen 1971

W. J. van Hoboken, The Dutch West Indian Company: the Political Background of its Rise and Decline, in: J. S. Bromley, E. H. Kossmann (Hg.), Britain and the Netherlands I, London 1960

W. J. van Hoboken, Witte de With in Brazilië 1648–1649, Amsterdam 1955

C. J. A. Jörg, Porselein als handelswaar, De porseleinhandel als onderdeel van de Chinahandel van de VOC 1729–1794, Groningen 1978

G. F. de Jong, The Dutch Reformed Church and Negro Slavery in Colonial America, in: Church History 40, 1971

A. J. M. Kunst, Recht, commercie en kolonialisme in West-Indië, Zutphen 1981

J. C. van Leur, Indonesian Trade and Society, 's-Gravenhage und Bandoeng 1955

M. A. P. Meilink-Roelofsz, Asian Trade and European Influence in the Indonesian Archipelago between 1500 and about 1630, 's-Gravenhage 1962

M. A. P. Meilink-Roelofsz (Hg.), De VOC in Azië, Bussum 1976

M. A. P. Meilink-Roelofsz (Hg.), Dutch Authors on West Indian History, Historiographical Selections, Leiden 1982

W. R. Menkman, De geschiedenis van de West-Indische Compagnie, Amsterdam 1947

J. M. Postma, The Dutch in the Atlantic Slave Trade 1600–1815, Cambridge 1990

J. M. Postma, The Dimension of the Dutch Slave Trade from Western Africa, in: Journal of African History XII, 1972

N. H. Schneeloch, Das Grund- und Betriebskapital der Zweiten Westindischen Compagnie, in: Economisch- en Sociaal-Historisch Jaarboek XXIV, 1971

N. H. Schneeloch, Die Bewindhebber der westindischen Compagnie in der Kammer Amsterdam, 1674–1700, in: Economisch- en Sociaal-Historisch Jaarboek XXXVl, 1973

G. J. Schutte, De Nederlandse Patriotten en de Koloniën; een onderzoek naar hun denkbeelden en optreden, 1770–1800, Groningen 1974

E. Sluiter, Dutch Maritime power and the Colonial Status Quo 1585–1641, in: Pacific Historical Review II, 1942

E. Sluiter, Dutch-Spanish Rivalry in the Caribbean Area 1594–1609, in: Hispanic American Historical Review 28, 1948

E. Stols, De Zuidelijke Nederlanden en de oprichting van de Oost- en Westindische Compagnieën, in: Bijdragen en Mededelingen betreffende de Geschiedenis der Nederlanden 88, 1973

J. G. Taylor, Smeltkroes Batavia, Europeanen en Euraziaten in de Nederlandse vestigingen in Azië, Groningen 1988

J. E. Wills jr., Pepper, Guns and Parleys: The Dutch East India Company and China 1662–1681, Cambridge 1974

Kultur und Geistesleben, Wissenschaften

S. Alpers, Kunst als Beschreibung, Holländische Malerei des 17. Jahrhunderts, Köln 1985

I. Bergström, Dutch Still Life Painting in the 17th Century, London 1956

J. Bialostocki, Einfache Nachahmung der Natur oder symbolische Weltschau, Zu den Deutungsproblemen der holländischen Malerei des 17. Jahrhunderts, in: Zeitschrift für Kunstgeschichte 47, 1984

J. G. W. F. Bik, Vijf eeuwen medisch leven in een Hollandse stad, Assen 1955

A. Blankert, Johannes Vermeer van Delft 1632–1675, Utrecht 1975

A. Blankert, Kunst als regeringszaak in Amsterdam in de 17e eeuw, Rondom schilderijen van Ferdinand Bol, Ausstellung Amsterdam 1975, Lochem 1975

A. Blankert, Gods, Saints, Heroes: Dutch Painting in the Age of Rembrandt, Ausstellung Washington 1980, Washington D. C. 1980

M. J. Bok, Nulla dies sine linie, De oplei-ding van schilders in Utrecht in de eerste helft van de zeventiende eeuw, in: De zeventiende eeuw 6, 1990

L. J. Bol, Die holländische Marinemalerei des 17. Jahrhunderts, Amsterdam 1973

K. G. Boon, Het zelfportret in de Nederlandse en Vlaamse schilderkunst, Amsterdam 1947

E. P. de Booy, Naar school, Schoolgaande kinderen in de Noordelijke Nederlanden in de zeventiende en achttiende eeuw, in: Tijdschrift voor Geschiedenis 94, 1981

B. Brenninkmeyer-de Rooij, Notities betreffende de decoratie van de Oranjezaal in Huis ten Bosch, Oud Holland 96, 1982

G. Brom, Schilderkunst in de 16de en 17de eeuw, Utrecht 1957

C. Brown, Holländische Genremalerei im 17. Jahrhundert, München 1984

H. Brugmans, A. Frank, Geschiedenis der Joden in Nederland, Bd. I (bis 1795), o. O. 1940

W. Brulez, Cultuur en getal, Aspecten van de relatie economie-maatschappij-cultuur in Europa tussen 1400–1800, Amsterdam 1986

C. Busken Huet, Het land van Rembrandt, Studies over de Noordnederlandse beschaving in de zeventiende eeuw, Amsterdam 1987

A. Chong, The Market for Landscape Painting in Seventeenth-Century Holland, in: P. Sutton, Masters of the 17th-Century Dutch Landscape Painting, Boston 1987

J. D. M. Cornelissen, De eendracht van het land, Cultuurhistorische studies over Nederland in de zestiende en zeventiende eeuw, Amsterdam 1987

J. D. M. Cornelissen, Hooft en Tacitus, Bijdrage tot kennis van de vaderlandse geschiedenis in de eerst helft der

17de eeuw, Nimwegen und Utrecht 1938

P. Demetz, Defenses of Dutch Painting and the Theory of Realism, in: Comparative Literature 15, Nr. 2, 1963

A. Th. van Deursen, Het kopergeld van de Gouden Eeuw, 4 Bde, Assen 1978–1980

H. Duits, Van Bartholomeusnacht tot Bataafse opstand, Studies over de relatie tussen politiek en toneel in het midden van de zeventiende eeuw, Hilversum 1990

I. H. van Eeghen, Het Amsterdamse Sint Lucasgilde in de 17de eeuw, in: Jaarboek Amstelodamum 60, 1969

H. Floerke, Studien zur niederländischen Kunst- und Kulturgeschichte, Die Formen des Kunsthandels, das Atelier und die Sammler in den Niederlanden vom 15.–18. Jahrhundert, München und Leipzig 1905

C. W. Fock, The Princes of Orange as Patrons of Art in the Seventeenth Century, in: Apollo 110, 1979

H. de la Fontaine Verwey, Copy and Print in the Netherlands, An Atlas of Historical Bibliography, Amsterdam 1962

A. Frank-van Westrienen, De Groote Tour, Tekening van de educatiereis der Nederlanders in de zeventiende eeuw, Amsterdam 1983

H. A. E. van Gelder, Constantijn Huygens en Rembrandt, in: Oud-Holland 74, 1959

H. Gerson, Ausbreitung und Nachwirkung der holländischen Malerei des 17. Jahrhunderts, Haarlem 1942

G. C. Gibbs, The Role of the Dutch Republic as an Intellectual Entrepôt in the 17th and 18th Centuries, in: Bijdragen en Mededelingen betreffende de Geschiedenis der Nederlanden 86, 1971

S. Groenveld, Hooft als historieschrijver, Twee studies, Weesp 1981

S. Groenveld, Pieter Corneliszoon Hooft en de geschiedenis van zijn eigen tijd, in: Bijdragen en Mededelingen betreffende de Geschiedenis der Nederlanden 93, 1978

E. K. Grootes u. a. (Hg.), Uyt liefde geschreven, Studies over Hooft 1581 – 16 maart – 1981, Groningen 1981

E. K. Grootes, J. den Haan (Hg.), Geschiedenis, godsdienst, letterkunde, Roden 1989

B. Haak, Hollandse schilders in de Gouden Eeuw, o. O. [2]1984 (Das Goldene Zeitalter der holländischen Malerei, Köln 1984)

E. O. G. Haitsma Mulier, A. E. M. Janssen (Hg.), Willem van Oranje in de historie 1584–1984, Utrecht 1984

C. E. Harline, Mars Bruised: Images of War in the Dutch Republic, 1641–1646, in: Bijdragen en Mededelingen betreffende de Geschiedenis der Nederlanden 104, 1989

C. E. Harline, Pamphlets, Printing, and Political Culture in the Early Dutch Republic, Dordrecht 1987

P. Hecht, De Hollandse fijnschilders, Van Gerard Dou tot Adriaen van der Werff, Ausstellung Amsterdam 1989, Amsterdam 1989

P. G. Hoftijzer, Engelse boekverkopers bij de beurs, De geschiedenis van de Amsterdamse boekhandels Bruyning en Swart, 1637–1724, Amsterdam und Maarssen 1987

H. A. Hofman, Constantijn Huygens (1596–1687), Een christelijk-humanistisch bourgeois-gentilhomme in dienst van het Oranjehuis, Utrecht 1983

G. J. Hoogewerff, De geschiedenis van de Sint Lucasgilden in Nederland, Amsterdam 1947

E. de Jongh, Tot lering en vermaak, Betekenissen van Hollandse genrevoorstellingen uit de zeventiende eeuw, Ausstellung Amsterdam 1976, Amsterdam 1976

E. de Jongh, Zinne- en minnebeelden in de schilderkunst van de 17de eeuw, Antwerpen und Amsterdam 1967

E. de Jongh, P. J. Vincken, Frans Hals als voortzetter van een emblematische traditie, in: Oud Holland 76, 1961

H. Kampinga, De opvattingen over onze oudere vaderlandsche geschiedenis bij de Hollandse historici der XVIe en XVIIe eeuw, 's-Gravenhage 1917, Reprint Utrecht 1980

O. ter Kuile, Seventeenth-Century North Netherlandisch Still Lifes, Den Haag und Amsterdam 1985

M.-Th. Leuker, De last van 't huis, de wil des mans: Frauenbilder und Ehekonzepte im niederländischen Lustspiel des 17. Jahrhunderts, Niederlande-Studien 2, Münster 1992

C. S. Maffioli, L. C. Pelm (Hg.), Italian Scientists in the Low Countries in the XVIIth and XVIIIth Centuries, Amsterdam 1989

M. Meijer Drees, De treurspelen van Thomas Asselijn (ca. 1620–1701), Diss. Enschede 1989

J. H. Meter, The Literary Theories of Daniel Heinsius, A Study of the Development and Background of his Views on Literary Theory and Criticism During the Period from 1602 to 1612, Assen 1984

J. van der Meulen, Willem van Oranje, redder of rover?, Een onderzoek naar de relatie tussen Joost Clarbouts toneelstuk: Droef-bly-eyndig vertoog op 't belegh en over-gaen van Middelburgh, onder 't beleyt van Wilhelmus den Eersten, Prince van Oranje etc. (...) (1661), en de toenmalige politieke en maatschappelijke situatie, Amsterdam 1986

J. M. Montias, Artists and Artisans in Delft: A Socio-Economic Study of the Seventeenth Century, Princeton 1982

J. M. Montias, Vermeer and his Milieu: A Web of Social History, Princeton 1988

J. M. Montias, Art Dealers in the Seventeenth-Century Netherlands, in: Simiolus 18, 1988

J. M. Montias, Socio-Economic Aspects of Netherlandish Art from the Fifteenth to the Seventeenth Century: A Survey, in: Art Bulletin 72, 1990

J. W. Napjus, De hoogleraren in de geneeskunde aan de Hogeschool en het Athenaeum te Franeker, in: G. A. Lindeboom (Hg.), Verzamelde opstellen, Amsterdam 1985

E. Neurdenburg, De zeventiende eeuwse beeldhouwkunst in de Noordelijke Nederlanden, Hendrik de Keyser, Artus Quellinus, Rombout Verhuls en tijdgenoten, Amsterdam 1948

M. North, Kunst und Kommerz im Goldenen Zeitalter, Zur Sozialgeschichte der niederländischen Malerei des 17. Jahrhunderts, Köln (u. a.) 1992

J. J. Poelhekke, Vondel en Oranje, Zutphen 1979

J. L. Price, Culture and Society in the Dutch Republic during the 17th Century, London 1974

C. S. M. Rademaker, Gerardus Joannes Vossius (1577–1649), Zwolle 1967

C. S. M. Rademaker, Life and Work of Gerardus Joannes Vossius (1577–1649), Assen 1981

H.-J. Raupp, Ansätze zu einer Theorie der Genremalerei in den Niederlanden im 17. Jahrhundert, in: Zeitschrift für Kunstgeschichte 46, 1983

D. Regin, Traders, Artists, Burghers: A Cultural History of Amsterdam in the 17th Century, Assen 1976

J. Rosenberg, S. Slive, E. H. ter Kuile, Dutch Art and Architecture, 1600–1800, Harmondsworth 1966

S. Schama, The Embarrassment of Riches: an Interpretation of Dutch Culture in the Golden Age, New York 1987

M. A. Schenkeveld, Dutch Literature in the Age of Rembrandt, Themes and Ideas, Amsterdam und Philadelphia 1991

A. Schöne, Emblematik und Drama im Zeitalter des Barock, München 1968

G. Schwartz, Rembrandt, zijn leven, zijn schilderijen, o. O. ²1987

B. van Selm, Een menighte treffelijcke Boecken, Nederlandse boekhandelscatalogi in het begin van de zeventiende eeuw, Utrecht 1987

S. Slive, Realism and Symbolism in Seventeenth-Century Dutch Painting, in: Daedalus 91, 1962

D. F. Slothouwer, De paleizen van Frederik Hendrik, Leiden 1946

J. Smit, De grootmeester van woord- en snarenspel, Het leven van Constantijn Huygens 1596–1687, Den Haag 1980

D. P. Snoep, Praal en propaganda, Triumfalia in de Noordelijke Nederlanden in de 16de en de 17de eeuw, Alphen aan den Rijn 1975

M. Spies, Het epos in de 17e eeuw in Nederland: een literatuur-historisch probleem, in: Spektator 7, 1977–1978

M. Spies, Het stadhuis staat op de Dam, Een onderzoek naar de argumentele opbouw van Vondels Inwydinge van het Stadthuis t' Amsterdam (1655), in: Visie op Vondel na 300 jaar, Den Haag 1979

L. Strengholt, Constanter, Het leven van Constantijn Huygens, Amsterdam 1987

L. Strengholt, Huygens-studies, Bijdragen tot het onderzoek van de poëzie van Constantijn Huygens, Diss. Amsterdam 1976

A. van Strien, Constantijn Huygens, Mengelingh, Diss. Amsterdam 1990

P. Sutton, Von Frans Hals bis Vermeer, Meisterwerke holländischer Genremalerei, Berlin 1984

H. van de Waal, Drie eeuwen vaderlandsche geschieduitbeelding, 1500–1800, Een iconologische studie, 2 Bde, 's-Gravenhage 1952

H. Wansink, Politieke wetenschappen aan de Leidse Universiteit, 1575–1650, Utrecht 1981.

E. H. Waterbolk, Zeventiende-Eeuwers in de Republiek over de grondslagen van het geschiedverhaal, in: Bijdragen voor de Geschiedenis der Nederlanden XII, 1957/58

Aufklärung, Patrioten, Französische Zeit

H. T. Colenbrander, De Patriottentijd, hoofdzakelijk naar buitenlandse bescheiden, 3 Bde, Leiden 1898–1899

A. M. Elias, P. C. M. Schölvinck, Volksrepresentanten en wetgevers, De politike elite in de Bataafs-Franse tijd, 1796–1810, Amsterdam 1991

J. M. F. Fritschy, De patriotten en de financiën van de Bataafse Republiek, Hollands krediet en de smalle marges voor een nieuw beleid (1795–1801), 's-Gravenhage 1988

P. Geyl, De Patriottenbeweging 1780–1787, Amsterdam 1947

P. Geyl, Revolutiedagen te Amsterdam (Augustus–September 1748), Prins Willem IV. en de Doelistenbeweging, 's-Gravenhage 1936

M. de Jong Hzn, Joan Derck van der Capellen, staatkundig levensbeeld uit de woordingstijd van de moderne democratie in Nederland, Groningen 1922

J. A. F. de Jongste, Onrust aan het Spaarne, Haarlem in de jaren 1747–1751, Hollandse Historische Reeks 2, 's-Gravenhage 1984

E. H. Kossmann, The Crisis of the Dutch State, 1780–1787: Nationalism, Federalism, Unitarism, in: J. S. Bromley, E. H. Kossmann (Hg.), Britain and the Netherlands 4: Metropolis, Dominion and Province, Den Haag 1971

I. Leonard Leeb, The Ideological Origins of the Batavian Revolution, History and Politics in the Dutch Republic 1747–1800, Den Haag 1973

R. R. Palmer, Das Zeitalter der demokratischen Revolution, Eine vergleichende Geschichte Europas und Amerikas von 1760 bis zur Französischen Revolution, Frankfurt a. M. 1970

A. Porta, Joan en Gerrit Corver, De politieke macht van Amsterdam 1702–1748, Assen 1975

S. Schama, Patriots and Liberators, Revolution in the Netherlands 1780–1813, New York 1977

J. W. Schulte Nordholt, Voorbeeld in de verte, De invloed van de Amerikaanse revolutie in Nederland, Baarn 1979

C. H. E. de Wit, De strijd tussen aristocratie en democratie in Nederland, 1780–1848, kritisch onderzoek van een historisch beeld en herwaardering van een periode, Oirsbeek ²1977

C. H. E. de Wit, De Nederlandse revolutie van de Achtiende Eeuw, 1780–1787, oligarchie en proletariaat, Oirsbeek 1974

Th. S. M. van der Zee, J. G. M. M. Rosendaal, P. G. B. Thissen (Hg.), 1787, De Nederlandse revolutie?, Amsterdam 1988

H. H. de Zwager, Nederland en de verlichting, Bussum 1980

Königreich der Niederlande

Politik und Verfassung

H. Amersfoort, Voor Vaderland en Oranje, Een verkenning naar de wederzijdse betrokkenheid van natie en leger, in: Tijdschrift voor Geschiedenis 95, 1982

J. C. H. Blom, De muiterij op de Zeven provinciën, Bussum 1975

J. C. H. Blom, De politieke machtspositie van Colijn in 1939, in: Ders., Crisis, bezetting en herstel, Rotterdam 1989

J. C. Boogman u. a., Nederland, Europa en de Wereld, Ons buitenlands beleid in discussie, Meppel 1970

J. C. Boogman, J. R. Thorbecke, uitdaging en antwoord, in: Bijdragen en Mededelingen betreffende de Geschiedenis der Nederlanden, 87, 1962

J. C. Boogman, Nederland en de Duitse Bond, 1815–1851, 2 Bde, Historische Studies V, Groningen 1955

J. C. Boogman, Achtergronden en algemene tendenties van het buitenlands beleid van Nederland en België in het midden van de XIX eeuw, in: Bijdragen en Mededelingen van het Historisch Genootschap LXXVI, 1962

H. Daalder, Leiding en lijdelijkheid in de Nederlandse politiek, Assen 1964

A. Doedens (Hg.), Autoriteit en strijd, Elf bijdragen tot de geschiedenis van collectief verzet in de Nederlanden, met name in de eerste helft van de negentiende eeuw, Amsterdam 1981

H. von der Dunk, Die Niederlande im

Kräftespiel zwischen Kaiserreich und Entente, Wiesbaden 1980

G. Geismann, Politische Struktur und Regierungssystem in den Niederlanden, Kölner Schriften für Politische Wissenschaft Bd 4, Frankfurt und Bonn 1964

P. Geyl, Eenheid en tweeheid in de Nederlanden, Lochem 1946

R. H. E. Gooren, Krijgsdienst en krijgsmacht in de Nederlandse politiek 1866–1914, Utrechtse Historische Cahiers 8, Nr 1, 1987

J. M. H. J. Hemels, De Nederlandse pers voor en na afschaffing van de dagbladzegel in 1869, Assen 1969

H. Knippenberg, B. de Pater, De eenwording van Nederland, Schaalvergroting en integratie sinds 1800, Nimwegen 1988

P. E. Kraemer, The Societal State, The Modern Osmosis of State and Society Presenting Itself in the Netherlands in Particular, Meppel 1966

H. Lademacher, Niederlande – Zwischen wirtschaftlichem Zwang und politischer Entscheidungsfreiheit, in: E. Forndran u. a. (Hg.), Innen- und Außenpolitik unter nationalsozialistischer Bedrohung, Opladen 1977

H. Lademacher, Modernisierung und emancipatie, Enkele opmerkingen over de Nederlandse negentiende eeuw, in: Bijdragen en Mededelingen betreffende de Geschiedenis der Nederlanden 104, 1, 1989

J. H. Leurdijk (ed.), The foreign policy of the Netherlands, Alphen aan den Rijn 1978

A. Lijphart, Politics of Accomodation: Pluralism and Democracy in the Netherlands, Berkeley 1968

P. J. Oud, Het jongste verleden, Parlementaire geschiedenis van Nederland 1918–1940, 6 Bde, Assen 1948–1951

P. J. Oud, Honderd jaren, Een eeuw van staatkundige vormgeving in Nederland 1840–1940, Assen [7]1979

G. Puchinger, Colijn en het einde van de coalitie, 2 Bde, Kampen [2]1970–1980

G. van Roon, Kleine landen in crisistijd, Van Oslostaten tot Benelux, 1930–1940, Amsterdam (u. a.) 1985

H. J. Scheffer, November 1918, Journaal van een revolutie die niet doorging, Amsterdam 1968

L. W. G. Scholten, Voetstappen van Thorbecke, Assen 1966

C. Smit, Hoogtij der neutraliteitspolitiek, Leiden 1959

C. Stoppelenburg, H. van der Wusten, Continuïteit en verandering in de politieke kaart van Nederland 1897–1913, in: Acta Politica 22, 1986

C. A. Tamse (Hg.), De monarchie in Nederland, Amsterdam und Brüssel 1980

C. A. Tamse, Nederland en België in Europa (1859–1871), De zelfstandigheidspolitiek van twee kleine staten, Den Haag 1973

C. A. Tamse, E. de Witte (Hg.), Staats- en natievorming in Willem I's koninkrijk (1815–1830), Brüssel 1992

A. Vandenbosch, Dutch Foreign Policy since 1815, A Study in Small Power Politics, Den Haag 1959

J. J. C. Voorhoeve, Peace, Profits and Principles, A Study of Dutch Foreign Policy, Den Haag 1979

F. van Vree, De Nederlandse pers en Duitsland 1930–1939, Een studie over de vorming van de publieke opinie, Groningen 1989

W. J. van Welderen Rengers, Schets eener parlementaire geschiedenis van Nederland sedert 1849, Met aant. van C. W. de Vries over 1849–1891, 's-Gravenhage 1948–56

C. H. E. de Wit, »Historische Schetsen«, Nijmegen 1980

Kultur, Selbstbild, Fremdbild

U. van Ackeren, Das Niederlande-Bild im Strudel der deutschen romantischen Literatur, Amsterdam 1992

J. C. Boogman, Die Suche nach der nationalen Identität, Die Niederlande 1813–1848, Institut für europäische Geschichte Mainz, Vortrag Nr 49, Wiesbaden 1968

A. Felling, J. Peters, J. Schreuder, Identitätswandel in den Niederlanden, in: Kölner Zeitschrift für Soziologie und Sozialpsychologie, März 1982

T. Hommes, Holland im Urteil eines Jungdeutschen, Amsterdam 1926

E. H. Kossmann, Holland und Deutschland, Wandlungen und Vorurteile, Den Haag 1901

H. Kraan, Als Holland Mode war, Deutsche Künstler und Holland im 19. Jahrhundert, Nachbarn 31, Bonn 1985

H. Meyer, Das Bild des Holländers in der deutschen Literatur, in: Zarte Empirie, Studien zur Literaturgeschichte, Stuttgart 1963

P. J. van Winter, De Chinezen van Europa, Groningen 1965

Parteien, Gewerkschaften – Entstehung, Organisation, Politik

R. Abma, Het Plan van de Arbeid en de SDAP, in: Bijdragen en Mededelingen betreffende de Geschiedenis der Nederlanden 92, 1977

G. Abma, Confessionele partijvorming in Friesland, Ontstaan en eerste jaren (1852–1871), Leeuwarden 1980

B. Altena, Een broeinest der anarchie: arbeiders, arbeidersbeweging en maatschappelijke ontwikkeling, Vlissingen 1875–1929 (1940), 2 Bde, Diss. Amsterdam 1989

J. Bank, S. Temming (Hg.), Van brede visie tot smalle marge, Alphen aan den Rijn 1981

H. K. J. Beernink, Geschiedenis en beginsel van de Christelijk-Historische Unie, Den Haag 1953

B. Boivin u. a., Een verjongingskuur voor de Partij van de Arbeid, Deventer 1978

J. Bosmans (Hg.), De RKSP en de val van Colijn in 1939, in: Nederlandse Historische Bronnen III, 1983

J. Bosmans, Romme, Biografie 1896–1946, Utrecht 1991

D. Bosscher, Om de erfenis van Colijn, De ARP op de grens van twee werelden (1939–1952), Alphen aan den Rijn 1980

C. Bremmer (ed.), Personen en momenten uit de geschiedenis van de Anti-Revolutionaire Partij, Franeker 1980

H. Buiting, Richtingen en partijstrijd in de SDAP, Amsterdam 1989

C. F. Cohen, Om de vernieuwing van het socialisme, De politieke orientatie van de Nederlandse sociaal-democratie 1919–1939, Leiden 1974

De confessionelen, Ontstaan en ontwikkeling van hun politieke partijen, Utrecht 1968

P. Coomans, T. de Jonge, E. Nijhoff, De Eenheidsvakcentrale (EVC) 1943–1948, Groningen 1976

G. Cornelissen, G. Harmsen, R. de Jong, De taaie rooie rakkers, Een documentaire over het socialisme tussen de wereldoorlogen, Utrecht 1965

H. Daalder, Leiding en lijdelijkheid in de Nederlandse politiek, in: Res Publica IX, 1976

B. van Dongen, Revolutie of integratie,

De Sociaal Democratische Arbeiders Partij in Nederland (SDAP) tijdens de eerste wereldoorlog, Amsterdam 1992

H. W. von der Dunk, H. Lademacher (Hg.), Auf dem Weg zum modernen Parteienstaat, Kasseler Forschungen zur Zeitgeschichte 4, Melsungen 1986

H. W. von der Dunk, Conservatisme in vooroorlogs Nederland, in: Bijdragen en Mededelingen betreffende de Geschiedenis der Nederlanden 90, 1975

P. L. van Enk, De aftocht van de ARP, Kampen 1986

H. F. J. M. van den Eerenbeemt, Ideeën rond 1900 van katholieken in Nederland over een reconstructie van de maatschappij, in: Sociale Wetenschappen 13, 1970

N. E. H. van Esveld, Modern sociaal liberalisme, in: Enige aspecten van het moderne liberalisme, Leiden 1958

M. P. Fogarty, Christian Democracy in Western Europe 1820–1953, London 1957

W. S. P. Fortuyn, Stakingsrecht in Nederland. Theorie en praktijk 1872–1986, Weesp 1985

B. de Gaay Fortman, Politiek op termijn, Baarn 1974

J. J. Giele, De Eerste Internationale in Nederland, Een onderzoek naar het ontstaan van de Nederlandse arbeidersbeweging van 1868 tot 1876, Nimwegen 1973

F. van Ginneken, De PPR van 1968 tot en met 1971, Breda 1975

J. P. Gribbling, P. J. M. Aalberse, Utrecht 1961

J. P. Gribbling, Willem Hubert Nolens, Assen 1978

De Groei naar het CDA, Franeker 1980

R. Hagoort, Patrimonium (vaderlijk erfdeel), gedenkboek bij het gouden jubileum, Amsterdam 1927

R. Hagoort, Het beginsel behouden, gedenkboek van het Nederlandsch Werklieden Verbond Patrimonium over de jaren 1891–1927, Amsterdam 1934

D. Hans, Parade der politieke partijen, Putten 1937

G. Harmsen, Historisch overzicht van socialisme en arbeidersbeweging in Nederland. Bd I, Van de begintijd tot het uitbreken van de eerste wereldoorlog, Nijmegen z. j.

G. Harmsen, Idee en Beweging, Bibliografiese aanwijzingen bij de studie en het onderzoek van de geschiedenis van socialisme en arbeidersbeweging in Nederland, Nimwegen 1972

G. Harmsen, L. Noordegraaf, Het ontstaan van de Eenheids Vak Centrale, in: Te elfder ure 14, 1973

G. Harmsen, J. Perry, F. van Gelder, Mens en werk, Industriële vakbonden op weg naar eenheid, Baarn 1980

G. Harmsen, B. Reinalda, Voor de bevrijding van de arbeid, Beknopte geschiedenis van de Nederlandse vakbeweging, Nimwegen 1975

L. Hartfeld, F. de Jong Edz, D. Kuperus, De Arbeiders Jeugdcentrale AJC 1918–1940/1945–1959, Amsterdam 1982

D. Houwaart, De mannenbroeders door de bocht, Herinneringen aan en van dr. P. W. Berghuis, van 1956 tot 1968 voorzitter van de Anti-Revolutionaire Partij, Kampen 1988

E. Hueting, F. de Jong Edz, R. Neij, Ik moet, het is mijn roeping, Een politieke biografie van Pieter Jelles Troelstra, Amsterdam 1981

E. Hueting, F. de Jong Edz, R. Neij, Troelstra en het model van de nieuwe staat, Assen 1980

E. Hueting, F. de Jong Edz, R. Neij,

Naar groter eenheid, Geschiedenis van het Nederlands Verbond van Vakvereningen 1906–1981, Amsterdam 1983

H. van Hulst, A. Pleysier, A. Scheffer, Het rode vaandel volgen wij, Amsterdam ²1969

J. J. de Jong, Politieke organisatie in Westeuropa na 1800, 's-Gravenhage 1951

F. de Jong Edz, Om de plaats van de arbeid, Een geschiedkundig overzicht van ontstaan en ontwikkeling van het Nederlands Verbond van Vakverenigingen, Amsterdam 1956

A. A. de Jonge, Het communisme in Nederland, De geschiedenis van een politieke partij, Den Haag 1972

A. A. de Jonge, Het nationaal-socialisme in Nederland, Voorgeschiedenis, ontstaan en ontwikkeling, Den Haag 1968

L. M. H. Joosten, Katholieken en fascisme in Nederland 1920–1940, Hilversum 1964

De kleine stappen van het kabinet-Den Uyl, Gesprekken met PvdA bewindslieden, Deventer 1978

P. J. Knegtmans, Socialisme en democratie, De SDAP tussen klasse en natie (1929–1939), Amsterdam 1989

R. Koole, P. Lucardie, G. Voerman, 40 jaar vrij en verenigd, Geschiedenis van de VVD-partijorganisatie 1948–1988

G. A. Kooy, Het échec van een »volkse« beweging, Nazificatie en denazificatie in Nederland 1931–1945, Assen 1964

C. J. Kuiper, Ontstaan, groei en werk van de Katholieke Arbeidersbeweging in Nederland, 3 Bde, o. O. 1951–1953

H. Lademacher, Die Kontinuität der Absicht, Die Vorstellungen des niederländischen Gewerkschaftsverbandes zur sozialökonomischen Neuordnung vor und nach dem II. Weltkrieg, in: W. Abelshauser (Hg.), Strategien europäischer Gewerkschaften im 20. Jahrhundert, Essen 1988

H. Lademacher, P. van Slooten, Niederlande, in: F. Wende (ed.), Lexikon zur Geschichte der Parteien in Europa, Stuttgart 1981

L. van der Land, Het ontstaan van de Pacifistisch Socialistische Partij, Amsterdam 1962

H. J. Langeveld, Protestants en progressief, De Christelijk-Democratische Unie 1926–1946, 's-Gravenhage 1989

N. Lepszey, Regierung, Parteien und Gewerkschaften in den Niederlanden, Entwicklung und Strukturen, in: K. D. Bracher, H.-J. Jacobsen (Hg.), Bonner Schriften zur Politik und Zeitgeschichte 18, Düsseldorf 1979

H. de Liagre Böhl, Herman Gorter, zijn politieke aktiviteiten van 1909 tot 1920 in de opkomende kommunistische beweging in Nederland, Sunschrift 66, Nijmegen 1973

G. C. P. Linssen, Werkgeversorganisatie in katholiek patroon, Een schets van ontstaan en uitbouw van de diocesane verenigingen van werkgevers in het zuiden van Nederland, 1915–1940, Tilburg 1978

I. Lipschits, Politieke stromingen in Nederland, Inleiding tot de geschiedenis van de Nederlandse politieke partijen, Deventer 1978

I. Lipschits, De protestants-christelijke stroming tot 1940, Ontstaansgeschiedenis van de Nederlandse politieke partijen, Deventer 1977

I. Lipschits, Ontstaansgeschiedenis van de Nederlandse politieke partijen, in: Intermediair II, Nr 48, 1975

A. van der Louw, Rood als je hart, 'n

geschiedenis van de AJC, Amsterdam 1974

G. J. Meijer, Naar het Plan van de Arbeid, Het partijbestuur van de SDAP en de crisisbestrijding, in: P. W. Klein, G. J. Borger (Hg.), De jaren dertig, Amsterdam 1979

H. A. C. M. Notenboom, De val van het kabinet-Cals, De financiële politiek van de Katholieke Volkspartij in de parlementaire periode 1963–1967, 's-Gravenhage 1991

Partij, parlement, activisme (Wiardi Beckman Stichting), Deventer 1978

W. F. S. Pelt, Vrede door revolutie, De CPN tijdens het Molotov-Ribbentrop-Pact (1939–1941), 's-Gravenhage 1990

Ph. van Praag jr., Strategie en illusie, Elf jaar intern debat in de PvdA (1966–1977), Amsterdam 1991

G. Puchinger, Colijn en het einde van de coalitie, 2 Bde, Kampen ²1970–1980

W. van Ravesteyn, De wording van het communisme in Nederland 1907–1925, Amsterdam 1948

H. Righart, J. Ramakers, Steigers weg!, Bouw- en houtbonden van verdeeldheid naar eenheid, 1945–1981, Baarn 1982

J. Roes (Hg.), Katholieke arbeidersbeweging, Baarn 1985

A. J. C. Rüter, De spoorwegstakingen van 1903, Een spiegel der arbeidersbeweging in Nederland, Leiden 1935

H. M. Ruitenbeek, Het ontstaan van de Partij van de Arbeid, Amsterdam 1955

M. Ruppert, De Christelijke vakbeweging en het huidige sociale vraagstuk, o. O. 1956

G. J. Schutte (Hg.), Een arbeider is zijn loon waardig, Honderd jaar na Rerum Novarum en Christelijk-Sociaal Congres 1891: De ontwikkeling van het christelijk sociale denken en handelen in Nederland 1891–1914, 's-Gravenhage 1991

R. L. Schuursma, Het onaannemelijke tractaat, Het verdrag met Belgie van 3 april 1925 in de Nederlandse politieke opinie, Utrecht 1975

G. Taal, Liberalen en radicalen in Nederland 1872–1901, Den Haag 1980

J. Terlouw, Naar zeventig zetels en terug, Utrecht 1983

F. Tichelman, De sociaal-democratie en het koloniale vraagstuk (De SDAP en Indonesië, 1894–1914), in: M. Campfens u. a. (Hg.), Op een beteren weg, Amsterdam 1985

Th. van Tijn, De Algemeene Nederlandsche Diamantbewerkersbond (ANDB): een succes en zijn verklaring, in: P. A. M. Geurts, F. A. M. Manning (Hg.), Economische ontwikkeling en sociale emancipatie II, Den Haag 1977

H. te Velde, Gemeenschapszin en plichtbesef, Liberalisme en Nationalisme in Nederland, 1870–1918, 's-Gravenhage 1992

S. Y. A. Vellenga, Katholiek Zuid-Limburg en het fascisme, Een onderzoek naar het kiesgedrag van de Limburger in de jaren dertig, Assen 1975

W. Verkade, Democratic Parties in the Low Countries and Germany, Origins and historical developments, Leiden 1967

D. Verkuil, Een positieve grondhouding, De geschiedenis van het CDA, 's-Gravenhage 1992

H. J. L. Vonhoff, De zindelijke burgerheren, Een halve eeuw liberalisme, Baarn ²1966

H. J. L. Vonhoff, Bewegend verleden, Een biografische visie op prof. mr. P. J. Oud, Alphen aan den Rijn 1969

H. de Vos, Geschiedenis van het socialisme in Nederland in het kader van zijn tijd, 2 Bde, Baarn 1976

V. Voss, Beeld van een partij, De documentaire geschiedenis van D'66, Haarlem 1981

J. M. Welcker, Heren en arbeiders in de vroege Nederlandse arbeidersbeweging 1870–1914, Amsterdam 1978

G. J. M. Wentholt, Een arbeidersbeweging en haar priesters, Nimwegen 1984

C. H. Wiedijk, Koos Vorrink, Groningen 1986

J. A. de Wilde, C. Smeenk, Het volk ten baat, Geschiedenis van de Anti-Revolutionaire Partij, Groningen 1949

Versäulung
(s. a. Parteien und Gewerkschaften)

J. C. H. Blom, C. J. Misset (Hg.), Broeders sluit u aan, Aspecten van de verzuiling in zeven Hollandse gemeenten, o. O., 1985

J. A. Bornewasser, De katolieke zuil in wording als object van »columnologie« in: Ders., Kerkelijk verleden in een wereldlijke context, Amsterdam 1989

S. Hellemans, Strijd om de moderniteit, Grote sociale bewegingen en verzuiling in Europa sinds 1800, Leuven 1990

A. Lijphart, Verzuiling, pacificatie en kentering in de Nederlandse politiek, Amsterdam 1968

P. Luykx, Versäulung in den Niederlanden, Eine kritische Betrachtung der neueren Historiographie, in: Jahrbuch des Zentrums für Niederlande-Studien 2, 1991

P. Luykx, H. Righart (Hg.), Van de pastorie naar het torentje, Een eeuw confessionele politiek, 's-Gravenhage 1991

M. Matthijssen, De intellectuele emancipatie der katholieken, Historische en sociografische analyse van het Nederlands katholiek middelbaar onderwijs, Assen 1958

P. Pennings, Verzuiling en ontzuiling: De lokale verschillen, Kampen 1991

H. Righart, De katholieke zuil in Europa, Een vergelijkend onderzoek naar het ontstaan van verzuiling onder katholieken in Oostenrijk, Zwitserland, België en Nederland, Diss. Nijmegen 1983

I. Schöffer, Verzuiling, een specifiek Nederlands probleem, in: Sociologische Gids, 3, 1956

S. Stuurman, Verzuiling, kapitalisme en patriarchaat, Aspecten van de ontwikkeling van de moderne staat in Nederland, Nijmegen 1983

J. M. G. Thurlings, De wankele zuil, Nederlandse katholieken tussen assimilatie en pluralisme, Deventer [2]1978

Kirchen

C. Augustijn, Kuyper en de antithese, in: C. Augustijn u. a. (Hg.), Kerkhistorische opstellen aangeboden aan prof. dr. J. van den Berg, Kampen 1987

C. Augustijn, J. H. Prins, H. E. S. Woldring (Hg.), Abraham Kuyper, Zijn volksdeel, zijn invloed, Delft 1987

M. Bax, Wie tegen de kerk piest, wordt zelf nat, Over uitbreiding en intensivering van het clericale regime in Noord-Brabant, in: Anthropologische Verkenningen I, Nr 2, 1982

J. A. Bornewasser, In de geest van Thijm, Ontwikkelingen in de verhouding tussen wetenschap en geloof 1904–1984, Baarn 1985

J. D. Dengerink, Critisch onderzoek naar de sociologische ontwikkeling van het beginsel der »souvereiniteit in eigen kring« in de 19e en 20e eeuw, Diss. Vrije Universiteit Amsterdam 1948

A. J. van Dijk, Groen van Prinslerer's Lectures on Unbelief and Revolution, Ontario 1989

H. C. Endedijk, De Gereformeerde Kerken in Nederland, 1, 1892–1936, Kampen 1990

D. Friedman, Philosophy and Religious Trends, in: B. Landheer (Hg.), The Netherlands, Berkeley und Los Angeles 1944

M. E. Kluit, Het protestantse Réveil in Nederland en daarbuiten 1815–1864, Amsterdam 1970

A. F. Manning, Uit de voorgeschiedenis van het mandement van 1954, in: Archief van de Geschiedenis van de Katholieke Kerk in Nederland 13, 1971

A. J. Rasker, De Nederlandse Hervormde Kerk vanaf 1795, Haar geschiedenis en theologie in de negentiende en twintigste eeuw, Kampen 1974, ³1986

L. J. Rogier, N. de Rooy, In vrijheid herboren, Katholiek Nederland 1853–1953, Den Haag 1953

G. van Roon, Protestants Nederland en Duitsland, 1933–1941, Utrecht und Antwerpen 1973

E. Simons, L. Winkeler, Het verraad der clercken, Intellectuelen en hun rol in de ontwikkeling van het Nederlandse katholicisme na 1945, Baarn 1987

J. Stellingwerff, Kuyper en de Vrije Universiteit, Kampen 1987

J. Veenhof, Honderd jaar theologie aan de Vrije Universiteit, in: Wetenschap en rekenschap 1880–1980, Een eeuw wetenschapsbeoefening aan de Vrije Universiteit, Kampen 1980

J. Wekking, Untersuchungen zur Rezeption der nationalsozialistischen Weltanschauung in den konfessionellen Periodika der Niederlande 1933–1940, Ein Beitrag zur komparatistischen Imagologie, Amsterdam und Atlanta 1990

H. Zunneberg, Willem Banning 1888–1971, Een onderzoek naar de verhouding van zijn spiritualiteit tot zijn sociaal-politiek engagement, Utrecht 1978

Wirtschaft, Sozialstruktur

J. G. Albert, Economic Policy and Planning in the Netherlands 1950–1965, New Haven und London 1969

J. M. M. van Amersfoort, Van William Kegge tot Ruud Gullit, De Surinaamse migratie naar Nederland: realiteit, beeldvorming en beleid, in: Tijdschrift voor Geschiedenis 100, 1987

C. P. A. Bartels, J. J. van Duijn, Regionaal-economisch beleid in Nederland, Assen 1981

Berekeningen over de groei van de Nederlandse bevolking in de periode 1965–2000, Maandstatistiek van de bevolking en de volksgezondheid, April 1965

H. G. van Beusekom, Getijden der volkshuisvesting, Alphen aan den Rijn 1955

H. Blink, De betekenis en verbreiding der machine-nijverheid in het algemeen en in Nederland in het bijzonder, in: Tijdschrift voor Economische Geografie I, 1914

J. G. Borchert, G. J. J. Egbers, M. de Smidt, Ruimtelijk beleid in Nederland, Bussum ⁴1981

J. R. M. van den Brink, Indicatieve planning als beleidsinstrument van de industrialisatiepolitiek in de jaren vijftig, in: Bijdragen en Mededelingen betreffende de Geschiedenis der Nederlanden 101, 1986

I. J. Brugmans, Standen en klassen in Nederland gedurende de negentiende eeuw, in: Bijdragen en Mededelingen van het Historisch Genootschap 74, 1960

I. J. Brugmans, Paardenkracht en mensenmacht, Sociaal-economische geschiedenis van Nederland 1795–1940, Den Haag 1961

I. J. Brugmans, De arbeidende klasse in Nederland in de negentiende eeuw 1813–1870, Utrecht und Antwerpen [8]1966

J. de Bruijn, Geschiedenis van de abortus in Nederland, Amsterdam 1979

L. J. A. Daamen, Ongereld en ondoorzichtig bestuur, Staats- en bestuursrechtelijke beschouwingen naar aanleiding van de steunverlening aan individuele ondernemingen, Deventer 1987

W. J. Dercksen, Industrialisatiepolitiek rond de jaren vijftig, Assen 1986

W. J. Dercksen, W. S. P. Fortuyn, T. Jaspers, Vijfendertig jaar SER-adviezen, I 1950–1964, Deventer 1982

J. van den Doel, Werkloosheidsbestrijding en loonvorming, in: Socialisme en Democratie 34, 1977

M. H. J. Dullaart, Regeling of vrijheid, Nederlands economisch denken tussen de wereldoorlogen, Alblasserdam 1984

R. T. Griffiths (Hg.), The Netherlands and the Integration of Europe 1945–1967, Amsterdam 1990

H. M. Hirschfeld, Actieve economische politiek, Nederland in de jaren 1929–1934, Amsterdam 1946

H. Hoefnagels, Een eeuw sociale problematiek, De Nederlandse sociale ontwikkeling van 1850–1940, Roermond [6]1966

H. J. A. Hofland u. a., De stadsoorlog, Amsterdam '80, Alphen aan den Rijn 1981

J. A. de Jonge, De industrialisatie van Nederland tussen 1850 en 1914, Amsterdam 1968, Reprint Nimwegen 1976

F. A. G. Keesing, De conjuncturele ontwikkeling van Nederland en de evolutie van de economische overheidspolitiek 1918–1939 (De Nederlandse volkshuishouding tussen de twee wereldoorlogen III), Utrecht o. J. [1947]

P. W. Klein, Depressie en beleid tijdens de jaren dertig, in: J. van Herwaarden (Hg.), Lof der historie, Rotterdam 1973

P. W. Klein, G. J. Borger, De jaren dertig, Aspecten van crisis en werkloosheid, Amsterdam 1979

R. Kloosterman, Werkloosheid in Nederland, Een onderzoek naar regionale verschillen, Utrecht 1985

H. Knippenberg, N. Passchier, Spoorwegen en industrialisatie in Nederland, in: Geografisch Tijdschrift 12, 1978

G. A. Kooy, Seksualiteit, huwelijk en gezin in naoorlogs Nederland, in: De toekomst van het westerse gezin, Amsterdam 1985

L. H. M. Kreukels, Mijnarbeid: Volgzaamheid en strijdbaarheid, Geschiedenis van de arbeidsverhoudingen in de Nederlandse steenkolenmijnen 1900–1940, Assen und Maastricht 1986

H. de Liagre Böhl u. a (Hg.)., Nederland industrialiseert!, Nijmegen 1981

J. Lucassen, Naar de kusten van de Noordzee, Trekarbeid in Europees perspectief, 1600–1900, Diss. Utrecht 1984

J. M. M. de Meere, Economische ontwikkeling en levensstandaard in Nederland gedurende de eerste helft van de negentiende eeuw, Den Haag 1982

F. A. M. Messing, Geschiedenis van de mijnsluiting in Limburg, Leiden 1988

J. Mokyr, Industrialization in the Low Countries 1795–1850, New Haven, London 1976

W. H. Posthumus-van der Groot (Hg.), Van moeder op dochter, De maatschappelijke positie van de vrouw in Nederland vanaf de Franse tijd, Utrecht ³1968, Reprint Nimwegen 1977

P. de Rooy, Werklozenzorg en werkloosheidsbestrijding 1917–1940, Amsterdam 1979

J. van Sinderen (Hg.), Het sociaal-economisch beleid in de tweede helft van de twintigste eeuw, Groningen 1990

B. H. Slicher van Bath, Een samenleving onder spanning, Geschiedenis van het platteland in Overijssel, Assen 1957

P. J. Steenkamp, De gedachte der bedrijfsorganisatie in protestants-christelijke kring, Tilburg 1951

Th. van Tijn, Twintig jaren Amsterdam, De maatschappelijke geschiedenis van de hoofdstad, van de jaren vijftig der vorige eeuw tot 1876, Diss. Amsterdam 1965

J. Tinbergen, De les van dertig jaar, Amsterdam 1944

De toenemende rol van de overheid in Nederland 1850–1940, Een analyse van de regionale verschillen in de uitgaven van gemeentelijke overheden, Amsterdam 1980

W. G. J. M. Tomassen, Het R. K. Bedrijfsradenstelsel 1919–1922, Leiden 1974

F. J. H. M. van de Ven, Economische en sociale opvattingen in Nederland, in: De Nederlandse volkshuishouding tussen twee wereldoorlogen IV, z. p. z. j.

A. J. C. de Vrankrijker, Een groeiende gedachte, De ontwikkeling der me-

ningen over de sociale kwestie in de 19e eeuw in Nederland, Assen 1959

W. de Vries Wzn, De totstandkoming van de ongevallenwet 1901, De invloed van werkgevers en werknemers op de eerste sociale verzekeringswet in Nederland, Deventer 1970

J. P. Windmuller, C. de Galan, A. F. van Zweeden, Arbeidsverhoudingen in Nederland, 2 Bde, Utrecht und Antwerpen 1983

J. L. van Zanden, De economische ontwikkeling van de Nederlandse landbouw in de negentiende eeuw, 1800–1914, Wageningen 1985

J. L. van Zanden, R. T. Griffiths, Economische geschiedenis von Nederland in de 20e eeuw, Utrecht 1989

Aufbau eines Kolonialreiches

W. Ph. Coolhaas, A Critical Survey of Studies on Dutch Colonial History, bewerkt door G. J. Schutte, Leiden 1980

P. C. Emmer, Engeland, Nederland, Africa en de slavenhandel in de negentiende eeuw, Leiden 1974

C. Fasseur, Cultuurstelsel en koloniale baten, De Nederlandse exploitatie van Java 1840–1860, Leiden 1975

C. Fasseur (Hg.), Geld en geweten, Een bundel opstellen over anderhalve eeuw Nederlands bestuur in de Indonesische archipel, 2 Bde, Den Haag 1980

C. Fasseur, Nederland en het Indonesische nationalisme, De balans nog eens opgemaakt, in: Bijdragen en Mededelingen betreffende de Geschiedenis der Nederlanden 99, 1984

C. Fasseur, Een wissel op de toekomst: de rede van koningin Wilhelmina op 6/7 december 1942, in: Between Peoples and Statistics. Essays... presented to P. Creutzberg, Den Haag 1979

J. van Goor, Kooplieden, predikanten en bestuurders overzee, Beeldvorming en plaatsbepaling in een andere wereld, Utrecht 1982

J. van Goor (Hg.), Imperialisme in de marge, De afronding van Nederlands-Indië, Utrecht 1986

J. de Jong, Van batig slot naar ereschuld: de discussie over de financiële verhouding tussen Nederland en Indië en de hervorming van de nederlandse koloniale politiek 1860–1900, 's-Gravenhage 1989

M. Kuitenbrouwer, Nederland en de opkomst van het moderne imperialisme, Koloniën en buitenlandse politiek, 1570–1902, Amsterdam 1985

E. B. Locher-Scholten, Ethiek in fragmenten, Vijf studies over koloniaal denken en doen van Nederlanders in de Indonesische archipel 1877–1942, Utrecht 1982

R. van Niel, The Emergence of the Modern Indonesian Elite, Dordrecht ²1984

R. van Niel, Europeans in Java in the Early Nineteenth Century, in: Groniek XVII, 1982

R. van Niel, The Function of Landrent under the Cultivation System in Java, in: Journal of Asian Studies, XXIII, 1964

R. Reinsma, Het verval van het cultuurstelsel, Den Haag 1955

F. Tichelman, De sociaal-democratie en het koloniale vraagstuk (De SDAP en Indonesië, 1894–1914), in: M. Campfens u. a. (Hg.), Op een beteren weg, Amsterdam 1985

S. L. van der Wal (ed.), De Volksraad en de staatkundige ontwikkeling van Nederlands-Indië, 2 Bde, Groningen 1964

Zweiter Weltkrieg

B. Bakker u. a. (Hg.), Visioen en werkelijkheid, De illegale pers over de toekomst der samenleving, Den Haag 1963

J. Bank, Opkomst en ondergang van de Nederlandse Volksbeweging (NVB), Deventer 1978

P. J. Bouman, De April-Mei-stakingen van 1943, Den Haag 1950

B. Braber, Passage naar vrijheid, Joods verzet in Nederland 1940–1945, Amsterdam 1987

C. K. Berghuis, Joodse vluchtelingen in Nederland, 1938–1940, Documenten betreffende toelating, uitleiding en kampopname, Kampen 1990

B. van der Boom, Gees van Geelkerken, de rechterhand van Mussert, Utrecht und Antwerpen 1990

K. Dittrich, H. Würzner (Hg.), Nederland en het Duitse exil, 1933–1940, Amsterdam 1982

B. de Graaff, Widerstand und Kollaboration in den Niederlanden 1940–1945, in: Jahrbuch des Zentrums für Niederlande-Studien 2, 1991

B. de Graaff, L. Marcus, Kinderwagens en korsetten, Een onderzoek naar de sociale achtergrond en de rol van vrouwen in het verzet 1940–1945, Amsterdam 1980

R. Havenaar, Verrader voor het vaderland, Een biografische schets van Anton Adriaan Mussert, Den Haag 1978

A. J. Herzberg, Kroniek der Jodenvervolging 1940–1945, Amsterdam ³1978

G. Hirschfeld, Collaboration and Attentism in the Netherlands 1940–1941, in: Journal of Contemporary History, 16, 3, 1981

G. Hirschfeld, Fremdherrschaft und Kollaboration, Die Niederlande unter deutscher Besatzung 1940–1945, Stuttgart 1984

H. A. Jacobsen, Der deutsche Luftangriff auf Rotterdam, in: Wehrwissenschaftliche Rundschau, III, 5, 1958

L. de Jong, Het Koninkrijk der Nederlanden in de Tweede Wereldoorlog, 14 Teile in 29 Bdn, 's-Gravenhage 1969–1991

J. Keizer, Handlangers van de vijand, Collaboratie in Friesland tijdens de jaren '40–'45, Leeuwarden 1990

M. de Keizer, De gijzelaars van Sint Michielsgestel, Alphen aan den Rijn 1979

M. de Keizer, Het Parool 1940–1945, Amsterdam 1991

M. de Keizer, Appeasement en aanpassing, Het Nederlandse bedrijfsleven en de Deutsch-Niederländische Gesellschaft, 1936–1942, Amsterdam 1984

G. A. Kooy, Het echec van een »volkse« beweging, Nazificatie en denazificatie in Nederland 1931–1945, Assen 1964

K. Kwiet, Reichskommissariat Niederlande, Versuch und Scheitern nationalsozialistischer Neuordnung, Schriftenreihe der Vierteljahrshefte für Zeitgeschichte 17, Stuttgart 1968

Th. Leeflang, De bioscoop in de oorlog, Amsterdam 1990

A. F. Manning, De Nederlandse katholieken in de eerste jaren van de Duitse bezetting, in: Jaarboek Katholiek Documentatie Centrum, 1978

A. F. Manning, »Het bevrijde zuiden«: kanttekeningen bij het historisch onderzoek, in: Bijdragen en Mededelingen betreffende de Geschiedenis der Nederlanden 96, 2, 1981

H. J. Neuman, Arthur Seyß-Inquart, Het leven van een Duits onderkoning in nederland, Utrecht und Antwerpen [2]1989

J. Presser, Ondergang, De vervolging en verdelging van het Nederlandse Jodendom, 1940–1945, 2 Bde, 1965

A. J. C. Rüter, Rijden en staken, De Nederlandse spoorwegen in oorlogstijd, Rijksinstituut voor Oorlogsdocumentatie, Monografieën Nr 8, 's-Gravenhage 1960

B. A. Sijes, De arbeidsinzet, De gedwongen arbeid van Nederlanders in Duitsland, 1940–1945, Rijksinstituut voor oorlogsdocumentatie, Monografieën Nr 1, 's-Gravenhage 1966

B. A. Sijes, De Februari-staking, 25–26 Februari 1941, Rijksinstituut voor Oorlogsdocumentatie, Monografieën Nr 5, 's-Gravenhage 1954

J. M. Snoek, De Nederlandse kerken en de joden 1940–1945, De protesten bij Seyss-Inquart, hulp aan joodse onderduikers, de motieven voor hulpverlening, Kampen 1990

P. Stoop, Niederländische Presse unter Druck: deutsche auswärtige Pressepolitik und die Niederlande 1933–1940, München (u. a.) 1987

P. Stoop, Hendrik J. Noordewier, De geheime rapporten van H. J. Noordewier, Berlin 1933–1935, Amsterdam 1988

G. M. T. Trienekens, Tussen ons volk en de honger, De voedselvoorziening 1940–1945, Utrecht 1985

S. Y. A. Vellenga, Katholiek Zuid-Limburg en het fascisme, Een onderzoek naar het kiesgedrag van de Limburger in de jaren dertig, Assen 1975

R. Vos, Niet voor publicatie, De legale Nederlandse pers tijdens de Duitse bestelling, Amsterdam 1988

F. van Vree, De Nederlandse pers en Duitsland 1930–1939, Een studie over de vorming van de publieke opinie, Groningen 1989

W. Warmbrunn, The Dutch under German Occupation, London 1963

Het woord als wapen, Keur uit de Nederlandse ondergrondse pers 1940–1945

G. R. Zondergeld, De Friese Beweging in het tijdvak der beide wereldoorlogen, Leeuwarden 1978

Phase des Wiederaufbaus nach dem Zweiten Weltkrieg
(s. a. Wirtschaft, Sozialstruktur)

J. M. M. van Amersfoort, Immigratie en minderheidsvorming, Een analyse van de Nederlandse situatie 1945–1973, Alphen aan den Rijn 1974

J. Bank, Opkomst en ondergang van de Nederlandse Volks Beweging (NVB), Cahiers Nederlandse politiek, Deventer 1978

De beheerste vakbeweging, Het NVV tussen loonpolitiek en loonstrijd 1959–1973, Amsterdam 1976

A. D. Belinfante, In plaats van bijltjesdag, De geschiedenis van de bijzondere rechtspleging na de Tweede Wereldoorlog, Assen 1978

J. C. H. Blom, Crisis, bezetting en herstel, Rotterdam 1989

M. D. Bogaarts, Parlementaire geschiedenis van Nederland na 1945, De periode van het kabinet-Beel (4 Bde, davon 3 erschienen), 's-Gravenhage 1989

H. W. von der Dunk u. a., Wederopbouw, welvaart en onrust, Houten 1986

F. J. F. M. Duynstee, De kabinetsformatie 1946–1965, Deventer 1966

F. J. F. M. Duynstee, J. Bosmans, Het kabinet Schermerhorn-Drees 24 juni 1945–3 juli 1946, Parlementaire geschiedenis van Nederland na 1945: I, Amsterdam und Assen 1977

P. van der Eng, De Marshall-hulp, Een perspectief voor Nederland, 1947 tot 1953, Houten 1987

Enquêtecommissie regeringsbleid 1940–1945, Verslag houdende de uitkomsten van het onderzoek, 19 Bde, 's-Gravenhage 1949–1956

W. S. P. Fortuyn, Sociaal-economische politiek in Nederland 1945–1949, Groningen 1980, Alphen aan den Rijn 1981

W. S. P. Fortuyn, Kerncijfers 1945–1983 van de sociaal-economische ontwikkeling in Nederland, Expansie en stagnatie, Deventer 1983

R. T. Griffiths, Het Nederlandse economische wonder, in: Bijdragen en Mededelingen betreffende de Geschiedenis der Nederlanden 101, 1986

R. T. Griffiths (Hg.), The Economy and Politics of the Netherlands since 1945, Den Haag 1980

F. J. ter Heide, Ordening en verdeling, Besluitvorming over sociaal-economisch beleid in Nederland 1949–1958, Groningen 1986

P. E. de Hen, Actieve en reactieve industriepolitiek in Nederland, De overheid en de ontwikkeling van de Nederlandse industrie in de jaren dertig en tussen 1945 en 1950, Amsterdam 1980

P. W. Klein, G. N. van der Plaat (ed.), Herrijzend Nederland, Opstellen over Nederland in de periode 1945–1950, 's-Gravenhage 1981

H. Lademacher, Die Niederlande und Deutschland 1945–1949, Wirtschaftsfragen und territoriale Korrekturen, in: W. Ehbrecht, H. Schilling (ed.), Niederlande und Nordwestdeutschland, Studien zur Regional- und Stadtgeschichte Nordwestkontinentaleuropas im Mittelalter und in der Neuzeit, Franz Petri zum 80. Geburtstag, Köln (u. a.) 1983

J. Langeveld, Het NVV en de Publiekrechtelijke Bedrijfsorganisatie, in: Exercities in ons verleden, Assen 1981

P. F. Maas, Kabinetsformaties 1959–1973, 's-Gravenhage 1982

A. F. Manning, Die Niederlande und Europa im ersten Jahrzehnt nach 1945, in: Vierteljahrshefte für Zeitgeschichte, XXIX, I, 1981

P. Romijn, Snel, streng en rechtvaardig, Politiek beleid inzake de bestraffing en reclassering van »foute« Nederlanders 1945–1955, o. O. 1989

W. Schermerhorn, Minister-president van herrijzend Nederland, Naarden 1977

A. E. Visser, Alleen bij uiterste noodzaak?, De rooms-rode samenwerking en het einde van de brede basis (1948–1958), Amsterdam 1986

M. F. Westers, Mr. D. U. Stikker en de naoorlogse reconstructie van het liberalisme in Nederland, Een zakenman in de politieke arena, Amsterdam 1988

F. Wielenga, West-Duitsland: partner uit noodzaak, Nederland en de Bondsrepubliek, 1949–1955, Utrecht 1989

Politik, Wirtschaft und soziale Fragen der jüngsten Vergangenheit

F. Bronner u. a., Aktiekomitees in Amsterdam, in: Acta Politica 6, 1971

T. Dijst, De bloem der natie in Amsterdam, Kraken, subcultuur en het probleem van de orde, Leiden 1986

K. Dittrich, J. Cohen, V. Rutgers, Het einde van een tijdperk, Verslag van de kabinetsformaties 1981 en 1982, Maastricht 1983

J. van Donselaar, Fout na de oorlog, Fascistische en rassistische organisaties in Nederland 1950–1990, Amsterdam 1991

J. A. A. van Doorn, C. J. M. Schuyt (Hg.), De stagnerende verzorgingsstaat, Amsterdam 1978

R. van Duyn, Provo, De geschiedenis van een provotarische beweging (1965–1967), Amsterdam 1985

De eerste feministische golf (6e jaarboek voor vrouwengeschiedenis), Nimwegen 1985

U. Jansz, Denken over de sekse in de eerste feministische golf, Amsterdam 1990

Fr. de Jong Edz, Macht en inspraak, De strijd om de democratisering van de Universiteit van Amsterdam, Baarn 1981

C. A. de Kam, Tax Reform in a Welfare State: the Case of the Netherlands, 1960–1987, Den Haag 1988

De kleine stappen van het kabinet-Den Uyl, Gesprekken met PvdA bewindslieden, Deventer 1978

P. E. Kraemer, The Societal State, The Modern Osmosis of State and Society Presenting itself in the Netherlands in Particular, Meppel 1966

Th. J. A. M. van Lier, Op weg naar de verzorgingsstaat (1950–1960), in: J. Bank, S. Temming (Hg.), Van brede visie tot smalle marge, Alphen aan den Rijn 1981

P. J. J. Maessen, Bezuinigen op gezinsverzorging, Diss. Leiden 1989

J. Mannoury, Hoofdtrekken van de sociale verzekering, Alphen aan den Rijn 1967

G. Nabrink, Seksuele hervorming in Nederland, Nimwegen 1978

J. V. van Outshoorn, De politieke strijd rondom de abortusbeweging in Nederland 1964–1984, Amsterdam 1986

J. van der Schaar, Groei en bloei van het Nederlandse volkshuisvestingsbeleid, Delft 1987

J. Smit, Er is een land waar vrouwen willen wonen, Teksten 1967–1981, Amsterdam 1984

R. Wentholt (Hg.), Buitenlandse arbeiders in Nederland, Leiden 1967

Dekolonisierung

R. von Albertini, Dekolonisation, Die Diskussion über Verwaltung und Zukunft der Kolonien 1919–1960, Köln (u. a.) 1966

I. Anak Agung Gde Agung, »Renville« als keerpunt in de Nederlands-Indonesische onderhandelingen, Alphen aan den Rijn 1980

B. R. D. G. Anderson, Java in a time of revolution, Occupation and resistance 1944–1946, Ithaca und London 1972

J. Bank, Rubber, rijk, religie, De koloniale trilogie in de Indonesische kwestie 1945–1949, in: Bijdragen en Mededelingen betreffende de Geschiedenis der Nederlanden 96, 1981

J. Bank, Katholieken en de Indonesische revolutie, Baarn 1983

J. Bank, Drees en de Indonesische revolutie, in: H. Daalder, N. Cramer (Hg.), Willem Drees, Houten 1988

H. Baudet, I. J. Brugmans (Hg.), Balans van beleid, Terugblik op de laatste halve eeuw van Nederlandsch-Indië, Assen 1961

H. Baudet, M. Fennema, Het Nederlands belang bij Indië, Utrecht 1983

D. Bosscher, B. Waaldijk, Ambon, Eer en schuld, Weesp 1985

A. H. P. Clemens, J. Th. Lindblad (Hg.), Het belang van de buitengewesten, Economische expansie en koloniale staatsvorming in de buitengewesten van Nederlands-Indië 1870–1942, Amsterdam 1989

H. Coerts, De A. R. Partij en Nieuw-Guinea, Franeker 1983

I. N. Djajadiningrat, The Beginnings of the Indonesian Dutch Negotiations and the Hoge Veluwe Talks, Ithaca 1958

J. A. A. van Doorn, W. J. Hendrix, Het Nederlands-Indonesisch conflict, Ontsporing van geweld, Amsterdam und Dieren [3]1985

P. J. Drooglever, De Vaderlandse Club 1929–1942, Totoks en de Indische politiek, Franeker 1980

C. Fasseur, Een wissel op de toekomst: de rede van koningin Wilhelmina op 6/7 december 1942, in: Between peoples and statistics. Essays... presented to P. Creutzberg, Den Haag 1979

C. Fasseur, Nederland en het Indonesische nationalisme, De balans nog eens opgemaakt, in: Bijdragen en Mededelingen betreffende de Geschiedenis der Nederlanden 99, 1984

P. B. R. de Geus, De Nieuw-Guinea kwestie, Leiden 1984

L. G. M. Jaquet, Minister Stikker en de souvereiniteitsoverdracht aan Indonesië, Nederland op de tweesprong tussen Azië en het westen, 's-Gravenhage 1982

G. M. Kahin, Nationalism and Revolution in Indonesia, Ithaca und London [2]1970

R. N. J. Kamerling (Hg.), Indonesië toen en nu, Amsterdam 1980

B. Koster, Een verloren land. De regering Kennedy en de Nieuw-Guinea kwestie 1961–1962, Baarn 1991

R. C. Kwantes, De ontwikkeling van de nationalistische beweging in Nederlandsch-Indië, 4 Bde, Groningen 1975–1982

A. Lijphart, The Trauma of Dekolonisation, New Haven 1966

W. Manukutu, Molukkers in Nederland, Migranten tegen wil en dank, in: Tijdschrift voor Geschiedenis 100, 1987

H. Poeze, De Indonesische kwestie 1945–1950, Sociaal-democratie in de klem, in: Nederland, Links en de koude oorlog, Amsterdam 1982

De Repatriëring uit Indonesië, Een onderzoek naar de integratie van de gerepatrieerden uit Indonesië in de Nederlandse samenleving, 's-Gravenhage 1957

C. Smit, De liquidatie van een imperium, Nederland en Indonesië, 1945–1962, Amsterdam 1962

G. Teitler, J. Hoffenaar (Hg.), De politionele acties, Afwikkeling en verwerking, Amsterdam 1990

Yong Mun Cheong, H. J. van Mook and Indonesian Independence, Den Haag 1982

Personen- und Ortsregister

Quellennachweise der Abbildungen

Die Vorlagen für die Farbtafeln fertigten an oder liehen dem Verlag: Jörg P. Anders, Berlin II, VI b, XXIV · Martin Bühler, Basel XII a · Foto-Studio Otto, Wien V · Elke Walford, Hamburg XXII, XXIII · Witkam en Zweerts, Den Haag XXX. – Die hier nicht aufgeführten Quellen sind mit den in den Bildlegenden genannten Archiven, Bibliotheken, Museen und Sammlungen identisch.

Die Vorlagen für die Schwarzweiß-Abbildungen fertigten an oder liehen dem Verlag: A. C. L., Brüssel 9 b, 11, 12, 24 a · Jörg P. Anders, Berlin 13 b · Bildarchiv Foto Marburg 10 · Deutsche Fotothek, Dresden 36 · A. Dingjan, Den Haag 28 · J. Th. Piek, Den Haag 64 · Rheinisches Bildarchiv, Köln 45 · Tomasz Samek, Münster 24 b · Spaarnestad Fotoarchief, Haarlem 49, 50 a und b, 51 a und b, 52, 53, 54 a und b, 55 a und b, 56 a und b, 57 a und b, 58 a und b, 59 a (ANP-Foto) und b, 60, 61 (ANP-Foto), 62 a (ANP-Foto) und b, 63 · Studio flevo, Enkhuizen 2/3 a. – Alle übrigen Aufnahmen lieferten die in den Bildunterschriften erwähnten Archive, Bibliotheken, Museen und Sammlungen.

Die Erlaubnis zur Wiedergabe von Originalen erteilten freundlicherweise die in den Bildunterschriften und Quellennachweisen genannten Institutionen und privaten Besitzer.